전후 재일조선인 마이너리티 미디어
해제 및 기사명 색인

┃제3권┃

(1990.1~2016.8)

동의대학교 동아시아연구소 편저

이경규 임상민 소명선 김계자
박희영 엄기권 정영미 이행화 현영미 공저

박문사

머리말

    본 해제집 『전후 재일조선인 마이너리티 미디어 해제 및 기사명 색인』 제3권은 1990년 1월부터 2016년 8월까지 일본에서 발행된 재일조선인 관련 신문 잡지를 대상으로, 차이와 공존의 방식을 모색해온 재일조선인 사회와 문화의 변천 과정을 살펴보는 것을 목적으로 간행된 것이다. 본 해제집은 동의대학교 동아시아연구소 토대연구지원사업(2016년 선정, 과제명「전후 재일조선인 마이너리티 신문잡지 기사의 조사 수집 해제 및 DB구축」)의 3차년도 성과물이며, 집필진에는 동 사업팀에 소속된 총 9명의 공동연구원이 참여하였다.

    본 해제집 제3권이 조사 대상으로 하고 있는 1990년대 전후의 일본 사회에 대해서 간단하게 살펴보면, 일본에서는 글로벌리제이션이라는 세계적인 기운을 내셔널리즘적 방향으로 전환해 가는 현상을 보이기 시작했다. 이 시기에, 세계 경제의 융합과 연대 강화, 이문화 교류의 기회 확대(국제적인 문화교류, 국외 이주자 증가), 정치 체제의 다양화(비정부조직[NPO] 확대), 사회문제의 세계화(지구전체의 환경 문제, 분쟁에 대한 세계적 관여)등으로 세계는 글로벌화의 물결에 휩쓸려 갔고, 재일 외국인에 의한 에스닉 미디어 현황은 바로 이 글로벌리제이션 현상을 가장 잘 반영하고 있다고 할 수 있다. 1970년대까지만 해도 재일조선인에 의한 에스닉 잡지의 수가 압도적으로 많았던 반면, 1980년대에 접어들면서 보다 다양한 종류와 언어에 의한 잡지들이 창간되기 시작했다. 그리고 이와 같은 변화 속에서, 재일조선인 사회의 구조도 그 패러다임이 전환되어 갔다. 즉, 일본의 식민지 체제와 제2차 세계대전을 계기로 강제연행되어 영주하고 있던 재일조선인(올드 커머) 사이에는 세대교체가 이루어지고 있었고, 이주 및 영주의 배경이 다른 뉴 커머의 수가 늘어나기 시작했다. 에스닉 잡지의 성격이 변화하는 것도 여기에 기인한다고 볼 수 있다. 다만, 이와 같이 재일외국인의 국적의 다양화에 의한 다문화 속에서 일본의 보수진들 사이에는 내셔널리스틱한 불안의식이 확대되었고, 1990년대 이후의 보수계 논단에서는 내셔널한 역사와 문화의 정통성을 회복, 재구축할 것을 주장하기 시작했다. 이것은 내셔널리즘적 언설을 글로벌화라는 국제정세의 변화와 연결시키고 있는 것으로도 해석이 가능하다.

이와 같은 일본 사회의 변화 속에서, 재일조선인 마이너리티 잡지는 대부분이 모국에 대한 정보와 일본 사회에서 살아가기 위한 지식을 습득하는 데 도움을 주는 생활, 문화 정보지적 성향이 강해졌고, 인터넷상의 온라인잡지도 등장하기 시작했다. 하지만 이러한 변화와는 반대로, 지금까지의 민족 교육, 민족적 아이덴티티, 민족 문학 등의 단어는 서서히 그 자취를 감추기 시작했다. 물론, 이와 같은 에스닉 미디어가 정보지로서의 역할을 하고 있는 것은 재일조선인의 그것에만 국한된 현상은 아니었다. 한국어뿐만 아니라, 중국어, 스페인어, 포르투갈어, 미얀마어, 대만어, 인도네시아어, 베트남어, 말레이시아어, 페르시아어(이란), 우르두어(파키스탄), 태국어 등 수많은 에스닉 미디어가 대등하게 발행되었고, 이것은 일본의 미디어 환경이 이른바 다문화 공생의 공간으로 변모했다는 사실을 말해준다.

본 해제집은 이상과 같은 일본 사회 내부의 세계화라고 하는 급변하는 시기에 발행된 재일조선인 관련 기사를 수집해서 DB를 구축했고, 이것은 재일조선인 사회와 문화가 갖는 차이와 공존의 역학이 한국과 일본을 둘러싼 역동적인 관계망 속에서 어떤 기제로 작동하고 있는지에 대해서도 복합적으로 파악할 수 있게 된다. 그리고 이와 같은 연구성과는 결과적으로, 언어적인 문제로 접근이 용이하지 못했던 인문·사회과학 등의 한국학 학문분야의 연구자들에게 즉각적으로 활용될 수 있도록 토대자료를 마련함과 동시에, 현재 재일조선인을 둘러싼 한일 간의 정치적 갈등에 대한 대응논리의 구축과 한국 국내의 다문화가정을 둘러싼 복잡한 문제를 해결하기 위한 대처 방안을 구축하게 되며, 전후 일본의 재일조선인 사회를 새롭게 조명하고 한국과 일본을 아우르는 새로운 상호 교류적인 대화를 열어가는 길잡이가 될 수 있을 것이라 믿는다.

본 해제집에서는 재일조선인 마이너리티 신문잡지 기사의 동시대성 및 그 특수성을 통시적이고 중층적으로 분석하기 위해서, 일본을 대표하는 3대 신문『아사히신문』『요미우리신문』『마이니치신문』의 재일조선인 관련 기사를 총망라해서 수록했고, 각각의 기사를 정치, 사회, 경제, 문화, 역사, 교육, 문학, 인물 등의 영역으로 세분화해서 데이터를 분류·구축하였다.

또한, 자료 수집 측면에서는 재일조선인 잡지 미디어의 경우, 최초 연구계획서에서 작성한 3차년도의 수집·해제 및 DB구축 대상 잡지는 '32종'이었다. 본 연구팀은 자료조사를 위해, 학기 중에는 공동연구원 개인 소장 자료는 물론이고, 특히 제주대학교의 재일제주인센터의 경우에는 1970년대부터 1980년대 사이에 발행된 『済青春秋』(1973년 발행)와 『済州島』(1989년 발행)를 시작으로 1990년대 이후에 발행된 『関済協』(1994년), 『済州島研究』(2009년) 등, 재일조선인 내부의 다양성을 파악할 수 있는 재일 제주인 관련 잡지를 다수 수집했다. 그리고 국내에서 수집 불가능한 자료에 대해서는 방학을 이용한 현지조사를 통해서 수집했고, 도쿄 신주쿠의 조선장학회, 재일한인역사자료관, 문화센터 아리랑 등의 재일조선인 관련 자료관에서 밀착 자료조사를 한 결과, 3차년도 연구계획서에 수록된 잡지 이외에도 총 '8종'의 잡지를 추가 수집하였다.

마지막으로, 본 해제 작업은 1년이라는 짧은 기간 동안에 1990년 1월부터 2016년 8월 사이에 발행된 방대한 재일조선인 신문잡지 미디어 기사를 수집·DB 구축해야 했고, 본 토대연구지원사업의 마무리 작업인 결과보고서 작성 및 최종 산출물 제출 등과 시기적으로 겹쳐서 해제 및 입력 작업에 많은 어려움이 있었다. 그러나 동아시아연구소의 토대연구사업팀 멤버들은 끊임없이 국내외의 방대한 자료들을 조사·수집했고, 정기적인 회의 및 세미나를 통해서 서로의 분담 내용들을 공유·체크하면서 계속적으로 누락된 잡지를 추적 조사했다. 자료가 미비한 상황 속에서도 발품을 팔아가며 자료를 찾고 해제를 해 주신 토대연구사업팀 멤버들에게 이 자리를 빌려 다시 한 번 깊이 감사드린다. 끝으로 이번 해제집 출판에 아낌없는 후원을 해주신 도서출판 박문사에 감사를 드리는 바이다.

2020년 4월
동의대학교 동아시아연구소

소장 이경규

목차

제1부

잡 지

제2부

신 문

범례

1. 본 해제집은 1990.1~2016.8까지 일본에서 발행된 재일조선인 관련 신문 잡지를 대상으로 하였다.

2. 본 해제집은 신문 파트와 잡지 파트로 분류했고, 해제 순서는 가나다순으로 게재하였다.

3. 재일조선인 마이너리티 신문잡지 기사의 동시대성 및 그 특수성을 통시적이고 중층적으로 분석하기 위해서, 일본을 대표하는 3대 신문(아사히신문, 요미우리신문, 마이니치신문)의 재일조선인 관련 기사를 총망라해서 함께 수록하였다.

4. 각 신문 잡지의 목차는 매체명, 발행처, 발행일, 지면정보, 간종별, 필자, 기사제목 순으로 표로 작성했고, 기사제목은 원문으로 표기하였다.

5. 해제의 경우, 창간 및 폐간, 발행인, 편집인, 출판사, 잡지의 제호 변경, 잡지 구성 등의 서지적 정보와 주요 집필진 및 특집호(토픽기사)를 개관하면서 매체의 성격과 동시대성을 설명하였다.

6. 각 매체의 발행 의도에 대한 이해를 돕기 위해 창간사가 있는 경우에는 전문 번역하였고, 창간사가 없는 경우에는 편집후기를 번역하여 대체하였다.

7. 국문으로 된 창간사 및 편집후기는 현행 표기법에 맞지 않는 글자도 많지만, 잡지가 발행된 동시대성을 확인하는 측면에서 원문 그대로 게재하였다.

8. 일본어로 된 목차 및 기사제목 입력 시, 촉음과 요음 등은 현행 표기법에 맞게 고쳐서 입력하였다.

9. 인쇄 상태의 불량 등으로 판독이 불가능한 글자는 ■로 표기하였다.

제1부

잡 지

전후 재일조선인 마이너리티 미디어 해제 및 기사명 색인
┃제3권┃
(1990.1~2016.8)

계간 사이(季刊Sai)

○ ○ ○

1 서지적 정보

계간. 1991년 겨울(12월 1일 발간)에 창간되어 2019년 현재까지 발행 중이다. 표제에 한글표기 '사이'로 되어 있고, 영어 표기가 병기되어 있다. '일본인과 재일코리안을 위한 인권 정보지'라는 부기가 표지 아래쪽에 적혀 있다. 발행인 정조묘(鄭早苗), 편집인 후지이 고노스케(藤井幸之助), 발행은 '재일 한국·조선인문제 학습센터(在日韓国·朝鮮人問題学習センター)'에서 펴냈는데, 1998년 4월에 오사카 교육위원회로부터 인가를 받아 '사단법인 오사카 국제이해교육연구센터(大阪国際理解教育研究センター)'로 발행주체가 바뀌었다. 그러나 두 기관 모두 추구하는 바는 크게 바뀌지 않아서, 여기에서는 처음 단체명으로 소개한다.

'재일 한국·조선인문제 학습센터'(대표: 정조묘)는 회원제(개인:연간 5천 엔, 단체:연간 3만 엔)로 운영하고 있는데, 계발(啓発) 리더를 육성하고 시민세미나 계발을 주요 활동 내용으로 오사카에서 운영하고 있다. 통신지『마파람(マッパラム)』, 인권정보지『Sai』, 연구기요『청학(青鶴)』등을 발행하고 있다. 잡지의 마지막에 센터에 대한 간단한 소개가 이하와 같이 실려 있다.

재일 한국·조선인문제 학습센터는 1985년 3월에 탄생하였습니다. 재일 한국·조선인에 관련된 문제를 조사·연구하는 동시에 일본사회의 진정한 '국제화'를 향하여 상호 이해를 위한 교류·계발활동 등을 행하고 있습니다. 앞으로도 일본인과 재일 한국·조선인을 비롯하여 외국인과의 '공생'과 '상호이해'를 목표로 사업활동을 추진해 가겠습니다.

이상과 같은 센터의 취지가 잡지 『Sai』의 지면구성에 잘 나타나 있는데, 창간호부터 인권 문제, 국제교류를 중심으로 하는 기사가 눈에 띈다. 창간호를 보면, '일본군 위안부'로서 강제로 일해야 했던 조선인 여성을 취재하고, 재일외국인 장애인의 권리, 민족 차별어 등에 관한 문제를 실었다. 「중국 대륙에서 생활하는 코리안」을 연재하고, 〈즐거운 조선어 교실〉, 〈재일코리안 법률상담실〉을 구성하여 조선인의 언어와 문화를 소개하였다. 『Sai』에서 특집으로 다룬 주요 내용을 살펴보면 다음과 같다. 「소련 붕괴 전후 사할린의 고려인」(2호, 1992년 봄), 전후 일본의 보상문제(2호), 일본사회의 참정권 문제(9호, 1993년 겨울), 취업차별 문제(11호, 1994년 여름), 「재일코리안의 전후 50년」(16호, 1995년 가을), 「마이너리티와 일본사회」(17호, 1995년 겨울), 「귀화와 일본국적 취득」(21호, 1996년 겨울), 「재일코리안과 고령자 복지」(23호, 1997년 여름), 「재일코리안 인권과 매스컴」(26호, 1998년 봄), 「외국인등록법 개정」(30호, 1999년 봄), 「학교 현장의 인권교육」(31호, 1999년 여름), 「민족학교와 문부과학성-교육행정의 민족차별」(49호, 2003년 겨울) 등이 있다.

2 창간사

경제의 국제화가 가속화되는 가운데 드디어 "마음의 국제화"가 문제시되는 시대가 되었습니다.

재일외국인의 수도 100만 명을 넘었습니다만, 그 중에서 가장 많은 것은 역시 한국·조선인. 그래서 보다 좋은 관계를 만들어가기 위한 준비도 각지에서 조금씩 쌓여오고 있습니다.

그러나 민족차별의 현상이나 과제, 또 선진적인 대처에 관한 정보 등이 충분히 상호 전달되지 않는 상황이 있습니다.

인권 계발 관련 업무에 종사하는 여러분들로부터 뜨거운 요망을 받아 재일한국·조선인 문제학습센터가 지금까지 배양해온 계발·연구활동 경험과 네트워크를 살려 여기에 인권정보지 『Sai』를 창간하게 되었습니다.

21세기도 가까이 와 있습니다. 더욱 이민족과의 공존·인권의 국제화가 이 사회의 중요한 테마로 될 것입니다. 『Sai』가 많은 시민의 자기개발이나 혹은 인권행정, 기업의 사회적 공헌에 기여해갈 수 있도록 결의를 새롭게 해가려고 생각합니다.

　함께 살아가는 사회 - 『Sai』도 또한 많은 일본인과 재일한국·조선인과의 공동작업에 의해 태어났습니다. 이렇게 하여 여러분의 손에 건네졌습니다. 『Sai』가 글자 그대로 사람과 사람 사이를 연결하는 잡지가 될 수 있도록 따뜻한 지원과 기탄없는 조언을 진심으로 기다리고 있겠습니다.

『Sai』 편집부

3 목차

발행일	지면정보		필자	제목
	권호	페이지		
1991.12.01	Vol.1	50		TOPIC ボチョンボ・ポップアンサンブルの初来日公演
1991.12.01	Vol.1	51		INFORMATION 韓国・朝鮮関係の本がいっぱい まず、日本語の文字から学ぶ
1991.12.01	Vol.1	52		編集後記
1992.03.01	Vol.2	4	宋貞智・在間秀和・市場淳子	座談会「日本の戦後はいつ終わるか? -戦後補償問題を考える」
1992.03.01	Vol.2	15		「ひと」韓国・朝鮮人BC休戦犯問題を通じて、日本の戦後を問う 内海愛子さん
1992.03.01	Vol.2	16	裵重度	「補償・人権法」の提起するもの -在日韓国・朝鮮問題の真の解決のために
1992.03.01	Vol.2	19	井上正一	「日韓合併」は正しい表現か -高校日本史教科書・全調査-
1992.03.01	Vol.2	27	小塩公子	「差別語」は削除するだけではダメ！！
1992.03.01	Vol.2	30		「カウィ・バウィ・ボ」読書のページ
1992.03.01	Vol.2	31	文公輝	僕は公務員になりたい -大阪市が2度も門前払い*
1992.03.01	Vol.2	34	梁堯	外国人を公務員にしない論理 -国籍条項問題の推移
1992.03.01	Vol.2	38	藤井幸之助	「フォトレポート」世界のコリアン② 「ソ連崩壊前後 サハリンの高麗人」
1992.03.01	Vol.2	42		行ったるでケニアに
1992.03.01	Vol.2	46		ビデオ「サラムという名の情人」完成
1992.03.01	Vol.2	26		<新連載>はたらく在日コリアンを訪ねて① 『安田生命の巻』
1992.03.01	Vol.2	36	八尾勝	〈Sai・サイコ・心〉 差別の心理を考える 第1回
1992.03.01	Vol.2	44	池田直樹	在日コリアン法律相談室① 「国際結婚について」
1992.03.01	Vol.2	61	鄭早苗	歴史の散歩道① 「教育事情について」
1992.03.01	Vol.2	47		学びのマダンレポート② 「ほんとうのことを知りたい-高校生と朝鮮人従軍慰安婦問題-」
1992.03.01	Vol.2	51	金京媛	リレーエッセイ② 「相手の文化を認めることから」
1992.03.01	Vol.2	52	孫美恵子	自治体ナウ② 「差別落書き事件をきっかけに民族差別問題の啓発パンフレットを出した石川県松任市」
1992.03.01	Vol.2	56		ほんをよむ 佐藤「在日韓国・朝鮮人に問う」天江喜七郭『息子の手紙』
1992.03.01	Vol.2	58		TOPIC 『Sai』創刊記念会開かれる / シンポジウム「日本学校における朝鮮(韓国)人教育の使命」/ 定住外国人の年金問題に曙光が
1992.03.01	Vol.2	60		メッセージのページ
1992.03.01	Vol.2	62		INFORMATION
1992.03.01	Vol.2	65	植田晃次・藤井幸之助	楽しい朝鮮語教室 第2回
1992.03.01	Vol.2	66		編集後記
1992.06.01	Vol.3	4	徐京撤 外	若者座談会「なまえを語ろう」
1992.06.01	Vol.3	9		はたらく在日コリアンを訪ねて② 住友電工の巻

발행일	지면정보		필자	제목
	권호	페이지		
1992.06.01	Vol.3	10		お知らせ　第6回在日韓国・朝鮮人問題学習センター夏期セミナー
1992.06.01	Vol.3	11		「創氏改名」とは何だったのか　リンクホーファーミマンフレッド
1992.06.01	Vol.3	20	宋喜久子	父の民族名を名のる-朝・日混血日本国籍の私の生き方-
1992.06.01	Vol.3	24	李由美	モラルスピリットをたじゅんて-アメリカ東海岸一人旅-
1992.06.01	Vol.3	28		カウィ・バウィ・ボ(読書のページ)
1992.06.01	Vol.3	29	鄭早苗	歴史の散歩道②　民族の始祖
1992.06.01	Vol.3	30		等身大の私たちを見てください-「サラムという名の隣人」製作にたずきわって-
1992.06.01	Vol.3	34		メッセージのページ
1992.06.01	Vol.3	35	姜朱実	リレーエッセイ「お茶・お華」と私
1992.06.01	Vol.3	36	八尾勝	〈Sai・サイコ・心〉差別の心理を考える　第2回
1992.06.01	Vol.3	38	佐藤まさ子 外	猪飼野アクセスマップ
1992.06.01	Vol.3	42		負のメセージを打ち破ろう、'92三・一文化祭[福岡]
1992.06.01	Vol.3	46		ひとつになろう民族の広場で / 第三回長田マダン
1992.06.01	Vol.3	48		自治体ナウ③　外国人相談窓口を開設した伊丹市国際課
1992.06.01	Vol.3	52		ひと　映画「橋のない川」の本を書いた金秀吉さん
1992.06.01	Vol.3	53		学びのマダンレポート③　朝鮮人が誇りをもって生きることのできる学校　大下学園祇園高校同和推薦部
1992.06.01	Vol.3	56		在日コリアン法律相談室②「通名」について
1992.06.01	Vol.3	58		トピックス
1992.06.01	Vol.3	62	文京洙 外	ほんをよむ-わたしのすすめること5冊
1992.06.01	Vol.3	66	植田晃次・藤井幸之助	楽しい朝鮮語教室　第3回
1992.06.01	Vol.3	68		インフォメーション　美術館・博物館・資料館で「朝鮮」「人権」「平和」ろ見る
1992.06.01	Vol.3	70		編集後記
1992.09.01	Vol.4	4	孫敏男・金直美・宮崎雅俊	座談会　公務員になろう / 在日韓国・朝鮮人公務員はいま
1992.09.01	Vol.4	9	仲原良二	異議あり大阪市　在日外国人教論に管理職試験を受けさせず
1992.09.01	Vol.4	10	中井清美	国籍条項の新局面を考える
1992.09.01	Vol.4	14	中島智子	就学案内・通知　外国籍の子どもが満6歳になった時
1992.09.01	Vol.4	19		はたらく在日コリアンを訪ねて③　西武百貨店の巻
1992.09.01	Vol.4	20	近藤泉	平和のための朝鮮人・中国人、強制労働調査 -長野県松本市里山辺の地下・半地下・工場
1992.09.01	Vol.4	25	田中正志	どんづるほう48年目の真実　奈良屯鶴楽地下壕
1992.09.01	Vol.4	28		自治体ナウ「在日外国人(主して韓国・朝鮮人)にかかわる教育の基本方針」を制定して横浜市教育委員会
1992.09.01	Vol.4	32	井上正一	『広辞苑』の朝鮮認識はこの程度(初版から4版までを点検する)

발행일	지면정보		필자	제목
	권호	페이지		
1992.09.01	Vol.4	37	永井俊策	学びのマダンレポート④「私の意志が半分、先生の意志が半分」福岡市立竹宮中学生
1992.09.01	Vol.4	41		ひと　陶工 沈寿官さん
1992.09.01	Vol.4	42		インタビュー　朝鮮人陶工「又七」の末裔として、「秀吉の朝鮮侵攻と民衆」を出版する中里紀元さん
1992.09.01	Vol.4	44	鄭早苗	歴史の散歩道　連載③ 高句麗の古詩と伝説
1992.09.01	Vol.4	46	八尾勝	〈Sai・サイコ・心〉差別の心理を考える 第3回
1992.09.01	Vol.4	48		TOPICS
1992.09.01	Vol.4	53		カウィ・バウィ・ボ(読書のページ)
1992.09.01	Vol.4	54	永鳴里枝	在日コリアン法律相談室③ 年金について
1992.09.01	Vol.4	56		ほんをよむ 朴麻由美、姜京子、きたがわもとこ、小林洋一郎
1992.09.01	Vol.4	58		INFORMATION　民族学校・民族学級で学ぶ
1992.12.01	Vol.5	4		〈座談会〉いま親たちが学校にのぞむもの金文男/金光子/李鍾順/河良伊
1992.12.01	Vol.5	10		〈読者のページ〉カウィ・バウィ・ボ
1992.12.01	Vol.5	11	趙顕吉	民族文化の素養教育と在日韓国・朝鮮人解放教育-いま、民族教育に何かもとめられているか-
1992.12.01	Vol.5	14	稲富進	府外教を実らせた大阪の土壌-設立までの20年
1992.12.01	Vol.5	18		大阪のすべての教育現場を結集して大阪府外教発足
1992.12.01	Vol.5	20		〈ひと〉来春から「常勤講師」として朝鮮語を教える韓洋春さん
1992.12.01	Vol.5	21	仲原良二	外国籍の「常勤講師」は「教諭」とどこがちがうのか？上
1992.12.01	Vol.5	24		〈クネさんのザ・企業インタビュー〉第2回　人権問題を重視して、社会貢献を-内田洋行専務取締役の長沢一嘉さんに聞く
1992.12.01	Vol.5	27		〈はたらく在日コリアンを訪ねて〉④ 大和ハウスの巻
1992.12.01	Vol.5	28	宮前千雅子	「倭乱」展を終えて-取材と入管と出会いの中で
1992.12.01	Vol.5	31		〈学びのマダンレピート〉⑤　文字はいのちや！学校はたからや！-橿原市立畝傍中学校夜間学級中納光夫
1992.12.01	Vol.5	34	堀口隆	もうほとんど地底探検-小学生と丹波マンガン記念館をたずねる
1992.12.01	Vol.5	38		自治体ナウ⑤　環日本海交流から、「もう一つの国際化」を進める島根県
1992.12.01	Vol.5	42	八尾勝	〈Sai・サイコ・心〉差別心理を考える(第四回)
1992.12.01	Vol.5	44	藤井幸之助	むこうに日本海(東海)が見えた-延辺再訪・朝鮮族自治州創立40周年
1992.12.01	Vol.5	46		〈トピックス〉鬼室神社祭り、ほか
1992.12.01	Vol.5	49		総目次 (創刊号~第五号)
1992.12.01	Vol.5	50	養父知美	在日コリアン法律相談室④ 離婚するためには
1992.12.01	Vol.5	52		〈中学・高校のページ〉① 東京・女子学院中学校日朝の歴史を考える会の巻
1992.12.01	Vol.5	54		〈ほんをよむ〉富田節子・梁泰昊・金英達『創氏改名』本田靖春『私たちのオモニ』

발행일	지면정보		필자	제목
	권호	페이지		
1992.12.01	Vol.5	56		『まんが朝鮮の歴史』をよむ-正しい知る隣国朝鮮5000年の歩み
1992.12.01	Vol.5	59		集え、川口へ! 文化センター・アリランへどうぞ
1992.12.01	Vol.5	63		〈楽しい朝鮮語教室〉第4回 植田晃次+藤井幸之助
1992.12.01	Vol.5	65		〈インフォメーション〉国籍条項の設定状況と外国人の採用実績調べ
1992.12.01	Vol.5	66		編集後記
1993.03.01	Vol.6	4		〈特集〉入居差別おことわり! -座談会-入居差別おことわり! 「なぜ、おんなに家を貸したくないのか?」(金孝至/裵建一/井田直子)
1993.03.01	Vol.6	11	趙博	〈特集〉入居差別おことわり! 戦前からつづく入居差別(1930年代を中心に)
1993.03.01	Vol.6	13	茨木耕作	〈特集〉入居差別おことわり! 差別される側立って見直さない限り、差別はなくならない。15年前の大阪市生野区での反入居差別のとりくみ
1993.03.01	Vol.6	22	永嶋里枝	〈特集〉入居差別おことわり! 裵建一さん入居差別裁判報告
1993.03.01	Vol.6	26		〈資料〉在日外国人の入居差別問題について
1993.03.01	Vol.6	30	小田幸児	〈特集〉入居差別おことわり! 在日コリアン法律相談室⑤
1993.03.01	Vol.6	32	金文学	中国朝鮮族がみた中央アジアの高麗人
1993.03.01	Vol.6	36		〈ひと〉「文部省アジア諸国等派遣留学生」として、大韓民国に留学する文純実さん
1993.03.01	Vol.6	37	張征峰	外国人登録法は正されたのか あらたな管理体制のはじまり
1993.03.01	Vol.6	40		〈読者のページ〉カウィ・バウィ・ポ
1993.03.01	Vol.6	41	李ユミ	〈学びのマダンレポート〉⑥ 俺の朝鮮は李先生 都立南葛飾高校定時制朝鮮語授業11年間を振り返って
1993.03.01	Vol.6	47	鄭早苗	〈歴史の散歩道〉連載④ 朝鮮という名の由来について
1993.03.01	Vol.6	48		〈自治体ナウ〉⑥ 大阪府在日外国人問題有識者会議を設置した大阪府
1993.03.01	Vol.6	52		中学・高校生のページ(第2回)
1993.03.01	Vol.6	54	市場淳子	李孟姫さん47年目の証言 在韓被爆者はまだ補償されていない韓国の原爆被害者を救援する市民の会
1993.03.01	Vol.6	56	八尾勝	〈Sai・サイコ・心〉差別心理を考える 第5回
1993.03.01	Vol.6	58		〈ほんをよむ〉富田節子・梁泰昊・金英達『創氏改名』本田靖春『私たちのオモニ』
1993.03.01	Vol.6	60		〈TOPIC〉「聞け!魂の地獄突き-逆ハンスト・焼肉プロテスト」関西学院大学民族差別落書き事件
1993.03.01	Vol.6	63		〈はたらく在日コリアンを訪ねて〉⑤ 京都新聞社の巻
1993.03.01	Vol.6	65		〈楽しい朝鮮語教室〉第5回 植田晃次+藤井幸之助
1993.03.01	Vol.6	68		編集後記
1993.06.01	Vol.7	2		〈座談会〉「在日の文化を作る-未来に何を創造できるか?」(金徳煥/鄭甲寿/権誠治/鄭真佐美/寺元耕二/朴実)
1993.06.01	Vol.7	14		〈在日韓国・朝鮮人問題学習センター〉第7回 夏期セミナーのご案内

발행일	지면정보		필자	제목
	권호	페이지		
1993.06.01	Vol.7	15	洪仁成	文化の波が在日をおそう この夏、大阪でサムルノリ「チンスェ」のワークショップ
1993.06.01	Vol.7	18		〈自治体ナウ〉⑦「みのおセッパラムー新しい風を感じることから、知ることから。こころにいえよう!」を開いた箕面市人権啓発推進協議会
1993.06.01	Vol.7	23		〈インタビュー〉教科書を日韓協力で考えるー日韓合同歴史教科書研究会の日本側世話人代表　藤沢法暎さんに聞く
1993.06.01	Vol.7	27	鄭早苗	〈歴史の散歩道〉⑤ 再考「朝鮮」の由来について
1993.06.01	Vol.7	28	朴洋幸	「違いのわからぬ」ネッスル日本-「ヨーロッパ感動大賞」から在日外国人をはずす
1993.06.01	Vol.7	32		子どもとの間をむすぶ力 結婚と教育における民族差別と闘う会
1993.06.01	Vol.7	36	丹羽雅雄	在日コリアン法律相談室⑥ 国際結婚について
1993.06.01	Vol.7	39		'93年度 在日韓国・朝鮮人問題啓発講座のご案内
1993.06.01	Vol.7	40	金静美	1926年1月、三重県木本町(現熊野市)で、そしてそののち
1993.06.01	Vol.7	47		〈ひと〉バイリンガル劇団「波瀾世」をひきいる金智石さん
1993.06.01	Vol.7	48		〈中学・高校生のページ〉第3回 大阪府立島本高校朝鮮文化研究会
1993.06.01	Vol.7	50		はたらく在日コリアンを訪ねて⑥ 河合塾の巻
1993.06.01	Vol.7	51	仲原良二	外国籍の「常勤講師」は「教諭」とどこがちがうのか?(下)
1993.06.01	Vol.7	54		〈TOPIC〉
1993.06.01	Vol.7	58		〈ほんをよむ〉韓丘庸編訳『夜中に見た靴』/仲野秀一朗・今津幸次郎編『エスニシティの社会学ー日本社会の民族的構成』
1993.06.01	Vol.7	61		〈読者のページ〉カウィ・バウィ・ボ
1993.06.01	Vol.7	63		〈INFORMATION〉雑誌をよむ
1993.06.01	Vol.7	64		『新 よりよき隣人として-在日韓国・朝鮮人の人権を考える』全面改訂 完成
1993.06.01	Vol.7	67		〈楽しい朝鮮語講座〉第6回 植田晃児+藤井幸之助
1993.06.01	Vol.7	68		編集後記
1993.09.01	Vol.8	2		〈特集〉日本社会の朝鮮人観 座談会 日本人の優越意識はどこから?(岡崎慎一郎/森木和美/乗本良一/北川知子)
1993.09.01	Vol.8	12	姜徳相	日本社会の朝鮮人観　近代日本の朝鮮認識はいかにしてつくられたか?
1993.09.01	Vol.8	16		〈読者のページ〉カウィ・バウィ・ボ
1993.09.01	Vol.8	17		天理大学民族差別集団暴行事件特集
1993.09.01	Vol.8	18	朴洋幸	〈特集1〉大学ぐるみの民族差別体質が今回の事件を引き起こした。
1993.09.01	Vol.8	22	井上正一	〈特集2〉天理教は侵略戦争に協力したことに加害意識をもっているのだ
1993.09.01	Vol.8	28	韓正美	伽耶琴の音を永遠にひびかせたい
1993.09.01	Vol.8	30	呉正美	〈作文~彼女・彼らのこえ〉① 何も知らない在日韓国人として

발행일	지면정보		필자	제목
	권호	페이지		
1993.09.01	Vol.8	32	裵建一	入居差別裁判をふりかえって 人間回後への道―判決を受けて
1993.09.01	Vol.8	32	丹羽雅雄	入居差別裁判の判決意義と今後の課題
1993.09.01	Vol.8	35		〈はたらく在日コリアンを訪ねて〉⑦ 特別養護老人ホーム「園田苑」の巻
1993.09.01	Vol.8	36		〈中学・高校生ノページ〉第4回 神奈川県立川崎高等学校朝鮮問題研究会
1993.09.01	Vol.8	38	金大成	大学生がつくった在日生活をオモシロくする キャンパスマガジン『ASSORT』
1993.09.01	Vol.8	39	文公輝	衝平社と水平社―朝鮮と日本の反差別運動
1993.09.01	Vol.8	42		〈自治体ナウ〉⑧ パネルで知ろう!在日韓国・朝鮮人問題/市内の全小・中学校を巡回して啓発活動を行った泉佐野市
1993.09.01	Vol.8	45	宋貞智	ぼくのなまえをただしくよんでください
1993.09.01	Vol.8	48	山本冬彦	改正外国人登録法を考える
1993.09.01	Vol.8	52	小林直明	『非識字者からの問題提起』新外国人登録法の問題点について
1993.09.01	Vol.8	54	八尾勝	〈Sai・サイコ・心〉差別心理を考える 第6回
1993.09.01	Vol.8	56	上原康夫	〈在日コリアン法律相談室〉⑦ 朝鮮籍を取り戻すことはできますか?
1993.09.01	Vol.8	58		〈ほんをよむ〉朴泰赫著『醜い韓国人』ほか
1993.09.01	Vol.8	62		〈トピックス〉
1993.09.01	Vol.8	62		200字書評『鄭承博著作集』(全5巻) 仲原良二著『在日韓国・朝鮮人の就職差別と国籍条項』
1993.09.01	Vol.8	65		〈ひと〉土と炎と自己表現 闘う陶芸家-鄭琪満さん
1993.09.01	Vol.8	66		〈金英達の数字でみる在日朝鮮人の歴史〉①解放前の在日朝鮮人の人口統計
1993.09.01	Vol.8	71		〈楽しい朝鮮語教室〉第7回 植田晃次+藤井幸之助
1993.09.01	Vol.8	72		編集後記
1993.12.01	Vol.9	4	中井清美	＜特集＞権利としての参政【インタビュー】参政権は万能ではない 金東勲さん
1993.12.01	Vol.9	6	中井清美	＜特集＞権利としての参政権【インタビュー】国籍のちがう人たちを社会の仲間として認められるか 浦部法穂さん
1993.12.01	Vol.9	8	山本冬彦	＜特集＞権利としての参政権【インタビュー】在日党はこう主張する 李英和代表に聞く
1993.12.01	Vol.9	12	李鎮哲	アイデンティティを失わないための選挙権
1993.12.01	Vol.9	14	金正圭	在日の未来をかけた闘い
1993.12.01	Vol.9	17		〈読者のページ〉カウィ・バウィ・ボ
1993.12.01	Vol.9	18	崔久明	大阪府岸和田市、全国で初めて「定住外国人に対する参政権を認める」決議【インタビュー岸和田市議会議長の寿一誠さんに聞く
1993.12.01	Vol.9	20	仲原良二	〈レポート〉諸外国(とくにヨーロッパ)の外国人参政権
1993.12.01	Vol.9	23		〈ひと〉「出合い」とパワーのひと-金慶子さん

발행일	지면정보		필자	제목
	권호	페이지		
1993.12.01	Vol.9	24	松田利彦	選挙に行った朝鮮人-戦前期在日朝鮮人の選挙権行使をめぐって
1993.12.01	Vol.9	28		国籍・ことば・文化・差別ある在日朝鮮人の滞米回想記-①
1993.12.01	Vol.9	32		〈子どもの文学と朝鮮〉(1) 朝鮮・韓国を「えがく」側と「おしえる」側
1993.12.01	Vol.9	34		〈TOPICS〉分断半世紀、初めてのコリア統一美術展ほか
1993.12.01	Vol.9	36	朴実	みんなの夢が実現した東九条マダン
1993.12.01	Vol.9	40		〈中学・高校生のページ〉⑤ 横浜市立商業高校定時制韓国・朝鮮語部
1993.12.01	Vol.9	42		〈自治体ナウ〉⑨ 在日外国人老齢福祉金・障害者福祉金給付制度から高校生交流会「セッパド」へ 大津市福祉保健部年金課
1993.12.01	Vol.9	46		天理大学民族差別集団暴行事件のその後 第3回 確認会の詳報
1993.12.01	Vol.9	48	金英達	〈金英達の数字でみる在日朝鮮人の歴史〉② 解放時の人口推定数・解放前後の「戦時動員」・「解放帰国」数
1993.12.01	Vol.9	50	在間秀和	〈在日コリアン法律相談室〉⑧ 「韓国籍をとりもどすには」
1993.12.01	Vol.9	52	八尾勝	〈Sai・サイコ・心〉差別心理を考える 第7回
1993.12.01	Vol.9	54		〈ほんをよむ〉『新友縁』『近現代史のなかの日本と朝鮮』『定住外国人障害者がみた日本社会』『せくとんⅡ 音楽編』
1993.12.01	Vol.9	58		〈パンフレット紹介〉福岡県同教『バランセ-在日韓国・朝鮮人教育13年の歩み-』/奈良県外教『オッケトンム』シリーズ
1993.12.01	Vol.9	60		〈INFORMATION〉 新聞をよむ
1993.12.01	Vol.9	62		編集後記
1994.06.01	Vol.11	4		〈特集〉国籍を越えた就職を【インタビュー】びっくり！「朝鮮人でも入れる企業一覧」就職差別の構造をあばく徐正禹(きき て：文公輝)
1994.06.01	Vol.11	6		〈特集〉国籍を越えた就職を【インタビュー】今は夢を持って勉強しよう全在紋
1994.06.01	Vol.11	8	韓洋春	〈特集〉国籍を越えた就職を就職差別をどう取り組んできたか-全国民戸闘連20年の歩み
1994.06.01	Vol.11	13		第2期 大阪民闘連大学のご案内
1994.06.01	Vol.11	14		本名で就職するこだわり-鄭栄鎮さんの場合
1994.06.01	Vol.11	15		通名にしたら、自分自身に違和感が一賓英治さんの場合
1994.06.01	Vol.11	16	朴洋幸	差別的な就職業務を許さない!! 近畿大学の場合
1994.06.01	Vol.11	18	金哲年	もっと多くの同胞を郵便外務職員に
1994.06.01	Vol.11	19	李昌宰	採用しない理由＝「国籍に対するこだわりが強い」富士ベンディング(現、エフ・ヴィーコーポレーション)の場合
1994.06.01	Vol.11	21		〈ひと〉追悼!戦後補償裁判原告の陳石一さん、逝く
1994.06.01	Vol.11	22	大川一夫	〈在日コリアン法律相談室〉⑩ 外国人の雇用について
1994.06.01	Vol.11	24		わいわいがやがや、子どもたちの民族学習会-広島県三次市から
1994.06.01	Vol.11	26		〈自治体ナウ〉⑪ 「天日槍」が結ぶ古代~現代、国際交流 兵庫県出石町

발행일	지면정보		필자	제목
	권호	페이지		
1994.06.01	Vol.11	29		'94年度在日韓国·朝鮮人問題啓発講座のご案内
1994.06.01	Vol.11	30	中村修	〈子どもの文学と朝鮮·韓国〉(3) 朝鮮児童文学の歴史から
1994.06.01	Vol.11	33		朝鮮·韓国を知るクイズ①
1994.06.01	Vol.11	34	三浦泰一	県立高校と地域を結ぶ民族文化祭「アリラン祭」
1994.06.01	Vol.11	36	金恩受	オモニのわが家のパンチャン紹介①
1994.06.01	Vol.11	37		「KMJ韓国の歴史文化遺跡を訪ねるたび」ご案内
1994.06.01	Vol.11	38	金永子	国籍·ことば·文化·差別-ある在日朝鮮人の滞米回想記-③
1994.06.01	Vol.11	42		こんな市長選でいいの? 奈良県大和高田市·生駒市と横浜市の市長選から
1994.06.01	Vol.11	44	井田直子	日本国籍確認訴訟レポート-日本の排外意識を問う
1994.06.01	Vol.11	46	鄭早苗	〈歴史の散歩道〉7 新羅の音楽·歌舞
1994.06.01	Vol.11	48	八尾勝	〈Sai·サイコ·心〉差別心理を考える 第9回
1994.06.01	Vol.11	50		〈金英達の数字で見る在日朝鮮人の歴史〉④ 解放後の人口統計(国勢調査·外国人登録)
1994.06.01	Vol.11	52		〈TOPICS〉大阪茨木市の海軍軍需部安威倉庫の調査·第一回在日コリアン高校生交流会·第五回大阪府在日外国人有識者会議開かれる·なみはや国体にむけ外国人参加検討へ·[新聞記事より]
1994.06.01	Vol.11	55		〈ほんをよむ〉鷺沢萠『ケナリも花 サクラも花』辻本久夫ほか『親と子がみた在日韓国·朝鮮人白書』角田房子『悲しみの島サハリン』『わが祖国』『閔妃暗殺』幼方直吉『人権こえ アジアの歌』
1994.06.01	Vol.11	58		〈パンフレット紹介〉全朝教京都『在日のいま-京都発』·京都国際交流協会『京都に生きる在日韓国·朝鮮人』
1994.06.01	Vol.11	59		〈資料紹介〉川崎市が在日韓国·朝鮮人への就職差別をなくすための手引を発行
1994.06.01	Vol.11	61		〈読者のページ〉〉カウィ·バウィ·ボ
1994.06.01	Vol.11	62		第8回在日韓国·朝鮮人問題夏期セミナーおしらせ
1994.06.01	Vol.11	65		〈INFORMATION〉 定住外国人無年金者に対する自治体給付金状況
1994.06.01	Vol.11	66		編集後記
1994.06.01	Vol.11	67		(表紙3)研究センターごあんない
1994.06.01	Vol.11	68		(表紙4)広告：東映
1994.09.01	Vol.12	4	榎井緑	〈特集〉教育現場はいま 差別を容認する教育から、差別を許さない教育へ 教育現場はいま 多文化の進行する学校教育現場で
1994.09.01	Vol.12	7		〈ひと〉竜谷奨励賞に選ばれた慎英弘さん
1994.09.01	Vol.12	8		日本社会でブラジルの子は…ブラジル国籍の日本人2世チエ＝ヒロセ(広瀬知恵)さんに聞く(ききて:井上正一)
1994.09.01	Vol.12	12	呢喃	地域でのつながりと相互理解-中国からの子どもたちの現状と課題
1994.09.01	Vol.12	14	曺智恵	教壇に立って-ありのままの自分で接してゆきたい

발행일	지면정보		필자	제목
	권호	페이지		
1994.09.01	Vol.12	16	橋本誠司	大阪・天下茶屋小学校民族差別事件のその後-秀忠君、名礼をつけて登校
1994.09.01	Vol.12	18	編集部	キム＝スチュンが再び名礼をつけた!
1994.09.01	Vol.12	20		〈読者のページ〉カウィ・バウィ・ボ
1994.09.01	Vol.12	21	米津俊司	卒業後の子どもたちが問いかけるもの-いま、「進路追指導」の取り組みの意味を考える
1994.09.01	Vol.12	23		〈お知らせ〉第4回「在日韓国・朝鮮人の未来と人権」研究集会
1994.09.01	Vol.12	24		〈インタビュー〉張千学校児童の保護者に聞く-問われる日本人の人権意識
1994.09.01	Vol.12	26	佐藤公彦	わが友劉世明は今どこに-チマ・チョゴリへの嫌がらせに抗議して
1994.09.01	Vol.12	28	編集部	天理大学民族差別集団暴行事件糾弾会を終えて
1994.09.01	Vol.12	30	李昌宰	なんで大阪市の職員になられへんの？
1994.09.01	Vol.12	32	鄭早苗	歴史の散歩道8
1994.09.01	Vol.12	34		調査過程そのものが「民族関係」をつくるのもだった-「定住外国人に関する意識調査」(大阪府)を終えて 中島智子(ききて:朴君愛)
1994.09.01	Vol.12	37		ビデオ教材「コリアン文化にふれる」
1994.09.01	Vol.12	38	八尾勝	〈Sai・サイコ・心〉差別心理を考える 第10回
1994.09.01	Vol.12	40		共栄火災海上就職差別事件糾弾会　民族差別と闘う大阪連絡協議会
1994.09.01	Vol.12	42		〈朝鮮・韓国を知るクイズ〉②
1994.09.01	Vol.12	43	編集部	〈自治体ナウ〉⑫秀吉の朝鮮侵略本拠地から友好の地へ-「名護屋城博物館」を開館した佐賀県教育委員会
1994.09.01	Vol.12	46	金永子	国籍・ことば・文化・差別-ある在日朝鮮人の滞米回想記－④最終回
1994.09.01	Vol.12	50	金恩受	〈わが家のパンチャン〉② カルビチム・生魚チゲ
1994.09.01	Vol.12	51	井田直子	戦後何もしてこなかった日本が出したこたえ-戦後補償裁判不当判決
1994.09.01	Vol.12	54	中村修	〈子どもの文学と朝鮮・韓国〉(4)　最終回-アジア児童文学交流にむけて
1994.09.01	Vol.12	57	山本冬彦	最初はきびしいけれど、あとはやさしく-吉岡増雄さんを偲んで
1994.09.01	Vol.12	58	金英達	金英達の数字で見る在日朝鮮人史⑤
1994.09.01	Vol.12	62	菅充行	在日コリアン法律相談室⑪
1994.09.01	Vol.12	64		〈TOPICS〉京都府警、朝鮮総聯を強制捜査・雇用差別撤廃-アメリカの経験に学ぶ・KMJ研究センター第8回夏期セミナー開かれる・四国学院大学、被差別少数者を対象に来春から特別推薦入試
1994.09.01	Vol.12	67		ビデオ民族教材「コリアン文化にふれる」
1994.09.01	Vol.12	68		〈ほんをよむ〉自著をかたる『大路-朝鮮人の上海電影皇帝』を核まで 鈴木常勝　皇なつき『李朝・暗行記』・神谷丹路『韓国近い昔のたび』・宮本正於『在日日本人』

발행일	지면정보		필자	제목
	권호	페이지		
1994.09.01	Vol.12	74		編集後記
1994.12.01	Vol.13	4		〈特集〉地方自治体の国際交流を考える
1994.12.01	Vol.13	6		矛盾をかかえこむ状況を積極的につくっていく (財)とよなか国際交流協会
1994.12.01	Vol.13	10		開港135年目、足元からの国際化へ (財)横浜市海外交流協会
1994.12.01	Vol.13	11		対話のある国際交流のコンビニエンスストア (財)京都市国際交流協会
1994.12.01	Vol.13	14		大阪から世界へ、世界から大阪へ (財)大阪府国際交流財団
1994.12.01	Vol.13	16		アジアと大阪を中心に世界の人々が交流する広場 (財)大阪国際交流センター
1994.12.01	Vol.13	18		一段と広がる交流の輪 国際交流の助成事業にも採択されたセッパド(滋賀県大津市)
1994.12.01	Vol.13	20		朝鮮通信使特別展と自治体サミット
1994.12.01	Vol.13	21		〈ひと〉パヂ・チョゴリを着て通勤する川西杏さん
1994.12.01	Vol.13	22	伊ヶ崎淑彦	〈新連載-朝鮮通信使のあとをたどる〉第1回朝鮮通信使を下蒲刈島で5倍楽しむために
1994.12.01	Vol.13	26		外国人市民で始めて川崎社会功労賞を受賞した李仁夏さん
1994.12.01	Vol.13	28		〈読者のページ〉カウィ・バウィ・ボ・広島へ行ってきました(赤坂徳子)・差別を解消する動きからも差別される存在(北村小夜)・本名についた誤解を生んだ私の発言(北川知子)
1994.12.01	Vol.13	30		〈TOPICS〉・ワンコリア囲碁フェスティバル・各地で民族文化祭開催・大阪府八尾市で「国際交流親子の集い」・就職差別のない社会めざして-神奈川県で全国初の就職差別問題啓発セミナー開催!・「もうだまってまっておられん」から生まれた〈共生のマダン〉(奥村悦夫)・友だちの輪をひろげよう!-第3回ヨコハマハギハッキョ・共に生きる社会を模索しつづけて-季刊青丘社創立20周年・桜本保育園25周年記念
1994.12.01	Vol.13	38	金英達	〈金英達の数字で見る在日朝鮮人の歴史〉⑥ 韓国・北朝鮮への帰国
1994.12.01	Vol.13	40		「援護法の国籍・戸籍条項撤廃!日本政府は真摯な態度で謝罪せよ!」鄭商根戦後補償裁判第16回口頭弁論
1994.12.01	Vol.13	42		チマチョゴリ差別発言事件報告集会
1994.12.01	Vol.13	43		朝鮮・韓国を知るクイズ③
1994.12.01	Vol.13	44	高尾亨	まっ赤な海鮮なべと1592年-KMJ 韓国の歴史・文化を訪ねるたび
1994.12.01	Vol.13	46	高柳俊男	〈シリーズ〉大学における人権教育 第1回 過去を直視しつつ、未来を展望できるバネを 明星大学の巻
1994.12.01	Vol.13	50		〈新連載〉大学サークル訪問①仲間と共に考える-大阪市立大学在日朝鮮人問題研究会
1994.12.01	Vol.13	52	鄭早苗	〈歴史の散歩道〉⑩ 父と子(2)広開土王と長寿王
1994.12.01	Vol.13	54	八尾勝	〈Sai・サイコ・心〉差別心理を考える 第11回
1994.12.01	Vol.13	56		K&J交流センター設立

발행일	지면정보		필자	제목
	권호	페이지		
1994.12.01	Vol.13	57		オモニのわが家のパンチャン紹介③
1994.12.01	Vol.13	58		〈ほんをよむ〉井上青竜写真集『北帰行』・姜在彦『西洋と朝鮮』・全鎮植『わが朝鮮 私の日本』・情報誌『イマージュ』
1994.12.01	Vol.13	62		KMJ研究センター東京事務所開設の集い
1994.12.01	Vol.13	63		記念講演会のお知らせ 山田昭次『金子文子と朴烈-1920年代の日本人と朝鮮人』
1994.12.01	Vol.13	64		〈インフォメーション〉映像をみる
1994.12.01	Vol.13	66		KMJ研究センター活動日誌・編集後記
1995.03.01	Vol.14	4	崔久明	〈特集〉定住外国人に地方参政権を 特別取材 阪神・淡路大震災/おなじにこうむった災害で救済に不平等が生じることは許せない
1995.03.01	Vol.14	8	石川明宏	法改正原案をだした「さきがけまね」代表錦織淳氏に聞く
1995.03.01	Vol.14	12	仲原良二	正党助成法と在日外国人
1995.03.01	Vol.14	14	編集部	福井在日外国人地方参政権訴訟判決を読む
1995.03.01	Vol.14	16		定住外国人の地方参政権を求める集団訴訟に、あなたも参加を!
1995.03.01	Vol.14	20		〈ひと〉東京都の管理職選考試験受験を求めて裁判をおこした金香均さん
1995.03.01	Vol.14	21		朝鮮・韓国を知るクイズ④
1995.03.01	Vol.14	22	伊ヶ崎淑彦	〈朝鮮通信使のあとたどる〉② 朝鮮通信使の鞆・あなたの友
1995.03.01	Vol.14	26		〈TOPICS〉・福岡民闘連第四回在日韓国・朝鮮人の明日を考えるセミナーパネル・ディスカッション「今、なぜ在日韓国・朝鮮人教育が必要なのでしょうか」・「チョウセン帰れ」大阪府立高校で差別発言・戦後補償「元従軍慰安婦らハンスト行動」・「第4回『在日韓国・朝鮮人の未来と人権』研究集会」・「在日の戦後補償を求め、再び全国行進へ」
1995.03.01	Vol.14	31		〈読者のページ〉カウィ・バウィ・ボ・朴君の採用を伝説の一つに終わらせないように(赤坂徳子)・「強さ」の強要でないかかわり(伊藤憲宏)
1995.03.01	Vol.14	32	二階堂尚	アジア・太平洋人権情報センターの使命と役割
1995.03.01	Vol.14	35	金恩受	オモニのわが家のパンチャン紹介④
1995.03.01	Vol.14	36	金英達	〈金英達の数字で見る在日朝鮮人の歴史〉⑦ 法的増減(日本国籍の得喪)
1995.03.01	Vol.14	38	文公輝	大阪人権歴史資料館の常設展示「在日韓国・朝鮮人」
1995.03.01	Vol.14	42	内海愛子	〈大学における人権教育〉第2回 山田耕筰さん、あなたたちに戦争責任はないのですか 恵泉女学園大学の巻
1995.03.01	Vol.14	46		〈大学サークル訪問〉② 週刊「ビビンバ」を広く訴える 大阪教育大学在日朝鮮人教育研究会
1995.03.01	Vol.14	48	鄭早苗	〈歴史の散歩道〉⑪ 父と子(3) 太祖と太宗
1995.03.01	Vol.14	50	八尾勝	〈Sai・サイコ・心〉差別心理を考える 第12回
1995.03.01	Vol.14	52	文美実	全国在日韓国・朝鮮人保護者会の合宿をたずねて

발행일	지면정보		필자	제목
	권호	페이지		
1995.03.01	Vol.14	54		〈ほんをよむ〉TAMAYO『コメディ＋LOVE』・高井有一『立原正秋』・梁石日『夜を賭けて』・従軍慰安婦問題ウリヨソンネットワーク企画　金富子・梁澄子ほか著『もっと知りたい「慰安婦」問題』
1995.03.01	Vol.14	58		多民族共生教育アメリカ研究旅行
1995.03.01	Vol.14	60		〈インフォメーション〉定住外国人に対する地方参政権に関する意見書等採択府県別一覧
1995.03.01	Vol.14	62		KMJ研究センター活動日誌・編集後記
1995.09.01	Vol.16	4		〈特集〉在日コリアンたちの戦後50年 2世と3世の親子対談 金春子/李昌宰　何が変って/変わらないか キーワードの解説
1995.09.01	Vol.16	12		1世たちの戦後ウリハッキョを守った(李粉袄さん)/まだ、戦争は終わっていません(鄭商根さん)/補償を求め続けて(趙鏞寿)/民族の目をもってほしい(朴仁錫さん)
1995.09.01	Vol.16	20		「戦後補償をめぐって~当事者たちは果たして納得するのか」
1995.09.01	Vol.16	24	井上正一	戦後50年決議を読む
1995.09.01	Vol.16	26	伊ヶ崎淑彦	朝鮮通信使のあとたどる④
1995.09.01	Vol.16	30	岡本雅享	近づく人種差別撤廃条約の批准
1995.09.01	Vol.16	33	柳銀淑	オモニのわが家のパンチャン紹介⑥
1995.09.01	Vol.16	34	八尾勝	〈Sai・サイコ・心〉差別心理を考える 第14回
1995.09.01	Vol.16	36		〈大学における人権教育〉第3回　神戸大学・今秋からの天理大学の巻 慎英弘さんに聞く
1995.09.01	Vol.16	39		〈ひと〉兵庫県定住外国人生活復興センター代表 呉相現さん
1995.09.01	Vol.16	40		大学サークル訪問④　　様々な大学の学生が「在日」を考えるサークル 在日コリアン 文化研究会
1995.09.01	Vol.16	42	鄭早苗	歴史の散歩道⑬ パンソリについて
1995.09.01	Vol.16	44	辛澄恵	〈リレーエッセイ〉① 倭城を訪ねて思うこと
1995.09.01	Vol.16	46		教育現場の差別事件 名指しで民族差別落書き 大阪教育大学民族差別落書き事件
1995.09.01	Vol.16	48		ベトナム人高校生に対する就職差別事件を考える
1995.09.01	Vol.16	50		〈ほんをよむ〉韓国・北朝鮮・在日コリアン社会がわかる本/三たびの海峡/ほるもん文化5在日朝鮮人民教育の行方/全朝教ブックレット①~⑤/「朝鮮戦争」取材ノート/清河への道~48番(ＣＤ)
1995.09.01	Vol.16	55	藤井幸之助	〈朝鮮・韓国を知るクイズ〉⑥ 元気の出る冊子「イル しごと」
1995.09.01	Vol.16	56		熱気あふれた在日韓国・朝鮮人＆マイノリティ就職セミナー
1995.09.01	Vol.16	57		第9回 在日韓国・朝鮮人問題夏期セミナー
1995.09.01	Vol.16	58		〈トピックス〉「パラムの会~在日コリアンと日本人の結婚家庭」写真展/松原市の中学校で多文化共生のフォーラム/定住外国人の地方参政権を求めるシンポジウム/映画エイジアン・ブルー浮島丸サコン
1995.09.01	Vol.16	61		〈読者のページ〉カウィ・バウィ・ボ
1995.09.01	Vol.16	62		編集後記・KMJ研究センター活動日誌

발행일	지면정보		필자	제목
	권호	페이지		
1995.12.01	Vol.17	4		〈特集〉マイノリティと日本社会~内と外から日本を語る 座談会 在日コリアン二世と在日中国人一世か日本を語る(金富健/上村香織)
1995.12.01	Vol.17	10	山口明福	〈特集〉マイノリティと日本車記~内と外から日本を語る 中国と日本のまん中で生きたい
1995.12.01	Vol.17	12	中津美和	〈特集〉マイノリティと日本車記~内と外から日本を語る ベトナム人家族との出会いの中で
1995.12.01	Vol.17	14		〈特集〉マイノリティと日本車記~内と外から日本を語る 「どもに歩んで行こう」横浜・鶴見 外国人児童生徒保護者交流会
1995.12.01	Vol.17	16	李姫子	〈特集〉マイノリティと日本車記~内と外から日本を語る イギリスに留学して、日本人の問題意識のなさが見えた
1995.12.01	Vol.17	18	奥田千愛	〈特集〉マイノリティと日本車記~内と外から日本を語る アメリカで学んだのは個人のちがいを認め「自分を愛する」こと
1995.12.01	Vol.17	20	八尾勝	〈Sai・サイコ・心〉差別心理を考える 第15回
1995.12.01	Vol.17	22		「鳳仙花」10号発刊によせて ベティ・フリータンに学ぶ
1995.12.01	Vol.17	24	呉文子	民族のために生きた曹基亨さんを偲ぶ 曹基亨さん公演録より(杉谷依子/鄭早苗/佐々木知子/裵薫)
1995.12.01	Vol.17	28	大野徹人/韓守賢	〈東京・コリアンの生きる街〉第1回 江東区枝川埋立地・枝川にコリアタウンを築く
1995.12.01	Vol.17	32	柳銀淑	オモニのわが家のパンチャン紹介⑦
1995.12.01	Vol.17	33		〈ひと〉狭山市国際交流協会理事になった崔順姫さん
1995.12.01	Vol.17	34	李淳美	〈リレーエッセイ〉② 私は「私が定義するところの『韓国人』である」
1995.12.01	Vol.17	36	村田進	尹奉吉の暗葬地跡を整備して
1995.12.01	Vol.17	38		〈大学サークル訪問〉⑤ いろんなマイノリティがいて「まじめなおしゃべり?」に花が咲く在日外国人との共生を考える会(大阪外国語大学)
1995.12.01	Vol.17	40	鄭早苗	〈歴史の散歩道〉⑭ 秀吉の朝鮮侵略について
1995.12.01	Vol.17	42		〈1世たちの自分史〉① 金甲順さん
1995.12.01	Vol.17	44	小林秀吉	日韓学生フォーラムにかかわって
1995.12.01	Vol.17	46	東野聡	〈追悼〉裵健一さん 入居差別と闘い、人間回復の道を歩みつづけた人「私とべさん~そしてレン君へ~」
1995.12.01	Vol.17	48		〈ほんをよむ〉知っていますか?外国人労働者と人権一問一答/心果つるまで/遺族と戦後/CD Who Can The World?/ソウルと平壌/子どもの涙
1995.12.01	Vol.17	52		定住外国人行政指針策定すすむ 伊丹市
1995.12.01	Vol.17	54		〈トピックス〉兵庫で全朝教研究集会を開催/定住外国人の地方参政権を求める100人訴訟/ビデオレンタル店におけるアルバイト差別/青年海外協力隊国籍条項問題/鄭商根さんの戦後補償裁判判決
1995.12.01	Vol.17	58		第21回 全国民間連大会開催 「在日コリアン人権協会」と「多文化共生フォーラム」への移行決定される

발행일	지면정보		필자	제목
	권호	페이지		
1995.12.01	Vol.17	60	藤井幸之助	朝鮮・韓国を知るクイズ⑦
1995.12.01	Vol.17	61		〈読者のページ〉カウィ・バウィ・ボ
1995.12.01	Vol.17	62		編集後記・KMHJ研究センター活動日誌
1996.03.01	Vol.18	4		〈特集〉日本国籍をもつコリアンたち 座談会 民族をあらわすものはひとつじゃない(金久高/盧佳世/康欣和/栗山春宣)
1996.03.01	Vol.18	10		〈特集〉日本国籍をもつコリアンたち 「なぜ、韓国姓を選べないの?」洪太均・長田真理子夫妻
1996.03.01	Vol.18	13	金美恵	〈特集〉日本国籍をもつコリアンたち 韓国・朝鮮籍在日コリアンをたやしたくない
1996.03.01	Vol.18	16	朴一	〈特集〉日本国籍をもつコリアンたち 日本籍コリアンもエスニックな存在として生きる回路を創造しよう
1996.03.01	Vol.18	24	鄭良二	〈特集〉日本国籍をもつコリアンたち 日本籍朝鮮人問題-これからの課題
1996.03.01	Vol.18	26		〈トピックス〉第五回「在日韓国・朝鮮人の未来と人権」研究集会/ケンタッキー・フライドチキンアルバイト募集で問題発言/新聞奨学生に国籍条項朝日、読売など軒並み「外国人不可」/朝日新聞Ronza(論座)「半チョッパリ」表現問題/朝鮮奨学会に「国籍条項」の撤廃を求め要望書提出/リコー商品不買運動を開始
1996.03.01	Vol.18	28	玄幸子	〈リレーエッセイ〉③ 韓国の日本語教師
1996.03.01	Vol.18	30		在日外国人問題啓発アニメーションビデオ「いちばん近くに」三月末完成予定!
1996.03.01	Vol.18	32	朴君愛	クアラルンプール・バンコク・マニラ 人権NGOの訪ね歩き印象記
1996.03.01	Vol.18	36	大野徹人/韓守賢	〈東京・コリアンの生きる街〉第2回 調布市多摩川 うつりかわりゆく「近所の景色」
1996.03.01	Vol.18	40	孫弘樹	トッカビを守れ/寒空の下で座り込み 大阪府八尾市行政が無断でトッカビ子ども会の施設の転用を計画
1996.03.01	Vol.18	42	鄭早苗	〈歴史の散歩道〉⑮ 統一時代を生きた人々(1)
1996.03.01	Vol.18	44	八尾勝	〈Sai・サイコ・心〉差別心理を考える 第16回
1996.03.01	Vol.18	46		〈教育現場の差別事件〉穴師小学校民族差別事件その後教育現場の誠意ある対応を求めて保護者たちが座り込み
1996.03.01	Vol.18	47		〈ひと〉「学校と一緒に解決したがった」穴師小学校のいじめ事件-被害者のオモニ(母親)周貞子さんにきく
1996.03.01	Vol.18	48		1世たちの自分史② 金常明さん
1996.03.01	Vol.18	50		〈ほんをよむ〉ゴーマニズム宣言 差別論スペシャル/在日という感動針路は「郷誠」/「障害」と民族のはざまで在日朝鮮・韓国人聴覚「障害者」のあゆみ/NHKドラマ 大地の子
1996.03.01	Vol.18	54		笑い、涙、そして怒り 全国保護者会一周年シンポジウムが開かれる
1996.03.01	Vol.18	56	李鍾順/徐正禹/呉光現	〈追悼〉民族のために生きた曺基亨さんを偲ぶ 曺基亨さんの講演録より

발행일	지면정보		필자	제목
	권호	페이지		
1996.03.01	Vol.18	60	柳銀淑	オモニのわが家のパンチャン紹介⑧/〈読者のページ〉カウィ・バウィ・ボ
1996.03.01	Vol.18	61	藤井幸之助	朝鮮・韓国を知るクイズ⑧
1996.03.01	Vol.18	62		編集後記・KMJ研究センター活動日誌
1996.09.01	Vol.20	4		〈特集〉企業と在日コリアン　写真で感じる「歴史」の風景②
1996.09.01	Vol.20	6		〈特集〉企業と在日コリアン　座談会　企業の人権担当が語る（金子則夫/田中昭紘/浜口範彦/林田武）　企業の人権への取り組みに積極的な評価を!/最大の啓発は当事者の雇用だ
1996.09.01	Vol.20	13		〈KMJ研究センター企業部会宿泊研修〉出石町と丹波マンガン記念館をたずねて
1996.09.01	Vol.20	14		問題なのは無理解と不誠実な対応~リコー外国人差別問題に見る企業の人権問題への対応
1996.09.01	Vol.20	18		アメリカのマイノリティと女性団体に学んだもの~NOWと虹の連合との懇談会の中から
1996.09.01	Vol.20	21		〈ひと〉ひとりの人間として「ひと」にかかわる姿がにじみ出る-朴慶南さん
1996.09.01	Vol.20	22		大阪府が在日外国人高校生の進路追跡調査を実施
1996.09.01	Vol.20	24		在日韓国・朝鮮人&マイノリティ就職セミナー開かれる
1996.09.01	Vol.20	26	大野徹人/韓守賢	〈東京・コリアンの生きる街〉第4回　三河島
1996.09.01	Vol.20	30		三河島マップ　三河島を歩く
1996.09.01	Vol.20	32	鄭早苗	〈歴史の散歩道〉⑰　統一時代を生きた人々(3)
1996.09.01	Vol.20	34	八尾勝	〈Sai・サイコ・心〉差別心理を考える　第18回
1996.09.01	Vol.20	36	文公輝	〈誌上博物館〉2　在日コリアンの歴史を展示
1996.09.01	Vol.20	40	呉光現	〈リレーエッセイ〉⑤　結構、楽しんでます
1996.09.01	Vol.20	42	金丸泰子/宋喜久子	第2回　多文化共生の現場から　日本でベトナム人として生きる力を/大阪府八尾市のベトナム人教育の現場から
1996.09.01	Vol.20	46		〈座談会〉こんなふうにみた　アミメーションビデオ「いちばん近くに」
1996.09.01	Vol.20	50		〈ほんをよむ〉もう一人の力道山/朝鮮民衆と「皇民化」政策/「在日」からの視座/ドキュメンタリー映画　ナヌムの家
1996.09.01	Vol.20	54		〈シリーズ〉多文化食べ歩き②　ブラジル料理
1996.09.01	Vol.20	55	萩原遼	おめでたいではすまされない
1996.09.01	Vol.20	56		在日外国人問題研究家吉岡増雄さんの蔵書収集資料がリバティ大阪で保存
1996.09.01	Vol.20	58		〈トピックス〉第10回KMJ研究夏期セミナー開催/「差別解消に向けた教育・啓発法」制定へ~与党「人権と差別問題に関するプロジェクトチーム」で合意/大盛況~「くつの街ながたアジア自由市場」/入居差別実態調査アンケート実施中/高齢者むけ預金商品無年金も利用できるよう改善を/「支える会」故鄭商根さんの故郷済州島へ

발행일	지면정보		필자	제목
	권호	페이지		
1996.09.01	Vol.20	61		〈読者のページ〉カウィ・バウィ・ボ
1996.09.01	Vol.20	62		編集後記・KMHJ研究センター活動日誌
1996.12.01	Vol.21	4		＜特集＞帰化と日本国籍取得 写真で感じる「歴史」の風景③ 百済の王族 鬼室集斯と鬼室福信
1996.12.01	Vol.21	6	編集部	＜特集＞帰化と日本国籍取得 帰化を語り始めた在日コリアン
1996.12.01	Vol.21	8		＜特集＞帰化と日本国籍取得 法務局・帰化相談の窓口は今帰化後の「氏名」―日本人になるのだから日本名を/インタビュー 司法書士に聞いてみた 創氏改名を証明する書類提出の意味
1996.12.01	Vol.21	12		私はこう見た「帰化したいビンボー」座談会/「帰化したい」在日コリアンがテレビ番組に/座談会パート1 「国籍」に誇りが持てるのだろうか?(鄭順一/鄭聖子/金峰健/林秀紀/蔵重優姫)
1996.12.01	Vol.21	16		〈座談会パート2〉僕らの世代はどちらにも帰属しない(高英泰/金政浩)
1996.12.01	Vol.21	18		〈座談会パート3〉帰化は国籍による差別を認めてしまう(金明石/呉光現/金和子)
1996.12.01	Vol.21	21		〈帰化した人が語る〉【インタビュー】子どもを日本人と同じスタートラインに(良本豊幸)/姉の就職がきっかけでした(康欣和)/ベトナム人の山本です(山本恵子)
1996.12.01	Vol.21	24		〈アメリカのマイノリティ人種運動から学んだもの〉第3回 日光米女性・マイノリティ会議 徐正禹在日コリアン人権協会会長に聞く
1996.12.01	Vol.21	27		〈ひと〉(財)アジア福祉教育財団より表彰された鄭栄鎮さん ベトナム人の子どもたちへの取り組みが評価される
1996.12.01	Vol.21	28		第3回多文化共生の現場から 富田林市 教えることは学ぶこと 大阪府富田林市中央公民館「とんだばやし日本語よみかき教室」と「ザ河内インターナショナル」
1996.12.01	Vol.21	32	編集部	地方自治体の「国際化」はホンモノか 自治体の国際化大綱策定状況
1996.12.01	Vol.21	36	呉光現	〈リレーエッセイ〉⑥ 二つの祭り
1996.12.01	Vol.21	38	文公輝	〈誌上博物館〉3 リバティおおさかの常設展示「在日コリアン」
1996.12.01	Vol.21	42		〈シリーズ〉大学における人権教育 第4回 おおさか教育大学の巻 「徳無彊」一彊(境)を無くて徳となす(金英達)/フィールドワーク・近鉄旧青山トンネル工事と朝鮮人労働者/「朝鮮人がここで働いたんだ」郷原かおり/高井麻実/金京子/澄田憲親/我藤諭
1996.12.01	Vol.21	46	鄭早苗	〈歴史の散歩道〉⑱ 文武王・法敏(1)
1996.12.01	Vol.21	48	八尾勝	〈Sai・サイコ・心〉差別心理を考える 第19回
1996.12.01	Vol.21	50		〈ほんをよむ〉新・ゴーマニズム宣言スペシャル 脱正義論/劇作家八人によるロジック・ゲームー鄭義信「さすらい論」/アメリカの多文化教育に学ぶ
1996.12.01	Vol.21	53		ビデオ ついに完成「理不尽なり」故 鄭商根さんからのメッセージ

발행일	지면정보		필자	제목
	권호	페이지		
1996.12.01	Vol.21	54		〈トピックス〉 第5回とよなか国際ネットワークまつり開催/第4回在日外国人児童生徒・保護者交流会(横浜市鶴見区)/八尾国際交流野遊祭秋晴れの下、市民二千人が集う/就職差別の根絶をめざして在日外国人生徒の進路保障を考えるシンポジウム開催/在日の戦後補償を求めて、全国キャラバン/「全国連絡会」外国人の無年金者への適用を求め、厚生省交渉/米カリフォルニア州で「アファーマティブ・アクション」撤廃可決
1996.12.01	Vol.21	58		〈つくってみよう、たべてみよう マイノリティの家庭料理〉2 タイ料理の巻(その一)
1996.12.01	Vol.21	59		〈読者のページ〉カウィ・バウィ・ボ
1996.12.01	Vol.21	60		〈インフォメーション〉統計をよむ 在日コリアン社会変化の兆し、ニューカマーは定住化へ
1996.12.01	Vol.21	62		編集後記
1997.03.01	Vol.22	4		<特集>2世・3世が語る民族・祖国、そして日本/写真で感じる「歴史」の風景④ 朝鮮人虐殺を描く-萱原白洞画「関東大震災絵巻」
1997.03.01	Vol.22	6		<特集>2世・3世が語る民族・祖国、そして日本/〈座談会パート1〉在日コリアン2世たち一世の苦労をみながら「在日」の位置をさがす/日本社会で民族をなのり、文化を伝えたい(呉時宗/李美葉/金和子)
1997.03.01	Vol.22	10		<特集>2世・3世が語る民族・祖国、そして日本/〈座談会パート2〉在日コリアン3世たちルーツとしての韓国、生まれ育った日本/自分が好きだから日本が好き(崔康恵/金玟姓/金泰広/金煐子)
1997.03.01	Vol.22	14	編集部	<特集>2世・3世が語る民族・祖国、そして日本 座談会を終えて 2世たちの熱い思い 3世たちの明るさ
1997.03.01	Vol.22	16	朱秀子/金政玉	〈緊急座談会〉従軍慰安婦は「商行為だった」のか?
1997.03.01	Vol.22	23	鄭良二	〈コリアインターネットウォッチング〉第1回
1997.03.01	Vol.22	24	谷敏光	〈ミニ特集?公務員国籍条項問題 「おかしいぞ!国籍条項」(対談: 文公輝/李護)/国籍条項撤廃運動の奈良の現状ー各地の状況に重ねてー
1997.03.01	Vol.22	29		〈ひと〉子どもたちの未来をうたう 日本籍在日韓国人ボーカリスト 趙由季三さん
1997.03.01	Vol.22	30	金真須美	〈新連載〉じゃからんだの花枝を背に(1)マイノリティーの住む町、ロサンゼルスを訪ねて
1997.03.01	Vol.22	32	鄭早苗	〈歴史の散歩道〉⑲ 世宗大王の時代
1997.03.01	Vol.22	34	八尾勝	〈Sai・サイコ・心〉差別心理を考える 第20回
1997.03.01	Vol.22	36	文公輝	〈誌上博物館〉4 リバティおおさかの常設展示「在日コリアン」
1997.03.01	Vol.22	40	李峻	リレーエッセイ⑦
1997.03.01	Vol.22	42		〈ほんをよむ〉Z/人は幸せになるために生まれてきたのです/21世紀を展望する多文化共生教育の構想 府外教のめざす在日外国人教育/20世紀の日本④「植民地」-帝国50年の興亡~
1997.03.01	Vol.22	46	編集部	古稀をむかえられた姜在彦さんに聞く 朝鮮史研究も雑誌の発行も運動だった姜在彦先生の朝鮮史研究

발행일	지면정보		필자	제목
	권호	페이지		
1997.03.01	Vol.22	51	水野直樹	〈アメリカのマイノリティ人権運動から学んだもの〉第3回 日光女性・マイノリティ会議　徐正禹在日コリアン人権協会会長に聞く
1997.03.01	Vol.22	54	北口学	バナバ民族を知っていますか? 異国の智で生きる民族、そして日本との関係を
1997.03.01	Vol.22	56		〈マンガ〉あるアッパの楽しい生活　その1
1997.03.01	Vol.22	58		〈トピックス〉「衡平運動記念塔竣工記念式典」行なわれる!/オモニたちの書道展/KMJ研究センター主催の学習会&ディスカッション「歴史認識と差別表現」開催
1997.03.01	Vol.22	60		〈読者のページ〉カウィ・バウィ・ボ
1997.03.01	Vol.22	61		〈つくってみよう、たべてみよう マイノリティの家庭料理〉3 タイ料理の巻(その二)
1997.03.01	Vol.22	62		編集後記
1997.06.01	Vol.23	4		〈緊急特集〉在日コリアンと高齢者福祉【座談会】在日コリアン高齢者は今の緊急課題である(孫貴司/宋貞智/太古喜代子)
1997.06.01	Vol.23	14		老人ホームでの在日コリアンの姿　特別養護老人ホーム「園田苑」の場合
1997.06.01	Vol.23	16		〈解説〉今、在日高齢者が直面している無年金問題【コラム】年金定期預金問題について
1997.06.01	Vol.23	18		在宅ケアに取り組む在日ドクター 梁勝則さん 社会が支える介護システムづくりは、医療と福祉の連携による新しい地域文化づくり
1997.06.01	Vol.23	22		全国初! 大阪府の在日外国人高齢者保健福祉サービス利用状況調査
1997.06.01	Vol.23	26		(大阪府のコメント)周知状況は十分ではないと認識
1997.06.01	Vol.23	27		<PRページ>きっと わかりあえるよ
1997.06.01	Vol.23	28	鄭早苗	〈歴史の散歩道〉⑳ 端午
1997.06.01	Vol.23	30	八木晃介	〈リレーエッセイ〉⑧ 世馴れた青年と世間知らずの中年
1997.06.01	Vol.23	32	鄭良二	〈コリアインターネットウォッチング〉第2回
1997.06.01	Vol.23	34		〈HOT NEWS〉決められた道でなく、自分の道を(慎英弘さん)
1997.06.01	Vol.23	36	八尾勝	〈Sai・サイコ・心〉差別心理を考える 第21回
1997.06.01	Vol.23	38		写真で感じる歴史の風景⑤　特別企画展「映像は語る－大阪の朝鮮人強制連行と強制労働」
1997.06.01	Vol.23	42		〈つくったみよう、たべてみよう マイノリティの家庭料理〉4 オモニパワー満開!　夏だ! 焼肉だ!
1997.06.01	Vol.23	44		〈ほんをよむ〉日本定住コリアンの日常と生活/歴史のなかの米と肉/日本のエスニック社会
1997.06.01	Vol.23	47		〈ひと〉在日こそ、プラス思考で大きな仕事ができる　鄭日出さん
1997.06.01	Vol.23	48		〈トピックス〉在日コリアン 親と子の夏季キャンプに参加を!/在日コリアン・マイノリティ啓発講座を開講/就職教育セミナーは大盛況/なみはや国体でも、まだ不十分/高校生のための就職セミナー「はばたけ未来」開催/仙台「やわらか社会のためのワークショップ」開催

발행일	지면정보		필자	제목
	권호	페이지		
1997.06.01	Vol.23	52		〈マンガ〉あるアッパの楽しい生活 その2
1997.06.01	Vol.23	54	草加道常	〈特別寄稿〉もうひとつの50年
1997.06.01	Vol.23	56		〈読者のページ〉カウィ・バウィ・ボ
1997.06.01	Vol.23	58		KMJ研究センター満10周年を迎えて/編集後記
1997.09.01	Vol.24	4		〈緊急特集〉在日コリアンの起業学【インタビュー】在日コリアンの仕事、その歴史と現在　姜在彦さん
1997.09.01	Vol.24	8		〈企業家インタビュー〉「コリアンだからこそ、努力すればやっていける」(株)ビージーコーポレーション会長　梁斗京さん
1997.09.01	Vol.24	10		「コリアンであることを開き直ったらいい」富士開発(株)代表取締役　白珠相さん
1997.09.01	Vol.24	13		KJ同友会特別座談会　在日事業者の権利を守るための新しい道を探る
1997.09.01	Vol.24	20		アファーマティブ・アクションの必要性と可能性 聖学院大学 柴田武男さん
1997.09.01	Vol.24	23		〈写真で感じる歴史の風景〉⑥ 復元された代表的邑城「水原城」
1997.09.01	Vol.24	24	鄭早苗	〈歴史の散歩道〉(21) 生半可な知識で放送されては困ります
1997.09.01	Vol.24	26	八尾勝	〈Sai・サイコ・心〉差別心理を考える 第22回
1997.09.01	Vol.24	28	鄭良二	〈コリアインターネットウォッチング〉第3回
1997.09.01	Vol.24	30		KMJ研究センター企業部会フィールドワーク　渡来人文化と江戸時代の友好関係を湖東にたずねる　キリンビール(株)大阪支社 金沢信男
1997.09.01	Vol.24	32		〈緊急レポート〉TBSの人権感覚は？
1997.09.01	Vol.24	36		〈ほんをよむ〉　命さえ忘れなきゃ/現代河原乞食考/生きることの意味・青春篇/朝鮮人学徒出陳
1997.09.01	Vol.24	40		〈つくったみよう、たべてみよう マイノリティの家庭料理〉5 ご飯がすすむ韓国の惣菜
1997.09.01	Vol.24	42	北川恭章	〈ミニ特集〉戦争責任、戦後補償を凝縮した「ウトロ」問題
1997.09.01	Vol.24	48		〈ひと〉在日コリアンの入居差別に対して頑固闘う 左右全さん、李美貴さん
1997.09.01	Vol.24	49		＜PRページ＞きっと わかりあえるよ
1997.09.01	Vol.24	50		〈トピックス〉KMJ研究センター97年度総会、KMJ研究センター10周年法人化に向けた躍進の集い/シンポジウム「在日コリアンと高齢者福祉」/泉大津市立中学校の人権フォーラム/KMJ研究センター夏期セミナー開催
1997.09.01	Vol.24	54		〈マンガ〉あるアッパの楽しい生活 その3
1997.09.01	Vol.24	56		〈読者のページ〉カウィ・バウィ・ボ
1997.09.01	Vol.24	58		お知らせ・編集後記
1997.12.01	Vol.25	4		＜特集＞在日コリアンへの就職指導はいま 学校ルポ　桃山学院大学・広島女学院大学・大阪府立西成高等学校
1997.12.01	Vol.25	10		＜特集＞在日コリアンへの就職指導はいま【座談会】就職活動体験を語り合う　(徐春朝/慎明子/浜英治/李美葉)

발행일	지면정보		필자	제목
	권호	페이지		
1997.12.01	Vol.25	13		〈特集〉在日コリアンへの就職指導はいま 就職差別のながれ
1997.12.01	Vol.25	16	珍島	〈特集〉在日コリアンへの就職指導はいま〈写真で感じる歴史の風景〉7 高麗の軍事組織がモンゴルと交戦した
1997.12.01	Vol.25	18	鄭早苗	〈歴史の散歩道〉(21) 道教
1997.12.01	Vol.25	20	八尾勝	〈Sai・サイコ・心〉差別心理を考える 第22回
1997.12.01	Vol.25	22	原尻英樹	〈リレーエッセイ〉9 定住コリアンの研究の〈反ーすすめ〉
1997.12.01	Vol.25	24	金敦子	マイノリティの家庭料理番外編 韓国の市場をあるく
1997.12.01	Vol.25	30	鄭良二	〈コリアインターネット〉最終回
1997.12.01	Vol.25	32	井上正一	〈新連載〉サイの目 正しい知識の普及こそ、最大の社会啓発である
1997.12.01	Vol.25	34	李姫子	〈特別寄稿〉セルビア人ーバルカンのコリアンーとともに暮らして
1997.12.01	Vol.25	36	編集部	〈Saiニュース〉在日コリアン高齢者を排除した差別商品 銀行の「年金定期預金」は即刻改善を
1997.12.01	Vol.25	39		〈ひと〉当事者としての日本人の声を反映させたい 金香都子さん
1997.12.01	Vol.25	40		〈Saiスポット〉韓国国籍法の改正動向
1997.12.01	Vol.25	42		〈特別企画〉【座談会】朝まで生テレビ『激論 在日コリアンと日本』を観て
1997.12.01	Vol.25	47		〈PRページ〉きっと わかりあえるよ
1997.12.01	Vol.25	48		〈ほんをよむ〉『国定韓国高等学校歴史教科書 韓国の歴史』『日韓歴史論争 海峡は越えられすか』『歌劇の街のもうひとつの歴史 宝塚と朝鮮人』
1997.12.01	Vol.25	51		〈トピックス〉「東九条マダン」に集って/第2回KMJ研究センター連続シンポジウム『在日コリアン教育の今日的論点』/大阪府在日外国人教育研究協議会結成5周年集会
1997.12.01	Vol.25	53		〈マンガ〉あるアッパの楽しい生活 その4
1997.12.01	Vol.25	55		〈読者のページ〉カウィ・バウィ・ボ
1997.12.01	Vol.25	56		お知らせ・編集後記
1998.03.01	Vol.26	4		〈特集〉在日コリアンの人権とマスコミ「人権教育のための国連10年」におけるマスコミの役割について
1998.03.01	Vol.26	6		〈特集〉在日コリアンの人権とマスコミ【緊急インタビュー】「北朝鮮籍」誤認報道の経緯とその後 NHK大阪放送局報道部/産経新聞大阪本社編集局社会部/毎日新聞神戸支局/大阪YMCA学校事業統括・予備校(編集部)
1998.03.01	Vol.26	11		〈特集〉在日コリアンの人権とマスコミ 特集のまとめ マスコミはどうかかわるかが問われている
1998.03.01	Vol.26	12	鄭早苗	〈歴史の散歩道〉(22) 円光(新羅時代の僧侶)
1998.03.01	Vol.26	14	八尾勝	〈Sai・サイコ・心〉差別心理を考える 第24回
1998.03.01	Vol.26	16	菅野修一	〈リレーエッセイ〉10 帝塚山学院泉ヶ丘高校の韓国研修について

발행일	지면정보		필자	제목
	권호	페이지		
1998.03.01	Vol.26	19	山本冬彦	〈Saiニュース1〉外国人公務員の管理職昇任排除の不当性が司法で認められた
1998.03.01	Vol.26	22	井上正一	〈サイの目〉Vol.2 人権教育の受講はまず閣僚・官僚から
1998.03.01	Vol.26	24		〈Saiスポット〉韓国国籍法の改正される
1998.03.01	Vol.26	26		〈マイノリティの家庭料理〉7 しっかりおかずと春を楽しむ逸品
1998.03.01	Vol.26	28	編集部	〈KMJ研究センター 連続シンポジウム〉3「在日コリアンの就職」
1998.03.01	Vol.26	35		〈ほんをよむ〉『高句麗と渤海』『住みたいねんこの街に』『幻の大国手』
1998.03.01	Vol.26	38		KMJ研究センター企業部会 ともに働ける企業づくりをめざして 大和ハウス工業(株)
1998.03.01	Vol.26	40		〈Saiニュース2〉広島市で外国人市民との懇談会がスタート
1998.03.01	Vol.26	42		〈トピックス〉『八尾在日コリアン高齢者のつどい』『テト祭大成功』『全関西在日外国人教育ネットワーク設立』『仲尾宏さん出版記念会』
1998.03.01	Vol.26	46		〈ひと〉地域での人権確立こそ、行政本来の役割 松本城州夫さん
1998.03.01	Vol.26	48	金重明	〈特別寄稿〉「済州島四・三事件」五〇周年を迎えて
1998.03.01	Vol.26	52		〈マンガ〉あるアッパの生活 その5
1998.03.01	Vol.26	54		〈読者のページ〉カウィ・バウィ・ボ
1998.03.01	Vol.26	56		お知らせ・編集後記
1998.06.01	Vol.27	4		〈特集〉マスコミ報道と在日コリアンの人権を考える 第7回「在日韓国・朝鮮人の未来と人権研究集会」におけるシンポジウム報告/ブロードキャスター民族差別報道/分かっていない『RONZA』編集長/朝日奨学会、コリアンを排除/河出文庫の差別表現/ニュースステーション、差別語報道の無関心
1998.06.01	Vol.27	13		〈お知らせ〉シンポジウム「在日コリアンの人権とマスコミ」開催
1998.06.01	Vol.27	14	鄭早苗	〈歴史の散歩道〉23 モンゴルと高麗
1998.06.01	Vol.27	16	八尾勝	〈Sai・サイコ・心〉差別心理を考える 第25回
1998.06.01	Vol.27	18	飯沼二郎	〈リレーエッセイ〉11 日本人はいいかげんな民族か
1998.06.01	Vol.27	20	井上正一	〈サイの目〉Vol.3 新聞の訂正記事で資質がわかる
1998.06.01	Vol.27	22	金英達	〈新連載〉歴史の「接点」を訪ねる 朝鮮の虎か、太鼓か?
1998.06.01	Vol.27	25		〈マイノリティの家庭料理〉8 祝い事に欠かせない餅料理
1998.06.01	Vol.27	26		KMJ研究センター企業部会
1998.06.01	Vol.27	28	山本冬彦	〈Saiニュース1〉在日外国人参政権裁判
1998.06.01	Vol.27	30		〈Saiニュース2〉全国で唯一の在日コリアンの雇用の啓発冊子
1998.06.01	Vol.27	32		〈Saiトピックス〉KMJ研究センターが法人化
1998.06.01	Vol.27	36		〈ほんをよむ〉『在日韓国人青年の生活と意識』『ダブルの新風』『コリアン・マイノリティ研究』『血と骨』『レディ・ジョーカー』

발행일	지면정보		필자	제목
	권호	페이지		
1998.06.01	Vol.27	41		〈報告〉在日コリアン・マイノリティ啓発講座
1998.06.01	Vol.27	42		〈ひと〉本来の社会科教育とは人権意識、国際理解の考え方を育てること　田渕五十生さん
1998.06.01	Vol.27	44		〈報告〉第4回　就職教育セミナー
1998.06.01	Vol.27	46		〈お知らせ〉KMJ研究夏期セミナー開催
1998.06.01	Vol.27	47		〈写真でみる歴史の風景〉⑨
1998.06.01	Vol.27	48		〈トピックス〉『鄭商銀戦後補償裁判の報告』『記録映画＜在日＞戦後在日50年史』『兵庫県外教集会』
1998.06.01	Vol.27	51		〈お知らせ〉第2回「在日コリアン親と子のふれあいのつどい」開催
1998.06.01	Vol.27	52		〈マンガ〉あるアッパの生活　その6
1998.06.01	Vol.27	54		〈読者のページ〉カウィ・バウィ・ボ
1998.06.01	Vol.27	56		お知らせ・編集後記
1998.09.01	Vol.28	4		＜特集〉「在日コリアンとPTAについて」【座談会】「金浩子さん、朴典子さん、李弘子さん」/PATに関わるきっかけ/役員の押しつけ合いという現実/会員相互が対等な関係が結べるPATをめざして/PATミニガイド
1998.09.01	Vol.28	12	鄭早苗	〈歴史の散歩道〉25　鄭夢周とその時代(一)
1998.09.01	Vol.28	14	八尾勝	〈Sai・サイコ・心〉差別心理を考える　第26回
1998.09.01	Vol.28	16	降旗高司郎	〈リレーエッセイ12〉NPOと市民社会の世紀への展望
1998.09.01	Vol.28	18	井上正一	〈サイの目〉Vol.4　日本思考の底流を変えよう!
1998.09.01	Vol.28	20		〈歴史の「接点」を訪ねる〉第2回　忘れられた「永世不忘碑」
1998.09.01	Vol.28	23		写真で感じる歴史の風景⑨
1998.09.01	Vol.28	24		〈Saiニュース1〉マイノリティが暮らしやすい社会は日本人にとっても暮らしやすいはず
1998.09.01	Vol.28	26		〈Saiニュース2〉国際理解教育の取り組み(八雲村立八雲小学校)
1998.09.01	Vol.28	28		〈Saiトピックス〉「在日コリアンの人権とマスコミ」を考えるシンポジウム
1998.09.01	Vol.28	30		〈ほんをよむ〉『「在日」としてのコリアン』『文学界98年2月号(竜秘御天歌)』『疾風の如く』
1998.09.01	Vol.28	34		〈在日コリアン・マイノリティ啓発講座〉在日外国人教育が問われているもの　藤原史朗さん
1998.09.01	Vol.28	37		ホームページ開設
1998.09.01	Vol.28	38	小林繁	〈企業部会報告〉韓国、朝鮮ゆかりの地をたずねて
1998.09.01	Vol.28	40		〈ひと〉国際感覚を身につけないと生き残れない時代に　リングホーファー・マンフレッドさん
1998.09.01	Vol.28	42		〈報告〉第12回KMJ研究夏期セミナー〈全体会講演：内海愛子さん〉植民地支配の末精算がすべての原因
1998.09.01	Vol.28	45		〈トピックス〉『大阪国際理解教育研究センターのお披露目パーティ』『ナビのチャリティ公演大成功』『第2回在日コリアン親と子のふれあいの集い』

발행일	지면정보		필자	제목
	권호	페이지		
1998.09.01	Vol.28	48		〈お知らせ〉西宮市発行の啓発冊子『カッチハジャ』紹介
1998.09.01	Vol.28	50		〈マンガ〉あるアッパの生活　その7
1998.09.01	Vol.28	52		〈読者のページ〉カウィ・バウィ・ボ
1998.09.01	Vol.28	54		お知らせ・編集後記
1998.09.01	Vol.28	55		誌上博物館　表紙解説
1998.09.01	Vol.28	56		マッパラム報告板・編集後記
1998.12.01	Vol.29	4		〈特集〉在日コリアン高齢者の福祉サービスはいま【座談会】「福祉現場から見たコリアン高齢者福祉の現状とこれから」生活習慣が違う在日高齢者/日本語もハングルも中途半端/魚といえば、タチウオ/まだまだ福祉サービスが届きにくい
1998.12.01	Vol.29	12		ハルモニたちはキラキラ開いている!　サンポラム体験記
1998.12.01	Vol.29	14		〈ルポ〉日本初!　在日コリアン高齢者の1日デイサービス(大阪市生野区)
1998.12.01	Vol.29	18	鄭早苗	〈歴史の散歩道〉26　鄭夢周とその時代(二)
1998.12.01	Vol.29	20	八尾勝	〈Sai・サイコ・心〉差別心理を考える　第27回　特別章　国連先住民作業部会・人権小委員会報告
1998.12.01	Vol.29	23		〈写真で感じる歴史の風景〉⑩
1998.12.01	Vol.29	24	山田貴夫	〈リレーエッセイ〉13　川崎市にあって全国にないもの
1998.12.01	Vol.29	26	井上正一	〈サイの目〉Vol.5「対鮮貿易」という差別語
1998.12.01	Vol.29	28	金英達	〈歴史の「接点」を訪ねる〉第3回　義湘と善妙の聖なる恋の物語
1998.12.01	Vol.29	31		〈ほんをよむ〉『はじめてよむ世界人権宣言』『新ゴーマニズム宣言SPECIAL　戦争論』『ナヌムの家のハルモニたち』
1998.12.01	Vol.29	34		〈Saiニュース1〉劇団夢の扉公演　ダブル
1998.12.01	Vol.29	35		〈Saiニュース2〉箕面市外国人市民施策懇話会に出席して
1998.12.01	Vol.29	36		〈Saiニュース3〉21世紀在日コリアンの子どもたちは?
1998.12.01	Vol.29	40		〈在日コリアン・マイノリティ啓発講座〉岸野竜二さん　今日の就職差別の構造　企業・学校・行政に問いかける
1998.12.01	Vol.29	42	小林繁	〈企業部会報告〉八尾サンポラムの在日コリアン高齢者
1998.12.01	Vol.29	45		〈誌上博物館〉②　長柱　表紙解説
1998.12.01	Vol.29	46		〈ひと〉地域に貢献した朝鮮人の足跡を掘り起こしたい　鄭鴻永さん
1998.12.01	Vol.29	48		〈トピックス〉『参政権裁判に明るいきざしが!』『朴慶南さんの生還(!?)出版記念パーティー』『広島市の人権啓発ポスター完成』『参政権裁判　最終準備書面』
1998.12.01	Vol.29	52		〈マンガ〉あるアッパの生活　その8
1998.12.01	Vol.29	54		〈読者のページ〉カウィ・バウィ・ボ
1998.12.01	Vol.29	56		マッパラム報告板・編集後記
1999.03.01	Vol.30	4		〈緊急特集〉外国人登録法改正!?　変わるものと変わらぬもの　国際人権の流れから【座談会】常時携帯や刑事罰に触れられていない改正案　外国人は管理する対象/国際人権規約無視した外登法/外登法に代わる雛形を提起しよう【資料編】参議院法務委員会の付帯決議/外国人登録事務に関する要望書/国際人権規約委員会最終見解(一部抜粋)

발행일	지면정보		필자	제목
	권호	페이지		
1999.03.01	Vol.30	19		在日コリアン・マイノリティ 就職教育セミナーのお知らせ
1999.03.01	Vol.30	20	八尾勝	Sai・サイコ・心
1999.03.01	Vol.30	22	李明子	〈リレーエッセイ〉14 描けなかった夢は
1999.03.01	Vol.30	24	井上正一	〈サイの目〉Vol.6 方言は地方文化である
1999.03.01	Vol.30	26	金英達	〈歴史の「接点」を訪ねる〉第4回 朝鮮鐘の音色と容姿
1999.03.01	Vol.30	29		〈写真で感じる歴史の風景〉⑪ 閔妃暗殺
1999.03.01	Vol.30	30		ほんをよむ
1999.03.01	Vol.30	34		〈Saiニュース1〉在日コリアン高齢者は地域振興券の対象外？
1999.03.01	Vol.30	36		〈Saiニュース2〉速やかに是正されるべき違憲状態
1999.03.01	Vol.30	38		〈Saiニュース3〉京都市外国籍市民施策懇話会設置
1999.03.01	Vol.30	39		第4回 在日コリアン・マイノリティ啓発講座 「雇用こそ最大の啓発」
1999.03.01	Vol.30	42		第3回 KMJ企業部会報告「在日コリアン3・4世との意見交換会」
1999.03.01	Vol.30	44		<ひと>いのちに関わる運動を続けたい 伊藤みどりさん
1999.03.01	Vol.30	46		〈トピックス〉『北の餓死者350人?出版記念会において』『在日朝鮮人研究第5回全国大会開催』『大阪府人権尊重の社会づくり条例』が施行
1999.03.01	Vol.30	48		〈新シリーズ〉在日コリアンと仕事 Vol.1「在日事業者をバックアップするKJ同友会」
1999.03.01	Vol.30	50		〈マイノリティの家庭料理〉9 シリットッ(蒸し餅)
1999.03.01	Vol.30	51		〈誌上博物館〉③ 表紙解説
1999.03.01	Vol.30	52		〈マンガ〉あるアッパの生活 その9
1999.03.01	Vol.30	54		〈読者のページ〉カウィ・パウィ・ボ
1999.03.01	Vol.30	56		マッパラム報告板・編集後記
1999.06.01	Vol.31	4		<特集>学校現場における人権教育のありかた-さまざまな差別事象、経過から考える-【座談会】「韓国帰れ」はつらい言葉/学校は裁判官の立場?/支えてくれる仲間がいたから学校に言えた/事象が起きたときが人権教育に取り組める絶好のチャンス/差別をなくそうとする子どもに育ててほしい【資料編】大阪府教育委員会「人権教育基本方針」(一部抜粋)
1999.06.01	Vol.31	17		〈新連載〉保護者会だより「子育て卒業の私ができること」広島在日コリアン保護者会
1999.06.01	Vol.31	18	鄭早苗	〈歴史の散歩道〉27 戦争は民のためではない
1999.06.01	Vol.31	20	井上正一	〈サイの目〉Vol.7 肌色・国防色・父兄・そして通名
1999.06.01	Vol.31	22	金永子	〈リレーエッセイ〉15 在日朝鮮人のハンセン病「患者」の歴史を忘れてはならない
1999.06.01	Vol.31	24	八尾勝	〈Sai・サイコ・心〉慣用からの刺激とストレス
1999.06.01	Vol.31	26	金英達	〈歴史の「接点」を訪ねる〉第5回 生駒山嶺の朝鮮式山城
1999.06.01	Vol.31	29		〈写真で感じる歴史の風景〉12 多奈川の要塞地帯
1999.06.01	Vol.31	30		第4回 KMJ企業部会報告「98年度活動をふりかえって」

발행일	지면정보		필자	제목
	권호	페이지		
1999.06.01	Vol.31	32		〈Saiニュース1〉「在日コリアンであることろプラスに」第5回 在日コリアン&マイノリティ就職教育セミナー
1999.06.01	Vol.31	36		〈Saiニュース2〉「ハルモニたちの戦前・戦後の貴重な生活史を記録」
1999.06.01	Vol.31	38		〈Saiニュース3〉「第8回在日韓国・朝鮮人の未来と人権研究集会」
1999.06.01	Vol.31	40		第5回 在日コリアン・マイノリティ啓発講座「おきざりにされた高齢者福祉・在日コリアン高齢者の過酷な事実」
1999.06.01	Vol.31	44		〈ほんをよむ〉『私が韓国へ行った理由』『京都のなかの朝鮮』
1999.06.01	Vol.31	46		〈トピックス〉「三重県在日外国人教育研究協議会設立集会」「広島で盛大に野遊会」「大阪府議会地方参政権意見採択書」「民族差別と表現にかかわる研究会発足」「プリ公演」
1999.06.01	Vol.31	49		〈誌上博物館〉4 表紙解説
1999.06.01	Vol.31	50		〈在日コリアンと仕事〉Vol.2「仕事における民族差別の実態」
1999.06.01	Vol.31	52		マイノリティの家庭料理特別編「在日コリアンの祭祀」
1999.06.01	Vol.31	54		〈マンガ〉あるアッパの生活 その10
1999.06.01	Vol.31	56		〈読者のページ〉カウィ・バウィ・ボ
1999.06.01	Vol.31	58		マッパラム報告板・編集後記
1999.09.01	Vol.32	4		〈緊急特集〉悪質な人権侵犯、住民票の「帰化」記載-なぜ、個人情報をあばくのでるか- 事件の発覚から要望書提出の経緯まで/差別から逃れるための帰化だった-八尾市で帰化記載の抹消を申し立てたAさんの場合-【資料集】自治省令で定められた住民票の記載事項
1999.09.01	Vol.32	12	鄭早苗	〈歴史の散歩道〉28 東学-その1
1999.09.01	Vol.32	14	井上正一	〈サイの目〉Vol.8 戦争のあと始末
1999.09.01	Vol.32	16	小西和治	〈リレーエッセイ〉16 30年間の教員生活の中で考えたこと
1999.09.01	Vol.32	18	八尾勝	〈Sai・サイコ・心〉環境とストレス
1999.09.01	Vol.32	20	高柳俊男	歴史の「接点」を訪ねる「日韓合邦記念塔のゆくえ」
1999.09.01	Vol.32	23		〈新連載〉保護者会だより「私の中の在日を考えたい」山口在日コリアン保護者会
1999.09.01	Vol.32	24	橋本邦夫	〈KMJ企業部会報告〉朝鮮人労働者と今日の在日コリアンとの関わりを現地学習する
1999.09.01	Vol.32	26		〈Saiニュース1〉年金定期問題に関する学習会&事実確認会
1999.09.01	Vol.32	31		写真で感じる歴史の風景 西大門刑務所
1999.09.01	Vol.32	32		〈Saiニュース2〉外国人登録法をこんなふうに改正したら!?
1999.09.01	Vol.32	36		〈Saiニュース3〉KMJ研究夏期セミナー記念講演報告
1999.09.01	Vol.32	41		〈第6回 在日コリアン・マイノリティ啓発講座〉在日コリアンの法的地位 丹羽雅雄さん
1999.09.01	Vol.32	45		Sai8年を振り返る(その1)
1999.09.01	Vol.32	46		〈ほんをよむ〉『日本人対朝鮮人』『皇帝のために』

발행일	지면정보		필자	제목
	권호	페이지		
1999.09.01	Vol.32	48		〈トピックス〉「冊子・ウリコヂャンたからづか」「冊子・オモニからの提言」
1999.09.01	Vol.32	50		〈ひと〉在日コリアン問題の研修について働きかけたい　金直美さん
1999.09.01	Vol.32	52		〈在日コリアンと仕事〉Vol.3「仕事における民族差別の実態」
1999.09.01	Vol.32	54		〈マンガ〉あるアッパの生活　その11
1999.09.01	Vol.32	56		〈読者のページ〉カウィ・バウィ・ボ
1999.09.01	Vol.32	58		マッパラム報告板・編集後記
1999.12.01	Vol.33	4		〈特集〉やっと動くか? 戦後補償　大阪高裁・鄭商根さん判決/大阪高裁・姜富中さん判決/姜富中さん抗議文/姜富中さん弁護団声明/戦後補償裁判判決について、わたしはこう思う/緊急寄稿「戦後補償裁判」の現状と課題(岡崎勝彦)/戦後補償裁判を知るQ&A/資料・補償・人権法
1999.12.01	Vol.33	22	鄭早苗	〈歴史の散歩道〉29 東学その2
1999.12.01	Vol.33	24	井上正一	〈サイの目〉Vol.9　国際人権の潮流に逆行する日本社会
1999.12.01	Vol.33	26	三谷昇	〈リレーエッセイ〉17 人・歌・鳥取県外教
1999.12.01	Vol.33	28	八尾勝	〈Sai・サイコ・心〉環境とストレス
1999.12.01	Vol.33	30	高柳俊男	歴史の「接点」を訪ねる　「東京に朝鮮関連の史跡を訪ねる・北朝鮮帰国事業をめぐって」
1999.12.01	Vol.33	33		写真で感じる歴史の風景⑭ 東大門の城壁
1999.12.01	Vol.33	34		〈KMJ企業部会報告〉教育現場から見た在日外国人問題
1999.12.01	Vol.33	36	勇上和史	〈Saiニュース1〉「国際化」の中の在日外国人調査　1998年豊中市調査を読む
1999.12.01	Vol.33	38		〈Saiニュース2〉報告・第3回在日コリアン親と子のふれあいのつどい
1999.12.01	Vol.33	40		〈Saiニュース3〉「京城」を巡るシンポジウム
1999.12.01	Vol.33	43		〈在日コリアン・マイノリティ啓発講座〉住民票に「帰化」記載、問われる行政の人権感覚
1999.12.01	Vol.33	48		〈ほんをよむ〉『韓国・朝鮮人BC級戦犯の証言』『在日朝鮮人教育入門Ⅱ』
1999.12.01	Vol.33	50		〈トピックス〉「全国生涯学習フェス・在日コリアンと国際理解教育への展望」「在日コリアン高齢者福祉支援チャリティーフリーマーケット」
1999.12.01	Vol.33	52		〈ひと〉新しい音楽をめざしてまた苦労してもいいかなと思う 閔栄治さん
1999.12.01	Vol.33	54		〈在日コリアンと仕事〉Vol.4 銀行とマイノリティの共生を求めるシンポジウム
1999.12.01	Vol.33	56		保護者会だより「在日のおばちゃんとして子どもたちと接したい!」茅ヶ崎市で活動の金泰子さん
1999.12.01	Vol.33	57		〈読者のページ〉カウィ・バウィ・ボ
1999.12.01	Vol.33	58		マッパラム報告板・編集後記

발행일	지면정보		필자	제목
	권호	페이지		
2000.03.01	Vol.34	4		〈特集〉在日コリアン教育の原点を探る・阪神教育闘争編【インタビュー】・21世紀に向けた教育のビジョンを(梁永厚)・映像で見る学校閉鎖前の民族学校(辛基秀さん)・民族学校で学んだ思い出(姜文圭さん)【シンポジウム】在日コリアン教育のこれからをかんがえよう(99.11.19在日コリアン教育シンポジウムから)
2000.03.01	Vol.34	28	鄭早苗	〈歴史の散歩道〉30 竜(竜)について
2000.03.01	Vol.34	30	井上正一	〈サイの目〉Vol.10「故郷・墓と世代間交差」
2000.03.01	Vol.34	33		Sai8年を振り返る
2000.03.01	Vol.34	34	八尾勝	〈Sai・サイコ・心〉環境とストレス
2000.03.01	Vol.34	36	山本重耳	〈リレーエッセイ〉18 差別をなくすということについて、最近思うこと
2000.03.01	Vol.34	38	高柳俊男	歴史の「接点」を訪ねる 「東京に朝鮮関連の史跡を訪ねる・伊藤博文と安重根」
2000.03.01	Vol.34	41		〈写真で感じる歴史の風景〉⑮ 長柱と城隍堂
2000.03.01	Vol.34	42		〈在日コリアン・マイノリティ啓発講座〉差別表現
2000.03.01	Vol.34	44		〈Saiニュース1〉年金制度の国籍条項を完全撤廃させる全国連絡会
2000.03.01	Vol.34	45		〈Saiニュース・資料ページ〉「本籍地別外国人登録者数」
2000.03.01	Vol.34	46		〈Saiニュース2〉八尾サンボラムのハルモニ、広島に行く コラム・炸裂! 第2回 PURI公演
2000.03.01	Vol.34	48		〈KMJ企業部会報告〉在日外国人問題Q&A
2000.03.01	Vol.34	50		〈ほんをよむ〉『娘に語る祖国』『われ生きたり』新刊紹介『＜在日＞という生き方』
2000.03.01	Vol.34	53		〈トピックス〉「パンソリ日本公演・柳太平洋7歳」幻生
2000.03.01	Vol.34	54		〈マンガ〉あるアッパの生活 その12
2000.03.01	Vol.34	56		保護者会だより 「子どもを支え、応援していこう」ハムケモイジャ
2000.03.01	Vol.34	57		〈読者のページ〉カウィ・バウィ・ボ
2000.03.01	Vol.34	58		マッパラム報告板・編集後記
2000.06.01	Vol.35	4		〈緊急特集〉石原慎太郎東京都知事の『三国人』差別発言 緊急集会報告/考察・差別を再生産した石原都知事/「三国人」発言とその後の経緯
2000.06.01	Vol.35	13		〈特集〉各地で動き出した在日コリアン高齢者福祉サービス KMJ研究センターが厚生省の研究開発事業に参画/＜ハートフレ東大阪、ヘルパーセンター・グローバル、メアリ・豊中市コリアン高令者福祉の会、エールサービス、生野サンボラム＞/大阪市高齢者綜合相談情報センター/大阪市社会福祉協議会、大阪市民生局介護保険課
2000.06.01	Vol.35	26	鄭早苗	〈歴史の散歩道〉31 ネギをうえた人、羽からながめた人
2000.06.01	Vol.35	28	八尾勝	〈Sai・サイコ・心〉概念的葛藤
2000.06.01	Vol.35	30	大野博司	〈リレーエッセイ〉19「架け橋」になるということ

발행일	지면정보		필자	제목
	권호	페이지		
2000.06.01	Vol.35	32	高柳俊男	歴史の「接点」を訪ねる 「東京に朝鮮関連の史跡を訪ねる・朝鮮総督の銅像あれこれ」
2000.06.01	Vol.35	35		〈写真で感じる歴史の風景〉⑯ 済州島レポート
2000.06.01	Vol.35	38		〈サイニュース1〉在日コリアン&マイノリティ就職教育セミナー報告
2000.06.01	Vol.35	41		〈KMJ企業部会報告〉総括会議報告
2000.06.01	Vol.35	42	高柳俊男	〈在日コリアン・マイノリティ啓発講座〉「渡日」の歴史と現在
2000.06.01	Vol.35	44		金英達先生を悼む
2000.06.01	Vol.35	45		〈Sai・資料ページ〉「都道府県別外国人登録者数」
2000.06.01	Vol.35	46	金秀吉	〈サイニュース2〉劇映画『尚美/蜜代』の公開にあたって
2000.06.01	Vol.35	48		〈ひと〉学ぶこと、生きること、命の重みを知ってほしい 中谷紀美子さん
2000.06.01	Vol.35	50		〈ほんをよむ〉『54年目のせきれい丸』『コリアンタウンの民族詩』
2000.06.01	Vol.35	52		〈トピックス〉「演劇・キムの十字架舞台公演」「近江渡来人倶落部発足」「山口在日コリアン保護者会発足」
2000.06.01	Vol.35	54		〈マンガ〉あるアッパの生活 その13
2000.06.01	Vol.35	56		〈読者のページ〉カウィ・バウィ・ボ
2000.06.01	Vol.35	58		マッパラム報告板・編集後記
2000.09.01	Vol.36	4		〈特集〉「在日コリアンの戦後補償と参政権」在日コリアンの戦後補償と参政権問題 丹羽雅雄さん(弁護士)/'52年のサンフランシスコ講和条約が出発点 金宣吉山(神戸定住外国人支援センター副代表)
2000.09.01	Vol.36	17	高柳俊男	歴史の「接点」を訪ねる 「東京に朝鮮関連の史跡を訪ねる・朝鮮支配と関係するその他の銅像」
2000.09.01	Vol.36	20	鄭早苗	〈歴史の散歩道〉32 新羅の花郎について-その1
2000.09.01	Vol.36	22	井上正一	〈サイの目〉Vol.11 東京都『人権施策推進のための指針(骨子)』を読む
2000.09.01	Vol.36	24	八尾勝	〈Sai・サイコ・心〉異文化間カウンセリング
2000.09.01	Vol.36	26	大西健之	〈リレーエッセイ〉20 私の旅立ち…進路保障
2000.09.01	Vol.36	28		<PR>神戸定住外国人支援センターからのおねがい
2000.09.01	Vol.36	29		〈Sai・資料ページ〉「都道府県別外国人統計」
2000.09.01	Vol.36	30		〈サイニュース1〉KMJ研究夏期セミナー記念講演『朝鮮通信使と21世紀の国際化への展望』仲尾さん
2000.09.01	Vol.36	40		〈写真で感じる歴史の風景〉⑰ 済州島レポート②『大学の木＝蜜柑』
2000.09.01	Vol.36	42		〈KMJ企業部会報告〉佐賀県を中心として、日本と朝鮮の「古代・近代史」と「強制連行の歴史」をまなぶ
2000.09.01	Vol.36	44		〈サイニュース2〉放送大学の『多文化共生の社会』に問う!
2000.09.01	Vol.36	46		〈ひと〉民族を表現できる仕事はすばらしい 鄭容順さん
2000.09.01	Vol.36	48		〈ほんをよむ〉『猪飼野発コリアン歌留多』『三たびの海峡』『海峡』

발행일	지면정보		필자	제목
	권호	페이지		
2000.09.01	Vol.36	51		〈トピックス〉「映画『あんにょんキムチ』」「『けざやかなるが故に』を出版」/「第8回人権フォトコンテスト作品募集」/「『海峡』出版記念パーティ」「金英達さんを偲ぶ会」
2000.09.01	Vol.36	54		Sai8年を振り返る 差別事件
2000.09.01	Vol.36	56		〈読者のページ〉カウィ・バウィ・ボ/南北首脳会談について思うこと
2000.09.01	Vol.36	58		マッパラム報告板・編集後記
2000.12.01	Vol.37	4		<特集>「日の丸・君が代」復活と周辺問題 座談会
2000.12.01	Vol.37	14	李相鎬	<特集>「日の丸・君が代」復活と周辺問題 特攻隊と朝鮮出身者を想う~改憲論のもう一つの考え方
2000.12.01	Vol.37	16	伊ヶ崎淑彦	<特集>「日の丸・君が代」復活と周辺問題 古代からの伝言 神功皇后の征討(サンケイ紙)「歴史実話」でなく「小説世界」だった。
2000.12.01	Vol.37	20	鄭早苗	〈歴史の散歩道〉32 新羅の花郎について-その2
2000.12.01	Vol.37	22	八尾勝	〈Sai・サイコ・心〉差別の心理を考える
2000.12.01	Vol.37	24	石橋英昭	〈リレーエッセイ〉21「南北和解」最中留学記
2000.12.01	Vol.37	26	高柳俊男	〈歴史の「接点」を訪ねる〉第十一回「東京に朝鮮関連の史跡を訪ねる」⑥ 在日韓国・朝鮮人に関する史跡
2000.12.01	Vol.37	29		〈写真で感じる歴史の風景〉⑱ 済州島レポート② 抗蒙遺跡址
2000.12.01	Vol.37	30		〈サイニュース1〉KMJ夏期セミナー記念講演「在日同胞一戦後史とその展望」姜在彦さん
2000.12.01	Vol.37	35		〈在日コリアン・マイノリティ啓発講座〉第4回 日本社会と在日コリアンの関係から見た大震災 神戸定住外国人支援センター副代表 金宣吉さん
2000.12.01	Vol.37	40		〈サイニュース2〉定住外国人の地方参政権を求める緊急シンポジウム「定住外国人の地方参政権を求める裁判闘争から選挙権法案を考える」~「在日」として参政権を求める意味~
2000.12.01	Vol.37	48		〈ひと〉在日コリアンの貴重な歴史を記録し続ける 徐元洙さん
2000.12.01	Vol.37	50		〈ほんをよむ〉 真宗僧が見た秀吉の朝鮮侵略『朝鮮日々記を読む』/幽霊の正体見たり自主規制『放送禁止歌』/隔離55年-ハンセン病や半生の軌跡『生きて、ふたたび』
2000.12.01	Vol.37	53		〈TOPICS〉ハルモニ・ハラボジたちの期待に応えたい 社会福祉・医療事業団(高齢者・障害者福祉基金)助成(事業) 在日コリアン高齢者一日福祉相談会報告/(社)大阪国際理解教育研究センターに文部大臣感謝状
2000.12.01	Vol.37	54		〈マンガ〉あるアッパの生活
2000.12.01	Vol.37	56		カウィ・バウィ・ボ(読者のページ/みなさんの声をお寄せください。)
2000.12.01	Vol.37	58		マッパラム報告板・活動日誌・編集後記
2001.03.01	Vol.38	4		〈特集〉21世紀の歴史観を確立しよう 自由主義史観の大いなる矛盾
2001.03.01	Vol.38	5	田中宏	〈特集〉21世紀の歴史間を確立しよう その1・50年戦争史観の意味

발행일	지면정보		필자	제목
	권호	페이지		
2001.03.01	Vol.38	12	佐野通夫	〈特集〉21世紀の歴史間を確立しよう その2・日本「国民」の歴史教育
2001.03.01	Vol.38	14	藤永壮	〈特集〉21世紀の歴史間を確立しよう その3・「新しい歴史教科書をつくる会」制作教科書のさまざまな問題点
2001.03.01	Vol.38	19	青柳純一	〈寄稿〉肌で感じた歴史認識
2001.03.01	Vol.38	22	井上正一	綱野史学の歴史観
2001.03.01	Vol.38	27	神谷丹路	〈歴史の「接点」をたずねて〉12 中国延辺朝鮮族自治州を訪ねて(1) 竜井市東盛涌鎮竜山村
2001.03.01	Vol.38	30	鄭早苗	〈歴史の散歩道〉34 釜山散策
2001.03.01	Vol.38	32	八尾勝	〈Sai・サイコ・心〉差別と差別意識・偏見
2001.03.01	Vol.38	34	井上正一	〈サイの目〉12 石原・森発言の罪の深さ
2001.03.01	Vol.38	36	中村一成	〈リレーエッセイ〉『内向き』な人たち
2001.03.01	Vol.38	38		〈在日コリアン＆マイノリティ啓発講座〉「南北の和解、朝日国交正常化と在日朝鮮人の人権と生活」洪敬義さん
2001.03.01	Vol.38	44		〈写真で感じる歴史の風景〉19
2001.03.01	Vol.38	46		〈ひと〉重厚な芸術性の高い小説を書きたい 金啓子さん
2001.03.01	Vol.38	48		〈ほんをよむ〉『朝鮮儒教の二千年』『韓国の人気おかず』『慟哭の豆満江』『李朝国使3000キロの旅』
2001.03.01	Vol.38	52		〈トピックス〉「在日コリアン高齢者のための料理教室」/ブックレット『在日コリアンビジネスの生活化をめざして』発行/「戦後の在日朝鮮人運動を省みて」
2001.03.01	Vol.38	54		〈マンガ〉あるアッパの生活 最終回
2001.03.01	Vol.38	56		カウィ・バウィ・ボ(読者のページ/20世紀に積み残しと思われる人権問題とは？)
2001.03.01	Vol.38	58		マッパラム報告板
2001.06.01	Vol.39	4		〈特集〉戦中体験をもつ在日コリアン2世【インタビュー】「その時代を生きる意味」(辛基秀さん)
2001.06.01	Vol.39	8		〈特集〉戦中体験をもつ在日コリアン2世【ルポ】「ひとりぼっちの学童時代」(金秉蓮さん)/「小学校卒でとにかく働いた」(姜元子)/「在日は悲しい存在だけど、前向きに生きていきたい」(金彩玉さん)/「日本の在日で十分や」(金泰実さん)
2001.06.01	Vol.39	14		〈特集〉戦中体験をもつ在日コリアン2世【対談】「戦中体験を持つ在日二世の生きざまについて」梁永厚さん＆鄭早苗
2001.06.01	Vol.39	18	鄭早苗	〈歴史の散歩道〉35 歴史観について考える
2001.06.01	Vol.39	20	八尾勝	〈Sai・サイコ・心〉(最終回) 差別と差別意識・偏見
2001.06.01	Vol.39	22	井上正一	〈サイの目〉13 「法」とその「運用」
2001.06.01	Vol.39	24	宋光祐	〈リレーエッセイ〉ぼくにとってのキムチ
2001.06.01	Vol.39	26		〈第2特集〉外国人選挙権付与の代案「特別永住者への帰化条件緩和が意味するもの」(金宣吉さん)/「簡易帰化制度」から見えてくるもの(金東勲さん)
2001.06.01	Vol.39	33	神谷丹路	〈歴史の「接点」をたずねて〉13 中国延辺朝鮮族自治州を訪ねて(2)図們市・豆満江に沿った村

발행일	지면정보		필자	제목
	권호	페이지		
2001.06.01	Vol.39	36		〈サイニュース1〉第7回在日コリアン&マイノリティー就職教育セミナー「在日コリアンとして当たり前に働ける社会を」
2001.06.01	Vol.39	38		〈サイニュース2〉歴史教科書の検定合格の問題とは「欠陥教科書の検定合格について」(藤永壮)/「復活する日本の新軍国主義」(青柳純一)
2001.06.01	Vol.39	43		〈在日コリアン&マイノリティ啓発講座〉「マイノリティ金融の課題と可能性」~興銀・商銀問題に関連して~柴田武男さん
2001.06.01	Vol.39	48	金秀吉	〈新連載〉スギルの映像ななめ読み お題目「ザ・ハリケーン」
2001.06.01	Vol.39	51		〈トピックス〉「こころの交流・朝鮮通信使展」「東大阪サンボラムがスタート」
2001.06.01	Vol.39	52		〈ひと〉韓国料理のすばらしさを知ってほしい 金裕美さん
2001.06.01	Vol.39	54		〈ほんをよむ〉『Q&A在日韓国・朝鮮人問題の基礎知識』『奈良のなかの朝鮮』
2001.06.01	Vol.39	56		カウィ・バウィ・ボ(読者のページ/ダブルを生きるということ)
2001.06.01	Vol.39	58		マッパラム報告板
2001.09.01	Vol.40	4		〈第1特集〉歴史教科書問題 歴史教科書のよみくらべ「つくる会歴史教科書」VS「大阪書籍」
2001.09.01	Vol.40	10		つくる会の歴史教科書はNO! 各地の取り組み&声(愛知・大阪・なら・兵庫)
2001.09.01	Vol.40	14	水野直樹	「つくる会」教科書はまったく不適当
2001.09.01	Vol.40	17	姜徳相	歴史教科書を考える問題提起
2001.09.01	Vol.40	21		〈写真で感じる「歴史」の風景〉20 中国側から登った白頭山
2001.09.01	Vol.40	22		〈第2特集〉国民健康保険のなかった時代から見えるもの生活上の権利について関心が乏しかった(山本冬彦)【ルポ】「自分の治療より、生活が先やった」張根伊さん/「保険証のある人がうらやましかった」全花子さん/「マイシンにこだわる一世」徐玉子さん/「治療費にものすごくお金がかかった」文藤沢さん/「在日外国人障害者の人権を認める社会に」
2001.09.01	Vol.40	31		在日の障害者同士、情報交換しよう-在日トンボ(同胞福祉ネットワーク慎英弘さん)
2001.09.01	Vol.40	34	鄭早苗	〈歴史の散歩道〉36 扶桑社の『新しい歴史教科書』について考える
2001.09.01	Vol.40	36	井上正一	〈サイの目〉14 責任は学校側に 他者を排除する教育界
2001.09.01	Vol.40	38	神谷丹路	〈歴史の「接点」を訪ねる〉14 中国延辺朝鮮族自治州を訪ねて(3) 和竜への列車の旅
2001.09.01	Vol.40	41		〈新企画〉今の時代を生きる(戦中派在日コリアン2世の生き様)朝鮮人の自分を取り戻したい 辛明蘭さん
2001.09.01	Vol.40	44	金秀吉	〈すぎるの映像ななめ読み〉Vol.2 お題目『還ってきた男』
2001.09.01	Vol.40	46	パク ヘスク	〈新連載〉思惑のまがり角1 なぜ、和食にはスプーンは使わないのか。
2001.09.01	Vol.40	48		〈ひと〉マンガの学術的な可能性を認めてほしい 高慶日さん
2001.09.01	Vol.40	50		社団法人大阪国際理解教育研究センター 第7回 総会報告

발행일	지면정보		필자	제목
	권호	페이지		
2001.09.01	Vol.40	51	金啓子(エッセイ)/鄭和江(イラスト)	〈新企画〉在日文化のあれこれ1 チェサ
2001.09.01	Vol.40	52		〈ほんをよむ〉『新コリア百科』『増補版　韓国近い昔の旅植民地時代をたどる』
2001.09.01	Vol.40	54		〈トピックス〉「猪飼野フィールドワーク」「建国高校で在日コリアン高齢者問題の学習会を実施」「第五回在日コリアン親と子のふらあいの集い」「啓発ビデオ『ハルモニたちは踊る』が優秀賞」
2001.09.01	Vol.40	56		〈新企画〉在日コリアンがわかる?! キーワード集1 〈ホルモン・ヘップサンダル・ウリおっさん・参政権〉
2001.09.01	Vol.40	57		カウイワウイボ(読者ページ・私の民族性)
2001.09.01	Vol.40	58		マッパラム告知板
2001.12.01	Vol.41	4		〈特集〉浮島丸事件を通して戦後補償問題を考える【インタビュー】浮島丸事件のとき私は…。金星圭さん
2001.12.01	Vol.41	6	編集部	浮島丸事件の全貌を読み解くためのQ&A
2001.12.01	Vol.41	12	金宣吉	条約50年の意味を考える
2001.12.01	Vol.41	15	神谷丹路	〈歴史の「接点」を訪ねる〉15　中国延辺朝鮮族自治州を訪ねて(4)　延吉市
2001.12.01	Vol.41	18	鄭早苗	〈歴史の散歩道〉37「神戸華僑歴史博物館」と南京市
2001.12.01	Vol.41	20	井上正一	〈サイの目〉15　日本に住んでいるのは「日本国籍者」だけではない
2001.12.01	Vol.41	22	パク　ヘスク	〈思惑のまがり角〉2　ちぢみの味、ふるさとの香り
2001.12.01	Vol.41	24		〈サイニュース1〉56年間、ひっそりと私たちを見つめてきた隧道 尾坂紀生さん
2001.12.01	Vol.41	28		〈新シリーズ〉民族学校を訪ねて
2001.12.01	Vol.41	31		〈写真で感じる「歴史」の風景〉21 植民地支配と神道
2001.12.01	Vol.41	32	喜多彩	〈リレーエッセイ〉南北コリアクルーズで感じたハルモニの心
2001.12.01	Vol.41	34	河東吉	〈新企画〉ペッチャンでいこう! 楽しい韓国語実践教室
2001.12.01	Vol.41	36		〈サイニュース2〉在日コリアン&マイノリティ啓発講座 在日朝鮮人とハンセン病　金永子さん・金泰九さん
2001.12.01	Vol.41	41	金啓子(エッセイ)/鄭和江(イラスト)	〈在日文化のあれこれ〉2 正月
2001.12.01	Vol.41	42		〈今の時代を生きる〉その2 (戦中派在日コリアン2世の生きざま) 命を失いかけた集団疎開の出来事　崔順月さん
2001.12.01	Vol.41	44	金秀吉	〈スキルの映像ななめ読み〉Vol.3 お題目『千と千尋の神隠し』-名前の大切な意味
2001.12.01	Vol.41	46		〈ひと〉季刊青丘の理念は次代へと広がっていく 辛基秀さん
2001.12.01	Vol.41	48		〈ほんをよむ〉『在日韓国人終焉』『涙で描いた祖国北朝鮮難民少年チャン・キルスの手記』

발행일	지면정보		필자	제목
	권호	페이지		
2001.12.01	Vol.41	51		〈サイニュース3〉人権啓発ビデオがついに完成!
2001.12.01	Vol.41	52		〈トピックス〉「在日同胞福祉連絡会が結成されました!」「第8回在日コリアン&マイノリティ就職教育セミナー」
2001.12.01	Vol.41	54		〈在日コリアンがわかる?キーワード集〉2 〈アイゴねえさん・豚足・チョッパリ・パンチョッパリ〉
2001.12.01	Vol.41	55		カウイパウイボ(読者のページ・アメリカ同時テロに関して)
2001.12.01	Vol.41	58		マッパラム告知板
2002.03.01	Vol.42	4		〈特集〉在日コリアンのなまえ【インタビュー】在日らしい新しい名前があってもいい(金美玉さん)/自然体で本名を使うようになれば(琴美香さん)/ダブルネーム、気に入ってます(高吉美さん)/本名にメリットを感じることもあります(高靖恵さん)/本名での音楽活動が若い子の励みになれば、と思う(河相守さん)【寄稿】普通に冷静に話し合ってみよう(呉啓子)【報告】奈良県在日コリアン生徒(高校新入生) 実態調査 編集部【対談】名前にルーツをあらわすって素敵な生き方じゃないかな李相鎬さん&井鍾順さん
2002.03.01	Vol.42	21		〈写真で感じる「歴史」の風景〉22 植民地支配の象徴「朝鮮総督府」
2002.03.01	Vol.42	22		〈新シリーズ〉20世紀の総括 小泉首相靖国神社参拝違憲アジア訴訟
2002.03.01	Vol.42	24	鄭早苗	〈歴史の散歩道〉38 話題の桓武天皇と百済武寧王の時代 その1
2002.03.01	Vol.42	26	井上正一	〈サイの目〉16 在日コリアンの博物館使節に支援を
2002.03.01	Vol.42	28	神谷丹路	〈歴史の「接点」を訪ねる〉16 中国延辺朝鮮族自治州を訪ねて(5) 延吉市
2002.03.01	Vol.42	31		〈民族学校を訪ねて〉第2回 大阪中華学校
2002.03.01	Vol.42	34		〈サイニュース1〉辛基秀コレクションを収蔵した『大阪歴史博物館』がオープン
2002.03.01	Vol.42	36	パク ヘスク	〈思惑のまがり角〉3 貴方の「意味」として呼ばれたい
2002.03.01	Vol.42	38	宋吉永	〈リレーエッセイ〉妙高をみつめて
2002.03.01	Vol.42	40	金秀吉	〈スギルの映像ななめ読み〉Vol.4 お題目『いま、韓国映画について』
2002.03.01	Vol.42	42		〈ひと〉在日同胞の定義を豊かにしよう 高宗憲さん
2002.03.01	Vol.42	44		今の時代を生きる・その3(戦中派在日コリアン2世の生きざま)女手ひとつで子どもを育てた 李吉子さん
2002.03.01	Vol.42	46		〈サイニュース2〉第11回「在日韓国・朝鮮人の未来と人権」研究集会『在日コリアンの市民権と国籍、そして同化について考える』
2002.03.01	Vol.42	49	金啓子(エッセイ)/鄭和江(イラスト)	〈在日文化のあれこれ〉3 結婚式(1)
2002.03.01	Vol.42	50	河東吉	ペッチャンでいこう! 楽しい韓国語実践教室 第2回 河東吉
2002.03.01	Vol.42	51		〈ほんをよむ〉『図説 韓国の歴史』『わがシネマの旅』『人権読本』『写真集 韓国併合と独立運動』

발행일	지면정보		필자	제목
	권호	페이지		
2002.03.01	Vol.42	54		〈在日コリアンがわかる？キーワード集3
2002.03.01	Vol.42	55		〈トピックス〉大好評でした！ ビデオ「在日外国人問題の原点を考える」試写会
2002.03.01	Vol.42	56		カウイパウイポ(読者のページ・テーマ/結婚)
2002.03.01	Vol.42	58		マッパラム告知板
2002.06.01	Vol.43	4		〈緊急特集〉平和条約国籍離脱者のための弔慰金等の支給 弔慰金をめぐる問題とは【対談】姜富中さん(戦後補償裁判原告)金宣吉さん(在日の戦後補償を求める市民の会・元事務局。現在神戸定住外国人支援センター副代表)清水義昭さん(在日の戦後補償を求める市民の会・現事務局)【コラム】見舞金、弔慰金等の請求について「一問一答【主張】日本の援護法から見えてくる問題とは 大阪府社会援護課 田中宏さん 特集を終えて 鄭早苗
2002.06.01	Vol.43	17		〈20世紀の総括〉第2回 姜富中戦後補償裁判の闘い
2002.06.01	Vol.43	22	鄭早苗	〈〈歴史の散歩道〉〉39 話題の桓武天皇と百済武寧王の時代 その2
2002.06.01	Vol.43	24	井上正一	〈サイの目17〉永住外国人と住民投票
2002.06.01	Vol.43	26		〈サイニュース1〉水平社博物館へのご来館を
2002.06.01	Vol.43	28	パク ヘスク	〈思惑のまがり角〉4 日本語の曖昧さ、その思いやりと甘さ
2002.06.01	Vol.43	30		〈サイニュース2〉第8回在日コリアン＆マイノリティー開催
2002.06.01	Vol.43	32	鄭雅英	〈リレーエッセイ〉26 お返しします、外登証
2002.06.01	Vol.43	34	税田啓一郎	〈歴史の「接点」を訪ねる〉17 「平和の塔」の朝鮮半島(1)
2002.06.01	Vol.43	36		〈コラム〉Sai資料情報「カタカナの起源を示す文献」
2002.06.01	Vol.43	37		〈サイニュース3〉「総合的な学習の時間」と国際理解教育 田渕五十生さん
2002.06.01	Vol.43	40		〈民族学校を訪ねて〉第3回 建国幼・小・中・高等学校
2002.06.01	Vol.43	43	金啓子(エッセイ)/鄭和江(イラスト)	〈在日文化のあれこれ〉4 結婚式(2)
2002.06.01	Vol.43	44		〈今の時代を生きる その4〉(戦中派在日コリアン2世の生きざま)在日高齢者のこれからが心配ですよ 張玉連さん
2002.06.01	Vol.43	46	金秀吉	〈スギルの映像ななめ読み〉Vol.5 お題目『キューポラのある街』-この実感表現の素晴らしさ-
2002.06.01	Vol.43	48		〈ひと〉他民族文化共生のまちづくりを合い言葉に！ 全美玉さん
2002.06.01	Vol.43	50		〈ほんをよむ〉『石の証言』『にわとりを鳳凰だとって売ったキムソンダル』
2002.06.01	Vol.43	52	河東吉	ペッチャンでいこう！ 楽しい韓国語実践教室 第3回
2002.06.01	Vol.43	53		〈在日コリアンがわかる？キーワード集4)在日外国人高齢者福祉金、本貫
2002.06.01	Vol.43	54		〈トピックス〉「韓国の名宝」展、小路サンボラムがオープン、丹波マンガン記念館・浮島丸殉難碑見学

발행일	지면정보		필자	제목
	권호	페이지		
2002.06.01	Vol.43	56		カウイバウイボ(読者のページ・テーマ/日韓交流で期待すること)
2002.06.01	Vol.43	58		マッパラム告知板
2002.09.01	Vol.44	4		〈特集〉夜間中学が問いかけるものタカノ・マサオを神聖化するな! 伊ケ崎淑彦/戦前の在日朝鮮人と夜学校　編集部【ルポ】「大阪・長栄夜間中学のあゆみ」編集部【ルポ】「奈良・畝傍夜間中学を訪ねて」編集部【対談】夜間中学の思い出いろいろ　夜間中学生　文仁淑さん/オモニ　金和子さん/娘
2002.09.01	Vol.44	20	鄭早苗	〈歴史の散歩道〉40　飛鳥寺と渡来人たち
2002.09.01	Vol.44	22	井上正一	〈サイの目18〉①無年金「障害」者の救済　②帰国生枠の大学受験に「国籍条項」
2002.09.01	Vol.44	24	税田啓一郎	〈歴史の「接点」を訪ねる〉18「平和の塔」の朝鮮半島(2)
2002.09.01	Vol.44	27		〈写真で感じる「歴史」の風景〉23　都城「漢城」の東大門と南大門
2002.09.01	Vol.44	28		〈20世紀の総括〉第3回　不二越強制連行未払い賃金訴訟
2002.09.01	Vol.44	33	朴海淑	〈新・思惑のまがり角〉No.1　言語にも国際化時代
2002.09.01	Vol.44	34	康秀峰	〈リレーエッセイ〉27　愛から始まってボランティア
2002.09.01	Vol.44	36	姜徳相	〈サイニュース1〉KMJ研究夏期セミナー記念講演「関東大震災から80年」
2002.09.01	Vol.44	42		〈今の時代を生きる・その5〉(戦中派在日コリアン2世の生きざま)いつも気持ちはらんらんとしています　金文子さん
2002.09.01	Vol.44	44	金秀吉	〈スギルの映像ななめ読み〉Vol.5　お題目『学校』-必見の映画ではあるけれど-
2002.09.01	Vol.44	46	菱木政晴	〈サイニュース2〉KMJ研究夏期セミナー分科会　小泉首相靖国参拝違憲アジア訴訟の意義
2002.09.01	Vol.44	49		〈トピックス〉「浮島丸事件訴訟団代表宋斗会さん逝く」
2002.09.01	Vol.44	50		〈ひと〉在日の「言葉」と「対話」に着目　玄善允さん
2002.09.01	Vol.44	52		〈ほんをよむ〉『はなぐつ』『よくわかる韓国の「慰安婦」問題』
2002.09.01	Vol.44	53		〈トピックス〉「猪飼野~生野サンボラムフィールドワーク」
2002.09.01	Vol.44	54	河東吉	ペッチャンでいこう! 楽しい韓国語実践教室　最終回
2002.09.01	Vol.44	55	金啓子(エッセイ)/鄭和江(イラスト)	〈在日文化のあれこれ〉5　夏の風物詩-かぼちゃの葉
2002.09.01	Vol.44	56		〈在日コリアンがわかる？キーワード集5〉ムーダン，キムチ，マイシン
2002.09.01	Vol.44	57		カウイバウイボ(読者のページ・テーマ/在日コリアンのなまえ)
2002.09.01	Vol.44	58		マッパラム告知板
2003.03.01	Vol.46	4		〈特集〉在日コリアン高齢者介護の現状と課題・アボジの介護を通して考えたこと　申点粉さん・シンポィウム記録　コーディネーター　金永子さん・シンポジスト　鄭禧淳/鄭京子/柳照明/徐玉子さん・参加者の立場でハーモニー共和　崔雅絹さん

발행일	지면정보		필자	제목
	권호	페이지		
2003.03.01	Vol.46	20	鄭早苗	〈〈歴史の散歩道〉〉42 円仁と新羅人~その2
2003.03.01	Vol.46	22	井上正一	〈サイの目20〉再び「靖国」参拝について
2003.03.01	Vol.46	24	諏訪部博	「歴史の接点」を訪ねる〈番外編〉「朝鮮のこぶじいさまと日本のこぶじいさま」
2003.03.01	Vol.46	26	高賛侑	〈リレーエッセイ〉29『異郷暮らし』を出版して
2003.03.01	Vol.46	28		〈新連載〉小さな旅 第1回 高麗美術館
2003.03.01	Vol.46	30	金秀吉	〈スギルの映像ななめ読み〉Vol.8(最終回) 映画の可能性を信じて
2003.03.01	Vol.46	32		〈ひと〉地域の在日とともに市民活動を実践 金成元さん
2003.03.01	Vol.46	34		民族学校・外国人学校を訪ねて〈番外編〉大阪市立西今里中学校(対談：梁永厚さん、市川正昭さん)
2003.03.01	Vol.46	38		〈写真で感じる歴史の風景〉25 世界遺産になった水原城
2003.03.01	Vol.46	39	パク・ヘスク	〈新・思惑のまがり角〉No.3 片想いのズレ
2003.03.01	Vol.46	40		〈在日コリアンがわかる？！キーワード集7〉本名と通名, 北朝鮮呼称, チヂミ
2003.03.01	Vol.46	41		〈ほんをよむ〉『朝鮮通信使の旅』『中野重治と朝鮮』『倭館』
2003.03.01	Vol.46	44	西谷文和	〈サイニュース1〉伊丹にもウトロがあった
2003.03.01	Vol.46	47		〈サイニュース2〉遠山文科相 悪質な「北鮮」発信
2003.03.01	Vol.46	48		〈トピックス〉生野サンボラム誕生会
2003.03.01	Vol.46	49		カウイバウイボ(読者のページ) テーマ/就職活動へのアドバイス
2003.03.01	Vol.46	50		マッパラム告知板/活動日誌/編集後記
2003.06.01	Vol.47	4	河東吉	〈特集〉「拉致」事件と報道 「日本人拉致事件」と在日コリアンの思い
2003.06.01	Vol.47	8	金昌五	「イラクの次は北朝鮮」第2次朝鮮戦争を許さない為に~拉致問題と北朝鮮について考える~
2003.06.01	Vol.47	12	北川広和	拉致問題報道に思う
2003.06.01	Vol.47	15		〈写真で感じる歴史の風景〉26 歴史を見つめた慶会楼
2003.06.01	Vol.47	16	鄭早苗	〈歴史の散歩道〉43 宮崎フィールドワークの旅
2003.06.01	Vol.47	18	井上正一	〈サイの目21〉文科省の民族学校政策は植民地支配の時代の延長
2003.06.01	Vol.47	20	卞記子	〈リレーエッセイ〉30 イプサクを守ること、それは私を守ること
2003.06.01	Vol.47	23	パク・ヘスク	〈新・思惑のまがり角〉No.4
2003.06.01	Vol.47	24		〈ひと〉2世として1世のことを3世に伝えたい 呉徳洙さん
2003.06.01	Vol.47	26		民族学校・外国人学校を訪ねて
2003.06.01	Vol.47	29		〈サイニュース〉ヘルパー2級講習会で差別と偏見生む「人権研修」が!
2003.06.01	Vol.47	32		〈小さな旅〉朝鮮のゆかりを訪ねて 第2回 百済寺とその周辺

발행일	지면정보		필자	제목
	권호	페이지		
2003.06.01	Vol.47	34		〈ほんをよむ〉『日本とのつながりで見るアジア第一巻　韓国·北朝鮮』『金英達全集全三巻の3「在日朝鮮人の歴史』『呂運亨評伝1　三·一独立運動』『徐竜達先生古希記念論集』『庭を出ためんどり』『許浚』
2003.06.01	Vol.47	37		〈新シリーズ〉猪飼野だより　Vol.1
2003.06.01	Vol.47	38		〈誌上就職セミナー〉第1回
2003.06.01	Vol.47	40		〈トピックス〉　韓国映画おばあちゃんの家　日本語版全国で上映開始
2003.06.01	Vol.47	41		〈サンボラムの近況〉①　一周年を迎える小路サンボラム
2003.06.01	Vol.47	42		〈Sai資料情報〉大阪府令109号「朝鮮人登録条令」
2003.06.01	Vol.47	44		〈今の時代を生きる·その7〉(戦中派在日コリアン2世生きざま)在日コリアン2世が1世を語る　高隆庸さん
2003.06.01	Vol.47	47		〈表紙解説〉石塔寺と鬼室神社
2003.06.01	Vol.47	48		カウイバウイボ(読者のページ)　テーマ/日本政府に一言
2003.06.01	Vol.47	50		マッパラム告知板/活動日誌/編集後記
2003.12.01	Vol.49	4		〈特集〉民族学校と文部科学省~教育行政の民族差別~日本敗戦と民族学校/朝鮮学校弾圧の引き金は大阪府/四·二四阪神教育事件　朝鮮大学校の創立と名府県朝鮮学校の法人化/二つの次官通達にみる「同化」の強制/外国人学校法がねらうもの/植民地支配の中の教育弾圧/専修学校の創設は朝鮮学校排除の一環/大学受験資格問題と過去の教育行政
2003.12.01	Vol.49	14	鄭早苗	〈〈歴史の散歩道〉〉45　〈北朝鮮のこと〉
2003.12.01	Vol.49	16		〈サイニュース〉異国に生きるコリアンたち~在中·在口·在米·そして在日~高賛侑さん
2003.12.01	Vol.49	20	内藤寿子	差別と表現を考える『おとこ道』という経験~内海愛子氏に聞く~
2003.12.01	Vol.49	25		〈ひと〉在日外国人「障害」者無年金訴訟を支える　鄭明愛さん
2003.12.01	Vol.49	28		相談ホットライン　「在日コリアン人権見張り番」の活動から「選考対象　日本人国籍」とは？/JICAは「国籍条項検討の時期」と表明
2003.12.01	Vol.49	31		〈民族学校·外国人学校を訪ねて〉第6回　名古屋韓国学園　高敬一
2003.12.01	Vol.49	34		〈小さな旅〉朝鮮のゆかりを訪ねて第3回②「柳本旧海軍飛行場跡」(天理)と「飛鳥の渡来人」
2003.12.01	Vol.49	36		在日コリアン高齢者福祉の話題　在日コリアン/無年金「障害」者に不当判決/コリアタウンコリアジャパン共生まつり/八尾市竹渕地区集会所で研修会/なくせ無年金!兵庫のオモニ頑張る
2003.12.01	Vol.49	38		〈誌上就職セミナー〉第3回　JAL·金美江さん
2003.12.01	Vol.49	40		〈猪飼野だより〉Vol.2　写真集『猪飼野~追憶の60年代』発行される/統一マダン生野/チョアヨ·コリアタウン
2003.12.01	Vol.49	41		〈表紙解説〉穴太積み石垣(滋賀院門跡)
2003.12.01	Vol.49	42		マッパラム告知板/活動日誌/編集後記

발행일	지면정보		필자	제목
	권호	페이지		
2004.03.01	Vol.50	4	鄭敬謀	〈特別寄稿〉飛鳥断想
2004.03.01	Vol.50	10		〈50号記念座談会〉これからの『Sai』にのぞむもの　姜在彦花園大学客員)/梁永厚(関西大学講師)/仲尾宏(京都造形芸術大学客員教授)/鄭早苗(大谷大学教授)/司会 井上正一(「Sai」編集部)
2004.03.01	Vol.50	15		これからの『Sai』に期待すること　李宇海/野口克海/金香都子/崔誠一/植谷文雄/中村一成/高尾亨/飛田雄一/徐玉子
2004.03.01	Vol.50	17		大阪歴史博物館で朝鮮通信使関係辛基秀コレクション展
2004.03.01	Vol.50	18	高敬一	二度の挫折と23年の＜民族差別に耐えた＞際月~京都韓国学園本多山校舎建設に至るまで~
2004.03.01	Vol.50	22	鄭早苗	〈歴史の散歩道〉46 三・一独立運動と柳寛順
2004.03.01	Vol.50	24	高二三	〈リレーエッセイ〉十六歳になった娘へ
2004.03.01	Vol.50	26		〈ひと〉「修身」復活を警告する 吉岡和子さん
2004.03.01	Vol.50	28		石原知事発言に民団が反論
2004.03.01	Vol.50	29	塚崎昌之	〈「歴史の接点」を訪ねる〉20 戦前の大阪と朝鮮人① 在日朝鮮人教育発祥の地 済美第四小学校
2004.03.01	Vol.50	32		〈民族学校・外国人学校を訪ねて〉第7回 京都朝鮮中・高級学校
2004.03.01	Vol.50	35		〈サイニュース〉日本国は国連・社会権規約委員会のウトロ救済勧告を尊重せよ
2004.03.01	Vol.50	38		〈トピックス〉人権学習も加味したユニークな 「寝屋川市ハングル講座」15年目
2004.03.01	Vol.50	40	河東吉	〈小さな旅〉朝鮮のゆかりを訪ねて 第4回 甲陽園地下壕と西宮・松原神社
2004.03.01	Vol.50	42		〈今の時代を生きる・その8〉(戦中派在日コリアン2世の生き'ざま)アボヂと、つれあいと、わたしの戦中・戦後 鄭日順さん
2004.03.01	Vol.50	45	中山智湖	〈猪飼野だより〉Vol.3 1937回目の身世打鈴 in 猪飼野
2004.03.01	Vol.50	46		〈誌上就職セミナー〉最終回 JAL・金美江さん
2004.03.01	Vol.50	48	井上正一	江戸時代にあった「耳塚」同胞法要
2004.03.01	Vol.50	50		〈ほんをよむ〉『侵略神社』『日朝交渉 課題と展望』『統一評論』143号
2004.03.01	Vol.50	53		表紙解説
2004.03.01	Vol.50	54		「Sai」50号記念賛同広告
2004.03.01	Vol.50	57		「Sai」のこれまでの特集一覧
2004.03.01	Vol.50	58		マッパラム告知板/活動日誌/編集後記
2004.06.01	Vol.51	4		＜特集＞日本の排外主義を斬る
2004.06.01	Vol.51	5	北側広和	入港禁止法案の危険な狙い
2004.06.01	Vol.51	6		北朝鮮関連三法に思う 韓国ハンギョレ新聞 ハン・スンドン
2004.06.01	Vol.51	9	金暎淑	「九・一七」以降日本は変わったのか
2004.06.01	Vol.51	11		「外国為替法」改悪、「特定船舶入港制限法」および「再入国禁止法」制定に反対する声明 ハンクネット・ジャパン
2004.06.01	Vol.51	13	仲尾宏	〈新企画〉朝鮮通信使はいま 第1回 侵略から善隣と地域平和の達成へ~「鎖国史観」をこえて

발행일	지면정보		필자	제목
	권호	페이지		
2004.06.01	Vol.51	19	まつだたえこ	〈コマ漫画〉「イルボンサラムのみた「在日」」在日コリアン人権啓発東京セミナーの内容
2004.06.01	Vol.51	20	鄭早苗	〈〈歴史の散歩道〉〉47 古代歌謡
2004.06.01	Vol.51	22	高二三	〈リレーエッセイ〉韓国留学 日の出書房 郭日出
2004.06.01	Vol.51	24		〈ひと〉全国在外国人教育研究協議会代表の任期を満了した 藤原史朗さん
2004.06.01	Vol.51	26		〈新企画〉在日の仕事Vol.1キムチにこだわり 慶南商会 厳宇永さん
2004.06.01	Vol.51	28	塚崎昌之	〈「歴史の接点」を訪ねる〉21 戦前の大阪と朝鮮人②戦前、大阪で四回の総選挙に出馬した李善洪の生涯
2004.06.01	Vol.51	32		〈教育NEWS〉国連名委員会の勧告・見解 〈教育関係一覧〉
2004.06.01	Vol.51	34	井上正一	〈サイの目〉23 政治家の国民年金未納のペナルティーは無年金の解消
2004.06.01	Vol.51	35		〈息抜きコーナー〉全員休め!
2004.06.01	Vol.51	36		〈トピックス〉 在日コリアン高齢者支援「ハナ」ネットワーク設立総会 小鹿島にある植民地時代からのハンセン病療養所
2004.06.01	Vol.51	40		〈ほんをよむ〉『四百年の長い道』『済州島4・3事件とは何か』
2004.06.01	Vol.51	42		〈ほんをよむ〉『国民の歴史』『北朝鮮に取り込まれる韓国』
2004.06.01	Vol.51	44	中山智湖	〈猪飼野だより〉Vol.4 済州島4・3事件の希望の始まり 統一マダン生野
2004.06.01	Vol.51	45		〈Sai/資料情報〉盧武鉉だ大統領の最終島民への公式謝罪の言葉(全文)
2004.06.01	Vol.51	46		〈サイニュース〉フォーラム「在日の年金は」
2004.06.01	Vol.51	50	河東吉	〈翻訳〉韓国の詩(一回) 尹東柱
2004.06.01	Vol.51	52	河東吉	〈小さな旅〉朝鮮のゆかりを訪ねて 第5回 高麗神社と浅川地下壕
2004.06.01	Vol.51	55		民族学校・外国人学校を訪ねて 第8回 宝塚朝鮮初級学校
2004.06.01	Vol.51	59		〈新企画〉ハーさんの超実践韓国語
2004.06.01	Vol.51	60		〈今の時代を生きる・その9〉(戦中派在日コリアン2世の生きさま)民族文化を次世代へ
2004.06.01	Vol.51	63		KMJ 創立20周年記念パーティー
2004.06.01	Vol.51	64	許景民	PCでハングルの読み書き~初級編
2004.06.01	Vol.51	65		表紙解説
2004.06.01	Vol.51	66		活動日誌/マッパラム告知板/編集後記
2004.12.01	Vol.52	4		<特集>入居差別を許すな 2003年尼崎で入居差別事件提訴
2004.12.01	Vol.52	8		<特集>入居差別を許すな 1993年入居差別裁判勝利判決
2004.12.01	Vol.52	12		<特集>入居差別を許すな 1991年奈良の入居差別撤廃運動
2004.12.01	Vol.52	17		<特集>入居差別を許すな 1978年生野の住宅差別撤廃運動
2004.12.01	Vol.52	22		<特集>入居差別を許すな 裁判所は「人種差別撤廃条約」違反を理由とした判決を
2004.12.01	Vol.52	25		〈第2特集〉独島(竹島) 領有権主張の前に 外務省の主張

발행일	지면정보		필자	제목
	권호	페이지		
2004.12.01	Vol.52	26		〈第2特集〉独島(竹島) 領有権主張の前に 歴史的・国際法的に見ると独島(竹島)は明白に「韓国領土」
2004.12.01	Vol.52	29		〈第2特集〉独島(竹島) 領有権主張の前に 独島(竹島)をめぐる歴史
2004.12.01	Vol.52	32		〈第2特集〉独島(竹島) 領有権主張の前に 外務省ホームページの検証
2004.12.01	Vol.52	33	まつだたえこ	〈コマ漫画〉イルポンサラムのみた「在日」2
2004.12.01	Vol.52	34	鄭早苗	〈歴史の散歩道〉48 韓半島の世界遺産 高句麗壁画古墳・水源城・宗廟
2004.12.01	Vol.52	36	仲尾宏	〈朝鮮通信使はいま〉第2回 「神国意識」と「朝貢史観」を越えて
2004.12.01	Vol.52	42	中山智湖	〈猪飼野だより〉Vol.5 サンポラム合同運動会/サンポラムに寄付金/カウルマダン in 第4初級学校
2004.12.01	Vol.52	43		〈ほんをよむ〉『オモニの歌』
2004.12.01	Vol.52	44	河東吉	〈小さな旅〉朝鮮のゆかりを訪ねて 第6回 浪速アカルヒメを訪ねて
2004.12.01	Vol.52	46		〈サイニュース〉チマチョゴリの女子校生に宝塚市民が意図的に暴言/「ハナネット」設立総会
2004.12.01	Vol.52	49		〈民族学校・外国人学校を訪ねて〉第9回 伊丹朝鮮初級学校幼稚班
2004.12.01	Vol.52	52	金良淑	〈リレーエッセイ〉ID:「在日コリアン」
2004.12.01	Vol.52	54	河東吉	韓国の詩(2回) 申東曄
2004.12.01	Vol.52	56		〈トピックス〉「被差別部落と朝鮮人」に対する誤解~雑誌の差別文書の発見から~/光明池朝鮮人労働者の慰霊碑/エルファまつり/障害者無年金訴訟/「北朝鮮国籍」という報道
2004.12.01	Vol.52	60	許景民	ハングルを使ってのインターネット利用術~PC中級編
2004.12.01	Vol.52	62		〈在日の仕事〉Vol.2 近畿産業信用組合東大阪支店長 平山達人さん
2004.12.01	Vol.52	65		ハーさんの超実践韓国語 「タクシー(リムジンバス)に乗る」
2004.12.01	Vol.52	66		活動日誌/マッパラム告知板/編集後記
2005.06.01	Vol.53	4		〈特集〉最高裁を裁く 都庁管理職人任用差別裁判
2005.06.01	Vol.53	10		下級審の「ぎりぎりの良心」を打ち砕く最高裁
2005.06.01	Vol.53	15	井上正一	〈ワイド〉加速する日本社会の危険な兆候 W杯日朝戦/ニセ遺骨/竹島(独島)
2005.06.01	Vol.53	24		〈解説〉韓国ソロクト・台湾楽生院訴訟
2005.06.01	Vol.53	25	仲尾宏	〈朝鮮通信使はいま〉第3回 東アジア善隣外交の枠組み~一六一〇年代と三〇年代
2005.06.01	Vol.53	32	鄭早苗	〈〈歴史の散歩道〉〉49 千鳥ケ淵戦没者墓苑を訪れて思う
2005.06.01	Vol.53	34		〈サイニュース1〉多発した「北朝鮮籍」・「北朝鮮国籍」呉報
2005.06.01	Vol.53	36		〈サイニュース1〉呉報の指摘をうけた各社の対応
2005.06.01	Vol.53	38		〈サイニュース1〉W杯日朝戦報道でも「北朝鮮」
2005.06.01	Vol.53	39		〈サイニュース2)NHK「日韓併合」を「韓国併合」に

발행일	지면정보		필자	제목
	권호	페이지		
2005.06.01	Vol.53	40		〈サイニュース3〉波田陽区の民族差別的フレーズ
2005.06.01	Vol.53	42		〈ひと〉高齢者が元気になるお菓子づくりに生熱燃やす在日1世の発明家 芦田(姜)典佳さん
2005.06.01	Vol.53	44	高敬一	〈シリーズ〉小さな旅 朝鮮のゆかりを訪ねて 第七回 山梨県甲府市の武田神社と北社市の浅川伯教・巧兄弟資料館
2005.06.01	Vol.53	47	まつだたえこ	〈コマ漫画〉イルボンサラムのみた「在日」3 大統領に知られますか?
2005.06.01	Vol.53	48		〈TOPICS〉民族教育権保障に向けて
2005.06.01	Vol.53	50		〈TOPICS〉外国人学校・民族学校問題打開のために
2005.06.01	Vol.53	51		〈TOPICS〉堺市・八尾市の民族差別発言
2005.06.01	Vol.53	52		〈TOPICS〉ソロクト・楽生院元患者 ハンセン病補償法適用求め提訴
2005.06.01	Vol.53	53		〈ほんをよむ〉『足で見た筑豊-朝鮮人炭鉱労働の記録-』金光烈著 明石書店・2004年2月
2005.06.01	Vol.53	54		在日韓国・朝鮮人高齢者(旧植民地出身高齢者[五名]平均八一歳)の年金裁判闘争 在日韓国・朝鮮人一世の訴え 在日韓国・朝鮮人高齢者の年金裁判を支える会 鄭明愛
2005.06.01	Vol.53	58	井出弘毅	日本籍コリアンの現状とダブルのアイデンティティについて
2005.06.01	Vol.53	66		活動日誌
2005.06.01	Vol.53	66		マッパラム告知板
2005.12.01	Vol.54	4	山口進一郎	小鹿島不当判決糾弾緊急レポート ①うれしいが、悲しい二つの判決
2005.12.01	Vol.54	6	山口進一郎	小鹿島不当判決糾弾緊急レポート ②植民地下日本が残したハンセン病隔離政策
2005.12.01	Vol.54	15	編集部	小鹿島不当判決糾弾緊急レポート ③国は台湾楽生院の控訴停止を
2005.12.01	Vol.54	16	編集部	小鹿島不当判決糾弾緊急レポート ④国の控訴に抗議する
2005.12.01	Vol.54	18		戦後60年ほんをよむ特集『戦後60年を考える』『ヒロシマを持ち帰った人々』『声を刻む』『朝鮮人徴兵・徴用に対する日本の戦後責任』『済州島現代史』『無国籍』『辛基秀と朝鮮通信使の時代』『韓国の歴史と安東権氏』『悲しい下駄』
2005.12.01	Vol.54	28	鄭早苗	〈歴史の散歩道〉50「愛国」について
2005.12.01	Vol.54	30	仲尾宏	朝鮮通信使はいま 第4回 多文化共生のさきがけ
2005.12.01	Vol.54	36		〈トピックス〉慎英弘先生点字海日文化賞を受賞
2005.12.01	Vol.54	37		〈トピックス〉京都無年金「障害」者高裁不当判決への抗議文
2005.12.01	Vol.54	40		〈トピックス〉小泉首相の靖国参拝と違憲確定判決
2005.12.01	Vol.54	43		〈トピックス〉ウトロの強制執行を許すな
2005.12.01	Vol.54	44	姜明運	〈トピックス〉在日コリアンとパチンコ産業
2005.12.01	Vol.54	47	まつだたえこ	〈コマ漫画〉イルボンサラムのみた「在日」4 めざせアジアビューティー
2005.12.01	Vol.54	48		〈ひと〉在日1世のためのケアハウス「セバランホーム」をたちあげた日本人 水尻福子さん

발행일	지면정보		필자	제목
	권호	페이지		
2005.12.01	Vol.54	51	鄭早苗	飯沼二郎先生をしのぶ
2005.12.01	Vol.54	52	李慶子	〈リレーエッセイ〉35 子どもの本の書き手として
2005.12.01	Vol.54	54	仲尾宏	〈サイニュース〉独島(竹島)問題を考える
2005.12.01	Vol.54	59	薛幸夫	鳥取県人権条例2005年 10月末日に至る顛末記
2005.12.01	Vol.54	61		大阪の「恥」大阪市大民族学校生を受験拒否
2005.12.01	Vol.54	64	塚崎昌之	〈「歴史の接点」が訪ねれ〉22 戦前の大阪と朝鮮人③統国寺
2005.12.01	Vol.54	69		マッパラム告知板/『韓国の歴史と安東権氏』出版記念会
2005.12.01	Vol.54	70		活動日誌/編集後記
2006.06.01	Vol.55	4	青柳敦子	〈特集〉浮島丸事件の新資料 浮島丸事件に関する第二復員局内部文書(1950)について~浮島丸事件の取り組みにおける断絶~
2006.06.01	Vol.55	8	編集部	特設輸送艦浮島丸遭難事件(外務省公開文書)
2006.06.01	Vol.55	17		〈第2特集〉逆行する日本社会 共謀罪と治安維持法
2006.06.01	Vol.55	20		〈第2特集〉逆行する日本社会『指紋押捺の復活をねらう「入管法改正」をゆるさない』
2006.06.01	Vol.55	24	鄭早苗	〈歴史の散歩道〉51 チャングムが仕えた皇太后
2006.06.01	Vol.55	26	井上正一	〈サイの目24〉太陽神アマテルのふるさと
2006.06.01	Vol.55	28		〈トピックス〉ハングルと尹東柱
2006.06.01	Vol.55	33		〈翻訳〉独島紛争はアメリカの極東政策の産物 蔡正洙 訳
2006.06.01	Vol.55	36	高敬一	KMJ 韓国研修旅行レポート
2006.06.01	Vol.55	40		〈ほんをよむ〉『在日コリアンの歴史』『わが家の民族教育』
2006.06.01	Vol.55	42		〈サイニュース〉①義務教育退学裁判初公判
2006.06.01	Vol.55	48		〈サイニュース〉②尼崎入居差別裁判控訴審初公判
2006.06.01	Vol.55	51		〈サイニュース〉③康由美弁護士入居差別裁判
2006.06.01	Vol.55	53		第13回 統一マダン生野
2006.06.01	Vol.55	54	呉啓子	〈リレーエッセイ〉36 民族講師をやってきて
2006.06.01	Vol.55	55		幸せなポジャギ展
2006.06.01	Vol.55	56		民族学校にかかわるオモニたちの座談会
2006.06.01	Vol.55	61		とりあげないで わたしの学校 枝川朝鮮学校を守れ!
2006.06.01	Vol.55	64	高敬一	〈シリーズ〉小さな旅 第8回 万葉と渡来人の里を訪ねて
2006.06.01	Vol.55	66		マッパラム告知板/活動日誌/編集後記
2006.12.01	Vol.56	4		〈特集〉検証!国公立大学外国人教員採用に至るまで 国立大学に勤務する在日コリアン助手の実態
2006.12.01	Vol.56	6		〈特集〉検証!国公立大学外国人教員採用に至るまで 運動のはじまり/公立大学の対応/「外国人教員任用法」と大学の自治
2006.12.01	Vol.56	9		〈特集〉検証!国公立大学外国人教員採用に至るまで 大学教員懇の運動と「外国人教員任用法」の成立(年表)
2006.12.01	Vol.56	11		〈特集〉検証!国公立大学外国人教員採用に至るまで 外国人教員国籍別現員表/がいこく人教員機関別現員表

발행일	지면정보		필자	제목
	권호	페이지		
2006.12.01	Vol.56	13		〈第2特集〉石原慎太郎東京都知事再度「三国人」発言 KMJが厳重抗議
2006.12.01	Vol.56	20		民族差別にかかるインターネット上の差別書き込みの現状と課題① 反差別ネットワーク人権研究会代表　田畑重志
2006.12.01	Vol.56	25	井上正一	〈サイの目〉25 教育勅語と紀元節の復活
2006.12.01	Vol.56	26	鄭早苗	〈歴史の散歩道〉52 千秋太后
2006.12.01	Vol.56	28	金隆明	〈リレーエッセイ〉37 「気づき」を与えてくれた出会い
2006.12.01	Vol.56	30		〈ひと〉「ワルルル···」公演の矢野陽子さん
2006.12.01	Vol.56	32	仲尾宏	尹東柱「留魂之碑」建立と戦後の「朝鮮」体験
2006.12.01	Vol.56	35		〈史料紹介〉創氏改名を急がす「伝単」
2006.12.01	Vol.56	36		〈トピックス〉百年前略奪した北関大捷碑が返還/姜在彦先生「傘寿」の祝賀/韓国将学会50年/第4初級学校60年/民族教育フェスティバル
2006.12.01	Vol.56	40		〈ほんをよむ〉姜在彦『歴史物語朝鮮半島』/『アイゴからエルファへ』『「鎖国」史観を越えて 朝鮮通信使をよみなおす』/『史行録に見る朝鮮通信使の日本観』
2006.12.01	Vol.56	43		〈サイニュース〉「詩人 尹東柱 記憶と和解の碑」建立に向けて/3つの裁判報告
2006.12.01	Vol.56	45		新渡日オモニたちの座談会
2006.12.01	Vol.56	49	高敬一	〈シリーズ〉小さな旅 第9回 韓国民主化運動の聖地を訪ねて 韓国光州(全羅道)
2006.12.01	Vol.56	52		「浮島丸事件の新史料」訂正に至る経緯 申し入れ書の内容
2006.12.01	Vol.56	54		「浮島丸事件の新史料」訂正に至る経緯 青柳敦子さんの見解
2006.12.01	Vol.56	57		「浮島丸事件の新史料」訂正に至る経緯 青柳敦子さんの訂正記事
2006.12.01	Vol.56	59	洪祥進	「浮島丸事件の新史料」訂正に至る経緯 「サイ」五五号に掲載された青柳敦子「特集 浮島丸事件の新史料」について
2006.12.01	Vol.56	66		マッパラム告知板/活動日誌/編集後記
2007.06.01	Vol.57	4	盧桂順	〈特集1〉在外コリアンはまい··· 在ロシアカレイスキー三世を養子に迎えるまでの顛末記
2007.06.01	Vol.57	7	盧桂順	〈特集1〉在外コリアンはまい··· カレイスキー〈在ロシア朝鮮人〉の形成
2007.06.01	Vol.57	11		〈特集1〉在外コリアンはまい··· サハリンで生活と、一緒にすごした朝鮮人たち
2007.06.01	Vol.57	13	蔵重優姫	〈特集1〉在外コリアンはまい··· 風は吹いている~コロラドで吹く韓国の風~
2007.06.01	Vol.57	16	高敬一	〈特集2〉外国人登録令60年　外国人登録令60年と在日コリアンの人権
2007.06.01	Vol.57	22		民族差別にかかわるインターネット上の差別書き込みの現状と課題②
2007.06.01	Vol.57	26		〈〈歴史の散歩道〉〉52 寧越と瑞宗

발행일	지면정보		필자	제목
	권호	페이지		
2007.06.01	Vol.57	28	宮本正明·鈴木久美·内藤寿子	〈ワイド版·ひと〉恵泉女学園大学を退職された内海愛子先生
2007.06.01	Vol.57	32		〈トピックス〉① 力強く吹け! 4·24の風
2007.06.01	Vol.57	34		〈トピックス〉② 執拗な朝鮮総連関連機関への強制捜査
2007.06.01	Vol.57	36		〈トピックス〉③ 朝鮮通信使来日400年 誠信の道通信の息吹展 高麗美術館
2007.06.01	Vol.57	37		〈トピックス〉④ 朝鮮通信使来日400年 朝鮮通信使がやってきた!展 大阪歴史博物館
2007.06.01	Vol.57	38		朝鮮通信使400年 月刊『韓国文化』朝鮮通信使関係論文目録
2007.06.01	Vol.57	40	浅見洋子	〈リレーエッセイ〉38 一篇の誌との出会い 金時鐘を研究する
2007.06.01	Vol.57	42	井上正一	〈サイの目26〉朝鮮蔑視観の再生を許すな
2007.06.01	Vol.57	44		〈ほんをよむ〉地に船をこげ創刊号/日韓交流の歴史/竹島＝独島論争
2007.06.01	Vol.57	46		〈新シリーズ〉写真で見る植民地支配
2007.06.01	Vol.57	47		韓国·順天青巌大学が大阪に研修院を開設
2007.06.01	Vol.57	48		〈サイニュース〉① 判決以上の和解内容~康由美弁護士入居差別裁判家主と和解~② 在日コリアン四世「不就学」裁判
2007.06.01	Vol.57	50	薛幸夫	鳥取日韓友好交流公園碑文削除事件
2007.06.01	Vol.57	52	高敬一	〈シリーズ〉小さな旅 第10回 近代史を見つめ直す旅 多磨霊園、朝鮮大学校博物館
2007.06.01	Vol.57	54		民族差別語と表現研究会報告
2007.06.01	Vol.57	56		〈新シリーズ〉在日史の証言No.1最高裁の扉をこじあげた金敬得さんの「請願書」/電話口述三時間余の最後の原稿
2007.06.01	Vol.57	66		マッパラム告知板/活動日誌/編集後記
2007.12.01	Vol.58	4		＜特集1＞『日本国憲法』と在日コリアン 座談会『日本国憲法』と在日コリアン 徐竜達/仲尾宏/鄭早苗
2007.12.01	Vol.58	11	盧桂順	＜特集2＞サハリンの在外コリアン サハリンを旅して
2007.12.01	Vol.58	19	鄭鐘烈	鳥がとりもつ緑~環境問題から朝鮮·韓国·日本を考える~
2007.12.01	Vol.58	28	鄭早苗	〈歴史の散歩道〉54 曼(真聖)女王のつぶやき
2007.12.01	Vol.58	30	井上正一	〈サイの目27〉海を巡った薬種展を見て
2007.12.01	Vol.58	32		〈ワイド版·ひと〉在日高齢者たちに保養所を提供 工田利恵子さん
2007.12.01	Vol.58	35	高啓一	在日史の証言No.2「在阪水山親睦会20年の歩み」を読む
2007.12.01	Vol.58	39	田畑重志	民族差別にかかわるインターネット上の差別書き込みの現状と課題③ 反差別ネットワーク人権研究会代表
2007.12.01	Vol.58	43	高敬一	〈シリーズ〉小さな旅 第11回 北九州の中の朝鮮を訪ねる
2007.12.01	Vol.58	46		〈TOPIC(トピックス)〉大阪初の松雲大師国際シンポジウム/鼻塚·ウトロへKMJ会員フィールドワーク/「大池中学校PTAおやじバンド」の活躍/23回ワンコリアフェスティバル
2007.12.01	Vol.58	50	中山賀織	〈リレーエッセイ〉39 アメリカへの留学を通じて考えたこと

발행일	지면정보		필자	제목
	권호	페이지		
2007.12.01	Vol.58	52		〈猪飼野だより〉Vol.6　済州道の民俗写真展/猪飼野を与えした写真展/大ヒットした韓国ドラマ「朱蒙」
2007.12.01	Vol.58	54		〈Book Review〉ほんをよむ 朝鮮通信使/戦時朝鮮人強制労働調査資料-連行先一覧・全国地図・死亡者名簿一
2007.12.01	Vol.58	56		〈Sai NEWS(サイニュース)〉神奈川県相模原市で入居差別/国籍を理由の入居拒否に慰謝料100万円/在日も住民だ-アジア市民の参政権を問う
2007.12.01	Vol.58	59		在日コリアンの若者たちの討論会
2007.12.01	Vol.58	66		マッパラム告知板/活動日誌/編集後記
2008.06.01	Vol.59	4		〈特集〉在日コリアン高齢者の現状　福岡における在日コリアン高齢者の生活と福祉サービスの利用に関する調査　九州大学医学保健学科　平野(小原)裕子/長友恵梨/平木小百合
2008.06.01	Vol.59	7	編集部	〈紹介〉『泉州地域在日高齢者福祉実態調査報告書』
2008.06.01	Vol.59	11		〈紹介〉『京都市外国籍市民意識・実態調査報告書』
2008.06.01	Vol.59	12	薛幸夫	永住者の再入国許可制反対! 特別寄稿 再入国許可制と「帰化」
2008.06.01	Vol.59	13	編集部	韓国では永住者の再入国許可免除
2008.06.01	Vol.59	14	洪政瑰	「外国人(alien)」は「外界人(alien)」?
2008.06.01	Vol.59	16	事務局	新しい入国審査制度
2008.06.01	Vol.59	17		仲尾宏理事に聞く 「朝鮮通信使の理解と、現状の多文化社会」
2008.06.01	Vol.59	20	鄭早苗	〈〈歴史の散歩道〉〉55 伽耶琴と干勒の苦悩
2008.06.01	Vol.59	22	井上正一	〈サイの目28〉丹波マンガン記念館の閉山
2008.06.01	Vol.59	24	高二三	在日コリアンとして出版をしてきて
2008.06.01	Vol.59	29		順天青嚴大学「韓国語・韓国料理研修」を実施
2008.06.01	Vol.59	30		〈Sai NEWS(サイニュース)〉義務教育での「退学」は教育界の恥 4.25大阪高裁国際人権規約「無視」の判決/尹東柱「宇治の詩碑」
2008.06.01	Vol.59	33		〈Book Review〉ほんをよむ 族譜・李朝残影/再訳 朝鮮詩集/創氏改名/独島問題100問100答/裁判の中の在日コリアン/西洋と朝鮮/日本から「北」に帰った人の物語/グローバル時代の日本社会と国籍/ディアスポラとしてのコリアン/麦豆教室20年/戦ふ朝鮮
2008.06.01	Vol.59	39	高敬一	〈シリーズ〉小さな旅 第12回 戦争遺跡を訪ねる 日吉・帝国海軍大地下壕
2008.06.01	Vol.59	42	テシン	〈マンガ〉在日三世の想い
2008.06.01	Vol.59	46		〈TOPIC(トピックス)〉映画「光州5・18」/演劇『族譜』/「竹島(独島)問題再浮上」
2008.06.01	Vol.59	47		〈猪飼野だより〉Vol.7
2008.06.01	Vol.59	51		復刻 浅川伯教『朝鮮のお茶』
2008.06.01	Vol.59	57	金和子	〈ひと〉日本のマリのりティとしての在日コリアンを模索する
2008.06.01	Vol.59	60		〈写真でみる植民地支配〉2 軍国少年を生んだ雑誌
2008.06.01	Vol.59	61		岩波書店に公開質問状『広辞苑』朝鮮征伐・北鮮について
2008.06.01	Vol.59	66		マッパラム告知板/活動日誌/編集後記

発行일	지면정보		필자	제목
	권호	페이지		
2008.12.01	Vol.60	4		〈Sai60号記念 特別座談会〉桂ざこばさんを囲んで 桂ざこば/水山隆夫/呉時宗
2008.12.01	Vol.60	10	編集部	〈グラビア〉おおさかの中の百済
2008.12.01	Vol.60	14		〈座談会〉丹波マンガン記念館が閉館 2009年春・夏・秋が最後の見学 水野直樹/李竜植/鄭早苗
2008.12.01	Vol.60	20	鄭早苗	〈歴史の散歩道〉56 混乱と台頭-弓裔-
2008.12.01	Vol.60	22		〈ワイド版・ひと〉朝鮮近代史・仏画・梵鐘に造詣の深い姜健栄さん
2008.12.01	Vol.60	25	テシン	〈マンガ〉在日三世の想い
2008.12.01	Vol.60	26	鈴木久美	〈リレーエッセイ〉41 国際赤十字・文書館を訪れて
2008.12.01	Vol.60	28	井上正一	〈サイの目29〉『族譜』の『薛』
2008.12.01	Vol.60	30	高敏一	〈在日史の証言〉No.3 大韓民国国民登録証と永住許可証
2008.12.01	Vol.60	32		〈TOPIC(トピックス)〉ある在日作家の出版記念パーティーに参加して/堺市外国人教育研究会秋期学校開講/鄭理事長韓国将学会共同代表に
2008.12.01	Vol.60	36		〈Book Review〉ほんをよむ『竹島=独島問題入門』/『姜沆』/『金時鐘『長編詩集 新潟』注釈の試み』/『大阪地名の由来を歩く』/『在日一世記憶』/『韓国の歴史を知るための66章』
2008.12.01	Vol.60	45		〈猪飼野だより〉Vol.8
2008.12.01	Vol.60	46	井上正一	岩波書店公開質問への回答と疑問
2008.12.01	Vol.60	48		『Sai』60号記念 「それから何が変わったが」① 外国人障害者に生きる権利を!創刊号91年12月から
2008.12.01	Vol.60	52		60号記念 『Sai』 総目次(1)
2008.12.01	Vol.60	66		マッパラム告知板/活動日誌/編集後記
2009.06.01	Vol.61	4	高英毅	〈特集〉新しい外国人管理制度と外国籍住民の市民権 韓国在外国民投票制度のナショナリズムと在日コリアンの政治参加
2009.06.01	Vol.61	8	田中宏	高英毅弁護士発題への若干のコメント
2009.06.01	Vol.61	10	金朋央	入管法・住基法改定による『新外国人在留管理制度』が表すもの
2009.06.01	Vol.61	11	事務局	移民等にかかる重国籍研究会の発足にむけて
2009.06.01	Vol.61	13		入管法・入管特例法・住民基本台帳法「改定案」概要
2009.06.01	Vol.61	16	編集部	〈グラビア〉行基とおおさか
2009.06.01	Vol.61	20	田畑重志	2008年度 インターネットを利用した民族差別発言とその特徴
2009.06.01	Vol.61	23	梁英聖	〈連載〉人物ルポ(1)朴権淳さんの場合-韓国から来たオーバーステイの同胞-
2009.06.01	Vol.61	26	鄭早苗	〈〈歴史の散歩道〉〉57 愚かな？温達(オンダル)
2009.06.01	Vol.61	28	井上正一	〈サイの目30〉日の丸写らない角度あった!ベルリンオリンピックマラソン
2009.06.01	Vol.61	30	姜健栄	在日コリアン高齢者の健康と福祉(1) 認知症について(1)
2009.06.01	Vol.61	33	古川正博	在日コリアンの子どもたち(1) 私のであった在日コリアンの子どもたち

발행일	지면정보		필자	제목
	권호	페이지		
2009.06.01	Vol.61	36		〈ワイド版・ひと〉関西済州特別自治道民協会青年会第十五代会長に就任された　姜忠勲さん
2009.06.01	Vol.61	39		〈マンガ〉在日三世の想い Vol.3
2009.06.01	Vol.61	40		〈TOPIC(トピックス)〉サンボラムが社会福祉賞を受賞/大阪市会で「慰安婦」解決の意見書
2009.06.01	Vol.61	44		〈Book Review〉ほんをよむ『サラムの在りか』/『ああ月桂冠に涙』/『近代朝鮮の絵画』/『私の中の朝鮮人学校教育事件』
2009.06.01	Vol.61	48	高敬一	〈シリーズ〉小さな旅 第13回 池上本門寺の中の朝鮮
2009.06.01	Vol.61	52		〈写真で見る植民地支配〉3 三・一独立運動90周年
2009.06.01	Vol.61	54		〈Sai NEWS(サイニュース)〉教育権裁判の核心
2009.06.01	Vol.61	58		60号記念『Sai』総目次(2)
2009.06.01	Vol.61	66		マッパラム告知板/活動日誌/編集後記
2009.12.01	Vol.62	4	岡崎勝彦	〈特集〉新しい外国人管理制度と外国籍住民の市民権(2) 複数国籍の可能性について~ドイツ国籍法改正より/在日特性の「克服」と民主主義論(自己統治)に即して
2009.12.01	Vol.62	14		〈特集〉併合100年 姜在彦先生に聞く植民地支配の学生生活
2009.12.01	Vol.62	17		『映像が語る「日韓併合」史』 から辛基秀先生が選んだ写真パネル
2009.12.01	Vol.62	18	金明央	在日3世の視点 新たな指紋押捺制度に対してどう向き合うか
2009.12.01	Vol.62	20	宮下良子	在日演劇論 つかこうへいの挑戦
2009.12.01	Vol.62	23	古川正博	在日コリアンの子どもたち(2)
2009.12.01	Vol.62	26		〈グラビア〉竹之内街道と朝鮮文化
2009.12.01	Vol.62	30	鄭早苗	〈歴史の散歩道〉58　王の日常の一こま
2009.12.01	Vol.62	32	梁英聖	〈連載〉人物ルポ(2)　金石日さんの場合　韓国から来たオーバステイの同胞②
2009.12.01	Vol.62	37	山田健次	〈リレーエッセイ〉42「オモニ」たちと出会い、教わったこと
2009.12.01	Vol.62	39		角川文庫の差別表現
2009.12.01	Vol.62	40		〈ワイド版・ひと〉私の研究は「在日」のことをやってないからおもしろい!! 金益見さん
2009.12.01	Vol.62	43	高敬一	〈シリーズ〉小さな旅 第14回 在日コリアンの原点韓国・済州島
2009.12.01	Vol.62	46	テシン	〈マンガ〉　在日三世の想い・国籍と権利
2009.12.01	Vol.62	48		〈Sai NEWS(サイニュース)〉教育権裁判高裁不当判決から最高裁上告まで
2009.12.01	Vol.62	52	高敬一	インターネット内に氾濫する民族差別表現について
2009.12.01	Vol.62	55		〈TOPIC(トピックス)〉朝鮮通信使全国大会・高月町で/辛基秀文庫開設記念ワークショップ開催/大阪韓国文化院で加藤松林人展
2009.12.01	Vol.62	58	姜健栄	〈在日コリアン高齢者の健康と福祉〉(2) 認知症を考える(2)
2009.12.01	Vol.62	60		〈Book Review〉ほんをよむ 丹波マンガン記念館の7300日
2009.12.01	Vol.62	61		60号記念『Sai』総目次(3)
2009.12.01	Vol.62	66		マッパラム告知板/活動日誌/編集後記

발행일	지면정보		필자	제목
	권호	페이지		
2010.06.01	Vol.63	4	編集部	〈特集〉韓国併合100年 これだけは知っておきたい「韓国併合」
2010.06.01	Vol.63	10	外村大	強制連行と在日コリアン
2010.06.01	Vol.63	12	北川広和	韓国併合100年に残されていた課題噴出
2010.06.01	Vol.63	14		『映像が語る 「日韓併合」史』から辛基秀先生が選んだ写真パネル②
2010.06.01	Vol.63	16	田中宏	〈特集2〉外国人登録法廃止 侵入管体制を考える
2010.06.01	Vol.63	20	宮下良子	在日演劇論②HIDEYOSHI~アメリカで聞いた「豊臣秀吉」と「耳塚」
2010.06.01	Vol.63	23	金朋央	在日3世の視点 日本社会は「外国人参政権」をどうしたいのか
2010.06.01	Vol.63	26	古川正博	在日コリアンの子どもたち(3) 「自分を語ろう」と金知子のこと
2010.06.01	Vol.63	31	黒木宏一	在日コリアン高齢者の健康と福祉(3) 大阪生野区における在日コリアン高齢者の地域生活の特性に関する研究
2010.06.01	Vol.63	35	梁英聖	〈連載〉人物ルポ(3)金石日さんの場合 韓国から来たオーバステイの同胞③
2010.06.01	Vol.63	40		〈グラビア〉渡来人が建てた神社
2010.06.01	Vol.63	44	姜健栄	〈リレーエッセイ〉43 慶州ナザレ園を訪問記
2010.06.01	Vol.63	47		〈ワイド版・ひと〉大阪・生野コリアタウンで骨董店を開業された 高成一さん
2010.06.01	Vol.63	50	高敬一	〈シリーズ〉小さな旅 第15回 上野公園~アメ横
2010.06.01	Vol.63	54		〈Book Review〉ほんをよむ 写真で見る在日コリアンの100年/差別と日本人/つないで、手を心と思い/80万本を植えた話/日韓流のさきがけ浅川巧
2010.06.01	Vol.63	57	井上正一	〈サイの目〉31 石原都知事の差別発言糾弾
2010.06.01	Vol.63	58		〈Sai NEWS(サイニュース)〉戸田ひさよし前門真市議『在特会』に奪われる/未就学裁判の前提となる「不登校裁判」
2010.06.01	Vol.63	63		〈TOPIC(トピックス)〉出るか? 尹東柱の裁判記録/済州島4・3犠牲者追悼/ウトロ地区のこれまでの歩みとこれからのまちづくり
2010.06.01	Vol.63	66		マパラム告知板/活動日誌
2010.06.01	Vol.63	22		〈あによんはせよ~こちらサンボラムです〉Vol.1
2010.06.01	Vol.63	30		辛基秀映画一挙2本貞永「江戸時代の朝鮮通信使」「解放の日まで」8月22日
2010.06.01	Vol.63	39		高麗美術館特別企業展 ①浅川伯教・巧みが愛した朝鮮美術②「写真・絵はがきの中の朝鮮民俗」
2010.12.01	Vol.64	4	編集部	〈特集〉韓国併合100年 駐大阪大韓民国呉栄煥総領事に聞く「韓国強制併合」一〇〇年
2010.12.01	Vol.64	22	姜在彦	〈時評・コラム1〉「併合」という用語について
2010.12.01	Vol.64	24		〈グラビア〉牽牛子塚古墳と近つ飛鳥風土記の丘
2010.12.01	Vol.64	26	仲尾宏	〈新連載〉歴史に刻む日本とコリア 近江・朽木のマンガン廃鉱と朝鮮人労働者

발행일	지면정보		필자	제목
	권호	페이지		
2010.12.01	Vol.64	28		〈ワイド版・ひと〉京都・東九条に真の多文化共生をめざす 京都・東九条CANフォーラム代表の朴実さん
2010.12.01	Vol.64	32	金朋央	在日3世の視点「歴史理解の作法」~韓国併合一〇〇年を迎えて
2010.12.01	Vol.64	35	川野英二・喜多志保美	〈リレーエッセイ〉44 大阪市大の社会学実習と生野調査
2010.12.01	Vol.64	38	田畑重志	2009年度における 民族差別発言の特徴
2010.12.01	Vol.64	40	高敬一	〈在日コリアン高齢者の健康と福祉〉(4) 在日コリアン高齢者介護をすすめるためのイロハ
2010.12.01	Vol.64	44	梁英聖	〈連載〉人物ルポ(4) 朴正一さんの場合~韓国から来た オーバーステイの同胞④ 最終回
2010.12.01	Vol.64	48	宮下良子	〈在日演劇論〉③ 2008シネカノン李鳳宇氏
2010.12.01	Vol.64	51	古川正博	〈在日コリアンの子どもたち〉(4) 悠太と外国人登録のこと
2010.12.01	Vol.64	54	高敬一	〈シリーズ〉小さな旅 第16回 朝鮮人特攻兵と朝鮮人陶工~鹿児島・知覧と美山
2010.12.01	Vol.64	57		あんにょんはせよ~こちらサンボラムです Vol.2
2010.12.01	Vol.64	58	井上正一	＜サイの目32＞いじめで自殺/朝鮮学校/尖閣映像
2010.12.01	Vol.64	60		〈Book Review〉ほんをよむ ルポ在日外国人/玄海灘を越えた朝鮮外交官「李芸」
2010.12.01	Vol.64	63		〈TOPIC(トピックス)〉百済の武寧王の父琨伎王を祀る飛鳥戸神社/特別企画展 「写真絵はがき」の中の朝鮮民俗
2010.12.01	Vol.64	23		強制連行・地下壕の実態調査
2010.12.01	Vol.64	27		NHK「日本と朝鮮半島2000年」上・下二冊で出版
2010.12.01	Vol.64	37		イルムから
2010.12.01	Vol.64	47		母国訪問①
2010.12.01	Vol.64	66		マッパラム告知板/活動日誌
2011.06.01	Vol.65	4		〈特集〉上田正昭先生に聞く~朝鮮・在日研究の過程~(聞き手:仲尾宏)
2011.06.01	Vol.65	14		〈特集〉あたらしい在留管理制度はどのようになるのか(1)
2011.06.01	Vol.65	22	姜在彦	〈時評・コラム2〉韓国の原発は大丈夫か
2011.06.01	Vol.65	24	仲尾宏	〈歴史に刻む日本とコリア〉(2)『坂の上の雲』再読
2011.06.01	Vol.65	26		〈グラビア〉渡来人が建てた神社
2011.06.01	Vol.65	30		〈ワイド版・ひと〉本名で働くことがあたりまえのようにできる社会にしたい そして在日一世の記憶を映像に 金稔万さんの闘い
2011.06.01	Vol.65	33	宮下良子	〈在日演劇論〉④ 在日の自画像-映画『月はどっちに出ている』から-
2011.06.01	Vol.65	36	薛幸夫	〈リレーエッセイ〉45 東日本大震災に念う
2011.06.01	Vol.65	38	古川正博	在日コリアンの子どもたち(5) 「先生、ワシに民族意識がないと思う?」
2011.06.01	Vol.65	42	井上正一	〈サイの目〉33 東日本大震災犠牲者に黙祷

발행일	지면정보		필자	제목
	권호	페이지		
2011.06.01	Vol.65	44	金明央	在日3世の視点　外国人は、いつになったら「ヨソ者」でなくなるのか
2011.06.01	Vol.65	47		あんにょんはせよ~こちらサンボラムです　Vol.3
2011.06.01	Vol.65	48	高敬一	〈シリーズ〉小さな旅　第17回　群馬の中の朝鮮
2011.06.01	Vol.65	51	高敬一	在日コリアン高齢者の健康と福祉(5)　在日コリアン高齢者のための食事
2011.06.01	Vol.65	53		母国訪問②
2011.06.01	Vol.65	54		〈Book Review〉ほんをよむ　在日コリアン辞典/朝鮮通信使の足跡
2011.06.01	Vol.65	56		〈TOPIC(トピックス)〉徐竜達名誉教授KBS海外同胞特別賞受賞
2011.06.01	Vol.65	58		〈Sai　NEWS(サイニュース)〉2011年4/30~5/3DBS・アシアナ支援　江原道交流ツアー訪韓記/堺でハギハッキョ/ウトロのあゆみ浅川兄弟展
2011.06.01	Vol.65	64		〈新連載〉美味しいお店めぐり(1)　チャールモゴスンミダ!!
2011.06.01	Vol.65	65		加籐松林人画伯の建物スケッチ
2011.06.01	Vol.65	66		マッパラム告知板/活動日誌
2011.12.01	Vol.66	4		〈特集〉民族差別にかかわる規制・救済・啓発をどのようにすすめていくべきか　現代日本の人権状況とこれからの在日コリアン(田中宏)/民族差別にかかわる規制、人権救済、啓発をすすめるために(丹羽雅雄)
2011.12.01	Vol.66	30		〈特集2〉あたらしい在留管理制度はどのようになるのか(2)
2011.12.01	Vol.66	34	姜在彦	〈時評・コラム〉金剛山への観光コースは？
2011.12.01	Vol.66	36	仲尾宏	歴史に刻む日本とコリア(3)　朝鮮通信使外交の終焉とその後(上)
2011.12.01	Vol.66	39		あんにょんはせよ~こちらサンバラムです　Vol.4
2011.12.01	Vol.66	40		〈グラビア〉武寧王陵/朝鮮王室儀軌
2011.12.01	Vol.66	44		〈ひと〉田中敬子さん　この閉塞した社会で力道山を語り継いでいくことが私の使命
2011.12.01	Vol.66	48	宮下良子	在日演劇論⑤　生きていく場所
2011.12.01	Vol.66	51	高敬一	母国訪問③
2011.12.01	Vol.66	52	西崎雅夫	〈リレーエッセイ〉46　追悼碑のとなりで思うこと
2011.12.01	Vol.66	54		東日本大震災時に流れた民族差別デマ
2011.12.01	Vol.66	55	高敬一	〈シリーズ〉小さな旅　第18回　岡山の中の朝鮮(上)
2011.12.01	Vol.66	58	古川正博	〈在日コリアンの子どもたち〉(6)　番外編　在日コリアンの先生
2011.12.01	Vol.66	63		〈美味しいお店めぐり〉(2)　チャールモゴスンミダ!!　京都祇園のコリアンショーハウス　梨花苑
2011.12.01	Vol.66	64		〈在日3世の視点〉韓国の国政選挙への投票がついに秒読み段階-在日同胞社会はどう動く？
2011.12.01	Vol.66	67		〈Book Review〉ほんをよむ『差別語 不快語』/「ニッポン猪飼野ものがたり』/『金ソンセンミニム』/20年間の水曜日
2011.12.01	Vol.66	70		〈TOPIC(トピックス)〉新しい在留管理制度でもその前に…/在日コリアン学生を支援し続けて五十五年~在日韓国奨学会~

발행일	지면정보		필자	제목
	권호	페이지		
2011.12.01	Vol.66	72		マッパラム告知板/活動日誌
2012.06.01	Vol.67	4	坂元茂樹	〈特集〉国際人権法からみた日本の外国人法制
2012.06.01	Vol.67	24	姜在彦	〈時評·コラム〉「北」における三代世襲
2012.06.01	Vol.67	26	仲尾宏	〈歴史に刻む日本とコリア〉(4) 朝鮮通信使外交の終焉とその後(下)
2012.06.01	Vol.67	30		〈グラビア〉堺のなかの百済ー大阪府堺市
2012.06.01	Vol.67	32	朴英恵	〈リレーエッセイ〉47 大阪文化院を西日本の韓国文化発言地に
2012.06.01	Vol.67	34	金朋央	〈在日3世の視点〉改定入管法による新在留管理制度~特別永住者の扱いから見えるもの~
2012.06.01	Vol.67	38		〈TOPIC〉~トピックス~
2012.06.01	Vol.67	42		〈ひと〉薛幸夫さん
2012.06.01	Vol.67	48	宮下良子	〈在日演劇論〉⑥ 巡りくる春 映画『春夏秋冬そして春』から
2012.06.01	Vol.67	52	古川正博	〈在日コリアンの子どもたち〉(7) 在日コリアン親子の葛藤をこえて
2012.06.01	Vol.67	57		あんにょんはせよ~こちらサンパラムです Vol.5
2012.06.01	Vol.67	58		〈在日コリアン高齢者の健康と福祉〉(6) 京都市の(東九条·小栗栖)マイニリティ多住地域高齢者調査の結果報告
2012.06.01	Vol.67	61	康太邦	〈手記〉ウリハッキョチキジャ!! 四·二四教育闘争の証言
2012.06.01	Vol.67	66		〈Book Review〉ほんをよむ『ネットと愛国』/『父·金正日と私』『あんぽん 孫正義伝』『戦前朝鮮人強制労働調査資料集2』『鶴橋·猪飼野画集』
2012.06.01	Vol.67	68	高敬一	〈シリーズ〉小さな旅 第19回 岡山の中の朝鮮(下)
2012.06.01	Vol.67	70		〈チャールモゴスン ミダ!! 美味しいお店めぐり〉(3)新京愛館(大阪市生野区)/来来(大阪市中央区)
2012.06.01	Vol.67	72		SaiNews
2012.06.01	Vol.67	74		マッパラム告知板/活動日誌
2012.12.01	Vol.68	4		SaiNews
2012.12.01	Vol.68	6	水野直樹	〈特集〉サンフランシスコ講和条約前後~在日コリアンの法的問題と現在の課題~
2012.12.01	Vol.68	13		済州大学校への図書寄贈 40年
2012.12.01	Vol.68	14		<特集2>外国籍教員の任用問題を考える
2012.12.01	Vol.68	21		呉時宗副理事長 大韓民国政府より「石榴章」を授賞
2012.12.01	Vol.68	22	姜在彦	〈時評·コラム〉世宗特別自治市の誕生
2012.12.01	Vol.68	24	仲尾宏	〈歴史に刻む日本とコリア〉(5) 『韓国』と『朝鮮』の呼称をめぐって
2012.12.01	Vol.68	27	宮下良子	〈在日演劇論〉⑦ 声の束 一つかこうへいの『ロマンス』から李鳳宇の『EDEN』へ-
2012.12.01	Vol.68	30		〈グラビア〉沖縄の戦争遺跡
2012.12.01	Vol.68	32		〈ひと〉灘高野球部 金容大くん 李泰憲くん
2012.12.01	Vol.68	34	金朋央	〈在日3世の視点〉サハリン韓人社会が歩んできた歴史 日本でこそ直視しなければ

발행일	지면정보		필자	제목
	권호	페이지		
2012.12.01	Vol.68	38	そん ゆぎょん	〈リレーエッセイ〉48「知る以前」と「知った後」
2012.12.01	Vol.68	40	仲尾宏	東アジアに対する日本人の歴史認識の誤謬
2012.12.01	Vol.68	47	呉徳洙	〈シリーズ〉小さな旅 第20回 伊豆の中の朝鮮
2012.12.01	Vol.68	50	古川正博	〈在日コリアンの子どもたち〉(8)「先生、オレ、親になった」
2012.12.01	Vol.68	56		〈TOPIC〉~トピックス~
2012.12.01	Vol.68	60	仲尾宏	在日コリアン高齢者の健康と福祉(7)
2012.12.01	Vol.68	63		あんにょんはせよ~こちらサンボラムです Vol.6
2012.12.01	Vol.68	64		チャールモゴスンミダ!! 美味しいお店めぐり(4)
2012.12.01	Vol.68	66		〈Book Review〉ほんをよむ 未解決の戦後補償/[図録]植民地朝鮮に生きる/朝鮮人強制連行/中学生の質問箱 在日朝鮮人ってどんなひと?/移住者が暮らしやすい社会に変えていく30の方法
2012.12.01	Vol.68	68	盧桂順	女性たちのみで善徳女王の祭祀が執り行なわれる
2012.12.01	Vol.68	76		マッパラム告知板/活動日誌
2013.06.01	Vol.69	4		SaiNews
2013.06.01	Vol.69	7		〈特集1〉関東大震災90年 朝鮮人虐殺と追悼 関東大震災時の朝鮮人虐殺とその後90年(山田昭次)/「90年も経ったのに」(西崎雅夫)/横浜における関東大震災時朝鮮人虐殺(今本陽子)/関東大震災90年 千葉におけるとりくみ(平形千恵子)
2013.06.01	Vol.69	24		＜特集2〉在日コリアン高齢者の介護を続けて　サンボラム 徐玉子さんに聞く
2013.06.01	Vol.69	32	姜在彦	〈時評・コラム〉北朝鮮の核開発をめぐる動き
2013.06.01	Vol.69	35	仲尾宏	歴史に刻む日本とコリア(6) 江戸時代前期の知識人の朝鮮観
2013.06.01	Vol.69	38		〈グラビア〉韓国 釜山から晋州そして木浦へ
2013.06.01	Vol.69	40	呉哲	〈リレーエッセイ〉49 多民族・多文化共生社会を創出する
2013.06.01	Vol.69	42	宮下良子	在日演劇論⑧ 白い花-キム・キドクの映画『アリラン』から
2013.06.01	Vol.69	45		あんにょんはせよ~こちらサンボラムです Vol.7
2013.06.01	Vol.69	46	金朋央	〈在日3世の視点〉過激化するヘイトスピーチを見て、思い出すこと
2013.06.01	Vol.69	50		〈TOPIC〉~トピックス~
2013.06.01	Vol.69	52	古川正博	〈在日コリアンの子どもたち〉(9) 夢を追うかける在日コリアンの若者達①
2013.06.01	Vol.69	58	高敬一	〈シリーズ〉小さな旅 第21回 長崎のなかの朝鮮-強制連行と被爆
2013.06.01	Vol.69	61		日本司法書士連合会が提言「外国人住民に係る渉外民事事務の課題について」
2013.06.01	Vol.69	62	藤原史朗	＜新連載〉シネマ夏炉冬扇 第1回『二十四の瞳』
2013.06.01	Vol.69	64	盧桂順	＜新連載〉朝鮮女性史 歴史の片りんを担った女性たちを追って
2013.06.01	Vol.69	68	高敬一	〈在日コリアン高齢者の健康と福祉〉(8) サンボラムにおける2世利用者の現状と今後の課題

발행일	지면정보		필자	제목
	권호	페이지		
2013.06.01	Vol.69	70		チャールモゴスンミダ!!美味しいお店めぐり(5)
2013.06.01	Vol.69	72		〈Book Review〉ほんをよむ
2013.06.01	Vol.69	74		マッパラム告知板/活動日誌
2013.06.01	Vol.69	31		〈おしらせ〉第34回 全国在日外国人教育研究集会・神奈川大会
2013.06.01	Vol.69	69		〈おしらせ〉朝鮮の絵画と仏教美術
2013.12.01	Vol.70	4		Sai70号記念 巻頭グラビア
2013.12.01	Vol.70	8		SaiNews
2013.12.01	Vol.70	10		〈特集〉国際人権と在日コリアンの課題 国際人権条約の活用について-外国籍住民の権利とは-(元百合子)/4・28は在日に何をもたらしたか(仲尾宏)/これからの在日コリアン人権運動をどう展開していくべきか?
2013.12.01	Vol.70	30	姜在彦	〈時評・コラム〉開城工業団地の閉鎖と再開
2013.12.01	Vol.70	33		あんにょんはせよ~こちらサンバラムです Vol.8
2013.12.01	Vol.70	34	仲尾宏	〈歴史に刻む日本とコリア〉(7)江戸時代前期の知識人の朝鮮観
2013.12.01	Vol.70	38	百済保孝	〈リレーエッセイ〉50 百済という姓の由来について
2013.12.01	Vol.70	40	宮下良子	〈在日演劇論〉⑨ 生まれいずるものたちへ-映画「冬の小鳥」から-
2013.12.01	Vol.70	43	高敬一	〈シリーズ〉小さな旅 第22回 済州大学校 中央図書館と在日済州人センター
2013.12.01	Vol.70	46		〈ひと〉映画監督 呉充功さん
2013.12.01	Vol.70	50	金朋央	〈在日3世の視点〉韓国裁判所で相次ぐ日本企業への賠償判決
2013.12.01	Vol.70	54		〈在日コリアンの子度もたち〉(10) 「『朝鮮人を皆殺しに!』という人たちを見た」-卒業生に伝えたかったこと-
2013.12.01	Vol.70	62	藤原史朗	〈新連載〉シネマ夏炉冬扇 第2回『私は貝になりたい』
2013.12.01	Vol.70	66	盧桂順	〈朝鮮女性史〉第2話 古代朝鮮半島における国家形成時代と女たち
2013.12.01	Vol.70	70		〈TOPICS〉~トピックス~
2013.12.01	Vol.70	72		チャールモゴスンミダ!!美味しいお店めぐり(6)
2013.12.01	Vol.70	74		〈Book Review〉ほんをよむ
2013.12.01	Vol.70	76		在日コリアン人権啓発東京セミナー15年の記録
2013.12.01	Vol.70	78		マッパラム告知板/活動日誌
2013.12.01	Vol.70	32		〈おしらせ〉KMJホームページをリニューアルしました!
2013.12.01	Vol.70	65		KMJは映画「sayama-みえない手錠をはずすまで」を応援します!!
2014.06.01	Vol.71	4		SaiNews
2014.06.01	Vol.71	7		〈特集〉日本国憲法と在日コリアン 日本国憲法と定住外国人の選挙権・再考(根森健)/憲法問題と在日の人権(仲尾宏)/座談会 今こそ 立場をこえて憲法を語ろう(呉時宗)/崔宏基/呉哲
2014.06.01	Vol.71	30	姜在彦	〈時評・コラム〉裏切られた「地上の楽園」の夢
2014.06.01	Vol.71	33		あんにょんはせよ~こちらサンバラムです Vol.9

발행일	지면정보		필자	제목
	권호	페이지		
2014.12.01	Vol.72	72		チャールモゴスンニダ!美味しいお店めぐり(8)
2014.12.01	Vol.72	74		〈Book Review〉ほんをよむ
2014.12.01	Vol.72	76		〈新連載〉マンガで斬る!① 「特別永住」って「特権」?高敬一(原案・文)/呉哲(マンガ制作)
2015.06.01	Vol.73	4		NEWS TOPICS
2015.06.01	Vol.73	8		<特集>戦後70年 日本は過去とどう向き合ってきたか(山田朗)/ヘイトスピーチの横行下で-今「在日」教員と子どもたちは!(小西和治)
2015.06.01	Vol.73	30	姜在彦	〈時評・コラム〉松陰における「尊王」と「征官韓」
2015.06.01	Vol.73	32		あんにょんはせよ~こちらサンパラムです Vol.11
2015.06.01	Vol.73	33	仲尾宏	歴史に刻む日本とコリア(10)朝鮮蔑観のはじまり-その2
2015.06.01	Vol.73	36		〈グラビア〉山口県宇部市 長生炭鉱跡
2015.06.01	Vol.73	38	呉徳洙	〈シネマ夏炉冬扇〉番外編 随想 私のニュー・シネマ・パラダイス
2015.06.01	Vol.73	42	リングフォーファーマンブレッド	〈リレーエッセイ〉52 「ダブル」でいいのか?
2015.06.01	Vol.73	44	金明央	〈在日3世の視点〉強められるカード 常時携帯義務入管法の見直しを求める
2015.06.01	Vol.73	49	宮下良子	〈在日演劇論〉⑫ 異邦人─映画『涙するまで、生きる』から-
2015.06.01	Vol.73	52	高敬一	〈シリーズ〉小さな旅 第26回 茨城県日立鉱山をあるく
2015.06.01	Vol.73	55	井上正一	〈サイの目〉Vol.36
2015.06.01	Vol.73	60	盧桂順	〈朝鮮女性史〉第5話 朝鮮半島に初めて女王が君臨した新羅時代
2015.06.01	Vol.73	66	正木峯夫	〈特別寄稿〉いまどき「宗教」のこと
2015.06.01	Vol.73	72		〈Book Review〉ほんをよむ
2015.06.01	Vol.73	74		チャールモゴスンニダ!!美味しいお店めぐり(9)
2015.06.01	Vol.73	76		マンガで斬る!② 「通称名」って「特権」? 高敬一(原案・文)/呉哲(マンガ制作)
2015.06.01	Vol.73	78		マッパラム告知板/活動日誌
2015.06.01	Vol.73	29		戦後70年 平和をつなぐパネル展・堺
2015.06.01	Vol.73	59		編集後記
2015.06.01	Vol.73	70		第36回 全国在日外国人教育研究集会・大阪大会
2015.06.01	Vol.73	71		花のようにあるがまま~在日コリアン舞踏家・裵梨花

관제협(関済協)

1 서지적 정보

『관제협(関済協)』은 1994년 6월부터 연 2회 발행하고 있는 관서제주도민협회(関西済 州道民協会)의 회보지이다. 이주의 배경과 역사를 달리하는 제주도 출신의 재일조선인 은 집단을 이루어 생활하는 경향이 강하고, 특히 재일제주인의 최대집주지인 관서지역을 중심으로 다양한 친목단체가 형성되어 있었다. 관서제주도민협회는 관서지역에서 활동 중이던 재일제주인 단체들을 통합하기 위한 통합추진위원회가 결성되어, 재일제주경제 인협회(1961.09.16.창립), 재일제주도민회(1963.01.16.창립), 재일제주도친목회(1966.05. 25.창립), 재일제주청년회(1967.04.18.창립) 등 4개의 단체가 통합협정문에 조인(1986. 09.29.), 공동사업을 추진해 온 것이 모태가 되고 있다. 1993년에 상기의 4단체가 통합된 하나의 단체로 탄생한 것이 관서제주도민협회이다. 이 협회는 2006년 7월에 제주도가 특별자치도로 출범하자, 2008년부터 협회의 명칭을 관서제주특별자치도민협회로 개칭 된다. 인터넷 사이트(http://www.kansaijeju.org)를 통해 협회소식을 전하고 있고, 『관 제협』은 21호(2018.11)까지 열람 가능하다.

『관제협』은 협회의 활동 내용과 성과 등을 골자로 하고 있고, 이외에 제주도의 역사 와 문화, 현지 소식 등을 담고 있다. 창간호(1994.06)에는 도지사의 동포상점가 시찰 소식과 제주도청에 '교민실' 개설 소식을 전하고 있다. 신년회 행사에 제주도정을 비롯 한 지역 인사를 초대하고, 제주도내에서의 행사에도 협회 측의 적극적인 참여 현상을 살펴볼 수 있다. 2호(1995.07)에서는 향토 발전을 위해 기여해 온 재일제주인이 한신아 와지대지진으로 피해를 입자 제주도 차원에서 성금을 모아 전달한 내용 등이 소개되고 있다. 이밖에도 6호(1999.07) 내용을 보면, 협회에는 동포결혼종합센터가 설치 운영되 고 있는 사실을 알 수 있다.

『관제협』에서 전하는 소식을 통해 협회는 제주도와의 교류를 이어가고 있고, 제주도정과도 긴밀한 관계를 구축하고 있음을 알 수 있다. 11호(2006.11)부터는 각종 행사 소개와 보고 내용이 중심이 되고 있고, 지면수도 감소하고 있고, 총 30쪽의 지면으로 구성된 21호(2018.11)의 경우 광고가 20페이지에 달하고 있다. 『관제협』을 통해 타지역 출신자들에게는 찾아보기 어려운 지역정체성과 결속력을 확인할 수 있다.

2 꿈과 로망이 있는 조직을 자자손손 남기고 싶다

네 단체의 합병이 우리들의 꿈이자 로망이었습니다만, 지금까지 그것을 적극적으로 추진하는 사람이 없었습니다. 그런데 1년쯤 전부터 네 단체를 합병하자는 분위기가 조성되고, 네 단체 임원분들이 함께 힘을 쓴 덕분에 남북통일보다 제주 네 단체 합병이 더 어렵다고도 하던 그 네 단체의 합병을 겨우 실현할 수 있었습니다.

그리고 제가 회장을 맡게 되었습니다만, 정말 명예로운 일이고, 의의 있는 일로 여러분에게 감사의 뜻을 표합니다. 손익을 따지자면 도저히 맡을 직책은 아니지만, 창립총회에 제주도지사를 비롯하여 많은 내빈분이 와 주셨을 때는, 우리의 조국, 우리의 고향은 우리를 저버리지는 않았다고 느끼고 정말 고맙게 생각했습니다. 앞으로도 조국을 사랑하고 고향을 사랑했으면 합니다만, 그때마다 우리는 자신의 사업을 사랑하고 힘을 기르는 것이 중요하다고 통감하는 바입니다.

그런데 저의 회장 취임에는 여러 가지 고충이 있었습니다. 일본에서도 자주 구조조정이라고 하여 시대의 변혁이라 일컬어지고 있습니다, 옛날 말로 하자면 혁명입니다. 지금은 이러한 변혁의 시대가 되었습니다. 옛날의 상식은 지금의 상식이 아니라고들 합니다. 어느 쪽이 옳은가는 잘 모르겠지만, 다만 이야기할 수 있는 것은 병합한 우리의 이 단체가 보다 단결해서 잘 운영되어 가면 거기에 훌륭하게 상식이 생길 것입니다. 여러분도 그것을 인식하고 저의 방식에 다소 불만도 있겠지만, 나아가면서 생각하고, 안 좋으면 고쳐가는 것으로 용서해 주시길 바랍니다.

세 번째는 사이좋게 단결하는 것이 가장 중요하다고 생각합니다. 서로 으르렁거려도 무엇 하나 득이 되는 게 없습니다만, 단결하면 무언가를 할 수 있고, 서로가 든든하게

도와갈 수도 있습니다. 조국을 떠나 타국에서 살아가고 있는 우리는 단결을 하지 않고 자신만이 현명해지려고 해도 소용없습니다.

　같은 민족, 같은 피를 나누고 고향을 같이 하는 우리이기 때문에 사이좋게 단결하는 것이 중요합니다. 사이좋게 하기 위해서는 윗사람부터 손을 잡고 모범을 보일 필요가 있습니다. 그렇기 때문에 네 단체의 통합을 출발로 임원 여러분이 우선 단결하여 우리 제주도민의 정말 풍요로운 생활, 혹은 자손번영을 생각하고 사이좋게 일치단결할 것을 바라마지 않습니다.[1]

관서제주도민협회 회장 강충남(康忠男)

3　목차

---

1)　康忠男「夢とロマンのある組織を子々孫々に残したい」『関済協』 p.1

발행일	지면정보		필자	제목
	권호	페이지		
1994.06.27	創刊号	17		第2回理事会を開催
1994.06.27	創刊号	18		2世3世のために新会館 盛大に開設祝賀会 賛助金活動を積極的に展開
1994.06.27	創刊号	19		中文·城山浦·表善の3大観光地を大規模開発
1994.06.27	創刊号	20		あとがき
1995.07.15	第2号	1	康忠男	一致団結すれば今まで以上のことができる
1995.07.15	第2号	2		第2回総会を開催 併せて新年会と成人式 阪神大震災に見舞金「心の家族」にも金一封
1995.07.15	第2号	4		阪神大震災に小学生から大人まで金道民から暖かい義援金
1995.07.15	第2号	5		新知事に慎久範氏 34年ぶりに統一地方選挙
1995.07.15	第2号	5		金太智大使を歓迎
1995.07.15	第2号	6		21世紀へ向けての関済協
1995.07.15	第2号	9		在日の一員として結束し仲良くすることからまず出発
1995.07.15	第2号	12		理事会を開催
1995.07.15	第2号	13		バラエティーに富む各部の行事
1995.07.15	第2号	14		第2回ゴルフ会162人が参加 北六甲で第3回ゴルフ会112人が参加
1995.07.15	第2号	15		神戸フルーツフラワーパークで200人が参加し、楽しい1日
1995.07.15	第2号	16	洪碩均	阪神大震災復興事業でかいま見る国籍の壁 参政権があれば行政に対しても積極的に意見が言えるはず
1995.07.15	第2号	17	康文男	明日に向けて
1995.07.15	第2号	19		第一回済州マラソン 来年度からは関済協の組織をあげて応援~梁斗京副会長
1995.07.15	第2号	20		古里賛歌
1995.07.15	第2号	21		編集後記
1996.08.01	第3号	1	呉辰成	歩きながら考え、仲良く夢とロマンのある組織をさらに楽しみと笑いのある組織に会員1000名達成と子女の結婚問題解決
1996.08.01	第3号	3		第一回顧問·相談役会議を開く すばらしい諸先輩に恵まれ、心強く思う
1996.08.01	第3号	8		新会長に呉辰成副会長を選任 康忠男前会長は名誉会長に第3回定期総会を開催
1996.08.01	第3号	10		婦人会を結成 結婚問題解決の大きな弾みに
1996.08.01	第3号	11	申永林	200人が集い 会員1000名達成と子女の
1996.08.01	第3号	13		ギブ·アンド·ギブの精神で事業計画案を忠実に実行
1996.08.01	第3号	15		漢拏文化祭を参観
1996.08.01	第3号	16		執行部が郷土を訪問 済州道国際市民マラソンも参観
1996.08.01	第3号	17		講演会を開催 ロイヤルホテルに400人が集う
1996.08.01	第3号	18		新執行部の抱負 楽しく笑いのある組織に
1996.08.01	第3号	24	康文男	ソフトウェアーからヒューマンウェアーへ移行の時代 出会いが今ほど必要な時はない

발행일	지면정보		필자	제목
	권호	페이지		
1996.08.01	第3号	31	李永哲	済州道庁僑民室をご活用下さい　関済協でも業務を代行しております
1996.08.01	第3号	32		編集後記
1997.07.10	第4号	1	呉辰成	どうすれば済州道に貢献できるか　積極的な心を持てば幸せの風が吹いてくる
1997.07.10	第4号	6		大坂生まれの作家(済州道人)梁石日氏を迎えて文化講演会済州道通行組合活動が民族運動に大きな影響
1997.07.10	第4号	8		100万道民の力を結集
1997.07.10	第4号	9	梁斗京	コンベンションセンターは在日同胞と故郷とを結ぶ力強い架け橋21世紀にかける大きな夢あり子々孫々に残す素晴らしい財産
1997.07.10	第4号	11		在日同胞の人材発掘に意欲
1997.07.10	第4号	12		執行部定例会議
1997.07.10	第4号	14		10月5日に若人のふれあいパーティーを開催予定
1997.07.10	第4号	15		伊勢志摩へ1泊2日の親睦旅行
1997.07.10	第4号	15	申永林	結成一周年を迎え初心に返って日々研鑽し、実りある会に
1997.07.10	第4号	16	康武良	還る地を求めて模索し見いだすのが青年会の存在意義
1997.07.10	第4号	17		青年会1年のあゆみ
1997.07.10	第4号	18		漢拏文化祭を参観
1997.07.10	第4号	21		済州島の歴史
1997.07.10	第4号	25		琉球(沖縄)との関係
1997.07.10	第4号	31		編集後記
1998.07.10	第5号	1	梁斗京	団結は力なり＝さらに大和合の組織へ　結婚情報センターを設置
1998.07.10	第5号	2	禹瑾敏	21世紀は済州繁栄の神話編纂が課題
1998.07.10	第5号	3	金世沢	合併症の経済不安は医者(IMF)の力で2年以内に完治する
1998.07.10	第5号	3	李熙健	金融危機のこの時期不思議にも同じ血が通う同胞が恋しい!
1998.07.10	第5号	5		第5回定期総会を開催　新会長に梁斗京常任会長を選出
1998.07.10	第5号	7	文成愛	人生は時計のように正確に歩んで欲しい
1998.07.10	第5号	9		新執行部郷土を訪問　婦人会・青年会も随伴31名が参加
1998.07.10	第5号	10		康忠男名誉会長が済州大学校より名誉博士号を授与
1998.07.10	第5号	11		会員の意見を幅広く取り入れ関済協ビルを有効に活用する
1998.07.10	第5号	12		理事会を開催　多彩な事業を展開する
1998.07.10	第5号	13		2000年8月の完成を目指して建設のツチ音響く　済州国際コンベンションセンター
1998.07.10	第5号	14		今年も夏季学校8月2日~7日
1998.07.10	第5号	15		65歳以上の在日同胞49人が懐かしいの故郷を訪問
1998.07.10	第5号	16		野遊会　153人が参加
1998.07.10	第5号	17		結婚総合情報センター　開設のご案内
1998.07.10	第5号	18	金善済	婦人会が総会新役員を選出

발행일	지면정보		필자	제목
	권호	페이지		
1998.07.10	第5号	18	金善済	出会いを大切に、チャレンジ精神で
1998.07.10	第5号	20	金伸吉	混迷の時代在日としての役割は何かを常に自問して
1998.07.10	第5号	21		青年会が総会、新役員を選出 活動と自己成長を一致させたい
1998.07.10	第5号	22		関済協の組織基盤拡充をどう展開するか
1998.07.10	第5号	26		子女の結婚問題は是非とも解消したい 結婚情報センターに期待
1998.07.10	第5号	28		島、いつも青い未来のために 済州世界島文化祝祭
1998.07.10	第5号	30		済州道庁僑民室をご活用下さい 関済協でも業務を代行しております
1998.07.10	第5号	31		編集後記
1999.07.10	第6号	1	梁斗京	愛郷心の強い方々に守られ、支えられている関済協はますます発展
1999.07.10	第6号	2	禹瑾敏	国際自由都市をバネに21世紀は「漢拏の奇跡」を
1999.07.10	第6号	3		韓日友好親善の架け橋として、また日本社会の一員として
1999.07.10	第6号	5		第6回定期総会を開催 会費・賛助金協力に感謝
1999.07.10	第6号	7		済州国体選手団の引率役員に大韓体育会より功労賞・感謝牌
1999.07.10	第6号	11		3世・4世が喜んで訪問できる立派な済州道を造ってください
1999.07.10	第6号	12		3年3ヶ月の任務を終えた金世沢総領事盛大に歓送会
1999.07.10	第6号	13		康忠男名誉会長が済州大学校より名誉経営学博士学位を授与される 授与祝賀会を開く
1999.07.10	第6号	14		高基秀相談役が第7回KBS海外同胞賞を受賞 済州大学校より名誉工学博士学位も授与される
1999.07.10	第6号	15		関済協は互いの肩を寄せ合える拠り所として
1999.07.10	第6号	17		済州道で初の国体 康忠男名誉会長を引率団長に関西から選手団77名が参加
1999.07.10	第6号	18		8月・・・夏季学校
1999.07.10	第6号	20	金善済	婦人会だより
1999.07.10	第6号	21		第2回「若人の集い」婦人会が主催
1999.07.10	第6号	22		青年だより 私たちよ、日本・韓国・朝鮮の架け橋的存在である
1999.07.10	第6号	24	金容海	在日同胞子女の結婚について 日本人との結婚が日増しに増える趨勢に憂慮このままでは同胞社会の崩壊につながる
1999.07.10	第6号	27	金性玉	私のモスクワ体験記 青春の夢が叶えられこんなに嬉しいことはない
1999.07.10	第6号	39		捕遺 済州島民渡航史 在日同胞社会の形成
1999.07.10	第6号	42		編集後記
2000.07.10	第7号	1	高昌照	韓日民間交流を積極推進 大坂・済州で少年サッカーの交流試合「2002W杯」盛り上げの一助にも!
2000.07.10	第7号	2	禹瑾敏	在日済州人の愛郷心が済州道発展の原動力!ミカンと観光が両輪となり貧困からやっと抜け出した
2000.07.10	第7号	3	尹迥奎	関西韓国文化院在日同胞の利用大いに期待したい

발행일	지면정보		필자	제목
	권호	페이지		
2000.07.10	第7号	3	李熙健	和合に徹した素晴らしい在日同胞社会を期待
2000.07.10	第7号	5		第7回総会を開催　新会長に高昌照常任相談役を選出
2000.07.10	第7号	8		済州道少年サッカーチームを8月に招請　舞洲アリーナ等で交流試合
2000.07.10	第7号	10		新執行部役員が郷土を表敬訪問
2000.07.10	第7号	12		高基秀顧問の受賞栄誉を祝福「アドバイスをしてくれた先輩は、父親でもあり、兄弟でもあり、今回の受賞の賜物です」
2000.07.10	第7号	13		済州道文化賞受賞の呉承明常任顧問を祝福
2000.07.10	第7号	14		不可能を可能にする気力が大切　生きた金を使って孫の代に結実
2000.07.10	第7号	15		文化重視の活動を期待　遊び心もある組織づくりを
2000.07.10	第7号	16		祖国の文化と歴史に触れる夏季学校　今年は大学生のみ募集
2000.07.10	第7号	18		洪性仁民団中央本部監察委員長に開く　故郷の温かい支援に感謝恩返しは「在日」に尽くすこと
2000.07.10	第7号	22		婦人会だより　婦人会第3回総会を開く　新会長に金芳子さんを選出
2000.07.10	第7号	24	金成満	青年会だより　新たなる世紀へさらなる飛躍
2000.07.10	第7号	26		会長団座談会　21世紀の関済協
2000.07.10	第7号	27		目に見えて日に日に発展航空券取れないのが悩み
2000.07.10	第7号	28		一世の郷土愛には及ばないが二世三世も郷土に自覚を持つ
2000.07.10	第7号	29		父母の苦難を知る世代は済州道に格別な愛着
2000.07.10	第7号	30		済州マラソン出張が楽しみ楽しい野遊会を企画
2000.07.10	第7号	34		済州島の夜明け
2000.07.10	第7号	36		「征韓論」は悪意の国策　朝鮮通信史等韓日両国の善隣友好関係を全て隠蔽
2000.07.10	第7号	40		編集後記
2001.07.10	第8号	1	高昌照	スポーツを通じて草の根の民間交流　韓日共催のW杯サッカーを機に済州道は世界へ飛躍する拠点に
2001.07.10	第8号	3	尹逈奎	南北首脳会談のあの大きな感激は今も記憶に新しい
2001.07.10	第8号	5		第8回定期総会を開催
2001.07.10	第8号	7		少年サッカー大会でW杯盛り上げの一助に
2001.07.10	第8号	9		特別ゲストにWBCスーパーフライ級チャンピオン徳山選手
2001.07.10	第8号	10		済州道の"美味"をPR
2001.07.10	第8号	12		済州少年サッカーチームを招請　舞洲スポーツアイランドで韓日親善交流試合
2001.07.10	第8号	14		道庁・道議会・道教育監を礼訪　W杯サッカー競技場建設寄金を西帰浦市に伝達
2001.07.10	第8号	15		済州道の無料招待で高齢者が故郷を訪問　関済協役員も随伴し執行部訪問団と合流
2001.07.10	第8号	19		済州世界島文化祭り

발행일	지면정보		필자	제목
	권호	페이지		
2001.07.10	第8号	20		美の教育 ハイレベルの国際学校へ
2001.07.10	第8号	24		婦人会だより 婦人会61人が郷土訪問 婦人会が設立5周年を盛大に祝う
2001.07.10	第8号	26		青年だより『行動』から始まる新しい世紀
2001.07.10	第8号	28		土地調査と称して農地を巧妙に収奪 土地を失った農民は日本や間島へ流亡
2001.07.10	第8号	29		景福宮330棟余が無惨に解体されて30棟余が残ったのみ
2001.07.10	第8号	30		関東大震災で軍部筋より流言蜚語
2001.07.10	第8号	33		韓国農業の父・禹長春が済州道をミカンの大生産地にしようと視察したことも
2001.07.10	第8号	35		有田焼・萩焼・高取焼・八代焼など ほとんどが朝鮮人陶工を祖とする
2001.07.10	第8号	40		編集後記
2002.07.20	第9号	1	高昌照	少年サッカーの交流試合を通じ「草の根」の韓日民間交流を推進
2002.07.20	第9号	2	禹瑾敏	21世紀国際自由都市の済州道は逃げ去った人材が帰ってくる地に
2002.07.20	第9号	6		「草の根」の韓日民間交流を推進 新年宴会成人祝賀会
2002.07.20	第9号	11		少年サッカーチームが済州道を訪問各地で親善試合
2002.07.20	第9号	12		済州道の無料招待で高齢者が故郷を訪問 関済協役員も随伴し執行部訪問団と合流
2002.07.20	第9号	13		郷土夏季学校 大学生対象に郷土で6泊7日
2002.07.20	第9号	14	康忠男	歴史会長に聞く"わが故郷"
2002.07.20	第9号	16	呉辰成	歴史会長に聞く"わが故郷"
2002.07.20	第9号	18	梁斗京	歴史会長に聞く"わが故郷"
2002.07.20	第9号	26		部長からのメッセージ
2002.07.20	第9号	30		婦人だより 川岸の山桜を楽しむ
2002.07.20	第9号	32		青年会だより 新会長に姜孝一氏を再選
2002.07.20	第9号	35		文豪は4.3事件をどう見たか 司馬遼太郎の「耽羅紀行」と角田房子の「わが祖国」の記述
2002.07.20	第9号	42		編集後記
2003.07.20	第10号	1	高昌照	済州少年サッカーチームを招請し、草の根の民間交流これからも幅広い交流推進
2003.07.20	第10号	4		第10回定期総会を開催
2003.07.20	第10号	10		KOREA・JAPAN(大坂・済州)少年蹴球交流親善試合を開催
2003.07.20	第10号	12		耽羅文化祭等を参観 執行部郷土訪問団
2003.07.20	第10号	18		婦人会だより 婦人会が7周年懇親会
2003.07.20	第10号	19		婦人会が郷土訪問
2003.07.20	第10号	20		青年会だより「第10回定期総会」開催新会長に梁哲司氏が就任
2003.07.20	第10号	22		青年会会長団座談会 関済協の行末

발행일	지면정보		필자	제목
	권호	페이지		
2003.07.20	第10号	23		人と人との交流の場 個々の資質を高める
2003.07.20	第10号	24		会員も経営者よりサラリーマンガ多くなっている
2003.07.20	第10号	25		多くの人たちと出会い自分探しの機会になる
2003.07.20	第10号	26		その時代にマッチした事業こそが改革になる
2003.07.20	第10号	27		済州道の夢ビジョン国際自由都市の未来像
2003.07.20	第10号	28		中文・城山浦・表善の3地区をリゾート地として大規模開発
2003.07.20	第10号	32		編集後記
2006.11.20	第11号	1	朴国男	一人でも多くの会員が郷土済州道を訪問すれば経済発展に貢献するとの思いで訪問
2006.11.20	第11号	2		定期総会を開催 新年会・成人式も
2006.11.20	第11号	4		新年会参席の来賓 金泰煥知事を囲んでの記念撮影
2006.11.20	第11号	5		関東道民協会と懇親会
2006.11.20	第11号	6		故康忠男名誉会長 お別れの会
2006.11.20	第11号	6		誇らしい海外同胞賞大賞に康忠男氏
2006.11.20	第11号	7		故梁斗京常任顧問に済州道文化賞 在日同胞高齢者故郷訪問団
2006.11.20	第11号	8		耽羅文化祭等を参観 執行部郷土訪問団　ゴルフ会
2006.11.20	第11号	9	朴信平	漢拏山登山
2006.11.20	第11号	10		夏季郷土学校 大阪から11名が参加
2006.11.20	第11号	13		今年七月一日から済州特別自治道 済州道訪問の年
2006.11.20	第11号	14		婦人会だより 新会長に李愛子副会長選出
2006.11.20	第11号	18		会長団座談会 魅力ある関済協
2006.11.20	第11号	19		関済協は出会いの場 故郷は遠くにありて
2006.11.20	第11号	20		済州訪問は観光の気持になれずなぜか、しんみり
2006.11.20	第11号	21		投資誘致は減免が効果的自治道でどう変わるのか
2006.11.20	第11号	22		魅力ある関済協組織は引き継ぐ者が考える!
2006.11.20	第11号	23	李永哲	済州特別自治道とは
2006.11.20	第11号	24		特別自治道としてスタート 国際自由都市へ拍車かかる
2006.11.20	第11号	27		編集後記
2007.12.00	第12号	3	朴国男	会長からごあいさつー関済協の未来
2007.12.00	第12号	4		関西済州道民協会の新年会
2007.12.00	第12号	5		成人式
2007.12.00	第12号	7		新年会参席の来賓の方々
2007.12.00	第12号	8		第14回定期総会
2007.12.00	第12号	10		第27回関済協ゴルフコンペ
2007.12.00	第12号	11		納涼会・大坂、水上クルージングを楽しむ
2007.12.00	第12号	12		夏季郷土学校ー故郷に対する理解を深め、済州人としての自負心を持つこと
2007.12.00	第12号	13		婦人会だより
2007.12.00	第12号	14		青年会だより　家族と共に、母国訪問

발행일	지면정보		필자	제목
	권호	페이지		
2007.12.00	第12号	18		耽羅文化祭を参観、43名が参加
2007.12.00	第12号	26		世界が認めた済州の自然遺産!
2007.12.00	第12号	28		在外道民施策案内
2007.12.00	第12号	29		編集後記
2007.12.00	第13号	4		関西済州道民協会の新年会
2007.12.00	第13号	8		第15回定期総会
2007.12.00	第13号	10		執行部役員表敬訪問
2007.12.00	第13号	11		夏季郷土学校　済州人としての誇りと自負心を持つための夏季郷土学校
2007.12.00	第13号	12		婦人会だより
2007.12.00	第13号	14		青年会だより　第15回定期総会
2007.12.00	第13号	15		勉強会
2007.12.00	第13号	15		OBとの親睦ゴルフ
2007.12.00	第13号	17		母国訪問
2007.12.00	第13号	18		納涼懇親会
2007.12.00	第13号	19		ゴルフコンペ
2007.12.00	第13号	20		耽羅文化祭
2007.12.00	第13号	22		顧問・相談役会議
2007.12.00	第13号	23		在外済州特別自治道民会　総聯合会臨時総会
2007.12.00	第13号	24		漢挐山「島一つ、山一つ」
2007.12.00	第13号	25		編集後記
2009.11.00	第14号	3	高英寛	本土とは異なる、済州道独特な庶民文化を受け継いで
2009.11.00	第14号	6		関西済州道民協会の新年会
2009.11.00	第14号	8		第16回定期総会
2009.11.00	第14号	9		顧問・相談役懇親会
2009.11.00	第14号	10		ゴルフコンペ
2009.11.00	第14号	11		夏季郷土学校
2009.11.00	第14号	12		在日同胞子女高等学生済州文化体験
2009.11.00	第14号	14		祭祀　民族性の底に、流れるもの
2009.11.00	第14号	16		祭祀を進行する順序
2009.11.00	第14号	18		婦人会だより
2009.11.00	第14号	20		青年会だより　テーマ『家族』一生付き合える仲間
2009.11.00	第14号	21		文化事業の企画　母国訪問・野遊会
2009.11.00	第14号	23		在外済州特別自治道民会　総聯合会定期総会
2009.11.00	第14号	24		耽羅文化祭
2009.11.00	第14号	29		編集後記
2009.11.00	第15号	3	康実	済州人たちが日本へ来て100年、これからも時代に合った協会運営で故郷済州に寄与していきたい。

발행일	지면정보		필자	제목
	권호	페이지		
2009.11.00	第15号	6		関西済州道民協会の新年会
2009.11.00	第15号	8		第17回定期総会
2009.11.00	第15号	10		ゴルフコンペ
2009.11.00	第15号	11		夏季郷土学校
2009.11.00	第15号	12		野遊会
2009.11.00	第15号	14		耽羅文化祭
2009.11.00	第15号	18		執行部役員表敬訪問
2009.11.00	第15号	19		禹瑾敏済州道知事来阪　協会役員たちと懇談会
2009.11.00	第15号	20		婦人会だより
2009.11.00	第15号	22		青年会だより
2009.11.00	第15号	25		在外済州特別自治道民会総聯合会定期総会
2009.11.00	第15号	28		編集後記

땅에서 배를 저어라(地に船をこげ)

○ ○ ○

1 서지적 정보

2006년 11월에 창간되어 2012년 7호까지 연 1회 발간되었다. '재일여성문학'이라는 부제가 있다. 지면구성은 대담, 소설, 수필, 평론, 기행문, 시, 단카(短歌), 소론(小論), 칼럼 등으로 이루어져 있다. 발행소는 가나가와(神奈川) 현에 소재한 '재일여성문예협회'이며, 사회평론사에서 발매하였다. 편집위원은 오문자(吳文子), 야마구치 후미코(山口文子), 이 미쓰에(李光江), 이미자(李美子), 박화미(朴和美), 박민선(朴民宣), 고영리(高英梨)로, 재일 2세 여성이 중심을 이루고 있다. 주요 집필진에 편집위원 외에 김 마스미(金眞須美), 종추월(宗秋月), 김창생(金蒼生) 등이 있다. '상·땅에서 배를 저어라'를 제정하여 수상작을 잡지에 게재하는 등, 재일 여성의 글쓰기와 투고를 독려하였다.

창간호 「편집후기」에서 고영리는 재일사회의 변화에 대하여 이야기하며 유교적인 남성 우위의 사회제도 하에서 혹은 봉건제도의 엄격한 신분제도 하에서 여성이기 때문에 살아내기 어려웠던 '한풀이'를 '문학적 상상력'의 장에서 풍요로운 이야기로 풀어내는 것이 본 잡지의 역할이라고 밝혔다.

각 호별로 대담이나 특집을 실었는데, 주요 내용을 살펴보면 「재일여성의 표현을 둘러싸고」(대담, 창간호, 2006), 「상상력과 논리성을 둘러싸고」(대담, 2호, 2007), 「왜 그녀들은 글을 쓰는가?-창작활동을 하는 재일여성 앙케이트」(특집, 3호, 2008), 「한국병합 백 년 재일여성의 현재」(앙케이트, 5호, 2010), 「여자와 가족과 일」(박화미, 소론, 5-6호, 2010-2011), 「재일여성작가 작품집」(7호, 2012) 등이 있다. 특히 종간호인 7호에는 편집부에서 좌담회 「기억, 기록, 그리고 희망을 향하여」(7호, 2012)를 개최하여 『땅에서 배를 저어라』의 종간에 즈음하여 그동안 추구해온 내용과 남긴 과제를 술회하며 잡지의 의의를 정리하였다.

발간사

21세기에 들어와 재일여성을 둘러싼 환경은 크게 변화했습니다. 식민지주의의 사생아로서 백 년의 역사 속에서 1세 여성의 많은 사람들이 교육을 받을 기회를 빼앗기고 빈곤과 노동을 견디는 생활 방식을 강요받아 왔습니다.

그러한 여성들의 분투로 인하여 2세, 3세가 고등교육을 받을 기회가 늘고 재일사회도 변화하기 시작하여 여성에게도 교육이 필요하다는 인식이 받아들여지게 되었습니다. 이렇게 하여 교육을 받는 여성이 늘어나 재일여성의 일본사회나 세계를 보는 눈이 길러지고, 또 자신들의 위치에 대해서도 진지하게 생각하게 되었습니다.

이러한 상황 속에서 이번에 개개의 '국적'에 관계없이 어떠한 형태로든 조선반도에 루트를 갖고 있는 여성들이 새로운 표현의 장을 구해 여기에 모였습니다.

지금까지 우리들의 존재는 '분열'이나 '분단'이라는 말로 파악하는 경우가 많았고, 그 때문에 우리들의 삶의 방식의 가능성을 좁게 만들어 괴로운 일도 있었습니다. 그러나 이 시련은 우리들에게 복안(復案)을 갖고 사물을 봐야하는 시점을 갖도록 하였고, 이는 현재적인 관점에서 얻기 힘든 것이라고 생각합니다. 이 독특한 위치를 의식하면서 다양한 입장의 여성이 참가하여 '재일'의 다양성을 표현할 수 있을 것으로 생각됩니다. 재일여성의 실존을 일본열도와 재일사회 안으로만 몰아넣고 싶지 않습니다.

그래서 이번에 우리들은 '재일여성문예협회'를 설립하고 문예종합잡지『땅에서 배를 저어라-재일여성문학』을 발간하였습니다. 뛰어난 작품에 수여하는 '상·땅에서 배를 저어라'도 제정하였습니다. 이 두 가지 기둥을 중심으로 하는 활동을 통하여 새로운 개성, 묻혀있는 재능과 조우하여 함께 수련하고 서로 격려하면서 재일여성의 문화적인 힘을 길러가려고 생각합니다. 또한 이 활동이 '재일'과 일본인의 보다 풍요로운 관계를 만들어가는 작은 돌이 되기를 바라고 있습니다.

많은 여성의 참가를 진심으로 기대하고 있습니다.

재일여성문예협회

대표 고영리(高英梨)

3 목차

발행일	지면정보		필자	제목
	권호	페이지		
2007.11.10	Vol.2	190	郭節子	あやまち
2007.11.10	Vol.2	192	李光江	時を惜しむ
2007.11.10	Vol.2	138	石川逸子/ 高英梨	想像力と論理性をめぐって
2007.11.10	Vol.2	194	朴沙羅	18歳、いま私が考えていること―国籍とアイデンティティ
2007.11.10	Vol.2	203	呉文子	人質にされた息子 ペルー日本大使公邸人質事件
2007.11.10	Vol.2	211	朴才暎	人生の過ごし方
2007.11.10	Vol.2	216	深沢夏衣	洗濯機
2007.11.10	Vol.2	221	金雪芽	土壌の花
2007.11.10	Vol.2	238	李文子	在日韓国朝鮮人年金裁判 このままでは死にきれない
2007.11.10	Vol.2	230	李竜姫/朴和美	夢を語る
2007.11.10	Vol.2	254		高銀時選集
2007.11.10	Vol.2	255		在日朝鮮・韓国人と日本の精神医療
2007.11.10	Vol.2	257		「母たちの村」を観て
2007.11.10	Vol.2	258		在日コリアン「消滅」の日!?
2007.11.10	Vol.2	259		「埼玉に夜間中学を作る会」に支援を
2007.11.10	Vol.2	252		読者の声
2007.11.10	Vol.2	260		執筆者紹介
2007.11.10	Vol.2	77		授賞お祝い会のご案内
2007.11.10	Vol.2	237		「賞・地に舟をこげ」募集
2007.11.10	Vol.2	262		編集後記
2008.11.10	Vol.3	60		なぜ彼女たちは書くのか? 創作活動をする在日女性のアンケート
2008.11.10	Vol.3	4	李優蘭	土
2008.11.10	Vol.3	24	深沢夏衣	ぱらんせ
2008.11.10	Vol.3	90	萩ルイ子	不死鳥のように(2)
2008.11.10	Vol.3	94	全美恵	傍聴席の男
2008.11.10	Vol.3	97	ぱくきょんみ	何処何用如何草子6
2008.11.10	Vol.3	104	朴民宣	あわせて二三六歳の韓国道中
2008.11.10	Vol.3	59	高英梨	一歩のおもみ
2008.11.10	Vol.3	116	趙栄順	朝の鮮やかなる国の
2008.11.10	Vol.3	118	李光江	空と遊ぶ
2008.11.10	Vol.3	120	朱秀子	宋神道さんとの出会い
2008.11.10	Vol.3	128	梁佳代	風にちり舞う花びら―60年目の4・3を迎えた済州島
2008.11.10	Vol.3	139	金静寅	法律・生活センターの一角で
2008.11.10	Vol.3	145	呉文子	見えない壁―ガラスの天井
2008.11.10	Vol.3	150	朴和美	「その後」のその後『バックドロップ・クルディスタン』を観て
2008.11.10	Vol.3	173		第一回「賞・地に舟をこげ」授賞お祝い会

발행일	지면정보		필자	제목
	권호	페이지		
2008.11.10	Vol.3	180		わかりやすい韓国の歴史
2008.11.10	Vol.3	182		パンソリに想い秘めるとき
2008.11.10	Vol.3	183		「麦わら帽子の会」でのこと
2008.11.10	Vol.3	185		読者の声
2008.11.10	Vol.3	190		編集部だより
2008.11.10	Vol.3	191		執筆者紹介
2008.11.10	Vol.3	23		「賞・地に舟をこげ」募集
2008.11.10	Vol.3	89		第二回「賞・地に舟をこげ」発表
2008.11.10	Vol.3	192		編集後記
2009.11.15	Vol.4	120	宗秋月	秋月ひとり語り修羅シュッシュッーわが詩と人生
2009.11.15	Vol.4	4	妙恵	あとから、怒りがやってきて
2009.11.15	Vol.4	30	金由汀	夢の淵前編
2009.11.15	Vol.4	98	李美子	身世打令
2009.11.15	Vol.4	102	金水善	悲しみの漢拏山
2009.11.15	Vol.4	105	夏山なおみ	よもぎ便り
2009.11.15	Vol.4	108	中村純	女と仕事をめぐる詩篇
2009.11.15	Vol.4	142	辛澄恵	只召太后と花郎
2009.11.15	Vol.4	173	高英梨	ひと世
2009.11.15	Vol.4	170	金利恵	タムジェンイ
2009.11.15	Vol.4	174	李光江	色いろいろ
2009.11.15	Vol.4	153	盧桂順	サハリンへの旅 カレイスキー三世を養子に迎えて
2009.11.15	Vol.4	176	榎本初子	自分探しの旅
2009.11.15	Vol.4	188	呉華順	ハラボジの宿題
2009.11.15	Vol.4	196	鄭好貢	至る処青山あり
2009.11.15	Vol.4	200	裵平舜	母娘二代の保育士
2009.11.15	Vol.4	205	康玲子	仕事と私
2009.11.15	Vol.4	220	朴和美	女と家族と仕事(上)
2009.11.15	Vol.4	248	高秀美	仕事、そして今を生きること
2009.11.15	Vol.4	208		「輝きフェスタ」に参加して
2009.11.15	Vol.4	210		姜舜詩集『断章』によせて
2009.11.15	Vol.4	213		映画『グラン・トリノ』
2009.11.15	Vol.4	215		読者の声
2009.11.15	Vol.4		ミーヨン	PHOTO GALLERY
2009.11.15	Vol.4	263		執筆者紹介
2009.11.15	Vol.4	29		「賞・地に舟をこげ」募集
2009.11.15	Vol.4	264		編集後記
2010.11.15	Vol.5			第4回「賞・地に舟をこげ」受賞作
2010.11.15	Vol.5	4	李貞順	樹を植えに行った話

발행일	지면정보		필자	제목
	권호	페이지		
2010.11.15	Vol.5	74	ぱんちょんじゃ	母の他郷暮らし
2010.11.15	Vol.5	114	高英梨	沢地久枝
2010.11.15	Vol.5	113	ぱんちょんじゃ	授賞の言葉
2010.11.15	Vol.5	147	李承淳	母の変奏曲
2010.11.15	Vol.5	150	李明淑	壊船
2010.11.15	Vol.5	153	李美子	クロツラヘラサギのうた
2010.11.15	Vol.5	120	高英梨	恋しうて
2010.11.15	Vol.5	121	韓松枝	時の行方
2010.11.15	Vol.5	122	榎本初子	夢幻の島
2010.11.15	Vol.5	124	趙栄順	ソウルの空
2010.11.15	Vol.5	128	李光江	続ぎつぐいのち
2010.11.15	Vol.5	130	金貴粉	在日朝鮮人女性とハンセン病
2010.11.15	Vol.5	158	朴才暎	奪われしもの　奪い返ししもの
2010.11.15	Vol.5	167	今泉舟生	どう生きたいですか?これからの在日
2010.11.15	Vol.5	172	朴民宣	「在日の戦後」と義父
2010.11.15	Vol.5	176	山下英愛	韓国ドラマことはじめ
2010.11.15	Vol.5	182	辛淑玉	居場所を求めて
2010.11.15	Vol.5	196		韓国併合百年　在日女性の現在
2010.11.15	Vol.5	187	深沢夏衣	在日と呼ばれる生涯日記買ふ
2010.11.15	Vol.5	188	りみつえ	「王妃の写真」が出発点
2010.11.15	Vol.5	190	呉文子	「クロッシング」を観て
2010.11.15	Vol.5	192	海	心のふるさと
2010.11.15	Vol.5	193	朴和美	一枚の写真をめぐって
2010.11.15	Vol.5	231		読者の声
2010.11.15	Vol.5		ミーヨン	PHOTO GALLERY
2010.11.15	Vol.5	234		執筆者紹介
2010.11.15	Vol.5	119		「賞・地に舟をこげ」募集
2010.11.15	Vol.5	236		編集後記
2011.11.15	Vol.6	4	梁裕河	アリョン打令
2011.11.15	Vol.6	57	梁裕河	授賞の言葉
2011.11.15	Vol.6	60	深沢夏衣	夢よりも深い覚醒
2011.11.15	Vol.6	200	金由汀	夢の淵 中編
2011.11.15	Vol.6	164	夏山なおみ	ミトコンドリアDNAの旅
2011.11.15	Vol.6	167	キム・リジャ	赤いカバン
2011.11.15	Vol.6	170	李美子	迷路の入り口で
2011.11.15	Vol.6	74	金蒼生	在日の修羅を生きた詩人
2011.11.15	Vol.6	78	朴才暎	「猪飼野」という神話のミューズ

발행일	지면정보		필자	제목
	권호	페이지		
2011.11.15	Vol.6	84	李美子	おおぎいちゃあらん、朝鮮女の子守唄がきこえる
2011.11.15	Vol.6	104	李正子	魔界より
2011.11.15	Vol.6	106	高英梨	この島に
2011.11.15	Vol.6	100	李光江	魂振るへ
2011.11.15	Vol.6	102	趙栄順	三月十一日
2011.11.15	Vol.6	138	尹正淑/朴民宣	帰れない
2011.11.15	Vol.6	89	辛澄恵	東学農民軍の戦跡地を訪ねて
2011.11.15	Vol.6	107	呉文子	教育と人権運動を両立させた女性研究者
2011.11.15	Vol.6	114	金文子	もうひとつの写真との出会い
2011.11.15	Vol.6	123	梁澄子	宋神道さんと東日本震災
2011.11.15	Vol.6	129	李素玲	未倒の故郷
2011.11.15	Vol.6	180	朴和美	女と家族と仕事(下)
2011.11.15	Vol.6	173	りみつえ	歴史ミステリーを楽しむ
2011.11.15	Vol.6	175	呉文子	歴史映像シンポジウムに参加して
2011.11.15	Vol.6	177	深沢夏衣	震災雑惑
2011.11.15	Vol.6	244		読者の声
2011.11.15	Vol.6		裵貞順	ART GALLERY Breath 進化する身体の神話
2011.11.15	Vol.6	252		執筆者紹介
2011.11.15	Vol.6	73		「賞・地に舟をこげ」募集
2011.11.15	Vol.6	254		編集後記
2012.11.30	Vol.7			在日女性作家作品集
2012.11.30	Vol.7	4	金由汀	夢の淵 完結編
2012.11.30	Vol.7	25	李優蘭	愛宕山
2012.11.30	Vol.7	54	金蒼生	果ての月
2012.11.30	Vol.7	72	深沢夏衣	秘密
2012.11.30	Vol.7	122	安福基子	家族三代の女たち
2012.11.30	Vol.7	110	李承淳	モウセンゴケ
2012.11.30	Vol.7	112	中村純	ディアスポラの群れ
2012.11.30	Vol.7	114	李美子	ムルオリ
2012.11.30	Vol.7	117	李明淑	記憶からの回生
2012.11.30	Vol.7	149	高英梨	地舟の語り
2012.11.30	Vol.7	150	榎本初子	島の夏
2012.11.30	Vol.7	152	金利恵	雪女
2012.11.30	Vol.7	154	李光江	廻りめぐれる
2012.11.30	Vol.7	156	朴福美	富士山とかぐや姫
2012.11.30	Vol.7	165	朴和美	「東アジア批判的雑誌会議」で考えたこと
2012.11.30	Vol.7	176	編集部	終刊にあたって 記憶、記録そして希望へ
2012.11.30	Vol.7	189	沢地久枝	終刊に寄せて

발행일	지면정보		필자	제목
	권호	페이지		
2012.11.30	Vol.7	189	石川逸子	終刊に寄せて
2012.11.30	Vol.7	191	高良留美子	終刊に寄せて
2012.11.30	Vol.7	194	康玲子	日本語と私
2012.11.30	Vol.7	200	李貞順	日々に思うこと
2012.11.30	Vol.7	204	ぱんちょんじゃ	母、逝く
2012.11.30	Vol.7	210	梁裕河	未亡人、世の中を知る
2012.11.30	Vol.7	215	崔誠姫	朝鮮近代史を学ぶことの意義ー「ヴ・ナロード運動」との出合い
2012.11.30	Vol.7	220	李裕淑	アボジの「恨」と私
2012.11.30	Vol.7	225	ぱくきょんみ	こころしずめてー李良枝が切りひらいた地平
2012.11.30	Vol.7	229	李夏子	カササギと絵かき
2012.11.30	Vol.7	230	呉文子	大竹聖美さんと韓国の絵本
2012.11.30	Vol.7	233	李美子	『哀悼と怒り 桜の国の悲しみ』を観て
2012.11.30	Vol.7	235	りみつえ	幻の『日朝関係史事典』
2012.11.30	Vol.7	237	朴民宣	『ムサシ日記~白い犬』を観て
2012.11.30	Vol.7	240	深沢夏衣	映画『かぞくのくに』
2012.11.30	Vol.7	242	馬京玉	「地に舟をこげ」との出会い
2012.11.30	Vol.7	243	朴才暎	小さな旅「わが母の、教えたもの」
2012.11.30	Vol.7	245	朴和美	「希望」との三泊四日
2012.11.30	Vol.7	248		読者の声
2012.11.30	Vol.7		裵貞順	ART GALLERY 和紙と針金のインスタレーション
2012.11.30	Vol.7	254		執筆者紹介
2012.11.30	Vol.7	258		『地に舟をこげ』総目次 創刊号~7号
2012.11.30	Vol.7	256	高英梨	編集後記ー終刊の辞

무지개처럼

1 서지적 정보

『무지개처럼』은 민족차별과 싸우는 연락협의회(민투련) 산하의 민투련일본국적자부회가 발행한 회보이다. 1994년 12월 25일에 창간준비호를 발행하였고, 이듬해인 1995년 5월 25일에 제1호를 발행하였다.

창간준비호의 창간사에서 민투련일본국적자부회의 대표인 정양이(鄭良二)는 일본국적자 조선인 문제를 해결하기 위해 결성된 민족명을 되찾는 모임의 9년간의 활동을 일단락 짓고, 민투련의 일본국적자부회로서 새로운 출발을 하게 되었다고 밝히고 있다. 또한, 민투련에 대해서는 1974년 일립취직차별재판을 계기로 결성된 단체로, 실천, 교류, 공투라는 3원칙 아래에 일본국적 조선인 문제에도 큰 관심을 갖고 민족명을 되찾는 모임과 전부터 공동투쟁의 관계였다고 소개하며 새 출발에 대한 정당성을 피력하고 있다.

회보 편집을 담당한 윤조자(尹·チョジャ)도 창간준비호에서 '무지개는 여러 다른 색이 각각의 색채를 살리며 함께 있어야 빛나고 아름답다. 다양한 인간, 다양한 민족이 서로를 인정하고, 배워서 다민족다문화 공생사회를 목표로, 서로 빛나며 살아가기 위해서, 전국각지의 활동을 소개하고, 문제제기를 해서 네트워크 형성의 역할을 다하고 싶다.'며 무지개처럼의 편집방침을 언급하고 있다. 이와 같은 편집방침은 표지에 '무지개처럼'이라는 회보 이름을 한글, 일본어와 함께, 베트남어, 브라질·포르투갈어, 중국어, 필리핀·타갈로그어, 파키스탄·우르두어로 병기한 것에서도 잘 볼 수 있다.

주요 집필진으로는 앞서 언급한 정양이, 윤조자를 비롯해, 전국민투련 사무국장 서정우(徐正禹), 히가시구조마당 사무국장 박실(朴実)의 이름이 보인다. 지면 구성은 주로 '일본국적 마이너리티의 움직임(日本籍マイノリティーの動き)', '각지의 보고(各地から

の報告)', '보셨어요?(ごらんになりましたか？)'를 중심으로 재일조선인 국적과 관련된 신문기사 스크랩도 게재되어 있다.

제1호부터 년 3회 발행으로 한 부에 200엔에 판매된 무지개처럼은, 현재 1998년 12월 15일에 발행된 제10호까지 확인할 수 있다.

 ## 2 창간에 즈음하여

정양이(민투련일본국적자부회대표)

민족명을 되찾는 모임(이하, 되찾는 모임으로 생략한다)은 9년의 활동을 끝내고 우리들이 뿌린 작은 씨앗이 싹을 틔웠습니다.

민족차별과 싸우는 연락협의회(이하, 민투련으로 생략한다)의 규약이나 강령에 일본국적 조선인문제가 거론되어, 민단에서는 이번 봄부터 일본국적자도 구성 멤버로 인정하기로 결정하였습니다.

이렇게 착실하게 되찾는 모임의 문제 제기가 확산되고는 있지만, 아직 재일조선인사회나 일본사회로의 전면적인 확산이라는 의미에서 남겨진 과제는 많다고 할 수 있을 것입니다. 되찾는 모임의 해소를 어떠한 형태로 발전시킬 것인가, 몇 번인가 의논을 하였고 한번은 종래와 같이 한 시민그룹으로서 '모임'을 계속하려고 생각했습니다. 하지만 다양한 과제를 질적, 양적으로 확대하고 해결해 가기 위해서는 불충분하다는 의견도 많았기 때문에 재차 의론을 하였습니다. 결론은 '민투련일본국적자부회'로서 활동을 하게 되었습니다. 민련투에서는 2년 전부터 일본국적자부회를 발족하였지만, 그 중심멤버가 되찾는 모임의 멤버와 겹쳐져서 일부러 새로운 '모임'을 만들 필요가 없다는 결론에 다다랐기 때문입니다.

민투련은 1974년 일립취직차별재판을 계기로 결성된 단체로, 기성 민족운동의 틀을 넘어, 지역에 뿌리내려 조선인과 일본인의 공투 안에서 민족차별철폐의 실천을 추진해 왔습니다. 실천·교류·공투의 3원칙 아래에서 일본국적 조선인문제도 자신의 문제로 삼아서 전부터 되찾는 모임의 공동투쟁 관계이기도 하였습니다.

민투련일본국적자부회의 출발에 있어서 되찾는 모임이 남긴 과제를 포함하여 지금 생각할 수 있는 과제를 제시하고자 합니다.

'민족명을 되찾는 운동'

되찾는 모임의 최대 목적은 일본국적자의 이름을 법적으로 '민족명'으로 하는 것이었습니다. 이 목적은 1987년 교토의 박 씨를 시작으로 연전연승의 결과로, 일본국적 한국인, 중국인이 성 변경의 신청(가정재판소에 신청한다)을 하면, 다소간의 문제점이 있어도 인정이 되어 소위 판례가 되었습니다. 하지만 많은 사람들에게 재판을 해서 까지 성을 변경하려는 것은, 매우 힘이 듭니다. 역시 일본국적자가 민족명을 말하려면 신고만으로 인정되는 제도가 필요하다고 생각합니다.

단, 한국국적·조선국적자와 마찬가지로, 압도적으로 일본국적자는 일본명으로 생활하고 있습니다. 이 일본의 일본명을 어쩔 수 없이 사용하게 하는 배외상황이 변하지 않는 한 한국·조선국적자와 연대하여, 민족명을 되찾는 운동은 계속해 갈 필요가 있을 것입니다.

'귀화행정의 문제점'

되찾는 모임은 전부터 '귀화'행정상의 문제점을 구체적으로 지적해 왔습니다. 일본국적법상의 조문에는 나타나지 않는 '국적'행정의 용서할 수 없는 실태는 액션을 일으키지 않는 한 변하지 않을 것입니다.

1. '귀화'신청 시 열 손가락 지문 강제.
2. '귀화'신청자의 모든 프라이버시 침해.
3. '귀화'신청 시 음습한 일본적 성명 강제.
4. '귀화'허가까지 무국적 상태.
5. 법무장관의 자유재량.

1952년부터 시작된 일본의 '귀화'제도는 일본국가가 노골적인 동화(일본인화)수단으로써 교묘히 이용해 왔습니다. 이 때문에 많은 조선인은 '귀화'하지 않고 살아 왔습니다. 하지만, 한 편으로 '귀화'를 신청하여 허가받은 조선인이 18만 명을 넘어, 이 숫자는 증가하면 증가했지 줄지는 않을 것입니다. 또한, 조선인과 일본인의 '국제'결혼이 늘어서 그 결혼에 의한 간이 '귀화'를 하는 사람도 증가하는 경향이 있습니다.

어둠에 숨어서 어떠한 비판도 없이 하고 싶은 대로 했던 일본의 '귀화'정책. 되찾는 모임에서는 이 '귀화'행정의 해체를 목적으로 1991년 5월 9일 교토 지방 법원에 '귀화'허가 신청 시에 신청자로부터 강제로 채취한 열 손가락 날인 원본의 반환과 파기를 위해 제소하였습니다. 그 결과 피고=국가는 재판에서 1989년부터 신청자의 열 손가락 지문의 강제를 한 손가락으로 대신한 것을 분명히 하였고, 1993년부터 한 손가락의 폐지도 결정하였습니다. 거기에 올해 4월에는 원고의 주장을 전면적으로 인정하여 원고 3명을 포함한 '귀화'자 전원의 지문 원본을 폐기할 것을 약속. 또한 이 원본들을 '귀화'업무 목적 이외에는 일절 사용하지 않을 것을 약속하였습니다. 이것으로 인해 전면 승리의 형태로 이 소송을 끝낼 수 있었습니다.

하지만, 당초 예정했던 법무성 담당관을 심문하지 못하고 '귀화'제도의 문제점을 전면적으로 폭로하지는 못하였습니다. 우리들은 '귀화'제도의 비판에 머물지 않고, 그 해체를 위해 전력을 다할 필요가 있을 것입니다.

'일본국적 마이너리티의 교육과제'

되찾는 모임 9년간의 투쟁은 일본국적 조선인의 문제를 새로운 민족문제로서, 그 나름대로 제기할 수 있었다고 생각합니다. 그 결과 오늘날 간신히 재일조선인 교육의 과제로 일본국적자문제가 다루어지게 되었습니다. 이것은 매우 기쁜 일입니다만, 아직 일부분의 대처에 지나지 않습니다.

수년 동안 각 자치단체가 재일외국인교육에 관한 '기본지침'과 '기본방침'을 제출하여 행정으로서도 외국인교육을 무시할 수 없는 상황이 되고 있습니다. 하지만 이러한 방침과 지침은 외국국적자를 대상으로 한 것이 대부분이고, 일본국적자에 대해서는 어떠한 기술이 없는 상태입니다. 금후 이러한 지침과 방침에 일본국적자(조선인 이외의 뉴커머도 포함한다)문제를 기술해 가지 않으면 안 되는 과제가 있습니다.

'전후보상으로서의 국적선택'

이 테마는 민투련의 테마는 아닙니다. 일찍이 의논을 한 적은 있다고 합니다만, 맹렬한 반발로 인해 중단했다고 합니다. 이것은 어디까지나 사견에 지나지 않습니다만, 해방 후 50년이 되려는 현재, 진심으로 의론할 필요가 있지 않을까요. 저 자신, 일본국적자이기 때문에 이야기할 수 있는 대담한 제기를 해보고 싶습니다.

작년에 '귀화'허가자가 20년 만에 1만 명을 넘었습니다. 그 내역은 한국·조선국적이 7,697명, 중국국적이 2,244명으로 양쪽을 더하면 전체의 9할 이상을 차지했습니다. 변함없이 구식민지출신자의 '귀화'가 많은 것입니다. 그렇다고 하더라도 이러한 '귀화'자는 2, 3세가 주류이고 생활 본거지가 일본에 있는 사람입니다. 세계적으로 보아도 그 나라의 외국인 자녀가 거주국의 국적을 취득하는 것은, 지극히 당연한 것입니다. 하물며 조선인은 식민지지배에 의해 재일을 어쩔 수 없이 하게 되었습니다. 여기에서 '지문날인 부정'투쟁을 기억해 보았으면 합니다. 10대의 젊은 동포들이 지문날인을 거부하여 신선한 감동을 주었습니다. 이 때 많은 젊은 동포는 '왜 우리들은 여기에서 태어났는데 지문이 필요하지?'라고 질문을 던졌습니다. 이 질문은 특별히 동화지향이 아닌, 권리로서의 주장이었습니다. 국적취득에 대해서는 어떨까요? 동화지향이 아닌, 권리로서의 국적취득. 제가 알고 있는 몇 젊은 동포들은 국적취득에 대해 저항감이 없습니다.

현재 다양한 곳에서 일본의 전후보상을 촉구하는 재판과 운동이 일어나고 있습니다. 이러한 운동은 당사자의 매우 정당한 요구임은 말할 필요가 없습니다. 유감스럽게도 전후보상의 매우 큰 과제의 하나인 구식민지출신자의 일본국적 선택문제가 제기되고 있지 않습니다. 재일아시아인이 원하든 원하지 않던 관계없이 일본정부는 독일이나 프랑스 등이 시행한 자국 내에 있는 구식민지 출신자에 대한 자유재량의 국적선택권을 설정해야 하고 당사자도 요구해야 한다고 생각합니다.

'끝으로'

일본국적자문제는 일본국적자 만의 문제가 아닙니다. 오늘날 재일외국인의 문제입니다. 우리들은 '국적'이나 '피'의 문화적 환상을 버리고 유연히 민족을 바라보고 민족차별과 투쟁할 것을 제안합니다.

3 목차

민권협뉴스(民権協ニュース)

○ ○ ○

1 서지적 정보

『민권협뉴스』는 재일한국민주인권협의회(민권협)가 매월말 발행하는 잡지로, 발행인은 김태명이다. 민권협은 재일한국인을 비롯하여 재일외국의 인권보장과 한일 간의 시민·NGO의 교류협력사업 등을 주로 하는 단체이다. 민권협은 「민권협뉴스」를 통하여 재일한국인의 현재와 미래의 인권 및 참정권의 보장, 재일한국인 인권 포럼 개최, 한국 내의 정치범의 석방, 위안부 문제 해결을 위한 연대, 민족통일, 전후보상 문제해결 등 일본 국내뿐만 아니라 한국에까지 폭 넓게 관여하며 주로 인권의 가치를 알리며 활동해 나가는데 주력해 왔다.

이후 민권협은 2004년 3월에 민족교육문화, 원코리아 페스티벌 실행위원회의 3단체와 통합하여 새로운 재일한국인NGO로서 〈코리아NGO센터〉를 설립하였다. 현재도 민권협의 정신은 〈코리아NGO센터〉에 계승되어 그 활동을 활발히 이어나가고 있다.

2 신년사

새해 복 많이 받으십시오. 지난해는 만남의 한해였습니다. 한국, 미국, 캐나다, 브라질, 중국, CIS(구소련), 독일, 스위스 등 세계 각지에 사는 한국인과 함께 즐겁게 말하고 교류하는 기회를 가졌습니다. 언어, 가치관, 라이프스타일, 생활상황, 문제의식 등의 차이를 서로 인정하면서 상호간에 동포로서의 일체감을 다지는 모습에 좋은 느낌을 가질 수 있었습니다.

「태어난 곳은 달라도 한국인으로서의 자신감을 가지고, 그 사회에서 인정받는 사람이 되자」라는 캐나다의 이상철 목사님의 말씀은 해외에 거주하는 한국인들에게 희망과 용기를 주었습니다.

재일한국인 포럼90에서는 차별과 공생을 주제로 뜨거운 토론이 진행되었습니다. 차별극복의 조건과 가능성, 공생의 전망이 조금 보인 듯한 기분이 듭니다.

올해는 전후·분단·해방 50주년. 아직 일본정부는 침략전쟁을 저질렀다는 인식에 도달하지 못하고 있습니다. 왜곡된 역사인식을 가진 채「국제화」의 길을 걷더라도 아시아에서는 친구들을 얻을 수 없겠죠. 미래를 향하여 함께 전진해 나가려면 우선 과거를 명확히「사죄」해야 하는 것은 아닐까요. 올해도 바빠질 것 같습니다.

1995년 새해
김태명

3 목차

발행일	지면정보		필자	제목
	권호	페이지		
1994.12.31	NO.49	14		辛貴永氏一家事件概要
1994.12.31	NO.49	15		「救国前衛」事件、安在求氏に無期懲役宣告
1994.12.31	NO.49	16		人権消息
1994.12.31	NO.49	18		在日同胞の現在と未来を考えるシンポジウム94　民族性・共生・参政権問題に様々な視点
1994.12.31	NO.49	19		在日韓国人元傷痍軍属・鄭商根氏の援護法適用請求訴訟第17回口頭弁論「援護法付則は補償への障害にならない」
1994.12.31	NO.49	19		94統一の舞　在日の代表的舞踊家が一党に集う
1994.12.31	NO.49	20	井上令子	「M」
1994.12.31	NO.49	21	皇甫康子	「女性・暴力・人権」
1994.12.31	NO.49	22		アジアNIES/「韓国併合」前の在日朝鮮人/韓国・北朝鮮の法制度と在日韓国・朝鮮人/私は貝になりたい
1994.12.31	NO.49	23	成玖美	フォーラムに参加して
1994.12.31	NO.49	24		インフォーメーション/民権協事務局から/新年辞にかえて/編集後記
1995.01.31	NO.50	2		阪神大震災で在日同胞の町・長田が壊滅的被害　大火災現場は在日の密集地だった
1995.01.31	NO.50	6	岡村美知子	戦後補償実現国際キャンペーンが各国紙に意見広告掲載　各国で大きな反響呼ぶ
1995.01.31	NO.50	8		憲法　死刑制度などで憲法裁判所が判断を放棄
1995.01.31	NO.50	9		論調　新聞報道に見る「解放・分断50年」
1995.01.31	NO.50	10		李憲治、金泰洪、孫裕炯氏らと面会ーカトリックねつ造事件対策委
1995.01.31	NO.50	11		良心囚現況
1995.01.31	NO.50	11		獄中からの手紙
1995.01.31	NO.50	12		人権消息
1995.01.31	NO.50	14		徐勝氏が多田揺子反権力賞を授賞　希望を失わない不屈の闘いに敬意
1995.01.31	NO.50	14		RINK　第4回総会　多文化・他民族共生社会めざす
1995.01.31	NO.50	15		韓国・朝鮮人元BC級戦犯第14回公判　銃殺刑された元戦犯の息子が証言
1995.01.31	NO.50	15		鄭香均さん管理職選考受験資格確認請求訴訟第2回公判「東京都は労働基準法違反だ」
1995.01.31	NO.50	16		K&J交流センターが「在日外国人と地方参政権」講演会「在日の参政権保障は不可欠」
1995.01.31	NO.50	16		在日韓国人元従軍慰安婦・宋神道さん第6回公判　原告、1億2千万円
1995.01.31	NO.50	17	李相兌	韓国映画「我らの歪んだ英雄」
1995.01.31	NO.50	18	大沢文護	「東郷茂徳」
1995.01.31	NO.50	19		戦後50年~「忘却」の持つ意味
1995.01.31	NO.50	20		インフォーメーション/民権協事務局から/編集後記

발행일	지면정보		필자	제목
	권호	페이지		
1995.02.28	NO.51	2		民権協「阪神大震災救援対策部」活動報告 復興・救援通し、全被害住民の共感帯を!
1995.02.28	NO.51	3		「長田・オリニ・ヒムネジャ・モイム」で民権協が「綿がし屋」主店 子どもたちの笑顔を取り戻そう
1995.02.28	NO.51	4		民権協「阪神大震災救援対策部」が被災地域にボランティア派遣 同胞被災者とともに過ごした13日間
1995.02.28	NO.51	6		被災地で活躍する人びと 「復興」に望む、「風化」させてはならないもの
1995.02.28	NO.51	7		大震災の跡地でみた在日同胞被災者の姿
1995.02.28	NO.51	8		解放・分断・戦後50年を迎えて 植民地支配の真の清算から解放・統一へ
1995.02.28	NO.51	10		在日同胞人権ー「戦後補償実現を求める在日同胞意見広告実行委員会」発足 沈黙する韓国政府に対し在日同胞は声をあげよう
1995.02.28	NO.51	11		戦後補償実現意見広告中間報告の集い
1995.02.28	NO.51	12		憲法「国家保安法は違憲」ー釜山地裁が判断下す
1995.02.28	NO.51	13		韓日 慰安婦「見舞金」構想に大韓弁協が猛烈抗議
1995.02.28	NO.51	14		関西韓国政治犯救援連絡会 韓国政治犯救援署名8700名以上を集約
1995.02.28	NO.51	15		渡韓報告「人権局係長が署名の法務部長官への伝達を約束」
1995.02.28	NO.51	16		カトリックねつ造事件対策委 安東矯導所で政治犯との面会を拒否される
1995.02.28	NO.51	17	朴禹東	姜希哲氏事件はもう一度裁判してこそ正しい
1995.02.28	NO.51	18		姜勇州氏ら長期囚6名が憲法訴願「拷問など非人道的犯罪に時効適用は違憲」
1995.02.28	NO.51	19		人権消息
1995.02.28	NO.51	20		連続講座「戦後処理と日朝国交正常化に向けて」 元IAEA広報部長が講演
1995.02.28	NO.51	20		在日の過去・現在・未来を語りあう大パネルディスカッション 既存の民族団体にも厳しい批判
1995.02.28	NO.51	21	片山文恵	ディスクロージャー
1995.02.28	NO.51	23		もっと知りたい「慰安婦」問題
1995.02.28	NO.51	24		「民族」を読む/ひとりでもやるってば①/戦後世代の戦争責任/朝鮮総督府の歴史
1995.02.28	NO.51	25		インフォーメーション/民権協事務局から/編集後記
1995.03.31	NO.52	2	朴在哲	同胞人権委 第3回日本軍「慰安婦」問題アジア連帯会議に民権協が代表派遣 民間基金拒否を鮮明に打ち出す
1995.03.31	NO.52	6		政局 地方自治選を前に野党民主党と在野が統合宣言
1995.03.31	NO.52	7		論調 偏見がもたらした閉じた世界の住人「ゲイ」
1995.03.31	NO.52	8		在日韓国政治犯をはじめ韓国全政治犯の釈放を! 関西教援連絡会、「3・1」救援集会開催

발행일	지면정보		필자	제목
	권호	페이지		
1995.03.31	NO.52	9		抗議文
1995.03.31	NO.52	9		集会に寄せられた李憲治救からのメッセージ
1995.03.31	NO.52	10		獄中からの手紙 李憲治氏、孫裕炯氏
1995.03.31	NO.52	11		李ジャンヒョン氏釈放のための後援会 分断の犠牲者、無期囚李ジャンヒョン氏
1995.03.31	NO.52	12		韓国政府代表が国連人権委員会で強弁「韓国に良心囚はいない。国家保安法は必要」
1995.03.31	NO.52	13		人権消息
1995.03.31	NO.52	14		定住外国人の地方参政権めぐる最高裁判決「憲法は参政権付与を禁じていない」
1995.03.31	NO.52	15		「戦後補償立法を準備する弁護士の会」が試案を発表 政府出資による基金設置を主張
1995.03.31	NO.52	16		ごまかしの「民間基金」に反対する3・17集会 ハルモニら「民間基金は取らない」
1995.03.31	NO.52	16		韓国・朝鮮人元ＢＣ級戦犯第15回公判 日本人元捕虜監視員が証言台に立つ
1995.03.31	NO.52	17	朴相兌	青い山ー本当らしくない本当の話
1995.03.31	NO.52	18		子どもの涙/朝鮮を知るために/日本軍「慰安婦」を追って/いつか会える
1995.03.31	NO.52	19	小川里津子	読者の目 「戦争」めぐる世代間の意識差埋めてこそ…
1995.03.31	NO.52	20		インフォメーション/民権協事務局から/編集後記
1995.04.30	NO.53	2		民権協第1回定期総会 「50年事業」など95年度方針を採択
1995.04.30	NO.53	4		1995年度民権協活動方針
1995.04.30	NO.53	6		民権協阪神大震災救援対策部が義援金を伝達 外国人のために、子どもの教育のために
1995.04.30	NO.53	10		同胞人権委 戦後補償実現を求める在日同胞意見広告 韓国の各界人士も賛同
1995.04.30	NO.53	11		実行委員会が記者会見
1995.04.30	NO.53	12		憲法 狭まる国家保安法の「適用範囲」
1995.04.30	NO.53	13		国籍 在日同胞の二重国籍にゴーサイン?
1995.04.30	NO.53	14		逮捕から15年「孫裕炯さんをはよかえせ!」 孫裕炯氏を支援する会が集会
1995.04.30	NO.53	14		「分断の鉄窓を明けていま、ひとつに」 在日韓国良心囚同友会が出版記念会
1995.04.30	NO.53	15		来日中の金大中氏と政治犯家族が面談「釈放の助けとなるように努力する」
1995.04.30	NO.53	16		人権消息
1995.04.30	NO.53	18		シンポ「戦後50年、国会決議はどうあるべきか」<提言>めぐり激論かわす
1995.04.30	NO.53	19		民闘連が在日の地方参政権もとめ集団提訴 立法化しない国の責任を問う

발행일	지면정보		필자	제목
	권호	페이지		
1995.04.30	NO.53	20		阪神大震災·民族教育支援チャリティー·ディスコの集い「アイ(愛)でアイ(子ども)を支えよう」
1995.04.30	NO.53	20		地方公務員の国籍条項を考える集いー東京都の管理職試験受験拒否裁判から　川崎市職労も支援に立つ
1995.04.30	NO.53	21	兼子アン明美	フレッシュキル
1995.04.30	NO.53	22	原田恵理子	夫·恋人の暴力から自由になるために
1995.04.30	NO.53	23	薗田紫紅	読者の目　入管で見た「国際化」の実態
1995.04.30	NO.53	24		インフォーメーション/民権協事務局から/編集後記
1995.05.31	NO.54	2		日米加コリアンシンポジウムー多民族社会の経験から見えるものー5月13日東京　在米·在加同胞と語るわれわれの未来
1995.05.31	NO.54	4		アメリカ　問われる政治力と他民族との関係
1995.05.31	NO.54	5		カナダ　融合ではなくモザイクめざすカナダ
1995.05.31	NO.54	6		5月14日大坂シンポジウム　教育·名前·アイデンティティテーマに討論
1995.05.31	NO.54	8		在日同胞人権　こまかしの「民間基金案」反対!日本政府の謝罪と補償を求める4·30集会·デモ　宋さん囲み在日団体が戦後補償要求に立つ
1995.05.31	NO.54	10		外国人労働者人権　外国人労働者問題全国交流集会　「震災時における外国人の人権」を問う
1995.05.31	NO.54	14		学生　解放50年迎えた韓国学生運動
1995.05.31	NO.54	15		女性　韓国人と結婚した在中同胞の悩み
1995.05.31	NO.54	15		教育　全教組が日本語追放運動に着手
1995.05.31	NO.54	20		定住外国人の地方参政権求める5·17シンポジウム　各党代表が見解示す
1995.05.31	NO.54	21		ゴルフ会員権裁判勝訴!報告集会　「全ゴルフ場から差別撤廃したい」
1995.05.31	NO.54	21		第6回長田マダン　震災の困難乗換え開催
1995.05.31	NO.54	22	李相兌	それでも生きた
1995.05.31	NO.54	23		戦争と性/東京のコリアタウン/富山妙子時代を刻む/闇の想像力
1995.05.31	NO.54	24		インフォーメーション/民権協事務局から/編集後記
1995.06.30	NO.55	2		「戦後50年決議」を見る　歴史を見直す作業はこれからだ
1995.06.30	NO.55	4		在日同胞人権　戦後補償実現を求める在日同胞意見広告実行委員会が代表渡韓　外務部にクーポンを直接手渡す
1995.06.30	NO.55	6		在日同胞の処遇改善を求める署名活動展開中　在日の声を韓日両政府に届けよう
1995.06.30	NO.55	10		外国人労働者人権「アジアとヨーロッパの外国人労働者」セミナーに参加して　各国の経験を分かちあう
1995.06.30	NO.55	10		政局　地方自治選を前に民主党で内紛
1995.06.30	NO.55	11		労働「スト予告は国家転覆の罪」?労使紛争で警察力投入
1995.06.30	NO.55	12		教育　教育改革案に現場教師から批判の声

발행일	지면정보		필자	제목
	권호	페이지		
1995.06.30	NO.55	13		情報 インターネットで海外と交流推進
1995.06.30	NO.55	13		社会 ソウルからタバコ販売機が消える
1995.06.30	NO.55	14		関西救援連絡会 在日韓国人政治犯をはじめ韓国全政治犯を釈放せよ! 5・30韓国政治犯救援集会を開催
1995.06.30	NO.55	15		カトリックねつ造スパイ対策委、真相究明活動を本格化
1995.06.30	NO.55	15		在日関連政治犯 辛貴永氏満期出処 「真実を明らかにするために余生を捧げる」
1995.06.30	NO.55	16		韓国政治犯、41日間で161名拘束 地方自治選挙を前に拘束者が急増
1995.06.30	NO.55	17		人権消息
1995.06.30	NO.55	18		共に生き共に学ぼう!民族教育の確立と保護者会結成をめざして 東京保護者の会がスタート
1995.06.30	NO.55	19		在日韓国人元従軍慰安婦・宋神道さん第7回公判 宋さん、日本赤十字に申し入れ
1995.06.30	NO.55	19		挺身隊絵画展 元「慰安婦」が描いた作品展示
1995.06.30	NO.55	20		K&J交流センター95年度定期総会 「震災被害乗り越え情報ネットめざす」
1995.06.30	NO.55	20		挺国連人権小委員会のリンだ・チャベス氏が来日 8月に慰安婦問題の報告書提出
1995.06.30	NO.55	21		ウリ教育ネットワークのつどい 民族教育求める同胞の親たち
1995.06.30	NO.55	22	向後友恵	レ二
1995.06.30	NO.55	23		在日朝鮮人歴史・現状・展望/日韓協約と韓国併合/済州道4・3事件第2巻/在日挑戦
1995.06.30	NO.55	24		インフォーメーション/民権協事務局から/編集後記
1995.07.31	NO.56	2		地方自治選挙の韓国の政局 「選挙勝利」が生んだ民主党分裂と金大中氏の進路
1995.07.31	NO.56	6		在日同胞人権 戦後補償実現を求める在日同胞意見広告運動 報告の集い 意見広告掲載と渡韓の成果を確認
1995.07.31	NO.56	8		「第1回ヨーロッパ養子青年大会」(ドイツ・デュッセルドルフ)に参加して ルーツ求める青年らが国境を越えて
1995.07.31	NO.56	10		自治 話題呼んだ地方選の"異色"当選者
1995.07.31	NO.56	11		司法 「文民政府」がくだしたクーデター免罪符
1995.07.31	NO.56	12		「分断・解放50年」の「8・15」で在日韓国人政治犯をはじめ韓国政治犯の釈放を! 日本・韓国で救援運動が活発に展開
1995.07.31	NO.56	13		日本政府に家族・救援会が訴え 「これまで以上の韓国政府へのはたらきかけを」
1995.07.31	NO.56	13		姜勇州氏が釈放などを要求してハンスト
1995.07.31	NO.56	13		憂慮される李成雨氏の健康 関西連絡会、外務省に緊急調査依頼
1995.07.31	NO.56	14		渡韓報告 孫裕炯氏を支援する会「これまでとは違う手ごたえを実感」
1995.07.31	NO.56	15		「釜山・辛貴永氏一家事件」釜山地方法院が再審開始を決定

발행일	지면정보		필자	제목
	권호	페이지		
1995.07.31	NO.56	15		「再会(タシマンナム)」の夕べコンサート開催
1995.07.31	NO.56	16		日本と朝鮮半島の関係を考える集い　日韓の学生が真の友好問うシンポ
1995.07.31	NO.56	17		同胞保護者連絡会総会　就職前の子を持つ親の苦悩
1995.07.31	NO.56	17		花岡事件で中国人被害者が提訴　態度覆す鹿児島建設に怒り
1995.07.31	NO.56	18		東京都の民族差別撤廃を求めて　日立裁判から25年経た就職差別
1995.07.31	NO.56	18		韓国・朝鮮人元ＢＣ級戦犯第16回公判　内海氏証言「司法は率先して立法を」
1995.07.31	NO.56	19		ICU国際セミナー　ファンボーベンら民間基金を批判
1995.07.31	NO.56	19		民族共生教育をめざす東京連絡会が都教委と交渉　都「民族学級の設置は困難」
1995.07.31	NO.56	20		ショア
1995.07.31	NO.56	21	松岡葉子	14歳のランナウェイ
1995.07.31	NO.56	22		北朝鮮帰国事業関係資料集/教育の戦争責任/韓国・北朝鮮・在日コリアンがわかる本
1995.07.31	NO.56	23	佐々木英和	読者の目　どこに共生の可能性を置くか?
1995.07.31	NO.56	24		インフォーメーション/民権協事務局から/編集後記
1995.08.31	NO.57	2	権文求	第3回世界ウリギョレ青年大会(ロサンゼルス)に参加"ロス暴動"の街で見えたもの
1995.08.31	NO.57	6	河賢一	在カナダ同胞との交流プログラム(トロント)　複合文化主義とカナダのコリアン
1995.08.31	NO.57	8		「在日同胞の処遇改善を求める署名」集約、韓国外務部に提出　在日の声を直接韓国政府へ
1995.08.31	NO.57	10		「在日同胞の処遇改善を求める署名」と要望書を日本政府に提出　日本政府の姿勢は旧態依然
1995.08.31	NO.57	12		8・15光復節特赦　孫裕炯氏ら在日韓国人政治犯4名が減刑　李憲治・金泰洪氏は特赦から除外
1995.08.31	NO.57	14		世界最長期囚・金善明氏　45年間の獄中生活に終止符
1995.08.31	NO.57	15		「8・15大赦免」に関する抗議声明　関西韓国政治犯救援連絡会
1995.08.31	NO.57	16	伊藤史男	張義均氏の釈放にあたって　ともに歩んだ8年間
1995.08.31	NO.57	17	朴実	張義均を出迎えて
1995.08.31	NO.57	18		第6回朝鮮人・中国人強制連行・強制労働を考える全国交流集会「国家責任回避を国民は許すな」
1995.08.31	NO.57	19		解放50年を考える在日同胞のパネルディスカッション　在日の和合の道を探る
1995.08.31	NO.57	20		「戦後補償実現キャンペーン95」スタート　国民基金断固反対を鮮明に
1995.08.31	NO.57	21		シンポジウム「戦後50年と在日朝鮮人の人権」
1995.08.31	NO.57	22	李相兌	ボーイズ・オン・ザ・サイド
1995.08.31	NO.57	23		第一歩をふみだすとき/自生への情熱/韓国の民族文化論/無答責と答責

발행일	지면정보		필자	제목
	권호	페이지		
1995.08.31	NO.57	24		インフォーメーション/民権協事務局から/編集後記
1995.09.30	NO.58	2	呉輝邦	金大中新党結成めぐる韓国の政局「反3金勢力」と新たな「実験」
1995.09.30	NO.58	6	鄭順子	オリニキャンプに込めたオモニの思い
1995.09.30	NO.58	8		女性 北京女性会議で南北が「慰安婦」問題決議
1995.09.30	NO.58	9		人権「第3者介入禁止条項は人権侵害」－規約人権委員会
1995.09.30	NO.58	10		関西救援連絡会第2回総会開催 1年間の活動を振り返り、今期の活動方針を確認
1995.09.30	NO.58	11		日本政府交渉おこなわれる「釈放にむけて継続した働きかけを」
1995.09.30	NO.58	11		日本関連政治犯・李ジャンヒョン氏ら 国際機関が恣意的拘禁と決定
1995.09.30	NO.58	11		朴菖熙・韓国外国語大教授事件 日本でも救援会が発足
1995.09.30	NO.58	12		45年ぶりに釈放された世界最長期囚・金善明氏のインタビュー「これからは統一事業に尽くして生きていきたい」
1995.09.30	NO.58	14		連続小法廷「「アジア主義」の戦争責任」「アジア主義ではなくアジア連帯を」
1995.09.30	NO.58	14		民族共生教育をめざす東京保護者の会がオリニの集い 同胞親子の交流の場めざす
1995.09.30	NO.58	15		ヒューマンライツセミナー「人権差別撤廃条約批准は在日運動の武器」
1995.09.30	NO.58	15		旧日本性鉄を韓国人強制労働者遺族が補償求め提訴 未払い資金支払いなどを要求
1995.09.30	NO.58	16	金正美	ワンス・ウォーリアーズ
1995.09.30	NO.58	17	李相兌	アッパ、ぎゅうと抱きしめてよ
1995.09.30	NO.58	18	加美山慎	読者の目 陶器と焼肉ー益子にてー
1995.09.30	NO.58	19	康由美	「女の友情」は美しい?
1995.09.30	NO.58	20		インフォーメーション/民権協事務局から/編集後記
1995.10.31	NO.59	2	皇甫康子	北京世界女性会議に参加して「慰安婦」問題で女性と連帯
1995.10.31	NO.59	6		援護法適用求める鄭商根氏裁判で大坂裁判が訴え棄却「補償除外は違憲の疑い」でなぜ棄却か?
1995.10.31	NO.59	8		「在日外国人市民を含む策定委員会を実現するネットワーク」が大和高田市に要求書提出 在日外国人教育指針の作成に当事者参加を要求
1995.10.31	NO.59	10		韓日 村山発信「日韓併合条約締結は法的に有効」に南北が猛反発
1995.10.31	NO.59	11		原発 核廃棄場建設予定地に活断層の衝撃
1995.10.31	NO.59	12		女性 生理休暇の無給化で女性の雇用促進?
1995.10.31	NO.59	13		海外 移民政策変更に怒る在米コリアン
1995.10.31	NO.59	14		佐々木秀典・議員懇事務局長、早期釈放に向けて内閣官房長官に要請「早く解決できるよう全力をつくします」
1995.10.31	NO.59	15		政治犯家族、竹下登日韓議連会長と面談

발행일	지면정보		필자	제목
	권호	페이지		
1995.10.31	NO.59	15		衆議院予算委員会で三野優美議員が質問
1995.10.31	NO.59	16		在日韓国人政治犯・李成雨氏、刑執行停止により釈放
1995.10.31	NO.59	16		韓国外大・朴菖熙教授に懲役7年を宣告　学問目的の接触には無罪
1995.10.31	NO.59	17		がんばれ神戸!がんばれ憲治! 震災を乗り越え神戸で救援集会開催
1995.10.31	NO.59	17		獄中からの手紙
1995.10.31	NO.59	18		戦後補償法案を考えるシンポジウム　具体条項めぐりつっこんだ議論
1995.10.31	NO.59	19		50曲の歌でつづる解放50年音楽の夕べ　南北越え在日の愛唱歌でつづる
1995.10.31	NO.59	20		鄭香均さん管理職選考受験資格確認請求訴訟第6回公判　法廷で自らの信念を訴える
1995.10.31	NO.59	20		在日韓国人元従軍慰安婦・宋神道さん第7回公判「国際法裁判は国内裁判所でも可能」
1995.10.31	NO.59	21	姜恵楨	ナヌムの家
1995.10.31	NO.59	22	成玖美	大人へのメッセージ
1995.10.31	NO.59	23		夢、いつも旬/華厳経/在日コリアンのアイデンティティと法的地位/日本における女性移住労働者の実態と取り組み
1995.10.31	NO.59	24		インフォーメーション/民権協事務局から/編集後記
1995.11.30	NO.60	2		日本の戦争責任を肩代りさせられた韓国・朝鮮人元ＢＣ級戦犯者　17回公判　原告が済州弁論、いよいよ結審へ
1995.11.30	NO.60	4		大検、盧泰愚前大統領を収賄容疑で逮捕
1995.11.30	NO.60	5		安剛民・大検中央捜査部長会見
1995.11.30	NO.60	6		政界の反応・市民の声
1995.11.30	NO.60	7		論調
1995.11.30	NO.60	9		労働　弾圧は民主労総が正式発足
1995.11.30	NO.60	10		ロス・ダニエルAI国際執行委員長と政治犯家族・救援会が面談「非常に胸が痛む」
1995.11.30	NO.60	11		孫裕炯教などが集会・ハンスト「年内釈放の実現を」
1995.11.30	NO.60	12		辛貴永氏事件で大法院が原審破棄　カトリック人権委「ねつ造スパイ事件の再審を必ず実現する」
1995.11.30	NO.60	13		金善明氏の歓迎行事を封鎖　民家協が内務部長官・警察庁長を告訴
1995.11.30	NO.60	14		解放50周年記念在日同胞シンポジウム　和合・共同体のあり方を問う
1995.11.30	NO.60	15		民促協が大坂市教育委員会と交渉　民族講師の制度保障など求める
1995.11.30	NO.60	16		第3回日本研究会議~日本の戦後50年と韓半島　韓国人留学生が見る日韓関係
1995.11.30	NO.60	16		マイ・マイフェスティバル　アジア太平洋に人権願い

발행일	지면정보		필자	제목
	권호	페이지		
1995.11.30	NO.60	17		戦後補償・私はこう考える~公開市民討論会　国民基金の賛否めぐり激論
1995.11.30	NO.60	17		第5回「在日韓国・朝鮮人の未来と人権」研究集会　差別撤廃と多文化共生めざす
1995.11.30	NO.60	18		ロシアン・エレジー
1995.11.30	NO.60	19	成玖美	在日コリアンのアイデンティティと法的地位
1995.11.30	NO.60	20		インフォーメーション/民権協事務局から/編集後記
1995.12.31	NO.61	2	郭辰雄	「国家保安法国際シンポジウム―脱冷戦新国際秩序と人権」人間安保めざすNGO国際連帯を確認
1995.12.31	NO.61	6		APEC開催にあわせNGOが各地で取り組み　経済優先政策に厳しい批判提起
1995.12.31	NO.61	8	呉輝邦	全斗煥・元大統領、軍事反乱首魁罪で逮捕　軍部勢力清算こそ民主主義への道
1995.12.31	NO.61	10	田口裕史	「韓国・朝鮮人元BC級戦犯者」展―韓国　祖国で理解された戦犯者の「真実」
1995.12.31	NO.61	12		政局　瀬戸際の妥協で「反3金」政党誕生へ
1995.12.31	NO.61	13		社会　これだけ違う、日韓の「ウインドウズ95事情」
1995.12.31	NO.61	14		関西連絡会、「クリスマス」にむけ救援集会を開催　年内に韓国政治犯の釈放を
1995.12.31	NO.61	15		獄中からの手紙
1995.12.31	NO.61	16		日本政府交渉で北東アジア課長が答弁「前向きに取り組んでいきます」
1995.12.31	NO.61	16		集会決議文
1995.12.31	NO.61	18		民族共生教育をめざす東京連絡会が都教委と交渉　都に民族教育啓発を求める
1995.12.31	NO.61	19		RINK　結成4周年総会　多文化共生社会の中身を問う
1995.12.31	NO.61	20		第1回全国コリアタウンサミット　在日資産のソフト・ハード議論
1995.12.31	NO.61	20		死刑廃止フォーム　死刑あおる風潮に危機感
1995.12.31	NO.61	21		「平和祈念館」建設反対市民集会　戦争犠牲者に含まれないアジアの人びと
1995.12.31	NO.61	21		鄭香均さん管理職選考受験資格確認等請求訴訟第7回公判「実施要綱に国籍要件なかったのに…」
1995.12.31	NO.61	22	成玖美	遥かなる静けき朝の国
1995.12.31	NO.61	23	金賢珍	韓国・朝鮮人元BC級戦犯者展を見て
1995.12.31	NO.61	24		インフォーメーション/民権協事務局から/編集後記
1996.01.31	NO.62	2		阪神大震災から1周年~いま必要なもの　復興に向けた苦悩と希望
1996.01.31	NO.62	3	森木和美・吉富志津代	かつてないネットの輪が広がった
1996.01.31	NO.62	4	南信吉	復興事業契機にアジアとの有効めざす

발행일	지면정보		필자	제목
	권호	페이지		
1996.01.31	NO.62	5	白熙奎	学校再建で行政の差別なき助成願う
1996.01.31	NO.62	6	呉輝邦	4・11総選挙を前にした韓国政局 問われる「改革」の中身
1996.01.31	NO.62	9		労働 大法院「スト中は無賃金」に労組猛反発
1996.01.31	NO.62	10		報道 マスコミが選ぶ95年韓国10大ニュース
1996.01.31	NO.62	11		社会 アイドル自殺事件から見えるもの
1996.01.31	NO.62	12		韓国政府、クリスマス特赦実施 在日韓国人政治犯は含まれず
1996.01.31	NO.62	12		関西救援連絡会抗議声明を発表
1996.01.31	NO.62	13		新年のたより 孫裕烔・李憲治・金泰洪
1996.01.31	NO.62	14		国連・意志表現の自由特別報告官が韓国に関する報告書 国家保安法撤廃などを勧告
1996.01.31	NO.62	15		金善明氏ら元長期囚3名 政府に対し損害賠償請求訴訟
1996.01.31	NO.62	16		「朴菖熙教授の無罪をかち取ろう」教授会が大坂で初の教授集会
1996.01.31	NO.62	17		アジアに対する日本の戦争責任を問う民衆大法廷 民衆の立場から判決下す
1996.01.31	NO.62	17		鄭香均さん管理職選考受験資格確認等請求訴訟第8回公判「国民」範囲めぐる議論
1996.01.31	NO.62	18		在留資格とは何か―入管法を考えるシンポジウム 坂中・入管在留課長が発言
1996.01.31	NO.62	19	李相允	共に生きる
1996.01.31	NO.62	20		勧告民主化への道/国際結婚とストレス/いのち輝くとき/ポルノグラフィ
1996.01.31	NO.62	21		インフォーメーション/民権協事務局から/編集後記
1996.02.29	NO.63	2	高正臣	日本政府が人種差別撤廃条約を批准 在日同胞の権利向上に活かそう
1996.02.29	NO.63	6		国連人権委クマラスワミ報告者が慰安婦問題で勧告「国家による個人補償」鮮明に
1996.02.29	NO.63	8		韓国の福祉はいま 恥ずべき「福祉小国」の現実
1996.02.29	NO.63	10		ソウルで年間500人が路上で死亡―ホームレス
1996.02.29	NO.63	11		「高校にも行けない」少女の苦しみ―母子家庭
1996.02.29	NO.63	12		「私も健常者と同じ人間だ!」―障害者
1996.02.29	NO.63	13		生活保護出さない政府は法律違反―老人
1996.02.29	NO.63	14		福祉 予算ムダ使いからやめよう
1996.02.29	NO.63	15		司法「5・18特別法は合憲」憲裁が判決下す
1996.02.29	NO.63	16		韓国政府「大統領就任特赦」実施 在日韓国人政治犯一人も含まれず
1996.02.29	NO.63	16		関西韓国政治犯救援連絡会抗議声明発表
1996.02.29	NO.63	17		日本政府交渉で外務省側答弁「釈放に向け前向きにはたらきかけます」
1996.02.29	NO.63	18		韓国外大・朴菖熙教授、第2審で3年6ヵ月の実刑判決

발행일	지면정보		필자	제목
	권호	페이지		
1996.02.29	NO.63	18		朴貞雄さん(朴教授の長女)のメッセージ
1996.02.29	NO.63	19		朴菖熙教授支援キャンペーンはじまる
1996.02.29	NO.63	20		在日韓国人元従軍慰安婦・宋神道さん 第6回公判 被告国は責任回避に終始
1996.02.29	NO.63	20		民族共生教育をめざす東京連絡会が都教委と交渉 元号・本名問題で平行線
1996.02.29	NO.63	21		韓青連結成5周年記念式典 各界同胞ら200人が祝う
1996.02.29	NO.63	21		コリアンビジネスネットワークの集い 経済人が横のつながりめざす
1996.02.29	NO.63	22	金清貴	眠る男
1996.02.29	NO.63	23	李相兌	韓国の労使関係
1996.02.29	NO.63	24		インフォーメーション/民権協事務局から/編集後記
1996.03.31	NO.64	2		地方公務員の「国籍条項」撤廃要求高まる 鄭香均さん、都人事委と交渉
1996.03.31	NO.64	4	呉輝邦	韓国総選挙戦、最終ラウンド突入 首都ソウルで激戦模様
1996.03.31	NO.64	9		司法 元大統領裁く世紀の裁判スタート
1996.03.31	NO.64	10		政局 「米政府が光州鎮圧承認」米紙報道
1996.03.31	NO.64	11		社会 流行語に見る韓国社会の「いま」
1996.03.31	NO.64	12		韓国政府「大統領就任特赦」実施 金泳三政権3年間で拘束者が1589名
1996.03.31	NO.64	13		国家保安法適用が46％にのぼる/96ねんだけで620名が拘束 獄中からの手紙 李憲治氏
1996.03.31	NO.64	13		民家協第11次総会を開催 96年度事業計画を発表
1996.03.31	NO.64	14		アムネスティ・インターナショナル、総選挙を前に各政党に公開書簡 人権問題改善を公約にするよう求める
1996.03.31	NO.64	14		権永吉民主労総委員長釈放される 国際自由労連なども強く釈放を要求
1996.03.31	NO.64	15		未決収監者の獄中医療費「政治犯は自費で元大統領は国費?」
1996.03.31	NO.64	16		今こそ戦後補償の実現を!2・28集会 国連勧告受け入れを迫る
1996.03.31	NO.64	16		討論会!定住外国人の地方参政権を求めて「参政権は人権だ」
1996.03.31	NO.64	17		「市民が変わる、日本を変える」つどい NPO法案と市民活動
1996.03.31	NO.64	18	杉山優子	「慰安婦」への償いとは何か
1996.03.31	NO.64	19		新韓国読本④ソウル街ぐらし/かちとる人権とは/戦後を生きた在日朝鮮人/季刊季刊青丘25
1996.03.31	NO.64	20		インフォーメーション/編集後記

봉선화(鳳仙花)

1 서지적 정보

『봉선화』는 1991년 창간호가 발행된 이후 27호까지 간행된 재일여성동인지이다. 재일한국인 여성의 자존감을 되찾고 세대간, 동족간의 커뮤니케이션 공동체 공간을 지면에 확보해 민족차별과 성차별을 이야기하고 늘어놓는 그녀들만의 공간으로 운영되었다.

『봉선화』는 창간 당시에는 70페이지 분량으로 200권을 발행하였으나, 지금은 200페이지 이상의 분량으로 1000권을 발행하고 있으며, 제25호까지 수록된 원고는 총 521편이 게재되었다. 편집양식은 독자투고 란과 일본인이 투고한 '이웃난'으로 구분하였으며 남성이 투고한 경우는 '초대석' 또는 '특별기고' '창작란'으로 분류하고 있으며, 편집후기와 독자편지 코너도 두고 있다. 투고내용을 보면 창간 당시에는 "재일동포여성들의 중얼거림"을 입 밖으로 발화하듯이 『봉선화』에 게재된 내용과 발행동기에 대해 다음과 같이 간단히 정리하고 있다. "창간호는 재일여성들의 일상생활 속에서 느낀 기쁨, 고민 등의 생활풍경을 엮어내는 정도의 70페이지 분량의 소책자였다. 발행과 동시에 전국에서 보내오는 편지에는 "여성들에게도 이러한 마당이 있어요" 하며 기대를 하는 사람들이 많아, 그 말에 용기를 얻어 보답하고자 하는 사명감에 충실했다. 당시만 해도 재일동포여성이 글을 쓴다는 것은 평범하지 않는 시기였으며, 여성들이 발행하는 동인지 자체가 없었다.

『봉선화』는 글자를 모르는 어머니 세대의 가혹한 인생을 등 뒤에서 보고 자란 2세들의 〈신세타령〉이 많은 지면을 차지했다. 결코 세련된 문장은 아니지만, 노골적이고 거친 일상생활을 그대로 담아내고 있다. 그것이 가장 독자들로부터 공감을 얻었던 것이다. 〈나의 고생담도 실어주세요〉라며 지방에서도 원고를 보내왔다. 그 이후로 지방거주자의 독자획득과 동시에 동인 발굴이라는 거점을 확보하여 발행부수도 당초의 200부에서 1000부까지 늘어났다. 20년이 지난 재일동포 사회도 변화를 거듭하였으며 여성의 의식변화에도 커다란 바람이 일고 있음을 실감할 수 있다. 금기시되어왔던 귀화문제나 국제

결혼 등에 관한 기고도 있으며 친자간의 알력과 세대차이 등 재일동교포의 다양한 삶과 생활상이 지면에 투영되게 되었다. 또, 재일동포사회가 오래 동안 양분화 된 상태, 정치와 이데올로기로 농락당한 과거를 인권의 시점에서 자신을 돌이켜보려는 내용을 읽고 인권을 재고하는 계기도 되었다. 『동양경제일보』 2011년 11월 25일

2 창간사

일년전 쯤이라 생각합니다. 여자의 「중얼거림」과 같은 것을 문집으로 만들고 싶다...고 친구 한명에게 이야기했더니 바로 써서 보내 주었습니다. 이야기를 전해들은 친구들도 「중얼거리게 해줘」라며 순식간에 열편이 모였습니다. 재일여성들의 「담담한 일상」이 이 작은 문집에 반영되어 중얼거림의 마당이 되기를 바랍니다.

어렸을 적에 봉선화는 좋아하는 꽃은 아니었습니다. 어둡고 슬픈 역사를 지니고 있는 꽃이라 생각했기 때문입니다. 한을 지니고 피어 있는 듯 하지만, 지금은 그늘에 피어 있는 꽃의 이미지가 아니고 여름의 뜨거운 태양빛을 받으며 시들어도 시들어도 또다시 소생하는 꽃, 뿌리 깊이 대지에 씨앗을 뿌리는 꽃이 되어 우리 가슴에 계속 피어나고 있습니다.

강하게 때로는 유연하게 새로운 재일여성의 나날들을 편집해 나가다 보면 언젠가 여성들의 아름다운 「봉선화」를 가득 피워 볼 수 있기를 바랍니다.

3 목차

발행일	지면정보		필자	제목
	권호	페이지		
1991.01.25	創刊号	15	沈光子	それから
1991.01.25	創刊号	24	李月仙	50回目の誕生日
1991.01.25	創刊号	29	白睦美	アボジ
1991.01.25	創刊号	32	金麻純	壷の中の韓国
1991.01.25	創刊号	35	崔正子	ムルキムチ
1991.01.25	創刊号	39	金明美	別天地
1991.01.25	創刊号	42	辛澄恵	現在、在日を生きる
1991.01.25	創刊号	46	呉文子	ある訣別
1991.01.25	創刊号	52	李一世	泣き笑い十年
1991.01.25	創刊号	63	辰濃和男	仲人業　その裏話あれこれパートⅠ特別転載・世界花の旅　ホウセンカ
1991.01.25	創刊号	70		編集後記
1992.02.00	第三号	4	朱秀子	ハラボジ
1992.02.00	第三号	11	李月仙	二組の旅立ち
1992.02.00	第三号	16	趙栄順	片道切符
1992.02.00	第三号	20	呉広美	青春のカタルシス
1992.02.00	第三号	24	李允姫	暗中模索の中で
1992.02.00	第三号	28	金英姫	30代よ、さらば
1992.02.00	第三号	34	田光礼	裵奉奇ハルモニの枕辺に
1992.02.00	第三号	38	金明美	平凡に
1992.02.00	第三号	44	呉文子	山茶花の頃になると
1992.02.00	第三号	51	嶋田千恵子	ハングル・ワープロ
1992.02.00	第三号	54	梁真須美	贋ダイヤを弔う
1992.02.00	第三号	64	沈光子	聖夜
1992.02.00	第三号	83		読者からの手紙
1992.02.00	第三号	84		編集後記
1992.08.00	第四号	4	趙栄順	北の友・玉順へ
1992.08.00	第四号	14	安南姫	李良枝さんの死に寄せて
1992.08.00	第四号	17	趙善子	二十歳を迎えて
1992.08.00	第四号	20	岡崎栄子	シン・ニホンジン
1992.08.00	第四号	24	金裕美	従軍慰安婦について
1992.08.00	第四号	28	慎民子	李東乙アボジを訪ねて
1992.08.00	第四号	36	金明美	千栄ちゃんオモニ
1992.08.00	第四号	45	呉文子	南巨摩の山里で
1992.08.00	第四号	54	畑史代	私と朝鮮
1992.08.00	第四号	58	長松不二子	桔梗
1992.08.00	第四号	62	梁真須美	懐刀
1992.08.00	第四号	88	沈光子	鎮魂

발행일	지면정보		필자	제목
	권호	페이지		
1992.08.00	第四号	108	李一世	無限大学の終身学生
1992.08.00	第四号	53·61·124		読者からの手紙
1992.08.00	第四号	126		編集後記
1993.02.00	第五号	4	金明美	春を待つ
1993.02.00	第五号	11	ぱくきょんみ	ハルモニ·1980年
1993.02.00	第五号	19	朱秀子	苗代川の旅
1993.02.00	第五号	27	慎民子	私の母国訪問
1993.02.00	第五号	34	朴和美	ロサンゼルスでの出会い
1993.02.00	第五号	42	趙栄順	本名宣言
1993.02.00	第五号	45	金早子	「コブックソン子ども会」と共に
1993.02.00	第五号	50	曹順華	在日三世に生まれて
1993.02.00	第五号	58	呉文子	人は知らず
1993.02.00	第五号	65	平林久枝	1993年につなげること
1993.02.00	第五号	69	梁真須美	イマジン
1993.02.00	第五号	88	沈光子	茜
1993.02.00	第五号	114	李一世	在日社会の壁と差別ー若い世代の結婚を阻む「カベリズム」の弊害ー
1993.02.00	第五号	113·132		読者からの手紙
1993.02.00	第五号	133		編集後記
1993.08.00	第六号	4	趙栄順	結婚の条件
1993.08.00	第六号	8	李光江	姉いもうと
1993.08.00	第六号	13	朱秀子	こげがゆ
1993.08.00	第六号	18	朴英美	「在日」の私と朝鮮語
1993.08.00	第六号	23	趙善子	『ソウル市民』を観て
1993.08.00	第六号	26	慎民子	シンさん
1993.08.00	第六号	32	林愛子	子どもに力をもらって
1993.08.00	第六号	36	曹満里子	膿
1993.08.00	第六号	42	柳祺英	窓に映った顔
1993.08.00	第六号	48	呉文子	沙羅に想う
1993.08.00	第六号	54	平林久枝	『鳳仙花』の集いに参加して
1993.08.00	第六号	57	堀常子	『在日』と私
1993.08.00	第六号	60	林美恵子	アジアの学生と学び合う日々
1993.08.00	第六号	64	梁真須美	ロケットを持つ女
1993.08.00	第六号	103	沈光子	疵
1993.08.00	第六号	110	吏逸勢	それをすまいと誓ったのに
1993.08.00	第六号	17·47		読者からの手紙
1993.08.00	第六号	122		編集後記
1994.02.00	第七号	4	金明美	木づくりの家

발행일	지면정보		필자	제목
	권호	페이지		
1994.02.00	第七号	16	趙栄順	土の墓標
1994.02.00	第七号	23	朱秀子	出会い
1994.02.00	第七号	28	崔好子	障害児教育にたずさわって
1994.02.00	第七号	33	李月仙	ビビムパプ談義
1994.02.00	第七号	38	黄真姫	同窓会
1994.02.00	第七号	43	朴和美	チェサの中の性差別
1994.02.00	第七号	48	田光祀	カナダに住んで
1994.02.00	第七号	51	梁真須美	アメニティーと淘汰
1994.02.00	第七号	65	嶋田千恵子	参政権裁判について
1994.02.00	第七号	70	西岡由貴子	ある韓国人の友
1994.02.00	第七号	74	沈光子	孤児
1994.02.00	第七号	92	姜永祐	鳳仙花と女性たち
1994.02.00	第七号	98	金相玉	ある若き「日本兵」とその家族
1994.02.00	第七号	104	李一世	男と女のタイトルマッチ
1994.02.00	第七号	73・97		読者からの手紙
1994.02.00	第七号	116		編集後記
1994.08.00	第八号	4	李基愛	りんごの木の会
1994.08.00	第八号	8	金貞玲	私と日本歌曲
1994.08.00	第八号	12	朴■子	故郷
1994.08.00	第八号	16	朴貞淑	夫の還暦
1994.08.00	第八号	20	미나미 히로코	墓のこと
1994.08.00	第八号	26	朱秀子	貞子からの電話
1994.08.00	第八号	32	呉文子	心をとどめたところこそ
1994.08.00	第八号	40	畑史代	コリア芸能フェスティバル
1994.08.00	第八号	45	原田美佳	Hさんの選択
1994.08.00	第八号	48	沈光子	家族のある風景
1994.08.00	第八号	71	金允植	テキサスから
1994.08.00	第八号	75	李一世	男と女のタイトルマッチ
1994.08.00	第八号	31・39		読者からの手紙
1994.08.00	第八号	94		編集後記
1995.03.00	第九号	4	ぱくきょんみ	チマ・チョゴリを
1995.03.00	第九号	11	慎民子	思いを共に
1995.03.00	第九号	18	趙栄順	日本の友への手紙
1995.03.00	第九号	24	鄭英愛	弟の結婚
1995.03.00	第九号	28	朱秀子	海苔採り
1995.03.00	第九号	34	石花賢	国際結婚
1995.03.00	第九号	38	呉文子	私の母ははかせ
1995.03.00	第九号	44	桜木綾子	韓国への旅

발행일	지면정보		필자	제목
	권호	페이지		
1995.03.00	第九号	48	高石陽子	愛光園・天使の丘
1995.03.00	第九号	53	小野和	巨済島点描
1995.03.00	第九号	60	石黒いずみ	韓国ア・ラ・カルト
1995.03.00	第九号	66	梁真須美	戸籍の中の日本人
1995.03.00	第九号	87	沈光子	晩酌
1995.03.00	第九号	94	崔碩義	祖母と母の想い出
1995.03.00	第九号	104	李一世	50年前のその夜
1995.03.00	第九号	33・59・65・138		読者からの手紙
1995.03.00	第九号	140		編集後記
1995.08.00	第十号	4	王秀英	角が立つ韓国人
1995.08.00	第十号	8	李基愛	神性と動物性
1995.08.00	第十号	12	姜恵楨	ハルモニたち
1995.08.00	第十号	23	曹順華	ロンドンにて想う
1995.08.00	第十号	28	山下英愛	ダブル万歳!
1995.08.00	第十号	32	李正子	私のルーツ探し
1995.08.00	第十号	36	朱秀子	いちょう
1995.08.00	第十号	43	미나미 히로코	前田竜さんのこと
1995.08.00	第十号	48	崔好子	義父の選んだ道
1995.08.00	第十号	52	李優蘭	『川べりの家族』を書き終えて
1995.08.00	第十号	56	趙栄順	家族の写真
1995.08.00	第十号	60	呉文子	『鳳仙花』への想い
1995.08.00	第十号	69	相馬雪香	特別寄稿・韓国と私の縁
1995.08.00	第十号	76	大橋恵美子	春のひとこま
1995.08.00	第十号	80	小林奈穂子	韓国へ
1995.08.00	第十号	84	林美恵子	アジア、そして韓国の留学生は
1995.08.00	第十号	88	遠藤和弘	キムチの国で感じたこと
1995.08.00	第十号	92	金玦子	二人の航海
1995.08.00	第十号	102	沈光子	セピア色の時間
1995.08.00	第十号	110	梁真須美	戸籍の中の日本人(二)
1995.08.00	第十号	132	金相玉	乙亥生まれの還暦同窓会
1995.08.00	第十号	139	李一世	犬糞
1995.08.00	第十号	51・101		読者からの手紙
1995.08.00	第十号	158		編集後記
1996.08.00	第11号	4	趙栄順	ある結婚
1996.08.00	第11号	8	慎民子	コッノリ
1996.08.00	第11号	16	鄭美智	カナダに移住して
1996.08.00	第11号	20	趙善子	96年春ソウルにて

발행일	지면정보		필자	제목
	권호	페이지		
1996.08.00	第11号	24	朱秀子	スキップ
1996.08.00	第11号	30	曹島枝	望郷の丘
1996.08.00	第11号	37	金瑛子	義母と私
1996.08.00	第11号	50	尹照子	「血」というもの
1996.08.00	第11号	54	田光礼	共生社会・トロント
1996.08.00	第11号	58	鄭早苗	親子三代
1996.08.00	第11号	63	王秀英	バスツアー
1996.08.00	第11号	72	呉文子	ママボーイのオモニたち
1996.08.00	第11号	80	増田みつ枝	私と韓国
1996.08.00	第11号	83	林美恵子	病変して日韓交流
1996.08.00	第11号	87	京田琴	無窮花
1996.08.00	第11号	91	朴載日	木綿の半ズボン
1996.08.00	第11号	96	李一世	62年ぶりの帰郷
1996.08.00	第11号	106	李美子	集金日
1996.08.00	第11号	116	梁真須美	戸籍の中の日本人(完結編)
1996.08.00	第11号	132	沈光子	カノン
1996.08.00	第11号	115・131		読者からの手紙
1996.08.00	第11号	147		編集後記
1997.08.00	第12号	4	李優蘭	文化は心を繋ぐ架け橋
1997.08.00	第12号	8	趙栄順	在日であること
1997.08.00	第12号	13	辛民河	赤いカーネーション
1997.08.00	第12号	20	金哲子	眼
1997.08.00	第12号	25	李月仙	息子の結婚
1997.08.00	第12号	30	南英子	魔のゴールデンウィーク
1997.08.00	第12号	34	미나미 히로코	授業参観日に想う
1997.08.00	第12号	41	朴潤南	父の死
1997.08.00	第12号	48	王秀英	私は何さんですか?
1997.08.00	第12号	52	陳満理子	在日の名前
1997.08.00	第12号	56	金富子	韓国における性暴力・96
1997.08.00	第12号	64	朴聖姫	ブーヘンヴァルトを訪ねて
1997.08.00	第12号	68	朱秀子	上海雑感
1997.08.00	第12号	76	呉文子	洪蘭坡の生家を訪ねて
1997.08.00	第12号	84	杉浦邦子	キムチを漬けて
1997.08.00	第12号	89	小川モト子	出会いは宝
1997.08.00	第12号	93	林美恵子	"クェンチャナヨ"で一年
1997.08.00	第12号	97	金相玉	肉親との邂逅の旅
1997.08.00	第12号	108	李一世	惜念
1997.08.00	第12号	120	沈光子	ターニングポイント

발행일	지면정보		필자	제목
	권호	페이지		
1997.08.00	第12号	130	李美子	灰色の午後に
1997.08.00	第12号	140	梁真須美	じゃからんだの花枝を背に(1)
1997.08.00	第12号	55·139		読者からの手紙
1997.08.00	第12号	158		編集後記
1998.08.00	第13号	4	姜信子	ちんぐが集う渚
1998.08.00	第13号	8	趙栄順	娘、16歳の日に
1998.08.00	第13号	14	金哲子	失うものは何もない
1998.08.00	第13号	19	キムテヒ	募金箱
1998.08.00	第13号	22	朱秀子	歳月との出会い
1998.08.00	第13号	28	慎民子	父と娘
1998.08.00	第13号	34	王秀英	お祭り
1998.08.00	第13号	38	金英姫	金学順ハルモニを偲んで
1998.08.00	第13号	42	李優蘭	沖縄への旅
1998.08.00	第13号	47	南瑛子	終り良ければ
1998.08.00	第13号	52	李正雨	チマチョゴリで茶会に
1998.08.00	第13号	56	朴和美	「解放」の戦略にむけて
1998.08.00	第13号	62	呉文子	セピア色の女人
1998.08.00	第13号	66	原和美	「つむぐ九号」と私
1998.08.00	第13号	72	林美恵子	韓国暮らしを終えて
1998.08.00	第13号	76	なべくらますみ	一人で登った道峰山
1998.08.00	第13号	80	大橋恵美子	違うことは間違いないか
1998.08.00	第13号	84	鈴木由理	Nさんのこと
1998.08.00	第13号	88	戸田京子	閉じられた国への希望
1998.08.00	第13号	92	朴燦鎬	「わが故郷」の想い出
1998.08.00	第13号	97	綜寛	大往生を祝う
1998.08.00	第13号	102	沈光子	騙し絵
1998.08.00	第13号	110	李美子	しゅうさん
1998.08.00	第13号	117	呉文子	ポキ先生、さようなら
1998.08.00	第13号	122	李一世	遺稿　沙也可の末裔
1998.08.00	第13号	61·71		読者からの手紙
1998.08.00	第13号	127		編集後記
1999.08.00	第14号	4	孫戸姸	故国だより
1999.08.00	第14号	9	趙栄順	儒教の化石
1999.08.00	第14号	18	李優蘭	子どもの涙
1999.08.00	第14号	22	朴才暎	姪の結婚
1999.08.00	第14号	25	朱秀子	無窮花
1999.08.00	第14号	34	南瑛子	断想

발행일	지면정보		필자	제목
	권호	페이지		
1999.08.00	第14号	39	韓松枝	良縁を願って
1999.08.00	第14号	43	趙由美	ソウルへ旅立つ前に
1999.08.00	第14号	46	徐玉子	サンポラム
1999.08.00	第14号	50	崔順姫	架け橋として
1999.08.00	第14号	54	鄭理恵子	ＢＣ級戦犯だった義父
1999.08.00	第14号	60	山橋祐子	「ご近所留学の会」と私
1999.08.00	第14号	68	野村敬子	明淑さんの韓国民話
1999.08.00	第14号	72	辻井一美	韓国と私
1999.08.00	第14号	76		薩摩と朝鮮の間に
1999.08.00	第14号	80	杉浦邦子	あなたの母語、わたしの母語
1999.08.00	第14号	84	郡山多喜子	カヌンマリ　コワヤ
1999.08.00	第14号	88	李美子	沈黙
1999.08.00	第14号	97	金啓子	鴉
1999.08.00	第14号	106	王秀英	ヤクザのカゾク
1999.08.00	第14号	113		読者からの手紙
1999.08.00	第14号	120		編集後記
1999.08.00	第14号	122		同人たちの著書紹介
2000.08.00	第15号	4	林元京	つつじの花
2000.08.00	第15号	6	林妙子	幸せになってね
2000.08.00	第15号	11	王秀英	ロスのコリアンタウン
2000.08.00	第15号	15	金真須美	トッケビ
2000.08.00	第15号	20	崔順愛	留学という旅への想い
2000.08.00	第15号	26	黄千晶	お姉さんは外国人？
2000.08.00	第15号	29	蔡裕子	私と母国修学
2000.08.00	第15号	33	李殷技	日本に来て三年
2000.08.00	第15号	38	安順伊	本が届いた日
2000.08.00	第15号	42	康好子	白磁の絵に魅せられ
2000.08.00	第15号	45	孔順子	子育て
2000.08.00	第15号	50	南英子	ある悲劇
2000.08.00	第15号	54	姜素美	被災地でのアリラン
2000.08.00	第15号	61	金子宝	母を散骨して
2000.08.00	第15号	66	呉文子	論壇・その後
2000.08.00	第15号	75	畑史代	それぞれの二十年
2000.08.00	第15号	79	嵯峨山清子	チョコレートの話
2000.08.00	第15号	82	田部万里子	母国に還った友
2000.08.00	第15号	88	本間直也	パリは遠すぎますよ
2000.08.00	第15号	94	朴燦鎬	父の足跡を尋ねて
2000.08.00	第15号	98	趙栄順	影をみつめる

발행일	지면정보		필자	제목
	권호	페이지		
2000.08.00	第15号	114	李美子	なかみち
2000.08.00	第15号	120	金啓子	タブー
2000.08.00	第15号	128	沈光子	書き残した余白
2000.08.00	第15号	113		読者からの手紙
2000.08.00	第15号	145		編集後記
2001.08.00	第16号	5	田月仙	私のアリラン
2001.08.00	第16号	10	康貞子	小さな祭り
2001.08.00	第16号	14	徐玉子	サンボラムのその後
2001.08.00	第16号	19	金子宝	大阪ハナ・マトゥリ
2001.08.00	第16号	22	孔貞子	嫁
2001.08.00	第16号	27	金英姫	平壌を訪問して
2001.08.00	第16号	32	朱秀子	この地に生きる
2001.08.00	第16号	40	山下ヨンエ	アイデンティティジェンダー
2001.08.00	第16号	46	劉幸淑	私の居場所
2001.08.00	第16号	51	朴聖姫	私はわたし
2001.08.00	第16号	60	崔美貴	玉虫コリアン
2001.08.00	第16号	64	南英子	アリゾナ記念館にて
2001.08.00	第16号	68	柳桂仙	ナリフェのこと
2001.08.00	第16号	72	呉文子	地域のなかで
2001.08.00	第16号	80	相馬雪香	在日から世界へ向けて
2001.08.00	第16号	84	星島節子	有好の絆
2001.08.00	第16号	88	山花郁子	やさしいおみくじ
2001.08.00	第16号	92	堀千穂子	在日の友との出会い
2001.08.00	第16号	96	柳田　順	私の生徒
2001.08.00	第16号	100	はやしたえこ	北の冷麺とキムチ
2001.08.00	第16号	105	勝山道子	私のふるさとは朝鮮
2001.08.00	第16号	110	山崎祐子	与知から作動へ
2001.08.00	第16号	115	石井紘子	出会いと想い
2002.08.00	第17号	5	鄭暎恵	記憶への旅
2002.08.00	第17号	12	李淑子	高麗博物館のオープン
2002.08.00	第17号	21	朴和美	家族プロジェクト
2002.08.00	第17号	30	徐阿貴	子育てと家業
2002.08.00	第17号	34	高英梨	アリランとさくら
2002.08.00	第17号	39	裵潤心	情の国、韓国を思う
2002.08.00	第17号	45	沈初蓮	W杯ボランティアとして
2002.08.00	第17号	48	李貴絵	幸せになりたい
2002.08.00	第17号	52	孔順子	在日二世として
2002.08.00	第17号	56	高良順	少女の見た済州島4・3事件

발행일	지면정보		필자	제목
	권호	페이지		
2002.08.00	第17号	60	鄭理恵子	ＢＣ級戦犯の哀しみ
2002.08.00	第17号	65	洪福貴	「梅香里」
2002.08.00	第17号	68	金子宝	風に乗って
2002.08.00	第17号	73	朴京生	父の記
2002.08.00	第17号	76	呉文子	いまが幸せ
2002.08.00	第17号	84	磯貝ひろ子	小麦さまの涙
2002.08.00	第17号	93	北出明	「鳳仙花」と孫戸妍さん
2002.08.00	第17号	98	遠藤喜美子	動揺　「故郷の春」を訪ねて
2002.08.00	第17号	102	陸久美子	顔の見える関係
2002.08.00	第17号	107	堀千穂子	韓国語との出会い
2002.08.00	第17号	110	はやしたえこ	ソウル留学記
2003.08.00	第18号	4	金英姫	アマがくれた宝物
2003.08.00	第18号	12	李淑子	万景峰号と送金事情
2003.08.00	第18号	18	崔美貴	山の神のお引き合わせ
2003.08.00	第18号	22	高英梨	他郷暮らし
2003.08.00	第18号	26	裵潤心	花嫁の季節に
2003.08.00	第18号	30	南瑛子	洋子の生き方
2003.08.00	第18号	34	金貞玲	音楽の絆
2003.08.00	第18号	38	李貴絵	欠けている歴史認識
2003.08.00	第18号	41	金寿子	還暦を迎えて
2003.08.00	第18号	47	金子宝	ミンドゥレ合唱団と共に
2003.08.00	第18号	52	安順伊	日韓交流の集いに
2003.08.00	第18号	56	呉文子	あれは悪夢だったのか
2003.08.00	第18号	62	堀千穂子	義男の国
2003.08.00	第18号	66	林美恵子	三年ぶりの韓国再訪
2003.08.00	第18号	72	嶋田千恵子	キムチ教室
2003.08.00	第18号	76	はやしたえこ	ソウル留学記
2003.08.00	第18号	82	朴燦鎬	統一旗と「われらの願い」
2003.08.00	第18号	88	趙栄順	故郷の味
2003.08.00	第18号	94	金啓子	桟橋
2003.08.00	第18号	108	沈光子	旅の途中で
2003.08.00	第18号	71・93・107・122		読者からの手紙
2003.08.00	第18号	124・70		『鳳仙花』講演と朗読の集い/同人著者目録
2003.08.00	第18号	126		編集後記
2004.08.00	第19号	4	朱秀子	ごはん糊
2004.08.00	第19号	11	金貞姫	ウリという言葉
2004.08.00	第19号	14	李淑子	2004年北朝鮮訪問記

발행일	지면정보		필자	제목
	권호	페이지		
2004.08.00	第19号	24	趙由美	先生、なに人？
2004.08.00	第19号	28	李美代子	夢見ること
2004.08.00	第19号	32	趙善子	社会に出てからの私
2004.08.00	第19号	36	崔美貴	帝国主義の産物
2004.08.00	第19号	39	金子宝	擦り切れたポジャギ
2004.08.00	第19号	42	安順伊	旅をして知る
2004.08.00	第19号	45	呉文子	ありがとうごじゃいます
2004.08.00	第19号	55	高英梨	私の履歴書
2004.08.00	第19号	69	堀千穂子	こんな青年がいた
2004.08.00	第19号	75	戸井田しのぶ	母なる大地・韓国
2004.08.00	第19号	79	戸田志香	呉先生の音楽会
2004.08.00	第19号	82	藤井徳子	巫俗劇・クッノリ
2004.08.00	第19号	85	勝山道子	孫さんを偲ぶ
2004.08.00	第19号	89	朴燦鎬	「鳳仙花」の歌の由来
2004.08.00	第19号	98	今井一雄	ト　マンナップシダ
2004.08.00	第19号	103	木川隆	妻の里帰り
2004.08.00	第19号	109	北出明	嗚呼、孫戸妍さん
2004.08.00	第19号	116	趙栄順	吾は江戸っ子韓国人
2004.08.00	第19号	121	沈光子	木守り
2004.08.00	第19号	68・78・134・135		読者からの手紙
2004.08.00	第19号	23		同人著書目録
2004.08.00	第19号	136		編集後記
2007.09.00	第21号	1	趙栄順	鳳仙花の広場へ
2007.09.00	第21号	3		『海峡のアリア』小学館ノンフィクション大賞優秀受賞　田月仙さんに聞く
2007.09.00	第21号	8	椙村彩	「近くて近い国、韓国」を願って
2007.09.00	第21号	11	朴校熙	日本留学記ー在日同胞との出会いー
2007.09.00	第21号	20	朱秀子	無花果(いちじく)
2007.09.00	第21号	26	勝山道子	想い出のつまったバック
2007.09.00	第21号	31	李淑子	トラジよ、いつか終わりがくるのだろうか
2007.09.00	第21号	35	小川由美子	美しい女の子の想い出
2007.09.00	第21号	39		笑顔が集う場所、東京トラジ会ーみんなに会いたいから来たよー
2007.09.00	第21号	43	金寿子	在日コリアンとして生きる
2007.09.00	第21号	48	温野まき	壁を越えて
2007.09.00	第21号	52	姜素美	人生とは不思議なものですね
2007.09.00	第21号	61	原田克子	なぜ朝鮮語をはじめたか
2007.09.00	第21号	66	座間和緒子	父のこと

발행일	지면정보		필자	제목
	권호	페이지		
2007.09.00	第21号	72	趙由美	日本と韓国そして在日の間で
2007.09.00	第21号	76	吉永香代子	ヨン様コマウォヨ(ありがとう)ー私の「韓流」騒動ー
2007.09.00	第21号	80	小田倉正子	『三丁目の夕日』の時代
2007.09.00	第21号	85	安順伊	遠い想い出
2007.09.00	第21号	89	崔順愛	ニュー在日と韓日
2007.09.00	第21号	92	金一男	2007年、ソウル
2007.09.00	第21号	98	白恩正	小さな平和
2007.09.00	第21号	101	北出明	韓雲史先生と孫戸妍さんのことー特別志願兵と女子留学生ー
2007.09.00	第21号	105	堀千穂子	清渓川、平和市場そして全泰壱
2007.09.00	第21号	110	呉文子	二人の母のこと
2007.09.00	第21号	123	趙栄順	雨水
2007.09.00	第21号	132		作品紹介
2007.09.00	第21号	139		読者からの手紙
2007.09.00	第21号	141		同人著書目録
2007.09.00	第21号	142		編集後記
2008.09.00	第22号	6		韓国語講師　金裕鴻先生に聞く　言葉の架け橋として50年
2008.09.00	第22号	21	崔正美	繕う時の流れ
2008.09.00	第22号	27	あらきとしこ	初めてのソウル
2008.09.00	第22号	32	朴校煕	日本で向かえた青春時代
2008.09.00	第22号	49	金参礼	67歳の高校生
2008.09.00	第22号	53	呉文子	サムルノリと散調舞「韓日伝統ソリの饗宴」を観て
2008.09.00	第22号	60	久保田桂	白いチマチョゴリ
2008.09.00	第22号	65	南瑛子	戦後を思う
2008.09.00	第22号	72	吉永香代子	悲しいだけでは泣きません「いつか見る虹」(モルダウ)から
2008.09.00	第22号	76	趙英来	昔在日、今在米
2008.09.00	第22号	82	座間和緒子	済州島4・3事件60周年を迎えて
2008.09.00	第22号	88	李淑子	写真二葉
2008.09.00	第22号	99	金恩愛	韓国語への旅
2008.09.00	第22号	102	小川由美子	朝鮮の百済の王族をまつわる飛鳥戸神社
2008.09.00	第22号	113	尹益子	味の想い出
2008.09.00	第22号	117	勝山道子	故郷、朝鮮
2008.09.00	第22号	123	都奇延	人の幸せは人を幸せにする
2008.09.00	第22号	128	金升子	在日の高齢者問題と孝道
2008.09.00	第22号	133		読者からの手紙
2009.09.00	第23号	6		舞踊家　金利恵さんに聞く　韓国伝統舞踊を舞う
2009.09.00	第23号	21	李淑子	笑いの花を咲かせました
2009.09.00	第23号	36	康玲子	神戸・北野異人館街にて

발행일	지면정보		필자	제목
	권호	페이지		
2009.09.00	第23号	40	朱秀子	故郷でのひととき
2009.09.00	第23号	50	尹益子	教会と私
2009.09.00	第23号	54	座間和緒子	初めて韓国
2009.09.00	第23号	60	高橋かほる	踏まれてた足は痛い
2009.09.00	第23号	66	羅英均	海をはさんで
2009.09.00	第23号	70	勝山道子	韓国支部のこと
2009.09.00	第23号	73	シムスソク	名前
2009.09.00	第23号	79	金政珉	日本人の友を得て
2009.09.00	第23号	84	趙英来	いい人もいるし、悪い人もいる
2009.09.00	第23号	88		読者からの手紙
2009.09.00	第23号	91	全美恵	1965年、そして2009年
2009.09.00	第23号	96	吉永香代子	あえて「日本人」として
2009.09.00	第23号	101	小田倉正子	ソウルの青空
2009.09.00	第23号	105	金恩愛	恋に落ちる―日本語と、それから韓国語と
2009.09.00	第23号	110	崔正美	闘う姉妹
2009.09.00	第23号	119	李桂香	私の家族
2009.09.00	第23号	123	磯貝ひろ子	ニューギニアの朝鮮兵
2009.09.00	第23号	136	小川由美子	学校で習ったおぼえがない「朝鮮通信史」
2009.09.00	第23号	152	崔順愛	呉文子さんの韓国講演
2009.09.00	第23号	164	呉文子	相馬雪香先生との想い出
2009.09.00	第23号	173	趙栄順	姑を送る
2009.09.00	第23号	180	温野まき	永遠の木
2009.09.00	第23号	198		著者プロフィール
2009.09.00	第23号	201		新刊案内
2009.09.00	第23号	202		編集後記
2010.09.00	第24号	6		浄土三部経・般若心経を韓国語に翻訳　一世のハルモニのために　前田竜さん
2010.09.00	第24号	18	羅英均	開発という名の破壊
2010.09.00	第24号	24	康玲子	高校非常勤講師になって
2010.09.00	第24号	30	岡部ういこ	今、私たちにできること
2010.09.00	第24号	34	高優里	済州島への留学
2010.09.00	第24号	40	吉村美香	ソウルサジュ便り
2010.09.00	第24号	47	李明淑	嫁暮らし
2010.09.00	第24号	53	金恩愛	小さな命、大きな喜び
2010.09.00	第24号	59	郭節子	許すまじ原爆を
2010.09.00	第24号	64	李美代子	慟哭
2010.09.00	第24号	70	崔正美	ビフォーアフター
2010.09.00	第24号	75	チョキョレ	韓国での近況

발행일	지면정보		필자	제목
	권호	페이지		
2010.09.00	第24号	81	辻野裕紀	<原色>としての韓国
2010.09.00	第24号	87	白井明大	ピョンファル ウィハヨ
2010.09.00	第24号	92	辛栄浩	オモニの所願
2010.09.00	第24号	107	朱秀子	川のほとり
2010.09.00	第24号	113	座間和緒子	名前
2010.09.00	第24号	116	大坪節子	縁・Kさんとのこと
2010.09.00	第24号	123	朴校煕	『韓国語と私』出版の裏話
2010.09.00	第24号	136	朴僖子	朝露の如くつぶやく
2010.09.00	第24号	141	高橋かほる	いつか必ず行くからね
2010.09.00	第24号	146	吉永香代子	文化財の在り方
2010.09.00	第24号	170	呉文子	ふるさとに還った母
2010.09.00	第24号	182	趙栄順	真夜中の真昼
2010.09.00	第24号	188	金英美	鴉の足跡
2010.09.00	第24号	201		読者からの手紙
2010.09.00	第24号	203		著者プロフィール
2010.09.00	第24号	206		編集後記
2011.09.00	第25号	6		共生園から故郷の家へ 福祉の道ひとすじに 尹基理事長と文枝夫人に聞く
2011.09.00	第25号	26	朱秀子	被災した宋神道さん
2011.09.00	第25号	34	山花郁子	「在日」というコトバを追う
2011.09.00	第25号	50	宮脇裕子	在日コリアンとの出会い、そして未来へ
2011.09.00	第25号	55	李淑子	北の灯り
2011.09.00	第25号	66	石川康子	福沢諭吉を知っていますか?ー『ジェンダーの視点からみる日韓近現代史』を読み終えて
2011.09.00	第25号	71	羅英均	読書の国、日本
2011.09.00	第25号	75	金寿子	二つの文化の在日も良し
2011.09.00	第25号	78	趙栄順	3月31日
2011.09.00	第25号	82	田中佑雲	韓・日の架橋に生きる「在日」の魂 同人誌『鳳仙花』20年の歩み
2011.09.00	第25号	86	鄭雲竜	アカシヤの香り
2011.09.00	第25号	109	康静春	人生の転換期に出会った「朝鮮通信史を歩く」ソウル~東京友情ウォーク
2011.09.00	第25号	114	笠満利子	心の故郷
2011.09.00	第25号	118	崔正美	私のドラマ
2011.09.00	第25号	125	高橋かほる	初めて尽くし
2013.09.00	第27号	6	高橋かほる	少数派の目で
2013.09.00	第27号	11	温野まき	仲良くしようぜ!
2013.09.00	第27号	15	高良順	民族学校とともに
2013.09.00	第27号	23	朴貞淑	孫の名はバレンチーノ「21世紀の朝鮮通信史
2013.09.00	第27号	29	高橋清	日韓友情ウォーク」に参加して

발행일	지면정보		필자	제목
	권호	페이지		
2013.09.00	第27号	40	田内文枝	一期一会を大切に
2013.09.00	第27号	43	康玲子	ハワイ旅行記
2013.09.00	第27号	55	長尾愛一郎	韓国の人たちとの出会い
2013.09.00	第27号	65	崔正子	ソウルの空に響けわれらが校歌
2013.09.00	第27号	74	戸井田しのぶ	そして韓国
2013.09.00	第27号	77	陳昌淑	母の日に父を想い
2013.09.00	第27号	82	趙栄順	日本人になった息子へ
2013.09.00	第27号	86	金寿子	古希に想う
2013.09.00	第27号	90	羅英均	健忘症
2013.09.00	第27号	94	李淑子	尋ね人の夏
2013.09.00	第27号	108	李明淑	嫁暮らし(その二)
2013.09.00	第27号	114	미나미 히로코	仏国寺に繋がった南家三代の軌跡
2013.09.00	第27号	130	李完揆	在米が見た在日
2013.09.00	第27号	136	ヴエニサ金	私の生きてきた道東京、ソウル、そしてロサンジェルス
2013.09.00	第27号	149	西野紀子	奇跡的出会い＆その後
2013.09.00	第27号	153	陸久美子	異文化を愉しむ会
2013.09.00	第27号	158	吉永香代子	『マダンウルナオンアムタ(庭を出ためんどり)』
2013.09.00	第27号	165	石井栄	韓国語を学んで良かった
2013.09.00	第27号	170	遠藤喜美子	韓国訪問記
2013.09.00	第27号	174	小川由美子	文化にお金をかける韓国、お金をかけない日本ー国立博物館を比較して
2013.09.00	第27号	191	島亨	「魂・神霊の容れ物」について
2013.09.00	第27号	215	呉文子	編集後記を再録して
2013.09.00	第27号	236	笹岡敏樹・山口直江・田月仙・金利恵・李明淑・金裕鴻・李光江・朴才暎	『鳳仙花』に寄せて
2013.09.00	第27号	248	趙栄順	休刊の辞
2013.09.00	第27号	250		著者プロフィール

새흐름(セフルム)

$\circ$ $\circ$ $\circ$

 1 서지적 정보

　『새흐름』은 도쿄의 재단법인 조선장학회가 1990년부터 현재까지 발행하고 있는 장학회 소식지이며, 편집인은『새흐름』편집위원회가 담당하고 있다. 1990년 12월에 창간호가 발행된 이래, 2호는 1991년 5월, 3호는 1991년 11월, 4호는 1992년 3월에 발행되다가 일시 중단된 이후, 1999년 2월에 5호가 복간되면서 연 1회 발행하는 형태로 현재에 이르고 있다. 본 소식지는 1970년부터 1990년까지 조선장학회가 발간한『청운』(총74호)의 후속 잡지로 발행되었고, 20여 년 세월 동안, 일본 전국의 동포 장학생을 서로 연결하여 주는 의견 교환의 장소로서의 역할을 해 왔다. 다만, 1992년에 발간된 4호 이후에 7년간 휴간에 들어가게 되는데, 편집위원회는 그 이유에 대해서 「『새흐름』은 92년 3월부터 심각해진 재정난으로 7년간 휴간하지 않을 수 없었습니다. 복간의 이유는 동포 장학생들의 절실한 요청이 있어서이며, 그 기대에 부응하기 위해 조국, 민족으로 인도하는 길잡이로서 전국 장학생을 연결하는 네트워크로서, 모든 사람들의 고민과 기쁨, 생활을 담은 거울로서의 역할」(5호, 11페이지)을 다하겠다고 설명하고 있다.

　잡지의 내용적인 측면에서 보면, 장학회 소식을 시작으로 여름캠프, 장학생 문화제, 고등학생 및 대학생 장학생 소개(「안녕 친구야!」), 조선의 노래와 요리, 언어에 대해서 소개하고 있고, 「우리나라의 세계유산」(종묘, 고구려고분군, 석굴암/불국사, 해인사, 제주화산도와 용암동굴, 개성역사유적지구, 경주역사유적지역, 창덕궁, 백제역사유적지구 등), 「나의 일터」(OB·OG소개)를 통해, 조국의 문화 소개 및 대학장학생의 취업회사 일람 등의 현실적인 정보지 역할을 하고 있다.

　또한, 매호에서는 특집호를 기획해서 발행하고 있는데, 예를 들면 「21세기를 향해~나의 꿈」(6호), 「(재)조선장학회 100주년 기념」(7호), 「역사교과서문제에 대해서」(8호),

「시국강연, 글로벌제이션 하의 남북교류와 조일교섭, 조일국교정상화와 동아시아공동체」(9호) 등을 기획하고 있고, 특집호가 없는 호에는 만담가 쇼후쿠테이 긴페이(본명 심종일)의 「말할 수 있어서 즐겁다」(1996년에 일본으로 귀화, 13호), 박일 「재일을 어떻게 살 것인가-재일의 삶, 그 가능성을 탐색하다」(14호), 변호사 이우해 「변호사가 되기까지, 그리고 된 이후」(15호), 교수 강재언 「나의 연구를 회고하며-왜 조선 근대사인가」(17호), 15대 심수관 「도방잡화」(19호), 교토대학 교수 오구라 기조 「조선반도란 무엇인가」(10호) 등, 강연 및 특집 기사를 통해서 재일조선인의 삶과 공존의 방식에 대해서 다양한 분야에서 활약하는 전문가의 글을 적극적으로 발신하고 있다.

2 창간사

본 장학회가 일본 고등학교에 재적하고 있는 동포 학생에게 장학금을 지급하기 시작한지 25년째를 맞이했습니다. 그 동안, 고등학교 장학생으로 선정된 인원은 총 2만 358명에 달합니다. 우리들은 한 사람이라도 더 많은 동포 학생에게 장학금을 지급하고자, 조국이나 민족과 만날 기회가 적은 젊은 동포 고등학생들에게 조금이라도 우리 민족에 대한 자각과 자부심을 가졌으면 하는 바램으로 그 동안 다양한 노력을 기울여 왔습니다. 올해로 21년째를 맞이하는 여름캠프, 연말에 오사카에서 개최되고 있는 우리문화제, 또는 잡지 『청운』의 발행 등은 이러한 노력의 하나라고 말할 수 있습니다.

특히, 잡지 『청운』은 전국에 흩어져 있는 동포 고등학생의 의견 교류의 장으로서, 시간과 지역을 초월해서 많은 사람들에게 사랑받아 왔습니다. 그리고 자기 자신과 민족을 마주하는 계기를 제공해 온 『청운』에 대한 신뢰와 기대감은 매호를 거듭하면서 높아졌다고 생각합니다. 어느 고등학생의 다음과 같은 감상평은 그 기대감을 단적으로 보여주고 있습니다.

「『청운』을 읽을 때마다 조금씩 용기가 솟아납니다. 모두가 자부심을 가지고 일본에서 살아가고 있습니다. 앞으로도 많은 동포들이 기록한 용기의 발자취를 실어 주세요.」

『청운』이 발간된 지 올해로 20년. 그 전신인 『장학생소식』의 발행을 포함하면 22년의 세월이 흘렀습니다.

10년이면 강산도 변한다는 말이 있듯이, 두 번이나 강산이 변한 지금, 그리고 금세기의 총결산이라고도 말할 수 있는 1990년대라고 하는 큰 역사적 변곡점에 접어들어, 새롭게 역사의 큰 굴곡과 변화를 느끼지 않을 수 없습니다.

현재, 재일동포 사회는 착실히 세대 교체가 진행됨에 따라 조국, 민족, 그리고 국제화라고 하는 테마가 재조명을 받고 있다고 말할 수 있습니다. 그러한 배경을 뒤로 하고 동포 고등학생들에게 민족의 마음을 키우는 동시에, 같은 겨레의 유대를 크게 넓혀가는 측면에서도 본지가 담당해 온 역할의 소중함을 자각함과 동시에, 시점을 크게 21세기를 바라보며 전망하고, 도래하는 앞으로의 과제에 대해서 생각해야 할 시기가 왔다고 생각합니다.

동서 독일의 통일이라는 충격적인 사실이 보여주고 있듯이, 제2차 세계대전 후의 세계 질서를 규정해 온 이른바 동서의 냉전체제라는 것이 21세기를 눈앞에 두고 급속도로 종언을 알리고 있습니다. 냉전의 영향을 한 몸으로 받으며 전후 분단국가의 길을 걸을 수밖에 없었던 우리 조국과 민족의 주변 환경에도, 분열에서 통일로의 길을 지향하는 변화의 물결은 밀려오고 있습니다. 최근, 남북정상회담 실현과 스포츠, 예술 방면에서의 상호 교류의 진전이 보여 주듯이, 조국 분단이라는 비극의 역사에 종지부를 찍을 절호의 기회가 찾아오고 있습니다. 21세기는 「우리 민족의 번영의 시대」이며, 그리고 「우리들의 잠재적 에너지가 발휘되는 시대」라고 평가 받기 위해서라도, 지금이야말로 민족 전체의 지혜와 힘을 집결해서 금세기 안에 통일을 달성하기 위해 분발하지 않으면 안 됩니다. 그리고 바로 민족사에 눈부실 통일 달성의 한 페이지를 기록해야 한다고 생각합니다. 통일 조국의 실현은 다름 아닌 아시아와 세계 평화를 견고히 하고, 세계사의 발전에도 공헌하는 길이라고 확신합니다.

이와 같이 중요한 전환기를 맞이하여, 차세대를 짊어질 젊은 세대에 대한 기대감이 높아지는 것은 당연하다고 말할 수 있습니다. 젊은 세대인 여러분이야말로 21세기의 주인공이며, 본국의 같은 세대와 함께 민족사를 만들어갈 주역입니다. 그리고 역사의 교훈을 이해하고, 미래의 번영을 향한 창조적 노력을 거듭해 나가는 원동력임에 틀림없습니다. 여러분의 정열적인 행동이 있기에 비로소 시대는 진보를 향해 전진하는 것이겠지요.

산에 쏟아진 비가 시냇물이 되어 흐르기 시작하고 그 물줄기가 모여 더욱 큰 강이 되어 바다에 닿듯이, 민족의 생기 있는 마음과 젊디젊은 힘이 호응하고 조합하여 새흐름이 되어 21세기라고 하는 대해를 향해 바로 지금 흐르기 시작하려고 합니다. 그러한 상황 인식과 밝은 미래를 실현시키고자 하는 기대감을 담아, 본지는 이번 호부터 『새흐름』이라는 지명으로 새로운 한 걸음을 내딛기로 했습니다.

동포 고등학생, 대학생, 장학생 OB 여러분의 마음과 마음을 이어주는 매체로서, 그리고 토론의 장으로서 여러분과 함께 활기차게 걸어가고자 합니다.

여러분의 지원과 협력을 진심으로 부탁드립니다.

1990년 1월
재단법인 조선장학회
『새흐름』 편집위원회

 3 목차

発行日	지면정보		필자	제목
	권호	페이지		
1990.12.10	No.1	66		1990年度《大阪地区高校奨学生歓迎会》
1990.12.10	No.1	68		1990年度《東京地区高校奨学生歓迎会》
1990.12.10	No.1	69		兵庫県立尼崎小田高校学園祭
1990.12.10	No.1	70		兵庫県立姫路別所高校学園祭
1990.12.10	No.1	70		大阪府立山田高校学園祭
1990.12.10	No.1	71		声/소리「高校奨学生レポート」より
1990.12.10	No.1	76		声/소리 大学奨学生「学業生活記録」より
1990.12.10	No.1	60		かるちゅあ らうんじ
1990.12.10	No.1	62		詩 / 分断
1990.12.10	No.1	47		『青雲』改題懸賞公募当選者のディズニーランド訪問記
1990.12.10	No.1	81		キーワードパズル
1990.12.10	No.1	82		キーワードパズル
1991.05.15	No.2	3		〈第12回우리高校奨学生文化祭〉グラビア 精一杯の気持ちを伝えたい
1991.05.15	No.2	6		〈第12回우리高校奨学生文化祭〉取材記 若いパワーが、ウリナラの地図を揺り動かした日
1991.05.15	No.2	9		〈第12回우리高校奨学生文化祭〉座談会 おいでよ! みんなの文化祭!!
1991.05.15	No.2	22		〈第12回우리高校奨学生文化祭〉感想文
1991.05.15	No.2	39		TALK ABOUT/曺基裁 次の世代のために何かやりたいという気持ちは、人一倍強いつもりなんです…。
1991.05.15	No.2	22		通信/통신
1991.05.15	No.2	45		高校卒業感想文
1991.05.15	No.2	68		'90・がくえんさいフラッシュ
1991.05.15	No.2	70		かるちゅあ・らうんじ
1991.05.15	No.2	72		CLOSE UP/高京子 何か違っていると思ったから変えるんです!
1991.05.15	No.2	92		「手紙」より
1991.05.15	No.2	94		「'91年賀状」より
1991.05.15	No.2	95		「奨学生レポート」(大学生)より
1991.05.15	No.2	78		就職最前線
1991.05.15	No.2	82		研究生活の窓辺
1991.05.15	No.2	84		NEWS
1991.05.15	No.2	91		伝言板コーナー
1991.05.15	No.2	97		キーワードパズル
1991.05.15	No.2	98		編集後記
1991.11.25	No.3	4	趙皐月	通信/통신 問いかけながら
1991.11.25	No.3	5	金鈴夏	通信/통신 最後のひと押し
1991.11.25	No.3	6	金大洪	通信/통신 報告

발행일	지면정보		필자	제목
	권호	페이지		
1991.11.25	No.3	8	卞真人	通信/통신 僕の希望
1991.11.25	No.3	10	郭公子	通信/통신 拒んできた祖国
1991.11.25	No.3	12	呉昌潤	通信/통신 ひとりでも多くの同胞と共に···
1991.11.25	No.3	14	田泰司	通信/통신 二つの祖国
1991.11.25	No.3	16	鄭承男	通信/통신 ハンメ
1991.11.25	No.3	17	辛仁夏	通信/통신 「コリア卓球チーム」取材記
1991.11.25	No.3	20	金亜希	詩/POEM地球サイズの個人のペイン
1991.11.25	No.3	22		CLOSE UP/朴信也　本当の名前はひとつしかなんです
1991.11.25	No.3	27		TALK ABOUT "在日同胞"の場合、互いに出会う場が少ないから出会いを大切にしたい
1991.11.25	No.3	26		チング=友達紹介
1991.11.25	No.3	32		研究生活の窓辺
1991.11.25	No.3	34		就職最前線
1991.11.25	No.3	38		かるちゅあ·らうんじ
1991.11.25	No.3	42		NEWS
1991.11.25	No.3	52		声/소리「手紙」
1991.11.25	No.3	54		声/소리 大学奨学生からのメッセージ
1991.11.25	No.3	58	姜徳相	文化講演 関東大震災について考える
1991.11.25	No.3	78		文化講演感想文より
1991.11.25	No.3	80		伝言板コーナー
1991.11.25	No.3	81		キーワードパズル
1991.11.25	No.3	82		編集後記
1992.03.10	No.4	4	梁裕之	日本で生きる意味
1992.03.10	No.4	5	姜東黙	新しい視点
1992.03.10	No.4	6	金由里	得たものが多い学園祭
1992.03.10	No.4	8	高貞淑	プンムルの影響
1992.03.10	No.4	9	金明愛	ハルモニの渡航史
1992.03.10	No.4	11	張明淑	もっと知りたい
1992.03.10	No.4	13	李洛成	雪辱
1992.03.10	No.4	14	金成智	たしかにあるもの
1992.03.10	No.4	15	韓周源	努力すれば報われる
1992.03.10	No.4	18		〈第22回高校奨学生サマーキャンプ〉生活記録
1992.03.10	No.4	20		〈第22回高校奨学生サマーキャンプ〉参加者座談会 PART1[本部]
1992.03.10	No.4	25		〈第22回高校奨学生サマーキャンプ〉参加者座談会 PART2[支部]
1992.03.10	No.4	30		〈第22回高校奨学生サマーキャンプ〉テーマ別発表の記録
1992.03.10	No.4	34		〈第22回高校奨学生サマーキャンプ〉参加者座談会 PART1
1992.03.10	No.4	87		〈第22回高校奨学生サマーキャンプ〉参加者座談会 PART2
1992.03.10	No.4	45		TALK ABOUT/金寿子 済州島に家を建てて、家族で行ったり来たりするのが私の夢なんです

발행일	지면정보		필자	제목
	권호	페이지		
1992.03.10	No.4	50		CLOSE UP/金明愛　思いをひとつにすればみんなひとつひなれる
1992.03.10	No.4	76	金敬得	文化講演 在日の模索ー法的地位の課題と同胞社会のあり方
1992.03.10	No.4	44		チング=友達紹介
1992.03.10	No.4	54		かるちゅあ·らうんじ
1992.03.10	No.4	56		就職最前線
1992.03.10	No.4	60		研究生活の窓辺
1992.03.10	No.4	62		NEWS
1992.03.10	No.4	72	具民淑	詩
1992.03.10	No.4	74		伝言板コーナー
1992.03.10	No.4	75		声/소리
1992.03.10	No.4	97		キーワードパズル
1992.03.10	No.4	98		編集後記
1999.02.10	No.5	1		カラーグラビア　ドキュメント20th-우리文-第20回우리高校奨学生文化祭
1999.02.10	No.5	6		カラーグラビア 第26回高校奨学生サマーキャンプ
1999.02.10	No.5	10		カラーグラビア 『セフルム』復刊に際して
1999.02.10	No.5	12		カラーグラビア 代表理事あいさつ
1999.02.10	No.5	14		特集<第20回　우리高校奨学生文化祭>우리文はこうして生まれた
1999.02.10	No.5	16		レポート
1999.02.10	No.5	18		出演者·観客感想文
1999.02.10	No.5	21		あの時のあの人-卒業生からのメッセージ
1999.02.10	No.5	25		안녕 친구야! 高校奨学生紹介
1999.02.10	No.5	32		特集<第26回高校奨学生サマーキャンプ>生活記録
1999.02.10	No.5	34		参加者感想文
1999.02.10	No.5	40		仲間ができて有勇気持てた-参加者座談会
1999.02.10	No.5	44		안녕 친구야! 大学奨学生紹介
1999.02.10	No.5	51		奨学生ニュース
1999.02.10	No.5	62		通信 研究生活の窓辺
1999.02.10	No.5	70		教養講座 歴史を考える(朴鐘鳴·歴史学者)
1999.02.10	No.5	74		教養講座 在日の今(金敬得·弁護士)
1999.02.10	No.5	76	李陸史	詩 / 曠野
1999.02.10	No.5	78		문화마당/文化のひろば
1999.02.10	No.5	80		우리말/あいさつ編
1999.02.10	No.5	82		노래/歌「アリラン」
1999.02.10	No.5	85		クロスワードパズル
1999.02.10	No.5	86		나의 일터/私の職場
1999.02.10	No.5	91		財団法人 朝鮮奨学会-沿革と事業-

발행일	지면정보		필자	제목
	권호	페이지		
1999.02.10	No.5	94		1999年度奨学生募集要項
1999.02.10	No.5	96		編集後記
2000.02.10	No.6	1		カラーグラビア 第21回우리高校奨学生文化祭
2000.02.10	No.6	4		カラーグラビア 第27回高校奨学生サマーキャンプ
2000.02.10	No.6	6		カラーグラビア「二〇〇〇年を迎えて」
2000.02.10	No.6	8		特集＜21世紀に向けて~私の夢＞高校奨学生
2000.02.10	No.6	14		大学奨学生
2000.02.10	No.6	17		先輩奨学生
2000.02.10	No.6	22	黄明杰	詩 / 銀の箸と匙
2000.02.10	No.6	24		第27回高校奨学生サマーキャンプ 生活記録
2000.02.10	No.6	26		第27回高校奨学生サマーキャンプ 参加者感想文
2000.02.10	No.6	32		第21回우리高校奨学生文化祭レポート
2000.02.10	No.6	34		第21回우리高校奨学生文化祭出演者・観客感想文
2000.02.10	No.6	36		안녕 친구야! 高校奨学生紹介
2000.02.10	No.6	40		안녕 친구야! 大学奨学生紹介
2000.02.10	No.6	44		研究生活の窓辺
2000.02.10	No.6	48		나의 일터/私の職場
2000.02.10	No.6	54		通信
2000.02.10	No.6	64		문화마당/文化のひろば
2000.02.10	No.6	66		高校生ニュース
2000.02.10	No.6	70		文化祭フラッシュ
2000.02.10	No.6	74		大学生ニュース
2000.02.10	No.6	80		教養講座 在日から歴史を考える(李成市・早稲田大学教授)
2000.02.10	No.6	82		世紀を越えて-「在日」の可能性(姜尚中・東京大学教授)
2000.02.10	No.6	86		우리말 / あいさつ編
2000.02.10	No.6	88		노래 / 半月(パンダル)
2000.02.10	No.6	89		クロスワードパズル
2000.02.10	No.6	90		2000年度奨学生募集要項
2000.02.10	No.6	92		編集後記
2001.02.10	No.7	1		カラーグラビア 第22回우리高校奨学生文化祭
2001.02.10	No.7	4		カラーグラビア (財)朝鮮奨学会創立100周年記念
2001.02.10	No.7	8		カラーグラビア 第28回高校奨学生サマーキャンプ
2001.02.10	No.7	10		特集〈(財)朝鮮奨学会創立100周年記念〉「古代史シンポジウム」-今よみがえる、東アジアの新発見
2001.02.10	No.7	16		創立100周年記念レセプション
2001.02.10	No.7	20		第28回高校奨学生サマーキャンプ 生活記録
2001.02.10	No.7	22		第28回高校奨学生サマーキャンプ 参加者感想文
2001.02.10	No.7	30		第28回高校奨学生サマーキャンプ講演「国際関係学」から「私たち」今日と明日を考える(林哲・津田塾大学教授)

발행일	지면정보		필자	제목
	권호	페이지		
2001.02.10	No.7	32		第22回우리高校奨学生文化祭 レポート
2001.02.10	No.7	34		第22回우리高校奨学生文化祭 出演者・観客感想文
2001.02.10	No.7	36		안녕 친구야! 高校奨学生紹介
2001.02.10	No.7	42		안녕 친구야! 大学奨学生紹介
2001.02.10	No.7	18	高銀	詩 / 道
2001.02.10	No.7	40		문화마당/文化のひろば
2001.02.10	No.7	46		研究生活の窓辺
2001.02.10	No.7	80		나의 일터/私の職場
2001.02.10	No.7	60		通信
2001.02.10	No.7	75		高校奨学生ニュース
2001.02.10	No.7	78		文化祭フラッシュ
2001.02.10	No.7	82		大学奨学生ニュース
2001.02.10	No.7	56		教養講座「在日外国人の人権」(宮崎繁樹・財団法人人権教育啓発推進センター理事長)
2001.02.10	No.7	58		教養講座「南北首脳会談の歴史的意義」(武者小路公秀先生・フェリス女学院教授)
2001.02.10	No.7	67		노래/歌 「鳳仙花(ポンソナ)」
2001.02.10	No.7	85		요리/料理 「簡単ホルモン編」
2001.02.10	No.7	86		우리말 / あいさつ編
2001.02.10	No.7	88		沿革・役職員紹介
2001.02.10	No.7	90		2001年度奨学生募集要項
2001.02.10	No.7	92		編集後記
2002.02.10	No.8	1		カラーグラビア 第23回우리高校奨学生文化祭
2002.02.10	No.8	4		カラーグラビア 第29回高校奨学生サマーキャンプ
2002.02.10	No.8	6		カラーグラビア 代表理事挨拶
2002.02.10	No.8	8		特集〈「歴史教科書問題」について〉「教科書問題をどう考えるのか」(李成市・早稲田大学教授)
2002.02.10	No.8	12		「教科書問題をふりかえって-今後への提言」(高崎宗司・津田塾大学教授)
2002.02.10	No.8	10・14		感想文、投稿
2002.02.10	No.8	18		第29回高校奨学生サマーキャンプ 生活記録
2002.02.10	No.8	20		第29回高校奨学生サマーキャンプ 参加者感想文
2002.02.10	No.8	30		第29回高校奨学生サマーキャンプ 講演「歴史教科書と私たち」(趙景達・千葉大学教授)
2002.02.10	No.8	32		第23回우리高校奨学生文化祭 レポート
2002.02.10	No.8	34		第23回우리高校奨学生文化祭 出演者・観客感想文
2002.02.10	No.8	36		안녕 친구야! 高校奨学生紹介
2002.02.10	No.8	42		안녕 친구야! 大学奨学生紹介
2002.02.10	No.8	16	朴載崙	詩 / 北上花信

발행일	지면정보		필자	제목
	권호	페이지		
2002.02.10	No.8	40		문화마당/文化のひろば
2002.02.10	No.8	46		研究生活の窓辺
2002.02.10	No.8	48		나의 일터/私の職場
2002.02.10	No.8	60		通信
2002.02.10	No.8	75		高校奨学生ニュース
2002.02.10	No.8	78		文化祭フラッシュ
2002.02.10	No.8	82		大学奨学生ニュース
2002.02.10	No.8	56		教養講座(財)朝鮮奨学会創立100周年記念「古代史シンポジウム」の意義と今後の学術交流について(大塚初重・山梨県立考古博物館館長)
2002.02.10	No.8	58		教養講座(財)朝鮮奨学会創立100周年記念「古代史シンポジウム」の意義と今後の学術交流について(門脇禎二・前京都橘女子大学学長)
2002.02.10	No.8	67		우리노래/歌 「새야 새야 파랑새야(鳥よ鳥よ青い鳥よ)」
2002.02.10	No.8	85		요리/料理 「닭도리탕」
2002.02.10	No.8	86		우리말 / 買い物編
2002.02.10	No.8	88		沿革・役職員紹介
2002.02.10	No.8	90		2002年度奨学生募集要項
2002.02.10	No.8	92		編集後記
2003.02.10	No.9	1		カラーグラビア 第24回우리高校奨学生文化祭
2003.02.10	No.9	4		カラーグラビア 第30回高校奨学生サマーキャンプ
2003.02.10	No.9	6		特集〈「時局講演」〉グローバリゼーション下の南北交流と朝日交渉(林哲・津田大学教授)
2003.02.10	No.9	10		特集〈「時局講演」〉朝日国交正常化と「東アジア共同体」(李鍾元・立教大学教授)
2003.02.10	No.9	8・12, 14		特集〈「時局講演」〉感想文、関連資料
2003.02.10	No.9	18		特集 第30回高校奨学生サマーキャンプ 生活記録
2003.02.10	No.9	20		特集 第30回高校奨学生サマーキャンプ 参加者感想文
2003.02.10	No.9	30		特集 第30回高校奨学生サマーキャンプビデオメッセージ
2003.02.10	No.9	32		特集 第30回高校奨学生サマーキャンプ 講演「サマーキャンプ30回をふりかえって」(崔宣理事・財団法人朝鮮奨学会)
2003.02.10	No.9	36		第24回우리高校奨学生文化祭 レポート
2003.02.10	No.9	38		第24回우리高校奨学生文化祭 出演者・観客感想文
2003.02.10	No.9	40		안녕 친구야! 高校奨学生紹介
2003.02.10	No.9	46		안녕 친구야! 大学奨学生紹介
2003.02.10	No.9	16	金素月	詩 / 畦道で
2003.02.10	No.9	44		문화마당/文化のひろば
2003.02.10	No.9	50		研究生活の窓辺
2003.02.10	No.9	52		나의 일터/私の職場
2003.02.10	No.9	64		通信

발행일	지면정보		필자	제목
	권호	페이지		
2003.02.10	No.9	79		高校奨学生ニュース
2003.02.10	No.9	81		文化祭フラッシュ
2003.02.10	No.9	83		大学奨学生ニュース
2003.02.10	No.9	60		大学奨学生歓迎会講演「在日コリアンの民族的アイデンティティーと国籍」(金敬得先生・弁護士/本会評議員)
2003.02.10	No.9	71		우리노래/歌「고향의봄(故郷の春)」
2003.02.10	No.9	85		요리/料理「지짐이」
2003.02.10	No.9	86		우리말 / 観光編
2003.02.10	No.9	88		沿革・役職員紹介
2003.02.10	No.9	90		2003年度奨学生募集要項
2003.02.10	No.9	92		編集後記
2004.02.10	No.10	1		カラーグラビア 第25回우리高校奨学生文化祭
2004.02.10	No.10	4		カラーグラビア 第31回高校奨学生サマーキャンプ
2004.02.10	No.10	6		特集＜「時局講演」＞「北東アジアに生きる-6者協議と在日の未来-」(姜尚中先生・東京大学社会情報研究所教授)
2004.02.10	No.10	10		特集＜「時局講演」＞感想文
2004.02.10	No.10	16		第31回高校奨学生サマーキャンプ 生活記録
2004.02.10	No.10	18		第31回高校奨学生サマーキャンプ 参加者感想文
2004.02.10	No.10	28		第31回高校奨学生サマーキャンプ講演「21世紀の在日の生き方」(慎英弘先生・四天王寺国際仏教大学大学院教授)
2004.02.10	No.10	30		第31回高校奨学生サマーキャンプ 感想文
2004.02.10	No.10	32		特集「第25回우리高校奨学生文化祭」レポート
2004.02.10	No.10	34		特集「第25回우리高校奨学生文化祭」出演者・観客感想文
2004.02.10	No.10	36		特集「第25回우리高校奨学生文化祭」演者座談会
2004.02.10	No.10	40		안녕 친구야! 高校奨学生紹介
2004.02.10	No.10	46		안녕 친구야! 大学奨学生紹介
2004.02.10	No.10	14	金東鳴	詩 / ウリマル
2004.02.10	No.10	44		문화마당/文化のひろば
2004.02.10	No.10	50		研究生活の窓辺
2004.02.10	No.10	52		나의 일터/私の職場
2004.02.10	No.10	64		通信
2004.02.10	No.10	80		高校奨学生ニュース
2004.02.10	No.10	82		文化祭フラッシュ
2004.02.10	No.10	84		大学奨学生ニュース
2004.02.10	No.10	60		大学奨学生歓迎会講演「グローバリゼーションと在日コリアンのアイデンティティ-歴史・現在・未来-」
2004.02.10	No.10	62		大学奨学生歓迎会講演 感想文
2004.02.10	No.10	71		우리노래/歌「노들강변(ノドゥル川辺)」
2004.02.10	No.10	79		民族文化 / おりがみ「チマチョゴリ」

발행일	지면정보		필자	제목
	권호	페이지		
2004.02.10	No.10	88		沿革・役職員紹介
2004.02.10	No.10	90		2004年度奨学生募集要項
2004.02.10	No.10	92		編集後記
2005.02.10	No.11	1		カラーグラビア 第26回우리高校奨学生文化祭
2005.02.10	No.11	4		カラーグラビア 第32回高校奨学生サマーキャンプ
2005.02.10	No.11	6		代表理事あいさつ
2005.02.10	No.11	8		特集＜「歴史を振り返る」-植民地支配から100年、解放60周年を迎えて->「皇民化をめぐる知の屈析=植民地化(乙巳保護条約)100年にちなんで-」(趙景達先生・千葉大学教授)
2005.02.10	No.11	13		特集＜「歴史を振り返る」-植民地支配から100年、解放60周年を迎えて->「解放60年と在日の歴史」(尹健次先生・神奈川大学教授)
2005.02.10	No.11	20		「第32回高校奨学生サマーキャンプ」生活記録
2005.02.10	No.11	22		「第32回高校奨学生サマーキャンプ」参加者感想文
2005.02.10	No.11	32		「第32回高校奨学生サマーキャンプ」講演「国際化と在日コリアンの未来」(李光一先生・桜美林大学教授)
2005.02.10	No.11	36		「第26回우리高校奨学生文化祭」レポート
2005.02.10	No.11	38		「第26回우리高校奨学生文化祭」出演者・観客感想文
2005.02.10	No.11	40		안녕 친구야! 高校奨学生紹介
2005.02.10	No.11	46		안녕 친구야! 大学奨学生紹介
2005.02.10	No.11	18	李珖愛	詩 / 祖国
2005.02.10	No.11	44		문화마당/文化のひろば
2005.02.10	No.11	50		研究生活の窓辺
2005.02.10	No.11	52		나의 일터/私の職場
2005.02.10	No.11	68		通信
2005.02.10	No.11	84		高校奨学生ニュース
2005.02.10	No.11	86		文化祭フラッシュ
2005.02.10	No.11	88		大学奨学生ニュース
2005.02.10	No.11	60		大学奨学生歓迎会講演 世界史のなかの「在日コリアン」(宋連玉先生・青山学院大学教授)
2005.02.10	No.11	64		大学奨学生歓迎会講演「在日という生き方」~在日コリアンの現在、過去、未来(朴一先生・大阪市立大学大学院教授)
2005.02.10	No.11	35		料理 / 김치돼지찌개(キムチと豚肉のチゲ)
2005.02.10	No.11	75		우리노래/歌「도라지타령(トラジ打令)」
2005.02.10	No.11	92		沿革・役職員紹介
2005.02.10	No.11	94		2005年度奨学生募集要項
2005.02.10	No.11	96		編集後記
2006.02.10	No.12	1		カラーグラビア 第27回우리高校奨学生文化祭
2006.02.10	No.12	4		カラーグラビア 第33回高校奨学生サマーキャンプ

발행일	지면정보		필자	제목
	권호	페이지		
2006.02.10	No.12	6		特集「就職・進路に関する講演会」(堀川英昭氏(明治大学就職課長)/權賢治氏(株式会社アベブ代表取締役)/姜文江氏(弁護士))
2006.02.10	No.12	14		特集「就職・進路に関する講演会」「現代企業が求める人材像」
2006.02.10	No.12	18		特集「就職・進路に関する講演会」나의일터/私の職場
2006.02.10	No.12	24		「第33回高校奨学生サマーキャンプ」生活記録
2006.02.10	No.12	26		「第33回高校奨学生サマーキャンプ」参加者感想文
2006.02.10	No.12	36		「第33回高校奨学生サマーキャンプ」松代大本営にフィールドワークして
2006.02.10	No.12	38		「第27回우리高校奨学生文化祭」レポート
2006.02.10	No.12	40		「第27回우리高校奨学生文化祭」出演者・観客感想文
2006.02.10	No.12	42		안녕 친구야! 高校奨学生紹介
2006.02.10	No.12	46		안녕 친구야! 大学奨学生紹介
2006.02.10	No.12	50		研究生活の窓辺
2006.02.10	No.12	53		奨学生作品紹介(カラー)
2006.02.10	No.12	55・72		通信
2006.02.10	No.12	79		高校奨学生ニュース
2006.02.10	No.12	82		文化祭フラッシュ
2006.02.10	No.12	84		大学奨学生ニュース
2006.02.10	No.12	64		座談会「浅川巧について」(備仲臣道先生(月刊「新山梨」編集発行人)/高崎宗司先生(津田塾大学教授))
2006.02.10	No.12	68		大学奨学生歓迎会講演「変革期の大学と学生のあり方」(井出嘉憲先生(東京大学名誉教授、長野大学前学長、本会評議員))
2006.02.10	No.12	13		料理 / 순두부찌개(おぼろ豆腐チゲ)
2006.02.10	No.12	52		우리노래/歌 「뱃노래(船歌)」
2006.02.10	No.12	62		문화마당/ぶんかのひろば
2006.02.10	No.12	88		沿革・役職員紹介
2006.02.10	No.12	90		2006年度奨学生募集要項
2006.02.10	No.12	92		編集後記
2007.02.10	No.13	1		カラーグラビア 第28回우리高校奨学生文化祭
2007.02.10	No.13	4		カラーグラビア 第34回高校奨学生サマーキャンプ
2007.02.10	No.13	6		代表理事あいさつ
2007.02.10	No.13	8		〈朝鮮通信使400周年〉朝鮮通信使と東アジア-「鎖国」史観をこえて(仲尾宏先生・京都造形芸術大学客員教授)
2007.02.10	No.13	14		<第34回高校奨学生サマーキャンプ>生活記録
2007.02.10	No.13	16		<第34回高校奨学生サマーキャンプ>参加者感想文
2007.02.10	No.13	24		<第34回高校奨学生サマーキャンプ>講演「話せると楽しい」(笑福亭銀瓶さん・落語家)
2007.02.10	No.13	26		<第34回高校奨学生サマーキャンプ>講演感想文
2007.02.10	No.13	28		「第28回우리高校奨学生文化祭」レポート

발행일	지면정보		필자	제목
	권호	페이지		
2007.02.10	No.13	30		「第28回우리高校奨学生文化祭」出演者・観客感想文
2007.02.10	No.13	32		안녕 친구야! 高校奨学生紹介
2007.02.10	No.13	36		안녕 친구야! 大学奨学生紹介
2007.02.10	No.13	40		研究生活の窓辺
2007.02.10	No.13	42		나의 일터/私の職場
2007.02.10	No.13	65		奨学生作品紹介(カラー)
2007.02.10	No.13	58・67		通信
2007.02.10	No.13	74		高校奨学生ニュース
2007.02.10	No.13	76		文化祭フラッシュ
2007.02.10	No.13	78		大学奨学生ニュース
2007.02.10	No.13	50		<講演会>「多民族共生社会と在日コリアン」(田中宏先生・竜谷大学教授)
2007.02.10	No.13	54		<講演会>「歴史と向く合う」(内海愛子先生(恵泉女学園大学教授・本会評議員))
2007.02.10	No.13	27		料理 / 김밥(のりまき)
2007.02.10	No.13	48		문화마당/ぶんかのひろば
2007.02.10	No.13	86		우리노래/歌「뱃노래(船歌)」
2007.02.10	No.13	82		沿革・役職員紹介
2007.02.10	No.13	84		2007年度奨学生募集要項
2007.02.10	No.13	87		編集後記
2007.02.10	No.13	88		懸賞論文募集
2008.02.10	No.14	2		講演会「東アジアの平和に向けて」(武者小路公秀先生(元国連大学福学長、本会理事))
2008.02.10	No.14	8		講演会「東アジアの展望-歴史問題を通して-」(金文京先生・京都大学人文科学研究教授)
2008.02.10	No.14	13		<第35回高校奨学生サマーキャンプ>カラーページ(生活記録)
2008.02.10	No.14	17		<第35回高校奨学生サマーキャンプ>参加者感想文
2008.02.10	No.14	25		<第35回高校奨学生サマーキャンプ>講演「在日をどう生きるか~在日という生き方、その可能性を探る」(朴一先生・大阪市立大学大学院教授)
2008.02.10	No.14	28		<第35回高校奨学生サマーキャンプ>講演感想文
2008.02.10	No.14	29		<第29回우리高校奨学生文化祭>カラーページ
2008.02.10	No.14	33		<第29回우리高校奨学生文化祭>レポート
2008.02.10	No.14	35		<第29回우리高校奨学生文化祭>出演者・観客感想文
2008.02.10	No.14	38		안녕 친구야! 高校奨学生紹介
2008.02.10	No.14	42		안녕 친구야! 大学奨学生紹介
2008.02.10	No.14	46		研究生活の窓辺
2008.02.10	No.14	48		나의 일터/私の職場
2008.02.10	No.14	71		奨学生作品紹介(カラー)

발행일	지면정보		필자	제목
	권호	페이지		
2008.02.10	No.14	60·73		通信
2008.02.10	No.14	80		高校奨学生ニュース
2008.02.10	No.14	82		文化祭フラッシュ
2008.02.10	No.14	84		大学奨学生ニュース
2008.02.10	No.14	56		〈大学奨学生歓迎会講演〉「近代東アジアにおける日本と韓国・朝鮮-在日社会の歩みを中心に-」(水野直樹先生・京都大学人文科学研究所教授)
2008.02.10	No.14	67		歴史訪問/高麗神社、法隆寺と藤ノ木古墳
2008.02.10	No.14	70		わが国の世界遺産 その① 〈宗廟〉
2008.02.10	No.14	7		料理 / 떡국
2008.02.10	No.14	37		우리노래/歌 「강강술레」
2008.02.10	No.14	54		문화마당/文化のひろば
2008.02.10	No.14	88		沿革・役職員紹介
2008.02.10	No.14	90		2008年度奨学生募集要項
2008.02.10	No.14	92		編集後記
2009.02.10	No.15	2		代表理事挨拶
2009.02.10	No.15	4		講演会「高句麗の文明史的な位置について-中国『東北工程』をめぐって」(李成市先生(早稲田大学文学学術員教授・本会評議員))
2009.02.10	No.15	10		講演会「東アジアと現代社会」(鄭早苗先生・大谷大学教授)
2009.02.10	No.15	15		<第36回高校奨学生サマーキャンプ>カラーページ(生活記録)
2009.02.10	No.15	19		<第36回高校奨学生サマーキャンプ>参加者感想文
2009.02.10	No.15	27		<第36回高校奨学生サマーキャンプ>講演「弁護士になるまで、と、なった後」(李宇海先生(弁護士・本会監事)
2009.02.10	No.15	30		<第36回高校奨学生サマーキャンプ>講演感想文
2009.02.10	No.15	31		特集 <第30回우리高校奨学生文化祭>カラーページ
2009.02.10	No.15	37		特集 <第30回우리高校奨学生文化祭>レポート
2009.02.10	No.15	39		特集 <第30回우리高校奨学生文化祭>出演者・観客感想文
2009.02.10	No.15	41		特集 <第30回우리高校奨学生文化祭>過去の出演者にインタビュー
2009.02.10	No.15	43		안녕 친구야! 高校奨学生紹介
2009.02.10	No.15	46		안녕 친구야! 大学奨学生紹介
2009.02.10	No.15	50		研究生活の窓辺
2009.02.10	No.15	52		大学奨学生　就職先一覧
2009.02.10	No.15	54		나의 일터/私の職場
2009.02.10	No.15	60		奨学生作品紹介(カラー)
2009.02.10	No.15	63·69		通信
2009.02.10	No.15	79		高校奨学生ニュース
2009.02.10	No.15	84		文化祭フラッシュ

발행일	지면정보		필자	제목
	권호	페이지		
2009.02.10	No.15	86		大学奨学生ニュース
2009.02.10	No.15	75		〈大学奨学生歓迎会講演〉「在日コリアンと福祉」(金永子先生・四国学院大学教授)
2009.02.10	No.15	9		第2回懸賞論文募集
2009.02.10	No.15	57		歴史探訪/大阪市立東洋陶磁美術館
2009.02.10	No.15	58		わが国の世界遺産 その② 〈高句麗古墳群〉
2009.02.10	No.15	62		料理 / キムチを作ろう
2009.02.10	No.15	82		문화마당/文化のひろば
2009.02.10	No.15	88		沿革・役職員紹介
2009.02.10	No.15	90		2009年度奨学生募集要項
2009.02.10	No.15	92		編集後記
2010.02.10	No.16	2		特集〈「韓日併合」100年〉講演「音に夢あり―在日を生きる―」(陳昌鉉先生・バイオリン製作者)
2010.02.10	No.16	9		特集〈「韓日併合」100年〉講演「近代朝鮮の国家構想-韓国併合100年にちらんで」(趙景達先生・千葉大学教授)
2010.02.10	No.16	16		特集〈「韓日併合」100年〉関連年表
2010.02.10	No.16	17		〈第37回高校奨学生サマーキャンプ〉3泊4日の記録(カラー)
2010.02.10	No.16	21		〈第37回高校奨学生サマーキャンプ〉参加者感想文
2010.02.10	No.16	29		〈第37回高校奨学生サマーキャンプ〉松代大本営跡フィールドワーク
2010.02.10	No.16	31		〈第31回우리高校奨学生文化祭〉演目紹介(カラー)
2010.02.10	No.16	35		〈第31回우리高校奨学生文化祭〉レポート
2010.02.10	No.16	37		〈第31回우리高校奨学生文化祭〉出演者・観客感想文
2010.02.10	No.16	39		안녕 친구야! 高校奨学生紹介
2010.02.10	No.16	42		안녕 친구야! 大学奨学生紹介
2010.02.10	No.16	46		研究生活の窓辺
2010.02.10	No.16	48		大学奨学生 就職先一覧
2010.02.10	No.16	50		나의 일터/私の職場
2010.02.10	No.16	53		わが国の世界遺産 その③ 〈石窟庵・仏国寺〉(カラー)
2010.02.10	No.16	54		奨学生作品紹介(カラー)
2010.02.10	No.16	56		歴史探訪 / 大倉集古館
2010.02.10	No.16	57		通信
2010.02.10	No.16	70		문화마당/文化のひろば
2010.02.10	No.16	72		大学奨学生ニュース
2010.02.10	No.16	76		高校奨学生ニュース
2010.02.10	No.16	78		文化祭フラッシュ / 各高校文化祭での出演
2010.02.10	No.16	79		料理 / 小豆餅を作ろう
2010.02.10	No.16	80		沿革・役職員紹介
2010.02.10	No.16	82		2010年度奨学生募集要項

발행일	지면정보		필자	제목
	권호	페이지		
2010.02.10	No.16	84		編集後記
2011.02.10	No.17	1		〈カラー〉わが国の世界遺産 その④ 〈海印寺・高麗大蔵経板殿〉
2011.02.10	No.17	2		〈カラー〉第38回高校奨学生サマーキャンプ 3泊4日記録
2011.02.10	No.17	6		〈カラー〉第32回ウリ高校奨学生文化祭 演目紹介
2011.02.10	No.17	10		〈カラー〉奨学生作品紹介
2011.02.10	No.17	12		〈カラー〉歴史探訪 〈志賀海神社・金印公園〉
2011.02.10	No.17	14		代表理事挨拶
2011.02.10	No.17	16		＜講演＞「民族」とは何か？-「国民」はどのようにして誕生したのか？(李光一先生・桜美林大学教授)
2011.02.10	No.17	23		＜講演＞わが研究を回顧して-なぜ朝鮮近代史か-(姜在彦先生・花園大学院客員教授)
2011.02.10	No.17	28		＜第38回高校奨学生サマーキャンプ＞参加者感想文
2011.02.10	No.17	36		＜第32回うり高校奨学生文化祭＞レポート
2011.02.10	No.17	38		＜第32回うり高校奨学生文化祭＞出演者・観客感想文
2011.02.10	No.17	40		안녕 친구야! 高校奨学生紹介
2011.02.10	No.17	44		안녕 친구야! 大学奨学生紹介
2011.02.10	No.17	47		研究生活の窓辺
2011.02.10	No.17	51		伝統文化 / 노리개
2011.02.10	No.17	52		나의 일터/私の職場(OB・OG紹介)
2011.02.10	No.17	54		大学奨学生 就職先一覧
2011.02.10	No.17	56		通信
2011.02.10	No.17	69		문화마당/文化のひろば
2011.02.10	No.17	70		高校奨学生ニュース
2011.02.10	No.17	72		文化祭フラッシュ / 各高校文化祭での出演
2011.02.10	No.17	73		第3回懸賞論文募集
2011.02.10	No.17	74		大学奨学生ニュース
2011.02.10	No.17	76		沿革・役職員紹介
2011.02.10	No.17	78		2011年度奨学生募集要項
2011.02.10	No.17	80		編集後記
2012.02.10	No.18	1		〈カラー〉わが国の世界遺産 その⑤ 〈済州火山島と溶岩洞窟〉
2012.02.10	No.18	2		〈カラー〉第39回高校奨学生サマーキャンプ 3泊4日記録
2012.02.10	No.18	6		〈カラー〉第33回ウリ高校奨学生文化祭 演目紹介
2012.02.10	No.18	10		〈カラー〉奨学生作品紹介
2012.02.10	No.18	12		〈カラー〉わが国の世界遺産 歴史探訪 〈奈良・飛鳥歴史公園〉
2012.02.10	No.18	14		＜講演＞「青春の門－スポーツ編」(奥島考康先生(元早稲田大学総長・本会評議員))
2012.02.10	No.18	20		＜講演＞「人びとの森-師・友・人」(宮崎繁樹先生(元明治大学総長・本会理事))
2012.02.10	No.18	25		＜第39回高校奨学生サマーキャンプ＞参加者感想文

발행일	지면정보		필자	제목
	권호	페이지		
2012.02.10	No.18	33		〈第39回高校奨学生サマーキャンプ〉講演「21世紀の日本と在日コリアンのこれからの未来」(金弘智先生(弁護士・本会奨学生OB))
2012.02.10	No.18	37		〈第33回ウリ高校奨学生文化祭〉プログラム
2012.02.10	No.18	38		〈第33回ウリ高校奨学生文化祭〉観客・出演感想文
2012.02.10	No.18	40		안녕 친구야! 高校奨学生紹介
2012.02.10	No.18	44		안녕 친구야! 大学奨学生紹介
2012.02.10	No.18	47		伝統文化 / 윷놀이
2012.02.10	No.18	48		研究生活の窓辺 大学院奨学生紹介
2012.02.10	No.18	52		나의 일터/私の職場(OB・OG紹介)
2012.02.10	No.18	54		大学奨学生 就職先一覧
2012.02.10	No.18	56		通信 / 奨学生のレポート
2012.02.10	No.18	71		문화마당/文化のひろば
2012.02.10	No.18	72		高校・大学奨学生ニュース
2012.02.10	No.18	75		文化祭フラッシュ / 各高校文化祭での出演
2012.02.10	No.18	76		沿革、役員・評議員
2012.02.10	No.18	78		2012年度奨学生募集要項
2012.02.10	No.18	80		編集後記
2013.02.10	No.19	1		〈カラー〉わが国の世界遺産 その⑥〈水原華城〉
2013.02.10	No.19	2		〈カラー〉第40回高校奨学生サマーキャンプ 3泊4日記録
2013.02.10	No.19	6		〈カラー〉第34回ウリ高校奨学生文化祭 演目紹介
2013.02.10	No.19	10		〈カラー〉奨学生作品紹介
2013.02.10	No.19	12		〈カラー〉歴史探訪〈薩摩焼〉
2013.02.10	No.19	14		代表理事挨拶
2013.02.10	No.19	16		〈講演〉「陶房雑話」(十五代 沈寿官先生・薩摩焼窯元)
2013.02.10	No.19	22		〈講演〉「生き方の選択」(金哲彦先生・プロランニングコーチ)
2013.02.10	No.19	28		〈第40回高校奨学生サマーキャンプ〉参加者感想文
2013.02.10	No.19	36	李相雲・金菜津・朴誠史・朴英実	〈第40回高校奨学生サマーキャンプ〉座談会 奨学生OB・OG
2013.02.10	No.19	40		〈第34回ウリ高校奨学生文化祭〉プログラム
2013.02.10	No.19	41		〈第34回ウリ高校奨学生文化祭〉観客・出演感想文
2013.02.10	No.19	43		伝統文化 / わが国の伝統紙
2013.02.10	No.19	44		안녕 친구야! 高校奨学生紹介
2013.02.10	No.19	48		안녕 친구야! 大学奨学生紹介
2013.02.10	No.19	52		研究生活の窓辺 大学院奨学生紹介
2013.02.10	No.19	56		나의 일터/私の職場(OB・OG紹介)
2013.02.10	No.19	58		大学奨学生 就職先一覧
2013.02.10	No.19	60		奨学生通信(奨学生のレポート)

발행일	지면정보		필자	제목
	권호	페이지		
2013.02.10	No.19	75		문화마당/文化のひろば(本の紹介)
2013.02.10	No.19	76		高校·大学奨学生ニュース
2013.02.10	No.19	79		文化祭フラッシュ / 各高校文化祭での出演
2013.02.10	No.19	80		沿革、役員·評議員
2013.02.10	No.19	82		2013年度奨学生募集要項
2013.02.10	No.19	84		編集後記
2014.02.10	No.20	1		〈カラー〉第41回高校奨学生サマーキャンプ 3泊4日の記録
2014.02.10	No.20	4		〈カラー〉第35回ウリ高校奨学生文化祭 演目紹介
2014.02.10	No.20	7		〈カラー〉伝統文化〈ポジャギ〉
2014.02.10	No.20	8		〈カラー〉奨学生作品紹介
2014.02.10	No.20	10		〈カラー〉わが国の世界遺産 その⑦ 〈開城歴史遺跡地区〉
2014.02.10	No.20	12		〈カラー〉歴史探訪 〈関東大震災と韓国人·朝鮮人虐殺〉
2014.02.10	No.20	14		<講演>「朝鮮半島とは何か」(小倉紀蔵先生·京都大学教授)
2014.02.10	No.20	24		<第41回高校奨学生サマーキャンプ〉参加者感想文
2014.02.10	No.20	31		<第41回高校奨学生サマーキャンプ〉松代大本営とは
2014.02.10	No.20	32		〈第35回ウリ高校奨学生文化祭〉観客·出演者感想文
2014.02.10	No.20	34		안녕 친구야! 高校奨学生紹介
2014.02.10	No.20	38		안녕 친구야! 大学奨学生紹介
2014.02.10	No.20	42		研究生活の窓辺 大学院奨学生紹介
2014.02.10	No.20	46		나의 일터/私の職場(OB·OG紹介)
2014.02.10	No.20	48		大学奨学生 就職先一覧
2014.02.10	No.20	50		奨学生通信(奨学生のレポート)
2014.02.10	No.20	68		本の紹介
2014.02.10	No.20	69		高校·大学奨学生ニュース
2014.02.10	No.20	72		沿革、役員·評議員
2014.02.10	No.20	74		2014年度奨学生募集要項
2014.02.10	No.20	76		編集後記
2015.02.10	No.21	1		〈カラー〉第42回高校奨学生サマーキャンプ 3泊4日の記録
2015.02.10	No.21	4		〈カラー〉第36回ウリ高校奨学生文化祭 演目紹介
2015.02.10	No.21	7		〈カラー〉料理〈チャプチェ〉
2015.02.10	No.21	8		〈カラー〉奨学生作品紹介
2015.02.10	No.21	10		〈カラー〉わが国の世界遺産 その⑧ 〈民族村·河回と良洞〉
2015.02.10	No.21	12		〈カラー〉歴史探訪 〈伝王仁墓〉
2015.02.10	No.21	14		<講演>「ハングルと知-知の原理論を共にする」(野間秀樹先生(明治学院大学·国際教養大学客員教授))
2015.02.10	No.21	20		<講演>「日本軍『慰安婦』問題をどう考えるか」(吉見義明先生·中央大学教授)
2015.02.10	No.21	26		〈第42回高校奨学生サマーキャンプ〉参加者感想文

발행일	지면정보		필자	제목
	권호	페이지		
2015.02.10	No.21	33		本の紹介
2015.02.10	No.21	34		〈第36回ウリ高校奨学生文化祭〉観客・出演者感想文
2015.02.10	No.21	36		안녕 친구야! 高校奨学生紹介
2015.02.10	No.21	40		안녕 친구야! 大学奨学生紹介
2015.02.10	No.21	44		研究生活の窓辺 大学院奨学生紹介
2015.02.10	No.21	48		私の職場(OB・OG紹介)
2015.02.10	No.21	50		大学奨学生 就職先一覧
2015.02.10	No.21	52		通信(奨学生のレポート)
2015.02.10	No.21	68		高校・大学奨学生ニュース
2015.02.10	No.21	72		沿革、役員・評議員
2015.02.10	No.21	74		215年度奨学生募集要項
2015.02.10	No.21	76		編集後記
2016.02.10	No.22	1		〈カラー〉第43回高校奨学生サマーキャンプ 3泊4日の記録
2016.02.10	No.22	4		〈カラー〉第37回ウリ高校奨学生文化祭 演目紹介
2016.02.10	No.22	7		〈カラー〉料理〈水正果(スジョングァ)〉
2016.02.10	No.22	8		〈カラー〉奨学生作品紹介
2016.02.10	No.22	10		〈カラー〉わが国の世界遺産 その⑨〈慶州歴史遺跡地域〉
2016.02.10	No.22	12		〈歴史認識を考える〉歴史探訪〈軍艦島〉
2016.02.10	No.22	14		講演『『戦後70年』の日本と歴史認識」(高橋哲哉先生・東京大学大学院教授)
2016.02.10	No.22	22		講演「差別と偏見の現場を取材して~ヘイトスピーチとは何か」
2016.02.10	No.22	29		靖国神社と遊就館
2016.02.10	No.22	30		〈第43回高校奨学生サマーキャンプ〉参加者感想文
2016.02.10	No.22	36		〈第37回ウリ高校奨学生文化祭〉観客・出演感想文
2016.02.10	No.22	38		안녕 친구야! 高校奨学生紹介
2016.02.10	No.22	42		안녕 친구야! 大学奨学生紹介
2016.02.10	No.22	46		研究生活の窓辺 大学院奨学生紹介
2016.02.10	No.22	50		私の職場(OB・OG紹介)
2016.02.10	No.22	52		大学奨学生 就職先一覧
2016.02.10	No.22	54		通信(奨学生のレポート)
2016.02.10	No.22	68		本の紹介
2016.02.10	No.22	70		高校・大学奨学生ニュース
2016.02.10	No.22	72		沿革、役員・評議員
2016.02.10	No.22	74		2016年度奨学生募集要項
2016.02.10	No.22	76		編集後記

아리랑통신(アリラン通信)

○ ○ ○

1 서지적 정보

『아리랑통신』은 특정비영리활동법인 문화센터 아리랑이 1993년 8월에 창간한 이래 센터의 여러 활동과 소식을 전하고 있는 기관지이다. 제1호 편집후기를 보면 년 3회 발행을 목표로 발행하였고, 편집위원은 고바야시 도모코(小林知子), 고바야시 아유미(小林亜由美), 김광열(金広烈), 니노 유타카(新納豊)가 담당했음을 알 수 있다.

문화센터 아리랑은 1992년 11월에 사이타마현 가와구치시에 터를 잡고 개관을 하였다(2010년 6월, 도쿄토 신주구 오쿠보로 이전). 『아리랑통신』 창간호에서 이사장 박재일(朴載日)은 '우리 재일조선인은 이 일본사회에서 일본인과 함께 살며, 크고 강하고 아름답고 행복한 꿈을 꾸고 싶다. 그 꿈을 계속 꾸기 위해서는 다음 세대를 사는 2세가, 3세가, 민족적 자긍심을 갖고, 그러기 위한 재일조선인문화라는 공생의 문화를 창조해 나가는 것이 중요하다.' 며 문화센터 아리랑의 설립 이념에 대해서 설명하고 있다. 또한 「근현대사연구소」와 「백양서원(伯陽書院)」이 문화센터 아리랑의 핵심을 이루고 있듯이, 문화센터 아리랑이 각계각층의 남녀노소가 모여서 서로 배우고 대화하는 교류의 장으로서의 역할을 해 주기를 바라고 있다.

이러한 문화센터 아리랑은 2000년대에 들어서 특정비영리활동단체로 센터의 체제를 정비하였는데, 2001년 3월에 발행된 제24호에는 전호부터 모집하고 있는 법인 정회원이 현재 40명으로 센터의 앞으로의 원활한 활동을 위한 회원등록과 회비납부를 촉구하고 있다. 같은 지면의 문화센터 아리랑 임원 명부에는 이사장 최재일, 부이사장 강덕상, 김근희(金根熙), 이사 사이토 다카시(斉藤孝), 운노 후구주(海野福寿), 고쇼 다다시(古庄正), 니노 유타카, 기무라 겐지(木村健二), 고노 야스노리(幸野保典), 감수 김경득(金敬得), 히구지 유이이치(樋口雄一)가 이름을 올리고 있다. 지면 구성은 논문, 자료 소개, 서평, 근현대사연구소 활동보고 등이 주를 이루고 있다.

2 창간사

관장 강덕상

문화센터·아리랑이 작년 11월에 오픈하고 벌써 반년이 지났습니다.

이 사이 각계의 분들로부터 많은 지원을 받았고, 또한 많은 방문자를 맞이한 것을 진심으로 감사드립니다.

저희 센터의 체제도 드디어 4월에 어학강습회를 발족시켰고, 이어서 역사와 문화 연속강좌를 기획하는 등 형태가 갖추어지고 있습니다. 이 뉴스레터의 발간도 그 일부분입니다.

센터의 많은 서적도 먼지를 쓴 상태가 지속되면 보물을 가지고도 썩히는 것과 같습니다. 연구회가 세상과 동떨어진 연구를 해도 의미가 없습니다.

뉴스레터는 센터가 지의 축적의 장소로서, 또한 지의 회합장소로서 어떻게 기능할 것인가, 그러한 것을 염두에 두고 편집해 갈 생각입니다. 많은 분들의 테두리가 확장되는 뉴스레터를 목표로 지속은 힘이다를 모토로 노력해 나가겠습니다. 작은 뉴스레터의 역할을 크게 하기 위해 독자 여러분의 협력을 바라며 창간을 즈음하여 인사드립니다.

3 목차

발행일	지면정보		필자	제목
	권호	페이지		
1993.08.00	第1号	1	姜徳相	創刊のご挨拶
1993.08.00	第1号	2	朴載日	開館にあたって
1993.08.00	第1号	3		文化センター・アリラン開館される
1993.08.00	第1号	5	李赫	チョゴリ像がなぜあるの？
1993.08.00	第1号	6		朝鮮近代地域史料研究会
1993.08.00	第1号	7		民族関係のなかの朝鮮民族研究会
1993.08.00	第1号	8		強制連行研究会
1993.08.00	第1号	8		資料整理の現場から

발행일	지면정보		필자	제목
	권호	페이지		
1993.08.00	第1号	10		コリア語講座を開設しました
1994.05.00	第3号	1	山脇啓造	中国東北地方訪問メモ
1994.05.00	第3号	4		文化センター・アリラン開館一周年記念行事報告 強制連行を考える
1994.05.00	第3号	6	安順任	彫刻空間の中で
1994.05.00	第3号	7	横川公祐	出逢い
1994.05.00	第3号	8	鄭甲寿	ワンコリアフェスティバル東京開催に向けて
1994.05.00	第3号	11		へんしゅう室
1998.03.00	第15号	1	寺島万理子	「川口診療所」と在日朝鮮・韓国の人々
1998.03.00	第15号	6	全円子	友好の架け橋ー国境を越えた人々を訪ねる旅ー
1998.03.00	第15号	9		姜徳相『朝鮮人学徒出陣　もう一つのわだつみのこえ』
1998.03.00	第15号	13	朴福美	韓日植物物語② 朝鮮アザガオ
1998.03.00	第15号	15		編集後記
1998.12.00	第18号	1	木村健二	在日朝鮮人史研究の課題ー歴史学の地平から
1998.12.00	第18号	6	崔碩義	栗生楽泉園を訪ねて
1998.12.00	第18号	10	塚原佳世子	韓国はじめて旅記
1999.07.00	第21号	1	ふじたあさや	日韓演劇交流私史 日本文化開放時代の課題
1999.07.00	第21号	6		劉孝鐘＋中国朝鮮族を読む会・編訳『ソウルパラム大陸パラム』
1999.07.00	第21号	8	朴福美	韓日植物物語⑥ ペンナム＝榎(2)
1999.07.00	第21号	11	宮島美花	犬の肉を食べる食文化
1999.07.00	第21号	14		へんしゅう室
2001.03.00	第24号	1	古庄正	朝連資料に見る企業の戦後処理
2001.03.00	第24号	5	木村健二	下関だより
2001.03.00	第24号	10	山本充	聖天院と長瀞紀行
2001.03.00	第24号	14		編集後記
2001.08.00	第25号	1	李洪洛	韓国「新自由主義時代」と民族経済ー梶村歴史学の継承を願いつつー
2001.08.00	第25号	6	金広烈	『日本企業の戦争犯罪　強制連行の企業責任3』
2001.08.00	第25号	12		編集後記
2002.01.00	第26号	1	山田昭次	関東大震災時朝鮮人虐殺事件直後の日本人の抗議と追悼の営み
2002.01.00	第26号	6		伯陽書院所蔵海野資料目録
2002.01.00	第26号	14		編集後記
2003.03.00	第29号	1	マーク・カプリオ	アメリカにおける朝鮮学
2003.03.00	第29号	10	新納豊	高橋昇『朝鮮半島の犁』
2003.03.00	第29号	15		編集後記
2003.12.00	第31号	1	長沢秀	サハリンと私
2003.12.00	第31号	8	外村大	東京朝鮮人商工会編『東京朝鮮人商工便覧1959年版』について

발행일	지면정보		필자	제목
	권호	페이지		
2003.12.00	第31号	13		編集後記
2004.05.00	第32号	1	今泉裕美子	朝鮮半島からの「南洋移民」ー米国議会図書館蔵南洋群島関係資料を中心に
2004.05.00	第32号	12	山田昭次	足で見た筑豊 朝鮮人炭鉱労働の記録
2004.05.00	第32号	21		編集後記
2004.08.00	第33号	1	長田彰文	米国マイクロフィルム史料からみる在朝米国人宣教師と朝鮮独立運動ー「105人事件」から3・1運動まで
2004.08.00	第33号	9	木村健二	在日朝鮮人社会歴史学的研究ー形成・構造・変容ー
2004.08.00	第33号	13		編集後記
2005.02.00	第34号	1	樋口雄一	戦時下朝鮮における社会変動
2005.02.00	第34号	11	外村大	朝鮮人強制連行ー曲解・誤解と論点ー
2005.02.00	第34号	17		編集後記
2005.06.00	第35号	1	吉沢文寿	公開された日韓会談関連外交文書
2005.06.00	第35号	6	蒔田豊明	対馬の旅から半島と列島をみる
2005.06.00	第35号	10	尹明淑	「日帝強占下強制動員被害真相糾明委員会」の紹介
2005.06.00	第35号	11		編集後記
2006.03.00	第36号	1	宮本正明	朝鮮総督府関係史料にみる関東大震災
2006.03.00	第36号	9	古庄正	戦時期朝鮮人鉱夫の死亡率について
2006.03.00	第36号	11	外村大	朝鮮人戦時労働動員
2006.03.00	第36号	17		編集後記
2007.02.00	第37号	1		"文化センター・アリラン"の継承と発展を願うー朴載玉・新理事長の就任あいさつー
2007.02.00	第37号	2	ベイキョンユン	「韓国とヴェトナム戦争：虐殺・傭兵・謝罪をめぐって」(上)
2007.02.00	第37号	11		「映像を通して韓国の歴史と文化を楽しむ会」を開催します
2007.02.00	第37号	12	梁聖宗	済州島の漢拏①
2007.02.00	第37号	14		編集後記
2007.08.00	第38号	1	ベイキョンユン	「韓国とヴェトナム戦争：虐殺・傭兵・謝罪をめぐって」(下)
2007.08.00	第38号	17	白井誠一	幻の桃源郷・香格里拉を訪ねて
2007.08.00	第38号	20	梁聖宗	済州島の漢拏②
2007.08.00	第38号	22		編集後記
2008.01.00	第39号	1	慎蒼宇	民衆運動はいかにして「鎮める」「鎮まる」のかー「文治」と「武断」をめぐる政治文化ー
2008.01.00	第39号	9	西原健二	文化センター・アリランのボランティア活動に参加するまで
2008.01.00	第39号	11	梁聖宗	済州島の漢拏③
2008.01.00	第39号	14		編集後記
2008.05.00	第40号	1	李素玲	沈黙の智異山ー「良民」と「共匪」のはざまでー
2008.05.00	第40号	10	南永昌	「文化センター・アリラン」に想う
2008.05.00	第40号	12	朴福美	文化センター・アリランのコリア語講座
2008.05.00	第40号	14		編集後記

아이(アイ)

○ ○ ○

1 서지적 정보

『아이』는 오사카의 「민족교육을 추진하는 연락회」에서 발간하는 통신이며, 2005년 2월에 발행된 5호에 의하면 본 연락회는 '1년 반 전', 즉 2003년 9월경에 재건되었다고 말하고 있지만, 현재 본 연락회 및 통신에 대한 구체적인 서지적 정보는 확인이 되지 않은 상태이다(분량은 8페이지 전후).

먼저, 연락회의 업무는 통신 발행 및 정례모임, 썸머스쿨, 그리고 오사카부와의 재일조선인 아동의 민족교육을 위한 협상을 추진하는 것이 주된 목적이며, 본 통신은 이러한 활동을 연 4회에 걸쳐 발신하고 있다. 특히, 오사카 행정 당국과의 교섭에 대해서는 「우리들은 지금까지 재일한국·조선인이 있는 그대로 살아갈 수 있는 사회 실현을 목적으로, 민족교육을 확립하기 위한 교섭을 해 왔습니다. 그것은 우리들이 학교에 근무하는 민족 강사와 교사이기도 하고, 보호자이기도 하며, 학생 자신이기 때문입니다. 학교는 「바른 것」을 학습하고 실행하는 곳입니다. 살아가는 데 소중한 것을 몸소 배우는 곳입니다. 하지만 재일한국·조선인의 교육에 대해서는 「다양한 생각이 있다」라는 말로 얼버무리며 매몰시켜 온 경위가 있습니다.」(5호)라는 문제의식을 바탕으로, 미해결 과제 및 재일조선인의 역사적·현재적 과제를 행정 당국과의 교섭을 통해서 지속적으로 해결을 시도하고 있다.

특히, 본 통신에서는 이와 같은 행정 당국과의 교섭을 오사카의 동포보호자연락회와 함께 면담 등을 통해서 구체적으로 추진하고 있고, 현재 오사카부의 홈페이지에는 「동포보호자연락회, 민족교육을 추진하는 연락회 요망서」(2017년 12월 8일, 헤이세29년도 단체광청일람)가 탑재되어 있다. 본 요망서(要望書)에는 크게 「노동·민족학교·일반에 관한 과제」와 「교육에 관한 과제」로 대분류되어 있고, 재일조선인의 민족교육 및 민족학교에 대한 인식 개선, 본명 지도, 그리고 헤이트 스피치 문제 등을 해결하기 위한 행정 당국의 구체적인 조치를 요구하고 있다.

 「연락회로부터의 알림」(5호, 2005년 2월 1일)

☆ 연락회 재건으로부터 1년 반, 이 사이 대략적인 활동은 뉴스를 연 4회 발신하는 것, 정례모임을 2회 개최하는 것, 썸머스쿨을 운영하는 것, (행정당국과)교섭하는 것이며, 마지막 단 하나만이 남아 있다.

☆ 오사카부와의 교섭은 2월 21일(월) 1시 반부터 4시 반까지입니다. 평일이어서 부탁드리기에는 마음이 무겁습니다만, 많이들 참가해 주시길 부탁드립니다.

☆ 민족협이 이룬 성과와 과제에 대해서는 때를 봐서 깊이 성찰하는 시간을 갖고자 한다. 연락회는 앞으로 무엇을 해 나갈 것인가. 충분한 시간을 갖고 구체화시키며 그 존재 의의를 생각해 가고자 한다.

☆ 썸머스쿨은 가능하면 올해도 실시하고자 한다. 아이들이 자연 환경 속에서 즐겁게 보낼 수 있는 기회는 소중하다. 어디에서도 쉽게 할 수 없는 체험을 제공해 주고 싶다. 히가시오사카의 모임에서 만난 학생들은 즐거운 듯 싱글벙글 웃으며 「선생님, 기억하세요?」라며 인사를 했다.

☆ 올 겨울, 썸머스쿨 때에 신세를 진 데시마(豊島) 주민들이 만든 귤을 모두가 구입했다. 무농약까지는 아니지만 농약이 적게 들어가 있으며, 방부제 처리도 되어 있지 않다. 상당히 정겨운 단맛이 나며, 가격도 10킬로 2500엔(배송료 포함)으로 적당하다. 구입을 원하시는 분은 사무소로 메일 또는 팩스로 주소, 성함, 전화번호를 기재 후에 2월 10일까지 신청해 주세요.

☆ 2월 14일에 사무소 이사합니다. 장소는 긴테츠(近鉄) 츠루하시역(鶴橋駅) 남쪽으로 도보 30초이며(자세히는 지도 참조), 앞으로빌딩(アプロビル) 3층입니다. 4층에는 앞으로사(アプロ社)가 들어옵니다. 2월 14일 이후의 주소·전화·팩스는 오른쪽 지도와 같습니다.

3 목차

1 서지적 정보

월간. 1997년 1월에 창간하여 2004년 4·5월 합병호까지 통권 78호의 발행이 확인된다. 타이틀 옆에 '앞으로 투 원'으로 발음하도록 부기가 되어있고, '재일-한국-일본을 연결하는 종합지'라는 부제가 있다. 발행인은 박득진(朴得鎭)이고, 편집인은 요시나리 시게유키(吉成繁幸)이다. 발행소는 '앞으로 투 원'이다. 지면구성에 권두 인터뷰(쓰카 고헤이(つかこうへい), 윤학준, 최양일 등), 특집, 특별대담, 칼럼, 리포트 등이 있으며, 시사적인 내용이 동시대적 상황에 맞추어 실려 있다.

창간사에서 한국과 일본, 재일의 '공생'을 강조한 대로, 내용 구성에 한일 간의 유대, 재일 문제, 북한, 조총련 등에 관한 화제를 특집으로 다루었는데, 주요 내용은 다음과 같다. 「특집: 한국인 대연구」(1998.3), 「특집: 남북의 새로운 전개」(1998.7), 「대담: 양석일 vs 최양일」(1998.8), 「특집: 한일 간의 가시 빼는 법」(1998. 11/12), 「특집: 한일관계의 빛과 그림자」(1999.7), 「특집: 북일 국교정상화로 가는 길」(2000.2), 「특집: 민단과 뉴커머의 접합점은 있는가」(2000.4), 「특집: 남북정상회담」(2000.7) 등이 있다. 78호 종간호의 「편집후기」에서 창간 7주년을 맞이하여 창간 당시와 마찬가지로 강하고 약한 의지가 섞인 가운데 일신상의 형편이 더해 일단 종간하기로 했다고 발행인 박득진이 기술한 내용이 보인다.

2 창간사

'앞으로(アプロ)'는 한국어로 '이제부터(これから)'나 '앞으로(前へ)'와 같은 의미의 말입니다.

재일-한국-일본을 연결하는 종합지라는 캐치 프레이즈 하에 21세기를 향하여 우리들은 완전히 새로운 형태의 종합지 창간을 지향하고 있습니다.

고대부터 긴밀하고 운명적으로 연결된 한국과 일본의 양국 관계의 제 문제와 양국 사이에서 살아온 재일 한국·조선인의 현재의 문제를 본 잡지에서는 문자 그대로 전향적이고 미래지향으로 게재해갈 생각입니다.

매일의 생활 기반을 두고 있는 일본과 자신의 루트로서 연결되어 있는 한국이 상호 서로 이해하며 존경하는 관계를 쌓아 함께 풍요로워지기를 바랍니다. 이는 '재일'의 간절한 바람일 것입니다. 본지는 그 바람을 위하여 행동할 것입니다.

본지는 또한 '재일'이 보다 건강해지도록 때로는 환호를 교환하고, 때로는 무릎을 맞대고 담소하는 그런 장소가 되기를 바랍니다.

그리고 이는 '재일'에 한정하지 않고 생활공간을 같이 하는, 즉 '공생'하고 있는 동료 일본인이나 그 외의 외국인을 포함한 공통의 광장이 되기를 바랍니다.

폭넓은 독자 여러분으로부터 다양하고 뜨거운 성원의 메시지를 기다리고 있겠습니다.

편지나 FAX도 좋습니다.

논의가 끓어오르는 잡지로 만들어갑시다.

3 목차

발행일	지면정보		필자	제목
	권호	페이지		
1997.01.08	創刊号	26	伊藤修	＜韓日新時代へ＞《特別寄稿》「宣銅烈選手、今年の大活躍は間違いなし」(伊藤修　中日球団代表)
1997.01.08	創刊号	30	景山健	＜韓日新時代へ＞2002年・サッカーワールドカップ「韓日共催」に思う
1997.01.08	創刊号	35	村上明	＜韓日新時代へ＞躍進する韓国碁界、低迷の日本(韓国囲碁事情)
1997.01.08	創刊号	42		＜韓日新時代へ＞一年間の日本での生活で日本を見直す(三星電子社員の日本研究記)
1997.01.08	創刊号	52		〈在日同胞社会からパチンコ問題を考える〉演出されたバッシンコ、ここにも行政責任隠し
1997.01.08	創刊号	55		〈在日同胞社会からパチンコ問題を考える〉同胞業者を三割に落とす。
1997.01.08	創刊号	59		〈在日同胞社会からパチンコ問題を考える〉行政改革・網紀粛正どこ吹く風、日本的利権システムが襲う
1997.01.08	創刊号	76		世界的指揮者・チョンミュンフン氏
1997.01.08	創刊号	39		高麗神社・誌上初詣
1997.01.08	創刊号	64	尹学準	〈連載企画〉一愚斎日記①「両班村騒動記」
1997.01.08	創刊号	68	李銀沢	〈連載企画〉現代小説にあらわれた韓国の今
1997.01.08	創刊号	72	福島治夫	〈連載企画〉コリアファンの日本人①「韓国映画祭」
1997.01.08	創刊号	47		〈連載企画〉韓国経済スクランブル「97年韓国の景気展望」
1997.01.08	創刊号	78		〈連載企画〉ZAINICHIS'EYE
1997.01.08	創刊号	63		〈連載企画〉アラリ(粉)「ハトの群れでよいのか」
1997.01.08	創刊号	80		〈連載企画〉お知らせ・編集後記・奥付
1997.02.08	通巻2号	2		〈在日二世「責任世代」の背中〉《巻頭インタビュー》白竜氏「二世として何かやらねばという自覚ができた」
1997.02.08	通巻2号	6		〈在日二世「責任世代」の背中〉《サラム・シリーズ》青春グラフィティー①「小五からの牛乳配達が『事業』のはじまり」 山梨県・朴喜雄
1997.02.08	通巻2号	28		〈在日二世「責任世代」の背中〉ハイパワー・エッセイ/ああ、責任世代「かくしてチェサは男を磨く?」
1997.02.08	通巻2号	12		〈コリアンワールドの二相〉「コリアン世界の旅」(野村進著)に見る等身大の「在日」
1997.02.08	通巻2号	30		〈コリアンワールドの二相〉自由の国・アメリカに生きる在米同胞たちの「不自由」
1997.02.08	通巻2号	36		〈パチンコのいまと未来、そしてニュービジネスを考える〉海江田万里代議士インタビュー「パチンコ産業健全化と『参政権』は連動する」
1997.02.08	通巻2号	40		〈パチンコのいまと未来、そしてニュービジネスを考える〉自主規制先行地区・長野県同胞業者の報告
1997.02.08	通巻2号	42		〈パチンコのいまと未来、そしてニュービジネスを考える〉天竜村に「公営? パチンコ店」登場!
1997.02.08	通巻2号	45		〈パチンコのいまと未来、そしてニュービジネスを考える〉新連載!戦後パチンコの歴史(パチンコと同胞たち)

발행일	지면정보		필자	제목
	권호	페이지		
1997.02.08	通巻2号	50		〈パチンコのいまと未来、そしてニュービジネスを考える〉ニュービジネス「スノーボード屋内ゲレンデ」
1997.02.08	通巻2号	24		韓国現代美術のアーチストたち
1997.02.08	通巻2号	31		「飲もう!韓日の架橋」清酒「百済鷹」
1997.02.08	通巻2号	64		「アリランの旅」フェスティバル
1997.02.08	通巻2号	32	尹学準	〈連載企画〉一愚斎日記②「両班村騒動記」その2
1997.02.08	通巻2号	17	尹達世	〈連載企画〉新連載!「高麗さん物語」
1997.02.08	通巻2号	58	李銀沢	〈連載企画〉現代小説にあらわれた韓国の今②
1997.02.08	通巻2号	65		〈連載企画〉韓国経済スクランブル「'97年韓国の景気展望」
1997.02.08	通巻2号	62		〈連載企画〉ZAINICHI'SEYE
1997.02.08	通巻2号	57		〈連載企画〉アラリ(粗)「アリランの歌」に思う
1997.02.08	通巻2号	69		〈連載企画〉読者の声・お知らせ
1997.03.10	通巻3号	2	崔洋一	《巻頭インタビュー》「ソウルはバカヤローだけど、面白れーところだった」
1997.03.10	通巻3号	6		《サラム・シリーズ》地域の大黒柱②「21世紀の人材育てたい」長野県・鄭進さん
1997.03.10	通巻3号	12		民団中央大会を前に民団をキマジメに考える
1997.03.10	通巻3号	18		特集・日本の教室の現場から「孫基禎選手と子どもたち」
1997.03.10	通巻3号	27		柳美里さんサイン会脅迫事件に思う
1997.03.10	通巻3号	30	金英達	大胆予測「北朝鮮崩壊と在日コリアン」
1997.03.10	通巻3号	48		パチンコ店経営の今後-「ファン第一主義の原点に戻れ」
1997.03.10	通巻3号	52		パチンコホールのための消費税対策「このままでは利益の減少を招来する」
1997.03.10	通巻3号	56		シリーズ・「在日とパチンコ一その歴史」
1997.03.10	通巻3号	36	奥野弘	新連載!「新・カヌンマリコワヤ」
1997.03.10	通巻3号	38	尹学準	一愚斎日記③「両班村騒動記」その3
1997.03.10	通巻3号	42		ハイパワー・エッセイ 「俺とお前のキム・サッカ」
1997.03.10	通巻3号	33	尹達世	好評連載!「高麗さん物語」
1997.03.10	通巻3号	60	李銀沢	にあらわれた韓国の今③
1997.03.10	通巻3号	65		韓国スクランブル「韓国の金融改革」
1997.03.10	通巻3号	46		ZAINICHIS'EYE
1997.03.10	通巻3号	45		アラリ(粉)「オーム」のこと
1997.03.10	通巻3号	69		読者の声・お知らせ
1997.04.08	通巻4号	2		〈特集/北朝鮮とどう向き合うか〉「韓国・民団は総連対策を明示すべきだ」(総連系商工人の投稿から)
1997.04.08	通巻4号	8	金英達	〈特集/北朝鮮とどう向き合うか〉ピョンヤンに食い物にされる朝鮮総連の財産
1997.04.08	通巻4号	12		〈特集/北朝鮮とどう向き合うか〉民団中央委員・代議員たちに聞く 〈在日の立場は同じ。融和すべきだが〉

발행일	지면정보		필자	제목
	권호	페이지		
1997.04.08	通巻4号	16	許英	〈特集/北朝鮮とどう向き合うか〉黄長燁亡命は、南北の「共作共演」
1997.04.08	通巻4号	22	金燦	〈特集/北朝鮮とどう向き合うか〉「私は金正日の踊り子だった」に見る北の民衆
1997.04.08	通巻4号	26	金学俊	〈特集/北朝鮮とどう向き合うか〉まず韓国から北への最大限の譲歩を
1997.04.08	通巻4号	31		日本共産党に聞く/韓国・民団とのこれから
1997.04.08	通巻4号	56		パチンコ店経営の今後-「ビジターを定着させる集客戦略を」
1997.04.08	通巻4号	61		シリーズ・「在日とパチンコ―その歴史」③
1997.04.08	通巻4号	49	吉田明	コリアとジャパニーズ②「陶芸のルーツを求めて」
1997.04.08	通巻4号	42	尹学準	一愚斎日記④「両班村騒動記」その4
1997.04.08	通巻4号	39	尹達世	「高麗産物語」その③
1997.04.08	通巻4号	46	奥野弘	「新・カヌンマリコワヤ」②
1997.04.08	通巻4号	65		韓国経済スクランブル「韓国における『メキシコ危機』の可能性」
1997.04.08	通巻4号	52		ハイパワーエッセー「仲良きことは善きこと哉」
1997.04.08	通巻4号	36		ZAINICHIS'EYE
1997.04.08	通巻4号	54		アラリ(粒+N357)「谷」
1997.04.08	通巻4号	69		読者の声・お知らせ
1997.05.08	通巻5号	2		〈韓日を結ぶ芸能の潮〉唐十郎氏インタビュー「渡り海女の遺した心を探して」
1997.05.08	通巻5号	6		〈韓日を結ぶ芸能の潮〉エッセイ・海女の眠る海辺の丘を訪ねて
1997.05.08	通巻5号	8		〈韓日を結ぶ芸能の潮〉「鳥のように自由に翔け」世界をめざす三世の舞姫・白香珠さん
1997.05.08	通巻5号	12		〈韓日を結ぶ芸能の潮〉戦中の日本で大人気「半島の舞姫」崔承喜
1997.05.08	通巻5号	14		〈韓日を結ぶ芸能の潮〉スーパー美女インタビュー・「よろしく、スージー・カンです」
1997.05.08	通巻5号	18		《サラム・シリーズ》青春激闘編「愛知韓青・60年代の文化活動」
1997.05.08	通巻5号	24	石丸次郎	「万景峰号への海上デモ」に同乗して
1997.05.08	通巻5号	28		お母さんたちのNGOが北朝鮮に食糧支援
1997.05.08	通巻5号	52	鄭東一	「パチンコ業界の不況をホール業者は団結して乗り切ろう」
1997.05.08	通巻5号	57		シリーズ・「在日とパチンコ―その歴史」④
1997.05.08	通巻5号	32	小綿剛	コリアなジャパニーズ③「東京の中の朝鮮」という本を出すまで
1997.05.08	通巻5号	46	尹学準	一愚斎日記⑤「両班村騒動記」その5
1997.05.08	通巻5号	37	尹達世	「高麗さん物語」その④
1997.05.08	通巻5号	40	奥野弘	「新・カヌンマリコワヤ」③
1997.05.08	通巻5号	65		韓国経済スクランブル「外国人投資拡大と株式相場」
1997.05.08	通巻5号	61	李銀沢	現代小説にあらわれた韓国の今④

발행일	지면정보		필자	제목
	권호	페이지		
1997.05.08	通巻5号	44		ハイパワーエッセー「最後の訪問」
1997.05.08	通巻5号	50		ZAINICHIS'EYE
1997.05.08	通巻5号	36		アラリ(粒)「アルバニア」
1997.05.08	通巻5号	70		読者の声・お知らせ
1997.06.08	通巻6号	3		〈特集・「共生」のいま〉「共生」という言葉をめぐって
1997.06.08	通巻6号	4		〈特集・「共生」のいま〉《特別取材》「韓日友好街道」(長野県/東部町)
1997.06.08	通巻6号	12	原尻英樹	〈特集・「共生」のいま〉異文化理解へのステップ
1997.06.08	通巻6号	16	李鍾元	〈特集・「共生」のいま〉「市民の世紀」の韓日のつきあい方
1997.06.08	通巻6号	20		〈特集・「共生」のいま〉遅すぎた、アイヌとの「共生」の始まり
1997.06.08	通巻6号	24	李東元	〈特集・「共生」のいま〉「在日同胞がよく見えていなかった。」
1997.06.08	通巻6号	28	丁宗鉄	〈特集・「共生」のいま〉「在日っていう立場は捨てたもんじゃない」
1997.06.08	通巻6号	30		〈特集・「共生」のいま〉韓日関係にニューウエーブを(韓日サッカーを見て)
1997.06.08	通巻6号	32	李英和	朝銀大阪破綻の真相
1997.06.08	通巻6号	38		追悼・金達寿さんを偲んで/柏原成光さん(筑摩書房代表取締役)他
1997.06.08	通巻6号	58		パチンコ機械メーカーと行政に不満噴出!
1997.06.08	通巻6号	61		シリーズ・「在日とパチンコーその歴史」最終回
1997.06.08	通巻6号	54	細田早苗	コリアなジャパニーズ④「韓国への修学旅行の先鞭をつけた」
1997.06.08	通巻6号	50	尹学準	一愚斎日記⑥「両班村騒動記」その6
1997.06.08	通巻6号	47	尹達世	「高麗さん物語」その⑤
1997.06.08	通巻6号	42	奥野弘	「新・カヌンマリコワヤ」④
1997.06.08	通巻6号	65	李銀沢	現代小説にあらわれた韓国の今⑤〈ちょっと待ったフェミニズム〉
1997.06.08	通巻6号	44		ハイパワーエッセイ「五月はいつ終わる」
1997.06.08	通巻6号	46		アラリ(粒)「シッダルタ」
1997.06.08	通巻6号	69		読者の声・お知らせ
1997.07.08	通巻7号	2	李麗仙	〈円熟と気鋭、「在日の意気」はつらい〉「人間はありのまま、自然体がいいの」
1997.07.08	通巻7号	6	金重明	〈円熟と気鋭、「在日の意気」はつらい〉「東アジアの歴史小説を書きたい」
1997.07.08	通巻7号	10	石丸二郎	北朝鮮-中国国境で「心の統一」を考える
1997.07.08	通巻7号	16	宮里一夫	イチャリバ・チョウデー、韓国と沖縄
1997.07.08	通巻7号	20	相場繁次	戦闘的ソバ通は韓国へ行く
1997.07.08	通巻7号	25		芸術の秋には光州へ行こう(光州ビエンナーレ)
1997.07.08	通巻7号	26		ハイパワーエッセイ「野外映画界」
1997.07.08	通巻7号	28	菊池拓	「日韓のかけ橋となるような仕事がしたかった」
1997.07.08	通巻7号	30		福岡のテレビ局の「韓国ドラマ」放映に熱烈ファンレター

발행일	지면정보		필자	제목
	권호	페이지		
1997.07.08	通巻7号	52		パチンコ機械メーカー・鉄壁の牙城に亀裂走る
1997.07.08	通巻7号	56		結束力を誇る岩手県遊協
1997.07.08	通巻7号	36		〈フラッシュ〉東北KJC-筋ジストロフィー患者19人を松島水族館に招待
1997.07.08	通巻7号	38		〈フラッシュ〉最先端物理学と在日芸能のファンタな体温融合
1997.07.08	通巻7号	40		新連載=在日2世の中国・海南島騒動記
1997.07.08	通巻7号	65	李銀沢	現代小説にあらわれた韓国の今⑥〈文学中年男女の未完の恋〉
1997.07.08	通巻7号	46	尹学準	一愚斎日記⑦「両班村騒動記」その7
1997.07.08	通巻7号	33	尹達世	「高麗さん物語」その⑥
1997.07.08	通巻7号	50	奥野弘	「新・カヌンマリコワヤ」⑤
1997.07.08	通巻7号	44		アラリ(粒)「イエス」①
1997.07.08	通巻7号	61		韓国経済スクランブル⑥「韓国の金融改革」
1997.07.08	通巻7号	70		読者の声・お知らせ
1997.08.08	通巻8号	2		〈特集・52回目の8・15〉映画「戦後在日50年史」か完成へ・呉徳洙監督に聞く
1997.08.08	通巻8号	6	鐘下辰男	〈特集・52回目の8・15〉安重根がテーマの戯曲を書いて
1997.08.08	通巻8号	10		〈特集・52回目の8・15〉よりグローバルな「ハナ」をめざす。今年のワンコリアフェスティバル
1997.08.08	通巻8号	14	朴慶植	〈特集・52回目の8・15〉在日同胞の昨日、今日、明日を考えるには
1997.08.08	通巻8号	18	崔康勲	〈特集・52回目の8・15〉建築家として、旧総督府建物の解体の意味を考える
1997.08.08	通巻8号	22		〈特集・52回目の8・15〉論壇8・15/読者の投稿から
1997.08.08	通巻8号	22		〈特集・52回目の8・15〉「自由主義史観研究会」自己満足史観
1997.08.08	通巻8号	24		〈特集・52回目の8・15〉「認めない不幸、認められない不幸」
1997.08.08	通巻8号	26		〈特集・52回目の8・15〉「敗戦という解放」-日本の8・15
1997.08.08	通巻8号	28	善元幸夫	韓日合同授業研究会の成果
1997.08.08	通巻8号	32	小川晴久	勇気ある発言、生命をかけた発言
1997.08.08	通巻8号	36	金英達	韓国・朝鮮の年号について
1997.08.08	通巻8号	50		在日2世の中国・海南騒動記
1997.08.08	通巻8号	65	李銀沢	現代小説にあらわれた韓国の今⑦〈夢と現実が等価になる世界〉
1997.08.08	通巻8号	56	尹学準	一愚斎日記⑧「両班村騒動記」その8
1997.08.08	通巻8号	45	尹達世	「高麗さん物語」その⑦
1997.08.08	通巻8号	54	奥野弘	「新・カヌンマリコワヤ」⑥
1997.08.08	通巻8号	40		ハイパワーエッセ「湘南ビーチに輝く大極旗」
1997.08.08	通巻8号	48	金東洛	アラリ(粒)「在日の条件」①
1997.08.08	通巻8号	60		韓国経済スクランブル⑦「韓国の貿易収支改善を予想」
1997.08.08	通巻8号	70		読者の声・お知らせ

발행일	지면정보		필자	제목
	권호	페이지		
1997.09.08	通巻9号	2	裵昭	〈特集·在日と格闘技〉「祖国と日本の隙間を駆け抜けた英雄たち」
1997.09.08	通巻9号	6	百田義浩	〈特集·在日と格闘技〉「不死身だったからこそ父は死に急いだ」
1997.09.08	通巻9号	10		〈特集·在日と格闘技〉「力道山は根性の塊だった」力道山の墓参り
1997.09.08	通巻9号	12		〈特集·在日と格闘技〉「頭は低く、目は高く」極真空手·館長
1997.09.08	通巻9号	15	宮本徳三	〈特集·在日と格闘技〉「ユーラシア大陸を越えてきた格闘者たちの系譜」
1997.09.08	通巻9号	18		〈投稿特集·北朝鮮へ渡った人々と私〉「小学4年時、同胞の級友の11人全員が帰った」他6人
1997.09.08	通巻9号	28	柳晙相	「第2の建国」の覚悟で統一に備えた政治改革を
1997.09.08	通巻9号	32	殿平善彦	「日·韓·在日の平和の実験場として」
1997.09.08	通巻9号	36		東京都がパチンコ店誘致。何より賑わい求める
1997.09.08	通巻9号	44	朴健市	減少する一方の同胞焼肉店
1997.09.08	通巻9号	38	宋連玉	母と娘の歴史を紡ぐ
1997.09.08	通巻9号	42	王秀英	〈新連載〉女のエッセイ「ホテルでの祭祀」
1997.09.08	通巻9号	52		在日2世の中国·海南騒動記③
1997.09.08	通巻9号	56	尹学準	一愚斎日記⑨「両班村騒動記」その9
1997.09.08	通巻9号	65	尹達世	「高麗さん物語」その⑧
1997.09.08	通巻9号	68	奥野弘	「新·カヌンマリコワヤ」⑦
1997.09.08	通巻9号	48		ハイパワーエッセイ「あしたの居場所」
1997.09.08	通巻9号	50		アラリ(粒)「企業と人」
1997.09.08	通巻9号	61		韓国経済スクランブル⑧
1997.10.08	通巻10号	2		〈特集·日本「共生」列島への動きー異文化と交わることは面白い〉「過疎の村に出現した韓国」(山形県·戸沢村)
1997.10.08	通巻10号	12		〈特集·日本「共生」列島への動きー異文化と交わることは面白い〉「すべての楽器を武器に」喜納昌吉インタビュー
1997.10.08	通巻10号	16	萱野志朗	〈特集·日本「共生」列島への動きー異文化と交わることは面白い〉「アイヌに対する日本政府の責務」
1997.10.08	通巻10号	20	野嶽次郎	〈特集·日本「共生」列島への動きー異文化と交わることは面白い〉「旭川は韓日交流が花盛り」
1997.10.08	通巻10号	25	田村太郎	〈特集·日本「共生」列島への動きー異文化と交わることは面白い〉神戸·震災から2年9ヶ月、再び「共生」の輝きを
1997.10.08	通巻10号	28		〈特集·日本「共生」列島への動きー異文化と交わることは面白い〉「強制徴用、初の和解」に意義·田中宏教授に聞く
1997.10.08	通巻10号	36		〈特集·日本「共生」列島への動きー異文化と交わることは面白い〉6カ国語が飛び交うソウル発「リア王」
1997.10.08	通巻10号	39	高橋健	〈特集·日本「共生」列島への動きー異文化と交わることは面白い〉長野県東部町で「アジア·マイムフェスティバル」
1997.10.08	通巻10号	32	高恒済	日本駐在の5年間で感じたこと

발행일	지면정보		필자	제목
	권호	페이지		
1997.10.08	通巻10号	58	金英達	韓国・北朝鮮の新しい国籍法
1997.10.08	通巻10号	66	李銀沢	現代小説にあらわれた韓国の今⑧〈男がスピンアウトする時〉
1997.10.08	通巻10号	48	尹学準	一愚斎日記⑩「両班村騒動記」その10
1997.10.08	通巻10号	41	尹達世	「高麗産物語」その⑨
1997.10.08	通巻10号	54		在日2世の中国・海南騒動記④
1997.10.08	通巻10号	46		ハイパワーエッセイ「燃えるべし、韓日サッカー」
1997.10.08	通巻10号	44	趙栄順	女のエッセイ②「異種の血の魅力」
1997.10.08	通巻10号	64	奥野弘	「新・カヌンマリコワヤ」⑧
1997.10.08	通巻10号	52	金東洛	アラリ(粒)「シッタルダ」②
1997.10.08	通巻10号	70		読者の声
1997.11.08	通巻11号	2		〈日本人の「意識のねじれ」をほぐす〉古代史ブームはより戻しパワーとなるか
1997.11.08	通巻11号	8		〈日本人の「意識のねじれ」をほぐす〉「東京都外国人会議」のメンバーに選ばれた柳時悦氏に聞く
1997.11.08	通巻11号	11		〈日本人の「意識のねじれ」をほぐす〉「もっと知りたい、私達の隣人」新宿の山本重幸氏
1997.11.08	通巻11号	14	善元幸夫	〈日本人の「意識のねじれ」をほぐす〉教室内の「共生」の現実と教師の役割
1997.11.08	通巻11号	18		〈韓国政府樹立50年を前に〉「四・三事件」50周年を迎えるにあたって
1997.11.08	通巻11号	22		〈韓国政府樹立50年を前に〉在日からの韓国次期大統領への手紙(金敬得氏他)
1997.11.08	通巻11号	28		「強制徴用、初の和解」に意義・田中宏教授に聞く(下)
1997.11.08	通巻11号	32	菊池真由子	北朝鮮の日本人妻、37年ぶりの里帰りの意味
1997.11.08	通巻11号	56	梁石日	「在日としての私が選んだこの一冊」
1997.11.08	通巻11号	38		盤上の宇宙ー将棋を見れば世界が見える
1997.11.08	通巻11号	36		〈FLASH〉『春香伝』伝…名古屋で公演
1997.11.08	通巻11号	64		〈FLASH〉高麗神社・例大祭で韓国風(?)獅子舞を見る
1997.11.08	通巻11号	66	李銀沢	現代小説にあらわれた韓国の今⑨〈女が真の自立を決心する時〉
1997.11.08	通巻11号	44	尹学準	一愚斎日記⑪「もう一つの両班村騒動記」その1
1997.11.08	通巻11号	61	尹達世	「高麗さん物語」その⑩
1997.11.08	通巻11号	50		在日2世の中国・海南騒動記・最終回
1997.11.08	通巻11号	42	李美子	女のエッセイ③「1958年のマスゲーム」
1997.11.08	通巻11号	54	奥野弘	「新・カヌンマリコワヤ」⑨
1997.11.08	通巻11号	48	金東洛	アラリ(粒)「シッタルダ」③
1997.11.08	通巻11号	72		お知らせ・編集雑記
1998.01.08	通巻12号	2		〈在日の未来は開けている〉巻頭インタビュー・川勝平太氏「海からの視点で日本、韓国、在日の未来を考える」

발행일	지면정보		필자	제목
	권호	페이지		
1998.01.08	通巻12号	8	姜尚中	〈在日の未来は開けている〉「在日文化の未来展望」
1998.01.08	通巻12号	12		〈在日の未来は開けている〉対談「在日の未来と実践」裵重度vs福岡安則
1998.01.08	通巻12号	16		〈在日の未来は開けている〉「ペルー事件で、人質中唯一の在日として」李明浩氏に聞く
1998.01.08	通巻12号	20	柳時悦	〈在日の未来は開けている〉「外国人都民会議に出席して」
1998.01.08	通巻12号	60		〈在日の未来は開けている〉「歌職人の勘・新井英一」(NY発)
1998.01.08	通巻12号	27	金学俊	〈新大統領の重い課題〉「国民の自信回復こそ急がれる」
1998.01.08	通巻12号	32	深川由起子	〈新大統領の重い課題〉韓国の経済危機の読み方
1998.01.08	通巻12号	36	石丸次郎	中国に逃れた北朝鮮民衆の声を聞く
1998.01.08	通巻12号	22	吉成英夫	「朝まで生テレビ」の生のウラ話
1998.01.08	通巻12号	56	姜誠	2002年W杯サッカー「このままでは共催ではなく分催だ」
1998.01.08	通巻12号	84	司空竜	「独島問題とは何なのか」(投稿)
1998.01.08	通巻12号	42	加藤由子	〈韓国人にとってトラとは〉檀君神話に見るトラとクマ
1998.01.08	通巻12号	46	金虎根	〈韓国人にとってトラとは〉韓民族と虎文化
1998.01.08	通巻12号	78	尹学準	一愚斎日記⑪「もう一つの両班村騒動記」その2
1998.01.08	通巻12号	71	尹達世	「高麗さん物語」その⑪
1998.01.08	通巻12号	64	沈光子	女のエッセイ④「赤い喪中はがき」
1998.01.08	通巻12号	82	奥野弘	「新・カヌンマリコワヤ」⑨
1998.01.08	通巻12号	74	金東洛	アラリ(粒)「在日の条件」②
1998.01.08	通巻12号	40		ハイパワー・エッセイ　十人の仲間
1998.02.08	通巻13号	2		〈新政府・IMF事態ー「在日」の対応は〉辛容祥・民団中央団長「苦痛を分かち合うのは民団の伝統だ。全的協力惜しまない」
1998.02.08	通巻13号	6		〈新政府・IMF事態ー「在日」の対応は〉本国との付き合い方は変わるのか(想定座談会)
1998.02.08	通巻13号	10	弓削達	〈韓日関係の大波小波〉「明治以降の日本は、アジアと向き合って来なかった」
1998.02.08	通巻13号	14	国弘正雄 他	〈韓日関係の大波小波〉「自由主義史観」への反論・証言集 国弘正雄氏他6名
1998.02.08	通巻13号	18	李鐘元	〈韓日関係の大波小波〉緊急提言「漁業協定」の終了通告をめぐって
1998.02.08	通巻13号	20	川村湊	「在日文学というジャンルで括れなくってきた」
1998.02.08	通巻13号	24	村田喜代子	「渡来陶工1世と2世の対立と日本文化との衝突と融和」
1998.02.08	通巻13号	28	石丸次郎	韓中国境で北朝鮮難民たちの証言を検証する(下)
1998.02.08	通巻13号	32		パチンコ不況克服への提言　矢野経済研究所
1998.02.08	通巻13号	52		IMF「韓国経済・内部報告書」全文掲載
1998.02.08	通巻13号	38		李鍾範選手メッセージ「在日の皆様、応援をよろしく」
1998.02.08	通巻13号	40		日本のプロスポーツで活躍する韓国人選手一覧
1998.02.08	通巻13号	37		Kリーグ・LGチタンを迎えて「マルハンカップ」開催
1998.02.08	通巻13号	42	金永悦	新連載「ナルッペ人生」

발행일	지면정보		필자	제목
	권호	페이지		
1998.02.08	通巻13号	44	尹学準	「一愚斎日記」その⑬その2
1998.02.08	通巻13号	65	尹達世	「高麗さん物語」その⑫
1998.02.08	通巻13号	48	金啓子	女のエッセイ⑤「怒り虫」
1998.02.08	通巻13号	50	奥野弘	「新カヌンマリコワヤ」⑪
1998.02.08	通巻13号	62	金東洛	アラリ(粒)/イエス②「史徒行伝」
1998.02.08	通巻13号	68	李銀沢	現代小説にあらわれた韓国の今⑩《学生運動家たちの90年代》
1998.02.08	通巻13号	73		文化短信
1998.02.08	通巻13号	74		読者の声
1998.03.08	通巻14号	2		《《特別対談》金大中政権と韓日・南北関係》ＩＭＦ克服は北東アジアの安定に緊要/金学俊ＶＳ伊豆見元
1998.03.08	通巻14号	8		〈特集・韓国人大研究〉想定座談会・韓国の国民性とIMF事態
1998.03.08	通巻14号	10		〈特集・韓国人大研究〉韓国人の自己点検
1998.03.08	通巻14号	13		〈特集・韓国人大研究〉130年前の韓国人は?
1998.03.08	通巻14号	16	小川特明	〈特集・韓国人大研究〉甦る90年前の「IMF事態」—安重根も参加した「国債報償運動」
1998.03.08	通巻14号	20	朴炳錫	〈特集・韓国人大研究〉「ハングルの簡便さが漢字を忘却させた」
1998.03.08	通巻14号	22	南広祐	〈特集・韓国人大研究〉「ハングルと漢字の混用で韓国語はより豊かになる」
1998.03.08	通巻14号	24	崔禎鎬	〈特集・韓国人大研究〉〈短期集中連載〉韓国、苦海からの飛翔—韓国人の死生観①
1998.03.08	通巻14号	32		趙治勲の強さとその世界(大三冠、二巡目防衛へ)
1998.03.08	通巻14号	36		「新しい韓国文学のしなやかな風」(申京淑氏等の講演会を聞いて)
1998.03.08	通巻14号	42	田中宏	〈追悼〉朴慶植氏を偲んで
1998.03.08	通巻14号	46	梁秦昊	〈追悼〉「ガラスの天井」のもどかしさ・新井将敬氏の自殺に思う
1998.03.08	通巻14号	50	柳時悦	東京都外国人会議(第2回)に参加して
1998.03.08	通巻14号	58	尹学準	一愚斎日記⑭「もう一つの両班村騒動記」その4
1998.03.08	通巻14号	67	尹達世	「高麗産物語」その⑬
1998.03.08	通巻14号	62	李銀沢	現代小説にあらわれた韓国の今⑪「新世代の感性で描く自殺幇助者」
1998.03.08	通巻14号	30		ハイパワー・エッセイ「激辛大盛盛岡冷麺」
1998.03.08	通巻14号	40	金真須美	女のエッセイ⑥
1998.03.08	通巻14号	52	金東洛	アラリ(粒)/書店にて
1998.03.08	通巻14号	56	金永悦	「ナルッペ人生」②
1998.03.08	通巻14号	66		文化短信
1998.03.08	通巻14号	70		読者の声
1998.04.08	通巻15号	4		《《特集》「日本国」「日本人」とは何か》〈インタビュー①〉網野善彦氏/「常識のベールをはがせば真の『日本人』が見える」

발행일	지면정보		필자	제목
	권호	페이지		
1998.04.08	通巻15号	10		《《特集》「日本国」「日本人」とは何か〉〈インタビュー②〉大和岩雄氏/「鍵は天武天皇にあり」
1998.04.08	通巻15号	13		《《特集》「日本国」「日本人」とは何か〉〈コラム〉「坂口安吾の卓見」
1998.04.08	通巻15号	16		《《特集》「日本国」「日本人」とは何か〉半島海洋民族の列島への渡来(韓国から見る)
1998.04.08	通巻15号	20		《《特集》「日本国」「日本人」とは何か〉日本列島・東西の〈国境線〉を行く
1998.04.08	通巻15号	24	卯月五郎	《《特集》「日本国」「日本人」とは何か〉明治の〈意志〉は遠くなったか
1998.04.08	通巻15号	29	姜健栄	《《特集》「日本国」「日本人」とは何か〉新羅の梵鐘
1998.04.08	通巻15号	38	鄭煥麒	「IMF」克服へ銀行は本来の機能を果たせ
1998.04.08	通巻15号	42	崔禎鎬	韓国、苦海からの一韓国人の死生観を見る―②
1998.04.08	通巻15号	62		W杯で韓日を共同応援しよう・在日大韓体育会の企画に大反響
1998.04.08	通巻15号	56	尹学準	一愚斎日記⑮「騒動記・こぼれ話」(上)
1998.04.08	通巻15号	35	尹達世	「高麗さん物語」その⑭(長野編)
1998.04.08	通巻15号	66	李銀沢	現代小説にあらわれた韓国の今⑫「日常から脱して日常へ」
1998.04.08	通巻15号	48		ハイパワー・エッセイ「地平は霞んだままか」
1998.04.08	通巻15号	60	王秀英	女のエッセイ⑦「ソウルの春はいつ来る」
1998.04.08	通巻15号	52	金東洛	アラリ(粒)シッダルタ④・般若心教(その1)
1998.04.08	通巻15号	50	金永悦	「ナルッペ人生」③「在日新韓国人」
1998.04.08	通巻15号	64	奥野弘	新カヌンマリコワヤ⑪「天皇陛下ご訪韓」
1998.04.08	通巻15号	70		読者の声
1998.05.08	通巻16号	3	姜在彦	《《特集》朝鮮朝ＶＳ江戸時代〉〈インタビュー〉「儒教の民衆への浸透度が大きく違った」
1998.05.08	通巻16号	8		《《特集》朝鮮朝VS江戸時代〉〈対談〉尹学準氏VS川村湊氏「中国との国境に、玄界灘があったな」
1998.05.08	通巻16号	14	朴炳錫	《《特集》朝鮮朝VS江戸時代〉悲劇の地図王・金正浩
1998.05.08	通巻16号	19		《《特集》朝鮮朝VS江戸時代〉〈コラム〉「伊能忠敬と金正浩の運命の落差を考える」
1998.05.08	通巻16号	20	小川晴久	《《特集》朝鮮朝VS江戸時代〉近世朝鮮実学の魅力
1998.05.08	通巻16号	24		《緊急特集》貫かれる民族金融の精神―静岡商銀の事業譲渡を受ける横浜商銀
1998.05.08	通巻16号	26		〈コラム〉静岡商銀破綻の経緯
1998.05.08	通巻16号	32	玄昶日	〈インタビュー〉マスコミの世界で活躍する在日3世
1998.05.08	通巻16号	36	崔禎鎬	韓国、苦海からの一韓国人の死生観を見る―③
1998.05.08	通巻16号	64	畑山美佐	新登場・ニューヨーク通信「自殺は卑怯、卑怯に民族はない」
1998.05.08	通巻16号	44	尹学準	一愚斎日記⑯「騒動記・こぼれ話」(中)
1998.05.08	通巻16号	61	尹達世	「高麗さん物語」その⑮(山形編)

발행일	지면정보		필자	제목
	권호	페이지		
1998.05.08	通巻16号	50	李銀沢	現代小説にあらわれた韓国の今⑬　「カンボジアにまでのびる小説舞台」
1998.05.08	通巻16号	48	趙栄順	女のエッセイ⑧「遠い声」
1998.05.08	通巻16号	56	金東洛	アラリ(粒)シッダルタ⑤・般若心教(その2)
1998.05.08	通巻16号	42	金永悦	「ナルッペ人生」④「民族教育」
1998.05.08	通巻16号	54	奥野弘	新カヌンマリコワヤ⑫「易しく難しい言葉」
1998.05.08	通巻16号	67		文化短信
1998.05.08	通巻16号	70		読者の声
1998.06.08	通巻17号	2		《《特集》勝海舟VS福沢諭吉ーそれぞれ、アジアとどう向き合ったかー》《架空対談》勝海舟VS福沢諭吉『これからは、アジアと共存・共栄の時代でござる』
1998.06.08	通巻17号	8		《《特集》勝海舟VS福沢諭吉ーそれぞれ、アジアとどう向き合ったかー》《インタビュー①》松浦玲氏「勝海舟は、明治以後もアジアと共に歩もうとした」
1998.06.08	通巻17号	12		《《特集》勝海舟VS福沢諭吉ーそれぞれ、アジアとどう向き合ったかー》《インタビュー②》田中明氏「福沢諭吉のディレンマー民主主義と帝国主義の同居ー」
1998.06.08	通巻17号	16		〈韓・中・ロ国境ーなお続く民族離散〉激増する「北朝鮮難民」に苦悶する、中国朝鮮族
1998.06.08	通巻17号	24		〈韓・中・ロ国境ーなお続く民族離散〉苛酷な運命に翻弄されるロシアの高麗人たち
1998.06.08	通巻17号	28	朴炳錫	政治不信募らせた統一地方選
1998.06.08	通巻17号	32	金東洛	国民力量の集中阻む暴力と党略
1998.06.08	通巻17号	36	柳時悦	「地方参政権については、圧倒的多数が賛成」(東京都外国人会議報告)
1998.06.08	通巻17号	64	畑山美佐	ニューヨーク通信「朴セリを見る在米韓国人」
1998.06.08	通巻17号	56	崔禎鎬	韓国、苦海からの飛翔ー韓国人の死生観を見る
1998.06.08	通巻17号	44	尹学準	一愚斎日記⑰「騒動記・こぼれ話」(下)
1998.06.08	通巻17号	67	尹達世	「高麗さん物語」その⑯(茨城編)
1998.06.08	通巻17号	50	李銀沢	現代小説にあらわれた韓国の今⑭「罵詈雑言で点綴された幼年時代」
1998.06.08	通巻17号	40		ハイ・パワーエッセイ「プライド」
1998.06.08	通巻17号	48	呉文子	女のエッセイ⑨「セピア色の女人」
1998.06.08	通巻17号	62	鄭煥麒	〈新連載〉新「在日彩彩」(ビジネスクラス)
1998.06.08	通巻17号	42	金永悦	「ナルッペ人生」⑤「I'M f ine韓国人」
1998.06.08	通巻17号	54	奥野弘	新カヌンマリコワヤ⑬「封建体制」
1998.06.08	通巻17号	61		文化短信
1998.06.08	通巻17号	70		読者の声
1998.07.08	通巻18号	2		《《緊急特集》着々と進む韓信協組合の再編》保たれた僚友組合の絆、合併エネルギーの胎動も
1998.07.08	通巻18号	10		《《特集》南北の新展開》「南北統一への『太陽政策』とは」李鍾元教授に聞く

발행일	지면정보		필자	제목
	권호	페이지		
1998.07.08	通巻18号	14	李相一	《《特集》南北の新展開》北に本格開放化の兆、各種交流も微速前進
1998.07.08	通巻18号	18	小林公司	《《特集》南北の新展開》分断と統合の45年ードイツ統一の研究ー
1998.07.08	通巻18号	28		《《特集》真夏の星空の夢》平壌の夜空を描いた飛鳥の古墳
1998.07.08	通巻18号	33		《《特集》真夏の星空の夢》小惑星に「世宗」「観勒」と命名、星の逸話が韓日交流の「銀河」へ
1998.07.08	通巻18号	22		「朝鮮の農業を農民から学ぶ」/農学者・高橋昇氏の偉大な業績
1998.07.08	通巻18号	36	金虎根	韓民族と「涼」
1998.07.08	通巻18号	40	趙靖芳	W杯現地報告「決勝進出ならずも、共同応援は大成功」
1998.07.08	通巻18号	56		〈インタビュー〉「南北統一の現場で取材したい」(姜理恵さん・朝日新聞記者)
1998.07.08	通巻18号	61		(新製品)「韓日翻訳がより手軽になった」高電社の新ソフト紹介
1998.07.08	通巻18号	62	鄭煥麒	新・在日彩々②「400回目のコンペ」
1998.07.08	通巻18号	64	畑山みさ	ニューヨーク通信③「在米コリアンの見た金大中訪米」
1998.07.08	通巻18号	50	李銀沢	現代小説にあらわれた韓国の今⑮「エラく違う韓国版『父帰る』」
1998.07.08	通巻18号	44	金東洛	アラリ(粒)シッダルタ⑥ 般若心教(3)
1998.07.08	通巻18号	48	沈光子	女のエッセイ⑨「昏れる」
1998.07.08	通巻18号	42	金永悦	「ナルッペ人生」⑥「韓国号に羅針盤がなかった」
1998.07.08	通巻18号	55	奥野弘	新カヌンマリコワヤ⑮「植民地」ー台湾と朝鮮ー
1998.07.08	通巻18号	68		文化短信
1998.07.08	通巻18号	70		読者の声
1998.08.08	通巻19号	2		《巻頭対談》「在日小説の枠を突き破る激烈な個性が偉大な普遍性を獲得した」/梁石日VS崔洋一
1998.08.08	通巻19号	8		インタビュー①「南北を自由に往来する野鳥のような気分です」沈初蓮
1998.08.08	通巻19号	14		インタビュー②「アジア人の視点でニュースを世界に発信だ」野中章弘
1998.08.08	通巻19号	20	鄭大声	韓民族の「強精」
1998.08.08	通巻19号	36		韓国の超人気アイドル「S・E・S」が日本に進出
1998.08.08	通巻19号	64	畑山みさ	ニューヨーク通信④「どうだ!これが韓国大衆文化だ」
1998.08.08	通巻19号	62	鄭煥麒	新・在日彩々③「民族信組の今後を思う」
1998.08.08	通巻19号	44	李銀沢	現代小説にあらわれた韓国の今⑯「人間に対するあくなき興味」
1998.08.08	通巻19号	50	崔禎鎬	韓国、苦海からの飛翔(最終回)
1998.08.08	通巻19号	24		ハイ・パワーエッセイ 民族の個性
1998.08.08	通巻19号	30	金東洛	アラリ(粒)シッダルタ⑦・般若心教(4)
1998.08.08	通巻19号	34	李美子	女のエッセイ⑪「感謝状」

발행일	지면정보		필자	제목
	권호	페이지		
1998.08.08	通巻19号	28	金永悦	「ナルッペ人生」⑦　『韓国の食文化ー伝統的なようで実は新しいー』
1998.08.08	通巻19号	48	奥野弘	新カヌンマリコワヤ⑯　「二人の秀吉ーネルチンスク条約なみー」
1998.08.08	通巻19号	68		文化短信
1998.08.08	通巻19号	70		読者の声
1998.08.08	通巻19号	40/56		慶祝ー53周年光復節(名刺広告)
1998.09.08	通巻20号	2		醜態続く埼玉商銀・事業譲渡へ「制限時間いっぱい」
1998.09.08	通巻20号	5	李贊雨	テポドンミサイル・はた迷惑な一発
1998.09.08	通巻20号	8	金志賢	〈インタビュ-〉「キャッツ」のヒロインが結ぶ韓国と日本
1998.09.08	通巻20号	20		〈あこがれの金剛山へ〉韓民族、わが心の金剛山
1998.09.08	通巻20号	24		〈あこがれの金剛山へ〉韓民族と「野遊」
1998.09.08	通巻20号	14		東郷茂徳ーA級戦犯として死んだ朝鮮渡来陶工の末裔
1998.09.08	通巻20号	26		《古代史解明シリーズ》ーそれは百済ルネッサンスだった(長岡・平安遷都)
1998.09.08	通巻20号	32	筒井真樹子	《小説太白山脈の翻訳世界》楽しみながらも苦戦中
1998.09.08	通巻20号	40	朴炳錫	開放されるべき大衆文化とは
1998.09.08	通巻20号	36	卯月五郎	〈寄稿〉「海峡二都物語」ー釜山・福岡
1998.09.08	通巻20号	42	韓元徳	〈寄稿〉モータースポーツで韓日親善
1998.09.08	通巻20号	46	赤木一	〈寄稿〉「21世紀へ語り続けたい」ー地域医療奉仕に貢献する在日同胞医師
1998.09.08	通巻20号	67		「ZAINICHI'S　EYE」スポーツ界の朴旋風・在日の密かな期待
1998.09.08	通巻20号	64	畑山みさ	ニューヨーク通信⑤「在米同胞にとっての『統一』とは」
1998.09.08	通巻20号	54	李銀沢	現代小説にあらわれた韓国の今⑰　「IMF管理下でのカタルシス」
1998.09.08	通巻20号	62	鄭煥麒	新・在日彩々④「肖像画」
1998.09.08	通巻20号	49	金東洛	アラリ(粗)シッダルタ⑧・般若心教(その5)
1998.09.08	通巻20号	52	金啓子	女のエッセイ⑫「銀婚式」
1998.09.08	通巻20号	58	金永悦	「ナルッペ人生」⑧『球団よ、サービス業になれ!』
1998.09.08	通巻20号	60	奥野弘	新カヌンマリコワヤ⑰「新羅と百済の戦い」
1998.09.08	通巻20号	68		文化短信
1998.09.08	通巻20号	70		読者の声
1998.10.08	通巻21号	2		〈巻頭インタビュ-〉「在日とユダヤ」　ピーター・フランク
1998.10.08	通巻21号	12	姜誠	〈特集/首をもたげる「日本原理主義」〉弱いものいじめに直結する「反北朝鮮」キャンペーン
1998.10.08	通巻21号	16	結城雅弘	〈特集/首をもたげる「日本原理主義」〉日本の出版界があてにする「右翼・民族派」
1998.10.08	通巻21号	20	卯月五郎	〈特集/首をもたげる「日本原理主義」〉「反動一直線」にすすむ小林よしのり氏批判

발행일	지면정보		필자	제목
	권호	페이지		
1998.10.08	通巻21号	24	金日明	〈特集/首をもたげる「日本原理主義」〉坂本多加雄氏の「物語」を徹底批判する
1998.10.08	通巻21号	7	李英和	〈緊急報告〉韓中国境で増加する子供の難民
1998.10.08	通巻21号	50	柳時悦	〈緊急報告〉東京都外国人会議(第4回)報告
1998.10.08	通巻21号	53	溝上健二	〈緊急報告〉「改正風営法に危惧広がる」
1998.10.08	通巻21号	36		《新連載》現代時調の世界「張諄河 白選時調」
1998.10.08	通巻21号	40	鄭大声	「韓民族と酒」
1998.10.08	通巻21号	43		《古代史解明シリーズ》信州・安曇野「お船祭」の謎
1998.10.08	通巻21号	61		「ZAINICHI'S　EYE」アリノスハネカクシ
1998.10.08	通巻21号	64	畑山みさ	ニューヨーク通信⑥「在米『従軍慰安婦』抗議デモ」
1998.10.08	通巻21号	62	鄭煥麒	新・在日彩々⑤「監督の決断」
1998.10.08	通巻21号	58	金東洛	アラリ(粒)シッダルタ⑨ 般若心教(その6)
1998.10.08	通巻21号	34	王秀英	女のエッセイ⑬「信ちゃんとの出会い」
1998.10.08	通巻21号	48	金永悦	「ナルッペ人生」⑨『民団の恐竜化現象』
1998.10.08	通巻21号	56	奥野弘	新カヌンマリコワヤ⑱「不満、不快、不信、不安」
1998.10.08	通巻21号	68		文化短信
1998.10.08	通巻21号	70		読者の声
1998.11.08	通巻22号	2		〈《特集》2002年以降の韓日関係-日本各地から「韓国」が見える〉①《滋賀県高月町》朝鮮通信使の精神を今に
1998.11.08	通巻22号	6		〈《特集》2002年以降の韓日関係-日本各地から「韓国」が見える〉②《山形県戸沢村》オープン1周年をすぎますます盛況「高麗館」
1998.11.08	通巻22号	7		〈《特集》2002年以降の韓日関係-日本各地から「韓国」が見える〉③《宮崎県南郷村》百済王伝説が生んだ韓日と友好の里づくり
1998.11.08	通巻22号	8		〈《特集》2002年以降の韓日関係-日本各地から「韓国」が見える〉④《山梨県高根町》韓国を愛し、韓国の土になった浅川巧の生誕地
1998.11.08	通巻22号	9		〈《特集》2002年以降の韓日関係-日本各地から「韓国」が見える〉⑤《鹿児島県東市来町》薩摩焼400年、美山の窯へ念願の故郷の火が届く
1998.11.08	通巻22号	14		〈韓日間のトゲ、どうとるか〉《インタビュー》島田雅彦(作家)「日本人にとって『戦争責任』の自覚とは」
1998.11.08	通巻22号	19	金日明	〈韓日間のトゲ、どうとるか〉「韓国から見た金大中訪日後の韓日関係」
1998.11.08	通巻22号	24		〈韓日間のトゲ、どうとるか〉《古代歴史解明シリーズ》天皇と百済ーその分かちがたい縁ー
1998.11.08	通巻22号	36		〈韓日間のトゲ、どうとるか〉《ZAINICHI'SEYE》ー「未来構築」と「過去清算」は同一作業
1998.11.08	通巻22号	32	町田貢	〈韓日間のトゲ、どうとるか〉「韓国はいつも刺激があっておもしろい」

발행일	지면정보		필자	제목
	권호	페이지		
1998.11.08	通巻22号	42	善元幸夫	〈韓日間のトゲ、どうとるか〉韓日合同授業研究「社会科教科書の問題性」
1998.11.08	通巻22号	10		〈日本映画解禁へ向けて一映画作りの二つの現場から〉①インタビュー/横浜豊行氏「韓日合併映画第1号を制作中」
1998.11.08	通巻22号	12		〈日本映画解禁へ向けて一映画作りの二つの現場から〉②「家族シネマ」撮影現場から「面白いが日本では公開のメドが立っていない」
1998.11.08	通巻22号	38	崔碩義	《新連載》「朝鮮のエロスの系譜」
1998.11.08	通巻22号	66	畑山みさ	ニューヨーク通信⑦「コリアフェスティバル」
1998.11.08	通巻22号	64	鄭煥麒	新・在日彩々⑥「バイアグラ」
1998.11.08	通巻22号	56	李銀沢	現代小説にあらわれた韓国の今⑮「女が結婚を決意するとき」
1998.11.08	通巻22号	46	金東洛	アラリ(粒)イエス③ 一モーセ(その1)
1998.11.08	通巻22号	51	尹達世	高麗さん物語⑰ (神奈川県・三浦半島)
1998.11.08	通巻22号	54	逍栄順	女のエッセイ⑭「儒教のサムライ」
1998.11.08	通巻22号	44	金永悦	「ナルッペ人生」⑩「食事しましたか」
1998.11.08	通巻22号	60	奥野弘	新カヌンマリコワヤ⑲「大学生の見た隣国」
1998.11.08	通巻22号	70		読者の声
1999.02.08	通巻24号	2		《《特集》和解の仕方》「ドイツとフランス」日本の信頼まず道義的責任の自覚から
1999.02.08	通巻24号	8		《《特集》和解の仕方》「会津と長州」130年の星霜でも癒されぬ傷の深さ
1999.02.08	通巻24号	10	金優	《《特集》和解の仕方》長州は「薩長史観」捨てられるか
1999.02.08	通巻24号	12	金東洛	《《特集》和解の仕方》「正統と異端」原点を見つめたキリスト者たち
1999.02.08	通巻24号	17	李賛雨	日本発「北朝鮮危機説」を斬る(第1弾)
1999.02.08	通巻24号	24		「静岡商銀と思って下さい」一横浜商銀が広域組合としてスタート
1999.02.08	通巻24号	27		ZAINICHIS'EYE「厚くなるガラスの天井」
1999.02.08	通巻24号	28		ハイパワー・エッセイ「中年交流のすすめ」
1999.02.08	通巻24号	30		百済王族を祀る「師走祭り」を見る(宮崎県・南郷村)
1999.02.08	通巻24号	36		「神話のふるさと日向とは何か」
1999.02.08	通巻24号	38		片仮名・平仮名は古代朝鮮の省略文字が原点
1999.02.08	通巻24号	64	鄭煥麒	新・在日彩々⑧「百聞は一見にしかず」
1999.02.08	通巻24号	60	畑山みさ	ニューヨーク通信⑨「異国の国だからこそ誇り高きコリアンに」
1999.02.08	通巻24号	54	李銀沢	現代小説にあらわれた韓国の今⑯「改めて甦る家族の絆」
1999.02.08	通巻24号	44	金東洛	アラリ(粒)イエス⑤ 一モーセ(その3)
1999.02.08	通巻24号	49	尹達世	高麗さん物語⑲ (大阪市・中之島)
1999.02.08	通巻24号	42	江川とし子	女のエッセイ⑯「きずな」
1999.02.08	通巻24号	52		張淳河・現代時調の世界④

발행일	지면정보		필자	제목
	권호	페이지		
1999.02.08	通巻24号	58	金永悦	「ナルッペ人生」⑫『韓国人の近視眼的歴史観』
1999.02.08	通巻24号	66	奥野弘	新カヌンマリコワヤ㉑「チョット違う韓国史」
1999.02.08	通巻24号	68		文化短信
1999.02.08	通巻24号	70		読者の声
1999.02.08	通巻24号	72		編集雑記
1999.03.08	通巻25号	2		〈つかこうへい劇団・ソウル公演を前に〉《インタビュー》つかこうへい「演劇の狂気を超える現実に、これからどう向き合うべきか」
1999.03.08	通巻25号	6		〈つかこうへい劇団・ソウル公演を前に〉「平壌から来た刑事」ソウル公演への期待とシナリオ一部拝見
1999.03.08	通巻25号	11	梁英姫	《《特集》ニューヨークに夢を咲かす在日の若者たち〉① ビデオ・ジャーナリストとして活躍中
1999.03.08	通巻25号	13		《《特集》ニューヨークに夢を咲かす在日の若者たち〉② アングラ音楽専門のレコード店を経営しDJで活躍
1999.03.08	通巻25号	15		《《特集》ニューヨークに夢を咲かす在日の若者たち〉③ 一人娘なのにモデルの修業のため渡米
1999.03.08	通巻25号	17	李夏碩	《《特集》ニューヨークに夢を咲かす在日の若者たち〉④ レゲエ・ミュージシャンとして、音楽やれて幸せな日々
1999.03.08	通巻25号	19	朴英姫	《《特集》ニューヨークに夢を咲かす在日の若者たち〉⑤ フランス人シェフと結婚、主婦と子育てで充実した生活
1999.03.08	通巻25号	22	李賛雨	日本発「北朝鮮危機説」を斬る
1999.03.08	通巻25号	28	李英和	北朝鮮秘密映像余話/「安哲」との出会い
1999.03.08	通巻25号	27		《NEWS★FLASH》南北協力してタンチョウの個体数を確認
1999.03.08	通巻25号	32	遠藤安彦	《インタビュー》「勉強していた韓国語が役に立つことになって」
1999.03.08	通巻25号	38		《グルメの鉄人対談》「料理も酒も韓国が世界一面白い」
1999.03.08	通巻25号	45		《NEWS★FLASH》ドイツ企業が補償基金を設立
1999.03.08	通巻25号	56		韓日サッカー/マルハンカップ '99
1999.03.08	通巻25号	66	鄭煥麒	新・在日彩々⑨「続・健忘症」
1999.03.08	通巻25号	57	李銀沢	現代小説にあらわれた韓国の今⑰ 「赦しと救いが軸の恋愛小説」
1999.03.08	通巻25号	48	金東洛	アラリ(粒)イエス⑥ ―モーセ(その4)
1999.03.08	通巻25号	63	尹達世	高麗さん物語⑳「彰義隊の巻」
1999.03.08	通巻25号	46	江川とし子	女のエッセイ⑯「北への委託品」
1999.03.08	通巻25号	36		張淳河・現代時調の世界⑤
1999.03.08	通巻25号	54	金永悦	「ナルッペ人生」⑬『ビビンバの総論と各論』
1999.03.08	通巻25号	68	奥野弘	新カヌンマリコワヤ「小説・日本人中学校」
1999.03.08	通巻25号	52		ハイパワー・エッセイ「ラブホテルの猛犬」
1999.03.08	通巻25号	61		ZAINICHIS'EYE「東京都大統領」に国際感覚を求める
1999.03.08	通巻25号	62		文化短信

발행일	지면정보		필자	제목
	권호	페이지		
1999.03.08	通巻25号	70		読者の声
1999.03.08	通巻25号	72		編集雑記
1999.04.08	通巻26号	2	三木睦子	〈《インタビュー》「危機」乗り越える日本側の知恵〉「女の指導者なら、日韓朝はすぐ仲良くなれるのに」
1999.04.08	通巻26号	6	海江田万里	〈《インタビュー》「危機」乗り越える日本側の知恵〉「次の千年記は日本とアジアの共生の時代へ」
1999.04.08	通巻26号	10	李賛雨	〈日本発「北朝鮮危機説」を斬る〉狂いは日中冷戦『北』が逆手にとる日本の過剰反応
1999.04.08	通巻26号	14	高一峰	〈日本発「北朝鮮危機説」を斬る〉「美しさの背後にある忌まわしい思想こそ払うべきだ」
1999.04.08	通巻26号	18	金健	〈日本発「北朝鮮危機説」を斬る〉「朝・日の思惑を探る」
1999.04.08	通巻26号	22		《信用組合の再編続く》《東京商銀》埼玉で営業開始
1999.04.08	通巻26号	23		《信用組合の再編続く》《北東商銀》意欲のスタート、仙台・札幌で同時セレモニー
1999.04.08	通巻26号	29		「日本の茶道確立に与えた高麗茶道の大きな影響」
1999.04.08	通巻26号	36		在日実業家の韓国陶磁コレクション展示中
1999.04.08	通巻26号	42	金日明	「1999年の金丸」(上)
1999.04.08	通巻26号	48		「安重根の思想と苦悶を表現する舞踊劇」
1999.04.08	通巻26号	52	内藤珠美	「何故に私は韓国へ」
1999.04.08	通巻26号	9		李鐘元氏の著作にアメリカの歴史家協会賞
1999.04.08	通巻26号	21		《山形青商》量より質で地域活性化に挑む
1999.04.08	通巻26号	28		韓国のカーレース第1戦で在日ドライバーが優勝
1999.04.08	通巻26号	38		町おこしで在日企業家が焼肉ビルをオープン
1999.04.08	通巻26号	66	鄭煥麒	新・在日彩々⑩
1999.04.08	通巻26号	62	畑山みさ	ＮＹ通信⑪
1999.04.08	通巻26号	59	金東洛	アラリ(粒)
1999.04.08	通巻26号	24	江川とし子	女のエッセイ⑱
1999.04.08	通巻26号	26		張淳河・現代時調の世界⑤
1999.04.08	通巻26号	39	尹達世	高麗さん物語㉑
1999.04.08	通巻26号	50	金永悦	「ナルッペ人生」⑭
1999.04.08	通巻26号	56	奥野弘	新カヌンマリコワヤ㉓
1999.04.08	通巻26号	68		文化短信
1999.04.08	通巻26号	70		読者の声
1999.04.08	通巻26号	72		編集雑記
1999.05.08	通巻27号	2		〈《特集》「大丈夫か日本」〉「わが師・久野収に知識人の原点を見る」
1999.05.08	通巻27号	6		〈《特集》「大丈夫か日本」〉「私の良心において、君が代・日の丸を拒否する」
1999.05.08	通巻27号	8	卯月五郎	〈《特集》「大丈夫か日本」〉「世紀末の日本・その大衆と知識人の風景」

발행일	지면정보		필자	제목
	권호	페이지		
1999.05.08	通巻27号	14	金健	〈和解の仕方・パート2〉慶尚道ＶＳ全羅道「和解」への胎動
1999.05.08	通巻27号	18	崔康勲	〈和解の仕方・パート2〉旧朝鮮総督府庁舎解体以後・覚え書
1999.05.08	通巻27号	22	孫成一	〈和解の仕方・パート2〉韓国初の日本語喫茶「はなび」をオープン
1999.05.08	通巻27号	26	岸宏	〈和解の仕方・パート2〉孫さんの思いが実りつつある〈はなび〉を訪ねて
1999.05.08	通巻27号	30		〈韓日の関係掘り起こ史〉「能・狂言」の起源へとつながる朝鮮の放浪芸
1999.05.08	通巻27号	42	金日明	「1999年の金丸」(中)
1999.05.08	通巻27号	56		韓日でクラシックの競演、尹伊桑氏の「幻のオペラ」が韓国初上演
1999.05.08	通巻27号	62	畑山みさ	ＮＹ通信⑫「ここは老人天国ですよ」
1999.05.08	通巻27号	28		〈NEWS☆FLASH〉韓商が史上初の選挙・新会長に洪采植氏を選出
1999.05.08	通巻27号	29		〈NEWS☆FLASH〉キリン・オープンで崔京周選手が日本ツアー初優勝
1999.05.08	通巻27号	53		〈NEWS☆FLASH〉ミスコリア日本代表の一人に朝鮮籍の女性も
1999.05.08	通巻27号	60		〈NEWS☆FLASH〉「安重根」テーマの舞踏劇が大盛況
1999.05.08	通巻27号	38	李銀沢	〈新コラム〉「よろめき定点観測」①「帰ってみれば、こは如何に」
1999.05.08	通巻27号	61		〈新コラム〉「起承転々……」(潔癖症)
1999.05.08	通巻27号	54	鄭煥麒	新・在日彩々⑪
1999.05.08	通巻27号	50	金東洛	アラリ(粒)
1999.05.08	通巻27号	40	江川とし子	女のエッセイ⑲
1999.05.08	通巻27号	36		張淳河・現代時調の世界⑦
1999.05.08	通巻27号	35		「ZAINICHIS'EYE」
1999.05.08	通巻27号	48	金永悦	「ナルッペ人生」⑮
1999.05.08	通巻27号	66		文化短信
1999.05.08	通巻27号	70		読者の声
1999.06.08	通巻28号	2		〈《特集》二度とあってはならない6・25(ユギオ)〉《インタビュー》①平山郁夫氏「人類の文化遺産は平和の礎です」
1999.06.08	通巻28号	8		〈《特集》に度とあってはならない6・25(ユギオ)〉《インタビュー》②新藤宗幸氏「『アジアの家』構想を呼びかける」
1999.06.08	通巻28号	11	筒井真樹子	〈《特集》に度とあってはならない6・25(ユギオ)〉小説「太白山脈」に見る6.25
1999.06.08	通巻28号	16	金日明	〈《特集》に度とあってはならない6・25(ユギオ)〉「1999年の金丸」(下)
1999.06.08	通巻28号	20	大石怜子	〈《特集》に度とあってはならない6・25(ユギオ)〉韓国で大人気・映画「シュイリ」に見る北のスパイ
1999.06.08	通巻28号	24	金裕哲	慶尚道VS全羅道「高麗太祖の遺訓ー誤った解釈の呪縛」

발행일	지면정보		필자	제목
	권호	페이지		
1999.06.08	通巻28号	26		現政府による朴元大統領の功績評価「歴史との和解に大きな一歩」
1999.06.08	通巻28号	38		《韓日関係堀り起こ史》「富山の薬売りへと繋がる朝鮮褓負商」
1999.06.08	通巻28号	30	柳時悦	東京都外国人会議(第二期第一回)参加報告
1999.06.08	通巻28号	56	畑山みさ	NY通信⑬「アメリカ社会の一員としての生きがいとは」
1999.06.08	通巻28号	33		〈NEWS☆FLASH〉① 朝信協が再編計画発表
1999.06.08	通巻28号	55		〈NEWS☆FLASH〉② 国立大学はなぜ民族学校出身者を締め出すのか
1999.06.08	通巻28号	36		張淳河・現代時調の世界⑧「南山の日の出」
1999.06.08	通巻28号	64	鄭煥麒	新・在日彩々⑫「継続は力」
1999.06.08	通巻28号	46	李銀沢	よろめき定点観測②「枯葉剤」
1999.06.08	通巻28号	34		ハイパワー・エッセイ ああ、責任世代「スーパースター」
1999.06.08	通巻28号	53	金東洛	アラリ(粒)イエス⑨ ―モーセ(その7)
1999.06.08	通巻28号	28	江川とし子	女のエッセイ⑳「元山にて」
1999.06.08	通巻28号	61	尹達世	高麗さん物語㉒ (奈良県の巻)
1999.06.08	通巻28号	50	奥野弘	新カヌンマリコワヤ㉔「あるヤンバン考」
1999.06.08	通巻28号	48	金永悦	「ナルッペ人生」⑯「ヌガヌガチャルハナ?」
1999.06.08	通巻28号	52		起承転々
1999.06.08	通巻28号	66		文化短信
1999.06.08	通巻28号	70		読者の声
1999.07.08	通巻29号	2	李潤沢	《《特集》韓日間系の光と影》《インタビュー》①「異質なままで一緒に遊ぶ」
1999.07.08	通巻29号	30	三浦朱門	《《特集》韓日間系の光と影》《インタビュー》②「生活文化の交流から日韓共通の広場を」
1999.07.08	通巻29号	8	村井章介	《《特集》韓日間系の光と影》《インタビュー》③「日本と朝鮮の間には古くから抜き難い不信がある」
1999.07.08	通巻29号	13		《《特集》韓日間系の光と影》《韓日関係を掘り起こ史》「天武天皇が建立下『新羅の栄光』」
1999.07.08	通巻29号	18		《《特集》韓日間系の光と影》「日本の在日政策は、人権意識が欠落したままだ」田中宏ＶＳ岡本雅享
1999.07.08	通巻29号	23	金哲秀	〈APURO'S REPORT〉①「伊能ウォークで日本各地を歩きながら、偉大な金正浩を思う」
1999.07.08	通巻29号	26		〈APURO'S REPORT〉②「仙台総領事館移転へ民団が協力後押し」
1999.07.08	通巻29号	28		〈APURO'S REPORT〉③「韓日若手議員が『バクダンの会』で親睦」
1999.07.08	通巻29号	38	金日明	「歴史の岐路としての西海衝突事件」
1999.07.08	通巻29号	42	池端賢司	「なぜ成立を急ぐのか『盗聴法』の不条理を衝く」
1999.07.08	通巻29号	22		ZAINICHI'SEYE「『その他の民団ら』を切り捨て始めた日本」
1999.07.08	通巻29号	36		張淳河・現代時調の世界⑨「道を行き」

발행일	지면정보		필자	제목
	권호	페이지		
1999.07.08	通巻29号	60	畑山みさ	NY通信(最終回)「30代で韓人会会長に就任した李セジョン氏」
1999.07.08	通巻29号	64	鄭煥麒	新·在日彩々⑬「後継者」
1999.07.08	通巻29号	54	金東洛	アラリ(粒)イエス⑩ ―モーセ(その8)
1999.07.08	通巻29号	50	江川とし子	女のエッセイ㉑「イルボン・ハルモニです」
1999.07.08	通巻29号	47	尹達世	高麗さん物語㉓(福井の巻)
1999.07.08	通巻29号	58	奥野弘	新カヌンマリコワヤ㉕「甲子園外交のすすめ」
1999.07.08	通巻29号	34	金永悦	「ナルッペ人生」⑰「どんぐりの背比べ」
1999.07.08	通巻29号	52	李銀沢	よろめき定点観測③「釜山の『在日』」
1999.07.08	通巻29号	68		起承転々
1999.07.08	通巻29号	66		文化短信
1999.07.08	通巻29号	69		読者の声
1999.08.08	通巻30号	2		《《特集》8.15を考える》「韓国人原爆慰霊碑」広島·平和公園に移設―これで恨がとれるのか―一番外扱いの無念、29年かけて拭う被爆者救済など課題はなお重く
1999.08.08	通巻30号	9		《連続インタビュー》田原総一郎&鈴木邦夫「日本人にとって先の戦争の総括とは。そして、その戦争はアジアの人々にとって何だったのか」
1999.08.08	通巻30号	17	相沢貢	「戦後の否定こそ戦死者を冒涜する」
1999.08.08	通巻30号	20	鍋田毅	「日韓青年フォーラム」は未来志向
1999.08.08	通巻30号	24	伊藤修	「韓国トリオの活躍で中日は優勝」
1999.08.08	通巻30号	45		〈APURO'S REPORT〉千客万来の民団尼崎一支部ながら独自事業に積極的
1999.08.08	通巻30号	46		〈APURO'S REPORT〉初陣の大敗は次回のバネ 京都韓国学園が高校野球界にデビュー
1999.08.08	通巻30号	48		〈APURO'S REPORT〉熱海芸者が韓国にラブコール 釜山で誘客を強力アピール
1999.08.08	通巻30号	34	江川とし子	<連載>女のエッセイ「碧い海の底で」
1999.08.08	通巻30号	68	李銀沢	<連載>よろめき定点観測《金大中か김대중か》
1999.08.08	通巻30号	68	奥野弘	<連載>新カヌンマリコワヤ 家紋
1999.08.08	通巻30号	56	金永悦	<連載>「ナルッペ人生」右往左往
1999.08.08	通巻30号	36	張淳河	<連載>現代時調の世界
1999.08.08	通巻30号	58	金東洛	<連載>アラリ(粒)仏教概史(その1)
1999.08.08	通巻30号	38	孫成一	<新連載>「ソウル複眼レポート」混沌の中にも新しい息吹
1999.08.08	通巻30号	62		起承転々
1999.08.08	通巻30号	63		文化短信
1999.08.08	通巻30号	70		読者の声
1999.08.08	通巻30号	61		在日の目
1999.09.08	通巻31号	2	高野猛	《《特集》「大丈夫か日本」戦後を勝手に終わらせていいのか》《連続インタビュー》自立した個人による共生社会の実現こそ求められる

발행일	지면정보		필자	제목
	권호	페이지		
1999.09.08	通巻31号	6	鈴木隆之	〈《特集》「大丈夫か日本」戦後を勝手に終わらせていいのか〉《連続インタビュー》「腰抜け」と言われても非戦のままの日本でいい
1999.09.08	通巻31号	9	岡本雅享	〈《特集》「大丈夫か日本」戦後を勝手に終わらせていいのか〉《連続インタビュー》まだ手つかずの「戦後」がある
1999.09.08	通巻31号	14	金日明	〈《特集》「大丈夫か日本」戦後を勝手に終わらせていいのか〉《連続インタビュー》日本は教育荒廃の原因正視を/政治的な歪曲は危機を拡大する
1999.09.08	通巻31号	28		〈古代史に見る日本の「真実」〉「縄文再発見」ブームの背景とは
1999.09.08	通巻31号	38		〈古代史に見る日本の「真実」〉〈韓日関係・堀り起こ史〉スサノオ伝説が明らかにする、出雲と新羅の密接な関係
1999.09.08	通巻31号	48		〈APURO'S REPORT〉在外同胞特例法にブーイング続出
1999.09.08	通巻31号	51		〈APURO'S REPORT〉「詩調」を、俳句や短歌のように楽しもう
1999.09.08	通巻31号	52		〈APURO'S REPORT〉金嬉老服役囚が仮釈放へ
1999.09.08	通巻31号	44	朴健市	〈APURO'S REPORT〉キムチとは
1999.09.08	通巻31号	26	江川とし子	＜連載＞女のエッセイ「遺伝子とパルチャ」
1999.09.08	通巻31号	66	李銀沢	＜連載＞よろめき定点観測《金大中か김대중か》
1999.09.08	通巻31号	68	奥野弘	＜連載＞新カヌンマリコワヤ「親日文学論」を読んで
1999.09.08	通巻31号	54	金永悦	＜連載＞「ナルッペ人生」『雌鶏が鳴くと家がつぶれる?』
1999.09.08	通巻31号	36	張淳河	＜連載＞現代時調の世界
1999.09.08	通巻31号	56	金東洛	＜連載＞アラリ 仏教の変容と理念的分裂
1999.09.08	通巻31号	20	孫成一	＜連載＞「ソウル複眼レポート」「韓国に市場経済は存在するのか」
1999.09.08	通巻31号	23	尹達世	＜連載＞高麗さん物語「大阪府・河内の巻」
1999.09.08	通巻31号	64	鄭煥麒	＜連載＞新・在日彩々 スピーチエレジー
1999.09.08	通巻31号	60		起承転々
1999.09.08	通巻31号	61		文化短信
1999.09.08	通巻31号	70		読者の声
1999.10.08	通巻32号	2	上田正昭	〈《特集》10回目を迎える四天王寺ワッソ〉〈特別インタビュー〉大阪だからできる、在日が中核にいる華麗な動く歴史絵巻
1999.10.08	通巻32号	8		〈《特集》10回目を迎える四天王寺ワッソ〉〈特別インタビュー〉四天王寺ワッソの全貌＝今年はこうなる
1999.10.08	通巻32号	12		〈《特集》10回目を迎える四天王寺ワッソ〉〈特別インタビュー〉後藤明生氏と「四天王寺ワッソ」
1999.10.08	通巻32号	16		〈《特集》10回目を迎える四天王寺ワッソ〉〈大阪と「朝鮮」の深い関係〉 古代から日本の「表玄関」だった大阪は、時代を超えた「在日」の街
1999.10.08	通巻32号	22		〈《特集》10回目を迎える四天王寺ワッソ〉〈「日の丸」「君が代」の法制化と在日〉「倫理的体力」が欠乏していく日本を憂う インタビュー

발행일	지면정보		필자	제목
	권호	페이지		
1999.10.08	通巻32号	28		〈APURO'S REPORT〉「日の丸」「君が代」問題に教師たちはどう対応する
1999.10.08	通巻32号	38	風戸多紀子	《寄稿》〈レクイエム〉三原令さんとサハリン裁判
1999.10.08	通巻32号	40	川村亜子	《寄稿》『太白山脈』の翻訳作業を終えて
1999.10.08	通巻32号	42	坂本和一	《寄稿》新しい「アジア太平洋時代」に向けて 立命館大学アジア太平洋大学開学へ
1999.10.08	通巻32号	46	江川とし子	＜連載＞女のエッセイ「続・北への委託品」
1999.10.08	通巻32号	52	李銀沢	＜連載＞よろめき定点観測《期待される在日韓国人像》
1999.10.08	通巻32号	54	奥野弘	＜連載＞新カヌンマリコワヤ 対馬の不思議ー日本は半島で誕生
1999.10.08	通巻32号	44	金永悦	＜連載＞「ナルッペ人生」『KIMCHIかKIMUCHIか』
1999.10.08	通巻32号	36	張淳河	＜連載＞現代時調の世界
1999.10.08	通巻32号	62	金東洛	＜連載＞アラリ 仏教の変容と理念的分裂
1999.10.08	通巻32号	49	尹達世	＜連載＞高麗さん物語「新潟県の巻」
1999.10.08	通巻32号	66	鄭煥麒	＜連載＞新・在日彩々 スモーキングエレジー
1999.10.08	通巻32号	34		＜連載＞ハイパワーエッセイ 再びの「関白宣言」
1999.10.08	通巻32号	65		在日の目
1999.10.08	通巻32号	48		起承転々
1999.10.08	通巻32号	56		文化短信
1999.10.08	通巻32号	70		読者の声
2000.01.08	通巻34号	2		〈特集〉朝日の「ミレニアム」 巻頭の辞・謹賀新年
2000.01.08	通巻34号	4		〈特集〉朝日の「ミレニアム」 西暦2000年「庚辰」-継続と改革を峻別する年に
2000.01.08	通巻34号	6		〈特集〉朝日の「ミレニアム」「竜が躍動する都ソウル」-韓国は再び昇竜となる
2000.01.08	通巻34号	8		〈特集〉朝日の「ミレニアム」 東アジアに待たれる金春秋の再来
2000.01.08	通巻34号	14		〈特集〉朝日の「ミレニアム」 百済に帰る、善光寺本尊の魂
2000.01.08	通巻34号	18		〈特集〉朝日の「ミレニアム」 百済から来た造寺工を始祖とする金剛祖の1400年
2000.01.08	通巻34号	22		〈特集〉朝日の「ミレニアム」「在日は近代の渡来人である」-近江渡来人倶楽部が発足へ
2000.01.08	通巻34号	26		〈インタビュー〉香西泰「21世紀、日韓の経済的関係は良好だ」
2000.01.08	通巻34号	34		〈インタビュー〉川村湊「在日朝鮮人文学論」を出版して
2000.01.08	通巻34号	56		〈国民の歴史〉検証① 「真実におびえる独尊史観」
2000.01.08	通巻34号	64		〈国民の歴史〉検証② 自己の「国家意識」で日本の形成過程を歪曲
2000.01.08	通巻34号	50	朴信道	〈衝撃の手記〉北朝鮮から脱出した、ある「帰国者の証言」 悪夢の38年間-帰国者たちの生地獄
2000.01.08	通巻34号	70		著名人のインタビューでつづる、本誌の3年間
2000.01.08	通巻34号	32	江川とし子	女のエッセイ「弟からの手紙」

발행일	지면정보		필자	제목
	권호	페이지		
2000.01.08	通巻34号	38	李銀沢	よろめき定点観測 朦肥色の襟巻
2000.01.08	通巻34号	86	奥野弘	新カヌンマリコワヤ「韓国女性がこの世から消える?」
2000.01.08	通巻34号	68	金永悦	ナルッペ人生「民団生協の復活と機能強化を」
2000.01.08	通巻34号	48	張諄河	現代時調の世界「錬金術師たち」他
2000.01.08	通巻34号	80	金東洛	アラリ「根本分裂と始末分裂」その3
2000.01.08	通巻34号	88	鄭煥麒	在日彩々「50年目の花束」
2000.01.08	通巻34号	83	尹達世	高麗さん物語「大磯の巻3」
2000.01.08	通巻34号	30		起承転々
2000.01.08	通巻34号	90		文化短信
2000.01.08	通巻34号	94		読者の声
2000.01.08	通巻34号	95		在日の目
2000.01.08	通巻34号	31		人生さし向かい
2000.01.08	通巻34号	54		あるじのこだわり
2000.02.08	通巻35号	2	姜誠	〈特集〉韓日国交正常化への道 北東アジアの安定へ不可欠
2000.02.08	通巻35号	6		〈特集〉韓日国交正常化への道 今後、北朝鮮との交流はどうあるべきか-「村山訪韓団」参加議員に聞く-(伊藤英成(民主党)・緒方靖夫(日本共産党)・山本一太(自由民主党))
2000.02.08	通巻35号	10		〈特集〉韓日国交正常化への道 〈衝撃の手記〉北朝鮮から脱出した、ある「帰国者の証言」②
2000.02.08	通巻35号	24		〈インタビュー〉呂行雄氏(日本中華総商会会長)「中・韓・日の21世紀へ-在日団体の役割は大きい」
2000.02.08	通巻35号	14		4月スタートの介護保険制度-同胞社会が抱える4つの隘路
2000.02.08	通巻35号	19		2002年W杯開催自治体で多彩な韓日交流が進行中
2000.02.08	通巻35号	42	金日明	「「国民の歴史」検証③〉歴史を動かす「力」とは暴力だけか
2000.02.08	通巻35号	50		張保皐-古代朝鮮最大のロマンチスト
2000.02.08	通巻35号	28		〈APURO'S REPORT〉「シュリ」大規模ロードショー、ラストで涙を見せる観客も
2000.02.08	通巻35号	30		〈APURO'S REPORT〉玄月氏が在日で4人目の芥川賞に。在日作家の新しい方向性示唆
2000.02.08	通巻35号	32		〈APURO'S REPORT〉「内外人平等へ向けて」各党代表がパネル討論
2000.02.08	通巻35号	34		〈APURO'S REPORT〉日本のロードショー劇場で韓国映画の恒常上映めざす
2000.02.08	通巻35号	38	王秀英	女のエッセイ「さよなら木村さん」
2000.02.08	通巻35号	56	金銀沢	よろめき定点観測「在韓」疲労
2000.02.08	通巻35号	60	奥野弘	新カヌンマリコワヤ 教育勅語と国民教育憲章
2000.02.08	通巻35号	58	金永悦	ナルッペ人生「21世紀は韓国の世紀?」
2000.02.08	通巻35号	36	張諄河	現代時調の世界「重慶臨時政府」
2000.02.08	通巻35号	62	鄭煥麒	新・在日彩々「ミレニアム選挙」
2000.02.08	通巻35号	47	尹達世	高麗さん物語「宝塚の巻」

발행일	지면정보		필자	제목
	권호	페이지		
2000.02.08	通巻35号	64		起承転々
2000.02.08	通巻35号	66		文化短信
2000.02.08	通巻35号	70		読者の声
2000.02.08	通巻35号	65		在日の目
2000.02.08	通巻35号	55		あるじのこだわり
2000.03.08	通巻36号	2		《特集》明日の民団をどう担うのか 「指導者の資質」問う激戦に《本誌記者座談会》民団中央三機関長選挙を追う
2000.03.08	通巻36号	8		《特集》明日の民団をどう担うのか 「21世紀の民団を考えるフォーラム」が盛況に開催
2000.03.08	通巻36号	12		《特集》明日の民団をどう担うのか《緊急座談会》「在日高齢者の介護は民団の緊要な課題だ」
2000.03.08	通巻36号	24		《衝撃の手記》北朝鮮から脱出したある「帰国者」の証言 「海外出張許可には妻の八寸まで成分調査」
2000.03.08	通巻36号	28		《田中宏教授・一橋大最終講義》(上) 日本とアジア「共生」のゆくえ・在日外国人の人権を考える
2000.03.08	通巻36号	40	金日明	《「国民の歴史」検証④》トリックに隠した侵略戦争美化の下心
2000.03.08	通巻36号	52		揺らぐ聖徳太子の人物像「日本古代史の巨星の正体とは実在したのかしないのか」
2000.03.08	通巻36号	20		2002年に韓日共作ドラマ「韓日で同日同時刻放映」・深田恭子の相手役を在日からも募集
2000.03.08	通巻36号	38	金啓子	《奇稿》玄月山の芥川賞受賞によせて
2000.03.08	通巻36号	48	王秀英	女のエッセイ「教養のない朝鮮人」
2000.03.08	通巻36号	50	金銀沢	よろめき定点観測「卒業式今昔」
2000.03.08	通巻36号	62	奥野弘	新カヌンマリコワヤ「ケンチャナヨ精神」
2000.03.08	通巻36号	18	金永悦	ナルッペ人生「新在日の舞台」
2000.03.08	通巻36号	36	張諄河	現代時調の世界「帰郷一泊」
2000.03.08	通巻36号	64	鄭煥麒	新・在日彩々「地方自治と国際化」
2000.03.08	通巻36号	59	尹達世	高麗さん物語「徳島県鳴門市の巻」
2000.03.08	通巻36号	35		起承転々
2000.03.08	通巻36号	66		文化短信
2000.03.08	通巻36号	70		読者の声
2000.03.08	通巻36号	23		在日の目
2000.03.08	通巻36号	47		あるじのこだわり
2000.04.08	通巻37号	2		《特集》民団とニューカマーとの接合点はあるのか「在日社会の発展へ《共生》の道を探る」
2000.04.08	通巻37号	6		《特集》民団とニューカマーとの接合点はあるのか「山梨民団とニューカマーの二人三脚」
2000.04.08	通巻37号	10	趙玉済	《特集》民団とニューカマーとの接合点はあるのか いま、韓人会が必要な理由

발행일	지면정보		필자	제목
	권호	페이지		
2000.04.08	通巻37号	18		〈特集〉民団とニューカマーとの接合点はあるのか 《韓日関係掘り起こ史・古代のニューカマー》「今来と古渡り」
2000.04.08	通巻37号	14		《本詩記者座談会》民団中央選挙の結果を見る-再生・和合の兆見えた、批判評の真意汲もう
2000.04.08	通巻37号	40		《衝撃の手記》北朝鮮から脱出したある「帰国者」の証言「始末される」ことを察知し亡命を決意
2000.04.08	通巻37号	50	金日明	《「国民の歴史」検証⑤》「東洋友誼」を自ら絶ち、蛮行を振るったのは誰か
2000.04.08	通巻37号	26		韓日合作サッカー映画が撮影開始。李長鎬監督と主演の加藤隆之氏に聞く
2000.04.08	通巻37号	30		「韓国が剣道発祥の地」は本当か-韓国の剣道市場と日本剣道史
2000.04.08	通巻37号	38		〈APURO'S REPORT〉 韓国総選挙を左右する「落選運動」の正体とは
2000.04.08	通巻37号	34		〈APURO'S REPORT〉在日にマッチした伝統詩の試み。「在日の時調・第一集」発刊
2000.04.08	通巻37号	44	王秀英	女のエッセイ「スヨンシの会」
2000.04.08	通巻37号	46	金銀沢	よろめき定点観測「何の不思議はなけれど」
2000.04.08	通巻37号	60	奥野弘	新カヌンマリコワヤ「姓はバケモノ」
2000.04.08	通巻37号	48	金永悦	ナルッペ人生「韓国YMCAは私生児なのか」
2000.04.08	通巻37号	36	張諄河	現代時調の世界「ハンソリたちの入学式」
2000.04.08	通巻37号	62	鄭煥麒	新・在日彩々「もったいない」
2000.04.08	通巻37号	57	尹達世	高麗さん物語「徳島県貞光町の巻」
2000.04.08	通巻37号	64		起承転々
2000.04.08	通巻37号	68		文化短信
2000.04.08	通巻37号	65		読者の声
2000.04.08	通巻37号	25		在日の目
2000.04.08	通巻37号	13		あるじのむさざんよう
2000.05.08	通巻38号	2		〈特集〉「韓日」関係の新しい底流 21世紀は、歴史の負荷を超えて同世代感覚と市民意識共有の時代へ
2000.05.08	通巻38号	8		〈特集〉「韓日」関係の新しい底流 「ソウル蚕室競技場はかつてない友好ムード」韓国協同応援団報告
2000.05.08	通巻38号	10		〈特集〉「韓日」関係の新しい底流 「太白山脈」(日本語版)が出版社の予想を超える売れ行き
2000.05.08	通巻38号	14	柳時悦	《奇稿・石原知事発言に意義アリ》「驚き憤り、無力感がこみ上げた」
2000.05.08	通巻38号	15	卯月五郎	《奇稿・石原知事発言に意義アリ》「想像力が頼りの文学者あのに」
2000.05.08	通巻38号	18		〈APURO'S REPORT〉全国を統合、銀行設立へ。生き残りへ新たな枠組み(韓信協)
2000.05.08	通巻38号	20		〈APURO'S REPORT〉信組の全国統合・銀行化へ韓信協の方針を全面支援(韓商総会)

발행일	지면정보		필자	제목
	권호	페이지		
2000.05.08	通巻38号	22		〈APURO'S REPORT〉「長く辛い防衛戦」乗切る。顧客·役職員一丸の勝利(関西興銀)
2000.05.08	通巻38号	24		〈APURO'S REPORT〉「在日ルネッサンス」がキーワード(近江渡来人具楽部が発足)
2000.05.08	通巻38号	42		「2002年へ向けて、手ぐすね」W杯開催自治体の韓日交流(西日本編)
2000.05.08	通巻38号	54	金日明	《「国民の歴史」検証⑥》「朝鮮侵略」は朝鮮のためという厚顔
2000.05.08	通巻38号	28		「韓国の作家と友好交流·韓国小説の対訳を贈呈」(仙台)
2000.05.08	通巻38号	31		「木浦の『共生園』に募金を届けたジュニア親善大使」(福岡)
2000.05.08	通巻38号	40	王秀英	女のエッセイ「늙다」
2000.05.08	通巻38号	50	金銀沢	よろめき定点観測「釜山·酒事情」
2000.05.08	通巻38号	60	奥野弘	新カヌンマリコワヤ「訓読み漢字考」
2000.05.08	通巻38号	52	金永悦	ナルッペ人生「キムチ·サミット」
2000.05.08	通巻38号	36	張諄河	現代時調の世界「仇うち」
2000.05.08	通巻38号	38		ハイパワー·エッセイ「過去からの贈り物」
2000.05.08	通巻38号	62	鄭煥麒	新·在日彩々「過去の業績より次代の成功」
2000.05.08	通巻38号	47	尹達世	高麗さん物語「京都府山城町の巻」
2000.05.08	通巻38号	27		起承転々
2000.05.08	通巻38号	68		文化短信
2000.05.08	通巻38号	65		読者の声
2000.05.08	通巻38号	46		在日の目
2000.05.08	通巻38号	64		人生さし向かい
2000.05.08	通巻38号	35		あるじのむさざんよう
2000.06.08	通巻39号	2	石川好	〈特集〉日本の「第2の開国」は可能か 「外国人を上手に受け入れる国がこれから生き残る」
2000.06.08	通巻39号	6	坂中英徳	〈特集〉日本の「第2の開国」は可能か「21世紀の外国人政策-日本の選択」
2000.06.08	通巻39号	10		〈特集〉日本の「第2の開国」は可能か「このままでは日本の衰退導入への道を模索中」
2000.06.08	通巻39号	16		〈特集〉日本の「第2の開国」は可能か 〈すでに始まった「共生」への積極的試みと隘路を見る〉/全世帯の1割が外国人-神奈川·いちょう団地の実験
2000.06.08	通巻39号	17		〈特集〉日本の「第2の開国」は可能か 〈すでに始まった「共生」への積極的試みと隘路を見る〉/大久保を多民族共生のモデル地区に-共住懇の試み
2000.06.08	通巻39号	18		〈特集〉日本の「第2の開国」は可能か 〈すでに始まった「共生」への積極的試みと隘路を見る〉/外国人労働者投入の先進地域EUは「反動」をどう乗り越えるか
2000.06.08	通巻39号	18		〈特集〉日本の「第2の開国」は可能か〈すでに始まった「共生」への積極的試みと隘路を見る〉/日本でも右翼の街宣車が「外国人排撃」を声高に主張し始めている

발행일	지면정보		필자	제목
	권호	페이지		
2000.06.08	通巻39号	20		《インタビュー》-喜納昌吉「北」と「南」の両方を訪れた-「南北の統一と、沖縄の平和が直結していることを実感
2000.06.08	通巻39号	30	金東洛 ほか	「時代を代弁した勇気ある奇跡」金英達氏の死を悼む
2000.06.08	通巻39号	56	金日明	《「国民の歴史」検証⑦》「植民地経営の『本質』を粉飾」
2000.06.08	通巻39号	40		《韓日関係掘り起こ史》「出雲大社」超高床社殿の謎ー解くカギは新羅にある
2000.06.08	通巻39号	44	卯月五郎	《奇稿》「神道とは何か」-日本固有の宗教という誤解による悲劇
2000.06.08	通巻39号	26		〈APURO'S REPORT〉韓日市民団体の連帯は育つのか-韓国の落選運動幹部来日
2000.06.08	通巻39号	29		〈APURO'S REPORT〉在日大韓体育が第32回定期総会－新会長許寧太氏
2000.06.08	通巻39号	24	王秀英	女のエッセイ「娘スミへ」
2000.06.08	通巻39号	34	金銀沢	よろめき定点観測「臭いと匂い」
2000.06.08	通巻39号	52	奥野弘	新カヌンマリコワヤ「南北トップ会議」
2000.06.08	通巻39号	38	金永悦	ナルッペ人生「南北会議」
2000.06.08	通巻39号	36	張諄河	現代時調の世界「白頭山」
2000.06.08	通巻39号	54	鄭煥麒	新・在日彩々「笑顔が見たい」
2000.06.08	通巻39号	49	尹達世	高麗さん物語「福井県の巻・Ⅱ」
2000.06.08	通巻39号	33		起承転々
2000.06.08	通巻39号	66		文化短信
2000.06.08	通巻39号	69		読者の声
2000.06.08	通巻39号	65		在日の目
2000.06.08	通巻39号	19		あるじのむさざんよう
2000.07.08	通巻40号	2	編集部	〈特集〉南北首脳会談「統一」へ、南北は同じ地平に立った
2000.07.08	通巻40号	6	李鍾元	〈特集〉南北首脳会談 「統一」から「共存」へ、「抑止」から「外交」へ
2000.07.08	通巻40号	10	李進熙・姜在彦・尹学準・裵重度・金敬得 ほか	〈特集〉南北首脳会談 各界で活躍する在日同胞たちの思い「私はその一瞬をこう見た」
2000.07.08	通巻40号	18	李英和	〈特集〉南北首脳会談「北朝鮮民衆を忘れるな!」(RENKは訴える)
2000.07.08	通巻40号	22		〈特集〉南北首脳会談 「豊かな」東アジアの創造へ-在日から語る南北統一-（南北首脳会談記念シンポジウム)から〈基調報告〉姜尚中・〈発題〉和田春樹
2000.07.08	通巻40号	38	黒田福美	《特別手記》「夢が知らせてくれた朝鮮の石碑」
2000.07.08	通巻40号	50		《韓日関係堀起こ史》船団図出土-この船団で「新羅の王子」がやった来た!?
2000.07.08	通巻40号	30		〈APURO'S REPORT〉南北首脳会談に涙し、最も心踊らせた朝鮮籍１世たち
2000.07.08	通巻40号	44		〈APURO'S REPORT〉ニューカマーパワー「炸裂」-山梨で韓日親善運動会

발행일	지면정보		필자	제목
	권호	페이지		
2000.07.08	通巻40号	46		〈APURO'S REPORT〉「韓国＝九州経済圏形成を後押し」福岡韓商20周年
2000.07.08	通巻40号	48		〈APURO'S REPORT〉「在日就職LIVE2000」東京会場が盛況
2000.07.08	通巻40号	32	王秀英	女のエッセイ「韓国まみれのロス」
2000.07.08	通巻40号	34	金銀沢	よろめき定点観測「文明子(Julie Moon)」
2000.07.08	通巻40号	62	奥野弘	新カヌンマリコワヤ「新羅の秀才たち」
2000.07.08	通巻40号	56	金永悦	ナルッペ人生「高麗手拍①」出合い
2000.07.08	通巻40号	36	張諄河	現代時調の世界「夏の夜に」
2000.07.08	通巻40号	64	鄭煥麒	新・在日彩々「電子ネットの赤い糸」
2000.07.08	通巻40号	59	尹達世	高麗さん物語「滋賀県の巻」
2000.07.08	通巻40号	43		起承転々
2000.07.08	通巻40号	66		文化短信
2000.07.08	通巻40号	70		読者の声
2000.07.08	通巻40号	17		在日の目
2000.07.08	通巻40号	58		人生さし向かい
2000.07.08	通巻40号	42		あるじのむさざんよう
2000.08.08	通巻41号	2		〈特集〉ポスト首脳会談の視座《インタビュー》村山福市首相(日韓国交促進国民協会会長)「まさに次は、日朝国交正常化だよ」
2000.08.08	通巻41号	6	金森久雄	〈特集〉ポスト首脳会談の視座「政策は不変でも実体経済は変化。忌憚ない意見に耳傾けた」
2000.08.08	通巻41号	10	金栄作	〈特集〉ポスト首脳会談の視座《シンポジウム/朝鮮半島はどうなっていくのか》「北は狙い通りの成果を獲得、南は新たな問題を抱えた」
2000.08.08	通巻41号	14	深川由起子	〈特集〉ポスト首脳会談の視座「韓国経済にとっても、北との共存は必要な条件だった」
2000.08.08	通巻41号	17	小此木政夫	〈特集〉ポスト首脳会談の視座「この会談は『統一』ではなく『平和』会談」
2000.08.08	通巻41号	38	具秀烈	《インタビュー》「CM作りに、在日の感情は武器になる」
2000.08.08	通巻41号	46		《韓日関係掘り起こ史》「日本列島・犬事情」-この列島には二つの系統の犬が混在
2000.08.08	通巻41号	22		〈APURO'S REPORT〉韓信協が新銀行設立へ本格始動。来年4月の営業開始めざす
2000.08.08	通巻41号	25		〈APURO'S REPORT〉在日韓国青商連が第20期定期総会。新会長に権清志氏
2000.08.08	通巻41号	26	王秀英	女のエッセイ「白く輝くチマ・チョゴリ」
2000.08.08	通巻41号	44	金銀沢	よろめき定点観測「ルームサロン」
2000.08.08	通巻41号	62	奥野弘	新カヌンマリコワヤ「ベトナム紀行」
2000.08.08	通巻41号	42	金永悦	ナルッペ人生「高麗手拍②」神髄とは
2000.08.08	通巻41号	36	張諄河	現代時調の世界「トラジの花」
2000.08.08	通巻41号	64	鄭煥麒	新・在日彩々「サミットと二つの南北問題」

발행일	지면정보		필자	제목
	권호	페이지		
2000.08.08	通巻41号	53	尹達世	高麗さん物語「金沢の巻」
2000.08.08	通巻41号	54		起承転々
2000.08.08	通巻41号	66		文化短信
2000.08.08	通巻41号	70		読者の声
2000.08.08	通巻41号	21		在日の目
2000.08.08	通巻41号	28		人生さし向かい
2000.08.08	通巻41号	20		あるじのむさざんよう
2000.09.08	通巻42号	2		〈特集〉京義線貫通と朝鮮半島 20キロの復活が、大陸横断の架け橋・ニューロブリッジになる-韓国の鉄道「過去・現在・未来」
2000.09.08	通巻42号	3		〈特集〉京義線貫通と朝鮮半島《過去》前半生の50年間、鉄道は住民のものではなかった
2000.09.08	通巻42号	9		〈特集〉京義線貫通と朝鮮半島《現在》解放から現在へ、南北それぞれの独自再建
2000.09.08	通巻42号	12		〈特集〉京義線貫通と朝鮮半島《未来》釜山発ロンドン行き、ニューロブリッジ鉄道へ
2000.09.08	通巻42号	16		〈特集〉京義線貫通と朝鮮半島[インタビュー]30年代、「ひかり」「のぞみ」が京義線を走っていた/竹島紀元
2000.09.08	通巻42号	21		〈文化短信・ワイド版〉[インタビュー]韓日文化の交流から同時発言へ-アミューズコリアの試み/久保田康
2000.09.08	通巻42号	26		〈文化短信・ワイド版〉韓日ポップス・スーパーアーティスト対決/安室VSキム・ゴンモ
2000.09.08	通巻42号	27		〈文化短信・ワイド版〉世界的バイオリニスト・ユージン朴が大阪でコンサート
2000.09.08	通巻42号	27		〈文化短信・ワイド版〉小田実・原作「アボジを踏む」を「ハルラサン劇団」が舞台化
2000.09.08	通巻42号	29		〈文化短信・ワイド版〉甘く切ない恋には秋が似合う-韓国ラブストーリー映画が相次ぎ公開
2000.09.08	通巻42号	40		《韓日掘り起こ史》「初の女帝」推古天皇は「渡来3世？」
2000.09.08	通巻42号	52	備仲臣道	新連載・高句麗残照ー積石塚のある風景①
2000.09.08	通巻42号	46		〈APURO'S REPORT〉前向きに動くトライアングル-韓・朝・日、大局で共通利害
2000.09.08	通巻42号	48		〈APURO'S REPORT〉噴出する離散家族の「マグマ」-小出し再会で制御できるか
2000.09.08	通巻42号	38	王秀英	女のエッセイ「韓国料理への礼節」
2000.09.08	通巻42号	50	金銀沢	よろめき定点観測「ああ、五十年」
2000.09.08	通巻42号	62	奥野弘	新カヌンマリコワヤ「日本教科書」
2000.09.08	通巻42号	60	金永悦	ナルッペ人生「やかん気質」
2000.09.08	通巻42号	36	張諄河	現代時調の世界「雨のしずく」
2000.09.08	通巻42号	68	鄭煥麒	新・在日彩々「異なる世界へ飛び出そう」
2000.09.08	通巻42号	65	尹達世	高麗さん物語「島根県松江市の巻Ⅰ」
2000.09.08	通巻42号	64		起承転々

발행일	지면정보		필자	제목
	권호	페이지		
2000.09.08	通巻42号	70		読者の声
2000.09.08	通巻42号	20		在日の目
2000.09.08	通巻42号	35		あるじのむさざんよう
2000.09.08	通巻42号	21		人生さし向かい
2000.10.08	通巻43号	3		〈特集〉日本社会の「石原慎太郎症候群」　ふくらむ「クーデター」の夢想-石原慎太郎と三島由紀夫の似て非なるもの
2000.10.08	通巻43号	10		〈特集〉日本社会の「石原慎太郎症候群」「袋小路に陥ったネズミは、身近な弱者を襲う」
2000.10.08	通巻43号	12		〈特集〉日本社会の「石原慎太郎症候群」《各正党アンケート》災害訓練への自衛隊大動員について
2000.10.08	通巻43号	14		〈特集〉日本社会の「石原慎太郎症候群」《インタビュー》宮崎学「社会の閉塞状況が石原氏をハイにさせる」
2000.10.08	通巻43号	20	洪容震	〈特集〉日本社会の「石原慎太郎症候群」　阪神大震災は共生への絆を固めた
2000.10.08	通巻43号	24	姜誠	〈特集〉日本社会の「石原慎太郎症候群」　外国籍住民が地域を豊かにする
2000.10.08	通巻43号	38		《韓日関係掘り起こ史》後醍醐天皇と楠木成を結ぶもの-古の百済人脈
2000.10.08	通巻43号	50	備仲臣道	《積石塚のある風景》高句麗残照(その I)
2000.10.08	通巻43号	26		〈APURO'S　REPORT〉「民族金融機関の使命は永遠」。反響呼んだ関西興銀の戦後史
2000.10.08	通巻43号	30		〈APURO'S　REPORT〉「在日同胞が誇りと勇気持つビジョンを」。民団21世紀委が始動
2000.10.08	通巻43号	32		〈APURO'S　REPORT〉「まるでゴーストタウンだ」。民団愛知が「東海豪雨」被災地支援
2000.10.08	通巻43号	46	王秀英	女のエッセイ「弧児のメッセージ」
2000.10.08	通巻43号	34	金銀沢	よろめき定点観測「エロ半島」
2000.10.08	通巻43号	62	奥野弘	新カヌンマリコワヤ 三つの北朝鮮-虚像と実像
2000.10.08	通巻43号	48	金永悦	ナルッペ人生「ベンチャー熱風」
2000.10.08	通巻43号	36	張諄河	現代時調の世界「内蔵山の紅葉」
2000.10.08	通巻43号	64	鄭煥麒	新・在日彩々「母」という字に「鬼」は似合わない
2000.10.08	通巻43号	59	尹達世	高麗さん物語「島根県松江市の巻 II」
2000.10.08	通巻43号	58		起承転々
2000.10.08	通巻43号	66		文化短信
2000.10.08	通巻43号	70		読者の声
2000.10.08	通巻43号	9		在日の目
2000.10.08	通巻43号	8		あるじのむさざんよう
2000.11.08	通巻44号 (11・12月合併号)	2		〈特集〉日本メディアに見る20世紀の「在日」《新聞》はどのように報道したのか
2000.11.08	通巻44号 (11・12月合併号)	3		〈特集〉日本メディアに見る20世紀の「在日」 1.韓国併合及び「3・1」をどう伝えたか

발행일	지면정보		필자	제목
	권호	페이지		
2000.11.08	通巻44号 (11·12月合併号)	5		〈特集〉日本メディアに見る20世紀の「在日」 2.関東大震災での「騒擾」の風聞と「大虐殺」
2000.11.08	通巻44号 (11·12月合併号)	7		〈特集〉日本メディアに見る20世紀の「在日」 3.解放で逞しく生き返った在日たち。一方に「騒擾」を警戒する治安報告
2000.11.08	通巻44号 (11·12月合併号)	8		〈特集〉日本メディアに見る20世紀の「在日」 4.「小松川事件」報道に見る、差別助長記事
2000.11.08	通巻44号 (11·12月合併号)	12		〈特集〉日本メディアに見る20世紀の「在日」 5.韓日条約交渉中の日本閣僚の暴言とマスコミの無神経記事
2000.11.08	通巻44号 (11·12月合併号)	13		〈特集〉日本メディアに見る20世紀の「在日」 6.「万博」と高度成長のもとでも、差別報道への無自覚は続く
2000.11.08	通巻44号 (11·12月合併号)	15		〈特集〉日本メディアに見る20世紀の「在日」 7.韓国の経済成長やソウル・オリンピックで姿勢転換 そして「地方参政権」問題へ
2000.11.08	通巻44号 (11·12月合併号)	18		〈特集〉日本メディアに見る20世紀の「在日」《文学》「題材の重さ」を敬遠した作家たち、構えずに「在日」描く日も近い
2000.11.08	通巻44号 (11·12月合併号)	26		〈特集〉日本メディアに見る20世紀の「在日」《映画》生活の「外」から「内側」へ
2000.11.08	通巻44号 (11·12月合併号)	38	李賛雨	金大統領の平和賞受賞の意義「当事者能力を発揮できない苦渋の歴史に終止符打った」
2000.11.08	通巻44号 (11·12月合併号)	52	備仲臣道	《高句麗残照》積石塚のある風景(3)
2000.11.08	通巻44号 (11·12月合併号)	48		〈APURO'S REPORT〉関西興銀が上期業績表彰。コミュニタスバンクへ邁進
2000.11.08	通巻44号 (11·12月合併号)	50		〈APURO'S REPORT〉現代自動車が日本に本格進出。120の拠点綱築き全国販売へ
2000.11.08	通巻44号 (11·12月合併号)	38	王秀英	女のエッセイ「歩く妻たち」
2000.11.08	通巻44号 (11·12月合併号)	56	金銀沢	よろめき定点観測「意見広告」
2000.11.08	通巻44号 (11·12月合併号)	60	奥野弘	新カヌンマリコワヤ「全羅道差別」
2000.11.08	通巻44号 (11·12月合併号)	58	金永悦	ナルッペ人生「ベンチャー(弁茶)熱風·2」
2000.11.08	通巻44号 (11·12月合併号)	36	張諄河	現代時調の世界「初冬の東海岸」
2000.11.08	通巻44号 (11·12月合併号)	62	鄭煥麒	新·在日彩々「金大統領のノーベル平和賞」
2000.11.08	通巻44号 (11·12月合併号)	47	尹達世	高麗さん物語「岩手県の巻」
2000.11.08	通巻44号 (11·12月合併号)	60		人生さし向かい
2000.11.08	通巻44号 (11·12月合併号)	64		起承転々

발행일	지면정보		필자	제목
	권호	페이지		
2000.11.08	通巻44号 (11·12月合併号)	65		在日の目
2000.11.08	通巻44号 (11·12月合併号)	55		あるじのむさざんよう
2000.11.08	通巻44号 (11·12月合併号)	66		文化短信
2000.11.08	通巻44号 (11·12月合併号)	70		読者の声
2001.01.08	通巻45号	10		〈特集〉21世紀の日本を、在日は本気で心配する 衰退回避に「開国開放」が必須条件「天皇と戦争」の総括が鍵になる
2001.01.08	通巻45号	12		〈特集〉21世紀の日本を、在日は本気で心配する 第一部 独立した「小さな日本」か、大国としての「多民族型国家」か
2001.01.08	通巻45号	24		〈特集〉21世紀の日本を、在日は本気で心配する 第二部「天皇中心の特別な国家」という呪縛からいつ解かれるのか
2001.01.08	通巻45号	15		〈特集〉21世紀の日本を、在日は本気で心配する《インタビュー》「在日の潜在力が、日本を変える原動力に」/黒田征太郎
2001.01.08	通巻45号	20		〈特集〉21世紀の日本を、在日は本気で心配する《インタビュー》「参政権は現実的な要請だ」/古賀光生
2001.01.08	通巻45号	30		〈特集〉21世紀の日本を、在日は本気で心配する《インタビュー》「天皇の戦争責任追及は、明治以後の歴史を問うこと」/田中伸尚
2001.01.08	通巻45号	2		〈本誌記者緊急座談会〉「民族金融」の再生はどうなる
2001.01.08	通巻45号	44		教育勅語と朱子学-朝鮮発の道徳律が天皇制イデオロギーの根幹に
2001.01.08	通巻45号	68	備仲臣道	《高句麗残照》積石塚のある風景(その4)
2001.01.08	通巻45号	52	金虎根	《2001年·ヘビ年》その気色の悪さゆえの恐れと畏敬
2001.01.08	通巻45号	56		韓国の伝統的な正月の遊びを考える-遊びとは労働への回帰
2001.01.08	通巻45号	60		〈APURO'S REPORT〉20世紀最後のワンコリア・フェシテバル開催
2001.01.08	通巻45号	62		〈APURO'S REPORT〉南北学者が同席。朝鮮奨学会創立100周年古代史シンポ
2001.01.08	通巻45号	64		〈APURO'S REPORT〉本誌の表紙を飾る金佳秀氏の作品が緑で、句会が開催された
2001.01.08	通巻45号	84	鄭煥麒	新·在日彩々「知識と知恵」「友は得難く失い易い」
2001.01.08	通巻45号	82	奥野弘	新カ ヌンマリコワヤ 日·韓の結婚-2つの統計-
2001.01.08	通巻45号	50	金永悦	ナルッペ人生「新年アンニョンハセヨ世?」
2001.01.08	通巻45号	65	尹達世	高麗さん物語「長崎県五島の巻」
2001.01.08	通巻45号	86		人生さし向かい
2001.01.08	通巻45号	90		文化短信
2001.01.08	通巻45号	87		読者の声
2001.01.08	通巻45号	19		あるじのむさざんよう

발행일	지면정보		필자	제목
	권호	페이지		
2001.02.08	通巻46号	2		〈特集〉「民族金融」の再生はどうなる-本誌記者座談会第二弾 合併・転換か、受け皿銀行か、選択肢は絞られた?
2001.02.08	通巻46号	10		〈特集〉「民族金融」の再生はどうなる-本誌記者亜談会第二弾 《インタビュー》東谷暁氏/「在日金融」の再生力は強い
2001.02.08	通巻46号	14		〈韓日交通革命が進行中〉両国交通網が国内交通並になる日も近い-韓日各地への日帰り出張も可能/高速フェリーで宅配便に国内並びに/海底トンネルが開通、韓国・九州は同一経済圏に/在日がつくる南北共同航空会社がついに運航へ/交通標識も両国語表記に、海またぐドライブ旅行
2001.02.08	通巻46号	24	崔頭義	朝鮮女性解放運動の先駆者・羅蕙錫
2001.02.08	通巻46号	30		「女性省」創設は韓国女性の歴史を変えられるのか
2001.02.08	通巻46号	36		《インタビュー》「伊能ウォーク」で日本全国を踏破した金鉄秀氏「地域の文化・伝統守る日本に強い印象もいた」
2001.02.08	通巻46号	44	卯月五郎	「古代朝鮮四ヵ国」神社初詣の旅
2001.02.08	通巻46号	52	備仲臣道	《高句麗残照》積石塚のある風景(その5)
2001.02.08	通巻46号	59	尹達世	軍神・乃木希典、その秘められた系譜
2001.02.08	通巻46号	表2		〈APURO'S REPORT〉国民勲章・無窮花章に辛容祥、李相慶の両氏
2001.02.08	通巻46号	62		〈APURO'S REPORT〉特別養護老人ホーム「古郷の家・神戸」が竣工
2001.02.08	通巻46号	40	鄭煥麒	新・在日彩々「第二の人生目標」
2001.02.08	通巻46号	42	奥野弘	新カヌンマリコワヤ「日本人は百済人?」
2001.02.08	通巻46号	34	金永悦	ナルッペ人生「古郷は?学校は?」
2001.02.08	通巻46号	23	阿久沢克	赤と青のウェーブ「教科書に載る?」
2001.02.08	通巻46号	22		あるじのむさざんよう
2001.02.08	通巻46号	51		人生さし向かい
2001.02.08	通巻46号	63		起承転々
2001.02.08	通巻46号	66		読者の声
2001.02.08	通巻46号	64		文化短信
2001.04.08	通巻48号	15		〈特集〉韓国が日本を「刺激」する ①東大門市場を移入した逆転の発想 ②老舗も韓国映画配給に走る ③韓国のITパワーが日本進出 ④主婦も業者も韓国食品に学ぶ
2001.04.08	通巻48号	2		「民族金融」の再生はどうなる-本誌記者座談会第4弾 崖っぷちの韓信協構想、急がれる最終決断
2001.04.08	通巻48号	9	李贊雨	検定通過した「国粋主義史観教科書」日本の脆弱さ示す。対話で包囲を
2001.04.08	通巻48号	30	韓基徳	海外同胞というアイデンティティを持つ存在として 「国籍取得緩和」時代を迎え撃つ(下)
2001.04.08	通巻48号	38		《韓日関係掘り起こし史》延暦寺と三井寺の守護神は、張保皐?
2001.04.08	通巻48号	51	尹達世	「百済さん物語」(その2-大阪府下二つの百済寺)
2001.04.08	通巻48号	56	備仲臣道	《高句麗残照》積石塚のある風景(その7)

発行日	지면정보		필자	제목
	권호	페이지		
2001.04.08	通巻48号	表紙裏		〈APURO'S REPORT〉「大阪ハナ・マトゥリ」で三万人が「私たちの願い」合唱
2001.04.08	通巻48号	54		〈APURO'S REPORT〉「第6回海外韓民族代表者会議」(東京)開く
2001.04.08	通巻48号	55		岡山韓国会館(アジア国際センター)が竣工
2001.04.08	通巻48号	44	奥野弘	新カヌンマリコワヤ「新大久保駅を李秀賢駅に」
2001.04.08	通巻48号	46	鄭煥麒	新・在日彩々「女性上位は必然か」
2001.04.08	通巻48号	48	金永悦	ナルッペ人生「在日サッカー物語」
2001.04.08	通巻48号	37		起承転々「ウッショイ」
2001.04.08	通巻48号	50	阿久沢克彦	赤と青のウェーブ「未来の視点」
2001.04.08	通巻48号	62		在日の目「いい加減な政治家・・・」
2001.04.08	通巻48号	63		文化短信
2001.04.08	通巻48号	68		読者の声
2001.04.08	通巻48号	61		あるじのむさざんよう
2001.04.08	通巻48号	66		届いた新刊から
2001.05.08	通巻49号	6		〈特集〉摩擦強まる歴史歪曲教科書問題　在日同胞は不採択運動に全力
2001.05.08	通巻49号	10		〈特集〉摩擦強まる歴史歪曲教科書問題　問題教科書に対する韓国政府の主な修正要求
2001.05.08	通巻49号	12	李賛雨	〈特集〉摩擦強まる歴史歪曲教科書問題　問題教科書と『日本人』の深層心理
2001.05.08	通巻49号	19	俵義文	〈特集〉摩擦強まる歴史歪曲教科書問題「汚れた、危ない教科書を使わせてはならない」
2001.05.08	通巻49号	2		「民族金融」の再生はどうなる-本誌記者座談会 第5弾 8月末をメドに新銀行設立へ
2001.05.08	通巻49号	26	金一南	「在日韓国人の終焉」はあるのか(1)
2001.05.08	通巻49号	32	崔康勲	「在日」への道程「内なる祖国」へ
2001.05.08	通巻49号	46		《韓日関係掘り起こし史》正倉院宝物は、ほとんどが新羅のもの
2001.05.08	通巻49号	55	尹達世	「百済さん物語」(その3)「岡山県津山編」
2001.05.08	通巻49号	58	備仲臣道	《高句麗残照》積石塚のある風景(その10)
2001.05.08	通巻49号	36		〈APURO'S REPORT〉韓国の人気만화が日本上陸へ
2001.05.08	通巻49号	38		〈APURO'S REPORT〉「人口減少と外国人」で討論会(近江渡来人倶楽部)
2001.05.08	通巻49号	42	金永悦	ナルペ人生「されどキムチ」
2001.05.08	通巻49号	44	鄭煥麒	新・在日彩々「中国の男女同権」
2001.05.08	通巻49号	40	奥野弘	新カヌンマリコワヤ「新しい歴史教科書」
2001.05.08	通巻49号	54		在日の目
2001.05.08	通巻49号	39		起承転々
2001.05.08	通巻49号	64		赤と青のウェーブ
2001.05.08	通巻49号	35		あるじのむさざんよう

발행일	지면정보		필자	제목
	권호	페이지		
2001.05.08	通巻49号	69		文化短信
2001.05.08	通巻49号	65		読者の声
2001.06.08	通巻50号	2		「民族金融」の再生はどうなる-本誌記者座談会 第6弾 新銀行「在日のため(理念)」が全面に
2001.06.08	通巻50号	7		「新銀行と既存組合は民族金融の両輪に」/講演・李哲徹駐日財経官
2001.06.08	通巻50号	18	金一南	「在日韓国人の終焉」はあるのか(2)
2001.06.08	通巻50号	30		近江渡来人倶楽部パネルディスカッション「人口減少社会の経済と外国人政策」詳報(上)「日本をつくり変える国民的覚悟必要」
2001.06.08	通巻50号	表2		〈APURO'S REPORT〉「地方参政権」で民団が集会・デモ
2001.06.08	通巻50号	25		〈APURO'S REPORT〉韓人会(在日韓国人連合会)が東京で発足
2001.06.08	通巻50号	28		〈APURO'S REPORT〉「韓国花嫁」急増、民団山形が定着支援
2001.06.08	通巻50号	40	卞東運	金玉均 北海道に描いた夢
2001.06.08	通巻50号	47	尹達世	百済さん物語(その4)「大阪市篇」
2001.06.08	通巻50号	56		《韓日関係掘り起こし史》「天皇の来た道」-日本人の来歴
2001.06.08	通巻50号	50	備仲臣道	《高句麗残照》積石塚のある風景(その9)
2001.06.08	通巻50号	12	奥野弘	新カヌンマリコワヤ「特殊工作員」
2001.06.08	通巻50号	14	鄭煥麒	新・在日彩々「南北会談一周年と在日」
2001.06.08	通巻50号	16	金永悦	ナルペ人生「ああ、韓国の朝と夜」
2001.06.08	通巻50号	11		在日の目
2001.06.08	通巻50号	55		あるじのむさざんよう
2001.06.08	通巻50号	46		赤と青のウェーブ
2001.06.08	通巻50号	66		文化短信
2001.06.08	通巻50号	69		読者の声
2001.06.08	通巻50号	72		編集雑記
2001.07.08	通巻51号 (7・8月合併号)	2		「民族金融」の再生はどうなる-本誌記者座談会 第7弾「新銀行」全同胞化へ課題残す
2001.07.08	通巻51号 (7・8月合併号)	7	李賛雨	「問題教科書と『日本人』の深層心理」(下) 韓日関係史のバランスシート/問題は日本の葛藤から派生する/「安全で幸せな国」の意味
2001.07.08	通巻51号 (7・8月合併号)	18	卯月五郎	歴史をどう見るべきか-史実への探検こそ命
2001.07.08	通巻51号 (7・8月合併号)	23		《韓日関係掘り起こし史》「応神天皇と倭の五王の正体」-百済の辰斯王による渡来王権だ
2001.07.08	通巻51号 (7・8月合併号)	42	金一南	「在日韓国人の終焉」はあるのか(3)
2001.07.08	通巻51号 (7・8月合併号)	52		近江渡来人倶楽部パネルディスカッション「人口減少社会の経済と外国人政策」詳報(下) 国際化へ「在日」の役割多大問われる先輩としての自覚
2001.07.08	通巻51号 (7・8月合併号)	61	尹達世	百済さん物語(その5)「神戸篇」

발행일	지면정보		필자	제목
	권호	페이지		
2001.07.08	通巻51号 (7·8月合併号)	表2		〈APURO'S REPORT〉青商連合会が20周年式典 再びの融合エネルギーを/難題に勇気を持って挑む
2001.07.08	通巻51号 (7·8月合併号)	40		〈APURO'S REPORT〉東京プラザ、英上場企業と業務提携 国際市場での資金調達に道/P業界に新風か
2001.07.08	通巻51号 (7·8月合併号)	41		〈APURO'S REPORT〉民団埼玉が新韓国会館を落成 「商銀」二次破綻の苦難超え/地域交流の拠点に
2001.07.08	通巻51号 (7·8月合併号)	64	奥野弘	新カヌンマリコワヤ「韓日とみこうみ」
2001.07.08	通巻51号 (7·8月合併号)	51	鄭煥麒	新·在日彩々「槿花一朝の夢か」
2001.07.08	通巻51号 (7·8月合併号)	66	金永悦	ナルッペ人生「在日組織の曲芸」
2001.07.08	通巻51号 (7·8月合併号)	51		起承転々
2001.07.08	通巻51号 (7·8月合併号)	74		赤と青のウェーブ「WE ARE ONE!」
2001.07.08	通巻51号 (7·8月合併号)	75		掲示板
2001.07.08	通巻51号 (7·8月合併号)	78		読者の声
2001.07.08	通巻51号 (7·8月合併号)	50		あるじのむささんよう
2001.09.08	通巻52号	2		歴史教科書·靖国参拝問題を総括する「悪貨」が「良貨」を駆逐する日本·「責める韓国」対「耐える日本」という虚講·北東アの安定秩序形成を阻害する歴史問題
2001.09.08	通巻52号	12	林雅行	「特攻」·英霊化こそ冒涜
2001.09.08	通巻52号	24		「民族金融」の再生はどうなる-本誌記者座談会 第8弾 新銀行の資本確定/組合合併も急展開 受け皿·共生めぐり複雑な様相も
2001.09.08	通巻52号	16		進む「新世代」の韓日文化交流 「映画·音楽·万画」若者文化の交流はもう止まらない
2001.09.08	通巻52号	30		民団21世紀委員会が「未来フォーラム」「韓国系日本人」の道も選択肢に「国籍の意味と組織の将来」問う
2001.09.08	通巻52号	34	金一南	「在日韓国人の終焉」はあるのか(4)
2001.09.08	通巻52号	43	尹達世	百済さん物語(その6)「東大阪篇」
2001.09.08	通巻52号	46	備仲臣道	《高句麗残照》積石塚のある風景(その10)
2001.09.08	通巻52号	54		《韓日関係掘り起こし史》「応神天皇と倭の五王の正体」(下)-百済の辰斯王による渡来王権だ
2001.09.08	通巻52号	29	鄭煥麒	新·在日彩々「サルスベリ(百日紅)」
2001.09.08	通巻52号	32	金永悦	ナルッペ人生「在日組織の曲芸」(下)
2001.09.08	通巻52号	64	崔愛子	女のエッセイ「マーブルおばさん」
2001.09.08	通巻52号	23		赤と青のウェーブ 映画「JSA」を見て

발행일	지면정보 권호	지면정보 페이지	필자	제목
2001.09.08	通巻52号	53		起承転々「観光日本のすすめ」
2001.09.08	通巻52号	42		あるじのむさざんよう
2001.09.08	通巻52号	65		読者の声
2001.09.08	通巻52号	69		掲示板
2001.10.08	通巻53号	2		「民族金融」の再生はどうなる-本誌記者座談会 第9弾 新銀行設立方式を軌道修正「全同胞化」へ道筋つくる
2001.10.08	通巻53号	7	金信武	緊急提言 信組と「新銀行」の共生は不可欠
2001.10.08	通巻53号	12	卯月五郎	米中枢同時テロ ジーハード、クルセード、そして聖戦
2001.10.08	通巻53号	18	朴竜得	ホットライン・玄海灘は語る 健全な韓日関係は地域間交流が築く
2001.10.08	通巻53号	22		早稲田大・現代韓国研究所が学術シンポ「21世紀の韓日関係は？」
2001.10.08	通巻53号	28	金一南	「在日韓国人の終焉」はあるのか(5)
2001.10.08	通巻53号	38	河炳俊	在日コリアンの21世紀を展望する 求められる自覚マイノリティーの先輩として
2001.10.08	通巻53号	49	尹達世	百済さん物語(その7)「大和郡山編」
2001.10.08	通巻53号	52	備仲臣道	《高句麗残照》積石塚のある風景(その11)
2001.10.08	通巻53号	58		《韓日関係掘り起こし史》「七世紀には、九州王朝はない」
2001.10.08	通巻53号	26	金永悦	ナルッペ人生「受け入れられる韓国丸出し」
2001.10.08	通巻53号	46	鄭煥麒	新・在日彩々「高麗キジと国際結婚」
2001.10.08	通巻53号	47	小島淑子	女のエッセイ「カボチャの葉」
2001.10.08	通巻53号	48		赤と青のウェーブ「美しい言葉」
2001.10.08	通巻53号	57		起承転々「交通事故死世界一」
2001.10.08	通巻53号	62		あるじのむさざんよう
2001.10.08	通巻53号	64		掲示板
2001.10.08	通巻53号	67		読者の声
2001.11.08	通巻54号 (11・12月合併号)	2		「民族金融」の再生はどうなる-本誌記者座談会 第10弾 信祖と「新銀行」は提携急げ 力量集中なければ共倒れ招く
2001.11.08	通巻54号 (11・12月合併号)	8	金信武	緊急提言パート2 流動性確保と顧客開拓こそ緊要 信祖と新銀行の相互補完は必然
2001.11.08	通巻54号 (11・12月合併号)	14	韓基徳	全てに優先する民族教育・東亜国際学院という夢
2001.11.08	通巻54号 (11・12月合併号)	22	禹昌守	ハングルをコミュニケーショングッズに
2001.11.08	通巻54号 (11・12月合併号)	26	榎本勝	『インタビュー』韓日の新聞社に在籍して
2001.11.08	通巻54号 (11・12月合併号)	36		続・現代時調の世界『カゴパ』在日の時調(三行詩)の会・訳編
2001.11.08	通巻54号 (11・12月合併号)	42		〈APURO'S REPORT〉「四天王寺ワッソ」でシンポ開催「祭り」復活への思いは強く

발행일	지면정보		필자	제목
	권호	페이지		
2001.11.08	通巻54号 (11·12月合併号)	44		〈APURO'S REPORT〉「韓国映画プロジェクト2」開催へ 新旧の佳作17本を一挙に上映
2001.11.08	通巻54号 (11·12月合併号)	47		〈APURO'S REPORT〉静岡で民団·総連·市民が連帯企画 朝鮮通信使の「国書」を交換
2001.11.08	通巻54号 (11·12月合併号)	48		〈APURO'S REPORT〉兵庫県·御津で朝鮮通信使全国交流会
2001.11.08	通巻54号 (11·12月合併号)	53	尹達世	百済三物語(その8)「大和高田編」
2001.11.08	通巻54号 (11·12月合併号)	56	備仲臣道	《高句麗残照》積石塚のある風景(その12)
2001.11.08	通巻54号 (11·12月合併号)	62		《韓日関係掘り起こし史》「新羅物にボカシ入れる正倉院展」
2001.11.08	通巻54号 (11·12月合併号)	40	鄭煥麒	新·在日彩々「本当の犯人は誰か」
2001.11.08	通巻54号 (11·12月合併号)	50	金永悦	ナルッペ人生「身近に感じたNYテロ」
2001.11.08	通巻54号 (11·12月合併号)	51	小島淑子	女のエッセイ「市民活動」
2001.11.08	通巻54号 (11·12月合併号)	30		掲示板
2001.11.08	通巻54号 (11·12月合併号)	33		読者の声
2001.11.08	通巻54号 (11·12月合併号)	41		起承転々「おやじのオアシス」
2001.11.08	通巻54号 (11·12月合併号)	52		赤と青のウェーブ「ストライカー」
2001.11.08	通巻54号 (11·12月合併号)	61		あるじのむさざんよう
2002.01.08	通巻55号	2		「民族金融」の再生はどうなる-本誌記者座談会第11弾 受け皿は信祖に。「新銀行」頓挫 地殻変動期に入った同胞社会 厳しさ増す同胞の主要産業
2002.01.08	通巻55号	8	溝上憲文	内憂外患のパチンコ業界に突破口はあるか
2002.01.08	通巻55号	12	朴健市	焼肉店飽和状態のなか専門店は大転換期に
2002.01.08	通巻55号	16	井川卓郎	牛は良くて犬·鯨はダナ?!
2002.01.08	通巻55号	22		《インタビュー》「北東アの新たな枠組づくりは日本の歴史認識に関わっている」
2002.01.08	通巻55号	38	李正伯	朝鮮人最初の飛行士たち
2002.01.08	通巻55号	44	崔碩義	朝鮮朝の女流詩人列伝
2002.01.08	通巻55号	50		続·現代時調の世界(2)「成仏寺の夜」 在日の時調(三行詩)の会·訳
2002.01.08	通巻55号	62		「最後の公家·怜泉家」新年のしきたり
2002.01.08	通巻55号	65	尹達世	百済さん物語(その9)「山口編」

발행일	지면정보		필자	제목
	권호	페이지		
2002.01.08	通巻55号	68	備仲臣道	《高句麗残照》積石塚のある風景(その12)
2002.01.08	通巻55号	28		〈APURO'S REPORT〉広域信組「あすなろ」がデビュー
2002.01.08	通巻55号	30		〈APURO'S REPORT〉高麗博物館が東京・新宿にオープン
2002.01.08	通巻55号	31		〈APURO'S REPORT〉嶺・湖融和に情熱-崔炳郁氏が自伝
2002.01.08	通巻55号	20	鄭煥麒	新・在日彩々「足元が明るいうちに」
2002.01.08	通巻55号	21	阿久沢克彦	赤と青のウェーブ「語り合える関係」
2002.01.08	通巻55号	27	金永悦	ナルッペ人生「新・旧在日が共に燃えた」
2002.01.08	通巻55号	43	小島淑子	女のエッセイ「キムチは平和的武器」
2002.01.08	通巻55号	74		起承転々「温泉に行こう」
2002.01.08	通巻55号	73	太田良介	あるじのむさざんよう「鴨葱」
2002.01.08	通巻55号	75		掲示板
2002.01.08	通巻55号	77		読者の声
2002.01.08	通巻55号	80		雑記
2002.02.08	通巻56号	2		「民族金融」の再生はどうなる-本誌記者座談会 第12弾 近づく「ペイオフ時代」民族信祖は迎撃態勢へ結束を
2002.02.08	通巻56号	6		《民族金融問題ドキュメント》混迷の奇跡-そこに何が見えるのか＊韓信協は分裂状態。関西興銀、東京商銀破綻へ＊受皿銀か合併・転換か。同床異夢の「三位一体」＊「受皿新銀行」に一体化も、後遺症は深刻に＊「ドラゴン銀行」設立主体に風圧強める
2002.02.08	通巻56号	22	卯月五郎	「韓国で空前の中国ブーム」 新たな『事大主義』への希求なのか 北東アジア新秩序への布石なのか
2002.02.08	通巻56号	26	金一南	読書ノート『階層化に本と教育危機』(その1)「意欲格差社会」をどう生きる
2002.02.08	通巻56号	32	崔碩義	朝鮮朝の女流詩人列伝(中)
2002.02.08	通巻56号	44		続・現代時調の世界(3)「お前と呼んでみる祖国よ」在日の時調(三行詩)の会・訳
2002.02.08	通巻56号	38		《韓日関係掘り起こし史》「日本の国号は、朝鮮人がつくった？!」
2002.02.08	通巻56号	51	尹達世	百済さん物語(その10)「福岡篇」
2002.02.08	通巻56号	54	備仲臣道	《高句麗残照》積石塚のある風景(完)
2002.02.08	通巻56号	20		〈APURO'S REPORT〉滋賀県米原町が永住外国人に住民投票権 小さな町が全国初の大きな試み・地方自治参画へ流れ創れるか
2002.02.08	通巻56号	19		起承転々「牛を捨てるなら農水省の前に」
2002.02.08	通巻56号	43	太田良介	あるじのむさざんよう「正月休み」
2002.02.08	通巻56号	48	金永悦	ナルッペ人生「テコンド」
2002.02.08	通巻56号	49	阿久沢克彦	赤と青のウェーブ「歴史の移り変わり」
2002.02.08	通巻56号	50	小島淑子	女のエッセイ「山頭火とわが先輩たち」
2002.02.08	通巻56号	63		[編集部に届いた新刊から]『朝鮮韓国近現代史辞典』『韓国とみこうみ・日本とのかかわり』

발행일	지면정보		필자	제목
	권호	페이지		
2002.02.08	通巻56号	59		掲示板
2002.02.08	通巻56号	61		読者の声
2002.02.08	通巻56号	64		雑記
2002.03.08	通巻57号	2		「民族金融」の再生はどうなる-本誌記者座談会 第13弾 複雑化する民団と信祖の関係 原点回帰にこそ相互生存の道
2002.03.08	通巻57号	7	鄭相憲	《民族金融問題》の提言 急がれるRCC行き債務者の再生支援 受皿信祖は民族金融機関の本領発揮を
2002.03.08	通巻57号	11	朴健市	「BSEの発生と風評被害に政府は明確な責任をとれ」 飲食店への助成盛り込んだ「緊急対策方案」 成立をめざす筒井衆議員(民主党)に聞く
2002.03.08	通巻57号	14		「悪の枢軸」発言と「包容政策」第一部 同盟国さえ無視する強者の倒錯 第二部 「金大中」は「チェンバレン」か
2002.03.08	通巻57号	22	韓基徳	土曜日学校を開校しよう!
2002.03.08	通巻57号	28	金一男	読書ノート『階層化に本と教育危機』(その2)「意欲格差社会」をどう生きる
2002.03.08	通巻57号	34	崔碩義	朝鮮朝の女流詩人列伝(下)
2002.03.08	通巻57号	40		続・現代時調の世界(4)「避難図」在日の時調(三行詩)の会・訳
2002.03.08	通巻57号	44		《韓日関係掘り起こし史》「天皇自ら語る、韓国との縁(えにし)」
2002.03.08	通巻57号	49	尹達世	百済さん物語(その11)「愛媛篇」
2002.03.08	通巻57号	52	備仲臣道	新連載《終わりなき修羅の旅》日・朝・韓、怒涛の時代を生きる(1)
2002.03.08	通巻57号	26	太田良介	あるじのむさざんよう 「帰化食物」
2002.03.08	通巻57号	27		起承転々 「癒し」
2002.03.08	通巻57号	39	小島淑子	女のエッセイ 「国際結婚 雑感」
2002.03.08	通巻57号	43	金永悦	ナルッペ人生 「伝統食品と在日」
2002.03.08	通巻57号	48	阿久沢克彦	赤と青のウェーブ 「コンプレックスは才能」
2002.03.08	通巻57号	59		掲示板
2002.03.08	通巻57号	62		読者の声
2002.03.08	通巻57号	64		雑記
2002.04.08	通巻58号	2		韓信協系/旧・朝信協系 民族信祖の新営業エリア地図
2002.04.08	通巻58号	4		「民族金融」の再生はどうなる-本誌記者座談会 第14弾「ペイオフ」突入 踏ん張る信祖 預金は微減 「流動性」の確保はなお深刻
2002.04.08	通巻58号	9	張周賢	21世紀委に関する監察委員会報告「民団宣言」の具体化に歯止めをかけるのか
2002.04.08	通巻58号	13	金敬得	韓国・国会安保統一フォーラムでの報告から 在日同胞の現況と政策課題
2002.04.08	通巻58号	18	卯月五郎	三月の韓日首脳会談が語るもの 障壁超え自由貿易協定時代へ
2002.04.08	通巻58号	22		《インタビュー》四方田犬彦氏 「自分と対峙していたように見た韓国 今、自分と融合するかのように」

발행일	지면정보		필자	제목
	권호	페이지		
2002.04.08	通巻58号	26		《韓日関係掘り起こし史》「大騒動・江戸の朝鮮通信使」
2002.04.08	通巻58号	32		続・現代時調の世界(5)「高地がまさにこそなのに」在日の時調(三行詩)の会・訳
2002.04.08	通巻58号	36	金一男	読書ノート『階層化に本と教育危機』(その3)「意欲格差社会」をどう生きる
2002.04.08	通巻58号	43	尹達世	百済さん物語(その12)「徳島篇」
2002.04.08	通巻58号	46	吉成繁幸	現地探訪ルポー 埼玉の「百済」川本町百済木を歩く
2002.04.08	通巻58号	50	備仲臣道	新連載《終わりなき修羅の旅》日・朝・韓、怒涛の時代を生きる(2)
2002.04.08	通巻58号	17	太田良介	あるじのむさざんよう「春が来た」
2002.04.08	通巻58号	35	金永悦	ナルッペ人生「リーダー不在」
2002.04.08	通巻58号	42		起承転々「おゲレツ文化」
2002.04.08	通巻58号	49	阿久沢克彦	赤と青のウェーブ「戦いは人の本能ではない」
2002.04.08	通巻58号	58	小島淑子	女のエッセイ「陳さんが涙ぐんだ」
2002.04.08	通巻58号	61		〈編集部に届いた新刊から〉『韓国と日本、二つの祖国を生きる』(河正雄 著)
2002.04.08	通巻58号	59		掲示板
2002.04.08	通巻58号	62		読者の声
2002.04.08	通巻58号	64		雑記
2002.05.08	通巻59号	2		〈特集〉韓国人と日本人のつきあい方は変わるのか-「言葉」を軸にW杯共崔後を占う「チング＝友だちの言葉を学びたい」若者どうしの距離はグット近づいた
2002.05.08	通巻59号	7		連続インタビュー NHK教育テレビ・ハングル講座の新ヒロイン 黛まどか-「ハングルで俳句を詠むの目標」ユン・ソナ-「一年で日本語をマスターしました」
2002.05.08	通巻59号	14	金永鍾	10余年、韓国語を教えて来た 無関心からブームへ、そしてトレンドへ
2002.05.08	通巻59号	19	卯月五郎	「仮名の起源は朝鮮半島にあり」
2002.05.08	通巻59号	23	野田峰雄	拉致議連発足などを踏まえて 今日の排外主義台頭の光景
2002.05.08	通巻59号	26		「民族金融」の再生はどうなる-記者座談会代15弾 預金安定、流出に歯止めかかる民団、経済活性化へ核づくり急ぐ
2002.05.08	通巻59号	30		〈APURO'S REPORT〉重責担い「あすか信祖」が出帆
2002.05.08	通巻59号	32		〈APURO'S REPORT〉韓商連が定総と創立40周年式典
2002.05.08	通巻59号	33		〈APURO'S REPORT〉在日韓国婦人会が定期総会
2002.05.08	通巻59号	34		〈APURO'S REPORT〉近江渡来人クラブがフォーラム
2002.05.08	通巻59号	36		続・現代時調の世界(6)「新緑」在日の時調(三行詩)の会・訳
2002.05.08	通巻59号	38		《韓日関係掘り起こし史》「浅草は渡来人の根拠地だった」
2002.05.08	通巻59号	44	金一男	読書ノート『階層化に本と教育危機』(その4)「意欲格差社会」をどう生きる
2002.05.08	通巻59号	50	備仲臣道	新連載 《終わりなき修羅の旅》日・朝・韓、怒涛の時代を生きる(3)

발행일	지면정보		필자	제목
	권호	페이지		
2002.05.08	通巻59号	13	小島淑子	女のエッセイ「テイさんがやってきた」
2002.05.08	通巻59号	22	太田良介	あるじのむさざんよう「里山再生」
2002.05.08	通巻59号	35		起承転々「仮面ソウル観光」
2002.05.08	通巻59号	49	金永悦	ナルッペ人生「韓国の韓字教育」
2002.05.08	通巻59号	57	阿久沢克彦	赤と青のウェーブ「タイム」
2002.05.08	通巻59号	60		〈編集部に届いた新刊から〉『市民がつくる日本・コリア交流の歴史』(高麗博物館編)
2002.05.08	通巻59号	58		掲示板
2002.05.08	通巻59号	61		読者の声
2002.05.08	通巻59号	62		雑記
2002.06.08	通巻60号 (6・7月 合併号)	2		W杯-韓国は「恨」をまた一つ解いた
2002.06.08	通巻60号 (6・7月 合併号)	3		北朝鮮難民-追詰められ「駆け込み」相次ぐ
2002.06.08	通巻60号 (6・7月 合併号)	4	李賛雨	「亡命抑止」で利害一致する関係国　それでも安住の地求め脱出・亡命は続く
2002.06.08	通巻60号 (6・7月 合併号)	6		インタビュー/石丸次郎氏瀋陽・日本総領事館「駆け込み事件」の真相　あぶり出された日本の難民無策の体質
2002.06.08	通巻60号 (6・7月 合併号)	11		同胞経済再生のための提言として-公的な性格もつサービサー設立を急ごうRCCには政治的・組織的な交渉が必要
2002.06.08	通巻60号 (6・7月 合併号)	22	卯月五郎	映画に続き、アニメ産業の育成に力を入れる韓国「夢を売る国へ」
2002.06.08	通巻60号 (6・7月 合併号)	18		〈APURO'S REPORT〉信祖への政府緊急支援を要請
2002.06.08	通巻60号 (6・7月 合併号)	19		〈APURO'S REPORT〉曲折を経て「九州幸銀」が出帆
2002.06.08	通巻60号 (6・7月 合併号)	38		近江渡来人クラブー第2回 ヒューマニテフォーラム21「日本人の課題と在日コリアンの課題」(詳報・上] ツルネン・マルティ氏「外国人問題専門のオンブズマン制度を」
2002.06.08	通巻60号 (6・7月 合併号)	26		《韓日関係掘り起こし史》「蹴鞠[蹴鞠]の伝来からワールド杯の共催へ」
2002.06.08	通巻60号 (6・7月 合併号)	32		続・現代時調の世界(7)「東海頌」在日の時調(三行詩)の会・訳
2002.06.08	通巻60号 (6・7月 合併号)	46	備仲臣道	新連載《終わりなき修羅の旅》日・朝・韓、怒涛の時代を生きる(4)
2002.06.08	通巻60号 (6・7月 合併号)	53	尹達世	百済さん物語(その13)「日羅篇」
2002.06.08	通巻60号 (6・7月 合併号)	21	金永悦	ナルッペ人生「しつけなきキムチ」
2002.06.08	通巻60号 (6・7月 合併号)	35	太田良介	あるじのむさざんよう「つけば」
2002.06.08	通巻60号 (6・7月 合併号)	36	鄭煥麒	新・在日彩々「北送事業」の非人道性

발행일	지면정보		필자	제목
	권호	페이지		
2002.06.08	通巻60号 (6·7月 合併号)	44	小島淑子	女のエッセイ「せめて明るいニュースで」
2002.06.08	通巻60号 (6·7月 合併号)	45		起承転々「タブーの終焉」
2002.06.08	通巻60号 (6·7月 合併号)	59		〈編集部に届いた新刊から〉『日本海学の新世紀②環流する文化と美』(角川書店)『映画でハングル』(南雲堂フェニックス)
2002.06.08	通巻60号 (6·7月 合併号)	56		掲示板
2002.06.08	通巻60号 (6·7月 合併号)	60		読者の声
2002.06.08	通巻60号 (6·7月 合併号)	62		雑記
2002.08.08	通巻61号	2		「民族金融」の再生はどうなる-本誌記者座談会 第16弾 互助基金設立し政府支援金導入へ 会員組合の協調体制強化が焦点に
2002.08.08	通巻61号	3		韓信協の新指導部が同胞記者団と懇談「安全網確立へ互助基金設立を急ぐ」
2002.08.08	通巻61号	8		〈インタビュー〉笛木優子さん 韓国映画に出たくて、韓国語を勉強 韓国で日本人女優人気ナンバーワンに
2002.08.08	通巻61号	12		「伝説の舞姫」崔承喜写真展によせて
2002.08.08	通巻61号	16		Q&A「五年締結めざす韓FTA(自由貿易協定)」韓日関係発展の基礎になるかもしれない
2002.08.08	通巻61号	20	金一男	一票の義務と権利 そして自由貿易協定(1) 日本の国家的な経済戦略と韓国、そして在日同胞
2002.08.08	通巻61号	32		〈APURO'S REPORT〉韓信協の新会長に鄭圭泰氏 さらなる広域化視野に合併断続
2002.08.08	通巻61号	33		〈APURO'S REPORT〉青年商工連が総会で定款変更 会長資格から国籍条項外す
2002.08.08	通巻61号	34		近江渡来人クラブー第2回 ヒューマニテフォーラム21「日本人の課題と在日コリアンの課題」(詳報·中) 外国人受け入れ枠小さい日本内なる国際化へ障壁崩せるか
2002.08.08	通巻61号	30		続·現代時調の世界(8)「月」在日の時調(三行詩)の会·訳
2002.08.08	通巻61号	51	尹達世	百済さん物語(その14)「播州篇」
2002.08.08	通巻61号	54	備仲臣道	連載《終わりなき修羅の旅》日·朝·韓、怒涛の時代を生きる(5)
2002.08.08	通巻61号	11	太田良介	あるじのむさざんよう「野草料理」
2002.08.08	通巻61号	48	金永悦	ナルッペ人生「ああ、W杯後遺症」
2002.08.08	通巻61号	49		起承転々「イムジン河」
2002.08.08	通巻61号	50	小島淑子	女のエッセイ「四瓜」
2002.08.08	通巻61号	60		掲示板
2002.08.08	通巻61号	62		読者の声
2002.08.08	通巻61号	64		雑記

발행일	지면정보		필자	제목
	권호	페이지		
2002.09.08	通巻62号	2	卯月五郎	古代の豊かな交流・ロマンに思いはせ…「日本海＝東海」を「翡翠(ひ遺)海」に
2002.09.08	通巻62号	8		海の名はどうつけられたのか
2002.09.08	通巻62号	10		強制破綻から8ヵ月-「永代」組合員の今 RCC対策・資金繰りで勉強会 資金供給へマネーセンター設立 処分の理不尽さ問う「行政訴訟」
2002.09.08	通巻62号	15	洪栄治	改正・金融再生法と同胞経済の展望「利益償環」重視の「未来会計」を
2002.09.08	通巻62号	20		〈書評〉韓日の歴史的関係、その二つの側面をじっくり下げた『冬のアゼリア』 西木正明・著(文芸春秋刊)
2002.09.08	通巻62号	22		〈書評〉韓日の歴史的関係、その二つの側面をじっくり下げた『朝鮮通信使紀行』 杉洋子・著(集英社刊)
2002.09.08	通巻62号	24	金一男	一票の義務と権利 そして自由貿易協定(2)「在韓外国人の地方参政権」について
2002.09.08	通巻62号	28		近江渡来人クラブー第2回 ヒューマニテフォーラム21「日本人の課題と在日コリアンの課題」(詳報・下] 急ぎ足で来る外国人の共生時代 地域社会から「心の鎖国」克服を
2002.09.08	通巻62号	38		続・現代時調の世界(9)「翁草」在日の時調(三行詩)の会・訳
2002.09.08	通巻62号	40		《韓日関係掘り起こし史》日本陸軍参謀本部の消えない歴史的『大罪』
2002.09.08	通巻62号	46	備仲臣道	連載《終わりなき修羅の旅》日・朝・韓、怒涛の時代を生きる(6)
2002.09.08	通巻62号	55	尹達世	百済さん物語(その15)「愛知篇」
2002.09.08	通巻62号	18	太田良介	あるじのむさざんよう「知事選挙」
2002.09.08	通巻62号	52	金永悦	ナルッペ人生「風鳳大旗と青春時代」
2002.09.08	通巻62号	53	小島淑子	女のエッセイ「遺伝子は海を越えて」
2002.09.08	通巻62号	54		起承転々「並ぶ韓国人」
2002.09.08	通巻62号	58		掲示板
2002.09.08	通巻62号	60		読者の声
2002.09.08	通巻62号	62		雑記
2002.10.08	通巻63号	2		「馬鹿たちの行進」は誰がしているのか-『親日派のための弁明』に喝采おくる「新しい歴史教科書をつくる会」の愚-05年教科書採択、朝日交渉前にプロパガンダの二人三脚/大胆で支離滅裂なもの言いは謀略宣伝の手法そのもの/「反日感情」は有色人種を分轄統治する米国の陰謀なのか/韓日に重くのしかかった植民地統治未清算のツケ
2002.10.08	通巻63号	16		〈インタビュー〉李鍾元氏 《小泉訪朝以後の安定への道とは》「今こそ、北朝鮮が発しているシグナルを見誤ってはならない」
2002.10.08	通巻63号	21		拉致事件追及する一部日本人の奥底にあるもの「金正日体制を崩壊させ、韓半島を日本の影響下に置き、中国の覇権主義に対抗する」
2002.10.08	通巻63号	26	吉成繁幸	選挙によせる普通の有権者の期待度「大統領選はしらけムード」

발행일	지면정보		필자	제목
	권호	페이지		
2002.10.08	通巻63号	30	蔡春夫	在日韓民族無縁之霊碑韓日合同献歌に寄せて「この安息の地で、輪になって祖国を語ろう」
2002.10.08	通巻63号	32		続・現代時調の世界(10)「人生」在日の時調(三行詩)の会・訳
2002.10.08	通巻63号	34	金一男	一票の義務と権利 そして自由貿易協定(3)「東アジア共通の家」という方向
2002.10.08	通巻63号	39	尹達世	百済さん物語(その16)「東京篇」
2002.10.08	通巻63号	42		《韓日関係掘り起こし史》「沙也加の謎を解く」
2002.10.08	通巻63号	50	備仲臣道	《終わりなき修羅の旅》日・朝・韓、怒涛の時代を生きる(7)
2002.10.08	通巻63号	25		起承転々「拉致の歴史」
2002.10.08	通巻63号	38	太田良介	あるじのむさざんよう「野菜作り」
2002.10.08	通巻63号	58	金永悦	ナルッペ人生「韓国語の船長は誰になる」
2002.10.08	通巻63号	59		読者の声
2002.10.08	通巻63号	62		掲示板
2002.10.08	通巻63号	64		雑記
2002.11.08	通巻64号(11・12月合併号)	2		相互理解は近現代史の争点を洗いなおす(1)「日本にとっての韓国韓国にとっての日本」「歴史」とどう向かい合うのか/ペリーからマッカーサーまで
2002.11.08	通巻64号(11・12月合併号)	9		「朝鮮通信使ブーム」の光と影 拉致問題の現実と歴史、舞台の「同時進行」に思い複雑・・・
2002.11.08	通巻64号(11・12月合併号)	12	卞東運	北海道で強制労働犠牲者百一人の名瀑・遺骨発見「強制連行」の実態解明へ勢いづくか
2002.11.08	通巻64号(11・12月合併号)	16	四宮義隆	特別投稿-「拉致家族を救う会」が触れないもの 「人権は重いが歴史も重い」
2002.11.08	通巻64号(11・12月合併号)	22		追悼-ベルリン五輪のマラソン覇者・孫基禎氏 民族の英雄とその時代を忘れない
2002.11.08	通巻64号(11・12月合併号)	24		第一回世界韓商大会に参加して 「海外同胞政策において」すべてに優先すべき韓民族教育」
2002.11.08	通巻64号(11・12月合併号)	32		「京都/朝鮮紀行」初冬の京都、朝鮮の面影探すそぞろ歩き-《古代》平野神社/広隆寺/八坂神社/清水寺/伏見稲荷《中世から近世》金閣寺/松尾大社/樫原寺跡/赤山明神《近世から現代》尹東柱詩碑/京都南部教会/西陣/高麗美術館
2002.11.08	通巻64号(11・12月合併号)	40		《韓日関係掘り起こし史》渤海と日本-波涛を超えた持続的友好
2002.11.08	通巻64号(11・12月合併号)	47	尹達世	百済さん物語(その17)「岩手篇」
2002.11.08	通巻64号(11・12月合併号)	50	備仲臣道	《終わりなき修羅の旅》日・朝・韓、怒涛の時代を生きる(8)
2002.11.08	通巻64号(11・12月合併号)	20	太田良介	あるじのむさざんよう「信州人の悪食」
2002.11.08	通巻64号(11・12月合併号)	21	金永悦	ナルッペ人生「汗が川にさるまで!」
2002.11.08	通巻64号(11・12月合併号)	31		起承転々「立場逆転」

발행일	지면정보		필자	제목
	권호	페이지		
2002.11.08	通巻64号 (11・12月合併号)	62		〈編集部に届いた新刊から〉『在日徒然抄』(鄭煥麒著)・河出書房新社
2002.11.08	通巻64号 (11・12月合併号)	58		読者の声
2002.11.08	通巻64号 (11・12月合併号)	60		掲示板
2002.11.08	通巻64号 (11・12月合併号)	63		雑記
2003.01.08	通巻65号	2		見誤ってはならない盧武鉉氏当選の意味
2003.01.08	通巻65号	4		未完・未央ながら未来を志向、成熟への助走の年に-「二〇〇三年・ひつじ年は『辛抱』がキーワード」
2003.01.08	通巻65号	9	吉成繁幸	《初夢企画》「韓日鉄道海底トンネル」を走る
2003.01.08	通巻65号	14	岡崎徹	「二〇〇三年-ぱちんこ店経営戦略」パチスロ後退、パチンコ機優位に
2003.01.08	通巻65号	20	朴健市	「四重苦」で体力消耗の焼肉業界・・・　デフレ続きをどう生き残るのか
2003.01.08	通巻65号	38	卯月五郎	【緊急告発レポート】「さらに愚かなり、この心貧しき日本人たち」
2003.01.08	通巻65号	32		相互理解は近現代史の争点を洗いなおす(2)　「日本にとっての韓国館国にとっての日本」
2003.01.08	通巻65号	42	李正伯	【新連載】揺れかなる降倭-沙也加を追跡せう(1)
2003.01.08	通巻65号	46		《韓日関係掘り起こし史》「枡富安左衛門-没後70年-韓国で今も恩人と呼ばれる日本人」
2003.01.08	通巻65号	50		〈APURO'S REPORT〉韓信協が初の統一預金商品を発売
2003.01.08	通巻65号	51		〈APURO'S REPORT〉母校の明大で孫基禎さんを偲ぶ会
2003.01.08	通巻65号	52		〈APURO'S　REPORT〉札幌別院、バラ詰遺骨の個別性を確認へ
2003.01.08	通巻65号	60	備仲臣道	《終わりなき修羅の旅》日・朝・韓、怒涛の時代を生きる(9)
2003.01.08	通巻65号	13	太田良介	あるじのむさざんよう「地産地消」
2003.01.08	通巻65号	53		起承転々「追悼・江上波夫氏」
2003.01.08	通巻65号	65	金永悦	ナルッペ人生「夢を成し遂げた感動、再び」
2003.01.08	通巻65号	62		〈編集部に届いた新刊から〉『朝鮮義僧将・松雪大師と徳川家康』(中尾弘/曺永禄編・明石書店)/『高句麗残照ー積石塚の謎』(備仲臣道著・批評社)
2003.01.08	通巻65号	66		読者の声
2003.01.08	通巻65号	69		掲示板
2003.01.08	通巻65号	70		雑記
2003.02.08	通巻66号	2	吉成繁幸	《告発レポート/中国残留孤児集団訴訟》「揺れかに仰いだ祖国を〈被告〉に。残留孤児の慟哭を聞け」
2003.02.08	通巻66号	9		日朝懸案解決へ国交正常化交渉の再開こそ早道　困難な相手だからこそテーブルから離れてはならな

발행일	지면정보		필자	제목
	권호	페이지		
2003.02.08	通巻66号	14	輪永起	「歴史を伝える運動」を若者たちが推進 「自分探しの旅」そして、未来の創造へ
2003.02.08	通巻66号	20		今年も元気だ、コリアン・ムービー
2003.02.08	通巻66号	24		まだまだ続く、韓国料理ブーム
2003.02.08	通巻66号	28		〈特別投稿〉拉致関連イジメのあぞましさ　黙して耐える「韓国系」の心情
2003.02.08	通巻66号	33		〈特別投稿〉「行動する意志」失えば在日社会に未来はない
2003.02.08	通巻66号	38	李正伯	【新連載】揺れかなる降倭-沙也加を追跡せう(2)
2003.02.08	通巻66号	42		「聖徳太子はいなかった」説が定着の兆し—古代史教科書の書き換え必至か
2003.02.08	通巻66号	47		《韓日関係掘り起こし史》「この国のこと、古来、韓より起こりたる」-江戸時代の古代史論争を今に見る
2003.02.08	通巻66号	52	備仲臣道	《終わりなき修羅の旅》日・朝・韓、怒涛の時代を生きる(10)
2003.02.08	通巻66号	19	金永悦	ナルッペ人生「3番よ、6番は田舎に帰る!」
2003.02.08	通巻66号	46	太田良介	あるじのむさざんよう「還暦」
2003.02.08	通巻66号	57		起承転々「韓日リーグ」
2003.02.08	通巻66号	58		掲示板
2003.02.08	通巻66号	60		読者の声
2003.02.08	通巻66号	62		雑記
2003.03.08	通巻67号	2	李賛雨	「東北アの中心国家」めざす盧政権の前途は? 「韓国はクジラに伍すイルカになれるのか」
2003.03.08	通巻67号	6	四宮義隆	提言-東アジアで生きよう 「これからの日本は、近隣諸国との本当の協調抜きに生きられない」
2003.03.08	通巻67号	11	金一南	最近の祖国情勢と在日社会の実相 在日同胞のエネルギーを「東アジア協同体」の推進力に
2003.03.08	通巻67号	16		「韓流」今、中国語圏では韓国がトランド
2003.03.08	通巻67号	20	李喆雨	民謡・アリランの源流を求める旅 伝説の再照明へ南北の名唱を一堂に
2003.03.08	通巻67号	36		花の韓国紀行—気がるに出かけよう
2003.03.08	通巻67号	34		〈APURO'S REPORT〉大邱地下鉄参事で在日も義捐金
2003.03.08	通巻67号	35		〈APURO'S REPORT〉体育会が故・蔡洙仁氏の追悼式
2003.03.08	通巻67号	38		相互理解へ近現代の争点を洗いなおす(3) 「日本にとっての韓国・韓国にとって日本」
2003.03.08	通巻67号	30	李正伯	【好評連載】揺れか成る降倭-沙也加を追跡せう(3)
2003.03.08	通巻67号	46		《韓日関係掘り起こし史》「九州のクマ国から邪馬台国が見える」(上)
2003.03.08	通巻67号	51	備仲臣道	《終わりなき修羅の旅》日・朝・韓、怒涛の時代を生きる(11)
2003.03.08	通巻67号	15	太田良介	あるじのむさざんよう「山肉」
2003.03.08	通巻67号	36	金永悦	ナルッペ人生「明るいニュースはないのか」
2003.03.08	通巻67号	37		起承転々「BOAと趙容弼の間」

발행일	지면정보		필자	제목
	권호	페이지		
2003.03.08	通巻67号	59		〈編集部に届いた新刊から〉『韓国の希望 盧武鉉の夢』(盧武鉉·編著/青柳純一·編訳(現代書簡))
2003.03.08	通巻67号	60		掲示板
2003.03.08	通巻67号	62		読者の声
2003.03.08	通巻67号	64		編集雑記
2003.04.08	通巻68号	2		民団中央選挙を振り返る-本誌記者座談会- 静かに退場する「旧世代·旧手法」同胞社会再編へ組織改革待ったなし
2003.04.08	通巻68号	12		インタビュー 深川由起子氏「イラク戦争」後も韓国経済の足を引っ張る北朝鮮リスク若年層のネオナョナリズム
2003.04.08	通巻68号	16		生活の橋頭堡を固めつつあるニューカマー まぶしいほどの《韓国色》を発散「新宿」はまるでソウル市大久保洞お
2003.04.08	通巻68号	22		〈特別読み物〉「コリアびっくり、万華鏡」第一回 イタリア南部のコリアさん一族の祖先は韓国人/火葬場·地震体験を日本の観光資源に/人類初の飛行機は秀吉侵略時に朝鮮人がつくった?!
2003.04.08	通巻68号	32		金素月の世界(一) 『つつじの花』「在日の詩調(三行詩)の会」編·訳
2003.04.08	通巻68号	34	河正雄	〈特別投稿〉不透明時代こそ問われる教育力権威を外して内外の人材糾合を
2003.04.08	通巻68号	38	李正伯	【好評連載】揺れか成る降倭-沙也加を追跡施与(4) 「慕夏堂集」を辿り読む
2003.04.08	通巻68号	43		《韓日関係掘り起こし史》「九州のクマ国から邪馬台国が見える」(下)
2003.04.08	通巻68号	50	備仲臣道	《終わりなき修羅の旅》日·朝·韓、怒涛の時代を生きる(12)
2003.04.08	通巻68号	31	金永悦	ナルッペ人生「鏡の会」
2003.04.08	通巻68号	37		起承転々「残酷でかわいい、日本人」
2003.04.08	通巻68号	42	太田良介	あるじのむさざんよう「春雨」
2003.04.08	通巻68号	58		掲示板
2003.04.08	通巻68号	60		読者の声
2003.04.08	通巻68号	62		編集雑記
2003.05.08	通巻69号 (5·6月合併号)	2		〈特集〉外国人への人権擁護意識低下させる日本「治安」と「人権」を峻別できない不幸·法務省人権擁護局「人権意識は坂道のトロッコ」·弁護士による救済「闘うことで厚い壁を破るしかない」·日系アメリか陣が苦難から獲得した意識とは
2003.05.08	通巻69号 (5·6月合併号)	13	姜誠	〈特集〉広がる他者への「不寛容」「民族」と「国家」の価値分離を
2003.05.08	通巻69号 (5·6月合併号)	18		近江渡来人クラブー第2回ヒューマニテフォーラム21 日本の「地名の声」を聞けば韓日古代関係史が見えてくる アメノヒボコと秦氏/近江の渡来人文化/新笠妃「百済村」考/「摂津·河内」に残る古代朝鮮鉄を求めた新羅王子/日本海を渡った人々山城国渡来人地名の変遷/肥後の白木·百済来
2003.05.08	通巻69号 (5·6月合併号)	30		〈編集部に届いた新刊から〉特別版-『許浚』世界的な水準を抜く許浚の偉業 不朽の名著『東医宝鑑』はどう生まれたか

발행일	지면정보		필자	제목
	권호	페이지		
2003.05.08	通巻69号 (5·6月合併号)	36		金素月の世界(二)『母さん姉さん』『金の芝』「在日の時調(三行詩)の会」編·訳
2003.05.08	通巻69号 (5·6月合併号)	38	李正伯	【好評連載】揺れか成る降倭-沙也加を追跡せう(5)『朝鮮実録』のなかの〈沙也加〉
2003.05.08	通巻69号 (5·6月合併号)	42	吉成繁幸	《初夢企画》〈シルムとスモウは血を分けた兄弟〉東アジアの格闘技の血脈を探る ナゾの相撲用語は韓国語だった/相撲は南方起源という誤解/ハッケヨイのナゾを解く吉田司家
2003.05.08	通巻69号 (5·6月合併号)	54	備仲臣道	《終わりなき修羅の旅》日·朝·韓、怒涛の時代を生きる(13)
2003.05.08	通巻69号 (5·6月合併号)	17		起承転々「出生地主義」
2003.05.08	通巻69号 (5·6月合併号)	29	金永悦	ナルッペ人生「いつもそばに珍島犬」
2003.05.08	通巻69号 (5·6月合併号)	51	朴香実	在日三世留学記「韓国暮らし何か合いそう」
2003.05.08	通巻69号 (5·6月合併号)	53	太田良介	あるじのむさざんよう「山菜」
2003.05.08	通巻69号 (5·6月合併号)	52		〈編集部に届いた新刊から〉『曺智鉉写真集 猪飼野 追悼の1960年代』(新幹社)『金笠詩選』崔頭義編注(平凡社·東洋文庫)『「もの」から見た朝鮮民俗文化』朝倉敏夫編(新幹社)
2003.05.08	通巻69号 (5·6月合併号)	60		掲示板
2003.05.08	通巻69号 (5·6月合併号)	62		読者の声
2003.05.08	通巻69号 (5·6月合併号)	64		編集雑記
2003.07.08	通巻70号	2		第50回通常総会迎える韓信協 同質性生かして〈マンモス信組〉に求められる単一機関なみの結束強化
2003.07.08	通巻70号	6		相互理解へ近現代史の争点を洗いなおす〈4〉「倉氏改名」と麻生太郎発言
2003.07.08	通巻70号	14	金一男	韓半島の分岐に立つ「運命の政権」
2003.07.08	通巻70号	23	四宮義隆	〈特別投稿〉『赤鬼』のいる国と日本 「北朝鮮=赤鬼」論が今、日本で台頭
2003.07.08	通巻70号	26	石川弘雄	《襲撃の時代》その先にあるもの 外国人への人権擁護の低下と合わせて考える
2003.07.08	通巻70号	34	吉成繁幸	〈試行〉韓日言語の共通文法作成に向けて 日本語の古語文法で、韓国語の動詞や助動詞の活用を考える
2003.07.08	通巻70号	32		金素月の世界(三)『山月花』「在日の時調(三行詩)の会」編·訳
2003.07.08	通巻70号	40	李正伯	【好評連載】揺れか成る降倭-沙也加を追跡せう(6) 小説のなかの「沙也加」
2003.07.08	通巻70号	46	備仲臣道	《終わりなき修羅の旅》日·朝·韓、怒涛の時代を生きる(完)
2003.07.08	通巻70号	30	呉文子	エッセイ「あれは悪夢だったのか」

발행일	지면정보		필자	제목
	권호	페이지		
2003.07.08	通巻70号	49		〈特別読み物〉「コリアびっくり、万華鏡」第二回 世界で始めて金属活字で印刷/全自動オートマツック水時計や精密な天文観測機器、雨量計など/世界初の日刊新聞は、朝鮮朝中宗大王時代の『朝報』
2003.07.08	通巻70号	13		起承転々「セクハラとジェンダー」
2003.07.08	通巻70号	25	太田良介	あるじのむさざんよう「商売の原点」
2003.07.08	通巻70号	44	金永悦	ナルッペ人生「在日の民族教育とスポーツ」
2003.07.08	通巻70号	45	朴香実	在日三世留学記「異文化に触れる醍醐味」
2003.07.08	通巻70号	56		掲示板
2003.07.08	通巻70号	59		読者の声
2003.07.08	通巻70号	62		編集雑記
2003.08.08	通巻71号	2		六ヵ国協議を恒久安保機構に　北東アジアに新時代築く枠組み目指せ　強力機構で落伍する北東アは世界の三大危機地域　相互依存深めながらも信頼醸成に欠ける韓日中ナショナル・アイデンティティを未来ビジョンに
2003.08.08	通巻71号	12	卯月五郎	『バカの壁』近隣諸国との間にカベをつくる孤立主義
2003.08.08	通巻71号	16	崔康勲	ソウル、清渓川復元工事の起工を慶ぶ　背山臨水の風水都市・「漢城」の再現へ一歩
2003.08.08	通巻71号	18	金鎮熙	〈特別投稿〉滞る戸籍整理現状打開を急げ　朝総連離脱同胞の胸像を背景に訴える
2003.08.08	通巻71号	21	山下勝範	「在日」に自らの危機管理はあるのか　民団行政とマニュアルづくりを
2003.08.08	通巻71号	36		「朝鮮の宇宙論は最先端だった」八月二十七日の火星大接近を記念して
2003.08.08	通巻71号	32		金素月の世界(四)「在日の時調(三行詩)の会」編・訳『遠い後』/『昔はちっとも知らなかったのです』
2003.08.08	通巻71号	46	李正伯	【好評連載】揺れか成る降倭-沙也加を追跡せう(七)　小説のなかの「沙也加」
2003.08.08	通巻71号	52		〈特別読み物〉「コリアびっくり、万華鏡」第三回「韓国版こわい話」四霊の館-美少女との一夜/男につきまとう蛇の怨念御曹司はヘドロまみれに/韓国の妖怪いろいろ
2003.08.08	通巻71号	30		起承転々「ディスカバー日本を韓国人向けに」
2003.08.08	通巻71号	31	金永悦	ナルッペ人生「民族学校って何?」
2003.08.08	通巻71号	34	太田良介	あるじのむさざんよう「癌の再発」
2003.08.08	通巻71号	35	朴香実	在日三世留学記「掘っ立て小屋の猫」
2003.08.08	通巻71号	60		掲示板
2003.08.08	通巻71号	62		読者の声
2003.08.08	通巻71号	64		編集雑記
2003.09.08	通巻72号	2		関東地震・朝鮮人虐殺80周年 教訓ないがしろにするなゝなリズム〈第三の罪〉にいつまで目を閉ざすのか 石原都知事的こころの蔓延/〈第一の罪〉虐殺/〈第二の罪〉真相の封印/〈第三の罪〉不安の裏返し

발행일	지면정보		필자	제목
	권호	페이지		
2003.09.08	通巻72号	20	張学練	大学入学資格問題の本質とは 眠目は「北朝鮮系」外し 迷走続ける文科省
2003.09.08	通巻72号	15	四宮義隆	〈特別投稿〉災害時の助け合いこそ、国際化の指標 ニューカマー外国人を連携の対象に
2003.09.08	通巻72号	26	金弘洙	今の韓国に国としての基軸はあるか 対北・対米で国論分裂、過激な労使紛争
2003.09.08	通巻72号	30		設立15周年-高麗美術館の歩み「朝鮮美の粋あつめ きらりと光る」
2003.09.08	通巻72号	36		金素月の世界(五)「在日の時調(三行詩)の会」編・訳『行く道』/『日が山の背にしずんでも』
2003.09.08	通巻72号	40	李正伯	【好評連載】揺れか成る降倭-沙也加を追跡せう(八) 小説のなかの「沙也加」
2003.09.08	通巻72号	46		《韓日関係掘り起こし史》始祖は渡来百済王との伝説をもつ西国の名門大名・大内氏の正体とは
2003.09.08	通巻72号	52		韓国紅葉紀行-鮮やかな色彩と高い空を見つけに行こう
2003.09.08	通巻72号	57		「この秋、各地の文化観光祭り」
2003.09.08	通巻72号	19		起承転々 「祭りだワッショイ」
2003.09.08	通巻72号	28		ああ、責任時代 「腹におさめるということ」
2003.09.08	通巻72号	35	朴香実	在日三世留学記 「国内居所申告番号」
2003.09.08	通巻72号	39	金永悦	ナルッペ人生 「馬鹿のシャワー」
2003.09.08	通巻72号	58		掲示板
2003.09.08	通巻72号	61		読者の声
2003.09.08	通巻72号	62		編集雑記
2003.10.08	通巻73号	2		国の将来に見切り？30代の半数に「移民願望」
2003.10.08	通巻73号	9		教育・首切り・北核、「韓国に疲れる韓国人」「早期留学」・「延征出産」も社会問題に 韓国・中央日報の国民意識調査(資料)
2003.10.08	通巻73号	12		結束へ動く40万在日新華僑たち 8団体の交流をめざす組織発足
2003.10.08	通巻73号	16	備仲臣道	〈特別投稿〉なお生き、強要される 「天皇の勅」「神州第一」の山梨県立日川高校の校歌をめぐって
2003.10.08	通巻73号	22	金一男	読書ノート 『アジアの経済的達成』(上) 「土地貸し」に留まる北の「改革解放」「国際経済」と結びつく可能性は低い
2003.10.08	通巻73号	34		金素月の世界(六) 「在日の時調(三行詩)の会」編・訳 『道』
2003.10.08	通巻73号	38	李正伯	【好評連載】 揺れか成る降倭-沙也加を追跡せう(九) 小説のなかの 「沙也加」
2003.10.08	通巻73号	43		《韓日関係掘り起こし史》 韓日と中国大陸を結ぶ稲の道が見えて来た「五百年早くなった弥生時代、その意味」
2003.10.08	通巻73号	50		冬の韓国へ-「冬ソナ」ロケ地でスキーをしよう 日本からでも割安で便利なリゾート一覧
2003.10.08	通巻73号	30	金永悦	ナルッペ人生 「へんな改革」
2003.10.08	通巻73号	31	朴香実	在日三世留学記 「オアシスとバス」

발행일	지면정보		필자	제목
	권호	페이지		
2003.10.08	通巻73号	32		ああ、責任時代 「バガー・ヴァンスの伝説」
2003.10.08	通巻73号	37		起承転々 「賞味期限」
2003.10.08	通巻73号	49		[編集部に届いた新刊から]『在日外国人と帰化制度』(浅川晃広著・新幹社)『侵略神社－靖国思想を考えるために』(辻子実著・新幹社)
2003.10.08	通巻73号	54		掲示板
2003.10.08	通巻73号	56		読者の声
2003.10.08	通巻73号	58		編集雑記
2003.11.08	通巻74号(11・12月合併号)	2		日本経団連の外国人受け入れ問題中間報告 なぜ「多文化共生庁」が提唱せれるのか
2003.11.08	通巻74号(11・12月合併号)	6	四宮義隆	「東アジア協同体」を文明史の観点から追求したい
2003.11.08	通巻74号(11・12月合併号)	14	湯川博士	「大成功だった日韓将棋交流の旅」
2003.11.08	通巻74号(11・12月合併号)	11		〈APURO'S REPORT〉 民団が「在日同胞歴史資料館」設立へ
2003.11.08	通巻74号(11・12月合併号)	12		〈APURO'S REPORT〉 韓信協新会長に洪采植横浜商銀理事長
2003.11.08	通巻74号(11・12月合併号)	13		〈APURO'S REPORT〉 在日同胞出資のノンバンク二月開業へ
2003.11.08	通巻74号(11・12月合併号)	18		インタビュー/韓国の四半世紀を繰り続けた桑原史成氏 発光する 「激動の中の日常」の記録
2003.11.08	通巻74号(11・12月合併号)	22	備仲臣道	「息苦しい空間」の意味 甲府城に残る朝鮮侵略の系譜
2003.11.08	通巻74号(11・12月合併号)	26	朴善国	〈特別投稿〉 母校は国際化への障壁をあえて抱えるのか
2003.11.08	通巻74号(11・12月合併号)	30		金素月の世界(七) 「在日の時調(三行詩)の会」編・訳 『空の果て』『凧』
2003.11.08	通巻74号(11・12月合併号)	32	李正伯	揺れか成る降倭-沙也加を追跡せう(10) 《僕の先祖は壬辰倭乱の被虜人だった》
2003.11.08	通巻74号(11・12月合併号)	38		《韓日関係掘り起こ史》 泰氏とは何か(その一) 『古事記』は奏氏が書かせた？！
2003.11.08	通巻74号(11・12月合併号)	48	金一男	読書ノート 『アジアの経済的達成』(下) 「近代化」のハードルを超えるか、倒れるか 北朝鮮のカウントダウンは始まった
2003.11.08	通巻74号(11・12月合併号)	28	金永悦	ナルッペ人生 「サッカーで新しいコード合わせ」
2003.11.08	通巻74号(11・12月合併号)	29	朴香実	在日三世留学記 「届いた手編みのマフラー」
2003.11.08	通巻74号(11・12月合併号)	37		起承転々 「歴史まみれの大阪」
2003.11.08	通巻74号(11・12月合併号)	47		[編集部に届いた新刊から]『四百年の長い道-朝鮮出兵の痕跡を訪ねて』(尹達世著・リーブル出版)『日本のなかの世界-つくられるイメージと対話する世界』(原尻英樹著・新幹社)

발행일	지면정보		필자	제목
	권호	페이지		
2003.11.08	通巻74号 (11·12月合併号)	58		掲示板
2003.11.08	通巻74号 (11·12月合併号)	60		読者の声
2003.11.08	通巻74号 (11·12月合併号)	62		編集雑記
2004.01.08	通巻75号	2		初夢企画「アジア時代」を引っぱるアジアハイウェー　東京からイスタンブール一号線を走破する戦車が行き交った道は今、友好ロードに
2004.01.08	通巻75号	10		《恒例·年頭雑話》二〇〇四年は甲申　穏やかに「ものの始まり」を告げるか　危機を封鎖する知恵の質が問われる年
2004.01.08	通巻75号	16	林東生	東アジア共同体の形成をにらむ「地方参政権」獲得運動の展開を
2004.01.08	通巻75号	22	姜徳相	民族的な自覚と国際交流育くむ場-「在日同胞歴史資料館」の開設に向けて
2004.01.08	通巻75号	32	備仲臣道	〈新連載〉　韓日関係史に浮かぶ人物像を再検証する(二)「国民詩人·石川啄木」
2004.01.08	通巻75号	38		上田正昭氏の喜寿·単著50冊で祝賀会「渡来人史観」を先駆け、余生を共生·人権に
2004.01.08	通巻75号	36		金素月の世界(八)「在日の時調(三行詩)の会」編·訳『はるかぜ』(金億·作)
2004.01.08	通巻75号	44	李正伯	揺れか成る降倭-沙也加を追跡せう(11)「友鹿洞を訪ねる」
2004.01.08	通巻75号	62		《韓日関係掘り起こ史》　泰氏とは何か(その二)『古代〈奏王国〉は邪馬台国だった？!」
2004.01.08	通巻75号	54	朴馨鶴	【新春特別読物】　珍島犬探偵の事件簿「在日同胞女子学生殺人事件」
2004.01.08	通巻75号	41	金永悦	ナルッペ人生「在日韓国食文化の地位向上」
2004.01.08	通巻75号	42		起承転々「北朝鮮ラーメン論」
2004.01.08	通巻75号	43	朴香実	在日三世留学記「韓国語教師にチャレンジ」
2004.01.08	通巻75号	61		[編集部に届いた新刊から]『日本コリア新時代-またがる人々の物語』(共同通信社編集局JK取材班著·明石書店)『歳月は流水の如く』(姜在彦/竹中恵美子著·季刊青丘文化社)
2004.01.08	通巻75号	70		掲示板
2004.01.08	通巻75号	71		読者の声
2004.01.08	通巻75号	72		編集雑記
2004.02.08	通巻76号	2		《特集》「高句麗の帰属」めぐる韓中歴史紛争　お互いの国家形成のプロセルことら重要　許されない
2004.02.08	通巻76号	8	吉成繁幸	古代日本から見た高句麗「中華」と一線画す東北アの先進国民族·文化的に韓国·日本に連なる
2004.02.08	通巻76号	14	朴景久	「在日百年」に向かう同胞の「自意識」〈上〉　未来見すえた価値観の共有　同胞史ブームを巻き起こしたい「語り継ごう在日」が盛況　同胞史掘り起こす民団·「在日に権利としての日本国籍を」確立協が集会

발행일	지면정보		필자	제목
	권호	페이지		
2004.02.08	通巻76号	22	李成俊	〈特別投稿〉 九年前の阪神淡路大震災の教訓に思う 急がれる民団の危機管理体制づくり
2004.02.08	通巻76号	26		中華学院への日本人入学者が急増 それは「韓国学校」の近未来の姿なのか
2004.02.08	通巻76号	30	備仲臣道	韓日関係史に浮かぶ人物像を再検証する(二) 「司馬遼太郎」
2004.02.08	通巻76号	36		金素月の世界(九) 「在日の時調(三行詩)の会」編・訳 『彼らの秘めごとを誰か知る』(黄錫禹)
2004.02.08	通巻76号	40	崔頭義	〈新連載〉 韓国美術史研究ノート(Ⅰ) 画人安堅の「夢遊桃源図」
2004.02.08	通巻76号	44	李正伯	揺れか成る降倭-沙也加を追跡せう(12) 「友鹿洞を訪ねる」
2004.02.08	通巻76号	49		《韓日関係掘り起こ史》 泰氏とは何か(その三) 『伊勢神宮と奏氏との深いかかわり』
2004.02.08	通巻76号	21		起承転々 「光源氏の名付け親」
2004.02.08	通巻76号	35	金永悦	ナルッペ人生 「在日日本人」
2004.02.08	通巻76号	39	朴香実	在日三世留学記 「念願の慶州旅行へ」
2004.02.08	通巻76号	58		掲示板
2004.02.08	通巻76号	60		読者の声
2004.02.08	通巻76号	62		編集雑記
2004.03.08	通巻77号	2	深川由起子	求心力なき時代が生んだ盧大統領の悲運 統治能力の発揮が困難な背景に急拡大した社会的な亀裂がある
2004.03.08	通巻77号	7	吉成繁幸	歴史家・網野善彦さん悼む 「常識」を「解体」しながら新たな日本史像を構築した
2004.03.08	通巻77号	12	朴景久	「在日百年」に向かう同胞の「自意識」〈下〉 脆弱性抱える「在日ナショナリズム」民団の存在価値を今一度問い直そう
2004.03.08	通巻77号	20		4月1日 韓国高速鉄道(KTX)開業 春の韓国、新幹線「初乗り」の旅
2004.03.08	通巻77号	23		春から夏へ、KTXで行く各地のイベント
2004.03.08	通巻77号	25		『時調(三行詩)』 第五集の刊行にあたって 千変万化の器に託す「我々の心のアルバム」
2004.03.08	通巻77号	34		金素月の世界(十) 「在日の時調の会」編・訳 『朝鮮の心』(卞栄魯)
2004.03.08	通巻77号	30	李淑子	【特別投稿】 万景峰に乗るということ
2004.03.08	通巻77号	32	韓吉明	あまりに愚かな「親日行為糾明法」
2004.03.08	通巻77号	38	備仲臣道	韓日関係史に浮かぶ人物像を再検証する(三) 「柳宗悦」
2004.03.08	通巻77号	44	李正伯	揺れか成る降倭-沙也加を追跡せう(13) 「もう一人の沙也司」
2004.03.08	通巻77号	50	崔頭義	〈新連載〉 韓国美術史研究ノート(2) 室町期以後の絵画の交流
2004.03.08	通巻77号	54		《韓日関係掘り起こ史》 百太夫・白太夫とは何か 傀儡渡来の史実を秘めた謎の民間信仰
2004.03.08	通巻77号	37		起承転々 「パール・ハーバーの授業」
2004.03.08	通巻77号	43	金永悦	ナルッペ人生 「韓国は民主主義?民衆主義?」
2004.03.08	通巻77号	49	朴香実	在日三世留学記

발행일	지면정보		필자	제목
	권호	페이지		
2004.03.08	通巻77号	62		掲示板
2004.03.08	通巻77号	64		編集雑記
2004.04.08	通巻78号 (4・5月合併号)	2		＜特集＞未体験ゾーンに入る韓国政治の不安と可能性　与野党は対北政策の協調を最優先にいまこそ西ドイチの教訓に学ぶべき
2004.04.08	通巻78号 (4・5月合併号)	3		「弾劾新判」で憲法裁が大統領にクギを刺した意味
2004.04.08	通巻78号 (4・5月合併号)	6		内に熾烈で外に弱い政治体質が招いた「弾劾」
2004.04.08	通巻78号 (4・5月合併号)	9		危機意識あればこそハンナラは柔軟保守目指せ
2004.04.08	通巻78号 (4・5月合併号)	15		ウリ党の中道路線堅持で〈強制政治〉は可能だ
2004.04.08	通巻78号 (4・5月合併号)	16		【コラム】　ウリ党、薄皮一枚の過半数
2004.04.08	通巻78号 (4・5月合併号)	20	島村玄	【特別投稿】　落選運動が韓国に残したしこり
2004.04.08	通巻78号 (4・5月合併号)	24		インタビュー　教育テレビ「ハングル講座」の若手女優　山本梓さん＆江川有未さん
2004.04.08	通巻78号 (4・5月合併号)	28	備仲臣道	韓日関係史に浮かぶ人物像を再検証する(四)　文化財の破壊・略奪に狂噴奔した学者たち
2004.04.08	通巻78号 (4・5月合併号)	32		金素月の世界(十一)　『奪われた野にも春はくるのか』李相和『あなたの歌』金素月
2004.04.08	通巻78号 (4・5月合併号)	37		韓国名山の旅　韓国旅行の新しい楽しみの一つに
2004.04.08	通巻78号 (4・5月合併号)	42	李正伯	揺れか成る降倭-沙也加を追跡せう(14)　「もう一人の沙也司」(2)
2004.04.08	通巻78号 (4・5月合併号)	47		《韓日関係掘り起こ史》　古代・筑紫の国とは新羅の国のことなり
2004.04.08	通巻78号 (4・5月合併号)	54	崔頭義	〈連載〉韓国美術史研究ノート(3)　真景山水画の第一人者鄭敾/金弘道と申潤福/奔放　不羈の画人張承/民族文化財を収集した全潤松
2004.04.08	通巻78号 (4・5月合併号)	23	金永悦	ナルッペ人生　「中高生から若者への手紙」
2004.04.08	通巻78号 (4・5月合併号)	31		起承転々　「ヨン様登場までの日々」
2004.04.08	通巻78号 (4・5月合併号)	64		編集雑記

월간 유학생(月刊留学生)

1 서지적 정보

『월간유학생』은 주식회사 다이고(大悟)에서 1999년 6월 창간하여 매월 1일 발행되고 있는 일본유학생을 위한 일본유학의 최신 정보를 안내해주는 길잡이 잡지이다. 또한 한국과 일본의 교류를 목적으로 하며, 일본의 문화·행사·습관 등의 소개 등과 함께 일본유학생활 전반의 지원을 하고 있다. 발행부수는 약 3만부이고 무료로 배포되고 있다. 일본 전국의 일본어학교, 전문학교, 대학 그리고 도쿄 도심부에 있는 한국 상점가 및 한국관련 기업 및 한국내의 고등학교 대학의 일본어 관련 학과 등에 배포되고 있다.

주요 구성 내용을 살펴보면 일한대역종합정보지인 『월간유학생』은 전문 기자들이 일본의 다양한 생활정보, 뉴스를 비롯하여 평소에 간과하고 넘어가기 쉬운 내용을 철저히 취재하여 독자에게 전해주는 특집 기획 코너를 연재하고 있다. 그 외에도 일본의 전문학교·대학을 소개하는 「스쿨 나비」, 유학생의 하루 일과를 소개하는 「어떤 유학생의 하루」, 유학생활에 필요한 아르바이트·취직정보 등의 일본생활의 다양한 정보와 지식을 제공하고 있다.

2 편집후기

우경실
신입생 모든 분들 입학 축하드립니다. 이제부터 열심히 최고의 유학생활을 보냅시다.

전문정

봄이네요. 아직 모집중입니다. 오세요.

김창진

은혜로운 계절이 찾아왔습니다. 동경 우에노 공원의 사쿠라가 파아란 하늘과 어우러져 향기를 더하는 감사의 계절인 4월 봄과 함께하는 월간유학생 많이 사랑해 주시고요. 쌍해피한 4월 되세요.

윤범기

모든 분들 마감 수고하셨습니다. 이번에는 꽤 힘들었네요. 이제부터 또 힘냅시다.

임한준

입사해서 최초의 편집후기! 모르는 것이 많아요. 하지만 힘내겠습니다.

 3 목차

발행일	지면정보		필자	제목
	권호	페이지		
2004.04.00	No.58	55		まんが
2004.04.00	No.58	59		掲示板
2004.04.00	No.58	71		video/book/cd
2004.04.00	No.58	73		イベント案内
2004.04.00	No.58	74		日韓ニュース
2004.04.00	No.58	78		リクルート情報
2004.04.00	No.58	79		学校資料請求
2010.03.00	No.129	10		お得に楽しむ春 無料＆格安スポットで遊ぼう
2010.03.00	No.129	18		尚美ミュージックカレッジ専門学校
2010.03.00	No.129	18		聖学院大学
2010.03.00	No.129	38		進学から就職まで留学生のための年間スケジュール
2010.03.00	No.129	22		ニッポン!雑学紀行 日本の卒業式
2010.03.00	No.129	42		ディア・ドクター
2010.03.00	No.129	44		ケロロ軍曹
2010.03.00	No.129	46		大学合格者Interview 大学入試のための学習計画
2010.03.00	No.129	24		進学資料館
2010.03.00	No.129	33		ある留学生の一日
2010.03.00	No.129	34		よしおかともこの日本語
2010.03.00	No.129	50		日本は今
2010.03.00	No.129	52		video/book/cd
2010.03.00	No.129	55		留学生ランキング
2010.03.00	No.129	56		オリジナルレシピ
2010.03.00	No.129	57		情報広場
2010.03.00	No.129	61		アルバイト・就職情報
2010.03.00	No.129	63		学校資料請求

월간 이어(月刊イオ)

○ ○ ○

 서지적 정보

　월간. 1996년 7월에 창간되어 2016년 8월까지 총 242호 발간이 확인된다. 타이틀 '이어'가 한글로 표기되어 있고, 일본어와 영어 표기가 부기되어 있다. 부제에 '재일동포를 네트워크한다(在日同胞をネットワークする)'고 적혀 있다. 한글 타이틀 위에 'io means the inheritance of national identity by Koreans of all generations in Japan.'이라고 영어로 설명되어 있다. 내용은 재일동포 정보지의 성격이다. 발행인은 김원택(金元沢)이고, 편집주간 홍영우(洪永佑), 편집인은 김창선(金昌宣), 발행소는 조선신보사이다. 정가는 600엔.

　지면구성은 특집, 특별기획, 시, 기행, 인간 공방(工房), 4컷 만화, 부드러운 법률상담 Q&A, NYOSONG, Woman's Forum 등으로, 여성에 특화된 내용이 많다. 주된 특집에 「30대-가족, 일, 인생」(창간호, 1996.7), 「젊은 부부의 아이 양육법 고찰」(1997.1), 「도쿄 오사카 '동포 동네'」(1997.6), 「특별기획: 만경봉호92 탐험기」(1997.6), 「21세기 '재일동포사회'를 전망하다」(1997.7), 「인터넷과 동포 네트워크」(1997.9), 「동포결혼 매뉴얼」(1997.10), 「동포 건강 라이프」(1998.7), 「KOREAN NEW AGE」(1998.9), 「8.15와 재일조선인」(1999.8), 「재일KOREAN 가족의 초상」(2000.3), 「동포 기업가」(2000.5), 「남북 7천만의 바람을 모아-민족통일을 향한 새로운 이정표-」(2000.8), 「통일 코리아와 재일코리안」(2000.10), 「조선반도의 지금」(2001.6), 「우리들 민족의 아이덴티티」(2002.1), 「조선의 전통차」(2004.11), 「한신·아와지대지진, 동포들의 10년」(2005.1), 「영화 속 KOREA」(2005.12), 「현대 한국 정치 이해의 포인트」(2007.5), 「파친코 업계의 리얼-동포 경영자의 공방」(2007.9), 「동포연극의 세계」(2008.3), 「이어 세대의 '부모 문제'-초고령화사회를 맞이하여」(2008.8), 「조선민주주의 창건 60주년」(2008.9), 「1세가 있는 풍경」(2010.1),

「전설의 재일 스포츠맨」(2010.4), 「조선 무용-표현으로의 길」(2010.6), 「조선과 일본의 100년-젊은이들의 생각」(2010.8), 「애니메이션의 세계」(2010.10), 「이재지의 동포들」(2011.6), 「재일 외국인의 에스닉 비즈니스」(2011.12), 「김정일 총서기 서거」(2012.2), 「재일조선인과 매스미디어」(2013.6), 「해방을 재고하다 1945-1950」(2015.3), 「어떻게 할 것인가 북일관계」(2015.6), 「조선 면 요리의 세계」(2015.9), 「STOP! 헤이트스피치」(2016.5) 등이 있다.

2 목차

발행일	지면정보		필자	제목
	권호	페이지		
1996.07.01	No.001	57		〈4コマ漫画〉ユンさん一家
1996.07.01	No.001	58	金静媛	〈Sepia〉古郷·済州島のにおい
1996.07.01	No.001	64	鄭康淑	〈もう一つの旅〉高麗郷
1996.07.01	No.001	70		〈朝鮮史の顔〉金正浩~謎多き偉大な地理学者　朴春日(文)·李鏞勲(絵)
1996.07.01	No.001	72		〈アボジ作って!〉HARUMI風カツオのニンニクしょうゆ漬け 盧英男(絵)
1996.07.01	No.001	74		〈ウリマル図鑑〉ピクニック編 洪永佑(絵)
1996.07.01	No.001	80		〈いちにのさんし〉尹東基さん·洪且任さん一家
1996.07.01	No.001	33		アンケートに答えてプレゼントをもらおう!
1996.07.01	No.001	2		io INTERVIEW 阿部 寛
1996.08.01	No.002	10		〈特集〉ヤキニク賛歌　原点·滋養·浪漫·友愛　下町「朝鮮人の村」の味「金華園」東京都荒川/イメージは「洋」「松竹園」北海道札幌市/境地を魅せる　「游玄亭」東京都赤坂/焼肉屋の王道を行く「京苑」大阪府東大阪市/焼肉といえばホルモン「喰鈦呂」岡山県倉敷市/きょうは焼肉だ!
1996.08.01	No.002	1	李芳世	〈io poem〉空気入れ
1996.08.01	No.002	6		〈WOMAN〉イオの名付け親は先生、生徒たちのオモニ役
1996.08.01	No.002	24		〈4コマ漫画〉ユンさん一家
1996.08.01	No.002	25		〈人間工房〉単純作業に職人芸が光る町工場　大阪市西成区の木村金属·西河金属
1996.08.01	No.002	29		覆面座談会/長男の嫁、沈黙を破る
1996.08.01	No.002	34		もっと大事なものがある「ウリ民族フォーラム96」in北海道
1996.08.01	No.002	39		朝高インターハイ参加選手一挙初紹介
1996.08.01	No.002	40		〈ウリハッキョの元気たち〉心をはぐくむ　奈良朝鮮初中級学校
1996.08.01	No.002	42		地に根付き芽を吹く1万人の卒業生たち
1996.08.01	No.002	45	李才暎	〈NYOSONG〉リレーエッセイ MY LIFE/名前
1996.08.01	No.002	49		BOOKS
1996.08.01	No.002	50		io INFORMATION/読者の声
1996.08.01	No.002	53		VIEW POINT/月刊FILE
1996.08.01	No.002	57		〈Sepia〉いつも大勝利の喧嘩
1996.08.01	No.002	58	尹弻錫	〈とんぼえこのみい〉カードをガード
1996.08.01	No.002	59	洪正秀	〈やさしい法律相談Q&A〉出生届、認知、国籍
1996.08.01	No.002	60		〈もう一つの旅〉舞鶴
1996.08.01	No.002	66		〈朝鮮史の顔〉黄真伊~「才」と「色」にたけた妓生　朴春日(文)·李鏞勲(絵)
1996.08.01	No.002	68	盧英男	〈アボジ作って!〉あさりのニンニク蒸し 盧英男(絵)
1996.08.01	No.002	70		〈ウリマル図鑑〉海と川の生きもの 洪永佑(絵)
1996.08.01	No.002	80		〈いちにのさんし〉金琴順さん一家

발행일	지면정보		필자	제목
	권호	페이지		
1996.08.01	No.002	72		かたくて苦い一世の味がした ハルモニのサムチュ
1996.08.01	No.002	74		アジアに平和を運ぶ鳥 (図解)クロツラヘラサギ
1996.08.01	No.002	33		イオ読者プレゼント
1996.08.01	No.002	2		〈io INTERVIEW〉武田鉄矢 幸せのものさしは心にある
1996.09.01	No.003	12		〈特集〉民族教育/喜怒哀楽 中国・四国の朝鮮学校を訪ねて 若手先生は奮闘中・生徒の笑顔は語る・オモニは優しい力持ち アボジの「学校」・日本の人々の感想
1996.09.01	No.003	41		教育現場から一言　朝鮮学校お元気MAP
1996.09.01	No.003	63		イオ特別企画/学校は面白い!?
1996.09.01	No.003	68		解説/教科書にみる民族教育
1996.09.01	No.003	70		想い出コラム
1996.09.01	No.003	72		かわいい子に旅をさせよ/福岡朝鮮初中
1996.09.01	No.003	75		小倉朝鮮幼稚園
1996.09.01	No.003	76		ふっこうをたすける生徒の笑顔/東神戸朝鮮初中級学校・伊丹朝鮮初級学校
1996.09.01	No.003	78		ツバメもアユも生徒達も/滋賀朝鮮初中級学校
1996.09.01	No.003	10	李芳世	〈io poem〉好きな人
1996.09.01	No.003	2		「この思いを言葉に託すことはできません」アトランタ五輪/ケ・スニ16歳、田村を制し金獲得「スニの強さの秘訣はコチュジャン」-IJF・A級審判員・玄昌貴
1996.09.01	No.003	25		〈人間工房〉オモニの味を追い求める企業家/東京都新宿区の竹の商事株式会社
1996.09.01	No.003	29		〈4コマ漫画〉ユンさん一家
1996.09.01	No.003	30		障碍児をもつオモニたちの会「ムジゲ会」 子供たちに虹の架け橋を
1996.09.01	No.003	34		〈もう一つの旅〉対馬
1996.09.01	No.003	40	尹弼錫	〈とんぽえこのみい〉ギャンブルと財政
1996.09.01	No.003	47	洪正秀	〈やさしい法律相談Q&A〉戸籍、婚姻用件具備証明書
1996.09.01	No.003	50	南永昌	〈sepia〉アボジと名前と民族
1996.09.01	No.003	51	鄭明心	〈NYOSONG〉・リレーエッセイ MY LIFE/5歳で哲学!・聞いて!教えて! 0-157家庭での予防法・チャリッソ!・チョンスギの子育て日記・くらし彩々・らくらくレシピ
1996.09.01	No.003	55		BOOKS
1996.09.01	No.003	56		io INFORMATION/読者の声
1996.09.01	No.003	59		VIEW POINT/月刊FILE
1996.09.01	No.003	80		〈アボジ作って!〉牛のテッシャン卵とじ盧英男(絵)
1996.09.01	No.003	82		〈ウリマル図鑑〉やさいとくだもの 洪永佑(絵)
1996.09.01	No.003	84		厳菊地 だから今、「ピョルムリ」を歌う
1996.09.01	No.003	86		〈いちにのさんし〉朴宗根さん、金英喜さん一家
1996.09.01	No.003	33		イオ読者プレゼント

발행일	지면정보		필자	제목
	권호	페이지		
1996.09.01	No.003	6		〈io INTERVIEW〉山田太一 人間が一つになる時って、素敵だと思う
1996.10.01	No.004	11		〈特集〉同胞玄人集団
1996.10.01	No.004	12		インタビュー・現実は必ず法律を超える/高英毅・企業エリートを相手に実力戦、精神戦、忍耐戦/権京鎬・「ちいさなことからこつこつと」/李元美
1996.10.01	No.004	18		同胞お助けマン一覧
1996.10.01	No.004	20		資格獲得の資格
1996.10.01	No.004	22		イオが選んだ有望私学39
1996.10.01	No.004	34		〈特別企画〉流された物と、流されないもの 96年、夏の平壌を歩く・懐の深い朝鮮の社会主義/関寛治・けれど自信、ゆとり、人々の表情/吉田康彦・大切なことはふれあうこと/井筒陽子
1996.10.01	No.004	30		本場のプロが教える朝鮮舞踊
1996.10.01	No.004	41		PHOTO 猪飼野
1996.10.01	No.004	1	李芳世	〈io poem〉にらめっこ
1996.10.01	No.004	6	鄭慶順	〈WOMAN〉さわやかな笑顔で幸せの架け橋を
1996.10.01	No.004	25		〈人間工房〉高度な技術で水圧リフト製造/埼玉県吉川市のサンマックス
1996.10.01	No.004	29		〈4コマ漫画〉ユンさん一家
1996.10.01	No.004	32		読者の声
1996.10.01	No.004	45	韓玲	〈NYOSONG〉・リレーエッセイ MY LIFE/月の丘で・聞いて!教えて!・ドクター高の健康な話・チョンスギの子供て日記・くらし彩々・らくらくレシピ
1996.10.01	No.004	49		BOOKS
1996.10.01	No.004	50		io INFORMATION
1996.10.01	No.004	52		金泳三強権政治の実像 「光州事件」の再来か
1996.10.01	No.004	54		VIEW POINT/月刊FILE
1996.10.01	No.004	57	李貞姫	〈sepia〉七人の刑事!?
1996.10.01	No.004	60	呉民学	〈とんぽえこのみい〉住宅市場ノキーワードは「高」
1996.10.01	No.004	61	洪正秀	〈やさしい法律相談Q&A〉入居拒否を受けたら
1996.10.01	No.004	62		〈もう一つの旅〉能登半島
1996.10.01	No.004	70		〈朝鮮史の顔〉乙支文徳~知略に富んだ名武将　朴春日(文)・李鏞勲(絵)
1996.10.01	No.004	72		〈アボジつくって!〉ジャガイモとニンニクのフライ盧英男(絵)
1996.10.01	No.004	74		〈ウリマル図鑑〉とりのなかま 洪永佑(絵)
1996.10.01	No.004	80		〈いちにのさんし〉曺在尭さん一家
1996.10.01	No.004	33		イオ読者プレゼント
1996.10.01	No.004	77		オモニたちのドラゴン宣言
1996.10.01	No.004	6		〈io INTERVIEW〉中島らも/朝鮮の人とは融和して育ってきた

발행일	지면정보		필자	제목
	권호	페이지		
1996.11.01	No.005	10		〈特集〉祭祀のある風景~民族性の底に流れるもの
1996.11.01	No.005	11	柳昌夏	祭祀と民族
1996.11.01	No.005	14		イオ版・祭祀マニュアル 祭羞(チェス)・式順
1996.11.01	No.005	20		祭祀50人アンケート あなたは祭祀「肯定派」? それとも「否定派」?
1996.11.01	No.005	24		祭祀のスペシャリスト 金栄愛さんに聞く
1996.11.01	No.005	74		〈特別企画〉仕事専科　夢、カタチにしました・花に気持ちを宿らせて/李昌茂さん・沈和宿さん夫婦・21世紀同胞の「設計図」を描く/金錫宏さん・それぞれが人間らしくあうために/金景美さん・ラーメンを通じて国際的交流を/白永鉉さん・動く絵画、熱帯魚に魅せられて/曺武彦さん
1996.11.01	No.005	34	文聖喜	困難を乗り越える人たち
1996.11.01	No.005	30		知らされぬ歴史を掘り起こして 少女たちの文化祭/大宮北高アジア文化研究会
1996.11.01	No.005	39		PHOTO 在日同胞大文化祝典
1996.11.01	No.005	1	李芳世	〈io poem〉こどもになったハンメ
1996.11.01	No.005	6		〈WOMAN〉十の瞳にかこまれて、新妻保母さん健闘中/李善美さん
1996.11.01	No.005	25		〈人間工房〉貴金属に夢を託す職人・芸術家/愛知県名古屋のジュエリーアート・リー
1996.11.01	No.005	29		〈4コマ漫画〉ユンさん一家
1996.11.01	No.005	45	朴珣愛	〈NYOSONG〉・リレーエッセイ MY LIFE/シネマパラダイス・聞いて!教えて!・ダクター高の健康な話・チャリッソ!?・チョンスギの子育て日記・くらし彩々・らくらくレシピ
1996.11.01	No.005	49		BOOKS
1996.11.01	No.005	50		io INFORMATION
1996.11.01	No.005	52		読者の声
1996.11.01	No.005	53		VIEW POINT/月刊FILE
1996.11.01	No.005	57	金順愛	〈sepia〉スルギに満ちたオモニ
1996.11.01	No.005	60	呉民学	〈とんぼえこのみい〉就業意欲喪失者と雇用統計
1996.11.01	No.005	61	洪正秀	〈やさしい法律相談Q&A〉「帰化」と「朝鮮籍」の回復
1996.11.01	No.005	62		〈もう一つの旅〉函館
1996.11.01	No.005	68		〈朝鮮史の顔〉論介~万丈の気高さと愛国 朴春日(文)・李鏞勲(絵)
1996.11.01	No.005	70		〈アボジつくって!〉キムチの炊き込みに飯盧英男(絵)
1996.11.01	No.005	72		〈ウリマル図鑑〉むしのなかま 洪永佑(絵)
1996.11.01	No.005	80		〈いちにのさんし〉崔斗善さん一家
1996.11.01	No.005	33		イオ読者プレゼント
1996.11.01	No.005	2		〈io INTERVIEW〉大竹しのぶ/日常って、強い意志がないと流されるから
1996.12.01	No.006	10		〈特集〉体育会系で行こう

발행일	지면정보		필자	제목
	권호	페이지		
1996.12.01	No.006	12		·俺たちにノーサイドはない/大阪「チョンリマ・ラグビークラブ」·解禁直後の房総でヒラメに挑む/千葉「釣友会」·自分自身を鍛える/神奈川「武道サークル」
1996.12.01	No.006	18		〈SPECIAL INTERVIEW〉気が付けばボールを蹴っていた/在日朝鮮蹴球団団長·金光浩·バレーは仕事、趣味はサーフィン/NECプレーイングコーチ·楊成太
1996.12.01	No.006	20		公開!487の汗-あなたもいい汗流しませんか
1996.12.01	No.006	22		大切なのは「遊び心」/国際トレーナー協会理事長·高英雄さん
1996.12.01	No.006	1	李芳世	〈io poem〉輪
1996.12.01	No.006	6		〈WOMAN〉チャンダンに身を任せ民族の風に乗る/呉錦さん
1996.12.01	No.006	25		96年·朝鮮問題を解剖する/「懲りない面々」の妄言/「不沈空母」と「朝鮮有事」/「国際化」日本と常任理事国入り/恐ろしきかな「北バッシング」/「政権」の「死に体化」/潜水艦座礁事件と米「韓」の溝
1996.12.01	No.006	31		〈4コマ漫画〉ユンさん一家
1996.12.01	No.006	33	武蔵野	東京の中の朝鮮を探す/小綿先生と行く小さな旅
1996.12.01	No.006	38		〈とんぼえこのみい〉TVショッピングと実演効果
1996.12.01	No.006	39		〈やさしい法律相談Q&A〉「帰化」と「朝鮮籍」の回復
1996.12.01	No.006	40		北方の関門、外七宝
1996.12.01	No.006	45	朴才暎	〈NYOSONG〉·リレーエッセイ MY LIFE/アジアの女·聞いて!教えて! ドクター高の健康な話/今年こそは風邪しらず! チャリッソ!?·チョンスギの子育て日記·くらし彩々·らくらくレシピ
1996.12.01	No.006	49		BOOKS
1996.12.01	No.006	50		io INFORMATION
1996.12.01	No.006	52		読者の声
1996.12.01	No.006	53		印刷用シリンダーのトップ企業/東京都荒川区工業株式会社
1996.12.01	No.006	57	李順愛	〈sepia〉学生? それとも先生?
1996.12.01	No.006	59		朝銀の心臓部·朝信共同計算センターに行く~すべての朝銀はセンターのスイッチで動き出す
1996.12.01	No.006	62		〈もう一つの旅〉長野
1996.12.01	No.006	70		〈朝鮮史の顔〉金笠~風刺に見る悲哀と反骨　金正浩(文)·李鏞勲(絵)
1996.12.01	No.006	72		〈アボジ作って!〉朝鮮風茶碗蒸し盧英男(絵)
1996.12.01	No.006	74		〈ウリマル図鑑〉どうぶつ 洪永佑(絵)
1996.12.01	No.006	76		アボジは強シ、オモニは凄シ/東京朝鮮第九初級学校フリーマーケット
1996.12.01	No.006	80		〈いちにのさんし〉兪英植さん、金愛恩さん一家
1996.12.01	No.006	32		イオ読者プレゼント
1996.12.01	No.006	2		〈io INTERVIEW〉仲代達矢/役者は死ぬまで就業です。
1997.01.01	No.007	8		〈特集〉若い夫婦のこ育て考　学校の外に民族教育はあるか

발행일	지면정보		필자	제목
	권호	페이지		
1997.01.01	No.007	9		ヨンエとチョルホに あなたたちに伝えておきたいこと
1997.01.01	No.007	12		ルポ① 私の"こだわり"を子供に伝えたい
1997.01.01	No.007	14		ルポ② 子供たちにいつも聞かせてきたこと
1997.01.01	No.007	18		〈アボジ、オモニの想い出〉私へと継がれる思い(金相水)/夢に出てきた故郷(高演義)/信念を貫いた生きざま(尹弼暎)
1997.01.01	No.007	23		家庭教育お役立ちグッズ
1997.01.01	No.007	20		アンケート 家庭での民族教育、どのようにしていますか？
1997.01.01	No.007	59		〈特別企画〉朝鮮人参の「秘」を読み解く
1997.01.01	No.007	60		〈特別企画〉(朝鮮人参博士)玄丞倍先生にインタビュー
1997.01.01	No.007	62		〈特別企画〉ガン、エイズを撃退する
1997.01.01	No.007	64		〈特別企画〉朝鮮人参グッズ一挙公開
1997.01.01	No.007	29		チョソンサラムの姓、本、族譜、親戚
1997.01.01	No.007	54		〈朝鮮人強制連行真相調査団全国交流集会〉過去の清算、新たな未来のために
1997.01.01	No.007	1		〈連載〉GRAVURE/for2000
1997.01.01	No.007	5		〈連載〉iopoem/パダ(海)
1997.01.01	No.007	25		〈連載〉人間工房/鳥獣剥製作り40年
1997.01.01	No.007	37		〈連載〉ioルネッサンス
1997.01.01	No.007	42		〈連載〉エッセイ/とっておきのお話
1997.01.01	No.007	56		〈連載〉やさしい法律相談Q&A/相続
1997.01.01	No.007	49		〈連載〉BOOKS
1997.01.01	No.007	50		〈連載〉ioINFORMATION
1997.01.01	No.007	52		〈連載〉読者の声
1997.01.01	No.007	53		〈連載〉パソコンビギナー脱出講座
1997.01.01	No.007	58		〈連載〉Sepia/アボジが一番？オモニが一番?
1997.01.01	No.007	68		〈連載〉もう一つの旅/飛騨
1997.01.01	No.007	76		〈連載〉朝鮮史の顔/王建
1997.01.01	No.007	78		〈連載〉ウリマル図鑑/花と草
1997.01.01	No.007	80		〈連載〉いちにのさんし/柳小姐さん一家
1997.01.01	No.007	57		〈連載〉イオ読者新春プレゼント
1997.01.01	No.007	45		〈Woman's Forum〉WOMAN 気持ちの安らぐ場所を持つ
1997.01.01	No.007	33		IO INTERVIEW 奥田英二 ほとんど右脳だけで生きている。
1997.02.01	No.008	8	朴点水	〈特集〉言葉が人間を創る〈朝鮮語は面白い〉
1997.02.01	No.008	10	呉平韓	〈特集〉朝鮮語に見る様々な風景を見下ろしてみる
1997.02.01	No.008	14		〈特集〉知っておこう、日本語になった朝鮮語
1997.02.01	No.008	17	康成銀	〈特集〉〈訓民正音〉1444年、民族がひとつになった日
1997.02.01	No.008	63		〈特別企画〉野を越え 山越え、毎日が遠足だ!遠距離通学
1997.02.01	No.008	64		〈特別企画〉乗り越しちゃっても大丈夫だよ
1997.02.01	No.008	66		〈特別企画〉遠距離通学、豊かな自然でたくましく

발행일	지면정보		필자	제목
	권호	페이지		
1997.02.01	No.008	68		〈特別企画〉通学の3時間は子供の成長の時
1997.02.01	No.008	20		Mt.PEAKDO 朝鮮は白頭山とともに永遠なり
1997.02.01	No.008	45		Woman's Forum WOMAN/呉明美さん 一生に一度の晴れ舞台だから
1997.02.01	No.008	59		〈イオ・スペシャルインタビュー〉97年度 経済展望を聞く
1997.02.01	No.008	29		ハルモニは百歳、一家は189人
1997.02.01	No.008	54		時事問題 在日朝鮮人にプライバシーはないのか~民族教育は在日朝鮮人の当然の権利です
1997.02.01	No.008	1		〈連載〉GRAVURE/for2000
1997.02.01	No.008	5	李芳世	〈連載〉iopoem/ちいさなあめ
1997.02.01	No.008	25		〈連載〉人間工房/京都南区の野山鉄工所
1997.02.01	No.008	36		〈連載〉Sepia/心の中の財産
1997.02.01	No.008	37		〈連載〉ioルネッサンス
1997.02.01	No.008	42		〈連載〉とっておきのお話
1997.02.01	No.008	49		〈連載〉BOOKS
1997.02.01	No.008	50		〈連載〉ioINFORMATION
1997.02.01	No.008	52		〈連載〉読者の声
1997.02.01	No.008	53		〈連載〉パソコンビギナー脱出講座
1997.02.01	No.008	56		〈連載〉やさしい法律相談Q&A/交通事故
1997.02.01	No.008	70		〈連載〉もう一つの旅/上州
1997.02.01	No.008	76		〈連載〉朝鮮史の顔/南怡
1997.02.01	No.008	78		〈連載〉ウリマル図鑑/がっき
1997.02.01	No.008	80		〈連載〉いちにのさんし/朴漢斗さん一家
1997.02.01	No.008	57		〈連載〉イオ読者新春プレゼント
1997.02.01	No.008	33		〈IO INTERVIEW〉三上博史/重要なのは役、「種」は自分が持っている。
1997.03.01	No.009	8		〈特集〉ハラボジ・ハルモニはただものではない
1997.03.01	No.009	10		〈特集〉一世ルポ① 道はいつもひとつしかない
1997.03.01	No.009	10		〈特集〉自分の道を歩き続ける/許順信ハルモニ・東京都荒川区在住
1997.03.01	No.009	13		〈特集〉自転車こいで50年、「仕事」に生きる/李四竜ハラボジ・静岡県浜松市在住
1997.03.01	No.009	16		〈特集〉一世ルポ② 「シルバーシート」はまだ早い!
1997.03.01	No.009	59		〈特別企画〉不況を乗り越える(ザイニチコリアン青年商工人、企業を語る)/勉強しよう、これが今年のテーマ(金光雄)/人と夢にかけてみたい(呂光安)/不況の今だからこそ、新事業を始めたい(李正雄)
1997.03.01	No.009	4		世界は新たな国際秩序の構築に向かう・チュチェ思想は「アルファ」であり「オメガ」である/エドモン・ジューブ・チュチェ思想の持つ普遍性/イゴリールキャーノフ
1997.03.01	No.009	42		〈special interview〉中丸 薫 人間復興を目指して

발행일	지면정보		필자	제목
	권호	페이지		
1997.03.01	No.009	29		知っているようで知らない朝鮮の常識
1997.03.01	No.009	58		〈COLUMN〉for2000/埼玉朝鮮幼稚園
1997.03.01	No.009	54		〈読者写真館〉・セットン・シンフォニー・ぼくらの年越し
1997.03.01	No.009	45		〈Woman's Forum〉WOMAN/尹正烈さん 不変の石に魂を吹き込む
1997.03.01	No.009	1		〈連載〉GRAVURE/for2000
1997.03.01	No.009	5	李芳世	〈連載〉iopoem/卒業の日
1997.03.01	No.009	25		〈連載〉人間工房/大阪市東成区の田河縫製
1997.03.01	No.009	36	李徳鎬	〈連載〉Sepia/家族の愛国的な背中
1997.03.01	No.009	37		〈連載〉ioルネッサンス
1997.03.01	No.009	66		〈連載〉とっておきのお話
1997.03.01	No.009	49		〈連載〉BOOKS
1997.03.01	No.009	50		〈連載〉ioINFORMATION/ユンさん一家
1997.03.01	No.009	52		〈連載〉読者の声
1997.03.01	No.009	53		〈連載〉パソコンビギナー脱出講座
1997.03.01	No.009	56		〈連載〉やさしい法律相談Q&A/離婚
1997.03.01	No.009	68		〈連載〉もう一つの旅/仙台・松島
1997.03.01	No.009	76		〈連載〉朝鮮史の顔/申師任堂
1997.03.01	No.009	78		〈連載〉ウリマル図鑑/のりもの
1997.03.01	No.009	80		〈連載〉いちにのさんし/金雪順さん一家
1997.03.01	No.009	57		〈連載〉イオ読者新春プレゼント
1997.03.01	No.009	33		〈IO INTERVIEW〉春風亭 小朝 落語家としてプロ中のプロに
1997.04.01	No.010	8		〈特集〉すぐそこの医療問題「高齢化社会、同胞医療の取り組みと課題」
1997.04.01	No.010	9		〈特集〉対談(朴春浩×姜京富)同胞社会と医療
1997.04.01	No.010	12		〈特集〉体験が介助具を生み出した アーチ工房・申君子さん
1997.04.01	No.010	13		〈特集〉生命の誕生、それは神秘の世界 助産婦・高英淑さん
1997.04.01	No.010	14		〈特集〉病院の中から外から、同胞高齢者の健康を支える 大阪市生野区の共和病院の取り組み
1997.04.01	No.010	16		〈特集〉主な在日同胞治療機関
1997.04.01	No.010	61		〈特別企画〉(在日コリアンのための海外旅行準備マニュアル)旅行の達人 楽しい旅行のためのQ&Aビザを取る! 出発までのタイムテーブル SUPER荷造り術
1997.04.01	No.010	40		やっと見つかけた私の世界(サークル・西東京の女たち)・八王子チャンゴソジョ「ヘダンファ」・陶芸サークル西東京本部と南部支部・中部支部親子サークル「ミレミレド」・西部支部チンダルレ舞踊サークル
1997.04.01	No.010	20		(共和国から教育援助費と奨学金が送られて40年) そこに祖国が見えた 祖国の温かさ、ありがたみを体感させてくれた(朱炫暾)/炭抗から見えた校舎は、同胞の誇りだった(全潤玉)
1997.04.01	No.010	54		日朝の心が創り上げたプロフェッショナルな舞台「二月の芸術の夕べ」

발행일	지면정보		필자	제목
	권호	페이지		
1997.04.01	No.010	29		「ハンコウル・ハントンネ」梁博司が夢見たもの
1997.04.01	No.010	45		〈Woman's Forum〉WOMAN/韓錦玉さん 魅力ある歌は人間性を磨くことから
1997.04.01	No.010	33		〈IO INTERVIEW〉上沼 恵美子 主婦生活のこぼれ話をユーモアの包みにくるんで
1997.04.01	No.010	1		〈連載〉GRAVURE/for2000
1997.04.01	No.010	58		〈連載〉COLUMN/for2000
1997.04.01	No.010	5	李芳世	〈連載〉iopoem/二十歳
1997.04.01	No.010	25		〈連載〉人間工房/千葉県松戸市の和幸メリヤス
1997.04.01	No.010	36	金英善	〈連載〉Sepia/群馬の美人3姉妹
1997.04.01	No.010	37		〈連載〉ioルネッサンス
1997.04.01	No.010	66		〈連載〉とっておきのお話
1997.04.01	No.010	49		〈連載〉BOOKS
1997.04.01	No.010	50		〈連載〉io INFORMATION/ユンさん一家
1997.04.01	No.010	52		〈連載〉読者の声
1997.04.01	No.010	53		〈連載〉パソコンビギナー脱出講座
1997.04.01	No.010	56		〈連載〉やさしい法律相談Q&A/弁護士費用
1997.04.01	No.010	70		〈連載〉もう一つの旅/岡山
1997.04.01	No.010	76		〈連載〉朝鮮史の顔/崔茂宣
1997.04.01	No.010	78		〈連載〉ウリマル図鑑/のりもの
1997.04.01	No.010	80		〈連載〉いちにのさんし/許在述さん一家
1997.04.01	No.010	57		〈連載〉イオ読者新春プレゼント
1997.05.01	No.011	8		〈特集〉朝鮮の科学遺産(過去の「知」が語るもの)
1997.05.01	No.011	9	任正爀	〈特集〉伝統科学から民族科学へ(科学遺産への視点)
1997.05.01	No.011	10		〈特集〉亀甲船 日本水軍を打ち破った世界初の鉄甲船
1997.05.01	No.011	12		〈特集〉瞻星台 1300年前、天空の星は科学の目で眺められていた
1997.05.01	No.011	14	金鉄央	〈特集〉まだまだある朝鮮の科学遺産・測雨器・金属活字・渾天時計・大東興地図　・天象列次分野之図・高麗八万大蔵経
1997.05.01	No.011	17		〈特別企画〉ここにタフガイ達がいた(俺たちは飾らない)
1997.05.01	No.011	18	五壮現	〈特別企画〉寸分の狂いなく コンクリートを打ち込む
1997.05.01	No.011	19	文俊一	〈特別企画〉汗と油で真っ黒の手は整備士の勲章
1997.05.01	No.011	20	河定基	〈特別企画〉目指す究極の桧の皮剥きは「爆弾剥き」
1997.05.01	No.011	21	盧光吉	〈特別企画〉食べやすいように、鉄を調理する
1997.05.01	No.011	22	金栄浩	〈特別企画〉鉄クズに必要なのはパワーとテクニック
1997.05.01	No.011	23	鄭明水	〈特別企画〉天下一品の蒸し豚を極める
1997.05.01	No.011	29		朝鮮産わらを通し心で結んだ朝・日友好
1997.05.01	No.011	63		〈特別ルポ〉託された夢を建てる[阪神・被災・復興・未来]
1997.05.01	No.011	41		続・知っているようで知らない朝鮮の常識

발행일	지면정보		필자	제목
	권호	페이지		
1997.05.01	No.011	58		PHOTO 朝鮮の名勝、金剛山
1997.05.01	No.011	45		〈Woman's Forum〉WOMAN/金英蘭さん 未来へと受け継がれる名作を創りたい
1997.05.01	No.011	33		〈IO INTERVIEW〉立川 志の輔 古典落語を現代の話として聞かせたい
1997.05.01	No.011	1		〈連載〉GRAVURE/for2000
1997.05.01	No.011	5	李芳世	〈連載〉iopoem/こもりうた
1997.05.01	No.011	25		〈連載〉人間工房/東京都荒川区の日新化工株式会社
1997.05.01	No.011	36	権載玉	〈連載〉Sepia/教師生活40年、その始まり
1997.05.01	No.011	37		〈連載〉ioルネッサンス
1997.05.01	No.011	49		〈連載〉BOOKS
1997.05.01	No.011	50		〈連載〉ioINFORMATION/ユンさん一家
1997.05.01	No.011	52		〈連載〉読者の声
1997.05.01	No.011	53		〈連載〉パソコンビギナー脱出講座
1997.05.01	No.011	56		〈連載〉やさしい法律相談/別居と離婚
1997.05.01	No.011	66		〈連載〉とっておきのお話
1997.05.01	No.011	70		〈連載〉もう一つの旅/福岡
1997.05.01	No.011	79		〈連載〉朝鮮史の顔/淵蓋蘇文
1997.05.01	No.011	78		〈連載〉ウリマル図鑑/みのまわりのしなもの
1997.05.01	No.011	80		〈連載〉いちにのさんし/権元玉さん一家
1997.05.01	No.011	57		〈連載〉イオ読者新春プレゼント
1997.06.01	No.012	6		〈特集〉東京 大阪「同胞トンネ」
1997.06.01	No.012	22		〈特集〉キーワードは「ハンマウル」「ハントンネ」/(対話)金文吉 x 金格生「同胞トンネ」はここにもある/(サークル紹介)岩手・宮城・山口・神奈川
1997.06.01	No.012	38		〈特集〉一世の背中・足立(文景南氏)/生野(張沢煥氏)
1997.06.01	No.012	10		足立vs生野5番勝負!
1997.06.01	No.012	12		ROUND1. 学校
1997.06.01	No.012	14		ROUND2. サークル
1997.06.01	No.012	16		ROUND3. 青年
1997.06.01	No.012	18		ROUND4. 美人
1997.06.01	No.012	20		ROUND5. 味覚
1997.06.01	No.012	61		〈特別企画〉マンギョンボン92探検記(ハイテクマシンが満載だ)
1997.06.01	No.012	66		〈特別企画〉(イラストで見る)これがマンギョンボン92だ
1997.06.01	No.012	29		朴永順さんのチョゴリ教室
1997.06.01	No.012	40		どうしたらいい? 家庭料理の栄養バランス
1997.06.01	No.012	42		「未来のコリア」を持ち挙げろ(175キロー日本中学記録を破る)
1997.06.01	No.012	54		遊びよりも井碁がたのしいよ

발행일	지면정보		필자	제목
	권호	페이지		
1997.06.01	No.012	45		〈Woman's Forum〉WOMAN/金卿蘭さん いろんな方向からリラックスを
1997.06.01	No.012	33		〈IO INTERVIEW〉桃井 かおり 台詞は何千、何万もの可能性を持っている。
1997.06.01	No.012	3	李芳世	〈連載〉io poem/跳び箱
1997.06.01	No.012	25		〈連載〉人間工房/岐阜県多治見市の仁川木工所
1997.06.01	No.012	36	張弘順	〈連載〉Sepia/オモニパワーの中で
1997.06.01	No.012	49		〈連載〉BOOKS
1997.06.01	No.012	50		〈連載〉ioINFORMATION/ユンさん一家
1997.06.01	No.012	52		〈連載〉読者の声
1997.06.01	No.012	53		〈連載〉パソコンビギナー脱出講座
1997.06.01	No.012	56		〈連載〉やさしい法律相談/セクハラ
1997.06.01	No.012	66		〈連載〉とっておきのお話
1997.06.01	No.012	70		〈連載〉もう一つの旅/広島
1997.06.01	No.012	76		〈連載〉朝鮮史の顔/李仁老
1997.06.01	No.012	78		〈連載〉ウリマル図鑑/みのまわりのしなもの2
1997.06.01	No.012	80		〈連載〉いちにのさんし/朴尚祚さん一家
1997.06.01	No.012	57		〈連載〉イオ読者新春プレゼント
1997.07.01	No.013	8		〈特集〉21世紀、「在日同胞社会」を展望する
1997.07.01	No.013	9		〈対談〉金鍾一X崔英俊・私たちは「私たち」の「あり方」を示す世代
1997.07.01	No.013	12	朴規元・辛広美	〈ルポ〉それぞれおの「実践」一世たちがいてくれたから、今の自分がいる
1997.07.01	No.013	14	尹吉恵・貴子	器を広げる、いろんな人との出会いの場を作る
1997.07.01	No.013	12	尹鐘哲・鄭弘美	パートナーとしてライバルとして歩いていきたい
1997.07.01	No.013	18		学校のことになればすぐに飛んでくる千葉のオモニ/千葉朝鮮初中級学校オモニ会
1997.07.01	No.013	20		合言葉は「同胞青年を探し出そう!」在日本朝鮮青年同盟埼玉県北部支部
1997.07.01	No.013	61		〈特別企画〉地域密着 同胞ミニ情報紙のススメ・編集編・製作編・アイテム編 ・番外編・自叙伝をつくる
1997.07.01	No.013	66		各地域の情報紙製作ルポ 地域の同胞ネットワークはこうして実現/山口県宇部小野田支部/ハナ・神奈川県横浜支部/トッ・千葉県西部支部/セイブ・群馬県本部/トンポ
1997.07.01	No.013	29		広島田植え体験記 苗から育む日本と朝鮮の友好
1997.07.01	No.013	33		時事スポット・「3+1」方式で四者会談の実現へ、朝鮮半島の平和と安全保障を・「新潟少女拉致疑惑」の不可解さ・「覚醒剤蜜輸嫌疑」の共和国船長が不起訴釈放
1997.07.01	No.013	45		〈Woman's Forum〉WOMAN/尹弘美さん 主婦やサラリーマンが、ストレスを笑い飛ばす。カラオケは今や「文化」
1997.07.01	No.013	40		特別座談会/金日成主席逝去3周年に際して 世界をリードした偉大な政治家、思想家(田辺 誠・井上周八・厳正彦(司会))

발행일	지면정보		필자	제목
	권호	페이지		
1997.07.01	No.013	1		〈連載〉GRAVURE/for2000
1997.07.01	No.013	5	李芳世	〈連載〉iopoem/赤いリュックサック
1997.07.01	No.013	24		〈連載〉COLUMN/for2000
1997.07.01	No.013	25		〈連載〉人間工房/愛知県瀬戸市の「陶芸作家」金憲鎬
1997.07.01	No.013	36	李和勇	〈連載〉Sepia/歌声が一つになった
1997.07.01	No.013	38		〈連載〉ioルネッサンス
1997.07.01	No.013	49		〈連載〉BOOKS
1997.07.01	No.013	50		〈連載〉ioINFORMATION/ユンさん一家
1997.07.01	No.013	52		〈連載〉読者の声
1997.07.01	No.013	53		〈連載〉パソコンビギナー脱出講座
1997.07.01	No.013	56		〈連載〉やさしい法律相談/交通事故
1997.07.01	No.013	58		〈連載〉とっておきのお話⑦
1997.07.01	No.013	68		〈連載〉もう一つの旅/神津島
1997.07.01	No.013	76		〈連載〉朝鮮史の顔/許蘭雪軒
1997.07.01	No.013	78		〈連載〉ウリマル図鑑/みのまわりのしなもの3
1997.07.01	No.013	80		〈連載〉いちにのさんし/朴鏞鉄・鄭貴南さん一家
1997.07.01	No.013	57		〈連載〉イオ読者新春プレゼント
1997.08.01	No.014	8		〈特集〉いまをときめく朝鮮女性 私たちを甘く観てはいけません-大阪、和歌山、栃木の活気-
1997.08.01	No.014	12		〈特集〉学校を支える天下無敵のオモニ集団 東京朝鮮第三初級学校「オモニ会」
1997.08.01	No.014	14		〈特集〉輪を広げるオモニたちの宅配便 女性同盟京都府西支部
1997.08.01	No.014	17		〈特集〉日本各地でイベントが目白押しだ!
1997.08.01	No.014	18		〈特集〉活気ウーマン大集会!
1997.08.01	No.014	20		〈特集〉漫画 オモニ
1997.08.01	No.014	1		ウリ民族フォーラム'97 いま行動を起こすとき-「過去」と「現在」と「未来」をつなぐ青商会-
1997.08.01	No.014	22		冷たいスタミナ 冷麺「ピョンヤンレンミョン」かくありき
1997.08.01	No.014	29		親子で読みたい朝鮮のおばけ・トケビ お化けのトケビは忘れんぼう 李錦玉(文)・洪瑛佑(絵)
1997.08.01	No.014	38		金剛山歌劇団-その素顔と舞台裏 民族の種の蒔き続ける同胞プロ集団
1997.08.01	No.014	42		似てるかな?僕のアボジ、私のオモニ 長野朝鮮初中級学校、兵庫県・高砂朝鮮初中級学校
1997.08.01	No.014	62		読者写真館
1997.08.01	No.014	63		〈特別企画〉[ルポ]解放の分析52年 一世は歩きつづける
1997.08.01	No.014	64		二人組めば恐いものなし 東京都町田市・呉素煥さん、金英さん
1997.08.01	No.014	66		誰にも負けないピョンヤンフリーク 埼玉県深谷市・白鐘浩さん

발행일	지면정보		필자	제목
	권호	페이지		
1997.08.01	No.014	45		〈Woman's Forum〉WOMAN/朴扶仁さん 自分をゼロとすれば お客様を100まで持ち上げる
1997.08.01	No.014	33		〈IO INTERVIEW〉高橋恵子「役」を通して自分も何か学びたい
1997.08.01	No.014	25		〈連載〉人間工房/福井県小浜市の林商店
1997.08.01	No.014	49		〈連載〉BOOKS
1997.08.01	No.014	50		〈連載〉ioINFORMATION/ユンさん一家
1997.08.01	No.014	52		〈連載〉読者の声
1997.08.01	No.014	53		〈連載〉パソコンビギナー脱出講座
1997.08.01	No.014	54		〈連載〉ioルネッサンス
1997.08.01	No.014	56		〈連載〉やさしい法律相談/子供の国籍
1997.08.01	No.014	66		〈連載〉とっておきのお話⑦
1997.08.01	No.014	36	文智花	〈連載〉Sepia/私の誇り
1997.08.01	No.014	70		〈連載〉もう一つの旅/静岡
1997.08.01	No.014	76		〈連載〉朝鮮史の顔/文益漸
1997.08.01	No.014	78		〈連載〉ウリマル図鑑/どうぐ
1997.08.01	No.014	80		〈連載〉いちにのさんし/李今伊さん一家
1997.08.01	No.014	57		〈連載〉イオ読者新春プレゼント
1997.08.01	No.014	6		夏の特大プレゼント
1997.09.01	No.015	8		〈特集〉ホームページは同胞社会を変える?! インターネットと同胞ネットワーク/同胞ホームページ
1997.09.01	No.015	14	河民一	〈特集〉ホームページに同胞交流のマダンを
1997.09.01	No.015	18		〈特集〉ホームページは同胞社会を変える?! インターネットと同胞ネットワーク/サイバースペースに住むコリアンたち
1997.09.01	No.015	18	文一宣	〈特集〉発展途上のインターネットだから偉業のタネがある
1997.09.01	No.015	19	李名生	〈特集〉インターネットで全世界に民族教育の素晴らしさを知らせる
1997.09.01	No.015	20	鄭正卓	〈特集〉インターネットのなかにバーチャル都市を作り上げる
1997.09.01	No.015	21		〈特別企画〉DPRK 難関を乗り越え復興を目指す共和国
1997.09.01	No.015	21		〈インタビュー〉理学博士・玄丞培氏に聞く 新技術導入で開かれる共和国農業
1997.09.01	No.015	23		〈現状報告〉額に汗する共和国の人々、それを支援する人々
1997.09.01	No.015	37		西新井病院長 金万有 尽くす気持ちにためらいはない
1997.09.01	No.015	53		日高生の熱い夏。ぼくが「ぼく」であるために
1997.09.01	No.015	64		ファミリースポーツフェスティバル 東京青商会主催 アボジ、オモニ、チョンサンフェのお兄さん ありがとう
1997.09.01	No.015	45		〈Woman's Forum〉Woman's Interview 働く女性のために、その思いが24時間保育を続けさせてきた/金秀美さん
1997.09.01	No.015	33		〈IO INTERVIEW〉鹿賀丈史 ものを感じられる空間を作っていく
1997.09.01	No.015	1		〈連載〉for2000

발행일	지면정보		필자	제목
	권호	페이지		
1997.09.01	No.015	25		〈連載〉人間工房/三重県員弁郡の金竜鋳工株式会社
1997.09.01	No.015	49		〈連載〉MEDIA
1997.09.01	No.015	50		〈連載〉INFORMATION
1997.09.01	No.015	51		〈連載〉読者の声/ユンさん一家
1997.09.01	No.015	29		〈新連載〉朝鮮のむかしばなし
1997.09.01	No.015	41		〈新連載〉io招待席/古田典子
1997.09.01	No.015	42		〈連載〉ioルネッサンス
1997.09.01	No.015	52		〈連載〉やさしい法律相談/氏名の変更
1997.09.01	No.015	58		〈連載〉とっておきのお話
1997.09.01	No.015	61	催裕行	〈連載〉Sepia/同胞の信頼のなかで
1997.09.01	No.015	68		〈連載〉もう一つの旅/京都
1997.09.01	No.015	76		〈連載〉朝鮮史の顔/于勒
1997.09.01	No.015	78		〈連載〉ウリマル図鑑/スポーツ
1997.09.01	No.015	80		〈連載〉いちにのさんし/朴南順さん一家
1997.09.01	No.015	57		〈連載〉イオ読者新春プレゼント
1997.10.01	No.016	6		〈特集〉同胞結婚マニュアル(婚約から結婚式までここがポイント)
1997.10.01	No.016	14		〈特集〉突撃迷惑ルポ 新婚さんおじゃまします!
1997.10.01	No.016	16		〈特集〉ベストセレクション・チョゴリ・ジュエリー・婚礼家具・ホテル・結婚式場
1997.10.01	No.016	12		〈特集〉結婚かな? と思ったら チェック開始(同胞結婚相談所ってどんな所?)
1997.10.01	No.016	61		〈特別企画〉粋なトンポお店 「しらかわ」(北海道)「いろり」(東京)「 るサンメイト」(愛知)「だるま素司」(広島)
1997.10.01	No.016	67		こぼれ話 (取材の旅先から)「笑い」が意味するもの
1997.10.01	No.016	22		朝鮮学校51年目, 勝利の夏!
1997.10.01	No.016	24		西東京青商会 元気印、全員集合(秋川渓谷「森林村」での川遊び)
1997.10.01	No.016	38		ハルモニの麦わら帽子
1997.10.01	No.016	53		文芸講習会 海を渡ってきた祖国の専門家
1997.10.01	No.016	45		〈Woman's〉Forum Woman's Interview どこかに落ちてるチャンスを見つけて/李潤連さん
1997.10.01	No.016	33		〈IO INTERVIEW〉喜納 昌吉 僕が歌うのは、きっと「生」に対する渇望だろうね
1997.10.01	No.016	1		〈連載〉for2000
1997.10.01	No.016	25		〈連載〉人間工房/埼玉県吉川市の平山製作所
1997.10.01	No.016	29		〈連載〉朝鮮むかしばなし/ふしぎなうちわ
1997.10.01	No.016	66	申美子	〈連載〉Sepia/学校のぬくもり
1997.10.01	No.016	41		〈連載〉io招待席
1997.10.01	No.016	42		〈連載〉ioルネッサンス

발행일	지면정보		필자	제목
	권호	페이지		
1997.10.01	No.016	49		〈連載〉MEDIA
1997.10.01	No.016	50		〈連載〉INFORMATION
1997.10.01	No.016	51		〈連載〉読者の声/ユンさん一家
1997.10.01	No.016	52		〈連載〉やさしい法律相談/自宅の購入
1997.10.01	No.016	58		〈連載〉とっておきのお話
1997.10.01	No.016	70		〈連載〉もう一つの旅/東京
1997.10.01	No.016	76		〈連載〉朝鮮史の顔/金万重
1997.10.01	No.016	78		〈連載〉ウリマル図鑑/かぞく、親戚①
1997.10.01	No.016	80		〈連載〉いちにのさんし/李吉相さん一家
1997.10.01	No.016	57		〈連載〉イオ読者新春プレゼント
1997.11.01	No.017	6		〈特集〉食文化に根付く民族の伝統・たかがキムチ、されどキムチ 民族の伝導師=キムチが行く
1997.11.01	No.017	8	李鉄鎮	〈特集〉エッセイ キムチの味はオモニの手に宿る霊妙な神の力の配剤のたまもの
1997.11.01	No.017	10		〈特集〉鶴橋、上野、川崎-同胞トンネ キムチ名人を訪ねる
1997.11.01	No.017	22		〈特集〉マンガ キムチ屋ハルモニ
1997.11.01	No.017	16		韓米主婦のためのキムチの漬け方
1997.11.01	No.017	33		〈特別企画〉金正日朝鮮労働党総書記就任 社会主義朝鮮の新たな時代がはじまる
1997.11.01	No.017	38		〈インタビュー〉チュチェの時代を切り開く 金正日総書記/尾上健一
1997.11.01	No.017	40		〈インタビュー〉朝鮮労働党総書記就任で21世紀は朝鮮の時代になる/金明哲
1997.11.01	No.017	69		民族教育・喜怒哀楽 北信越編 小さな学校で培われていく大きな夢
1997.11.01	No.017	53		続々知っているようで知らない朝鮮の常識/朝鮮民俗遊戯編
1997.11.01	No.017	25		「朝鮮料理展経営集中講座」(1)経営者のポリシーが問われる時代
1997.11.01	No.017	45		〈Woman's Forum〉Woman's Interview「ありがとう」この一言がやりがいを与えてくれる/辛錦玉さん
1997.11.01	No.017	57		〈IO INTERVIEW〉千葉真一
1997.11.01	No.017	1		〈連載〉for2000
1997.11.01	No.017	25		〈連載〉人間工房/愛知県小牧市の木之下製作所
1997.11.01	No.017	29		〈連載〉朝鮮むかしばなし/ふくべから生まれた力もち
1997.11.01	No.017	42		〈連載〉ioルネッサンス
1997.11.01	No.017	49		〈連載〉MEDIA
1997.11.01	No.017	50		〈連載〉INFORMATION
1997.11.01	No.017	51		〈連載〉読者の声/ユンさん一家
1997.11.01	No.017	52		〈連載〉やさしい法律相談/医療過誤
1997.11.01	No.017	62		〈連載〉とっておきのお話

발행일	지면정보		필자	제목
	권호	페이지		
1997.11.01	No.017	65	朴枝憲	〈連載〉Sepia/ウリマル研究に捧げたアボジ
1997.11.01	No.017	76		〈連載〉朝鮮史の顔/崔益鉉
1997.11.01	No.017	78		〈連載〉ウリマル図鑑/かぞく、親戚②
1997.11.01	No.017	80		〈連載〉いちにのさんし/黄福徳さん一家
1997.11.01	No.017	24		〈連載〉イオ読者新春プレゼント
1997.12.01	No.018	6		〈特集〉同胞サイエンティスト 科学する人々
1997.12.01	No.018	6	申在均	〈特集〉巻頭エッセイ 40年の歳月の流れ、変ったもの変わらないもの
1997.12.01	No.018	8	崔興基	〈特集〉限りなく人間に近いのもを作り出す-それはロボット研究者の夢
1997.12.01	No.018	10	蔡晃植	〈特集〉 植物を科学的アプローチで研究。つきない好奇心が突き動かす
1997.12.01	No.018	12	車源日	〈特集〉大学とは違う企業での研究、商品化へのさらなる探求がある
1997.12.01	No.018	14	徐義孝	〈特集〉自然界にないものを人工的に作る。そこに夢が広がる
1997.12.01	No.018	16	朴熙万	〈特集〉根元的な研究を世界規模でおこなわれ、蓄積していく成果は人類の李さんになる
1997.12.01	No.018	18	金秀良	〈特集〉新しいものを発見すること、自分だけが知っている楽しみがたまらない
1997.12.01	No.018	20		金正日総書記就任を祝う同胞大祝典 2万5千人による祝賀の輪
1997.12.01	No.018	38		〈イオトピックス〉着実に進展する朝米関係 南朝鮮第15回「大統領選」劇
1997.12.01	No.018	40		チャリティーゴルフコンペ 「イオカップ97」、300人でにぎわう
1997.12.01	No.018	53		朝・日の苗は今年もすくすく育った・もう一つの収穫祭に向けて
1997.12.01	No.018	62		「朝鮮料理店経営集中講座」(2) 至高の朝鮮料理をめざす「叙々苑」の「舞台裏」
1997.12.01	No.018	65		読者写真館
1997.12.01	No.018	66		西東京朝鮮第一初中級学校「ふれあいバザー」 ふれあい、手を結び合う大切さ
1997.12.01	No.018	70		第14回広島朝鮮学校と日本の学校との合同交流会 小さな親善大使が拡げる交流の輪
1997.12.01	No.018	45		〈Woman's Forum〉Woman's Interview それは女性たちのささやかな贅沢/呉慶姫さん
1997.12.01	No.018	33		〈IO INTERVIEW〉鶴田真由 あせらず一歩一歩、最後は求めていたものに
1997.12.01	No.018	1		〈連載〉for2000
1997.12.01	No.018	25		〈連載〉人間工房/宮城県仙台市の岩村製本
1997.12.01	No.018	29		〈連載〉朝鮮むかしばなし/犬の恩がえし

발행일	지면정보		필자	제목
	권호	페이지		
1997.12.01	No.018	36		〈連載〉ioルネッサンス
1997.12.01	No.018	43		〈連載〉ioル招待席/多賀秀敏
1997.12.01	No.018	49		〈連載〉MEDIA
1997.12.01	No.018	50		〈連載〉INFORMATION
1997.12.01	No.018	51		〈連載〉読者の声/ユンさん一家
1997.12.01	No.018	52		〈連載〉やさしい法律相談/子供の国籍
1997.12.01	No.018	58		〈連載〉とっておきのお話
1997.12.01	No.018	61	徐徳根	〈連載〉Sepia/40年来の友
1997.12.01	No.018	76		〈連載〉朝鮮史の顔/西山大使
1997.12.01	No.018	78		〈連載〉ウリマル図鑑/からだ
1997.12.01	No.018	80		〈連載〉いちにのさんし/崔泰祚さん一家
1997.12.01	No.018	57		〈連載〉イオ読者新春プレゼント
1998.01.01	No.019	10	趙南哲	〈特集〉朝鮮語がウリマルになる時/巻頭エッセイ ウリマル-世代を越えて民族の心を培うもの
1998.01.01	No.019	12		〈特集〉朝鮮語がウリマルになる時/ルポ　ウリマルスクール(成人学校) ある思いを胸に一世2人がウリマルに挑む
1998.01.01	No.019	15		〈特集〉朝鮮語がウリマルになる時/子供を朝鮮人に育てるために 兵庫県・尼崎東成人学校を訪ねて
1998.01.01	No.019	18		〈特集〉朝鮮語がウリマルになる時/ルポ 埼玉朝鮮初中級学校初級部1年の児童たち 毎日がウリマルとの新しい出会い
1998.01.01	No.019	20		〈特集〉朝鮮語がウリマルになる時/今日からはじめる「ア・ヤ・オ・ヨ」/ウリマル学習のポイント
1998.01.01	No.019	22		〈特集〉朝鮮語がウリマルになる時/ウリマルすごろく・白頭から漢撃まで
1998.01.01	No.019	54		〈アボジつくって!〉お正月編　朝鮮の冬を作ろう!・ねもよん・カオリヨン・チェギ・ペンイ
1998.01.01	No.019	59		「同胞法律・生活センター」開設 70万へのフットワーク
1998.01.01	No.019	68		「朝鮮料理店経営集中講座」(3) 団結力とオリジナリティーを生かした経営を
1998.01.01	No.019	62		日本画家・平山郁夫氏、高句麗古墳壁画を訪ねる シルクロードから朝鮮半島へ/interview平山郁夫 高句麗壁画は世界的文化遺産
1998.01.01	No.019	45		〈Woman's Forum〉Woman's Interview 朝鮮遊撃隊の看護婦とキャンディ　キャンディーが私の出発点/金順愛さん
1998.01.01	No.019	33		〈IO INTERVIEW〉愛川欽也 当たり前が幸せなんだよね
1998.01.01	No.019	1		〈連載〉イオエッセイ/君子、法則を思う
1998.01.01	No.019	2		〈連載〉for2000/「全国大会」で場の夢をボールに託して
1998.01.01	No.019	25		〈連載〉人間工房/兵庫県川西市のすずや食品
1998.01.01	No.019	29		〈連載〉朝鮮史を掘り返す/熊と虎による歴史観
1998.01.01	No.019	37		〈連載〉イオ招待席/清水澄子
1998.01.01	No.019	38		〈連載〉ioルネッサンス

발행일	지면정보		필자	제목
	권호	페이지		
1998.01.01	No.019	40		〈連載〉イオタイムズ
1998.01.01	No.019	43		〈連載〉同胞企業人/アクセス
1998.01.01	No.019	49		〈連載〉MEDIA
1998.01.01	No.019	50		〈連載〉読者の声/ユンさん一家
1998.01.01	No.019	51		〈連載〉INFORMATION
1998.01.01	No.019	52		〈連載〉やさしい法律相談/成田離婚
1998.01.01	No.019	52		〈連載〉とんぼえこのみい/ビックバン
1998.01.01	No.019	58		〈連載〉ジンテーゼ
1998.01.01	No.019	71		〈連載〉もう一つのたび・特別編①/大地の源、白頭山
1998.01.01	No.019	78		〈連載〉ウリマル図鑑/からだ
1998.01.01	No.019	80		〈連載〉いちにのさんし/呉東旭、全甲珠さん一家
1998.01.01	No.019	57		〈連載〉イオ読者新春プレゼント
1998.02.01	No.020	10		〈特集〉「トンポトンネ」はここにもある/ルポ 福岡--一人3役、八幡の男たち 仕事もする、遊びもする、同胞社会も支える
1998.02.01	No.020	13		〈特集〉「トンポトンネ」はここにもある/四国-朝鮮学校が「トンポトンネ」「ファニー」「サッカー部」「たのもし」「万寿会」
1998.02.01	No.020	16		〈特集〉「トンポトンネ」はここにもある/秋田ー雪国に吹く「ポムパラム」 いい子を育て、辛抱強く、底抜けに明るい
1998.02.01	No.020	19		〈特集〉「トンポトンネ」はここにもある/鳥取-かつて朝鮮人で栄えた町
1998.02.01	No.020	22		〈特集〉「トンポトンネ」はここにもある/イオが見つけたナイスガイ
1998.02.01	No.020	63		〈特別企画〉とっておきのチゲ 豆腐ちげ/海鮮チゲ/プルナッチチゲ/ぶっこみチゲ
1998.02.01	No.020	46		ようこそ赤ちゃん大集合!
1998.02.01	No.020	54		古郷の香りを子供たちに残してあげたい「ハラボジのタンベトン」の作者高貞子さん
1998.02.01	No.020	38		'98年情勢予想
1998.02.01	No.020	68		「朝鮮料理店経営集中講座」④ 朝鮮料理店経営に従事する一層のプライドを
1998.02.01	No.020	43		〈Woman's Forum〉Woman's Interview 在日同胞の歴史、力を自分に取り込み、それを作品として吐き出す/李慶愛さん
1998.02.01	No.020	33		〈IO INTERVIEW〉森松美子 完成されたものは耳じゃなくて体で感じすんです
1998.02.01	No.020	1		〈連載〉イオエッセイ/存在するだけでは充分ではない
1998.02.01	No.020	2		〈連載〉for2000
1998.02.01	No.020	25		〈連載〉人間工房/京都府端穂町の「にわ製作所」
1998.02.01	No.020	29		〈連載〉朝鮮史を掘り返す/『史記』朝鮮列伝を読む
1998.02.01	No.020	36		〈連載〉ジンテーゼ
1998.02.01	No.020	37		〈連載〉イオ招待席/米田一江
1998.02.01	No.020	49		〈連載〉MEDIA

발행일	지면정보		필자	제목
	권호	페이지		
1998.02.01	No.020	50		〈連載〉読者の声/ユンさん一家
1998.02.01	No.020	51		〈連載〉INFORMATION
1998.02.01	No.020	52		〈連載〉やさしい法律相談/国籍
1998.02.01	No.020	52		〈連載〉とんぼえこのみい/保険契約
1998.02.01	No.020	59		〈連載〉同胞企業人/鉄の山に賭ける男
1998.02.01	No.020	60		〈連載〉ioルネッサンス
1998.02.01	No.020	70		〈連載〉朝鮮のむかしばなし/ふしぎな木の葉
1998.02.01	No.020	72		〈連載〉もう一つのたび・特別編②/延吉
1998.02.01	No.020	78		〈連載〉ウリマル図鑑/おとまね・かざねことば
1998.02.01	No.020	80		〈連載〉いちにのさんし/金福道さん一家
1998.02.01	No.020	57		〈連載〉イオ読者新春プレゼント
1998.03.01	No.021	10		〈特集〉KOREAN企業人 不況を乗り越える/ぱちんご：株式会社ペックコーポレーショングレープ 柳のような柔軟性と一つを貫くポリシー
1998.03.01	No.021	12		〈特集〉KOREAN企業人 不況を乗り越える/焼肉：株式会社コーフク・焼肉セナラ 伝統とチャレンジの融合の先にあるもの
1998.03.01	No.021	14		〈特集〉KOREAN企業人 不況を乗り越える/スーパー銭湯：プラザ観光株式会社 ナンバーワンではなく オンリーワンに
1998.03.01	No.021	16		〈特集〉KOREAN企業人 不況を乗り越える/カラオケ：有限会社栄商事・ビーコレクト
1998.03.01	No.021	18		〈特集〉KOREAN企業人 不況を乗り越える/ケミカルシューズ：スヌーピ製靴 ニーズに合ってものをいち早く提供する
1998.03.01	No.021	20		〈特別企画〉人生を彩る朝鮮の知恵 ザ・チャンチ
1998.03.01	No.021	38		若者の夢が集まるところ 朝鮮大学校24時間
1998.03.01	No.021	42		「在日同胞の民族性を守るための会議」力と知恵を合わせ民族の継承を
1998.03.01	No.021	56		HOT通信
1998.03.01	No.021	64		NHK青春メッセージ98 大阪朝鮮高級学校2年 金倫朱さんが審査員特別賞を受賞
1998.03.01	No.021	67		在日本朝鮮人青年商工会第3回総回 「21世紀同胞社会圏」の青写真を作り上げる
1998.03.01	No.021	43		〈Woman's Forum〉Woman's Interview 現場で体験を積む。現場に負けない実力を培う。最大限を引き出す/韓幸淑さん
1998.03.01	No.021	33		〈IO INTERVIEW〉天野祐吉 タガはずし運動をやりたい
1998.03.01	No.021	1		〈連載〉イオエッセイ/「後悔」には二つの種類がある
1998.03.01	No.021	2		〈連載〉for2000
1998.03.01	No.021	25		〈連載〉人間工房/福井県鯖江市の「七宝カワモト」
1998.03.01	No.021	29		〈連載〉朝鮮史を掘り返す/東アジアに覇権を唱える高句麗
1998.03.01	No.021	36		〈連載〉ジンテーゼ
1998.03.01	No.021	37		〈連載〉イオ招待席/伊藤啓子

발행일	지면정보		필자	제목
	권호	페이지		
1998.03.01	No.021	49		〈連載〉MEDIA
1998.03.01	No.021	50		〈連載〉読者の声/ユンさん一家
1998.03.01	No.021	51		〈連載〉INFORMATION
1998.03.01	No.021	52		〈連載〉やさしい法律相談/大学受験
1998.03.01	No.021	52		〈連載〉とんぼえこのみい/金融不安
1998.03.01	No.021	54		〈連載〉ioルネッサンス
1998.03.01	No.021	70		〈連載〉もう一つのたび・特別編③/羅津・先鋒
1998.03.01	No.021	76		〈連載〉朝鮮のむかしばなし/種をまく犬
1998.03.01	No.021	78		〈連載〉ウリマル図鑑/おとまね・かざねことば(2)
1998.03.01	No.021	80		〈連載〉いちにのさんし/李慶蘭さん一家
1998.03.01	No.021	57		〈連載〉イオ読者新春プレゼント
1998.04.01	No.022	10		〈特集〉格闘家 THE FIGHTING KOREAN/Kendokai-拳に心を込める
1998.04.01	No.022	13		〈特集〉格闘家 THE FIGHTING KOREAN/インタビュー/曺圭錫拳道会会長 青少年育成と最強の集団を目指す
1998.04.01	No.022	14		〈特集〉格闘家 THE FIGHTING KOREAN/金泰泳-強いものだけが生き残る世界に生きる
1998.04.01	No.022	16		〈特集〉格闘家 THE FIGHTING KOREAN/Judo韓承弘-目標は平壌、国家代表を育てたい
1998.04.01	No.022	18		〈特集〉格闘家 THE FIGHTING KOREAN/Wrestling 鄭健二-五輪出場の夢がここまで続けさせた
1998.04.01	No.022	20		〈特集〉格闘家 THE FIGHTING KOREAN/Boxing 洪昌守-世界に挑戦する華麗なボクサー
1998.04.01	No.022	61		〈特別企画〉民族教育の現場 学校はかく語りき
1998.04.01	No.022	62		小さな学校を支える大きな団結力/和歌山朝鮮初中級学校
1998.04.01	No.022	65		ふれあい、驚き、教室レベルの朝・日交流/東京朝鮮第五初中級学校
1998.04.01	No.022	68		「空気は集めることができますか?」/阪神朝鮮初級学校・河健太先生
1998.04.01	No.022	70		「最初に木に何匹いましたか?」/滋賀朝鮮初中級学校・康敬子先生
1998.04.01	No.022	72		「かんなが腕組みしたわけなーに」/静岡朝鮮初中級学校・李恵順先生
1998.04.01	No.022	74		インタビュー/栃木朝鮮初中級学校・文八智校長先生 子供の心に潜む好奇心に目を向ける
1998.04.01	No.022	40		春の行楽弁当 フォーマル弁当・カジュアル弁当
1998.04.01	No.022	22		「二月の芸術の夕べ-日・朝の新しい明日を願って」熱唱の交流でアンコールの嵐
1998.04.01	No.022	36		第18回冬季五輪長野大会 明日に期待つなぐ10代の頑張り
1998.04.01	No.022	54		1948年4月24日阪神教育闘争50周年 民族教育はこうして始まった

발행일	지면정보		필자	제목
	권호	페이지		
1998.04.01	No.022	45		〈Woman's Forum〉Woman's Interview 一人一人のお客さんに時間をかけて、信頼関係を築いていく/鄭英淑さん
1998.04.01	No.022	33		〈IO INTERVIEW〉紺野美沙子 時代を超えて人のこころを描きたい
1998.04.01	No.022	1		〈連載〉イオエッセイ/勉強と工夫
1998.04.01	No.022	2		〈連載〉for2000
1998.04.01	No.022	25		〈連載〉人間工房/京都市西京区の「ケントク樹脂工業」
1998.04.01	No.022	29		〈連載〉朝鮮史を掘り返す/高句麗壁画古墳は語る
1998.04.01	No.022	49		〈連載〉MEDIA
1998.04.01	No.022	50		〈連載〉読者の声/ユンさん一家
1998.04.01	No.022	51		〈連載〉INFORMATION
1998.04.01	No.022	52		〈連載〉やさしい法律相談/遺言と相続
1998.04.01	No.022	52		〈連載〉とんぼえこのみい/改正外為法
1998.04.01	No.022	59		〈連載〉同胞企業人/古紙2トン、6000円の世界
1998.04.01	No.022	76		〈連載〉朝鮮のむかしばなし/ミミズ君とヤウデ子ちゃんの結婚
1998.04.01	No.022	78		〈連載〉ウリマル図鑑/しごと
1998.04.01	No.022	80		〈連載〉いちにのさんし/金己吉さん一家
1998.04.01	No.022	57		〈連載〉イオ読者新春プレゼント
1998.04.01	No.022	75		月刊「イオ」創刊2周年キャンペーン実施中! 合計148名様にオーストラリア旅行をはじめ豪華賞品プレゼント
1998.05.01	No.023	12	呉平韓	〈特集〉民族からの贈り物 名前は根っ子なり/エッセイ「自分」が「自分」であるために 姓は、出自の証
1998.05.01	No.023	15		〈特集〉民族からの贈り物 名前は根っ子なり/143人のアンケート結果からわかった同胞の最新名付け事情
1998.05.01	No.023	18		〈特集〉民族からの贈り物 名前は根っ子なり/民族の名前の付け方 これがトルリムチャだ!
1998.05.01	No.023	20	李哲鎮	〈特集〉民族からの贈り物 名前は根っ子なり/精神的ジェノサイド「通名」という名の仮面、ルーツは「創氏改名」
1998.05.01	No.023	37		〈特別企画〉これからはコリアンプランター朝鮮食材をつくる トウガラシ/葉ニンニク/チシャ/エゴマの葉
1998.05.01	No.023	42		朝鮮食材の保存法 キムチ・塩辛・チャン・トウガラシ・冷麺・トック・シルトク
1998.05.01	No.023	22		愛知学生会結成30周年記念コンサート チョソンサラムとしての誇り胸に
1998.05.01	No.023	58		一世写真館・アボジの思い出
1998.05.01	No.023	62		Special Essay・朱頭/あの朝、家を出た弟は今日まで帰ってこない
1998.05.01	No.023	68		事件簿「同胞法律・生活センター」開設から4ヵ月
1998.05.01	No.023	70		京都・山科パッチワーク教室 小さな布片が織りなす創造の世界

발행일	지면정보		필자	제목
	권호	페이지		
1998.05.01	No.023	45		〈Woman's Forum〉Woman's Interview 一生に一度の晴れ舞台をさりげなく演出する　名脇役、ブーケと髪飾り/辛英綉
1998.05.01	No.023	33		〈IO INTERVIEW〉コロッケ 夢は世界に通じるエンターテイナー
1998.05.01	No.023	1		〈連載〉イオエッセイ/失うことはすなわち得ること
1998.05.01	No.023	2		〈連載〉for2000
1998.05.01	No.023	25		〈連載〉人間工房/東京都葛飾区の有限会社タイセイ
1998.05.01	No.023	29		〈連載〉朝鮮史を掘り返す/高松塚古墳とキトラ古墳
1998.05.01	No.023	36		〈連載〉イオ招待席/鈴木孝雄
1998.05.01	No.023	49		〈連載〉MEDIA
1998.05.01	No.023	50		〈連載〉読者の声/ユンさん一家
1998.05.01	No.023	51		〈連載〉INFORMATION
1998.05.01	No.023	52		〈連載〉やさしい法律相談/取り立ての依頼
1998.05.01	No.023	53		〈連載〉とんぼえこのみい/金融特殊会社
1998.05.01	No.023	54		〈連載〉KOREAN NEWS DIGEST
1998.05.01	No.023	56		〈連載〉イオタイムズ/大阪朝高・白永鉄選手が優勝
1998.05.01	No.023	65		〈連載〉同胞企業人/地域と共存する企業活動を
1998.05.01	No.023	66		〈連載〉イオルネッサンス/日弁連勧告と調査書
1998.05.01	No.023	72		〈連載〉HOT通信
1998.05.01	No.023	76		〈連載〉朝鮮のむかしばなし/餅のなる木
1998.05.01	No.023	78		〈連載〉ウリマル図鑑/しごと(2)
1998.05.01	No.023	80		〈連載〉いちにのさんし/朴永玉さん一家
1998.05.01	No.023	57		〈連載〉イオ読者新春プレゼント
1998.06.01	No.024	15		〈特集〉同胞福祉マニュアル
1998.06.01	No.024	16		〈特集〉年金・医療保険
1998.06.01	No.024	18		〈特集〉妊娠・出産・育児
1998.06.01	No.024	19		〈特集〉高齢者福祉
1998.06.01	No.024	20		〈特集〉障碍者(児)福祉
1998.06.01	No.024	22		〈特集〉豊かな生活と健康
1998.06.01	No.024	38		〈特別企画〉粋なトンポの店/青森・しもばしら/味わい深い本格手打ちそば
1998.06.01	No.024	39		〈特別企画〉粋なトンポの店/岐阜・風来坊/魅力はおいしさの持久力にあり
1998.06.01	No.024	40		〈特別企画〉粋なトンポの店/茨城・いーとあっぷ/アットホームな雰囲気を醸し出す
1998.06.01	No.024	41		〈特別企画〉粋なトンポの店/千葉・まるよし/これぞ本場の味、焼餃子に水焼餃
1998.06.01	No.024	54		朝青東京北・豊島・板橋・練馬支部，朝銀池袋・赤羽朝青班合同ミュージカル『手紙』-私たちの思い
1998.06.01	No.024	58		『プルがサリ』大解剖!朝鮮の"ゴジラ"はちょっと違う

발행일	지면정보		필자	제목
	권호	페이지		
1998.06.01	No.024	60		最北端の町・稚内で見つけたトンポトンネ　稚内~ぶっきらぼう、だけどなんだか暖かい
1998.06.01	No.024	64		茨城朝鮮初中高級学校寄宿舎のゆかいな生活　みーつけた。僕たち、私たちの家
1998.06.01	No.024	72		株式社会発掘・建設LINK代表取締役崔寛さん　青汁に込められた同胞社会への想い
1998.06.01	No.024	45		〈Woman's Forum〉Woman's Interview 大勢の中の一人だけど私とオーボエはいつでも主役・そんな気持ちで/ようこそ赤ちゃん
1998.06.01	No.024	33		〈IO　INTERVIEW〉土田和歌子　私は障害を持つことで目標を見つけられた
1998.06.01	No.024	1		〈連載〉イオエッセイ/農業体験
1998.06.01	No.024	2		〈連載〉for2000
1998.06.01	No.024	25		〈連載〉人間工房/埼玉県北本市の有根会社ソニック
1998.06.01	No.024	29		〈連載〉朝鮮史を掘り返す/高句麗を継承した激海国
1998.06.01	No.024	43		〈連載〉イオ招待席/石川文洋
1998.06.01	No.024	49		〈連載〉MEDIA
1998.06.01	No.024	50		〈連載〉読者の声/ユンさん一家
1998.06.01	No.024	51		〈連載〉INFORMATION
1998.06.01	No.024	52		〈連載〉やさしい法律相談/労災保険
1998.06.01	No.024	53		〈連載〉とんぼえこのみい/公共投資と経済学
1998.06.01	No.024	56		〈連載〉KOREAN　NEWS　DIGEST
1998.06.01	No.024	68		〈連載〉ジンテーゼ
1998.06.01	No.024	69		〈連載〉同胞企業人/古着の山に宝を探す
1998.06.01	No.024	70		KYC/在日本朝鮮愛知県青年商工会
1998.06.01	No.024	76		〈連載〉朝鮮のむかしばなし/ロバの卵
1998.06.01	No.024	78		〈連載〉ウリマル図鑑/いろとかたち
1998.06.01	No.024	80		〈連載〉いちにのさんし/李米南さん一家
1998.06.01	No.024	57		〈連載〉イオ読者新春プレゼント
1998.06.01	No.024	32		月刊「イオ」創刊2周年記念キャンペーン　プレゼント当選者発表!
1998.07.01	No.025	11		〈特集〉日常生活から見直そう。同胞健康ライフ
1998.07.01	No.025	12		〈特集〉100歳まで生きるための健康相談室
1998.07.01	No.025	14		〈特集〉病気別・自分でできる健康チェック!
1998.07.01	No.025	16		〈特集〉大地の恵みを身近な野菜から吸収する　健康野菜ミニ図鑑
1998.07.01	No.025	20	韓啓司	〈特集〉健康アドバイス めざそう新・健康人
1998.07.01	No.025	13		〈特集〉コラム/THE健康サークル紹介!東京・百日紅(登山)サークル、大阪・高麗ゲートボールサークル、岡山・健康体操サークル
1998.07.01	No.025	15		〈特集〉日常生活から見直そう。同胞健康ライフ

발행일	지면정보		필자	제목
	권호	페이지		
1998.07.01	No.025	58		〈特別企画〉トンポ列島笑顔満載/広島/ガッツ!コリアワールド コリアの世界でアンニョンハセヨ
1998.07.01	No.025	60		〈特別企画〉トンポ列島笑顔満載/京都/中京商工会結成30周年 ファミリーレクリエーション 史跡を巡って楽しんで、後は七輪で焼肉だ
1998.07.01	No.025	62		〈特別企画〉トンポ列島笑顔満載 兵庫/伊丹フェスティバルー高麗杯 より大きなチームワークへ近畿アボジ、パワー大全開
1998.07.01	No.025	64		〈特別企画〉トンポ列島笑顔満載 大阪/アンニョンハセヨフェスティバル
1998.07.01	No.025	21		「だからどうする」座談会/豊かな同胞社会の方程式 民族的アイデンティティ、そして生活と権利
1998.07.01	No.025	38		朝鮮人と日本人の豊かな出会いを作る「ムジゲの会」人の輪、友好の輪、運動の輪が広がる
1998.07.01	No.025	69		もう一つの旅 有田・伊万里・唐津
1998.07.01	No.025	45		〈Woman's Forum〉Woman's Interview 在日2世のプライドと、研ぎ澄まされた感性から生まれた料理/金英順さん
1998.07.01	No.025	33		〈IO INTERVIEW〉引田天功 歴史と芸術と誇りに惹かれます
1998.07.01	No.025	1		〈連載〉イオエッセイ/高句麗の星空
1998.07.01	No.025	2		〈連載〉for2000
1998.07.01	No.025	24		〈連載〉同胞企業人/家業から企業への転換
1998.07.01	No.025	25		〈連載〉人間工房/茨城県茨城町の(株)トーワネオン・サイン
1998.07.01	No.025	29		〈連載〉朝鮮史を掘り返す/平安朝のファッションは貂の毛皮
1998.07.01	No.025	32		〈連載〉イオタイムズ
1998.07.01	No.025	37		〈連載〉イオ招待席/前田朗
1998.07.01	No.025	42		〈連載〉HOT通信
1998.07.01	No.025	49		〈連載〉MEDIA
1998.07.01	No.025	50		〈連載〉読者の声/ユンさん一家
1998.07.01	No.025	511		〈連載〉INFORMATION
1998.07.01	No.025	52		〈連載〉やさしい法律相談/社会保険
1998.07.01	No.025	53		〈連載〉とんぼえこのみい/自己破産
1998.07.01	No.025	54		〈連載〉イオルネッサンス
1998.07.01	No.025	56		〈連載〉KOREAN NEWS DIGEST
1998.07.01	No.025	76		〈連載〉朝鮮のむかしばなし/宝のパガジ
1998.07.01	No.025	78		〈連載〉ウリマル図鑑/うちゅう
1998.07.01	No.025	80		〈連載〉いちにのさんし/文発秀さん一家
1998.07.01	No.025	57		〈連載〉イオ読者新春プレゼント
1998.08.01	No.026	9		〈特集〉園児元気予報 未来はきっと、晴れるでしょう
1998.08.01	No.026	10		〈特集〉ルポ 見つけたよ!園児のやる気/埼玉朝鮮幼稚園
1998.08.01	No.026	14		〈特集〉ルポ 自然がいっぱい、ウリがいっぱい/九州・小倉朝鮮 幼稚園

발행일	지면정보		필자	제목
	권호	페이지		
1998.08.01	No.026	18		〈特集〉インタビュー 日常の中でふれる民族性が一番、自然/生野朝鮮初級学校付属幼稚班主任·権敏子先生
1998.08.01	No.026	19		〈特集〉インタビュー 「やらせる遊び」よりも「やりたい遊び」を大切に 西神戸朝鮮初中級学校付属幼稚班主任·崔政純先生
1998.08.01	No.026	20		〈特集〉ウキウキドキドキあそぼうよ!ウリグッズで 幼児のための民族グッズプレゼント
1998.08.01	No.026	62		〈特別企画〉ハラボジ·ハルモニが生きた時代 房総半島53年目の夏 震洋隊基地建設での朝鮮人強制労働
1998.08.01	No.026	64		頑固、一途、信念-一世の横顔/会津若松 「ケシムニカ」、これが原点だった
1998.08.01	No.026	65		東京·板橋 歩いた分だけ同胞のためになる
1998.08.01	No.026	22	股宗基	国連子どもの権利委員会が日本政府に勧告 朝鮮学校差別を解消すべき
1998.08.01	No.026	39	李周成	天神屋台物語
1998.08.01	No.026	42		ファーマーなコリアン、和歌山で発見 本州南端で農業を営う申竜雨さん一家
1998.08.01	No.026	58	西斎忠	21世紀に贈る遺産 日朝共同による高麗寺院跡発掘調査
1998.08.01	No.026	45		〈Woman's Forum〉Woman's Interview 言葉が通じないからこそ心を理解することが大切です/金玉俊さん
1998.08.01	No.026	33		〈IO INTERVIEW〉蜷川幸雄 ぶくぶく太るな、現状を否定しろ
1998.08.01	No.026	1		〈連載〉イオエッセイ/二つの発見
1998.08.01	No.026	2		〈連載〉for2000
1998.08.01	No.026	25		〈連載〉人間工房/神奈川県川崎市の 株式会社·相輪
1998.08.01	No.026	29		〈連載〉朝鮮史を掘り返す
1998.08.01	No.026	32		〈連載〉イオタイムズ
1998.08.01	No.026	38		〈連載〉イオ招待席/結城聡さん
1998.08.01	No.026	49		〈連載〉MEDIA
1998.08.01	No.026	50		〈連載〉読者の声/ユンさん一家
1998.08.01	No.026	51		〈連載〉INFORMATION
1998.08.01	No.026	52		〈連載〉やさしい法律相談/保証人
1998.08.01	No.026	53		〈連載〉とんぼえこのみい/デフレと不況
1998.08.01	No.026	54		〈連載〉イオルネッサンス
1998.08.01	No.026	56		〈連載〉KOREAN NEWS DIGEST
1998.08.01	No.026	60		〈連載〉同胞企業人/不況に挑むゲリラ戦法
1998.08.01	No.026	69		〈連載〉もう一つの旅/琵琶湖-湖西に近江路を行く
1998.08.01	No.026	76		〈連載〉朝鮮のむかしばなし/木こりの娘とトケビ
1998.08.01	No.026	78		〈連載〉ウリマル図鑑/食べもの(1)
1998.08.01	No.026	80		〈連載〉いちのさんし/リ·ヨンイさん一家
1998.08.01	No.026	87		〈連載〉イオ読者新春プレゼント
1998.09.01	No.027	11		〈特集〉KOREAN NEW AGE 民族·教育·仕事·結婚·福祉·絆

발행일	지면정보		필자	제목
	권호	페이지		
1998.09.01	No.027	12	李芳世	〈特集〉インタビュー 在日コリアンとアイデンティティ
1998.09.01	No.027	13	裵鐘石	〈特集〉インタビュー 在日コリアンと民族教育
1998.09.01	No.027	14	金淑姫	〈特集〉インタビュー 在日コリアンと民族結婚
1998.09.01	No.027	15	兪晶	〈特集〉インタビュー 在日コリアンとKYC
1998.09.01	No.027	16		〈特集〉ルポ 在日コリアンと福祉/礼星は今日も幸せ、だからみんなも幸せ/栃木朝鮮初中級学校初級部6年・ダウン症朴礼星ちゃん
1998.09.01	No.027	19		〈特集〉ルポ 在日コリアンと絆「グラウンド」を造り替えた若者たち/三星青商会と30代
1998.09.01	No.027	59		〈特別企画〉DPRK創建50周年 フォト・平壌は踊る 選挙と戦勝45周年にわく共和国
1998.09.01	No.027	62		解放民族、独立国家の公民の誇り「一体の国旗」
1998.09.01	No.027	64		植民地・解放・建国 山河も歌えよ、今日の感激を
1998.09.01	No.027	38		ルポ 山陰朝鮮初中級学校少年団キャンプ 山陰少年探検隊が行く
1998.09.01	No.027	42		西神戸朝鮮初中級学校中級部3年・康成英君 土俵にかける!
1998.09.01	No.027	23		〈ONESHOT〉イオスペヤルニュース 芸術体操のホープ、元気印5人娘がウリナラに
1998.09.01	No.027	56		〈ONESHOT〉コリアンヤングミセス・いきいきフェスタin福岡98 オモニとオリネのトンポトンネデビュー
1998.09.01	No.027	45		〈Woman's Forum〉Woman's Interview 初めて賞をもらったとき、私にもできるんだって/金文子さん
1998.09.01	No.027	33		〈IO INTERVIEW〉イルカ 縁があって地球に生まれた者同士
1998.09.01	No.027	1		〈連載〉イオエッセイ/微睡と風鈴
1998.09.01	No.027	2		〈連載〉for2000
1998.09.01	No.027	25		〈連載〉人間工房/兵庫県宝塚市のすえひろ量店
1998.09.01	No.027	29		〈連載〉朝鮮史を掘り返す/「任那日本府」をひっくり返してみると
1998.09.01	No.027	32		〈連載〉イオタイムズ
1998.09.01	No.027	37		〈連載〉イオ招待席/黒田敏彦
1998.09.01	No.027	49		〈連載〉MEDIA
1998.09.01	No.027	50		〈連載〉読者の声/ユンさん一家
1998.09.01	No.027	51		〈連載〉INFORMATION
1998.09.01	No.027	52		〈連載〉やさしい法律相談/破産
1998.09.01	No.027	53		〈連載〉とんぼえこのみい/外貨預金
1998.09.01	No.027	54		〈連載〉イオルネッサンス
1998.09.01	No.027	58		〈連載〉同胞企業人/「多品種を短時間に」-李政史
1998.09.01	No.027	69		〈連載〉もう一つの旅/琵琶湖-湖東に近江路を行く
1998.09.01	No.027	76		〈連載〉朝鮮のむかしばなし/孝行峠
1998.09.01	No.027	78		〈連載〉ウリマル図鑑/たべもの(2)

발행일	지면정보 권호	페이지	필자	제목
1998.09.01	No.027	80		〈連載〉いちにのさんし/尹德任さん一家
1998.09.01	No.027	57		〈連載〉イオ読者新春プレゼント
1998.10.01	No.028	9		〈特集〉もっと広がる、コリアンの輪 出逢いを創る
1998.10.01	No.028	10		ルポ ときに食い違うこともある。だからこそ話し合って笑え出す 秋田(金秀徹、金圭子夫妻)
1998.10.01	No.028	12		ルポ 最大の障害は「はな垂れ小僧のころから知っている」こと 新潟(呉守一、成千佳さん夫妻)
1998.10.01	No.028	13		ルポ いつも自然体でいられる2人のあいだにタブーはないのだ 愛知(金竜一、李茂美さん夫妻)
1998.10.01	No.028	14		大公開!イオが見つけた100人!
1998.10.01	No.028	22		インタビュー お嫁にいくんやったら雪の降りるところがいいわー/奈良・章知里さん
1998.10.01	No.028	23		インタビュー 美味しいお弁当を作ってくれる人がいいね/大阪・河政明さん
1998.10.01	No.028	72		〈特別企画〉「民族の和解と団結、統一のための大祭典」~平壌/板門店 8月14、15日/ONEKOREA 統一のための祭典 分裂の象徴である板門店を統一の象徴に
1998.10.01	No.028	38		サッカー少年たち、ウジョンを広げに東北集合!
1998.10.01	No.028	58		会津のトンボトンネは宝の山よ
1998.10.01	No.028	63		埼玉・イベンターの陳東植さん 夢世界仕掛人
1998.10.01	No.028	68		第4回在日同胞大登山会-日光・白根山 320人の同胞が一点をめざす
1998.10.01	No.028	41		〈io SPECIAL NEWS〉朝高サッカー部選抜がオランダに初の海外遠征
1998.10.01	No.028	56		〈投稿〉同窓会だより/北海道朝鮮初中級学校中級部第13期卒業生同窓会
1998.10.01	No.028	45		〈Woman's Forum〉Woman's Interview 音楽を身体で表現する楽しみを子どもたちに伝えたい/韓錦女さん
1998.10.01	No.028	33		IO INTERVIEW 夏木マリ 舞台とは自分を呈出する空間
1998.10.01	No.028	1		〈連載〉イオエッセイ/衛生イオと月
1998.10.01	No.028	2		〈連載〉for2000
1998.10.01	No.028	25		〈連載〉人間工房/奈良県香芝市の有限会社・大成造形
1998.10.01	No.028	29		〈連載〉朝鮮史を掘り返す/百済の栄光と影
1998.10.01	No.028	32		〈連載〉取材日記/「障害」ってなに、「健常」ってなに
1998.10.01	No.028	37		〈連載〉イオ招待席/門屋淳
1998.10.01	No.028	44		〈連載〉同胞企業人/「値は張るが良質の仕事を」-李正美
1998.10.01	No.028	49		〈連載〉MEDIA
1998.10.01	No.028	50		〈連載〉読者の声/ユンさん一家
1998.10.01	No.028	51		〈連載〉INFORMATION
1998.10.01	No.028	52		〈連載〉やさしい法律相談/ゴルフ場での事故
1998.10.01	No.028	53		〈連載〉とんぼえこのみい/危機に瀕する雇用保険

발행일	지면정보		필자	제목
	권호	페이지		
1998.10.01	No.028	54		〈連載〉イオルネッサンス
1998.10.01	No.028	76		〈連載〉朝鮮のむかしばなし/金剛山に行きそこねた蔚山の岩
1998.10.01	No.028	78		〈連載〉ウリマル図鑑/たべもの(3)
1998.10.01	No.028	80		〈連載〉いちにのさんし/尹徳任さん一家
1998.10.01	No.028	57		〈連載〉イオ読者新春プレゼント
1998.11.01	No.029	10		〈特集〉朝鮮民主主義人民共和国創建50周年 写真ルポ この国に生まれ、育ち、支えてきた人々
1998.11.01	No.029	15		インタビュー困難を勝ち抜いた勝利の祝砲/花輪不二男
1998.11.01	No.029	16	大内憲昭	解説 DPRK·98年改正社会主義憲法の内容と特徴
1998.11.01	No.029	20		青商会、DPRKを訪ねて PYONGYANG 8日間 青商会が見たものそして得たもの
1998.11.01	No.029	38		〈特別企画〉1問1答·DPRK人工衛星打上げをどうみるか?
1998.11.01	No.029	42	長沼節夫	人工衛星-日本のマスコミ報道 ロケット事件で見えた日本
1998.11.01	No.029	32		WORLD PC EXPO98にシージーエスが出展
1998.11.01	No.029	56		HOT通信
1998.11.01	No.029	59		倉敷トンポトンネ 人情と団結ならどこにも負けない
1998.11.01	No.029	64		ようこそ赤ちゃん大集合!
1998.11.01	No.029	42		〈Woman's Forum〉Woman's Interview 好きなものに囲まれて仕事ができる自分は幸せ者/鄭実さん
1998.11.01	No.029	33		〈IO INTERVIEW〉別所哲也 自分にとっての一流とは何なのか
1998.11.01	No.029	1		〈連載〉イオエッセイ/堀端ウォッチング
1998.11.01	No.029	2		〈連載〉for2000
1998.11.01	No.029	25		〈連載〉人間工房/千葉県市原市のヤンズベーカリー
1998.11.01	No.029	29		〈連載〉朝鮮史を掘り返す/揺れか関東に渡る百済の文物
1998.11.01	No.029	37		〈連載〉イオ招待席/雁部桂子
1998.11.01	No.029	43		〈連載〉同胞企業人/勝負は味と売り方-李春起
1998.11.01	No.029	49		〈連載〉MEDIA
1998.11.01	No.029	50		〈連載〉読者の声/ユンさん一家
1998.11.01	No.029	51		〈連載〉INFORMATION
1998.11.01	No.029	52		〈連載〉やさしい法律相談/街頭での勧誘
1998.11.01	No.029	52		〈連載〉とんぼえこのみい/商品先物取引
1998.11.01	No.029	54		〈連載〉イオルネッサンス
1998.11.01	No.029	70		〈連載〉もう一つの旅/神奈川-歴史の道のりを追う
1998.11.01	No.029	76		〈連載〉朝鮮のむかしばなし/兄さん待てえ!
1998.11.01	No.029	78		〈連載〉ウリマル図鑑/いふく(1)
1998.11.01	No.029	80		〈連載〉いちにのさんし/石末利さん一家
1998.11.01	No.029	57		〈連載〉イオ読者新春プレゼント
1998.12.01	No.030	10		〈特集〉こころもからだもあたたかく···朝鮮の粥
1998.12.01	No.030	12		〈特集〉あずき粥

발행일	지면정보		필자	제목
	권호	페이지		
1998.12.01	No.030	3		〈特集〉あわび粥
1998.12.01	No.030	14		〈特集〉朝鮮人参と鶏の粥
1998.12.01	No.030	15		〈特集〉松の実粥
1998.12.01	No.030	19		今度はあなたの街におじゃまします　イオが見つけたすてきな79人
1998.12.01	No.030	39		〈特別企画〉4世でもコリアンだ 子供に贈るルーツアルバム
1998.12.01	No.030	54		在日朝鮮人、同胞組織への怪漢による襲撃事件
1998.12.01	No.030	58		群馬同胞野遊会「ウリ・ウリフォスタ」笑顔のトンボ、この指とまれ!
1998.12.01	No.030	60		「朝鮮料理店経営集中講座」「意識改革」で地域一番店をめざす!
1998.12.01	No.030	63		時が過ぎても変わらないものがある　敦賀トンポトンネ
1998.12.01	No.030	45		〈Woman's Forum〉Woman's Interview ピアノで朝鮮のリズムを弾く/梁成花さん
1998.12.01	No.030	33		〈IO INTERVIEW〉真田広之 今はやりたいことに忠実に向かう
1998.12.01	No.030	1		〈連載〉イオエッセイ/「陸奥の秋いま高麗人が夫婦旅」
1998.12.01	No.030	2		〈連載〉for2000
1998.12.01	No.030	25		〈連載〉人間工房/埼玉県八潮市の松井鞄製
1998.12.01	No.030	29		〈連載〉朝鮮史を掘り返す/黄金の色に輝く世界
1998.12.01	No.030	37		〈連載〉同胞企業人/今こそ攻める
1998.12.01	No.030	43		〈連載〉イオ招待席/山辺健夫
1998.12.01	No.030	49		〈連載〉MEDIA
1998.12.01	No.030	50		〈連載〉読者の声/ユンさん一家
1998.12.01	No.030	51		〈連載〉INFORMATION
1998.12.01	No.030	52		〈連載〉やさしい法律相談/当番弁護士
1998.12.01	No.030	52		〈連載〉とんぼえこのみい/サプライサイド経済学
1998.12.01	No.030	70		〈連載〉もう一つの旅/埼玉
1998.12.01	No.030	76		〈連載〉朝鮮のむかしばなし/ヨモギ餅
1998.12.01	No.030	78		〈連載〉ウリマル図鑑/いふく(2)
1998.12.01	No.030	80		〈連載〉いちにのさんし/石末利さん一家
1998.12.01	No.030	57		〈連載〉イオ読者新春プレゼント
1999.01.01	No.031	13		〈特集〉トンボのお宿 おまちしてます
1999.01.01	No.031	14		〈特集〉束の間の憩だから旅の拠点は気楽な宿/ホテル海山荘
1999.01.01	No.031	16		〈特集〉高原もスキーも2人に会えばもっと楽しい/民宿東洋
1999.01.01	No.031	18		〈特集〉生け簀から直行の鯉を豪勢にいただく/竜水園ホテル
1999.01.01	No.031	20		〈特集〉TONGPO HOTEL/笑顔で迎えてくれるこの宿。
1999.01.01	No.031	65		〈特別企画〉私たちの「在り方」　男女・夫婦・家族・仕事・アイデンティティ
1999.01.01	No.031	66		〈特別企画〉家族はお互いに思いやり、それぞれの空間を大切に/尹永浩・周成玉夫妻

발행일	지면정보		필자	제목
	권호	페이지		
1999.01.01	No.031	67		〈特別企画〉「絵を描こう」それが人生、二人で決めたあゆむ道/夫正鶴・金聖蘭夫妻
1999.01.01	No.031	68		〈特別企画〉いったい何が自然なのか、家族で答を出せるように/田中正明・李慶愛夫妻
1999.01.01	No.031	69		〈特別企画〉イーブンの立場で相手を見つめることが大切では/金英存・文陽順夫妻
1999.01.01	No.031	22		生活者の目線で在日コリアン問題を考える　在日同胞たちの生活と権利シンポジウム
1999.01.01	No.031	58		花園が見えた大阪朝高ラガーマンたち　第78回全国高校ラグビー大阪府予選決勝
1999.01.01	No.031	60		海より深いぜ、おれらの友情/大物を捕らえろ、太刀魚よりスゴイもの
1999.01.01	No.031	62		考えよう、日本と朝鮮の過去のこと、未来のこと/日頃市中学校、3年生が演じた「ポトナムの若樹のように」
1999.01.01	No.031	1		〈連載〉オンドル夜話/第一夜・トッケビの安住空間
1999.01.01	No.031	2		〈連載〉KOREAN ATLAS 八道江山/咸鏡南北道
1999.01.01	No.031	4		〈連載〉KOREAN PORTRAIT.1/劇団アラン・サムセの舞台
1999.01.01	No.031	25		〈連載〉イオタイムズ/民族教育を通じた朝・日親善の輪他
1999.01.01	No.031	26		〈連載〉POINTO OF VIEW/映画が見せた現実と映画に影響された現実他
1999.01.01	No.031	28		〈連載〉同胞の風景・アリラン/神奈川県川崎市のキムチ漬け
1999.01.01	No.031	30		〈連載〉挑戦しを掘り返す/倭が憧れる「金銀の国」新羅
1999.01.01	No.031	33		〈連載〉PHOTO ESSAY DPRK/成仏寺を1100年守る守護神
1999.01.01	No.031	48		〈連載〉JOB・アボジの現場/崔剛さん
1999.01.01	No.031	52		〈連載〉創作童話/ヤンニョムの涙
1999.01.01	No.031	54		〈連載〉朝鮮現代史のお話/第１話・「江華島条約」から「韓日併合条約」まで
1999.01.01	No.031	56		〈連載〉取材日記
1999.01.01	No.031	72		〈連載〉もう一つの旅/喜多方
1999.01.01	No.031	78		〈連載〉ウリマル図鑑/ぼうし
1999.01.01	No.031	80		〈連載〉いちにのさんし/李炳基さん一家
1999.01.01	No.031	37		〈ここにもトンポトンネ〉静岡・横のつながりを何よりも大事にする。
1999.01.01	No.031	43		〈SABOTENLIFE〉二人で乾杯/金成央・崔球恵夫妻
1999.01.01	No.031	44		〈SABOTENLIFE〉創って下さい、この食材で朝鮮風に/だいこんとあさりの豪快ピリカラ煮
1999.01.01	No.031	45		〈SABOTENLIFE〉エッセイ1/旅
1999.01.01	No.031	46		〈SABOTENLIFE〉花時計・火曜日/新年を鮮やかな赤で飾る
1999.01.01	No.031	46		〈SABOTENLIFE〉ドクター鄭のクスリのはなし/かぜ薬
1999.01.01	No.031	47		〈SABOTEN LIFE〉えほん/「うみをわたったキリン」他
1999.01.01	No.031	47		〈SABOTEN LIFE〉ちょんすぎのよりみちアワー/同じ予算で他

발행일	지면정보		필자	제목
	권호	페이지		
1999.01.01	No.031	49		〈io INFORMATION〉BOOK·CINEMA
1999.01.01	No.031	50		〈io INFORMATION〉EVENT·LAW
1999.01.01	No.031	51		〈io INFORMATION〉PUZZLE·VOICE
1999.01.01	No.031	57		〈io INFORMATION〉イオ読者プレゼント
1999.01.01	No.031	34		〈io INTERVIEW〉黒多清 非常に鈍感な時代、だから繰り返しアカンと言わなあかん
1999.02.01	No.032	13		〈特集〉ここがボクらのスタートライン 学校へ行こう
1999.02.01	No.032	14		〈特集〉ルポ ・お元気1年生の1日は宝物がいっぱい
1999.02.01	No.032	16		〈特集〉双子大集会!いつだって運命共同体
1999.02.01	No.032	18		〈特集〉なめたらイタイ目にアウヨ。
1999.02.01	No.032	20		〈特集〉先生から教え子への手紙
1999.02.01	No.032	21		〈特集〉母から息子への手紙
1999.02.01	No.032	22		〈特集〉バイリンガルを育む朝鮮学校の教育
1999.02.01	No.032	63		〈特別企画〉明日のための今を生きる同胞一世 大木の年輪を見る
1999.02.01	No.032	64		〈特別企画〉夢は叶えるもん。だから頑張るんや/孫万錫・金周望夫妻
1999.02.01	No.032	66		〈特別企画〉絆って本当に大変なとき生まれるのも/康賞琪・呉順連夫妻
1999.02.01	No.032	68		〈特別企画〉六畳一間で黙々と歩き続けた二人の半生/李甲祚・許泌年夫妻
1999.02.01	No.032	37		第13回アジア競技大会を振り返って/共和国スポーツの今
1999.02.01	No.032	59		牛削蹄師という仕事を知っているか? 蹄の削り方が牛の健康を左右する/福岡県行橋市の金太光さん
1999.02.01	No.032	40		読者の投稿・わが子は朝鮮学校教師
1999.02.01	No.032	1		〈連載〉オンドル夜話/第二夜・昔話のはなし
1999.02.01	No.032	2		〈連載〉KOREAN ATLAS 八道江山/両江道
1999.02.01	No.032	4		〈連載〉KOREAN PORTRAIT.2/国平寺
1999.02.01	No.032	26		〈連載〉POINTO OF VIEW/ヤブヘビになりかねない教育改革 他
1999.02.01	No.032	28		〈連載〉同胞の風景・アリラン/東大阪朝鮮中級学校の年来大掃除
1999.02.01	No.032	30		〈連載〉朝鮮史を掘り返す/新羅文化に刻まれる倭の侵攻
1999.02.01	No.032	33		〈連載〉PHOTO ESSAY DPRK/市民の足として活躍する「モダン」
1999.02.01	No.032	48		〈連載〉JOB・アボジの現場/文哲元さん
1999.02.01	No.032	52		〈連載〉創作童話/ホワイト君はいじけ虫
1999.02.01	No.032	54		〈連載〉朝鮮現代史のお話/第2話・「韓日併合」から武断統治の開始
1999.02.01	No.032	56		〈連載〉記者日記

발행일	지면정보		필자	제목
	권호	페이지		
1999.02.01	No.032	72		〈連載〉もう一つの旅/猿橋
1999.02.01	No.032	78		〈連載〉ウリマル図鑑/はきもの
1999.02.01	No.032	80		〈連載〉いちにのさんし/金鎮吉さん・金福蘭さん一家
1999.02.01	No.032	43		〈SABOTEN LIFE〉二人で乾杯/金光石・文順愛夫妻
1999.02.01	No.032	44		〈SABOTEN　LIFE〉創って下さい、この食材で朝鮮風に/海鮮チゲ
1999.02.01	No.032	45		〈SABOTEN LIFE〉エッセイ2/子供の時間
1999.02.01	No.032	46		〈SABOTEN LIFE〉花時計・火曜日/窓辺に小さな花束を
1999.02.01	No.032	46		〈SABOTEN　LIFE〉ドクター鄭のクスリのはなし/花粉症のくすり
1999.02.01	No.032	47		〈SABOTEN LIFE〉えほん/「あおがえる」他
1999.02.01	No.032	47		〈SABOTEN　LIFE〉ちょんすぎのよりみちアワー/モグラたたき 他
1999.02.01	No.032	49		〈io INFORMATION〉BOOK・CINEMA
1999.02.01	No.032	50		〈io INFORMATION〉EVENT・LAW
1999.02.01	No.032	54		〈io INFORMATION〉PUZZLE・VOICE
1999.02.01	No.032	57		〈io INFORMATION〉イオ読者プレゼント
1999.02.01	No.032	34		〈io INTERVIEW〉星野知子 海外で出会った多くの「本物」を心の中にとっておきたい
1999.03.01	No.033	13		〈特集〉朝鮮料理繁盛店の秘訣を探る
1999.03.01	No.033	13	安海元・金奉讃・呉州棟	〈特集〉特別座談会・朝鮮料理店経営者は語る/夢と情勢、そしてあくなき探求を
1999.03.01	No.033	16		〈特集〉とことん民族を演出する/「伽倻の家」
1999.03.01	No.033	18		〈特集〉美味しいものを「適正価額」で/「HIPPARAN」
1999.03.01	No.033	20		〈特集〉自由な発想がファンを作る「トラジ庵」
1999.03.01	No.033	22		〈特集〉地域の特性を生かした店作り/「高句麗」
1999.03.01	No.033	28	文光佑	「地下施設疑惑」にみる米国の困惑 朝米関係の行方
1999.03.01	No.033	58		ソリストたちが奏でる民族の競演　金剛山歌劇団民族器楽演奏会
1999.03.01	No.033	63		三人いつも一緒だったね、これからも
1999.03.01	No.033	68	徐徳根	朝鮮の仏教
1999.03.01	No.033	1		〈連載〉オンドル夜話/第三夜・テンジャンとバイオ技術
1999.03.01	No.033	2		〈連載〉KOREAN ATLAS 八道江山/滋江道
1999.03.01	No.033	4		〈連載〉KOREAN PORTARAIT.3/「在日同胞憩いの家」
1999.03.01	No.033	25		〈連載〉新連載　朝鮮古典文学物語/「天君演義」
1999.03.01	No.033	26		〈連載〉POINT OF VIEW/リストラで血迷った危険な挑発 他
1999.03.01	No.033	30		〈連載〉朝鮮史を掘り返す/高句麗を受け継いだ高麗の統一
1999.03.01	No.033	33		〈連載〉PHOTO ESSAY DPRK/平壌を歩けば動物の彫刻に当る
1999.03.01	No.033	48		〈連載〉JOB・アボジの現場/孫城徳さん

발행일	지면정보		필자	제목
	권호	페이지		
1999.03.01	No.033	52		〈連載〉創作童話/しょさいの大さわぎ
1999.03.01	No.033	54		〈連載〉朝鮮現代史のお話/「文化統治」からファッショ統治へ
1999.03.01	No.033	56		〈連載〉記者日記
1999.03.01	No.033	72		〈連載〉もう一つの旅/深大寺
1999.03.01	No.033	78		〈連載〉ウリマル図鑑/みんぞくいしょう
1999.03.01	No.033	80		〈連載〉いちにのさんし/金判心さん一家
1999.03.01	No.033	37		〈ここにもトンポトンネ〉金沢・飾りっ気のないあったかさが何かいい
1999.03.01	No.033	43		〈SABOTEN LIFE〉二人で乾杯/李在竜・柳雪恵夫妻
1999.03.01	No.033	44		〈SABOTEN LIFE〉創って下さい、この食材で朝鮮風に/水菜のコリアンドレッシングあえ
1999.03.01	No.033	45		〈SABOTEN LIFE〉エッセイ3/聞きそびれた話
1999.03.01	No.033	46		〈SABOTEN LIFE〉花時計・花曜日/春を彩るバスケットアレンジ
1999.03.01	No.033	46		〈SABOTEN LIFE〉ドクター鄭のクスリのはなし/水虫のくすり
1999.03.01	No.033	47		〈SABOTEN LIFE〉えほん/『まりーちゃんとひつじ』他
1999.03.01	No.033	47		〈SABOTEN LIFE〉ちょんすぎのよりみちアワー/屋根はどこ? 他
1999.03.01	No.033	49		〈io INFORMATION〉BOOK・CINEMA
1999.03.01	No.033	50		〈io INFORMATION〉EVENT・LAW
1999.03.01	No.033	51		〈io INFORMATION〉PUZZLE・VOICE
1999.03.01	No.033	57		〈io INFORMATION〉イオ読者プレゼント
1999.03.01	No.033	34		〈io INTERVIEW〉増田明美 スポーツを通して吹く風をいつも感じていたい
1999.06.01	No.036	13		〈特集〉仕事と生き方-わたし流 コリアンウーマンたちの人生選択
1999.06.01	No.036	14		〈特集〉老人保健施設相談指導員 心から向き合えるから見えてくるものがある/崔雅絹さん
1999.06.01	No.036	15		〈特集〉コピーライター 仕事は言い切れない、私が一生続けたいこと/李和淑さん
1999.06.01	No.036	16		〈特集〉社会保険労務士 立ち止ることは簡単、それでも私は前進する/金由美さん
1999.06.01	No.036	17		〈特集〉環境問題研究者 楽しんで仕事するから2倍、3倍がんばれる/尹順子さん
1999.06.01	No.036	18		〈特集〉税理士/張善玉さん 小児科医/金年和さん
1999.06.01	No.036	19		〈特集〉一級建築士/姜恵子さん
1999.06.01	No.036	20		〈特集〉日本陸上競技連盟終身第一種公認審判員/李節姫さん
1999.06.01	No.036	20		〈特集〉フラワーアレンジメント講師/尹理英さん
1999.06.01	No.036	59		ボクラはピョンヤンからやって来た(平壌市中央動物園から京都市動物園に贈られたアニマル親善大使)
1999.06.01	No.036	22	康明姫	民族楽器重奏団「ミナク」アメリカ演奏紀行

발행일	지면정보		필자	제목
	권호	페이지		
1999.06.01	No.036	28		民族的アイデンティティそして生活と権利
1999.06.01	No.036	65		巨摩の里につどう山梨トンボたち
1999.06.01	No.036	68		イオ・フォトコンテスト'99優秀作品発表
1999.06.01	No.036	1		〈連載〉オンドル夜話/第六夜・タルの諧謔と楽天性
1999.06.01	No.036	2		〈連載〉KOREAN ATLAS 八道江山/江原道
1999.06.01	No.036	4		〈連載〉KOREAN PORTARAIT.6/西東京町田トンボの山菜採り
1999.06.01	No.036	25		〈連載〉朝鮮古典文学物語/「春香伝」
1999.06.01	No.036	26		〈連載〉POINT OF VIEW/NATO空爆と「ヒットラー亡霊」他
1999.06.01	No.036	30		〈連載〉朝鮮史を掘り返す/妻木晩田遺跡-朝鮮半島との交流
1999.06.01	No.036	33		〈連載〉PHOTO ESSAY DPRK/大同江で楽しむ平壌グルメ
1999.06.01	No.036	48		〈連載〉JOB・アボジの現場/姜徳治さん
1999.06.01	No.036	52		〈連載〉創作童話/ラテンはお好き？
1999.06.01	No.036	54		〈連載〉朝鮮現代史のお話/コリアンの「永住権」、まだ問題があります
1999.06.01	No.036	56		〈連載〉記者日記
1999.06.01	No.036	72		〈連載〉もう一つの旅/東京~横綱町公園・蘆花公園・碑文谷公園
1999.06.01	No.036	78		〈連載〉ウリマル図鑑/せかいの国(3)
1999.06.01	No.036	80		〈連載〉いちにのさんし/康石姉さん一家
1999.06.01	No.036	37		〈ここにもトンボトンネ〉下関・トンボトンネには腹から沸き出す誇りがある
1999.06.01	No.036	43		〈SABOTENLIFE〉二人で乾杯/千錫哲・盧好江夫婦
1999.06.01	No.036	44		〈SABOTEN LIFE〉創って下さい、この食材で朝鮮風に/タルガルチム
1999.06.01	No.036	45		〈SABOTEN LIFE〉エッセイ6/健在なり、三兄弟信仰
1999.06.01	No.036	46		〈SABOTEN LIFE〉花時計・花曜日/梅雨の朝には
1999.06.01	No.036	46		〈SABOTEN LIFE〉ドクター鄭のクスリのはなし/睡面導入剤
1999.06.01	No.036	47		〈SABOTEN LIFE〉えほん/いちごは小さな「宇宙」他
1999.06.01	No.036	47		〈SABOTEN LIFE〉ちょんすぎのよりみちアワー/クローン人間他
1999.06.01	No.036	49		〈io INFORMATION〉BOOK・CINEMA
1999.06.01	No.036	50		〈io INFORMATION〉EVENT・LAW
1999.06.01	No.036	51		〈io INFORMATION〉PUZZLE・VOICE
1999.06.01	No.036	57		〈io INFORMATION〉イオ読者プレゼント
1999.06.01	No.036	34		〈io INTERVIEW〉岸本加世子 ゴールを考えるより走っている過程が楽しい
1999.07.01	No.037	13		〈特集〉探すひとはだれですか、探す場所はどこでるか。
1999.07.01	No.037	14		〈特集〉インタビュー・しあわせカップル　長男長女が望んだのは、地に足が着いた人/姜武一・崔景玉夫妻
1999.07.01	No.037	15		〈特集〉気心知れた同級生、新たな出逢いでゴールイン/曺将鎬・趙玉蘭夫妻

발행일	지면정보		필자	제목
	권호	페이지		
1999.07.01	No.037	16		〈特集〉求めたものは学歴、収入ではなかった/林健・高敬恵夫妻
1999.07.01	No.037	17		〈特集〉相談所インタビュー/同胞結婚相談近畿センター所長・朴輝国/民族結婚への、より多くのチャンスを提供します
1999.07.01	No.037	18		〈特集〉新システムで新たな展開をはかる同胞結婚相談センター
1999.07.01	No.037	19		〈特集〉CHECK! あなたの積極度
1999.07.01	No.037	28		〈特別企画〉周辺事態法と朝鮮半島
1999.07.01	No.037	28	韓桂玉	共和国を第一のターゲットに
1999.07.01	No.037	30	林雅行	危うい日本の行方
1999.07.01	No.037	21		明日の同胞地図に見るワレラが長寿村
1999.07.01	No.037	32		韓銀、5つのブロックに再編成
1999.07.01	No.037	59		ムノンのたこ焼物語
1999.07.01	No.037	62		ついにやったぞ、大阪朝高サッカー部 大阪高等学校春期サッカー大会で優勝、インターハイ出場へ
1999.07.01	No.037	64		ひとつになった踊りに日韓友好の虹がかかる
1999.07.01	No.037	66		多彩なゲストが織りなす朝・日のハーモニー
1999.07.01	No.037	1		〈連載〉オンドル夜話/第七夜・金弘道と写楽
1999.07.01	No.037	2		〈連載〉KOREAN ATLAS 八道江山/京畿道・
1999.07.01	No.037	4		〈連載〉KOREANPORTARAIT.7/メッセージは、「隣の私はコリアン」
1999.07.01	No.037	25		〈連載〉朝鮮古典文学物語/「南炎浮州志」
1999.07.01	No.037	26		〈連載〉POINT OF VIEW/マーシュ・ペリーの「艦砲外交」他
1999.07.01	No.037	33		〈連載〉 PHOTO ESSAY DPRK/根性がある朝鮮のトウモロコシ
1999.07.01	No.037	52		〈連載〉創作童話/ぼく、ちょっぴりおとなになったよ
1999.07.01	No.037	54		〈連載〉朝鮮現代史のお話/謝罪も補償もない、そうなんにもない
1999.07.01	No.037	56		〈連載〉記者日記
1999.07.01	No.037	72		〈連載〉もう一つの旅/富津・木更津
1999.07.01	No.037	78		〈連載〉ウリマル図鑑/せかいのくに(4)
1999.07.01	No.037	80		〈連載〉いちにのさんし/李元珠さん一家
1999.07.01	No.037	37		〈ここにもトンボトンネ〉青森・寒さに負けない おおらかさとトンネへの愛着
1999.07.01	No.037	43		〈SABOTEN LIFE〉二人で乾杯/李源守・李晴美夫婦
1999.07.01	No.037	44		〈SABOTEN LIFE〉創って下さい、この食材で朝鮮風に/さんまの朝鮮風佃煮
1999.07.01	No.037	45		〈SABOTEN LIFE〉エッセイ7/「あだ名」
1999.07.01	No.037	46		〈SABOTEN LIFE〉花時計・花曜日/花と白砂と具殻と
1999.07.01	No.037	46		〈SABOTEN LIFE〉こどものけんこう/知っておこう、夏かぜの正体

발행일	지면정보		필자	제목
	권호	페이지		
1999.07.01	No.037	47		〈SABOTEN LIFE〉えほん/『おならばんざい』他
1999.07.01	No.037	47		〈SABOTEN LIFE〉ちょんすぎのよりみちアワー/そうめん地獄 他
1999.07.01	No.037	48		〈SABOTEN LIFE〉JOB・アボジの現場/洪哲熹さん
1999.07.01	No.037	49		〈io INFORMATION〉BOOK・CINEMA
1999.07.01	No.037	50		〈io INFORMATION〉EVENT・LAW
1999.07.01	No.037	51		〈io INFORMATION〉PUZZLE・VOICE
1999.07.01	No.037	57		〈io INFORMATION〉イオ読者プレゼント
1999.07.01	No.037	34		〈io INTERVIEW〉尾籐イサオ 大好きな仕事をやって来れたのが若さの秘訣
1999.08.01	No.038	13		〈特集〉8.15と在日朝鮮人
1999.08.01	No.038	14		〈特集〉歴史を記憶することの意味
1999.08.01	No.038	14	洪祥進	〈特集〉「過去の未清算」が生み出す朝鮮人差別
1999.08.01	No.038	16		〈特集〉表・在日朝鮮人人口動態(1909~1945)
1999.08.01	No.038	17		〈特集〉年表・朝鮮半島と世界の「その時」-20世紀前半の軌跡
1999.08.01	No.038	18	朱碩	〈特集〉エッセイ・とまどいの歓喜
1999.08.01	No.038	20	李実根	〈特集〉インタビュー・二つの顔をもつ「ヒロシマ」
1999.08.01	No.038	21		朝鮮学校生徒たちの音楽舞踊綜合公演「はばたけ！ 僕らの夢、私たちの希望」/私たちの物語はまだまだ続く
1999.08.01	No.038	28		「タカオ商会」代表取締役・韓隆男(大阪府八尾市)/「脱ダイオキツン」の床材製造で21世紀の企業人をめざす
1999.08.01	No.038	32		東北朝高女子団体チーム 囲碁で「全国」へ!
1999.08.01	No.038	60		インターハイ出場メンバー紹介
1999.08.01	No.038	65		女靴職人・康沢民さん/いい素材と最高の技術で究極の革靴を
1999.08.01	No.038	68		総聯埼玉第20回分会対抗ソフトボール大会/グローブと七輪持って青空のしたに集合だ!
1999.08.01	No.038	1		〈連載〉オンドル夜話/第八夜・「白衣文化」
1999.08.01	No.038	2		〈連載〉KOREAN ATLAS 八道江山/忠清道
1999.08.01	No.038	4		〈連載〉KOREANPORTARAIT.8/大物を釣るなら、今が潮時
1999.08.01	No.038	25		〈連載〉朝鮮古典文学物語/「死を免れた人魚」
1999.08.01	No.038	26		〈連載〉POINT OF VIEW/「力は正義なり、そして金は力なり」他
1999.08.01	No.038	33		〈連載〉 PHOTO ESSAY DPRK/視野一面に広がる平壌の「緑」
1999.08.01	No.038	48		〈連載〉JOB・アボジの現場/鄭光秀さん
1999.08.01	No.038	52		〈連載〉創作童話/お空のごちそう
1999.08.01	No.038	54		〈連載〉朝鮮現代史のお話/朝・日会談は何故、頓挫しちゃったの
1999.08.01	No.038	56		〈連載〉記者日記
1999.08.01	No.038	72		〈連載〉もう一つの旅/鳥取
1999.08.01	No.038	78		〈連載〉ウリマル図鑑/からだ

발행일	지면정보		필자	제목
	권호	페이지		
1999.08.01	No.038	80		〈連載〉いちにのさんし/崔福官さん、郭守奉さん一家
1999.08.01	No.038	37		〈ここにもトンボトンネ〉桑名・トンネが育てた仲間でトンネを支えていく
1999.08.01	No.038	43		〈SABOTEN LIFE〉二人で乾杯/高在相・金由美夫婦
1999.08.01	No.038	44		〈SABOTEN　LIFE〉創って下さい、この食材で朝鮮風に/カライの煮付けヤンニョム風味
1999.08.01	No.038	45		〈SABOTEN LIFE〉エッセイ8/いきいき、生きる
1999.08.01	No.038	46		〈SABOTEN LIFE〉花時計・花曜日/夏の花···ヒマワリ
1999.08.01	No.038	46		〈SABOTEN LIFE〉こどものけんこう/夏に流行する病気
1999.08.01	No.038	47		〈SABOTEN LIFE〉えほん/『たんぽぽのはらで』他
1999.08.01	No.038	47		〈SABOTEN LIFE〉ちょんすぎのよりみちアワー/オンマはウソつき 他
1999.08.01	No.038	49		〈io INFORMATION〉BOOK・CINEMA
1999.08.01	No.038	50		〈io INFORMATION〉EVENT・LAW
1999.08.01	No.038	51		〈io INFORMATION〉PUZZLE・VOICE
1999.08.01	No.038	57		〈io INFORMATION〉イオ読者プレゼント
1999.08.01	No.038	34		〈io INTERVIEW〉島田歌穂 人が放つパワーには、どんなハイテクもかなわない
1999.09.01	No.039	13		〈特集〉クク~朝鮮のスープ 今日からわが家の定番メニュー
1999.09.01	No.039	14		〈特集〉チュオタン
1999.09.01	No.039	15		〈特集〉タクケジャン
1999.09.01	No.039	16		〈特集〉コムタンスープ・ユッケジャン
1999.09.01	No.039	17		〈特集〉ヘジャンクク・スジスープ
1999.09.01	No.039	18		〈特集〉ウゴジクク・ブゴクク・ミヨツクク・ソコギクク
1999.09.01	No.039	19		〈特集〉テグクク・レンクク・テンジャンクク・コンナムルクク
1999.09.01	No.039	20		21世紀を展望するネットワーカーたちのアピール・ウリ民族フォーラム99in兵庫
1999.09.01	No.039	28		この腕にかけて!家族の夢を建築する/愛知県豊田市の裵義雄・金兌順夫妻
1999.09.01	No.039	66		民族教育の現場から/大切なのは相手を知ること 東京朝鮮第5初中級学校
1999.09.01	No.039	68		地域が変える私達の教育環境 伊丹朝鮮初級学校
1999.09.01	No.039	58		朝鮮高校、インターハイで初の金メダル! ウエイトリフティング、サッカー、ボクシングで大活躍
1999.09.01	No.039	1		〈連載〉オンドル夜話/第九夜.『義賊説話と洪吉童』
1999.09.01	No.039	2		〈連載〉KOREAN ATLAS 八道江山/慶尚南北道
1999.09.01	No.039	4		〈連載〉KOREANPORTARAIT.9/四世代が集う海、やけどするほど暑くなる
1999.09.01	No.039	25		〈連載〉朝鮮古典文学物語/『尼僧の怪』
1999.09.01	No.039	26		〈連載〉POINT OF VIEW/エリート官僚と「ロビン・フッド」の夢 他

발행일	지면정보		필자	제목
	권호	페이지		
1999.09.01	No.039	33		〈連載〉PHOTO ESSAY DPRK/建国記念日を輝かせる人文字の子どもたち
1999.09.01	No.039	52		〈連載〉創作童話/ビビンバ・バンバンバン
1999.09.01	No.039	54		〈連載〉朝鮮現代史のお話/朝高「大検」受検認定では、納得できません
1999.09.01	No.039	56		〈連載〉記者日記
1999.09.01	No.039	72		〈連載〉もう一つの旅/大阪
1999.09.01	No.039	78		〈連載〉ウリマル図鑑/せいざ
1999.09.01	No.039	80		〈連載〉いちにのさんし/白乙辰さん一家
1999.09.01	No.039	37		〈ここにもトンボトンネ〉水戸・一世から四世までトンネは今日もいそがしい
1999.09.01	No.039	43		〈SABOTEN LIFE〉二人で乾杯/廉世道・李玉喜夫婦
1999.09.01	No.039	44		〈SABOTEN LIFE〉創って下さい、この食材で朝鮮風に/魚介の朝鮮風冷麺サラダ
1999.09.01	No.039	45		〈SABOTEN LIFE〉花時計・花曜日/花の絵
1999.09.01	No.039	45		〈SABOTEN LIFE〉こどものけんこう/痛いけれど大切な予防接種
1999.09.01	No.039	46		〈SABOTEN LIFE〉エッセイ9/娘の「いま」と自分の「過去」、重ね合わせて
1999.09.01	No.039	47		〈SABOTEN LIFE〉えほん/『恐竜たんけん図鑑』他
1999.09.01	No.039	47		〈SABOTEN LIFE〉ちょんすぎのよりみちアワー/くまの貯金箱 他
1999.09.01	No.039	48		〈SABOTEN LIFE〉JOB・アボジの現場/黄重彦さん
1999.09.01	No.039	49		〈io INFORMATION〉BOOK・CINEMA
1999.09.01	No.039	50		〈io INFORMATION〉EVENT・LAW
1999.09.01	No.039	51		〈io INFORMATION〉PUZZLE・VOICE
1999.09.01	No.039	57		〈io INFORMATION〉イオ読者プレゼント
1999.09.01	No.039	34		〈io INTERVIEW〉三屋裕子 スポーツを起爆剤にした「バリアフリー」を環境作り
1999.11.01	No.041	13		〈特集〉粋なトンボの店 特戦-秋の味
1999.11.01	No.041	14		〈特集〉BAR「グライディング・ストリート」/飛行機の轟音をBGMに杯を傾ける至福
1999.11.01	No.041	15		〈特集〉焼鳥「やすい」/豊富な品数で堪能できる伝統とこだわりの味
1999.11.01	No.041	16		〈特集〉美食酒家「ばつぐん」/料理の垣根を越えたミスマッチを楽しむ
1999.11.01	No.041	17		〈特集〉フランス料理「ラ・レヌ」/庶民的で本格派のフランス料理を楽しむ
1999.11.01	No.041	18		〈特集〉つけ麺専門店「めん道」/広島風「つけ麺」はパンチのきいた辛さがきめて
1999.11.01	No.041	19		〈特集〉もんじゃ屋「なんじゃもんじゃ」/子どもの頃に食べた味を思いだす素朴さがいい

발행일	지면정보		필자	제목
	권호	페이지		
1999.11.01	No.041	21		洪昌守-拳に世界への夢を託す/東洋太平洋スーパーフライ級王座決定戦
1999.11.01	No.041	26		ガラスをコントロールしガラスの魅力を引き出す/ガラス工芸作家を目指す柳琴姫さん
1999.11.01	No.041	30		「バリアフリー」を目指す若い世代/朝鮮大学校の成基香さんと音楽科の学生による障害児の音楽療法
1999.11.01	No.041	59		〈特別企画〉朝鮮の酒
1999.11.01	No.041	60		〈特別企画〉朝鮮の酒文化·日本にも及んだ百済の新酒造法
1999.11.01	No.041	1		〈連載〉オンドル夜話/第十一夜·嘆きのチャンスン
1999.11.01	No.041	2		〈連載〉KOREAN ATLAS八道江山/済州道
1999.11.01	No.041	4		〈連載〉KOREANPORTARAIT.11/一緒にいると、歌いたくなる、踊りたくなる
1999.11.01	No.041	25		〈連載〉朝鮮古典文学物語/「玉浦洞奇玩録」
1999.11.01	No.041	33		〈連載〉PHOTO ESSAY DPRK/オレンジ色の甘い奴、復合微生物肥料
1999.11.01	No.041	52		〈連載〉創作童話/学校へ行こう
1999.11.01	No.041	54		〈連載〉POINT OF VIEW/朝米関係、いよいよ本格的な改善軌道へ 他
1999.11.01	No.041	56		〈連載〉記者日記
1999.11.01	No.041	72		〈連載〉もう一つの旅/日光東照宮
1999.11.01	No.041	78		〈連載〉ウリマル図鑑/あそび(2)
1999.11.01	No.041	80		〈連載〉いちにのさんし/朴今泉さん一家
1999.11.01	No.041	37		〈ここにもトンポトンネ〉尾張·トンポとふれあうことがトンネの原動力
1999.11.01	No.041	43		〈SABOTEN LIFE〉二人で乾杯/柳博守·金商美夫婦
1999.11.01	No.041	44		〈SABOTEN LIFE〉創って下さい、この食材で朝鮮風に/新ジャガキムチマヨサラダ
1999.11.01	No.041	45		〈SABOTEN LIFE〉花時計·花曜日/晩秋をシックに飾る
1999.11.01	No.041	45		〈SABOTEN LIFE〉こどものけんこう/冬の病気に気をつけよう
1999.11.01	No.041	46		〈SABOTEN LIFE〉エッセイ11/子を持ち知り得た「アボジ」の自覚
1999.11.01	No.041	47		〈SABOTEN LIFE〉えほん/『すえっこ メリーメリー』他
1999.11.01	No.041	47		〈SABOTEN LIFE〉ちょんすぎのよりみちアワー/こわいから飼わない 他
1999.11.01	No.041	48		〈SABOTEN LIFE〉JOB·アボジの現場/辛代哲さん
1999.11.01	No.041	49		〈io INFORMATION〉BOOK·CINEMA
1999.11.01	No.041	50		〈io INFORMATION〉EVENT·LAW
1999.11.01	No.041	51		〈io INFORMATION〉PUZZLE·VOICE
1999.11.01	No.041	57		〈io INFORMATION〉イオ読者プレゼント
1999.11.01	No.041	34		〈io INTERVIEW〉辻元清美　排除ではなく共生を。暖流の巻き返しはこれから

발행일	지면정보		필자	제목
	권호	페이지		
1999.12.01	No.042	13		〈特集〉ウリトンネが一番!あの町、この町、同胞の顔がある
1999.12.01	No.042	14		〈特集〉胆振日高ー大自然に囲まれて暮らすトンポたちはのんびりと、しっかりとトンネを守り築いていく
1999.12.01	No.042	16		〈特集〉小倉-古いものと新しいものが見事にミックス、パワフルトンネ
1999.12.01	No.042	18		〈特集〉鶴見-人と人との出会いを大切にする民族教育と焼肉の美味しい町
1999.12.01	No.042	19		〈特集〉東成-道行けばトンポにあたる朝から晩までにぎやかなトンネ
1999.12.01	No.042	20		〈特集〉仙台-仙台トンネはトンポを包む暖かさがある
1999.12.01	No.042	21		〈特集〉松山-温情あふれる人脈の濃さで姻族結婚の成婚率高し
1999.12.01	No.042	22		〈特集〉新潟-日本各地の同胞ともふれ合える、祖国に一番近いトンネ
1999.12.01	No.042	23		〈特集〉葛飾-寅さんの古郷は、人情の町、工場の町、同胞の町、代を継ぐ町
1999.12.01	No.042	24		〈特集〉浜松-マイペースだけと、一歩一歩トンネの団結を築いていく
1999.12.01	No.042	26	李哲鎮	タイム・メジャーで朝米関係を見る!/９９年朝鮮半島情勢回顧
1999.12.01	No.042	30		同胞の様々な生活をサポートする/朝鮮総聯中央委員会第18期第3回会議拡大会議
1999.12.01	No.042	32	梁一元	投稿・アイザック・スターン/音符に秘められた魂の言葉
1999.12.01	No.042	60		〈特別企画〉・ザ・コリアンフェスタ/神戸朝鮮高級学校創立50周年記念フェスティバル
1999.12.01	No.042	62		〈特別企画〉・ザ・コリアンフェスタ/東北朝鮮初中級学校校舎・奇宿舎新築記念運動会
1999.12.01	No.042	64		〈特別企画〉・ザ・コリアンフェスタ/東京オリニフェスティバル
1999.12.01	No.042	1		〈連載〉オンドル夜話/第十二夜・オンドル考
1999.12.01	No.042	2		〈連載〉KOREAN ATLAS 八道江山/朝鮮半島
1999.12.01	No.042	4		〈連載〉KOREANPORTARAIT.12/手をつなごうそこに何かが見えるから
1999.12.01	No.042	25		〈連載〉朝鮮古典文学物語/「雲英伝」
1999.12.01	No.042	33		〈連載〉PHOTO ESSAY DPRK/人や動物と共存する朝鮮の高速道路
1999.12.01	No.042	52		〈連載〉創作童話/これが私の生きる道
1999.12.01	No.042	54		〈連載〉POINT OF VIEW/バーチャルではない民族の和解と統一 他
1999.12.01	No.042	56		〈連載〉記者日記
1999.12.01	No.042	72		〈連載〉もう一つの旅/箱根
1999.12.01	No.042	78		〈連載〉ウリマル図鑑/りょうり(1)
1999.12.01	No.042	80		〈連載〉いちにのさんし/郭寿福さん一家

발행일	지면정보		필자	제목
	권호	페이지		
1999.12.01	No.042	37		〈ここにもトンポトンネ〉西東京中部・力を合わせて踏み出す未来への第一歩
1999.12.01	No.042	43		〈SABOTEN LIFE〉二人で乾杯/朴俊・金恵淑夫婦
1999.12.01	No.042	44		〈SABOTEN LIFE〉創って下さい、この食材で朝鮮風に/甘鯛の変わり茶漬けチャンジャのせ
1999.12.01	No.042	45		〈SABOTEN LIFE〉花時計・花曜日/冬の花束
1999.12.01	No.042	45		〈SABOTEN LIFE〉こどものけんこう/アレルギー治療は根気よく
1999.12.01	No.042	46		〈SABOTEN LIFE〉エッセイ12/ポニーテール
1999.12.01	No.042	47		〈SABOTEN LIFE〉えほん/『大きい1年生と小さな2年』他
1999.12.01	No.042	47		〈SABOTEN LIFE〉ちょんすぎのよりみちアワー/掃除は大晦日に 他
1999.12.01	No.042	48		〈SABOTEN LIFE〉JOB・アボジの現場/鄭吉柱さん
1999.12.01	No.042	49		〈io INFORMATION〉BOOK・CINEMA
1999.12.01	No.042	50		〈io INFORMATION〉EVENT・LAW
1999.12.01	No.042	51		〈io INFORMATION〉PUZZLE・VOICE
1999.12.01	No.042	57		〈io INFORMATION〉イオ読者プレゼント
1999.12.01	No.042	34		〈io INTERVIEW〉田中美奈子 自分が変わればきっと周りも変ってくる
2000.02.01	No.044	14		〈特集〉古代日本を変えた朝鮮渡来文化/海の彼方からやってきた最先端 解説：文物でみる古代朝・日関係(金浩天)/朝鮮渡来文化をひもとく!/農耕・土器・土木建築・鉄・服飾
2000.02.01	No.044	7	金洪才	〈KOREAN DIASPORA〉自然体で活躍できる空間は着実に広がっている
2000.02.01	No.044	25		〈民族教育は今Vol.2/東北朝鮮初中高級学校奇宿舎〉子どもたちの未来を見据えた選択
2000.02.01	No.044	30		〈コリアンビジネスの現場/パチンコビジネス、新世紀への世界②〉演出はすごいのに飽きられ始めたパチンコ
2000.02.01	No.044	33		〈ぼくもコリアン②/福岡県遠賀郡のポアゴン(趙明洙さん宅)〉迫力ボティーの寒がりさん
2000.02.01	No.044	44		〈第7回関東学生クラブラグビー選手権大会〉朝鮮大学校、関東を制す!
2000.02.01	No.044	49		〈ジョンホのへらず口。2〉スーパースター伝説
2000.02.01	No.044	57		〈特別企画〉イオ版カメラ塾/ワンランクアップの家族写真を残そう!・アングルに神経を配ろう・常に光に気を配ろう・絞り、シャッタースピードを変えよう・簡単カメラでうまく撮りたい
2000.02.01	No.044	62		「4度目の正直」で朝・日国交正常化を/村山訪朝団ちょっとした裏話・良い話
2000.02.01	No.044	65		〈io INTERVIEW2000〉鎌田 慧/行き詰まりのなか、社会がようやく変わりはじめた
2000.02.01	No.044	72		〈クライシス21!〉グローバリゼーション

발행일	지면정보		필자	제목
	권호	페이지		
2000.02.01	No.044	1		〈Korean MONO事典.2〉スジョ
2000.02.01	No.044	3		〈Korean AJI事典.2〉すもも亭自家製ハンバーグ
2000.02.01	No.044	5		〈Korean TABI事典.2〉東京都狛江市・亀塚古墳跡
2000.02.01	No.044	34		〈BOOKS〉『在日朝鮮人と日本社会』他
2000.02.01	No.044	35		〈CINEMA〉『ナビィの恋』他
2000.02.01	No.044	36		〈MEDIA〉『日本人の願いと地道な活動』他
2000.02.01	No.044	37		〈WEBSITE〉『THE HAN WORLD』他
2000.02.01	No.044	38		〈資格が欲しい!〉高齢化社会の到来で拡大するニーズ
2000.02.01	No.044	39		〈PUZZLE〉
2000.02.01	No.044	39		〈ちょんすぎのよりみちアワー〉「2000年問題解決法」他
2000.02.01	No.044	40		〈ウリマル図鑑〉びょういん①
2000.02.01	No.044	42		〈新米主婦のための朝鮮料理〉海鮮チゲ鍋
2000.02.01	No.044	48		〈読者プレゼント＆アンケート〉
2000.02.01	No.044	50		〈アボジとオモニのカラダのSOSファイル.2〉『糖尿病』他
2000.02.01	No.044	52		〈イオランダム〉あなたのための食講座他
2000.02.01	No.044	54		〈同胞法律生活センターのノンフィクション事件薄〉友人の自動車を運転中に事故、保険は使えないの？
2000.02.01	No.044	55		〈読者の声・編集後記〉
2000.02.01	No.044	68		〈1900-2000/場所は証言する.2〉広島県高暮ダム
2000.02.01	No.044	79		〈細腕繁盛記・オモニのいる店②〉東京都渋谷区・焼肉「京城苑」
2000.02.01	No.044	80		〈いちにのさんし〉金南鎬さん、曾永烈さん一家
2000.03.01	No.045	14		〈特集〉在日KOREAN家族の肖像
2000.03.01	No.045	16		子どもが独立しても、家族はひとつ　東京都昭島市の金清八さん一家
2000.03.01	No.045	18		みんなで店を守って家族の絆が深まっていく/山形県米沢市の李栄泰さん一家
2000.03.01	No.045	20		家族の生活の舞台は居酒星「一体」/京都府宇治市の朴圭喜さん一家
2000.03.01	No.045	22		夕食は家族みんなで食べるもの/和歌山県伊都郡の姜亮漢さん一家
2000.03.01	No.045	7	康宗憲	〈KOREAN DIASPORA〉統一の実体と民族のアイデンティティ
2000.03.01	No.045	25		〈民族教育は今Vol.3/兵庫県下朝鮮学校で教育実践〉知的好奇心と探求心を育む授業
2000.03.01	No.045	30		〈コリアンビジネスの現場/ぱちんごビジネス、新世紀への世界③〉超有力企業だけが業界を牛耳る日が来るのか？
2000.03.01	No.045	33		〈ぼくもコリアン③/東京都板橋区の巨大熱帯魚(李詔泳さん宅)〉わが物顔で水槽を泳ぐ巨大魚たち
2000.03.01	No.045	45		〈KYC MEMBERS インタビュー〉黄元圭/青商会の経済ネットワークについて
2000.03.01	No.045	49		〈ジョンホのへらず口 3〉歌も映画も世につれて

발행일	지면정보		필자	제목
	권호	페이지		
2000.03.01	No.045	57		〈Millennium Essay 人生いろいろ〉詩を書くことは恋すること(李芳世)/「二千年ミレニアム、息子の宣言、私の宣言」(厳広子)/トコヤの話(李商民)/彼女たちの名誉挽回(韓錦女)
2000.03.01	No.045	62		〈平壤取材ノート(1999.10~2000.1)-苦難を乗り越える心理と論理〉市民が語る「リーダーシップ」
2000.03.01	No.045	65		〈io INTERVIEW2000〉今井通子/自然の中でこそ人間の能力は開発される
2000.03.01	No.045	1		〈Korean MONO事典.3〉ノリゲ
2000.03.01	No.045	3		〈Korean AJI事典.3〉ミックスキムチお好み焼
2000.03.01	No.045	5		〈Korean TABI事典.3〉大阪府・河内飛鳥
2000.03.01	No.045	34		〈BOOKS〉『百満人の身世打鈴』他
2000.03.01	No.045	35		〈CINEMA〉『ミフネ』他
2000.03.01	No.045	36		〈MEDIA〉『3年B組金八先生』他
2000.03.01	No.045	37		〈WEBSITE〉『伊丹朝鮮初級学校』他
2000.03.01	No.045	38		〈SIKAKU〉就職・転職にも有利、人気のパソコン資格でスキルアップしよう!
2000.03.01	No.045	39		〈PUZZLE〉
2000.03.01	No.045	39		〈ちょんすぎのよりみちアワー〉「おしゃべりにはワケがある」他
2000.03.01	No.045	40		〈ウリマル図鑑〉びょういん②
2000.03.01	No.045	42		〈新米主婦のための朝鮮料理〉ニラのチジム
2000.03.01	No.045	48		〈読者プレゼント&アンケート〉
2000.03.01	No.045	50		〈アボジとオモニのカラダのSOSファイル.3〉『高脂血病』他
2000.03.01	No.045	52		〈イオランダム〉「慶事や葬儀で交わされる挨拶」他
2000.03.01	No.045	54		〈同胞法律生活センターのノンフィクション事件薄〉介護保険サービスはどうしたら受けられるの?
2000.03.01	No.045	55		〈読者の声・編集後記〉
2000.03.01	No.045	68		〈1900-2000/場所は証言する.3 福島県の沼倉水力発電所朝鮮人殉難者慰霊碑
2000.03.01	No.045	72		〈クライシス21〉コリアン・イン・ザ・ワールド
2000.03.01	No.045	79		〈細腕繁盛記・オモニのいる店③〉東京都町田区・焼肉「明花」
2000.03.01	No.045	80		〈いちにのさんし〉朴甲兆さん一家
2000.04.01	No.046	14		〈特集〉ここがへんだよ「在日朝鮮語」 在日同胞が使うウリマルを考える
2000.04.01	No.046	16		発音は言葉の基本。こんな発音はウリマルではない
2000.04.01	No.046	18		日本語直訳式が横行、自然なウリマルが喋れない
2000.04.01	No.046	20		ここまできたらもう日本語、ウリマルとは呼べない/エッセイ・ウリマルと私
2000.04.01	No.046	22		インタビュー/朝鮮大学校文学部学部長・朴宰秀先生に聞く同胞社会にウリマルを使う環境を取り戻すことが大切です
2000.04.01	No.046	7	文八智	〈KOREAN DIASPORA〉教育とは何か、そして民族教育とは

발행일	지면정보		필자	제목
	권호	페이지		
2000.04.01	No.046	25		〈民族教育は今Vol.4/KOREANニュースすステーション　in HIROSHIMA〉民族教育は豊かな同胞社会の礎
2000.04.01	No.046	30		〈二月の芸術の夕べ〉朝・日の民族楽器が紡ぎ出す友好の舞台
2000.04.01	No.046	33		〈ぼくもコリアン④/山口県新南市のウコッケイ(金大垣さん宅)〉白い羽毛と黒い皮膚、それが本物の証
2000.04.01	No.046	44		〈HOT通信〉校歌物語/群馬朝鮮初中級学校 浜松市立可美幼稚園訪問記/朝鮮歌舞団がやってきた
2000.04.01	No.046	46		在日本朝鮮青年商工会第5回総会 経済的スケールメリットの構築へ
2000.04.01	No.046	57		埼玉朝鮮初中級学校チャリティーコンサート「明るい未来へ羽ばたこう」二十一世紀の主人公に光を灯す同胞たち
2000.04.01	No.046	61		京都府・右京区の梅津小学校「ユー・アイ・スクエア2000」いっしょに歌おう、笑おう　ぼくらの友情の広場で
2000.04.01	No.046	65		〈io INTERVIEW2000〉樋口恵子/介護保険を社会変革のきっかけに
2000.04.01	No.046	1		〈Korean MONO事典4〉パンダジ(櫃)
2000.04.01	No.046	3		〈Korean AJI事典.4〉朝鮮たまご巻
2000.04.01	No.046	5		〈Korean TABI事典.4〉京都府・嵐山
2000.04.01	No.046	34		〈BOOKS〉『断絶の世紀 証言の時代』他
2000.04.01	No.046	35		〈CINEMA〉『オール・アバウト・マイ・マザー』他
2000.04.01	No.046	36		〈MEDIA〉『共和国の出産率』他
2000.04.01	No.046	37		〈WEBSITE〉『タングン』他
2000.04.01	No.046	38		〈SIKAKU〉知識と技術をみがいてセンスを活かした仕事につきたい!
2000.04.01	No.046	39		〈PUZZLE〉
2000.04.01	No.046	39		〈ちょんすぎのよりみちアワー〉「オンマたち上がる」他
2000.04.01	No.046	40		〈ウリマル図鑑〉びょういん③
2000.04.01	No.046	42		〈新米主婦のための朝鮮料理〉チャプチェ
2000.04.01	No.046	48		〈読者プレゼント&アンケート.
2000.04.01	No.046	49		〈ジョンホのへらず口 4〉「プルガシュリ」
2000.04.01	No.046	50		〈アボジとオモニのカラダのSOSファイル.4〉『癌』他
2000.04.01	No.046	52		〈イオランダム〉「薬の服用時間には意味がある」他
2000.04.01	No.046	54		〈同胞法律生活センターのノンフィクション事件薄〉借家に関する新しい法律ってどんな内容なの?
2000.04.01	No.046	55		〈読者の声・編集後記〉
2000.04.01	No.046	68		〈1900-2000/場所は証言する.4〉神奈川県の相撲公園銘碑と相撲湖ダムの慰霊塔
2000.04.01	No.046	72		〈クライシス21〉人間は三十六億年の産物
2000.04.01	No.046	79		〈細腕繁盛記〉オモニのいる店④〉広島県広島市・焼肉「明月」
2000.04.01	No.046	80		〈いちにのさんし〉全泳淑さん一家

발행일	지면정보		필자	제목
	권호	페이지		
2000.05.01	No.047	14		〈特集〉同胞起業家~こんな時代だから独立しました
2000.05.01	No.047	16		アイディア優先、そこに現システムを当てはめトライ/有限会社シーズコーポレーション　辛根成さん
2000.05.01	No.047	18		「安くてうまい」は当たり前、こだわりのある「食べ物屋」/「呑喰里」/朴炯吉さん
2000.05.01	No.047	20		クライアントの考えを形に変える広告のスペシャリストに/有限社会ジオ・デザイン/朴明秀さん
2000.05.01	No.047	21		力まずに身の丈にあった商売で店を軌道に乗せる/トッケ商店　康徳海さん
2000.05.01	No.047	22		人派と経験をフルに生かして得手に帆をあげる　生活雑貨店「ハウスキット」申成根さん
2000.05.01	No.047	23		異業種との交流で情報収集、チャンスは自分の力でものにする　ICEグループミャンマーABCタクシー/趙成煥さん
2000.05.01	No.047	24		個人事業を始める基本をつかもう
2000.05.01	No.047	7	金宰爽	〈KOREAN DIASPORA〉海外コリアンの未来はどこにあるのか
2000.05.01	No.047	25		〈民族教育は今Vol.5/岡山朝鮮初中級学校　学校の統合に込められた思い
2000.05.01	No.047	30		〈コリアンビジネスの現場/焼肉業界の現状①〉大手チェーン店の脅威
2000.05.01	No.047	33		〈ぼくもコリアン⑤/岡山県岡山市在住のクー(朴才哲さん宅)〉やんちゃな性格がチャームポイント
2000.05.01	No.047	44		〈東京青商会が初級部新入生へ制服をプレゼント〉ピカピカの制服に輝く未来を託す
2000.05.01	No.047	57		〈アメリカ紀行-第1章〉東京朝鮮中高級学校舞踊部　ニューヨーク・ロサンゼルス公演
2000.05.01	No.047	65		〈io INTERVIEW2000〉ちばでつや/子どもたちに伝えていくこと
2000.05.01	No.047	74		「未来」たちの交流はこれからも続く
2000.05.01	No.047	1		〈Korean MONO事典.5〉コムシン
2000.05.01	No.047	3		〈Korean AJI事典.5〉串揚げの盛り合わせ
2000.05.01	No.047	5		〈Korean TABI事典.5〉岡山県・鬼の城
2000.05.01	No.047	34		〈BOOKS〉『歴史と真実』他
2000.05.01	No.047	35		〈CINEMA〉『ぼくは歩いてゆく』他
2000.05.01	No.047	36		〈MEDIA〉『経済セミナー』他
2000.05.01	No.047	37		〈WEBSITE〉『ムジゲの会』他
2000.05.01	No.047	38		〈SIKAKU〉国際社会で活躍するには語学系の資格が必須条件だ
2000.05.01	No.047	39		〈PUZZLE〉
2000.05.01	No.047	39		〈ちょんすぎのよりみちアワー〉「反比例」他
2000.05.01	No.047	40		〈ウリマル図鑑〉かぞえかた①
2000.05.01	No.047	42		〈新米主婦のための朝鮮料理　ヤクパプ(楽飯)

발행일	지면정보		필자	제목
	권호	페이지		
2000.05.01	No.047	48		〈読者プレゼント＆アンケート〉
2000.05.01	No.047	49		〈ジョンホのへらず口 5〉アリとセミとキリギリス
2000.05.01	No.047	50		〈アボジとオモニのカラダのSOSファイル.5〉『脳卒中』他
2000.05.01	No.047	52		〈イオランダム〉「同姓同本不婚とは？」他
2000.05.01	No.047	54		〈同胞法律生活センターのノンフィクション事件薄〉「ボケたら」を前提にした成年後見制度、不安はないの?
2000.05.01	No.047	55		〈読者の声・編集後記〉
2000.05.01	No.047	68		〈1900-2000/場所は証言する.5〉舞鶴の浮島丸殉難者追悼の碑
2000.05.01	No.047	72		〈クライシス21〉What do these numbers mean?
2000.05.01	No.047	79		〈細腕繁盛記・オモニのいる店⑤〉大阪府大阪市・焼肉「西光園」
2000.05.01	No.047	80		〈いちにのさんし〉金様坤さん一家
2000.06.01	No.048	14		〈特集〉新しい法律、一緒に勉強しましょう
2000.06.01	No.048	15		外国人登録法
2000.06.01	No.048	16		年金制度改正関連法
2000.06.01	No.048	17		介護保険制度
2000.06.01	No.048	18		定期借家法
2000.06.01	No.048	19		地方分権一括法
2000.06.01	No.048	20		容器包装リサイクル法
2000.06.01	No.048	21		労働基準法
2000.06.01	No.048	22		東京の7地域で同胞生活相談綜合センター設立/同胞の様々なニーズに応える「集いの場」
2000.06.01	No.048	7	李実根	〈KOREAN DIASPORA〉「過去」と「現在」と「未来」はつながっています
2000.06.01	No.048	25		〈民族教育は今Vol.6〉民族教育は在日の魂のルーツ
2000.06.01	No.048	30		〈コリアンビジネスの現場/焼肉業界の現状②〉多様化するメニューと商品開発
2000.06.01	No.048	33		〈ぼくもコリアン⑥〉千葉県市川市在住の豊山犬、珍島犬(姜明子さん宅)〉南北の犬が仲良く暮らす
2000.06.01	No.048	44		〈中央青商会「経営企画委員会」発足〉豊かな同胞社会のためのシンクタンク+実践集団を目指す
2000.06.01	No.048	46		似てるかな~アボジ、オモニ、大好き
2000.06.01	No.048	49		〈ジョンホのへらず口 6〉朝鮮人であること
2000.06.01	No.048	57		〈アメリカ紀行-第2章〉NY・LA出会ったコリアンたち
2000.06.01	No.048	62		〈第3回港区国際フットサル大会〉世界を翔けろ!「チョンリマ」チーム
2000.06.01	No.048	65		〈io INTERVIEW2000〉野田峯雄/多くの人と事実を共有したい
2000.06.01	No.048	1		〈Korean MONO事典.6〉ピニョ(かんざし)
2000.06.01	No.048	3		〈KoreanAJI事典.6〉店長おまかせにぎり
2000.06.01	No.048	5		〈KoreanTABI事典.6〉群馬県・妙義
2000.06.01	No.048	34		〈BOOKS〉『ナヌムの家を訪ねて』他

발행일	지면정보		필자	제목
	권호	페이지		
2000.06.01	No.048	35		〈CINEMA〉『インサイダー』他
2000.06.01	No.048	36		〈MEDIA〉『論文を発表せよ、さもなくば去れ』他
2000.06.01	No.048	37		〈WEBSITE〉『九州の在日朝鮮人物語』他
2000.06.01	No.048	38		〈SIKAKU〉開業も夢じゃない!就職、転職にも有利な「食」に関する資格
2000.06.01	No.048	39		〈PUZZLE〉
2000.06.01	No.048	39		〈ちょんすぎのよりみちアワー〉「雨の日の買い者」他
2000.06.01	No.048	40		〈ウリマル図鑑〉かぞえかた②
2000.06.01	No.048	42		〈新米主婦のための朝鮮料理〉テジコギピョニュク(蒸し 　豚)
2000.06.01	No.048	48		〈読者プレゼント&アンケート〉
2000.06.01	No.048	50		〈アボジとオモニのカラダのSOSファイル.6〉『心筋梗塞』他
2000.06.01	No.048	52		〈イオランダム〉「婚礼における東床礼」他
2000.06.01	No.048	54		〈同胞法律生活センターのノンフィクション事件薄〉ちょっとした自動車事故。自分は悪くないと思うのに!
2000.06.01	No.048	55		〈読者の声・編集後記〉
2000.06.01	No.048	68		〈1900-2000/場所は証言する.6〉船橋の関東大震災犠牲同胞慰霊碑
2000.06.01	No.048	72		〈クライシス21〉激動する朝鮮半島
2000.06.01	No.048	79		〈細腕繁盛記・オモニのいる店⑥〉群馬県前橋市・焼肉「慶安亭」
2000.06.01	No.048	80		〈いちにのさんし〉金錫奉さん一家
2000.07.01	No.049	14		〈特集〉オモニがつくるわが家の朝鮮料理
2000.07.01	No.049	16		曺成美さんがつくる家庭料理/働く主婦は手間暇かけない朝鮮風アイディア料理で食卓をかざる
2000.07.01	No.049	18		金蒔玉さんが作る家庭料理/手間をかけた伝統の朝鮮料理には旬の素材をふんだんに取り入れる
2000.07.01	No.049	20		李静和さんがつくる家庭料理/子どもに親しまれる料理の秘訣はひと工夫凝らした調理法にあり
2000.07.01	No.049	22		李茉理さんがつくる家庭料理/代々受け継がれた「家庭の味」に料理学校で学んだ技術を活かす
2000.07.01	No.049	24		探せばあるある朝鮮料理おたすけグッズ
2000.07.01	No.049	7		〈io Photograph〉3万5000人の輪が広がる、大地に大空に
2000.07.01	No.049	25		〈子どもの作品〉兄弟ゲンカ
2000.07.01	No.049	26		〈同胞のいる風景〉オモニのお弁当は冷めてもごとか温かい
2000.07.01	No.049	30		〈コリアンビジネスの現場/焼肉業界の現状③〉繁盛店の秘密を探る
2000.07.01	No.049	33		〈今月のベストカップル/高松鶴・呉貞錫夫妻〉大学時代の同級生、夫妻になっても息はピッタリ
2000.07.01	No.049	45	李赫	〈KOREAN DIASPORA〉記憶の中の一世を彫る歴史を彫る
2000.07.01	No.049	57		〈アメリカ紀行-第3章〉「アイデンティティクライシス」を乗り越える

발행일	지면정보		필자	제목
	권호	페이지		
2000.07.01	No.049	60		〈ミレイアム新しい出会い! 市民の皆さんとともに! 金剛山歌劇団ジョイントコンサート〉朝・日の新たな出会いはこの舞台から始まる
2000.07.01	No.049	62		〈脳性マヒの李鎬烈君の祖国訪問紀〉ホリョリ、またおいでよ
2000.07.01	No.049	72		〈愛姫と宙憲の朝鮮問題カレントトーク〉南北最高位級会談前夜
2000.07.01	No.049	1		〈Korean MONO事典.7〉プチェ(扇子)
2000.07.01	No.049	3		〈Korean AJI事典.7〉串焼きの盛り合わせ
2000.07.01	No.049	5		〈Korean TABI事典.7〉千葉県・富津・木更津
2000.07.01	No.049	34		〈BOOKS〉『北朝鮮バッシング』他
2000.07.01	No.049	35		〈CINEMA〉『サイダーハウス・ルール』他
2000.07.01	No.049	36		〈WEBSITE〉『神戸朝鮮高級学校』他
2000.07.01	No.049	36		〈MEDIA〉『太陽は沈まない』他
2000.07.01	No.049	37		〈SIKAKU〉専門技術と知識が問われる技術者系の資格
2000.07.01	No.049	38		〈PUZZLE〉
2000.07.01	No.049	38		〈ちょんすぎのよりみちアワー〉「家電の寿命」他
2000.07.01	No.049	39		〈細腕繁盛記・オモニのいる店⑦〉愛知県西尾市・焼肉「モランボン」
2000.07.01	No.049	40		〈ウリマル図鑑〉かず①
2000.07.01	No.049	42		〈新米主婦のための朝鮮料理〉スジチム(牛スジの煮込み)
2000.07.01	No.049	48		〈読者プレゼント&アンケート〉
2000.07.01	No.049	50		〈アボジとオモニのカラダのSOSファイル.7〉『高尿酸血症』他
2000.07.01	No.049	52		〈イオランダム〉「産後にはミネラルたっぷりのワカメスープ」他
2000.07.01	No.049	54		〈同胞法律生活センターのノンフィクション事件薄〉寝たきりのアボジが登録証の切賛。代理でできないの?
2000.07.01	No.049	55		〈読者の声・編集後記〉
2000.07.01	No.049	68		〈1900-2000/場所は証言する.7〉長野県の松代大本営朝鮮人犠牲者追悼平和祈念碑
2000.07.01	No.049	74		〈KYC MONTHLY NEWS〉中央青商会「民族文化委員会」発足他
2000.07.01	No.049	80		〈いちにのさんし〉金順徳さん一家
2000.08.01	No.050	1		〈特集〉南北七千万の願い込めて/民族統一への新たな里程標
2000.08.01	No.050	12		北南首脳の出会いと北南共同宣言の歴史的意義
2000.08.01	No.050	16		平壌現地ルポ 走り出した「統一急高行車」、わきたつ平壌市民
2000.08.01	No.050	20		〈マスコミに見る南の三日間〉「七千万が一つになった!」
2000.08.01	No.050	33		在日同胞、一つの祖国に夢馳せる
2000.08.01	No.050	36		〈INTERVIEW/村山富市〉世界の安全保障にとって画期的な出来事
2000.08.01	No.050	37		〈INTERVIEW/吉田康彦〉主体的に統一へと動き出した南北朝鮮

발행일	지면정보		필자	제목
	권호	페이지		
2000.08.01	No.050	38		〈OPINION/前田康博〉希望の火ともす南北の対面
2000.08.01	No.050	39		〈8.15光復55周年、7.4共同声明発表28周年記念統一討論会〉民族の自主的な力で統一を
2000.08.01	No.050	30		〈在日朝鮮人人権協会第3回交流集会〉21世紀、在日同胞の法的地位
2000.08.01	No.050	32		〈我が家のお家事情〉子育て
2000.08.01	No.050	58		〈兵庫青商会＆朝青兵庫合同スポーツフェスタ「Korean Youth Sports Fasta 2000」〉
2000.08.01	No.050	60		〈第2回北関東アボジサッカー大会〉主役を予感させるアボジたちの気迫
2000.08.01	No.050	62		〈「北南共同宣言支持」名駅青年商工会交流会〉シジミ狩って、名駅トンネの輪ひろがる
2000.08.01	No.050	65		〈io INTERVIEW2000〉喜納昌吉/板門店で南北の祭りができたらいいよね
2000.08.01	No.050	25		〈子供の作品〉かわいいチャンス
2000.08.01	No.050	26		〈トンボの風景〉オンマの汗は子どもたちの未来のために
2000.08.01	No.050	42		〈BOOKS〉「『三国人』発言を生み出したものは何か」他
2000.08.01	No.050	43		〈CINEMA〉「あの子を探して」他
2000.08.01	No.050	44		〈ウリマル図鑑〉かず②
2000.08.01	No.050	46		〈新米主婦のための朝鮮料理〉チャンアチ(野菜の醤油、味噌漬け
2000.08.01	No.050	48		〈読者プレゼント＆アンケート〉
2000.08.01	No.050	50		〈アボジとオモニのカラダのSOSファイル.8〉「骨粗鬆症」他
2000.08.01	No.050	52		〈イオランダム〉「蚊に刺されやすい人、指されにくい人」他
2000.08.01	No.050	54		〈同胞法律生活センターのノンフィクション事件薄〉不動産の競売ってどうなってるの？
2000.08.01	No.050	55		〈クロスワードパズル/編集後記〉
2000.08.01	No.050	69		〈細腕繁盛記・オモニのいる店⑧〉京都市伏見区・焼肉「節ちゃん」
2000.08.01	No.050	70		〈KYC MONTHLY NEWS〉第2回KYC異業種交流会テーマは「アメリカのITベンチャービジネスと在日商工人への提言」他
2000.08.01	No.050	80		〈いちにのさんし〉李康錫さん一家
2000.09.01	No.051	16		〈特集〉「好き」を仕事に/日常を飛び出し、旅の途中でラフティングと出会った沈太栄さん/ラフティングは自然への挑戦。だから川の表情を読む
2000.09.01	No.051	18		「Cheer's」シェイパーとプロサーファーの関係で結ばれる金昌舜さん、金弘敏さん親子
2000.09.01	No.051	20		金正雄さんの夢は同胞工芸作家の輪をつくること　こだわりの染め物で表現する宇宙の広がり
2000.09.01	No.051	22		李和枝さんは「チャンスは2度こない」と話す/「ファジのボランコット」、480秒流れる朝鮮語のDJ

발행일	지면정보		필자	제목
	권호	페이지		
2000.09.01	No.051	23		金璟秀さんの手から創造せれる最良の髪型/二人三脚で震災を乗り越える元祖カリスマ美容師
2000.09.01	No.051	24		朴禎賢さんの一点に向ける精神が奇跡を生み出す/朝鮮民族が誇る武道、テコンドーを日本の地に広がる
2000.09.01	No.051	7		〈iophotograph/福岡県聯合少年団キャンプ〉わんぱくたちの大自然宝物発掘作戦
2000.09.01	No.051	26		〈トンボの風景〉古郷に、統一したら古郷に帰ろう
2000.09.01	No.051	30		〈IT革命といわれる時代~温・故・知・新①〉IT革命で世の中どう変わる
2000.09.01	No.051	33		〈今月のベストカップル/秋日鎬・車福美夫妻〉家族円満の秘訣は自然な夫妻関係
2000.09.01	No.051	44		〈生き残りの秘訣がここにある!〉朝鮮料理(焼肉)店料理講習会
2000.09.01	No.051	46		川崎高麗長寿会の辞書に「隠居」という文字はない
2000.09.01	No.051	57		〈2000年度インターハイ〉朴德貴(北海道朝高)が大会2連覇、大会新で圧勝!
2000.09.01	No.051	61		〈日朝親善友好少年サッカー大会〉430キロの距離を一瞬で埋めた僕たちのゴール
2000.09.01	No.051	65		〈io INTERVIEW2000〉佐木隆三/犯罪の出発点にある社会のひずみ
2000.09.01	No.051	72		〈愛姫と宙憲の朝鮮問題カレントトーク〉北南共同宣言の彼方と朝鮮外交
2000.09.01	No.051	74		〈KYC MONTHLY NEWS〉ぼくらは統一世代、21世紀にキックオフ
2000.09.01	No.051	1		〈Korean MONO事典.8〉チャンギ(朝鮮将棋)
2000.09.01	No.051	3		〈Korean AJI事典.8〉蛸安のたこ焼き
2000.09.01	No.051	5		〈Korean TABI事典.8〉長野県・大室古墳群
2000.09.01	No.051	25		〈子どもの作品〉ないしょ話
2000.09.01	No.051	34		〈BOOKS〉『歴史家の仕事』他
2000.09.01	No.051	35		〈CINEMA〉『条理ある疑いの彼方に』他
2000.09.01	No.051	36		〈WEBSITE〉『同胞結婚相談所』他
2000.09.01	No.051	36		〈TV批評〉この世の中、男と女どっちかツライ?!
2000.09.01	No.051	37		〈SIKAKU〉年齢や結婚、出産も目的や働き方次第で柔軟に乗り切れる!
2000.09.01	No.051	38		〈PUZZLE〉
2000.09.01	No.051	38		〈よりみちアワー〉「バーゲンセール」他
2000.09.01	No.051	39		〈細腕繁盛記・オモニのいる店⑨〉福岡県北九州市・焼肉レストラン「力飯店」
2000.09.01	No.051	40		〈ウリマル図鑑〉おみせ①
2000.09.01	No.051	42		〈新米主婦のための朝鮮料理〉カルチチョリム(たち魚の煮物)
2000.09.01	No.051	48		〈読者プレゼント&アンケート〉

발행일	지면정보		필자	제목
	권호	페이지		
2000.09.01	No.051	49		〈ジョンボのへらず口 9〉「誰だ!」
2000.09.01	No.051	50		〈アボジとオモニのカラダのSOSファイル.9〉「肝臓病」他
2000.09.01	No.051	52		〈イオランダム〉「食べた後にすぐに眠ると牛になる?」他
2000.09.01	No.051	54		〈同胞法律生活センターのノンフィクション事件薄〉金融機関が破綻しても、預金者を保護する、ペイオフ
2000.09.01	No.051	55		〈読者の声・編集後記〉
2000.09.01	No.051	68		〈1900-2000/場所は証言する.8〉愛知県の「寃死同胞慰霊碑」
2000.09.01	No.051	80		〈いちにのさんし〉韓圭益さん、文得順さん一家
2000.10.01	No.052	14		〈特集〉統一コリアンと在日コリアン/座談会 "ハイブリッド" 世代への挑戦状-洪敬義 x 呉民学 x 姜誠 ドラスティックな南北関係。では、私たちはどうする
2000.10.01	No.052	19		〈解放55周年ハンギョレ大討論会「南北共同宣言と私たちの未来」〉統一時代に生きる若者たちは新たな統一史観を人生観をもつべきである
2000.10.01	No.052	22		〈ある一世の軌跡〉統一の果実はひ孫たちのために
2000.10.01	No.052	7		〈io photograph/グローブに込めた3世の夢〉在日朝鮮人初の世界王者-洪昌守
2000.10.01	No.052	26		〈トンポの風景〉民族の心をうつしだす同胞たちのジョル
2000.10.01	No.052	30		〈IT革命とおわれる時代~阿・鼻・叫・喚②〉IT革命で、遊技業、消費者金融業はこう変わる
2000.10.01	No.052	33		〈今月のエストカップル/曹永虎・金明玉夫妻〉お互いを名前で呼びあうのが微笑ましい同級生夫妻
2000.10.01	No.052	44		〈コリアンブライダルフェア2000〉総合的な同胞ブライダルシーンを演出
2000.10.01	No.052	57		〈アリランフェスティバル in とちぎ2000〉みんなでアリラン歌えば一足お先に未来発見1
2000.10.01	No.052	60		〈随行記 南北の離散家族相互訪問〉消えた対立の影
2000.10.01	No.052	64		〈io SPECIAL NEWS〉非転向張基囚63人が帰還
2000.10.01	No.052	65		〈io INTERVIEW2000〉山路 徹/市民の目で伝える紛争の現場
2000.10.01	No.052	72		〈愛姫と宙憲の朝鮮問題カレントトーク〉南北の和解とアジアの平和、どうする日本?
2000.10.01	No.052	74		〈KYC MONTHLY NEWS〉2001年に向けて、KYCの新たな始発点に
2000.10.01	No.052	1		〈Korean MONO事典.9〉チャンゴ
2000.10.01	No.052	3		〈Korean AJI事典.9〉ニンニクぎょうざ
2000.10.01	No.052	5		〈Korean TABI事典.9〉兵庫県・有馬温泉
2000.10.01	No.052	25		〈子どもの作品〉さわがに
2000.10.01	No.052	32		〈我が家のお家事情〉今月のお題 夫婦
2000.10.01	No.052	34		〈BOOKS〉『忘れ得ぬ人々』他
2000.10.01	No.052	35		〈CINEMA〉『マルコヴィッチの穴』他
2000.10.01	No.052	36		〈WEBSITE〉「極東切手帳」他

발행일	지면정보		필자	제목
	권호	페이지		
2000.10.01	No.052	36		〈TV批評〉隣人の不幸は「蜜」の味?
2000.10.01	No.052	37		〈SIKAKU〉海外に関わる分野で活躍できるスペシャリスト資格
2000.10.01	No.052	38		〈PUZZLE〉
2000.10.01	No.052	38		〈よりみちアワー〉「期待」他
2000.10.01	No.052	39		〈細腕繁盛記・オモニのいる店⑩〉栃木県小山市の焼肉「トラジ」
2000.10.01	No.052	40		〈ウリマル図鑑〉みせ②
2000.10.01	No.052	42		〈新米主婦のための朝鮮料理 ビビムバプ
2000.10.01	No.052	48		〈読者プレゼント&アンケート〉
2000.10.01	No.052	49		〈ジョンボのへらず口 10〉NEVER END
2000.10.01	No.052	50		〈アボジとオモニのカラダのSOSファイル.10〉「胃・十二脂腸潰瘍」他
2000.10.01	No.052	52		〈イオランダム〉「知っておこう!出産に関する朝鮮語」他
2000.10.01	No.052	54		〈同胞法律生活センターのノンフィクション事件薄〉日本人配偶者の国籍を朝鮮にすことはできるの?
2000.10.01	No.052	55		〈読者の声・編集後記〉
2000.10.01	No.052	68		〈1900-2000/場所は証言する.9〉茨城県日立市の「茨城朝鮮人納骨塔」
2000.10.01	No.052	80		〈いちにのさんし 金柳徳さん一家
2000.11.01	No.053	14		〈特集〉在日同胞の知っ得コリアンマナー
2000.11.01	No.053	16		〈特集〉在日同胞の知っ得コリアンマナー/結婚式
2000.11.01	No.053	17		〈特集〉在日同胞の知っ得コリアンマナー/葬儀
2000.11.01	No.053	18		〈特集〉在日同胞の知っ得コリアンマナー/手紙
2000.11.01	No.053	20		〈特集〉在日同胞の知っ得コリアンマナー/電話
2000.11.01	No.053	22		〈特集〉在日同胞の知っ得コリアンマナー/その他
2000.11.01	No.053	7		〈io photograph/ムジゲ会in大阪〉「この子たちに多くのことを経験させたい、学ばせたい」
2000.11.01	No.053	26		〈トンボの風景〉「民族のために私は何をしてきたのか」
2000.11.01	No.053	30		〈IT革命とおわれる時代~疾・風・迅・雷③〉「教育とIT」、いま、学校がかわっていく
2000.11.01	No.053	33		〈今月のエストカップル/李応基・周明子夫妻〉毎日のけんかと笑いこそが夫婦の潤滑油?!
2000.11.01	No.053	44		〈岐阜コリアンフェスタ2000〉統一の世紀はすぐ目の前に
2000.11.01	No.053	57		〈総聯同胞古郷訪問団〉分断半世紀、一世はどれほどこの日を夢見たことか
2000.11.01	No.053	60		〈シドニー・オリンピック〉南北が合同行進・世界に「ワンコリア」をアピール
2000.11.01	No.053	64		〈第5回文芸同東京舞踊発表会「朝鮮民族舞踊の夕べ」〉古郷の大地を舞う舞踊家たち

발행일	지면정보		필자	제목
	권호	페이지		
2000.11.01	No.053	65		〈io INTERVIEW2000〉杉山千佐子/空襲から55年、無念をはらすまで立ち止まらない
2000.11.01	No.053	72		〈援助米生産者に感謝の稲刈り〉新潟の秋に、こどもたちの思いが実る
2000.11.01	No.053	74		〈KYC MONTHLY NEWS〉ベンチャーキャピタルとは
2000.11.01	No.053	1		〈Korean MONO事典.10〉ヤンダン(洋緞)
2000.11.01	No.053	3		〈Korean AJI事典.10〉味家もんじゃ
2000.11.01	No.053	5		〈Korean TABI事典.10〉香川県・石清尾山古墳群
2000.11.01	No.053	25		〈子どもの作品〉
2000.11.01	No.053	32		〈我が家のお家事情〉今月のお題 嫁・姑
2000.11.01	No.053	34		〈BOOKS〉『「脅威の国」との国交交渉』他
2000.11.01	No.053	35		〈CINEMA〉『アンジェラの灰』他
2000.11.01	No.053	36		〈WEBSITE〉「トンボ就職情報センター」他
2000.11.01	No.053	36		〈TV批評〉イジメやドラッグ、どうすればいい?
2000.11.01	No.053	37		〈SIKAKU〉仕事に趣味に···好きなスポーツも資格で幅が広がる!
2000.11.01	No.053	38		〈PUZZLE〉
2000.11.01	No.053	38		〈よりみちアワー〉「身勝手1」他
2000.11.01	No.053	39		〈細腕繁盛記・オモニのいる店⑪〉岡山県倉敷市・焼肉「力」
2000.11.01	No.053	40		〈ウリマル図鑑〉どうさ①
2000.11.01	No.053	42		〈新米主婦のための朝鮮料理〉テハプジョン
2000.11.01	No.053	48		〈読者プレゼント&アンケート〉
2000.11.01	No.053	49		〈ジョンボのへらず口11〉寓興-うけうりの嵐
2000.11.01	No.053	50		〈アボジとオモニのカラダのSOSファイル.11〉「ストレスと健康①」他
2000.11.01	No.053	52		〈イオランダム〉「朝の果物は金、それホント!」他
2000.11.01	No.053	54		〈同胞法律生活センターのノンフィクション事件薄〉アボジの遺産の子の相続分を一人に集中させたいのですが
2000.11.01	No.053	55		〈読者の声・編集後記〉
2000.11.01	No.053	68		〈1900-2000/場所は証言する.10〉兵庫県神戸市の「朝鮮人労働者の像」
2000.11.01	No.053	80		〈いちにのさんし〉沈相述さん一家
2000.12.01	No.054	14		〈特集〉朝鮮の副菜がオイシイ!
2000.12.01	No.054	7		〈io photograph/「ウリ民屋フォーラム2000in愛知」〉民族の歴史と未来にささげる在日コリアンのクンジョル
2000.12.01	No.054	24		〈2000年度第1回朝鮮料理店経営集中講座〉在日の食文化「焼肉」を守り発展させる
2000.12.01	No.054	26		〈トンポの風景〉この家の柱が今もトンネを守ってる
2000.12.01	No.054	30		〈IT革命とおわれる時代~来・光・再・来④〉IT革命で同胞社会はこう変わりえる

발행일	지면정보		필자	제목
	권호	페이지		
2000.12.01	No.054	33		〈今月のエストカップル/卞基洙・韓孝美夫妻〉見えない優しさも感じ取れるあうんの呼吸
2000.12.01	No.054	44		ようこそ赤ちゃん大集合!第5弾
2000.12.01	No.054	57		〈韓・日友好ワンハートフェスティバル〉統一と朝・日の真の友好を!
2000.12.01	No.054	60		〈中大阪朝鮮初中級学校中級部三年生の一日課外授業〉学校の外でみつけた、「大切なもの」
2000.12.01	No.054	62		〈第1回アジアテコンドー選手権大会〉アジア制したコリアンたちの快進撃
2000.12.01	No.054	64		〈「第四回国際交流サッカー大会 U-12前橋市長杯」に参加したアルゼンチン・コルタバ市選抜、ペルー日系人選抜チームの群馬朝鮮初中級学校訪問/ゴールデンエイジの想い出が世界に羽ばたく
2000.12.01	No.054	65		〈io INTERVIEW2000〉俵義文/「戦争のできる国」を作ろうとする者たちの危険性
2000.12.01	No.054	72		〈北と技術提携でソフト開発に臨む・ユニコテック(株)〉北・南・在日が初のIT合併企業を設立
2000.12.01	No.054	74		〈KYC MONTHLY NEWS〉21世紀、在日コリアンの潜財力を開花させる
2000.12.01	No.054	1		〈Korean MONO事典.11〉トク(甕)
2000.12.01	No.054	3		〈Korean AJI事典.11〉たっちょんラーメン
2000.12.01	No.054	5		〈Korean TABI事典.11〉和歌山県・岩橋千塚古墳群
2000.12.01	No.054	25		〈子どもの作品〉「ふまないで」
2000.12.01	No.054	32		〈我が家のお家事情〉今月のお題　結婚
2000.12.01	No.054	34		〈BOOKS〉『動き出した朝鮮半島』他
2000.12.01	No.054	35		〈CINEMA〉『パリの確率』他
2000.12.01	No.054	36		〈WEBSITE〉「ユニコリア@irlines」他
2000.12.01	No.054	36		〈TV批評〉時代劇-水戸黄門、その面白さ
2000.12.01	No.054	37		〈SIKAKU〉自然・動物系のボランティアや専門家として活動するための資格
2000.12.01	No.054	38		〈PUZZLE〉
2000.12.01	No.054	38		〈よりみちアワー〉「ストーブの形」他
2000.12.01	No.054	39		〈細腕繁盛記・オモニのいる店⑫〉東京都大田区・焼肉「伽倻」
2000.12.01	No.054	40		〈ウリマル図鑑〉どうさ②
2000.12.01	No.054	42		〈新米主婦のための朝鮮料理〉パッチュク(小豆粥)
2000.12.01	No.054	48		〈読者プレゼント&アンケート〉
2000.12.01	No.054	49		〈ジョンボのへらず口。12〉我田引水、換骨奪胎-ジョンホさんに聞く-
2000.12.01	No.054	50		〈アボジとオモニのカラダのSOSファイル.12〉「ストレスと健康②」他
2000.12.01	No.054	52		〈イオランダム〉「チェサの由来②」他

발행일	지면정보		필자	제목
	권호	페이지		
2000.12.01	No.054	54		〈同胞法律生活センターのノンフィクション事件薄〉保険制度ってどういう仕組なの?
2000.12.01	No.054	55		〈読者の声・編集後記〉
2000.12.01	No.054	68		〈1900-2000/場所は証言する.11〉福岡県大牟田市の「朝鮮人強制連行記念碑」
2000.12.01	No.054	80		〈いちにのさんし〉権福善さん一家
2001.01.01	No.055	15	梁英哲	〈特集〉KOREAN　DREAM/民族を明らかにし不利になる社会とは闘っていきたい
2001.01.01	No.055	16	金静寅	〈特集〉KOREAN　DREAM/アンデンティティ拡散の時代、民族の表現方も多様化する
2001.01.01	No.055	17	金智石	〈特集〉KOREAN　DREAM/同胞社会に民族ルネッサンスの波が確実に迫っている
2001.01.01	No.055	18	韓東成	〈特集〉KOREAN　DREAM/在日コリアンとしての存在がハンディではなく、価値となる時代
2001.01.01	No.055	19	梁泳富	〈特集〉KOREAN　DREAM/自分の考えを世界に向けて伝えられる人間、これが大切です
2001.01.01	No.055	20	朴世権	〈特集〉KOREAN DREAM/コリアンであることはインパクト、壁になったことはない
2001.01.01	No.055	21	韓錦女	〈特集〉KOREAN　DREAM/共に生きていく同胞社会になればいい
2001.01.01	No.055	64		統一の思いを、21世紀へ、次の世代に伝える/生野南同胞ミレニアムチャリティ・フェスティバル「チャンイー記念」
2001.01.01	No.055	69		生きていれば、いつか会える　第2回離散家族が相互訪問/50余年、60余年ぶりの熱い再会　第2次総聯同胞古郷訪問記
2001.01.01	No.055	57		〈io INTERVIEW〉高橋哲哉/被害者のトラウマを癒す不可欠の条件とは
2001.01.01	No.055	46		〈io KOREAN COOK-今日の晩ご飯〉かんたんトックと甘鯛と野菜のあんかけ 他
2001.01.01	No.055	60		さあ、朝鮮奨棋をさそう/ルール・盤と駒の並べ方・駒の動かし方
2001.01.01	No.055	61		<インタビュー>朴健治さん 朝鮮奨棋を若い世代に伝えたい
2001.01.01	No.055	62		自分で作れる奨棋盤・駒
2001.01.01	No.055	66		再び「全国」へ!大阪朝高サッカー部 第79回「全国高校サッカー選手権大会」に出張/インタビュー　金正海監督　チャンダンのリズムに乗った朝高サッカーを展開したい
2001.01.01	No.055	1	盧明心	〈好評連載〉新世紀あかちゃん
2001.01.01	No.055	2		〈好評連載〉もう一つの旅~風に誘われて/四国-しまなみ海道
2001.01.01	No.055	10		〈好評連載〉未来日記/北九州朝鮮初中級学校+付属幼稚班
2001.01.01	No.055	11		〈好評連載〉未来日記/茨城朝鮮初中高級学校
2001.01.01	No.055	25		〈好評連載〉トンポの風景/林成国・尹英姫夫妻
2001.01.01	No.055	30		〈好評連載〉1900-2000 関東大震災朝鮮人犠牲者供養塔
2001.01.01	No.055	40		〈好評連載〉ウリマル図鑑/どうさ③

발행일	지면정보		필자	제목
	권호	페이지		
2001.01.01	No.055	42		〈好評連載〉家庭で使うバイリンガル朝鮮語会話/乳歯が抜けたよ!
2001.01.01	No.055	43		〈好評連載〉With~寄り添う二人/李正守・鄭銀粉夫妻
2001.01.01	No.055	48		〈好評連載〉YAKINIKUTEN AJIJIMAN/広島県呉市、「モランボン」の手作り朝鮮惣菜
2001.01.01	No.055	71		〈好評連載〉21世紀もやっぱりジョンホのへらず口 電波少年的統投~変るもの変らぬもの
2001.01.01	No.055	72		〈好評連載〉クロスワードパズル
2001.01.01	No.055	72		〈好評連載〉ちょんすぎのよりみちアワー/サービス品・しずかな抵抗
2001.01.01	No.055	74		〈好評連載〉KYC NEWS/記念すべき「KYC賞」の第1号、2号が決定!
2001.01.01	No.055	80		〈好評連載〉いちにのさんし/楊万彦・宋徳伊さん一家
2001.01.01	No.055	33		〈io A la carte〉YONGHIのNew York e-Mail
2001.01.01	No.055	34		〈io A la carte〉Books/「人間の証し」他
2001.01.01	No.055	35		〈io A la carte〉Cinema/「ダンサー・イン・ザ・ダーク」他
2001.01.01	No.055	36		〈io A la carte〉ホームページ/「ワンコリアカウントダウン21」他
2001.01.01	No.055	37		〈io A la carte〉ケータイSITE/モバイルバンキング
2001.01.01	No.055	37		〈io A la carte〉IT雑誌
2001.01.01	No.055	38		〈io A la carte〉知っとく情報/お・て・が・る・健康法 他
2001.01.01	No.055	39		〈io A la carte〉成長期の子ども/子どもの「咳」他
2001.01.01	No.055	49		〈NEW LIFE NEW WAY〉ノンフィクション事件簿/在日外国人の雇用
2001.01.01	No.055	50		〈NEW LIFE NEW WAY〉情勢ファイル/NORTH KOREA・SOUTH KOREA・WORLD・JAPAN
2001.01.01	No.055	52		〈NEW LIFE NEW WAY〉ビジネスファイル/「ベンチャー・ビジネスと在日コリアン」
2001.01.01	No.055	54		〈NEW LIFE NEW WAY〉企業人インタビュー/車清さん
2001.01.01	No.055	55		〈NEW LIFE NEW WAY〉ナンバーナウ/40.9%
2001.02.01	No.056	15		〈特集〉焼肉店肉図鑑
2001.02.01	No.056	16		〈特集〉お肉をサイエンスする-肉データエッセンス 牛肉と牛の内臓、豚肉と豚の内臓
2001.02.01	No.056	18		〈特集〉おにく徹底解剖
2001.02.01	No.056	21		〈特集〉エッセイ/「人間主義」の焼肉
2001.02.01	No.056	30		世界は変る、「KOREAの時代」が始まる/21世紀、金正日総書が示す国家戦略ビジョン
2001.02.01	No.056	25		トンボの風景-成者鉉さん/取り組む相手はショウジョウバエ、ミクロの世界で大きな夢に挑む
2001.02.01	No.056	27		〈io INTERVIEW〉中山千夏/どこまでのんびり生きられるか挑戦しています

발행일	지면정보		필자	제목
	권호	페이지		
2001.02.01	No.056	46		〈io KOREAN COOK-今日の晩ご飯〉あさりごはんと白子スープ 他
2001.02.01	No.056	60		三世、四世がアピールした民族の舞台、統一の舞台/金剛山歌劇団ソウル訪問公演
2001.02.01	No.056	66		大舞台で魅せた朝高攻撃サッカー「第79回全国高校サッカー選手権大会」に出場した大阪朝高サッカー部
2001.02.01	No.056	2		もうひとつの旅~風に誘われて/埼玉-高麗の里
2001.02.01	No.056	10		未来日記/川崎朝鮮初中級学校+付属幼稚班
2001.02.01	No.056	11		未来日記/四国朝鮮初中級学校
2001.02.01	No.056	1	成基昌	〈好評連載〉新世紀あかちゃん
2001.02.01	No.056	71		〈好評連載〉21世紀もやっぱりジョンホのへらず口/歴史力
2001.02.01	No.056	40		〈好評連載〉ウリマル図鑑/もちはこぶ
2001.02.01	No.056	42		〈好評連載〉家庭で使うバイリンガル朝鮮語会話/テジェンイ
2001.02.01	No.056	43		〈好評連載〉With~寄り添う二人/柳甲竜・李典子夫妻
2001.02.01	No.056	43		〈好評連載〉MONTHLY TONGNE TIMES/『ミシガン号』ナイトチャータークルージング・「ワンコリアカウントダウン21」
2001.02.01	No.056	48		〈好評連載〉YAKINIKUTEN AJIJIMAN/神奈川県川崎市・「山水苑」のどじょうスープ
2001.02.01	No.056	56		〈好評連載〉読者の声/編集後記
2001.02.01	No.056	72		〈好評連載〉クロスワードパズル
2001.02.01	No.056	72		〈好評連載〉ちょんすぎのよりみちアワー/鬼の居ぬ間にレトルト食品・臨機応変
2001.02.01	No.056	74		〈好評連載〉KYC NEWS/同胞社会に「ネットワーク」を寄付したい
2001.02.01	No.056	80		〈好評連載〉いちにのさんし/金文煥・姜順愛さん一家
2001.02.01	No.056	33		〈io A la carte〉YONGHIのNew York e-Mail
2001.02.01	No.056	34		〈io A la carte〉Books/「女性に対する暴力」他
2001.02.01	No.056	35		〈io A la carte〉Cinema/「ヤンヤン 夏の想い出」他
2001.02.01	No.056	36		〈io A la carte〉ホームページ/「中外旅行社」他
2001.02.01	No.056	37		〈io A la carte〉ケータイSITE/グルメ
2001.02.01	No.056	37		〈io A la carte〉IT生活雑誌
2001.02.01	No.056	38		〈io A la carte〉知っとく情報/お・て・が・る・健康法 他
2001.02.01	No.056	39		〈io A la carte〉成長期の子ども/子どもの「嘔吐」他
2001.02.01	No.056	49		〈NEW LIFE NEW WAY〉ノンフィクション事件簿/どうする、国民年金への加入＞
2001.02.01	No.056	50		〈NEW LIFE NEW WAY〉情勢ファイル/NORTH KOREA・SOUTH KOREA・WORLD・JAPAN
2001.02.01	No.056	52		〈NEW LIFE NEW WAY〉ビジネスファイル/株式公開と在日コリアン企業
2001.02.01	No.056	54		〈NEW LIFE NEW WAY〉企業人インタビュー/呉達銖さん
2001.02.01	No.056	55		〈NEW LIFE NEW WAY〉ナンバーナウ/120万

발행일	지면정보		필자	제목
	권호	페이지		
2001.03.01	No.057	15		〈特集〉地域の同胞コミュニティー/ニーズに応れる、暮らしをサポートする
2001.03.01	No.057	16		〈特集〉同胞生活相談綜合センターをすべての同胞の「マダン」に/江戸川同胞生活相談総合センター
2001.03.01	No.057	18		〈特集〉同胞のためのに何ができるのか、このシンプルな考えを具体的な形に/生野南同胞生活・法律相談センター
2001.03.01	No.057	20		〈特集〉「サークルは東部の財産」、ここから広がる地域同胞の輪/西東京東部支部サークル
2001.03.01	No.057	22		〈特集〉スクール開講で、子どもから一世まで毎日同胞が訪ねてくる支部に/須磨垂水同胞文化スクール
2001.03.01	No.057	25		トンポの風景-朴丙午さん/職人の厳しさ、地味さ、そしてかっこうよさ
2001.03.01	No.057	57		〈io INTERVIEW〉伊藤孝司/過去の清算をどうするかで日本の進路は決まる
2001.03.01	No.057	46		〈io KOREAN COOK-今日の晩ご飯〉白身魚のハーブオイル焼き 他
2001.03.01	No.057	61		居酒屋談義/いいか、よーく聞け!　小よく多を制す、DNA・民族性?
2001.03.01	No.057	65		21世紀の笑顔たち/２月慶祝・第2回関東地方朝鮮人新春駅伝大会
2001.03.01	No.057	2		もうひとつの旅~風に誘われて/東京-浅草・隅田川
2001.03.01	No.057	10		〈未来日記〉明石朝鮮初級学校+付属幼稚班
2001.03.01	No.057	11		〈未来日記〉北海道朝鮮初中級学校
2001.03.01	No.057	68	李万雨	〈投稿〉未来に向かってキックオフ
2001.03.01	No.057	69	李芳世	〈詩〉アリンコ
2001.03.01	No.057	1	金宗燮	〈好評連載〉新世紀あかちゃん
2001.03.01	No.057	24		〈好評連載〉21世紀もやっぱりジョンホのへらず口/おたより紹介
2001.03.01	No.057	30		〈好評連載〉1900-2000 福島県朝鮮人強制連行犠牲者追悼之碑
2001.03.01	No.057	40		〈好評連載〉ウリマル図鑑/みち①
2001.03.01	No.057	42		〈好評連載〉家庭で使うバイリンガル朝鮮語会話/シムブルム（あつかい）
2001.03.01	No.057	43		〈好評連載〉With~寄り添う二人/趙雄来・黄南順夫妻
2001.03.01	No.057	44		〈好評連載〉MONTHLY　TONGNE　TIMES/「宮城県同胞新年の集い」
2001.03.01	No.057	48		〈好評連載〉YAKINIKUTEN　AJIJIMAN/大阪市生野区・「三恵」の石焼きビビンバ
2001.03.01	No.057	56		〈好評連載〉読者の声/編集誤記
2001.03.01	No.057	72		〈好評連載〉クロスワードパズル
2001.03.01	No.057	72		〈好評連載〉ちょんすぎのよりみちアワー/あの子・ひな人形
2001.03.01	No.057	74		〈好評連載〉KYCNEWS/複合微生物工場の寄贈は祖国との繋がりを染めた

발행일	지면정보		필자	제목
	권호	페이지		
2001.03.01	No.057	80		〈好評連載〉いちにのさんし/鄭福鎔・李福順さん一家
2001.03.01	No.057	33		〈io A la carte〉YONGHIのNew York e-Mail
2001.03.01	No.057	34		〈io A la carte〉Books/「人物・朝鮮の歴史」他
2001.03.01	No.057	35		〈io A la carte〉Cinema/「彼女を見ればわかること」他
2001.03.01	No.057	36		〈io A la carte〉ホームページ/「焼肉の殿堂」他
2001.03.01	No.057	37		〈io A la carte〉ケータイSITE/旅行・宿泊案内
2001.03.01	No.057	37		〈io A la carte〉IT生活雑誌
2001.03.01	No.057	38		〈io A la carte〉知っとく情報/お・て・が・る・健康法 他
2001.03.01	No.057	39		〈io A la carte〉成長期の子ども/子どもの「けいれん」他
2001.03.01	No.057	49		〈NEW LIFE NEW WAY〉ノンフィクション事件簿/医療保険の一部見直し、どう変った?
2001.03.01	No.057	50		〈NEW LIFE NEW WAY〉情勢ファイル/NORTH KOREA・SOUTH KOREA・WORLD・JAPAN
2001.03.01	No.057	52		〈NEW LIFE NEW WAY〉ビジネスファイル/企業家精神と在日コリアン一世
2001.03.01	No.057	54		〈NEW LIFE NEW WAY〉企業人インタビュー/朴載柳さん
2001.03.01	No.057	55		〈NEW LIFE NEW WAY〉ナンバーナウ/大阪25.2%
2001.04.01	No.058	60		追悼 朝鮮総聯中央・韓徳銖議長逝去
2001.04.01	No.058	13		〈特集〉何を考える、KOREAN NEW AGE/平均年齢22.7歳、涙と笑顔と情熱と/北陸朝鮮初中級学校・女性教師
2001.04.01	No.058	17		〈特集〉何を考える、KOREAN NEW AGE/新世代のこだわりをピカピカの制服に託して/在日本朝鮮東京都青年商工会
2001.04.01	No.058	18		〈特集〉何を考える、KOREAN NEW AGE/未来に実をむすぶタンポポの綿毛/北九州市小倉・「タンポポクラブ」
2001.04.01	No.058	64		白頭山の春 趙基天(作)・許南麒(訳)
2001.04.01	No.058	57		〈io INTERVIEW〉加藤登紀子/コリアンの想いと向き合うため「鳳仙花」を歌う
2001.04.01	No.058	46		〈io KOREAN COOK-今日の晩ご飯〉大正えびのトマトマヨネーズ和え 他
2001.04.01	No.058	62		2月芸術の夕べ/「愛の絆」~朝・日友好のハーモニー
2001.04.01	No.058	25		トンボの風景-梁慶五さん/誠心誠意を込めて作る料理に人々の再来がある
2001.04.01	No.058	2		もうひとつの旅~風に誘われて/山梨-甲府・昇仙峡
2001.04.01	No.058	10		〈未来日記〉東京朝鮮第三初級学校
2001.04.01	No.058	11		〈未来日記〉下関朝鮮初中級学校+付属幼稚班
2001.04.01	No.058	1	柳貴遠	〈好評連載〉新世紀あかちゃん
2001.04.01	No.058	24		〈好評連載〉21世紀もやっぱりジョンホのへらず口/ハングル戦隊ウリマルレンジャー
2001.04.01	No.058	30		〈好評連載〉1900-2000 朝鮮人炭坑殉難者之碑
2001.04.01	No.058	40		〈好評連載〉ウリマル図鑑/みち②

발행일	지면정보		필자	제목
	권호	페이지		
2001.04.01	No.058	42		〈好評連載〉家庭で使うバイリンガル朝鮮語会話/ビオヌンナル(雨の日)
2001.04.01	No.058	43		〈好評連載〉With~寄り添う二人/金明虎·徐玉南夫妻
2001.04.01	No.058	44		〈好評連載〉MONTHLY TONGNE TIMES/「21世紀虹のかけ橋コンサート」
2001.04.01	No.058	48		〈好評連載〉YAKINIKUTEN AJIJIMAN/福岡県久留米市·「大昌園」本店の特上ロース
2001.04.01	No.058	56		〈好評連載〉読者の声/編集誤記
2001.04.01	No.058	67		〈好評連載〉KYC NEWS/「KYC」とはどのような団体でしょうか?
2001.04.01	No.058	72		〈好評連載〉クロスワードパズル
2001.04.01	No.058	72		〈好評連載〉ちょんすぎのよりみちアワー/はなうたなのに···レパートリー
2001.04.01	No.058	80		〈好評連載〉いちにのさんし/金奉漸さん一家
2001.04.01	No.058	33		〈io A la carte〉YONGHIのNew York e-Mail
2001.04.01	No.058	34		〈io A la carte〉Books/「朝鮮の虐利」他
2001.04.01	No.058	35		〈io A la carte〉Cinema/「ショコラ」他
2001.04.01	No.058	36		〈io A la carte〉ホームページ/「朝鮮音楽」他
2001.04.01	No.058	37		〈io A la carte〉ケータイSITE/ニュース
2001.04.01	No.058	37		〈io A la carte〉IT生活雑誌
2001.04.01	No.058	38		〈io A la carte〉知っとく情報/お·て·が·る·健康法 他
2001.04.01	No.058	39		〈io A la carte〉成長期の子ども/子どもの発熱他
2001.04.01	No.058	49		〈NEW LIFE NEW WAY〉ノンフィクション事件簿/「改正民事再生法」ってどんな内容?
2001.04.01	No.058	50		〈NEW LIFE NEW WAY〉情勢ファイル/NORTH KOREA·SOUTH KOREA·WORLD·JAPAN
2001.04.01	No.058	52		〈NEW LIFE NEW WAY〉ビジネスファイル/日本の国際化と在日コリアン·ビジネス
2001.04.01	No.058	54		〈NEW LIFE NEW WAY〉企業人インタビュー/趙寿夫さん
2001.04.01	No.058	55		〈NEW LIFE NEW WAY〉ナンバーナウ/高齢者1.66%増
2001.05.01	No.059	15		〈特集〉歴史の節目に生きた一世たち
2001.05.01	No.059	16	裵恩洙	〈特集〉同胞の愛国心を信じてこれまで歩んできた/在日朝鮮人組織結成のための運動
2001.05.01	No.059	18	田華秀	〈特集〉民族の魂を奪おうとする者と奪われまいとする者の闘い/学校建設と4·24教育闘争
2001.05.01	No.059	20	朴四甲	〈特集〉何を信じてついていくのか、体験が私に教えてくれた/共和国国旗掲揚闘争
2001.05.01	No.059	22	姜晟鐘	〈特集〉お腹はすいていたけど夢を食べて生きた時代だった/朝鮮人信用組合の設立運動
2001.05.01	No.059	25		トンポの風景-金寛畯さん/オモニの味を受け継ながら、同胞社会の代も継いでいく

발행일	지면정보		필자	제목
	권호	페이지		
2001.05.01	No.059	57		〈io INTERVIEW〉大谷昭宏/社会の矛盾に光をあてる、それがジャーナリストの仕事
2001.05.01	No.059	46		〈io KOREAN COOK-今日の晩ご飯〉五目まぜ寿司、ピザ風カムジャジョン他
2001.05.01	No.059	61		家庭で作る簡単マッコルリ!/コリアンの歩みが熟成された複合美味の旨い酒・コラム/マッコルリの酒粕で甘酒を作る
2001.05.01	No.059	66		大阪から全コリアンへ贈る、統一のハナ/大阪 ハナ・マトゥリ
2001.05.01	No.059	30		「帰化」要件穏和に潜む同化政策の新たな展開　在日本朝鮮人人権教会報告集会「特別永住者を対象にした日本国籍法改正案の企図」
2001.05.01	No.059	2		もう一つの旅~風に誘われて/京都
2001.05.01	No.059	10		〈未来日記〉千葉朝鮮初中級学校
2001.05.01	No.059	11		〈未来日記〉西東京朝鮮第二初中級学校
2001.05.01	No.059	68		限られた時のなかで伝えるべきものを掘り起こす/山口朝鮮人強制連行真相調査団
2001.05.01	No.059	65	李禎任	〈投稿〉李禎任/色々な人に支えられた
2001.05.01	No.059	1		〈好評連載〉新世紀あかちゃん
2001.05.01	No.059	24		〈好評連載〉21世紀もやっぱりジョンホのへらず口/「歴史三賞」発表!
2001.05.01	No.059	40		〈好評連載〉ウリマル図鑑/まち①
2001.05.01	No.059	42		〈好評連載〉家庭で使うバイリンガル朝鮮語会話/アチム(朝)
2001.05.01	No.059	43		〈好評連載〉With~寄り添う二人/鄭伸行・崔貴蓮夫妻
2001.05.01	No.059	44		〈好評連載〉MONTHLY TONGNE TIMES/北海道朝鮮初中級学校の課外活動・第2回日朝友好カラオケフェスティバル
2001.05.01	No.059	48		〈好評連載〉YAKINIKUTEN AJIJIMAN/大阪市東成区・飛竜の大冷麺
2001.05.01	No.059	56		〈好評連載〉読者の声/編集誤記
2001.05.01	No.059	72		〈好評連載〉クロスワードパズル
2001.05.01	No.059	72		〈好評連載〉ちょんすぎのよりみちアワー/春の衝動買い・アレルギー
2001.05.01	No.059	74		〈好評連載〉KYC NEWS/青商会は子どもたちの未来を応援します!
2001.05.01	No.059	80		〈好評連載〉いちにのさんし/朴光子さん一家
2001.05.01	No.059	33		〈io A la carte〉YONGHIのNew York e-Mail
2001.05.01	No.059	34		〈io A la carte〉Books/「『慰安婦』戦時性爆力の実態Ⅰ」他
2001.05.01	No.059	35		〈io A la carte〉Cinema/「ハンミバル」他
2001.05.01	No.059	36		〈io A la carte〉ホームページ/「『図書館リンク集」他
2001.05.01	No.059	37		〈io A la carte〉ケータイSITE/ショッピング
2001.05.01	No.059	37		〈io A la carte〉IT生活雑誌
2001.05.01	No.059	38		〈io A la carte〉知っとく情報/お・て・が・る・健康法 他
2001.05.01	No.059	39		〈io A la carte〉成長期の子ども/子どもの乗り物酔い 他

발행일	지면정보		필자	제목
	권호	페이지		
2001.05.01	No.059	49		〈NEW LIFE NEW WAY〉ノンフィクション事件簿/教養を身に付けたいと思うが
2001.05.01	No.059	50		〈NEW LIFE NEW WAY〉情勢ファイル/NORTH KOREA・SOUTH KOREA・WORLD・JAPAN
2001.05.01	No.059	52		〈NEW LIFE NEW WAY〉ビジネスファイル/倫理観と危機管理ビジネス
2001.05.01	No.059	54		〈NEW LIFE NEW WAY〉企業人インタビュー/千昌永さん
2001.05.01	No.059	55		〈NEW LIFE NEW WAY〉ナンバーナウ/生鮮工程・労務織 19.6%
2001.06.01	No.060	17		〈特集〉朝鮮半島のいま/北南共同宣言1周年を振り返る
2001.06.01	No.060	18		〈特集〉6・15北南共同宣言の履行が統一への近道
2001.06.01	No.060	20		〈特集〉ニューミレニアムからニューセンチュリーへ/朝鮮外交の積極的展開
2001.06.01	No.060	22		〈特集〉統一時代-在日同胞の21世紀ビジョンは?
2001.06.01	No.060	25		トンボの風景-宋秀勝さん/「自然の中でモノを獲る」、そこに漁の厳しさと醍醐味がある
2001.06.01	No.060	57		〈io INTERVIEW〉吉岡達也/世界のできごとを当事者として感じ取る大切さ
2001.06.01	No.060	46		〈io KOREAN COOK-今日の晩ご飯〉さっぱりムルキムチ他
2001.06.01	No.060	61		未来をキミたちに・・・ 東京朝鮮第4初中級学校のためのチャリティーコンサート
2001.06.01	No.060	64		無病長寿に優れた効能を発揮する朝鮮の健康食品/牛黄清心元、瓊玉膏、高麗人参五味子チンキ、抗放射線蜂蜜 他
2001.06.01	No.060	2		もう一つの旅~風に誘われて/鹿児島
2001.06.01	No.060	12		〈未来日記〉東北朝鮮初中級学校
2001.06.01	No.060	13		〈未来日記〉南武朝鮮初級学校
2001.06.01	No.060	68	任正赫	〈投稿〉筆者とのひと時
2001.06.01	No.060	69	呉清江	〈投稿〉良心の種芽吹く学校生活
2001.06.01	No.060	1	金素源	〈好評連載〉新世紀あかちゃん
2001.06.01	No.060	24		〈好評連載〉21世紀もやっぱりジョンホのへらず口/皇国歌合戦by「つぶす会」
2001.06.01	No.060	30		〈好評連載〉1900-2000 場所は証言する「タチソ地下壕跡路名板」
2001.06.01	No.060	40		〈好評連載〉ウリマル図鑑/まち②
2001.06.01	No.060	42		〈好評連載〉家庭で使うバイリンガル朝鮮語会話/クェビョン(仮病)
2001.06.01	No.060	43		〈好評連載〉With~寄り添う二人/金賛吉・朴京春夫妻
2001.06.01	No.060	44		〈好評連載〉MONTHLY TONGNE TIMES/福岡初中教育会主催・アビスパ福岡サッカー教室 他
2001.06.01	No.060	48		〈好評連載〉YAKINIKUTEN AJIJIMAN/東京都荒川区・「正泰苑」の生春巻きマヨコチュ添え
2001.06.01	No.060	56		〈好評連載〉読者の声/編集誤記

발행일	지면정보		필자	제목
	권호	페이지		
2001.06.01	No.060	72		〈好評連載〉クロスワードパズル
2001.06.01	No.060	72		〈好評連載〉ちょんすぎのよりみちアワー
2001.06.01	No.060	74		〈好評連載〉KYC NEWS/21世紀型の団結で未来をクリックする
2001.06.01	No.060	80		〈好評連載〉いちにのさんし/鄭判順さん一家
2001.06.01	No.060	33		〈io A la carte〉YONGHIのNew York e-Mail
2001.06.01	No.060	34		〈io A la carte〉Books/「キトラ古墳とその時代」他
2001.06.01	No.060	35		〈io A la carte〉Cinema/「セクイエム・フォー・ドリーム」他
2001.06.01	No.060	36		〈io A la carte〉ホームページ/「Rock of Korean」他
2001.06.01	No.060	37		〈io A la carte〉ケータイSITE/辞書
2001.06.01	No.060	37		〈io A la carte〉IT生活雑誌
2001.06.01	No.060	38		〈io A la carte〉知っとく情報/お・て・が・る・健康法 他
2001.06.01	No.060	39		〈io A la carte〉成長期の子ども/子どもの予防接種
2001.06.01	No.060	49		〈NEW LIFE NEW WAY〉ノンフィクション事件簿/どう対処する、国籍法改正問題
2001.06.01	No.060	50		〈NEW LIFE NEW WAY〉情勢ファイル/NORTH KOREA・SOUTH KOREA・WORLD・JAPAN
2001.06.01	No.060	52		〈NEW LIFE NEW WAY〉ビジネスファイル/技術とチャンサ(商売)
2001.06.01	No.060	54		〈NEW LIFE NEW WAY〉企業人インタビュー/金英圭さん
2001.06.01	No.060	55		〈NEW LIFE NEW WAY〉ナンバーナウ/人口統計から描く在日コリアン社会の未来像
2001.07.01	No.061	13		〈特集〉共に暮らす、共に支える、共に学ぶ/在日同胞障害者問題
2001.07.01	No.061	13		〈特集〉みんなで渡る大きな虹の橋を架けたい ルポ/同胞障害児をもつ親たちの会「ムジゲ会」、そのオモニたちの想い
2001.07.01	No.061	17		〈特集〉珖浩は今日も皆勤記録を更新中/朝鮮東京第4初中級学校初級部3年生~ダウン病の白珖浩くん
2001.07.01	No.061	20		〈特集〉支援の輪を広げ、親睦と交流の場に/同胞高齢者・障害者のための初の全国組織 在日トンボ福祉ネットワーク
2001.07.01	No.061	62		在日本朝鮮人総聯合会第19回全体大会 新世紀のニーズと同胞の志向に合わせた運動を
2001.07.01	No.061	49		〈io INTERVIEW〉山中 恒/本質を知り自分を守るための言葉の大切さ
2001.07.01	No.061	60		〈io KOREAN COOK-今日の晩ご飯〉エスニック風辛口そぼろ、即席さっぱりサラダ 他
2001.07.01	No.061	25		〈トンポの運動会〉同胞と子どもが共に楽しむ大運動会 茨城朝鮮初中高級学校＆同胞大運動会/一つになった大声援が青空に響く! 学校創立50周年記念神奈川朝鮮初中高級学校大運動会/雨のち晴れ、でも笑顔は一日決晴!
2001.07.01	No.061	64		チャンピオン洪昌守王座防衛/WBC世界スーパーフライ級タイトルマッチ・イン・ソウル

발행일	지면정보		필자	제목
	권호	페이지		
2001.07.01	No.061	66		ようこそ赤ちゃん大集合!第6弾
2001.07.01	No.061	68		子どもたちの絵に乾杯/第1回外国人学校合同絵画展
2001.07.01	No.061	1	任里沙	〈好評連載〉新世紀あかちゃん
2001.07.01	No.061	2	李芳世	〈好評連載〉新連載 io poem/パプモゴンナ(ごはん食べたか)
2001.07.01	No.061	4		〈好評連載〉もう一つの旅~風に誘われて/宮崎
2001.07.01	No.061	32		〈好評連載〉21世紀もやっぱりジョンホのへらず口 「踊る大東亜戦」by「ミサイルしんちゃん」
2001.07.01	No.061	42		〈好評連載〉1900-2000 場所は証言する「連行受難者追悼の碑」
2001.07.01	No.061	44		〈好評連載〉読者の声/編集誤記
2001.07.01	No.061	46		〈好評連載〉新連載 創作童話 きれいな花 文玉仙(文)・洪正(絵)
2001.07.01	No.061	52		〈好評連載〉未来日記 東京朝鮮第8初級学校
2001.07.01	No.061	53		〈好評連載〉未来日記 京都朝鮮第3初級学校＋付属幼稚班
2001.07.01	No.061	54		〈好評連載〉ウリマル図鑑/しぜん①
2001.07.01	No.061	57		〈好評連載〉家庭で使うバイリンガル朝鮮語会話/ピミル(秘密)
2001.07.01	No.061	59		〈好評連載〉With~寄り添う二人/黄貴述・李朱玉夫妻
2001.07.01	No.061	72		〈好評連載〉クロスワードパズル
2001.07.01	No.061	72		〈好評連載〉ちょんすぎのよりみちアワー/山田さんの学説・しのびよる生活臭
2001.07.01	No.061	74		〈好評連載〉KYC NEWS/統一コリア、世界に羽ばたけ!
2001.07.01	No.061	79		〈好評連載〉YAKINIKUTEN AJIJIMAN/群馬県前橋市・焼肉「錦水」のパジョン
2001.07.01	No.061	80		〈好評連載〉いちにのさんし/金吉徳さん一家
2001.07.01	No.061	73		〈好評連載〉読者プレゼント＆アンケート
2001.07.01	No.061	33		〈io A la carte〉YONGHIのNew York e-Mail
2001.07.01	No.061	34		〈io A la carte〉Books/「兵庫のなかの朝鮮」他
2001.07.01	No.061	34		〈io A la carte〉Cinema/「渦」他
2001.07.01	No.061	35		〈io A la carte〉ホームページ/「KOREAN WOMEN NET WORK」他
2001.07.01	No.061	35		〈io A la carte〉IT生活雑誌
2001.07.01	No.061	36		〈io A la carte〉成長期の子ども/子どものおねしょ
2001.07.01	No.061	37		〈io A la carte〉ノンフィクション事件薄
2001.07.01	No.061	38		〈io A la carte〉情勢ファイル/NORTH KOREA・SOUTH KOREA・WORLD・JAPAN
2001.07.01	No.061	40		〈io A la carte〉ビジネスファイル/商売人・経営者・起業家とギャンブル性
2001.08.01	No.062	13		〈特集〉若きオーナーたちの挑戦/進化する焼肉業界の時代を創造する
2001.08.01	No.062	14		〈特集〉インタビュー/われわれの世代が焼肉業界を新たに作っていく、そして「トラジ」が業界をリードする存在でありたい 株式会社「トラジ」・金信彦

발행일	지면정보		필자	제목
	권호	페이지		
2001.08.01	No.062	18		〈特集〉「非マニュアル化」で、朝鮮料理のバージョンアップ/有限会社マダン・趙成徹
2001.08.01	No.062	20		〈特集〉地域性と客のニーズを徹底的に捉え、地域密着型を実践/有限会社丸栄・李正治
2001.08.01	No.062	22		〈特集〉「自分の行なってみたい店」をヒントに、コンセプトを徹底/炭火焼肉居酒屋「九宮亭」・朴泰真
2001.08.01	No.062	26		朝鮮大学校創立45周年記念フェスティバル/民族教育の歴史を華やかに刻む、私たちの手で、みんなの手で
2001.08.01	No.062	49		〈io INTERVIEW〉角田信朗/自分を磨き上げたとき自分自身が最大の拠り所となる
2001.08.01	No.062	60		〈io KOREAN COOK-今日の晩ご飯〉朝鮮風サラダそば、えんどう豆の冷たいスープ 他
2001.08.01	No.062	62		在日朝鮮人お墓物語/墓石に刻まれた一世の証
2001.08.01	No.062	30		自分を変える'最後'のチャンス/ファイナルパーティー
2001.08.01	No.062	67		わが家のアメリカ滞在日記① クォン・ウォノさんからのロス通信
2001.08.01	No.062	1	甘竜平	〈好評連載〉新世紀あかちゃん
2001.08.01	No.062	2	李芳世	〈好評連載〉io poem /手紙
2001.08.01	No.062	4		〈好評連載〉もう一つの旅~風に誘われて/長崎
2001.08.01	No.062	32		〈好評連載〉21世紀もやっぱりジョンホのへらず口/免罪用語の起訴知識
2001.08.01	No.062	42		〈好評連載〉1900-2000場所は証言する/鶴見駅の大時計
2001.08.01	No.062	44		〈好評連載〉読者の声/編集後記
2001.08.01	No.062	46		〈好評連載〉創作童話/踊る新聞紙 文玉仙(文)・チャラン金(絵)
2001.08.01	No.062	52		〈好評連載〉未来日記/岡山朝鮮初中級学校＋付属幼稚班
2001.08.01	No.062	53		〈好評連載〉未来日記/横須賀朝鮮幼稚園
2001.08.01	No.062	54		〈好評連載〉ウリマル図鑑 しぜん②
2001.08.01	No.062	57		〈好評連載〉家庭で使うバイリンガル朝鮮語会話/チャジュン(苛立ち)
2001.08.01	No.062	59		〈好評連載〉With~寄り添う二人/池竜雲・金玉寿夫妻
2001.08.01	No.062	72		〈好評連載〉クロスワードパズル
2001.08.01	No.062	72		〈好評連載〉ちょんすぎのよりみちアワー/勝負ぢ!!・あなどるなかれ
2001.08.01	No.062	74		〈好評連載〉KYC NEWS/青商会2001年度下期の活動内容を討議 他
2001.08.01	No.062	80		〈好評連載〉いちにのさんし/金一男さん、白春桃さん一家
2001.08.01	No.062	73		〈好評連載〉読者プレゼント
2001.08.01	No.062	33		〈io A la carte〉YONGHIのNew York e-Mail
2001.08.01	No.062	34		〈io A la carte〉Books/「歴史教科書とナョナリズム」他
2001.08.01	No.062	34		〈io A la carte〉Cinema/「A.I.」他

발행일	지면정보		필자	제목
	권호	페이지		
2001.08.01	No.062	35		〈io A la carte〉ホームページ/「東海&近畿コリアン・メディカル・ネットワーク」他
2001.08.01	No.062	35		〈io A la carte〉IT生活雑誌
2001.08.01	No.062	36		〈io A la carte〉成長期の子ども/子どもの事故
2001.08.01	No.062	37		〈io A la carte〉ノンフィクション事件薄
2001.08.01	No.062	38		〈io A la carte〉情勢ファイル/NORTH KOREA・SOUTH KOREA・WORLD・JAPAN
2001.08.01	No.062	40		〈io A la carte〉ビジネスファイル/直栄店とフランチャイズ店の店舗展開
2001.09.01	No.063	23		朝鮮の民族楽器 「HYANGⅢ」＋民族楽器の演奏が楽しめるCD
2001.09.01	No.063	65		わが家のアメリカ滞在日記② クォン・ウォノさんからのロス通信
2001.09.01	No.063	62	李倉鍵	思いでのエッセイ/通学路
2001.09.01	No.063	64	任正嬬	投稿/著者との語らい
2001.09.01	No.063	68	全哲男	教科書問題と靖国神社参拝に見る小泉政権の「自国中心主義」の危険度
2001.09.01	No.063	1	李豊伊	〈好評連載〉新世紀あかちゃん
2001.09.01	No.063	2	李芳世	〈好評連載〉新連載 io poem/落書き
2001.09.01	No.063	4		〈好評連載〉もうひとつの旅~風に誘われて/佐渡
2001.09.01	No.063	32		〈好評連載〉21世紀もやっぱりジョンホのへらず口/JSAとUSJ
2001.09.01	No.063	42		〈好評連載〉1900-2000/場所は証言する/小河内ダム慰霊碑
2001.09.01	No.063	44		〈好評連載〉読者の声/編集後記
2001.09.01	No.063	46		〈好評連載〉創作童話・はじめてのお留守番 文玉仙(文)・チャラン金(絵)
2001.09.01	No.063	52		〈好評連載〉未来日記/東京朝鮮第5初中級学校
2001.09.01	No.063	53		〈好評連載〉未来日記/九州朝鮮高級学校
2001.09.01	No.063	54		〈好評連載〉ウリマル図鑑 しぜん③
2001.09.01	No.063	57		〈好評連載〉家庭で使うバイリンガル朝鮮語会話/パンハクスクチェ(宿題)
2001.09.01	No.063	59		〈好評連載〉With~寄り添う二人/崔成沢・申慶順夫妻
2001.09.01	No.063	72		〈好評連載〉クロスワードパズル
2001.09.01	No.063	72		〈好評連載〉ちょんすぎのよりみちアワー/図書館1・図書館2
2001.09.01	No.063	74		〈好評連載〉KYC NEWS/北との技術提携でソフト開発に臨む(株)ユニコテック 他
2001.09.01	No.063	80		〈好評連載〉いちにのさんし/姜宅中さん一家
2001.09.01	No.063	73		〈好評連載〉読者プレゼント
2001.09.01	No.063	33		〈io A la carte〉YONGHIのNew York e-Mail
2001.09.01	No.063	34		〈io A la carte〉Books/「にわとりを鳳凰だといって売ったキムソンダル」他

발행일	지면정보		필자	제목
	권호	페이지		
2001.09.01	No.063	34		〈io A la carte〉Cinema/「猿の惑星」他
2001.09.01	No.063	35		〈io A la carte〉ホームページ/「北朝鮮人道支援ネットワーク・ジャパン」他
2001.09.01	No.063	35		〈io A la carte〉IT生活雑誌
2001.09.01	No.063	36		〈io A la carte〉成長期の子ども/事故の応急措置
2001.09.01	No.063	37		〈io A la carte〉ノンフィクション事件薄
2001.09.01	No.063	38		〈io A la carte〉情勢ファイル/NORTH KOREA・SOUTHKOREA・WORLD・JAPAN
2001.09.01	No.063	40		〈io A la carte〉ビジネスファイル/「強運」と「直感」
2001.10.01	No.064	8		〈特集〉SUMMER in DPRK/朝鮮民主主義人民共和国紀行-平壌・白頭山・板門店 朝鮮の民族がこよなく愛する山　整然とした街並みの美しさが人々を魅了する
2001.10.01	No.064	16		〈特集〉一つになれる喜びを感じたとき、分断の痛みを知った/第20回留学同祖国訪問団同行記
2001.10.01	No.064	19		〈特集〉街角スナップ、ピョンヤンの銅像とレリーフ
2001.10.01	No.064	20		金正日総書記のロシア訪問/ソウル訪問と朝米対話を再開するための長旅
2001.10.01	No.064	22		福島トンネよいとこ、お嫁においで　~私たち福島にシジブワッスムニダ~
2001.10.01	No.064	49		〈io INTERVIEW〉落合恵子/怒りを共有し、周辺の声に耳を傾ける
2001.10.01	No.064	60		〈io KOREAN COOK-今日の晩ご飯〉骨付きカルビの煮込み 他
2001.10.01	No.064	25		交流と理解、支援を形にする大きなネットワークの実現に向けて/同胞福祉連絡フェスタ in 長野/在日同胞福祉連絡会第1回総会
2001.10.01	No.064	29		ひと夏の思い出に結ばれた民族の輪/朝鮮人学校児童生徒と在日学校朝鮮人児童生徒たちの「フレンドリーキャンプ」
2001.10.01	No.064	64		イオタイムズ・インターハイ・ボクシング競技 大阪朝高 崔日領選手〔ミドル級〕頂点に立つ・インターハイ挑戦8年目、見事栄冠を手に/大阪朝高ボクシング部梁学哲監督・初陳広島朝高サッカー部善戦、強豪日章学園相手に惜敗 他
2001.10.01	No.064	62		インタビュー/李相大(朝鮮大学校同窓会会長)/21世紀に羽ばたく朝鮮大学校
2001.10.01	No.064	68		わが家のアメリカ滞在日記③　クォン・ウォノさんからのロス通信
2001.10.01	No.064	79		母校に託す卒業生の願い/神奈川朝鮮中高級学校15期同窓会幹事会
2001.10.01	No.064	1	金暎純	〈好評連載〉新世紀あかちゃん
2001.10.01	No.064	2	李芳世	〈好評連載〉io poem/ケイタイデンワ
2001.10.01	No.064	32		〈好評連載〉21世紀もやっぱりジョンホのへらず口/やすくに漫才
2001.10.01	No.064	42		〈好評連載〉1900-2000/場所は証言する/朝・日友好親善の碑

발행일	지면정보		필자	제목
	권호	페이지		
2001.10.01	No.064	44		〈好評連載〉読者の声/編集後記
2001.10.01	No.064	46		〈好評連載〉創作童話/虫さんたちの作戦会議 文玉仙(文)・チャラン金(絵)
2001.10.01	No.064	52		〈好評連載〉未来日記 鶴見朝鮮初級学校＋付属幼稚園
2001.10.01	No.064	53		〈好評連載〉未来日記 新潟朝鮮初中級学校
2001.10.01	No.064	54		〈好評連載〉ウリマル図鑑 しぜん④
2001.10.01	No.064	57		〈好評連載〉家庭で使うバイリンガル朝鮮語会話/カムギ(風邪)
2001.10.01	No.064	59		〈好評連載〉With~寄り添う二人/金正海・金伽倻夫妻
2001.10.01	No.064	72		〈好評連載〉クロスワードパズル
2001.10.01	No.064	72		〈好評連載〉ちょんすぎのよりみちアワー/予習が必要・悲しいほど安い
2001.10.01	No.064	74		〈好評連載〉KYC NEWS/広島民族フォーラム準備着々他
2001.10.01	No.064	80		〈好評連載〉いちにのさんし/申貞玉さん一家
2001.10.01	No.064	73		読者プレゼント
2001.10.01	No.064	33		〈io A la carte〉YONGHIのNew York e-Mail
2001.10.01	No.064	34		〈io A la carte〉Books/「平壌からの告発」他
2001.10.01	No.064	34		〈io A la carte〉Cinema/「がんばれ、リアム」他
2001.10.01	No.064	35		〈io A la carte〉ホームページ/「朝鮮総聯姫路西支部綱干分会」他
2001.10.01	No.064	35		〈io A la carte〉IT生活雑誌
2001.10.01	No.064	36		〈io A la carte〉成長期の子ども/こどもの発疹
2001.10.01	No.064	37		〈io A la carte〉ノンフィクション事件薄/日本国籍でなくても受給できる児童手当
2001.10.01	No.064	38		〈io A la carte〉情勢ファイル/NORTH KOREA・SOUTH KOREA・WORLD・JAPAN
2001.10.01	No.064	40		〈io A la carte〉ビジネスファイル/生活者とビジネス
2001.11.01	No.065	13		〈特集〉トンボ列島笑顔満載
2001.11.01	No.065	14		〈特集〉時を超え、ワンコリアの大行列がやってきた/兵庫区歴史文化交流フェスティバル朝鮮通信使行列
2001.11.01	No.065	17		〈特集〉う~ん、これぞ「同胞大家族運動会」かな/中等教育実施55周年記念長野朝鮮初中級学校運動会
2001.11.01	No.065	20		〈特集〉学校の50年、みんなが主役のお祭りだ/神奈川朝鮮中高級学校創立50周年フェスタ
2001.11.01	No.065	26		ワールドPCエキスポ2001/朝鮮のソフトエェア、世界市場進出に意欲
2001.11.01	No.065	27		インタビュー/IT時代の朝鮮、専門家の人材育成に力を注ぐ
2001.11.01	No.065	28		ワールドPCエキスポ2001・デジコソフト出展ソフト「HANA」「CHILBOSAN」「MULGYOL」「SIGN」「DigiEar」他
2001.11.01	No.065	49		〈io INTERVIEW〉平田オリザ/自分とは何か、他者とは何か
2001.11.01	No.065	60		〈io KOREAN COOK-今日の晩ご飯〉具だくさんグラタン 他

발행일	지면정보		필자	제목
	권호	페이지		
2001.11.01	No.065	25		達成V3洪昌守/WBC世界スーパーフライ級タイトルマッチ
2001.11.01	No.065	24		クロテンのお話/朴宇日先生の生き物大好き
2001.11.01	No.065	29		民族問題を民族間同士が力を合わせて/第5回閣僚級会談、活性化する北南情勢
2001.11.01	No.065	68		ブルコギルネサンスは始まるか/岡山焼肉協議会主催「焼肉まつり」
2001.11.01	No.065	63		わが家のアメリカ滞在日記④　クォン・ウォノさんからのロス通信
2001.11.01	No.065	1	金裕成	〈好評連載〉新世紀あかちゃん
2001.11.01	No.065	2	李芳世	〈好評連載〉io poem/青春十八キップ
2001.11.01	No.065	2		〈好評連載〉もうひとつの旅~風に誘われて/秋田
2001.11.01	No.065	32		〈好評連載〉21世紀もやっぱりジョンホのへらず口/この国のカバチ
2001.11.01	No.065	42		〈好評連載〉1900-2000/場所は証言する/関東震災朝鮮人犠牲者慰霊碑
2001.11.01	No.065	44		〈好評連載〉読者の声/編集後記
2001.11.01	No.065	46		〈好評連載〉創作童話/ないしょのペット　文玉仙(文)・チャラん金(絵)
2001.11.01	No.065	52		〈好評連載〉未来日記/生野朝鮮初級学校＋付属幼稚園
2001.11.01	No.065	53		〈好評連載〉未来日記/神戸朝鮮初中級学校＋付属幼稚園
2001.11.01	No.065	54		〈好評連載〉ウリマル図鑑 しぜん⑤
2001.11.01	No.065	57		〈好評連載〉家庭で使うバイリンガル朝鮮語会話/ナッソン サラム(見なれない人)
2001.11.01	No.065	59		〈好評連載〉With~寄り添う二人/金賢一・黄英美夫妻
2001.11.01	No.065	72		〈好評連載〉クロスワードパズル
2001.11.01	No.065	72		〈好評連載〉ちょんすぎのよりみちアワー/十円物語1・十円物語2
2001.11.01	No.065	74		〈好評連載〉KYC NEWS/IT同胞社会に新たな風を吹き込む他
2001.11.01	No.065	80		〈好評連載〉いちにのさんし/慎重三・裵仁淑さん一家
2001.11.01	No.065	73		〈好評連載〉読者プレゼント
2001.11.01	No.065	33		〈io A la carte〉YONGHIのNew York e-Mail
2001.11.01	No.065	34		〈io A la carte〉Books/「笑うボクサー」他
2001.11.01	No.065	34		〈io A la carte〉Cinema/「青い夢の女」他
2001.11.01	No.065	35		〈io A la carte〉ホームページ/「大阪東淀川同胞マダン」他
2001.11.01	No.065	35		〈io A la carte〉IT生活雑誌
2001.11.01	No.065	36		〈io A la carte〉成長期の子ども/こどもの救急蘇生法
2001.11.01	No.065	37		〈io A la carte〉ノンフィクション事件薄/子どもが引き起こしたトラブルの処理
2001.11.01	No.065	38		〈io A la carte〉情勢ファイル/NORTH KOREA·SOUTH·KOREA·WORLD·JAPAN

발행일	지면정보		필자	제목
	권호	페이지		
2001.11.01	No.065	40		〈io A la carte〉ビジネスファイル/在日コリアン・徐せい企業家とキャリア開発
2001.12.01	No.066	13		〈特集〉激動の2001年/力強く歩んだ朝鮮、そして在日
2001.12.01	No.066	14	厳正彦	〈特集〉2001年、北南共同宣言はどのように履行されたのか
2001.12.01	No.066	16	金東鶴	〈特集〉在日朝鮮人の人権の現状は
2001.12.01	No.066	18	林雅行	〈特集〉憲法の範囲内で戦争します?!言葉の軽さ、無責任さの下で進む日本の危うさ
2001.12.01	No.066	21		〈在日朝鮮人高等教育実施55周年〉民族教育の素晴らしさを伝える手作りの文化祭/東京朝鮮中級学校創立55周年記念文化祭「アンニョンハセヨ2001」
2001.12.01	No.066	24		〈在日朝鮮人高等教育実施55周年〉40年の思い出が一つになって、フェスティバルは大盛上がり/岐追朝鮮初中級学校創立40周年記念フェスティバル
2001.12.01	No.066	26		〈在日朝鮮人高等教育実施55周年〉未来の主人公たちから広がる大きな友好の輪/群馬朝鮮初中級学校生徒が第5回国際交流サッカー大会U-12前橋市長杯と前橋祭りに参加
2001.12.01	No.066	28		〈在日朝鮮人高等教育実施55周年〉子どもたちのヒーローは朝鮮の始祖/トンム21フェスタⅡ　タングンファミリーコンサート
2001.12.01	No.066	49		〈io INTERVIEW〉岡本厚/社会の軸を作っていくものとしての雑誌
2001.12.01	No.066	60		〈io KOREAN COOK-今日の晩ご飯〉豚足の朝鮮風シチュー 他
2001.12.01	No.066	66		母なる大地に馳せる想い　「朴貞愛愛国ダチョウ牧場」
2001.12.01	No.066	30		医療に奇跡をもたらす、レーザーの威力「東京八重洲クリニック」レーザー治療最前線
2001.12.01	No.066	63		わが家のアメリカ滞在日記⑤　クォン・ウォノさんからのロス通信
2001.12.01	No.066	4		もうひとつの旅~風に誘われて/瀬戸・美濃
2001.12.01	No.066	77		施術も経営もアクティブ&エレガントに/株式会社浩司 代表取締役・康民峰さん
2001.12.01	No.066	1	鄭勝太	〈好評連載〉新世紀あかちゃん
2001.12.01	No.066	2	李芳世	〈好評連載〉io poem/おーしきなったら
2001.12.01	No.066	32		〈好評連載〉21世紀もやっぱりジョンホのへらず口/「郷」
2001.12.01	No.066	42		〈好評連載〉1900-2000場所は証言する/朝鮮人無禄仏慰霊碑
2001.12.01	No.066	44		〈好評連載〉読者の声/編集誤記
2001.12.01	No.066	46		〈好評連載〉創作童話/ハンメは魔法使い　文玉仙(文)・チャラん金(絵)
2001.12.01	No.066	52		〈好評連載〉未来日記/福岡朝鮮初中級学校+付属幼稚園
2001.12.01	No.066	53		〈好評連載〉未来日記/東春朝鮮初中級学校+付属幼稚園
2001.12.01	No.066	54		〈好評連載〉ウリマル図鑑/家①
2001.12.01	No.066	57		〈好評連載〉家庭で使うバイリンガル朝鮮語会話/サン(褒美)

발행일	지면정보		필자	제목
	권호	페이지		
2001.12.01	No.066	59		〈好評連載〉With~寄り添う二人/姜且秀・金洋子夫婦
2001.12.01	No.066	72		〈好評連載〉クロスワードパズル
2001.12.01	No.066	72		〈好評連載〉ちょんすぎのよりみちアワー/今夜のメニュー・ちゃんと食べてね
2001.12.01	No.066	74		〈好評連載〉KYC NEWS 岡山・岡山青商会、大阪・八尾柏原青商会が結成他
2001.12.01	No.066	80		〈好評連載〉いちにのさんし/姜周馨さん一家
2001.12.01	No.066	73		読者プレゼント
2001.12.01	No.066	33		〈io A la carte〉YONGHIのNew York e-Mail
2001.12.01	No.066	34		〈io A la carte〉Books/「南北統一の夜明け」他
2001.12.01	No.066	34		〈io A la carte〉Cinema/「赤い橋の下のぬるい水」他
2001.12.01	No.066	35		〈io A la carte〉ホームページ/「札幌同胞生活相談総合センター」他
2001.12.01	No.066	35		〈io A la carte〉IT生活雑誌
2001.12.01	No.066	36		〈io A la carte〉成長期の子ども/こどもの救急蘇生法の実際
2001.12.01	No.066	37		〈io A la carte〉ノンフィクション事件薄/年々増加している夫婦の離婚
2001.12.01	No.066	38		〈io A la carte〉情勢ファイル/NORTH KOREA・SOUTH KOREA・WORLD・JAPAN
2001.12.01	No.066	40		〈io A la carte〉ビジネスファイル/在日コリアン経営者像と教育
2002.01.01	No.067	2		トンポトンネ/「東京」-上野アメ横・御徒町
2002.01.01	No.067	18		「朝鮮文化とふれあうつどい」主催・チマ・チョゴリ友会/紅葉に彩られた友の架け橋
2002.01.01	No.067	20		close up/杉田二郎、平和を語る、『イムジン河』を語る
2002.01.01	No.067	23		コリアンな正月をすごそう/「儀」「食」「遊」
2002.01.01	No.067	33		io ポエム/支え
2002.01.01	No.067	34		CINEMA HOMEPAGE
2002.01.01	No.067	35		BOOKS/国際問題を知るための4冊 他
2002.01.01	No.067	36		WOMAN/「余計」なものこそ女性パワーの源 他
2002.01.01	No.067	38		HAELTH/薄毛
2002.01.01	No.067	40		マンガ暮らしの法律/相続は争続?
2002.01.01	No.067	43		経済コラム/高失業率は短期的な「痛み」?
2002.01.01	No.067	44		私の職業/ハイテクを凌ぐローテクの技
2002.01.01	No.067	46		リレーエッセイ/焼肉家系の血が騒ぐ
2002.01.01	No.067	47		読者の声/編集後記
2002.01.01	No.067	30		Ethnic Communities in Japan/同じ民族が自らの問題を自らの手で解決を
2002.01.01	No.067	49		Korean Baby/韓悠星
2002.01.01	No.067	50		職人の一品/ヒラメのフェ

발행일	지면정보		필자	제목
	권호	페이지		
2002.01.01	No.067	52		ウリマル図鑑/いえ②
2002.01.01	No.067	55		KYC民族フォーラム in 広島/広島から新しい時を刻む鐘が鳴る
2002.01.01	No.067	64		pyonyang report/大同江-ピョンヤン市民の憩いの場所
2002.01.01	No.067	66		未来日記/城北朝鮮初級学校・群馬朝鮮初中級学校
2002.01.01	No.067	68		トンネタイムズ/川崎朝鮮初中級学校創立55周年記念コンサート 他
2002.01.01	No.067	70		KYC information/広島・南青年商工会
2002.01.01	No.067	77		パズル/ちょんすぎのよりみちアワー
2002.01.01	No.067	80		いちにのさんし/李貴徳さん一家
2002.01.01	No.067	10		〈特集〉私たちの民族的アイデンティティ「新世代同胞社会」考/新世代が同胞社会の主人公になる日/伝えたいことがあります/アンケート調査に見る在日コリアンの民族意識
2002.01.01	No.067	27		日本当局が総聯中央、東京、西東京本部を不当捜索/総聯組織に対する不当な弾圧を許さない!
2002.02.01	No.068	2		トンポトトンネ/「栃木」-栃木朝鮮初中級学校オモニ会のキムチ漬け
2002.02.01	No.068	20	金信沢	シンガーソングライターSHINTECK 永遠のチョチョンパンジャン
2002.02.01	No.068	24		緊急座談会 不況時代の焼肉プロジェクト
2002.02.01	No.068	28		1900-2000 場所は証言する/朝鮮人48名の命を奪った半田空襲
2002.02.01	No.068	30		Ethnic Communities in Japan/海外同胞のネットワークができればいいですね
2002.02.01	No.068	33		io ポエム/ほんまかなあ
2002.02.01	No.068	34		CINEMA HOMEPAGE
2002.02.01	No.068	35		BOOKS/朝・日関係史を知る3冊 他
2002.02.01	No.068	36		WOMAN/子育ての肥やしとなるオモニの思い出 他
2002.02.01	No.068	38		HAELTH/肩こり
2002.02.01	No.068	40		マンガ暮らしの法律/日本人との婚姻、国籍はどうなる?
2002.02.01	No.068	43		経済コラム/ベンチャー企業向け融資は高リスク?
2002.02.01	No.068	44		私の職業/夢、だけで物事は進まない
2002.02.01	No.068	46		リレーエッセイ/ハンメの知恵
2002.02.01	No.068	47		読者の声 編集後記
2002.02.01	No.068	49		Korean Baby/金花那
2002.02.01	No.068	50		職人の一品/鶏粥
2002.02.01	No.068	52		ウリマル図鑑/がっこう
2002.02.01	No.068	60		《ウリエミレ》私たちの力でフューチャーリンク
2002.02.01	No.068	64		pyonyang report/ピョンヤンキッズのウィンタースポーツ
2002.02.01	No.068	66		未来日記/栃木朝鮮初中級学校・尼崎朝鮮初中級学校＋付属幼稚班

발행일	지면정보		필자	제목
	권호	페이지		
2002.02.01	No.068	68		トンネタイムズ 留学同フェスティバル 他
2002.02.01	No.068	70		KYC information/大阪府青商会
2002.02.01	No.068	77		ちょんすぎのよりみちアワー
2002.02.01	No.068	78		クロスワードパズル
2002.02.01	No.068	80		いちにのさんし 金用文さん一家
2002.02.01	No.068	10		〈特集〉なぜ民族教育なのか・エッセイ ぐじゃぐじゃへ理屈ではなくて…インタビュー 民族の心を仲間と分かち合うことが大事/金竜哲さん 朝鮮人であるという根本問題を解決しないと/金陽熙 二次的な理屈より民族教育の本質を/姜基哲さん 堂々と朝鮮人として生きる、それが一番/洪美江さん・解説 朝鮮学校には何がある?
2002.02.01	No.068	55		経済強国建設への青写真/金正日総書記と強盛大国建設
2002.02.01	No.068	79		読者プレゼント
2002.03.01	No.069	2		トンポドンネ/「神戸市長田」ーケミカル産業の街
2002.03.01	No.069	22		「LIFE IN PEACE PARTⅡ~戦争を知らないわたしたち~」いまここに「ある」ことのメッセージ
2002.03.01	No.069	28		1900-2000 場所は証言する/筑豊ボタ山 さまよう同胞の恨
2002.03.01	No.069	30		Ethnic Communities in Japan/アメリカはアフガニスタンで何をしたか
2002.03.01	No.069	33		io ポエム/ハンメがいれたお年玉
2002.03.01	No.069	34		CINEMA HOMEPAGE/「カンダハール」他
2002.03.01	No.069	35		BOOKS/朝鮮、朝鮮人を題材にした小説4冊 他
2002.03.01	No.069	36		WOMAN/オンマである前に 他
2002.03.01	No.069	38		HAELTH/花粉症
2002.03.01	No.069	40		マンガ暮らしの法律/会社をリストラされた!失業給付はどう受けられすの?
2002.03.01	No.069	43		経済コラム/ユニクロ急成長の鍵は?
2002.03.01	No.069	44		私の職業/ダンプ一台を動かす大きな責任
2002.03.01	No.069	46		リレーエッセイ/笑顔の行方
2002.03.01	No.069	47		読者の声/編集後記
2002.03.01	No.069	49		Korean Baby/鄭裕基
2002.03.01	No.069	50		職人の一品/ユッゲジャンスープ
2002.03.01	No.069	52		ウリマル図鑑/えき
2002.03.01	No.069	60		投稿/東アジア国際シンポに参加して
2002.03.01	No.069	64		pyonyang report/鶏工場の現代化工事ふくらむ市民の期待
2002.03.01	No.069	66		未来日記/筑豊朝鮮初級学校・岐阜朝鮮初中級学校＋付属幼稚園
2002.03.01	No.069	68		トンネタイムズ/尼崎朝鮮初中級学校吹奏楽部第1回定期演奏会 他
2002.03.01	No.069	70		インタビュー/在日朝鮮青年商工会第6回第6期会長・黄元圭 6期はネットワークの真価発揮へ

발행일	지면정보		필자	제목
	권호	페이지		
2002.03.01	No.069	72		KYC information/岡山県青商会
2002.03.01	No.069	77		ちょんすぎのよりみちアワー
2002.03.01	No.069	78		クロスワードパズル
2002.03.01	No.069	80		いちにのさんし 鄭宗万文さん一家
2002.03.01	No.069	9		〈特集〉広がる繋がるインターネットトンポトンネ・インタビュー 大きく広がる同胞ネットワーク/河民一・ホームページのコンテンツは同胞の生活、同胞の顔/総聯綱干分会 ・世界と民族をコミュニケーションする子どもたち/広島朝鮮初中級学校・同胞をネットするカテゴリーは「コリアン」/TEAM B2Y・トンポサイトはまだまだある!
2002.03.01	No.069	55		〈特別企画〉在日同胞海外旅行術
2002.03.01	No.069	79		読者プレゼント
2002.04.01	No.070	2		トンポドンネ/「神奈川県川崎」ー川崎高麗長寿会
2002.04.01	No.070	22		朝鮮大学校プンムルノリクラブ「セマチ」 チャンダン、仲間、民族とのシンクロ
2002.04.01	No.070	28		1900-2000 場所は証言する/無謀はダム建設に残る同胞の傷跡
2002.04.01	No.070	30		Ethnic Communities in Japan/人道支援は私の生涯をかけた仕事です
2002.04.01	No.070	33		io ポエム/錨
2002.04.01	No.070	34		CINEMA HOMEPAGE/「少年と砂漠ノカフェ」他
2002.04.01	No.070	35		BOOKS/「人間らしく生きる」を問う人権4冊 他
2002.04.01	No.070	36		WOMAN/頃合良くちょうど 他
2002.04.01	No.070	38		HAELTH/更年期障害
2002.04.01	No.070	40		マンガ暮らしの法律/インターネットショッピングでトラブル、どう対処すればいいの?
2002.04.01	No.070	43		経済コラム/「アイワイバンク」ってどんな銀行?
2002.04.01	No.070	44		私の職業/アスリートたちの夢を支える
2002.04.01	No.070	46		リレーエッセイ/Sからの手紙
2002.04.01	No.070	47		読者の声/編集後記
2002.04.01	No.070	49		Korean Baby/姜陽慧
2002.04.01	No.070	50		職人の一品/海鮮チャンプチェ
2002.04.01	No.070	52		ウリマル図鑑/ゆうえんち
2002.04.01	No.070	61		朝鮮大学校第44回卒業式/木蓮の花咲くとき私たちの旅立ちがはじまる
2002.04.01	No.070	64		pyonyang report/一場面の出演者1400人 史上最大の「アリラン」公演
2002.04.01	No.070	66		未来日記/北大阪朝鮮初中級学校＋付属幼稚園・名古屋朝鮮初級学校
2002.04.01	No.070	68		トンネタイムズ/祖国訪問懇談「万景峰92同窓会」他
2002.04.01	No.070	72		KYC information/愛知県青商会
2002.04.01	No.070	60		投稿/小沢有作『在日朝鮮人教育論』

발행일	지면정보		필자	제목
	권호	페이지		
2002.04.01	No.070	77		ちょんすぎのよりみちアワー
2002.04.01	No.070	78		クロスワードパズル
2002.04.01	No.070	80		いちにのさんし/徐妍岳さん一家
2002.04.01	No.070	10		〈特集〉若手商工人の経営ルネッサンス・解説 21世紀の経済ルネッサンスにおけるキーワード/呉民学・有限会社栄新常務取締役・金光雄 努力の向こう側に何があるのか・焼肉「コリヤンハウス陽」オーナー・尹陽太 これは「企業」ではなく「家業」・株式会社オーヤマハウジング代表取締役社長・韓直樹 多様な消費者の多様な要求を満たす・KYC遊技業部会CPM第1回セミナ
2002.04.01	No.070	56	朴喜德	〈特別企画〉金日成主席生誕90周年 祖国はすなわち金日成主席でした
2002.04.01	No.070	58	鎌倉孝夫	思想・理論と実践を統一した革命のリーダー
2002.04.01	No.070	79		読者プレゼント
2002.05.01	No.071	2		トンポドンネ/「京都市・東九条」ートンクジョウと呼ばれる街
2002.05.01	No.071	28		1900-2000 場所は証言する/「朝鮮国独立」の文字が真実を語る
2002.05.01	No.071	30		Ethnic Communities in Japan/南北朝鮮の統一は歴史的必然です
2002.05.01	No.071	33		io ポエム/モクレン
2002.05.01	No.071	34		CINEMA HOMEPAGE/「ノー・マンズ・ランド」他
2002.05.01	No.071	35		BOOKS/子どもに読ませたい4冊 他
2002.05.01	No.071	36		WOMAN/プチ大使が振る舞うのは焼肉 他
2002.05.01	No.071	38		HAELTH/飲酒
2002.05.01	No.071	40		マンガ暮らしの法律/ルールを守らない入居者に部屋を明け渡してもらいたい
2002.05.01	No.071	43		経済コラム/「貸し渋り」ってどう見たらいいの?
2002.05.01	No.071	44		私の職業/メルティーバゲットの思惑
2002.05.01	No.071	46		リレーエッセイ/ハン メ レポート
2002.05.01	No.071	47		読者の声/編集後記
2002.05.01	No.071	49		Korean Baby/黄永輝
2002.05.01	No.071	50		職人の一品/セウワンジャタン
2002.05.01	No.071	52		ウリマル図鑑/ゆうえんち②
2002.05.01	No.071	54		io TIMES/チャンピオン洪昌守防衛V/新たな民族金融機関、創立
2002.05.01	No.071	56		〈投稿〉線路の向こう
2002.05.01	No.071	58		私たち北海道にお嫁に来ました
2002.05.01	No.071	64		pyonyang report/金正日総書記、インドネシア・メガワティ大統領と会見
2002.05.01	No.071	66		未来日記/東京朝鮮第2初級学校・北陸朝鮮初中級学校
2002.05.01	No.071	68		トンネタイムズ/練馬同胞大野遊会 他
2002.05.01	No.071	70		青商会は子どもたちの未来を応援します!
2002.05.01	No.071	72		KYC information/京都府青商会

발행일	지면정보		필자	제목
	권호	페이지		
2002.05.01	No.071	77		ちょんすぎのよりみちアワー
2002.05.01	No.071	78		クロスワードパズル
2002.05.01	No.071	80		いちにのさんし/姜奇会さん一家
2002.05.01	No.071	10		〈特集〉結婚と仕事 同胞女性の新ライフスタイル 働く女性のアンケート・座談会/金元子X李香任X金淳愛 女性が夢を実現できる在り方ってなんでしょう・ルポ 家庭と仕事で息切れしない「100％」/高英美・ルポ 同胞高齢者のための同胞ケアマネージャー/朴三紀・「こうあるべきだ」、という呪縛を解き放とうか/金静寅
2002.05.01	No.071	20		東京朝鮮中級学校中級部第一期生のお話 54年目の卒業証書
2002.05.01	No.071	79		読者プレゼント
2002.06.01	No.072	2		トンポドンネ/「長野県・大町」－日本アルプスの麓に暮らす同胞たち
2002.06.01	No.072	21		在日同胞ウリマル演劇祭-PAN-自分のことばで語る自分のものがたり
2002.06.01	No.072	28		1900-2000 場所は証言する/労働に狩り出された同胞の遺骨が眠る
2002.06.01	No.072	30		Ethnic Communities in Japan/抑圧された民衆の姿を伝えたい
2002.06.01	No.072	33		io ポエム 道
2002.06.01	No.072	34		CINEMA HOMEPAGE/「ALI」他
2002.06.01	No.072	35		BOOKS/経済・経営がわかる3冊 他
2002.06.01	No.072	36		WOMAN/チェ女性編集長の思い出 他
2002.06.01	No.072	38		HAELTH/喫煙
2002.06.01	No.072	40		マンガ暮らしの法律/工事のせいで客が激減! 損害賠償は請求できる?
2002.06.01	No.072	43		経済コラム/外食産業の低価格戦略は終わったの?
2002.06.01	No.072	44		私の職業/未来を育てる喜びが原動力
2002.06.01	No.072	46		リレーエッセイ/生きる羅針盤
2002.06.01	No.072	47		読者の声/編集後記
2002.06.01	No.072	49		Korean Baby/鄭基善
2002.06.01	No.072	50		職人の一品/オムライス
2002.06.01	No.072	52		ウリマル図鑑/スポーツいろいろ①
2002.06.01	No.072	64		トンボ就職情報センター/登録企業の拡大でさらなるサービス向上を
2002.06.01	No.072	66		〈投稿〉西東京サッカーフェスティバル スポーツは友人のはじまり
2002.06.01	No.072	67		〈投稿〉『山片蟠桃の研究』
2002.06.01	No.072	68		未来日記/堺朝鮮初級学校+付属幼稚班・長野朝鮮初中級学校+付属幼稚班
2002.06.01	No.072	70		トンネタイムズ/京都同胞フェスティバル 他
2002.06.01	No.072	77		ちょんすぎのよりみちアワー

발행일	지면정보		필자	제목
	권호	페이지		
2002.06.01	No.072	78		クロスワードパズル
2002.06.01	No.072	80		いちにのさんし/文明玉さん一家
2002.06.01	No.072	8		〈特集〉アリラン祭典　2002年春。ピョンヤン発、世界へのミッセージ/アリラン祭典前夜、祝典都市平壌の風景/祖国の大地を踏んだ、青商会「21世紀1世」たち
2002.06.01	No.072	55		〈特別企画〉朝鮮料理でヘルシーレシピ/簡単オリジナルダイエット
2002.06.01	No.072	61		〈SPECIAL INTERVIEW〉金蓮子/私は歌手「キムヨンジャ」、ありのままの自分でいたい
2002.06.01	No.072	79		読者プレゼント
2002.07.01	No.073	2		トンボドンネ/「福岡・金平」ー人々は小さなトンねに故郷を見ていた
2002.07.01	No.073	21		茨城朝鮮初中高級学校第51回大運動会/走れ、走れ!
2002.07.01	No.073	28		1900-2000　場所は証言する/関門鉄道トンネル　枕木と化した恨
2002.07.01	No.073	30		Ethnic Communities in Japan/NGOで人権問題に取り組みたい
2002.07.01	No.073	33		なんぎょうくぎょう　ぼくなりの気合いの入れ方
2002.07.01	No.073	34		CINEMA　HOMEPAGE/「スパイダーマン」他
2002.07.01	No.073	35		BOOKS/教育問題がわかる4冊 他
2002.07.01	No.073	36		WOMAN/ポジティブなご褒美 他
2002.07.01	No.073	38		HAELTH/頭痛
2002.07.01	No.073	40		マンガ暮らしの法律/愛車がぬすまれたーっ!　保険には入っていないし、どうしよう?
2002.07.01	No.073	43		経済コラム/日本の小売業は本当に大丈夫なの?
2002.07.01	No.073	44		私の職業/廃棄物から時代を感知する
2002.07.01	No.073	46		リレーエッセイ/家庭訪問
2002.07.01	No.073	47		読者の声/編集後記
2002.07.01	No.073	49		Korean　Bab/金松伊
2002.07.01	No.073	50		職人の一品/なすの怜菜
2002.07.01	No.073	52		ウリマル図鑑/スポーツいろいろ②
2002.07.01	No.073	60		在日朝鮮人の人権と民族的アイデンティティ/【第1回】民族教育をかんがえる
2002.07.01	No.073	62		ドキュメンタリー作品「ハッキョ」が語るもの/なぜ民族教育なのか
2002.07.01	No.073	64		母校とムジゲ会のみなさんへ
2002.07.01	No.073	65		埼玉サポータービレッジに響く「アリラン」の歌声
2002.07.01	No.073	68		未来日記/西大阪朝鮮初級学校＋付属幼稚班・埼玉朝鮮初中級学校
2002.07.01	No.073	70		トンネタイムズ/荒川同胞大運動会 他
2002.07.01	No.073	72		KYC information/九州青商会

발행일	지면정보		필자	제목
	권호	페이지		
2002.07.01	No.073	77		ちょんすぎのよりみちアワー
2002.07.01	No.073	78		クロスワードパズル
2002.07.01	No.073	80		いちにのさんし/趙丑生さん一家
2002.07.01	No.073	9		〈特集〉人生に引退はなし・ファインダー越した同胞を刻んで 鄭慶謨さん74歳・失った宝物が花の絵となって蘇る 李賛英さん 80歳・悔しさバネに手にした三つの資格 朴洋采さん68歳・銅鉄商と愛国運動のチャンピオン・権元玉さん 77歳
2002.07.01	No.073	16		ルポ/総聯荒川支部長寿会 愛国事業のパイオニアたちが伝えたいもの
2002.07.01	No.073	18		ルポ/西宮・芦屋朝鮮人長寿会のトラジ健康体操　体で覚えたトラジのリズムが健康の秘訣
2002.07.01	No.073	54		「アリラン」平壌に吹く奉仕団の風
2002.07.01	No.073	57		「同胞福祉連絡会」、アリランへいく/忘れられない平壌の人々(金孝子) 嫁の心に咲いた宝物(李寿恵)
2002.07.01	No.073	79		読者プレゼント
2002.08.01	No.074	2		トンポドンネ/「飛驒」－高山と神岡に暮らす同胞たち
2002.08.01	No.074	24		投稿/「にいがた水都(みなと)フェスタ」アリラン旋風
2002.08.01	No.074	25		SPECIAL NEWS/国立大学、朝高卒に門戸解放か
2002.08.01	No.074	28		1900-2000 場所は証言する/玄海灘に沈んだ帰郷への道
2002.08.01	No.074	30		Ethnic Communities in Japan/南北は自らの力で統一を
2002.08.01	No.074	33		なんぎょうくぎょう/あなたはどうしたいの
2002.08.01	No.074	34		CINEMA HOMEPAGE/「模倣犯」他
2002.08.01	No.074	35		BOOKS/民族教育がわかる3冊 他
2002.08.01	No.074	36		WOMAN/女性の価値は結婚後に決る?! 他
2002.08.01	No.074	38		HAELTH/怜房病
2002.08.01	No.074	40		マンガ暮らしの法律/引っ越しそうと思ったら、不動産名義が死んだ祖父のままだった!
2002.08.01	No.074	43		経済コラム/「量的緩和」ってなあに?
2002.08.01	No.074	44		私の職業/電気の法則に独自の個性を融合
2002.08.01	No.074	46		リレーエッセイ/忘れられぬ人
2002.08.01	No.074	47		読者の声/編集後記
2002.08.01	No.074	49		Korean Baby/金時英
2002.08.01	No.074	50		職人の一品/混ぜそうめん
2002.08.01	No.074	52		ウリマル図鑑/スポーツいろいろ③
2002.08.01	No.074	54		西宮「国際平和灯ろう流し」/灯ろうに描かれた朝鮮の子どもたちの平和へのメッセージ
2002.08.01	No.074	62	林雅行	アメリカのイエスマンとして北朝鮮有事を想定し、挑発する日本/核兵器も微兵制も合憲だって
2002.08.01	No.074	64		未来日記/小倉朝鮮幼稚園・京都朝鮮第二初級学校+付属幼稚班

발행일	지면정보		필자	제목
	권호	페이지		
2002.08.01	No.074	67		トンネタイムズ/2002年6月15日の東京朝鮮中高級学校 他
2002.08.01	No.074	70		KYC information/神奈川県青商会
2002.08.01	No.074	72		この秋、青商会が「ピョンコマ」旋風を巻き起こす
2002.08.01	No.074	77		ちょんすぎのよりみちアワー
2002.08.01	No.074	78		クロスワードパズル
2002.08.01	No.074	80		いちにのさんし/徐三礼さん一家
2002.08.01	No.074	11		〈特集〉朝鮮語は楽しい 口に出してみよう、ウリマル
2002.08.01	No.074	12		朝鮮語センテンス100/喜び・悲しみ・恐怖・あせい・ほめる・楽しい・怒り・感謝・コンディション・あいづち 他
2002.08.01	No.074	16		朝鮮語はどうのように生まれたのか
2002.08.01	No.074	16		朝鮮語の敬語表現
2002.08.01	No.074	20		諺からみる朝鮮の風景
2002.08.01	No.074	20		よく見る北と南の言葉の違い
2002.08.01	No.074	56		創り手の心が胸打つ朝鮮料理/朝鮮料理店「アルムダン」のオーナーシェフ、金載玄さん
2002.09.01	No.075	2		トンポドンネ/「西東京・八王子」ー高尾山を背に暮らす同胞たち
2002.09.01	No.075	24		ピョンヤン学生少年芸術団が日本にやってくる
2002.09.01	No.075	26		日本スポーツマスターズ2002関東地区予選会で1位に輝く/高麗SC全国大会出場
2002.09.01	No.075	28		1900-2000 場所は証言する/理不尽な強制退去に脅える同胞たち
2002.09.01	No.075	30		Ethnic Communities in Japan/差別に逃げず、アイデンティティを見失わずに
2002.09.01	No.075	33		なんぎょうくぎょう/多数がかならず正しいわけではない
2002.09.01	No.075	34		CINEMA HOMEPAGE/「アイス・エイジ」他
2002.09.01	No.075	35		BOOKS/「朝鮮」がある児童文学4冊 他
2002.09.01	No.075	36		WOMAN/ナンピョンに感謝!感謝! 他
2002.09.01	No.075	38		HAELTH/日焼け
2002.09.01	No.075	40		マンガ暮らしの法律/夫が倒れ後遺病で障害が・・・これからの生活が不安です
2002.09.01	No.075	43		経済コラム/「銀行救済」ってどう見たらいいの?
2002.09.01	No.075	44		私の職業/小さな店から広がる大きな夢
2002.09.01	No.075	46		リレーエッセイ/フタをせず、やる!
2002.09.01	No.075	47		読者の声/編集後記
2002.09.01	No.075	49		KoreanBaby/朴香澡
2002.09.01	No.075	50		職人の一品/オムレツ
2002.09.01	No.075	52		ウリマル図鑑/スポーツいろいろ④
2002.09.01	No.075	54		夫、李昌珉と歩んだ半生/大木を照らす太陽のように
2002.09.01	No.075	63		投稿/著者への感謝

발행일	지면정보		필자	제목
	권호	페이지		
2002.09.01	No.075	64		未来日記/東京朝鮮第9初級学校·静岡朝鮮初中級学校
2002.09.01	No.075	67		函館市制80周年記念·ミレカップ特別招待/高校サッカー大会 未来のスターが友好のシュートを決める
2002.09.01	No.075	70		トンネタイムズ/KYC岡山ビーチパーティー 他
2002.09.01	No.075	72		KYC information/北海道青商会
2002.09.01	No.075	77		ちょんすぎのよりみちアワー
2002.09.01	No.075	78		クロスワードパズル
2002.09.01	No.075	80		いちにのさんし/金学業さん一家
2002.09.01	No.075	11		〈特集〉トンポ列島笑顔満載2002年夏
2002.09.01	No.075	12		北海道標津郡中標津町·第2回日朝親善友好少年サッカー
2002.09.01	No.075	15		埼玉朝鮮幼稚園·お泊り保育/チンダルレ組の夏、大人への一歩
2002.09.01	No.075	18		山口同胞「ウリハッキョチャリティーゴルフコンペ2002」未来へ350のナイスショット
2002.09.01	No.075	20		生野朝鮮初級学校·真夏の恒列納涼大会/学校を支える地域同胞の輪
2002.09.01	No.075	58	李衛	在日朝鮮人の人権と民族的アイデンティティ/【第2回】福祉を考える「闘う生、幸なり」-在日朝鮮人ハンセン病者の隔離と差別の半世紀
2002.09.01	No.075	60	成基香	「気付き」と「理解」が支援を生み出し、機会と場を広げる
2002.09.01	No.075	61	梁進成	障害者も朝鮮人として堂々と生きていきたいと願っている
2002.09.01	No.075	79		読者プレゼント
2002.10.01	No.076	2		トンポドンネ/「愛知·豊橋」—「朝鮮人村」に残る古きトンネ気質
2002.10.01	No.076	19		ムジゲ交流会フェスタ IN 北海道/北の大地に残した「これからの足跡」
2002.10.01	No.076	28		1900-2000 場所は証言する/空襲の犠牲となった「微用」労働者
2002.10.01	No.076	30		Ethnic Communities in Japan/小泉訪朝で国交正常化に道筋を
2002.10.01	No.076	33		フォトエッセイ/父の思い出
2002.10.01	No.076	34		CINEMA HOMEPAGE/「酔っぱらった馬の時間」他
2002.10.01	No.076	35		BOOKS/読書の季節に読みたい詩集4冊 他
2002.10.01	No.076	36		WOMAN/「チャンゴに夢中」他
2002.10.01	No.076	38		HAELTH/疲れ目
2002.10.01	No.076	40		マンガ暮らしの法律/登録上の名前を通用名に変更できる?
2002.10.01	No.076	43		経済コラム/ペイオフって私たちの味方なの?
2002.10.01	No.076	44		私の職業/未来に繋がる確かな基礎作り
2002.10.01	No.076	46		リレーエッセイ/一度、芽吹いた魂は
2002.10.01	No.076	47		読者の声/編集後記
2002.10.01	No.076	49		Korean Baby/盧志賢
2002.10.01	No.076	50		職人の一品/かぼちゃ粥

발행일	지면정보		필자	제목
	권호	페이지		
2002.10.01	No.076	52		ウリマル図鑑/スポーツいろいろ⑤
2002.10.01	No.076	57		投稿/続・著者への感謝
2002.10.01	No.076	58		在日朝鮮人の人権と民族的アイデンティティ/【第3回】社会差別を考える
2002.10.01	No.076	62		未来日記/埼玉朝鮮幼稚園・伊丹朝鮮初級学校+付属幼稚班
2002.10.01	No.076	65		トンネタイムズ/京都、滋賀サマースクール2次講習 他
2002.10.01	No.076	68		埼玉西南地域-青商会、オモニ会、「フィマンセ」合同川遊び/川と焼肉と笑顔でパワー結集!
2002.10.01	No.076	70		東京都青商会地域対抗サッカー大会/最大公約数は、サッカー、焼肉、学校
2002.10.01	No.076	72		KYC information/静岡県青商会
2002.10.01	No.076	77		ちょんすぎのよりみちアワー
2002.10.01	No.076	78		クロスワードパズル
2002.10.01	No.076	80		いちにのさんし/任尚珍さん一家
2002.10.01	No.076	11		〈特集〉腕におぼえありトンポの職人技
2002.10.01	No.076	12		伝統の味を伝える－粉に命吹き込む「コツ」への情熱/打つ・冷麺/康柄洙
2002.10.01	No.076	13		体力と経験武器に「山の手入れ」に取り組む/伐る・林業/文直樹
2002.10.01	No.076	14		14年間、一度でも手を止めていたら今の自分はない/貼る・内装仕上げ/朴連孝
2002.10.01	No.076	15		魚へのこだわりは、人生へのこだわり/捌く・魚屋/李洪基
2002.10.01	No.076	16		石は生きている、石を見る目がすべてを決める/切る・墓石/李哲勲
2002.10.01	No.076	17		魚を欺く釣りは、ときに「兵器」である竿がものを言う/巻く・竿師/金天福
2002.10.01	No.076	24		対談/私のアメリカ留学経験談 権元鎬x金錦愛 日本を離れて知る在日コリアンの姿
2002.10.01	No.076	61		急展開する朝鮮半島情勢/6・15共同宣言の生命力
2002.10.01	No.076	79		読者プレゼント
2002.11.01	No.077	25		2002年「9.17」をどう読むか？ 日朝国交はアジアの平和と安定の要
2002.11.01	No.077	28		1900-2000 場所は証言する/「防災の日」、だけでは歴史は見えない
2002.11.01	No.077	30		SPECIAL INTERVIEW/田口光久/フロンティア精神、まだまだ持ってまるよ
2002.11.01	No.077	33		フォトエッセイ/家族登山
2002.11.01	No.077	34		CINEMA HOMEPAGE/「サイン」他
2002.11.01	No.077	35		BOOK/人物で知る朝鮮の歴史4冊 他
2002.11.01	No.077	36		WOMAN/健康な心さえあれば 他
2002.11.01	No.077	38		HAELTH/ゆがみ

발행일	지면정보		필자	제목
	권호	페이지		
2002.11.01	No.077	40		マンガ暮らしの法律/父の残した借金を返済しないでも済む方法はあるの?
2002.11.01	No.077	43		経済コラム/株価が上がったり下がったりする原因は?
2002.11.01	No.077	44		私の職業/アボジの代を継ぐ建物の化粧屋
2002.11.01	No.077	46		リレーエッセイ/ハラボジのペンイ
2002.11.01	No.077	47		読者の声/編集後記
2002.11.01	No.077	49		Korean Baby/具重道
2002.11.01	No.077	50		職人の一品/アルチム
2002.11.01	No.077	52		ウリマル図鑑/いきものいろいろ①
2002.11.01	No.077	55		在日朝鮮学生少年芸術団ソウル・全州公演/あの生徒たちは民族の財産です
2002.11.01	No.077	61		投稿/著者への競争心
2002.11.01	No.077	62		未来日記/宇部朝鮮初中急学校＋付属幼稚班・東大阪朝鮮初級学校＋付属幼稚班
2002.11.01	No.077	64		トンネタイムズ/同胞演劇PAN広島公演 他
2002.11.01	No.077	66		ウリ民族フォーラム in OSAKA「ミレスマイル ミレサポート」をキーワードに準備着々
2002.11.01	No.077	68		KYC information/千葉県青商会
2002.11.01	No.077	77		ちょんすぎのよりみちアワー
2002.11.01	No.077	78		クロスワードパズル
2002.11.01	No.077	80		いちにのさんし/金教元さん一家
2002.11.01	No.077	11		＜特集＞朝鮮学校。学ぶ子どもたち、支えるひとびと
2002.11.01	No.077	9		将来の夢、な~に
2002.11.01	No.077	12		和歌山朝鮮初中級学校 小さな学校を支える一人の力は大なり
2002.11.01	No.077	16		尼崎東朝鮮初級学校「アボジ会」「オモニ会」/アボジとオモニも学校の主人公
2002.11.01	No.077	18		堺朝鮮初級学校を支援する「堺ハクキョの会」 見渡せばとなりには仲間がいる
2002.11.01	No.077	20		インタビュー/文剛・千葉朝鮮初中級学校校長　21世紀、民族教育ー子どもたちの舞台は大きく広がっていく
2002.11.01	No.077	22		支える人たち/金順子(山口朝鮮高級学校)/李英一(中央青商会副会長)/山村地ずえ(朝鮮学校を支える女たちの会会長)/林春基(京都石京同胞長寿会会長)/松野哲二(チマチョゴリ友の会代表)
2002.11.01	No.077	3		第14回釜山アジア競技大会/「祖国統一」「われらはひとつ」釜山の地で実現した和解、団結、そして統一
2002.11.01	No.077	79		読者プレゼント
2002.12.01	No.078	16	金炳学	紀行文/ドイツ・ケルンでウリキョレとの出縫い
2002.12.01	No.078	18		第35回在日朝鮮学生中央芸術競演大会/コリアン、在日、学校のプライドかけて
2002.12.01	No.078	23		朝鮮人強制連行真相調査団全国交流会

발행일	지면정보		필자	제목
	권호	페이지		
2002.12.01	No.078	26	金応錫	ある一世の軌跡
2002.12.01	No.078	28		1900-2000 場所は証言する/池の底に眠る朝鮮人労働者の魂
2002.12.01	No.078	30		Ethnic Communities in Japan/多様性のある社会は豊かで強い
2002.12.01	No.078	33		フォトエッセイ/継承
2002.12.01	No.078	34		CINEMA HOMEPAGE/「1票のラブレター」他
2002.12.01	No.078	35		BOOKS/科学に親しむための4冊 他
2002.12.01	No.078	36		WOMAN/オモニの愛情を根っこに注いで 他
2002.12.01	No.078	38		HAELTH/腰通
2002.12.01	No.078	40		マンガ暮らしの法律/高齢で頼れる身内もいないので、万が一に備えたい
2002.12.01	No.078	43		経済コラム/不良債権問題ってどう見たらいいの?
2002.12.01	No.078	44		私の職業/建築の思想を追い求める設計士
2002.12.01	No.078	46		リレーエッセイ/トラジ
2002.12.01	No.078	47		読者の声/編集後記
2002.12.01	No.078	49		Korean Baby/李優蓮
2002.12.01	No.078	50		職人の一品/しいたけの湯葉はさみ焼き
2002.12.01	No.078	52		ウリマル図鑑/いきものいろいろ②
2002.12.01	No.078	62		朝鮮料理(焼肉)店経営集中講座
2002.12.01	No.078	64		総聯分会代表者大会-2002 広げよう分会、トンポハントンネ
2002.12.01	No.078	71		投稿/著者らへの共感
2002.12.01	No.078	66		未来日記/奈良朝鮮初級学校＋付属幼稚班/東京朝鮮第6初級学校＋付属幼稚班
2002.12.01	No.078	68		トンネタイムズ/大阪学生会第41期総会 他
2002.12.01	No.078	77		ちょんすぎのよりみちアワー
2002.12.01	No.078	78		クロスワードパズル
2002.12.01	No.078	80		いちにのさんし/金弼善さん一家
2002.12.01	No.078	9		〈特集〉歳饌 朝鮮のお正月料理
2002.12.01	No.078	14		在日風アレンジおせち/チジムのライスサラダ、あわびの冷菜、ケジャン、白身魚の和えもの
2002.12.01	No.078	4		第1回アボジシニア中央サッカー大会/ボールにかけるホームグラウンドのプライド
2002.12.01	No.078	56		釜山アジア大会Part2 統一への思いを胸にひとつになって北と南、そして在日同胞
2002.12.01	No.078	79		読者プレゼント
2003.01.01	No.079	9		〈特集〉「KOREA」を「伝導」する若者たち
2003.01.01	No.079	8		エッセイ/「北」と「南」と「在日」が、「コリア」で結ばれる時代
2003.01.01	No.079	10	呉希昌	「ダブル」のスキルとことばを武器に
2003.01.01	No.079	11	安英学	未来の統一コリアを担う在日Jリーガー
2003.01.01	No.079	12	金信彦	焼肉の定義を壊すところから生まれる焼肉

발행일	지면정보		필자	제목
	권호	페이지		
2003.01.01	No.079	13	河栄守	リアルと普遍を追い続ける民族楽器奏者
2003.01.01	No.079	14	田琴室	あらゆるコリアンを舞台の上で繋いでいく
2003.01.01	No.079	15	朴成律	IT武器に北、南、日本の壁を崩す
2003.01.01	No.079	16		テコンドー/チョンジから始まり トンイルで終わる民族武道
2003.01.01	No.079	1		Person/金涼子 「人」からはじまる色の可能性
2003.01.01	No.079	21		Gravure/埼玉朝鮮初中級学校文化祭・バザー「モイジャ2002」
2003.01.01	No.079	28	高烈伊	JURUM/ソンジャが買ってくれる肉まん
2003.01.01	No.079	52		「ウリ民族フォーラム2002in大阪」/未来の笑顔を開化させるミレサポート
2003.01.01	No.079	60		KYC・PR/民族の歩調で「統一コリア」に向かう宮城同胞たち
2003.01.01	No.079	30		1900-2000 場所は証言する/「爆破即死」の記事が連行の事実を語る
2003.01.01	No.079	32	崔和琳	Korean Baby/崔和琳
2003.01.01	No.079	33		朝鮮史物語/第1話檀君神話の前の話 朝鮮半島に暮らしはじめた原始人たち
2003.01.01	No.079	37		リレーエッセイ/不惑の四十とは、昔の人はよく言った
2003.01.01	No.079	38		アジアんメチェ
2003.01.01	No.079	40		投稿/日朝友好促進交換授業 教壇と机からはじまる朝鮮と日本の友好親善
2003.01.01	No.079	42		マンガ法律ファイル/飲めないお酒を飲ませたせいで・・・財布を返して
2003.01.01	No.079	45		読者の声
2003.01.01	No.079	46		Political Issue/米国の常識は世界の非常識
2003.01.01	No.079	48		ジョンヒョク先生の書斎/ある学会の風景
2003.01.01	No.079	49		500円でチョソンパンチャン/鶏手羽先の南蛮漬け
2003.01.01	No.079	50		ウリマル図鑑/いちのいろいろ
2003.01.01	No.079	62		未来日記/西東京朝鮮第一初中級学校/大阪朝鮮第四初級学校+付属幼稚班
2003.01.01	No.079	65		イオタイムズ/在日コリアン統一祭りだ 他
2003.01.01	No.079	72		お店探訪/HIGH TIMES
2003.01.01	No.079	77		わが家のペット
2003.01.01	No.079	78		まちがいをさがそう
2003.01.01	No.079	79		プレゼント
2003.01.01	No.079	80		いちにのさんし 李点和さん一家
2003.02.01	No.080	7		〈特集〉知っているようで知らない「朝鮮の常識50」
2003.02.01	No.080	8		歴史編
2003.02.01	No.080	9		地理編
2003.02.01	No.080	10		風習・衣食住編
2003.02.01	No.080	12		文芸編

발행일	지면정보		필자	제목
	권호	페이지		
2003.02.01	No.080	13		番外編
2003.02.01	No.080	1		Person/張幸一 高齢社会の明るい「みらい」に繋がるお手伝い
2003.02.01	No.080	21		Gravure/キムチ
2003.02.01	No.080	28	周時在	JURUM/生きるとは、不思議なものである
2003.02.01	No.080	53		同胞障害者たちの音楽サークル「Tutti」/一緒に演奏しようよ
2003.02.01	No.080	58		青商会代表、ピョンヤン学生少年芸術団訪問/離れていても「ピョンコマ」はいつも青商会とともに
2003.02.01	No.080	30		1900-2000 場所は証言する/大阪公園に残る「侵略」の爪痕
2003.02.01	No.080	32	金世鎮	Korean Baby/金世鎮
2003.02.01	No.080	33		朝鮮史物語/第2話 紀元前2333年、朝鮮開国 古朝鮮(コジョソン)、そして扶余(プヨ)、辰国(チングク)
2003.02.01	No.080	37		リレーエッセイ/痛みを共有するとき、新たな未来が築かれる
2003.02.01	No.080	38		アジアんメチェ
2003.02.01	No.080	40		ソウルで特別企画・高句麗文化展開幕　勇壮、華麗-高句麗文化に酔う
2003.02.01	No.080	42		マンガ法律ファイル/無断駐車が後を絶ちまっせん。看板を設置すれば罰金をとれるの?!
2003.02.01	No.080	45		読者の声
2003.02.01	No.080	46		Political Issue/変化を期待させる大統領選の結果
2003.02.01	No.080	48		ジョンヒョク先生の書斎/朴星来『韓国詩にも科学はあるか』
2003.02.01	No.080	49		500円でチョンパンチャン/大根と豚バラの朝鮮風煮物
2003.02.01	No.080	50		ウリマル図鑑/みのまわりのことば
2003.02.01	No.080	62		未来日記/泉州朝鮮初級学校+付属幼稚班/滋賀朝鮮初中級学校+付属幼稚班
2003.02.01	No.080	65		イオタイムズ/洪昌守、六度目の防衛!他
2003.02.01	No.080	72		お店探訪/李　LEE
2003.02.01	No.080	77		わが家のペット
2003.02.01	No.080	78		まちがいをさがそう
2003.02.01	No.080	79		プレゼント
2003.02.01	No.080	80		いちにのさんし/朴音全さん一家
2003.03.01	No.081	7		〈特集〉学ぶ社会人たち　自分を豊かにする、同胞社会を豊かにする
2003.03.01	No.081	8	厳栄好	LEARNING　CASE1/自分の「理想像」描き、お金と時間を資質アップに投資
2003.03.01	No.081	10	辺貞姫	LEARNING　CASE2/フィールドを広げて夢を実現する
2003.03.01	No.081	12		学ぶ社会人 その1~その8
2003.03.01	No.081	16	韓鐘哲	インタビュー/「夢」を「目標」に変えるとき、何かが始まる
2003.03.01	No.081	1		Person/鄭明愛　自分のなかで放置し続けてきた問題にケリをつける

발행일	지면정보		필자	제목
	권호	페이지		
2003.03.01	No.081	21		Gravure/New Age Korea Artist
2003.03.01	No.081	28		JURUM/宋伊得 好きな歌は、「故郷の春」かなか
2003.03.01	No.081	53		インタビュー/康宗憲　最重要課題は南北・海外同胞の民族共助である
2003.03.01	No.081	56		PHOTO/第五回冬季アジア競技大会　青森にやって来た朝鮮の選手たち
2003.03.01	No.081	58		愛知朝鮮中高級学校オーストラリア短期留学　外国で見た在日コリアン。「自分自身」というハードルを超えて
2003.03.01	No.081	30		1900-2000 場所は証言する/墨文字に込められた望郷の念
2003.03.01	No.081	32		Korean Baby/李美芽
2003.03.01	No.081	33		朝鮮史物語/第3話 朝鮮の三国時代パート1・高句麗 三国時代のはじまり。東アジアの大国、高句麗そして新羅、百済
2003.03.01	No.081	37		リレーエッセイ/ベテラン教師は「スーパーオモニ」
2003.03.01	No.081	38		アジアんメチェ
2003.03.01	No.081	40		シンボ・DV/女性への爆力は社会が抱える構造的な問題
2003.03.01	No.081	42		マンガ法律ファイル/ホームページでのプライバシー侵害。防ぐことはできる?
2003.03.01	No.081	45		読者の声
2003.03.01	No.081	46		Political Issue /危機つくる米国、平和をつむぐ南北
2003.03.01	No.081	48		ジョンヒョク先生の書斎/瞻星台への想い①
2003.03.01	No.081	49		500円でチョンパンチャン/エリンギの生ハム巻きフライ
2003.03.01	No.081	50		ウリマル図鑑/かんかく1
2003.03.01	No.081	60		KYC 広島・呉地域青商会他
2003.03.01	No.081	62		未来日記/広島朝鮮初中高級学校＋付属幼稚班/福島朝鮮初中級学校
2003.03.01	No.081	65		イオタイムズ/東京朝高女生徒が電車内でチョゴリ切られる 他
2003.03.01	No.081	72		お店探訪/李南河　LINAMHA
2003.03.01	No.081	77		わが家のペット
2003.03.01	No.081	78		まちがいをさがそう
2003.03.01	No.081	79		プレゼント
2003.03.01	No.081	80		いちにのさんし/鄭璟相さん一家
2003.04.01	No.082	7		〈特集〉トンボの悩み、承ります
2003.04.01	No.082	8		NPO法人生野同胞生活相談綜合センター
2003.04.01	No.082	9		在日本朝鮮人商工会
2003.04.01	No.082	10		同胞法律・生活センター
2003.04.01	No.082	12		在日同胞福祉連絡会
2003.04.01	No.082	13		NPO法人京都コリアン生活センターエルファ
2003.04.01	No.082	14		同胞結婚相談所チョンシル・ホンシルネットワーク
2003.04.01	No.082	16		LINKSコリアン学生生活情報ネットワーク
2003.04.01	No.082	17		コリア法律生活相談センター

발행일	지면정보		필자	제목
	권호	페이지		
2003.04.01	No.082	1		Person/金舜植「こうあるべき」よりも「どうありたいか」を考える
2003.04.01	No.082	28		JURUM/李鐘植 妻と一緒に故郷にゆきたいのだが
2003.04.01	No.082	21		ハミングFM宝塚「アンニョン宝塚」 電波にのせる等身大のメッセージ
2003.04.01	No.082	24		インタビュー弁護士 杉尾健太郎 民族教育は保障されるべき基本的人権です
2003.04.01	No.082	52		キムヨンジャコンサート「虹の架け橋」虹の橋で繋がるワンコリア
2003.04.01	No.082	55		Snap Shot/朝鮮大学校第45回卒業式
2003.04.01	No.082	30		1900-2000 場所は証言する なぎの原のこぶしの木は物語る
2003.04.01	No.082	32	成彩玲	Korean Baby/成彩玲
2003.04.01	No.082	33		朝鮮史物語/第4話 朝鮮の三国時代パート2・百済、新羅と伽倻諸国。それぞれの国が世に現れた由来のお話
2003.04.01	No.082	37		リレーエッセイ/毅然たる美しさとは
2003.04.01	No.082	38		アジアんメチェ
2003.04.01	No.082	40		講演 在日コリアンサッカーの魂とは何か
2003.04.01	No.082	42		マンガ法律ファイル/お隣の宅配便の中身を子どもが食べてしまった。弁償するの?
2003.04.01	No.082	45		読者の声
2003.04.01	No.082	46		Political Issue/貧富の両世界、そして人さらいのこと
2003.04.01	No.082	48		ジョンヒョク先生の書斎/朝はハジャングクに限る
2003.04.01	No.082	49		500円でチョンパンチャン/春菊と大根の豚シャブサラダ
2003.04.01	No.082	50		ウリマル図鑑/かんかく2
2003.04.01	No.082	54		Photo Essay/僕のハルベはカッコイイ
2003.04.01	No.082	59		KYC 中央青商会第六期第三回中央幹事会 他
2003.04.01	No.082	62		未来日記/尼崎東朝鮮初級学校＋付属幼稚班/東京朝鮮中高級学校
2003.04.01	No.082	64		イオタイムズ/もう許せない、朝鮮学校差別!他
2003.04.01	No.082	72		お店探訪/香港茶房 COURT CAFE
2003.04.01	No.082	77		わが家のペット
2003.04.01	No.082	78		まちがいをさがそう
2003.04.01	No.082	79		プレゼント
2003.04.01	No.082	80		いちにのさんし/申栄晩さん一家
2003.05.01	No.083	3		〈特集〉朝鮮渡来文化の旅
2003.05.01	No.083	8		埼玉県高麗郷/高麗人によって開拓された武蔵の国の物語
2003.05.01	No.083	10		石川県能登半島/東海より朝鮮文化をとりいれてきた能登
2003.05.01	No.083	12		滋賀県琵琶湖/近江の国はいにしえに思いを巡らす渡来の里
2003.05.01	No.083	14		福島県喜多方/能野神社の「能」は檀君神話に登場する「クマ」
2003.05.01	No.083	17		奇橋、猿橋の創造者は百済の造園博士だった

발행일	지면정보		필자	제목
	권호	페이지		
2003.05.01	No.083	21		鳥取県岩美郡国府町/謎の石像物、益岡石堂と高句麗壁画古墳のお魚
2003.05.01	No.083	22		四国しまなみ海道/瀬戸内海は芸予諸島に散在する渡来人の足跡
2003.05.01	No.083	24		宮崎県百済の里/日向は南郷村に漂着した百済の王族たち
2003.05.01	No.083	1		Person/金英玉　ポリシーとしての「コリアン」をデザインカラーに
2003.05.01	No.083	40		文科省よ、ええ加減にせい! まだまだあるぞ朝鮮学校へんの差別!
2003.05.01	No.083	53		同胞障害者の音楽サークル「TUTTI」と共に歩んだ一年間
2003.05.01	No.083	27		日韓親善高校サッカー「イギョラカップ」サッカーを通じた「ひとつ」の出逢い
2003.05.01	No.083	32		Korean Baby/金侑里
2003.05.01	No.083	33		朝鮮史物語/第5話　朝鮮の三国時代パート3·三国の抗争と高句麗、百済の滅亡
2003.05.01	No.083	37		リレーエッセイ/一体感という危険な「情報」
2003.05.01	No.083	38		アジアんメチェ
2003.05.01	No.083	44		マンガ法律ファイル/他人の飼い犬に足を噛まれたが、損害賠償は請求できる?
2003.05.01	No.083	45		読者の声
2003.05.01	No.083	46		Political Issue/北南関係に障害も－イラク派兵のつけ
2003.05.01	No.083	48		ジョンヒョク先生の書斎/世宗大王稜の天文機器
2003.05.01	No.083	49		500円でチョンパンチャン/イカのコチュジャンソテー
2003.05.01	No.083	50		ウリマル図鑑/き、くさの色々(1)
2003.05.01	No.083	52		第十回「平和杯」朝·日親善高校広島サッカー大会/友好のシンボル、「平和杯」
2003.05.01	No.083	64		未来日記/神奈川朝鮮初中高級学校＋付属幼稚班
2003.05.01	No.083	65		イオタイムズ/アボジと子どもが民族衣装でチャンダンノリ他
2003.05.01	No.083	68		KYC ウリハッキョ支援のため各地の青商会、一致団結
2003.05.01	No.083	72		お店探訪/赤X黒 RED&BLACK
2003.05.01	No.083	77		わが家のペット
2003.05.01	No.083	78		まちがいをさがそう
2003.05.01	No.083	79		プレゼント
2003.05.01	No.083	80		いちにのさんし/孫済河さん一家
2003.06.01	No.084	6		〈特集〉ここが問題だ、朝鮮学校差別
2003.06.01	No.084	6		ROUND-TABLE　TALK/外国人学校問題と文科省の排他的「ガイコクジン政策」/田中宏＋蔡成泰＋林同春
2003.06.01	No.084	10		KYEWORD/民族教育の権利を知るための21のキーワード
2003.06.01	No.084	13		INTERVIEW/一粒の種がやがて実を結ぶまで ペドロ・メンデス・ネット

발행일	지면정보		필자	제목
	권호	페이지		
2003.06.01	No.084	14	文達玉	「壁」を築くのは不幸なこと
2003.06.01	No.084	15		学校がお互いの理解のきっかけに
2003.06.01	No.084	16		SYMPOSIUM/真の共生は何か、私はこう考える　金東鶴+杉尾健太郎＋平野裕二+李博盛
2003.06.01	No.084	1		Person/崔誠圭 思考を四方に飛ばしていく、者事を遠い場所からつかんだいく
2003.06.01	No.084	22		Gravure/第二十回北区子どもたちの集い
2003.06.01	No.084	28		JURUM/康二煥 口ぐせは「プジロニへ」
2003.06.01	No.084	19	洪永佑	ユネスコ世界文化遺産登録へ 躍動する高句麗びとの美意識
2003.06.01	No.084	40	徐忠彦	第59回国連人権委員会に参加して/「朝鮮の人権議案」に見た米・欧・日の政治的思惑とダブル・スタンダード
2003.06.01	No.084	30		1900-2000　場所は証言する/汗みどろで働く「日本語を知らぬ労働者」
2003.06.01	No.084	32	金響希	Korean Baby/金響希
2003.06.01	No.084	33		朝鮮史物語/第6話 朝鮮の三国時代パート4 参国の文化と古代日本~朝鮮文化伝道師たちの物語
2003.06.01	No.084	37		リレーエッセイ/ニュースはシナリオ?
2003.06.01	No.084	38		アジアんメチェ
2003.06.01	No.084	44		マンガ法律ファイル/口約束の遺産分害、効力はないの?
2003.06.01	No.084	45		読者の声
2003.06.01	No.084	46		Political Issue/どうなる「米朝+中」三ヵ国協議
2003.06.01	No.084	48		ジョンヒョク先生の書斎/ソウル大での再会
2003.06.01	No.084	49		500円でチョンパンチャン/小松菜炒めと新じゃがの煮物
2003.06.01	No.084	50		ウリマル図鑑 き、くさの色々(2)
2003.06.01	No.084	52		「エルファ・ネット」在日コリアンをリンクする動画専門サイト
2003.06.01	No.084	56		未来日記/京都朝鮮第一初級学校+付属幼稚班/四日市朝鮮初中級学校+付属幼稚班
2003.06.01	No.084	59		イオタイムズ/愛校心を形に~各地で通学バスなど寄贈~他
2003.06.01	No.084	63		KYC 青商会第七回総会、「民族フォーラム」のお知らせ etc
2003.06.01	No.084	72		お店探訪/キッチャン
2003.06.01	No.084	77		わが家のペット
2003.06.01	No.084	78		まちがいをさがそう
2003.06.01	No.084	79		プレゼント
2003.06.01	No.084	80		いちにのさんし 金鉉順さん一家
2003.07.01	No.085	7		〈特集〉わが家のパンチャン
2003.07.01	No.085	8		任寧淑オモニのパンチャン/子どもも大好き、手作りマンドゥグク
2003.07.01	No.085	10		崔英恵オモニのパンチャン/ピビン麺で夏ばてなんか怖くない!

발행일	지면정보		필자	제목
	권호	페이지		
2003.07.01	No.085	12		李典叡オモニのパンチャン/わが家にクジョルパンがやってきた
2003.07.01	No.085	14		李佳芳オモニのパンチャン/新米オモニの自信作、カジレンチェ
2003.07.01	No.085	1		Person/高貞恵 3ヵ国語をあやつり、国境を越えて広がる行動半径
2003.07.01	No.085	16		Gravure/「チャルチャララ・フェスタ」
2003.07.01	No.085	52		Gravure/「オー!統一コリア」
2003.07.01	No.085	28		JURUM/裵鐘順 いつも祖国をながめながら
2003.07.01	No.085	20	李喆雨	アリランを知らずして民族を語るなかれ アリラン物語
2003.07.01	No.085	26		オモニCLUB/絵画サークル(埼玉南部支部)
2003.07.01	No.085	40		PHOTO/劇団アラン・サムセ結成十五周年記念作品「夢の国さがして」
2003.07.01	No.085	30		1900-2000 場所は証言する/ごつごつした壁が物語る労働苦
2003.07.01	No.085	32	朴泰佑	Korean Baby/朴泰佑
2003.07.01	No.085	33		朝鮮史物語/第7話 渤海の建国 東海の盛国、渤海~高句麗末裔たちの気概と英知
2003.07.01	No.085	37		リレーエッセイ/ハルモニの冷蔵庫にヤンニュムジャンを
2003.07.01	No.085	38		アジアんメチェ
2003.07.01	No.085	44		マンガ法律ファイル/隣家の木の技、勝手に切ってもいいの?
2003.07.01	No.085	45		読者の声
2003.07.01	No.085	46		Political Issue/世界は米国の人質にとられたのか
2003.07.01	No.085	48		ジョンヒョク先生の書斎/金八先生はかく語りき
2003.07.01	No.085	49		500円でチョンパンチャン/キムチの豚肉巻きフライ
2003.07.01	No.085	50		ウリマル図鑑/き、くさの色々(3)
2003.07.01	No.085	56		未来日記/東大阪朝鮮中級学校 東京朝鮮第一初中級学校＋付属幼稚班
2003.07.01	No.085	59		イオタイムズ/第三回東京外国人学校合同絵画展 他
2003.07.01	No.085	63		KYC 長野青商会第二回総会、「民族フォーラム」のお知らせetc
2003.07.01	No.085	72		お店探訪/BAR Cork
2003.07.01	No.085	77		わが家のペット
2003.07.01	No.085	78		まちがいをさがそう
2003.07.01	No.085	79		プレゼント
2003.07.01	No.085	80		いちにのさんし/ 権元玉さん一家
2003.08.01	No.086	7		〈特集〉時代を解く-朝鮮と日本、そして在日朝鮮人
2003.08.01	No.086	8	高橋哲哉	INTERVIEW/「亡却の政治」に抗して夏の和解を求めて
2003.08.01	No.086	10	前田康博	米国はなぜ「朝鮮の脅威」を必要とするのか
2003.08.01	No.086	12	高演義	朝鮮から見れば「日本の常識」が違って見えてくる
2003.08.01	No.086	15	金子達仁	政治にできなくても、スポーツにはなし得る力がある

발행일	지면정보		필자	제목
	권호	페이지		
2003.08.01	No.086	18	伊藤孝司	フォト紀行/平壤·咸興·端川 日本と朝鮮の間には交流がもっとあっていい
2003.08.01	No.086	1		Person/尹漢信 待つのではなく自ら行く、「市場」としての舞台を開拓する時代
2003.08.01	No.086	24		Gravure/足立·関原一分会同胞海遊び 力を合わせて大漁だ
2003.08.01	No.086	52		JURUM/尹漢祚 やれば何だってできる
2003.08.01	No.086	30		BOB SAPP/「いつも選択肢をふたつ持て」、これが父の教えだった
2003.08.01	No.086	40		介護福祉士·朱淑子「同胞ヘルパー」という信頼を背負って
2003.08.01	No.086	70		ウリ民族フォーラム2003　ウリ時代、ウリ民族教育~これからのウリハッキョ~
2003.08.01	No.086	32	李香梨	Korean Baby/李香梨
2003.08.01	No.086	33		朝鮮史物語/第8話 統一国家、高麗 王建、統一国家高麗を樹立する~史上初の統一国家、朝鮮半島に現れる
2003.08.01	No.086	37		リレーエッセイ/「みんなちがって、みんないい」
2003.08.01	No.086	38		アジアんメチェ
2003.08.01	No.086	44		マンガ法律ファイル/銀行の間違いで他人の百万円を使ってしまった
2003.08.01	No.086	45		読者の声
2003.08.01	No.086	46		Political Issue/ 朝鮮叩きに奔走する言論の罪科
2003.08.01	No.086	48		ジョンヒョク先生の書斎/鐘路のチジミ屋
2003.08.01	No.086	49		500円でチョンパンチャン/夏にぴったり!ヤンニョムそば
2003.08.01	No.086	50		ウリマル図鑑/きもちいろいろ(1)
2003.08.01	No.086	54		1900-2000 場所は証言する 犠牲者の魂は掘り起こされない
2003.08.01	No.086	56		未来日記/西播朝鮮初中級学校+付属幼稚班/愛知朝鮮中高級学校
2003.08.01	No.086	58		イオタイムズ/洪昌守、七度目の防衛に成功! 他
2003.08.01	No.086	62		オモニCLUB/生野南バレーボールクラブ
2003.08.01	No.086	65		Photo Essay/私たちはハルモニっ子
2003.08.01	No.086	67		KYC 在日朝鮮青年鐘工会第七回総会 ひとつになった力で、青商会ネットワークの無限なる可能性に挑戦しよう?
2003.08.01	No.086	77		わが家のペット
2003.08.01	No.086	78		まちがいをさがそう
2003.08.01	No.086	79		プレゼント
2003.08.01	No.086	80		いちのさんし/河相徳さん一家
2003.09.01	No.087	6		〈特集〉燃焼系在日コリアンの夏休み アスリートたちの夏
2003.09.01	No.087	7		大阪朝高ラグビー部、花園への四度目の挑戦 頂点目指す集団としての精神、身体
2003.09.01	No.087	10		朝高ボクシングの果てしない挑戦/左の拳には民族の魂、右には挑戦人の誇り

발행일	지면정보		필자	제목
	권호	페이지		
2003.09.01	No.087	13		東京都大学春季対抗戦で優勝した朝大サッカー部/在日サッカー担う「結果」への挑戦
2003.09.01	No.087	16		第二十五回在日朝鮮初級学校学生中央サッカー大会
2003.09.01	No.087	1		Person/李秀栄 この分子がいちばん、落ち着く形を計算せよ
2003.09.01	No.087	26		JURUM/文戊仙 大震災を生きのびて
2003.09.01	No.087	52		Gravure/大阪ハナマトウリ
2003.09.01	No.087	21		南北コリアンと日本の友たち展/アンニョン、チングハジャ！子どもたちが蒔く平和の種
2003.09.01	No.087	24		Interview/池坊保子 文部科学大臣政務官/誰もが不条理だと思うことを直していく
2003.09.01	No.087	40		精神科医 李一奉先生に聞きました ストレスさん、こんにちは
2003.09.01	No.087	28		1900-2000 場所は証言する/「防災の日」だけでは歴史は見えてこない
2003.09.01	No.087	32	高華栄	Korean Baby/高華栄
2003.09.01	No.087	33		朝鮮史物語/第9話 高麗の政治・社会・文化 高麗、体制をととのえ国力を鍛え上げる~統一国家の威容を現す
2003.09.01	No.087	37		リレーエッセイ/長い人生、数々の出逢い
2003.09.01	No.087	38		アジアんメチェ
2003.09.01	No.087	44		マンガ法律ファイル/ガイコクジン登録の居住地変更届を忘れると罰則はあるの?
2003.09.01	No.087	45		読者の声
2003.09.01	No.087	46		Political Issue/朝鮮戦争停戦五十周年
2003.09.01	No.087	48		ジョンヒョク先生の書斎/夢は大きく、ならばこそ
2003.09.01	No.087	49		500円でチョンパンチャン/ナスの揚げびたしとカジキの唐揚げ
2003.09.01	No.087	50		ウリマル図鑑/きもちいろいろ(2)
2003.09.01	No.087	56		未来日記/大阪朝鮮高級学校 西神戸朝鮮初級学校＋付属幼稚班
2003.09.01	No.087	58		イオタイムズ/総聯新潟県本部銃撃 他
2003.09.01	No.087	65		KYC 魅力ある組織作りを 他
2003.09.01	No.087	72		お店探訪/串揚料理 串こう
2003.09.01	No.087	77		わが家のペット
2003.09.01	No.087	78		まちがいをさがそう
2003.09.01	No.087	79		プレゼント
2003.09.01	No.087	80		いちにのさんし/崔泳班さん、盧吉子さん一家
2003.10.01	No.088	7		〈特集〉一冊の本に出会った
2003.10.01	No.088	8	李芳世	すべてのオモニへの鎮魂歌は、愛であり祈りであり安らぎである/詩集「オモニが住むそのクニは」
2003.10.01	No.088	10	崔玉貴	あなたの寝息が語っています。命の質を問うてはならぬと「今どきしょうがい児の母親物語」

발행일	지면정보		필자	제목
	권호	페이지		
2003.10.01	No.088	12	金智石	高句麗、百済の数詞は「ハナトゥルセ」ではなく、「ひふみ」?!/「朝鮮語歴史」
2003.10.01	No.088	14	金年和	「人間」の弱さ、危なうさ、もろさ…　すべては「愛」に救われた/「罪と罰」
2003.10.01	No.088	16	韓戊連	「知ラヌ者、知ル者ニ勝ルベカラズ」/「事実とは何か」
2003.10.01	No.088	1		Person/申紅仙 人は災害に遭ったとき、どのような行動をとるか
2003.10.01	No.088	30		JURUM/金宏晩「一路」、この言葉が好きだ
2003.10.01	No.088	18		写真ルポ 第二十二回ユニバーシアード in 大邱 彼らは「ウリソンス」、統一への「キルトンム」
2003.10.01	No.088	25		「彩」が提案するあなただけの結婚式 婚礼の日のチョゴリー
2003.10.01	No.088	40		関東大震災朝鮮人虐殺八十周年在日本朝鮮青年学生追悼式/語り継がれる歴史。その証言者として生きる 他
2003.10.01	No.088	32	権美希	Korean Baby/権美希
2003.10.01	No.088	33		朝鮮史物語/第10話 李朝五百年の幕あけ 朝鮮封建国家の頂点、李朝-李成桂、朝鮮の王となる
2003.10.01	No.088	37		リレーエッセイ 「民族」への想像と創造
2003.10.01	No.088	38		アジアんメチェ
2003.10.01	No.088	44		マンガ法律ファイル/クレジットの分害払い契約解除できるの?
2003.10.01	No.088	45		読者の声
2003.10.01	No.088	46		Political Issue/世界が見えない時代なのか
2003.10.01	No.088	48		ジョンヒョク先生の書斎/時代を拓く若き研究者たち
2003.10.01	No.088	49		500円でチョンパンチャン/牛すじと根菜のスープ
2003.10.01	No.088	50		ウリマル図鑑/あくび、げっぷ、おしっこなど
2003.10.01	No.088	54		函館「ミレカップ2003」青い芝生の上で、大きな夢と友好の根を
2003.10.01	No.088	58		未来日記/大阪福島朝鮮初級学校＋付属幼稚班/京都朝鮮中高級学校
2003.10.01	No.088	61		イオタイムズ/在日同胞福祉連絡会第二回総会 他
2003.10.01	No.088	65		KYC〈第一回kycカップOVER30中央サッカー大会〉お知らせ 他
2003.10.01	No.088	72		お店探訪/創旬菜 しゃらく
2003.10.01	No.088	77		わが家のペット
2003.10.01	No.088	78		まちがいをさがそう
2003.10.01	No.088	79		プレゼント
2003.10.01	No.088	80		いちにのさんし/韓又仙さん一家
2003.11.01	No.089	7		〈特集〉トンポの街角を行く
2003.11.01	No.089	8		北海道釧路「合同キャンプIN屈斜路湖」「美女」「トンネの大黒柱」他
2003.11.01	No.089	10		西東京町田「ダンナ元気で留守がいい~」「へ、らっしゃい」他

발행일	지면정보		필자	제목
	권호	페이지		
2003.11.01	No.089	12		大阪中西「がんばる若者」「巽北二分会です」「社交ダンス」他
2003.11.01	No.089	14		岡山倉敷「アドン教室」「コーラスグループ『チャンミ』」他
2003.11.01	No.089	16		東京練馬「まだまだ若い者には負けない?」「練馬のつむじ風」他
2003.11.01	No.089	18		京都南「チョンサンフェ&トンオリ」「大好き!じゅんちゃん!」他
2003.11.01	No.089	19		愛知東春「若いオモニたちの集い『ヤンパ』」「自転車部隊」他
2003.11.01	No.089	20		鳥取「倉吉がアツイ!」「子どもを遠くの寄宿舎に」「トトリ会」他
2003.11.01	No.089	21		大分「おしどり一世夫婦」「ミスター大分」「彼女募集!」他
2003.11.01	No.089	1		Person/李政美「地べた」から生まれた歌はいのちをうたう
2003.11.01	No.089	28		JURUM/安栄仙 八十余年、まっすぐ生きてきた
2003.11.01	No.089	24		Gravure/第九回台東同胞大運動会　同胞がいっぱい、笑顔がいっぱい
2003.11.01	No.089	54	小林裕幸	日本ジャーナリストの写真ルポ 神奈川チョゴ満タン青春
2003.11.01	No.089	40		緊急座談会/大学受験資格運動は何をもたらしたのか 田中宏＋駒込武＋金舜植
2003.11.01	No.089	30		1900-2000　場所は証言する/死しても浮かばれぬ同胞の恨
2003.11.01	No.089	32	李希娜	Korean Baby/李希娜
2003.11.01	No.089	33		朝鮮史物語/第11話 任辰倭乱 任辰・丁酉倭乱、一五九二年、国土防衛のための戦い
2003.11.01	No.089	37		リレーエッセイ/民族学級と出会って
2003.11.01	No.089	38		アジアんメチェ
2003.11.01	No.089	44		マンガ法律ファイル/恥ずかしい写真を無断で掲載されたのが許せない!
2003.11.01	No.089	45		読者の声
2003.11.01	No.089	46		Political Issue/派兵は米の脅しのたの?
2003.11.01	No.089	48		ジョンヒョク先生の書斎/杜の都の学会は
2003.11.01	No.089	49		500円でチョンパンチャン/白菜と豚肉の炒め物
2003.11.01	No.089	50		ウリマル図鑑/あかちゃんことば(1)
2003.11.01	No.089	58		未来日記/愛知朝鮮第七初級学校＋付属幼稚班/神戸朝鮮高級学校
2003.11.01	No.089	61		イオタイムズ/朝・日友好の架け橋は私たち(愛媛) 他
2003.11.01	No.089	65		KYC 第四回「焼肉塾」(福岡)他
2003.11.01	No.089	72		お店探訪/韓辛
2003.11.01	No.089	77		わが家のペット
2003.11.01	No.089	78		まちがいをさがそう
2003.11.01	No.089	79		プレゼント
2003.11.01	No.089	80		いちにのさんし/呉連子さん一家
2003.12.01	No.090	7		〈特集〉チヂム主義!
2003.12.01	No.090	8		チヂム
2003.12.01	No.090	13		ジョン

발행일	지면정보		필자	제목
	권호	페이지		
2003.12.01	No.090	1		Person/玄佳宏 華やかな舞台だけが舞台ではない。身近な場所にも大切な舞台はある
2003.12.01	No.090	28		JURUM/金吉技 誰に、何を奪われたのか
2003.12.01	No.090	54		Gravure/「わがっ民族」で通じる時代作ろう
2003.12.01	No.090	16		「ミレ(未来)フェスティバル2003」-新潟 グラウンドに見えたスタートライン
2003.12.01	No.090	20		第1回 KYC CUP OVER30 中央サッカー大会/目標は、ゴールのさらなる向こうへ
2003.12.01	No.090	24		山口初の「オリニフェスタ・1000点スマイル笑顔パワー」出会ってつながって「大きな輪」
2003.12.01	No.090	40		2003年度朝鮮料理(焼肉)店経営集中講座 「基本から学ぶ朝鮮料理・焼肉店経営」
2003.12.01	No.090	30		1900-2000 場所は証言する/「第一線」に投げ出された命
2003.12.01	No.090	32	崔源貴	Korean Baby/崔源貴
2003.12.01	No.090	33		朝鮮史物語/第12話(最終回) 朝鮮植民地前夜 朝鮮近代化への模索と国をまもるための戦い
2003.12.01	No.090	37		リレーエッセイ/「大事な宝物」
2003.12.01	No.090	38		アジアんメチェ
2003.12.01	No.090	44		マンガ法律ファイル/リース契約の解除について知りたい
2003.12.01	No.090	45		読者の声
2003.12.01	No.090	46		Political Issue /第二回六者協議を前にして、マスメディアの誤解・曲解を切る
2003.12.01	No.090	48		ジョンヒョク先生の書斎(最終回)/小平のフィジシストたち
2003.12.01	No.090	49		500円でチョンパンチャン/豚の皮と牛アキレス腱の煮こごり
2003.12.01	No.090	50		ウリマル図鑑/あかちゃん、こどもことば(2)
2003.12.01	No.090	8		未来日記/舞鶴朝鮮初中級学校＋付属幼稚班/徳山朝鮮初中級学校
2003.12.01	No.090	60		イオタイムズ/朝鮮大学校学園祭2003
2003.12.01	No.090	72		お店探訪/正泰苑芝大門
2003.12.01	No.090	77		わが家のペット
2003.12.01	No.090	78		まちがいをさがそう
2003.12.01	No.090	79		プレゼント
2003.12.01	No.090	80		いちにのさんし/黄貞喜さん一家
2004.01.01	No.091	33	金哲秀・呉民学	データで読む在日コリアン/錯綜するアイデンティティ、変動する生活空間
2004.01.01	No.091	1		トンネの街、散歩道/福岡-金平団地
2004.01.01	No.091	7		アクティブエイジ/DJ-鄭民実 各国の文化を電波で結ぶ
2004.01.01	No.091	8	佐藤真紀	地球のどこかで/「アメリカは壊したものを直してほしい」
2004.01.01	No.091	9	森達也	木の目森の日/11月の沖縄-米軍が残した白黒フイルム

발행일	지면정보		필자	제목
	권호	페이지		
2004.02.01	No.092	10		ミニコミ編集員/金秀泰-「西東京チュック」(西東京)
2004.02.01	No.092	11		焼肉店メニュー考/あぶり家特製トロトロ丸煮(東京・あぶり家)
2004.02.01	No.092	12		ニュース平壌・ソウル/南・外国客に人気のタンコギ店、金剛山観光は「消しゴム」
2004.02.01	No.092	14		グラビア/大阪朝高ラグビー部、花園で念願の一勝/選手権初出場の京都朝高サッカー部
2004.02.01	No.092	22		JURUM/具賢敦 同胞愛が心の支えに
2004.02.01	No.092	24		My Castle/全昇徳 美食彩酒「宴家」
2004.02.01	No.092	44		1900-2000 誰がための、何のための追悼慰霊碑か(千葉)
2004.02.01	No.092	57		eat in pyongyang/蒼光通りの焼きいも、栗屋台
2004.02.01	No.092	58		ウリマル図鑑/まーく②
2004.02.01	No.092	65		未来日記/和歌山朝鮮初中級学校＋付属幼稚班/豊橋朝鮮初級学校＋付属幼稚班/東京朝鮮第4初中級学校
2004.02.01	No.092	68		KYC info/Kyc部会総会、インタビュー・金栄造会長 他
2004.02.01	No.092	71		イオタイムス/初の朝鮮幼稚園、創立50周年祝う~鶴見初級付属幼稚班 他
2004.02.01	No.092	75		わが家のペット/ミニチュアダックスフンドの「ハッピーちゃん」
2004.02.01	No.092	78		クイズ・いちがいさがし/孝行息子とオモニの恩恵
2004.02.01	No.092	80		いちにのさんし/金乙生さん一家
2004.02.01	No.092	60		写真ルポ/ロシア沿海州のコリョサラム~悲しみの記憶お超えて~(下)
2004.02.01	No.092	25	李宰秀	朝鮮の語源/「가르치다(ガルチダ)」
2004.02.01	No.092	26		BOOK/『介護に役立つ(色彩)活用術』+『当事者主義』+『越境人たち 六月の祭り』
2004.02.01	No.092	27		MOVIES/『25時』 他
2004.02.01	No.092	28	金静寅	LIFE ADVICE/こどもの国籍はどうなるの?
2004.02.01	No.092	30	姜和代	HEARTWARMING ESSAY/そんなあなたが大切だから
2004.02.01	No.092	31	李一奉	COUNSELING/喫煙は心と体の依存症-禁煙にチャレンジしてみましょう
2004.02.01	No.092	32	黄明浩	SPORTS KOREA/走馬灯のようによぎった歴史
2004.02.01	No.092	49	全哲男	今月のかわらばん/暗黒と苦痛の時代は終わるのか
2004.02.01	No.092	50		死人に貴賎はない-花は死んだものの顔だでや
2004.02.01	No.092	54		混迷する時代の源流を探る本
2004.02.01	No.092	56		読者の声+編集後記
2004.03.01	No.093	33		プルコギぶんか されどプルコギ。焼肉文化はこうして幕を開けた 金純子(朝鮮料理研究家)
2004.03.01	No.093	1		トンネの街、散歩道/西東京-砂川分会
2004.03.01	No.093	7		アクティブエイジ/バンダイ社員-梁柱 おもちゃ作りは夢創る仕事、朝鮮半島の子どもたちにも

발행일	지면정보		필자	제목
	권호	페이지		
2004.03.01	No.093	8	竹谷浩	地球のどこかで/アフリカで一番若い国、エリトエリアに驚きのキック力
2004.03.01	No.093	9	岡留安則	木の目森の目/いわれなき差別生みタブーへの、最後のチャレンジ
2004.03.01	No.093	10		ミニコミ編集員/申香淑、王明玉-「アジャンアジャン通信」(埼玉)
2004.03.01	No.093	11		焼肉店メニュー考/京コンニャクと霜ユッケの胡麻サラダ(京都・キッチャン)
2004.03.01	No.093	12		ニュース平壤・ソウル/弟と生き別れた71歳機関士の見果てぬ夢、文益煥牧師10周忌追悼行事
2004.03.01	No.093	16		グラビア/朝鮮の名犬 珍島犬・豊山犬
2004.03.01	No.093	20		1900-2000 海底に埋もれた坑夫のいのち(山口・長生炭鉱)
2004.03.01	No.093	22		JURUM/金順珍 9歳に心した誓い、今も胸に
2004.03.01	No.093	24		My Castle/秋貞順 カフェサロン「花しず木」(川崎市)
2004.03.01	No.093	57		eat in pyongyang/ダチョウ料理専門店、「ヨンブン食堂」
2004.03.01	No.093	58		ウリマル図鑑/まーく③
2004.03.01	No.093	60		未来日記/朝鮮大学校
2004.03.01	No.093	66		KYC info/東京都青商会が「有限会社コパン」設立、インタビュー 他
2004.03.01	No.093	69		イオタイムス/東アジアグランプリホープスで1勝 他
2004.03.01	No.093	75		わが家のペット/ミニチュアシュナウザーの「チャランチャン」
2004.03.01	No.093	78		クイズ・いちがいさがし/ホランイとトッキ
2004.03.01	No.093	80		いちにのさんし/李載竜、李順南さん一家
2004.03.01	No.093	44	朴春日	甦る古代朝鮮の服飾文化~服飾史研究家・小堀栄寿氏を訪ねて
2004.03.01	No.093	25		朝鮮の語源/「사람(サラム)」
2004.03.01	No.093	26		BOOK/『デジカメのメリット』+『物語「在日」民族教育苦難の道』+『泣き寝入りしないための民法相談室』
2004.03.01	No.093	27		MOVIES/『オアシス』他
2004.03.01	No.093	28	金東鶴	LIFE ADVICE/相続においてのチェックポイントは?
2004.03.01	No.093	30	呉純愛	HEARTWARMING ESSAY/心に刻む、ハルモニの歌声
2004.03.01	No.093	31	李一奉	COUNSELING/女性に多い摂食障害、まず相談、薬物・精神療法を
2004.03.01	No.093	32	高健植	SPORTS KOREA/卓球統一チームで「アリラン」をもつ一度
2004.03.01	No.093	49	全哲男	今月のかわらばん/朝鮮はイラクでもリビアでもない
2004.03.01	No.093	50		自分の頭で考え育つ子を 朝鮮学校教員の教育研究大会
2004.03.01	No.093	54		どうなる女性たちの年金・シンポ「個人単位の年金を求めて」
2004.03.01	No.093	56		読者の声+編集後記

발행일	지면정보		필자	제목
	권호	페이지		
2004.04.01	No.094	33		イルム、未来への贈りもの/・エッセイ-私たちにとって名前は(李星麗)・世代別名前事情-1世・3、4世・名前の由来、聞かせてください・0歳児たちの名前アルバム・トルリムチャって何?(金允浩)・コラム-南北でローマ字表記が違う? セッピョルたち集まれ　朝鮮で名前をどうつける? クンハブってなに?
2004.04.01	No.094	1		トンネの街、散歩道/兵庫-長田トンネ
2004.04.01	No.094	7		アクティブエイジ/ホームヘルパー-鄭美華　好きなんです、ハルモニたちが
2004.04.01	No.094	8	中原大弐	地球のどこかで/「食料」装うクラスター爆弾を追うアフガニウタンの少年
2004.04.01	No.094	9		木の目森の目　お互いの「知恵」を学びあえば世界はもっと豊かになる
2004.04.01	No.094	10		ミニコミ編集員/禹成勲-「ヨボセヨ」(大阪・生野南)
2004.04.01	No.094	11		焼肉店メニュー考/季節のキムチスープスパ(京都・ぱんちゃん家)
2004.04.01	No.094	12		ニュース平壌・ソウル/南企業の受注で回る南浦軽工業工場、全農議長ムン・キョンシクが説く統一農業
2004.04.01	No.094	14		グラビア/舞台ではじける「荒川トンネっ子」たち(東京朝鮮第1初級学校＋幼稚班文芸発表会)
2004.04.01	No.094	18		1900-2000　千百三十六の人生、千百三十六の家族(東京・祐天寺)
2004.04.01	No.094	20		JURUM/鄭点艾　91歳になり、初めて書いた自分の名前
2004.04.01	No.094	22		TONPO de SHOP/李のかもく堂(東京・練馬)
2004.04.01	No.094	57		eatinpyongyang/中華専門店・ムジゲ食堂のジャージャー麺
2004.04.01	No.094	58		ウリマル図鑑/つち、いしのいろいろ
2004.04.01	No.094	60		未来日記/総集編・全朝鮮学校の校舎一覧!
2004.04.01	No.094	66		KYC info/青商会中央幹事会、奈良県青商会総会、インタビュー
2004.04.01	No.094	69		イオタイムス/3世ピアニスト・朴勝哲さんが読売演劇大賞優秀スタッフ賞　他
2004.04.01	No.094	75		わが家のペット/ウサギの「パーターちゃん」
2004.04.01	No.094	78		クイズ・いちがいさがし/チェジュ マーヌン オヒョンジェ
2004.04.01	No.094	80		いちにのさんし/朴千浩、李貞愛さん一家
2004.04.01	No.094	44		新一年生、心構えは?~アッパ・オンマに送るアドバイス~
2004.04.01	No.094	46	宋恵淑・鄭順熙	国連・子どもの権利条約委にオモニ会代表が参加、勧告勝ち取る
2004.04.01	No.094	25	朴宰秀	朝鮮の語源/「아버지」(アボジ)
2004.04.01	No.094	26		BOOK/『禅的生活』＋『挑発する知』＋『韓国料理の新しい魅力』
2004.04.01	No.094	27		MOVIES/『ぼくは怖くない』他
2004.04.01	No.094	28	金静寅	LIFE ADVICE/名前を変えたいけど、どうすればいいの?
2004.04.01	No.094	30	李節子	HEARTWARMING ESSAY/「ユニバーサルスポーツ」でみんな元気に

발행일	지면정보		필자	제목
	권호	페이지		
2004.04.01	No.094	31	李一奉	COUNSELING/女性がなりやすいアルコール依存症、「イライラ」「不安」は赤信号
2004.04.01	No.094	32	李秀幸	SPORTS KOREA/3年間で成し遂げた団体初優勝
2004.04.01	No.094	49	全哲男	今月のかわらばん/鳴くまで待とう不如帰
2004.04.01	No.094	50		私は何故、強制連行殉難者を供養するのか 赤星善弘(金剛寺住職・熊本県荒尾市)
2004.04.01	No.094	56		読者の声・編集後記
2004.05.01	No.095	33		人生ブラッシュアップ/オーガニックレストランを始めた張成国さん/あん摩・はり・きゅう師資格を取得した金琴海さん/フランスにMBA留学する朴基顕さん/74歳で大学に入学した金日花さん/留学同との出会いで「本名宣言」した李圭鎬さん/看護師資格を取得した趙貞淑さん/スポーツトレーナー目指す陸勇志さん
2004.05.01	No.095	1		トンネの街、散歩道/埼玉-深谷分会
2004.05.01	No.095	7		アクティブエイジ/アースグラフィティ代表-鄭元植 地球に落書きしようよ
2004.05.01	No.095	8	小林和香子	地球のどこかで/イスラエルの分離壁が奪う生活と希望
2004.05.01	No.095	9	野田峯雄	木の目森の目/建国義勇軍事件の法廷で「特定船舶方案」を考える
2004.05.01	No.095	10		ミニコミ編集員/李成日、姜光文-「天地ネット」
2004.05.01	No.095	11		焼肉店メニュー考/お花見(神奈川・あぶり屋上大岡店)
2004.05.01	No.095	12		ニュース平壌・ソウル/大学生の交流に「386世代」の涙、総選挙に「平和」・「統一」掲げる候補増加
2004.05.01	No.095	14		グラビア/第14回イギョラカップ(2004年日韓親善高校セッカー_
2004.05.01	No.095	18		1900-2000 学校閉鎖の最中も消えなかった「灯」(神奈川・大和市立草柳小学校)
2004.05.01	No.095	20		JURUM/曺政子 年齢?18歳。喋るのはまかしてや
2004.05.01	No.095	22		TONPO de SHOP/健康サポートショップ(神奈川・鎌倉)
2004.05.01	No.095	57		eat in pyongyang/「鶏やき食堂」のタッコギオンバン
2004.05.01	No.095	58		ウリマル図鑑/つち、いしのいろいろ②
2004.05.01	No.095	61		KYC info/IT部会、6月に福岡で民族フォーラム 他
2004.05.01	No.095	64		イオタイムス/愛知で「タングン」フェスタ、南北・アテネ五輪共同入場へ 他
2004.05.01	No.095	75		わが家のペット/トイ・プードルの「ミーナちゃん」
2004.05.01	No.095	78		クイズ・いちがいさがし/パルガンプチェワ パランプチェワ
2004.05.01	No.095	80		いちにのさんし/李文敬さん一家
2004.05.01	No.095	41		九州朝鮮中高級学校新校舎で新たに出発した中高一貫校
2004.05.01	No.095	44		ウリ・トンポ・ブライダルフェア/民族の伝統色で結婚を彩る
2004.05.01	No.095	25	朴宰秀	朝鮮の語源/「어머니(オモニ)」
2004.05.01	No.095	26		BOOK/『となりのコリアン』+『検証 日朝交渉』+『ゼロカラスタート 英文法』

발행일	지면정보		필자	제목
	권호	페이지		
2004.05.01	No.095	27		MOVIES/『バーバー吉野』他
2004.05.01	No.095	28	金静寅	LIFE ADVICE/妻の離婚事由の原因は夫の浮気、借金、暴力···
2004.05.01	No.095	30	具恵	HEARTWARMING ESSAY/生徒たちの優しい心、とびきりの笑顔
2004.05.01	No.095	31	李一奉	COUNSELING/「引きこもり」、自力で社会に戻れる環境を
2004.05.01	No.095	32	呉泳珠	SPORTS KOREA/心はひとつ、「これ!AN後援会」
2004.05.01	No.095	49	全哲男	今月のかわらばん/常軌を逸した「対話と圧力」
2004.05.01	No.095	50		植民地、解放、分析の狭間に生きる僑胞の「物語」『渦巻く海峡』(辛栄浩著)を読む-朴勝元(在米僑胞)
2004.05.01	No.095	52	王錫宏	インタビュー/民族教育によって広がる活動舞台は果てしない
2004.05.01	No.095	55	任正爀	続ジョンヒョク先生の書斎/詩画集『グッバイアメリカ』
2004.05.01	No.095	56		読者の声＋編集後記
2004.06.01	No.096	33		チャンチ＆チェサ/トルチャンチ・寿宴・結婚・祭祀
2004.06.01	No.096	1		トンネの街、散歩道/岡山-緑町分会
2004.06.01	No.096	7		アクティブエイジ/オペラ歌手-鄭香淑　決して「ノー」と言わない、それがチャンスのはじまり
2004.06.01	No.096	8		地球のどこかで/カンボジアの子どもを支援するチャイルド・ケア・センター
2004.06.01	No.096	9		木の目森の目/ともに訪れた独立記念館、DMZ···「ハムケ」の思いが広がって旅
2004.06.01	No.096	10		ミニコミ編集員/金東輝-「チャンソリ」(大阪・中西)
2004.06.01	No.096	11		焼肉店メニュー考/梅わさユッケ(長野・「SOUL」)
2004.06.01	No.096	12		ニュース平壌・ソウル/朝鮮戦争が引き裂いた家族の年月、南北の地殻変動起きるか、17代国会
2004.06.01	No.096	14		グラビア/山を通じた人と人との絆(「東京同胞山友会」・ロッククライミング)
2004.06.01	No.096	20		1900-2000 異国さまよう「暗示」の一歩(山梨・丹沢鉄橋)
2004.06.01	No.096	22		JURUM/金善則 澄んだ瞳に色あせぬ理想
2004.06.01	No.096	42		TONPO de SHOP/CAFÉ Meal on Meal(愛知名古屋)
2004.06.01	No.096	57		eat in pyongyang/プンニョンチジミ店のノットゥチジミ
2004.06.01	No.096	58		ウリマル図鑑/みずのいろいろ①
2004.06.01	No.096	64		KYC info/「焼肉塾」第2回セミナー、李竜大・愛知名駅会長インタビュー 他
2004.06.01	No.096	67		イオタイムス/竜川爆発事故、予想を超える被害 他
2004.06.01	No.096	75		わが家のペット/柴犬の「ハッピー」
2004.06.01	No.096	78		クイズ・いちがいさがし/ペギルホン
2004.06.01	No.096	80		いちにのさんし/金相連さん一家
2004.06.01	No.096	60		ようこそ赤ちゃん大集合
2004.06.01	No.096	62	庄司博史	いずれおとずれる「共存」の日のために/国立民俗学博物館特別展「多みんぞくニホン」のめざすもの

발행일	지면정보		필자	제목
	권호	페이지		
2004.06.01	No.096	25	朴宰秀	朝鮮の語源/「아들(アドゥル)」
2004.06.01	No.096	26		BOOK/『うしとトッケビ』＋『証言のポリティクス』＋『帝国と国民』他
2004.06.01	No.096	27		MOVIES/『ヴェロニカ・ゲリン』他
2004.06.01	No.096	28	金静寅	LIFE ADVICE/女性に不利益な「韓国戸主制度」
2004.06.01	No.096	30	周貞子	HEARTWARMING ESSAY/意図的な排除のなかで···
2004.06.01	No.096	31	李一奉	COUNSELING/若手な相手のつき合い方は自分との共通点探し
2004.06.01	No.096	32	朱一	SPORTS KOREA/参加は自由、「JICピュアティボクシングジム」
2004.06.01	No.096	50		新連載「民族教育はいま」①学ぶ子どもたち 「仲間っていい。自分らしくいられる空間です」
2004.06.01	No.096	54	全哲男	今月のかわらばん/自己責任を問われるべきは誰か
2004.06.01	No.096	55	任正爀	続ジョンヒョク先生の書斎/自著への想い『現代朝鮮の科学者たち』
2004.06.01	No.096	56		読者の声＋編集後記
2004.07.01	No.097	33		就職戦線変化あり~コリアンの就職事情~
2004.07.01	No.097	1		トンネの街、散歩道/広島-花都分会
2004.07.01	No.097	7		アクティブエイジ/トランペット-尹千浩 音楽は果てしなく、世界は広い
2004.07.01	No.097	8	寺西澄子	地球のどこかで/南北・日本の絵画交流が広げる友情の輪
2004.07.01	No.097	9	藤沢房俊	木の目森の目/視覚を、音をなくした子どもたち、和解の道を示してくれた人たち
2004.07.01	No.097	10		ミニコミ編集員/姜竜洙-「三河運輸」(愛知・三河地域)
2004.07.01	No.097	11		焼肉店メニュー考/地トマトのシャーベット(京都・「益市」)
2004.07.01	No.097	12		ニュース平壌・ソウル/牧丹峰でフォークダンス、駐韓米軍撤退は「安保の空白」?
2004.07.01	No.097	14		グラビア/オモニたちのパワーは果てしない(徳山朝鮮初中級学校オモニ会のキムチ漬け
2004.07.01	No.097	18		1900-2000 県有地への建碑は全国初(群馬、「記憶 反省 そして友好」の追悼碑)
2004.07.01	No.097	20		JURUM/安聖達 分断の悲しみを孫に残したくない
2004.07.01	No.097	22		TONPO de SHOP/Floreria Design Studio(神奈川県・川崎市)
2004.07.01	No.097	57		eat in pyongyang/コチアンジュ店の鶏脚の丸揚げ
2004.07.01	No.097	58		ウリマル図鑑/みずのいろいろ②
2004.07.01	No.097	63		KYC info/日本の過去生産を要求する国際連帯協議会ソウル大会に参加 他
2004.07.01	No.097	68		イオタイムス/静岡朝鮮初中創立40周年記念祝典 他
2004.07.01	No.097	75		わが家のペット/グリーンイグアナの「ジャック」
2004.07.01	No.097	78		クイズ・いちがいさがし/ソガトゥエン ケウルンベンイ
2004.07.01	No.097	80		いちにのさんし/金曲芝さん一家

발행일	지면정보		필자	제목
	권호	페이지		
2004.07.01	No.097	44		インタビュー・日朝国交正常化交渉の展望と課題/・途切れたパイプは再びつながったが(前田康博・大妻女子大学教授)
2004.07.01	No.097	60		新しい世代を中心に新たな運動の展開を/総聯第20回全体大会が東京で開催
2004.07.01	No.097	25	朴宰秀	朝鮮の語源/「가시・각시(カシ・カクシ)」
2004.07.01	No.097	26		BOOK/『世にも奇妙な職業案内』+『別居介護~成功の秘訣~』+『箸とチョッカラク』他
2004.07.01	No.097	27		MOVIES/『69　シクスティナイン』他
2004.07.01	No.097	28	林暎純	LIFE ADVICE/介護保険ぅて何でしょう?
2004.07.01	No.097	30	李英子	HEARTWARMING ESSAY/夢は一緒にキムチ作ること
2004.07.01	No.097	31	李一奉	COUNSELING/五月病?六月病?焦らず、自分のペースで
2004.07.01	No.097	32	朝理純	SPORTS KOREA/ありがとう!共和国女子サッカー選手たち
2004.07.01	No.097	49		連載「民族教育はいま」②通わす保護者たち「イェ」と答えて「オンマ」と呼んで欲しい
2004.07.01	No.097	55	任正爀	続ジョンヒョク先生の書斎/科学における想像力
2004.07.01	No.097	56		読者の声＋編集後記
2004.08.01	No.098	33		夏バテに効くコリアン料理　鯛のサンチュ巻き、枝豆となすの怡菜、コチュジャン風味の茶そばサラダ、茹で鶏のヤンニョムがけ、チーズサンドカルビ&キムチ納豆サンドカルビ、冷しゃぶのサニーレタス巻き、鶏のスープ、石焼カレーチャーハン
2004.08.01	No.098	1		トンネの街、散歩道/横浜-常磐台分会
2004.08.01	No.098	7		アクティブエイジ/名古屋グランパスMF-鄭容台　最大の武器は在日コリアンのプライド
2004.08.01	No.098	8	本間一江	地球のどこかで/診療所から見えたアフガニスタン
2004.08.01	No.098	9	坂東希	木の目森の目/卒業式は誰のためのもの?着席の「自由」を選んだ12歳の私を思う
2004.08.01	No.098	10		ミニコミ編集員/具伸沢、金恵玲-「焼肉番長」(東京)
2004.08.01	No.098	11		焼肉店メニュー考/ガーリックトーストとカルビシチュー(東京・「あぶり家」)
2004.08.01	No.098	12		ニュース平壌・ソウル/赤いスローガンから人々の暮らしへ、南北行事に初参加-リ・サンホンさんの興奮
2004.08.01	No.098	14		グラビア/28人のどろんこたち(岡山朝鮮初中級学校初級部高学年の田植え)
2004.08.01	No.098	18		1900-2000　瓦礫に埋もれた朝鮮少女たちの恨(愛知・「東南海地震犠牲者追悼碑」)
2004.08.01	No.098	20		JURUM/崔明辰「だいこくや」の風景は変わらない
2004.08.01	No.098	22		TONPO de SHOP/沖釣り専門店「海夢」(千葉県・千葉市)
2004.08.01	No.098	57		eat in pyongyang/玉流館の平壌冷麺、チェンバンクッス
2004.08.01	No.098	58		ウリマル図鑑/いちにち
2004.08.01	No.098	63		KYC info/ウリ民族フォーラム2004 in九州・第8回総会　他

발행일	지면정보		필자	제목
	권호	페이지		
2004.08.01	No.098	69		イオタイムス/神戸朝高創立55周年記念講演/東京外国人学校絵画展 他
2004.08.01	No.098	75		わが家のペット/ヨークシャテリアの「ジョン」
2004.08.01	No.098	78		クイズ·いちがいさがし/マンネッタルクァ チュイウィ ナム ピョン
2004.08.01	No.098	80		いちにのさんし/李鎮夏、宋曲寄さん一家
2004.08.01	No.098	42		6000人が熱狂した「シンナヌントンイル」 金剛山歌劇団、ユン·ドヒョンバンドソウル共同公演
2004.08.01	No.098	60		一人ひとりが「具」ビビンバカップ(群馬·高崎)
2004.08.01	No.098	25	朴宰秀	朝鮮の語源/「어른(オルン)」
2004.08.01	No.098	26		BOOK/『DAYS JAPAN』+『戦争とテレビ』+『たそがれはまだ早い~団塊お父さん応援歌』他
2004.08.01	No.098	27		MOVIES/『誰も知らない』他
2004.08.01	No.098	28	裵哲也	LIFE ADVICE/保険の賢い加入方法って?
2004.08.01	No.098	30	李承進	HEARTWARMING ESSAY/支えあう気持ちはハナ
2004.08.01	No.098	31	李一奉	COUNSELING/些細なことでクヨクヨ、生活に支障きたす「全般性不安障害」
2004.08.01	No.098	32	安泰範	SPORTS KOREA/気合いはなぜ大声で出すのか
2004.08.01	No.098	49		連載「民族教育はいま」③教える教員、職員たち 彼、彼女らが持つ可能性を花開かせるため
2004.08.01	No.098	54		人権協会10年の活動を集大成·書籍「在日コリアン暮らしの法律Q&A」
2004.08.01	No.098	55	任正爀	続ジョンヒョク先生の書斎/教養の再生のために
2004.08.01	No.098	56		読者の声+編集後記
2004.09.01	No.099	34		ピョンヤン·ウピョワールド/〈平壌郵便事情〉-郵便配達員、料金システム、切手展示館、切手作家/〈切手〉-自然、アート、スポーツ、南北·コラム-朝鮮で初めて発行された切手はこれ 他
2004.09.01	No.099	1		トンネの街、散歩道/静岡ー高松·田町
2004.09.01	No.099	7		アクティブエイジ/映像ディレクター-洪淵哲 映像の世界で情熱と知識生かす
2004.09.01	No.099	8	伊藤淳子	地球のどこか/東ティモールの人々が国つくりに希望をもつきっかけに
2004.09.01	No.099	9	斎藤貴男	木の目森の目/ファシズムしのびよる球界に浮かぶ夢
2004.09.01	No.099	10		ミニコミ編集員/梁清美-「ヘンニム」(東京)
2004.09.01	No.099	11		焼肉店 メニュー考/抹茶ブリュレ(京都·キッチャン)
2004.09.01	No.099	12		ニュース平壌·ソウル/金剛山の南北農民統一大会、本格化するイラク派兵阻止闘争
2004.09.01	No.099	22		JURUM/金鎮竜 人生悔いなし「運命ですよ」
2004.09.01	No.099	46		TONPO de SHOP/ヘアー「ジョン·ジョン」(静岡県·静岡市)
2004.09.01	No.099	57		eat in pyongyang/アサボン食堂の海鮮料理

발행일	지면정보		필자	제목
	권호	페이지		
2004.09.01	No.099	58		ウリマル図鑑/いっしゅうかん
2004.09.01	No.099	60		違いを認め合うために必要なこと、それは「会うこと」2004南北コリアと日本のともだち展
2004.09.01	No.099	62		座談会-自分たちが平和を作る存在、その実感を子どもたちに
2004.09.01	No.099	65		KYC info/第8期第1回中央常任幹事会 他
2004.09.01	No.099	71		イオタイムス/インターハイ・ボクシングで大阪朝高・朴忠南選手が金 他
2004.09.01	No.099	75		わが家のペット/ブルドッグの「ブッチ」
2004.09.01	No.099	78		クイズ・いちがいさがし/ケワ　コヤンイ
2004.09.01	No.099	80		いちにのさんし/姜学順さん一家
2004.09.01	No.099	14	全浩天	世界遺産に登録された高句麗壁画古墳を歩く
2004.09.01	No.099	20		インタビュー/ユネスコ親善大使・平山郁夫に聞く　高句麗壁画古墳は世界の人々の共通の貴重な財産
2004.09.01	No.099	25	朴宰秀	朝鮮の語源/「뿌리(プリ)」
2004.09.01	No.099	26		BOOK/『野中広務 差別と権力』+『海をわたった家族』+『北朝鮮の人びと人道支援』他
2004.09.01	No.099	27		MOVIES/『スウィング・ガールズ』他
2004.09.01	No.099	28	金季先	LIFE ADVICE/年金に対する正しい知識を
2004.09.01	No.099	30	李銀淑	HEARTWARMING ESSAY/高齢者と接し未来考える
2004.09.01	No.099	31	李一奉	COUNSELING/日常生活に支障きたすパニック障害、いかにコントロールするかが大切
2004.09.01	No.099	32	李康弘	SPORTS KOREA/サッカー人の誇りと明るく力強く生きる大切さ
2004.09.01	No.099	49		連載「民族教育はいま」④支える人たち(1)「このままではなくなる」・・・。団結し立ち上がる同胞たち
2004.09.01	No.099	55	任正爀	続ジョンヒョク先生の書斎/南北科学技術交流への期待
2004.09.01	No.099	56		読者の声+編集後記
2004.10.01	No.100	33		在日コリアン、その未来のために/〈インタビュー〉高徳羽 洪祥進 朴泰道 鄭甲寿 郭充祚 尹台祚 〈特別寄稿〉「正体を明らかにせよー頑強に朝鮮人として生きることの意義」徐勝
2004.10.01	No.100	1		トンネの街、散歩道/京都·東九条
2004.10.01	No.100	7		アクティブエイジ/漫画家-金貴子「投稿10年」を実行し、夢を実現させたロマンチスト
2004.10.01	No.100	8	李祥任	地球のどこかで/タイのエイズ問題から日本が学ぶこと
2004.10.01	No.100	9	亀井洋志	木の目森の目/74歳の在日1世が突きつけた、たった6文字の「恨」
2004.10.01	No.100	10		ミニコミ編集員/李在述-「タリ」(東京)
2004.10.01	No.100	11		焼肉店メニュー考/あぶり屋んクッパ·秋(神奈川·あぶり屋)
2004.10.01	No.100	12		ニュース平壌·ソウル/進む南北軍事対話、北訪問阻止で流産した8·15南北共同行事

발행일	지면정보		필자	제목
	권호	페이지		
2004.10.01	No.100	14		グラビア/アテネオリンピック　南北の共同入場が再び実現
2004.10.01	No.100	18		TONPO de SHOP/うえの針灸整骨院(東京都・台東区)
2004.10.01	No.100	20		1900-2000 コンクリートの壁に眠る歴史の真相(岡山・亀島山地下工場)
2004.10.01	No.100	22		JURUM/崔慶顯 いつの時代も「正義は勝つ」
2004.10.01	No.100	57		eat in pyongyang/平壤タンコギ店のタンコギクッ
2004.10.01	No.100	58		ウリマル図鑑/いちねん
2004.10.01	No.100	69		KYC info/愛知県青商会第8回総会、長野県青商会主催同胞川遊び 他
2004.10.01	No.100	75		イオタイムス/中大阪初級サッカー部9年ぶりの優勝 他
2004.10.01	No.100	79		わが家のペット/ヨークシャーテリアの「トギ」
2004.10.01	No.100	80		いちにのさんし/裵恩洙さん、李壬珠さん一家
2004.10.01	No.100	60	李芳世	イオ通巻100号記念 読者の声「二十歳」の詩
2004.10.01	No.100	64		まちがいをさがそう! 拡大版
2004.10.01	No.100	66		特別プレゼント
2004.10.01	No.100	25	朴宰秀	朝鮮の語源/「봄여름가을겨울(ボム、ヨルム、カウル、キョウル)」
2004.10.01	No.100	26		BOOK/『シエラレオネ』+『戦争で誰が儲けるか』+『否戦 私たちの派兵反対メッセージ』他
2004.10.01	No.100	27		MOVIES/『ニワトリはハダツだ』他
2004.10.01	No.100	28	金静寅	LIFE ADVICE/海外に出かける際に注意する点は?
2004.10.01	No.100	30	金美恵	HEARTWARMING ESSAY/身近な人を支えたいから
2004.10.01	No.100	31	李一奉	COUNSELING/「無くて七癖」は緊張緩和、過ぎたるは「強迫性障害」
2004.10.01	No.100	32	辛仁夏	SPORTS KOREA/日本スポーツ界で「在日」が活躍する難しさ
2004.10.01	No.100	49		連載「民族教育はいま」⑤支える人たち(2) 普通に学校へ通える社会作りに 日本人の側から取り組む
2004.10.01	No.100	55	任正嬨	続ジョンヒョク先生の書斎/平壤の夏(上)
2004.11.01	No.101	33		朝鮮の伝統茶/解説・朝鮮の飲料文化-鄭大声 インスタント感覚で楽しもう-朝鮮のお茶いろいろ
2004.11.01	No.101	1		トンネの街、散歩道/愛知-新川
2004.11.01	No.101	7		アクティブエイジ/シンガー-金加織　チャンダンとウリマルは「KAJIK」だけの魅力
2004.11.01	No.101	8		地球のどこかで/性被害にあっても、明るく生きていこうとする少女たち
2004.11.01	No.101	9	多井みゆき	木の目森の目/アジアの子どもへの最大加害国、日本
2004.11.01	No.101	10		ミニコミ編集員/黄大勲-「ヨラム」(北海道)
2004.11.01	No.101	11		焼肉店メニュー考/とりとキノコとキムチのオーブンチーズ焼(京都・「丹波マンガン記念館」)
2004.11.01	No.101	12		ニュース平壤・ソウル/平壤で実現した世界の武道の競演、世論に見る「国家保安法」廃止論

발행일	지면정보		필자	제목
	권호	페이지		
2004.11.01	No.101	20		1900-2000 史実を明らかに、初代館長の遺志(京都・「ぱんちゃん家」
2004.11.01	No.101	22		JURUM/崔貴竜　片手は自分のために、もう片手は同胞のために
2004.11.01	No.101	44		TONPO de SHOP/人蔘ラーメン「秀和」(愛知県・名古屋市)
2004.11.01	No.101	46		錦山塾第20回記念作品展
2004.11.01	No.101	57		eat in pyongyang/マジョン食堂のチョンポ
2004.11.01	No.101	58		ウリマル図鑑/きせつ①
2004.11.01	No.101	61		KYC info/台東朝鮮青年商工人運動30周年記念パーティー 他
2004.11.01	No.101	65		イオタイムス/U-17サッカー選手権大会、朝鮮が準優勝 他
2004.11.01	No.101	75		わが家のペット/柴犬の「チュンリ」
2004.11.01	No.101	78		クイズ・まちがい探し/イヤギ チュモニ
2004.11.01	No.101	80		いちにのさんし/鄭点艾さん一家
2004.11.01	No.101	14		多文化共生社会への着実な一歩/京都「めあり」まつり
2004.11.01	No.101	17		子どもたちは未来の星 札幌「ミレフェスタ2004」
2004.11.01	No.101	25	朴宰秀	朝鮮の語源/「시집장가가다(シジプ、チャンガカダ)」
2004.11.01	No.101	26		BOOK/『わたしの戦後-運動から未来を見る』+『覇権か、生存か-アメリカの世界戦略と人類の未来』+『花時計・ピョンヤン駅-朝鮮民主主義共和国の児童文学』他
2004.11.01	No.101	27		MOVIES/『TUBE』他
2004.11.01	No.101	28	金静寅	LIFE ADVICE/日本在留外国人の在留資格の種類
2004.11.01	No.101	30	金詠美	HEARTWARMING ESSAY/弟との電車道
2004.11.01	No.101	31	李一奉	COUNSELING/「寝る子は育つ」-赤ちゃんと睡眠
2004.11.01	No.101	32	梁学哲	SPORTS KOREA 勝ち抜く秘訣、それは「祖国のボクシング」
2004.11.01	No.101	49		連載「民族教育はいま」⑥卒業生たち 同じ仲間とともに同じ空気を吸える空間だった
2004.11.01	No.101	55	任正爀	続ジョンヒョク先生の書斎 平壌の夏(下)
2004.11.01	No.101	56		読者の声+編集後記
2004.12.01	No.102	33		トンポNPO AtoZ 埼玉東部トンポ生活相談センター、同胞法律・生活センター、川崎アリランの家、コリアンネットあいち・デイサービスセンター「いこいのマダン」、生野同胞生活相談総合センター、京都コリアン生活センター・エルファ、東淀川トンポマダン・プッソリ、アリランはんしん「NPO法人ってない?」はやわかりQ&A/役に立つNPO法人ガイド
2004.12.01	No.102	1		トンネの街、散歩道/大阪-北鶴橋
2004.12.01	No.102	7		アクティブエイジ/エンターティナー-金昌幸「観る者を魅了」させる人間離れしたパフォーマンス
2004.12.01	No.102	8	本橋成一	地球のどこかで/人間や生き物たちが何億年後も棲める村に
2004.12.01	No.102	9	保坂展人	木の目森の目/佐世保事件、「感情表現見えぬ」一般論を越えて
2004.12.01	No.102	10		ミニコミ編集員/李果林、金慶日、文香純-「アイゴ」(神奈川)

발행일	지면정보		필자	제목
	권호	페이지		
2004.12.01	No.102	11		焼肉店 メニュー考/ホタテと秋きのこの石焼ごはん(長野・SOUL)
2004.12.01	No.102	12		ニュース平壌・ソウル/北に来た非転向長期囚の今日、「北朝鮮人権方案」に対する南の反応
2004.12.01	No.102	20		1900-2000 16年に及ぶ難工事、多くの朝鮮人が犠牲に(静岡・丹名トンネル殉職碑)
2004.12.01	No.102	22		JURUM/黄信源「自分は何者なのか?」答えは同胞たちの中に
2004.12.01	No.102	46		TONPO de SHOP/有限会社清水繊維(埼玉県・さいたま市)
2004.12.01	No.102	57		eat in pyongyang/マンプントック店のトック
2004.12.01	No.102	58		ウリマル図鑑/きせつ②
2004.12.01	No.102	61		KYC info/kycカップOVER30中央サッカー大会 他
2004.12.01	No.102	65		イオタイムス/新潟県中越地震対策委、募金運動を呼びかけ 他
2004.12.01	No.102	77		わが家のペット/ゴールデンレトリバーの「くっく」
2004.12.01	No.102	78		クイズ・まちがい探し/トキワ　コブギ
2004.12.01	No.102	80		いちにのさんし/白宗元さん一家
2004.12.01	No.102	14		手と手を取り合い、ともに築く未来 朝鮮大学校学園祭2004
2004.12.01	No.102	18	高演義	アメリカはアメリカ、朝鮮は朝鮮　朝米問題の解決は米国の政策いかん
2004.12.01	No.102	25	朴宰秀	朝鮮の語源/「넋と얼(ノクとオル)」
2004.12.01	No.102	26		BOOK/『メディアが市民の敵になる』+『日本と朝鮮の関係史』+『在日朝鮮人とスポーツ』他
2004.12.01	No.102	27		MOVIES/『ハウルの動く城』他
2004.12.01	No.102	28	金静寅	LIFE ADVICE/重要な資料となるトンボの出生届
2004.12.01	No.102	30	申万洙	HEARTWARMING ESSAY/みんながヘルパーを目指すのもいい
2004.12.01	No.102	31	李一奉	COUNSELING/医療は幸せに生活するための「道具」
2004.12.01	No.102	32	裵光幸	SPORTS　KOREA/朝鮮選手の活躍見るためシューズを贈り続けて15年
2004.12.01	No.102	49		連載「民族教育はいま」⑦座談会「民族教育には何ができるのか」「ありのままの自分」誇れる場
2004.12.01	No.102	55	任正爀	続ジョンヒョク先生の書斎/著者への注文
2004.12.01	No.102	56		読者の声+編集後記
2005.01.01	No.103	9		阪神・淡路大震災、同胞たちの10年
2005.01.01	No.103	10		不可能を可能にした民族教育への思い/新校舎を建設した伊丹同胞たち
2005.01.01	No.103	12		今年で10歳になりました/神戸市長田区の李唯衣ちゃん
2005.01.01	No.103	13		美味しい冷麺を提供しつづけたい/震災で店舗が全壊した張秀成さん
2005.01.01	No.103	14		同胞同士の団結を次世代へ/西神戸のケミカルシューズ産業
2005.01.01	No.103	16		分会復興のために奔走した日々/須磨垂水支部大池分会の崔敏夫分会長

발행일	지면정보		필자	제목
	권호	페이지		
2005.01.01	No.103	17		座談会/須磨垂水地域の同胞たちが振り返る震災
2005.01.01	No.103	18		同胞、子どもたちとともに歩んだ10年/神戸朝鮮初中級学校の朴信載さん
2005.01.01	No.103	19		インタビュー/震災の痛手をバネに豊かな地域共生社会への貢献を兵庫県外国人学校協議会・林東春会長に聞く
2005.01.01	No.103	1		PHOTOウリハッキョ/小さな女子サッカー部 東京朝鮮第2初級学校
2005.01.01	No.103	6		ギャラリー/「幸せの木」(李那優ちゃん)　東京朝鮮第5初中級学校
2005.01.01	No.103	20		ルポ・挑戦/安英学　折れることのない在日朝鮮人としてのプライド
2005.01.01	No.103	25	高賛侑	むずかしし お話・私の民族考/翔んでる同胞を取材して
2005.01.01	No.103	26		Key Person/山口正紀(ジャーナリスト) 少数者の声に耳を傾け発言する、それがジャーナリスト
2005.01.01	No.103	28	金日宇	朝鮮報道の裏側/「肖像画撤去」報道・「体制崩壊」を騒ぎ立てる日本のマスコミ
2005.01.01	No.103	34	柳洙	ユ・スの目/私たちはすべてひとつだということを・・・
2005.01.01	No.103	36		写真コラム・あの頃/李且分さん(76歳)
2005.01.01	No.103	38		1900-2000-足尾銅山
2005.01.01	No.103	48		グルメイオ/焼肉「喰天下」(京都市下京区)
2005.01.01	No.103	49	李宰秀	朝鮮の語源/トク(餅)
2005.01.01	No.103	50	李汕玉	朝鮮語セリフ10-「食事」
2005.01.01	No.103	52	鄭大声	医・食・同源-薬飯はなぜ「薬」なのか?
2005.01.01	No.103	53		ジョンホの子育て相談室
2005.01.01	No.103	54		ソエタンのアヤオヨ
2005.01.01	No.103	55		ウリハッキョ元気計画
2005.01.01	No.103	56		読者の声+編集後記
2005.01.01	No.103	57		今日のお弁当なぁーに?
2005.01.01	No.103	58		BOOK+MOVIE
2005.01.01	No.103	59		児童書＋絵本
2005.01.01	No.103	60		ウリマル図鑑/うみのいきもの
2005.01.01	No.103	69		イオタイムズ＋Kycニュース
2005.01.01	No.103	78		クイズ・まちがい探し
2005.01.01	No.103	80		そんじゃ撮ろうかー申光植さん
2005.01.01	No.103	29		松代大本営/犠牲者の「恨」を繰り返さないために
2005.01.01	No.103	42		あなたもできる、お手軽本格キムチ
2005.01.01	No.103	62		ロスタイムに逆転のトライ/大阪朝高ラグビー部2年連続で「全国」へ
2005.01.01	No.103	65		売上アップの実践ノウハウを公開/2004年度朝鮮料理(焼肉)店経営集中講座

발행일	지면정보		필자	제목
	권호	페이지		
2005.02.01	No.104	9		ウリハッキョへ行こう!
2005.02.01	No.104	10		1年生の1日 北九州朝鮮初級学校の1年生の場合
2005.02.01	No.104	14		まるごと!ウリハッキョ/ウリハッキョQ&A
2005.02.01	No.104	19	金必修	エッセイ/子どもたちに-生の財産、宝物を
2005.02.01	No.104	1		PHOTOウリハッキョ/遠距離通学の風景 千葉朝鮮初中級学校
2005.02.01	No.104	6		ギャラリー-「かめ」/文誉理くん 岡山朝鮮初中級学校
2005.02.01	No.104	20		ルポ・挑戦/金オル 12弦と21弦、「特別な存在」としての民族の音を紡ぐ
2005.02.01	No.104	25	金静寅	むずかししお話・私の民族考/今私たちに求められるのは?
2005.02.01	No.104	26		Key Person/上村(東京・国立市議会議員)補助金復活を遂げたオモニたちのまっすぐな気持ち
2005.02.01	No.104	32	金日宇	朝鮮報道の裏側/もう一つの遺骨問題/朝鮮に8100以上も残されている米軍の遺骨
2005.02.01	No.104	34	柳洙	ユ・スの目/夏から冬まで私たちは何のために?
2005.02.01	No.104	36		写真コラム・あの頃/金順礼さん(72歳)
2005.02.01	No.104	38		1900-2000/関釜連絡船
2005.02.01	No.104	48		グルメイオ/「寿司昌」(大阪市生野区)
2005.02.01	No.104	49	朴宰秀	朝鮮の語源/メジュ(みそ玉麹)
2005.02.01	No.104	50		朝鮮語セリフ10/「体調」
2005.02.01	No.104	52	鄭大声	医・食・同源/食卓の偉大なる脇役-キムチ
2005.02.01	No.104	53		ジョンホの子育て相談室
2005.02.01	No.104	54		ソエタンのアヤオヨ
2005.02.01	No.104	55		ウリハッキョ元気計画
2005.02.01	No.104	56		読者の声+編集後記
2005.02.01	No.104	57		今日のお弁当なぁーに?
2005.02.01	No.104	58		読者の声+編集後記
2005.02.01	No.104	59		児童書+絵本
2005.02.01	No.104	60		ウリマル図鑑/うみのいきもの
2005.02.01	No.104	69		イオタイムズ+Kycニュース
2005.02.01	No.104	78		クイズ・まちがい探し
2005.02.01	No.104	80		そんじゃ撮ろうか/金順礼さん
2005.02.01	No.104	28		民族教育権/われわれには絶対的な真理と正義がある 実践交流セミナー「扉は今、開き始めた-朝鮮学校生の資格取得問題を考える」
2005.02.01	No.104	30		同胞法律・生活センターの「住まいサポート事業」
2005.02.01	No.104	31		オープン! エルファ共同作業所・子育て支援センター さらに幅広い福祉活動への「ハード」を実現
2005.02.01	No.104	41	李玉礼	ポジャギ-玉礼先生が教える朝鮮の針仕事 民族の「衣」の伝統文化-ポジャギ/ポジャギを作ってみよう!基本の道具、針の持ち方、基本的な縫い方、応用編、上級番外編

발행일	지면정보		필자	제목
	권호	페이지		
2005.02.01	No.104	62		ひたむきなラグビーで2回戦突破　第84回全国高校ラグビー大会
2005.03.01	No.105	8		同胞写真家
2005.03.01	No.105	10	徐元洙	貴重な史料となる20万カットの写真
2005.03.01	No.105	11	金東輝	在日同胞の現実を記録する
2005.03.01	No.105	12	李尚秀	シンプルに、余分なものを殺ぎ落とす
2005.03.01	No.105	13	任博	スタイルではなく、写真の「重さ」を
2005.03.01	No.105	14	権理華	子どもの表情引き出す、教師の経験が強み
2005.03.01	No.105	15	荒木経惟	インタビュー/荒木経惟 在日の人、撮っててすごいなと感じるよね。
2005.03.01	No.105	1		PHOTOウリハッキョ/まわりが支えた10回目の演奏会　東北朝鮮初中高級学校
2005.03.01	No.105	6		ギャラリー/「虫とり」/金正太くん 中大阪朝鮮初中級学校
2005.03.01	No.105	20		ルポ・挑戦/梁創淑 民族の食文化を広める、それが存在の証
2005.03.01	No.105	25	申昌洙	むずかししお話・私の民族考/ことばが「違う」のは当たり前
2005.03.01	No.105	26		Key Person/ピーター・フランクル(大道芸人) 知的好奇心が突き動かす「ピーター流」
2005.03.01	No.105	32	金日宇	朝鮮報道の裏側/「指示文」「強制収容所」報道/同じ文書、映像に対する違いすぎる解釈
2005.03.01	No.105	34	柳洙	ユ・スの目/新春の伝令使、梅の花
2005.03.01	No.105	36		写真コラム・あの頃/尹喜洙さん(75歳)
2005.03.01	No.105	38		1900-2000-日本海軍「慰安所」
2005.03.01	No.105	28		民族教育/その内実を求めて 朝鮮学校教員の教育研究大会
2005.03.01	No.105	30	姜日天	大きく変化する朝鮮経済/「民間活力」の活用、意識の変化
2005.03.01	No.105	48		グルメイオ/マザーズキッチン「Onma」(埼玉県川口市)
2005.03.01	No.105	49	朴宰秀	朝鮮の語源/キムチ
2005.03.01	No.105	50	李汕玉	朝鮮語セリフ10/「気分」
2005.03.01	No.105	52	鄭大声	医・食・同源/大豆を食べるならコンナムル
2005.03.01	No.105	53		ジョンホの子育て相談室
2005.03.01	No.105	54		ソエタンのアヤオヨ
2005.03.01	No.105	55		ウリハッキョ元気計画
2005.03.01	No.105	56		読者の声+編集後記
2005.03.01	No.105	57		今日のお弁当なぁーに?
2005.03.01	No.105	58		BOOK+MOVIE
2005.03.01	No.105	59		児童書＋絵本
2005.03.01	No.105	60		ウリマル図鑑/どうぶつ
2005.03.01	No.105	71		イオタイムズ＋Kycニュース
2005.03.01	No.105	78		クイズ・まちがい探し
2005.03.01	No.105	80		そんじゃ撮ろうかー金雲植さん、金洪任さん

발행일	지면정보		필자	제목
	권호	페이지		
2005.04.01	No.106	78		クイズ・まちがい探し
2005.04.01	No.106	80		そんじゃ撮ろうかー金環洛さん
2005.04.01	No.106	28		21世紀の在日朝鮮人運動の糧に/在日朝鮮人歴史研究所・呉亨鎮所長に聞く
2005.04.01	No.106	30		被害国の視点から見たホロコースト/留学同京都ポーランド・アウシュビッツ研修旅行
2005.04.01	No.106	31	具恵	投稿エッセイ-6年間歩き通した君へ
2005.04.01	No.106	46		新たな音を創造し、常に新しい一歩を/金剛山歌劇団新ユニット「LINE」
2005.04.01	No.106	63		集まれ!手作りキャラクター　コリアンキッズの人気者
2005.05.01	No.107	9		そして、新たなステージへ/節目の50年、同胞社会を考える
2005.05.01	No.107	10		現場から考える、同胞社会の明日、総聯の課題
2005.05.01	No.107	14		対談/地域同胞社会の「今」、そして「これから」　卞英道X李昌勇
2005.05.01	No.107	17		インタビュー/友好と交友の50年 槇枝元文、清水澄子
2005.05.01	No.107	18	金志炯	特別寄稿/私が見た総聯と民族教育
2005.05.01	No.107	1		PHOTOウリハッキョ/吹奏楽部が応援演奏 神戸朝鮮高級学校
2005.05.01	No.107	6		ギャラリー/「かがやく竜」/林祥大さん 千葉朝鮮初級学校
2005.05.01	No.107	20		ルポ・挑戦/韓安順　デザイン界の「中心」で、いつかコリアをテーマに
2005.05.01	No.107	25	金明秀	むずかししお話・私の民族考/「あるがまま」の自負のために
2005.05.01	No.107	26		Key Person/田中宇(国際情報解説者) インターネットのなかから国際情勢の本質が見えてくる
2005.05.01	No.107	28		〈新連載〉日本の中の外国人学校/南米系外国人学校　ムンド・デ・アレグリア
2005.05.01	No.107	32		朝鮮報道の裏側/東京大空襲問題/「語り継ぐ」ものがない悔しさ-朝鮮人罹災者 金日宇
2005.05.01	No.107	44	柳洙	ユ・スの目/「ハーア、ねむい」
2005.05.01	No.107	48		グルメイオ/お好み焼き・鉄板焼き「海平」(東京都大田区)
2005.05.01	No.107	49	朴宰秀	朝鮮の語源/ミクラジ(どじょう)
2005.05.01	No.107	50	李汕玉	朝鮮語セリフ10/「買い物」
2005.05.01	No.107	52	鄭大声	医・食・同源/現代人の強い味方、ピビンパプ
2005.05.01	No.107	53		ジョンホの子育て相談室
2005.05.01	No.107	54		ソエタンのアヤオヨ
2005.05.01	No.107	55		ウリハッキョ元気計画
2005.05.01	No.107	56		読者の声+編集後記
2005.05.01	No.107	57		今日のお弁当なぁーに?
2005.05.01	No.107	58		BOOK+MOVIE
2005.05.01	No.107	59		児童書+絵本
2005.05.01	No.107	62		ウリマル図鑑-鳥(2)

발행일	지면정보		필자	제목
	권호	페이지		
2005.05.01	No.107	64		1900-2000/真言宗豊山派金垂院山口観音
2005.05.01	No.107	68		〈短期連載〉1世が語る1905-1945
2005.05.01	No.107	70		Kyc INFORMATION
2005.05.01	No.107	73		イオタイムズ
2005.05.01	No.107	78		クイズ・まちがい探し
2005.05.01	No.107	80		そんじゃ撮ろうかー金相圭さん
2005.05.01	No.107	33		写真と証言で振り返る50年
2005.05.01	No.107	34		55-59 在日同胞自身が自らのために運動を展開 あの時私は・・・/裵恩洙、金佑鍾
2005.05.01	No.107	36		60-69 昂揚する大衆運動、多くの権利が闘いえ勝ちとられた あの時私は・・・/李炯祚、金三浩
2005.05.01	No.107	38		70-79 統一実現に向けた歩みを進めた同胞たち あの時私は・・・/全力、権西粉
2005.05.01	No.107	40		80-89 拡大する生活権、同胞社会の構成の変化も あの時私は・・・/金用文、李貞姫
2005.05.01	No.107	42		90-95 民族教育、生活福祉を運動の中心に あの時私は・・・/禹常熙、李潮
2005.05.01	No.107	60		アジアの民族楽器で見事なコラボレーション/アルバム「ラーム」発売/東京、神奈川の朝高生が演奏・コーラスに参加
2005.06.01	No.108	9		冷たく食べたい朝鮮料理 豪華そうめん・冷麺・豆乳麺・きゅうりとワカメのレングッ・即席ムルキムチ・フルーツキムチ・五味子のゼリー・トマトの花菜
2005.06.01	No.108	1		PHOTOウリハッキョ/学校と家とを安全に結ぶ「バスの先生」西播朝鮮初中級学校
2005.06.01	No.108	6		ギャラリー/「グルグル回してなげとばせ」/楊昌根さん 群馬朝鮮初中級学校
2005.06.01	No.108	20		ルポ・挑戦/クレイジー・キム 世界への飽くなぎ渇望
2005.06.01	No.108	25	朴才暎	むずかししお話・私の民族考/民族は「私」という、健やかに身体的なもの
2005.06.01	No.108	26		Key Person/山本晋也(映画監督) 平壌には何か懐かしい、僕の原点があった
2005.06.01	No.108	28		日本の中の外国人学校/横浜山手中華学校
2005.06.01	No.108	32	金日宇	朝鮮報道の裏側/中国の反日デモ報道/問題を単純化、不都合なものには蓋をする
2005.06.01	No.108	34	柳洙	ユ・スの目/リムジン江が記憶するように
2005.06.01	No.108	36		写真コラム・あの頃/金禎文さん(66歳)
2005.06.01	No.108	48		グルメイオ/Dining Tada(東京都荒川区)
2005.06.01	No.108	49	朴宰秀	朝鮮の語源/チャンマ、マッパラム(梅雨、南風)
2005.06.01	No.108	50	李汕玉	朝鮮語セリフ10/「天気」
2005.06.01	No.108	52	鄭大声	医・食・同源/注目されるトウガラシの効果
2005.06.01	No.108	53		ジョンホの子育て相談室

발행일	지면정보		필자	제목
	권호	페이지		
2005.06.01	No.108	54		ソエタンのアヤオヨ
2005.06.01	No.108	55		ウリハッキョ元気計画
2005.06.01	No.108	56		読者の声+編集後記
2005.06.01	No.108	57		今日のお弁当なぁーに?
2005.06.01	No.108	58		BOOK+MOVIE
2005.06.01	No.108	59		児童書＋絵本
2005.06.01	No.108	60		ウリマル図鑑/やさい、しょくざい
2005.06.01	No.108	66		〈短期連載〉1世が語る 1905-1945
2005.06.01	No.108	70		Kyc INFORMATION
2005.06.01	No.108	72		イオタイムズ
2005.06.01	No.108	78		クイズ・まちがい探し
2005.06.01	No.108	80		そんじゃ撮ろうかー高玉良さん
2005.06.01	No.108	39		手が決め手のこの仕事 釘師・李在述 柔道整復師・宋修成 ネイルアーティスト・河敬世
2005.06.01	No.108	46		ハリウッドの技術で初の南北合作アニメ/米国在住・ネルソン申監督作品「王后沈清」
2005.06.01	No.108	62	琴秉洞	独島問題が問うものは何か/歴史認識と領土問題は密接不離の関係
2005.06.01	No.108	68		1条校と同等の待遇を/東京と大阪で民族教育権セミナー/外国人学校保護するほう津を 民族教育を支える連絡会第2回総会
2005.07.01	No.109	9		ウリマルはじまる。
2005.07.01	No.109	10		家庭で/1世・李勝湖さん家族の場合 金陽昇、鄭慶淑さん一家の場合
2005.07.01	No.109	12		ルポ/鳥取、鹿児島のウリマル教室/「アンニョン」から始まるアイデンティティ
2005.07.01	No.109	14		地域の取り組み/静岡土曜児童教室 川崎らいこむ多文化教室 群馬土曜児童学校　小倉朝鮮幼稚園
2005.07.01	No.109	16		これだけは知っておきたいウリマル スチョル君の朝・学校でのスチョル君
2005.07.01	No.109	18	湯川笑子	TEACHER'S COLUMN/身近にみた朝鮮語イマージョン教室
2005.07.01	No.109	19	尹守枝	園児たちのウリマルが生まれる瞬間
2005.07.01	No.109	1		PHOTOウリハッキョ/「師匠」が「継承」する和紙作り　西東京朝鮮第1初中級学校
2005.07.01	No.109	6		ギャラリー/「桜の木」/金敏雅ちゃん 福島朝鮮初中級学校
2005.07.01	No.109	20		ルポ・挑戦/ちすん　ちすんはちるん、「役者ちすん」であり続けたい
2005.07.01	No.109	25	金光敏	むずかししお話・私の民族考/済州島ハルモニの言葉の美しきこと
2005.07.01	No.109	26		Key Person/池辺晋一郎(作曲家)音楽が、社会を動かそうという意志をひとつにする
2005.07.01	No.109	28		日本の中の外国人学校/東京インドネシア共和国学校

발행일	지면정보		필자	제목
	권호	페이지		
2005.07.01	No.109	32	金日宇	朝鮮報道の裏側/「北の地下核実験」/「脱北者」の「証言」を垂れ流す日本のマスコミ
2005.07.01	No.109	34	柳洙	ユ・スの目/心のろうそくひとつをまた引き出し・・・
2005.07.01	No.109	36		写真コラム・あの頃/張良玉さん(75歳)
2005.07.01	No.109	48		グルメイオ/コロンバン(群馬県前橋市)
2005.07.01	No.109	49	朴宰秀	朝鮮の語源/パラム、ウレ(風、雷)
2005.07.01	No.109	50	李汕玉	朝鮮語セリフ10/「電話」
2005.07.01	No.109	52	鄭大声	医・食・同源/すばらしいニンニクパワー
2005.07.01	No.109	53		ジョンホの子育て相談室
2005.07.01	No.109	54		ソエタンのアヤオヨ
2005.07.01	No.109	55		ウリハッキョ元気計画
2005.07.01	No.109	56		読者の声+編集後記
2005.07.01	No.109	57		今日のお弁当なぁーに?
2005.07.01	No.109	58		BOOK+MOVIE
2005.07.01	No.109	59		児童書＋絵本
2005.07.01	No.109	60		ウリマル図鑑-やさい、しょくざい(2)
2005.07.01	No.109	66		〈短期連載〉1世が語る　1905-1945
2005.07.01	No.109	70		Kyc INFORMATION
2005.07.01	No.109	71		イオタイムズ
2005.07.01	No.109	78		クイズ・まちがい探し
2005.07.01	No.109	80		そんじゃ撮ろうかー劉光子さん
2005.07.01	No.109	39		朝鮮の怪談のっぺらぼう・蛇神
2005.07.01	No.109	46	徐善美	エッセイ/黄色い自転車
2005.07.01	No.109	47		奇蹟はミドルスブラとともに/ダニエル・ゴードン監督のトキュメンタリーフィルム「奇蹟のイレブン」
2005.07.01	No.109	62		会場に咲きこぼれた2万5千の笑顔/総聯結成50週年在日同胞大祝典
2005.08.01	No.110	10		解放前夜　そして、「統一列車」は終着駅へ
2005.08.01	No.110	12		ルポ/それぞれの「統一と私」
2005.08.01	No.110	16		母に託びた半世紀の「親不孝」 高蘭姫さん
2005.08.01	No.110	18		古郷を想いを逝ったチングの分まで 朴在洙さん
2005.08.01	No.110	20		20年ぶりに叶った朝鮮学校訪問 韓国の絵本作家・柳在洙さん
2005.08.01	No.110	22		私の解放、私たちの解放 徐勝(立命館大学教授)
2005.08.01	No.110	26		朝鮮分断の経緯を知る26ワード
2005.08.01	No.110	1		PHOTOウリハッキョ/東京第5キャンプin 山梨　東京朝鮮第5初中級学校
2005.08.01	No.110	6		ギャラリー/「私たちの知らない不思議な世界」/李彩聖ちゃん 茨城朝鮮初中高級学校
2005.08.01	No.110	30		Key Person/斎藤貴男(ジャーナリスト) 進む監視社会、人生の主人公は自分自身であるはず

발행일	지면정보		필자	제목
	권호	페이지		
2005.08.01	No.110	32	金日宇	朝鮮報道の裏側/南の世論調査/6・17合意に期待の声　日本への警戒心は急増
2005.08.01	No.110	34		ルポ・挑戦/金昌幸　頂点を極めたパフォーマンスが世界を魅了する
2005.08.01	No.110	38	柳洙	ユ・スの目/その胸の高鳴りで統一の新しい日を待たなければならないのではないか?
2005.08.01	No.110	40		写真コラム・あの頃/朴富子さん(74歳)
2005.08.01	No.110	42		1900-2000-神奈川県横浜市　こどもの国
2005.08.01	No.110	48		グルメイオ/韓亭　福味(東京都文京区)
2005.08.01	No.110	49	朴宰秀	朝鮮の語源/コム(熊)
2005.08.01	No.110	50	李汕玉	朝鮮語セリフ10/「褒の言葉」
2005.08.01	No.110	52	鄭大声	医・食・同源/伝統料理の「補身湯」
2005.08.01	No.110	53		ジョンホの子育て相談室
2005.08.01	No.110	54		ソエタンのアヤオヨ
2005.08.01	No.110	55		ウリハッキョ元気計画
2005.08.01	No.110	56		読者の声+編集後記
2005.08.01	No.110	57		今日のお弁当なぁーに?
2005.08.01	No.110	58		BOOK+MOVIE
2005.08.01	No.110	59		児童書+絵本
2005.08.01	No.110	60		ウリマル図鑑/なつのいろいろ
2005.08.01	No.110	66		〈短期連載〉1世が語る　1905-1945
2005.08.01	No.110	68		Kyc INFORMATION
2005.08.01	No.110	71		イオタイムズ
2005.08.01	No.110	78		クイズ・まちがい探し
2005.08.01	No.110	80		そんじゃ撮ろうか/任淳三さん、高令淑さん
2005.08.01	No.110	46		1世が若い世代に伝えたいこととは/日韓国際共同制作作品「沈黙の海峡」
2005.08.01	No.110	62		7000万の代表が平壌に集結　6・15統一大祝典
2005.09.01	No.111	9		ぼくを守ってくれるものはなんだろう~私たちの権利は万能か~
2005.09.01	No.111	11	野田峯雄	どうしようもない流れなのだろうか
2005.09.01	No.111	12	金哲敏	在留権/簡単に奪われかねない不安定な地位
2005.09.01	No.111	14	金東鶴	教育権/日本国憲法は「義務教育は無償」と謳うが・・・
2005.09.01	No.111	16	鄭明愛	社会保障-今なお続く、国籍条項の残滓
2005.09.01	No.111	18	任京河	国籍/南北いずれかの選択を迫られる不幸な現実
2005.09.01	No.111	1		PHOTOウリハッキョ/28個の笑顔が暮らす奇宿舎　福島朝鮮初中級学校
2005.09.01	No.111	6		ギャラリー/「運動会」/金田華ちゃん　東北朝鮮初中級学校
2005.09.01	No.111	20		ルポ・挑戦/李順和　香りを放つ舞台をめざして

발행일	지면정보		필자	제목
	권호	페이지		
2005.09.01	No.111	25	裵安	むずかししお話·私の民族考/群青の海、藍のそら、つつじの紅···
2005.09.01	No.111	26		Key　Person/デヴィ·スカルノ　初めての平壌、すがすがしかった人々と街並み
2005.09.01	No.111	28		日本の中の外国人学校-日系ブラジル人学校/日伯学園
2005.09.01	No.111	32	金日宇	朝鮮報道の裏側/正治家の発言とマスコミ/作られる、日本は善、「反日」は悪の構図
2005.09.01	No.111	34	柳洙	ユ·スの目/チマチョゴリが風になびく
2005.09.01	No.111	36		写真コラム·あの頃/金明植さん(66歳)
2005.09.01	No.111	38		1900-2000/千葉県館山市　従軍慰安婦鎮魂碑
2005.09.01	No.111	48		グルメイオ/そば豊川(東京都江戸川区)
2005.09.01	No.111	49	朴宰寫	朝鮮の語源/ハヌル(空)
2005.09.01	No.111	50	李汕玉	朝鮮語セリフ10/「悪口」
2005.09.01	No.111	52	鄭大声	医·食·同源/夏の代表的薬膳料理、参鶏湯
2005.09.01	No.111	53		ジョンホの子育て相談室
2005.09.01	No.111	54		ソエタンのアヤオヨ
2005.09.01	No.111	55		ウリハッキョ元気計画
2005.09.01	No.111	56		読者の声+編集後記
2005.09.01	No.111	57		今日のお弁当なぁーに?
2005.09.01	No.111	58		BOOK+MOVIE
2005.09.01	No.111	59		児童書＋絵本
2005.09.01	No.111	68		Kyc INFORMATION
2005.09.01	No.111	71		イオタイムズ
2005.09.01	No.111	78		クイズ·まちがい探し
2005.09.01	No.111	80		そんじゃ撮ろうか/姜斗万さん、洪敬任さん
2005.09.01	No.111	43		女性、30歳からの健康を考える　頭痛·自律神経失調症·ストレス·肥満とダイエット
2005.09.01	No.111	61		民族共助が統一の礎に 6·15共同宣言5周年　祖国解放60周年合同講演会
2005.09.01	No.111	65		復活! 洪昌守 1年ぶりチャンピオンベルト奪回·川島選手に大差の判定勝
2005.10.01	No.112	9		「赤い稲妻」復活のために 朝鮮サッカーの今
2005.10.01	No.112	10		現地リポート/「平壌市体育団」を朝鮮に追う　クラブチーム強化で世界を狙う
2005.10.01	No.112	14		新たな戦いをめざして/安英学、李漢宰が振り返る最終予選
2005.10.01	No.112	16		国家代表への渇望/梁勇基(J2ベガルタ仙台)
2005.10.01	No.112	17		スペシャルインタビュー/セルジオ越後 国際経験が朝鮮サッカーを強くする
2005.10.01	No.112	1		PHOTOウリハッキョ/雑草の代わりに植えられる愛情　宇部朝鮮初中級学校

발행일	지면정보		필자	제목
	권호	페이지		
2005.10.01	No.112	6		ギャラリー/「楽しいキャンプ」/曺順実ちゃん 北海道朝鮮初中級学校
2005.10.01	No.112	20		ルポ・挑戦/姜時友 世界中の誰よりも先に知りたい
2005.10.01	No.112	25	朴浩烈	むずかししお話・私の民族考/韓流ドラマと民族教育、そして「在日朝鮮語」
2005.10.01	No.112	26		Key Person/立松和平 庶民の身の丈に合った視点で
2005.10.01	No.112	28		日本の中の外国人学校/インディア・インターナショナルスクール
2005.10.01	No.112	32	金日宇	朝鮮報道の裏側/「日本の敗戦後60年」特集/消し去られる侵略史 被害国と化した日本
2005.10.01	No.112	34	柳洙	ユ・スの目/秋の野原に咲いたコスモス、風に揺れながら
2005.10.01	No.112	36		1900-2000/咸鏡南道興南市 日本窒素肥料興南工場
2005.10.01	No.112	48		グルメイオ/総本家 備長扇屋(名古屋市中区)
2005.10.01	No.112	49	朴宰寫	朝鮮の語源/ハングル
2005.10.01	No.112	50	李汕玉	朝鮮語セリフ10/「喧嘩」
2005.10.01	No.112	52	鄭大声	医・食・同源/天然のサプリ栄養、解腸クッ
2005.10.01	No.112	53		ジョンホの子育て相談室
2005.10.01	No.112	54		ソエタンのアヤオヨ
2005.10.01	No.112	55		ウリハッキョ元気計画
2005.10.01	No.112	56		読者の声+編集後記
2005.10.01	No.112	57		今日のお弁当なぁーに?
2005.10.01	No.112	58		BOOK+MOVIE
2005.10.01	No.112	59		児童書＋絵本
2005.10.01	No.112	60		ウリマル図鑑/びょうき、怪我(1)
2005.10.01	No.112	70		Kyc INFORMATION
2005.10.01	No.112	73		イオタイムズ
2005.10.01	No.112	78		クイズ・まちがい探し
2005.10.01	No.112	80		そんじゃ撮ろうか-周点連さん
2005.10.01	No.112	39		始まった統一への歩み 自主、平和、統一のための8.15民族大祝典
2005.10.01	No.112	46	朴禎賢	北・南・在日がひとつになった日 第14回世界テコンドー選手権に参加して
2005.10.01	No.112	65		障がい者と生きるため、いま私たちにできることは ムジゲ交流会IN愛知・岐阜
2005.11.01	No.113	9		家族満足 満腹の秋
2005.11.01	No.113	10		おかず編
2005.11.01	No.113	16		デザート編
2005.11.01	No.113	1		PHOTOウリハッキョ/真っ赤なリンゴとありったけの笑顔 群馬朝鮮初中級学校
2005.11.01	No.113	6		ギャラリー/「白虎」/金純杞ちゃん 名古屋朝鮮初級学校

발행일	지면정보		필자	제목
	권호	페이지		
2005.11.01	No.113	18		ルポ·挑戦/金信男 心を一つにし信頼し合う、そして勝利へ
2005.11.01	No.113	25	金弘明	むずかしいお話·私の民族考/祖父母の「矛盾」を受け入れるまで
2005.11.01	No.113	26		Key Person/綿井健陽 戦争の実態、被害の実態しっかりと伝えたい
2005.11.01	No.113	28		日本の中の外国人学校/千里国際学園
2005.11.01	No.113	32	金日宇	朝鮮報道の裏側/第4回6者会談報道/ソウルと東京、顕著な「温度差」
2005.11.01	No.113	34	柳洙	ユ·スの目/自分と似ているであろう子どもを想っているのかも···
2005.11.01	No.113	36		写真コラム·あの頃/韓東輝参(70歳)
2005.11.01	No.113	38		1900-2000/山口県光市 光海軍工廠
2005.11.01	No.113	48		グルメイオ/ムジゲ(宮城県仙台市)
2005.11.01	No.113	49	朴宰寫	朝鮮の語源/朝(アチム)
2005.11.01	No.113	50	李汕玉	朝鮮語セリフ10/「ピンチ」
2005.11.01	No.113	52	鄭大声	医·食·同源/朝鮮の代表的野菜、サンチュ
2005.11.01	No.113	53		ジョンホの子育て相談室
2005.11.01	No.113	54		ソエタンのアヤオヨ
2005.11.01	No.113	55		ウリハッキョ元気計画
2005.11.01	No.113	56		読者の声+編集後記
2005.11.01	No.113	57		今日のお弁当なぁーに?
2005.11.01	No.113	58		BOOK+MOVIE
2005.11.01	No.113	59		児童書＋絵本
2005.11.01	No.113	60		ウリマル図鑑-びょうき、怪我(2)
2005.11.01	No.113	70		Kyc INFORMATION
2005.11.01	No.113	73		イオタイムズ
2005.11.01	No.113	78		クイズ·まちがい探し
2005.11.01	No.113	80		そんじゃ撮ろうか/韓述竜さん
2005.11.01	No.113	22		ザイルという切れることのない絆/東京同胞山友会の沢登り
2005.11.01	No.113	42		南も北も在日も、同じ感受性と美意識を共有する同胞/「洪永佑·高三権二人展」ソウル、済州/洪永佑
2005.11.01	No.113	46	金聖蘭	ともだち展、5年目の夏 初の共同制作は「等身大の自画像」
2005.11.01	No.113	64		「学校認可」のゴールに向かって 多民族共生教育フォーラム·2005
2005.11.01	No.113	66		ネットワークバリューで時代を切り開く ウリ民族フォーラム2005in京都/「未来に羽ばたけ在日Corean!」
2005.12.01	No.114	9		映画の中のKOREA
2005.12.01	No.114	10		在日コリアンを描いた快作10本
2005.12.01	No.114	10	武井招夫	戦後の日本映画に見る在日コリアン
2005.12.01	No.114	14	金守珍	1世のエネルギーを映像に焼き付けたい

발행일	지면정보		필자	제목
	권호	페이지		
2005.12.01	No.114	15	井鳳宇	100年文化を誇り、生きる糧に
2005.12.01	No.114	16	李相美	在日3世という自分を確認してみたかった
2005.12.01	No.114	17		在日コリアン関連主要映画一覧
2005.12.01	No.114	18		ドキュメントリーの中のKOREA/「朝鮮の子」が創られた時代と朝・日映画人の絆
2005.12.01	No.114	1		PHOTOウリハッキョ/今日も元気に運動場を駆け回る 四日市朝鮮初中級学校
2005.12.01	No.114	6		ギャラリー/「でっかいかに」/朴京樹くん 東京朝鮮第4初中級学校
2005.12.01	No.114	20		ルポ・挑戦/成基香 最も弱い者を守るココロとチカラを
2005.12.01	No.114	25	姜誠	むずかししお話・私の民族考/またがる人々は北東アジアの懸け橋
2005.12.01	No.114	26		Key Person/原村政樹 ひたむきに生きてきた梁さん、そんな1世の姿を伝えたい
2005.12.01	No.114	28		日本の中の外国人学校/国際子ども学校(ELCC)
2005.12.01	No.114	32	金日宇	朝鮮報道の裏側/撮影者の関与なしに「作品」ができあがる
2005.12.01	No.114	34	柳洙	ユ・スの目/希望の足跡になって
2005.12.01	No.114	36		写真コラム・あの頃/玄慶玉さん(60歳)
2005.12.01	No.114	38	伊藤孝司	1900-2000/ソウル市 朝鮮総督府庁舎
2005.12.01	No.114	48		グルメイオ/ZAI's(東京都台東区)
2005.12.01	No.114	49		朝鮮の語源/飛鳥
2005.12.01	No.114	50	朴宰秀	朝鮮語セリフ10/「年末」
2005.12.01	No.114	52	鄭大声	医・食・同源/冬至に食べられた小豆粥
2005.12.01	No.114	53		ジョンホの子育て相談室
2005.12.01	No.114	54		ソエタンのアヤオヨ
2005.12.01	No.114	55		ウリハッキョ元気計画
2005.12.01	No.114	56		読者の声+編集後記
2005.12.01	No.114	57		今日のお弁当なぁーに?
2005.12.01	No.114	58		BOOK+MOVIE
2005.12.01	No.114	59		児童書＋絵本
2005.12.01	No.114	60		ウリマル図鑑/そうしんぐ
2005.12.01	No.114	72		Kyc INFORMATION
2005.12.01	No.114	73		イオタイムズ
2005.12.01	No.114	78		クイズ・まちがい探し
2005.12.01	No.114	80		そんじゃ撮ろうか-/金相蓮さん
2005.12.01	No.114	42		2005年朝鮮半島情勢を振り返る
2005.12.01	No.114	62		コリアン素材で年賀状作り/2006年の年賀状はイオにおまかせ

발행일	지면정보		필자	제목
	권호	페이지		
2005.12.01	No.114	68	野田峯雄	科協に対する警察当局の不当な強制捜査/背後いある新軍事体系に合わせた国内体制づくり
2006.01.01	No.115	9		ようこそ「io動物園」へ!
2006.01.01	No.115	10	司空俊	朝鮮半島 多種多様な動物の宝庫
2006.01.01	No.115	12		朝鮮希少種3連発in平壤中央動物園/豊山犬、コウライキジ、キバノロ
2006.01.01	No.115	14		朝鮮半島動物MAP/知ってる動物、はじめて見る鳥、ながめてワクワク!動物マップ
2006.01.01	No.115	16		セウリの鳥一家、現在75羽なり 朝鮮大学校・鳥類繁殖飼育サークル
2006.01.01	No.115	43		南九州で同胞に会う 宮崎&鹿児島トンポ
2006.01.01	No.115	46		ウトロ住民に安心を 急がれる住居確保、強制退去の不安に怯える高齢者たち
2006.01.01	No.115	62		再び「全国」へ! 大阪朝高サッカー一部
2006.01.01	No.115	64	沈裕子	special essay/ニョメン足立EXPRESS
2006.01.01	No.115	1	権理華	ioアングル/ウリハッキョの子どもたち
2006.01.01	No.115	4		ing-「人権の祖国」、パリは燃えているか? 他
2006.01.01	No.115	6		今月の顔/厳斗一さん
2006.01.01	No.115	20		挑戦/金景成 必要とされる存在であるために
2006.01.01	No.115	24		ギャラリー/「夏の日暮れ」朴愛香 北九州朝鮮初級学校6年
2006.01.01	No.115	25	慎栄値	私の民族考/多文化の時代における民族へのこだわり
2006.01.01	No.115	26		Corean/辛仁夏 朝鮮人として統一のために何ができるのかを考えたい
2006.01.01	No.115	27		goodwill vist/松下奈津美 「植民地文学」を通して、在日を知る
2006.01.01	No.115	28		日本の中の外国人学校/アメラジアンスクール・イン・オキナワ
2006.01.01	No.115	32		朝鮮近代史の人々-洪範図 「大韓独立軍」総司令カザフスタンに眠る
2006.01.01	No.115	35		1900-2000/平和の礎(沖縄県糸満市)
2006.01.01	No.115	38	李錦玉・金純愛	ウリマルでよんでみよう/おせんたく
2006.01.01	No.115	40		ウリマル図鑑-なきごえ(1)
2006.01.01	No.115	48		おみせnavi-フライフィッシングショップ沢(東京都台東区)
2006.01.01	No.115	49		ジョンホの恋愛相談室/友達に恋愛の素晴らしさを教えてあげて
2006.01.01	No.115	50	李汕玉	朝鮮語セリフ10-「受験」
2006.01.01	No.115	52		朝鮮半島NEWS-98年以降114万人が金剛山へ 6.15時代に背く保守団体の暴挙
2006.01.01	No.115	54		Kyc INFORMATION Kyc神奈川・特別講演会と第5回総会他
2006.01.01	No.115	56		読者の声+編集後記
2006.01.01	No.115	57		イオ三つ星レシピ ピビンパ風ちらしずし

발행일	지면정보		필자	제목
	권호	페이지		
2006.01.01	No.115	58		ウリハッキョ元気計画/東京朝鮮中高級学校高級部
2006.01.01	No.115	60		窓の外に見えたもの/岐阜朝鮮初中級学校
2006.01.01	No.115	67		BOOK/「ナポリのマラドーナ」他
2006.01.01	No.115	68		CINEMA「僕が9歳だったころ」
2006.01.01	No.115	68		OnOff/河栄守さん
2006.01.01	No.115	69		PLAY・DVD
2006.01.01	No.115	70		Sports/東西朝高ラグビー涙のノーサイド 他
2006.01.01	No.115	73		イオタイムズ じゃんけんゲームに霧中 他
2006.01.01	No.115	78		クロスワードクイズ
2006.01.01	No.115	80		そんじゃ撮ろうか/李正治、崔恵順、鄭茂子
2006.02.01	No.116	9		IT烈烈/トンポ業界のnew we~b
2006.02.01	No.116	10		IT業界で活躍する同胞たち/梁成浩、鄭成俊、趙成浩、趙南伊、趙誠一
2006.02.01	No.116	14		IT企業人奮戦記/辛郷孝、金成大、金成和
2006.02.01	No.116	16	趙丹	インタビュー/IT産業とは何か
2006.02.01	No.116	22		「これが生きがい。元気ハツリツ!!」兵庫ゴールド会
2006.02.01	No.116	34		大阪朝高ベスト8/第84回全国高校サッカー選手権大会
2006.02.01	No.116	59		ハッキョのために! ランナーたちが発信したもの、受けとったもの「111キロ・24時間チャジマラソン」
2006.02.01	No.116	1	石川文洋	ioアングル/共和国の笑顔
2006.02.01	No.116	4		ing/倫理的な問題解決されず 他
2006.02.01	No.116	6		今月の顔/金高志さん
2006.02.01	No.116	18		挑戦/張里華　目指す社会を、私・リファから
2006.02.01	No.116	24		ギャラリー/「ブランコ」金任賢　徳山朝鮮初中級学校初級部5年
2006.02.01	No.116	25	慎栄根	私の民族考/在日コリアンにとって、民族志向がもつ意味
2006.02.01	No.116	26		Corean/安淑英 ヒマワリはどこで咲いてもヒマワリ
2006.02.01	No.116	27		goodwill vist/中島亮 朝高は僕にとって近くにある一つの海外
2006.02.01	No.116	28		日本の中の外国人学校/エスコーラ・サンパウロ
2006.02.01	No.116	32		朝鮮近代史の人々/梁起鐸　民衆を奮い立たせた不義・不正を許さぬ筆鋒
2006.02.01	No.116	40	尹東柱・洪永佑	ウリマルでよんでみよう/手紙
2006.02.01	No.116	42		ウリマル図鑑/なきごえ(2)
2006.02.01	No.116	44		ウリハッキョ元気計画/女性同盟栃木のオモニたち
2006.02.01	No.116	46		窓の外に見えたもの/城北朝鮮初級学校
2006.02.01	No.116	48		おみせnavi-居酒屋まんてん(大阪府大阪市)
2006.02.01	No.116	49		ジョンホの恋愛相談室/食生活の好みが根本的に違う彼女
2006.02.01	No.116	50	李汕玉	朝鮮語セリフ10/「癖」

발행일	지면정보		필자	제목
	권호	페이지		
2006.02.01	No.116	52		朝鮮半島NEWS/古い観念からいかに抜け出すか　新自由主義グローバリゼーションに抗って
2006.02.01	No.116	54		Kyc INFORMATION/京都・西陳地域青商会が結成　他
2006.02.01	No.116	56		読者の声＋編集後記
2006.02.01	No.116	57		イオ三つ星レシピ/あっつあつプデチゲ
2006.02.01	No.116	65		BOOK/「チョムスキー、民意と人権を知る」他
2006.02.01	No.116	66		CINEMA/「風のファイター」
2006.02.01	No.116	66		OnOff/河栄守さん
2006.02.01	No.116	6768		LIVE・ART
2006.02.01	No.116	68		Sports/バスケットボール選手権　他
2006.02.01	No.116	70		イオタイムズ/見習いたい、母国語への思い　他
2006.02.01	No.116	78		クロスワードクイズ
2006.02.01	No.116	80		そんじゃ撮ろうか/金正佑、姜春子
2006.03.01	No.117	9		特集/朝鮮語のいまを知る9つの話
2006.03.01	No.117	10	野間秀樹	15位占める大言語、話し手は7千万人超
2006.03.01	No.117	11		「ハングル」能力検定試験1級は朝高卒でも難易度高
2006.03.01	No.117	12		日本学校の中の朝鮮語教育
2006.03.01	No.117	14	裵正烈	朝鮮語を学ぶ日本人が増えているのはなぜ?
2006.03.01	No.117	15	申昌洙	「李」は「Ri」なの?「Lee」なの?
2006.03.01	No.117	16		7年後に登場か、30万語を載せた文化遺産
2006.03.01	No.117	18	朴宰秀	「朝鮮語」「韓国語」・・・呼び名が統一されない理由
2006.03.01	No.117	19		「文字化け」に対処するために知っておきたいこと
2006.03.01	No.117	20	朴浩烈	「在日朝鮮語」をどう捉えるか
2006.03.01	No.117	45		とりあげないで、私たちの学校 東京朝鮮第2初級学校創立60周年記念集会
2006.03.01	No.117	62		大阪朝高、全国で勝つために/サッカー・ボクシング・ラグビー3監督の話から見えたいもの
2006.03.01	No.117	1	柳洙	ioアングルー/朝鮮の子どもたち
2006.03.01	No.117	4		ing/反米化する中南米　他
2006.03.01	No.117	6		今月の顔/金玉俊さん
2006.03.01	No.117	24		ギャラリー/「私の夢」李歩生 北陸朝鮮初中級学校初級部2年
2006.03.01	No.117	25	慎栄根	私の民族考/民族が持つパワーと可能性
2006.03.01	No.117	26		Corean/李明姫　音楽がもたらした多くの在日音楽家との出会い
2006.03.01	No.117	27		goodwill vist/中村まさ子 学ぶ場所をとりあげないで、おれを一番に伝えたい
2006.03.01	No.117	28		日本の中の外国人学校/テンプル大学ジャパンキャンパス
2006.03.01	No.117	32		朝鮮近代史の人々/申采浩 自力による独立を夢見、官職を捨てた歴史学者

발행일	지면정보		필자	제목
	권호	페이지		
2006.03.01	No.117	33		1900-2000-青山霊園「金公玉均之墓」
2006.03.01	No.117	36		挑戦-白成俊 より高いステップを目指して
2006.03.01	No.117	40		ウリマルでよんでみよう/とういついつなれるの 権正生・作 任香淑・絵
2006.03.01	No.117	42		ウリマル図鑑/がっこうせいかつ
2006.03.01	No.117	48		おみせnav/十全薬局(愛知県名古屋氏)
2006.03.01	No.117	49		ジョンホの恋愛相談室/만화にのめりこみ現実の男性に嫌悪感
2006.03.01	No.117	50	李汕玉	朝鮮語セリフ10/「お祝い」
2006.03.01	No.117	52		朝鮮半島NEWS/金正日総書記訪中/統一人士の墓地荒らしや誹謗中傷
2006.03.01	No.117	54		Kyc INFORMATION/Kyc東京・第10回総会と結成10周年記念集会 他
2006.03.01	No.117	56		読者の声＋編集後記
2006.03.01	No.117	57		イオ三つ星レシピ/黒ゴマのシフォンケーキ
2006.03.01	No.117	58		ウリハッキョ元気計画/京都朝鮮第1初級学校保護者・伏見青商会
2006.03.01	No.117	60		窓の外に見えたもの/東京朝鮮第6初級学校
2006.03.01	No.117	67		BOOK/「ザ・サーチ」他
2006.03.01	No.117	68		CINEMA/「送還日記」
2006.03.01	No.117	68		OnOff/朴令鈴さん
2006.03.01	No.117	69		LIVE「金剛山の舞姫たちVol.3」他
2006.03.01	No.117	70		Sports/クレイジー・キム防衛成功 他
2006.03.01	No.117	72		イオタイムズ/「ハンセン病補償法」共同シンポ 他
2006.03.01	No.117	78		クロスワードクイズ
2006.03.01	No.117	80		そんじゃ撮ろうか/朴英守、河秋子さん
2006.04.01	No.118	9		〈特集〉同胞大学物語2006 探求するものは、なんですか?
2006.04.01	No.118	10		大志をいだく7人のケンキュウ、タンキュウ、ジッケン 梁泰準、李勇哲、宋敬錫、鄭弼溶、高景姫、趙世顕、金優綺
2006.04.01	No.118	14		学業だけが本分ではない?! こんなこともやっています
2006.04.01	No.118	16		「在日朝鮮人と名乗れる環境を」 日本学生との交流に向かわせるもの
2006.04.01	No.118	19	後藤由耶	朝鮮訪問記
2006.04.01	No.118	22	呂成根	先輩から同胞学生への提言/何よりもルーツ、故郷を知ること
2006.04.01	No.118	23	洪彰沢	目標をもって大いに学ぼう
2006.04.01	No.118	46		在日朝鮮人は会館を建てる権利もない? 熊本朝鮮会館裁判
2006.04.01	No.118	62		洪昌守初防衛/WBC世界スーパーフライ級タイルマッチ
2006.04.01	No.118	1	金東輝	ioアングル/日常
2006.04.01	No.118	4		ing/弾道ミサイルに早代わりする日本の商業用ロケット 他

발행일	지면정보		필자	제목
	권호	페이지		
2006.04.01	No.118	6		今月の顔/金夏永さん
2006.04.01	No.118	24		ギャラリー/「毒ぐも」李沙蘭 和歌山朝鮮初中級学校初級部1年
2006.04.01	No.118	25	岡本雅亨	私の民族考/日本のマジョリティは何民族か？
2006.04.01	No.118	26		Corean/松江哲明 ドキュメンタリーの魅力は「人」
2006.04.01	No.118	27		goodwill vist/竹田邦明 神奈川に「支える会」つくり子どもたちに声援を
2006.04.01	No.118	28		日本の中の外国人学校/東京横浜独逸学園
2006.04.01	No.118	32		朝鮮近代史の人々/呂運亨 左右勢力を糾合し統一政府樹立をめざす
2006.04.01	No.118	34		挑戦/洪英姫 体内から発せられる言葉を目指して
2006.04.01	No.118	39		1900-2000/東京都黒田区「東京慰霊堂」
2006.04.01	No.118	42		ウリマルでよんでみよう/うちのあかちゃん 金児筆・作 李英順・絵
2006.04.01	No.118	44		ウリマル図鑑/いっしょう
2006.04.01	No.118	48		おみせnavi/lourdes repos(東京都足立区)
2006.04.01	No.118	49		ジョンホの恋愛相談室/いつも遅刻し情けない言い訳をする彼
2006.04.01	No.118	50	李汕玉	朝鮮語セリフ10/「お金」
2006.04.01	No.118	52		朝鮮半島NEWS/個人補償は経済協力とは別/立ち上がる韓国映画人
2006.04.01	No.118	54		Kyc INFORMATION/青商会中央・中央幹事会第9期第2回会議 他
2006.04.01	No.118	56		読者の声＋編集後記
2006.04.01	No.118	57		イオ三つ星レシピ/ユッケジャン風春キャベツの丸ごと煮
2006.04.01	No.118	58		ウリハッキョ元気計画/静岡朝鮮初中級学校
2006.04.01	No.118	60		窓の外に見えたもの/埼玉朝鮮初中級学校
2006.04.01	No.118	65		BOOK/「渋井真帆の日経新聞読みこなし隊」他
2006.04.01	No.118	66		CINEMA/「寝ずの番」
2006.04.01	No.118	66		OnOff/朴令鈴さん
2006.04.01	No.118	67		LIVE/第6回「パラムピッ2006」他
2006.04.01	No.118	68		Sports/トリノ五輪 他
2006.04.01	No.118	70		イオタイムズ/第2はみんなに愛されていた 他
2006.04.01	No.118	78		クロスワードクイズ
2006.04.01	No.118	80		そんじゃ撮ろうか/金英進、朴桃蓮さん
2006.05.01	No.119	9		〈特集〉大増税時代がやってきた! 福祉、弱者切り捨てにどう備えるか
2006.05.01	No.119	10	李永寿	大増税のカラクリ
2006.05.01	No.119	14	李一守	大増税時代に備える
2006.05.01	No.119	18	金政玉	無年金障害者 いかに自立の道を探るべきか

발행일	지면정보		필자	제목
	권호	페이지		
2006.05.01	No.119	41		一人暮らしを応援し隊! フライパンひとつで作っちゃえ キムチチキン、酢どり、納豆キムチチャーハン、野菜カレー、豚とナスの生姜焼き、春キャベツと豚肉炒め、ウインナーのトッポッキ風
2006.05.01	No.119	36	宋恵淑	在日同胞に対する人種差別的処遇の根絶を/国連人権委員会・人種差別に関する特別報告者、日本政府に勧告
2006.05.01	No.119	62		力を合わせて十分な教育環境を/静岡県外国人学校協議会が結成
2006.05.01	No.119	1	権理華	ioアングル/チマ・チョゴリ
2006.05.01	No.119	4		ing/女性の社会進出に見る先進国の後進性 他
2006.05.01	No.119	6		今月の顔/李鐘洙さん
2006.05.01	No.119	20		挑戦/鄭聖基　服を通して人の心の中に入り込む
2006.05.01	No.119	24		ギャラリー/「海の世界」申東駿 尼崎朝鮮初中級学校初級部4年
2006.05.01	No.119	25	岡本雅亭	私の民族考/民族識別と中華民族論
2006.05.01	No.119	26		Corean/金成海 訪問による治療でリハビリの手助げを
2006.05.01	No.119	27		goodwill vist/大野英明 障がい者一人ひとりの手助けがしたい
2006.05.01	No.119	28		日本の中の外国人学校/マリスト国際学校
2006.05.01	No.119	32		朝鮮近代史の人々/安在鴻 民族主義理念の確立、統一民主国家めざす
2006.05.01	No.119	32		1900-2000/平和記念公園(広島県広島市)
2006.05.01	No.119	38		ウリマルでよんでみよう/半月 尹克栄・作 金純愛・絵
2006.05.01	No.119	48		おみせnavi/清成(広島県安芸郡)
2006.05.01	No.119	49		ジョンホの恋愛相談室/男なのに虫が嫌いな彼、イライラしてしまいます
2006.05.01	No.119	50	朴汕玉	朝鮮語セリフ10/「恋愛」
2006.05.01	No.119	52		朝鮮半島NEWS/次期首相も過去から逃げられず/学界・法曹界はすでに「統一後」を模索
2006.05.01	No.119	54		Kyc INFORMATION/広島kyc・新入生、卒業生を祝賀 他
2006.05.01	No.119	56		読者の声＋編集後記
2006.05.01	No.119	57		イオ三つ星レシピ/サムゲタン
2006.05.01	No.119	58		ウリハッキョ元気計画/京都朝鮮第3初級学校
2006.05.01	No.119	60		窓の外に見えたもの/徳山朝鮮初中級学校
2006.05.01	No.119	65		BOOK/「星の王子の影とかたちと」他
2006.05.01	No.119	66		CINEMA/「ゴール!」
2006.05.01	No.119	66		OnOff/李英珠さん
2006.05.01	No.119	67		LIVE/「舞ロード~歩~」他
2006.05.01	No.119	68		Sports 高校ボクシング選抜 他
2006.05.01	No.119	70		イオタイムズ 東京第4、避難所施設に 他
2006.05.01	No.119	78		クロスワードクイズ

발행일	지면정보		필자	제목
	권호	페이지		
2006.05.01	No.119	80		そんじゃ撮ろうか-許必年さん
2006.06.01	No.120	10		〈特集〉こんちわっ!アンニョン! ご近所さん
2006.06.01	No.120	10		サッカーを通じて知った朝鮮学校、「変わってゆく自分が面白い」籐代隆介さん x 北海道朝高サッカー部員
2006.06.01	No.120	12		ひとくくりにできない在日コリアン。この店では生きた歴史が聞ける 沼尾実さん x 蒋潜根さん
2006.06.01	No.120	13		張さんとは、まるで本当の親子のように仲が良い デイサービスの高齢者たち x 張幸一さん
2006.06.01	No.120	14		安英学選手のおかげで在日の仲間と知り合えた FC·AN(エフシー·アン)
2006.06.01	No.120	16		対談/共にくらしていくために必要なこととは 襄安 X 藤井誠二
2006.06.01	No.120	31		平和へとつながる社会を/各地で、朝鮮学校を支える会設立
2006.06.01	No.120	42		海外コリアンネットで躍進を/商工連結成60周年記念·海外同胞経済人フォーラム
2006.06.01	No.120	46		「絵本を生きた形で子どもたちに届けたい」「アジア·アフリカの絵本シリーズ アートンのおはなし隊2006春」
2006.06.01	No.120	1	申東必	ioアングル/癒えない傷
2006.06.01	No.120	4		ing/「危機管理」の危うさ、教訓は活かされているの!? 他
2006.06.01	No.120	6		今月の顔/姜純姫さん
2006.06.01	No.120	20		挑戦/曺尾樹 世界中に出会いを、そして平和を
2006.06.01	No.120	24		ギャラリー/「学校のスクールバス」鄭和瑛 東京朝鮮第1初中級学校
2006.06.01	No.120	25	岡本雅亨	私の民族考/日本の「少数民族」観と在日コリアン
2006.06.01	No.120	26		Corean/安英壱 アジアを結んだグローバルなビジネスにチャレンジ
2006.06.01	No.120	27		goodwill vist/岸田典大 オリジナルの音楽で絵本の世界を広げる
2006.06.01	No.120	28		日本の中の外国人学校/ブラジル人学校のいま
2006.06.01	No.120	32		朝鮮近代史の人々/金若水 日帝の警察官試験に出題された独立運動家
2006.06.01	No.120	33		1900-2000/吉見百穴地下軍需工場跡(埼玉県比企郡)
2006.06.01	No.120	36		ウリマルでよんでみよう/ねごと 李芳世·作 洪永佑·絵
2006.06.01	No.120	38		ウリマル図鑑/ねらう、なく
2006.06.01	No.120	48		おみせnavi/二十番地(山口県光市)
2006.06.01	No.120	49		ジョンホの恋愛相談室/上司でもある彼は、私を露骨にえこひいきします
2006.06.01	No.120	50	李汕玉	朝鮮語セリフ10/「お酒」
2006.06.01	No.120	52		朝鮮半島NEWS/聖地、名所の自由訪問許可を ほか
2006.06.01	No.120	54		Kyc INFORMATION/第4期「焼肉熟」·第2回セミナー 他
2006.06.01	No.120	56		読者の声＋編集後記

발행일	지면정보		필자	제목
	권호	페이지		
2006.06.01	No.120	57		イオ三つ星レシピ/柚子茶のヨーグルトアイス
2006.06.01	No.120	58		ウリハッキョ元気計画/千葉朝鮮初中級学校
2006.06.01	No.120	60		窓の外に見えたもの/川崎朝鮮初級学校
2006.06.01	No.120	65		BOOK/「食品の裏側」他
2006.06.01	No.120	66		CINEMA/「ヒョンスンの放課後」
2006.06.01	No.120	66		OnOff/李英珠さん
2006.06.01	No.120	67		LIVE「マンンナム~出会い~」他
2006.06.01	No.120	68		Sports/拳闘国際大会で初のメダル 他
2006.06.01	No.120	70		イオタイムズ/北海道朝鮮初中高「一口千円運動」他
2006.06.01	No.120	78		クロスワードクイズ
2006.06.01	No.120	80		そんじゃ撮ろうか/李炳茂、洪綾愛さん
2006.07.01	No.121	10		〈特集〉イオ創刊10周年記念、10人が語る
2006.07.01	No.121	12		朝鮮学校支えようという地域全体の思いを強く感じます　柳政彦·東大阪朝鮮初級学校校長
2006.07.01	No.121	14		大切なのは時空間のなかで自分の存在を確認すること 朴一·大阪市立大学教授
2006.07.01	No.121	16		組織の真価が問われる正念場。この10年の頑張りで答えがでる　金舜植·弁護士
2006.07.01	No.121	18		可能性豊かな人材の育成に民族学級が貢献したい 金光敏·コリアNGOセンター事務局長
2006.07.01	No.121	34		壁を壊し可能性を広げることが大切です 鄭致元·在日本朝鮮青年商工会中央会長
2006.07.01	No.121	36		本名で上場が夢、日本の国際性を問いたい　李燦炯·(株)巨山社長
2006.07.01	No.121	38		興味を持ったときにアプローチできるチャンネルを 朴琴順·朝日新聞記者
2006.07.01	No.121	40		「朝鮮学校で育ったんだ」というプライドを持ち続けてほしい 申在範·アルテ高崎コーチ
2006.07.01	No.121	42		民族楽器を楽しめる場所を、たくさん作っていきたい 康明姫·民族楽器重奏団「ミナク」団長
2006.07.01	No.121	43		医療·介護に携わる同胞たちの結束を実現したい 洪東基·介護支援専門人·医療ソーシャルワーカー
2006.07.01	No.121	8		さまざまな「繋ぐ」を実現し社会変革に積極的にコミットしたい 「イオ」創刊10周年に際して~琴基徹·本誌編集長
2006.07.01	No.121	1		総聯、民団がトップ会談/5.17共同声明を発表
2006.07.01	No.121	45		地域の同胞·日本社会に支えられた60年 尼崎朝鮮初中級学校創立60周年記念愛校祭
2006.07.01	No.121	20		挑戦/白佳和 在日ゴルファーとしてトッウを目指す
2006.07.01	No.121	24		ギャラリー/「どうぶつの町」厳充実 長野朝鮮初中級学校
2006.07.01	No.121	25	庄司博史	私の民族考/民族文化運動の役割
2006.07.01	No.121	26		Corean/申嘉美　韓青のなかで学んだ言葉、歴史、そして、いかに生きるべきか

발행일	지면정보		필자	제목
	권호	페이지		
2006.07.01	No.121	27		goodwill vist/猪上輝雄 人知れず存在しても意味がない
2006.07.01	No.121	28		日本の中の外国人学校/朝鮮学校 国際社会に通じる在日朝鮮人のルーツを
2006.07.01	No.121	32		朝鮮近代史の人々/金元鳳 地下組織を作り上げた「自主自決」の哲学
2006.07.01	No.121	33		今月の顔/梁堅次さん
2006.07.01	No.121	48		おみせnavi/オンマキムチ(新潟県新潟市)
2006.07.01	No.121	49		ジョンホの恋愛相談室/僕の「そうだね」を何でも真に受ける彼女
2006.07.01	No.121	50	李汕玉	朝鮮語セリフ10/「身だしなみ」
2006.07.01	No.121	52		朝鮮半島NEWS/金大中氏が6月末訪朝へ 他
2006.07.01	No.121	54		Kyc INFORMATION/Kyc中国経済視察団 他
2006.07.01	No.121	56		読者の声＋編集後記
2006.07.01	No.121	57		イオ三つ星レシピ/ビールがすすむピリ辛オードブル3種
2006.07.01	No.121	58		窓の外に見えたもの/北海道朝鮮初中高級学校
2006.07.01	No.121	65		BOOK/「『マンガ嫌韓流』」他
2006.07.01	No.121	66		CINEMA/「ゆれる」
2006.07.01	No.121	66		OnOff/金民樹さん
2006.07.01	No.121	67		LIVE/「ユン・ミジン＆パク・チュン来日コンサート」他
2006.07.01	No.121	68		Sports/日韓親善サッカー大会 他
2006.07.01	No.121	70		イオタイムズ/「日本とコリア間の真実と未来を照らす 5.13あいちの集い」他
2006.07.01	No.121	77		クロスワードクイズ
2006.07.01	No.121	80		そんじゃ撮ろうか/李炯遠、呉佳鎮さん
2006.08.01	No.122	9		〈特集〉朝鮮の笑い~そこに民族の知恵がある~
2006.08.01	No.122	10	朴珣愛	批判精神に溢れた民衆の笑い/民族固有の形態と表現が
2006.08.01	No.122	14		朝鮮お笑い界の小話二席/女容国伝、恥をかいた両班
2006.08.01	No.122	16		可能性が広がる在日同胞の未来/「ウリ民族フォーラム2006 in Kanagawa」
2006.08.01	No.122	19		「コッポンオリクラブ」と「KBM」事業を上昇軌道に乗せよう！ 青商会第10回総会
2006.08.01	No.122	44		「光州に描かれた統一の未来」6.15光州民族統一大祝賀
2006.08.01	No.122	46		韓国で感じた「自分たちの役割」 金剛山歌劇団3度目の韓国公演
2006.08.01	No.122	54		連帯強化、「公益性」アピール 東京・大阪で教育セミナー
2006.08.01	No.122	62		子どもたちの学び舎、必ず守る 「枝川裁判を支援する集い」に800人
2006.08.01	No.122	1	柳洙	ioアングル/金堤平野
2006.08.01	No.122	4		ing/身勝手な先進国、人類は相対的にはみな外国人 他
2006.08.01	No.122	6		今月の顔/姜明秀さん

발행일	지면정보		필자	제목
	권호	페이지		
2006.08.01	No.122	20		挑戦/閔栄治 伝統からの飛躍
2006.08.01	No.122	24		ギャラリー/「ドラゴン」金唯成 埼玉朝鮮初中級学校
2006.08.01	No.122	25	庄司博史	私の民族考/国家と地域言語文化運動
2006.08.01	No.122	26		Corean/韓朱仙 大きく深い視点から異文化をみろこと
2006.08.01	No.122	27		goodwill vist/井掘哲 在日コリアンは日本の「橋渡し」役
2006.08.01	No.122	28		日本の中の外国人学校/大阪中華学校
2006.08.01	No.122	32		朝鮮近代史の人々/韓雪野 歴史の狭間からよみがえった文豪
2006.08.01	No.122	35		1900-2000/シンガポールチャンギー殉難者慰霊碑(東京都大田区)
2006.08.01	No.122	38		ウリマルでよんでみよう/「だれに にたの」李錦玉·作 金正愛·作
2006.08.01	No.122	40		ウリマル図鑑/ようすをあらわすことば
2006.08.01	No.122	48		おみせnavi/JFサクセス(東京·神楽坂)
2006.08.01	No.122	49		ジョンホの恋愛相談室/彼は映像オタク、いつもビデオで撮影しまる
2006.08.01	No.122	50	李汕玉	朝鮮語セリフ10/「暑さ」
2006.08.01	No.122	52		朝鮮半島NEWS/「金英男さん家族再会」他
2006.08.01	No.122	56		読者の声＋編集後記
2006.08.01	No.122	57		イオ三つ星レシピ/「五味五色」を楽しむタンピョンチェ
2006.08.01	No.122	58		ウリハッキョ元気計画/西東京朝鮮第1初中級学校
2006.08.01	No.122	60		窓の外に見えたもの/大阪朝鮮 第4初級学校
2006.08.01	No.122	65		BOOK/「沙也司」他
2006.08.01	No.122	66		CINEMA「ユナイテッド93」
2006.08.01	No.122	66		OnOff/金民樹さん
2006.08.01	No.122	67		LIVE/イ·ヒア ピアノ·リサイタル 他
2006.08.01	No.122	68		Sports/東京朝高校サッカー部、久我山に逆転負け 他
2006.08.01	No.122	70		イオタイムズ/「10年目の支援米、隣人へ届け」他
2006.08.01	No.122	78		クロスワードクイズ
2006.08.01	No.122	80		そんじゃ撮ろうか/金洪寛さん
2006.09.01	No.123	9		〈特集〉日本に朝鮮学校があるということ/在日朝鮮人の中等教育実施60周年に際して
2006.09.01	No.123	10	具大石	日本に朝鮮学校があるということ
2006.09.01	No.123	11		写真で見る朝鮮学校/あの時こんな事
2006.09.01	No.123	16	雁部桂子	願いは、誰もの人権大切にされる日本社会になること
2006.09.01	No.123	18		民族教育60年の歩み/今なお引き継がれる民族愛
2006.09.01	No.123	20		各地で学校創立記念行事開催
2006.09.01	No.123	58		延辺と平壌に大学を!/在米コリアン金鎮慶氏に聞く
2006.09.01	No.123	60		朝鮮を敵視し国交正常化を引き伸ばしてきた日本/朝鮮ミサイル問題-吉田康彦氏に聞く

발행일	지면정보		필자	제목
	권호	페이지		
2006.10.01	No.124	12	米津篤八	南北共同で進む辞典編纂への期待
2006.10.01	No.124	13	李慶子	絵本作家は壊されたいく日常をいかに表現したか
2006.10.01	No.124	14	辛仁夏	「見えない」存在、だからこそアクションを
2006.10.01	No.124	15	松江哲明	子どもや先生···。視点の違いが興味を増幅させる
2006.10.01	No.124	16	李相美	活字と映像が結ばれるすばらしさ
2006.10.01	No.124	17		この本の、ココにハマりました。編集部員のオススメ
2006.10.01	No.124	28		父よ、夫よ、亡骸でも合いたい 「韓国、朝鮮の遺族とともに-遺骨問題の解決へ2006」
2006.10.01	No.124	42	洪南基	短期連載·古都―開城を行く(上) 二通りの「朴淵」の由来
2006.10.01	No.124	44		同胞女性だけの旅行会社、女性ならではの気配りが好評
2006.10.01	No.124	46		幼少期のトラウマからゴジラ収集、交通事故から自叙伝出版/ゴジラと九州朝高と片栄泰
2006.10.01	No.124	62		SPICIAL INTERVIEW/李智相(韓国の音楽家) 朝鮮学校は民族全体の誇り、これからも音楽で声援を送りたい
2006.10.01	No.124	1	豊田直巳	ioアングル/枝川学校物語
2006.10.01	No.124	4		ing/先進国でも特異な格差放置国-日本 他
2006.10.01	No.124	6		今月の顔/周姫さん
2006.10.01	No.124	20		挑戦/洪マルグンセム 韓国から日本へ囲碁が切り開いた道
2006.10.01	No.124	25	呉香淑	私の民族考/一世残がしてくれた宝物
2006.10.01	No.124	26		Corean/孫重根 トンポドットコムで同胞ネットワークの拡大を
2006.10.01	No.124	27		goodwill vist/内海愛子 日本人が動かないと政府は何もやらない
2006.10.01	No.124	32		朝鮮近代史の人々/李鉉相 死亡届すらない智異山の幼影
2006.10.01	No.124	35		1900-2000/日吉台地下壕(神奈川県横浜市)
2006.10.01	No.124	38		ウリマルでよんでみよう/「行ってみたいな」チャ·ボンスク·作 康明淑·訳 金聖蘭·絵
2006.10.01	No.124	40		ウリマル図鑑/たべるようす
2006.10.01	No.124	48		おみせnavi/しんしん麺(埼玉県川口市)
2006.10.01	No.124	49		ジョンホの恋愛相談室/今時、彼は携帯や免許も持っていません
2006.10.01	No.124	50	李汕玉	朝鮮語セリフ10/「心配事」
2006.10.01	No.124	52		朝鮮半島NEWS/国や韓国などの支援に力 他
2006.10.01	No.124	54		Kyc INFORMATION/Kyc異業種交流会 他
2006.10.01	No.124	56		読者の声＋編集後記
2006.10.01	No.124	57		イオ三つ星レシピ/秋の野菜を使ったハルミオリジナル弁当
2006.10.01	No.124	58		ウリハッキョ元気計画/北九州朝鮮初級学校
2006.10.01	No.124	60		窓の外に見えたもの/南武朝鮮初級学校
2006.10.01	No.124	65		BOOK/「愛しき水俣に生きる」他
2006.10.01	No.124	66		CINEMA/「トンマッコルへようこそ」

발행일	지면정보		필자	제목
	권호	페이지		
2006.10.01	No.124	66		OnOff/桂栄順さん
2006.10.01	No.124	67		LIVE/「りゅうりぇんれん」他
2006.10.01	No.124	68		Sports/朝鮮女子サッカー、世界を制す 他
2006.10.01	No.124	70		イオタイムズ/「1年で実現、次は遊具と教材の購入」他
2006.10.01	No.124	78		クロスワードクイズ
2006.10.01	No.124	80		そんじゃ撮ろうか/李良鎮、李繁玉さん
2006.11.01	No.125	9		〈特集〉ニューカマーの街を行く/コリアタウン、大久保の街を歩く-
2006.11.01	No.125	16		しっかりしたネットワークを形成/金正男・天池協会会長に聞く
2006.11.01	No.125	17		留学生を代表しトラブル解決に努力/柳済民・在日韓国留学生連合会会長
2006.11.01	No.125	18		子どもを朝鮮学校に通わせる理由/尹源基さん、梁創淑さん夫婦
2006.11.01	No.125	28		1世たちに安らぎとくつろぎの空間を/NPO法人コリアン生活センターイオ神戸
2006.11.01	No.125	30		「僕の本格への思い」/朴常豪(いわき秀英高校1年)
2006.11.01	No.125	44		児童・生徒たちが歌や踊りで祝賀-雨も民族教育に「おめでとう」/中等教育実施60周年記念在日同胞大祝典
2006.11.01	No.125	58	洪南基	短期連載・古都－開城を行く(中) 時代が生んだ悲劇
2006.11.01	No.125	72		ようこそ赤ちゃん大特集
2006.11.01	No.125	1	伊藤孝司	ioアングル/北関大捷碑返還
2006.11.01	No.125	4		ing/「国旗・国歌」訴訟 他
2006.11.01	No.125	6		今月の顔/金昌甫
2006.11.01	No.125	20		挑戦/高昌師 一番大切なのは作曲したいという熱望
2006.11.01	No.125	24		ギャラリー/「運動会」崔悠純 西東京朝鮮第1初中級学校
2006.11.01	No.125	25	呉香淑	私の民族考/色褪せぬ、チョッサム姿の母
2006.11.01	No.125	26		Corean/朴明子 コリアンの魂を見続けたくて
2006.11.01	No.125	27		goodwill vist/加籐久美子 相手を理解するためにもまずは知り合うことから
2006.11.01	No.125	32		朝鮮近代史の人々/尹奉吉「暗葬」から14年、遺骨は素行に奉還される
2006.11.01	No.125	35		1900-2000/北関大捷碑(咸鏡北道金策市)
2006.11.01	No.125	38		ウリマルでよんでみよう/「ウリマルがあって」イ・オドク・作 成良守・訳 任香淑・絵
2006.11.01	No.125	40		ウリマル図鑑/どうぶつのしぐさ
2006.11.01	No.125	48		おみせnavi/アクアドロップス(福岡県北九州市)
2006.11.01	No.125	49		ジョンホの恋愛相談室/元気をあげながらふる方法はないでしょうか?
2006.11.01	No.125	50	李汕玉	朝鮮語セリフ10/「独り言」

발행일	지면정보		필자	제목
	권호	페이지		
2006.11.01	No.125	52		朝鮮半島NEWS/「6者協議共声明違反」 他
2006.11.01	No.125	54		Kyc INFORMATION/第1回KUM経営セミナー 他
2006.11.01	No.125	56		読者の声＋編集後記
2006.11.01	No.125	57		イオ三つ星レシピ/えごま味で仕上げたタットリタン
2006.11.01	No.125	63		BOOK/「朝鮮半島を見る眠」 他
2006.11.01	No.125	64		CINEMA/「麦の穂をゆらす風」
2006.11.01	No.125	64		OnOff/朴貞任さん
2006.11.01	No.125	65		PLAY/「大阪環状線」 他
2006.11.01	No.125	66		Sports/朝鮮学校生、国体初参加 他
2006.11.01	No.125	68		イオタイムズ/「井筒監督トークショー」 他
2006.11.01	No.125	78		クロスワードクイズ
2006.11.01	No.125	80		そんじゃ撮ろうか-朴容徹さん、文徳玲さん
2007.01.01	No.127	9		〈特集〉いまどき30代の未婚事情/結婚したい?したくない?
2007.01.01	No.127	10		ルポ/同胞30代未婚者を追う
2007.01.01	No.127	14	池田陽一	ブライダルのプロが語る結婚事情
2007.01.01	No.127	16		覆面対談/私が結婚しない理由
2007.01.01	No.127	19		結婚難のワケ/同胞結婚相談中央センター・李洋副所長が考える
2007.01.01	No.127	22		Corean/呉美保「家族」というキーワードで「笑い」と「涙」をサンドしたい
2007.01.01	No.127	25		goodwill vist/高橋秀典 「北朝鮮バッシング」が日本人を狂わせる
2007.01.01	No.127	26	高嶋伸欣	短期集中連載・右旋回ニッポンの深層① 日本のマスコミ、ジャーナリズムに志はどこにいく
2007.01.01	No.127	42		大阪朝高サッカー部、「国立」への再挑戦
2007.01.01	No.127	46		2年目の実りは全国ネットの発足 多民族共生教育フォーラム2006愛知
2007.01.01	No.127	62		お願い、家族に合わせて/「万景峰92」号入港再開を
2007.01.01	No.127	2	徐勝	在日同胞とわたし/故郷(コヒャン)
2007.01.01	No.127	4		ing/国に物申す外国人集住都市会議 他
2007.01.01	No.127	24		今月のピョンアリたち
2007.01.01	No.127	30	厳正彦	朝鮮問題の視点/「朝米核問題」
2007.01.01	No.127	32	金静寅	イオ生活相談室「年金」
2007.01.01	No.127	33		「ソウルに来て考えた」
2007.01.01	No.127	36		ウリマルでよんでみよう/「四季の歌-私たちの思い-」金順愛・作・訳 金正愛・絵
2007.01.01	No.127	38	李汕玉	朝鮮語セリフ10/「会う」①
2007.01.01	No.127	48		おみせnavi/オンドル房(東京都三鷹市)
2007.01.01	No.127	49		イオタイムズ/総聯に対する政治弾圧 他

발행일	지면정보		필자	제목
	권호	페이지		
2007.01.01	No.127	52		Sports io/東アジアフレンドシップカップ 他
2007.01.01	No.127	54		Kyc INFORMATION/「ブロック交流会」開催に向け各地で熱い討議 他
2007.01.01	No.127	56		読者の声＋編集後記
2007.01.01	No.127	57		銀瓶のマルで真ん丸/話せてうれしい
2007.01.01	No.127	58		フォートストーリー/トンセン
2007.01.01	No.127	64		ウリハッキョ元気計画/伊丹朝鮮初級学校
2007.01.01	No.127	66		企業に歴史あり/株式会社カネダ食品
2007.01.01	No.127	69		今晩のコリアン風おかず/サバ缶のスープ
2007.01.01	No.127	71		BOOK/「極上掌編小説」他
2007.01.01	No.127	72	李相美	CINEMA/「輝く夜明けに向かって」/懐かしいCINE-CINE団 他 人と自分を比較してしまう、あなたに
2007.01.01	No.127	73	金正浩	文化「Cut and Mix」フィナーレ公演 他/分化のアンテナ イルミナーションに浮かぶ「三角の家」
2007.01.01	No.127	78		まちがいさがし ver.2
2007.01.01	No.127	79		読者プレゼント
2007.01.01	No.127	80		そんじゃ撮ろうか/高仁甲さん、金英秀さん
2007.02.01	No.128	9		〈特集〉なんで働く?どう働く? 30~40代トンボ女性の「仕事の現場」
2007.02.01	No.128	10	廉幸美	腹をくくれば願望は現実に近づいたいく
2007.02.01	No.128	11	権淑香	税理士は「一番身近な法律家」
2007.02.01	No.128	12	黄恵蘭	キムチを世界の食卓へー。手作りの信念、曲げない
2007.02.01	No.128	13	金京淑	病院はひとつの社会、身をおくだけでプラスになる
2007.02.01	No.128	14	鄭雪美	14家族の協力の中で見つけた通訳という自分の居場所
2007.02.01	No.128	15	金明恵	これからも教壇からは一歩も引き下がることはない
2007.02.01	No.128	16		アンケート/なぜあなたは働くの?
2007.02.01	No.128	18	金永子	とうしようもない時に救ってくれるもの/ソウルで始めた母国語と社会福祉の学び
2007.02.01	No.128	22		Corean/曹賢淑 永山だって削り続ければいつかはくずれる
2007.02.01	No.128	25		goodwill vist/古今亭菊千代 落語は平和でないとできないから
2007.02.01	No.128	26	三宅晶子	短期集中連載・右施回ニッポンの深層② 教育基本法改正後の「美しい国」を問う
2007.02.01	No.128	42		〈ウリ式介護とは〉大変だった人材の確保、福祉支えるネットワークこそ/変わりゆく制度のなか一つひとつ実践を積み重ねる 名古屋「いこいのマダン」の3年/京都エルファの6年
2007.02.01	No.128	46		痛みを共有し、手を繋いでいくこと/シンポジウム「朝鮮女性の歩んだ道と私たちの生き方」
2007.02.01	No.128	61		高かった初戦の壁/第85回全校高校サッカー選手権大会 大阪朝高サッカー部
2007.02.01	No.128	2	徐勝	在日同胞とわたし/朝鮮、韓国、コリア
2007.02.01	No.128	4		ing/新会社法は中小企業いじめ? 他

발행일	지면정보		필자	제목
	권호	페이지		
2007.02.01	No.128	24		今月のピョンアリたち
2007.02.01	No.128	30	太錫新	朝鮮問題の視点/「停戦協定」
2007.02.01	No.128	32	金静寅	イオ生活相談室/「結婚」
2007.02.01	No.128	33	金淑子	「ソウルに来て考えた」
2007.02.01	No.128	36	金汕玉	朝鮮語セリフ10/「会う」②
2007.02.01	No.128	38		ウリマルでよんでみよう/「目を閉じて行く」尹東柱・作 洪永佑・絵
2007.02.01	No.128	48		おみせnavi/SMILE(岐阜県加茂郡)
2007.02.01	No.128	49		イオタイムズ/「平穏な教育の場に新校舎を」他
2007.02.01	No.128	52		Sports io/社会人ラグビー最高峰の大会 他
2007.02.01	No.128	54		Kyc INFORMATION/各地で結成10周年記念パーティー 他
2007.02.01	No.128	56		読者の声＋編集後記
2007.02.01	No.128	57	笑福亭銀瓶	銀瓶のマルで真ん丸/言葉の力、落語のパワー
2007.02.01	No.128	58		フォートストーリー/コンナ夢ヲ見タ-もう一つの「夢十夜」-
2007.02.01	No.128	64		ウリハッキョ元気計画/愛知朝鮮第7初級学校
2007.02.01	No.128	66		企業に歴史あり/株式会社金原パイル工業
2007.02.01	No.128	69		今晩のコリアン風おかず/ナスのひき肉はさみ揚げ
2007.02.01	No.128	71		BOOK/「그골목이품고있는것들」他
2007.02.01	No.128	72	松江哲明	CINEMA/「それどもボクはやってない」/懐かしいCINE-CINE団「バカヤロウ、まだ始まってもねえよ」
2007.02.01	No.128	79	金正浩	文化 柳宗悦と朝鮮民画 他/分化のアンテナ 孫基禎と個人、国、民族
2007.02.01	No.128	78		まちがいさがし ver.2
2007.02.01	No.128	79		読者プレゼント
2007.02.01	No.128	80		そんじゃ撮ろうか/崔竜述さん、金貞子さん
2007.03.01	No.129	9		〈特集〉アッパつくって かんたんレシピ
2007.03.01	No.129	10		休日の朝食/トースト3種、シーザーサラダ、バナナとヨーグルトのムース
2007.03.01	No.129	12		つまみ毎セルフ/明太ジャガ、塩辛のチヂミ、チーズのカリカリ揚げ
2007.03.01	No.129	14		ステキディナー/めかじきのステーキ・カポナータ添え、トマトの詰め物スープサラダ、ブレーチーズのリゾット
2007.03.01	No.129	16		会社を休んで鍋/煮込みうどん、バナナホットケーキ、ラーメン粥
2007.03.01	No.129	18		オンマが妬く料理のお作法
2007.03.01	No.129	22		Corean/金智哉 もう負けたくない-1敗から得た新人王
2007.03.01	No.129	23	野田峯雄	短期集中連載・右施回ニッポンの深層③「拉致」を踏み台に米軍と融合 メディアと国民の統制へ
2007.03.01	No.129	41		新しく移転、開設せれた横須賀同胞生活相談綜合センター/地域同胞社会の活性化へ向けた5年間の取り組み

발행일	지면정보		필자	제목
	권호	페이지		
2007.03.01	No.129	45		第19回 朝鮮学校員の教育研究大会
2007.03.01	No.129	58	感光	フォトストーリー/第3回 感光
2007.03.01	No.129	61		警察当局による-連の強制捜索/総聯・在日コリアンに対する人権蹂躙行為
2007.03.01	No.129	2	徐勝	在日同胞とわたし/在日
2007.03.01	No.129	4		ing/韓国の次期大統領選 他
2007.03.01	No.129	24		今月のピョンアリたち
2007.03.01	No.129	25		goodwill vist/野口有紀 作中の人物になりきれる役者に
2007.03.01	No.129	30	北川広和	朝鮮問題の視点/「日朝関係」
2007.03.01	No.129	32	崔雅絹	イオ生活相談室/「介護」
2007.03.01	No.129	35	金淑子	「ソウルに来て考えた」
2007.03.01	No.129	36	李汕玉	朝鮮語セリフ10「分かれる」
2007.03.01	No.129	38		ウリマルでよんでみよう/「アリさん、握手しよう」 バク・コギョン・作 任香淑・絵
2007.03.01	No.129	48		おみせnavi/神戸ランチマーケット(埼玉県戸田市)
2007.03.01	No.129	49		イオタイムズ/すべての遺骨のDNA鑑定を 他
2007.03.01	No.129	52		Sports io/各地高校ラグビー新人戦 他
2007.03.01	No.129	54		Kyc INFORMATION/会員たちに「刺激と学びの場」を 他
2007.03.01	No.129	56		読者の声＋編集後記
2007.03.01	No.129	57	笑福亭銀瓶	銀瓶のマルで真ん丸/おめでとう・ありがとう
2007.03.01	No.129	64		ウリハッキョ元気計画/西東京朝鮮第2回初中級学校
2007.03.01	No.129	66		企業に歴史あり/株式会社東央コーポレーション
2007.03.01	No.129	69		今晩のコリアン風おかず/牛のモツ煮込み
2007.03.01	No.129	71		BOOK/「世界反米ジョーク集」他
2007.03.01	No.129	72		CINEMA/「素敵な夜、ボクにください」/懐かしいCINE-CINE団「大学進学・東京進出前夜に観た "元禄の男と女"」
2007.03.01	No.129	73		文化/新春時事公演「新年の鐘」他
2007.03.01	No.129	78		まちがいさがし ver.2
2007.03.01	No.129	79		読者プレゼント
2007.03.01	No.129	80		そんじゃ撮ろうか-李貴蘭さん
2007.04.01	No.130	9		〈特集〉私のID どこから来て、どこへ行くのか
2007.04.01	No.130	10		インタビュー/私が、私であるということ
2007.04.01	No.130	16		名前-自分自身に問いかけるもの 民族を取り戻した鄭良二さん
2007.04.01	No.130	18		special interview/亡命生活36年 異境の地で書き続ける鄭敬謨氏 なぜその価値を投げ出そうとするのか
2007.04.01	No.130	42		Tutti5周年記念コンサート「あなたとわたしを結ぶ音~楽」
2007.04.01	No.130	46		韓国ドキュメンタリー映画祭/マイノリティの闘いと現状を伝える
2007.04.01	No.130	60		東京、兵庫で在日同胞が集会とデモ行進 日本当局の在日同胞に対する不当な弾圧と人権蹂躙を許すな!

발행일	지면정보		필자	제목
	권호	페이지		
2007.04.01	No.130	2	徐勝	在日同胞とわたし/多文化共生社会
2007.04.01	No.130	26	宮台真司	短期集中連載·右施回ニッポンの深層④ 行き場を失った若者は強い国家、人気政治に動員され
2007.04.01	No.130	58		フォトストーリー/第4回「追われる者」
2007.04.01	No.130	4		ing/動き出した南北関係 他
2007.04.01	No.130	24		今月のピョンアリたち
2007.04.01	No.130	25		Goodwill vist/宮沢さかえ 踊りを通して伝えたい
2007.04.01	No.130	30	金志永	朝鮮問題の視点/「6者会談」
2007.04.01	No.130	32	金季先	イオ生活相談室/「結婚」
2007.04.01	No.130	35	金淑子	ソウルに来て考えた
2007.04.01	No.130	36		Corean/姜珠淑 出会い、育てたい コリアにつながる子どもたち
2007.04.01	No.130	38		朝鮮語セリフ10/「頼む」
2007.04.01	No.130	48		おみせnavi-CONJU Hand Therapy(東京都港区)
2007.04.01	No.130	49		イオタイムズ/同胞女性高齢者無年金訴訟 他
2007.04.01	No.130	52		Sports io/第50回大阪府同胞駅伝·マラソン大会 他
2007.04.01	No.130	54		Kyc INFORMATION/朝鮮総聯に対する正治弾圧に「ノー」の声を 他
2007.04.01	No.130	56		読者の声＋編集後記
2007.04.01	No.130	57		銀瓶のマルで真ん丸/ぼくの新しい宿題 笑福亭銀瓶
2007.04.01	No.130	66		企業に歴史あり/川田商店
2007.04.01	No.130	69		今晩のコリアン風おかず/春ギャベツとナムル
2007.04.01	No.130	71		BOOK/「『国語』の近代史」 他
2007.04.01	No.130	72		CINEMA/「明日、君がいない」
2007.04.01	No.130	72	李相美	懐かしい CINE-CINE団 「ちょっと照れくさいけど、「夢」を語る前に」
2007.04.01	No.130	78	金正浩	文化 安海竜写真展 他/文化のアンテナ 熱海殺人事件から34年、愛は植民地を救うのか?
2007.04.01	No.130	78		まちがいさがし ver.2
2007.04.01	No.130	79		読者プレゼント
2007.04.01	No.130	80		そんじゃ撮ろうか-李庸爕さん·徐錫爱さん
2007.05.01	No.131	9		〈特集〉現代韓国政治 理解のポイント
2007.05.01	No.131	10	趙大成	6.15時代と韓国政界
2007.05.01	No.131	12		Q&A/これだけは知っておきたい 韓国の正治制度
2007.05.01	No.131	16	康宗憲	韓国の正党正治と民衆運動
2007.05.01	No.131	18	愈炳紋	ポスト386世代と正治活動
2007.05.01	No.131	43		隔てる「河」を乗り越えるために/インタビュー·井筒和幸監督「パッチギLOVE&PEACE」公開直前
2007.05.01	No.131	46	趙英淑	忘れられない人々を、心に刻む 総聯東京台東支部同胞沿革史「대동(台東)」の編集を終えて

발행일	지면정보		필자	제목
	권호	페이지		
2007.05.01	No.131	60		平穏な教育の場、ふたたび/枝川裁判が和解
2007.05.01	No.131	62	伝崎千登世	手記/私が探し求めたもの
2007.05.01	No.131	22	金正媛	短期集中連載·右施回ニッポンの深層⑤ 右施回の総仕上げは歴史の封印、抹殺
2007.05.01	No.131	26		短期新連載·30代の肖像~可能性と模索のなかで ①その可能性/ハンディ減った土俵で「個」を模索 広がるフィールド、その先は
2007.05.01	No.131	2	徐勝	在日同胞とわたし/通名
2007.05.01	No.131	4		ing/情報化社会の功罪 他
2007.05.01	No.131	24		今月のビョンアリたち
2007.05.01	No.131	25		Goodwill vist/山中美奈子 「のんびりと育った、普通の人間です」
2007.05.01	No.131	30	文浩一	朝鮮問題の視点/「飢餓説」
2007.05.01	No.131	32	金静寅	イオ生活相談室/「相続」
2007.05.01	No.131	35	金淑子	ソウルに来て考えた
2007.05.01	No.131	36	李汕玉	朝鮮語セリフ10/「謝る」
2007.05.01	No.131	38		ウリマルでよんでみよう/「ばんそうこう」金敬淑·作·訳 柳純単·絵
2007.05.01	No.131	48		おみせnavi/明月苑(宮城県多賀城市)
2007.05.01	No.131	49		イオタイムズ/東大阪市が大阪朝高を提訴 他
2007.05.01	No.131	52		Sports io/第17回「イギョラカップ」他
2007.05.01	No.131	54		Kyc INFORMATION/各地でチャリティゴルフ 他
2007.05.01	No.131	56		読者の声＋編集後記
2007.05.01	No.131	57	笑福亭銀瓶	銀瓶のマルで真ん丸/チンチャ(マジでぇ)?!
2007.05.01	No.131	58		フォトストーリー/花盗人
2007.05.01	No.131	64		ウリハッキョ元気計画/茨城朝鮮初中高級学校
2007.05.01	No.131	66		企業に歴史あり/青松鉄工株式会社
2007.05.01	No.131	69		今晩のコリアン風おかず/豚肉の炒めもの
2007.05.01	No.131	71		BOOK/「伝説のパッチギ王」他
2007.05.01	No.131	72		CINEMA/「それでも生きる子供たちへ」
2007.05.01	No.131	72	松江哲明	懐かしい CINE-CINE団「来年もまた、同じ箇所で」
2007.05.01	No.131	73	金正浩	文化 第14回高麗書芸研究会 国際交流展 他/文化のアンテナ 中島みゆき応援歌
2007.05.01	No.131	78		まちがいさがし ver.2
2007.05.01	No.131	79		読者プレゼント
2007.05.01	No.131	80		そんじゃ撮ろうか/金相斗さん、孔節子さん
2007.06.01	No.132	9		〈特集〉「不思議の国」に生きるコリアン20代
2007.06.01	No.132	10		ルポ/20代のいる風景
2007.06.01	No.132	14	金成学	インタビュー/30代先輩が20代後輩を斬る

발행일	지면정보		필자	제목
	권호	페이지		
2007.06.01	No.132	15		ルポ/新しい風景、つながりを求めて 「ウリイズム」 東京で開催
2007.06.01	No.132	18	中西新太郎	インタビュー/消費文化の中で孤立化される20代
2007.06.01	No.132	41		子ども文学にみる朝鮮、在日… 第6回韓国朝鮮児童文学セミナー神戸
2007.06.01	No.132	42		民族が違ってもきっと理解しあえる/インタビュー　俳優・井坂俊哉 映画「パッチギ! LOVE&PEACE」 公開記念
2007.06.01	No.132	44	キムマルスン	枝川 映画「パッチギ!LOVE&PEACE」撮影地
2007.06.01	No.132	46	慎武宏	FCコリアンに夢を/在日サッカーの未来のために
2007.06.01	No.132	60		繰り返される在日コリアンへの政治弾圧/朝鮮出版会館に300人の機動警察隊
2007.06.01	No.132	63	洪祥進	国家が人種差別を主導する日本/総聯代表団、国連人権理事会で告発
2007.06.01	No.132	26		短期連載・30代の肖像~可能性と模索のなかで　②仕事と結婚 切り開くガッツに国籍の壁　納得いかぬ現実に、葛藤とあきらめ
2007.06.01	No.132	58		フォトストーリー/jam〈前編〉
2007.06.01	No.132	2	徐勝	在日同胞とわたし/ウリマル①
2007.06.01	No.132	4		ing/統一列車はいつ走る?他
2007.06.01	No.132	22		Corean/キム・ファン 生きものが命がけで遺してくれたもの/そのメッセージを児童書に込めて
2007.06.01	No.132	24		今月のピョンアリたち
2007.06.01	No.132	25		Goodwill vist/尾沢邦子 みんなが仲良く暮らせる社会に
2007.06.01	No.132	30	朴在勲	朝鮮問題の視点/「BDA問題」
2007.06.01	No.132	32	李静寅	イオ生活相談室/「相続 その2」
2007.06.01	No.132	36	金淑子	ソウルに来て考えた
2007.06.01	No.132	38		朝鮮語セリフ10/「出かける」
2007.06.01	No.132	48		ウリマルでよんでみよう/「子守唄」 成良守・訳 徐清美・絵
2007.06.01	No.132	49		おみせnavi/釜山(愛知県春日井市)
2007.06.01	No.132	52		イオタイムズ/在日同胞に対する正治弾圧、即時中止を 他
2007.06.01	No.132	54		Sports io/太陽節記念全国体育祝典 他
2007.06.01	No.132	56		Kyc INFORMATION/東京で設立総会とパーティー他
2007.06.01	No.132	57		読者の声＋編集後記
2007.06.01	No.132	64		銀瓶のマルで真ん丸/中学生に泣かされた 笑福亭銀瓶
2007.06.01	No.132	69		今晩のコリアン風おかず モヤシと牛肉の炊き込みご飯
2007.06.01	No.132	71		BOOK/「言葉と心」 他
2007.06.01	No.132	72		CINEMA/「パッチギ!LOVE&PEACE」
2007.06.01	No.132	72	遠藤裕二	懐かしい CINE-CINE団 「人間、成長すると映画の見方が変わる列として」

발행일	지면정보		필자	제목
	권호	페이지		
2007.06.01	No.132	73	金正浩	文化 済州道4.3事件 59周年記念 愛と平和への願いを込めて 他/文化のアンテナ 沖縄出身の歌手がメジャーでも
2007.06.01	No.132	78		まちがいさがし ver.2
2007.06.01	No.132	79		読者プレゼント
2007.06.01	No.132	80		そんじゃ撮ろうか/洪達準さん・金玉順さん
2007.07.01	No.133	11		〈特集〉朝流スター・2007 大ヒット作に見る朝鮮映画事情
2007.07.01	No.133	12		朝鮮映画の今を知りたい/低迷からの脱出を図る朝鮮映画界
2007.07.01	No.133	14		スクリーンを彩る「透明感」一躍スターダムに上がり詰めた 現役女子大生
2007.07.01	No.133	16		明日のスターは君だ!未来の映画俳優を育てるチャンジョン 中学校「映画俳優早期班」
2007.07.01	No.133	18		人気俳優たちの知られざる素顔 大人気映画「平壌ナルパラム」 出演の3人が語る
2007.07.01	No.133	21	朴成徳	コリアン・シネマ・パラダイス
2007.07.01	No.133	2		分断の壁越え 北から南へ、南から北へ/南北の列車試験運転 が実現
2007.07.01	No.133	42	朴禎賢	頂上に掲げられた統一旗/ITF第15回世界テコンドー選手権大 会に参加して
2007.07.01	No.133	44		オンマ、アッパとウリマル、ウリノレ ウリウリコッポンオ リコンサート2007
2007.07.01	No.133	46		しっかりとした在日同胞民族圏を講築 総聯第21回全体大会
2007.07.01	No.133	60		民族教育権の確立へ、新たなスタート/枝川裁判終結記念シ ンポジウム
2007.07.01	No.133	62		民族教育のすばらしさを世界に/金明俊監督作品 ドキュメン タリー映画「ウリハッキョ」
2007.07.01	No.133	6	徐勝	在日同胞とわたし-ウリマル②
2007.07.01	No.133	24		今月のピョンアリたち
2007.07.01	No.133	25		Goodwill vist/マイク・コンノリー/ソウルでみたコリアンの 絵に魅せられ
2007.07.01	No.133	26		短期連載・30代の肖像 ③子どもの学校選択
2007.07.01	No.133	30	康熙奉	朝鮮問題の視点/「先軍政治」
2007.07.01	No.133	32	金英文	イオ生活相談室/「会社設立」
2007.07.01	No.133	35	キム・ファン	アッパとしよう!生きものの はなし「コククジラ」
2007.07.01	No.133	36		Corean/禹東吉 先代の起業意欲を学び多角的な経営を展開
2007.07.01	No.133	38	李汕玉	朝鮮語セリフ10/「驚く」
2007.07.01	No.133	40		ウリマルでよんでみよう/「七夕」金敬淑・訳 洪正・絵
2007.07.01	No.133	48		おみせnavi/キッチン「チャオ」(福岡県北九州市)
2007.07.01	No.133	49		イオタイムズ/第15回離散家族、親せき面会 他
2007.07.01	No.133	52		Sports io/南北統一自転車競技大会 他
2007.07.01	No.133	54		Kyc INFORMATION/栃木、愛知で結成10周年記念祝賀会開 催 他

발행일	지면정보		필자	제목
	권호	페이지		
2007.07.01	No.133	56		読者の声＋編集後記
2007.07.01	No.133	57	笑福亭銀瓶	銀瓶のマルで真ん丸/いつもドキドキ、時々ヒヤヒヤ
2007.07.01	No.133	58		フォトストーリー/jam〈後編〉
2007.07.01	No.133	64		ウリハッキョ元気計画/北海道朝鮮初中高級学校
2007.07.01	No.133	66		企業に歴史あり/株式会社 玉川商店
2007.07.01	No.133	69		今晩のコリアン風おかず/冷麺
2007.07.01	No.133	71		BOOK/「ある日突然　警察に呼び出されたら、どうするどうなる」他
2007.07.01	No.133	72		CINEMA/「TOKKO-特攻」
2007.07.01	No.133	72	李相美	懐かしい CINE-CINE団「日常のよこっちょにある小さな非日常の「夢」」
2007.07.01	No.133	73		文化/中学生のための「慰安婦」他
2007.07.01	No.133	73	金正浩	文化のアンテナ/高校野球に、二つの奇跡
2007.07.01	No.133	78		まちがいさがし ver.2
2007.07.01	No.133	79		読者プレゼント
2007.07.01	No.133	80		そんじゃ撮ろうか/張基温さん・李炯祚さん・張紀雄さん
2007.08.01	No.134	9		〈特集1〉アッパつくって 夏休み工作編
2007.08.01	No.134	10		ダンボールゾウさん
2007.08.01	No.134	12		スマートボール
2007.08.01	No.134	13		「飛ばし系おもちゃ」3種
2007.08.01	No.134	14		古紙時計
2007.08.01	No.134	41		〈特集2〉朝鮮の怪奇民話 コワ～イ話3題
2007.08.01	No.134	42	韓丘庸	鬼神もお手あげの女
2007.08.01	No.134	44	朴珣愛	吹笛山の怪異
2007.08.01	No.134	46	金基英	蚊の由来
2007.08.01	No.134	16		同胞たち、子どもたちに明るい未来を、夢を/「ウリ民族フォーラム2007in Okayama」
2007.08.01	No.134	54	金順蔿	スペシャルエッセイ/ツバつき帽子のアジョシ・・・
2007.08.01	No.134	60		「教育の場」考慮されず 「大阪朝高運動場明け渡し裁判」の争点は-弁護団団長・丹羽雅雄弁護士に聞く
2007.08.01	No.134	62		多くの課題、連帯深め協力を/「西大阪朝鮮初級学校アプロハムケ」主催 第3回一般公開授業
2007.08.01	No.134	2	徐勝	在日同胞とわたし/ウリマル③
2007.08.01	No.134	4		ing/南武初級横に大型マンション 他
2007.08.01	No.134	22		Corean/金啓徳　チャンピオンではなく「強い人間」を育てるために
2007.08.01	No.134	24		今月のビョンアリたち
2007.08.01	No.134	25		Goodwill vist/荒井静 朝鮮大学校との交流のなかで
2007.08.01	No.134	26		短期連載・30代の肖像 ④つながり 差別への低抗、社会参加の意志・・・ つながることで強くなるあ

발행일	지면정보		필자	제목
	권호	페이지		
2007.08.01	No.134	30	渡辺健樹	朝鮮問題の視点/「駐韓米軍」
2007.08.01	No.134	32	金英文	イオ生活相談室/「制度融資」
2007.08.01	No.134	35	キム・ファン	アッパとしよう!生きもののはなし「ホソオチョウ」
2007.08.01	No.134	36	李汕玉	朝鮮語セリフ10/「探す」
2007.08.01	No.134	38		ウリマルでよんでみよう/「海風」金東煥・作 康明淑・訳 河尾香・絵
2007.08.01	No.134	48		おみせnavi/インターネットカフェ「@place」(北海道札幌市)
2007.08.01	No.134	49		イオタイムズ/西播初中、日本学校に「ハングルクラブ」開設 他
2007.08.01	No.134	52		Sports io/東大阪中級ラグビー部 府大会で優勝 他
2007.08.01	No.134	56		読者の声＋編集後記
2007.08.01	No.134	57	笑福亭銀瓶	銀瓶のマルで真ん丸/ウリハッキョ
2007.08.01	No.134	58		フォトストーリー/糸雨
2007.08.01	No.134	64		ウリハッキョ元気計画/東京朝鮮第9初級学校
2007.08.01	No.134	66		企業に歴史あり/有限会社 山陽テクノ
2007.08.01	No.134	69		今晩のコリアン風おかず/レングク2種
2007.08.01	No.134	71		BOOK/「越境の時」他
2007.08.01	No.134	72		CINEMA/「ベクシル-2077日本鎖国-」
2007.08.01	No.134	72	松江哲明	懐かしい CINE-CINE団/泣ける笑える、が乱舞する今だからこそ
2007.08.01	No.134	73		文化/金剛山歌劇団 西東京公演 他
2007.08.01	No.134	73	金正浩	文化のアンテナ/魯迅と尹東柱と、私たち
2007.08.01	No.134	78		まちがいさがし ver.2
2007.08.01	No.134	79		読者プレゼント
2007.08.01	No.134	80		そんじゃ撮ろうか/丁振鈺さん・金貞子さん
2007.09.01	No.135	9		〈特集〉パチンコ業界のリアル 同胞経営者の攻防
2007.09.01	No.135	10	曺喜彦	深刻さを増やす業界・減少止まらぬパチンコ店
2007.09.01	No.135	12		ルポ/同胞経営者ら 現場での試行錯誤「不況の今を、いかに乗り切るか」
2007.09.01	No.135	16		山があれば谷がある-時代を見越す経営 株式会社オーサク興業会長・金応錫
2007.09.01	No.135	18		遊技業界に求められるものは何か?李忠烈・CPM(kyc遊技業部会)会長に聞く
2007.09.01	No.135	26		短期連載・30代の肖像 Vol.⑤最終回「命題」
2007.09.01	No.135	42	北川広和	米朝主導で6者会談が進展/包括的で実質的な米朝国交正常化へ
2007.09.01	No.135	44		米議会は今、なぜ被害者への謝罪を求めるのか「女子たちの戦争と平和資料館」管長 西野瑠美子さんに聞く
2007.09.01	No.135	46	広野省三	「朝鮮バッシング」を生む日本の社会状況/憲法を守る闘いはアジアとの連帯のなかに

발행일	지면정보		필자	제목
	권호	페이지		
2007.09.01	No.135	60		「私たちを忘れないで」韓国人が観た「ウリハッキョ」
2007.09.01	No.135	62		99年の歳月に込められた苦労、そして幸せ/趙宝玉ハンマンの白寿の祝い
2007.09.01	No.135	2	徐勝	在日同胞とわたし/「ウリハッキョ」
2007.09.01	No.135	4		ing/新潟県中越沖地震 他
2007.09.01	No.135	22		Corean/金英花 40年の教員生活、それは生涯をかけた財産
2007.09.01	No.135	24		今月のピョンアリたち
2007.09.01	No.135	25		Goodwill vist/竹村美智子 自分の父・母だったら 何をしてあげる?
2007.09.01	No.135	30	朴広	朝鮮問題の視点/「開城工団」
2007.09.01	No.135	32	李季先	イオ生活相談室/「年金」
2007.09.01	No.135	33	キム・ファン	アッパとしよう!生きもののはなし「カササギ」
2007.09.01	No.135	36	李汕玉	朝鮮語セリフ10/「断る」
2007.09.01	No.135	38		ウリマルでよんでみよう/「リムジン江のコスモス」 康明淑・作・訳 金聖蘭・絵
2007.09.01	No.135	41		かんたん!写真講座/「子どもを撮る」
2007.09.01	No.135	48		おみせnav/中村屋(岡山県倉敷市)
2007.09.01	No.135	49		イオタイムズ/東京で在日本朝鮮人中央大会 他
2007.09.01	No.135	52		Sports io/東京朝鮮中高級学校中級部サッカー部 関東大会で初優勝 他
2007.09.01	No.135	54		Kyc INFORMATION/各地で総会が開催 他
2007.09.01	No.135	56		読者の声＋編集後記
2007.09.01	No.135	57	笑福亭銀瓶	銀瓶のマルで真ん丸/ひとまずホッ
2007.09.01	No.135	58		フォトストーリー/沈菜幻想
2007.09.01	No.135	64		ウリハッキョ元気計画/岡山朝鮮初中級学校
2007.09.01	No.135	66		企業に歴史あり/株式会社イワモトテンソウ
2007.09.01	No.135	69		今晩のコリアン風おかず/キノコのジョン
2007.09.01	No.135	71		BOOK/「異文化間介護と多文化共生」他
2007.09.01	No.135	72		CINEMA/「この道は母へとつづく」
2007.09.01	No.135	72	遠藤裕二	懐かしい CINE-CINE団/「バブル」の終わりを眺めながら
2007.09.01	No.135	73		文化/白玲回顧展 他
2007.09.01	No.135	73	金正浩	文化のアンテナ/政治マンガの金字塔「サンクチュアリ」
2007.09.01	No.135	78		まちがいさがし ver.2
2007.09.01	No.135	79		読者プレゼント
2007.09.01	No.135	80		そんじゃ撮ろうか/梁相鎮さん
2007.10.01	No.136	9		〈特集〉オリニの本を旅する
2007.10.01	No.136	10	李慶子	朝鮮で子どもの本が生まれたお話
2007.10.01	No.136	14	仲村修	日本の児童文学に描かれた朝鮮
2007.10.01	No.136	16		韓国で続く同胞作品の翻訳出版/文章、画風に広がる独立の世界

발행일	지면정보		필자	제목
	권호	페이지		
2007.10.01	No.136	18		朝鮮の絵本作り 「心弾む作品」こそ/児童書出版大手・金星青年出版社、新設の金日成綜合大学・文学大学を訪ねる
2007.10.01	No.136	26		第2回南北首脳会談が実現へ/「根本問題」解決に向け、祖国統一の新たな局面開く
2007.10.01	No.136	28		朝鮮各地で大規摸な水害/豪雨による洪水発生、死者・行方不明者600人越す
2007.10.01	No.136	42		住民の生存権、必ず守られるべき/最終局面を迎えた「ウトロ問題」
2007.10.01	No.136	44	朴珣愛	朝鮮最古の朝鮮語小説「薛公瓚伝」
2007.10.01	No.136	46	白凛	在日朝鮮人美術は誰のものなのか
2007.10.01	No.136	60		オモニへの思い、拳に託す/神戸朝高卒業生 裵在樹選手、世界へ挑戦
2007.10.01	No.136	63		「高尾山を案内します」/ガイドサポーターを務める1世同胞 鄭在洙さん
2007.10.01	No.136	2	徐勝	在日同胞とわたし/「私たちの願いは統一」
2007.10.01	No.136	4		ing/日本政府の対朝鮮制裁 他
2007.10.01	No.136	22		Corean/金昌弘 99パーセントの幸さ、1パーセントの感動
2007.10.01	No.136	24		今月のピョンアリたち
2007.10.01	No.136	25		Goodwill vist/江口済山郎 そろそろ夜明けがきますよ
2007.10.01	No.136	30	文聖希	朝鮮問題の視点/「南北交流」
2007.10.01	No.136	32	金東鶴	イオ生活相談室/「戸籍」
2007.10.01	No.136	33	キム・ファン	アッパとしよう!生きもののはなし「チョウセンオオカミ」
2007.10.01	No.136	36	李汕玉	朝鮮語セリフ10/「後悔する」
2007.10.01	No.136	38		ウリマルでよんでみよう/「おひるね」尹一柱・作 成良守・訳 任香淑・絵
2007.10.01	No.136	41		かんたん!写真講座/「旅先での写真撮影」
2007.10.01	No.136	48		おみせnavi/KOSARI(東京都港区)
2007.10.01	No.136	49		イオタイムズ/兵庫で「ムジゲ会」交流会 他
2007.10.01	No.136	52		Sports io/FIFA U-17ワールドカップ 他
2007.10.01	No.136	54		Kyc INFORMATION/鳥取県青商会が結成 他
2007.10.01	No.136	56		読者の声+編集後記
2007.10.01	No.136	57	笑福亭銀瓶	銀瓶のマルで真ん丸/帰りたくないよ~
2007.10.01	No.136	58		フォトストーリー/空蟬
2007.10.01	No.136	66		ウリハッキョ元気計画/泉州朝鮮初級学校
2007.10.01	No.136	68		企業に歴史あり/株式会社吉岡工業
2007.10.01	No.136	71		今晩のコリアン風おかず/サワラの煮付け
2007.10.01	No.136	79		BOOK/「鎮守の森」他
2007.10.01	No.136	74		CINEMA/「クワイエットルームにようこそ」
2007.10.01	No.136	74	李相美	懐かしい CINE-CINE団/子どもの頃に味わった包まれるような愛

발행일	지면정보		필자	제목
	권호	페이지		
2007.10.01	No.136	75		文化/1901~20世紀ピアノ音楽との対話 他
2007.10.01	No.136	75	金正浩	文化のアンテナ/知るべき歴史の優先順位
2007.10.01	No.136	78		まちがいさがし ver.2
2007.10.01	No.136	79		読者プレゼント
2007.10.01	No.136	80		そんじゃ撮ろうか/李奉学さん、鄭点礼さん
2007.11.01	No.137	2		〈特集1〉南北首脳会談 新たな次元に進んだ北南関係
2007.11.01	No.137	6		北南関係の発展と平和・繁栄のための宣言(全文)
2007.11.01	No.137	8		6.15全面履行の重要契機/宣言の歴史的意味と展望-北南関係発展、平和繁栄へと朝鮮新報平壌支局・特別取材班
2007.11.01	No.137	12		日本各地で同胞たちの歓迎行事
2007.11.01	No.137	37		〈特集2〉7年で何が変わったか?「6.15」から「10.4」へ
2007.11.01	No.137	38	姜イルク	〈信頼醸成〉当局者レベルが互いの祭典二酸化する時代に突入した
2007.11.01	No.137	40	姜日天	〈経済〉民族経済の均衡的・統一的発展に向けて歩んだ7年
2007.11.01	No.137	42		〈同胞社会〉12、世それぞれが感じた変化とは
2007.11.01	No.137	44	前田康博	〈国際情勢〉アメリカを政策転換へ追い込んだ南北対話
2007.11.01	No.137	46	兪炳紋	〈民間交流〉心の38度線崩し、「敵」から統一のパートナーへ
2007.11.01	No.137	26		これからも、同胞女性の連帯と自立を　女性同盟結成60周年記念大会・東京
2007.11.01	No.137	62		日本当局は制裁を中止せよ　同胞5000人が集会とデモ
2007.11.01	No.137	16	徐勝	在日同胞とわたし/「土に帰る」
2007.11.01	No.137	18		ing/6者会談 他
2007.11.01	No.137	22		Corean/黄日出「闘う姿を家族に見せたい」、おやじの再挑戦
2007.11.01	No.137	24		今月のピョンアリたち
2007.11.01	No.137	25		Goodwill vist/安達亮 違うからこそ、美しい
2007.11.01	No.137	28		短期連載・30代の肖像　連載を終えて/本連載の取材記者たちは、「現場」で何を感じたか
2007.11.01	No.137	30	韓桂玉	朝鮮問題の視点/「国家保安法」
2007.11.01	No.137	32	崔雅絹	イオ生活相談室/「介護」
2007.11.01	No.137	33	キム・ファン	アッパとしよう!生きもののはなし「サプサル犬」
2007.11.01	No.137	34	李汕玉	朝鮮語セリフ10/「介護する」
2007.11.01	No.137	36		かんたん!写真講座/「結婚式を撮る」
2007.11.01	No.137	48		おみせnavi/松ちゃんラーメン(東京都豊島区)
2007.11.01	No.137	49		イオタイムズ/国交正常化の早期実現を 他
2007.11.01	No.137	52		Sports io/ケ・スニ選手が4連覇 他
2007.11.01	No.137	54		Kyc INFORMATION/「焼肉塾」第1回メニューコンテスト 他
2007.11.01	No.137	56		読者の声＋編集後記
2007.11.01	No.137	57	笑福亭銀瓶	銀瓶のマルで真ん丸「あっ!銀瓶さん!」
2007.11.01	No.137	58		フォトストーリー/銀色ららばい

발행일	지면정보		필자	제목
	권호	페이지		
2007.11.01	No.137	64		ウリハッキョ元気計画/東京朝鮮第4初中級学校
2007.11.01	No.137	66		企業に歴史あり/群山商店
2007.11.01	No.137	69		今晩のコリアン風おかず/サトイモの煮物
2007.11.01	No.137	71		BOOK/「よじはん よじはん」他
2007.11.01	No.137	72		CINEMA/「ナンバー23」
2007.11.01	No.137	72	松江哲明	懐かしい CINE-CINE団/想像力を与えてくれる映画の力を信じる
2007.11.01	No.137	73		文化/第36回 在日朝鮮学生美術展 他
2007.11.01	No.137	73	金正浩	文化のアンテナ/大衆の支持を得ることと、迎合することの違い
2007.11.01	No.137	78		まちがいさがし ver.2
2007.11.01	No.137	79		読者プレゼント
2007.11.01	No.137	80		そんじゃ撮ろうか/李奉学さん、鄭点礼さん
2007.12.01	No.138	9		〈特集〉今夜はチョソンパンチャン
2007.12.01	No.138	10		おかず・スープ・キムチ
2007.12.01	No.138	15		本格料理を仲間たちと楽しむ/東京・立川市在住女性たちの朝鮮料理教室「ローズマリー」
2007.12.01	No.138	16		鍋もの 牛スジ鍋/あったか油揚げの鍋/コリアン風すき焼き/コリアン風おでん
2007.12.01	No.138	26		外国籍の子どもたちに、居場所と学ぶ場の提供を/多民族共生教育フォーラム2007東京
2007.12.01	No.138	41	金順愛	険しいアリラン峠をともに越えて
2007.12.01	No.138	42	崔勇海	「北南関係の発展と平和・繁栄のための宣言」の歴史的意義/統一第2段階の幕開け
2007.12.01	No.138	44		韓相烈・「韓国進歩連帯」共同代表に聞く/相互信頼で統一運動の拡大を-在日同胞の闘いが力に
2007.12.01	No.138	46		朝鮮大学校創立50周年を記念し文学部卒業生が自主制作 劇映画「星の流るせせらぎの辺で」を製作
2007.12.01	No.138	60	朴一南	/第36回在日朝鮮学生美術展入賞作から
2007.12.01	No.138	2	徐勝	在日同胞とわたし/オモニ
2007.12.01	No.138	4		ing/朝鮮の水害復旧の現状 他
2007.12.01	No.138	22		Corean/任炅娥 チェロに込める思い「通路」から「代弁者」へ
2007.12.01	No.138	24		今月のピョンアリたち
2007.12.01	No.138	25		Goodwill vist/露川冴 演劇で伝える。そして被害者の心をほぐしたい
2007.12.01	No.138	30	白漢一	朝鮮問題の視点/「連邦制案と連合制案」
2007.12.01	No.138	32	姜晋驍	イオ生活相談室/「外国人雇用」
2007.12.01	No.138	33	キム・ファン	アッパとしよう!生きもののはなし「コウノトリ」
2007.12.01	No.138	34	李汕玉	朝鮮語セリフ10/「後悔する」
2007.12.01	No.138	36		ウリマルでよんでみよう/「へんなおじさん」徐正人・作 成良守・訳 成明淑・絵

발행일	지면정보		필자	제목
	권호	페이지		
2007.12.01	No.138	39		かんたん!写真講座/「料理を撮る」
2007.12.01	No.138	48		おみせnavi/禧虎坊(埼玉県川口市)
2007.12.01	No.138	49		イオタイムズ/「在日朝鮮人歴史・人権週間」他
2007.12.01	No.138	52		Sports io/「第20回A級トーナメント」フェザー級決勝戦 他
2007.12.01	No.138	54		Kyc INFORMATION/同胞社会に新たな仕組みを 他
2007.12.01	No.138	56		読者の声＋編集後記
2007.12.01	No.138	57	笑福亭銀瓶	銀瓶のマルで真ん丸/韓国公演リポート
2007.12.01	No.138	58		フォトストーリ/カノン
2007.12.01	No.138	64		ウリハッキョ元気計画/新潟朝鮮初中級学校
2007.12.01	No.138	66		企業に歴史あり/有限会社ソニック
2007.12.01	No.138	69		今晩のコリアン風おかず/アサリと納豆のチゲ
2007.12.01	No.138	71		BOOK/「現代朝鮮の悲劇の指導者たち」他
2007.12.01	No.138	72		CINEMA/「ユゴ-大統領有故」
2007.12.01	No.138	72	遠藤裕二	懐かしい CINE-CINE団/追悼・佐藤真-人間を「信用」するということ
2007.12.01	No.138	73		文化/ソン・ジュンナン＆ユン・チョンス「KOBE People」他
2007.12.01	No.138	73	金正浩	文化のアンテナ/「ウリ文化」を育てる力
2007.12.01	No.138	78		まちがいさがし ver.2
2007.12.01	No.138	79		読者プレゼント
2007.12.01	No.138	80		そんじゃ撮ろうか/徐元洙さん、陸末伊さん
2008.01.01	No.139	9		おやじ、スポーツで青春。
2008.01.01	No.139	10	金永貴	焼肉とサッカーは日本人に負けたくない
2008.01.01	No.139	12	金昌男	伝説のゴールド城が再びリングを目指す
2008.01.01	No.139	13	宋徳竜	仕事のために始めたゴルフが50を迎えて開花する
2008.01.01	No.139	14	鄭義哲	極めないと気がすまない、いきなり7サミット登頂を目標に
2008.01.01	No.139	15	金昌弘	「完走」することの気持ちよさ。「もうやめられない」
2008.01.01	No.139	16	朴銀秀	体を張って、後輩たちに夢を託す
2008.01.01	No.139	17	許正彦	「運動したい症候群」に伝授したい3Pointレッスン
2008.01.01	No.139	18		密着ルポ/おやじのストイックな一日 マンゴツ・スピードスター 朴大助
2008.01.01	No.139	40		コリアン学生学術文化フェスティバル2007/未来を開拓するために理論と実践を
2008.01.01	No.139	42		大阪朝高ラグビー部、三たび花園へ/多彩な攻撃で「全国一」を目指す-ラグビー部・呉英吉監督に聞く
2008.01.01	No.139	44		「民族」を取り戻せる唯一無二の場/「外」から見た「朝鮮学校」と「民族教育」-金明俊監督に聞く
2008.01.01	No.139	60		「在日朝鮮人歴史・人権週間」-正しい歴史認識問われる
2008.01.01	No.139	2		三千里紀行/第1回 白頭山
2008.01.01	No.139	6		ing/注目される朝鮮のレアメタル 他

발행일	지면정보		필자	제목
	권호	페이지		
2008.01.01	No.139	22	金東鶴	眠目/物差し
2008.01.01	No.139	24		今月のピョンアリたち
2008.01.01	No.139	25		子育てレスQ+働く女性応援隊
2008.01.01	No.139	26	韓啓司	韓先生の健康のお話
2008.01.01	No.139	27	金静寅	こちら法律相談所/結婚
2008.01.01	No.139	28		仕事とわたし/整形外科医・金成道さん
2008.01.01	No.139	30		今月の朝鮮半島/第1回北南総理会談 他
2008.01.01	No.139	32		SHAKE HAND/朝鮮学校は市民の財産、守ることは必然 金子博昭さん
2008.01.01	No.139	33	笑福亭銀瓶	銀瓶のマルで真ん丸/ハッキョとワッソ
2008.01.01	No.139	34	裵正烈	うりまるいやぎ/いつか出したい慶尚道方言本
2008.01.01	No.139	35	韓成求	朝鮮語、知ってナットク!「왜」他
2008.01.01	No.139	36		ウリマルでよんでみよう/空気入れ 李芳世・作 金誠民守・絵
2008.01.01	No.139	46		io2.0/オペラ歌手・鄭香淑さん
2008.01.01	No.139	48		ioおみせNavi!/うどん工房「遊庵」(岡山県玉野市)
2008.01.01	No.139	49		めざせ繁盛店トラの巻/清水均
2008.01.01	No.139	50		イオタイムズ/「朝高を、自分の子のように考えて」他
2008.01.01	No.139	53		Sports/FCコリア、朝大がそろって関東2部昇格 他
2008.01.01	No.139	54		Kyc INFORMATION/東京城南、大阪福島で結成総会 他
2008.01.01	No.139	56		読者の声＋編集後記
2008.01.01	No.139	58	森達也	砂時計/クリスマスに処刑された死刑囚・藤波芳夫の遺書
2008.01.01	No.139	62		連載小説/解放区(1) 李英哲・文 HAJI・写真
2008.01.01	No.139	64		ウリハッキョ元気計画/京都朝鮮第2初級学校
2008.01.01	No.139	69		今夜のパンチャン/ミニポッサムキムチ、山芋粥
2008.01.01	No.139	71		月イチ文化紀行/康明姫
2008.01.01	No.139	72		BOOK/「정신없는도깨비」「外国人・民族的マイノリティ人権白書」他
2008.01.01	No.139	73		著者訪問/CINEMA
2008.01.01	No.139	78		まちがいはどこ?
2008.01.01	No.139	79		読者プレゼント
2008.01.01	No.139	80	金正浩	ジョンホの穴あきポゲット/ボク、ドラえもん?
2008.02.01	No.140	4		朝鮮学校イマージョン!
2008.02.01	No.140	5	朴宰秀	スペシャルエッセイ 少数派言語がなぜ生き残ってこられたのか
2008.02.01	No.140	8		段階別レポート1 初級部/とにかく会話! 日常の空間で聞く・話す
2008.02.01	No.140	10		段階別レポート2 中級部/なんだ朝鮮語ってかっこいいんだ
2008.02.01	No.140	11		段階別レポート3 高級部/卒業時は母語話者との会話をめざす

발행일	지면정보		필자	제목
	권호	페이지		
2008.02.01	No.140	12		段階別レポート4 大学校/教員としてネイティブに近い朝鮮語能力を目標に
2008.02.01	No.140	14		段階別レポート5 幼稚園/タコはウリマルで문어だよ
2008.02.01	No.140	15		2003年度に改編された新教科書 子どもたちの実情、「朝鮮語の味」を追求
2008.02.01	No.140	16		鼎談/朝・日・英3言語学ぶ良さは－現職教員が考える「言語教育の課題」
2008.02.01	No.140	20		三千里紀行 第2回 智異山
2008.02.01	No.140	40	韓東成	「2012年構想」実現にむけた「歴史的転換の年」「労働新聞」「朝鮮人民軍」「青年前衛」新年共同社説を読む
2008.02.01	No.140	42		大阪朝高ラグビー部、花園への3度目の挑戦/第87回全国高等学校ラグビー大会
2008.02.01	No.140	60		南の観衆/民族、統一の「舞台」に魅了 金剛山歌劇団ソウル公演
2008.02.01	No.140	2		ing/朝鮮でeコマース 他
2008.02.01	No.140	24		今月のビョンアリたち
2008.02.01	No.140	25		子育てレスQ+働く女性応援隊
2008.02.01	No.140	26	韓啓司	韓先生の健康のお話
2008.02.01	No.140	27	金静寅	こちら法律相談所/子ども
2008.02.01	No.140	28		仕事とわたし/システムエンジニア・李哲銖さん
2008.02.01	No.140	30		今月の朝鮮半島/第17代韓国大統領選 他
2008.02.01	No.140	32		SHAKE HAND/作品と出会えて知った日本の侵略史 船津基さん
2008.02.01	No.140	33	笑福亭銀瓶	銀瓶のマルで真ん丸/伝えるべきこと
2008.02.01	No.140	34	米津篤八	うりまるいやぎ/タケダ君の「リムジン江」
2008.02.01	No.140	35	韓成求	朝鮮語、知ってナットク!「미안하다」他
2008.02.01	No.140	36	金東鶴	眠目/「KY」ではなく
2008.02.01	No.140	46		io2.0/綜合格闘家・朴光哲さん
2008.02.01	No.140	48		ioおみせNavi!/「コリベン」(群馬県高崎市)
2008.02.01	No.140	49	清水均	めざせ繁盛店トラの巻/清水均
2008.02.01	No.140	50		イオタイムズ/「同胞法律・生活センター10周年の集い」他
2008.02.01	No.140	53		Sports/第26回朝・日ボクシング大会 他
2008.02.01	No.140	54		Kyc INFORMATION/各地城で総会 他
2008.02.01	No.140	56		読者の声＋編集後記
2008.02.01	No.140	58	山口正紀	砂時計/メディアから見た日本
2008.02.01	No.140	62		連載小説/解放区(2) 李英哲・文 HAJI・写真
2008.02.01	No.140	66		ウリハッキョ元気計画/群馬朝鮮初中級学校
2008.02.01	No.140	69		今夜のパンチャン/おからのチゲ、雷キムチの柚子風味
2008.02.01	No.140	71	朴一南	月イチ文化紀行
2008.02.01	No.140	72		BOOK/「生物と無生物のあいだ」「わが八十歳に乾杯」他

발행일	지면정보		필자	제목
	권호	페이지		
2008.02.01	No.140	73	松江哲明	著者訪問/李慶子さん（「ウトロはふるさと」）「28週後···」
2008.02.01	No.140	73		CINEMA
2008.02.01	No.140	78		まちがいはどこ?
2008.02.01	No.140	79		読者プレゼント
2008.02.01	No.140	80	金正浩	ジョンホの穴あきポゲット/ぼくらの「流行語大賞」
2008.03.01	No.141	6		同胞演劇の世界/リアルと舞台の弁証法
2008.03.01	No.141	7		在日同胞演劇、黎明のころ/1世舞台人が語る「やろうという強い意志を持て」
2008.03.01	No.141	8		視点は「日本人にはならない」/劇団アランサムセの金正浩さんに聞く
2008.03.01	No.141	10		自分たちが語るべき物語は何か 劇団タルオルム
2008.03.01	No.141	12	金守珍	表現しては壊す、そこに答えがある
2008.03.01	No.141	13	金哲義	「小さな先人を大きく書き記したい」
2008.03.01	No.141	14	朴成徳	演劇ってどう作る?脚本作りの7つのポイント
2008.03.01	No.141	16		インタビュー/ジェームス三木-作品の決め手は「劣等感」に「三角形」
2008.03.01	No.141	20		三千里紀行/第3回　金剛山
2008.03.01	No.141	18		京都府警、朝鮮商工会に強制捜索
2008.03.01	No.141	40		10周年を迎えた「同胞ブライダルガイドブック」
2008.03.01	No.141	42		鄭大世-朝大卒のJ1プレイヤーの胸にあるものは
2008.03.01	No.141	65	李一満	東京大空襲と朝鮮人犠牲者(上)
2008.03.01	No.141	2		ing/朝鮮に国際資本が注目 他
2008.03.01	No.141	24		今月のピョンアリたち
2008.03.01	No.141	25		子育てレスQ+働く女性応援隊
2008.03.01	No.141	26	韓啓司	韓先生の健康のお話
2008.03.01	No.141	27	金東鶴	こちら法律相談所/教育
2008.03.01	No.141	28		仕事とわたし/2級建築士・姜竜洙さん
2008.03.01	No.141	30		今月の朝鮮半島/朝米間の疑惑の張本人は米国か 他
2008.03.01	No.141	32		SHAKE HAND/日本の学生に日朝友好について考えてほしい 石井利和さん
2008.03.01	No.141	33	笑福亭銀瓶	銀瓶のマルで真ん丸/マンナミチェミイッタ
2008.03.01	No.141	34	康明淑	うりまるいやぎ/コスモスゆれて
2008.03.01	No.141	35	韓成求	朝鮮語、知ってナットク!「이제」他
2008.03.01	No.141	36		ウリマルでよんでみよう/ビリのために　ハン・ドル・作　河専南・絵 康明淑・訳
2008.03.01	No.141	38	鄭栄桓	眠目/「上から目線」
2008.03.01	No.141	46		io2.0/美術家・尹晴樹さん
2008.03.01	No.141	48		ioおみせNavi!「はな」(京都市左京区)
2008.03.01	No.141	49		めざせ繁盛店トラの巻/清水均

발행일	지면정보		필자	제목
	권호	페이지		
2008.03.01	No.141	50		イオタイムズ/遺骨まで差別する日本政府 他
2008.03.01	No.141	53		Sports/朝鮮がW杯アジア3次予選初戦勝利 他
2008.03.01	No.141	54		Kyc INFORMATION/千葉でコッポンオリコンサート 他
2008.03.01	No.141	56		読者の声＋編集後記
2008.03.01	No.141	58	俵義文	砂時計/現在の教育から見えてくる日本
2008.03.01	No.141	60		連載小説/解放区(3) 李英哲・文 HAJI・写真
2008.03.01	No.141	69		今夜のパンチャン/鯛の蒸し物、菜の花のキムチ
2008.03.01	No.141	71	高賛侑	月イチ文化紀行
2008.03.01	No.141	72		BOOK/「権力の読み方」「脳にうれしい音楽にチカラ」他
2008.03.01	No.141	73		著者訪問/高橋哲哉さん(「状況への発言」)
2008.03.01	No.141	73	遠藤裕二	CINEMA「アドリブ・ナイト」
2008.03.01	No.141	78		まちがいはどこ?
2008.03.01	No.141	79		読者プレゼント
2008.03.01	No.141	80	金正浩	ジョンホの穴あきポケット/「仲間はずれ」は誰だ?
2008.04.01	No.142	4		「1948年4月」そこで何が起きたのか
2008.04.01	No.142	5	李柄輝	1948年とはいかなる年だったか
2008.04.01	No.142	8	洪祥進	4.24教育闘争 民族の尊厳を守る闘いだった
2008.04.01	No.142	11		4万人の同胞群集のなかに私はいた 4.24阪神教育闘争の体験者・李大煕さん
2008.04.01	No.142	12	李英洙	南北連席会議/「分断歴史」の中で、唯一無二の大民族会議
2008.04.01	No.142	14	李銀珠	「済州4.3」の真実 正しい名称で呼ばれるのはいつなのか
2008.04.01	No.142	20		三千里紀行/第4回 済州島
2008.04.01	No.142	40		新ブランド「ヘアロ」が誕生
2008.04.01	No.142	43	金順愛	語り継がれる「一枚の写真」
2008.04.01	No.142	65	李一満	東京大空襲と朝鮮人犠牲者(下)
2008.04.01	No.142	2		ing/NYフィル公演 裏の「立役者」他
2008.04.01	No.142	24		今月のピョンアリたち
2008.04.01	No.142	25		子育てレスQ+働く女性応援隊
2008.04.01	No.142	26	韓啓司	韓先生の健康のお話
2008.04.01	No.142	27	金静寅	こちら法律相談所/外国人登録証
2008.04.01	No.142	28		仕事とわたし/会社取締役・朴琴舜さん
2008.04.01	No.142	30		今月の朝鮮半島/NYフィル平壌公演 他
2008.04.01	No.142	32	手島悠介	SHAKE HAND/「記号」としてみるのでなく「人間同士」の関係を築けたら
2008.04.01	No.142	33	笑福亭銀瓶	銀瓶のマルで真ん丸/とにかくしゃべろう
2008.04.01	No.142	34	李迅玉	うりまるいやぎ/アボジが残してくれたもの
2008.04.01	No.142	35	韓成求	朝鮮語、知ってナットク!「거짓말」他
2008.04.01	No.142	36		ウリマルでよんでみよう/ふるさとの春 李元寿・作 徐清美・絵 成良守・訳

발행일	지면정보		필자	제목
	권호	페이지		
2008.04.01	No.142	46		io2.0/クリエーター・金盛
2008.04.01	No.142	48		ioおみせNavi!/「韓路」(東京都新宿区)
2008.04.01	No.142	49	清水均	めざせ繁盛店トラの巻/清水均
2008.04.01	No.142	50		イオタイムズ/総聯京都、ウトロ住民に募金伝達 他
2008.04.01	No.142	53		Sports/サッカー東ア選手権 他
2008.04.01	No.142	54		Kyc INFORMATION/宮城青商会第6期総会 他
2008.04.01	No.142	56		読者の声＋編集後記
2008.04.01	No.142	58	前田朗	砂時計/ガダルカナル不法滞在記
2008.04.01	No.142	60		連載小説/解放区(4) 李英哲・文 HAJI・写真
2008.04.01	No.142	68		ウリハッキョ元気計画/小倉朝鮮幼稚園
2008.04.01	No.142	71		今夜のパンチャン/もやしの炊き込みごはん、新玉ねぎのキムチ
2008.04.01	No.142	73	洪永佑	月イチ文化紀行
2008.04.01	No.142	74		BOOK/「朝鮮半島の分断と離散家族」、「集団自衛権とは何か」他
2008.04.01	No.142	75		著者訪問/山中恒さん(「マキの廃墟伝説」)/CINEMA 「恋の罠」朴成徳
2008.04.01	No.142	79		まちがいはどこ?
2008.04.01	No.142	80		読者プレゼント
2008.04.01	No.142	80	金正浩	ジョンホの穴あきポゲット
2008.05.01	No.143	5		祭祀のいまこれから
2008.05.01	No.143	6		みんなが考える祭祀ってナンだろう? 在日コリアン235人に聞きました
2008.05.01	No.143	10		私が思う祭祀の「あれこれ」アンケートの自由回答欄から
2008.05.01	No.143	12		ルポ/新祭祀感賞の時代の到来
2008.05.01	No.143	14		朝鮮半島のこんにち的祭祀・北編/秋夕に一斉に行われる朝鮮の祭祀
2008.05.01	No.143	15		朝鮮半島のこんにち的祭祀・南編/家族が楽しく盛り上がる場に
2008.05.01	No.143	16	梁愛舜	エッセイ/在日朝鮮人社会の「チェーサ」には特別な役割がある
2008.05.01	No.143	20		三千里紀行 第5回 妙香山
2008.05.01	No.143	42		サッカー通じた後方・親善育む/広島ピョンファ杯
2008.05.01	No.143	45		今日も黙々と母校のペンキ塗り 兵庫県姫路市在住・李基永さん
2008.05.01	No.143	64		「ウリウリ!コッポンオリ!」DVD第5回発売開始
2008.05.01	No.143	66		「日本人の私が日本人に一番見せたい映画」 早稲田大学でドキュメンタリー映画「ウリハッキョ」上映会
2008.05.01	No.143	2		ing/外国人学校の処遇改善を 他
2008.05.01	No.143	24		今月のピョンアリたち
2008.05.01	No.143	25		子育てレスQ+働く女性応援隊

발행일	지면정보		필자	제목
	권호	페이지		
2008.05.01	No.143	26	韓啓司	韓先生の健康のお話
2008.05.01	No.143	27	姜晋驍	こちら法律相談所/雇用
2008.05.01	No.143	28		仕事とわたし/ブライダルプロデューサー・朴英二さん
2008.05.01	No.143	30		今月の朝鮮半島/米 時限付「核外交」の問題点 他
2008.05.01	No.143	32	榎雄喜	SHAKE HAND/まずは謝罪して、そして過去を自覚すること
2008.05.01	No.143	33	笑福亭銀瓶	銀瓶のマルで真ん丸/ハルモニの笑顔
2008.05.01	No.143	34	裵正烈	うりまるいやぎ/「ネイティブ並」
2008.05.01	No.143	35	韓成求	朝鮮語、知ってナットク!「얌전하다」他
2008.05.01	No.143	36		ウリマルでよんでみよう/押し花 金敬淑・作/訳 鄭聖華・絵
2008.05.01	No.143	38	金哲秀	眠目/「心に刻む努力」
2008.05.01	No.143	46		io2.0/役者・河栄俊さん
2008.05.01	No.143	48		ioおみせNavi!/「泰一」(大阪府大阪市)
2008.05.01	No.143	49	清水均	めざせ繁盛店トラの巻/清水均
2008.05.01	No.143	50		イオタイムズ/「制裁」の延長は許さない 他
2008.05.01	No.143	53		Sports /ボクシング高校選抜 東京朝高生準優勝 他
2008.05.01	No.143	54		Kyc INFORMATION/愛知県豊橋青商会で総会 他
2008.05.01	No.143	56		読者の声＋編集後記
2008.05.01	No.143	58	筒井由紀子	砂時計/当たり前の光景
2008.05.01	No.143	60		連載小説/青空百景(第1回) 李英哲・文 HAJI・写真
2008.05.01	No.143	68		ウリハッキョ元気計画/四日市朝鮮初中級学校
2008.05.01	No.143	71		今夜のパンチャン/山菜ビビンバ、カブの明太子キムチ
2008.05.01	No.143	73	康明姫	月イチ文化紀行
2008.05.01	No.143	74		BOOK/「韓国現代史60年」「『論語』の話」他
2008.05.01	No.143	75		著者訪問/呉香淑さん(「朝鮮近代史を駆けぬけた女性たち32人」)/CINEMA「光州5.18」
2008.05.01	No.143	78		まちがいはどこ?
2008.05.01	No.143	79		読者プレゼント
2008.05.01	No.143	80	金正浩	ジョンホの穴あきポゲット/こんな私に誰がした
2008.06.01	No.144	5		経済危機のいまを読み解く
2008.06.01	No.144	6	卞栄成	日本経済を襲う問題6
2008.06.01	No.144	10		インタビュー/鎌倉孝夫氏に聞く「人間破壊」をもたらす新自由主義
2008.06.01	No.144	14	呉民学	在日同胞企業にのしかかる大きな影
2008.06.01	No.144	20		三千里紀行 第6回 金堤平野
2008.06.01	No.144	40	村上尚子	慰霊祭を見守る漢拏山「4.3」事件60周年犠牲者慰霊祭に参加して(1)
2008.06.01	No.144	42	李千波	途絶えた糸を再びつなぎなおすために
2008.06.01	No.144	44		4.24教育闘争60周年記念事業、最大規摸の企画が兵庫で開催

발행일	지면정보		필자	제목
	권호	페이지		
2008.06.01	No.144	64		弾圧に屈せず共和国の旗を守りぬく/短期連載·共和国倉建と私 第1回白宗元
2008.06.01	No.144	2		ing/国会で外国人教育支援の議連が結成 他
2008.06.01	No.144	18	金哲秀	眠目/「知りえない」ということ
2008.06.01	No.144	24		今月のピョンアリたち
2008.06.01	No.144	25		子育てレスQ+働く女性応援隊
2008.06.01	No.144	26	韓啓司	韓先生の健康のお話
2008.06.01	No.144	27	金静寅	こちら法律相談所/金銭トラブル
2008.06.01	No.144	28		仕事とわたし/看護師·田美幸さん
2008.06.01	No.144	30		今月の朝鮮半島/過半数獲得も手放しで喜べない ハンナラ党 他
2008.06.01	No.144	32	藤井宏子	SHAKE HAND/サムルノリの一体感を共有する楽しさ
2008.06.01	No.144	33	笑福亭銀瓶	銀瓶のマルで真ん丸/同じ釜の飯を食べた仲間
2008.06.01	No.144	34	米津篤八	うりまるいやぎ/「ウリ」とは言えないけれど
2008.06.01	No.144	35	韓成求	朝鮮語、知ってナットク!「무섭다」他
2008.06.01	No.144	36		ウリマルでよんでみよう/チャッチャクン 尹石重·作 金成美·絵 康明淑·訳
2008.06.01	No.144	46		io2.0/横河電機ラグビー部·趙顕徳さん
2008.06.01	No.144	48		ioおみせNavi!/「もん」(東京都北区)
2008.06.01	No.144	49	清水均	めざせ繁盛店トラの巻/清水均
2008.06.01	No.144	50		イオタイムズ/同胞高齢者に充実余生を 他
2008.06.01	No.144	53		Sports/平壌で聖火リレー、在日朝鮮人3人も参加 他
2008.06.01	No.144	54		Kyc INFORMATION/各地でチャリティイベント 他
2008.06.01	No.144	56		読者の声+編集後記
2008.06.01	No.144	58	鎌田慧	砂時計/偽装研修ーヤミ労働力の輸入
2008.06.01	No.144	60		連載小説/青空百景(第2回) 李英哲·文 HAJI·写真
2008.06.01	No.144	66		ウリハッキョ元気計画/東京朝鮮第6初級学校
2008.06.01	No.144	69		今夜のパンチャン/キムチカツ、ごぼうの浅漬け
2008.06.01	No.144	71	白凛	月イチ文化紀行
2008.06.01	No.144	72		BOOK/「創氏改名」「月蝕書簡」他
2008.06.01	No.144	73	李相美	著者訪問/林博史さん(「ここまでわかった!日本軍『慰安婦』制度」)/CINEMA 「僕の彼女はサイボーグ」
2008.06.01	No.144	78		まちがいはどこ?
2008.06.01	No.144	79		読者プレゼント
2008.06.01	No.144	80	金正浩	ジョンホの穴あきポゲット/「帰化」考-KIKAワールドカップ編-
2008.07.01	No.145	5		朝、食べてますか?
2008.07.01	No.145	6	金季樹	こんなに大切、朝の食事 朝ごはんの重要性
2008.07.01	No.145	8	南鮮熙	朝食がもたらす5つの効能

발행일	지면정보		필자	제목
	권호	페이지		
2008.07.01	No.145	10		女性の朝ごはん/スクランブルエッグ丼と果物/ミックスジュース/シソとチーズの和風トースト
2008.07.01	No.145	12		男性の朝ごはん/もずくときのこの雑炊/ちりめん雑魚の佃煮/豚キムチ冷やっこ/ゴーヤのナムル 他
2008.07.01	No.145	14		子どもの朝ごはん/フルーツノヨーグルトがけ/3色おのぎり/スパニッシュオムレツ/みそスープ
2008.07.01	No.145	20		三千里紀行 第7回 平壌
2008.07.01	No.145	39		「トンボアイネット拡大21」-朝鮮大学校で中央熱誠者大会-子育て支援活動で結集する同胞女性たち 任芳玉/若い世代の力で同胞社会で活性化させよう 任国主
2008.07.01	No.145	42		プライドをかけた朝大サッカー部の戦い-関東リーグ前期の戦いを追う-
2008.07.01	No.145	60	梁相鎮	心の中にしっかりとした柱ができた/短期連載·共和国と私 第2回 梁相鎮
2008.07.01	No.145	64		新連載·アンニョン!ウリトンポ
2008.07.01	No.145	2		ing/超党派の日韓国交推進議連発足 他
2008.07.01	No.145	18	慎栄根	眠目/民族教育が守ってきたもの
2008.07.01	No.145	24		今月のピョンアリたち
2008.07.01	No.145	25		子育てレスQ+働く女性応援隊
2008.07.01	No.145	26	韓啓司	韓先生の健康のお話
2008.07.01	No.145	27	金静寅	こちら法律相談所/在留資格
2008.07.01	No.145	28		仕事とわたし/ヘアメイクアップアーティスト·曺理奈さん
2008.07.01	No.145	30		今月の朝鮮半島/朝鮮とロジア間で鉄道協力で合意 他
2008.07.01	No.145	32		SHAKE HAND/一人の日本人として、戦後責任と向き合っていきたい 永久のり子さん
2008.07.01	No.145	33	笑福亭銀瓶	銀瓶のマルで真ん丸/ハルモニありがとう
2008.07.01	No.145	34	康明淑	うりまるいやぎ/家族
2008.07.01	No.145	35	韓成求	朝鮮語、知ってナットク!「조르다」他
2008.07.01	No.145	36		ウリマルでよんでみよう/夢をのせ希望をのせて 許玉汝·作 文順姫·絵 成良守·訳
2008.07.01	No.145	46		io2.0/(株)モンシュシュ代表 金美花さん
2008.07.01	No.145	48		ioおみせNavi!/「にんにく鍋や」(埼玉県川口市)
2008.07.01	No.145	49	清水均	めざせ繁盛店トラの巻/清水均
2008.07.01	No.145	50		イオタイムズ/朝鮮幼稚園保護者対象に「子育て支援金」他
2008.07.01	No.145	53		Sports/鄭義哲さんがチョモランマに登頂 他
2008.07.01	No.145	54		Kyc INFORMATION/各地で学校支援チャリティー 他
2008.07.01	No.145	56		読者の声+編集後記
2008.07.01	No.145	58	森達也	砂時計/大木金太郎と原爆のきのこ雲
2008.07.01	No.145	66		連載小説/青空百景(第3回) 李英哲·文 HAJI·写真
2008.07.01	No.145	71		今夜のパンチャン/タッケジャン、キュウリのカクテギ

발행일	지면정보		필자	제목
	권호	페이지		
2008.07.01	No.145	73	高贊侑	月イチ文化紀行
2008.07.01	No.145	74		BOOK/「著作権という魔物」「お母さんのワカメスープ」他
2008.07.01	No.145	75		著者訪問　増田都子さん(「たたかう!社会科教師」)
2008.07.01	No.145	75		CINEMA/「告発のとき」
2008.07.01	No.145	78		まちがいはどこ?
2008.07.01	No.145	79		読者プレゼント
2008.07.01	No.145	80	金正浩	ジョンホの穴あきポゲット/「帰化」考-人造人間帰化イダー編
2008.08.01	No.146	5		イオ世代の「新問題」/超高齢化社会を迎えて
2008.08.01	No.146	6		ルポ/その時、家族は、介護者は-日常を襲う老いと病
2008.08.01	No.146	10		各地の介護拠点/高齢者は社会で見守る　朝日/せとマダン/みのり苑/伊賀同胞ミニデイ/サポートセンターアイ/グローバル
2008.08.01	No.146	14		生き生き、第2の人生 李基和さん/金一美さん/呉紅心さん
2008.08.01	No.146	16		高齢化社会を乗り切る知恵
2008.08.01	No.146	20		三千里紀行 第8回 釜山
2008.08.01	No.146	38	李泳采	進化している韓国の市民民主主義　市民権力を宣言した米国産牛肉輸入反対100万人キャンドルデモ
2008.08.01	No.146	42	岡本雅亭	アイヌ民族の先住民族としての承認と在日コリアン
2008.08.01	No.146	44	鄭義哲	世界の頂上に統一旗を揚げる/アクシデント乗り越えチョモランマ登頂!
2008.08.01	No.146	60	康石婻	生きてきた過程でつかんだ真実　短期連載·共和国創建と私 最終回
2008.08.01	No.146	66		新連載·アンニョン!ウリトンポ
2008.08.01	No.146	2		ing/NHK番組改ざん事件　他
2008.08.01	No.146	24		今月のピョンアリたち
2008.08.01	No.146	25		子育てレスQ+働く女性応援隊
2008.08.01	No.146	26	韓啓司	韓先生の健康のお話
2008.08.01	No.146	27	金正敏·金仙喜	こちら法律相談所/外国人雇用
2008.08.01	No.146	28		仕事とわたし/ピアノ講師·姜容子さん
2008.08.01	No.146	30		今月の朝鮮半島/朝米進展が促す日本外交の軌道修正　他
2008.08.01	No.146	32		SHAKE　HAND/他言語に対する興味から、隣国への理解を深められば 林義雄さん
2008.08.01	No.146	33	笑福亭銀瓶	銀瓶のマルで真ん丸/両方の良さがわかる
2008.08.01	No.146	34		うりまるいやぎ/「ウリ」とは言えないけれど
2008.08.01	No.146	35	韓成求	朝鮮語、知ってナットク!「나중에/이따가」他
2008.08.01	No.146	36	真栄根	眠目/いま、親として求められているもの
2008.08.01	No.146	46		io2.0/ダンサー 李蓮花さん
2008.08.01	No.146	48		ioおみせNavi!/「学一」(千葉県船橋市)
2008.08.01	No.146	49	清水均	めざせ繁盛店トラの巻/清水均
2008.08.01	No.146	50		イオタイムズ/「妄言撤回し謝罪せよ」他

발행일	지면정보		필자	제목
	권호	페이지		
2008.08.01	No.146	53		Sports/サッカーW杯、朝鮮、アジア最終予選へ 他
2008.08.01	No.146	54		Kyc INFORMATION/愛知で第5回オリニフェスタ 他
2008.08.01	No.146	56		読者の声＋編集後記
2008.08.01	No.146	58	山口正紀	砂時計/裁判員制度と日本国籍
2008.08.01	No.146	62		連載小説/青空百景(最終回) 李英哲・文 HAJI・写真
2008.08.01	No.146	68		ウリハッキョ元気計画/埼玉抽選初中級学校
2008.08.01	No.146	71		今夜のパンチャン/包みそうめん、しょうゆキムチ
2008.08.01	No.146	73	洪永佑	月イチ文化紀行
2008.08.01	No.146	74		BOOK/「軍隊のない国家」「がん穏和ケア最前線」 他
2008.08.01	No.146	75		著者訪問/本山美彦さん(「金融権力」)
2008.08.01	No.146	75		CINEMA/「片胸マシンガール」
2008.08.01	No.146	78		まちがいはどこ?
2008.08.01	No.146	79		読者プレゼント
2008.08.01	No.146	80	金正浩	ジョンホの穴あきポゲット/ネタの賞味期限
2008.09.01	No.147	3		朝鮮民主主義人民共和国創建60周年
2008.09.01	No.147	4	高演義	エッセイ/この地に生まれ落ちた時、私に祖国はなかった
2008.09.01	No.147	6		朝鮮民主主義人民共和国重大ニュース/出来事と写真で振り返る1948-2008
2008.09.01	No.147	11		イオ版朝鮮最新ガイド
2008.09.01	No.147	12		グルメ/夏バテ防止はタンコギで/高級料理で若返り/「森林」の中で民族料理/アヒル人気の発祥の地 他
2008.09.01	No.147	16		観光/「民族通り」で、歴史の息吹を満喫/大同江のお薦めスポット3連発/朝鮮映画の名作をスクリーンでもう一度
2008.09.01	No.147	20		ショッピング/朝鮮に来たならお土産はコレ/チマ・チョゴリは淡い色合い、普段着は袖短め!
2008.09.01	No.147	38	長寿山	三千里紀行　第9回　長寿山
2008.09.01	No.147	42		元気な同胞社会と新たなステージを創/親時代の到来、青商会は何を実践するのか−ウリ民族フォーラム2008in千葉
2008.09.01	No.147	63	金英哲	大阪朝高運動場明け渡し裁判
2008.09.01	No.147	64		寄付税制、朝鮮、中華学校も公平に
2008.09.01	No.147	65		異文化理解を「実感」すること/「議員の会」山下栄一幹事長に聞く
2008.09.01	No.147	22	鄭祐宗	眠目/権利を実現するということ
2008.09.01	No.147	24		今月のピョンアリたち
2008.09.01	No.147	25		子育てレスQ+働く女性応援隊
2008.09.01	No.147	26	韓啓司	韓先生の健康のお話
2008.09.01	No.147	27	金静寅	こちら法律相談所/協議離婚
2008.09.01	No.147	28		仕事とわたし/金属リサイクル業・申泰彦さん
2008.09.01	No.147	30		今月の朝鮮半島/朝鮮が求める「第2段階」の総括 他

発행일	지면정보		필자	제목
	권호	페이지		
2008.09.01	No.147	32		SHAKE HAND/観客との境界なくす踊りで、たくさんの人とつながりたい 福田康貴さん
2008.09.01	No.147	33	笑福亭銀瓶	銀瓶のマルで真ん丸/ウリマルで僕はかわった
2008.09.01	No.147	34	裵正烈	うりまるいやぎ/丁寧語
2008.09.01	No.147	35	韓正求	朝鮮語、知ってナットク!「생각하다」他
2008.09.01	No.147	36		ウリマルでよんでみよう/祖国の青い空　ク・フィチョル・作 金聖蘭・絵 李芳世・訳
2008.09.01	No.147	46	俵義文	砂時計/史上最悪の愛国心学習指導要領の危険性
2008.09.01	No.147	48		ioおみせNavi!/「スカイスパYOKOHAMA」(神奈川県横浜市)
2008.09.01	No.147	49	清水均	めざせ繁盛店トラの巻/清水均
2008.09.01	No.147	50		イオタイムズ/朝鮮、中華学校も寄付税制を公平に 他
2008.09.01	No.147	53		Sports/東京朝・日スポーツフェスティバル 他
2008.09.01	No.147	54		Kyc INFORMATION/NPO法人「ウリハッキョ」設立 他
2008.09.01	No.147	56		読者の声＋編集後記
2008.09.01	No.147	58		連載小説/歌姫クロニクル(第1回) 李英哲・文 HAJI・写真
2008.09.01	No.147	66		アンニョン!ウリトンポ/第3回 秋田県
2008.09.01	No.147	68		ウリハッキョ元気計画/名古屋朝鮮初級学校
2008.09.01	No.147	71		今夜のパンチャン/えごまの葉と青唐のキムチ、青唐と豆もやしの雑菜
2008.09.01	No.147	73	康明姫	月イチ文化紀行
2008.09.01	No.147	74		BOOK/『『母』たちの戦争と平和」「調べる技術・書く技術」他
2008.09.01	No.147	75		著者訪問/野添憲治さん(「シリーズ・花岡事件の人たち」)
2008.09.01	No.147	75		CINEMA/「イントゥ・ザ―ワイルド」
2008.09.01	No.147	78		まちがいはどこ?
2008.09.01	No.147	79		読者プレゼント
2008.09.01	No.147	80	金正浩	ジョンホの穴あきポゲット/偽装五輪の金メダリスト
2008.10.01	No.148	5		追求・朝鮮の美
2008.10.01	No.148	6	洪永佑	解説/朝鮮の美―風土と歴史のなかで育まれた民族固有のもの
2008.10.01	No.148	12	金山明子	エッセイ/古代への見果てぬ夢
2008.10.01	No.148	14		ルポ/高麗美術館-朝鮮の美・文化伝える1700点のコレクション
2008.10.01	No.148	18		日本で発見、朝鮮の美
2008.10.01	No.148	20		三千里紀行 第10回 江原道三陟
2008.10.01	No.148	41		北京オリンピック 朝鮮、堂々のメダル6個!
2008.10.01	No.148	42		日本の責任、いまだ果たされず 関東大震災時85周年シンポジウム
2008.10.01	No.148	44	琴秉洞	関東大震災朝鮮人虐殺
2008.10.01	No.148	64	飛田雄一	国際都市神戸の歴史として　朝鮮人・中国人・連合軍捕虜の強制労働刻む「平和の碑」が完成

발행일	지면정보		필자	제목
	권호	페이지		
2008.10.01	No.148	2		ing/変わる外国人登録制度、再入国許可制度 他
2008.10.01	No.148	24		今月のピョンアリたち
2008.10.01	No.148	25		子育てレスQ+働く女性応援隊
2008.10.01	No.148	26	韓啓司	韓先生の健康のお話
2008.10.01	No.148	27	金仙喜	こちら法律相談所/離婚と年金
2008.10.01	No.148	28		仕事とわたし/ケアマネージャー・金慶令さん
2008.10.01	No.148	30		今月の朝鮮半島/朝・日合意における「言動不一致」 他
2008.10.01	No.148	32		SHAKE HAND/日本社会に根強く残る差別の実態知ってもらいたい 岸本貞樹さん
2008.10.01	No.148	33	笑福亭銀瓶	銀瓶のマルで真ん丸/初めから決まっていたこと
2008.10.01	No.148	34	米津篤八	うりまるいやぎ/南北・日本を結ぶ「黄真伊」
2008.10.01	No.148	35	韓成求	朝鮮語、知ってナットク!「-에/로/을가다」 他
2008.10.01	No.148	36		ウリマルでよんでみよう/こころ 金東鳴・作 河美香・絵 金素雲・訳
2008.10.01	No.148	38	鄭祐宗	眠目/「日本国籍剥奪」イデオロギー
2008.10.01	No.148	46		io2.0/役者・金愛玲さん
2008.10.01	No.148	48		ioおみせNavi!/「かふぇ すうる」(東京都足立区)
2008.10.01	No.148	49	清水均	めざせ繁盛店トラの巻/清水均
2008.10.01	No.148	50		イオタイムズ/「未来のために追悼碑建立を」 他
2008.10.01	No.148	53		Sports/インターハイ、徐文平選手が銅メダル 他
2008.10.01	No.148	54		Kyc INFORMATION/朝大生、「ウリハムケ」キャンペーン 他
2008.10.01	No.148	56		読者の声＋編集後記
2008.10.01	No.148	58	前田朗	砂時計/カブール川、水清く
2008.10.01	No.148	60		連載小説/歌姫クロニクル(第2回) 李英哲・文 HAJI・写真
2008.10.01	No.148	66		アンニョン!ウリトンポ/第4回 山形県
2008.10.01	No.148	68		ウリハッキョ元気計画/東京朝鮮第5初中級学校
2008.10.01	No.148	71		今夜のパンチャン/大豆もやしのキムチ、えび豆腐ときのこのヂョン
2008.10.01	No.148	73	朴一南	月イチ文化紀行
2008.10.01	No.148	74		BOOK/「非正規レジスタンス」「ワーキングプア解決への道」 他
2008.10.01	No.148	75		著者訪問/梁南仁さん(「英朝辞典」)
2008.10.01	No.148	75		CINEMA/「フツーの仕事がしたい」
2008.10.01	No.148	78		まちがいはどこ?
2008.10.01	No.148	79		読者プレゼント
2008.10.01	No.148	80	金正浩	ジョンホの穴あきポゲット/もどかしさ、幾重にも
2008.11.01	No.149	5		秋、マンガで語ろう
2008.11.01	No.149	6		私の名作/イチ押しマンガ、影響されたマンガ、忘れられないマンガ・・・
2008.11.01	No.149	10	谷川茂	解説/マンガは出版界のモンスター? 4700億円市場、その社会的影響力と行く末

발행일	지면정보		필자	제목
	권호	페이지		
2008.11.01	No.149	12	白凛	全哲まんがが伝えようとしたもの
2008.11.01	No.149	14		インタビュー/松田妙子 「反日」でも「自虐」でもない「本当の友人」に成るため
2008.11.01	No.149	16		インタビュー/里中満智子 描いてきたものは「覚悟」と「葛藤」
2008.11.01	No.149	20		三千里紀行 第11回 開城
2008.11.01	No.149	38		同胞たちが祝った祖国の60周年/朝鮮民主主義人民共和国創建60周年慶祝在日同胞大祝典
2008.11.01	No.149	42	朴一南	アートにかける青春 朝高美術部
2008.11.01	No.149	44		アジア最終予選突破のために サッカー・朝鮮代表
2008.11.01	No.149	65		5人の母親から始まったアメラジアン・ムーブメント/ダブルの教育の可能性探る-AASO10周年記念シンポ·琉球大学
2008.11.01	No.149	66	金順愛	兄の亡骸を探し求めて63年/日泰寺·寃死同胞慰霊碑60周年
2008.11.01	No.149	2		ing/朝鮮のフレキシブル生産システム 他
2008.11.01	No.149	18	金政義	眠目/「顔」が見えるということ
2008.11.01	No.149	24		今月のピョンアリたち
2008.11.01	No.149	25		子育てレスQ+働く女性応援隊
2008.11.01	No.149	26	韓啓司	韓先生の健康のお話
2008.11.01	No.149	27	韓鐘哲	こちら法律相談所/障害年金
2008.11.01	No.149	28		仕事とわたし/ナイス・インターナショナル代表·李昌彦さん
2008.11.01	No.149	30		今月の朝鮮半島/「核抑止力」、ふたつの選択肢 他
2008.11.01	No.149	32		SHAKE HAND/お笑いを通じて友だちになれたらチング
2008.11.01	No.149	33	笑福亭銀瓶	銀瓶のマルで真ん丸/人のつながりと元気の素
2008.11.01	No.149	34	韓成求	うりまるいやぎ/私が恋した詩たち
2008.11.01	No.149	35		朝鮮語、知ってナットク!「생각하다」他
2008.11.01	No.149	36		ウリマルでよんでみよう/小川 尹福鎮·作詞 任香淑·絵 成良守·訳
2008.11.01	No.149	46		io2.0/作曲家 趙世顕さん
2008.11.01	No.149	48		ioおみせNavi!/「みなみ」(京都市南区)
2008.11.01	No.149	49	清水均	めざせ繁盛店トラの巻/清水均
2008.11.01	No.149	50		イオタイムズ/朝鮮創建60周年、日本各地で記念行事 他
2008.11.01	No.149	53		Sports/FCコリア関東リーグ2部で2位 他
2008.11.01	No.149	54		Kyc INFORMATION/青商会代表42人が訪朝 他
2008.11.01	No.149	56		読者の声+編集後記
2008.11.01	No.149	58	筒井由紀子	砂時計/ピョンヤンとスイカ
2008.11.01	No.149	60		連載小説/歌姫クロニクル(第3回) 李英哲·文 HAJI·写真
2008.11.01	No.149	68		アンニョン!ウリトンポ/第5回 山梨県
2008.11.01	No.149	71		今夜のパンチャン/助宗たらの辛味スープ、トンチミ
2008.11.01	No.149	73	高賛侑	月イチ文化紀行
2008.11.01	No.149	74		BOOK/「『アボジ』を踏む」「딸랑새」他

발행일	지면정보		필자	제목
	권호	페이지		
2008.11.01	No.149	75		著者訪問/井野朋也さん(「新宿駅最後の小さな店 ベルク」)
2008.11.01	No.149	75		CINEMA/「イーグル・アイ」
2008.11.01	No.149	78		まちがいはどこ?
2008.11.01	No.149	79		読者プレゼント
2008.11.01	No.149	80	金正浩	ジョンホの穴あきポゲット/思想問題
2008.12.01	No.150	5		婚活 最前線/それでも私は結婚したい
2008.12.01	No.150	6		婚活 女性の場合/出会いたい、出会えない、未知の自分に希望と焦り
2008.12.01	No.150	8		婚活 男性の場合/淋しい···できないかも···、想像以上に高い婚活の壁
2008.12.01	No.150	10		Night on the 20th in Tokyo/毎月20日の夜、東京に「出会いの場」
2008.12.01	No.150	12	李洋成	お見合い現場の今/細かいことは気にせず、まずは会ってみること
2008.12.01	No.150	14		私はこれで結婚を決めました!
2008.12.01	No.150	15		「結婚の見極め」-「もやもやガール卒業白書」著者 洪愛舜さんに聞く
2008.12.01	No.150	20		三千里紀行 第12回 峨嵯山
2008.12.01	No.150	38		こころとマウムエピソード代償受賞作/あなたがあなただから・朴明姫/キムチハンメの話・高須圭子
2008.12.01	No.150	43		活気あふれる関西同胞演劇界/劇団May、劇団タルオルムの公演を観て
2008.12.01	No.150	65		インタビュー・華僑の人たちの生き方を映画を通して知って欲しい ドキュメンタリー映画「中華学校の子どもたち」 片岡希監督
2008.12.01	No.150	66	北川広和	テロ指定解除で開かれえた朝鮮半島の未来
2008.12.01	No.150	2		ing/東京・新宿商工会への強制捜索 他
2008.12.01	No.150	18	金正義	眠目/手の中にあった宝物
2008.12.01	No.150	24		今月のピョンアリたち
2008.12.01	No.150	25		子育てレスQ+働く女性応援隊
2008.12.01	No.150	26	韓啓司	韓先生の健康のお話
2008.12.01	No.150	27	金静寅	こちら法律相談所/相続
2008.12.01	No.150	28		仕事とわたし/マクロンビオティックタジオ事務局・姜成美さん
2008.12.01	No.150	30		今月の朝鮮半島/南の経済危機、構造の転換が必要とされている 他
2008.12.01	No.150	32		SHAKE HAND/真の多民族社会としての明確なデザインを 板垣竜太さん
2008.12.01	No.150	33	笑福亭銀瓶	銀瓶のマルで真ん丸/アンニョン!
2008.12.01	No.150	34	李汕玉	うりまるいやぎ/宝
2008.12.01	No.150	35	韓成求	朝鮮語、知ってナットク!「끓이다/데우다/덥히다」他

발행일	지면정보		필자	제목
	권호	페이지		
2008.12.01	No.150	36		ウリマルでよんでみよう/新しい道 尹東柱・作詞 池貞淑・絵 康明淑・訳
2008.12.01	No.150	46		io2.0/有限会社ペリーファーム代表 朴寛志さん
2008.12.01	No.150	48		ioおみせNavi!/「石焼き屋」(長野県松本市)
2008.12.01	No.150	49	清水均	めざせ繁盛店トラの巻/清水均
2008.12.01	No.150	50		イオタイムズ/警察当局、新宿商工会など強制捜索 他
2008.12.01	No.150	53		Sports/大分国体で同胞が活躍 他
2008.12.01	No.150	54		Kyc INFORMATION/子育てネット構築めざし 他
2008.12.01	No.150	56		読者の声＋編集後記
2008.12.01	No.150	58	鎌田慧	砂時計/白昼の亡霊
2008.12.01	No.150	60		連載小説/歌姫クロニクル(第4回) 李英哲・文 HAJI・写真
2008.12.01	No.150	68		ウリハッキョ元気計画/大阪福島朝鮮初級学校
2008.12.01	No.150	71		今夜のパンチャン/神仙トック
2008.12.01	No.150	73	洪永佑	月イチ文化紀行
2008.12.01	No.150	74		BOOK/「アメリカで育つ日本の子どもたち」「ジャーナリズム崩壊」 他
2008.12.01	No.150	75		著者訪問/朴才暎さん(「ふたつの古郷」)
2008.12.01	No.150	75		CINEMA/「未来を写した子どもたち」
2008.12.01	No.150	78		まちがいはどこ?
2008.12.01	No.150	79		読者プレゼント
2008.12.01	No.150	80	金正浩	ジョンホの穴あきポゲット/「本当のうちらの生活」
2012.01.01	No.187	9		〈特集〉朝鮮半島動物たちの宝庫
2012.01.01	No.187	10		野生動物「安息の地」を守る 朝鮮における動物保護の取り組み
2012.01.01	No.187	12		見て、触れて、楽しんで 2007年からリニューアル・平壌中央動物園をルポ
2012.01.01	No.187	14		サーカス団出身の調教士は、大の犬好き 人気の動物ショーを支えるドッコ・ヨンエさん
2012.01.01	No.187	16	韓昌道	チャンド先生のミニ昆虫図鑑 朝鮮半島の昆虫事情
2012.01.01	No.187	18	洪永佑・韓丘庸・李慶子	朝鮮民族にとっての動物たち
2012.01.01	No.187	20		今も健在な「統一の使者」北と南の動物交流
2012.01.01	No.187	21	司空俊	恐竜は朝鮮にもいた ティラノサウルスの足跡が残る
2012.01.01	No.187	50		〈特別企画〉崔承喜生誕100年 世界に舞った朝鮮の舞姫
2012.01.01	No.187	53		民族文化を守る意味、教え続け/同胞社会と崔承姫
2012.01.01	No.187	54		「沙道城の物語」が再演、崔承姫チュムチェの再教育も/平壌で生誕100年記念行事
2012.01.01	No.187	1		io繋ぐ 広がる日朝友好の輪 鹿児島県出水市で金剛山歌劇団公演
2012.01.01	No.187	6		往復書簡2012/岡真里：未元の脱植民地主義とナショナル・ヒストリー/李英哲：反植民地主義の連帯、同盟の可能性は？

발행일	지면정보		필자	제목
	권호	페이지		
2012.01.01	No.187	24		大阪朝高ラグビー部 劇的な逆転で3年連続「花園」へ
2012.01.01	No.187	26		もう待てない！高校無償化「無償化」適用、補助金打ち切り
2012.01.01	No.187	56	森雅史	遠そうで近かった距離 サッカー朝・日戦取材記
2012.01.01	No.187	28		ing 加速する「野圏統合」の動き 他
2012.01.01	No.187	30	豊田直巳	3.11放射能の舞う大地で
2012.01.01	No.187	32	柳美里	ポドゥナムの里から
2012.01.01	No.187	33		ルポ/現場発 新潟・福島ハッキョの7ヵ月間
2012.01.01	No.187	36		2012権利・生活/新在留管理制度
2012.01.01	No.187	38	孟福実	グレードup朝鮮語
2012.01.01	No.187	39	李汕玉	サノギのピョンヤンナドゥリ
2012.01.01	No.187	40	都相太	統一いやぎ
2012.01.01	No.187	41	森類臣	メディアウォッチ
2012.01.01	No.187	42		イオタイムズ
2012.01.01	No.187	44		インフォマーション
2012.01.01	No.187	45	金正浩	ジョウホのへらずロリターンズ
2012.01.01	No.187	46		Kyc INFORMATION
2012.01.01	No.187	48		読者の声＋編集後記
2012.01.01	No.187	49		子ども美術館
2012.01.01	No.187	60		Pick up person/李達也さん
2012.01.01	No.187	62		woman x life/許芳美さん
2012.01.01	No.187	64		家族史写真館/張記雄さん
2012.01.01	No.187	65	呉洋子	ねぇ 教えて
2012.01.01	No.187	66		ピョンアリ
2012.01.01	No.187	68		ウリハッキョ元気計画/九州朝鮮中高級学校
2012.01.01	No.187	70		おみせNavi/美管理spa Super model
2012.01.01	No.187	72		文化/キム・ボンジュン展「希望の種」他
2012.01.01	No.187	73		Books「海を越える一〇〇年の記憶」他
2012.01.01	No.187	75		マンガ・コッソンイ어머니의세글자(オモニの三文字)만화:河美香 原作:盧遠錫
2012.01.01	No.187	78		まちがいはどこ？
2012.01.01	No.187	79		読者プレゼント
2012.01.01	No.187	80		今夜のパンチャン/かんたん参鶏湯 他
2012.02.01	No.188	2		金正日総書記逝去/強盛国家建設に捧げた生涯
2012.02.01	No.188	4		「野戦服」のリーダー、心に刻まれた肖像 ルポ/平壤で永訣式、追悼大会
2012.02.01	No.188	10		総書記の生涯に思いを馳せ/在日本朝鮮人中央追悼式
2012.02.01	No.188	12		悲しみに沈む在日同胞たち/各地の追悼式に多くの同胞が参席

발행일	지면정보		필자	제목
	권호	페이지		
2012.02.01	No.188	13		金正日総書記に哀悼の意/各国の大使、各層の著名人、朝鮮会館訪れ
2012.02.01	No.188	14		資料/国内外の動き
2012.02.01	No.188	16		年表/金正日総書記、69年の生涯
2012.02.01	No.188	18	韓東成	「苦難の行軍」を克服し民族繁栄への道へ/金正日総書記、その業績
2012.02.01	No.188	22		新時代切り開いた自主路線/祖国統一、対外歓迎の業績
2012.02.01	No.188	24	呉圭祥	総聯と在日同胞の偉大な指導者だった金正日総書記
2012.02.01	No.188	26		私の中の金正日総書記/高3の頃、何度も読み返した論文　金竜元/国のトップのあるべき姿
2012.02.01	No.188	28		金正日総書記の名言
2012.02.01	No.188	30	文聖姫	共和社説に見る朝鮮の方向性/遺訓前面に製作の継承アピール/生活向上へ経済解決に主力
2012.02.01	No.188	55		〈特別企画〉1000回目の水曜デモ たたかい続ける日本軍「慰安婦」被害女性たち
2012.02.01	No.188	56	安海竜	痛みと希望の歴史を記憶する　ソウル/日本大使館前に「平和の碑」
2012.02.01	No.188	58		「1000回の叫びを聞け」東京/1300人が外務省包囲
2012.02.01	No.188	60		二度と繰り返させない　日本軍「慰安婦」たちの強い思いがある wam館長、池田恵理子さんに聞く
2012.02.01	No.188	62		同胞学生としての存在をアピール/留学同大祝祭・綜合文化公演「私たちの『ウリハッキョ』」
2012.02.01	No.188	66		大阪朝高ラグビー部、3年連続出場も初戦で敗退/第19回全国高校ラグビー大会
2012.02.01	No.188	32	柳美里	ポドゥナムの里から
2012.02.01	No.188	33		ルポ/現場発 後退する日本の教科書
2012.02.01	No.188	36		2012権利・生活/朝鮮学校への補助金カカット
2012.02.01	No.188	38	孟福実	グレードup朝鮮語
2012.02.01	No.188	39	李汕玉	サノギのピョンヤンナドゥリ
2012.02.01	No.188	40	鄭己烈	統一いやぎ
2012.02.01	No.188	41	谷川茂	メディアウォッチ
2012.02.01	No.188	42		イオタイムズ
2012.02.01	No.188	44		インフォマーション
2012.02.01	No.188	45	金正浩	ジョウホのへらずロリターンズ
2012.02.01	No.188	46		Kyc INFORMATION
2012.02.01	No.188	48		読者の声＋編集後記
2012.02.01	No.188	49		子ども美術館
2012.02.01	No.188	50		往復書簡2012 岡真里：テロルとしての文学/李英哲：他者と出会いなおす「希望」としての文学
2012.02.01	No.188	52	豊田直巳	3.11放射能の舞う大地で

발행일	지면정보		필자	제목
	권호	페이지		
2012.02.01	No.188	71	呉洋子	ねぇ 教えて
2012.02.01	No.188	72		文化/2011クリム展 他
2012.02.01	No.188	73		Books/「20年間の水曜日」 他
2012.02.01	No.188	75		マンガ・コッソンイ/1년간의입원생활(一年間の入院生活)만화:河美香 原作:全沢得
2012.02.01	No.188	78		まちがいはどこ?
2012.02.01	No.188	79		読者プレゼント
2012.02.01	No.188	80		今夜のパンチャン/五穀ごはん 他
2012.03.01	No.189	9		〈特集〉アイラブ焼肉
2012.03.01	No.189	10		裏切りません! 美味しい焼肉店
2012.03.01	No.189	18	曹喜珍	外食不振の今、焼肉店がやるべきこと
2012.03.01	No.189	51		〈特別企画〉東日本大震災から1年
2012.03.01	No.189	52		苦難の先に見えた復興への道 ルポ/宮城同胞社会を訪ねて
2012.03.01	No.189	56		私にとっての3.11とこの1年/母の言葉と同胞の支援に救われた 李忠芳さん
2012.03.01	No.189	57		「必ずまた立ち上がる」決意胸に店を再建 高浩暎さん
2012.03.01	No.189	58		原発災害は終わってない、「福島を忘れないで」李漢洙さん、曹明美さん
2012.03.01	No.189	59		「大声で笑ったこと、ない」李益正さん、遠藤宗さん
2012.03.01	No.189	1		io繋ぐ/学校はなくなったけど、「ヒャン」がある 踊りで育む友情、地元愛
2012.03.01	No.189	6		往復書簡2012 岡真理：このようなことのすべてが起こらないこととしての祖国/李英哲：帰るべき、とどまり続けるべき「問い」
2012.03.01	No.189	24		なぜ在日朝鮮人の人権を語るのか？シンポジウム・在日朝鮮人の人権-歴史と現在
2012.03.01	No.189	26		「気づき」「発見」子どもたちに豊かな学びを/2011年度教育研究会(東京・大阪)
2012.03.01	No.189	28		ing/北の国防委員会が公開質問状 他
2012.03.01	No.189	30	豊田直巳	3.11放射能の舞う大地で
2012.03.01	No.189	32	柳美里	ボドゥナムの里から
2012.03.01	No.189	33		ルポ/現場発 重ねられる分断表示の痛み
2012.03.01	No.189	36		2012権利・生活/在日コリアンと生活保護制度
2012.03.01	No.189	38	孟福実	グレードup朝鮮語
2012.03.01	No.189	39	李汕玉	サノギのピョンヤンナドゥリ
2012.03.01	No.189	40	金栄淑	統一いやぎ
2012.03.01	No.189	41	山口正紀	メディアウォッチ
2012.03.01	No.189	42		イオタイムズ
2012.03.01	No.189	44		インフォメーション
2012.03.01	No.189	45	金正浩	ジョウホのへらずロリターンズ

발행일	지면정보		필자	제목
	권호	페이지		
2012.03.01	No.189	46		Kyc INFORMATION
2012.03.01	No.189	48		読者の声＋編集後記
2012.03.01	No.189	49		子ども美術館
2012.03.01	No.189	60		Pick up person 朴順雅さん
2012.03.01	No.189	62		woman x life 車英玉さん
2012.03.01	No.189	64		家族史写真館 朴永吉さん
2012.03.01	No.189	65	呉洋子	ねぇ 教えて
2012.03.01	No.189	66		ピョンアリ
2012.03.01	No.189	68		ウリハッキョ元気計画/京都朝鮮第1初級学校
2012.03.01	No.189	70		おみせNavi/オーダーメイドジュエリーniho
2012.03.01	No.189	72		文化/DVD「エスコーラ!」他
2012.03.01	No.189	73		Books/「在日朝鮮人ってどんなひと?」他
2012.03.01	No.189	75		マンガ・コッソンイ/우리의교사(わたしたちの校舎)만화:河美香 原作:徐康実
2012.03.01	No.189	78		まちがいはどこ?
2012.03.01	No.189	79		読者プレゼント
2012.03.01	No.189	80		今夜のパンチャン/シソの葉のジョン 他
2012.04.01	No.190	8		2012 朝鮮 2012年4月を迎える私の思い
2012.04.01	No.190	10		首都建設 住環境の改善へ一大プロジェクト 平壌市10万世帯住宅建設
2012.04.01	No.190	12		文化/国内最高峰にニューアル/5.1chサラウンドで迫力の音楽を
2012.04.01	No.190	14		経済・生活/高まる国産品の人気、競争で品質向上/話題のスーパーマーケット
2012.04.01	No.190	16		地方のすがた/経済復興の槌音は地方から/「2012年構想」結実に向けて
2012.04.01	No.190	18		変貌する羅先/朝鮮の対外経済の現況
2012.04.01	No.190	20		市民たちの暮らしレポート/世界の食に触れる
2012.04.01	No.190	22		新築の高層マンションに「お宅訪問」
2012.04.01	No.190	24		朝鮮の「ワカモノ」像!
2012.04.01	No.190	51		〈特別企画〉金日成主席生誕100周年
2012.04.01	No.190	52	卞宰洙	主席と共にあった私の人生
2012.04.01	No.190	56	清水澄子	私の人生を変えた主席との出会い
2012.04.01	No.190	6		往復書簡2012 金順愛：朝鮮人の存在、堂々とアピールすべき/李春熙：論点からこぼれおちてきた朝鮮学校の自決権
2012.04.01	No.190	28		合法的な通常業務を「事件」に仕立て 軽視庁公安部が科協、体連など4ヵ所を強制捜索
2012.04.01	No.190	58		出会い、知り合うことから/東京・第38回「日朝教育交流の集い」
2012.04.01	No.190	60		民族教育のともし火を未来へ/創立55周年 山口朝鮮初中級学校で文芸発表会

발행일	지면정보		필자	제목
	권호	페이지		
2012.04.01	No.190	1		io繋ぐ/3ヵ国語が行き交う学び場
2012.04.01	No.190	30	豊田直巳	3.11放射能の舞う大地で
2012.04.01	No.190	32	柳美里	ポドゥナムの里から
2012.04.01	No.190	33		ルポ/現場発 「高校無償化」、排外主義とのたたかいの先に（上）
2012.04.01	No.190	36		2012権利・生活/在日コリアンと「特別永住権」資格
2012.04.01	No.190	38	孟福実	グレードup朝鮮語
2012.04.01	No.190	39	李汕玉	サノギのピョンヤンナドゥリ
2012.04.01	No.190	40	鄭己烈	統一いやぎ
2012.04.01	No.190	41	谷川茂	メディアウォッチ
2012.04.01	No.190	42		イオタイムズ
2012.04.01	No.190	44		インフォメーション
2012.04.01	No.190	45	金正浩	ジョウホのへらずロリターンズ
2012.04.01	No.190	46		Kyc INFORMATION
2012.04.01	No.190	48		読者の声＋編集後記
2012.04.01	No.190	49		子ども美術館
2012.04.01	No.190	62		woman x life/李英珠さん
2012.04.01	No.190	65	呉洋子	ねぇ 教えて
2012.04.01	No.190	66		ピョンアリ
2012.04.01	No.190	68		ウリハッキョ元気計画/尼崎朝鮮初中級学校
2012.04.01	No.190	70		おみせNavi/Korean Kitchen はるはる
2012.04.01	No.190	72		文化/南北コリアと日本のともだち展・東京展 他
2012.04.01	No.190	73		Books/「不屈のハンギョレ新聞」他
2012.04.01	No.190	75		マンガ・コッソンイ/「환이와갑이」(ファニとカビ)만화:河美香 原作:金重琴
2012.04.01	No.190	78		まちがいはどこ?
2012.04.01	No.190	79		読者プレゼント
2012.04.01	No.190	80		今夜のパンチャン/春野菜のチャプチェ 他
2012.05.01	No.191	9		ブラッシュアップ朝鮮語
2012.05.01	No.191	10		ルポ/朝鮮語ブーム、その先へ
2012.05.01	No.191	14		朝鮮語学習 役立つ教材、教室の選び方
2012.05.01	No.191	16		朝鮮語のとっておきの勉強法、教えます・民族学校出身者へ/単語は根、文法は幹、幅広い表現を 裵正烈・学習初心者へ、仲間･･･。続ければ出会える 倉橋葉子
2012.05.01	No.191	18	朴宰秀	朝鮮語はどのような言語なのか 日本語、世界の言葉との比較の中で
2012.05.01	No.191	20		朝鮮語をめぐる5つの話
2012.05.01	No.191	51		〈特別企画〉今を読み解くブックガイド
2012.05.01	No.191	52	浅井基文	分野別・本の紹介 国際情勢/複雑さを極める21世紀の世界を理解する

발행일	지면정보		필자	제목
	권호	페이지		
2012.05.01	No.191	53	李俊植	経済/閉塞感漂う資本主義経済のオルタナティブ
2012.05.01	No.191	54	広野省三	社会/歴史意識と変革の理論を獲得するために
2012.05.01	No.191	55	金泰植	在日朝鮮人/祖国の分断、日本の「狂乱」の中で
2012.05.01	No.191	56	張守基	エッセイ/本を読むことは、呼吸をすること、すなわち「生きること」
2012.05.01	No.191	6		往復書簡2012 金順愛：統一祖国に描くウリハッキョの未来図/李春熙：豊かなウリハッキョへ、教育権の所在は?
2012.05.01	No.191	24		植民地支配の克服に向け、不断の歩みを/第5回強制動員真相究明全国研究集会
2012.05.01	No.191	26	鄭明愛	高五生オモニ、ウリナラへ/無年金高齢者訴訟を闘った日々を振り返りながら
2012.05.01	No.191	58		朝鮮にあった「豊かな光景」、『ピョンヤンの夏休み』を書いた柳美里さんに聞く
2012.05.01	No.191	1		io繋ぐ/思いを受けつぎ、未来を育む
2012.05.01	No.191	28		ing 銀河水管弦楽団が仏で演奏会 他
2012.05.01	No.191	30	豊田直巳	3.11放射能の舞う大地で
2012.05.01	No.191	32	柳美里	ポドゥナムの里から
2012.05.01	No.191	33		ルポ・現場発「高校無償化」、排外主義とのたたかいの先に(中)
2012.05.01	No.191	36		2012権利・生活/婚姻届、出産届の出し方
2012.05.01	No.191	38	孟福実	グレードup朝鮮語
2012.05.01	No.191	39	李汕玉	サノギのピョンヤンナドゥリ
2012.05.01	No.191	40	鄭己烈	統一いやぎ
2012.05.01	No.191	41	渡辺健樹	メディアウォッチ
2012.05.01	No.191	42		イオタイムズ
2012.05.01	No.191	44		インフォメーション
2012.05.01	No.191	45	金正浩	ジョウホのへらずロリターンズ
2012.05.01	No.191	46		Kyc INFORMATION
2012.05.01	No.191	48		読者の声＋編集後記
2012.05.01	No.191	49		子ども美術館
2012.05.01	No.191	60		Pick up person/趙明美さん
2012.05.01	No.191	62		woman x life/玄明姫さん
2012.05.01	No.191	64		家族史写真館 河明樹さん
2012.05.01	No.191	65	呉洋子	ねぇ 教えて
2012.05.01	No.191	66		ピョンアリ
2012.05.01	No.191	68		ウリハッキョ元気計画/東京朝鮮第2初級学校
2012.05.01	No.191	70		おみせNavi,大阪焼肉・ホルモン ふたご
2012.05.01	No.191	72		文化/洪成潭5月版画展 他
2012.05.01	No.191	73		Books/「朝鮮人強制連行」 他
2012.05.01	No.191	75		マンガ・コッソンイ/외할머니의귤즙물(わおばちゃんのミカンジュース)만화:河美香 原作:李麗潤

발행일	지면정보 권호	지면정보 페이지	필자	제목
2012.05.01	No.191	78		まちがいはどこ?
2012.05.01	No.191	79		読者プレゼント
2012.05.01	No.191	80		今夜のパンチャン プルコギ 他
2012.06.01	No.192	9		注目!ハッキョの裏方さん
2012.06.01	No.192	10		支える人びとに1日密着 in 長野朝鮮初中級学校
2012.06.01	No.192	12		元気の源!食堂オモニたち 子どものそばで働けるしあわせ 東京朝鮮中高級学校・金香順さん/もっと生徒たちとかかわりたい 神戸朝鮮高級学校・奏泰順さん/「オモニの味」を子どもたちに 愛知朝鮮中高級学校・文令淑さん
2012.06.01	No.192	14		ハッキョを支える裏方さんたち「朝鮮学校の問題は私の問題」長崎由美子さん/健康と教育を引き上げる 申映均さん/元Jリーガー、母校で子どもたちを指導 黄学淳さん/修理、大工、土方、何でもこなす 李文雄さん/何より安全運転、そして笑顔を 牧原秀樹さん/朝鮮学校でかなえた、先生の夢 佐野幸美さん/子どもたちの空気を届けたい 成明淑さん/子どもたちと教員らの心の支えに 申英明さん/今はわれわれが踏ん張るとき 東成青商会
2012.06.01	No.192	20		手記/ハッキョとの出会いは、ともに生きる世界への扉 さとう大
2012.06.01	No.192	50		〈特別企画〉「100回目の4月15日」祝う平壌 ルポ 2012年、新たなステージへ 人々表情に見た明るい未来
2012.06.01	No.192	56		4.15を祖国で迎えた在日道報
2012.06.01	No.192	6		往復書簡2012 金順愛:「当事者」になる覚悟で守る、教育権/李春熙:異国における集団権利としての「民族教育」
2012.06.01	No.192	24		東京四・三事件64周年記念追悼集会/大阪在日本四・三事件犠牲者慰霊祭
2012.06.01	No.192	26	高賛侑	ロス暴動は「韓黒葛藤」ではなかった 1992年4月から20周年、ドキュメンタリーが問う真実
2012.06.01	No.192	58		第2回東京コリアラグビーフェスティバル 垣根越え、ラガーマン300人が終結
2012.06.01	No.192	1		io繋ぐ/子どもたちは花、地域全体で守りたい
2012.06.01	No.192	28		ing/「金正恩時代」の幕明け、党代表者会 他
2012.06.01	No.192	30	豊田直巳	3.11放能能の舞う大地で
2012.06.01	No.192	32	柳美里	ボドゥナムの里から
2012.06.01	No.192	33		ルポ/現場発「高校無償化」、排外主義とのたたかいの先に(下)
2012.06.01	No.192	36		2012権利・生活/奨学金制度
2012.06.01	No.192	38	孟福実	グレードup朝鮮語
2012.06.01	No.192	39	李沠玉	サノギのピョンヤンナドゥリ
2012.06.01	No.192	40	金栄淑	統一いやぎ
2012.06.01	No.192	41	山口正紀	メディアウォッチ
2012.06.01	No.192	42		イオタイムズ

발행일	지면정보		필자	제목
	권호	페이지		
2012.06.01	No.192	44		インフォマーション
2012.06.01	No.192	45	金正浩	ジョウホのへらずロリターンズ
2012.06.01	No.192	46		Kyc INFORMATION
2012.06.01	No.192	48		読者の声＋編集後記
2012.06.01	No.192	49		子ども美術館
2012.06.01	No.192	62		Pick up person/曺貴裁さん
2012.06.01	No.192	64		家族史写真館/河明樹さん
2012.06.01	No.192	65	呉洋子	ねぇ 教えて
2012.06.01	No.192	66		ピョンアリ
2012.06.01	No.192	68		ウリハッキョ元気計画/西神戸朝鮮初級学校
2012.06.01	No.192	70		おみせNavi/大黒天らーめん
2012.06.01	No.192	72		文化/大阪朝鮮高級学校美術部 他
2012.06.01	No.192	73		Books/「ネットと愛国」他
2012.06.01	No.192	75		マンガ・コッソンイ/할아버지의안경(おじいちゃんのメガネ) 만화:河美香 原作:林粋涼
2012.06.01	No.192	78		まちがいはどこ?
2012.06.01	No.192	79		読者プレゼント
2012.06.01	No.192	80		今夜のパンチャン/キュアサン 他
2012.08.01	No.194	9		もう一つの沖縄、済州道
2012.08.01	No.194	10		ルポ/沖縄　終わらない占領と抵抗の風景
2012.08.01	No.194	14	趙成風	真の「平和の島」をめざして
2012.08.01	No.194	18	徐勝	国家保安から住民の平和へ　沖縄と済州を結ぶ平和ベルトの 講築
2012.08.01	No.194	20		記憶の継承/命ある限り、残していきたい歴史「済州4.3事件」 体験者 金東日さん
2012.08.01	No.194	21		記憶の継承/「行きよう」、家族救った母の言葉「集団自決」生 存者 吉川嘉勝さん
2012.08.01	No.194	22	目取真俊	エッセイ/被害者にも、加害者にもなってはならない
2012.08.01	No.194	51		〈特別企画〉朝船銘酒館 朝鮮半島のお酒図鑑
2012.08.01	No.194	54		本誌記者の酩酊紀行/悠々ビールの飲み歩き
2012.08.01	No.194	56	李杏理	在日同胞と濁酒闘争/消された抵抗の歴史、記憶の復元を
2012.08.01	No.194	6		往復書簡2012　仲村憲剛：互いに切磋琢磨して、いつか日朝 両国がW杯決勝の舞台へ/鄭大世：両国を自由に行き来し て、サッカーで交流できたら
2012.08.01	No.194	26		子どもたちに不信とあきらめを
2012.08.01	No.194	58		力を合わせて、心を合わせて、東北同胞社会の未来をひら く/ウリ民族フォーラム2012　in 宮城
2012.08.01	No.194	62		新しいチング、うれしいな　第1回ヘバラギ学園
2012.08.01	No.194	64		ロンドン五輪/朝鮮選手51人が出場
2012.08.01	No.194	1		io繋ぐ/蘇った校舎、再開へ本格的に始動

발행일	지면정보		필자	제목
	권호	페이지		
2012.08.01	No.194	28		ing/万景台地区にニュータウン完成 他
2012.08.01	No.194	30	豊田直巳	3.11放射能の舞う大地で
2012.08.01	No.194	32	柳美里	ポドゥナムの里から
2012.08.01	No.194	33		ルポ/現場発 はげましの舞台に笑顔と涙
2012.08.01	No.194	36		2012権利・生活/社会保障と病気
2012.08.01	No.194	38	孟福実	グレードup朝鮮語
2012.08.01	No.194	39	李汕玉	サノギのピョンヤンナドゥリ
2012.08.01	No.194	40	鄭己烈	統一いやぎ
2012.08.01	No.194	41	渡辺健樹	メディアウォッチ
2012.08.01	No.194	42		イオタイムズ
2012.08.01	No.194	44		インフォマーション
2012.08.01	No.194	45	金正浩	ジョウホのへらずロリターンズ
2012.08.01	No.194	46		Kyc INFORMATION
2012.08.01	No.194	48		読者の声＋編集後記
2012.08.01	No.194	49		子ども美術館
2012.08.01	No.194	65	呉洋子	ねぇ 教えて
2012.08.01	No.194	66		ピョンアリ拡大版
2012.08.01	No.194	68		ウリハッキョ元気計画/和歌山朝鮮中級学校
2012.08.01	No.194	70		woman x life/安玉順さん
2012.08.01	No.194	72		文化/舞踊ミュージカル「春香伝」他
2012.08.01	No.194	73		Books/「フクシマ元年」他
2012.08.01	No.194	75		マンガ・コッソンイ/나도될거야(なってみせる!私も!) 만화:河美香 原作:李民永
2012.08.01	No.194	78		まちがいはどこ?
2012.08.01	No.194	79		読者プレゼント
2012.08.01	No.194	80		今夜のパンチャン/唐辛子のチヂミ 他
2012.09.01	No.195	9		〈特集〉祭祀料理で集まろう
2012.09.01	No.195	10		これが祭祀の食卓だ!
2012.09.01	No.195	12		作ってみよう、祭祀料理/人気惣菜店のレシピを一挙公開! 野菜のチヂム/肉と魚のジョン/牛肉の串焼き/具たくさんスープ/ナムル/ゆで豚/魚炙
2012.09.01	No.195	18		わが家の祭祀/6人の同胞に聞きました!
2012.09.01	No.195	20	文玉仙	エッセイ/一番贅沢でおいしい祭祀料理
2012.09.01	No.195	22	尹碧巌	神となった亡き人にたべてもらう祭祀の料理
2012.09.01	No.195	51		〈特別企画〉朝・日の10年、現状打開のために
2012.09.01	No.195	52		朝鮮と日本のこれから 01 日本は深い眠りから目を覚ませ アントニオ猪木氏 話合いの環境を整えるためなら、悪役でも買って出る
2012.09.01	No.195	54		朝鮮と日本のこれから 02 小倉紀蔵教授に聞く 交流し自分で発信することが大切

발행일	지면정보		필자	제목
	권호	페이지		
2012.09.01	No.195	56		朝鮮と日本のこれから 03 張り裂けそうになりながらも、カメラを向けた 伊藤孝司 朝鮮支配被害者を訪ね20年
2012.09.01	No.195	58		平壌宣言と朝・日の10年
2012.09.01	No.195	6		往復書簡2012 仲村憲剛：同じ目標に向かっていく、「仲間」であること/鄭大世：ともに担っていきたい、朝・日の子どもたちの未来
2012.09.01	No.195	26		朝鮮学校を差別するな!「高校無償化」適用・補助金再開求め、大阪府庁前で火曜日行動
2012.09.01	No.195	60		朝鮮大学校に在日朝鮮人関連資料室が開設/収集・保存と研究・教育の拠点に
2012.09.01	No.195	62		立ち上がり、つながる女性たち/第3回マイノリティ女性フォーラム~沖縄女性と共に考える沖縄復帰40年~
2012.09.01	No.195	1		io繋ぐ「チョソンサラム」を、感じて
2012.09.01	No.195	28		ing/各地で豪雨による被害広がる 他
2012.09.01	No.195	30	豊田直巳	3.11放射能の舞う大地で
2012.09.01	No.195	32	柳美里	ポドゥナムの里から
2012.09.01	No.195	33		ルポ/現場発「基地のない沖縄」への飽くなき道
2012.09.01	No.195	36		2012権利・生活/介護保険制度の改正
2012.09.01	No.195	38	孟福実	グレードup朝鮮語
2012.09.01	No.195	39	李汕玉	サノギのピョンヤンナドゥリ
2012.09.01	No.195	40	鄭己烈	統一いやぎ
2012.09.01	No.195	41	山口正紀	メディアウォッチ
2012.09.01	No.195	42		イオタイムズ
2012.09.01	No.195	44		インフォマーション
2012.09.01	No.195	45	金正浩	ジョウホのへらずロリターンズ
2012.09.01	No.195	46		Kyc INFORMATION
2012.09.01	No.195	48		読者の声＋編集後記
2012.09.01	No.195	49		子ども美術館
2012.09.01	No.195	64		家族史写真館/朴鳳礼さん
2012.09.01	No.195	65	呉洋子	ねぇ 教えて
2012.09.01	No.195	66		ピョンアリ拡大版
2012.09.01	No.195	68		Pick up person/李成基さん
2012.09.01	No.195	70		おみせNavi やきとり・大松屋
2012.09.01	No.195	72		文化/世界報道写真展2012 他
2012.09.01	No.195	73		Books/「知っていますか、朝鮮学校」他
2012.09.01	No.195	75		マンガ・コッソンイ/사랑에는 사랑으로(愛には愛で)만화:河美香 原作:盧明心
2012.09.01	No.195	78		まちがいはどこ?
2012.09.01	No.195	79		読者プレゼント
2012.09.01	No.195	80		今夜のパンチャン/宮廷 トッポギ 他

발행일	지면정보		필자	제목
	권호	페이지		
2012.10.01	No.196	10		歴史の事実を掘り起こす〈特集〉朝鮮人強制連行真相調査の40年
2012.10.01	No.196	10		日本国内における朝鮮人強制連行・強制労働現場
2012.10.01	No.196	12		Q&A 朝鮮人強制連行とは何か?国際法に違反した戦争犯罪、日本政府には被害者の名誉回復の義務が
2012.10.01	No.196	14		過去を掘る共同の営みが、未来を拓く/北海道芦別市で遺骨発掘調査
2012.10.01	No.196	18		強制連行の場で共に暮らした日本人の取り組み　福岡県と山口県で真相調査活動
2012.10.01	No.196	20		1世の証言/逃亡し捕まると半殺しにされた　具賢教さん
2012.10.01	No.196	21		1世の証言/「死にたい」、何度も思った　金竜岩さん
2012.10.01	No.196	22		歴史の闇に光を灯す/高校生から始まった松代大本営の保存
2012.10.01	No.196	24		対談/強制連行の実態の明らかにした朝・日合同の現地調査/山田昭次 X 柳光守
2012.10.01	No.196	27	洪祥進	インタビュー/大きな足跡残した調査団の40年
2012.10.01	No.196	28		あの時代の苦しみを分かち合う/朝鮮人強制連行を知るための本、映像
2012.10.01	No.196	6		往復書簡2012　金静寅:多文化共生も虚しい、日本の外国人管理政策/後藤美樹:日本社会の弱体化招く、新在留管理制度
2012.10.01	No.196	50		朝鮮選手と在日同胞の17日間　朝鮮チーム、U-20女子W杯日本大会でベスト8
2012.10.01	No.196	53		朝鮮がパラリンピックに初参加/障がい者スポーツ振興に大きな意義
2012.10.01	No.196	54		手をつなぎ、子どもの未来を切り開こう　第9回中央オモニ大会
2012.10.01	No.196	56		ハンマウムコンテスト授賞者発表!
2012.10.01	No.196	58	金統一	エッセイ/8歳だった君へ
2012.10.01	No.196	64		公益財団法人/在日朝鮮学生支援会が設立
2012.10.01	No.196	1		io繋ぐ/初の朝・日合同チームで、全国へ
2012.10.01	No.196	30	豊田直巳	3.11放射能の舞う大地で
2012.10.01	No.196	32	柳美里	ポドゥナムの里から
2012.10.01	No.196	33		ルポ/現場発　2012年、新たな風が吹く
2012.10.01	No.196	36		2012権利・生活/新在留管理制度から2ヵ月
2012.10.01	No.196	38	孟福実	グレードup朝鮮語
2012.10.01	No.196	39	李汕玉	サノギのビョンヤンナドゥリ
2012.10.01	No.196	40	都相太	統一ーいやぎ
2012.10.01	No.196	41	森類臣	メディアウォッチ
2012.10.01	No.196	42		イオタイムズ
2012.10.01	No.196	44		インフォメーション
2012.10.01	No.196	45	金正浩	ジョウホのへらずロリターンズ

발행일	지면정보		필자	제목
	권호	페이지		
2012.10.01	No.196	46		Kyc INFORMATION
2012.10.01	No.196	48		読者の声＋編集後記
2012.10.01	No.196	49		子ども美術館
2012.10.01	No.196	62		woman x life/朴紀子さん
2012.10.01	No.196	65	呉洋子	ねぇ 教えて
2012.10.01	No.196	66		ピョンアリ
2012.10.01	No.196	68		ウリハッキョ元気計画/北大阪朝鮮初中級学校
2012.10.01	No.196	70		おみせNavi/Re.Bom
2012.10.01	No.196	72		文化/演劇「百年~風の仲間たち」他
2012.10.01	No.196	73		Books /「新聞・テレビが伝えなかった北朝鮮」他
2012.10.01	No.196	75		マンガ・コッソンイ/새롱구소조(新バスケット部)만화:河美香 原作:柳里英
2012.10.01	No.196	78		まちがいはどこ？
2012.10.01	No.196	79		読者プレゼント
2012.10.01	No.196	80		今夜のパンチャン/トッカルビ 他
2012.11.01	No.197	9		ココロのトラブルQ&A
2012.11.01	No.197	10		心の病とは何か/誰もが無関係でいられない現代病
2012.11.01	No.197	12		ルポ/忍び寄る心の病、その時あなたは…精神疾患と在日同胞
2012.11.01	No.197	16	徐千夏	オモニ相談室/思春期の心のサイン
2012.11.01	No.197	20		ドメスティック・バイオレンスって？　不平等な性差別の中で、誰にでも起こりうる暴力
2012.11.01	No.197	22		こころの病SOS
2012.11.01	No.197	23		エッセイ/ひとりで
2012.11.01	No.197	51		〈特別企画〉現状打開に向け法廷闘争へ　大阪朝鮮学園が大阪府と市を提訴
2012.11.01	No.197	51		補助金不支給は民族教育の権利を侵害するもの
2012.11.01	No.197	54		今が天王山、一刻も早い審査結果を/朝高への無償化適用求め、各地で署名、文科省への要請、学校開放つづく
2012.11.01	No.197	56		「許せない」を行動に-保護者の思い/あまりにも露骨な日本国家の朝鮮学校差別 申嘉美/補助金は当然の権利、当事者はわれわれ同胞だ 李昶林
2012.11.01	No.197	6		往復書簡2012 金静寅：暴力を下支えする、排除・管理的な法制度/後藤美樹：「日本人支援者」の立場、「権利擁護」の意味
2012.11.01	No.197	26		困難乗り越え、1年越しの晴れ舞台 福岡朝鮮初中級学校創立40周年
2012.11.01	No.197	58		平壌の日本語教育/それでも日本を学ぶ 平壌外国語大学を訪ねて/足かけ20年、朝鮮大学校の草の根交流
2012.11.01	No.197	1		io繋ぐ/同胞たちをつなぎ続けた16年
2012.11.01	No.197	28		ing/朝鮮で死亡した日本人の遺骨問題 他

발행일	지면정보		필자	제목
	권호	페이지		
2012.11.01	No.197	30	豊田直巳	3.11放射能の舞う大地で
2012.11.01	No.197	32	柳美里	ポドゥナムの里から
2012.11.01	No.197	33		ルポ/現場発 日々変貌する羅先経済貿易地帯
2012.11.01	No.197	36		2012権利・生活/介護保険制度の改正
2012.11.01	No.197	38	孟福実	グレードup朝鮮語
2012.11.01	No.197	39	李汕玉	サノギのピョンヤンナドゥリ
2012.11.01	No.197	40	鄭己烈	統一いやぎ
2012.11.01	No.197	41	渡辺健樹	メディアウォッチ
2012.11.01	No.197	42		イオタイムズ
2012.11.01	No.197	44		インフォメーション
2012.11.01	No.197	45	金正浩	ジョウホのへらずロリターンズ
2012.11.01	No.197	46		Kyc INFORMATION
2012.11.01	No.197	48		読者の声＋編集後記
2012.11.01	No.197	49		子ども美術館
2012.11.01	No.197	62		Pick up person/裵閏徳さん
2012.11.01	No.197	64		家族史写真館/呂運珏さん
2012.11.01	No.197	65	呉洋子	ねぇ　教えて
2012.11.01	No.197	66		ピョンアリ拡大版
2012.11.01	No.197	68		ウリハッキョ元気計画/横浜朝鮮初中級学校
2012.11.01	No.197	70		おみせNavi/五味五色　じゅじゅむむ
2012.11.01	No.197	72		文化/高句麗壁画古墳報道写真展 他
2012.11.01	No.197	73		Books/「『語られないもの』としての朝鮮学校」 他
2012.11.01	No.197	75		マンガ・コッソンイ/어머니의자격시험(オモニの資格試験)万画:河美香　原作:朴春紅
2012.11.01	No.197	78		まちがいはどこ?
2012.11.01	No.197	79		読者プレゼント
2012.11.01	No.197	80		今夜のパンチャン/太刀魚のチョリム 他
2012.12.01	No.198	9		出会いはいろいろ-2012
2012.12.01	No.198	10		意識調査 同胞男女の出会いと結婚
2012.12.01	No.198	12		ルポ/「適齢期」同胞の心のうち 出会い・結婚に何を望むのか
2012.12.01	No.198	16		一歩踏み出す勇気を後押しします　各地で盛んな「出会いの場」づくり
2012.12.01	No.198	18		親のため息、子のため息
2012.12.01	No.198	20		Age30~恋とか。愛とか。その後　子息失脚part.2/恋愛・・・結婚・・・出会いはどこにあるの?
2012.12.01	No.198	51		韓国大統領選挙を読む
2012.12.01	No.198	52		候補者の横顔 有力候補の政策ビジョンと構想
2012.12.01	No.198	54	北川広和	李明博政権の総括 分断、経済悪化、対米・日従属をもたらした5年

발행일	지면정보		필자	제목
	권호	페이지		
2012.12.01	No.198	56	文泰勝	大統領選を読み解く5つの争点
2012.12.01	No.198	6		往復書簡2012　金静寅：支援の経験と知恵、差別の痛みを共有すること/後藤美樹：支援者自身を検証し、政策提言や事業実施に具体化する
2012.12.01	No.198	24	野田峯雄	日本社会はどこへ行くのか
2012.12.01	No.198	58		「FC KOREA」、JFL昇格へ向け前進　全国社会人サッカー選手権で初優勝
2012.12.01	No.198	59		大阪朝高ボクシング部・李健太、3冠達成
2012.12.01	No.198	1		io繋ぐ/つなぎ、つぐものの原点をさぐる
2012.12.01	No.198	28		ing/米大統領、オバマが再選 他
2012.12.01	No.198	30	豊田直巳	3.11放射能の舞う大地で
2012.12.01	No.198	32	柳美里	ポドゥナムの里から
2012.12.01	No.198	33		ルポ/現場発　困窮する非正規滞在者たち
2012.12.01	No.198	36		2012権利・生活/消費税増税と生活
2012.12.01	No.198	38	孟福実	グレードup朝鮮語
2012.12.01	No.198	39	李汕玉	サノギのビョンヤンナドゥリ
2012.12.01	No.198	40	金栄淑	統一いやぎ
2012.12.01	No.198	41	山口正紀	メディアウォッチ
2012.12.01	No.198	42		イオタイムズ
2012.12.01	No.198	44		インフォマーション
2012.12.01	No.198	45	金正浩	ジョウホのへらずロリターンズ
2012.12.01	No.198	46		Kyc INFORMATION
2012.12.01	No.198	48		読者の声＋編集後記
2012.12.01	No.198	49		子ども美術館
2012.12.01	No.198	60		Pick up person/イルボンさん
2012.12.01	No.198	62		woman x life/李善玉さん
2012.12.01	No.198	64		家族史写真館/高明栄さん
2012.12.01	No.198	65	呉洋子	ねぇ 教えて
2012.12.01	No.198	66		ビョンアリ拡大版
2012.12.01	No.198	68		ウリハッキョ元気計画/千葉朝鮮初中級学校
2012.12.01	No.198	70		おみせNavi/冷麺専門店　平壌冷麺食道園
2012.12.01	No.198	72		文化/第41回在日朝鮮学生美術展・東京展 他
2012.12.01	No.198	73		Books/「基地村の女たち-もう一つの韓国現代史」他
2012.12.01	No.198	75		マンガ・コッソンイ/할머니란〈책〉(ハルモニという「本」) 만화/河美香　原作:許芸婦
2012.12.01	No.198	78		まちがいはどこ?
2012.12.01	No.198	79		読者プレゼント
2012.12.01	No.198	80		今夜のパンチャン/大根のチヂミ 他
2013.01.01	No.199	7		〈特集〉3世、同胞社会を語る

발행일	지면정보		필자	제목
	권호	페이지		
2013.01.01	No.199	8		もう一度、生まれ変わったとしても
2013.01.01	No.199	10		3世は発言する 子どもが安心できる、民族教育の土台作りを 康哲敏さん/「在日の看板」背負う若き商工人として 金太竜さん/朝鮮学校の法的地位問題を解決したい 真良鈺さん/植物病理学に貢献し、「食」に不自由しない世界を 玄康洙さん/料理を通じて人々に喜びを 朴順蓮さん/「同胞代表チーム」、プライド背負いピッチへ 黄永宗さん/「性＝生教育」から、同胞社会にアプローチ 崔賢英さん/同胞文化の担い手、世界を見すえて 河弘哲さん
2013.01.01	No.199	18		対談/同胞社会の未来と可能性を信じて 金成吉 X 金優綺
2013.01.01	No.199	50		〈特別企画〉朝鮮のスイーツ
2013.01.01	No.199	56		「民族統一」のあらたな地平へ/朝鮮大学校朝鮮問題研究センター設立1周年記念シンポジウム
2013.01.01	No.199	58		大阪朝鮮高級学校創立60周年
2013.01.01	No.199	60		大阪朝高ラウビー部4年連続で「花園」へ
2013.01.01	No.199	62		平壌で出会ったロックな笑顔/「朝鮮ロックプロジェクト」を手がけたミュージシャン・ファンキー末吉さんに聞く
2013.01.01	No.199	64		第1回「イプニ」ぬりえ コリアの風コンテスト
2013.01.01	No.199	1		EYES TO KOREAN/笑顔を忘れない子どもたちがいる
2013.01.01	No.199	20		ウリハッキョ元気計画/南大阪朝鮮初級学校
2013.01.01	No.199	22		ウリハッキョing/東京朝鮮第1初中級学校新校舎建設事業 他
2013.01.01	No.199	24		ing/朝・日会談の再開と延期決定 他
2013.01.01	No.199	27		io繋ぐ/モアコンサート
2013.01.01	No.199	30	金洪里	発信力
2013.01.01	No.199	32	柳美里	ポドゥナムの里から
2013.01.01	No.199	33	藤岡美恵子	交差点
2013.01.01	No.199	34		同胞権利ヒストリー/外国人登録法
2013.01.01	No.199	36	康成銀	朝鮮、その時
2013.01.01	No.199	38		職場お悩み解決サロン
2013.01.01	No.199	38		家計のミカタ
2013.01.01	No.199	39	康明逸	経済ウォッチング
2013.01.01	No.199	40	李順愛	ちょっと気になる朝鮮語
2013.01.01	No.199	42		Kyc INFORMATION
2013.01.01	No.199	44		イオタイムズ
2013.01.01	No.199	46		インフォマーション
2013.01.01	No.199	47		トンポとんねイモジョモ話
2013.01.01	No.199	47		イオ読者のもやもやエッセイ
2013.01.01	No.199	48		読者の声＋編集後記
2013.01.01	No.199	49		ピョンアリ
2013.01.01	No.199	66	江田陽生	Koreans@world

발행일	지면정보		필자	제목
	권호	페이지		
2013.01.01	No.199	68		私の三ツ星 ふくまさ(大阪市生野区)
2013.01.01	No.199	70	金昌徳	ウリ美術館
2013.01.01	No.199	72		文化/Theアリラン キム・ヨンウ平和の歌 他
2013.01.01	No.199	73		Books/「ひとがひとを呼ぶ」他
2013.01.01	No.199	75		マンガ・コッソンイ/오빠는챔피언(おにいちゃんはチャンピオン) 만화：河美香
2013.01.01	No.199	78		クイズランド
2013.01.01	No.199	79		読者プレゼント
2013.01.01	No.199	80		おウチでできる! チョソンパンチャン お手軽クジョルパン 他
2013.02.01	No.200	7		〈特集〉通巻200号記念 イオ、私も編集長
2013.02.01	No.200	8		1日編集長登場! 私のイチオシ特集
2013.02.01	No.200	12		200冊のイオを振り返る! 誌面を飾ったあんな企画、こんな人たち
2013.02.01	No.200	14		発見!ここにもイオがありました!
2013.02.01	No.200	16		我らイオトモ
2013.02.01	No.200	18	韓哲秀	月刊イオの創刊200号に寄せて/板塀の前で見つけた小さな「節穴」前田康博/同胞をつなげるメディアがなぜ必要なのか
2013.02.01	No.200	20		朝鮮問題のすべてがかわるバックナンバー
2013.02.01	No.200	50	金志永	〈特集企画〉2013年、朝鮮半島を読む 経済復興プロジェクトの本格始動 金正恩第1書記、就任2年目の「創造と変革」
2013.02.01	No.200	52	崔勇海	「第2の6.15時代」見据え、越えるべきハードル 韓国大統領選挙と北南関係の展望
2013.02.01	No.200	54		朝鮮半島情勢と日本の対朝鮮政策 出そろった新たな指導者の顔ぶれ
2013.02.01	No.200	28		民族の伝統民画・革筆 在日同胞唯一の書き手、江流・金公一さん
2013.02.01	No.200	56		人口衛星「光明星3」号の打ち上げに成功 朝鮮、自国の技術で宇宙開発へ/人工衛星打ち上げ、周辺諸国の反応
2013.02.01	No.200	59		金樹延選手、ボクシング日本王者に 日本ウェルター級タイトルマッチ
2013.02.01	No.200	61		4年連続の「花園」で存在をアピール 大阪朝高ラグビー部、3回戦で敗退も実力を発揮
2013.02.01	No.200	1		EYES TO KOREAN/せめて晩年は穏やかに
2013.02.01	No.200	21		io繋ぐ/コッポンオリフェスタ
2013.02.01	No.200	24		ウリハッキョ元気計画/北九州朝鮮初級学校
2013.02.01	No.200	26		ウリハッキョing/北海道朝鮮初中級学校・日朝友好促進交換授業 他
2013.02.01	No.200	30		woman x life/金正美さん
2013.02.01	No.200	32	柳美里	ポドゥナムの里から
2013.02.01	No.200	33	藤岡美恵子	交差点
2013.02.01	No.200	34		同胞権利ヒツトリー/入管法

발행일	지면정보		필자	제목
	권호	페이지		
2013.02.01	No.200	36	康成銀	朝鮮、その時
2013.02.01	No.200	38		職場お悩み解決サロン
2013.02.01	No.200	38		家計のミカタ
2013.02.01	No.200	39	康明逸	経済ウォッチング
2013.02.01	No.200	40	李順愛	ちょっと気になる朝鮮語
2013.02.01	No.200	42		Kyc INFORMATION
2013.02.01	No.200	44		イオタイムズ
2013.02.01	No.200	46		インフォマーション
2013.02.01	No.200	47		トンポとんねイモジョモ話
2013.02.01	No.200	47		イオ読者のもやもやエッセイ
2013.02.01	No.200	48		読者の声＋編集後記
2013.02.01	No.200	49		ピョンアリ
2013.02.01	No.200	66	江田陽生	Koreans@world
2013.02.01	No.200	68	李鏞勲	ウリ美術館
2013.02.01	No.200	70		文化/金満里ソロ公演 天にもぐり地にのぼる 他
2013.02.01	No.200	71		Books/「福島核災棄民」他
2013.02.01	No.200	72		私の三ツ星/文花苑(東京都黒田区)
2013.02.01	No.200	75		マンガ・コッソンイ/천심과태성(チョンシムとテソン) 만화：河美香 原作：朴舜珠
2013.02.01	No.200	78		クイズランド
2013.02.01	No.200	79		読者プレゼント
2013.02.01	No.200	80		おウチでできる!チョセンパンチャン 焼きナスのサラダ 他
2013.03.01	No.201	7		春だ! 花見た!トンポトンネ
2013.03.01	No.201	8	高健輔	エッセイ 力を合わせて生きていく葉桜の「息吹」
2013.03.01	No.201	10		こんなことやります! わが地域の花見自慢!
2013.03.01	No.201	13		トンポが集う? 花見穴場スポット
2013.03.01	No.201	14		お花見爆笑ほんわかエピソード
2013.03.01	No.201	16		お花見便利グッズ
2013.03.01	No.201	51		〈特別企画〉「高校無償化」裁判闘争へ
2013.03.01	No.201	52		「私たちの学びの権利奪わないで」 愛知朝高生徒が国家賠償請求訴訟
2013.03.01	No.201	54		朝高排除は人権侵害、裁量権濫用 大阪朝鮮学園が国を相手に行政訴訟
2013.03.01	No.201	56		朝鮮学校はずしの省令改悪-世界に通じない「国による差別」
2013.03.01	No.201	58	師岡康子	枝川裁判の勝訴的和解の意義と高校無償化裁判
2013.03.01	No.201	28		プライドと拳がぶつかり合う同胞対決迫る!金樹延 x 尹文鉉 ボクシング日本ウェルター級タイトルマッチ@後楽園ホール
2013.03.01	No.201	61		伝えたがった朝鮮「イメージ」写真集「隣人。38度線の北」写真家・初沢亜利さんに聞く

발행일	지면정보		필자	제목
	권호	페이지		
2013.04.01	No.202	14		他のオモニ、アボジと仲良くなれる？ 学校支援の過程できっかけ、小さな食事会も
2013.04.01	No.202	15		放課後、どうすればいいの？ 朝鮮学校にも学童が増えています！
2013.04.01	No.202	16		新1年生生活はこう乗り切る！ 先輩オンマ、アッパからのアドバイス
2013.04.01	No.202	51		日本ノヘイト・クライムを考える
2013.04.01	No.202	52	李信恵	新大久保から鶴橋まで、排外デモに対峙する人々に出会う
2013.04.01	No.202	54	前田朗	ヘイト・クライム処罰は世界の常識「表現の自由」口実に排外主義を容認する日本政府
2013.04.01	No.202	56	安田浩一	レイシズムの波がゆっくりと動き出している 排外主義へと回収される愛国心と被害者意識
2013.04.01	No.202	28		アボジたち、もっと交流しましょう！ 福岡初級アボジ会の関東研修
2013.04.01	No.202	29		韓国野球界に残した在日同胞野球少年たちの足跡 ドキュメンタリー映画「グラウンドの異邦人」金明俊監督に聞く
2013.04.01	No.202	58		子どもに矛先、筋違い 神奈川、埼玉、広島、山口で朝鮮学校への補助金カット
2013.04.01	No.202	60		「過去の歴史」と向き合う出発点に 宇部・長生炭鉱水没事故犠牲者追悼碑が完成
2013.04.01	No.202	1		EYES TO KOREAN/家族、恋人、友達・・・
2013.04.01	No.202	18		ウリハッキョ元気計画/西播朝鮮初中級学校
2013.04.01	No.202	20		ウリハッキョing/西東京第1初中級学校・元同胞患者を慰問 他
2013.04.01	No.202	22		ing/日本政府が対朝鮮追加制裁を決定 他
2013.04.01	No.202	25		io繋ぐ/コリアンネットあいちの「KOREAノリマダン」
2013.04.01	No.202	30		woman x life/卞鮮華さん
2013.04.01	No.202	32	柳美里	ポドゥナムの里から
2013.04.01	No.202	33		交差点/西本マルドニア
2013.04.01	No.202	34		同胞権利ヒツトリー/4.24教育闘争
2013.04.01	No.202	36	康成銀	朝鮮、その時
2013.04.01	No.202	38		職場お悩み解決サロン
2013.04.01	No.202	38		家計のミカタ
2013.04.01	No.202	39	康明逸	経済ウォッチング
2013.04.01	No.202	40	李順愛	ちょっと気になる朝鮮語
2013.04.01	No.202	42		Kyc INFORMATION
2013.04.01	No.202	44		イオタイムズ
2013.04.01	No.202	46		インフォマーション
2013.04.01	No.202	47		トンボとんねイモジョモ話
2013.04.01	No.202	47		イオ読者のもやもやエッセイ

발행일	지면정보		필자	제목
	권호	페이지		
2013.05.01	No.203	32	柳美里	ポドゥナムの里から
2013.05.01	No.203	33	道田嶢	交差点
2013.05.01	No.203	34		同胞権利ヒツトリー/「学校閉鎖令」後の民族教育
2013.05.01	No.203	36	康成銀	朝鮮、その時
		38	裵明玉	職場お悩み解決サロン
		38	韓鐘哲	家計のミカタ
2013.05.01	No.203	39	康明逸	経済ウォッチング
2013.05.01	No.203	40	李順愛	ちょっと気になる朝鮮語
2013.05.01	No.203	42		Kyc INFORMATION
2013.05.01	No.203	44		イオタイムズ
2013.05.01	No.203	46		インフォマーション
2013.05.01	No.203	47		トンポとんねイモジョモ話
2013.05.01	No.203	47		イオ読者のもやもやエッセイ
		48		読者の声＋編集後記
2013.05.01	No.203	49		ピョンアリ
2013.05.01	No.203	64	李天鎬	Koreans@world
2013.05.01	No.203	68	李鏞勲	ウリ美術館
2013.05.01	No.203	70		文化/崔栄徳ディナーショー 他
2013.05.01	No.203	71		Books/[朝鮮独立への隘路 在日朝鮮人の解放五年史] 他
2013.05.01	No.203	72		私の三ツ星/スタミナ苑(東京都江東区)
2013.05.01	No.203	75		マンガ·コッソンイ/위하는마음(おもいやり) 만화：河美香　原作：孫蒼伊
2013.05.01	No.203	78		クイズランド
2013.05.01	No.203	79		読者プレゼント
2013.05.01	No.203	80		おウチでできる!チョセンパンチャン ひき肉キムチチジミ 他
2013.06.01	No.204	7		〈特集〉在日朝鮮人とマスメディア
2013.06.01	No.204	8	康熙奉	日本の新聞社説は朝鮮高校「無償化」除外問題をどう語っているか
2013.06.01	No.204	11		メディアリテラシーはなぜ必要か　マスコミ情報と接するための「8ヵ条」
2013.06.01	No.204	12	仲村一成	在日朝鮮人はどう報じられてきたか 早々と処刑された少年·李珍宇 長沼節夫/ヘイトクライムと90年代のバックラッシュ
2013.06.01	No.204	14	高演義	在日朝鮮人とマスメディア~1960年代から振り返る
2013.06.01	No.204	16		歪んだ歴史認識、日本の再軍備···　偏向報道がうまれる背景とは
2013.06.01	No.204	18		朝鮮学校@海外メディア·地方紙
2013.06.01	No.204	20	藤田博之	エッセイ/見失われた「ジャーナリズムの役割」
2013.06.01	No.204	50		オモニ代表団、国連へ　日本政府の朝鮮学校差別、世界に訴え 国連·社会権規約委 オモニ代表団の奮闘記
2013.06.01	No.204	54		正義の実現へ広く連帯を ジュネーブで出会った人々

발행일	지면정보		필자	제목
	권호	페이지		
2013.06.01	No.204	56		緊急連載 朝鮮学校と日本社会 第2回 子どもたちに不利益を加え、喝采を得る-人間として卑劣な行為
2013.06.01	No.204	59		4年連続大学日本一帝京大学ラグビー部
2013.06.01	No.204	67		市民社会に「歴史の教養」を 市民センターアリアン・連続歴史講座が好評
2013.06.01	No.204	1		EYES TO KOREAN/子どもたちが作り出す説得力
2013.06.01	No.204	22		ウリハッキョ元気計画/東京朝鮮第3初級学校
2013.06.01	No.204	24		ウリハッキョing/四日市朝鮮初中級学校でオモニコンサート
2013.06.01	No.204	27		io繋ぐ/10周年迎えたNPO法人「アリランの家」
2013.06.01	No.204	30		woman x life/徐善美さん
2013.06.01	No.204	32	柳美里	ポドゥナムの里から
2013.06.01	No.204	33	池上智子	交差点
2013.06.01	No.204	34		同胞権利ヒツトリー/朝鮮大学校の法的認可獲得
2013.06.01	No.204	36	康成銀	朝鮮、その時
2013.06.01	No.204	38	洪正秀	職場お悩み解決サロン
2013.06.01	No.204	38	韓鐘哲	家計のミカタ
2013.06.01	No.204	39	康明逸	経済ウォッチング
2013.06.01	No.204	40	李順愛	ちょっと気になる朝鮮語
2013.06.01	No.204	42		Kyc INFORMATION
2013.06.01	No.204	44		イオタイムズ
2013.06.01	No.204	46		インフォメーション
2013.06.01	No.204	47		トンポとんねイモジョモ話
	No.204	47		イオ読者のもやもやエッセイ
2013.06.01	No.204	48		読者の声＋編集後記
2013.06.01	No.204	49		ピョンアリ
2013.06.01	No.204	62		ing 経済建設と核武力建設の並進路線提示 他
2013.06.01	No.204	64	李天鎬	Koreans@world
2013.06.01	No.204	68	李鏞勲	ウリ美術館
2013.06.01	No.204	70		文化/おもいはふかく ハルモニたちの作品展 他
2013.06.01	No.204	71		Books/「セバスチャンおじさんから子どもたちへ」他
2013.06.01	No.204	72		私の三ツ星/からから亭(東京都北区)
2013.06.01	No.204	75		マンガ・コッソンイ/외할머니의치마저고리(ウェハルモニのチマチョゴリ) 万画：河美香 原作：康陽球
2013.06.01	No.204	78		クイズランド
2013.06.01	No.204	79		読者プレゼント
2013.06.01	No.204	80		おウチでできる!チョセンパンチャン 牛肉のスッケ 他
2013.07.01	No.205	7		〈特集〉飛び出せ、ちびっ子アスリート!
2013.07.01	No.205	8		集まれ未来のラガーマン、モットーは「楽しく」ラグビー/東京・高麗ジュニア

발행일	지면정보		필자	제목
	권호	페이지		
2013.07.01	No.205	10		民族の伝統武芸で健康と礼儀を　テッキョン
2013.07.01	No.205	12		サッカーを通して技術と人間性を育む　サッカー/広島朝鮮学校サッカースクール
2013.07.01	No.205	14		剛と柔を育み、めざせチャンピオン！　ボクシング/東京拳闘団キッズチーム
2013.07.01	No.205	15		身体で表現、楽しさ目覚める　新体操/東京第9初級の新体操クラブ
2013.07.01	No.205	16		スーパーちびっ子ファイブ　空手・前泰無くん/スケート・鄭有茄さん/テコンドー・黄将くん/バスケットボール・鄭鮮芽さん/水泳・趙在芯くん
2013.07.01	No.205	18	姜末玲	スポーツと子どもの発達・成張
2013.07.01	No.205	50		〈特集企画〉夏野菜でキムチ　夏といえば水キムチ！
2013.07.01	No.205	54		キムチが、立派なおかずに！
2013.07.01	No.205	24		かくも止まらぬ歴史歪曲　橋下発言「慰安婦は必要だった」
2013.07.01	No.205	27		今後50年、100年の京都民族教育の拠点に　京都朝鮮初級学校の新校舎が竣工
2013.07.01	No.205	56	佐藤通夫	緊急連載　朝鮮学校と日本社会　第3回　歴史の中に現実を見よう　外国人学校の中で優先されるべき朝鮮学校
2013.07.01	No.205	58	宋恵淑	「高校無償化」制度からの朝鮮学校除外は差別である　国連・社会権規約委の対日勧告　運動にさらなるうねりを
2013.07.01	No.205	63		「朝鮮学校ええじゃないね！」広島・一丸となって訴えた平和と誇り/「朝鮮の子どもへの蔑視を許さない」山口県で補助金再開を求める抗議続く
2013.07.01	No.205	67		「60万回のトライ」　大阪朝高ラグビー部ドキュメンタリー映画　今秋公開へ！
2013.07.01	No.205	1		EYES TO KOREAN/原発震災の中で
2013.07.01	No.205	20		ウリハッキョ元気計画/神戸朝鮮高級学校
2013.07.01	No.205	30	李政美	発信力
2013.07.01	No.205	32	柳美里	ボドゥナムの里から
2013.07.01	No.205	33	リリアンテルミハタノ	交差点
2013.07.01	No.205	34		同胞権利ヒツトリー大学受験資格問題
2013.07.01	No.205	36	康成銀	朝鮮、その時
2013.07.01	No.205	38	洪正秀	職場お悩み解決サロン
2013.07.01	No.205	38	韓鐘哲	家計のミカタ
2013.07.01	No.205	39	康明逸	経済ウォッチング
2013.07.01	No.205	40	李順愛	ちょっと気になる朝鮮語
2013.07.01	No.205	42		Kyc INFORMATION
2013.07.01	No.205	44		イオタイムズ
2013.07.01	No.205	46		インフォマーション

발행일	지면정보		필자	제목
	권호	페이지		
2013.07.01	No.205	47		トンボとんねイモジョモ話/イオ読者のもやもやエッセイ
2013.07.01	No.205	48		読者の声＋編集後記
2013.07.01	No.205	49		ピョンアリ
2013.07.01	No.205	62	李敬史	Koreans@world
2013.07.01	No.205	68	李鏞勲	ウリ美術館
2013.07.01	No.205	70		文化/第12回 東京外国人学校合同絵画展 他
2013.07.01	No.205	71		Books/「白磁の画家—芳醇にして強靭なる呉炳学の世界」他
2013.07.01	No.205	72		私の三ツ星/いちがい屋(広島県広島市)
2013.07.01	No.205	75		マンガ・コッソンイ/밀편(ミルピョン) 만화：河美香 原作：沈撥煌
2013.07.01	No.205	78		クイズランド
2013.07.01	No.205	79		読者プレゼント
2013.07.01	No.205	80		おウチでできる!チョセンパンチャン　ビビンメン 他
2013.08.01	No.206	7		〈特集〉私たちと故郷
2013.08.01	No.206	8	黄英治	エッセイ/在日同胞にとっての〈故郷〉
2013.08.01	No.206	10		わたしの故郷紹介します 受け継がれる、故郷への墓参り 崔大竜/二人の女性と私のコヒャン 洪里奈/自分のルーツが刻まれた場所 金永燦/再び故郷の土を踏んだアボジ 金正浩/3つの故郷 卞怜奈/手紙がつないだ故郷との緑 朱桂子/ノハンメの味、平壌冷麺 張知世/「強く生きろ」と教えてくれた 徐蓮玉
2013.08.01	No.206	14		秘密の道民show 慶尚道：保守的な北道、開放的な南道/京畿道・ソウル特別市：政治、経済、文化の中心/江原道(南)：美しい自然と心優しい人々/全羅道：反骨精神の地、芸術と美食の都/忠清道：穏やかな気風、ゆったりした両班気質/済州道：「三多」「三無」「三宝」の島
2013.08.01	No.206	18		異郷暮らし半世紀、「心はいつも故郷に根ざしていくたー」1世に聞く、故郷への思い　朴在洙さん
2013.08.01	No.206	20		朝鮮籍者の入国シャットアウト 在日同胞の故郷訪問/保守政権発足後に厳しく制限、韓国籍にも圧力
2013.08.01	No.206	50		〈特別企画〉世界の戦跡・平和博物館 祖国解放戦争勝利記念館/ナヌムの家 日本軍「慰安婦」歴史館/朱鞠内・笹の墓標展示館/原爆の図 丸木美術館/侵華日軍南京大屠殺遭難同胞紀念館/シロソ砦/国立アウシュビッツ強制収容所博物館/アパルトヘイト博物館 他
2013.08.01	No.206	54	佐藤健生	加害責任に向き合うドイツ、目をそらす日本
2013.08.01	No.206	58	田中優子	緊急連載 朝鮮学校と日本社会 第4回「差別」の自覚もない-日本を知らない人たちが朝鮮を差別する
2013.08.01	No.206	60		変わった ウリハッキョ教科書　初級部理科：探究プロセス楽しみ、科学的思考力を/初級部算数：「算数楽しい!」-考え方発見できる授業に/初級部日本語：プレゼン、作文教材増・・・4技能をバランスよく/中1家庭：自立できるデザイン力・知識・技術を

발행일	지면정보		필자	제목
	권호	페이지		
2013.08.01	No.206	64		李冽理、再起へ大きな勝利! ボクシング東洋太平洋フェザー級タイトルマッチ
2013.08.01	No.206	65		朝大生が適用求め文科省前で抗議行動「高校無償化、あと何人の署名が必要なのか」
2013.08.01	No.206	1		EYES TO KOREAN/出会えた緑を大切に
2013.08.01	No.206	22		ウリハッキョ元気計画/神奈川朝鮮中高級学校
2013.08.01	No.206	24		ウリハッキョing/西東京第1初中級学校·元同胞患者を慰問 他
2013.08.01	No.206	27		io繋ぐ 南大阪朝鮮初級学校、アプロハムケ主催の公開授業
2013.08.01	No.206	30		woman x life/鄭秋子さん
2013.08.01	No.206	32	柳美里	ポドゥナムの里から
2013.08.01	No.206	33	山崎鈴子	交差点
2013.08.01	No.206	34		同胞権利ヒツトリー/朝鮮高級学校の高体連加盟
2013.08.01	No.206	36	康成銀	朝鮮、その時
2013.08.01	No.206	38	金静寅	職場お悩み解決サロン
2013.08.01	No.206	38	韓鐘哲	家計のミカタ
2013.08.01	No.206	39	康明逸	経済ウォッチング
2013.08.01	No.206	40	李順愛	ちょっと気になる朝鮮語
2013.08.01	No.206	42		Kyc INFORMATION
2013.08.01	No.206	44		イオタイムズ
2013.08.01	No.206	46		インフォマーション
2013.08.01	No.206	47		トンポとんねイモジョモ話/イオ読者のもやもやエッセイ
2013.08.01	No.206	48		読者の声＋編集後記
2013.08.01	No.206	49		ピョンアリ
2013.08.01	No.206	56		ing 開城の遺跡が世界遺産に 他
2013.08.01	No.206	66	李敬史	Koreans@world
2013.08.01	No.206	70		文化/ドキュメンタリー映画笹の墓標」他
2013.08.01	No.206	71		Books/「検証　朝鮮戦争」他
2013.08.01	No.206	72		私の三ツ星/Bar el sol(大阪市北区)
2013.08.01	No.206	75		マンガ·コッソンイ/파스퍼트의사진(パスポートの写真)　万画:河美香 原作:孫東勲
2013.08.01	No.206	78		クイズランド
2013.08.01	No.206	79		読者プレゼント
2013.08.01	No.206	80		おウチでできる!チョセンパンチャン　野菜たっぷりチャプチェ 他
2013.09.01	No.207	6		〈特集〉朝鮮戦争-停戦から平和へ ルポ 戦争の傷跡を訪ねる 信川·虐殺の地で垣間見た悲劇/板門店·分断の象徴、冷戦の最前線
2013.09.01	No.207	10	李柄輝	朝鮮戦争とはいかなる戦争だったとか

발행일	지면정보		필자	제목
	권호	페이지		
2013.09.01	No.207	12		民衆と朝鮮戦争 米軍に両腕と両親を奪われた リーオクフィさん(70)/義勇軍入隊、家族の死、そして北へ アン・ビョンオクさん(81)/朝米対決の最中に生まれた並進路線 シム・ヨングンさん(79)
2013.09.01	No.207	14	廉文成	朝米の60年－停戦状態の中の朝鮮半島-
2013.09.01	No.207	16	林哲	「朝鮮戦争像」の根本的な転換迫る
2013.09.01	No.207	18	白宗元	朝鮮戦争と日本
2013.09.01	No.207	52		〈特別企画〉ウリハッキョの夏休み みんなで走った、作った、笑った!
2013.09.01	No.207	53		夏休みも元気に登校!遊びと学びバランス良く/今日はアボジとザリガニ釣り!
2013.09.01	No.207	54		勝負の夏休み! 栄光の舞台めざし汗流す
2013.09.01	No.207	55		知るって楽しい!未来の科学者へ第一歩
2013.09.01	No.207	56		自転車走らせ・・・地域のための汗する高2の夏
2013.09.01	No.207	57		スポーツ実習に世界遺産めぐり/ハンセン病、沖縄、朝鮮人を考える
2013.09.01	No.207	58	長崎由美子	〈緊急連載〉朝鮮学校と日本社会 第5回 朝鮮学校は人間の誇り育て、南北の架け橋になるコミュニティ
2013.09.01	No.207	60		関東大震災朝鮮人虐殺から90年 語り部たちを追う 日本の民衆を二度と殺人者にさせない 山田昭次さん/市民の手で伝えつづける 西崎雅夫さん
2013.09.01	No.207	64		「何が何でもハッキョを守りたい」 広島・朝高生と卒業110人が提訴
2013.09.01	No.207	66	金鐘成	観戦起/ハイレベルの大会制した朝鮮の高技術 朝鮮が東アジア杯に初優勝
2013.09.01	No.207	1		EYES TO KOREAN/成長した姿に会えるのを楽しみに
2013.09.01	No.207	20		ウリハッキョ元気計画/大阪朝鮮高級学校
2013.09.01	No.207	22		ウリハッキョing/茨城ハッキョ、創立60周年に向け燃えています! 他
2013.09.01	No.207	24		ing/韓国高裁 新日鉄住金に賠償判決 他
2013.09.01	No.207	27		io繋ぐ/夜会が繋いだ地域、同胞、歴史
2013.09.01	No.207	30	朴保	発信力
2013.09.01	No.207	32	柳美里	ポドゥナムの里から
2013.09.01	No.207	33	有銘佑理	交差点
2013.09.01	No.207	34		同胞権利ヒツトリー/地方自治体による朝鮮学校への補助金
2013.09.01	No.207	36	慎蒼宇	朝鮮、その時
2013.09.01	No.207	38	申景秀	職場お悩み解決サロン
2013.09.01	No.207	38	韓鐘哲	家計のミカタ
2013.09.01	No.207	39	康明逸	経済ウォッチング
2013.09.01	No.207	40	李順愛	ちょっと気になる朝鮮語
2013.09.01	No.207	42		Kyc INFORMATION

발행일	지면정보		필자	제목
	권호	페이지		
2013.09.01	No.207	44		イオタイムズ
2013.09.01	No.207	46		インフォマーション
2013.09.01	No.207	47		トンポとんねイモジョモ話/イオ読者のもやもやエッセイ
2013.09.01	No.207	48		読者の声＋編集後記
2013.09.01	No.207	49		ピョンアリ
2013.09.01	No.207	68	李敬史	Koreans@world
2013.09.01	No.207	70		文化/60~70年代の在日朝鮮人の実像 他
2013.09.01	No.207	71		Books/「在日外国人 第三版」他
2013.09.01	No.207	72		私の三ツ星/あっちっち(兵庫県神戸市)
2013.09.01	No.207	75		マンガ・コッソンイ/우리집제사날(わが家のチェサ) 만화：河美香 原作：呉未玲
2013.09.01	No.207	78		クイズランド
2013.09.01	No.207	79		読者プレゼント
2013.09.01	No.207	80		おウチでできる!チョセンパンチャン カジキマグロとキムチ煮付け 他
2013.10.01	No.208	7		〈特集〉明日のための同胞福祉
2013.10.01	No.208	8	金順愛	私たちが目指す福祉とは 同胞福祉の15年-NPO法人の立ち上げと現場の模索
2013.10.01	No.208	10		2世介護見据え、一歩先へ
2013.10.01	No.208	12		同胞福祉を動かす11人
2013.10.01	No.208	14		元気に働いています! 京都エルファ共同作業所/ヤマト運輸新東京ベース店 任徳熏さん
2013.10.01	No.208	18	金永子	在日朝鮮人が抱える福祉問題とは?
2013.10.01	No.208	52		〈特別企画〉月刊イオの電子書籍化 検証・どーなる?月刊イオの電子
2013.10.01	No.208	56	徳永修	インタビュー/電子書籍のいまとこれから
2013.10.01	No.208	58	鈴木芳雄	緊急連載/朝鮮学校と日本社会 第6回 朝高生たちに悔しい思いをさせたくない
2013.10.01	No.208	60		関東大震災90周年 朝鮮人虐殺を繰り返さないために
2013.10.01	No.208	63		パンフレット「ウリハッキョ」完成!
2013.10.01	No.208	64		国連韓国、どう表現?日本の人権、どうすれば国際基準に?
2013.10.01	No.208	66	金美恵	短期連載/沖縄のなかの朝鮮人(上)
2013.10.01	No.208	1		EYES TO KOREAN/ファインダーの中に舞踊手を追う
2013.10.01	No.208	20		ウリハッキョ元気計画/京都朝鮮中高級学校
2013.10.01	No.208	22		ウリハッキョing/北大阪初中、ビーチバレー大会で銅メダル! 他
2013.10.01	No.208	24		ing/エジフトの政変は反動軍事クーデタ 他
2013.10.01	No.208	27		io繋ぐ/第13回「南北コリアと日本のともだち展」平壌ワークショップ
2013.10.01	No.208	30		woman x life/金志純さん

발행일	지면정보		필자	제목
	권호	페이지		
2013.10.01	No.208	32	柳美里	ポドゥナムの里から
2013.10.01	No.208	33	山本蘭	交差点
2013.10.01	No.208	34		同胞権利ヒツトリー/枝川朝鮮学校土地問題裁判
2013.10.01	No.208	36	慎蒼宇	朝鮮、その時
2013.10.01	No.208	38	李季先	職場お悩み解決サロン
2013.10.01	No.208	38	韓鐘哲	家計のミカタ
2013.10.01	No.208	39	康明逸	経済ウォッチング
2013.10.01	No.208	40	李順愛	ちょっと気になる朝鮮語
2013.10.01	No.208	42		Kyc INFORMATION
2013.10.01	No.208	44		イオタイムズ
2013.10.01	No.208	46		インフォマーション
2013.10.01	No.208	47		トンポとんねイモジョモ話/イオ読者のもやもやエッセイ
2013.10.01	No.208	48		読者の声＋編集後記
2013.10.01	No.208	49		ピョンアリ
2013.10.01	No.208	68	孫民哲	Koreans@world
2013.10.01	No.208	70		文化/劇団タルオルム「ムルコン ノー流るる時と水こえてー」他
2013.10.01	No.208	71		Books/「増補新版 ヘイト・クライム-憎悪犯罪が日本を壊す-」他
2013.10.01	No.208	72		私の三ツ星 笑顔-shouen-(愛知県名古屋市)
2013.10.01	No.208	75		マンガ・コッソンイ ウリ집제사날(アボジの国、オモニの国) 만화：河美香 原作：李由衣
2013.10.01	No.208	78		クイズランド
2013.10.01	No.208	79		読者プレゼント
2013.10.01	No.208	80		おウチでできる!チョセンパンチャン 砂肝サラダ 他
2013.11.01	No.209	7		〈特集〉スポーツと政治・考
2013.11.01	No.209	8		朝鮮民族のスポーツ100年史
2013.11.01	No.209	12		「スポーツと政治」事件史
2013.11.01	No.209	14	木村元彦	インタビュースポーツが「政治」を超えるとき
2013.11.01	No.209	16		切りひらく-「雑草」のプライド 在日スポーツマン、国籍・政治・制度の壁に挑む
2013.11.01	No.209	18	慎武宏	格闘するアイデンティティは夢を生む 在日フットボーラーの挑戦
2013.11.01	No.209	20		国家支配の強化によるスポーツの危機 谷口源太郎 オリンピック開催決定と「強い日本づくり」
2013.11.01	No.209	50		ウリ民族フォーラム2013 in 埼玉 思いを一つに、力を合わせ、未来のために
2013.11.01	No.209	58	中村治	緊急連載/朝鮮学校と日本社会 第7回 10年前の出会いが生き方を変えた
2013.11.01	No.209	60		10.4宣言6周年記念ーハナフェスティバル2013
2013.11.01	No.209	61		大阪朝高 李健太 高校6冠の偉業!

발행일	지면정보		필자	제목
	권호	페이지		
2013.11.01	No.209	64		FC KOREA 悲願の初優勝
2013.11.01	No.209	66	金美恵	短期連載/沖縄のなかの朝鮮人(下)
2013.11.01	No.209	1		EYES TO KOREAN/同世代の同胞へエールを込めて
2013.11.01	No.209	22		ウリハッキョ元気計画/東京朝鮮中高級学校
2013.11.01	No.209	24		ウリハッキョing/京都朝鮮中高級学校の未来ゼミ 他
2013.11.01	No.209	27		io繋ぐ/ナヌムの家「2013年 ハルモニ in 北海道」
2013.11.01	No.209	30	金斗鉉	発信力
2013.11.01	No.209	32	柳美里	ポドゥナムの里から
2013.11.01	No.209	33		交差点/ネストール・プノ
2013.11.01	No.209	34		同胞権利ヒツトリー/在日外国人無年金問題
2013.11.01	No.209	36	慎蒼宇	朝鮮、その時
2013.11.01	No.209	38	康仙華	職場お悩み解決サロン
2013.11.01	No.209	38	韓鐘哲	家計のミカタ
2013.11.01	No.209	39	康明逸	経済ウォッチング
2013.11.01	No.209	40	李順愛	ちょっと気になる朝鮮語
2013.11.01	No.209	42		Kyc INFORMATION
2013.11.01	No.209	44		イオタイムズ
2013.11.01	No.209	46		インフォマーション
2013.11.01	No.209	47		トンポとんねイモジョモ話/イオ読者のもやもやエッセイ
2013.11.01	No.209	48		読者の声＋編集後記
2013.11.01	No.209	49		ピョンアリ
2013.11.01	No.209	56		ing/羅津-ハサン鉄道開通 他
2013.11.01	No.209	68	孫民哲	Koreans@world
2013.11.01	No.209	70		文化/李文基、黄裕順ジョイントリサイタル 他
2013.11.01	No.209	71		Books/「甲子園と平壌のエース」他
2013.11.01	No.209	72		私の三ツ星 KOREAN DINING Mirine(北海道札幌市)
2013.11.01	No.209	75		マンガ・コッソンイ 값비싼선물(高価な贈り物) 만화：河美香 原作：余知香
2013.11.01	No.209	78		クイズランド
2013.11.01	No.209	79		読者プレゼント
2013.11.01	No.209	80		おウチでできる!チョセンパンチャン サンマのチゲ 他
2013.12.01	No.210	7		<特集>ドキュメンタリーの視点
2013.12.01	No.210	8		対談 トキュメンタリーで世界を知る 綿井健陽 x 松江哲明
2013.12.01	No.210	11		メディアの責任として伝えたかった 中大阪初級ドキュメンタリーを制作したNHKの今村精悟さん
2013.12.01	No.210	12		在日朝鮮人社会を再生する映画30選
2013.12.01	No.210	18		ウリハッキョのありのままの姿伝えたい 大阪朝高ラグビー部のドキュメンタリー「60万回のトライ」が完成
2013.12.01	No.210	20		ドキュメンタリーを撮ってみよう!

발행일	지면정보		필자	제목
	권호	페이지		
2013.12.01	No.210	51		〈特別企画〉ウリキャラ図鑑
2013.12.01	No.210	55		イオの公式キャラクター大募集!
2013.12.01	No.210	58	山本かほり	緊急連載/朝鮮学校と日本社会 第8回 その「人なつこさ」に惹かれていった-いつか「朝鮮学校青春グラフティ」を
2013.12.01	No.210	60	金尚均	在日朝鮮人へのヘイトスピーチは「人種差別」 京都地裁の画期的な断罪判決
2013.12.01	No.210	63	朴日粉	悠久な歴史、古都の魅力を満喫「平壌・開城世界遺産ツアー」に同行して
2013.12.01	No.210	67		朝鮮印の「丹」を編む「朝鮮語学習辞典」3年後に完成へ
2013.12.01	No.210	1		EYES TO KOREAN/千年の歴史と文化が香る古都・開城
2013.12.01	No.210	22		ウリハッキョ元気計画/朝鮮大学校
2013.12.01	No.210	24		ウリハッキョing/福岡朝鮮幼稚園が創立50周年 他
2013.12.01	No.210	27		io繋ぐ/茨城朝鮮初中高級学校創立60周年記念行事
2013.12.01	No.210	30		woman x life/金香純さん
2013.12.01	No.210	32	柳美里	ポドゥナムの里から
2013.12.01	No.210	33	大塚君江	交差点
2013.12.01	No.210	34		同胞権利ヒストリー/祖国および第3国往来の自由
2013.12.01	No.210	36	慎蒼宇	朝鮮、その時
2013.12.01	No.210	38	趙誠峰	職場お悩み解決サロン
2013.12.01	No.210	38	韓鐘哲	家計のミカタ
2013.12.01	No.210	39	康明逸	経済ウォッチング
2013.12.01	No.210	40	李順愛	ちょっと気になる朝鮮語
2013.12.01	No.210	42		Kyc INFORMATION
2013.12.01	No.210	44		イオタイムズ
2013.12.01	No.210	46		インフォマーション
2013.12.01	No.210	47		トンポとんねイモジョモ話/イオ読者のもやもやエッセイ
2013.12.01	No.210	48		読者の声＋編集後記
2013.12.01	No.210	49		ピョンアリ
2013.12.01	No.210	56		ing/平壌のタクシー事情からみる生活の質向上 他
2013.12.01	No.210	68	孫民哲	Koreans@world
2013.12.01	No.210	70		文化/「ハモニカ長屋のどぶろくブルース」他
2013.12.01	No.210	71		Books/「ハンメの食卓」他
2013.12.01	No.210	72		私の三ツ星 つくなや(兵庫県西宮市)
2013.12.01	No.210	75		マンガ・コッソンイ/문룡(文通) 만화：河美香 原作：文京華
2013.12.01	No.210	78		クイズランド
2013.12.01	No.210	79		読者プレゼント
2013.12.01	No.210	80		おウチでできる!チョセンパンチャン 骨付きモモ肉のサムゲタン風 他
2014.01.01	No.211	14		〈特集〉大阪トンネ・오사까사람들

발행일	지면정보 권호	지면정보 페이지	필자	제목
2014.01.01	No.211	14	高賛侑	大阪同胞のパッション
2014.01.01	No.211	18		これぞ! 大阪の風景
2014.01.01	No.211	22		ウリハッキョなにわ芸人道
2014.01.01	No.211	24		大阪を知るためのキーワード　朝鮮市場/君が代丸/平野川/町工場/夜間学校/高・染・夫/民族学級/焼肉
2014.01.01	No.211	26		「4.3」の嵐を逃れ、猪飼野へ　済州島と大阪~ある女性の家族史~
2014.01.01	No.211	50		日体大、2度目の朝鮮遠征
2014.01.01	No.211	50		スポーツ交流で未来を作る
2014.01.01	No.211	52		スポーツで開きたい心の扉　松浪健四郎・日体大理事長インタビュー
2014.01.01	No.211	53		朝大、日体大が初のスポーツ交流　訪朝報告会と親善サッカー試合
2014.01.01	No.211	30		目指すは初の「全国制覇」　大阪朝高ラグビー部5年連続8度目の「花園」出場へ
2014.01.01	No.211	54		朝鮮停戦60周年シンポ　世界史の中の朝鮮停戦協定と在日朝鮮人
2014.01.01	No.211	56		在日コリアン学生に奨学金の恩恵を
2014.01.01	No.211	1		日本列島トンネ探訪 第1回 滋賀
2014.01.01	No.211	6	柳美里	ボドゥナムの里から
2014.01.01	No.211	8	朴泰道	若きヤキニク人へ
2014.01.01	No.211	10	辛錦玉	発信力
2014.01.01	No.211	12		1世の智恵袋 文：金松伊、イラスト：金斗鉉
2014.01.01	No.211	32		電子ブックレットはじまる 第1弾「高校無償化」問題の始まりと闘い
2014.01.01	No.211	33	キム・フォンソン	朝鮮問題ナナメヨミ
2014.01.01	No.211	34		同胞権利ヒストリー/入居差別問題
2014.01.01	No.211	36	慎蒼宇	朝鮮、その時
2014.01.01	No.211	38		無償化実現へ　裁判記 排除から4年目、たたかいの舞台は法廷へ
2014.01.01	No.211	40		ing/朴槿恵政権の進歩勢力弾圧 他
2014.01.01	No.211	42		Kyc INFORMATION
2014.01.01	No.211	44		イオタイムズ
2014.01.01	No.211	46		インフォマーション
2014.01.01	No.211	47	田中須美子	交差点
2014.01.01	No.211	48		読者の声+編集後記/イオ読者のもやもやエッセイ
2014.01.01	No.211	49	裵惺玉	Koreans@world
2014.01.01	No.211	58		どんなこと勉強するの?
2014.01.01	No.211	58	尹春花	朝鮮学校の12年

발행일	지면정보		필자	제목
	권호	페이지		
2014.01.01	No.211	60		ガンバレ！ハップモ 栃木朝鮮初中級学校
2014.01.01	No.211	62		日本軍「慰安婦」の肖像 裵奉奇さん、金学順さん
2014.01.01	No.211	66	金真美	声に出して読みたい朝鮮語
2014.01.01	No.211	67	河英姫	翻訳者の苦悩・喜び・発見
2014.01.01	No.211	68		うりおやつ フルーツたっぷりホットク 他
2014.01.01	No.211	70		私の三ツ星 遊食(大阪府東大阪市)
2014.01.01	No.211	72		文化/第42回在日朝鮮学生美術展巡回展
2014.01.01	No.211	73		Books/「朝鮮切手よもやま話(1)」他
2014.01.01	No.211	74		ピョンアリ
2014.01.01	No.211	75		マンガ朝鮮の民話 十二支のはじまり 万化：李稀玉
2014.01.01	No.211	78		クイズランド
2014.01.01	No.211	79		読書プレゼント
2014.01.01	No.211	80	鄭梨愛	1世をキャンバスに
2014.02.01	No.212	15		〈特集〉同胞就労事情のいま
2014.02.01	No.212	16		ルポ 在日同胞の就職・転職事情
2014.02.01	No.212	20		アンケート 新卒生、イマドキの進路選択
2014.02.01	No.212	24	文賢	強まる人物本位の傾向、差別も依然根強く 採用現場から見た「在日」の就職事情
2014.02.01	No.212	26	康明逸	ロスジェネの就職問題を解くカギ 同胞の失業率・非正規雇用率から考える
2014.02.01	No.212	50		〈特別企画〉全国トップの実力見せた大阪朝高 第93回全国高校ラグビー大会
2014.02.01	No.212	51		準々決勝VS東福岡 持ち味発揮するもミスに泣く
2014.02.01	No.212	52		2回戦VS三島 積極的なディフェンスで圧倒
2014.02.01	No.212	53		3回戦VS目黒学院 攻めのラグビーで決勝
2014.02.01	No.212	30		神奈川補助金カットの足元から(上) 県民感情はひとつではない
2014.02.01	No.212	56		あげ続ける声、決して断ち切れない鎖に 東京都内で「高校無償化」適用を求める各集会
2014.02.01	No.212	1		日本列島トンネ探訪 第2回 鳥取
2014.02.01	No.212	6	柳美里	ポドゥナムの里から
2014.02.01	No.212	8		1世の智恵袋 文：金松伊、イラスト：金斗鉉
2014.02.01	No.212	10		マイ ランチ/金徳成さん
2014.02.01	No.212	12		若きヤキニクへ 第2弾 民族フォーラムの17年(前偏)
2014.02.01	No.212	32		電子ブックレットはじまる 第2弾 民族フォーラムの17年(前編)
2014.02.01	No.212	33	キム・ウォンソン	朝鮮問題ナナメヨミ
2014.02.01	No.212	34		同胞権利ヒストリー/民族名をめぐるたたかい
2014.02.01	No.212	36	慎蒼宇	朝鮮、その時

발행일	지면정보		필자	제목
	권호	페이지		
2014.03.01	No.213	58		分断の壁を突き破るために　朝鮮籍在日朝鮮の旅行証明書発給拒否処分取消訴訟について
2014.03.01	No.213	1		日本列島トンネ探訪 第3回 宮城
2014.03.01	No.213	6	柳美里	ポドゥナムの里から
2014.03.01	No.213	8		1世の智恵袋 文：金松伊、イラスト：金斗鉉
2014.03.01	No.213	10	河栄守	発信力
2014.03.01	No.213	12	朴泰道	若きヤキニク人へ
2014.03.01	No.213	32		電子ブックレットはじまる 第3弾 民族フォーラムの17年(後編)
2014.03.01	No.213	33	キム・ウォンソン	朝鮮問題ナナメヨミ
2014.03.01	No.213	34		同胞権利ヒストリー/就職・職業差別の是正
2014.03.01	No.213	36	慎蒼宇	朝鮮、その時
2014.03.01	No.213	38		無償化現実へ 裁判記 愛知、大阪の提訴から1年
2014.03.01	No.213	40		ing/沖縄名護市長選、稲嶺氏が再選 他
2014.03.01	No.213	42	永井哲	交差点
2014.03.01	No.213	43		インフォマーション
2014.03.01	No.213	44		Kyc INFORMATION
2014.03.01	No.213	46		イオタイムズ
2014.03.01	No.213	48		読者の声＋編集後記/イオ読者のもやもやエッセイ
2014.03.01	No.213	49	裵惺玉	Koreans@world
2014.03.01	No.213	60	趙晴美	どんなこと勉強するの? 朝鮮学校の12年
2014.03.01	No.213	62		ガンバレ!ハップモ 東春朝鮮初級学校/付属幼稚班
2014.03.01	No.213	64	金真美	声に出して読みたい朝鮮語
2014.03.01	No.213	65	柳順姫	翻訳者の苦悩・喜び・発見
2014.03.01	No.213	66		ピョンアリ
2014.03.01	No.213	68		日本軍「慰安婦」の肖像 李京生さん、金順徳さん
2014.03.01	No.213	71		うりおやつ 柚子のシフォンケーキ 他
2014.03.01	No.213	72		文化/「アクト・オブ・キリング」/映画「惜春鳥」 評者・島田暁
2014.03.01	No.213	73		Books/「ヘイト・スピーチとは何か」他
2014.03.01	No.213	75		マンガ朝鮮の民話 火を盗む犬 漫画：李稀玉
2014.03.01	No.213	78		クイズランド
2014.03.01	No.213	79		読書プレゼント
2014.03.01	No.213	80	崔麗淳	1世をキャンバスに
2014.04.01	No.214	13		〈特集〉在日サッカーNext Generation
2014.04.01	No.214	14		PLAYERS GUIDE-Jリーグ-
2014.04.01	No.214	20		PLAYERS GUIDE-海外Jリーグ-
2014.04.01	No.214	22		チームを支える
2014.04.01	No.214	24		「在日コリアン」背負い、アマチュア最高峰へ!FC KOREA/OKFCの挑戦

발행일	지면정보		필자	제목
	권호	페이지		
2014.04.01	No.214	26		インタビュー/在日サッカーのこれから/金鍾成「気持ちの逆転」が在日サッカーを押し上げる
2014.04.01	No.214	27		申在範 培った経験いかし、次世代に夢を
2014.04.01	No.214	52		〈特別企画〉「高校無償化」、東京も提訴 ドキュメント・東京朝高生62人・国賠訴訟
2014.04.01	No.214	54		座談会 法廷闘争と運動の両輪で、権利を勝ち取る!丹羽雅雄X李春熙X金敏寛
2014.04.01	No.214	29		別れて60余年・初めて呼んだ「アボジ」 34年4ヵ月ぶり、北南離散家族・新せきの対面
2014.04.01	No.214	30	康熙奉	韓米合同軍事演習を強行 「年例的」「防衛的」は口実にもならない
2014.04.01	No.214	1		日本列島トンネ探訪 第4回 長野県
2014.04.01	No.214	6	柳美里	ポドゥナムの里から
2014.04.01	No.214	8		1世の智恵袋 文:尹碧厳、イラスト:金斗鉉
2014.04.01	No.214	10		My Lunch/文令淑さん
2014.04.01	No.214	32		電子ブックレットはじまる 第4弾 もうひとつの旅2011
2014.04.01	No.214	33	キム・ウォンソン	朝鮮問題ナナメヨミ
2014.04.01	No.214	34		同胞権利ヒストリー/戦後補償
2014.04.01	No.214	36	慎蒼宇	朝鮮、その時
2014.04.01	No.214	38		無償化現実へ 裁判記 首都東京でも国賠訴訟
2014.04.01	No.214	40		ing 朴槿恵政権発足から1年、具体的成果乏しく 他
2014.04.01	No.214	42	永井哲	交差点
2014.04.01	No.214	43		インフォマーション
2014.04.01	No.214	44		Kyc INFORMATION
2014.04.01	No.214	46		イオタイムズ
2014.04.01	No.214	48		読者の声＋編集後記/イオ読者のもやもやエッセイ
2014.04.01	No.214	49	姜和石	Koreans@world
2014.04.01	No.214	58	梁清姫	どんなこと勉強するの? 朝鮮学校の12年
2014.04.01	No.214	60		ガンバレ!ハップモ 南武朝鮮初級学校
2014.04.01	No.214	62		日本軍「慰安婦」の肖像 文玉珠さん、李桂月さん
2014.04.01	No.214	64	金真美	声に出して読みたい朝鮮語
2014.04.01	No.214	65	河英姫	翻訳者の苦悩・喜び・発見
2014.04.01	No.214	66		ピョンアリ
2014.04.01	No.214	68		うりおやつ よもぎの蒸しパウンドケーキ 他
2014.04.01	No.214	70		文化/「チスル」/映画「パンサー」 評者・林裕哲
2014.04.01	No.214	71		Books/「無窮花の哀み「証言」(性奴隷)
2014.04.01	No.214	72		私の三ツ星 まんてん(東京都台東区)
2014.04.01	No.214	75		マンガ挑戦の民話 嘘つきくらべ マンガ:李稀玉

발행일	지면정보		필자	제목
	권호	페이지		
2014.04.01	No.214	78		クイズランド
2014.04.01	No.214	79		読書プレゼント
2014.04.01	No.214	80	金鐘日	1世をキャンバスに
2014.05.01	No.215	13		〈特集〉満点・お弁当
2014.05.01	No.215	14	姜聖心	ここがポイント!栄養バランスを考えたお弁当づくり
2014.05.01	No.215	16	尹美利	満点・お弁当レシピ/ガッツリ! 栄養満点弁当/春のカラフルおでかけ弁当
2014.05.01	No.215	18	李貞美	万能ダレを使った2色弁当/万能ダレで具だくさん弁当
2014.05.01	No.215	20	李美香	冷めても美味しい! 食欲増進弁当/作りおきおかず弁当
2014.05.01	No.215	22		밑반찬(商備菜)活用レシピ
2014.05.01	No.215	51		〈特別企画〉만화の中の在日朝鮮人
2014.05.01	No.215	52		在日朝鮮人が登場する作品7選 手塚治虫『ながい窖(あな)』/水木しげる『さびしい人』/中沢啓治『はだしのゲン』/つげ義春『近所の景色』/福井美穂子『上を向いて歩こう!』/梶原一騎・矢口高雄『おとこ道』/日韓共同作品集『海峡の向こうに』
2014.05.01	No.215	54		インタビュー/만화だから発信しやすい 만화家・石坂啓さんに聞く
2014.05.01	No.215	26		朝鮮学校を知ろう!考えよう!応援しよう! 同胞学生たちがキャンペーン
2014.05.01	No.215	29		涙あり、笑いありの青春ムービー「60万回のトライ」劇場公開、各地で連日盛況
2014.05.01	No.215	30	金鉉翼	学生を、ラグビーをこよなく愛した全源治先生
2014.05.01	No.215	59	呉圭祥	新たな段階への発展の展望示す 第23回全体大会
2014.05.01	No.215	1		日本列島トンネ探訪 第5回 奈良県
2014.05.01	No.215	6	柳美里	ポドゥナムの里から
2014.05.01	No.215	8		1世の智恵袋 文：尹碧厳、イラスト：金斗鉉
2014.05.01	No.215	10	呉英吉	発信力
2014.05.01	No.215	32		電子ブックレットはじまる 第4弾 もうひとつの旅2011
2014.05.01	No.215	33	キム・ウォンソン	朝鮮問題ナナメヨミ
2014.05.01	No.215	34		同胞権利ヒストリー/連載を終えて
2014.05.01	No.215	36	慎蒼宇	朝鮮、その時
2014.05.01	No.215	38		無償化現実へ 裁判記 各地で口頭弁論つづく
2014.05.01	No.215	40		ing/朝・日政府間会談、1年4ヵ月ぶりに開催 他
2014.05.01	No.215	42	野口時子	交差点
2014.05.01	No.215	43		インフォメーション
2014.05.01	No.215	44		Kyc INFORMATION
2014.05.01	No.215	46		イオタイムズ
2014.05.01	No.215	48		読者の声+編集後記/イオ読者のもやもやエッセイ
2014.05.01	No.215	49	姜和石	Koreans@world

발행일	지면정보		필자	제목
	권호	페이지		
2014.05.01	No.215	60	金創一	どんなこと勉強するの? 朝鮮学校の12年
2014.05.01	No.215	62		日本軍「慰安婦」の肖像 李福汝さん、李寿段さん
2014.05.01	No.215	64	金真美	声に出して読みたい朝鮮語
2014.05.01	No.215	65	尹京蘭	翻訳者の苦悩・喜び・発見
2014.05.01	No.215	66		ピョンアリ
2014.05.01	No.215	68		うりおやつ 白ゴマのブランマンジェ 他
2014.05.01	No.215	70		私の三ツ屋 京城苑(長野県松本市)
2014.05.01	No.215	72		文化「オンマたちが贈るオリニのためのコンサート」/映画「少女たちの遺言」評者・任炅嬉
2014.05.01	No.215	73		Books/「ルポ 京都朝鮮学校襲撃事件」他
2014.05.01	No.215	75		マンガ朝鮮の民話 トッケビの仕返し 만화：李稀玉
2014.05.01	No.215	78		クイズランド
2014.05.01	No.215	79		読書プレゼント
2014.05.01	No.215	80	姜揚春	1世をキャンバスに
2014.06.01	No.216	13		〈特集〉韓国映画と現代史
2014.06.01	No.216	14		時代を描いた韓国映画10選『ペパーミント・キャンディ』/『シルミド』/『大統領の理髪師』/『トンマッコルへようこそ』/『光州5.18』/『チスル』/『高地戦』/『ホワイト・バッジ』/『肝っ玉家族』/『受取人不明』
2014.06.01	No.216	17		安聖基が語る『風吹く良き日』 この映画が私自身の方向性を決定付けた
2014.06.01	No.216	18		インタビュー/鄭智泳監督に聞く 痛みと向き合い、社会と対話する『南営洞1985』/『南部軍』
2014.06.01	No.216	20	金友子	現実を描き、現実に立ち向かう映画
2014.06.01	No.216	22	芳賀恵	韓国社会の今とドキュメンタリー、闘いと記憶
2014.06.01	No.216	51		〈特別企画〉増税に負けない家計作り
2014.06.01	No.216	52	康貴成	増税ニッポン、サラリーマンの手取りがどんどん減っていく
2014.06.01	No.216	54		節税のための5ポイント 金初禧 節税のポイントは「控除」にあり 他
2014.06.01	No.216	58	金成一	今すぐ実践! 赤字家計を脱出するためのQ&A
2014.06.01	No.216	26		朝鮮女子がベスト8 世界卓球2014東京大会/連日の熱戦、同胞応援団も沸く
2014.06.01	No.216	28		東京第1で新校舎竣工記念式典 記念祝賀会に1300人が参加
2014.06.01	No.216	34	金静媛	痛みと喜びを共有し、統一に向け結集「日本軍性奴隷問題解決をめざす北・南・海外女性討論会」に参加して
2014.06.01	No.216	1		日本列島トンネ探訪 第6回 大分県
2014.06.01	No.216	6	柳美里	ポドゥナムの里から
2014.06.01	No.216	8		1世の智恵袋 文：尹碧厳、イラスト：金斗鉉
2014.06.01	No.216	10		My Lunch 朴泰一さん
2014.06.01	No.216	30		電子ブックレットはじまる 第6弾 もうひとつの旅 第3弾

발행일	지면정보		필자	제목
	권호	페이지		
2014.07.01	No.217	52		アナスタシアさん家族　朝鮮語、日本語、ロシア語が行き交う家の中
2014.07.01	No.217	54		オルガさん家族　ハッキョの協力得ながら仲のよい家庭を
2014.07.01	No.217	55		ルブヤさん家族「ウリハッキョ　イズ　ワン　ファミリー」
2014.07.01	No.217	56		崔今女さん家族　チョソンサラムへの蔑み、なくしたい
2014.07.01	No.217	57		サンジェさん家族　アボジ会責任者も務めたアッパ
2014.07.01	No.217	58		エッセイ/朝鮮学校に通う娘たち「当事者」になって気づくこと
2014.07.01	No.217	26		日本政府は心からの償いを　アジア各国・オランダの性奴隷被害者たち　東京で第12回アジア連帯会議
2014.07.01	No.217	34		新しい世代を組織・活動の中心に　総聯第23回全体大会
2014.07.01	No.217	60	任京河	日本人問題の全面調査、制裁解除など合意　朝・日政府間会談/在日朝鮮人の地位問題も在日朝鮮人問題、「平壌宣言」にのっとって
2014.07.01	No.217	60	森類臣	日本側が行こうことは山ほどある
2014.08.01	No.218	13		〈特集〉朝鮮学校百物語
2014.08.01	No.218	14		ウリハッキョ何でも豆知識/サンペンマークはいつ、どうやって生まれたの?/チマチョゴリはいつ制服に?他
2014.08.01	No.218	18		ハッキョに伝わるあんな話こんな話/ケンカ編/名物教師編/暗黙のルール編/部活編/楽しい学校生活編
2014.08.01	No.218	22		私とウリハッキョの思い出/赤いチョゴリと5時間の通学路　韓福明/被爆地・広島の体育舞踊　李和技/日本学校の分校だった朝鮮学校　許玉汝/仲間たちと味わった一体感　朴常秀
2014.08.01	No.218	51		〈特別企画〉進化するウリ教育　ICT化のモデル校目指す埼玉初中
2014.08.01	No.218	52	河民一	教育のICT化とは何か　2018年度からの朝鮮学校で導入に向けて
2014.08.01	No.218	54		変ったよ　ウリハッキョ中級部教科書　英語　異文化理解へ、自立的な学習者を/理科　自然と科学への興味、くすぐりたい/数学 Realistic Math-実生活への応用へ
2014.08.01	No.218	26		「咲かせよう　笑顔あふれる民族の花」　ウリ民族フォーラム2014 in 長野
2014.08.01	No.218	34		1世の証言から学ぶ、自分たちのルーツ　1世ドキュメンタリー「ケジュボン!」上映会
2014.08.01	No.218	67	裵惺玉	娘からインスピレーション「黒」の美しさを追求
2014.08.01	No.218	1		日本列島トンネ探訪　第8回　広島県
2014.08.01	No.218	6	柳美里	ポドゥナムの里から
2014.08.01	No.218	8		1世の知恵袋　文:尹碧厳、イラスト:金斗鉉
2014.08.01	No.218	10		My Lunch 金鐘秀さん
2014.08.01	No.218	30		電子ブックレットはじまる　第8弾　朝鮮のスポーツ選手の活躍(上)
2014.08.01	No.218	32		コマプレスが行く!「ありのまま」の二重奏

발행일	지면정보		필자	제목
	권호	페이지		
2014.08.01	No.218	33	キム・ウォンソン	朝鮮問題ナナメヨミ
2014.08.01	No.218	36	慎蒼宇	朝鮮、その時
2014.08.01	No.218	38		無償化実現へ 裁判紀 裁判所スクリーンで朝高ライフを上映
2014.08.01	No.218	40		ing/特別調査委を設置、日本側も制裁を一部解除 他
2014.08.01	No.218	42		交差点 キリンデ.L.T.N.L
2014.08.01	No.218	43		インフォメーション
2014.08.01	No.218	44		Kyc INFORMATION
2014.08.01	No.218	46		イオタイムズ
2014.08.01	No.218	48		読者の声+編集後記 イオ読者のもやもやエッセイ
2014.08.01	No.218	49	金英峯	Koreans@world
2014.08.01	No.218	58	李都鮮	どんばこと勉強するの? 朝鮮学校の12年
2014.08.01	No.218	60		がんばれハップモ 京都朝鮮第2初級学校/付属幼稚班
2014.08.01	No.218	62		日本軍「慰安婦」の肖像 鄭玉順さん、盧清子さん
2014.08.01	No.218	64	金真美	声に出したて読みたい朝鮮語
2014.08.01	No.218	65	河英姫	翻訳者の苦悩·喜び·発見
2014.08.01	No.218	66		ピョンアリ
2014.08.01	No.218	68		うりおやつ かぼちゃとレーズンのパン 他
2014.08.01	No.218	70		私の三ツ星 sinaburo(大阪市生野区)
2014.08.01	No.218	72		文化/企画展「ともに生きる―グローバル化の中の民族教育」/映画『オレンジと太陽』 評者·根来祐
2014.08.01	No.218	73		Books/「九月、東京の路上で」他
2014.08.01	No.218	75		マンガ朝鮮の民話 悪魔の仇討地(上) 만화·李稀玉
2014.08.01	No.218	78		クイズランド
2014.08.01	No.218	79		読者プレゼント
2014.08.01	No.218	80	韓東輝	1世をキャンパスに
2014.09.01	No.219	13		〈特集〉朝鮮の産業デザイン
2014.09.01	No.219	14		平壤産業デザイン·コレクション2014/飲料·食料品/スマートフォン·タブレットPC/日用品/化粧品/ファッション·服飾雑貨/切手/大学旗/建築物·ロゴマーク
2014.09.01	No.219	20		「暮らしのためのデザイン」学び、実践 平壤印刷工業大学·産業デザイン学部を訪問!
2014.09.01	No.219	22		経済と市民生活の新たな牽引役 朝鮮における産業デザインの導入と普及
2014.09.01	No.219	51		〈特別企画〉統一の食卓
2014.09.01	No.219	52		忘れ得ぬぶるさとの料理、オモニとの約束/リ・ヒョンウさん、チャン・ブンハクさん一家
2014.09.01	No.219	54		今までできなかったアボジの仕事を- 最高齢の離散家族·南のカン・ヌンファンさん
2014.09.01	No.219	56		望郷の念と離別の痛みを抱えて/川崎「アリランの家」のハラボジ、ハルモニたち

발행일	지면정보		필자	제목
	권호	페이지		
2014.09.01	No.219	26		王座まであと一歩、「期待に応え続けたい」IBF世界スーパーフライ級タイトルマッチ 朴泰一選手、初挑戦も判定負け
2014.09.01	No.219	28		色とりどりの舞台で「無償化」支援広く呼びかけ 愛知でチャリティコンサート「パッピンスほのぼのライブ第1弾」
2014.09.01	No.219	34	宋恵淑	「無償化」差別の質問引き出す 国連・自由権規約委員会の対日審査
2014.09.01	No.219	58		短期連載/イオ記者のおでかけピョンヤン Vol.1「第1沐浴場 美容室」
2014.09.01	No.219	1		日本列島トンネ探訪 第9回 岐阜県
2014.09.01	No.219	6	柳美里	ポドゥナムの里から
2014.09.01	No.219	8		1世の知恵袋 文:尹碧厳、イラスト:金斗鉉
2014.09.01	No.219	10	洪美玉	発信力
2014.09.01	No.219	30		電子ブックレットはじまる 第9弾 朝鮮のスポーツ選手の活躍(下)
2014.09.01	No.219	32		コマプレスが行く! 仙台での上映で募金箱が
2014.09.01	No.219	33	キム・ウォンソン	朝鮮問題ナナメヨミ
2014.09.01	No.219	36	慎蒼宇	朝鮮、その時
2014.09.01	No.219	38		無償化実現へ 裁判紀 愛知、大阪で裁判、「補助金」裁判は10回目
2014.09.01	No.219	40		ing/京都朝鮮学校襲撃事件控訴審判決 他
2014.09.01	No.219	42		交差点 胡逸飛
2014.09.01	No.219	43		インフォメーション
2014.09.01	No.219	44		Kyc INFORMATION
2014.09.01	No.219	46		イオタイムズ
2014.09.01	No.219	48		読者の声+編集後記 イオ読者のもやもやエッセイ
2014.09.01	No.219	49	金英峯	Koreans@world
2014.09.01	No.219	60	李圭学	どんばこと勉強するの? 朝鮮学校の12年
2014.09.01	No.219	62		がんばれハップモ 埼玉朝鮮初中級学校/付属幼稚班
2014.09.01	No.219	64		日本軍「慰安婦」の肖像 宋神道さん、姜順愛さん
2014.09.01	No.219	66	金真美	声に出したて読みたい朝鮮語
2014.09.01	No.219	67	尹京蘭	翻訳者の苦悩・喜び・発見
2014.09.01	No.219	68		うりおやつ エホバクのチーズフォカッチャ 他
2014.09.01	No.219	70		私の三ツ星 まる喜(広島県広島市)
2014.09.01	No.219	72		文化/ゴービトゥイーンズ展:こどもを通して見る世界/映画『ガリレアの婚礼』他
2014.09.01	No.219	73		Books/「この身が灰になるまで」他
2014.09.01	No.219	74		ピョンアリ
2014.09.01	No.219	75		マンガ朝鮮の民話 悪魔の仇討地(下) 만화:李稀玉
2014.09.01	No.219	78		クイズランド

발행일	지면정보		필자	제목
	권호	페이지		
2014.10.01	No.220	49	趙哲弘	Koreans@world
2014.10.01	No.220	62	千守日	どんばこと勉強するの? 朝鮮学校の12年
2014.10.01	No.220	64		日本軍「慰安婦」の肖像 李相玉さん、黄錦周さん
2014.10.01	No.220	66	金真美	声に出したて読みたい朝鮮語
2014.10.01	No.220	67	柳順姫	翻訳者の苦悩・喜び・発見
2014.10.01	No.220	68		うりおやつ トゥルケのパウンドケーキ 他
2014.10.01	No.220	70		ピョンアリ
2014.10.01	No.220	72		文化/高寅順さん遺作展「追憶」/映画『地球を守れ!』 評者・任炅玉
2014.10.01	No.220	73		Books/『国連グローバー勧告』他
2014.10.01	No.220	75		マンガ朝鮮の民話 おどりの好きな虎 万화-李稀玉
2014.10.01	No.220	78		クイズランド
2014.10.01	No.220	79		読者プレゼント
2014.10.01	No.220	80	黄君子	1世をキャンパスに
2014.11.01	No.221	13		〈特集〉朝鮮のスープであったまろう 本格的スープを作ってみよう!
2014.11.01	No.221	22		クッーすばらしき、その栄養価
2014.11.01	No.221	51	李義則	〈特別企画〉朝鮮陶工の足跡を辿る 壬辰・丁酉倭乱と朝鮮陶工
2014.11.01	No.221	54		インタビュー/先人が築いた技術で命を伝えたい 薩摩焼 十五代沈寿官氏に聞く
2014.11.01	No.221	25		朝鮮学校児童のプログラミング体験/コリアン・キッズ・ラボ@朝鮮大学校
2014.11.01	No.221	27		鳴り止まなかった「祖国統一」の叫び 仁川アジア大会2014
2014.11.01	No.221	34		彼らは勝利に飢えていた セッピョルチームベスト4の躍進
2014.11.01	No.221	58		短期連載/イオ記者のおでかけピョンヤン vol.3 金綾運動館
2014.11.01	No.221	1		日本列島トンネ探訪 第11回 静岡県
2014.11.01	No.221	6	柳美里	ポドゥナムの里から
2014.11.01	No.221	8		1世の知恵袋 文：金松伊、イラスト：金斗鉉
2014.11.01	No.221	10	キムスンラ	発信力
2014.11.01	No.221	30		電子ブックレットはじまる 第11弾 在日スポーツ選手の活躍(中)
2014.11.01	No.221	32		コマプレスが行く! 韓国に届いたウリハッセンの声
2014.11.01	No.221	33	キム・ウォンソン	朝鮮問題ナナメヨミ
2014.11.01	No.221	36	李柄輝	朝鮮、その時
2014.11.01	No.221	38		無償化実現へ 裁判記 国の暴論・暴挙、あからさま
2014.11.01	No.221	40		ing/人権勧告無視の日本をどうする?東京で9.28集会 他
2014.11.01	No.221	42	吉永理巳子	交差点
2014.11.01	No.221	43		インフォメーション
2014.11.01	No.221	44		Kyc INFORMATION

발행일	지면정보		필자	제목
	권호	페이지		
2014.11.01	No.221	46		イオタイムズ
2014.11.01	No.221	48		読者の声+編集後記/イオ読者のもやもやエッセイ
2014.11.01	No.221	49	趙哲弘	Koreans@world
2014.11.01	No.221	60	金斗植	どんなこと勉強するの?朝鮮学校の12年
2014.11.01	No.221	62		がんばれハッブモ/千葉朝鮮初中級学校
2014.11.01	No.221	64		日本軍「慰安婦」の肖像 沈達蓮さん、盧寿福さん
2014.11.01	No.221	66	金真美	声に出して読みたい朝鮮語
2014.11.01	No.221	67	河英姫	翻訳者の苦悩・喜び・発見
2014.11.01	No.221	68		うりおやつ 豆乳きな粉シフォン
2014.11.01	No.221	70		私の三ツ星 さいらい(広島県広島市)
2014.11.01	No.221	72		文化/ひたむきに生きた朝鮮・韓国の女性たち/映画 『白夜』 評者・根来祐
2014.11.01	No.221	73		Books「조선학교이야기」他
2014.11.01	No.221	74		ピョンアリ
2014.11.01	No.221	75		マンガ朝鮮の民話 ちょうになったむすめ 만화：李稀玉
2014.11.01	No.221	78		クイズランド
2014.11.01	No.221	79		読者プレゼント
2014.11.01	No.221	80	李赫	1世をキャンバスに
2014.12.01	No.222	13		〈特集〉3,4,5歳 心と体を耕そう!
2014.12.01	No.222	14	天野優子	人との信頼感の中で心を育んでいく
2014.12.01	No.222	16		アッパオンマに聞きました!周りと違いを感じた時、民族教育を意識した時
2014.12.01	No.222	18		おうちでチャレンジ/ウリマルでふれあいあそび
2014.12.01	No.222	20		私・나を自然に受け止めて 生野朝鮮初級学校付属幼稚班 生活の中で、ウリマル、ウリノレ、ウリチュム/鶴見朝鮮幼稚園 緑の芝で元気いっぱい!/西東京の幼児教室「コッポンオリ」歌や遊びで、自然にウリマル!
2014.12.01	No.222	24	慎栄根	3,4,5歳児の社会性と民族的アイデンティティ
2014.12.01	No.222	51		〈特別企画〉ウリデザイナー名鑑
2014.12.01	No.222	52		活躍する同胞デザイナーたち 韓安順 来年2月、夢のNYコレクションへ/金聖恵 人の記憶に残るような作品を作り続けたい/成麗奈 個性を引き出す「Something New」/金美蓮「Panja&kaori」に友好を込める/朱宰浩 webで綜合的なプロデュース/金才仙 生地の「設計図」を作る
2014.12.01	No.222	56		アイデア満載!ハッキョ広報　緑の下の力持ち−デザイナー集団
2014.12.01	No.222	28		感謝伝える「集大成」の舞台に向け　40周年迎えた金剛山歌劇団、特別公演まぢか
2014.12.01	No.222	58		短期連載/イオ記者のおでかけピョンヤン vol.4 託児所
2014.12.01	No.222	1		日本列島トンネ探訪 第12回 新潟県
2014.12.01	No.222	6	柳美里	ポドゥナムの里から

발행일	지면정보		필자	제목
	권호	페이지		
2014.12.01	No.222	8		1世の知恵袋 文：金松伊、イラスト：金斗鉉
2014.12.01	No.222	10		My Lunch 朴洙元さん
2014.12.01	No.222	30		電子ブックレットはじまる 第12弾 在日スポーツ選手の活躍 (下)
2014.12.01	No.222	32		コマプレス行く!朝大生たちの拍手
2014.12.01	No.222	33	キム・ウォンソン	朝鮮問題ナナメヨミ
2014.12.01	No.222	34	李柄輝	朝鮮、その時
2014.12.01	No.222	36		無償化実現へ 裁判記「無償化・補助金」裁判を振り返る
2014.12.01	No.222	40		ing/平壌で日本人調査に関する実務面談 他
2014.12.01	No.222	42	吉永理巳子	交差点
2014.12.01	No.222	43		インフォメーション
2014.12.01	No.222	44		Kyc INFORMATION
2014.12.01	No.222	46		イオタイムズ
2014.12.01	No.222	48		読者の声＋編集後記/イオ読者のもやもやエッセイ
2014.12.01	No.222	49		Koreans@world
2014.12.01	No.222	60	金大淵	どんなこと勉強するの?朝鮮学校の12年
2014.12.01	No.222	62		がんばれハップモ 大阪朝鮮第4初級学校
2014.12.01	No.222	64		日本軍「慰安婦」の肖像 金福童さん、吉元玉さん
2014.12.01	No.222	66	金真美	声に出して読みたい朝鮮語
2014.12.01	No.222	67	尹京蘭	翻訳者の苦悩・喜び・発見
2014.12.01	No.222	68		うりおやつ ゴルゴンゾーラと松の実のピザ
2014.12.01	No.222	70		私の三ツ星 焼肉ハウス華(新潟県新潟市)
2014.12.01	No.222	72		文化/武蔵美 x 朝鮮大 孤独なアトリエ/映画『鬼が来た!』評 者：林裕哲
2014.12.01	No.222	73		Books 『「鬼が来た!」・強制性奴隷~Q&Aあなたの疑問にこた えます』
2014.12.01	No.222	74		ピョンアリ
2014.12.01	No.222	75		マンガ朝鮮の民話 ふしぎな老人 만화：李稀玉
2014.12.01	No.222	78		クリズランド
2014.12.01	No.222	79		読者プレゼント
2014.12.01	No.222	80	呉炳学	1世をキャンバスに
2015.01.01	No.223	5		<特集>やっぱりキムチ!が好き
2015.01.01	No.223	6		キムチ作りに挑戦!
2015.01.01	No.223	10		現場発!朝鮮のキムジャン
2015.01.01	No.223	12	佐々木道雄	キムチとキムジャン~その歴史をたどる
2015.01.01	No.223	14		日本各地の美味しいキムチ屋さん
2015.01.01	No.223	50		<特別企画>朝鮮専門書店を歩く コリアブックセンター/内 山書店・アジア文庫/ソウル書林/高麗書林/模索舎/三中堂/日 ノ出書房

발행일	지면정보		필자	제목
	권호	페이지		
215.02.01	No.224	5		〈特集〉女性が輝ける社会づくりって?
2015.02.01	No.224	6	竹信三恵子	「女性が輝く社会」政策の光と影
2015.02.01	No.224	8		突撃!キャリア・アム/女性が働きやすい職場って?
2015.02.01	No.224	9		多様性の中で、「選択できる」世の中に/認定NPO法人あっとほ-む代表・小栗ショウコさんに聞く
2015.02.01	No.224	10		働く同胞ウーマン 鄭景心さん/呂民愛さん/権美順さん/申麗順さん
2015.02.01	No.224	14		オンマの就活・トラの巻 福沢恵子さんに聞く
2015.02.01	No.224	16	康明逸	女性の視点とイノベーション~経済学の現場から
2015.02.01	No.224	50	山村光弘	〈特別企画〉朝鮮経済の新常識2014-15/ウリ式経済管理の確立と国民生活の向上　金正恩時代の朝鮮経済の特徴
2015.02.01	No.224	52		上向きの経済 外資導入、インフラ整備に課題　日朝交流学術訪朝団の報告
2015.02.01	No.224	54	朴在勲	人民生活向上と経済強国建設で画期的転換を/大きな変化が予想される朝鮮経済
2015.02.01	No.224	56		大阪朝高、抽選に泣く 朝高ラブビーで2年連続のベスト8/第94回全国高等学校ラグビーフットボール大会
2015.02.01	No.224	60		コリアンJリーガとドリームマッチ　　東京中高で「ふれあいサッカーフェスタ」
2015.02.01	No.224	1	朴聖彰	輝アスリート
2015.02.01	No.224	2	白凛	子育てエッセイ
2015.02.01	No.224	20	林典子	visualize
2015.02.01	No.224	22	柳美里	ポドゥナムの里から
2015.02.01	No.224	24		U35! 洪太植さん
2015.02.01	No.224	26	金真実	今日の婚バナ
2015.02.01	No.224	27		働く夫婦/李慶愛さん✕方敏雄さん
2015.02.01	No.224	28		親子のための月間イオニュース/京都第1襲撃事件・最高裁勝訴　富増四季
2015.02.01	No.224	30		朝鮮学校百物語 始まりのウリハッキョ編② 茨城朝鮮初中高級学校
2015.02.01	No.224	32	安英学	夢は叶う
2015.02.01	No.224	33		対談!ウリハッキョ元気計画/佐野通夫さん✕文玉仙さん
2015.02.01	No.224	36	金成樹	レッスン、本場の朝鮮語
2015.02.01	No.224	38	李柄輝	朝鮮、その時
2015.02.01	No.224	40		無償化実現へ 裁判記
2015.02.01	No.224	42	裵明玉	暮らしときどき法律
2015.02.01	No.224	43		インフォメーション
2015.02.01	No.224	44		Kyc INFORMATION
2015.02.01	No.224	46		イオタイムズ
2015.02.01	No.224	48		読者の声＋編集後記

발행일	지면정보		필자	제목
	권호	페이지		
2015.02.01	No.224	48		読者へ会いに
2015.02.01	No.224	49		それでも手をつないで/村上敏さん
2015.02.01	No.224	64		日本軍「慰安婦」の肖像 李容洙さん、金卿順さん
2015.02.01	No.224	66		ピョンアリ
2015.02.01	No.224	68		私の三ツ星 集賢殿(東京都黒田区)
2015.02.01	No.224	71		CULTURE/金剛山歌劇団創立40周年記念特別公演
2015.02.01	No.224	71		CINEMA/「ジョンラーベ~南京のシンドラ~」
2015.02.01	No.224	72		BOOKS/「知っていますか?在日コリアン 一問一答」他
2015.02.01	No.224	73		著者インタビュー/加藤直樹さん
2015.02.01	No.224	74		マンガ イオストーリーズ「ハブロマングース・下」原作:李成岳 万画:稀玉
2015.02.01	No.224	78		まちがいはどこ?
2015.02.01	No.224	79		読者プレゼント
2015.02.01	No.224	80	金満里	金満里のこれは態変だ!
2015.03.01	No.225	5		〈特集〉1945-1950開放を問い直す
2015.03.01	No.225	3	鄭栄桓	1945年に解決されなかったこと/暴力により封じ込められた在日朝鮮人
2015.03.01	No.225	8	金哲秀	在日朝鮮人のなぜ? なに?
2015.03.01	No.225	12		大同団結して作られた在日朝鮮人の組織/帰国支援、権益・生活擁護に奔走
2015.03.01	No.225	14		今に受け継ぐ尊い闘いの財産/民族教育権擁護運動の原点「4.24教育闘争」
2015.03.01	No.225	16		「二重の地位」という桎梏 解放後、在日朝鮮人の法的地位の起源
2015.03.01	No.225	50		〈特別企画〉「無償化」省令改悪から2年 勇気をもって原告となった子どもたちへ 東京・保護者
2015.03.01	No.225	51	金奈奈	私が歩んできた道、歩んで行く道
2015.03.01	No.225	52	姜万謙	力と勇気のバトン
2015.03.01	No.225	53	趙沙瑛	私が「オモニの涙」を書いたのは
2015.03.01	No.225	54	金星姫	「子どもたちの顔が見える裁判」に
2015.03.01	No.225	55		支援グッズで楽しく応援!
2015.03.01	No.225	56		「無償化」排除から5年、日本政府が陥る論理矛盾
2015.03.01	No.225	60		息子の遺志継ぎ、共助のまちづくり 阪神淡路大震災の記憶と教訓 崔敏夫さんの20年
2015.03.01	No.225	62		「慰安婦記事 捏造ではない」
2015.03.01	No.225	1	金樹延	輝アスリート
2015.03.01	No.225	2	韓昌堂	子育てエッセイ
2015.03.01	No.225	20	林典子	visualize
2015.03.01	No.225	22	柳美里	ポドゥナムの里から
2015.03.01	No.225	24		U35! 徐英範さん

발행일	지면정보		필자	제목
	권호	페이지		
2015.03.01	No.225	26	金真実	今日の婚バナ
2015.03.01	No.225	27		はたらく夫婦 金貴瑛さんX李英淑さん
2015.03.01	No.225	28	崔権一	親子のための月間イオニュース/アベノミクスってなに？
2015.03.01	No.225	30		朝鮮学校百物語/始まりのウリハッキョ編③ 四日市朝鮮初中級学校
2015.03.01	No.225	32	安英学	夢は叶う
2015.03.01	No.225	33		対談!ウリハッキョ元気計画/金有燮さんX白珠妃さん
2015.03.01	No.225	36	金成樹	レッスン、本場の朝鮮語
2015.03.01	No.225	38	李柄輝	朝鮮、その時
2015.03.01	No.225	40		無償化実現へ 裁判記
2015.03.01	No.225	42	金英哲	暮らしときどき法律
2015.03.01	No.225	43		インフォメーション
2015.03.01	No.225	44		Kyc INFORMATION
2015.03.01	No.225	46		イオタイムズ
2015.03.01	No.225	48		読者の声＋編集後記
2015.03.01	No.225	48		読者へ会いに
2015.03.01	No.225	49		それでも手をつないで/山本かほりさん
2015.03.01	No.225	64		日本軍「慰安婦」の肖像 金英淑さん、文必期さん
2015.03.01	No.225	66		ピョンアリ
2015.03.01	No.225	67		今夜のおつまみ/生カキの海鮮キムチ
2015.03.01	No.225	68		私の三ツ星 焼肉とく大和郷(東京都豊島区)
2015.03.01	No.225	71		CULTURE/表現の不自由展~消されたものたち
2015.03.01	No.225	71		CINEMA/「航路－ハンロー」
2015.03.01	No.225	72		BOOKS/「鶴の鳴く夜を正しく恐れるために」他
2015.03.01	No.225	73		著者インタビュー/山田貴夫さん
2015.03.01	No.225	74		マンガ イオストーリーズ 香嬉の絵·上 原作：朴成徳 万画：稀玉
2015.03.01	No.225	78		まちがいはどこ？
2015.03.01	No.225	79		読者プレゼント
2015.03.01	No.225	80	金満里	金満里のこれは態変だ!
2015.04.01	No.226	5		<特集>はなまるソンセンニム
2015.04.01	No.226	6		はなまる印のソンセンニム 同じ目録で、ともに泣き、笑う(徐炳朝さん)/「わかった!できた!」と思えるよう(金明玉さん)/授業の準備をしっかりすること、常に学ぶこと(朴勝枝さん)/ラグビーを通じて、強い気持ち育てたい(姜湧哲さん)/演劇を通じた学びを生徒たちに(金奈美さん)/生徒たちの興味を引き出す授業を(金日鎔さん)
2015.04.01	No.226	12		名物ソンセンニム 金学柱さん/白瑠衣さん/金永燦さん/姜理思さん/姜泰成さん/朴欣玟さん
2015.04.01	No.226	14		拝啓、ソンセンニム/金錦実さん x 崔志学さん

발행일	지면정보		필자	제목
	권호	페이지		
2015.04.01	No.226	16		親から子へ、受け継がれる「教員魂」 梁学哲さん家族/3代で教壇に立つ
2015.04.01	No.226	18	崔寅泰	エッセイ/子どもの可能性を線引きしない
2015.04.01	No.226	52		朝鮮学校で学ぶ権利を!! 全国統一行動
2015.04.01	No.226	54		各地に鳴り響いた「無償化即時適用」!北海道から九州まで、全国12ヵ所で連帯行動
2015.04.01	No.226	56		歴史修正主義に対抗し民族教育権を守るために/シンポジウム・現代日本の排外主義にどう立ち向かうか
2015.04.01	No.226	60		歴史を学び、継承し、切り拓く/留学同京都結成70周年記念公演「朝鮮の夜明け」
2015.04.01	No.226	1	姜知衣	輝アスリート
2015.04.01	No.226	2	白凜	子育てエッセイ
2015.04.01	No.226	20	林典子	visualize
2015.04.01	No.226	22	柳美里	ポドゥナムの里から
2015.04.01	No.226	24		U35! 具賢雅さん
2015.04.01	No.226	26	金真実	今日の婚バナ
2015.04.01	No.226	27		はたらく夫婦 朴起成さんX申美香さん
2015.04.01	No.226	28	佐伯美苗	親子のための月間イオニュース/イスラーム国
2015.04.01	No.226	30		朝鮮学校百物語/始まりのウリハッキョ編④ 西今里中学校へ
2015.04.01	No.226	32	安英学	夢は叶う
2015.04.01	No.226	33		対談!ウリハッキョ元気計画/崔美麗さんX張理華さん
2015.04.01	No.226	36	金成樹	レッスン、本場の朝鮮語
2015.04.01	No.226	38	李柄輝	朝鮮、その時
2015.04.01	No.226	40		無償化実現へ 裁判記
2015.04.01	No.226	42	金敏寛	暮らしときどき法律
2015.04.01	No.226	43		インフォメーション
2015.04.01	No.226	44		Kyc INFORMATION
2015.04.01	No.226	46		イオタイムズ
2015.04.01	No.226	48		読者の声＋編集後記
2015.04.01	No.226	48		読者へ会いに
2015.04.01	No.226	49		それでも手をつないで/森本忠紀さん
2015.04.01	No.226	64		日本軍「慰安婦」の肖像 尹順万さん、鄭松明さん
2015.04.01	No.226	66		ピョンアリ
2015.04.01	No.226	67		今夜のおつまみ/イカ天さくさく香味炒め
2015.04.01	No.226	68		私の三ツ星 九ちゃん(東京都台東区)
2015.04.01	No.226	71		CULTURE/国立ハンセン病資料館企画展「この人たちに光を」
2015.04.01	No.226	71		CINEMA/「海にかかる霧」
2015.04.01	No.226	72		BOOKS/「鶴橋安寧　アンチ・ヘイト・クロニクル」他
2015.04.01	No.226	73		著者インタビュー/河津聖恵さん

발행일	지면정보		필자	제목
	권호	페이지		
2015.04.01	No.226	74		マンガ イオストーリーズ 香嬉の絵・下 原作：朴成徳 漫画：稀玉
2015.04.01	No.226	78		まちがいはどこ?
2015.04.01	No.226	79		読者プレゼント
2015.04.01	No.226	80	金満里	金満里のこれは態変だ!
2015.05.01	No.227	4		〈特集〉60年-時代を築く同胞たち/同胞たちのたたかいと生活 写真で振り返る60年
2015.05.01	No.227	8		証言集/総聯結成の頃 あの時、みんな若かった 金炳淑さん、魯且分さん
2015.05.01	No.227	10		同胞社会の頼れる次世代 金秀香さん、張貴樹さん、張志星さん、廉成大さん、呉明姫さん、鄭裕基さん、裵勇基さん
2015.05.01	No.227	14		北の大地に根を張って生きる 辺境の同胞コミュニティを訪ねて/北海道・胆振日高地域
2015.05.01	No.227	16		座談会・支部イルクンが語るこれからの同胞社会と総聯 金珍英 x 柳暎恵
2015.05.01	No.227	51		〈特別企画〉カフェで会いましょう Soo(三重・鈴鹿市)、ウインク(大阪・東成区)、咖啡珈琲(群馬・前橋市)、ぽこのぽこ(神奈川・川崎市)、SPACEJOR(東京・世田谷区)、平壌ホテル・展望台珈琲
2015.05.01	No.227	56		短編小説/カフェの向こう側 Y.C
2015.05.01	No.227	24		事実無根の嫌疑で総聯議長宅に強制捜索
2015.05.01	No.227	60		20年間の歩み知ってほしいー ムジゲ会発足20周年記念誌が発刊
2015.05.01	No.227	67		「日本の歴史歪曲を許さない!」全国大学生行動スタート
2015.05.01	No.227	1	李栄直	輝アスリート
2015.05.01	No.227	2	韓昌堂	子育てエッセイ
2015.05.01	No.227	22	林典子	visualize
2015.05.01	No.227	26		U35! 金成柱さん
2015.05.01	No.227	28	金秀一	今日の恋バナ
2015.05.01	No.227	29		はたらく夫婦/姜英勲さん X 黄明愛さん
2015.05.01	No.227	30		朝鮮学校百物語 始まりのウリハッキョ編⑤ 千葉朝鮮初中級学校
2015.05.01	No.227	32	安英学	夢は叶う
2015.05.01	No.227	33		対談!ウリハッキョ元気計画/金秋月さん X 徐千夏さん
2015.05.01	No.227	36	金成樹	レッスン、本場の朝鮮語
2015.05.01	No.227	38	李柄輝	朝鮮、その時
2015.05.01	No.227	40		無償化実現へ 裁判記
2015.05.01	No.227	42	李春熙	暮らしときどき法律
2015.05.01	No.227	43		インフォメーション
2015.05.01	No.227	44		Kyc INFORMATION
2015.05.01	No.227	46		イオタイムズ

발행일	지면정보		필자	제목
	권호	페이지		
2015.05.01	No.227	48		読者の声＋編集後記
2015.05.01	No.227	48		読者へ会いに
2015.05.01	No.227	49		それでも手をつないで/麻生水緒さん
2015.05.01	No.227	62		私の三ツ星　秀邑(福岡県福岡市)
2015.05.01	No.227	64	宋恵淑	親子のための月間イオニュース「高校無償化」って何?
2015.05.01	No.227	68		ピョンアリ
2015.05.01	No.227	69		今夜のおつまみ/春キャベツのピクルス風キムチ
2015.05.01	No.227	71		CULTURE/「第三帝国の恐怖と貧困」
2015.05.01	No.227	71		CINEMA/「傷だらけのふたり」
2015.05.01	No.227	72		BOOKS/「デートDV・ストーカー対策のネクストステージ」他
2015.05.01	No.227	73		著者インタビュー/野間秀樹さん
2015.05.01	No.227	74		マンガ　イオストーリーズ　みかんの木・上　原作：朴成徳　漫画：稀玉
2015.05.01	No.227	78		まちがいはどこ?
2015.05.01	No.227	79		読者プレゼント
2015.05.01	No.227	80	金満里	金満里のこれは態変だ!
2015.06.01	No.228	4	和田春樹	〈特集〉どうする朝・日関係　日本と朝鮮、課題は何か-70年の国交断絶を前に
2015.06.01	No.228	6		人権蹂躙、生活へのダメージ　日本による「制裁」がもたらすもの
2015.06.01	No.228	8	太西るみ子	インタビュー/自由に行き来を　朝鮮は誠実に調査してくれています
2015.06.01	No.228	9	芦沢一明	今こそ政治が役割果たすとき
2015.06.01	No.228	10		東アジアの平和を生活の現場から
2015.06.01	No.228	11	ファンキー末吉	「6.9」のみんなと日本でロックを!
2015.06.01	No.228	12	文泰勝	植民地主義の克服、生存権回復のプロセス　在日朝鮮人にとって朝・日関係改善とは
2015.06.01	No.228	50	文時弘	〈特別企画〉7月8日まで　外登の切り替えを!　特別永住者、永住者のためのQ&A
2015.06.01	No.228	54	任京河	今なお求められる権利としての「永住権」
2015.06.01	No.228	16		東京朝鮮第6初級学校、新校舎が竣工　未来のため-大田、城南、渋世3地域で力合わせ
2015.06.01	No.228	18		第5回東京コリアラグビーフェスティバル/ラガーマンたちの熱気あふれ
2015.06.01	No.228	56		ハルモニは生きてたんやで　在日バイタルチェック一人芝居で綴る在日100年の歴史
2015.06.01	No.228	58	金文子	108年前の秘話/万国平和会議への道-大韓帝国の皇帝と特使たち-
2015.06.01	No.228	60		私たちが最後まで取り組んで行く　日本軍性奴隷の否定を許さない4.23アクション

발행일	지면정보		필자	제목
	권호	페이지		
2015.06.01	No.228	1	朴泰一	輝アスリート
2015.06.01	No.228	2	白凜	子育てエッセイ
2015.06.01	No.228	20	林典子	visualize
2015.06.01	No.228	22	柳美里	ポドゥナムの里から
2015.06.01	No.228	24		U35! 金栄実さん
2015.06.01	No.228	26	金秀一	今日の婚バナ
2015.06.01	No.228	27		はたらく夫婦/張晟民さんX金和玲さん
2015.06.01	No.228	28	崔権一	親子のための月間イオニュース/キューバとアメリカの国交樹立
2015.06.01	No.228	30		朝鮮学校百物語/始まりのウリハッキョ編⑥　東京朝鮮第9初級学校
2015.06.01	No.228	32	安英学	夢は叶う
2015.06.01	No.228	33		対談!ウリハッキョ元気計画/朴竜浩さんX金秀玲さん
2015.06.01	No.228	36	金成樹	レッスン、本場の朝鮮語
2015.06.01	No.228	38	李柄輝	朝鮮、その時
2015.06.01	No.228	40		無償化実現へ　裁判記
2015.06.01	No.228	42	金哲敏	暮らしときどき法律
2015.06.01	No.228	43		インフォメーション
2015.06.01	No.228	44		Kyc INFORMATION
2015.06.01	No.228	46		イオタイムズ
2015.06.01	No.228	48		読者の声＋編集後記
2015.06.01	No.228	48		読者へ会いに
2015.06.01	No.228	49		それでも手をつないで/蒋田豊明さん
2015.06.01	No.228	62		日本軍「慰安婦」の肖像 朴玉善さん、李玉善さん
2015.06.01	No.228	66		ピョンアリ
2015.06.01	No.228	69		今夜のおつまみ/ジャガイモのチーズロースティ
2015.06.01	No.228	71		CULTURE/劇団リジョロ 第23回公演「眠浸」
2015.06.01	No.228	71		CINEMA/「アラヤシキの住人たち」
2015.06.01	No.228	72		BOOKS「ナグネ　中国朝鮮族の友と日本」他
2015.06.01	No.228	73		著者インタビュー/前田朗さん
2015.06.01	No.228	74		マンガ イオストーリーズ　みかんの木・下 原作：朴成徳 万画：稀玉
2015.06.01	No.228	78		まちがいはどこ?
2015.06.01	No.228	79		読者プレゼント
2015.06.01	No.228	80	金満里	金満里のこれは態変だ!
2015.07.01	No.229	5		〈特集〉朝鮮 花物語
2015.07.01	No.229	6	司空俊	多様で豊富な朝鮮半島の植物　自然環境と歴史が育んだ植物たち
2015.07.01	No.229	10		朝鮮半島 植物なんでもQ&A

발행일	지면정보		필자	제목
	권호	페이지		
2015.07.01	No.229	12		朝鮮全域の植物に出会えるスポット!平壌の中央植物園を訪ねて
2015.07.01	No.229	14		サンナムルを採りに 1世の楽しみ、今も
2015.07.01	No.229	16	玄正善	植物の宝庫 済州島に咲く花と木たち
2015.07.01	No.229	50		〈特別企画〉ふたごのふしぎ ここにも双子さん 柳民範・民秀さん/高永蘭・愛蘭・恵蘭さん/金清・尋さん/趙銀永・銀河さん/安貞淑・貞姫さん/金由蘭・世蘭さん
2015.07.01	No.229	54		知るほど面白い! 双子の世界 双子にまつわるあんな話、こんな話
2015.07.01	No.229	56		感謝と笑顔あふれる祭り/総聯結成60周年在日同胞大祝祭　1万7000人でにぎわう
2015.07.01	No.229	60		食べて、知って、広がる多文化への理解/第1回多文化共生1・2・3 in Aichi
2015.07.01	No.229	63		映画「蒼のシンフォニー」製作へ
2015.07.01	No.229	1	徐吉嶺	輝アスリート
2015.07.01	No.229	2	韓昌道	子育てエッセイ
2015.07.01	No.229	20	林典子	visualize
2015.07.01	No.229	22	柳美里	ポドゥナムの里から
2015.07.01	No.229	24		U35! 呉永鎬さん
2015.07.01	No.229	26	金秀一	今日の婚バナ
2015.07.01	No.229	27		はたらく夫婦/張大赫さんＸ金淑珍さん
2015.07.01	No.229	28	崔権一	親子のための月間イオニュース/成人年齢の引き下げ　島本篤エルネスト
2015.07.01	No.229	30		朝鮮学校百物語　始まりのウリハッキョ編⑦ 川崎朝鮮第9初級学校
2015.07.01	No.229	32	安英学	夢は叶う
2015.07.01	No.229	33		対談!ウリハッキョ元気計画/金梁道さんＸ李秀峰さん
2015.07.01	No.229	36	金成樹	レッスン、本場の朝鮮語
2015.07.01	No.229	38	李柄輝	朝鮮、その時
2015.07.01	No.229	40		無償化実現へ　裁判記
2015.07.01	No.229	42	金英哲	暮らしときどき法律
2015.07.01	No.229	43		インフォメーション
2015.07.01	No.229	44		Kyc INFORMATION
2015.07.01	No.229	46		イオタイムズ
2015.07.01	No.229	48		読者の声＋編集後記
2015.07.01	No.229	48		読者へ会いに
2015.07.01	No.229	49		それでも手をつないで/飯田幸司さん
2015.07.01	No.229	66		日本軍「慰安婦」の肖像 金順玉さん、李容女さん
2015.07.01	No.229	68		ピョンアリ
2015.07.01	No.229	69		今夜のおつまみ/貝と野菜のチョジャン和え

발행일	지면정보		필자	제목
	권호	페이지		
2015.07.01	No.229	71		CULTURE/南相馬支援のチャリティコンサート
2015.07.01	No.229	71		CINEMA/「戦場ぬ止み」
2015.07.01	No.229	72		BOOKS/『朝鮮学校物語　あなたのとなりの『もうひとつの学校』他
2015.07.01	No.229	73		著者インタビュー/柳美里さん
2015.07.01	No.229	74		マンガ　イオストーリーズ　明日への手紙・上　原作：朴成徳　만화：稀玉
2015.07.01	No.229	78		まちがいはどこ？
2015.07.01	No.229	79		読者プレゼント
2015.07.01	No.229	80	金満里	金満里のこれは態変だ！
2015.08.01	No.230	4		＜特集＞統一はロマン？~70年の節目に
2015.08.01	No.230	4	許相浩	グラヒィツク作品「38度線にコ스モス」
2015.08.01	No.230	6	都相太	列車は祖国の地を走りたがっている　孫に伝える三千里鉄道の夢
2015.08.01	No.230	8		歴史の現場に立って「小さな統一」が実現した期間　コリア卓球統一チームの活躍（成斗嬉さん）/本当に自由に、もう一度故郷へ　第2次総聯同胞故郷訪問団(宋斗満さん)/獄中で託された思い、未来へ　在日韓国人留学生「スパイ」事件(柳英数さん)/「世界が変わる」を目の当たりに　第3回世界青年学生祝典と林秀卿訪北(李明玉さん)/統一への思い、海外同胞から学んだ　南北・海外青年学生団体代表者会議(李応虎さん)
2015.08.01	No.230	14		8月に向け、牛の歩みでも-私から始める統一運動
2015.08.01	No.230	16		出会いが分断を越える-解放70年目の平壌で
2015.08.01	No.230	52	金松伊	「はだしのゲン」との約束
2015.08.01	No.230	55		高校無償化裁判本、出ました！
2015.08.01	No.230	56		座談会「民族教育の権利、裁判闘争でどう勝ち取るか」京都朝鮮第1初級学校襲撃事件最高裁決定と無償化裁判　金尚均 x 李春熙 x 丹羽雅雄
2015.08.01	No.230	60		北と南をつなぐ烏鵲橋に　「在米同胞アジュンマ」、日本で統一トーク
2015.08.01	No.230	61		差別なき社会は、自分たちの足元から　冊子「だれもがいきいきと生きられる社会のために」が完成！
2015.08.01	No.230	1	校秀京	輝アスリート
2015.08.01	No.230	2	白澄	子育てエッセイ
2015.08.01	No.230	22	林典子	visualize
2015.08.01	No.230	24	柳美里	ポドゥナムの里から
2015.08.01	No.230	26	広野省三	親子のための月間イオニュース/集団的自衛権
2015.08.01	No.230	28	金秀一	今日の恋バナ
2015.08.01	No.230	29		はたらく夫婦/金賢俊さん X 黄愛美さん
2015.08.01	No.230	30		朝鮮学校百物語 始まりのウリハッキョ編⑧ 大阪朝鮮第4初級学校

발행일	지면정보		필자	제목
	권호	페이지		
2015.08.01	No.230	32	安英学	夢は叶う
2015.08.01	No.230	33		対談!ウリハッキョ元気計画/金忠烈さんX金日中さん
2015.08.01	No.230	36	金成樹	レッスン、本場の朝鮮語
2015.08.01	No.230	38	李柄輝	朝鮮、その時
2015.08.01	No.230	40		無償化実現へ　裁判記
2015.08.01	No.230	42	金銘愛	暮らしときどき法律
2015.08.01	No.230	43		インフォメーション
2015.08.01	No.230	44		Kyc INFORMATION
2015.08.01	No.230	46		イオタイムズ
2015.08.01	No.230	48		読者の声＋編集後記
2015.08.01	No.230	48		読者へ会いに
2015.08.01	No.230	49		それでも手をつないで/原田章弘さん
2015.08.01	No.230	62		日本軍「慰安婦」の肖像　金香淑さん、庚前玉さん
2015.08.01	No.230	66		ピョンアリ
2015.08.01	No.230	67		今夜のおつまみ/ササミのピカタ
2015.08.01	No.230	68		私の三ツ星　木場　ばっちぎ!(東京都江東区)
2015.08.01	No.230	71		CULTURE/金剛山歌劇団215年 アンサンブル公演「100年の夢」
2015.08.01	No.230	71		CINEMA/「記憶と生きる」
2015.08.01	No.230	72		BOOKS/「小劇場タイニイアリス」他
2015.08.01	No.230	73		著者インタビュー/黄英治さん
2015.08.01	No.230	74		マンガ イオストーリーズ 明日への手紙・下 原作：朴成徳 万画：稀玉
2015.08.01	No.230	78		まちがいはどこ?
2015.08.01	No.230	79		読者プレゼント
2015.08.01	No.230	80	金満里	金満里のこれは態変だ!
2015.09.01	No.231	5		＜特集＞朝鮮麺料理の世界
2015.09.01	No.231	6	金才順	朝鮮半島 麺のルーツを旅する-発祥と歴史、伝播-
2015.09.01	No.231	8		ウリ麺レシピ
2015.09.01	No.231	14		韓食!ピョンヤン麺道中記/朝鮮の最新「麺事情」を探る
2015.09.01	No.231	16		カナダラクッキングに学ぶ!簡単・あさりカルグッスの作り方
2015.09.01	No.231	51		＜特別企画＞もうひとつの世界遺産を歩く
2015.09.01	No.231	52		隠すことのできない日本の国家犯罪　世界遺産登録地と強制労働跡地を巡る-福岡　八幡製哲所/長崎 端島炭抗(軍艦島)/福岡・熊本 三井三池炭鉱
2015.09.01	No.231	56	内岡貞雄	明治の産業革命遺産は「歴史の事実」に向き合え
2015.09.01	No.231	58		세대를이어-未来への扉　青商会結成20周年記念ウリ民族ツアーステージ、まもなく上演!
2015.09.01	No.231	60		反骨、不屈、開拓 同胞企業家のあくなき挑戦 南工連合会結成70周年 同胞ビジネスフォーラム

발행일	지면정보		필자	제목
	권호	페이지		
2015.09.01	No.231	62		「絶対にあきらめない」差別に正面から立ち向かう「金曜行動」
2015.09.01	No.231	1	李在炅	輝アスリート
2015.09.01	No.231	2	韓昌道	子育てエッセイ
2015.09.01	No.231	20	林典子	visualize
2015.09.01	No.231	22	柳美里	ポドゥナムの里から
2015.09.01	No.231	24		U35! 朴陽太さん
2015.09.01	No.231	26	金響希	今日の婚バナ
2015.09.01	No.231	27		はたらく夫婦/徐昌祐さんX李淑姫さん
2015.09.01	No.231	28	朴竜浩	親子のための月間イオニュース/祖国解放70年
2015.09.01	No.231	30		朝鮮学校百物語 始まりのウリハッキョ編⑨ 埼玉朝鮮初中級学校
2015.09.01	No.231	32	安英学	夢は叶う
2015.09.01	No.231	33		対談!ウリハッキョ元気計画/河民一さんX黃聖浩さん
2015.09.01	No.231	36	金成樹	レッスン、本場の朝鮮語
2015.09.01	No.231	38	李柄輝	朝鮮、その時
2015.09.01	No.231	40		無償化実現へ 裁判記
2015.09.01	No.231	42	金敏寛	暮らしときどき法律
2015.09.01	No.231	43		インフォメーション
2015.09.01	No.231	44		Kyc INFORMATION
2015.09.01	No.231	46		イオタイムズ
2015.09.01	No.231	48		読者の声＋編集後記
2015.09.01	No.231	48		読者へ会いに
2015.09.01	No.231	49		それでも手をつないで/藤田裕喜さん
2015.09.01	No.231	66		日本軍「慰安婦」の肖像 陳京彭さん、裵足干さん
2015.09.01	No.231	68		ピョンアリ
2015.09.01	No.231	69		今夜のおつまみ/自家製ピクルス
2015.09.01	No.231	71		CULTURE/「東アジアのYASUKUNISM(ヤスクニズム)」
2015.09.01	No.231	71		CINEMA/「波伝谷に生きる人びと」
2015.09.01	No.231	72		BOOKS/「沖縄『辺野古の海』は、いま」他
2015.09.01	No.231	73		著者インタビュー/安田浩一さん
2015.09.01	No.231	74		マンガ イオストーリーズ バスケ選手・上 翻訳・脚色：金正浩 万画：稀玉
2015.09.01	No.231	78		まちがいはどこ?
2015.09.01	No.231	79		読者プレゼント
2015.09.01	No.231	80	金満里	金満里のこれは態変だ!
2015.10.01	No.232	5		<特集>起業家たちに学べ!
2015.10.01	No.232	6	趙栄来	アントレプレナーシップは何か

발행일	지면정보		필자	제목
	권호	페이지		
2015.10.01	No.232	8		いま注目! 同胞企業家 独自の発想と実践力で、勢いは止まらない(曺成道さん)/朝鮮語学んだ強み、出版で(裵正烈さん)/他社ができないことに挑戦していく(洪昌秀さん)/確かな技術で、美を引き出すお手伝い(孫孟荀さん)/イノベーションを起こす先端に(金麗雄さん)
2015.10.01	No.232	14		密着! コリアンビジネススクール 大きな可能性と、実践的な取り組み
2015.10.01	No.232	16		こだわりチキンで幸せを運ぶ 新米オーナーの奮闘記
2015.10.01	No.232	38		北南関係改善のプラットフォーム 軍事衝突回避による8.24合意の意義
2015.10.01	No.232	39		平和への道のり、急ごう 戦後70年-東京国際シンポジウム 米、中、ロ、日、朝の研究者が一堂に
2015.10.01	No.232	49		これからも新時代を築く主役として 青商会結成20周年記念式典・祝賀宴
2015.10.01	No.232	50		世代を継ぎ、未来への扉ひらこう 青商会結成20周年記念ウリ民族ツアーステージ
2015.10.01	No.232	52		座談会「戦後70年談話と朝鮮植民地支配」 康成銀×慎蒼宇×李柄輝
2015.10.01	No.232	56	伊藤孝司	性奴隷被害者問題 解放70周年の北と南で見る 発見された「慰安婦」跡と受け継がれる被害者体験
2015.10.01	No.232	61		分断を越え、統一の新時代を 東京で祖国解放70周年行事
2015.10.01	No.232	62		東大阪中級、走りぬいてベスト16 第46回全国中学校サッカー選手権大会
2015.10.01	No.232	1	安柄俊	輝アスリート
2015.10.01	No.232	2	白凛	子育てエッセイ
2015.10.01	No.232	20	林典子	visualize
2015.10.01	No.232	22	柳美里	ポドゥナムの里から
2015.10.01	No.232	24		U35! 崔誠一さん
2015.10.01	No.232	26	李響	今日の婚バナ
2015.10.01	No.232	27		はたらく夫婦/朴一秀さん×具聖潤さん
2015.10.01	No.232	28	明戸隆浩	親子のための月間イオニュース/人種差別禁止法
2015.10.01	No.232	30		朝鮮学校百物語 始まりのウリハッキョ編⑩ 静岡朝鮮初中級学校
2015.10.01	No.232	32	安英学	夢は叶う
2015.10.01	No.232	33		対談!ウリハッキョ元気計画/朴漢種さん×文敏実さん
2015.10.01	No.232	36	金成樹	レッスン、本場の朝鮮語
2015.10.01	No.232	40		無償化実現へ 裁判記
2015.10.01	No.232	42	安栄愛	暮らしときどき法律
2015.10.01	No.232	43		インフォメーション
2015.10.01	No.232	44		Kyc INFORMATION
2015.10.01	No.232	46		イオタイムズ

발행일	지면정보		필자	제목
	권호	페이지		
2015.10.01	No.232	48		読者の声＋編集後記
2015.10.01	No.232	48		読者へ会いに 新開誠さん
2015.10.01	No.232	66		ピョンアリ
2015.10.01	No.232	67		今夜のおつまみ/朝鮮風鶏肉じゃが
2015.10.01	No.232	68		私の三ツ星 焼肉 三昧園(千葉県松戸市)
2015.10.01	No.232	71		CULTURE/シアターシャイン10周年記念提携公演 May's frontview vol.35「メラニズム・サラマンダー」
2015.10.01	No.232	71		CINEMA/「蒼のシンフォニー」
2015.10.01	No.232	72		BOOKS『時代の正体ー 権力はかくも暴走する』他
2015.10.01	No.232	73		著者インタビュー/中脇初枝さん
2015.10.01	No.232	74		マンガ イオストーリーズ バスケ選手・下 翻訳・脚色：金正浩 만화：稀玉
2015.10.01	No.232	78		まちがいはどこ?
2015.10.01	No.232	79		読者プレゼント
2015.10.01	No.232	80	金満里	金満里のこれは態変だ!
2015.11.01	No.233	5		〈特集〉幸せはどこにある? ~結婚・シングルを越えて
2015.11.01	No.233	6		幸せはどこにある? 離婚、再婚、ひとり親、別居婚…それぞれの選択、それぞれの暮らし
2015.11.01	No.233	10		ひとり親家庭子どもたちの今 赤石千衣子さんに聞く
2015.11.01	No.233	12		幸せは、自分で決める!何だかモヤモヤ、ショック、あんなこと、こんなこと
2015.11.01	No.233	14	金静寅	エッセイ/なにゆえの生きがたさ?
2015.11.01	No.233	50		〈特別企画〉朝鮮に出会う図書館 新宿区立久保図書館/東京都立中央図書館/アジア図書館/季刊青丘文庫/文化センター・アリラン/大阪市立生野図書館/東京大学東洋文化研究所図書室ほか
2015.11.01	No.233	56		対談/迫田けい子さん×金承福さん 人と人がつながる場所
2015.11.01	No.233	18		武蔵美×朝鮮大 突然、目の前がひらけて
2015.11.01	No.233	33	豊田直己	安保法案成立を受けて
2015.11.01	No.233	38	殿平真	強制労働犠牲者遺骨、70年ぶりに故郷へ
2015.11.01	No.233	60		〈短期連載〉朝鮮文化社と尹炳玉(上)1960年代、朝鮮の文学書を刊行した出版社
2015.11.01	No.233	65		私たちは歩む 子どもたちのために 大阪で第10回中央オモニ大会
2015.11.01	No.233	1	姜昇利	輝アスリート
2015.11.01	No.233	2	韓昌道	子育てエッセイ
2015.11.01	No.233	20	林典子	visualize
2015.11.01	No.233	22	柳美里	ポドゥナムの里から
2015.11.01	No.233	24		U35! 宋和映さん
2015.11.01	No.233	26	李響	今日の婚バナ

발행일	지면정보		필자	제목
	권호	페이지		
2015.11.01	No.233	27		はたらく夫婦/呉昌一さん×金愛美さん
2015.11.01	No.233	28	崔権一	親子のための月間イオニュース/沖縄県知事が埋め立て承認お取り消したのは、なぜ
2015.11.01	No.233	30		朝鮮学校百物語/始まりのウリハッキョ編⑪ 尼崎朝鮮初中級学校
2015.11.01	No.233	32	安英学	夢は叶う
2015.11.01	No.233	36	金成樹	レッスン、本場の朝鮮語
2015.11.01	No.233	40		無償化実現へ 裁判記
2015.11.01	No.233	42	李春熙	暮らしときどき法律
2015.11.01	No.233	43		インフォメーション
2015.11.01	No.233	44		Kyc INFORMATION
2015.11.01	No.233	46		イオタイムズ
2015.11.01	No.233	48		読者の声＋編集後記
2015.11.01	No.233	48		読者へ会いに 大島美也さん
2015.11.01	No.233	49		それでも手をつばいで/熊迫舞華さん
2015.11.01	No.233	66		ピョンアリ
2015.11.01	No.233	67		今夜のおつまみ/ズッキーニチャンプル
2015.11.01	No.233	68		私の三ツ星 炭火焼肉 新家
2015.11.01	No.233	71		CULTURE/「重重消せない痕跡 アジアの日本軍性奴隷被害女性たち」
2015.11.01	No.233	71		CINEMA/「広河隆一 人間の戦場」
2015.11.01	No.233	72		BOOKS/「ソウル1964年冬」他
2015.11.01	No.233	73		著者インタビュー/伊地知紀子さん
2015.11.01	No.233	74		マンガ イオストーリーズ 熱き心たち(上) 翻訳・脚色：編集部 万画：稀玉
2015.11.01	No.233	78		まちがいはどこ?
2015.11.01	No.233	79		読者プレゼント
2015.11.01	No.233	80	金満里	金満里のこれは態変だ!
2015.12.01	No.234	5		〈特集〉アートをひらく人々
2015.12.01	No.234	6		注目の同胞美術家 鄭裕憬さん、河専南さん、金明和さん、金誠民さん、姜孝薇さん、崔光徳さん
2015.12.01	No.234	12		育てる、つながる、広がる 在日朝鮮学生美術展のいま
2015.12.01	No.234	16	白凛	在日1世美術かの足跡をたどる
2015.12.01	No.234	51		〈特別企画〉平壌ビューティーナビ
2015.12.01	No.234	52		おしえて! 平壌のスキンケア・メイクアップ事情
2015.12.01	No.234	54		ルポ 世界をめざし自社ブランド 平壌化粧品工場、ポムヒャンギ展示場
2015.12.01	No.234	56		平壌の化粧品でメイクアップ!
2015.12.01	No.234	30		東京朝高ラグビー部、創部40年目の決挙 悲願の「全国大会」初出場

발행일	지면정보		필자	제목
	권호	페이지		
2015.12.01	No.234	38	韓鐘哲	マイナンバー制度ってなぁに?
2015.12.01	No.234	58		「統一した日にまに会いましょう」南北離散家族·親せき面会事業
2015.12.01	No.234	60		群馬初中55周年記念「ムジゲフェスタ」同胞、日本市民ら730人で盛況
2015.12.01	No.234	62	尹正淑	〈短期連載〉朝鮮文化社と尹炳玉(中)1960年代、朝鮮の文学書を刊行した出版社
2015.12.01	No.234	1	権裕人	輝アスリート
2015.12.01	No.234	2	白凛	子育てエッセイ
2015.12.01	No.234	20	林典子	visualize
2015.12.01	No.234	22	柳美里	ポドゥナムの里から
2015.12.01	No.234	24		U35! 李晃大さん
2015.12.01	No.234	26	李響	今日の婚バナ
2015.12.01	No.234	27		はたらく夫婦/李浩宰さん×申景淑さん
2015.12.01	No.234	28	田代夕貴	親子のための月間イオニュース/シリア離民
2015.12.01	No.234	2	安英学	夢は叶う
2015.12.01	No.234	33		ウリハッキョ元気計画 崔玉姫さん×柳理順さん
2015.12.01	No.234	36	金成樹	レッスン、本場の朝鮮語
2015.12.01	No.234	40		無償化実現へ 裁判記
2015.12.01	No.234	42	金哲敏	暮らしときどき法律
2015.12.01	No.234	43		インフォメーション
2015.12.01	No.234	44		Kyc INFORMATION
2015.12.01	No.234	46		イオタイムズ
2015.12.01	No.234	48		読者の声＋編集後記
2015.12.01	No.234	48		読者へ会いに 裵美奈さん
2015.12.01	No.234	49		それでも手をつばいで/乙守浩之さん
2015.12.01	No.234	64		日本軍「慰安婦」の肖像 金粉先さん
2015.12.01	No.234	66		ピョンアリ
2015.12.01	No.234	67		今夜のおつまみ/シャキシャキレンコンの明太サラダ
2015.12.01	No.234	68		朝鮮学校百物語 始まりのウリハッキョ編⑫ 山口朝鮮初中級学校
2015.12.01	No.234	71		CULTURE/ポジャアギ·パッチワークと共に25年展고마움
2015.12.01	No.234	71		CINEMA/「みんなの学校」
2015.12.01	No.234	72		BOOKS/「飲食のくにではビビムパブが民主主義だ」他
2015.12.01	No.234	73		著者インタビュー/能川元一さん
2015.12.01	No.234	74		マンガ イオストーリーズ 熱き心たち(下) 翻訳·脚色：編集部 万画：稀玉
2015.12.01	No.234	78		まちがいはどこ?
2015.12.01	No.234	79		読者プレゼント

발행일	지면정보		필자	제목
	권호	페이지		
2015.12.01	No.234	80	金満里	金満里のこれは態変だ!
2016.01.01	No.235	5		トンボ×SNS
2016.01.01	No.235	6		SNS上で広がる同胞ネットワーク　嘘みたいな本当の在日話/Oh My Lunch box/趙成珠さん/福岡朝鮮初級学校/埼玉県青商会/武蔵美×朝鮮大「突然、目の前がひらけて」展
2016.01.01	No.235	10		知らないとマズイ SNSの落とし穴
2016.01.01	No.235	12		ウリハッキョ スマホ事情
2016.01.01	No.235	13		考えよう、スマホとの付き合い方
2016.01.01	No.235	14		子どものスマホ利用、大人はどうする?
2016.01.01	No.235	50		FEATURE.02 ウリ떡レシピ
2016.01.01	No.235	50		朝鮮のお餅 떡はめでたい
2016.01.01	No.235	52		ウリ떡レシピ
2016.01.01	No.235	18		綺麗じゃない「対話」が壁を越える「武蔵美×朝鮮大 突然、目の前がひらけて」
2016.01.01	No.235	58	洪起星	〈音〉を奏で、民族教育を次世代に
2016.01.01	No.235	60		継続する植民地主義と分断克服の道を探る　〈シンポジウム〉世界史における朝鮮解放・分断70年と在日朝鮮人
2016.01.01	No.235	62	尹正淑	〈短期連載〉朝鮮文化社と尹炳玉(下)1960年代、朝鮮の文学書を刊行した出版社
2016.01.01	No.235	1	尹志守	トンボの風景
2016.01.01	No.235	2		上京物語 呂仁花さん
2016.01.01	No.235	21	朴欣玟	虹色の教室
2016.01.01	No.235	22	滝口真央	手探りの教育
2016.01.01	No.235	24		朝鮮学校百物語 始まりのウリハッキョ編⑬ 群馬同胞社会と民族教育
2016.01.01	No.235	26	柳美里	ポドゥナムの里から
2016.01.01	No.235	28	林典子	visualize
2016.01.01	No.235	30		親子のための月間イオニュース/韓国の国定教科書問題
2016.01.01	No.235	31		News Eye/埼玉弁護士会が県に警告
2016.01.01	No.235	32		役に生きる/金 すんら
2016.01.01	No.235	33		暮らしはいま/金曜行動、火曜行動を歩く
2016.01.01	No.235	36	金英功	暮らしときどき法律
2016.01.01	No.235	37	徐千夏	中学生スイッチ
2016.01.01	No.235	38	李清一	みるみるわかる!의성의태어
2016.01.01	No.235	39	黄慈仙	通訳者の苦悩・発見・喜び
2016.01.01	No.235	40		無償化実現へ　裁判起
2016.01.01	No.235	42	李杏理	大人のためのジェンダーの話
2016.01.01	No.235	43		インフォメーション
2016.01.01	No.235	44		Kyc INFORMATION

발행일	지면정보		필자	제목
	권호	페이지		
2016.01.01	No.235	46		イオタイムズ
2016.01.01	No.235	48		読者の声＋編集後記
2016.01.01	No.235	48		読者へ会いに/曺元実さん
2016.01.01	No.235	49		FACE 呉昇哲さん
2016.01.01	No.235	64		今日の婚バナ/匿名(30代女性)
2016.01.01	No.235	65		はたらく夫婦/金相憲さん×李朱日さん
2016.01.01	No.235	66		ピョンアリ
2016.01.01	No.235	67		オモニの손맛ナムル3種
2016.01.01	No.235	68		私の三ツ星 Cinnamon's Restaurant
2016.01.01	No.235	70		それでも手をつないで/馬場一輝さん
2016.01.01	No.235	71		CULTURE/キムソンヘ展「トロフィー」
2016.01.01	No.235	72		CINEMA/「バーバリアンズ セルビアの若きまなざし」
2016.01.01	No.235	73		BOOKS/「『家栽の人』から君への遺言」他
2016.01.01	No.235	74		ふぃおぎの絵日記 inドイツ　絵、만화:稀玉
2016.01.01	No.235	78		まちがいはどこ?
2016.01.01	No.235	79		読者プレゼント
2016.01.01	No.235	80	金満里	金満里のこれは態変だ!
2016.02.01	No.236	5		アリラン/悠久の施律
2016.02.01	No.236	6	李喆雨	アリラン/それは精神文化のルーツ
2016.02.01	No.236	8		心の峠を越えていく「恨とニムの精神」
2016.02.01	No.236	10		アリランのヒットは銀募から/天才映画人・羅雲奎とアリラン
2016.02.01	No.236	12	金学権	「アリラン統一シンポジウム」を
2016.02.01	No.236	14	古川健	Interview「追憶のアリラン」に込めた思い
2016.02.01	No.236	15	高明秀	Interview アリランを「統一の喜び」の歌に
2016.02.01	No.236	50		40年目の「花園」東京朝高ラグビー部を支える人々
2016.02.01	No.236	18		東京朝高、白熱の接戦も初陣飾れず/第95回全国高校ラグビー大会 1回戦vs筑紫高校 19-26
2016.02.01	No.236	26		「沈黙」せず、表現者の自由守りたい/ニコン「慰安婦」写真展中止事件裁判 安世鴻さんが勝訴
2016.02.01	No.236	54		ラグビーで同胞社会に力を　神奈川/第2回沢渡ラグビーフェスティバル
2016.02.01	No.236	56		留学同結成70周年 広範な同胞学生団体として発展
2016.02.01	No.236	62	白凛	「油絵の重厚さ-水彩の軽快さ」韓東輝×崔光徳　二人展
2016.02.01	No.236	64	李敬史	朝鮮オリエンテーリング黎明期 第1回アジアジュニア・ユース選手を観覧して
2016.02.01	No.236	1	尹志守	トンボの風景
2016.02.01	No.236	2		上京物語 呂仁花さん
2016.02.01	No.236	21	朴欣玫	虹色の教室

발행일	지면정보		필자	제목
	권호	페이지		
2016.03.01	No.237	10		世の中にないものを作り、届ける- アジア・ラゲージ 金村徳厚社長に聞く
2016.03.01	No.237	12		日本の製造業を支えた在日の技術
2016.03.01	No.237	14	康明逸	同胞製造業の開拓と継承問題
2016.03.01	No.237	51		トンポのための年金Q&A
2016.03.01	No.237	56		現役世代の「今」を支える年金制度 インタビュー/金秀先さん 社会保険労務者
2016.03.01	No.237	18	桑原絵美	〈短期連載〉私が見た、韓国ろうと朝鮮ろう(上)
2016.03.01	No.237	20		朝鮮学校生徒たちが優勝に貢献　第21回全国ジュニア・ラグビーフットボール大会
2016.03.01	No.237	58		地べたに這う、転倒の舞台「ルンタ、いい風よ吹け」-金満里さんに聞く
2016.03.01	No.237	60	金優綺	韓日「合意」になぜ抗うか　日本軍性奴隷制という植民地犯罪を問う
2016.03.01	No.237	1	尹志守	トンポの風景
2016.03.01	No.237	2		上京物語 曺順伊さん
2016.03.01	No.237	21	蔡慶華	虹色の教室
2016.03.01	No.237	22	三木讓	手探りの教育
2016.03.01	No.237	24		朝鮮学校百物語 始まりのウリハッキョ編⑮ 広島朝鮮初中高級学校吹奏楽部
2016.03.01	No.237	26	柳美里	ポドゥナムの里から
2016.03.01	No.237	28	林典子	visualize
2016.03.01	No.237	30		親子のための月間イオニュース/大阪市のヘイトスピーチ対策条例
2016.03.01	No.237	31		News Eye/朝鮮の人工衛星打ち上げ ほか
2016.03.01	No.237	32		役に生きる/金 すんら
2016.03.01	No.237	33		暮らしはいま/民族名、使いますか?(하)
2016.03.01	No.237	36	金英功	暮らしときどき法律
2016.03.01	No.237	37	徐千夏	中学生スイッチ
2016.03.01	No.237	38	李清一	みるみるわかる!의성의태어
2016.03.01	No.237	39	黄慈仙	通訳者の苦悩・発見・喜び
2016.03.01	No.237	40		無償化実現へ　裁判起
2016.03.01	No.237	42	金理花	大人のためのジェンダーの話
2016.03.01	No.237	43		インフォメーション
2016.03.01	No.237	44		Kyc INFORMATION
2016.03.01	No.237	46		イオタイムズ
2016.03.01	No.237	48		読者の声＋編集後記
2016.03.01	No.237	48		読者へ会いに/金貞淑さん
2016.03.01	No.237	49		FACE/金香里さん
2016.03.01	No.237	64	金哲義	今日の婚バナ

발행일	지면정보		필자	제목
	권호	페이지		
2016.03.01	No.237	65		はたらく夫婦 金春樹さん×安亜耶さん
2016.03.01	No.237	66		ピョンアリ
2016.03.01	No.237	67		オモニの손맛/カボチャのチゲ
2016.03.01	No.237	68		私の三ツ Makgeolli Bar Niia
2016.03.01	No.237	70		それでも手をつないで 伊東真さん
2016.03.01	No.237	71		CULTURE/「震~忘れない~」
2016.03.01	No.237	72		CINEMA/「ウルボ~泣き虫ボクシング部~」
2016.03.01	No.237	73		BOOKS/「夢に輝く-クムン・イルオジンダ」ほか
2016.03.01	No.237	75		ふぃおぎの絵日記 inドイツ 絵、만화:稀玉
2016.03.01	No.237	78		まちがいはどこ？
2016.03.01	No.237	79		読者プレゼント
2016.03.01	No.237	80	金満里	金満里のこれは態変だ！
2016.04.01	No.238	5		今どきウェディング
2016.04.01	No.238	6		今どき、ウェディング 新郎新婦の一大イベントに
2016.04.01	No.238	10		私たちがお手伝い チュンガン 韓服家/大阪朝鮮歌舞団/司会者 金元子さん/フラワーアレンジメント 禹美陽さん/カメラ・映像 金日泰さん/ウェルカムボード作成 金愛玲さん
2016.04.01	No.238	14		密着！ウェディングプランナー 張裕幸さん
2016.04.01	No.238	51		思考のレッスン-「制裁」に抗う
2016.04.01	No.238	52		日本政府の対朝鮮「制裁」、何が問題か
2016.04.01	No.238	54		インタビュー/日本政府の対朝鮮「制裁」の変遷
2016.04.01	No.238	56	金理映	教えて！「北朝鮮ミサイル騒動」の本質
2016.04.01	No.238	58	高演義	在日生活をよりよく生きるために
2016.04.01	No.238	18		朝鮮 本大会出場逃す 女子サッカー/リオ五輪アジア最終予選
2016.04.01	No.238	20		「市民の交流」つないで15年
2016.04.01	No.238	61		弾圧にカウンターパンチを 高校無償化 2.20省令改悪から3年
2016.04.01	No.238	68	桑原絵美	〈短期連載〉私が見た、韓国ろうと朝鮮ろう(中)
2016.04.01	No.238	1	尹志守	トンポの風景
2016.04.01	No.238	2		上京物語/玄光浩さん
2016.04.01	No.238	23	蔡慶華	虹色の教室
2016.04.01	No.238	24	李英三	手探りの教育
2016.04.01	No.238	26	柳美里	ポドゥナムの里から
2016.04.01	No.238	28	安世鴻	重重
2016.04.01	No.238	30		親子のための月間イオニュース/朝鮮学校への自治体の補助金
2016.04.01	No.238	31		News Eye/開城工業地区が閉鎖 ほか
2016.04.01	No.238	32		役に生きる/金 すんら

발행일	지면정보		필자	제목
	권호	페이지		
2016.04.01	No.238	33		暮らしはいま/制裁の名の下に
2016.04.01	No.238	36	康仙華	暮らしときどき法律
2016.04.01	No.238	37	徐千夏	中学生スイッチ
2016.04.01	No.238	38	李清一	みるみるわかる!의성의태어
2016.04.01	No.238	39	黄慈仙	通訳者の苦悩・発見・喜び
2016.04.01	No.238	40		無償化実現へ 裁判起
2016.04.01	No.238	42	李全美	大人のためのジェンダーの話
2016.04.01	No.238	43		インフォメーション
2016.04.01	No.238	44		Kyc INFORMATION
2016.04.01	No.238	46		イオタイムズ
2016.04.01	No.238	48		読者の声＋編集後記
2016.04.01	No.238	48		読者へ会いに/金仁樹さん
2016.04.01	No.238	49		FACE/李漢宰さん
2016.04.01	No.238	64	金哲義	今日の恋バナ
2016.04.01	No.238	65		はたらく夫婦/李炳旭さん×白景姫さん
2016.04.01	No.238	66		ピョンアリ
2016.04.01	No.238	67		オモニの손맛/コリアン風ハンバーグ・トッカルビ
2016.04.01	No.238	70		それでも手をつないで/小松清志さん
2016.04.01	No.238	71		CULTURE/きむきがんマダン劇「カンアジトン」
2016.04.01	No.238	72		CINEMA/「鬼郷」
2016.04.01	No.238	73		BOOKS/八田靖史さん
2016.04.01	No.238	75		ふぃおぎの絵日記 inドイツ 絵、만화:稀玉
2016.04.01	No.238	78		まちがいはどこ?
2016.04.01	No.238	79		読者プレゼント
2016.04.01	No.238	80	金満里	金満里のこれは態変だ!
2016.05.01	No.239	4	矢部真太	STOP! ヘイトシピーチ~共に生きる社会を目指して/この国に差別はいらない~ヘイトデモへのカウンター行動を追って
2016.05.01	No.239	8	師岡康子	ヘイトスピーチとは何か- 差別煽動表現、マイノリティへの攻撃
2016.05.01	No.239	10		差別を許さない~抗する人々 私の友人たちを守るため、人種差別禁止法の成立を 有田芳生参議院議員 京都襲撃から6年、高裁決定を生かす 金尚均さん 訴え続ける「共に生きよう」崔江以子さん
2016.05.01	No.239	12	文公輝	日本初の条例制定、市民の声が行政動かす「大阪市ヘイトスピーチ対処条例」を勝ちとるまで
2016.05.01	No.239	14	中村一成	希望を掴みだす「命の軋み」-朝鮮高級学生1400人のヘイト被害アンケート終えて
2016.05.01	No.239	51		この春おすすめ/映画&本&音楽
2016.05.01	No.239	52		この春 あなたのおすすめ、教えてください。

발행일	지면정보		필자	제목
	권호	페이지		
2016.05.01	No.239	17		被災地への思い形にした5年間 東日本大震災復興支援チャリティ公演 in 福島「手と手をつなごう」
2016.05.01	No.239	58	朴一南	無謀とも思えるエネスギー/裵美貴展を終えて
2016.05.01	No.239	59	孫仁洛	北陸の自然の雄大さが育てた心/733人目の卒業を送りだして
2016.05.01	No.239	60	桑原絵美	〈短期連載〉私が見た、韓国ろうと朝鮮ろう(下)
2016.05.01	No.239	68		「人間としての心を問いたい」政府が自治体へ、朝鮮学校の補助金停止を促す通知
2016.05.01	No.239	1	尹志守	トンボの風景
2016.05.01	No.239	2		上京物語/玄光浩さん
2016.05.01	No.239	21	呉貞実	虹色の教室
2016.05.01	No.239	22	全佳姫	手探りの教育
2016.05.01	No.239	24		朝鮮学校百物語 始まりのウリハッキョ編⑯ 朝鮮大学校の創立と学舎移転
2016.05.01	No.239	26	柳美里	ポドゥナムの里から
2016.05.01	No.239	28	林典子	visualize
2016.05.01	No.239	30		親子のための月間イオニュース/オバマ米大統領のキューバ訪問
2016.05.01	No.239	31		News Eye/「朝鮮籍」者への「誓約書」要求 ほか
2016.05.01	No.239	32		役に生きる/金 すんら
2016.05.01	No.239	33		暮らしはいま/金曜行動、火曜行動を歩く
2016.05.01	No.239	36	鄭英哲	暮らしときどき法律
2016.05.01	No.239	37	徐千夏	中学生スイッチ
2016.05.01	No.239	38	李清一	みるみるわかる!의성의태어
2016.05.01	No.239	39	高聖愛	通訳者の苦悩・発見・喜び
2016.05.01	No.239	40		無償化実現へ 裁判起
2016.05.01	No.239	42	金真美	大人のためのジェンダーの話
2016.05.01	No.239	43		インフォメーション
2016.05.01	No.239	44		Kyc INFORMATION
2016.05.01	No.239	46		イオタイムズ
2016.05.01	No.239	48		読者の声＋編集後記
2016.05.01	No.239	48		読者へ会いに 李漢順さん
2016.05.01	No.239	49		FACE 盧華順さん
2016.05.01	No.239	64	金美香	今日の婚バナ
2016.05.01	No.239	65		はたらく夫婦/朴晟振さん×李英愛さん
2016.05.01	No.239	66		ピョンアリ
2016.05.01	No.239	67		オモニの손맛/スジ大根
2016.05.01	No.239	70		それでも手をつないで/伊藤朝日太郎さん
2016.05.01	No.239	71		CULTURE/「サム・トゥッ・ソリ(삶.뜻.소리)」
2016.05.01	No.239	72		CINEMA/「ダイビング・ベル」

발행일	지면정보		필자	제목
	권호	페이지		
2016.05.01	No.239	73		BOOKS/「ルポ 保育崩壊」ほか
2016.05.01	No.239	75		ふぃおぎの絵日記 inドイツ 絵、만화:稀玉
2016.05.01	No.239	78		まちがいはどこ?
2016.05.01	No.239	79		読者プレゼント
2016.05.01	No.239	80	金満里	金満里のこれは態変だ!
2016.06.01	No.240	5		担う・支える・医療人
2016.06.01	No.240	6		地域に根差した医療目指して　神戸/姜京富さん、京都/朴錫勇さん
2016.06.01	No.240	8		集まれ、同胞医療人! 看護師/裵仙姫さん、歯科医師/朴潤賢さん、循環器内科医/許聖服さん、大阪府立大学助教/高知恵さん、薬剤師/金兌勝さん、言語聴覚士/李福南さん
2016.06.01	No.240	12		ウリハッキョにも貢献!見てみよう、医協のおしごと
2016.06.01	No.240	16		医療を通じた強制社会の実現を　大阪 共和病院を訪ねて
2016.06.01	No.240	52	金明秀	今、外国人の人権は-人種差別禁止法成立に向け 「差別をなかった」とするシステム　メディア、司法、行政のゆがみを直視せよ
2016.06.01	No.240	54		日本初の人種差別禁止法なるか
2016.06.01	No.240	56	曺慶鎬	データで見る外国人の暮らし「日本国内の人種差別実態に関する調査報告書」にみる外国人差別の実態
2016.06.01	No.240	18		「生きてまた会おう」熊本地震、復興への第一歩歩み出す
2016.06.01	No.240	60		4.3の記憶、権力が再び奪う 済州島四・三事件68周年記念「語らいと歌の夕べ~異国は弱者に残る~」
2016.06.01	No.240	62		開講4年目「未来ゼミナール」京都府青商会が主管、朝高生の学力向上に一役
2016.06.01	No.240	63	金成勇	プロ8年目、初のリーグ優勝を遂げて
2016.06.01	No.240	1	尹志守	トンボの風景
2016.06.01	No.240	2		上京物語/李相美さん
2016.06.01	No.240	21	呉貞実	虹色の教室
2016.06.01	No.240	22	左美和子	手探りの教育
2016.06.01	No.240	24		朝鮮学校百物語 始まりのウリハッキョ編⑰「コッソンイ」作文コンクール
2016.06.01	No.240	26	柳美里	ポドゥナムの里から
2016.06.01	No.240	28	安世鴻	重々エッセイ
2016.06.01	No.240	30		親子のための月間イオニュース/韓国の国会議員選挙
2016.06.01	No.240	31		News Eye/ノーベル賞受賞者3人が訪朝 ほか
2016.06.01	No.240	32		役に生きる/金 すんら
2016.06.01	No.240	33		暮らしはいま/文科省通知をはね返す
2016.06.01	No.240	36	朴鐘賢	暮らしときどき法律
2016.06.01	No.240	37	徐千夏	中学生スイッチ
2016.06.01	No.240	38	李清一	みるみるわかる!의성의태어

발행일	지면정보		필자	제목
	권호	페이지		
2016.07.01	No.241	60	趙敏恵	朝大生パリ便り(上) クラリネットで憧れの地、フランス・パリへ
2016.07.01	No.241	1	金琴純	トンボの風景
2016.07.01	No.241	2		上京物語/李相美さん
2016.07.01	No.241	20		親子のための月間イオニュース/「朝鮮籍」者に求められる「誓約書」
2016.07.01	No.241	22		News Eye/「慰安婦財団」準備委発足 ほか
2016.07.01	No.241	23	金真雄	虹色の教室
2016.07.01	No.241	24	金泰輔	手探りの教育
2016.07.01	No.241	26		朝鮮学校百物語 始まりのウリハッキョ編⑱ 西東京朝鮮第2幼初中級学校
2016.07.01	No.241	28	柳美里	ポドゥナムの里から
2016.07.01	No.241	30	林典子	visualize
2016.07.01	No.241	32		役に生きる/金 すんら
2016.07.01	No.241	33		暮らしはいま/どうする、ネット上のヘイトスピーチ
2016.07.01	No.241	36	金星姫	暮らしときどき法律
2016.07.01	No.241	37	徐千夏	中学生スイッチ
2016.07.01	No.241	38	李清一	みるみるわかる!의성의태어
2016.07.01	No.241	39	黄慈仙	通訳者の苦悩・発見・喜び
2016.07.01	No.241	40		無償化実現へ 裁判起
2016.07.01	No.241	42	金優綺	大人のためのジェンダーの話
2016.07.01	No.241	43		インフォメーション
2016.07.01	No.241	44		Kyc INFORMATION
2016.07.01	No.241	46		イオタイムズ
2016.07.01	No.241	48		読者の声＋編集後記
2016.07.01	No.241	48		読者へ会いに 韓朱蓮さん
2016.07.01	No.241	49		FACE 金載東さん
2016.07.01	No.241	64	徐永大	今日の婚バナ
2016.07.01	No.241	65		はたらく夫婦/許大輔さん×大前淳子さん
2016.07.01	No.241	66		ピョンアリ
2016.07.01	No.241	67		オモニの손맛/コムタン
2016.07.01	No.241	68		私の三ツ星/韓菜園 本家(東京都品川区)
2016.07.01	No.241	70		それでも手をつないで/大森智永子さん
2016.07.01	No.241	71		CULTURE/「絵本で知ろう!おとなりの国」
2016.07.01	No.241	72		CINEMA/「暗殺」
2016.07.01	No.241	73		BOOKS/「忘却のための『和解』」ほか
2016.07.01	No.241	75		ふぃおぎの絵日記 inドイツ 絵、만화:稀玉
2016.07.01	No.241	78		まちがいはどこ?
2016.07.01	No.241	79		読者プレゼント

발행일	지면정보		필자	제목
	권호	페이지		
2016.07.01	No.241	80	金満里	金満里のこれは態変だ!
2016.08.01	No.242	5		もうひとつの私のふるさと
2016.08.01	No.242	6	キム・スネ	サトゥリ、ぬくもり、笑顔···1世の魂が宿る場所で
2016.08.01	No.242	8	鄭己烈	コリアンであり、地球市民でもある
2016.08.01	No.242	9	楊琴女	ウリハッキョは私たちの故郷
2016.08.01	No.242	10	洪滉仁	民族史の中に自分を位置づけてくれた原点
2016.08.01	No.242	11	李華仙	大切な人がいる、祖国の地
2016.08.01	No.242	12	福島隆	遥かなる父の墓標を探して
2016.08.01	No.242	14		日本と朝鮮半島を結ぶ故郷　作家・森崎和江と画家・李仲燮、妻方子
2016.08.01	No.242	51		煌めくスイーチ!同胞パティシェ
2016.08.01	No.242	52		個性光る同胞ペティシェたち　安城在さん、金美瑛さん、金純和さん、裵柄昊さん
2016.08.01	No.242	56		自宅で簡単!　夏のスイーツレシピ　ウィークエンドシトロン風ケーク、コーヒーゼリー曺由優さん/季節のショートケーキ、動物クッキー　金赫さん
2016.08.01	No.242	18		ウリハッキョ、共に守る決意新たに　モンダンヨンピルコンサート in 茨城
2016.08.01	No.242	33		200回目の「火曜日行動」大阪/「差別反対」訴え続けた4年間
2016.08.01	No.242	58		複合的な被差別の現状、可視化を　第2回在日コリアン女性実態調査-生きにくさについてのアンケート
2016.08.01	No.242	60		希望の物語を紡いでいきたい　東京でクォン・ユンドクさんのトークイベント開催
2016.08.01	No.242	62	趙敏恵	朝大生パリ便り(下)　一度きりの人生を、貪欲に謙虚に!
2016.08.01	No.242	1	金琴純	トンボの風景
2016.08.01	No.242	2		上京物語/金哲成さん
2016.08.01	No.242	21	金真雅	虹色の教室
2016.08.01	No.242	22	子島祥美	手探りの教育
2016.08.01	No.242	24		朝鮮学校百物語　始まりのウリハッキョ編⑲　中等教育の始まり(東京)
2016.08.01	No.242	26	柳美里	ポドゥナムの里から
2016.08.01	No.242	28	安世鴻	重重
2016.08.01	No.242	30		親子のための月間イオニュース/平和と統一のための「8月連席会議」
2016.08.01	No.242	31		News Eye/英国がEUを離脱　ほか
2016.08.01	No.242	32		役に生きる/金 すんら
2016.08.01	No.242	36	白充	暮らしときどき法律
2016.08.01	No.242	37	徐千夏	中学生スイッチ
2016.08.01	No.242	38	李清一	みるみるわかる!의성의태어
2016.08.01	No.242	39	高聖愛	通訳者の苦悩・発見・喜び

발행일	지면정보		필자	제목
	권호	페이지		
2016.08.01	No.242	40		無償化実現へ 裁判起
2016.08.01	No.242	42	韓梨恵	大人のためのジェンダーの話
2016.08.01	No.242	43		インフォメーション
2016.08.01	No.242	44		Kyc INFORMATION
2016.08.01	No.242	46		イオタイムズ
2016.08.01	No.242	48		読者の声＋編集後記
2016.08.01	No.242	48		読者へ会いに/裵良子さん
2016.08.01	No.242	49		FACE/孫玲換さん
2016.08.01	No.242	64	呉久美	今日の婚バナ
2016.08.01	No.242	65		はたらく夫婦/権寧樹さん×尹景詩さん
2016.08.01	No.242	66		ピョンアリ
2016.08.01	No.242	37		オモニの손맛テグタン
2016.08.01	No.242	68		私の三ツ星/和牛焼肉 晩翠(東京都港区)
2016.08.01	No.242	70		それでも手をつないで/陶山喜代子さん
2016.08.01	No.242	71		CULTURE/金剛山歌劇団2016巡回公演
2016.08.01	No.242	72		CINEMA/「FAKE」
2016.08.01	No.242	73		著者インタビュー/梁裕河さん
2016.08.01	No.242	75		ふぃおぎの絵日記 inドイツ 絵、만화:稀玉
2016.08.01	No.242	78		まちがいはどこ?
2016.08.01	No.242	79		読者プレゼント
2016.08.01	No.242	80	金満里	金満里のこれは態変だ!

월경인(越境人)

1 서지적 정보

『월경인』은 2009년 8월부터 현재까지 오사카에서 발행되고 있는 코리아국제학원 (KIS)의 홍보 잡지이며, 1호와 2호는 연 1회 발행되었고, 이후 3호부터는 연 2회 발행하고 있다(분량은 30페이지 전후). 특히, 코리아국제학원의 이사장 문홍선은 월경인 및 본 학원의 사명감에 대해서, 「글로벌화와 성숙사회가 가속화되는 한편, 인간과 사회 및 자연과의 관계성이 급격하게 붕괴되고 있고, 세계의 지속가능성 자체가 위태로운 시대입니다. 이러한 상황 속에서 시공간과 속성 등의 경계선을 뛰어넘어 다양한 지성·인간·지역을 연결하는 자질과 능력을 겸비한 「월경인」을 육성함으로써, 세계와 동아시아의 지속 가능적 발전에 공헌해 나가는 것이 KIS의 역사적인 사명입니다.」(창간호)라고 말하고 있듯이, 지금까지 부(負)의 식민유재를 살아온 재일조선인의 '경계'를 「지성·인간·지역」을 연결하는 적극적 의미로서의 중간자 또는 네트워크적 존재의 육성을 목표로 하고 있다.

잡지의 내용적인 측면에서 보면, 동 학원 및 졸업생 소식, 국내외 학교 및 학생들과의 교류회, 학원의 연중행사인 철학카페(8호부터), 3언어 스피치대회(2013년도에 1회 개최, 이후 2017년에는 「2언어·3언어 스피치대회」 개최), 독서회 등의 다양한 소식을 전하고 있다. 또한, 매호에서는 특집호를 기획해서 발행하고 있는데, 예를 들면 「「월경인」을 생각하다」(창간호), 「대학 진학과 장래의 꿈」(3호), 「동일본대지진이 묻는 삶의 방식과 교육이란」(4호), 「교사가 바라본 KIS 교육의 가능성이란」(5호), 「한중일 고등학생 포럼-지속가능한 사회를 목표로」(7호), 「KIS 영어와 코리아어의 메서드란」(10호), 「인공지능(AI)시대와 국제 바칼로레아」(13호), 「KIS 영어교육의 매력을 탐색하다」(14호) 등을 통해서, 단순히 조국과 민족의 정형화된 담론에 얽매이지 않고 영어 교육과 인공지

능 등과 같이 동시대의 최전선을 선도하는 '경계인'으로서의 재일조선인 교육의 필요성과 선도성을 적극적으로 발신하고 있다.

또한, 본 기관지에는 재일조선인뿐만 아니라 일본인 작가들이 다양한 형태로 글을 싣고 있는데, 예를 들면 본 학원의 발기인이기도 한 일본인 일러스트레이터 구로다 세이타로는 학교의 상징마크와 그 의미를 소개하고 있고(「눈이고 우주이며 태양이고 지구이며, 그리고 응시하고 있고 생각하며, 또한 언제나 유동하고 있다」), 시인 김시종(「넘다」, 창간호), 작가 양석일(「재일코리안의 이중성」, 창간호), 작가 고바야시 교지(「시의 암송」, 창간호), 논픽션 작가 후지이 세이지(「「경계선」을 살아가는 사람」, 2호), 르포 라이터 강성(9호) 등이 각자의 분야에서 '경계인'으로 살아가는 다양한 의미를 소개하고 있다.

 2   건학 정신(경계를 뛰어넘는 「월경인」에게)

21세기의 국제사회는 글로벌화와 정보화가 가속되는 한편, 정치·경제·사회·문화의 다양한 면에 있어서 해결해야 할 인류 공통의 과제에도 직면하고 있습니다. 특히, 동아시아는 그 집약적 지역의 하나로 다이나믹한 변화가 예견되는 역사적 전환기에 놓여 있습니다.

이러한 시대 상황에서 미래를 향해 개척해 나가기 위해서는 무엇보다도 개성과 다양성 존중을 기초로 한 창조력이 풍부한 인간이 필요합니다. 달리 말하자면, 유연한 발상과 폭넓은 커뮤니케이션 능력을 겸비한 문제 해결 능력이 뛰어난 인간 육성이 절실히 필요할 때입니다.

코리아국제학원(KIS)은 모든 교육 활동을 통해 상호 신뢰와 협동을 심화시켜 지역사회에 뿌리를 두면서도 코리아와 연결되며 세계로도 열린 국제학교로서 세계와 동아시아의 지속 가능한 발전에 공헌하겠습니다.

[교육이념]
다문화공생 : 민족적 아이덴티티와 자존감을 육성함과 동시에, 다문화공생 사회의 실현을 향한 지식, 기능, 태도를 학습한 인간을 육성한다.

인권과 평화 : 인간 존엄과 민주주의를 존중하며, 세계 평화를 희구하는 보편적 가치를 창조함과 동시에, 지구적 시야를 가지고 지속 가능한 사회 구축에 공헌할 수 있는 인간을 육성한다.

자유와 창조 : 진정한 자유를 이해하고 풍부한 개성과 다양성을 기초로 한 창조력이 넘치는 인간을 육성한다.

3 목차

발행일	지면정보		필자	제목
	권호	페이지		
2010.06.01	Vol.02	13		NEWS REPORT 英語GTEC試験結果・韓国能力試験結果/教養・Liberal Arts科 授業訪問記/カナダ英語短期研修/第3回KIS入学/韓国国際協力団KOIKAの広報官特別授業
2010.06.01	Vol.02	20		Activity Report KIS生徒たち、海外に飛び出す!
2010.06.01	Vol.02	22		Interview 厳敞俊(オム・チャンジュン)副校長
2011.01.20	Vol.03	2		<特集1・座談>KIS第1期生 大学進学と将来の夢 金徳済(英語：London college of Fashion)/白光孝(日本：四国学院大学社会福祉学部)/閔竜一(韓国・漢陽大学広告広報学科)/今圧貴博(韓国・延世大学外国人グローバル学科/ソウル大学体育教育学科)/趙歩美(韓国・ソウル大学社会学科/延世大学社会学科)
2011.01.20	Vol.03	6		<特集2>学校法人および各種学校設置認可の取得へ
2011.01.20	Vol.03	8		特別授業 波乱万才の人生を生きて 吉田潤喜さん(米国・ヨシダグループ会長)
2011.01.20	Vol.03	10		スペシャルトーク 韓国に魅せられて~日韓交流の架け橋として生きる 黒田福美さん(俳優)
2011.01.20	Vol.03	12		NEWS REPORT 第3回KIS文化祭を開催~多彩な文化発表と模擬店/カナダ英語短期研修を実施/韓国・オユ中学生徒、KIS訪問/地域の「とよかわフェスタ2010」に参加/地元の小学校と活発に交流/国際色豊かに、第1回豊川フットサル会を開催/地域の主民、イスラム教徒の方々との交流会に参加
2011.01.20	Vol.03	16		Activity Report 教養・Liberal Arts科 授業訪問記/KISクラブ活動 訪問記<テコンドー部>
2011.06.17	Vol.04	2		<特集1・座談>厳敞俊vs秋田光彦 東日本大震災が問いかける生き方と教育とは
2011.06.17	Vol.04	8		<特集2>第1回卒業式と第1期生の進路実績
2011.06.17	Vol.04	10		<特別授業>文化、歴史を越えた組織形成-サッカーチームはどうやって言語や文化、歴史を乗り越えて組織を作るのか-祖母井秀隆さん(京都サンガFC ゼネラルマネージャー)
2011.06.17	Vol.04	12		NEWS REPORT 韓国短期研修/第4回入学式/春の遠足/春季日本研修旅行/学生会選手
2011.06.17	Vol.04	16		Activity Report 教養・Liberal Arts科 授業訪問記④/KISクラブ活動 訪問記<サッカー部>
2012.02.24	Vol.05	2		〈特集1・教員座談〉教員から見たKIS教育の可能性とは
2012.02.24	Vol.05	9		〈特集2〉KIS、京都造形芸術大学と連携協定を締結
2012.02.24	Vol.05	10		<特集3・座談会>第2期卒業生の学んだこと、伝えたいこと。
2012.02.24	Vol.05	12		NEWS REPORT 夏休みを活用し続々と韓国での教育・社会プログラムに参加/地域の小学校との交流活動を活発に取り組む/第4回文化祭/体験学習(梅花女子大学)
2012.02.24	Vol.05	15		NEWS REPORT 秋晴れの一日、フットサルを通じて国際交流/テコンドー部、大会・国際交流の集いなどで大健闘!
2012.02.24	Vol.05	16		Activity Report 教養・Liberal Arts科 授業訪問記⑤/哲学カフェ in KIS 訪問記

발행일	지면정보		필자	제목
	권호	페이지		
2012.02.24	Vol.05	18		スペシャルトーク 校長 厳敵俊 生徒自身による制服論議を始める前に 校長から生徒の皆さんへの呼びかけ
2012.09.15	Vol.06	2		<特集1>KIS支援解設立に向けた集い 基調講演「教育力」とは何か 鷲田清一さん/瀬戸内寂聴さんのあいさつ
2012.09.15	Vol.06	8		<特集2>第1回フィリピン研修旅行2012 KIS生徒、「悪戦苦闘」の最高に充実した研修を経験
2012.09.15	Vol.06	14		SPECIAL REPORT KIS、国連教育科学文化機関(ユネスコ)からユネスコスクールに認定
2012.09.15	Vol.06	16		NEWS REPORT 第5回KIS入学式と新入生歓迎合宿を開催/KIS生徒、韓国語弁論大会で活躍/KIS生徒、立命館アジア太平洋大学(APU)の韓国留学生たちと交流/新寄宿舎が完成し、新生活が始まる
2012.09.15	Vol.06	18		Activity Report 東日本大震災の現地支援ボランティア活動に参加/<2012年夏>多様な多文化共生の取り組みに参加/2012年度前期教養・LA科授業、「哲学カフェ」を実施
2012.03.31	Vol.07	2		<特集1>日中韓高校生フォーラム開催-持続可能な社会を目指して KIS参加生徒の座談会
2012.03.31	Vol.07	12		<特集2>第3期卒業生のスペシャルトーク 第3期卒業生の学んだこと。感じたこと。伝えたいこと。
2012.03.31	Vol.07	16		Activity Report 米国と韓国の大学進学ガイダンスを実施/2012年度後期教養・LA科授業のオリエンテーションを実施/KIS生徒、地域活動に取り組む
2012.03.31	Vol.07	18		NEWS REPORT 関西のインターナショナルとバスケ試合/第2回哲学カフェ2012合宿を実施/KISのUNESUCOクラブ始動！淀川のゴミ拾いボランティア/KIS生徒、ワン・ワールドフェスティバルに参加
2012.03.31	Vol.07	20		SPECIAL REPORT 丁世鉉・元韓国統一部長官、KISで特別授業/作詞・作曲の中村泰士先生の後援会＆KIS音楽祭/KIS、駐日フィジー共和国大使館と教育協力について協議/大阪府より「外国人学校振興補助金」「授業料支援補助金」支給決定
2012.08.31	Vol.08	2		<特集1>「心のままに感じよう！24時間サッカー＆チャリティーオークション」を開催
2012.08.31	Vol.08	8		<特集2>鼎談「学生が育つ環境とは」 黒田勇さん(関西大学副学長、サッカー部部長)/志水宏吉さん(大阪大学大学院人間学科研究科教授)/厳敵俊さん(コリア国際学園(KIS)校長)
2012.08.31	Vol.08	14		Activity Report 中等部2年生、充実した韓国研修を体験/第1回3言語スピーチ大会を開催
2012.08.31	Vol.08	16		NEWS REPORT 2013年度第6回入学式を挙行/新入生歓迎合宿を開催(滋賀県琵琶湖)/KISの教養科「平和学ワークショップ」授業/第1期卒業生、南アのボツワナ共和国での体験記を母校で報告
2012.08.31	Vol.08	18		SPECIAL REPORT 大阪大学大学院生がKISを訪問し、生徒とともに授業に参加/寄宿舎自主企画第2弾！講演会「幸福と犯罪」を開催/特別授業＆哲学カフェ「韓国国政選挙を考える」を実施

발행일	지면정보		필자	제목
	권호	페이지		
2012.08.31	Vol.08	20		<特集3>個性輝くKIS生徒スポーツとアートの世界で奮闘する 李庚鎬(高等部1年)/山口愛友(高等部3年)/洪永樹(中等部3年)/西本実杏(中等部1年)/中川武侍(高等部3年)
2014.03.31	Vol.09	2		<特集1>コリア国際学園後援会の設立会を開催 後援会設立記念シンポジウム~東アジア時代の次世代教育~<パネリスト>朴一さん(大阪市立大学大学院教授/KIS理事)/寺脇研さん(京都造形芸術大学教授/KIS理事)/鈴木邦男さん(政治団体・一水会顧問/KIS後援会設立発起人)
2014.03.31	Vol.09	10		<特集2>第4期卒業生 学んだこと。感じたこと。伝えたいこと。 金蓮花(大阪大学外国語学部)/姜瑜珍(<韓国>高齢大学グローバル・コミュニケーション学部)/都愛珉(<米国>ハワイ東海インターナショナルカレッジ)/金俊(立命館アジア太平洋大学(APU)国際経営学部)
2014.03.31	Vol.09	14		<特集3>KISの新たな挑戦~国際バカロレア(IB)導入へ
2014.03.31	Vol.09	16		ACTIVITY REPORT ユネスコスクール活動 活躍するKISの生徒たち/KIS生徒、韓国の科学シンポなどへの参加
2014.03.31	Vol.09	18		NEWS REPORT 2013年度第4回卒業式を開催/KIS全員で竜王山ウォークを実施/大阪府立松原高校 福田林高校との交流/フットサル大会の実施/地元・小学校との交流
2014.03.31	Vol.09	20		SPECIAL REPORT KIS、フィジー共和国の高校と日本初の交流協定を締結/義家弘介・分科大臣政務官がKISを視察訪問
2014.03.31	Vol.09	21		新校長先生インタビュー
2014.10.12	Vol.10	2		<特集1>KIS英語とコリア語のメソッドとは
2014.10.12	Vol.10	10		<特集2>夏休み、国内外の研修に飛び出す KIS生徒たち! 気仙沼/ヒィジー/韓国/フィリピン/アメリカ
2014.10.12	Vol.10	14		<特集3>国際バカロレア(IB) 「日本語DP」を正式申請! KISは、なぜIBを導入うるのか
2014.10.12	Vol.10	16		ACTIVITY REPORT 高等部3年の「多文化共生論」授業~課題解決型学習(PBL)を実施/2014年度前期大阪大学大学院生による教養・ＬＡ科授業を実施
2014.10.12	Vol.10	18		NEWS REPORT フィリピン・ミリアム女子大学付属中高生、KIS訪問&交流/今年度前期も「哲学カフェ」を定期開催/土曜学校－大阪大学で授業&卒業生の講演と韓国料理づくり/UNESCO School世界大会に向けた準備に拍車
2014.10.12	Vol.10	20		SPECIAL REPORT 南太平洋・フィジー共和国の中高校と長期英語留学制度の実施へ/駐大阪神戸アメリカ総領事の招請講演会の開催/表敬訪問
2015.03.12	Vol.11	2		<特集1>チームKIS、ユネスコスクール世界大会へ堂々の参加! ~国際会議の企画・運営の中心として大活躍~
2015.03.12	Vol.11	6		Reflection ユネスコスクール 世界大会高校生フォーラムを振り返って
2015.03.12	Vol.11	10		<特集2>第5起卒業生インタビュー 学んだ! 悩んだ! 成長した!
2015.03.12	Vol.11	14		<特集3>第2回「3言語スピーチ大会」を開催

발행일	지면정보		필자	제목
	권호	페이지		
2015.03.12	Vol.11	16		ACTIVITY REPORT KIS、国際バカロレア(IB)「日本語DP」候補校に/2014年度第5回卒業式を挙行/後期教養・LA科授業、「知識の論理」の公開授業開催/哲学カフェー「『ゆする』ってどういうこと?」を開催
2015.03.12	Vol.11	18		NEWS REPORT 韓国からの中高生、KIS訪問&交流/地域でのイベント参加や小学生と活発な交流/KIS学生会、ワンワールド・フェスに参加/KIS恒例、生徒による自主的なプレゼン報告会を実施
2015.03.12	Vol.11	20		SPECIAL REPORT フィージーへの1年間の英語研修制度が開催/多文化共生をめざした地域での取り組み
2015.10.16	Vol.12	2		<特集1>KISの南太平洋・フィジー留学プログラムの魅力を咲かる! ①KISフィジー留学プログラム概要 ②KISフィジー留学プログラムの特長 ③フィジー・ビセイセイ村で日韓映画祭を開催 ④KISのフィジー留学に関わって ⑤留学生VOICE
2015.10.16	Vol.12	12		<特集2>立命館大学シチズンシップ・スタディーズの活動~多文化共生ネットワーク コリア・イスラムをつなぐ
2015.10.16	Vol.12	16		<特集3>ダイアログ 組織の「劣化」「成熟」とは!?~祖母井秀隆さんと酒井常雄さんを囲んだ「大人の哲学カフェー」
2015.10.16	Vol.12	20		ACTIVITY REPORT <特別授業>駐日パプアニューギニア(PNG)大使の講演会を開催/中等部2年韓国研修/高等部2年カナダ研修を実施/東日本大震災ボランティア活動に参加/授業参観と焼き肉昼食会/保護者会給食を実施
2016.05.31	Vol.13	2		<特集1>人工知能(AI)時代と国際バカロレア
2016.05.31	Vol.13	6		<特集2>第6期卒業生インタビュー
2016.05.31	Vol.13	10		ACTIVITY REPORT 2015年度・第6回卒業式-新たな「越境人」輩出の場/4月9日の入学式/第13回国際バイオ医科学実験競演大会
2016.05.31	Vol.13	12		新任教員紹介 都裕史先生(社会科担当)/金兌恩先生(理科担当)/康玲子先生(日本語科担当)/近藤富男先生(日本語科担当)
2016.10.31	Vol.14	2		校長就任のご挨拶
2016.10.31	Vol.14	4		KIS英語教育の魅力を探る
2016.10.31	Vol.14	4		What is unique about the KIS English program?-KISの英語プログラムは、何がユニークなのか?-
2016.10.31	Vol.14	12		The Beauty of English Classes at KIS-KIS英語クラスの美学-
2016.10.31	Vol.14	16		KIS X こどもの森
2016.10.31	Vol.14	18		気仙沼ボランティアレポート
2016.10.31	Vol.14	18		高等部2年生 川原萌花さん
2016.10.31	Vol.14	18		高等部1年生 大山もみじさん
2016.10.31	Vol.14	20		第44回韓国語弁論大会
2016.10.31	Vol.14	20		2016年度卒業生キャンプ
2016.10.31	Vol.14	20		中学3年生、韓国へ修学旅行
2016.10.31	Vol.14	20		サンシャインコーストとバンクーバーでの11日間の記録

인권문제연구(人権問題研究)

○ ● ○

1 서지적 정보

오사카시립대학(大阪市立大学)의 인권문제센터(人権問題研究センター)가 편집하고, 인권문제연구회에서 발행되는 학술잡지이다. 2004년 4월에 기존의 동화문제연구실을 인권문제연구센터로 새롭게 출발하면서 22호까지 '동화문제연구(同和問題研究)'라는 표제로 발행되어오던 잡지명 또한 개제하면서 통권 23호부터 『인권문제연구』로 발행하고 있다. 창간호는 총 지면수가 200쪽이 넘고 있으나 대체로 100여 쪽을 유지하고 있다(정가 1500엔으로 판매). 12호와 13호의 경우 합병호 형태로 발행되었으나, 기본적으로는 연 1회 발행을 원칙으로 하고 있고, 현재까지 계속 발행 중이다.

『인권문제연구』는 다양한 분야의 전문가들에 의한 연구보고 형식을 취하고 있고, '동화문제연구'로 주로 차별문제를 다루어오던 것을 인권문제로 연구의 외연을 확대해가고 있다. 재일조선인을 비롯한 재일외국인, 노숙자, 여성, 장애인, 피차별부락민, 오키나와인 등 일본사회에서 마이너리티로 분류되는 계층의 인권문제를 다룬 논고가 중심이 되고 있다. 2호(2002.03)에서는 「'재일'에게 있어 '민족'이란?(「在日」にとって「民族」とは?)」(戴エイカ), 「대학교육에 있어서의 일상성 비판의 가능성에 대해: 대학생 대상의 '재일조선인론' 사례 자기분석(大学教育における日常性批判の可能性について:大学生対象の「在日朝鮮人論」の事例自己分析)」(倉石一郎), 「한국클럽의 이민노동자: 오사카 미나미의 에스노그라피(韓国クラブの移民労働者:大阪ミナミのエスノグラフ)」(정행자) 등과 같은 재일조선인에 초점을 맞춘 글이 실려 있다.

2호 이후에 게재된 논고 중, 재일조선인과 관련된 연구물로는 「'우리들 일본인' '순수한 일본인' 그리고 '내재하는 월경'(「われわれ日本人」「純粋な日本人」そして「内なる越境」)」(5호, 戴エイカ), 「내셔널리즘의 틈새에서—'위안부'문제에 대한 또 하나의 시좌

(ナショナリズムの狹間から―「慰安婦」問題へのもう一つの視座)」(10호, 山下英愛), 「탈식민지화의 방치(脫植民地化の放置)」(11호, 戴エイカ), 「재일조선인의 아이덴티티, 경로와 모색―정대균과 정향균(在日朝鮮人のアイデンティティ、経路と模索―鄭大均と鄭香均)」(12·13호, 鄭栄鎭), 「'위안부'문제와 포스트콜로니얼 상황―'여성을 위한 아시아평화국민기금'을 둘러싼 논쟁을 중심으로(「慰安婦」問題とポストコロニアル状況―「女性のためのアジア平和国民基金」をめぐる論争を中心に)」(14호, 鄭柚鎭) 등이 주목할 만하다.

『인권문제연구』를 통해 발표되고 있는 논고들은 일본사회 내부의 문제에 머무르지 않고 한국, 필리핀, 캄보디아 등 아시아 각국의 여성과 어린이의 인권문제로까지 확대되고 있다. 한국의 인권문제를 고찰한 논고로는 「한국에서의 여성 노동의 활용과 그 현재 상황(韓国における女性労働の活用とその現状)」(4호, 梁京姫), 「한국전쟁 후의 국가 재건과 여성(朝鮮戦争後における国家再建と女性)」(11호, 秦花秀) 등이 있다.

2 『인권문제연구』, 개제에 즈음하여(『人権問題研究』、改題にあたって)

『동화문제연구(同和問題研究)』는, 제23호부터 『인권문제연구』로 표제를 바꿉니다. 표제 변경은 동화문제라는 단일 이슈에서 다양한 인권문제를 다루는 멀티 이슈로의 발전을 의미합니다.

2000년 4월부터 동화문제연구실은 인권문제연구센터로 발전적으로 개조했습니다. 전임은 부락문제론을 전문으로 하는 2명에 젠더론 전공의 새로운 연구원을 영입하여 총 3명이 되었습니다. 또한 겸임연구원도 19명이 되고, 여성학, 재일외국인문제, 장애자문제만이 아니라, 다이버시티경영론, 인도경제사, 아시아법, 도시문제, 주택정책, 노숙자문제, 공해문제, 생명윤리, 장수사회, 생애발달, 정보학 등 다양한 전문영역으로 더한층 확대하게 되었습니다.

『동화문제연구』에서 『인권문제연구』로의 변화는, 단순히 연구영역의 확대만이 아닙니다. 본 센터의 독자성으로서, 복합적인 차별문제를 적극적으로 대응하는 것을 과제로 하고 있습니다. 하나의 영역의 인권문제가 전진하면 다른 인권문제도 개선된다든가,

혹은 하나의 영역에서 인권의식이 높아지면 다른 영역에서도 높아지는 일도 있을 것입니다. 그러나 그러한 목가적인 것만이 아닙니다. 마이너러티 끼리의 이해가 대립하는 일은 종종 있습니다. 하나의 마이너리티의 사회적 지위 향상을 꾀하면, 다른 마이너리트를 의도하지 않은 결과로서 소외시켜버린다는 일도 발생합니다. ○○제일주의와 같은 내셔널리즘에 사로잡히면 다른 문제가 보이지 않게 되는 일도 생깁니다. 그렇게 되지 않기 위해서는 복안적인 시점을 가지는 것이 중요합니다. 그러나 말만큼 쉽지는 않습니다. 하지만 복합적인 문제영역에 발을 들여놓는 연구 성과를 산출해가기를 바라고 있습니다.

이『인권문제연구』는 본 연구센터의 연구성과를 발표하여 평가를 구하는 것에 멈추지 않고, 집필자도 센터 연구원으로만 한정하지 않고, 학내외로부터는 물론 해외로부터도 널리 뛰어난 논고를 모집하여, 충실한 것으로 해가고자 합니다. 그 일단은 본 호의 집필자 구성에도 나타나고 있습니다. 그것을 위해 투고규정도 정하고 외부로부터도 투고하기 쉽도록 했습니다. 이번부터 심판제를 시행적으로 도입하고 있습니다. 금후 더욱 편집체제를 충실히 함과 동시에『인권문제연구』를 그 표제에 어울리는 인권문제연구의 학술잡지로 크게 육성해가고자 합니다.

본 연구센터의 과제로서 인권문제에 관심을 가진 연구자 네트워크를 만들어가는 것을 들고 있습니다. 이 저널이 네트워크 구축의 일조가 되기를 바라고 있습니다. 여러분의 더 많은 지원을 바랍니다.[2]

노구치 미치히코(野口道彦)

3 목차

발행일	지면정보		필자	제목
	권호	페이지		
2001.03.31	1号	2	野口道彦	改題にあたって
2001.03.31	1号	4	古久保さくら	敗戦後日本における街娼という問題
2001.03.31	1号	17		バングラデシュ都市部のセックス・ワーカー：チッタゴン市における事例

---

2) 野口道彦「『人権問題研究』、改題にあたって」『人権問題研究』(1) p.2

발행일	지면정보		필자	제목
	권호	페이지		
2001.03.31	1号	29	岩堂美智子	大坂私立大学における「女性学」の歴史
2001.03.31	1号	39	野口道彦	ディアスポラとしての中上健次：虚構の路地と現実の被差別部落
2001.03.31	1号	55	若松司・水内俊雄	和歌山県新営市における同和地区の変容と中上健次
2001.03.31	1号	95	鍋島祥郎	トリプル・エクスプロイテーション：今日における階層性と教育不平等
2001.03.31	1号	107	畑利忠	同和地区児童生徒の学力における課題解決に向けて
2001.03.31	1号	123	岡本人志	企業行動のガイドラインについて：バイエルン株式会社の事例
2001.03.31	1号	135	岸政彦	自己言及と差別：高度成長期における沖縄人の本土移動体験
2001.03.31	1号	155	岸脇誠	マレーシアにおける人権とエスニック問題：マハティール首相の人権観を中心に
2001.03.31	1号	174	梅原達也	「にんげん」から学んで(4)
2001.03.31	1号	185	木下健二	実践的立場からみた戦後教育の総括(4)：「荒れる」子どもたちの実態(その2)
2001.03.31	1号	198	野口道彦	桂正孝先生を送る言葉
2001.03.31	1号	201	岩堂美智子	団まりな先生の思い出
2001.03.31	1号	202	玉井金五	岡本人志さんの思い出
2002.03.31	2号	5	戴エイカ	「在日」にとって「民族」とは？
2002.03.31	2号	21	倉石一郎	大学教育における日常性批判の可能性について：大学生対象の「在日朝鮮人論」の事例自己分析
2002.03.31	2号	41	Haeng-ja Chung	韓国クラブの移民労働者：大坂ミナミのエスノグラフィー
2002.03.31	2号	59	古久保さくら	1930年代における母役割の再編
2002.03.31	2号	71	野口道彦	バングラデシュの清掃労働者地区の社会階層的位置
2002.03.31	2号	91	斉藤直子	結婚差別のゆくえ：大坂府『同和問題の解決に向けた実態等調査報告書』調査結果から
2002.03.31	2号	105	ジム・オクツ	日系とノーセイ：ジャパニーズアメリカンにとってのポスト明治的諸概念
2002.03.31	2号	123	要田洋江・前田均	医学・医療の進歩と倫理委員会の役割
2003.03.31	3号	5	青木秀男	行き斃れる「こつじき」たち 都市最下層近代
2003.03.31	3号	21	古屋哲	他民族社会とナショナリズム 90年代後半以後の入管政策の動向をめぐって
2003.03.31	3号	41	戴エイカ	「多文化共生」とその可能性
2003.03.31	3号	53	水越紀子	在日フィリピン人女性とフェミニズム「語られる」日本人を解釈する
2003.03.31	3号	67	森川与志夫	「ラテン人」として生きる ラテンアメリカにルーツを持つ子どもたち

발행일	지면정보		필자	제목
	권호	페이지		
2003.03.31	3号	79	Iftekhar Uddin Chowdhury	Institutional and Socio-political Context of Coastal Fishing Communities in Bangladesh
2003.03.31	3号	99	野口道彦	チッタゴン市におけるハリジャンとヒンズー・ベンガリとの関係
2003.03.31	3号	113	梅原達也	『にんげん』から学んで(5)
2003.03.31	3号	123	円藤吟史	「医の倫理」試験問題
2003.03.31	3号	129	古久保さくら	宮城晴美著『母の遺したもの』
2004.03.31	4号	5	鍋島祥郎	ワーキングクラスの町の学力問題　門真市教組学力調査の成果から
2004.03.31	4号	27	梁京姫	韓国における女性労働の活用とその現状
2004.03.31	4号	47	Amy Sueyoshi	意図的な仮面
2004.03.31	4号	71	森川与志夫	進学の壁を乗り越えること　ラテンアメリカにルーツを持つ子どもたちに関する諸問題
2004.03.31	4号	81	池谷好治	「国民の要望」の実相　軍人援護に関する新聞社説の論調
2004.03.31	4号	101	岸政彦	語り・差異・構造　沖縄生活史研究における「繋留点」
2004.03.31	4号	125	前田均	自動車社会における人権侵害：交通災害の賠償に関する法医社会医学的問題
2005.03.31	5号	5	堀智晴	大坂私立大学もバリアフリーに
2005.03.31	5号	23	松井義孝・沼野淳一	障害当事者から見た大学　シンポジウム記録
2005.03.31	5号	39	八木正	ホームレス生活の構造状況と生活主体の営為　ホームレス問題の基本的なとらえ方
2005.03.31	5号	55	戴エイカ	「われわれ日本人」「純粋な日本人」そして「内なる越境」
2005.03.31	5号	71	倉石一郎	福祉教員制度の成立・天体と教育の＜外部＞　高知県の事例を手がかりに
2005.03.31	5号	91	泰花秀	戦争・基地・女性　沖縄における米軍の占領政策下の女性
2005.03.31	5号	107	木村光豪	人権と調和したアジアの文化的価値　カンボジアにおける人権NGO挑戦
2006.03.31	6号	5	岩堂美智子	キャンパス・セクシュアル・ハラスメントと考える～防止・相談・解決のための基本的視点～
2006.03.31	6号	11	川島保・友岡雅弥	「もううそつかんと生きていける」ハンセン病隔離被害者人間性回復への道
2006.03.31	6号	29	西村愛	「知的障害」児の卒業後の地域生活における現状と課題ー共生教育を選択した保護者への聞き取り調査からー
2006.03.31	6号	41	土屋貴志	15年戦争期の日本による医学犯罪
2006.03.31	6号	67	木村光豪	カンボジアにおける仏教と人権の架橋作業ー民主主義に関する権利を中心にー
2007.03.31	7号	5	青木秀男	世界都市と外国人労働者　大阪のコリアン労働者の場合
2007.03.31	7号	23	水越紀子	近代の職人家族における夫と妻　夫の日記に書かれた「妻の行為」の分析を通して

발행일	지면정보		필자	제목
	권호	페이지		
2007.03.31	7号	39	Iftekhar Uddin Chowdhury	バングラディッシュにおける初等教育概要 チッタゴン市を一事例にして
2007.03.31	7号	61	木村光豪	カンボジアにおける人権文化の構築 仏教僧に対する人権トレーニングの分析
2007.03.31	7号	91	古久保さくら	セクシュアル・ハラスメント対応における諸問題 大阪市立大学を事例として
2008.03.31	8号	5	田中聡	地域社会の生涯学習の基礎としての『識字』のあり方を考える~大阪市の識字学級をめぐる動向の推移から
2008.03.31	8号	41	岸政彦	アイデンティティとネットワークーある沖縄人女性の生活史と文化実践から
2008.03.31	8号	59	朴春美	社会構築主義の視点から考察する在日コリアンの教育とアイデンティティ
2008.03.31	8号	75	Pauline Gnamm	Buraku identity as a social category
2008.03.31	8号	93	栄留里美	地方都市のセクシュアル・マイノリティの権利が条例化するための条件~宮崎県都城市男女共同参画社会づくり条例の制定・再制定の動きを事例として~
2008.03.31	8号	113	森川与志夫	「日本人」とは誰かー教室内の「他社」を捉えるまなざしー
2008.03.31	8号	123	木村光豪	カンボジアにおける仏教に根ざした人権教育の研究ー法社会学・法人類学からのアプローチー
2008.03.31	8号	139	北仲千里	ハラスメント問題に大学が本格的に取り組む時、必要な視点、立ちはだかるものーアカ・ハラ対策の段階を迎えて
2009.03.31	9号	5	中野冬実	プレシングルマザーを可視化するー彼女らのニーズと支援の必要性ー
2009.03.31	9号	25	栄留里美	市町村行政における児童虐待防止対応の課題ー子どもの人権の視点に立った家庭援助とはー
2009.03.31	9号	43	大賀嘉子	阪本数枝にみる水平社とジェンダー
2009.03.31	9号	67	森川与志夫	国際結婚家族の子どもたちの「声」ーカテゴリー、エスニシティ、アイデンティティー
2009.03.31	9号	79	山下英愛	ナショナリズムの狭間からー「慰安婦」問題へのもう一つの視座ー
2009.03.31	9号	91	山森亮	ベーシックインカムの可能性
2009.03.31	9号	107	川村尚也	大阪市立大学人権問題研究センター沖縄県現地研修(2008年3月)の記録
2009.03.31	9号	113	李恵子	人権問題研究センター韓国研修(2008年9月)を終えて
2010.03.31	10号	5	山崎孝史	大山コザ市政と琉球列島米国民政府
2010.03.31	10号	23	要田洋江	医学モデルによる近代日本の社会秩序構築ー渋沢栄一と光田健輔が果した役割ー
2010.03.31	10号	57	斉藤直子	都市型被差別部落への転入と定着ーA地区実態調査からー
2010.03.31	10号	73	李恵子	更生施設による地域貢献活動を通して作られる社会的排除について
2010.03.31	10号	99	上杉聡	近代における部落の経済的二極分解
2010.03.31	10号	115	大賀嘉子	フィリピン国籍の生徒の進路保障ー学習支援から見える臨床的考察ー

발행일	지면정보		필자	제목
	권호	페이지		
2010.03.31	10号	131	斉藤直子	人権問題研究センター高知県東洋町現地研修(2009年3月)の記録
2011.03.31	11号	5	戴エイカ	脱植民地化の放置
2011.03.31	11号	23	要田洋江	「軽度」障害者のジレンマが語る日本社会における障害問題構造
2011.03.31	11号	45	西村愛	知的障害者の「居場所」づくりに関する一考察ーインクルージョンの視点からー
2011.03.31	11号	59	泰花秀	朝鮮戦争における国家再建と女性
2011.03.31	11号	83		公開シンポジウム～やおい/BL研究の今を熱く語る
2011.03.31	11号	115		シンポジウム大阪市立大学における部落問題への取り組み50年
2011.03.31	11号	147	菅原智恵美	2010年夏 人権問題研究センター「筑豊」現地研修の記録
2013.03.29	12号	5	要田洋江	「排除の差別」を生みだす「障害の個人モデル」との闘いー「健全者文明を否定する」という「全国青い芝」の主張について
2013.03.29	12号	61	阿久沢麻理子	部落問題とその解決に対する市民意識の現状ー自己責任論の台頭と、公的な問題解決に対する信頼の低下をめぐってー
2013.03.29	12号	77	Eika TAI	Japan's Colonial Responsibility and National Subject Formation
2013.03.29	12号	97	野口道彦	ブラジル日系コロニアと部落問題ー部落問題は、どのように語られてきたのか?ー
2013.03.29	12号	111	吉村智博	近代大阪における都市部落の創出
2013.03.29	12号	127	鄭栄鎮	在日朝鮮人のアイデンティティ、経路と模索ー鄭大均と鄭香均ー
2013.03.29	12号	147	朴育美	語ることと主体ー姜尚中の『在日』のナラティブ分析ー主体、自己、言語、アイデンティティ言説ー
2013.03.29	12号	159	森川与志夫	<研究ノート>語りのポリフォニーー「在日外国人生徒交流会」という活動の意味ー
2014.12.01	14号	5	上杉聡	「部落」における「人」と「土地」についてー「部落」とはなにか?ー
2014.12.01	14号	33	吉村智博	1950年代大阪における住宅行政と都市部落の変容
2014.12.01	14号	55	野口道彦	都市部落における住宅要求闘争と入居選考プロセス
2014.12.01	14号	81	青木秀男	世間という牢獄ー結婚差別の構造ー
2014.12.01	14号	101	のびしょうじ	被差別民社会論 序説
2014.12.01	14号	137	鄭柚鎮	「慰安婦」問題とポストコロニアル状況ー「女性のためのアジア平和国民基金」をめぐる論争を中心にー
2014.12.01	14号	149	成田千尋	2・4ゼネストと総合労働布令ー沖縄保守勢力・全軍労の動向を中心にー
2014.12.01	14号	173	阿久沢麻理子	後期中等教育における学習権保障の場としての通信制高校ー社会的条件不利とともに学ぶ生徒を支える私学4校の取り組みー
2014.12.01	14号	187	要田洋江	「知的障害」概念の脱構築ー筆談援助法(FC)利用の社会的障壁と専門科学ー
2014.12.01	14号	253		「サロンde人権」開催一覧(2013年~2014年度)

제주도연구(済州島研究) – 大阪済州島研究会

○ ○ ○

 1 서지적 정보

『제주도연구(済州島研究)』는 오사카제주도연구회(大阪済州島研究会)가 2011년 12월에 발간한 잡지로 일회성 간행물이다. 오사카제주도연구회는『전후·오사카의 조선인운동 1945~1965(戦後·大阪の朝鮮人運動 1945~1965)』(未来社, 1994.08)의 저자이기도 한 양영후(梁永厚)를 대표로 하여 2004년 4월에 발족한 단체이다. "근대 오사카와 제주도 사이의 이동으로 시작되는 역사와 현재, 사람들의 생활과 풍토에 관한 조사연구 등을 발표하고 논의하는 연구회를 축으로, 관련 자료를 수집"하는 것을 목적으로 결성되었다. 2004년 10월부터 매년 3~5회, 많은 경우 6회(2005년)에 걸친 연구 모임을 개최해 왔고, 개최 장소는 일본에 한정하지 않고, 제주도에서도 개최하고 있으며, 회원 수는 82명이다. 연구회에서 다루어진 주제로는 기미가요마루(君が代丸), 식민지 시기의 제주도, 일본군의 본토 결전 준비 상황, 조선통신사 등의 역사적인 문제 외에도 언어문제와 고령자 복지 문제, 세대교체 문제, 종교문제와 같은 재일제주인의 생활상의 제반 문제 등 다채로운 내용을 다루고 있다.

이와 같이 연구회 활동에만 머무르던 오사카제주도연구회 측으로 2009년 봄, 탐라연구회가 그들이 발간하고 있는 회지『제주도(済州島)』의 11호 이후를 공동으로 발행하자는 요청을 해 옴으로써, 이에 응해 원고를 준비했으나, 탐라연구회 측의 사정으로 공동 발행은 무산되었고 2년 후인 2011년에 단독으로『제주도연구』를 발행하고 있다.

『제주도연구』는 전체 50쪽에 이르는 분량으로, 제주도 출신의 역사학자 강재언(姜在彦)의「제주도사 연구의 선각자들(済州島史研究の先覚者たち)」과 아다치 류시(足立竜枝)의「제주도 구일본군·군사시설 필드워크(済州島の旧日本軍·軍事施設フィールドワーク)」와 같은 글 외에 제주도 기행문과 에세이 등을 담고 있다. 이 외에 제주도 출신

노동운동 지도자 소개, 출신지별 재일친목회와 동창회 소개, 제주도 해녀와 민속신앙 등의 내용을 담고 있다.

2 서(はじめに)

본 연구회는 근대 오사카와 제주도와의 사이의 인적 교류로 시작되는 역사와 현재, 제주도 사람들과의 생활과 풍토에 대한 조사연구 등을 발표하고 논의하는 연구회를 축으로, 관련 자료를 수집해 가는 목적으로, 2004년 4월에 발족했습니다. 회원은 목적에 공감하는 분들은 성별, 국적을 불문하고 환영하는 것으로 하고 있습니다.

그리고 이제까지 본 지의 48쪽에서 50쪽에 게재한 활동과 전전·전후의 자료수집을 전전의 협화회 기관지 『미타미신문(みたみ新聞)』의 실물은 아직 입수하지 못했지만, 전후 초기의 오사카 지역에서, 귀국준비를 위한 자녀교육에 보내진, 일본 각계의 지원에 대해서는 프랑게문고 소장의 신문에서 발췌하여 자료화할 수 있었습니다. 이상은 회원 여러분의 적극적인 참가가 가져온 성과라고 할 수 있습니다.

그런데 본지의 발행에 관해서인데, 2009년 봄에 도쿄의 탐라(제주도의 옛 명칭)연구회로부터 "자신들의 회지『제주도』의 11호 이후를 공동으로 발행하는 게 어떻겠냐."는 얘기를 듣고 그것에 응한 준비가 기본이 되고 있습니다. 하지만 탐라연구회에 사정이 생겼다고 하여 공동발행은 무산되고, 오사카의 원고는 반송되어 왔습니다. 그래서 제주도4·3사건 관련 논문, 또는 에세이를 추가하여 본 연구회만으로 간행하기로 결정하고, 몇 분에게 원고를 의뢰해 보았지만, 답변이 없었습니다.

이러한 경위로부터 제가 쓰기로 한 것인데, 예전부터 만약 자신이 사건 당시의 제주도에 있었다고 한다면 어땠을까, 하는 사념의 반복으로 좀처럼 쓸 수 없었습니다. 그래서 자신의 사념을 버리고 4·3사건의 역사와 마주하는 것으로 압축해서 쓰고자 노력했습니다. 하지만 사건의 요인을 "이념의 갈등"에 두는, 역사 평가로 괜찮은 것일까, 괜찮다고 하면 이념은 인간을 뛰어넘고 있는 것인가 하는 것. 또 사건의 과정에서 인간이 이념의 도구로 되는 것은 아닐까 라는 생각. 나아가 4·3사건의 희생자·영영을 현세에 있는 사람들이 이념적으로 나누어 위령하는 것으로 괜찮은 것일까! 등에 부딪쳐 써 나갈 수 없게 되고, 또한 발행 작업을 지체하게 되어버렸습니다.

하지만, 언제까지 이러고 있을 수 없다는 자책에서 다른 원고=재일의 제주도 출신자의 친목회 속에서, 새로운 활동을 시작하고 있는 신촌친목회의 현황 르포르타주를 더해 발행에 이르게 된 상태입니다.

마지막으로 당초에 원고를 보내주신 회원 여러분, 출판을 원조해 주신 유지분들에게는 발행을 시원스럽게 진행하지 못하게 됨을 사죄드리면서, 앞으로도 본 연구회의 활동에 대한 지도와 지원을 해 주시길 부탁드립니다.

2012년 12월
오사카제주도연구회 대표 양영후(梁永厚)

 목차

제주도연구(済州島研究) −済州島研究会

○ ○ ○

 1 서지적 정보

　가나가와대학(神奈川大学)의 역사민속자료학연구과의 대학원생들을 중심으로 결성된 제주도연구회(대표: 金泰順)에서 2009년 2월에 창간한 회보지이다. 창간 이후 6호(2017.12) 발행을 마지막으로 이후의 간행물은 발견되지 않고 있다.

　제주도연구회의 설립 목적은 제주도의 민속문화를 동아시아 속의 제주도라는 시점에서 연구하고, 제주도라는 지역을 중심으로 동아시아의 민속문화에 대한 연구와 교류의 장으로 만들기 위한 것으로 밝히고 있다. 연구회의 활동은 연1~2회 제주도에서의 현지조사를 거쳐 연 1회 『제주도연구』를 발간하고, 조사결과를 학술대회 등에 발표하는 식으로 이루어지고 있다. 2009년 2월에 1호를 발행한 후 5호(2013.12)까지는 연 1회씩 발행하였으나, 4년의 공백 후 6호를 발행하고 있고, 이후 발행은 중단된 것으로 보인다.

　연구회의 대표인 김태순은 가나가와대학의 대학원생으로 추정되며, 제주도 현지조사는 제주도연구회의 조사 내용은 주로 제주도의 영등굿을 비롯한 굿 문화와 해녀들의 잠수 문화가 중심이 되고 있고, 제주도 외에도 가파도와 우도, 그리고 추자도로까지 조사 범위를 확대하고 있다. 그밖에 제주도 현지의 연구자에 대한 인터뷰 글도 게재하고 있다. 4호(2012.10)에는 4·3사건 위령제와 입춘 굿 현장을 답사한 글을 담고 있고, 전체적으로 조사 현장에서 촬영한 사진과 현지에서 수집한 사진 자료가 많은 비중을 차지하고 있다.

　6호의 편집후기를 보면, 6호 발행이 늦어진 이유는 편집자의 사정에 의한 것이라고만 밝히고 있고, 종간의 취지는 드러나지 않고 있다. 6호에서는 우도 현지인의 글도 싣고 있다. 『제주도연구』에 게재된 글은 대학원생들의 조사 결과 보고 수준으로 학술논문 형식으로까지 완성된 것으로는 보기 어렵다.

2 발간에 즈음하여

2008년 3월, 가나가와대학(神奈川大学)대학원 역사민속자료학연구과 사노(佐野)세미나의 조사활동의 일환으로 제주도를 방문하고, 제주도의 민속에 끌린 우리들은 귀국후, '제주도연구회'를 만들어 연구모임을 계속해 왔습니다. 이 연구회의 멤버는 대표인 김태순(金泰順)을 제외하고 한국민속에 관한 연구자가 아닙니다. 그러나 각각 다른 테마를 갖고 제주도의 민속을 통해 동아시아의 민속에 관해 생각해 가고자 합니다. 그리고 본 연구회 활동의 보고의 장으로서, 또 제주도 민속에 흥미를 가진 자의 교류의 장으로서, 연구회지『제주도연구』를 발간하게 되었습니다. 손수 만든 보잘 것 없는 잡지이지만, 여러분의 지도를 바라면서 성실하게 이어가기를 바라고 있습니다.

2009년 2월 7일
제주도연구회 대표 김태순

3 목차

발행일	지면정보		필자	제목
	권호	페이지		
2009.02.00	創刊号	90	古谷野洋子	編集後記
2010.04.00	第2号		佐野賢治	巻頭言
2010.04.00	第2号		金泰順	済州島研究会代表挨拶
2010.04.00	第2号	1	古谷野昇	クッの現場から
2010.04.00	第2号	10		玄容駿氏に聞く、『済州島巫俗の研究』と人々の生活
2010.04.00	第2号	27	金泰順	新陽里「潜嫂(チャムス)クッ」と青竜の誕生
2010.04.00	第2号	43	金泰順	済州島のミロクー現存する石ミロクと神話の分析ー
2010.04.00	第2号	52	古谷野洋子	2009年度済州島クッの現場から
2010.04.00	第2号	69	サイモン・ジョン	クッの儀礼の観光化ーチルモリダン・ヨンドンクッの事例からー
2010.04.00	第2号	76	古谷野昇	クッの現場における人々の意識ーヨンドンクッのおける一人の海女の行動
2010.04.00	第2号	92	金泰順	済州島「マブリムゼ」と「百中祭」
2010.04.00	第2号	97	大橋克巳	済州海女博物館訪問記ー左恵景氏との面談記録ー
2010.04.00	第2号	119	古谷野洋子	済州島の農業ー変化と現状
2010.04.00	第2号	134	大橋克巳	2009年度活動報告
2010.04.00	第2号	135		済州島研究会のあらまし
2010.04.00	第2号	135	古谷野洋子	編集後記
2010.04.00	第2号		サイモン・ジョン	英文目録
2011.06.00	第3号		佐野賢治	巻頭言
2011.06.00	第3号		金泰順	済州島研究会代表挨拶
2011.06.00	第3号	1	古谷野昇	写真報告　新年と立春を祝う行事
2011.06.00	第3号	17	古谷野洋子	済州島の新年と立春を祝う行事
2011.06.00	第3号	49	金泰順	2011年ヨンドンクッ調査報告
2011.06.00	第3号	73	平井芽阿里	済州島のヨンドンクッにみる海女たちの祈り
2011.06.00	第3号	79	金泰順	済州島の神堂とその周辺(チルモリダンの事例から)
2011.06.00	第3号	92	白莉莉	済州島の累石壇についてー観光文化物と供養物の視点からー
2011.06.00	第3号	101	大橋克巳	冬季に海に潜る済州島の海女たちー済州島の新年祭の頃ー
2011.06.00	第3号	113	渡邉徳子	房総の済州島海女を辿る道筋ーまずは覚え書きとしてー
2011.06.00	第3号	125	古谷野昇	写真報告　加波島と竜王祭
2011.06.00	第3号	133	古谷野洋子	加波島と竜王祭
2011.06.00	第3号	162	古谷野昇	フォトエッセイ:クッにやって来る神々
2011.06.00	第3号	165	金泰順・古谷野昇	新刊紹介
2011.06.00	第3号	167	大橋克巳	2010年度活動報告
2011.06.00	第3号	168		済州島研究会の概要
2011.06.00	第3号		渡邉徳子・古谷野洋子	編集後記

발행일	지면정보		필자	제목
	권호	페이지		
2012.01.00	第4号		佐野賢治	巻頭言
2012.01.00	第4号	1	古谷野昴	写真で見る済州島
2012.01.00	第4号	13	辛左卿	人文科学の宝庫、済州島
2012.01.00	第4号	15	大橋克巳	済州島の海女(その3)ー済州島の海女の仕事ー
2012.01.00	第4号	36	金泰順	済州島立春「クッ」ノリ
2012.01.00	第4号	53	古谷野洋子	済州島のシンクッ(成巫儀礼)ー2011年のシンクッからー
2012.01.00	第4号	77	古谷野昴	クッの現場に見る海女の遊びー2012年の温平里ヨンドンクッから
2012.01.00	第4号	85	金泰順	玄容駿氏の描く故郷『広い野原、月夜話』
2012.01.00	第4号	93		2011年度の活動報告・済州島研究の概要
2012.01.00	第4号			編集後記
2013.12.00	第5号		佐野賢治	巻頭言
2013.12.00	第5号	1	古谷野昴	写真で見る4・3事件慰霊祭・立春クンノリ
2013.12.00	第5号	11	古谷野洋子	4・3事件慰霊祭参加報告ー4・3の記憶をめぐってー
2013.12.00	第5号	23	大橋克巳	済州島みかんの風景ーミカンの木は大学の木ー
2013.12.00	第5号	41	磯本宏紀	漁民移動研究と済州島というフィールド(覚え書き)
2013.12.00	第5号	45		沈雨晟氏に聞くー沖縄、人形劇、済州島仮面戯の古写真の発見などー
2013.12.00	第5号	51	古谷野昴	済州島立春クンノリと9枚の古写真
2013.12.00	第5号	63	金泰順	韓国済州島の海儀礼「チルモリ堂ヨンドンクッ」再考
2013.12.00	第5号	70	古谷野洋子	済州島シンクッ報告:チョガムジェにおけるシンバンの語りー2011年、城邑里の鄭公鉄シンバンのシンクッより
2013.12.00	第5号	105		2013年度の活動報告・済州島研究会の概要

코리언 마이너리티 연구(コリアン・マイノリティ研究)

○ ● ○

1 서지적 정보

『코리언 마이너리티연구』는 재일조선인연구회의 편집으로 연 1회씩 신간사(新幹社)에서 발행된 학술 잡지이다. 1998년 1월에 창간하여 4호(2000.12)로 중단되었다. 재일조선인연구회의 주요 멤버로는 하라지리 히데키(原尻英樹), 도노무라 마사루(外村大), 다카야나기 도시오(高柳俊男), 구라이시 이치로(倉石一郎), 이지치 노리코(伊地知紀子), 후지이 고노스케(藤井幸之助)와 같은 일본인 연구자를 비롯하여 재일조선인으로서는 정영혜(鄭暎惠), 문경수(文京洙), 박일(朴一), 김명미(金明美) 등의 이름을 확인할 수 있다.

연구회의 대표인 문화인류학자 하라지리의 발간사를 보면, 연구회의 활동은 이미 5년 전부터 시작되었고, "개개인의 사상과 신조를 뛰어넘어 학술적으로 재일조선인 연구를 추진하기 위한" 단체로 소개하고 있다. 상기에서 소개한 연구회 멤버들은 다양한 학문분야에서 활동하는 연구자들로 재일조선인이라는 키워드 하에 학제간 연구를 위해 결집된 멤버임을 알 수 있다. 연구회는 최종적으로 재일조선인연구를 통해 현대사회의 보편적인 문제로 접근해 가는 것을 추구하고자 한다고 밝히고 있다.

『코리언 마이너리티연구』에서 지면의 절반 이상을 차지하고 있는 것은 서평으로, 창간호에는 무려 8편의 서평이 게재되어 있다. 재일조선인연구 관련 서적과 논고에 대한 평이 대부분을 차지하고 있고, 양석일(梁石日)의 『피와 뼈(血と骨)』와 가네시로 가즈키(金城一紀)의 『GO』와 같은 소설 작품에 대한 서평과 유미리(柳美里)에 초기작품에 대한 평가 등 문학작품에 대한 서평도 눈에 띈다.

1호의 편집후기는 하라지리가 작성하고 있으나, 2호부터는 정영혜가 편집을 맡고 있음을 알 수 있다. 4호의 편집후기를 보면, 정영혜의 뒤를 이어 문경수가 편집을 맡게 될 것이라는 예고와 함께 계속 발행의 의지를 보이고 있지만, 현재까지는 4호가 최종호로 확인되고 있다.

2 『코리언 마이너리티연구』 간행에 즈음하여

재일조선인연구회 발족으로부터 벌써 5년이 지났다. 개개인의 사상과 신조를 뛰어넘어 학술적으로 재일조선인 연구를 추진하기 위한 연구회라고 하는, 어떤 의미에서는 마땅히 있어야 할 연구자 단체로서의 출발이었지만, 학술적 연구회가 1990년대가 되어 겨우 시작된 것은 늦은 출발이라고 할 수 있을 지도 모른다. 재일조선인연구회 회원은 역사학, 문화인류학, 문학 등 제각기 다른 학문적 배경을 갖고 있기 때문에, 본 연구회는 소위 학제적인 연구회이다. 게다가 국적과 '민족'적 배경도 각각 다르므로, 다원적인 환경 속에서 각자가 상호학습을 하는데 대단히 스릴 있는 조건을 갖추고 있다.

이번에 본 연구회에서 『코리언 마이너리키연구』를 간행하게 되었다. 연구자 상호의 커뮤니케이션을 원활히 하기 위해서만 아니라, 각자의 연구내용을 일반인들에게도 소개할 수 있는 창구가 마련된 것이다. 덧붙여 『코리언 마이너리티연구』에서는 서평란을 충실히 하고 있고, 재일조선인연구와 그것과 관련된 논문, 저작을 전문적인 입장에서 학술적으로 비평하는 것을 목표로 하고 있다. 개인적인 희망으로는 재일조선인연구의 학문적 수준을 높일 뿐 아니라, 보편적인 관점에서 재일조선인연구를 발전시켜가길 바란다. '보편적인 관점'이란, 예를 들어 전 세계의 '민족'과 '인종'에 관한 연구에 대해 이론적으로 공헌가능한 방법론을 의미한다. 데이터 수집은 착실하게, 그리고 개별적이어야 하지만, 해석·분석은 방법적이어야 한다.

방법적 논의가 활발해지면 재일조선인연구라는 틀에 사로잡히지 않는, '마이너리티'론과 '에스니시티'론에 재일조선인연구도 위치지울 수 있을 것이다.

『코리언 마이너리티연구』라는 이름을 내건 이유의 하나가 여기에 있다. 다만 여기서 생각해야 하는 것은 방법론으로만 시선이 향해 지금까지 주로 개별론으로 발표되어온 재일조선인연구의 성과를 충분히 헤아리지 않는 바람직하지 않은 사태를 초래한다는 위험성이다. 구미산 '신종(新種)'의 방법을 충분히 이해하지 않고 받아들여 추종할 뿐인

우행은 '메이지'에서 오늘날까지 일본강단학회의 '장기'의 하나이지만, 학문의 방법적 회의는 개별 데이터와의 대결, 연구자의 발밑에 펼쳐지는 세계에 대한 성찰, 우리들이 살고 있는 시대에 대한 의문, 이들을 통해서 이루어져가는 것이고, 방법을 위한 방법 같은 것은 있을 수 없는 것이다. 바라건대, 온고지신(溫故知新)하여 개별 데이터를 일단 개별로 다루면서 인문·사회과학의 방법 문제를 우리들 자신의 문제로 받아들일 자세가 필요할 것이다.

그러나 데이터와 방법론만이 중요한 것은 아니다. 연구자 자신의 국적, '민족'을 불문하고, 살아있는 인간을 연구대상으로 하는 한, 스스로가 대상과 어떻게 관여하고 있는가라는 문제는 끊임없이 계속 생각해야 한다. 그것은 문헌중심의 연구이지만, 필드 데이터 중심의 연구인가하는 것과는 상관없이, '마이너리티'연구를 하는 자라면 피할 수 없는 물음이라고 생각한다. 이 윤리문제까지 포함하면, 재일조선인연구는 단순한 '취미학'이나 '도련님, 아가씨의 놀이'로는 맞겨룰 수 없는 것은 물론이다. 연구수행을 한 다음에 엄격한 자세가 요구된다. 본 연구회의 회원들이 스스로를 묻고, 또 타자를 묻는 속에서 새로운 지평을 열어갔으면 한다. 이러한 것을 전제로 하여 문제 삼고, 문제 삼아지면서 새로운 인간관계를 만들어내는 것도 본 연구회의 목표의 하나이다. 나 자신도 그 속의 한 명의 참가자이다.

재일조선인연구회 대표 하라지리 히데키(原尻英樹)

목차

발행일	지면정보		필자	제목
	권호	페이지		
1998.01.30	第1号	73	外村大	河明生『韓人日本移民社会経済史　戦前編』
1998.01.30	第1号	77	高柳俊男	西成田豊『在日朝鮮人の「世界」と「帝国」国家』
1998.01.30	第1号	80	金明美	李青若『在日韓国人三世の胸のうち』
1998.01.30	第1号	84	鄭暎恵	浜本まり子「在日朝鮮人」
1998.01.30	第1号	87	鄭暎恵	李仁子「異文化における移住者のアイデンティティ表現の重層性」
1998.01.30	第1号	90		編集後記
1999.06.10	第2号	5	朴容福	外国人登録法とその周辺ー指紋推捺拒否闘争に関わり続けて
1999.06.10	第2号	25	鄭暎恵	国民主権源里と定住外国人の参政権ー近代国家としての日本と、在日朝鮮人の主張
1999.06.10	第2号	40	外村大	朴慶植の在日朝鮮人史研究をめぐって
1999.06.10	第2号	54	倉石一郎	安田敏朗『帝国日本の言語編制』
1999.06.10	第2号	60	金明美	Ryang, Sonia. North Koreangs in Japan : Language, ideology. And Identity
1999.06.10	第2号	67	笠井正弘	小熊英二『＜日本人＞の境界　沖縄、アイヌ、台湾、朝鮮ー植民地支配から復帰運動まで』
1999.06.10	第2号	78	小野悌次郎	梁石日『血と骨』
1999.06.10	第2号	82	原尻英樹	Ａ・Ｔ・クージン『沿海州・サハリン　近い昔の話ー翻弄された朝鮮人の歴史』
1999.06.10	第2号	84		三人の金氏の追悼文集を読む『追想金達寿』『追悼金広志先生』『物理学者金徳洲』
1999.06.10	第2号	90		在日朝鮮人研究会　入会のご案内
1999.06.10	第2号	94		編集後記
2000.12.09	第4号	5	辛淑玉・曺誉戸・朴和美・鄭暎恵	＜パネルディスカッション＞「在日」女語り
2000.12.09	第4号	46	宮内洋	国籍条項をめぐるエスノメソッドーある地方公共団体職員との話し合いの場面をもとに
2000.12.09	第4号	66	許光茂	戦前京都の都市下層社会と朝鮮人の流入ー朝鮮人の部落への流入がもつ歴史的意義をめぐって
2000.12.09	第4号	88	川越道子	「在日の経験」ー表明される呼称と経験をめぐって
2000.12.09	第4号	103	浅川晃広	金泰泳『アイデンティティ・ポリティクスを超えてー在日朝鮮人のエスニシティ』
2000.12.09	第4号	107	高柳俊男	李進熙『海峡ーある在日史学者の半生』
2000.12.09	第4号	111	伊地知紀子	金城一紀『GO』
2000.12.09	第4号	115		在日朝鮮人研究会・入会のご案内、規約
2000.12.09	第4号	118		投稿規定
2000.12.09	第4号	119		編集後記

코리안·스터디즈(コリア·スタディーズ)

○ ● ○

1 서지적 정보

『코리안·스터디즈』는 국제고려학회 일본지부에서 2013년에 창간한 학회지이다. 년 1회 발행으로 투고규정에는 게재되는 원고에 대해서 '조선반도 및 조선민족에 관한 모든 분야의 학술적인 논문, 연구노트, 서평논문, 서평 등'을 대상으로 한다고 되어 있다. 또한 학술논문 이외에도 '길잡이(キルチャビ(道標))'코너를 통해 에세이나 보고도 게재하고 있다.

국제고려학회 일본지부는 1990년 8월 5일 일본의 오사카에서 국제고려학회 창립회의를 열어 국제고려학회가 창립됨과 동시에 설치되었다. 국제고려학회 일본지부는 매해 학술대회를 개최하여 코리아연구자들의 연구의 교류를 도모하였고, 「일본지부통신」을 꾸준히 발행해 왔다. 특히 2010년에는 학회설립 20주년 사업의 일환으로『재일코리안사전』을 출판하였고, 기존의 조선어와 영어논문을 게재하던 학회지「국제고려학」과 달리 일본어논문을 게재할 수 있는「코리안·스터디즈」를 창간한 것이다.

창간호에는「일본의 코리아 스터디즈의 현상과 과제(日本におけるコリア·スタディーズの現状と課題)」라는 주제로 창간기념좌담회와 4편의 논고, 1편의 투고논문, 길잡이, 서평이 실려 있다. 하지만 제2호부터는 투고논문과는 별개로 매호마다 특집을 꾸미고 있는데, 특집의 제목은 다음과 같다. 특집「일본의 한인 마켓: 쓰루하시와 신오쿠보(日本における韓人マーケット: 鶴橋と新大久保)」(2014년 제2호)를 시작으로, 특집「헤이트 스피치, 배외주의의 대두와 재일코리안(ヘイト·スピーチ、排外主義の台頭と在日コリアン)」(2015년 제3호), 특집「새로운 미중관계 하의 한일관계의 모습에 대해서 생각한다(新たな米中関係下の日韓関係の在り方について考える)」(2016년 제4호), 특집「문학으로 재조명하는 일본과 조선반도, 그리고 미래(文学から再照射する日本と朝鮮半

島、そして未来)」(2017년 제5호), 특집 「약동하는 한국시민사회와 한일관계-문재인 신정권의 행방(躍動する韓国市民社会と日韓関係ー文在寅新政権の行方)」(2018년 제6호)를 볼 수 있다.

2 창간사

고용수
(국제고려학회 일본지부 회장)

국제고려학회 일본지부에서는 오랜 준비를 거쳐 드디어 학회지 『코리안·스터디즈』를 발간하게 되었다. 돌이켜보면 국제고려학회 일본지부는 1990년 창립 이래, 많은 연구자의 협력을 바탕으로 코리아에 관한 광범위한 분야의 연구자간 학술교류를 해 왔다. 일본지부의 초대대표를 맡았던 오무라 마스오 선생님(와세다대학), 1994년부터 대표를 하신 고 장연석 선생님(당시 오사카 전기통신대학), 1997년부터 대표를 하신 다키자와 히데키 선생님(오사카 상업대학), 2000년부터 대표를 하신 문경수 선생님(리쓰메이칸 대학) 밑에서, 매해 거르지 않고 학술대회를 개최하였고, 인문사회과학과 자연과학이라는 분야별 연구회, 1년에 수차례 『일본지부통신』발행을 계속하여, 일본에서 코리아연구자의 연구교류의 장으로서의 역할을 맡아 왔다. 「고려학회일본지부」는 회원 코리아연구자에게 있어서 중요한 존재로서 정착해 왔다고 생각한다. 2005년부터 대표(후에 회장으로 개칭)가 되신 박일 선생님 밑에서, 일본지부는 많은 새로운 시도를 해 왔다. 먼저 학회설립 20주년사업으로 5년간의 준비기간을 거쳐, 『재일코리안사전』이 2010년 11월에 출판되었다. 고려학회 일본지부의 임원과 사무국멤버를 중심으로 학회회원을 포함해 120명 이상의 분들이 집필에 관여하였고, 재일코리안 100년의 걸음을 망라적으로 기록한 사전으로서 발표를 할 수 있었다. 이 사전은 청암대학교 재일코리안연구소의 멤버에 의해 한국어로 번역되었는데, 2012년 9월에 한국어판이 출판되어 한국 내에서도 재일코리안의 역사와 타 분야에 걸친 현황을 정확하게 전하는 역할을 맡게 되었다. 또한, 박일 회장님 밑에서 2011년부터 회원의 투표에 의해 학회이사 선출을 하는 등

규약의 개정을 실시해 왔다.

그리고 2010년부터 준비해 온 것이 국제고려학회 일본지부에 의한 학회지『코리안·스터디즈』의 발행이다. 현재 국제고려학회에서는 조선어 또는 영어논문에 의한 본부가 발행하는 학회지『국제고려학』은 있지만, 거기에 더해 일본어논문발표의 장으로서 일본지부의 학회지『코리안·스터디즈』를 창간하려는 시도이다. 회원의 투고논문에는 레퍼리제도를 두고 1년에 1호 학회지를 발행하여 회원에게 논문투고 기회를 제공할 수 있다. 또한『코리안·스터디즈』에서는 회원연구자가 집필한 저서나 논문 소개, 코리안에 관한 다양한 토픽에 관한 에세이나 기획특집 등도 게재할 예정이다. 국제고려학회 일본지부의 특색이 넘치고, 학술레벨도 높은 학회지로서 회원 여러분과 함께 만들어가기를 기대하고 있다.『코리안·스터디즈』에 회원 여러분의 투고, 의견을 기대하고 있다.

3 목차

발행일	지면정보		필자	제목
	권호	페이지		
2013.06.01	創刊号	116	金仁徳	国際高麗学会日本支部『在日コリアン辞典』編集委員会編『在日コリアン辞典』
2013.06.01	創刊号	119	高誠晩	在日済州島出身者の生活史を記録する会編著『在日済州人の生活史１－安住の地を求めて－』
2013.06.01	創刊号	121	伊地知紀子	宋基燦著『「語られないもの」としての朝鮮学校』
2013.06.01	創刊号	123	綛谷智雄	朴一著『日本人と韓国人「タテマエ」と「ホンネ」』
2014.00.00	第2号			特集日本における韓人マーケット：鶴橋と新大久保
2014.00.00	第2号		朴一	解放前後の大阪における韓人マーケットの形成と民族金融機関の役割－大阪の事例研究－
2014.00.00	第2号		朴昌明	新宿区大久保地域におけるコリアンマーケット―「発展」と「試練」
2014.00.00	第2号		裵光雄	韓国における在日コリアンの経済活動及び企業・企業家に関する研究動向
2014.00.00	第2号		梁京姫	日・韓境域に生きるポッタリビジネスの実態とその変遷をめぐって
2014.00.00	第2号		広瀬陽一	在日朝鮮人は何語で創作すべきか？―「日本語で書かれる朝鮮文学」をめぐる金達寿と魚塘の論争を中心に
2014.00.00	第2号		山本興正	梶村秀樹における民族的責任の位置―ナショナリズムをめぐる議論を中心に
2014.00.00	第2号		林祐平・朴志先・尹靖水・中嶋和夫	韓国と台湾における多文化家族の夫の生活問題と心理的虐待の関連性
2014.00.00	第2号		原野かおり・岡部一光・厳基郁・李志嬉・張英恩・桐野匡史・中嶋和夫	韓国介護労働者のコミットメントとストレスが職務・職場継続意思に及ぼす影響
2014.00.00	第2号		伊地知紀子・高正子・藤永壮	韓国・済州からの渡日史―東回泉マウル調査の事例から
2014.00.00	第2号		任正爀	朝鮮学とは何だろう？
2014.00.00	第2号		金守良	韓国における肝移植について
2014.00.00	第2号		森類臣	「社会的経済」紀行~最新トレンド発信基地ソウルから~
2014.00.00	第2号		権香淑	玄武岩『コリアンネットワーク』
2015.00.00	第3号		伊地知紀子	特集ヘイト・スピーチ、排外主義の台頭と在日コリアンの自画像としてのレイシズム
2015.00.00	第3号		樋口直人	排外主義勢力といかに対峙すべきか－極右への対応をめぐるレビュー
2015.00.00	第3号		中村一成	ヘイト・スピーチ問題の現在－被害実態から考える－
2015.00.00	第3号		金尚均	ヘイト・スピーチの害悪
2015.00.00	第3号		金成珉	人文学的想像力で捉える統一
2015.00.00	第3号		洪ジョンウン	韓国の兵役法における社会的公平性の問題と在外韓国人男性

발행일	지면정보		필자	제목
	권호	페이지		
2015.00.00	第3号		李昌益·高広明·金宝香	在日済州人企業家の現況と経営の実態
2015.00.00	第3号		吉沢文寿	日韓会談関連外交文書公開運動の成果と課題
2015.00.00	第3号		朴一	慰安婦問題をめぐって迷走する日韓関係
2015.00.00	第3号		任正爀	日本における朝鮮科学史研究の現状と展望
2015.00.00	第3号		姜健栄	わが祖母の追憶
2015.00.00	第3号		綛谷智雄	朴一著『越境する在日コリアン-日韓の狭間で生きる人々』
2015.00.00	第3号		高正子	河上幸子著『在米コリアンのサンフランシスコ日本街-境界領域の人類学』
2016.00.00	第4号		朴一	特集-新たな米中関係下の日韓関係の在り方について考える特集にあたって
2016.00.00	第4号		東郷和彦	変容する日本の対中·対米関係の下での日韓関係
2016.00.00	第4号		ロー·ダニエル	新たな国際関係パラダイムと日韓関係の将来
2016.00.00	第4号		朱建栄	米中関係の新展開と日韓中関係
2016.00.00	第4号		樋口雄一	解放70年企画在日朝鮮人研究と生活史
2016.00.00	第4号		鄭雅英	李鳳岐先生-中朝日の歴史の狭間で
2016.00.00	第4号		高誠晩	「移行期正義」とローカル·リアリティ-済州4·3事件以降を見つめなおす
2016.00.00	第4号		森類臣	山々にチンダルレ、村々に烈士碑-中国東北部の抗日史跡を訪ねて
2016.00.00	第4号		鄭雅英	文京洙·水野直樹著『在日朝鮮人』
2016.00.00	第4号		綛谷智雄	郭辰雄·川瀬俊治著『知っていますか？在日コリアン一問一答』
2016.00.00	第4号		高正子	伊地知紀子著『消されたマッコリ。-朝鮮·家醸酒文化を今に受け継ぐ』

항로(抗路)

1 서지적 정보

『항로』는 2015년 9월에 창간된 재일종합지로, 일본에서 살아가는 재일한국인을 둘러싼 다양한 사회 환경에 대하여 생각을 공유하기 위하여 창간되었다. 헤이트 스피치, 위안부 문제, 민족주의 등, 한국, 일본, 북한의 틈 속에서 살아가는 재일한국인이 마주하는 다양한 주제를 둘러싸고 인터뷰, 소설, 르포 등을 통하여 접근해 나가는 종합지를 지향하고 있다. 그리고『항로』출간을 이끈 것은 가나가와 대학의 윤건차 교수로, 한국전쟁으로 인하여 한국으로 돌아가는 귀환선에 오르지 못하여 재일한국인 2세로의 삶을 살아가게 된 인물이다.

『항로』의 창간이 일본 출판계에서 이슈가 되었던 이유는 2000년대 들어 유일하게 창간되는 재일한국인 전문 잡지이기 때문이다. 지난 1990년대까지만 해도 일본에는 문학을 중심으로 한 여러 재일한국인 관련 잡지들이 존재했었으나 여러 이유로 전부 폐간 조치 됐었다. 창간호에서는 일본 내 재일한국인의 현주소를 주제로 일본군 위안부 문제를 선두로 한 한·일간 역사 인식 문제에서부터 조총련 민족학교의 수업료 무상화 제외 조치 등 민단과 조총련 등 재일코리안 전체를 둘러싼 이슈를 일본어로 다루고 있다. 『항로』는 일본어 잡지이기에 그 독자를 일본인과 올드커머 재일한국인과 그 후세들로 분명히 하고 있다.

2 창간사

「재일」은「재일조선인」을 의미하는 말이며, 시대적으로 말하면 1970년대 중반에「재일을 산다」란 뜻으로 적극적으로 사용된 말이다. 1945년 8월 일본의 패전/조선의 해방 이후 「재일」이 걸어온 길은 일본의 인종 차별 정책과 남북 분단 지속에 의해서 크게 규정되어 매우 가혹하고 고통스러운 것이었다. 더구나 오늘날 일본의 차별적 상황은 심각해져 헤이트 스피치의 증식에서 보듯 답답하기만 하다. 그런 가운데 「재일」, 특히 젊은 세대는 불안한 일상성을 강요받아 희망에 찬 내일을 향한 포부를 갖기 어려워지고 있다.

한편으로 국제화, 글로벌화가 이야기되면서 다른 한편으로 지금까지 없었던 고립과 폐색을 강요당하는 모순된 상황 속에서 연대라든가, 우호라든가, 공생·공존이 강조되기는 하지만, 그것들은 자칫 공허한, 알맹이 없는 말로 변하기 쉽다. 민주주의니 인권이니 평화니 하는 말도 중요하지만 재일동포들에게는 더욱 추상적으로 들린다. 젠더의 문제를 포함해 함께 산다는 것은 함께 싸우는 것이 전제이며, 이를 위해서는 바깥세상을 알고 내부의 모순을 응시하는 용기와 지혜가 필요하다. 무엇보다 투철한 역사인식을 확보하는 것이 필수적이다.

잡지 『항로』는 이러한 상황 속에서, 여러 선배의 유지를 계승하면서, 「재일」을 둘러싼 일체의 구조를 규합하는 역학을 길러 나가, 「함께 사는」 미래를 모색하려고 하는 것이다. 『항로』는 항로하면서 밝은 미래를 믿고 사는 길이다. 그것은 「재일」의 역사적 사명이며, 그것은 많은 사람들과 손잡고 갈 때 비로소 가능한 일이다. 긴장하지 않고 나긋나긋하게 미소를 잊지 않고 걸어가고 싶다.

2015년 8월 15일

3 목차

발행일	지면정보		필자	제목
	권호	페이지		
2015.09.01	1号	44	李信恵	反ヘイトスピーチ提訴
2015.09.01	1号	54	金朋央	入管法改定問題から見た「在日」の法的地位
2015.09.01	1号	64	文京洙	『なぜ書きつづけてきたか　なぜ沈黙してきたか
2015.09.01	1号	66	岡野八代	「慰安婦」問題と日本の民主主義
2015.09.01	1号	80	方清子	日本軍「慰安婦」問題解決運動のいま―在日朝鮮人女性の視座から
2015.09.01	1号	91	山本かほり	「朝鮮高校無償化裁判」が問うていること
2015.09.01	1号	102	丁章	北の詩人は
2015.09.01	1号	104	金石範	李恢成「地上生活者(第四部・第五部)」を読む
2015.09.01	1号	134	磯貝治良	＜在日＞文学215、そしてゆくえ―宋恵媛『在日朝鮮人文学史のために』にふれて
2015.09.01	1号	145	樋口雄一	『在日朝鮮人史研究』創刊前後のこと
2015.09.01	1号	152	飛田雄一	韓国・朝鮮に思い入れたっぷり―神戸学生青年センターの活動
2015.09.01	1号	160	朴実	「在日」の京都
2015.09.01	1号	168	愛沢革	尹東柱。詩による抵抗の充実と苦悩
2015.09.01	1号			最近の韓国映画について思うこと
2015.09.01	1号	186	金守珍	我々は、現代の河原乞食である
2015.09.01	1号	193	権香淑	中国朝鮮族の移住プロセス―来日の経緯と「在日」の現状
2015.09.01	1号	203	ヤン　ヨンヒ	『かぞくのくに』その後
2015.09.01	1号	211	金由汀	たまゆら
2015.09.01	1号	228	裵昭	グラビア「慰霊の旅　鎮魂の舞」によせて
2015.09.01	1号	128	高柳俊男	『在日朝鮮人』水野直樹・文京洙著
2015.09.01	1号	130	金友子	『ヘイト・スピーチに抗する人びと』神原元著
2015.09.01	1号	132	趙博	『朝鮮と日本に生きる』金時鐘著
2016.05.20	2号	1	趙博	在日の「文化的多様性」とは
2016.05.20	2号	8	朴慶南・井筒和幸・佐高信	人は国より大きい　国は人より小さい
2016.05.20	2号	26	石丸次郎	北朝鮮に帰った人々の匿されし生と死
2016.05.20	2号	34	丹羽雅雄	大阪・補助金裁判の現状と課題
2016.05.20	2号	44	ぱくきょんみ	アンニョン
2016.05.20	2号	46	高柳俊男	自分がそこにいる歴史を綴る使命と責任
2016.05.20	2号	56	黒古一夫	＜在日＞文学の現在とその行方
2016.05.20	2号	70	金希姃	統一は奇跡である
2016.05.20	2号	78	在日の若者たち	在日青年座談会
2016.05.20	2号	94	金光敏	多分化共生のための教育はどこから学ぶべきか
2016.05.20	2号	109	呉光現	僕の猪飼野
2016.05.20	2号	117	崔真碩	私はあなたにこの言葉を伝えたい

발행일	지면정보		필자	제목
	권호	페이지		
2016.05.20	2号	126	丁章	南の領事館へ
2016.05.20	2号	134	孫敏男	民族差別と排外に抗して
2016.05.20	2号	142	鄭貴美	朝鮮人として生きる
2016.05.20	2号	149	殿平善彦	死者と遺骨
2016.05.20	2号	157	金詠	燃えよ!ブルードラゴン
2016.05.20	2号	160	金貴粉	在日朝鮮人とハンセン病
2016.05.20	2号	169	池内靖子	劇団態変の身体表現
2016.05.20	2号	184	成川彩	母、66歳からの韓国留学
2016.05.20	2号	186	朴順梨	真の健康経営とは、民族差別をしないこと
2016.05.20	2号	189		＜反骨＞朝鮮人三代目
2016.05.20	2号	198	鄭仁	まるいベンチ　小さなせかい
2016.05.20	2号	200	安聖民	パンソリに魅せられて
2016.05.20	2号	207	金在南	故郷の空
2016.05.20	2号	228	藤川正夫	「樺太時代」から70年、積重の恨を抱いてサハリンに眠る人々
2016.05.20	2号	128	文京洙	『消されたマッコリ』伊地知紀子著
2016.05.20	2号	130	小林恭二	『ハナ：ワンコリア道草回顧録』鄭甲寿著
2016.05.20	2号	132	趙博	『朝鮮王妃殺害と日本人』金文子著
2016.05.20	2号	244	金斗鉉	表紙絵のことば「大阪・猪飼野の風景」
2016.05.20	2号	246	裵昭	グラビア解説「崔善愛の歩み」
2016.12.05	3号	1	文京洙	埋もれた記憶を辿る
2016.12.05	3号	8	辛淑玉・北原みのり・高遠菜穂子・姜信子	記憶は弱者に残る
2016.12.05	3号	22	尹慧瑛	オモニのこと
2016.12.05	3号	24	金時鐘	戦前回帰の時代に抗う詩人の魂
2016.12.05	3号	37	鄭暎恵	意見書ー李信恵裁判に関わって
2016.12.05	3号	51	朴才暎	朝鮮と岡部伊都子
2016.12.05	3号	61	金聖雄	極私的"在日"ブーメラン考
2016.12.05	3号	70	具末謨	「日韓条約」成立から半世紀ー日韓関係と「ワンコリア」への思い
2016.12.05	3号	75	康末吉	在日同胞の労働運動についてー高麗労連の活動を振り返って
2016.12.05	3号	82	玄昶日	東京のちソウル、たまに平壌
2016.12.05	3号	90	野崎六助	激しい季節は終ったのかー在日朝鮮人ミステリの空白について
2016.12.05	3号	108	李達富	ある民族の軌跡ー「民統」の蹉跌
2016.12.05	3号	116	金竜介	闘う弁護士、動かさない弁護士ーヘイトスピーチに法律家はどう立ち向かったか
2016.12.05	3号	124	洪里奈	ほんとうの名前を差し出すこと

발행일	지면정보		필자	제목
	권호	페이지		
2016.12.05	3号	130	川瀬俊治	在日朝鮮人の名前ー三つの裁判を中心にして
2016.12.05	3号	139	金石範	「朝鮮がテーマだからフヘン性がない」
2016.12.05	3号	150	安留奈	夕月花日鳥ー韓国伝統芸術の世界に生きる
2016.12.05	3号	162	秋林こずえ	議政府、沖縄、江汀村ー軍事基地に抵抗する女たち
2016.12.05	3号	170	林茂沢	「私」の韓青同
2016.12.05	3号	182	朴鐘碩	日立闘争後から原発メーカー訴訟までの軌跡
2016.12.05	3号	192	金水善	ハンプリ(恨を解く)
2016.12.05	3号	194	丁章	平和の条
2016.12.05	3号	196	朴順梨	ずっと在日を、描きつつけてきたー小説家・梁石日の35年
2016.12.05	3号	204	呉光現	猪飼野から・猪飼野を育つ
2016.12.05	3号	212	趙博	宋斗会さんの想い出
2016.12.05	3号	221	金聖人	若者として
2016.12.05	3号	225	朴重鎬	祭神
2016.12.05	3号	146	丁章	『ジニのパズル』崔実著
2016.12.05	3号	148	鄭甲寿	『菜食主義者』韓江著
2016.12.05	3号	240	金正郁	表紙のことば「高麗美術館と私」
2016.12.05	3号	242	裵昭	グラビア「歌手　李政美」

현대코리아(現代コリア)

○ ○ ○

1 서지적 정보

월간. 『조선연구(朝鮮研究)』(일본조선연구소 편)의 후속잡지이다. 『조선연구』의 창간호는 발견되지 않으며, 1964년 6월에 발간된 30호부터 1984년 2/3월 합병호(총 238호)까지 발간이 확인된다. 『현대 코리아』는 『조선연구』를 이어 239호(1984.4)부터 제명을 바꾸어 476호(2007.11)까지 발간된 잡지이다. 편집발행인은 사토 가쓰미(佐藤勝巳)이고, 펴낸 곳은 현대코리아연구소이다. 한반도의 정세나 남북한 문제, 한일 간의 관계 및 미래지향적인 모습 등에 대한 논의가 주요 내용을 이루고 있다.

주요 특집은 다음과 같다. 「움직이기 시작한 조선 정세」(1984.4), 「한국의 기업 일본과 어디가 다른가」(1984.6), 「한일 커뮤니케이션 갭」(1985.4), 「남북대화와 일본의 역할」(1985.8/9), 「한일경제관계의 새로운 이미지-허구 없는 '우호 관계'를 위하여」(1986.4), 「한국 반정부운동의 행방」(1986.5), 「한국 노동문제의 현상과 과제」(1986.7), 「조선반도의 군사동향과 남북대화」(1986.8/9), 「재일 한국·조선인은 지금 무엇이 문제인가」(1986.12), 「내가 본 북한」(1987.6), 「불타는 한국」(1987.11), 「유동하는 조선반도」(1988.11), 「논쟁/북한을 어떻게 볼 것인가」(1989.6), 「궁지에 몰린 김일성 정권」(1989.12), 「북한 입문」(1990.6), 「사할린의 한국인은 왜 돌아올 수 없었는가」(1990.7), 「한일관계, 새로운 마찰의 시대로」(1990.8/9), 「북한은 변했는가」(1990.12), 「북일교섭 서두를 것 없다」(1991.4) 등이 있다.

2 편집후기

개제 2주년 편집후기(1985.2)에 잡지의 취지가 잘 나타나 있어 이하에 발췌한다

올해는 한일국교수립 20주년이다. '10년이면 강산도 변한다'고 한다. 20년의 세월에는 물론 변화하지 않는 부분도 있겠지만, 전체적으로 한일관계에 확실하게 변화가 찾아왔다. 정황이 변하면 종래 문제가 된 것이 상대적으로 후퇴하고 새로운 문제점이 부상하여 그에 알맞은 대처 방법을 모색하게 된다.

작년에 본 잡지 9월, 10월호에 게재된 마쓰모토 고지(松本厚治) 씨의 논문 및 본 호와 다음 호의 논문은 상호 이해를 위해 일본인이 한국사회에 대하여 발언해간다고 하는 새로운 대처방법이 출현한 하나의 예이다. 특히, 마쓰모토 씨의 경우는 "무역 역조는 일본의 책임이 아니다"(『주간 조선』, 1984.8.12.) 등, 한국의 잡지와 신문에 한국어로 몇 건의 집필한 내용을 실었다.

주지하는 바와 같이, 어떤 문제를 둘러싸고 한일 양국의 사람들이 활자를 통해서 논의·논쟁을 한다고 하는 일은 전혀 없었다. 그런 의미에서 마쓰모토 씨의 자세는 분명 새로운 경향이고 평가받을 만하다.

그런데 논의해야 하는 문제는 경제만이 아니라, 문화를 비롯하여 다방면에 걸쳐 있다. 서두를 것도 기를 쓰고 다툴 것도 없지만, 쌍방이 냉정하게 논쟁하는 시대가 왔다는 생각이 드는 신춘이다.

3 목차

발행일	지면정보		필자	제목
	권호	페이지		
1984.04.13	第239号	22	小此木政夫/小牧輝夫/玉城素/三谷静夫/佐藤勝巳	動き出した朝鮮情勢 ラングーン事件から三者会談まで
1984.04.13	第239号	44	田中明	隣の国で暮らして1 ひとり酒
1984.04.13	第239号	48	黒田勝弘	こちらソウル8 新と旧、個別的と民族的
1984.04.13	第239号	58	久仁昌	ピョンヤン 風の便り4
1984.04.13	第239号	60	神村竜二	素顔のビジネス1 金属メーカー社長に聞く なぜか、韓国人には日本人の論理が通じると、考えてしまう
1984.04.13	第239号	67	小此木政夫	解放朝鮮の政治状況3
1984.04.13	第239号	76	古田修	在日韓国人の親族・相続・戸籍
1984.04.13	第239号	47		支配主義
1984.04.13	第239号	63		コチュジャン
1984.04.13	第239号	64		情報ボックス
1984.04.13	第239号	80		編集後記
1984.05.13	第240号	2	鈴木一/宮原兎一/佐藤邦夫/吉岡忠雄	サンドゥルパラム そよ風
1984.05.13	第240号	9		南北レーダー'84 日誌/韓国/北朝鮮
1984.05.13	第240号	18	長谷川慶太郎	朝鮮半島と4パワーズ
1984.05.13	第240号	30	三谷静夫	韓国民主主義の課題
1984.05.13	第240号	42		「規制」と「解禁」の政治学
1984.05.13	第240号	44	三枝寿勝	隣の国で暮らして2 空間移動
1984.05.13	第240号	46	黒田勝弘	こちらソウル9 頑固な民族
1984.05.13	第240号	58	久仁昌	ピョンヤン 風の便り5
1984.05.13	第240号	60	神村竜二	素顔のビジネス2 韓国人と商売でつきあうのは、とても不幸な関係なんです。
1984.05.13	第240号	66	呉忠根	スゥン スン ジョウ著『朝鮮分断の責任』
1984.05.13	第240号	68	小此木政夫	解放朝鮮の政治状況4
1984.05.13	第240号	29		韓国の選挙のしくみ
1984.05.13	第240号	57	長璋吉	普段着の朝鮮語1
1984.05.13	第240号	64		出版/経済/不思議
1984.05.13	第240号	77		コチュジャン 演出?
1984.05.13	第240号	78		北朝鮮におけるラングーン事件後の人事異動
1984.05.13	第240号	80		編集後記
1984.06.13	第241号	2	永畑恭憲/菅野葉子/土本亜理子/小此木政夫/吉岡忠雄	サンドゥルパラム そよ風
1984.06.13	第241号	11		南北レーダー'84 日誌/韓国/北朝鮮

발행일	지면정보 권호	지면정보 페이지	필자	제목
1984.06.13	第241号	20		韓国の企業ー日本とどこが違うか
1984.06.13	第241号	39	鳥羽欽一郎/服部民夫/玉城素	KAL=趙重勲ファミリーの所有と経営
1984.06.13	第241号	40	大沢和美	隣の国で暮らして3　女がタバコを吸うとき
1984.06.13	第241号	42	黒田勝弘	こちらソウル10 ふつうの、ふつうの関係
1984.06.13	第241号	54		ピョンヤン　風の便り6
1984.06.13	第241号	56	神村竜二	素顔のビジネス3　三菱商事の西岡氏に聞く　商売の体験だけをもとにして、一国の文化を語るのは、とても危険だ。
1984.06.13	第241号	64	服部民夫	田中　明著『朝鮮断想』
1984.06.13	第241号	66	岡井輝毅	金元祚著『凍土の共和国』
1984.06.13	第241号	68	小此木政夫	解放朝鮮の政治状況5
1984.06.13	第241号	74	古田修	在日韓国人の親族・相続・戸籍27
1984.06.13	第241号	53		普段着の朝鮮語2
1984.06.13	第241号	60		スポーツ/政治/事件/不可解
1984.06.13	第241号	63		「釜山港に帰れ」は
1984.06.13	第241号	73		韓国・朝鮮関係書籍目録
1984.06.13	第241号	80		編集後記
1984.07.13	第242号	2	林建彦/宮崎清太郎/藤井久子/吉岡忠雄	サンドゥルパラム　そよ風
1984.07.13	第242号	9		南北レーダー'84 日誌/韓国/北朝鮮
1984.07.13	第242号	18	丹藤佳紀	中国の朝鮮政策ー南北をはかる近代化の針
1984.07.13	第242号	28	黒田勝弘	こちらソウル11 ああ、原コリアン
1984.07.13	第242号	39		韓国に苦言を呈した前田大使講演
1984.07.13	第242号	44	崔松林	隣の国で暮らして4 "寂しき中年"の街
1984.07.13	第242号	46	久仁昌	ピョンヤン　風の便り7
1984.07.13	第242号	48	草野妙子	韓国伝統音楽の魅力をさぐるー開かれた音楽的感性をもつ時
1984.07.13	第242号	58	長璋吉	普段着の朝鮮語3　どろぼうの咳
1984.07.13	第242号	60	神村竜二	素顔のビジネス4　再び三菱商事の西岡氏に聞く・日本人も韓国人も、もはや日帝36年を互いのよりどころにする時代ではない。
1984.07.13	第242号	66	小此木政夫	解放朝鮮の政治状況6
1984.07.13	第242号	72	古田修	在日韓国人の親族・相続・戸籍28
1984.07.13	第242号	27		福徳房
1984.07.13	第242号	57		背信者
1984.07.13	第242号	64		風俗/芸能/往来
1984.07.13	第242号	78		金日成談話を伝えた朝鮮中央通信とプラウダの違い
1984.07.13	第242号	77		現代コリア公開研究会ご案内

발행일	지면정보		필자	제목
	권호	페이지		
1984.07.13	第242号	80		編集後記
1984.08.13	第243号	2	崔華国/塚原俊夫/林昌夫/吉岡忠雄	サンドゥルパラム そよ風
1984.08.13	第243号	9		南北レーダー'84 日誌/韓国/北朝鮮
1984.08.13	第243号	18		すれ違った朝ソの思惑ー金日成訪ソのバランスシート
1984.08.13	第243号	48		バスを急に降りたり路地裏に入っていったりー韓国映画みてある記
1984.08.13	第243号	32	佐野良一	隣の国で暮らして5 ソウルのスイス人
1984.08.13	第243号	34	黒田勝弘	こちらソウル12 アンノン族からアンニョン族へ
1984.08.13	第243号	46	久仁昌	ピョンヤン 風の便り8
1984.08.13	第243号	58	長璋吉	普段着の朝鮮語4 犬肉は永遠であります。
1984.08.13	第243号	60	黒田勝弘/編集部	素顔のビジネス5 在韓「在日韓国人」実業家に聞く 思考方式がまるで違うということを知ったときはショックでした。
1984.08.13	第243号	74	古田修	在日韓国人の親族・相続・戸籍29
1984.08.13	第243号	79		[新連載]北朝鮮を知るためのレファレンス資料
1984.08.13	第243号	68		映画/勉強/風俗/読み違い
1984.08.13	第243号	79		岩垂氏に
1984.08.13	第243号	80		編集後記
1984.09.13	第244号	2	中野謙二/金平洙/呉忠根/吉岡忠雄	サンドゥルパラム そよ風
1984.09.13	第244号	8		南北レーダー'84 日誌/韓国/北朝鮮
1984.09.13	第244号	16	須之部量三	日韓関係ー「始めの始まり」
1984.09.13	第244号	24	松本厚治	アナリシス 日韓経済関係を考える(上)ー「貿易逆調」論の検討
1984.09.13	第244号	32	錦見喜一	隣の国で暮らして6 近所のアジュモニたち
1984.09.13	第244号	34	黒田勝弘	こちらソウル13 「街でば成る」のおすすめ
1984.09.13	第244号	50	久仁昌	ピョンヤン 風の便り9
1984.09.13	第244号	52	鈴木満男	敬老席ー政治人類学の視覚から
1984.09.13	第244号	64	長璋吉	普段着の朝鮮語5 盗人の一番こわがるアイスクリームは?
1984.09.13	第244号	66	神村竜二	素顔のビジネス6 韓国人貿易商方盛民氏に聞く 小学生の時、嘘をつくことは一番悪い、日本人は嘘をつかないと習った。
1984.09.13	第244号	78	谷口智彦	『在日外国人と日本社会』『神奈川の韓国・朝鮮人』
1984.09.13	第244号	73	小此木政夫	解放朝鮮の政治状況7
1984.09.13	第244号	49		韓国「教科書問題」報道の中身は
1984.09.13	第244号	69		「国立中央図書館」大新築工事に着手
1984.09.13	第244号	70		韓国の中の日本文化/風俗/経済/微妙
1984.09.13	第244号	31		現代劇「プンバ」の日本上演

발행일	지면정보		필자	제목
	권호	페이지		
1984.09.13	第244号	80		編集後記
1984.10.13	第245号	2	宮崎清太郎/長阪善勝/吉岡忠雄	サンドゥルパラム そよ風
1984.10.13	第245号	8		南北レーダー'84 日誌/韓国/北朝鮮
1984.10.13	第245号	18	田中明	韓国大統領来日
1984.10.13	第245号	20	坂本厚治	日韓経済関係を考える(下)
1984.10.13	第245号	28	高瀬浄	北朝鮮「対外開放の兆」か
1984.10.13	第245号	36	西岡力	隣の国で暮らして7 韓国人の自信感
1984.10.13	第245号	38	黒田勝弘	こちらソウル14 日本、プサンへ上陸!
1984.10.13	第245号	50	久仁昌	ピョンヤン 風の便り10
1984.10.13	第245号	52		小沢昭一軽薄に韓国を語る ソウルの市場を歩いて こういう風土なら"僕はやれるなあ"と感じました。
1984.10.13	第245号	58	長璋吉	普段着の朝鮮語6 気分テンカン
1984.10.13	第245号	60	神村竜二	素顔のビジネス7 再び韓国人貿易商方盛民氏に聞く もうキーセン観光は終わり。韓国人と日本人の関係はこれから始まるのです。
1984.10.13	第245号	70	古田修	在日韓国人の親族・相続・戸籍30
1984.10.13	第245号	74	小栗章	『ソウル日記』『ソウル讃歌』『ソウルの練習問題』
1984.10.13	第245号	76	安部桂司	『探訪韓国陶窯址と史蹟』
1984.10.13	第245号	63		ミニ知識 閘門
1984.10.13	第245号	64		報道ギャップ・バカヤロー問題
1984.10.13	第245号	67		図書館めぐり①ソウル大学校農科大学
1984.10.13	第245号	78		詩人/韓国の中の日本文化/政治
1984.10.13	第245号	79		フツーの女の子の「韓国」
1984.10.13	第245号	80		編集後記
1984.12.13	第247号	2		サンドゥルパラム そよ風
1984.12.13	第247号	8	佐藤勝巳	米国にらむ中ソの綱引き
1984.12.13	第247号	18	秋山豊	"農業立国"目指す北朝鮮
1984.12.13	第247号	20	河合弘子	合弁法の背景と問題点
1984.12.13	第247号	22	菊地正人	北からの"救援物資"
1984.12.13	第247号	24	嶋倉民生	日本近海貿易発展への期待
1984.12.13	第247号	26	久仁昌	ピョンヤン 風の便り12
1984.12.13	第247号	28		その後の北朝鮮人事の動向
1984.12.13	第247号	30		南北レーダー'84 日誌/韓国/北朝鮮
1984.12.13	第247号	42	李度珩	隣の国で暮らして9 「やさしい」日本人
1984.12.13	第247号	44	黒田勝弘	こちらソウル16「あの低い所へ」(最終会)
1984.12.13	第247号	58	荒木和博	韓国汽車の旅ーセマウル号は行く
1984.12.13	第247号	64	西岡力	求められる日韓比較文化論ー真の相互理解をめざして

발행일	지면정보		필자	제목
	권호	페이지		
1984.12.13	第247号	72	吉田修	在日韓国人の親族・相続・戸籍31
1984.12.13	第247号	76		これからの韓国
1984.12.13	第247号	41		御巫清尚
1984.12.13	第247号	57		揺れる著作権問題
1984.12.13	第247号	63		権力史観
1984.12.13	第247号	68		発禁本の"解禁"/お風呂の比較文化論/ピョンヤンに建つ三つの塔
1984.12.13	第247号	71		韓国の新刊＝歴史・社会・文化篇
1984.12.13	第247号	67		『現代コリア』韓国語通訳・翻訳部の御案内
1984.12.13	第247号	78		「こちらソウル」寸感
1984.12.13	第247号	78		現代コリアの会
1984.12.13	第247号	79		編集後記
1985.01.13	第248号	2		サンドゥルパラム　そよ風
1985.01.13	第248号	8		日韓国交20周年特集にあたって－編集部
1985.01.13	第248号	10		日本の貿易帝国主義と文化浸透
1985.01.13	第248号	20	坂本厚治	日本は本当に貿易帝国主義か(上)
1985.01.13	第248号	30		南北レーダー'85　日誌/韓国/北朝鮮
1985.01.13	第248号	40	吉岡忠雄	掌篇さようならスニョニム
1985.01.13	第248号	48	コバヤシ カズヒロ	ソウル一特派員の眼1　板門店の二面性
1985.01.13	第248号	52	久仁昌	ピョンヤン　風の便り13
1985.01.13	第248号	54	重村智計	なるか政権の平和交替－韓国総選挙のゆくえ
1985.01.13	第248号	64	鈴木千香枝	隣の国でくらして10　てんこ盛りのご飯とカルクッス
1985.01.13	第248号	69		『現代コリア』239('84・4)～247('85・1)号総目次
1985.01.13	第248号	74	森山浩二	『ソウルからの手紙』
1985.01.13	第248号	76	小此木政夫	解放朝鮮の政治状況9
1985.01.13	第248号	39		図書館めぐり②韓国文化院図書室
1985.01.13	第248号	66		釜山の海賊・美空ひばソより/韓国イメージ依然"金大中"/北朝鮮ソ連にも未払い
1985.01.13	第248号	79		黒田勝弘氏帰国報告会
1985.01.13	第248号	80		編集後記
1985.02.13	第249号	2		サンドゥルパラム　そよ風
1985.02.13	第249号	8	李度珩	いまだ解けぬ過去のしこり
1985.02.13	第249号	18		日本は本当に貿易帝国主義か(下)
1985.02.13	第249号	30	西岡力	教科書報道の虚と実(上)－誤報と歪曲の相乗作用
1985.02.13	第249号	28		ソウル讃歌－プロローグ
1985.02.13	第249号	44	川村湊	隣の国で暮らして11　待ちの底へ
1985.02.13	第249号	46		[南]韓日議連も入れ替え?/夢ふくらむ自動車業界/韓国版グリコ森永事件

발행일	지면정보		필자	제목
	권호	페이지		
1985.02.13	第249号	50		[北]過熱する金正日推載キャンペーン/展望暗い経済建設
1985.02.13	第249号	58	久仁昌	ピョンヤン 風の便り14
1985.02.13	第249号	60	コバヤシ カズヒロ	ソウル一特派員の眼2 選挙の季節
1985.02.13	第249号	65	小此木政夫	解放朝鮮の政治状況10
1985.02.13	第249号	72		『挑戦する韓国』
1985.02.13	第249号	74		「コリア」関係日本語図書目録1984(上)
1985.02.13	第249号	43		下着乾燥法
1985.02.13	第249号	55		在韓米軍撤退中止の内幕/社会党、朝鮮問題で論争/日本は韓国庶民の味方
1985.02.13	第249号	79		首脳外交について
1985.02.13	第249号	79		現代コリアの会
1985.02.13	第249号	80		編集後記
1985.03.13	第250号	2	佐藤勝巳	一年を振り返って
1985.03.13	第250号	4	成美子/田中良和/吉岡忠雄	サンドゥルパラム そよ風
1985.03.13	第250号	10		[南]新内閣発足"真実一路"の人事/国際グループ、整理・解体へ/新党助けたTV・警察・天気
1985.03.13	第250号	14		[北]異常な焦りの季節/第二次七ヵ年計画完遂報道の奇異
1985.03.13	第250号	20		韓国総選挙「混乱」か「成熟」か―韓国政局の行方
1985.03.13	第250号			座談会
1985.03.13	第250号	34	コバヤシ カズヒロ	ソウル一特派員の眼3 さっぱり選挙
1985.03.13	第250号	40	久仁昌	ピョンヤン 風の便り15
1985.03.13	第250号	42	安藤豊禄	信頼関係はできている
1985.03.13	第250号	51	西岡力	教科書報道の虚と実(下)―求められる事実の共有化
1985.03.13	第250号	58	広瀬貞三	隣の国で暮らして12 下宿にて
1985.03.13	第250号	60		近くて遠い国―初めての韓国取材旅行
1985.03.13	第250号	66	安部桂司	わがナグネ
1985.03.13	第250号	72		「コリア」関係日本語図書目録1984(下)
1985.03.13	第250号	74	小此木政夫	解放朝鮮の政治状況11
1985.03.13	第250号	50		好太王碑論争
1985.03.13	第250号	68		先生、全国区からご出馬願いたい
1985.03.13	第250号	71		現代コリアの会
1985.03.13	第250号	80		編集後記
1985.04.13	第251号	2	鈴木千香枝	サンドゥルパラム そよ風
1985.04.13	第251号	8		[南]エスカレートする住民要求/金をめぐって深刻な序列問題
1985.04.13	第251号	11		[北]金書記イメージアップにやや変化/技術革新と生活向上に重点/対南非難攻撃のエスカレート

발행일	지면정보		필자	제목
	권호	페이지		
1985.04.13	第251号	18		シリーズ・日韓国交20周年を考える けわしかった韓国の対日観ー日韓国交回復前後
1985.04.13	第251号	40		光州事件「引き裂かれた旗」の真相は
1985.04.13	第251号	16		コリアへの窓 歴史もたれ
1985.04.13	第251号	30	西岡力	隣の国で暮らして13 韓国人と日本人の「逃避距離」
1985.04.13	第251号	32	田中明	ソウル一特派員の眼4「場外」から「場内」へ
1985.04.13	第251号	38	関英子	ピョンヤン 風の便り16
1985.04.13	第251号	48	鄭大均	2人でつづる釜山便り① 釜山の絵
1985.04.13	第251号	52	山之内萩子	平壌断想ーあの頃の人たちに
1985.04.13	第251号	64	川村湊	私の韓国映画入門ー韓国映画はなぜ面白くないか?
1985.04.13	第251号	72	西岡力	『ある日韓の結婚を追って』
1985.04.13	第251号	76	吉田修	在日韓国人の親族・相続・戸籍32
1985.04.13	第251号	51		『現代コリア』韓国語通訳・翻訳部の御案内
1985.04.13	第251号	68		資本主義国以下の扱いを受けた"北代表団"/カラオケ騒動/日韓ラーメン戦争・米国編
1985.04.13	第251号	71		古本屋
1985.04.13	第251号	74		韓国で労働関係図書出版ラッシュ
1985.04.13	第251号	75		現代コリア会ー'85・5/本誌賛助推薦人
1985.04.13	第251号	80		編集後記
1985.05.13	第252号	2	荒木和博	サンドゥルパラム そよ風
1985.05.13	第252号	8		[南]実質は銀行救済/韓国版「現地指導」/"民主化闘争"の目的は政権獲得
1985.05.13	第252号	12		[北]新たな路線転換/「4月祝日」前後の複雑な動き/見通し暗い予算数字
1985.05.13	第252号	19	野副伸一	特集＝韓国経済は今…韓国における外債問題
1985.05.13	第252号	34	倉持和雄	韓国食糧自給への道
1985.05.13	第252号	46	藤崎成昭	韓国の当面するエネルギー問題ーエネルギー需給構造の変容と問題点
1985.05.13	第252号	32	豊田有恒	コリアへの窓 三国史記
1985.05.13	第252号	44	有岡正秀	隣の国で暮らして14 旅のひととき
1985.05.13	第252号	56	久仁昌	ピョンヤン 風の便り17
1985.05.13	第252号	58	コバヤシカズヒロ	ソウル一特派員の眼5「情」と「正統性」の政治
1985.05.13	第252号	66	重村智計	悩み多い駐韓日本商社
1985.05.13	第252号	78	田中明	『もっと知りたい韓国』
1985.05.13	第252号	31		対韓ビジネスの窓口
1985.05.13	第252号	65		人民大学習堂
1985.05.13	第252号	74		活発化する北朝鮮招待取材/北朝鮮でもQC運動が!/韓国人の北挑戦観
1985.05.13	第252号	77		現代コリアの会ー'85・6/本誌賛助推薦人

발행일	지면정보		필자	제목
	권호	페이지		
1985.05.13	第252号	80		編集後記
1985.06.13	第253号	2	大塚操/大森泰弘/宮崎清太郎/吉岡忠雄	サンドゥルパラム そよ風
1985.06.13	第253号	8	小此木政夫	[南]米文化センター占拠の内幕/楽観論に終始した政府側答弁/大字争議ー偽装労働者VS財閥会長
1985.06.13	第253号	12		[北]対ソ改善を軸に開放40周年行事準備/金主席・金書記指導の二重化/綱渡りの対南政策
1985.06.13	第253号	20	小此木政夫	シリーズ・日韓国交20周年を考える 理性を失った日韓関係ー不毛な70年代前半
1985.06.13	第253号	30		日韓20年ー元ソウル特派員の回想「4・19」直後の熱気
1985.06.13	第253号	32	中野謙二	「玄海の橋」をかける
1985.06.13	第253号	34	岡井輝毅	日本マスコミの対韓報道の問題点
1985.06.13	第253号	18	古田修	コリアへの窓 韓国人「血」の源流
1985.06.13	第253号	36	玉城素	北朝鮮「第2次7ヵ年計画」完遂の明暗(上)
1985.06.13	第253号	48	安恵美	隣の国で暮らして15 君はどこの出身?
1985.06.13	第253号	50	코바야시카즈히로	ソウルー特派員の眼6 野党民主主義とは
1985.06.13	第253号	58	久仁昌	ピョンヤン 風の便り18
1985.06.13	第253号	60	佐藤勝巳	在日韓国・朝鮮人20年の軌跡と直面する問題ー指紋押なつ問題に寄せて
1985.06.13	第253号	78	松嶋光保	『教科書に描かれた朝鮮と日本ー朝鮮における初等教科書の推移1895ー1975』
1985.06.13	第253号	47		韓国の新刊=政治・国際関係、経済・経営編
1985.06.13	第253号	74		北朝鮮型「視聴率競争」/おごれる日本人ゴルファー/北の電力事情
1985.06.13	第253号	77		現代コリアの会ー'85・7/本誌賛助推薦人
1985.06.13	第253号	80		編集後記
1985.07.13	第254号	2	坂本誠一/佐藤克芳	サンドゥルパラム そよ風
1985.07.13	第254号	8		[南]「私製民主主義」/光州事態全貌/後退した引き締め政策
1985.07.13	第254号	12		[北]微妙に展開する対外活動/ホンネとタテマエの使い分け/水面下で「行革」進行
1985.07.13	第254号	20		特集=南北対話と日本の役割 ピョンヤン見たまま
1985.07.13	第254号	34	小此木政夫	南北対話と日本の役割
1985.07.13	第254号	38	久仁昌	ピョンヤン 風の便り19
1985.07.13	第254号	40	코바야시카즈히로	ソウルー特派員の眼7 驚かない北代表団
1985.07.13	第254号	18	服部民夫	コリアへの窓 権限委譲のゆくえ
1985.07.13	第254号	50	成沢勝	隣の国で暮らして16 ほとんど七年
1985.07.13	第254号	52	成美子	在日二世作家論5 つかこうへいの世界

발행일	지면정보		필자	제목
	권호	페이지		
1985.07.13	第254号	68	古田修	在日韓国人の親族・相続・戸籍33
1985.07.13	第254号	78	林建彦	『日韓ソウルの友情』
1985.07.13	第254号	17		韓国語学堂
1985.07.13	第254号	66		韓国の新刊＝歴史・文学・社会文化など
1985.07.13	第254号	72		求められる普通の日本人/宣伝しても仕方がない/三者会談に対するソ連の態度
1985.07.13	第254号	75	李命英	特別寄稿
1985.07.13	第254号	77		投書
1985.07.13	第254号	80		編集後記
1985.08.13	第255号	74		サンドゥルパラム　そよ風
1985.08.13	第255号	2	草野淳/宮崎清太郎/吉岡忠雄	[南]夏の与野党人事/風化する「日帝36年」/「我々は現政権を認めない」
1985.08.13	第255号	6		[北]朝ソ友好ムード一色の慶祝行事/手きびしいソ連の態度/手のこんだ南北対話再開
1985.08.13	第255号	12	黒田勝弘	どうなる韓国政局ー強硬策の背景
1985.08.13	第255号	16	小此木政夫	コリアへの窓　役割分担の虚と実
1985.08.13	第255号	20	松本厚治	工業製品の対日輸出が逆調是正への道
1985.08.13	第255号	30	林一信	数字で見る韓国① 1999
1985.08.13	第255号	32	コバヤシカズヒロ	ソウル特派員の眼8 学生運動を巡る対決の政治
1985.08.13	第255号	44	久仁昌	ピョンヤン　風の便り20
1985.08.13	第255号	46	近藤俊昭	『本誌』7月号、佐藤論文に対する批判
1985.08.13	第255号	56	権清志	民族として、人間として生きるために
1985.08.13	第255号	68	荒木和博	『ソウル原体験』『ソウル発これが韓国だ』
1985.08.13	第255号	70	鄭大均	2人でつづる釜山便り② 韓国という迷路
1985.08.13	第255号	62	矢野謙一	朝鮮語のひびき1
1985.08.13	第255号	64		ソウル常駐特派員大幅に増員か/TK生は日本人/モスクワの「張りぼて」
1985.08.13	第255号	67		中国図書館人が見た北朝鮮図書館
1985.08.13	第255号	73		現代コリアの会ー'85・9/本誌賛助推薦人
1985.08.13	第255号	80		編集後記
1985.10.13	第256号	2	嶋岡尚子/吉岡忠雄/五十嵐徹	サンドゥルパラム　そよ風
1985.10.13	第256号	8		[南]民族の情けより血縁の情/深刻化する失業問題/国威より入試が大切
1985.10.13	第256号	14		[北]失速状態の経済建設/連続祭典スケジュールと南北対話
1985.10.13	第256号	18	佐藤勝巳	中ソ接近によるアジアの流動化
1985.10.13	第256号	22		隣の国で暮らして17 忘れられぬ出来事

발행일	지면정보		필자	제목
	권호	페이지		
1985.10.13	第256号	24	小倉和夫	日韓外交交渉における「建前と本音」－経済協力交渉における「プロジェックと主義」をめぐって
1985.10.13	第256号	30	林一信	数字で見る韓国② 1兆200億
1985.10.13	第256号	32	河野善彦	日韓経済協力20年の歩みと今後の課題
1985.10.13	第256号	40	川村奏	2人でつづる釜山便り③ 消えた街
1985.10.13	第256号	62	コバヤシ カズヒロ	ソウル特派員の眼9(最終回) 儒教的社会主義の国
1985.10.13	第256号	72	久仁昌	ピョンヤン 風の便り21
1985.10.13	第256号	43	玉城素	北朝鮮「第二次七ヵ年計画」完遂の明暗(下)
1985.10.13	第256号	74	浜田耕策	『大和政権の対外関係研究』
1985.10.13	第256号	58		北朝鮮と川勝南海電鉄会長との技術提携・合併に関する備忘録
1985.10.13	第256号	60		朝鮮語のひびき2
1985.10.13	第256号	76		輸出保険の申請始まる/北主席、日本に経済協力要請
1985.10.13	第256号	79		現代コリアの会ー'85・10/本誌賛助推薦人
1985.10.13	第256号	80		編集後記
1985.12.13	第257号	2	丹藤佳紀	サンドゥルパラム そよ風
1985.12.13	第257号	6		[南]「革命かクーデターか」/高まる韓米貿易摩擦
1985.12.13	第257号	10		[北]経済建設の不振と混迷つづく/焦点を喪失した国際政策/党創立40周年祭典の流産
1985.12.13	第257号	16	田村哲夫	多角化進む日韓米資本・技術提携
1985.12.13	第257号	20	吉岡忠雄	カオ・マダム
1985.12.13	第257号	22		深まりつつある相互理解
1985.12.13	第257号	34	山岡邦彦	続・ソウル特派員の眼1 血は水より濃い
1985.12.13	第257号	41	松本厚治	自由貿易秩序維持こそが日韓の利益
1985.12.13	第257号	50	林一信	数字で見る韓国③ 35万9000
1985.12.13	第257号	52	鄭大均	2人でつづる釜山便り④ 父祖達の故郷
1985.12.13	第257号	56	久仁昌	ピョンヤン 風の便り21
1985.12.13	第257号	62	松本誠一	隣の国で暮らして18 理解して下さい
1985.12.13	第257号	66	鈴木満男	やさしいオンニたちのいる町ー子供たちのソウル遊学記1
1985.12.13	第257号	72	吉田光男	『朝鮮史』(武田幸男編・世界各国史17)
1985.12.13	第257号	74	古田修	在日韓国人の親族・相続・戸籍34
1985.12.13	第257号	48		米韓貿易に関するいくつかの一般的な疑問
1985.12.13	第257号	58		ウォン大幅に切下げ/南北、近く高位級会談実現か
1985.12.13	第257号	64	矢野謙一	朝鮮語のひびき2
1985.12.13	第257号	78		進む日韓図書館交流
1985.12.13	第257号	79		現代コリアの会ー'85・10/本誌賛助推薦人
1985.12.13	第257号	80		編集後記

발행일	지면정보 권호	지면정보 페이지	필자	제목
1985.12.13	第257号	2	重村朋子/加村赳雄/後藤健生/千野堺子	サンドゥルパラム そよ風
1985.12.13	第257号	8		[南]金大中アレルギー/依然つづく輸出の伸び悩み/求職難で急騰する屋台の「権利金」
1985.12.13	第257号	14		[北]練りに練った北の作戦/中国にバランスをとった10・25行事/不安定な金正日書記の出現動向
1985.12.13	第257号	20	吉岡忠雄	待っていたリス
1985.12.13	第257号	22		南北トップ会談は実現するか？－1985年の回顧と展望－
1985.12.13	第257号	36	金子量重	コリアへの窓 韓国のやきものと日本人
1985.12.13	第257号	38	松本厚治	現実直視こそが問題解決の鍵ー「貿易逆調論」によせて
1985.12.13	第257号	46	林一信	数字で見る韓国④ 53
1985.12.13	第257号	48	柴公也	隣の国で暮らして19 私の光州事件
1985.12.13	第257号	50	山岡邦彦	続・ソウル特派員の眼2 韓国の「尊皇攘夷」
1985.12.13	第257号	58	久仁昌	ピョンヤン 風の便り23
1985.12.13	第257号	62	川村湊	2人でつづる釜山便り⑤ 東新国民学校一年七班
1985.12.13	第257号	70	宮原兎一	『朝鮮キリスト教の文化史的研究ー朝鮮四教史ー』
1985.12.13	第257号	72	鈴木満男	やさしいオンニたちのいる町ー子供たちのソウル遊学記2
1985.12.13	第257号	60	矢野謙一	朝鮮語のひびき
1985.12.13	第257号	65		韓国の労働組合
1985.12.13	第257号	66		アガシ、待遇改善要求!!/韓国人の好きな日本小説「大望」と「氷点」/社会主義諸国にみはなされた「南北共催」案
1985.12.13	第257号	78		最近の韓国の論調 第二の日本
1985.12.13	第257号	79		現代コリアの会ー'86・1/本誌賛助推薦人
1985.12.13	第257号	80		編集後記
1986.01.13	第259号	2	嶋岡尚子	サンドゥルパラム そよ風
1986.01.13	第259号	6		[南]韓国のマスコミ 危機克服を模索/輸出拡大が鍵/大学入試「ヌンチ作戦」と校内暴力
1986.01.13	第259号	12		[北]経済建設の難関打開へ/治安面に動揺の気配
1986.01.13	第259号	16	吉岡忠雄	鉄路の果ての夢
1986.01.13	第259号	18	松本厚治	観念が生む「第二の現実」－日韓経済摩擦の論理と心理
1986.01.13	第259号	30	林一信	数字で見る韓国⑤ 300億
1986.01.13	第259号	32	伊豆見元	チーム・スピリット演習と朝鮮半島情勢
1986.01.13	第259号	36	康仁徳	新春特別インタビュー 対話も対南革命
1986.01.13	第259号	43	大崎雄二	緊張の海、日本海のイカ漁ー共和国による漁船拿捕事件の取材から
1986.01.13	第259号	54	久仁昌	ピョンヤン 風の便り24
1986.01.13	第259号	56	山岡邦彦	続・ソウルー特派員の眼3
1986.01.13	第259号	66	松本誠一	朝鮮民俗文化の研究ー朝鮮の基層文化とその源流をめぐって

발행일	지면정보		필자	제목
	권호	페이지		
1986.01.13	第259号	74		『現代コリア』248('85·2)~258('86·1)号総目次
1986.01.13	第259号	64	矢野謙一	朝鮮語のひびき5
1986.01.13	第259号	68		アジアの盟主韓国/日本核兵器保有？/韓雪野「狼」の再評価「知られざる金正日書記の経歴/国税局、強制調査は民族差別か
1986.01.13	第259号	72		最近の韓国の論調
1986.01.13	第259号	73		現代コリアの会ー'86·2/本誌賛助推薦人
1986.01.13	第259号	80		編集後記
1986.03.13	第260号	2		サンドゥルパラム そよ風
1986.03.13	第260号	8		[南]改憲政局に硬軟両面作戦/「三低」神風に乗る韓国経済
1986.03.13	第260号	12		[北]南北対話中断と対ソ緊密化/引き続く経済立て直し努力
1986.03.13	第260号	16	黒田勝弘	フィリピン政変を巡って
1986.03.13	第260号	20	吉岡忠雄	恋愛小説がなりたつ国
1986.03.13	第260号	22	松本厚治	問われる日韓経済関係の新しいイメージー虚構なき「友好関係」へ
1986.03.13	第260号	32	金完淳	韓·日間貿易逆調問題の再考察(上)
1986.03.13	第260号	40	林一信	数字で見る韓国⑥ 24.5
1986.03.13	第260号	42	谷洋一	緊急インタービュー 言うべきことは言う、それが日朝友好の原点
1986.03.13	第260号	48	久仁昌	ピョンヤン 風のたより25
1986.03.13	第260号	50	秀村研二	隣の国で暮らして20 お酌
1986.03.13	第260号	52	山岡邦彦	続·ソウルー特派員の眼4困難を極める民意収攬
1986.03.13	第260号	58	関川夏央	『ソウル·ラプソディ』
1986.03.13	第260号	60	増田忠幸	最新韓国만화事情
1986.03.13	第260号	68		やさしいオンニたちのいる町ー子供たちのソウル遊学記3
1986.03.13	第260号	30		最近の韓国の論調 感傷から脱すべき時
1986.03.13	第260号	46		日本社会党訪朝団への金日成談話
1986.03.13	第260号	64		難局対処のマスコミ人事/この程度の相互認識か/厳しさ増す、日本での北朝鮮/神格化をみずからこばむゴルバチョフ
1986.03.13	第260号	74	矢野謙一	朝鮮語のひびき6
1986.03.13	第260号	76		研究所名変更ならびに会員制発足にあたって
1986.03.13	第260号	78		発展途上地域日本語文献目録
1986.03.13	第260号	79		現代コリアの会ー'86·3/本誌賛助推薦人
1986.03.13	第260号	80		編集後記
1986.04.13	第261号	2	前田利一/早川善蔵/森永和彦	サンドゥルパラム そよ風
1986.04.13	第261号	6		[南]「風向きの変化を待つ」/人気を集める歴史ドラマ「壬辰倭乱」
1986.04.13	第261号	10		[北]復活した金正日書記実務指導/新たな外交の季節
1986.04.13	第261号	14	佐藤勝巳	果たして日朝経済交流はありうるか

발행일	지면정보		필자	제목
	권호	페이지		
1986.04.13	第261号	18		現代の「両班」たち―韓国学生運動の現状と問題点
1986.04.13	第261号	30	安尾芳典	改憲運動のゆくえ―新民党の狙いと戦術
1986.04.13	第261号	38	柴公也	韓国現代学生気質
1986.04.13	第261号	48	吉田美智枝	隣の国で暮らして21 家政婦羅さんの思い出
1986.04.13	第261号	50	山岡邦彦	続・ソウル―特派員の眼5 ソウル、釜山、光州―動き出した改憲運動
1986.04.13	第261号	56	久仁昌	ピョンヤン 風の便り26
1986.04.13	第261号	58	松本厚治	世界の中の日韓経済摩擦
1986.04.13	第261号	68		韓・日間貿易逆調問題の再考察(下)
1986.04.13	第261号	45	矢野謙一	朝鮮語のひびき7
1986.04.13	第261号	67	戸部英子	韓国図書館職員との懇談会
1986.04.13	第261号	76		交戦状態なら中止にできる／皇太子訪韓は、中曽根首相の野心
1986.04.13	第261号	79		現代コリアの会―'86・5/本誌賛助推薦人
1986.04.13	第261号	80		編集後記
1986.05.13	第262号	2	山室英男/有吉克彦/宮崎清太郎	サンドゥルパラム そよ風
1986.05.13	第262号	6		[南]民心つかめない与・野・学生/景気回復に黄信号/年内にF16、12機を実戦配備
1986.05.13	第262号	12		[北]「環境保護法」制定と1986年度予算/「南朝鮮のフィリピン化」を期待
1986.05.13	第262号	16	山本邦彦	学生運動の行方
1986.05.13	第262号	20	吉岡忠雄	握手
1986.05.13	第262号	22	塚本勝治	交渉当事者がいま明かす 緊迫の金浦空港―「よど号」と日本赤軍
1986.05.13	第262号	50	久仁昌	ピョンヤン 風の便り27
1986.05.13	第262号	54	リヒギョン	隣の国で暮らして22 言いたい事を言いながら
1986.05.13	第262号	56	松本厚治	「言うべきことを言う」―すべての分野で
1986.05.13	第262号	66	鈴木満男	やさしいオンニたちのいる町―子供たちのソウル遊学記4
1986.05.13	第262号	72	林建彦	金日成評伝
1986.05.13	第262号	64	矢野謙一	朝鮮語のひびき'8
1986.05.13	第262号	74		米・リビア紛争での韓国・北朝鮮の位置/「株式投資時代の開幕」／数字でみるパガジ/学生が騒ぐと強盗が増える/シグール国務次官補の韓国観
1986.05.13	第262号	79		現代コリアの会―'86・6/本誌賛助推薦人
1986.05.13	第262号	80		編集後記
1986.06.13	第263号	2	秀村研二/白川豊/近松良之/前田利一	サンドゥルパラム そよ風

발행일	지면정보 권호	지면정보 페이지	필자	제목
1986.06.13	第263号	8		[南]政権サイドが改憲攻勢/「甘え」が支える学生の反米闘争/激化するラーメン戦争
1986.06.13	第263号	14		[北]進行する内外の緊張に対処/外面志向型の経済建設
1986.06.13	第263号	18	小此木政夫	改憲政局の展望ー「一括解決」の必要性
1986.06.13	第263号	22	吉岡忠雄	義理泣き
1986.06.13	第263号	24	古田裕繁	韓国労働問題の現状と課題(上)
1986.06.13	第263号	34	西岡力	コリアへの窓 韓国の日本論
1986.06.13	第263号	36	山岡邦彦	続・ソウルー特派員の眼6 全部か、そうでなければ零か
1986.06.13	第263号	42	唐達保	隣の国で暮らして23 私のあだ名
1986.06.13	第263号	44	久仁昌	ピョンヤン 風の便り28
1986.06.13	第263号	46		「アジア平和の船」
1986.06.13	第263号	52	鄭大均	在日朝鮮人の同化か異化か
1986.06.13	第263号	60	鈴木満男	やさしいオンニたちのいる町ー子供たちのソウル遊学記5
1986.06.13	第263号	68	嶋岡尚子	『韓国を歩く』『韓国を読む』
1986.06.13	第263号	70	古田修	在日韓国人の親族・相続・戸籍35
1986.06.13	第263号	33		最近の韓国の論調 円高逆効果が恐い
1986.06.13	第263号	57		韓国文化状況の不幸さと日本進歩派の姑息
1986.06.13	第263号	58	矢野謙一	朝鮮語のひびき9
1986.06.13	第263号	74		地下鉄書店に地下鉄新聞/辞典は韓国がお買い得/北朝鮮で"新国際問題誌"刊行/石橋委員長と朝鮮労働党の対立
1986.06.13	第263号	79		現代コリアの会ー'86・7/本誌賛助推薦人
1986.06.13	第263号	80		編集後記
1986.07.13	第264号	2	成美子/宮崎清太郎/鈴木満男	サンドゥルパラム そよ風
1986.07.13	第264号	6		[南]妥協成立の展望見出せぬ改憲論議/対日赤字より対米黒字が問題
1986.07.13	第264号	10		[北]党大会めざし後継者の地位安定/しきりに平和意思を表明
1986.07.13	第264号	16	武貞秀士	朝鮮半島の軍事動向と南北対話
1986.07.13	第264号	28	古田博司	隣の国で暮らして24 韓国人の見えざる手
1986.07.13	第264号	30	山岡邦彦	続・ソウルー特派員の眼7 美しくなる街角と催涙ガス
1986.07.13	第264号	36	久仁昌	ピョンヤン 風の便り29
1986.07.13	第264号	38	古田裕繁	韓国労働問題の現状と課題(下)
1986.07.13	第264号	55	田中明	鮮于輝さんを失って
1986.07.13	第264号	58	吉岡忠雄	残された時間を戦い続けます
1986.07.13	第264号	66		現代コリア二周年記念パーティー
1986.07.13	第264号	70	太田泰弘	食は韓国にあり
1986.07.13	第264号	72	野田昌宏	韓国の経済・金融・証券市場ー国際金融マンの見た実体

발행일	지면정보		필자	제목
	권호	페이지		
1986.07.13	第264号	74	大口里子/花房征夫/林昌夫	「コリア」関係日本語図書目録1985(上)
1986.07.13	第264号	27		法律を守ることがなぜ悪い
1986.07.13	第264号	52		肥満とタバコは権威の象徴/朝鮮野菜に目をつけた日本の野菜農家/北京でいくか、モスクワでいくか
1986.07.13	第264号	79		現代コリアの会ー'86・9/本誌賛助推薦人
1986.07.13	第264号	80		編集後記
1986.09.13	第265号	2	柴本淑子/中村和子/有吉克彦	サンドゥルパラム　そよ風
1986.09.13	第265号	8		[南]動き始めた盧泰愚体制づくり/黒字に転じる経常収支/独立記念館火災ー「克日」を
1986.09.13	第265号	12		[北]国際活動活発化と対南平和攻勢/岐路に立つ経済建設
1986.09.13	第265号	16	佐藤勝巳	軽挙を慎むことを望む
1986.09.13	第265号	18	佐藤勝巳	「テロ」か「共催」か!?日88五輪のゆくえ
1986.09.13	第265号	30	吉岡忠雄	復学生
1986.09.13	第265号	32	清水千香子	隣の国で暮らして25　煙草と女ともだち
1986.09.13	第265号	34	西岡力	稲葉君　韓国当局は許しても僕は許さぬ
1986.09.13	第265号	44	山岡邦彦	続・ソウルー特派員の眼6「日本は厳密にはアジアではない」
1986.09.13	第265号	50	久仁昌	ピョンヤン　風の便り30
1986.09.13	第265号	52	玉城素	金日成講義録の示す危機的状況(上)
1986.09.13	第265号	64	佐藤勝巳	新しい時代の始まりー成美子著『同胞たちの風景』を読んで
1986.09.13	第265号	70	荒木和博	悲しさに笑う韓国人ー日本語教師の倭人韓国伝
1986.09.13	第265号	72	岡田聡	朝鮮半島ー開放化する東アジアと南北対話
1986.09.13	第265号	74	大口里子/花房征夫/林昌夫	「コリア」関係日本語図書目録1985(下)
1986.09.13	第265号	42	矢野謙一	朝鮮語のひびき10
1986.09.13	第265号	61		闇ドルと海賊版の非常事態/不思議な現象／日本相手にせず?
1986.09.13	第265号	79		現代コリアの会ー'86・10/本誌賛助推薦人
1986.09.13	第265号	80		編集後記
1986.10.13	第266号	2	佐野良一/川村亜子/宮原兎一	サンドゥルパラム　そよ風
1986.10.13	第266号	8		[南]改憲政局とアジア大会の成功/現代と大宇ー小型車市場で激突/中曾根首相陳謝の意味
1986.10.13	第266号	14		[北]経済難関の克服をめざして/対外平和政策の展開と内政調整
1986.10.13	第266号	18	武貞秀士	朝鮮半島の軍備管理・軍縮
1986.10.13	第266号	22	吉岡忠雄	休学
1986.10.13	第266号	24	佐藤勝巳	アジア大会の成功で、転換をせまられる北朝鮮(上)

발행일	지면정보		필자	제목
	권호	페이지		
1986.10.13	第266号	32	久仁昌	ピョンヤン 風の便り31
1986.10.13	第266号	34	玉城素	金日成講義録の示す危機的状況(中)
1986.10.13	第266号	42	山岡邦彦	続・ソウル一特派員の眼19「日本が落伍した！」
1986.10.13	第266号	51	西岡力	韓国日本語専攻大学生の日本観
1986.10.13	第266号	64	鈴木満男	やさしいオンニたちのいる町一子供たちのソウル遊学記6
1986.10.13	第266号	72	古田修	在日韓国人の親族・相続・戸籍36
1986.10.13	第266号	76	古田博司	韓国という鏡一戦後世代の見た韓国
1986.10.13	第266号	31		ファッションが狂走する地にてアジア大会は開けない
1986.10.13	第266号	41		ひと
1986.10.13	第266号	48		最近の韓国の対日論調「始まった日本の再侵略」
1986.10.13	第266号	60		通産省、北朝鮮を"破産国"と認定/反感を買った身びいき判定/南北共催はIOCとソ連の謀略？
1986.10.13	第266号	78		欧米の重要誌に現れたコリア関係文献(85年以降)
1986.10.13	第266号	79		現代コリアの会一'86・11/本誌賛助推薦人
1986.10.13	第266号	80		編集後記
1986.11.13	第267号	2	河村孝照/中村和子/牛尾恵子	サンドゥルパラム そよ風
1986.11.13	第267号	6		[南]「民主化」より議席の確保/国際収支黒字と社会福祉の本格化
1986.11.13	第267号	10		[北]国内体制の立て直し工作/金主席の外交活動さかん
1986.11.13	第267号	14		「藤尾発言」と日韓関係
1986.11.13	第267号	16	編集部	金日成訪ソをどう見るか
1986.11.13	第267号	18	吉岡忠雄	松南市場
1986.11.13	第267号	20		在日韓国・朝鮮人いま何が問題なのか
1986.11.13	第267号	33	佐久間邦夫	ソ連のアジア政策の転換一「ウラジオストク演説」の持つ意味
1986.11.13	第267号	44	久仁昌	ピョンヤン 風の便り32
1986.11.13	第267号	46	佐藤勝巳	アジア大会の成功で、転換をせまられる北朝鮮(下)
1986.11.13	第267号	52		隣の国で暮らして26 「世代ギャップ」
1986.11.13	第267号	54	山岡邦彦	ソウル一特派員の眼10 北朝鮮を強く意識する韓国
1986.11.13	第267号	66	玉城素	金日成講義録の示す危機的状況(下)
1986.11.13	第267号	60	矢野謙一	朝鮮語のひびき11
1986.11.13	第267号	62		「天皇」から「国王」へ/北経済「敗戦直後の日本よりひどい」/学生運動の過激化と孤立化/韓国、大学生比率で世界第二位
1986.11.13	第267号	79		本誌賛助推薦人
1986.11.13	第267号	80		編集後記
1987.01.13	第268号	2	後藤猛/松本誠一/江上幸雄/李映子	サンドゥルパラム そよ風

발행일	지면정보		필자	제목
	권호	페이지		
1987.01.13	第268号	8		南北レーダー'86 [南]不発に終った改憲要求大会/輸出好調、前年比28％の伸び/現代の科挙ー/大学入試制度改正
1987.01.13	第268号	14		南北レーダー'86 [北]最高人民義選挙の性格/経済建設のゆくえ
1987.01.13	第268号	18	吉岡忠雄	男女七歳にして
1987.01.13	第268号	20	朴一信	「円高」は日韓経済をどう変えるか　どこまで続くか「三低景気」
1987.01.13	第268号	28		金正ゴールデンベル・ジャパン社長に聞く「品質が悪ければいくら円高でも売れない。今は少しだけ気をつければ日本に入れる。」
1987.01.13	第268号	34	尾見誠一	日本市場進出ー求められる売込みの熱意・工夫
1987.01.13	第268号	40	藤江大輔	隣の国で暮らして27　韓国の"新人類"
1987.01.13	第268号	42	山岡邦彦	ソウルー特派員の眼11　「悪い金日成が死んだ！」
1987.01.13	第268号	48	久仁昌	ピョンヤン　風の便り33
1987.01.13	第268号	50	佐久間邦夫	ソ連のアジア政策の転換ー「ウラジオストク演説」の持つ意味(下)
1987.01.13	第268号	56	佐藤勝巳	心理戦「金日成暗殺」の背景をさぐるーポスト金日成への動き!?
1987.01.13	第268号	68	鈴木満男	やさしいオンニたちのいる町ー子どもたちのソウル遊学記7
1987.01.13	第268号	76	黒田勝弘	『新韓国地図』
1987.02.13	第269号	2	小此木政夫/実崎清太郎/沼倉満帆/水野正城	サンドゥルパラム　そよ風
1987.02.13	第269号	8		南北レーダー'87 [南]可能性あり「重大な決断」/8％成長を目標ー87年度経済運用計画/「政治の年」ー安定志向の中間層が頼り
1987.02.13	第269号	14		南北レーダー'87 [北]最高人民会議の年末開催/年末まで活発な外交活動
1987.02.13	第269号	18	永守良孝	改憲政局のゆくえ
1987.02.13	第269号	22	吉岡忠雄	星
1987.02.13	第269号	24	小此木政夫/黒田勝弘/小牧輝夫/佐藤勝巳	正念場を迎える政権の平和移行ー1987年韓国政局の展望<南>
1987.02.13	第269号	34	伊藤一秀	隣の国で暮らして28　全軽連のアフター6
1987.02.13	第269号	36	玉城素/小牧輝夫/武貞秀士/五島隆夫/西岡力	依然、困難な経済建設の見通しー1987年北朝鮮の展望<北>
1987.02.13	第269号	50	山岡邦彦	ソウルー特派員の眼12　南はこうみた北の国会議員選挙
1987.02.13	第269号	56	久仁昌	ピョンヤン　風の便り34
1987.02.13	第269号	58	高田一郎	駐平壌日本人商社員の証言　私の見た北朝鮮(上)

発行일	지면정보		필자	제목
	권호	페이지		
1987.02.13	第269号	72	桜井浩	『朝鮮戦争』
1987.02.13	第269号	74		『現代コリア』256('86・2/3)~268('87・1)号総目次
1987.02.13	第269号	80		編集後記
1987.04.13	第270号	2	三宅英利/吉村保雄/西岡健治/斉藤力/水島寛	サンドゥルパラム　そよ風
1987.04.13	第270号	8		南北レーダー'87　[南]展望は依然不透明/「享楽的な大学生活を捨てよ!」/海外建設不振と平和のダム
1987.04.13	第270号	14		南北レーダー'87　[北]冴えない新年度の出発/新たな南北対話攻勢
1987.04.13	第270号	18	佐藤勝巳	日本の意思を明確に表明すべきだ
1987.04.13	第270号	22	吉岡忠雄	仕送り
1987.04.13	第270号	24	崔喆周/黒田勝弘	特集＝まず「違い」の確認から　日韓報道はなぜ歪むのか
1987.04.13	第270号	36		会って話そう日韓ギャップ一第1回日韓学生会議を終えて
1987.04.13	第270号	34	川村亜子	隣の国で暮らして29
1987.04.13	第270号	44	山岡邦彦	ソウルー特派員の眼13　「あたたかい南の国」
1987.04.13	第270号	50	久仁昌	ピョンヤン　風の便り
1987.04.13	第270号	54	高田一郎	駐平壌日本人商社員の証言　私の見た北朝鮮(下)
1987.04.13	第270号	72	田中明	『日韓経済摩擦』(松本厚治著)
1987.04.13	第270号	74	田代和生	『近世日朝関係史の研究』(三宅英利著)
1987.04.13	第270号	76	吉田修	在日韓国人の親族・相続・戸籍37
1987.04.13	第270号	80		編集後記
1987.05.13	第271号	2	滝沢誠/閑谷克/鈴置高史/弘悦子/岡田聡	サンドゥルパラム　そよ風
1987.05.13	第271号	8		南北レーダー'87 [南]内紛つづく新民党/沸騰する証券市場/史学界も"正統性"論争
1987.05.13	第271号	14		南北レーダー'87 [北]「民族最大の祝日」の準備すすむ/難航つづける経済建設
1987.05.13	第271号	18	武貞秀士	チームスピリットと朝鮮半島
1987.05.13	第271号	22	吉岡忠雄	サラヤジ
1987.05.13	第271号	24	丹藤佳紀	近代化のため緊張を望まない中国
1987.05.13	第271号	32	嶋倉民生	東北アジアと中国経済
1987.05.13	第271号	38		カゴを開けても飛ばない鳥ーゴルバチョフ改革の狙い
1987.05.13	第271号	36	金炳姫	隣の国で暮らして30　東洋人と外人
1987.05.13	第271号	50	山岡邦彦	ソウルー特派員の眼14「大統領を辞めたら日本に行く」
1987.05.13	第271号	56	久仁昌	ピョンヤン　風の便り36
1987.05.13	第271号	58	鈴木満男	やさしいオンニたちのいる町ー子どもたちのソウル遊学記8

발행일	지면정보		필자	제목
	권호	페이지		
1987.05.13	第271号	72	藤田徹	日本経済新聞社編『韓国経済50のポイント』
1987.05.13	第271号	74	古田修	在日韓国人の親族・相続・戸籍38
1987.05.13	第271号	80		編集後記
1987.07.13	第273号	2	篠原雅利/加藤健司/荒木和博/永田正治	サンドゥルパラム　そよ風
1987.07.13	第273号	8		南北レーダー'87 [南]不安残るポスト全斗煥/第19回米韓安保協議会の開催/地表からみた「地下経済」/大路闊歩」か「拷問か
1987.07.13	第273号	16		南北レーダー'87 [北]手づまり状態打開に懸命/経済建設は依然として混迷
1987.07.13	第273号	20	重村智計	韓国政局次の展開
1987.07.13	第273号	26	吉岡忠雄	ドア
1987.07.13	第273号	28		88年に向けて南北はどう動くか?!　匿名座談会(87年5月13日実施)
1987.07.13	第273号	40	花房征夫	わが国におけるハングル文献の風景
1987.07.13	第273号	58	佐藤勝巳	私の在日韓国・朝鮮人論①
1987.07.13	第273号	48	臣鉉姫	隣の国で暮らして31　14坪の家に住んで
1987.07.13	第273号	50	山岡邦彦	ソウル―特派員の眼16「速度戦」の内政問題
1987.07.13	第273号	56	久仁昌	ピョンヤン風の便り38
1987.07.13	第273号	74	成美子	『となりの国の女たち』(川村亜子著)
1987.07.13	第273号	76	深川由起子	『地図にない韓国』(大前正臣)
1987.07.13	第273号	80		編集後記
1987.08.13	第274号	2	藤田昌黑/久保和朗/五十嵐清隆	サンドゥルパラム　そよ風
1987.08.13	第274号	8		南北レーダー'87 [南]今度は「ソウルの秋」?!/比重を増す原子力発電/ノンソン(強訴)頻発
1987.08.13	第274号	14		南北レーダー'87 [北]歯車が狂いはじめた金父子体制
1987.08.13	第274号	22	小此木政夫	あまりに韓国的な「合意改憲」
1987.08.13	第274号	44	宍戸秀行	ウォン高と産業界の悲鳴
1987.08.13	第274号	60	小牧輝夫	金日成の訪中目的
1987.08.13	第274号	20	吉岡忠雄	貰い下げ
1987.08.13	第274号	24		揺れる韓国「成熟」は本物か　①流血を避けた民主化の前途は
1987.08.13	第274号	48		②新たな脱皮をせまられる工業化
1987.08.13	第274号	64	菊池正人	奇跡か混迷か―韓国の今後
1987.08.13	第274号	38	山岡邦彦	ソウル―特派員の眼17　不透明な「ソウルの夏」
1987.08.13	第274号	62	久仁昌	ピョンヤン　風の便り39
1987.08.13	第274号	37		韓国の新刊目歴史・社会文・化編
1987.08.13	第274号	70		金主席「借金不払同盟」提唱/朝鮮戦争の「定説」が後退?
1987.08.13	第274号	75		延世大学総学生会闘争方針/「中間層の実態」調査結果

발행일	지면정보		필자	제목
	권호	페이지		
1987.08.13	第274号	78		投書欄
1987.08.13	第274号	80		編集後記
1987.11.13	第276号	2	藤崎成昭/川村亜子/木村亮/藤田昌煕	サンドゥルパラム　そよ風
1987.11.13	第276号	8		南北レーダー'87 [南]
1987.11.13	第276号	14		南北レーダー'87 [北]
1987.11.13	第276号	20	大高宏元	ソウル五輪「一年前」－この先どうなるか?
1987.11.13	第276号	18	吉岡忠雄	いとしき学徒
1987.11.13	第276号	24		燃える韓国(政治・経済)①どうなる大統領選
1987.11.13	第276号	38		②労働紛争の意味するもの
1987.11.13	第276号	50	川村奏	"模造"と"複製"の楼閣－独立記念館をみて
1987.11.13	第276号	56	佐藤勝巳	私の在日韓国・朝鮮人論③
1987.11.13	第276号	64	山岡邦彦	ソウルー特派員の眼18－韓国大統領選　過熱する前哨戦
1987.11.13	第276号	36	久仁昌	ピョンヤン　風の便り41
1987.11.13	第276号	74		韓国の工業化・発展の構図
1987.11.13	第276号	70		北・総連に巨額の資金集め指示?/異議あり報道姿勢
1987.11.13	第276号	77		投書欄
1987.11.13	第276号	80		編集後記
1987.12.13	第277号	2	藤崎成昭/川村亜子/木村亮/藤田昌煕	サンドゥルパラム　そよ風
1987.12.13	第277号	8		南北レーダー'87 [南]百花争鳴の大統領選/混沌とする「国人の声」前途厳しい「福祉元年」の門出
1987.12.13	第277号	14		南北レーダー'87 [北]南政局不安への"期待と煽動"　平壌大建設の「成果」と「進捗」のミゾ
1987.12.13	第277号	20	田中明	北を知らぬ韓国の統一論
1987.12.13	第277号	24		もし野党政権ができたなら　政治・経済・文化・社会専門家
1987.12.13	第277号	38	玉城素	金正日談話の検証(上)『金正日書記七・一五談話』の示す"危機的状況"
1987.12.13	第277号	62	佐藤勝巳	私の在日韓国・朝鮮人論④
1987.12.13	第277号	54	山岡邦彦	ソウルー特派員の眼19　激化する地域感情「惨憺たる気持ちです」
1987.12.13	第277号	50		成美子の歌舞伎町を見る　聞く　話す①
1987.12.13	第277号	61	久仁昌	ピョンヤン　風の便り42
1987.12.13	第277号	36	永田正治	隣の国で暮らして33　朴大統領暗殺事件をかいま見て
1987.12.13	第277号	76	北岡健次	近代日韓関係史研究
1987.12.13	第277号	72		北と運命を共にした方が特策では?中国海運大演習と「朝ソ軍事協力」"金史良"作品の積極的な見直しビラからみた現政局
1987.12.13	第277号	78		投書欄

발행일	지면정보		필자	제목
	권호	페이지		
1987.12.13	第277号	80		編集後記
1988.01.13	第278号	2	佐々木良昭/高田一郎/海野福寿	サンドゥルパラム　そよ風
1988.01.13	第278号	18		南北レーダー'88 [南]要注意!!「軍部のストレス」/オレでなければ安定しない
1988.01.13	第278号	24		南北レーダー'88 [北]盧候補への「罵倒と攻撃」 経済沈滞と金正日賞讃の「表と裏」
1988.01.13	第278号	6		緊急座談会　どうなる盧泰愚政権
1988.01.13	第278号	48	玉城素	金正日談話の検証(下)『金正日書記七・一五談話』の示す"危機的状況"
1988.01.13	第278号	38	花房征夫	知らざる中国・朝鮮族を訪ねて(上)　延辺紀行
1988.01.13	第278号	16	吉岡忠雄	対馬が見える日
1988.01.13	第278号	62	佐藤勝巳	私の在日韓国・朝鮮人論⑤
1988.01.13	第278号	30	山岡邦彦	ソウルー特派員の眼20　政治図をかえる大統領選挙
1988.01.13	第278号	58		成美子の歌舞伎町を見る　聞く　話す②
1988.01.13	第278号	36	久仁昌	ピョンヤン　風の便り43
1988.01.13	第278号	28	野副伸一	隣の国で暮らして34　"外華内貧"
1988.01.13	第278号	76	西岡力	「東京からきたナグネ」
1988.01.13	第278号	72		激化する人身攻撃　個人の人権か　祖国の利益か
1988.01.13	第278号	78		投書欄
1988.01.13	第278号	80		編集後記
1988.02.13	第279号	2	鳥羽欽一郎/森永和彦/高橋晴路/三谷静夫	サンドゥルパラム　そよ風
1988.02.13	第279号	8		南北レーダー'88 [南]韓国政局の行方/「米州事件鎮圧責任者を処罰せよ」高くつく「祭りのツケ」
1988.02.13	第279号	14		南北レーダー'88 [北]土俵ぎわの「焦燥と動揺」きわめて暗い金主席の「新年の辞」
1988.02.13	第279号	20	佐藤勝巳	あまりにも浅薄な人間認識
1988.02.13	第279号	22	小牧輝夫	韓国の政権交代と南北関係
1988.02.13	第279号	18	吉岡忠雄	塚原卜伝
1988.02.13	第279号			こうなる'88「南北の展望」
1988.02.13	第279号	26		① 韓国の展望
1988.02.13	第279号	38		② 北朝鮮の展望
1988.02.13	第279号	62	花房征夫	知られざる中国・朝鮮族を訪ねて(中)延辺紀行ー延辺の戦後史
1988.02.13	第279号	50	山岡邦彦	ソウルー特派員の眼21　西海の時代
1988.02.13	第279号	58		成美子の歌舞伎町を見る・聞く・話す③
1988.02.13	第279号	48	李基愛	隣の国で暮らして35　「日本での勉強、仕事、結婚」

발행일	지면정보		필자	제목
	권호	페이지		
1988.02.13	第279号	56	久仁昌	ピョンヤン　風の便り44
1988.02.13	第279号	76	코바야시 카즈히로	「板門店」
1988.02.13	第279号	72		金主席の体に異常か?/羨やむものは何もない/光州の恋人たち/金振永中将・首都防衛司令官就任
1988.02.13	第279号	78		クゴンマリヤ
1988.02.13	第279号	80		編集後記
1988.03.13	第280号	2	岡野恭子/金長春/佐藤邦夫/斉藤勝	サンドゥルパラム　そよ風
1988.03.13	第280号	6		南北レーダー'88 [南]懸念が残る実務型内閣/"伝家の玉刀"国家管理法の発動
1988.03.13	第280号	10		南北レーダー'88 [北]大韓機事件の対応におおわらわ/「人事の異変」軌道修正の兆しか?
1988.03.13	第280号	16	田中明	盧泰愚政権の発足に思う
1988.03.13	第280号	18	西岡力	とき離たれたタブー"光州事件"論議
1988.03.13	第280号	14	吉岡忠雄	なぜばなる
1988.03.13	第280号	22		大韓機を爆破した「北の意図」―今、北朝鮮をどう見るか
1988.03.13	第280号	36	佐藤勝巳	私の在日韓国・朝鮮人論(6)
1988.03.13	第280号	44	花房征夫	知られざる中国・朝鮮族を訪ねて(下)延辺紀行―延辺と朝鮮半島
1988.03.13	第280号	58	山岡邦彦	ソウル―特派員の眼22(最終回)　歴史はこうして創られる
1988.03.13	第280号	54		成美子の歌舞伎町を見る　聞く　話す④
1988.03.13	第280号	42	笠井信幸	隣の国で暮らして36　郷に入っては郷に従え?
1988.03.13	第280号	34	久仁昌	ピョンヤン　風の便り45(最終回)
1988.03.13	第280号	69	秋月望/宮原兎一	「恨」「韓国における国語・国史教育」
1988.03.13	第280号	74		『現代コリア』269('87・2/3)~278('88・1)号総目次
1988.03.13	第280号	64		アブダビで「韓国人」は降りなかった/"特定人"に似ていると出演禁止
1988.03.13	第280号	67		DATA
1988.03.13	第280号	72		クゴンマリヤ(投書欄)
1988.03.13	第280号	80		編集後記
1988.04.13	第281号	2	塚本勝一/宮原兎一/藤田昌熙	サンドゥルパラム　そよ風
1988.04.13	第281号	6		南北レーダー'88 [南]時代の変化は不可避/進展する対共産圏貿易/金敬氏だけが悪いのか!?
1988.04.13	第281号	12		南北レーダー'88 [北]驚嘆させる革新を起そう/硬軟両用の構え
1988.04.13	第281号	18	黒田勝弘	"文化侵略"との戦い―第六共和国の課題

발행일	지면정보		필자	제목
	권호	페이지		
1988.04.13	第281号	20	佐藤勝巳	急がれる神格化の除去ー総参謀長更迭をめぐって
1988.04.13	第281号	16	吉岡忠雄	二四○の瞳
1988.04.13	第281号	22		飛躍なるか韓国経済
1988.04.13	第281号	32	真田幸光	日韓経済、共存の接点はどこかーソウル駐在ビジネスマンの明
1988.04.13	第281号	38	岡田聡	平壌の人民生活(上)
1988.04.13	第281号	50	中村均	玄海灘を越えて(1)
1988.04.13	第281号	56	佐藤勝巳	私の在日韓国・朝鮮人論(最終回)
1988.04.13	第281号	46		成美子の歌舞伎町を見る　聞く　話す⑤
1988.04.13	第281号	75		岐路に立つ北朝鮮/金日成・虚像と実像/韓国人はほんとに日本人が嫌いか
1988.04.13	第281号	70		北朝鮮(カネ)に弱い社会党/引退後がこわいから出世しない/「長」が大好き/徳間書店の"過剰忠誠"/T・K生、40%がウソ/不思議の国のアリスと歌を忘れたカナリヤと
1988.04.13	第281号	69		ひとー崔光
1988.04.13	第281号	78		クゴンマリヤ(投書欄)
1988.04.13	第281号	80		編集後記
1988.05.13	第282号	2	山室英男/木名瀬亘/福岡雅己	サンドゥルパラム　そよ風
1988.05.13	第282号	12		南北レーダー'88 [南]改めて野心を燃やす金大中/ハンプリ(恨み晴らし)選挙/引揚げられた五ヵ年計画
1988.05.13	第282号	18		南北レーダー'88 [北]屈折する対南・対日態度/二百日戦闘の意味と「成果」
1988.05.13	第282号	24	玉城素	北朝鮮の最高人民会議と財政報告
1988.05.13	第282号	28	小牧輝夫	韓国の対共産圏経済交流
1988.05.13	第282号	6	荒木和博	消えた伝統野党
1988.05.13	第282号	75		DATA　韓国総選挙　市道別議席数・得票率
1988.05.13	第282号	38	関川夏央	日本「常識人」の北朝鮮観光
1988.05.13	第282号	46	李命英	驚異の研究成果・許東粲著「金日成・虚像と実像」
1988.05.13	第282号	55	花房征夫	中国の朝鮮研究機関
1988.05.13	第282号	48	岡田聡	平壌の人民生活(下)
1988.05.13	第282号	30	永森良孝	ソウル特派員の眼
1988.05.13	第282号	22	吉岡忠雄	惜しめただ君若き日を
1988.05.13	第282号	36	野副安代	隣の国で暮らして(37)暮らしやすかったソウル
1988.05.13	第282号	64	中村均	玄海灘を越えて(2)
1988.05.13	第282号	60		成美子の歌舞伎町を見る　聞く　話す⑥
1988.05.13	第282号	76		「権逸回顧録」「韓国の悲劇日本人の誤解」
1988.05.13	第282号	71		残飯をあさる北朝鮮労働者/ポルノと日本映画、解禁近し/韓国学生の「現代春香伝」/さびしい在日韓国・朝鮮知識人/金正日氏の息子モスクワに?

발행일	지면정보		필자	제목
	권호	페이지		
1988.05.13	第282号	78		クゴンマリヤ(投書欄)
1988.05.13	第282号	80		編集後記
1998.09.25	第385号	2		南北レーダー [南]くり返された「犯罪と反省」/景気刺激策へ転換
1998.09.25	第385号	6		南北レーダー [北]「内幕も知らず」
1998.09.25	第385号	8	田中明	金大中訪日ー日韓関係の非生産性
1998.09.25	第385号	12	玉城素	今、北朝鮮をどう見るのか(24)/異常国家の発足ー北朝鮮第10期最高人民会議と国家最高人事
1998.09.25	第385号	18	佐藤勝巳	弾道ミサイルの衝撃
1998.09.25	第385号	26	荒木和博(訳)	改革開放を拒否した労働新聞・勤労者共同論説
1998.09.25	第385号	36		救出運動レポート⑮　家族会、精神的に要請行動(全国協議会事務局)
1998.09.25	第385号	42	李青若	日本国籍取得への道(9)　氏と姓
1998.09.25	第385号	70	高木大三	小説・朴正煕の涙(7)
1998.09.25	第385号	78	花房征夫	『浦項製鉄の建設回顧録』
1998.09.25	第385号	55		帰化申請時氏名に使用可能な漢字
1998.09.25	第385号	57		金大中大統領来日関連資料
1998.09.25	第385号	80		編集後記
1998.10.25	第386号			南北レーダー [南]日韓とも及び日本文化開放/経済政策の導権回復
1998.10.25	第386号			南北レーダー [北]「地下施設は民需用」
1998.10.25	第386号	8	鈴置高史	低級の道探る日韓産業界
1998.10.25	第386号	12	林弘志/山川大作/西岡力	金大中訪日と日韓関係/金大中訪日をどう見るか
1998.10.25	第386号	24	黒田勝弘	金大中訪日と日韓関係/「天皇」「日皇」「日王」
1998.10.25	第386号	36	玉城素	金正日政治の自立化宣言ー共同論説の意味
1998.10.25	第386号	49	佐藤勝巳	証明された軟着陸論の愚
1998.10.25	第386号	58	恵谷治	目前まで来た北朝鮮核戦力の完成
1998.10.25	第386号	61		「ミサイル」「人工衛星」に関する北朝鮮と日本防衛庁の発表
1998.10.25	第386号	32	田中明	倭人の呟紀(51)　日本の大衆文化開放
1998.10.25	第386号	66		救出運動レポート⑯　家族会、日弁連に陳情(全国協議会事務局)
1998.10.25	第386号	68	高木大三	小説・朴正煕の涙(5)
1998.10.25	第386号	31		許宗万失脚か
1998.10.25	第386号	79		クゴンマリヤ
1998.10.25	第386号	80		編集後記
1998.11.25	第387号	2		南北レーダー [南]マスコミ世論は日本主導に不満/本格化する企業改革
1998.11.25	第387号	6		南北レーダー [北]強硬姿勢と太陽政策
1998.11.25	第387号	8	桜井よしこ	行き詰った米国のソフトランディング政策

발행일	지면정보		필자	제목
	권호	페이지		
1998.11.25	第387号	10	玉城素/佐藤勝巳	今、北朝鮮をどう見るのか(25)/危険水域に向う北朝鮮の独立化
1998.11.25	第387号	21	久仁昌	金大中訪日と日韓関係/中・朝　革新の時代
1998.11.25	第387号	40	平田隆太郎	金大中訪日と日韓関係/北朝鮮農業と農業統計の問題点
1998.11.25	第387号	32	李命英	金大中訪日と日韓関係/韓国で顕彰された真の「金日成将軍」
1998.11.25	第387号	60	佐野良一	「政治」を越えはじめた日本文化
1998.11.25	第387号	36	田中明	倭人の呟紀(52)　金剛山観光
1998.11.25	第387号	66	高木大三	朴正熙、いまだ健在(9)
1998.11.25	第387号	78	田中明	「日本のイメージ」
1998.11.25	第387号	80		編集後記
1998.12.25	第388号	2		南北レーダー [南]議院内閣制という足かせ/時ならぬ株価急騰
1998.12.25	第388号	6		南北レーダー [北]打撃目標は明確
1998.12.25	第388号	8	佐藤勝巳	必要なのは勇気と覚悟
1998.12.25	第388号	10	玉城素/佐藤勝巳	今、北朝鮮をどう見るのか(26)/北朝鮮総参謀声明を糾す
1998.12.25	第388号	23		総参謀部スポークスマン声明/韓国国会議員が明らかにした北朝鮮地下核施設の具体的情報/米議会の重油費用拠出条件
1998.12.25	第388号	58	シン・ピョンギル	金正日と対南工作(1)
1998.12.25	第388号	52		救出運動レポート⑰　各地で活発な動き
1998.12.25	第388号	31	秦郁彦	「慰安婦伝説」-その数量的監察
1998.12.25	第388号	44	花房征夫/鈴置高史	韓国経済「底を打った」論の真偽
1998.12.25	第388号	54	田中明	倭人の呟き(53)　歴史的恐怖心
1998.12.25	第388号	68	高木大三	朴正熙、いまだ健在(10)
1998.12.25	第388号	80		編集後記
1999.02.25	第389号	2		南北レーダー [南]韓国国会が日本擁護/分かれる景気回復を巡る見方
1999.02.25	第389号	6		南北レーダー [北]日韓関係は「交戦直前」
1999.02.25	第389号	8	黒田勝弘	金大中政権、二年目の課題は慶尚道の民心
1999.02.25	第389号	12	玉城素	迷走する「強盛大国」/革命幻想で「強盛大国」建設に動員－1999年深遠「共同社説」分析
1999.02.25	第389号	21	西岡力	迷走する「強盛大国」/米国が隠す北朝鮮秘密核開発の「証拠」(上)
1999.02.25	第389号	40	李命英	迷走する「強盛大国」/「金正日、朝鮮統一の日」を解剖する
1999.02.25	第389号	55	シン・ピョンギル	迷走する「強盛大国」/金正日と対南工作(2)
1999.02.25	第389号	50	田中明	倭人の呟き(54)　非栄光史観の力
1999.02.25	第389号	64	野平俊水	韓国メディアウォッチング

発行日	誌面情報		筆者	題目
	巻号	ページ		
1999.02.25	第389号	39		流れ着いた死体は　魚ドロボウ？
1999.02.25	第389号	72		『北朝鮮に消えた友と私の物語』評者·小林一博/『宿命』評者·高世仁
1999.02.25	第389号	78		クゴンマリヤ
1999.02.25	第389号	80		編集後記
1999.04.25	第391号	2		南北レーダー [南]在韓米軍の「平和軍」化で混線/現代グループのお家騒動
1999.04.25	第391号	6		南北レーダー [北]工作船日本侵入と米朝合意/金正日の土地整理指導
1999.04.25	第391号	10	荒木和博	国税庁·総聯「合意」の真実を明らかにせよ
1999.04.25	第391号			金正日の対日戦略
1999.04.25	第391号	12	高世仁	元工作員が明かした「工作船」の全貌
1999.04.25	第391号	16	玉城素/佐藤勝巳	「日本は脅せば取れる」
1999.04.25	第391号	27	西岡力	米国が隠す北朝鮮秘密核開発の証拠(中)
1999.04.25	第391号	36		黄長燁談話録「北朝鮮の戦争準備」
1999.04.25	第391号	42		救出運動レポート(19)資料·原敕晃さん拉致事件　全国協議会事務局
1999.04.25	第391号	50	下条正男	竹島問題、金炳烈氏に再反発する
1999.04.25	第391号	46	田中明	倭人の呟き(56)
1999.04.25	第391号	64	高木大三	朴正熙、いまだに健在(12)
1999.04.25	第391号	76	野平俊水	韓国メディアウォッチング(3)
1999.04.25	第391号	80		編集後記
1999.05.25	第392号	2		南北レーダー [南]工作船もテポドンも人事/加熱する株式市場
1999.05.25	第392号	6		南北レーダー [北]主権放棄の野中発言
1999.05.25	第392号	8	佐藤勝巳	拉致の解決が先決
1999.05.25	第392号			工作船と拉致
1999.05.25	第392号	12	西岡力	米国が隠す北朝鮮秘密核開発の証拠(下)
1999.05.25	第392号	22		「海の向こうにとらわれ家族(はらから)がいる。」
1999.05.25	第392号	34		救出運動レポート(20)5月2日国民大集会　全国協議会事務局
1999.05.25	第392号	48	シン·ビョンギル	金正日と対南工作(4)
1999.05.25	第392号	10	李哲承	北朝鮮の人権、これ以上放置できない
1999.05.25	第392号	58	田中明	倭人の呟き(57)　まだ「不審船」？
1999.05.25	第392号	62	野平俊水	韓国メディアウォッチング(4)
1999.05.25	第392号	66	高木大三	朴正熙、いまだに健在(13)
1999.05.25	第392号	77		迷信はびこる北朝鮮
1999.05.25	第392号	78		『ソウルの日本大使館から』　評者·花房征夫

발행일	지면정보		필자	제목
	권호	페이지		
1999.05.25	第392号	33		コチュジャン
1999.05.25	第392号	80		編集後記
1999.08.25	第394号	2		南北レーダー [南]ミサイル主権論で対抗/大字事態で揺れ動く韓国経済
1999.08.25	第394号	6		南北レーダー [北]反撃できない最高司令官
1999.08.25	第394号	8	佐藤勝巳	金正日に切り捨てられた総聯
1999.08.25	第394号	12	黒田勝弘	内閣制改憲で悩みの金大中大統領
1999.08.25	第394号			太陽政策に危険性
1999.08.25	第394号	16	玉城素/佐藤勝巳	テポドンにすがる金正日
1999.08.25	第394号	28	野副伸一	太陽政策を巡る攻防-99年3月の現地調査報告
1999.08.25	第394号	38	花房征夫	太陽政策と韓国人の対北朝鮮進出状況(上)
1999.08.25	第394号	48	李命英	北朝鮮の対南政策ーその昨日と今日(下)
1999.08.25	第394号	62		救出運動レポート(22)猛暑の中、各地で集会・街頭行動　全国協議会事務局
1999.08.25	第394号	64	田中明	倭人の呟き(59)　二次的存在
1999.08.25	第394号	68	高木大三	朴正煕、いまだ健在(15)
1999.08.25	第394号	80		編集後記
1999.09.25	第395号	2		南北レーダー [南]北の人権に触れない人権大統領/大字グループ解体へ
1999.09.25	第395号	6		南北レーダー [北]愚かしき問題の先送り
1999.09.25	第395号	8	蓮池透	拉致を日朝交渉の障害と書いた朝日社説
1999.09.25	第395号	13	西岡力	ベルリン米朝合意と日本の対応
1999.09.25	第395号			趙甲済氏の韓国史観を聞く
1999.09.25	第395号	16	田中明	趙甲済(「月刊朝鮮」編集長)
1999.09.25	第395号	28	玉城素	西海境界樹立宣言の意味
1999.09.25	第395号	32	花房征夫	太陽政策と韓国人の対北朝鮮進出状況(下)
1999.09.25	第395号	50	木村将成	元慰安婦に国家賠償を認めた「関釜裁判」第一審判決を批判する
1999.09.25	第395号	37	シン・ピョンギル	金正日と対南工作(6)
1999.09.25	第395号	46	田中明	倭人の呟き(60)　親政体制
1999.09.25	第395号	59		救出運動レポート(23)新署名名簿政策　全国協議会事務局
1999.09.25	第395号	62	高木大三	朴正煕、いまだ健在(16)
1999.09.25	第395号	74	野平俊水	韓国メディアウォッチング(6)
1999.09.25	第395号	78		秘密プルトニウム工場発見/北、対日核攻撃を公言
1999.09.25	第395号	80		編集後記
1999.10.25	第396号	2		南北レーダー [南]故朴正煕大統領に今なお賛否両論/噴出し始める財産の不満
1999.10.25	第396号	6		南北レーダー [北]冷却化する朝中関係

발행일	지면정보		필자	제목
	권호	페이지		
1999.10.25	第396号	8	佐藤勝巳	忘れがたい「金嬉老事件」
1999.10.25	第396号	10	新井佐和子	「大沼教授に韓国修交勲章」に思う
1999.10.25	第396号			主思派の転向
1999.10.25	第396号	14	黒田勝弘	「シュリ」の隠されたメッセージ
1999.10.25	第396号	21		主思派リーダー金永煥の反省文
1999.10.25	第396号	25	玉城素/ 佐藤勝巳	米朝ベルリン合意の嘘と実
1999.10.25	第396号	38	荒木和博	北朝鮮軍元上佐・崔主活氏に聞く
1999.10.25	第396号	46	崔主活	人民軍保衛司令部とはいかなる機構か
1999.10.25	第396号	50	西岡力	金正日政権打倒への道(1)餓死者に数
1999.10.25	第396号	58	田中明	倭人の呟き(61)　右傾化？
1999.10.25	第396号	62	野平俊水	韓国メディアウォッチング(7)
1999.10.25	第396号	66	シン・ ビョンギル	金正日と対南工作(7)
1999.10.25	第396号	76		救出運動レポート(24)　地方議員の会結成　全国協議会事務局
1999.10.25	第396号	78		『北朝鮮・韓国からの極秘レポート』
1999.10.25	第396号			『北朝鮮を永久分断せよ』　評者　玉城素
1999.10.25	第396号	49		クゴンマリヤ
1999.10.25	第396号	80		編集後記
1999.11.25	第397号	2		南北レーダー　[南]内政に苦慮する金大中政権/「11月金融危機説」
1999.11.25	第397号	6		南北レーダー　[北]村山(野中)訪朝団
1999.11.25	第397号	8	荒木和博	拉致された人々の実力による救出を
1999.11.25	第397号			金正日を救う政治家・倒す民衆
1999.11.25	第397号	12	佐藤勝巳	日朝交渉推進の背景
1999.11.25	第397号	22	玉城素	「北朝鮮変化」謎の真偽
1999.11.25	第397号	26		転向主思派の打倒金正日宣言(上)
1999.11.25	第397号	42	西岡力	金正日政権打倒への道(2)核ミサイル開発が優先
1999.11.25	第397号	55	名村隆寛	「タバコ紛争」に見る日韓関係
1999.11.25	第397号	36		救出運動レポート(25)河野外相の手紙　全国協議会事務所
1999.11.25	第397号	60	田中明	倭人の呟き(62) 悪者-討つべし・求むるべからず-
1999.11.25	第397号	64	シン・ ビョンギル	金正日と対南工作(8)
1999.11.25	第397号	72	野平俊水	韓国メディアウォッチング(8)
1999.11.25	第397号	76		『めぐみ、お母さんがきっと助けてあげる』評者小林一博/ 『対日謀略白書』評者山川大助
1999.11.25	第397号	80		編集後記
2000.02.25	第399号	2		南北レーダー　[南]総選挙は南北関係にも影響/注目すべき株式市場の活況

발행일	지면정보		필자	제목
	권호	페이지		
2000.02.25	第399号	6		南北レーダー [北]階級的敵と無慈悲に闘え/辛光洙引き渡し要求を
2000.02.25	第399号	10		再度外国人への参政権付与に反対する
2000.02.25	第399号	12	西岡力	在日韓国人旧軍人・軍属「戦後補償」は特権要求
2000.02.25	第399号			クリントン政権の北朝鮮政策
2000.02.25	第399号	14	島田洋一	「弥縫的で先送り指向のアプローチ」-ペリー報告の批判的検討-
2000.02.25	第399号	30		ペリー報告(全訳)
2000.02.25	第399号	44	黒坂真	「北朝鮮民主化ネットワーク」設立大会に参加して
2000.02.25	第399号	54		救出運動レポート(27)食糧支援反対と辛光洙引き渡し要求 全国協議会事務局
2000.02.25	第399号	50	田中明	倭人の呟き(64) 失郷民の声
2000.02.25	第399号	61	シン・ビョンギル	金正日と対南工作(9)
2000.02.25	第399号	68	並木友	韓国定点観察20年 空港から市内まで①
2000.02.25	第399号	74	野平俊水	韓国メディアウォッチング(9)
2000.02.25	第399号	41		許宗万議長はあるのか/日本のロケット発射で北朝鮮が軍事力強化/金正日誕生祝で村山元首相が乾杯音頭/北朝鮮が朝日批判
2000.02.25	第399号	78		『韓国と韓国人』評者 花房征夫
2000.02.25	第399号	80		編集後記
2000.03.25	第400号	2		南北レーダー [南]金大中政権に包囲網/活発な韓国企業の青島進出
2000.03.25	第400号	6		南北レーダー [北]テロ政権の誠意を信じたコメ支援
2000.03.25	第400号	8	佐藤勝巳	朝銀への公的資金導入に反対する
2000.03.25	第400号	10	西岡力	通巻400号にあたりソウルで考えたこと
2000.03.25	第400号			返せ！家族を 同胞を
2000.03.25	第400号	14		コメ支援反対座り込みに参加して
2000.03.25	第400号	23		救出運動レポート(28)座り込み決行 全国協議会事務局
2000.03.25	第400号	28	千田真	直撃した大物スパイ＝日本人拉致実行犯辛光洙
2000.03.25	第400号	34		辛光洙と朴春仙さんとの会話(2000年1月9日)
2000.03.25	第400号	67		日朝交友議連参加議員名簿
2000.03.25	第400号	48	佐野良一	ロックミュージカル「地下鉄1号線」の衝撃
2000.03.25	第400号	44	田中明	倭人の呟き(65) 映画『シュリ』を見る
2000.03.25	第400号	53	並木友	韓国定点観察20年(2) 空港から市内まで②
2000.03.25	第400号	60	シン・ビョンギル	金正日と対南工作(10)
2000.03.25	第400号	68	野平俊水	韓国メディアウォッチング(10)
2000.03.25	第400号	72		『北朝鮮の経済 起源・形成・崩壊』評者野副伸一
2000.03.25	第400号	74		クゴンマリヤ(投書欄)

발행일	지면정보		필자	제목
	권호	페이지		
2000.03.25	第400号	76		現代コリア1999年度総目次
2000.03.25	第400号	80		編集後記
2000.04.25	第401号	2		南北レーダー [南]北に傾斜する金大中大統領/11年ぶりの二桁成長
2000.04.25	第401号	6		南北レーダー [北]金大中、駐韓米軍撤退を約束か
2000.04.25	第401号	8		経済の不振・低迷示す北国家財政
2000.04.25	第401号			在日韓国・朝鮮人問題の今
2000.04.25	第401号	22	佐藤勝巳	「三国人」は本当に差別語か
2000.04.25	第401号	30	坂中英徳	在日韓国・朝鮮人の過去
2000.04.25	第401号	42	野牧雅子	人権在日教育との出会いとその後(1)
2000.04.25	第401号	13	小林一博・荒木和博・田中明(司会)	ポスト三金時代に向かう韓国政治
2000.04.25	第401号	75		韓国総選挙結果
2000.04.25	第401号	54	田中明	倭人の呟き(66)　王様の伝統
2000.04.25	第401号	58	並木友	韓国定点観察20年(3)それぞれの人生①
2000.04.25	第401号	65		救出運動レポート(29)第二回国民大集会成功　全国協議会事務局
2000.04.25	第401号	70	シン・ピョンギル	金正日と対南工作(11)
2000.04.25	第401号	76	野平俊水	韓国メディアウォッチング(11)
2000.04.25	第401号	80		編集後記
2000.08.25	第404号	2		南北レーダー [南]離散家族の激情の行方/金融ストをめぐり緊迫
2000.08.25	第404号	6		南北レーダー [北]50万トンコメ支援約束はあった
2000.08.25	第404号	8	佐藤勝巳	野中自民党幹事長の歴史観を問う
2000.08.25	第404号			在日朝鮮・韓国人問題
2000.08.25	第404号	12	新井佐和子	「朝鮮人百万人強制連行」のウソ
2000.08.25	第404号	21	野牧雅子	人権在日教育との出会いとその後(4)
2000.08.25	第404号	30		平塚市立山城中学校民族差別事件の報告資料
2000.08.25	第404号	52	黒坂真	ソウルから見た金正日軍事独裁政権(下)
2000.08.25	第404号	40	田中明	倭人の呟き(69)孫子の言う通り
2000.08.25	第404号	44	並木友	韓国定点観察20年(6)それぞれの人生④
2000.08.25	第404号	61	シン・ピョンギル	金正日と対南工作(12)
2000.08.25	第404号	72		救出運動レポート(32)外務省に日朝外相会談で要請　全国協議会事務局
2000.08.25	第404号	76	野平俊水	韓国メディアウォッチング(14)
2000.08.25	第404号	80		編集後記
2000.09.25	第405号	2		南北レーダー [南]韓国政治を左右する金正日/高まる現代建設の信用不安

발행일	지면정보		필자	제목
	권호	페이지		
2000.09.25	第405号	6		南北レーダー [北]交流を急ぐ南北首脳
2000.09.25	第405号	8	小林一博	独り相撲に終った金永南国連出席取りやめ
2000.09.25	第405号			金正日と金大中のだまし合い
2000.09.25	第405号	12	田中明·趙甲済·黒田勝弘	南北対決、主戦場はソウル
2000.09.25	第405号	25	玉城素·佐藤勝巳	急展開する南北交流をどう評価するか
2000.09.25	第405号	38		韓国マスコミ社長団と金正日の対話録
2000.09.25	第405号	46	田中明	倭人の呟き(70)　やはり王様政治
2000.09.25	第405号	50		救出運動レポート(33)日朝交流にアピール·森首相に要請　全国協議会事務局
2000.09.25	第405号	54	シン·ピョンギル	金正日と対南工作(13)
2000.09.25	第405号	62	野牧雅子	人権在日教育との出会いとその後(5)
2000.09.25	第405号	74	野平俊水	韓国メディアウォッチング(15)
2000.09.25	第405号	78		『日韓　曇りのち晴れ』評者永守良孝
2000.09.25	第405号	80		編集後記
2000.10.25	第406号	2		南北レーダー [南]ノーベル賞、金大統領に重い課題/現代グループ再建案発表
2000.10.25	第406号	6		南北レーダー [北]趙明録訪米と日本のコメ支援
2000.10.25	第406号	8	鄭大均	外国人参政権法案に思う
2000.10.25	第406号	10	荒木和博	北朝鮮はテロ国家だ
2000.10.25	第406号			ノーベル平和賞とテロ政権支援
2000.10.25	第406号	12	玉城素·佐藤勝巳	陰りを見せだした南北交流
2000.10.25	第406号	24	花房征夫	復旧する南北縦貫鉄道(上)戦前の京義線
2000.10.25	第406号	38		救出運動レポート(34)コメ支援反対と関西人大集会　全国協議会事務局
2000.10.25	第406号	58	下条正男	竹島問題の現状と課題-求められる日本側の関心
2000.10.25	第406号	34	田中明	倭人の呟き(71)　建軍期の将軍の戦い
2000.10.25	第406号	51	並木友	韓国定点観察20年　それぞれの人生⑤
2000.10.25	第406号	72	シン·ピョンギル	金正日と対南工作(14)
2000.10.25	第406号	78		『好きになってはいけない国』評者小林一博
2000.10.25	第406号	80		編集後記
2000.11.25	第407号	2		南北レーダー [南]内政で苦しい金大中政権/浮上する総体的危機論
2000.11.25	第407号	6		南北レーダー [北]変化ない独善的本質
2000.11.25	第407号	8	佐藤勝巳	金大中大統領は「疑惑」に答えるべきだ
2000.11.25	第407号	10	福井義高	米国新政権の対北朝鮮政策と日本

발행일	지면정보		필자	제목
	권호	페이지		
2000.11.25	第407号			どうなる韓国
2000.11.25	第407号	14	黒田勝弘	「JSA」を解く
2000.11.25	第407号	22	花房征夫·野副伸一	危機再来か、韓国経済
2000.11.25	第407号	32	玉城素·佐藤勝巳	ノーベル平和賞が泣く、南北関係
2000.11.25	第407号	46+		救出運動レポート(35)日朝交渉で拉致問題進展なし　全国協議会事務局
2000.11.25	第407号	54	シン·ビョンギル	金正日と対南工作(15)
2000.11.25	第407号	62	野牧雅子	人権在日教育との出会いとその後(6)
2000.11.25	第407号	71	並木友	韓国定点観察20年(8)　それぞれの人生⑥
2000.11.25	第407号	76	野平俊水	韓国メディアウォッチング(16)
2000.11.25	第407号	31		軽水炉建設に重大障害
2000.11.25	第407号	80		編集後記
2001.03.25	第410号	2		南北レーダー [南]次期政権に向け大連立へ/中国の韓国企業
2001.03.25	第410号	6		南北レーダー [北]米·日を激しく非難
2001.03.25	第410号	8	佐藤勝巳	注視すべき金大中大統領の言動
2001.03.25	第410号			韓国はどちらに向かうのか
2001.03.25	第410号	10	黒田勝弘	再開ソウル報告1　韓国メディアの産経非難
2001.03.25	第410号	18	花房征夫	復旧する南北縦貫鉄道(下)京義線復元
2001.03.25	第410号	34	李度珩(荒木信子訳)	金大中大統領の重大なウソ
2001.03.25	第410号	46	玉城素·佐藤勝巳·西岡力	米韓首脳会談を読む
2001.03.25	第410号	30	田中明	倭人の呟き(74)移民が増えるということ
2001.03.25	第410号	59	野牧雅子	人権在日教育と出会いとその後(8)
2001.03.25	第410号	72	野平俊水	韓国メディアウォッチング(19)
2001.03.25	第410号	76		現代コリア2000年総目次
2001.03.25	第410号	80		編集後記
2001.07.25	第413号	2		南北レーダー [南]金大中政権の対日友好外交終わる/景気浮揚策への転換
2001.07.25	第413号	6		南北レーダー [北]金大中大統領を間接批判
2001.07.25	第413号	8	西岡力	日韓は感情的対立に入るのか
2001.07.25	第413号			求められる日韓の歴史討論
2001.07.25	第413号	10	下条正男	何が相互理解を阻害してきたのか-日韓歴史教科書問題-
2001.07.25	第413号	20	野平俊水	日韓教科書討論会参加報告
2001.07.25	第413号	24	朴賛雄	韓国の対日教科書修正要求の不当性
2001.07.25	第413号	53	三浦小太郎	偽善的平和主義からの脱却を(下)

발행일	지면정보		필자	제목
	권호	페이지		
2001.07.25	第413号	60	佐藤勝巳	金正日ファミリーの生活
2001.07.25	第413号	28	田中明	倭人の呟き(76)映画「ホタル」を見て
2001.07.25	第413号	32	黒田勝弘	新ソウル報告(4)韓国の「食」と民主化
2001.07.25	第413号	40	野牧雅子	人権在日教育との出会いとその後(10)
2001.07.25	第413号	72		救出運動レポート(39)　全国協議会事務局
2001.07.25	第413号	80		編集後記
2001.09.25	第415号	2		南北レーダー [南]日韓修復に乗り出した金大中政権/同時多発テロの衝撃
2001.09.25	第415号	6		南北レーダー [北]テロへの反応と第五回南北閣僚会談
2001.09.25	第415号	8	佐藤勝巳	白々しい金大中政権の「テロ」反対
2001.09.25	第415号			救おう！世界が力を合わせ北朝鮮に拉致された人々を、そして北朝鮮の人々を
2001.09.25	第415号	10		横田めぐみさんたちを救出するぞ、第三回国民大集会(上)
2001.09.25	第415号	26		救出運動レポート(40)よど号の妻らを徹底的に取り調べよ　全国協議会事務局
2001.09.25	第415号	50	田中明・並木友・西岡力	金大中政権をどう評価するか
2001.09.25	第415号	72		韓国における「反日感情」の実態は何か(2)　現代コリア編集部
2001.09.25	第415号	38	田中明	倭人の呟き(78)怒りと戦い
2001.09.25	第415号	42	黒田勝弘	新ソウル報告(6)小泉首相の西大門刑務所跡訪問
2001.09.25	第415号	62	野牧雅子	人権在日教育との出会いとその後(11)
2001.09.25	第415号	78		『物語　韓国人』評者鳥羽鉄一郎
2001.09.25	第415号	80		編集後記
2001.10.25	第416号	2		南北レーダー [南]党総裁を捨てた金大中大統領/積極攻勢をかける三星半導体
2001.10.25	第416号	6		南北レーダー [北]爆撃に怯える金正日政権
2001.10.25	第416号	8	佐藤勝巳	朝銀への資金贈与は国家犯罪だ
2001.10.25	第416号			対テロ戦争と北朝鮮
2001.10.25	第416号	10	玉城素・佐藤勝巳	テロ後の北朝鮮情勢
2001.10.25	第416号	22	島田洋一	「テロとの戦争」と北朝鮮の核
2001.10.25	第416号	32		横田めぐみさんたちを救出するぞ、第三回国民大集会(下)
2001.10.25	第416号	56	花房征夫	検証・日韓サンマ紛争
2001.10.25	第416号	44	田中明	倭人の呟き(79)名誉あるいは自尊心
2001.10.25	第416号	48	黒田勝弘	新ソウル報告(7)金大中政権の血縁文化
2001.10.25	第416号	70	野牧雅子	人権在日教育との出会いとその後(12)
2001.10.25	第416号	80		編集後記

발행일	지면정보		필자	제목
	권호	페이지		
2001.11.25	第417号	2		南北レーダー [南]金大中大統領の米国離れ/非難浴びる杜撰な公的資金管理
2001.11.25	第417号	6		南北レーダー [北]逮捕と贈与は「政治謀略」
2001.11.25	第417号	8	西岡力	八尾恵氏·高沢皓司氏はすべてを明らかにせよ
2001.11.25	第417号	10	佐藤勝巳	テロ政権に三千億円を贈与した日本政府の「狂気」
2001.11.25	第417号			日韓共助を妨げるもの
2001.11.25	第417号	22	浅川晃広	なぜ国籍選択にならなかったのか
2001.11.25	第417号	28	野平俊水	「閔妃屍姦」説の根拠を示せなかった金辰明氏
2001.11.25	第417号	36	黄長燁	韓·米·日共助はわれわれの生命線だ
2001.11.25	第417号	71		韓国における「反日感情」の実態は何か(3)　現代コリア編集部
2001.11.25	第417号	33		救出運動レポート(41)山形で救う会発足、各地で活発な活動　全国協議会事務局
2001.11.25	第417号	46	田中明	倭人の呟き(80)十二月八日
2001.11.25	第417号	50	黒田勝弘	新ソウル報告(8)次期大統領選挙と釜山情緒
2001.11.25	第417号	58	野牧雅子	人権在日教育との出会いとその後(13)
2001.11.25	第417号	80		編集後記
2002.01.25	第418号	2		南北レーダー [南]走りだした大統領選/深刻化する若年労働者の失業問題
2002.01.25	第418号	6		南北レーダー [北]「行方不明者」打ち切りの背景
2002.01.25	第418号	8	西岡力	奄美沖工作船事件を検証する
2002.01.25	第418号			2002年の韓国
2002.01.25	第418号	10	石川一郎/花房征夫	韓国経済のダイナミズム
2002.01.25	第418号	18	築地長太郎	勝負あり、韓日共催　ーそれでも体面にこだわってしまった韓国、W杯の実利は日本にー
2002.01.25	第418号	24	黒田勝弘	新ソウル報告(9)小さく見えた金大中大統領
2002.01.25	第418号	32	西尾幹二	趙甲済氏への質問
2002.01.25	第418号	40	玉城素	「朝鮮革命」を射程に悲壮な大進軍　二〇〇二年「新年三社共同社説」に見る
2002.01.25	第418号	70		韓国における「反日感情」の実態は何か(4)　現代コリア編集部
2002.01.25	第418号	36	田中明	倭人の呟き(81)工作員の自決
2002.01.25	第418号	52	野平俊水	韓国メディアウォッチング(24)
2002.01.25	第418号	57	野牧雅子	人権在日教育との出会いとその後(14)
2002.01.25	第418号	76		『病としての韓国ナショナリズム』評者鄭大均/『韓日戦争勃発！?』評者·荒木和博
2002.01.25	第418号	80		編集後記
2002.06.25	第431号	2		南北レーダー [南]金利引き下げ
2002.06.25	第431号	4		南北レーダー [北]田中均外務審議官を罷免せよ
2002.06.25	第431号			テロ国家北朝鮮の核開発

발행일	지면정보		필자	제목
	권호	페이지		
2002.06.25	第431号	6	玉城素/佐藤勝巳	どん底に落ち込みつつある北朝鮮
2002.06.25	第431号	19		「拉致はテロだ」5月7日第5回国民大集会全記録(上)
2002.06.25	第431号	40	鄭根謨/西岡洋(訳)	悪夢のシナリオ 金正日の核武装と韓国の対応
2002.06.25	第431号	60		最近の韓国関係主要図書ー社会、旅、経済ー
2002.06.25	第431号	62		欺瞞に満ちた帰国運動問われる
2002.06.25	第431号	65	三浦小太郎	日本の対北朝鮮外交・緊急提言 東京財団シンポジウム報告
2002.06.25	第431号	56	田中明	倭人の呟き(93)江ノ島談義から
2002.06.25	第431号	77		現代コリア2002年版(420~429号)総目次
2002.06.25	第431号	80		編集後記

호르몬문화(ほるもん文化)

○ ○ ○

1 서지적 정보

『호르몬문화』는 1990년 9월부터 2000년 9월(9호)까지 도쿄에서 발행된 재일조선인 잡지이며, 잡지명은 신간사(新幹社)의 대표를 맡고 있는 고이삼이 재일조선인의 독창성을 위해 명명하였다. 특히, 본지의 창간 취지에 대해서, 일본인의 차별의식뿐만 아니라 「(남북을 불문)본국 사람들의 그것과는 분명히 다른 범주에서밖에 살아갈 수밖에 없는 우리들 재일은 애당초 전혀 무용의 존재」라고 인식하고 있고, 그럼에도 불구하고 「민족통일도, 민족연대도, 동화와 귀화도, 일본 사회의 국제화까지도 우리들이 전부 다 받아들이지 않으면 안 된다고 하는 강렬한 자의식이 작동하기도 한다. 그러한 혼란함의 끝에 있는 재일의 모습을 우리들의 시좌에서 가능한 한 많은 국면에서 표현하는 것」(창간호, 편집후기)이라고 말하고 있듯이, 본지는 표현의 주체가 재일조선인 1, 2세에서 3세로 변화하면서 조국과 국가와 같은 민족적 아이덴티티의 정형화된 담론과는 차별화된 일반 대중들의 일상적·생활사적 경험에서 오는 「혼란함」을 새로운 시각에서 언어화를 시도하고 있다.

잡지의 내용적인 측면에서 보면, 매호에서는 특집호를 기획해서 발행하고 있는데, 예를 들면 「일하는 재일조선인」(2호), 「재일조선인이 선거에 가는 날」(3호), 「재일조선인·흔들리는 가족 모형」(4호), 「재일조선인 간사이 파워」(7호), 「재일조선인의 '고향'」(8호) 등을 통해서, 일본의 차별적인 환경 속에서 살아가는 재일조선인의 생활사를 탐색하는 한편, 재일조선인 내부에 존재하는 인식의 경직성과 권력성도 함께 문제화하고 있다.

특히, 종간호에서는 「'재일'이 차별할 때, 차별당할 때」라는 주제로 특집호를 엮고 있고, 좌담회 「「재일」 내부의 차별」에서 정아영은 「재일조선인 문제는 다름 아닌 일본

사회 속의 조선인 피차별이라는 사실과 밀접하게 관계되어 왔고, 현시점 역시 그러합니다. (중략)한편, 재일조선인 자신이 가해자가 되는 차별문제의 존재는 특히 재일 사회의 봉건적인 강한 연대 인식과 연결되면서 재일 자신에 의해 이전부터 지적되어 온 경우도 있습니다. 다만, 그러한 지적에는 일본사회의 차별문제를 애매모호하게 하는 부분이 있기 때문에 대외적으로 소리 내어 언급해서는 안 된다고 하는 의견도 반드시 따라다녔습니다」(77페이지)라는 인식에서도 알 수 있듯이, 1980년대에 1, 2세대에서 3, 4세로의 세대교체가 이루어지고, 1990년대에 표현의 주체로서 3세가 부상하고 있다는 점에서, 본지에서는 재일조선인의 문제를 특수성과 보편성 측면에서 사유하기 위해서 내부의 다양한 층위를 해부하기 시작하고 있다.

2　변명=편집후기(창간호)

▶ 일설에는 「버리는 것」, 즉 휴지통으로 직행하는 쓰레기를 어원으로 하고 있다는 호르몬은 피와 땀으로 가득 찬 재일조선인의 생활 속에서 탄생한 뼛속까지 서민적이며 토착성이 가득찬 대중 음식이다. 양념에 따라 구워도 좋고 푹 삶아도 좋은 호르몬이 지금에야 에스닉이다, 저칼로리의 헬시 푸드라고 찬사를 보내는 사회 현상도 이상하지만, 그 탄생의 경위나 세간에 짓눌린 사실을 생각하면, 가볍게 평가되는 데라시네적인 모습이 우리들 재일 2세·3세에게는 아무래도 남의 일처럼은 느껴지지 않는다.

▶ 일본에서 태어나 자랐지만 일본의 문화·사회로부터는 지금도 여전히 어딘가에서 끊임없이 배제당하고 있고, 특히 (남북을 불문)본국 사람들의 그것과는 분명히 다른 범주에서밖에 살아갈 수밖에 없는 우리들 재일은 애당초 전혀 무용의 존재인 것 같기도 하고, 그러나 다른 한편으로는 민족통일도, 민족연대도, 동화와 귀화도, 일본 사회의 국제화까지도 우리들이 전부 다 받아들이지 않으면 안 된다고 하는 강렬한 자의식이 작동하기도 한다. 그러한 혼란함의 끝에 있는 재일의 모습을 우리들의 시좌에서 가능한 한 많은 국면에서 표현하는 것—그것이 본지 창간의 주된 취지이다.

▶ 투고자가 재일조선인으로 편중되어 있는 것은 특집과의 관계성 때문이며, 통상적인 경우는 아니다. 다만, 편집위원과 투고자 모두가 결과적으로 대부분 남성만으로 구성

되어 있는 것은 「어차피 남성 시점의 잡지」라고 하는 심각한 비판을 예견하지 않을 수 없고, 다음 호부터는 가장 신경을 써야 하는 과제가 될 것이다.

▸ 그라비어 사진은 NHK가 제공해 준 것이다. 흔쾌히 게재를 허락해 주셔서 감사합니다.

▸ 「제각자의 재일」에서는 여러 민족 단체에 참가하고 있는 개인들에게 앞으로 재일이 걸어가야 할 길과 조국과의 관계맺기 등에 대해서 생각을 듣고, 다방면으로부터 커다란 논쟁의 마당이 되기를 바라고 있지만, 결과적으로 게재된 것은 네 명에 그쳤다. 다만, 하정남 씨(한국거류민단중앙)와 정갑수 씨(「8·15페스티벌」) 두 사람에게는 투고를 부탁드렸지만, 잡지 간행이 예상과 달리 상당히 늦어지는 탓에 게재를 미룰 수밖에 없었다. 두 분에게는 깊이 사과의 말씀을 전합니다. 그 밖에도, 편집자의 기술적 미숙과 초보적인 오판에 따라 게재하지 못한 경우도 있습니다. 여러모로 폐를 끼쳐드린 분들께 다시한 번 사죄의 말씀을 드립니다.

▸ 다음 호의 간행 시기는 현재 미정(정아영)

3 목차

발행일	지면정보		필자	제목
	권호	페이지		
1990.09.01	第一号	6	金宣吉	トンチャンとアパッチ
1990.09.01	第一号	14	文京洙	在日論の脈絡
1990.09.01	第一号	22	趙景達	挟撃される在日と「開かれたナショナリズム」
1990.09.01	第一号	32	姜尚中	日の丸・君が代と国家ー「在日」からみえてくるもの
1990.09.01	第一号	39	李順愛	60年代プロローグ
1990.09.01	第一号	56	尹健次	「在日韓国・朝鮮人」という言葉
1990.09.01	第一号	74	鄭雅英	1990年の打ち上げ花火
1990.09.01	第一号	83	元秀一	「李君の明日」体験記
1990.09.01	第一号	85	朴実	＜グラビア＞在日韓国・朝鮮人をめぐる統計の話
1990.09.01	第一号	89	金栄鎬	在日同胞の民族運動の可能性
1990.09.01	第一号	93	柳基善	冷戦は終わり、「在日」も終った
1990.09.01	第一号	100	金徳煥	在日雑考
1990.09.01	第一号	104	李英和	二重の制約と二重の課題、あるいは三重の鉄鎖

발행일	지면정보		필자	제목
	권호	페이지		
1990.09.01	第一号	109	金昌実	在日の祭り・祀りー祭祀(テェサ)を撮る
1990.09.01	第一号	115	ぱくいる	帰化代議士の神話
1990.09.01	第一号	123	朴彬	礎石
1990.09.01	第一号	134	金重明	五人の反乱
1991.10.01	第二号	4	元秀一	在日の仕事事情
1991.10.01	第二号	16	朴容福	はたらけば、ニッポン国が見えてくる
1991.10.01	第二号	36	金香都子	在日二世の「身世打鈴」
1991.10.01	第二号	49	ぱくいる	外国人にとって大学教員美味しい仕事か
1991.10.01	第二号	66	姜朱実	在日の仕事・私の仕事①　生け花教師
1991.10.01	第二号	68	高二三	在日の仕事・私の仕事②　出版苦労話
1991.10.01	第二号	70	郭日出	在日の仕事・私の仕事③　古本屋
1991.10.01	第二号	72	金徳生	在日の仕事・私の仕事④　プラスチック工場　私の履歴書
1991.10.01	第二号	76	李鳳宇	在日の仕事・私の仕事⑤　映像プロデューサー
1991.10.01	第二号	78	裵東善	在日の仕事・私の仕事⑥　「幸福な選択」大手電機メーカー
1991.10.01	第二号	80	裵薫	在日の仕事・私の仕事⑦　職業としての弁護士
1991.10.01	第二号	84	李根秀	在日の仕事・私の仕事⑧　牧師
1991.10.01	第二号	86	鄭雅英	在日の仕事・私の仕事⑨　日本学校教員
1991.10.01	第二号	90	朱源実	在日の仕事・私の仕事⑩　テント芝居旅日記
1991.10.01	第二号	92	車育子	在日の仕事・私の仕事⑪　広告代理店
1991.10.01	第二号	94	崔吾光	在日の仕事・私の仕事⑫　「マルミツ」の日常　朝鮮物産店
1991.10.01	第二号	96	皇甫康子	在日の仕事・私の仕事⑬　私の職業遍歴
1991.10.01	第二号	98	梁泰昊	公務員国籍条項撤廃の歩みと課題
1991.10.01	第二号	112	高鮮徽	韓国済州道出身の出稼ぎ労働者の就労と生活
1991.10.01	第二号	221	在日高麗労働者連盟	在日同胞労働者の就労調査
1991.10.01	第二号	121	趙景達	朝鮮人の労働観ー大韓帝国期を中心に
1991.10.01	第二号	143	金早雪	植民地経営と労働力移動ー東拓を中心に
1991.10.01	第二号	160	鄭章淵	日本とアジア、そして「在日」
1991.10.01	第二号	170	金重明	＜ＳＦ小説＞小惑星チナ
1992.10.01	第三号	7	エドワード・プジョストフスキー	国籍と選挙権について
1992.10.01	第三号	12	鄭雅英	挑戦!議会から多民族主義を
1992.10.01	第三号	28	朴和美	出産と参政権
1992.10.01	第三号	34	金宣吉	ロースハムな一日
1992.10.01	第三号	41	李竜海	李君の孤独な憂愁ー福井参政権獲得訴訟の報告にかえて
1992.10.01	第三号	53	李竜海	4・19参政権獲得全国集会の報告
1992.10.01	第三号	55	李鎮哲	選挙権提訴以後
1992.10.01	第三号	58	文京洙	地域社会の変容と参政権ー都市の時代とエスニシティー

발행일	지면정보		필자	제목
	권호	페이지		
1992.10.01	第三号	70	梁泰昊	尼崎市会議員ー朴炳仁のこと
1992.10.01	第三号	80	松田利彦	衆議院議員と朴春琴
1992.10.01	第三号	92	ぱくいる	「在日論」論争の成果と課題ー在日朝鮮人2・3世の生き方をめぐって
1992.10.01	第三号	104	金栄	0メートル0番地ー戸手河川敷の人々
1992.10.01	第三号	1	裵昭	中国延辺の朝鮮人「従軍慰安婦」
1992.10.01	第三号	132	金英達	噴出する国籍問題ー朝日国交樹立をめぐって
1992.10.01	第三号	140	韓聖炫	国籍のことなど
1992.10.01	第三号	147	韓信也	私を分析すると…
1992.10.01	第三号	150	車敬介	初めての海外登山の思い出
1992.10.01	第三号	153	李淑子	市民の力で「高麗博物館」をつくろう
1992.10.01	第三号	156	鄭閏熙	雨の音
1992.10.01	第三号	186	金重明	はかなきこの世を過ぐすとて
1993.11.30	第四号	9	金早雪	エミールによせてー未完の「近代」的家族づくり
1993.11.30	第四号	20	矢野百合子	韓日現代史の中の家族
1993.11.30	第四号	41	鄭暎恵	「在日」とイエ制度
1993.11.30	第四号	56	朴和美	家族と女の自意識
1993.11.30	第四号	67	金英達	韓国国籍法への父母両系主義の導入について
1993.11.30	第四号	77	八幡明彦	戸籍のない子どもたち
1993.11.30	第四号	86	文京洙	家族の肖像ー変わりゆく家族と在日朝鮮人
1993.11.30	第四号	95	李修二	結婚と子育てにおける民族差別と「在日」の親の新たな義務
1993.11.30	第四号	1	裵昭	中央アジア・カザフスタンの朝鮮人
1993.11.30	第四号	118	井上和枝	朝鮮家族史序説
1993.11.30	第四号	139	李竜海	マンダラームーンの麗しき夜
1993.11.30	第四号	168	申典玉	ハラボジの想い出
1993.11.30	第四号	173	金栄	ノーと言える妻になるには
1993.11.30	第四号	181	朱秀子	嫁の立場
1993.11.30	第四号	186	朴栄子	うめよふやせよ朝鮮人
1993.11.30	第四号	189	李元仁	FUGUEー＜家族＞の風景
1993.11.30	第四号	200	金宣吉	一つ屋根の上
1993.11.30	第四号	205	都相九	在日朝鮮人の「家族」を考える
1993.11.30	第四号	210	李秀	まず自らを射て、そして挑発にのれ!
1993.11.30	第四号	216	李宗雄	席取りは女房まかせ
1993.11.30	第四号	221	李洪俊	在日二世の新しい家族づくり
1993.11.30	第四号	228	金迅野	S君からの手紙
1993.11.30	第四号	233	中村和裕	「よろい」を脱ごうー個から社会へ
1993.11.30	第四号	242	ぱくいる	祖国に錦を飾った一世達ー韓日の狭間で生き抜いた在日韓国人群像

발행일	지면정보		필자	제목
	권호	페이지		
1993.11.30	第四号	255	金重明	百大夫
1993.11.30	第五号	11	金敬得·辛淑玉·趙景達·金栄	民族教育の行方
1993.11.30	第五号	40	ぱくいる	民族教育って何だ
1993.11.30	第五号	54	李月順	在日朝鮮人と民族教育
1993.11.30	第五号	64	金明石	在日三世以降にとっての民族教育を展望する
1993.11.30	第五号	73	李喜奉	自由の奪回ー辺境からたたかいとるもの
1993.11.30	第五号	93	宋貞智	ソンチャバ行こう
1993.11.30	第五号	101	梁真規	0からの出発
1993.11.30	第五号	105	原尻英樹	つくりかえられ生産されるドラマー生野に住む「日本人」と「朝鮮人」
1993.11.30	第五号	114	金早雪	教育実習15年目のおさらい
1993.11.30	第五号	126	梁澄子	されど「ウリハッキョ」
1993.11.30	第五号	133	姜誠	パチンコ産業を救え!ー民族教育を支えるもの
1993.11.30	第五号	139	朴郷丘	僕らだって熱く燃えたいーボクシング・インタハイへの道程
1993.11.30	第五号	148	金明美	食いしん坊の教育ガク
1993.11.30	第五号	156	金宣吉	「破戒」の破壊
1993.11.30	第五号	161	金信栄	我が家の民族教育
1993.11.30	第五号	167	金永子·申義雄	瀬戸大橋を渡って
1993.11.30	第五号	172	尹静恵	四つの面を被った祖国
1993.11.30	第五号	175	朴充輝	二つの名前
1993.11.30	第五号	178	蔵重優姫	より良き在日の民族教育を願って
1993.11.30	第五号	181	林美英	ブツブツ　ジタバタ
1993.11.30	第五号	183	金慶海	4·24教育闘争
1993.11.30	第五号	197	高柳俊男	映画『朝鮮の子』ー民族教育の原点として
1993.11.30	第五号	216	赤城隆治	"臣民"と"国民"の狭間でーある教員の青春
1993.11.30	第五号	233	鄭雅英	中国朝鮮族教育ー歴史と現状
1993.11.30	第五号	1	裵昭	識字学級で学ぶハルモニたち
1993.11.30	第五号	249	李竜海	冬の耳朵
1993.11.30	第五号	253	鄭閏熙	赤い財布
1993.11.30	第五号	268	金重明	猿嘯
1995.02.20	第六号	15	ぱくいる	戦後のヒーロー/力道山の伝説を追う(前編)
1995.02.20	第六号	27	梁泰昊	「在日」プロ野球列伝
1995.02.20	第六号	48	金栄	新宿「名月館」物語(前編)
1995.02.20	第六号	64	梁澄子	「イルボン」ー元「慰安婦」の戦後
1995.02.20	第六号	79	篠田直彦	金嬉老事件が日本人に問いかけるもの
1995.02.20	第六号	94	鄭雅英	民族学級は7·4精神でー大坂私立長橋小学校民族講師　朴正恵

발행일	지면정보		필자	제목
	권호	페이지		
1995.02.20	第六号	104	カマーゴ・さか江	李良枝姉
1995.02.20	第六号	128	竹田青嗣	世界の「在日」・「在日」の世界
1995.02.20	第六号	1	裵昭	プロレスラー力道山伝説
1995.02.20	第六号	145	韓聖炫	安炳茂『解放者イエス』
1995.02.20	第六号	148	金富子	高史明『生きることの意味』に導かれて
1995.02.20	第六号	150	張香理	映画「月はどっちに出ている」にみる現在の在日朝鮮人
1995.02.20	第六号	152	李東哲	わたしの中の「徐勝・徐俊植兄弟」
1995.02.20	第六号	154	本多健吉	高麗村と金栄斗
1995.02.20	第六号	156	鄭良二	元伊丹市立北中民族
1995.02.20	第六号	158	金正美	父の背中
1995.02.20	第六号	162	金早雪	世紀末の今こそ「在日朝鮮人」
1995.02.20	第六号	164	文京洙	戦後日本社会と在日朝鮮人　第1回
1995.02.20	第六号	180	李竜海	赤いハングル講座
1995.02.20	第六号	187	金重明	弓裔記
1996.02.15	第七号	27	李英和・趙博・朴一	関西コリアン・パワーはどこから
1996.02.15	第七号	53	原尻英樹	生野子どもたち
1996.02.15	第七号	66	郭政義	民族学級の価値
1996.02.15	第七号	73	李福美	女性が元気な雑誌『サイ』
1996.02.15	第七号	78	呉光現	誰が集ってもええやないかーFMサランを始めて
1996.02.15	第七号	86	鄭雅英	東京系朝鮮人が見た!こんなんありますイン大坂
1996.02.15	第七号	96	杉原達	春玉たちの大坂ー在坂朝鮮人史研究序説
1996.02.15	第七号	110	梁石日	「在日同胞文化基金」の設立を急げ
1996.02.15	第七号	118	林浩治	錆びた洗面器から文学は生まれたー在日朝鮮人作家が描いた大坂
1996.02.15	第七号	131	玄幸子	スニの結婚
1996.02.15	第七号	139	元秀一	ギャングキッズ
1996.02.15	第七号	1	裵昭	済州道ハルマンたちの祈り
1996.02.15	第七号	155	金守良	阪神大震災と在日韓国・朝鮮人
1996.02.15	第七号	160	金宣吉	アジアの街″ながた″
1996.02.15	第七号	173	金慶子	兵庫の元気なオモニたち
1996.02.15	第七号	178	キムチョンミ	虐殺70年後の夏
1996.02.15	第七号	196	金早雪	プロ・パトリア・モリー＜祖国のために死ぬこと＞ーまたは在日朝鮮人が「吉里吉里人」になるとき
1996.02.15	第七号	203	文京洙	戦後日本社会と在日朝鮮人　第2回ー日本国籍の喪失
1996.02.15	第七号	222	金栄	新宿「名月館」物語(後編)
1996.02.15	第七号	238	ぱくいる	戦後のヒーロー/力道山の伝説を追う(2)

발행일	지면정보		필자	제목
	권호	페이지		
1996.02.15	第七号	247	金重明	二年後
1997.02.15	第八号	11		引き剥された者たちー徐京植さんに聞く
1997.02.15	第八号	41	キムチョンミ	侵略の共同体と抵抗の共同体ー故郷(コヒャン)と他郷(タヒャン)のかなたに
1997.02.15	第八号	57	文貞実	記憶される故郷、あるいは反復される誰かの記憶について…
1997.02.15	第八号	70	姜誠	「泥棒マーケット」ーわが心のふるさと
1997.02.15	第八号	82	金秀一	「群電前」とオモニ、アボジ、そして私
1997.02.15	第八号	88	金栄	「道飛館」のある町ー川崎・群電前
1997.02.15	第八号	109	李恵子	わたしがいるまち
1997.02.15	第八号	117	金早雪	在日朝鮮人の、在日朝鮮人による、在日朝鮮人のための超初級英会話談義ー少数民族「解放」のテクニック、または国際化の「傾向と対策」
1997.02.15	第八号	126	李恩子	在日朝鮮人としての自己解放とアイデンティティー
1997.02.15	第八号	136	金殷鉄	故郷ー在中国朝鮮人の三世
1997.02.15	第八号	1	裵昭	新宿梁山泊　金守珍座長
1997.02.15	第八号	140	ぱくいる	生きて、愛して、そして死んだー新井将敬の遺言状
1997.02.15	第八号	162	李順愛	「金鶴泳」私論
1997.02.15	第八号	180	金英達	美声のテノールに揺れるアイデンティティーー金永吉の名前と国籍の変転
1997.02.15	第八号	187	田島忠篤	ふるさと考ー奄美大島のある村落の事例から
1997.02.15	第八号	202	高鮮徽	済州島人の国家・国民意識をめぐって
1997.02.15	第八号	254	金重明	順玉ばあさんの身世打令
2000.09.01	第九号	11	朴和美	「怒ってくれてありがとう」ー在日の女と男
2000.09.01	第九号	33	森純玉	たったひとりの居場所から
2000.09.01	第九号	40	千藤江	ひとり親
2000.09.01	第九号	46	金満里	芸術と政治性について在日として最近思うこと
2000.09.01	第九号	51	ペギンバン	クヮンホの行方ー障害児を朝鮮学校に入れて
2000.09.01	第九号	67	慎英弘	在日同胞と介護保険・年金問題
2000.09.01	第九号	77	鄭雅英・文京洙・金栄・高二三	「在日」の内なる差別
2000.09.01	第九号	102	朴容福	在日有事
2000.09.01	第九号	125	金妙恵	差別ー課題が引き起こす一個人の記憶
2000.09.01	第九号	140	洪大均	わが家の教育雑記帳　またはごく私的「在日」論
2000.09.01	第九号	153	金早雪	バック・トゥ・ザ・フューチャー　番外パクス・コリアーナ編ー差別の責任主体ー
2000.09.01	第九号	160	山本重幸	大久保、おいしい街・エスニックの街
2000.09.01	第九号	167	鄭閏熙	「破戒」から見た差別と部落異民族説
2000.09.01	第九号	176	金宣吉	「金」嬉老の「強制送還」

발행일	지면정보		필자	제목
	권호	페이지		
2000.09.01	第九号	1	裵昭	障害者を踊る孔玉振
2000.09.01	第九号	181	綛谷智雄	ホルモンとジャジャメンー在韓華僑に関する小考
2000.09.01	第九号	191	文京洙	戦後日本社会と在日朝鮮人③ー日本共産党と在日朝鮮人ー
2000.09.01	第九号	205	金栄鎬	闇市からーとらじ亭　上野・御徒町の焼肉屋
2000.09.01	第九号	220	金重明	蛍火

KEY-Station

1 서지적 정보

『KEY-Station』은 재일코리안청년연합(KEY)에서 2015년에 발행한 재일코리안청년연합의 활동보고 뉴스레터이다. 창간사에도 나와 있듯이 기존의 정보지 『K-magazine』에서 『KEY-Station』으로 전환을 하면서 보다 많은 재일코리안 청년들의 목소리를 전달하고 대변하고자 하였다.

KEY는 '재일한인청년이 모여서, 서로 배우는 장소'이며, '재일코리안청년이 운영하는 NGO'이다. 한국 국적, 조선적, 일본 국적 등의 국적을 불문하고 한반도에 뿌리를 가진 청년이 같은 뿌리를 가진 동료와 만나거나 자신의 뿌리를 찾을 수 있는 장소이며, 여러 활동을 통해서 재일코리안청년의 활약상과 시민으로서의 사회활동이나 정보발신을 실시하고 있다. 이를 통하여 그들의 활동보고 뉴스레터 『KEY-Station』에서는 그들이 추구하는 '다민족 다문화 공생사회의 실현', '역사인식에 근거한 동아시아 평화실현' 등의 가치를 담은 다양한 활약상이 전해지고 있다.

2 창간사

항상 저희 KEY를 응원해 주시는 여러분, 진심으로 감사드립니다. 연말 바쁘신 가운데 건강한 나날을 보내고 계십니까?

저희들은 2000년부터 재일코리안청년을 위한 정보지 『K-magazine』을 발간해 왔습니다만, KEY의 활동내용을 보다 많은 분들에게 알리기 위하여, 재일코리안청년의 생생한 목소리를 전달할 매체를 바꾸기로 하고, 이번에 KEY뉴스레터 『KEY-Station』을 발간하게 되었습니다.

올해, KEY에서는 「전후 70년-미래세대를 위한 재일코리안역사프로젝트」(통칭: 미래역사프로젝트)을 연간 캠페인 사업으로서 전개하고 있습니다. 계속되는 활동에서 재일코리안 1세, 2세 분들로부터 개인사를 듣게 되었고, 그 증언을 기록으로 남기는 작업을 통하여 재일코리안청년이 자신의 뿌리를 긍정하며 살아가기 위한 씨앗을 뿌리는 교육활동을 벌이고 있습니다.

또한 올해는 「동아시아공동워크샵 2015여름」의 행사에 많은 멤버가 참가하였고 「한반도의 평화와 통일을 위한 광주투어」 등, 회원들이 즐기면서 깊이 배울 수 있는 기획에 참가해 주셨습니다. 또한 (특활) 코리아NGO센터나 제주도 4.3사건 위령제 실행위원회를 비롯한 각 단체·네트워크와 지속적으로 사업연대를 확대하여, 보다 활발한 KEY의 사업추진, 사회공헌활동을 전개하고 있습니다. 그 외에도 항상 해왔던 한국 KYC와의 자매결연행사 「KEY효고-천안·청주 KYC Youth Exchange」나 「남북코리아와 일본의 친구전」도 계속해서 진행하고 있습니다. 다채로운 행사의 보고와 각각에 참가한 회원들의 감상을 꼭 읽어 주십시오.

「미래를 여는 열쇠는 하나가 아니야」

우리들 KEY의 지금의 목소리에 이후에도 관심을 가져주시면 정말 다행입니다.

공동대표·유성도

3 목차

발행일	지면정보		필자	제목
	권호	페이지		
2015.12.20	Vol.1	13		南北コリアと日本の友だち展 第5回大阪展(11/13~15)
2015.12.20	Vol.1	15		メディア掲載報告
2015.12.20	Vol.1	16		編集後記
2016.07.07	Vol.2	3		済州島四・三事件慰霊の旅
2016.07.07	Vol.2	6		三・一文化祭(福岡)コリア文化サークル出演
2016.07.07	Vol.2	8		歴史教材ブックレット製作に向けて
2016.07.07	Vol.2	9		第20代韓国国会議員選挙への取り組み
2016.07.07	Vol.2	10		KEY大阪 活動報告
2016.07.07	Vol.2	11		KEY兵庫 活動報告
2016.07.07	Vol.2	13		KFCハルモニと行く故郷ツアー(釜山)
2016.07.07	Vol.2	14		高賛侑氏講演会(スタッフ研修)
2016.07.07	Vol.2	16		編集後記
2016.12.23	Vol.3	2		歴史ブックレット出版に向けて
2016.12.23	Vol.3	2		朴槿恵大統領退陳と在日コリアン
2016.12.23	Vol.3	4		No More HATE CRIMEー私たちの中の優生思想を考えるー金満里さん講演録
2016.12.23	Vol.3	8		差別を許さない社会へーミナミダイバーシティフェスティバルに関わって
2016.12.23	Vol.3	10		南北コリアと日本のともだち展第6回おおさか展
2016.12.23	Vol.3	11		KEY大阪 活動報告
2016.12.23	Vol.3	12		KEY兵庫 活動報告
2016.12.23	Vol.3	13		KYC Youth Excange2016
2016.12.23	Vol.3	15		本音で語ろう! 在日コリアン青年による座談会
2016.12.23	Vol.3	16		編集後記
2017.07.03	Vol.4	3		KEY記念フォーラム~在日コリアン青年の新たな可能性を拓く~
2017.07.03	Vol.4	4		ガイドブック出版&ブックカフェプロジェクト始動!
2017.07.03	Vol.4	6		青年世代が見る韓国大統領選
2017.07.03	Vol.4	8		三一文化祭(福岡)
2017.07.03	Vol.4	10		済州4・3慰霊祭ツアー
2017.07.03	Vol.4	13		活動報告 KEY大阪 & コリア文化サークル
2017.07.03	Vol.4	14		活動報告 KEY兵庫
2017.07.03	Vol.4	16		編集後記など
2017.12.23	Vol.5	3		記念フォーラム~在日コリアン青年の新たな可能性を拓く~
2017.12.23	Vol.5	7		KEYオータムキャンプ2017 in 長島愛生園~淡路島
2017.12.23	Vol.5	9		コリアンブックカフェ ちぇっちゃり 通信
2017.12.23	Vol.5	11		KYC 関西ツアー
2017.12.23	Vol.5	12		Youth Exchange 2017 in 清州
2017.12.23	Vol.5	13		「私と釜ヶ崎と農薬ー越冬闘争に行こう!ー」

발행일	지면정보		필자	제목
	권호	페이지		
2017.12.23	Vol.5	15		Report ダイバーシティナイト
2017.12.23	Vol.5	16		大阪地方活動
2017.12.23	Vol.5	17		兵庫地方活動
2017.12.23	Vol.5	18		今後のお知らせ
2017.12.23	Vol.5	19		新聞掲載 記事
2017.12.23	Vol.5	20		編集後記など

KMJ통신(KMJ通信)

○ ○ ○

1 서지적 정보

　『KMJ통신』은 사단법인 재일코리안·마이너리티 인권연구센터(Korean & Minority in Japan)에서 2003년부터 현재까지 발행하고 있는 회보이며(분량은 4페이지 전후), 2018년 1월 1일에 발행된 108호에 의하면 현재 총 회원수는 141명이다(개인 115명, 단체 26명).

　본 센터의 설립 과정 및 활동에 대해서 간단하게 살펴보면, 1984년에 우편외무직의 국적 조항 폐지 운동의 일환으로 발행된 책자『보다 나은 이웃으로서(よりよき隣人として)』가 계기가 되어, 가칭 재일한국·조선인문제학습센터라는 이름으로 활동을 시작한다. 이후, 1987년에 재일한국·조선인문제학습센터로 정식 발족되어, 계몽 책자『맞바람(マッパラム)』과 논문집『청학(靑鶴)』(1988년), 기관지『계간 Sai』(1991년) 등을 창간하게 된다. 또한, 1998년에는 오사카교육위원회로부터 사단법인 오사카국제이해교육연구센터로 인가를 받아 사업을 추진하는 한편(1999년부터는 재일코리안인권계발리더육성세미나를 도쿄에서도 개최), 2000년부터는 정부의 사회복지의료사업의 조성을 받으며 재일코리안 고령자 복지사업에 착수한다(2004년부터는 KMJ연감『재일코리안인권백서』를 발간). 2013년에는 센터의 이름을「재일코리안·마이너리티 인권연구센터」로 변경하고, 협력단체인 NPO법인 재일코리안고령자지원센터「산보람(サンボラム)」과 함께 재일조선인과 사회적 소수자인 마이너리티의 인권 교육을 위해 다양한 계몽 사업을 전개해 나간다.

　본 회보의 내용적인 측면에서 보면, 본 센터의 활동 및 재일조선인 관련 단체 소식, 재일조선인 관련 일본 국내외의 뉴스, 이벤트 안내, 각종 연구 모임(민족차별표현연구부회, 단체계몽연구부회, 민족교육연구부회) 및 세미나, KMJ채러티골프클럽, KMJ키네마클럽의 영화 상영회 등의 알림, 활동 보고 등을 전하고 있다. 특히, KMJ키네마클럽에서는 『저것이 항구의 등불이다』(2013년, 2회), 『니안짱』(2014년, 3회), 『기쿠와 이사무』 (2017년, 9회), 『큐폴라가 있는 마을』(2018년, 11회)과 같이 재일조선인 마이너리티 사회뿐만 아니라 오히려 일본의 대중들에게 더욱더 사랑을 받아온 영화 상영회를 통해서, 회원과 비회원이 영화의 주제에 대해서 서로 토론하면서 민족과 인종, 그리고 계층에 대한 고정적인 인식의 틀을 깨기 위한 노력을 하고 있다.

또한, 아래의 2016년도 「활동보고」를 보면 알 수 있듯이, 지역 행정 당국과의 교섭 및 지역 인권 단체와의 연대, 그리고 재일조선인 협력 단체 및 한국 국내 대학 등과의 교류 등, 단순히 재일조선인 관련 단체들과의 연대 및 연계뿐만 아니라 민족과 지역, 그리고 장르를 초월한 다양한 사람들과의 인적·학문적 교류를 전개하고 있다.

2 활동보고(2016년 11월/12월) 및 사무국 소식(2018년 1월 1일, 108호)

11/04(토) 제11회 KMJ키네마클럽 상영회

11/09(목) 제69회 임원회

11/11(토) 오사카YMCA이카이노FW 안내

11/17(금) 니시노미야시 교섭에 참가

11/26(일) 산보람(サンボラム) 20주년 기념 행사

12/07(목) 도쿄인기연 제4G이카이노FW 안내

12/08(금) 샤리지초등학교 민족클럽발표회 출석

12/12(화) 천리교계발위원회와 친목회

12/14(목) 제70회 임원회

12/17(일) 사사키 고야 감독과 미팅
  　　　　　연구회 「이민 2세의 상황」에 참가

12/18(월) 도쿄인기연사무소를 예방
  　　　　　가시와역사클럽과 회의

12/27(수) 한국·이화여자대학교 학생이 방문

KMJ에게도 그리고 재일·일본사회에게도 작년에는 위대한 은인이었던 강재언 선생님과 양영후 선생님을 잃었습니다. 두 선생님 모두 진심으로 재일의 인권운동의 미래를 걱정하셨고, 항상 KMJ와 산보람을 위해 마음을 써 주셨습니다. 재일 1세가 점점 적어지고 있는 현시점에서, 올해는 재일의 인권운동에 있어서 큰 전환기를 맞이하게 될지도 모르겠습니다. 도쿄 세미나도 어느새 20주년을 맞이합니다. 부디 올해도 잘 부탁드립니다.(고)

 3 목차

발행일	지면정보		필자	제목
	권호	페이지		
2013.01.01	NO.58	1	仲尾宏	2013年を迎えて
2013.01.01	NO.58	2		サンボラム15周年のつどい これからも在日高齢者のために
2013.01.01	NO.58	2		新しい在留管理制度施行6ヶ月ずさんな行政窓口対応あきらかに
2013.01.01	NO.58	3		KMJシネマ倶楽部 第1回映画上映会 望楼の決死隊
2013.01.01	NO.58	4		事業案内/活動報告/KMJの啓発教材
2014.01.01	NO.68	1	仲尾宏	<新年の辞>2014年をどんな年にしていくか
2014.01.01	NO.68	2		金稔万さん本名損害賠償裁判 不当判決!!通名強要は違法行為ではない
2014.01.01	NO.68	2		第15回在日コリアン人権啓発東京セミナー 冬期講座を開催
215.01.01	NO.78	1	仲尾宏	新しい年をどんな年にするか
215.01.01	NO.78	2		第16回在日コリアン人権啓発東京セミナー 秋期講座を開催
215.01.01	NO.78	2		第3回KMJ杯チャリティーゴルフコンペ開催 チャリティー金は高麗博物館へ寄付
2016.01.01	NO.88	1	仲尾宏	新年と在日の18歳
2016.01.01	NO.88	2		「京都の外国籍教員の任用(常勤講師)問題の解決に向けて」(第50回在日外国人教育セミナー)の報告
2016.01.01	NO.88	2		兵庫在日外国人人権協会設立40周年記念集会を開催
2017.01.01	NO.98	1	仲尾宏	<新年のごあいさつ>不安定社会の中の「ヘイト」現象
2017.01.01	NO.98	2		第40回KMJ学習報告 東京ジャーミイ(モスク)を見学
2017.01.01	NO.98	2		第18回在日コリアン人権啓発 東京セミナー秋期講座を開催
2018.01.01	NO.108	1	仲尾宏	2018年をどんな年にするか
2018.01.01	NO.108	2		第11回KMJキネマ倶楽部「キューポラのある街」を上映

제2부
신 문

전후 재일조선인 마이너리티 미디어 해제 및 기사명 색인
┃제3권┃
(1990.1~2016.8)

마이니치신문(每日新聞)

○ ○ ○

1 서지적 정보

　1990년대에 들어서면 『마이니치신문』에는 북한과의 국교교섭에 관한 사설을 빈번히 발표하고 있다. 「조일간의 가시는 빠졌지만(日朝間のトゲは抜けたが)」(1990.10.12), 「이치에 맞는 조일국교교섭을(筋を通した日朝国交交渉を)」(1990.12.18), 「조일교섭의 전도는 험난하다(日朝交渉の前途は険しい)」(1991.2.2), 「조일교섭은 신중하고 냉정하게(日朝交渉は注意深く冷静に)」(1991.3.7)등의 사설을 통해 북한과의 국교 교섭에 대한 기대감을 숨기지 않고 있다. 일본의 과거 식민지 정책에 대한 사죄와 전후 45년간의 보상이라는 다소 무리한 요구사항에도 불구하고, '북송 일본인 처'의 귀향 문제, 일본인 납치 문제 등과 같은 난제를 풀 기회이기 때문에 북한의 요구를 어느 정도 수용할 필요가 있다는 논조를 펼치고 있다. 하지만 핵개발 의혹문제와 한미관계와 미일관계, 그리고 일본 내에서의 여론을 무시할 수 없기 때문에 보다 신중한 접근을 촉구하고 있다.

　이러한 북한과의 여러 문제 중 90년대 중후반에는 '북송 일본인 처'에 관한 사설과 특집을 집중적으로 보도한다. 「북송 일본인 처-외교 루트로 투명성 보여라(日本人妻－外交ルートで透明性示せ)」(1997.5.19), 「조일관계-공명 논쟁에 이용하지 마라(日朝関係－功名争いに利用されるな)」(1997.6.5), 「북송 일본인 처-지금이야말로 고국 방문 실현을(日本人妻－今度こそは里帰り実現を)」(1997.7.17), 「북송 일본인 처-제1차로 100명의 고국 방문을(日本人妻－第１次で100人の里帰りを)」(1997.9.6) 등의 사설에서 일본과 북한이 북송 일본인 처의 고국 방문을 위해 다양한 루트로 접촉하고 있지만, 오히려 혼선을 빚을 위험이 있기 때문에 국가와 국가 간의 교섭이나 적십자를 통한 문제 해결을 주장한다. 또한 특집 「북조선의 북송 일본인 처는…(北朝鮮の日本人妻は…)」(1997.8.27)에서는 북송 일본인 처를 둘러싼 역사적인 배경과 현 실태, 그리고 북송 당시 신문들의

보도 내용 등을 두 지면을 활용해 보도하여 북송 일본인 처에 대한 관심도를 높이고 있다.

2000년대에 들어서면 '북송 일본인 처'와 함께 '난민'과 '탈북자'가 주요 키워드로 등장한다. 「탈북자 난민인정을 할 수 없는가?(脱北者 難民認定ができないものか)」(2003.1.13), 「탈북자 전 「자이니치」를 받아들일 방도를(脱北者 元「在日」の受け入れに道筋を)」(2003.1.24), 「탈북자 정부는 북송 일본인 처의 지원을(脱北者 政府は日本人妻らの支援を)」(2003.2.11), 「난민인정의 재검토를 서둘러라!(難民認定の見直しを急げ)」(2003.2.20) 등의 사설에서 북한의 국경을 넘어 중국으로 도망가는 탈북자가 급증하고 있다고 지적하며, 탈북자 중에는 북송 일본인 처나 전 재일조선인도 있기 때문에 그들의 처우대책에 대해서 언급하고 있다. 특히 1982년에 난민조약을 비준했음에도 탈북자를 난민으로 인정하지 않고 강제로 북한으로 되돌려 보내는 중국정부를 비판하면서, 1981년에 난민조약을 비준한 일본의 난민 인정률이 10% 정도로 매우 소극적이라고 지적하며 일본정부의 난민정책의 개선도 촉구하고 있다.

이외에 특기할 만한 특집으로는 김일성 사망 후 북한의 새로운 지도자로 주목받던 김정일에 관한 특집기사로, 「도큐먼트 김정일의 세계(ドキュメント 金正日の世界)1」(1994.7.18)~「도큐먼트 김정일의 세계(ドキュメント 金正日の世界)10」(1994.7.27)는 김정일에 관한 인물평과 북한의 국내외 정치동향을 상세하게 보도하고 있다. 또한, 조총련과 관련이 깊었던 조은은행의 파산을 계기로 일본과 북한의 '사람·물건·돈'을 주제로 하여 「일본과 북조선(日本と北朝鮮)1」(1997.12.1)~「일본과 북조선(日本と北朝鮮)7」(1997.12.7)이라는 특집기사를 통해 '보기 힘든 조일 관계'의 '뒤틀린 모습'을 그리면서 '전후 청산을 끝내지 않은 「일본」'의 현재를 부각시키고 있다.

2 목차

발행일	지면정보	간종별	기사제목(원문)
1990.02.21	01頁01段	東京/夕刊	在日韓国人3世の法的地位、日韓で政治決着へ－中山外相表明
1990.02.22	26頁	東京/朝刊	在日韓国人政治犯の徐勝さん釈放、28日にも
1990.02.27	01頁01段	東京/朝刊	在日韓国人政治犯の徐勝さん、あす釈放－韓国発表
1990.02.28	01頁01段	東京/夕刊	元在日韓国人政治犯、徐勝さん19年ぶり仮釈放　車さんらも
1990.02.28	02頁02段	東京/朝刊	在日韓国人三世問題の協議、来月東京で再開－日韓実務者
1990.03.15	03頁03段	東京/朝刊	在日韓国人3世問題、19日に局長級協議
1990.03.17	03頁03段	東京/朝刊	在日韓国人子孫問題で韓国国会が決議採択
1990.03.20	02頁02段	東京/朝刊	在日韓国人三世の法的地位問題で日韓が非公式協議
1990.03.27	07頁	東京/朝刊	「モルダビアはルーマニアと統一」人民戦線が公然と主張
1990.04.02	07頁	東京/朝刊	「ゴ大統領に圧力を」ラトビア人民戦線が西側諸国に要請
1990.04.06	30頁	東京/朝刊	三世以降の在留権保障求め、声明－朝鮮総連
1990.04.07	02頁02段	東京/朝刊	在日韓国人三世で民社党が政府に申し入れ
1990.04.11	26頁	東京/朝刊	在日韓国人三世の法的地位問題で在日韓国人が海部首相に陳情
1990.04.11	10頁	東京/朝刊	日本育ち…国体に出場したい　在日朝鮮人3世の金沢大生が訴え
1990.04.13	02頁02段	東京/朝刊	在日韓国人3世問題、大統領来日時に方向性出す必要－外務省
1990.04.13	02頁02段	東京/朝刊	在日韓国人3世の公務員採用、枠の拡大を表明－自治相
1990.04.14	03頁03段	東京/朝刊	在日朝鮮人4世に永住権保障を－総連副議長が法相に要請
1990.04.17	01頁01段	東京/夕刊	在日韓国人三世の参政権付与には国籍取得が条件－自治相
1990.04.18	02頁02段	東京/朝刊	在日韓国人三世以降にも永住権付与の方針－法務省局長
1990.04.18	02頁02段	東京/朝刊	在日韓国人三世問題「内閣官房で調整」－中山外相と竹下氏
1990.04.19	02頁02段	東京/朝刊	在日韓国人の法的地位問題をめぐる日韓両国の局長級協議を延期
1990.04.19	02頁02段	東京/朝刊	在日韓国人法的地位問題で日韓外相会談前に決断－中山外相
1990.04.22	01頁01段	東京/朝刊	法的地位・待遇改善は在日朝鮮人も同等に－坂本官房長官
1990.04.23	02頁	東京/朝刊	「韓日80年の歴史の清算」に向け協議注視する在日韓国人
1990.04.24	02頁	東京/夕刊	首相、政府案の取りまとめ指示－在日韓国人三世問題
1990.04.25	01頁01段	東京/夕刊	三世の指紋押捺義務は適用除外　在日国人問題で政府方針固め
1990.04.26	01頁01段	東京/夕刊	「将来は押捺免除」韓国人三世地位で日韓議連が改善案
1990.04.26	01頁01段	東京/朝刊	在日三世の押捺改善案に韓国側が難色
1990.04.28	01頁01段	東京/朝刊	在日韓国人三世の法的問題、外相協議に持ち越し＝日韓局長会議
1990.04.29	02頁02段	東京/朝刊	在日韓国人「三世」問題、基本認識にズレ－あす日韓外相協議
1990.05.01	02頁	東京/夕刊	議席の3分の2獲得ならず－ラトビア人民戦線
1990.05.01	03頁03段	東京/朝刊	「指紋押捺」は合意したが天皇「謝罪」先送り－日韓外相協議
1990.05.01	03頁03段	東京/朝刊	「三世以降」に不満　指紋押捺問題で在日韓国・朝鮮人
1990.05.01	02頁02段	東京/朝刊	「治安対策より友好」指紋押捺問題の決着を自民党内は評価
1990.05.01	01頁01段	東京/朝刊	三世以降は指紋押捺を適用除外－日韓外相協議で合意
1990.05.07	13頁	東京/夕刊	外国人登録法違反で朝鮮総連相談所長ら逮捕－警視庁
1990.05.08	02頁	東京/夕刊	ソ連・ラトビア共和国新首相にゴドマニス人民戦線幹部
1990.05.08	03頁03段	東京/朝刊	法務省、在日韓国人地位問題で指紋押捺に代わる措置検討開始
1990.05.09	03頁03段	東京/朝刊	在日韓国人一、二世の法的地位改善　法相前向き、省幹部慎重

발행일	지면정보	간종별	기사제목(원문)
1990.05.10	27頁	東京/朝刊	外登法違反の3人逮捕で在日朝鮮人団体が警視庁に抗議
1990.05.17	13頁	東京/夕刊	19年ぶりに日本の土 在日韓国人政治犯、徐勝さん大阪入り
1990.05.17	03頁03段	東京/朝刊	25日に日韓法相会談も 指紋押捺などで具体策提示求める
1990.05.17	13頁	東京/夕刊	在日韓国人政治犯の妻が東京弁護士会に救済申し立て
1990.05.18	02頁02段	東京/朝刊	国会議員懇談会が在日韓国人政治犯全員の釈放申し入れ
1990.05.20	04頁	東京/朝刊	光州市の集会参加の韓国学生、検問恐れ列車から飛び降り死亡
1990.05.21	10頁	東京/夕刊	朝鮮総連結成35周年記念大会－東京朝鮮中高級学校で
1990.05.21	27頁	東京/朝刊	林秀連さん 死去＝韓徳銖・朝鮮総連中央常任委員会議長の妻
1990.05.22	30頁	東京/朝刊	夫が帰ってくる 在日韓国人政治犯釈放で留守家族に喜びの声
1990.05.24	09頁	東京/朝刊	在日朝鮮人2世の歌手、聖姫(ソンヒ)さん
1990.05.25	01頁01段	東京/朝刊	〈解説〉在日韓国人の処遇改善がカギ－盧大統領の国会演説
1990.05.25	30頁	東京/朝刊	盧泰愚大統領の訪日に反対して集会－在日韓国人団体
1990.05.26	02頁02段	東京/朝刊	在日韓国人法的地位の改善に慎重－日韓法相会談で長谷川法相
1990.05.27	31頁	東京/朝刊	3隻の漁労長に日本人－北朝鮮籍を装った日本漁船だ捕事件
1990.05.28	26頁	東京/朝刊	北朝鮮民主化で在日朝鮮人ら約400人が集会－東京
1990.06.05	03頁03段	東京/朝刊	在日韓国人学生支援財団設立へ 朝鮮研究者も助成
1990.06.18	26頁	東京/朝刊	押捺拒否の崔さんに再入国許可 伊の音楽コンクール出場で申請
1990.06.26	30頁	東京/朝刊	内偵不当と公安調査事務所に抗議－朝鮮総連神奈川県本部
1990.07.02	07頁	東京/朝刊	グルジア人民戦線が共産党員の排除へ 網領改正案を採択
1990.07.11	07頁	東京/夕刊	〈人模様〉在日韓国人三世の安俊弘(アンジュンホン)さん
1990.07.18	26頁	東京/朝刊	最高裁の誓約書問題で救済を申し立て－在日韓国人司法修習生
1990.07.23	11頁	東京/夕刊	一般職への門戸開け 在日韓国人調理員が杉並区に受験願書提出
1990.07.24	03頁03段	東京/朝刊	在日韓国人「三世」の地位問題話し合う日韓協議、きょう再開
1990.07.27	14頁	東京/夕刊	東京で「汎民族会議」に向けた在日朝鮮人大会開く
1990.08.30	26頁	東京/朝刊	在日韓国人も一般行政職の公務員へ 自治省が前向きの回答
1990.09.05	03頁03段	東京/朝刊	在日韓国人問題で中山外相らと会談－朴泰俊・韓日議連会長
1990.09.15	26頁	東京/朝刊	地方選への参政権を求め、在日韓国人二世が提訴－大阪地裁
1990.09.16	02頁02段	東京/朝刊	在日韓国人三世の処遇問題で日韓定期協議開催へ
1990.09.21	02頁02段	東京/朝刊	日朝関係に大きな風穴開けたい－金丸氏が朝鮮総連議長に
1990.09.23	26頁	東京/朝刊	在日韓国人政治犯、崔さんが帰国 スパイ容疑で逮捕から16年
1990.09.29	03頁03段	東京/朝刊	日朝3党共同宣言で在日朝鮮人の法的地位を韓国人と同等に
1990.09.29	03頁03段	東京/朝刊	日朝3党共同宣言は画期的なことと高く評価－朝鮮総連が声明
1990.10.02	03頁03段	東京/朝刊	朝鮮総連議長ら8人に再入国許可 政府、日朝関係改善に対応
1990.10.03	02頁02段	東京/朝刊	第18富士山丸の船長らの11日の帰国を示唆－韓徳銖・朝鮮総連議長
1990.10.16	26頁	東京/朝刊	在日一世らの「在日同胞母国訪問団」が訪韓 数十年ぶりの故郷に
1990.11.02	02頁	東京/夕刊	ソ連・モルドバ共和国の人民戦線がソ連邦からの離脱を要求
1990.11.03	02頁02段	東京/朝刊	在日韓国人の地位向上問題解決へ合同特別委を設置－日韓、韓日議員連盟

발행일	지면정보	간종별	기사제목(원문)
1990.11.06	10頁	大阪/朝刊	高体連への朝鮮高級学校加盟求め要望書 在日朝鮮人教職員同盟
1990.11.14	01頁01段	東京/朝刊	在日韓国人一、二世の指紋押捺は当面存続 「退去強制」は三世に準じる－政府方針
1990.11.20	03頁03段	東京/朝刊	在日韓国人「三世」問題で日韓協議が開催－ソウル
1990.11.22	03頁03段	東京/朝刊	在日韓国人一、二世の指紋押捺を代替策条件に適用除外－政府方針
1990.11.23	03頁03段	東京/朝刊	「在日韓国人全国代表者会議」が指紋押なつ廃止を決議
1990.11.25	02頁02段	東京/朝刊	あすから日韓定期閣僚会議 朝鮮半島情勢が主なテーマに 指紋押捺問題は先送りか
1990.11.26	01頁01段	東京/夕刊	代替策条件に、在日韓国人2世の指紋押捺を除外 日韓閣僚会議で梶山法相が表明
1990.11.27	01頁01段	東京/朝刊	在日韓国人の指紋押捺問題、海部首相の訪韓までに決着を 盧泰愚・韓国大統領が要請
1990.11.27	02頁02段	東京/朝刊	指紋押捺の代替案は家族登録方式 日韓閣僚会議で梶山法相が例示
1990.11.27	01頁01段	東京/朝刊	在日韓国人の指紋押捺問題、海部首相の訪韓までに決着を 盧泰愚・韓国大統領が要請
1990.11.28	07頁	東京/夕刊	〈人模様〉パーソナリティーとして活躍した在日韓国人女性の朴慶南さん
1990.11.28	02頁02段	東京/朝刊	訪韓前の指紋押捺問題解決に「努力」－海部首相
1990.11.28	02頁02段	東京/朝刊	指紋押捺の代替手段開発の時期が不透明－在日本大韓民国居留民団中央本部
1990.11.28	02頁02段	東京/朝刊	日韓閣僚会議が閉幕 韓国側は「指紋押捺問題に前進」と評価
1990.11.29	14頁	東京/夕刊	指紋押捺拒否で逮捕、賠償請求の原告の訴え棄却－横浜地裁川崎支部
1990.11.29	01頁01段	東京/朝刊	〈余録〉奈良時代の署名、画指と指紋押捺
1990.11.29	01頁01段	東京/朝刊	海部首相の訪韓までに在日韓国人指紋押捺の代替手段の実施時期を提示－外務省首脳
1990.12.01	03頁03段	東京/朝刊	在日韓国人2世の指紋押捺、猶予はできない－梶山法相
1990.12.01	03頁03段	東京/朝刊	在日韓国人の指紋押捺問題、早期解決を－公明党・石田委員長が海部首相に要請
1990.12.02	02頁02段	東京/朝刊	石田・公明委員長、あす訪韓 指紋押捺問題で橋渡しへ 6カ国議員会議も提唱
1990.12.05	02頁02段	東京/朝刊	海部首相訪韓時に指紋押捺廃止の結論を 石田公明党委員長に崔・韓国外相
1990.12.09	02頁02段	東京/朝刊	指紋押捺の代替は「写真と家族登録」方式に 移行は3-4年後－法務省方針
1990.12.26	03頁03段	東京/朝刊	在日韓国人の法的地位改善問題の対象に在日朝鮮・台湾人も含める－法務省決定
1990.12.27	02頁02段	東京/朝刊	指紋押捺適用除外で詰めを指示－海部首相
1991.01.03	03頁03段	東京/朝刊	在日韓国人の待遇改善問題、日韓非公式協議で提案へ－政府
1991.01.07	01頁01段	東京/夕刊	指紋押捺問題を訪韓時に決着の意向－海部首相
1991.01.07	02頁02段	東京/朝刊	在日韓国人地位問題は海部首相訪韓前に決着へ－日韓政府間局長級非公式協議

발행일	지면정보	간종별	기사제목(원문)
1991.01.08	01頁01段	大阪/朝刊	在日韓国人の指紋押捺、93年に廃止へ 首相訪韓で決着へ
1991.01.08	01頁01段	東京/朝刊	日韓が在日韓国人の指紋押捺の2年後廃止で合意 海部首相が訪韓時に表明
1991.01.10	02頁	東京/夕刊	在日韓国人の法的地位・待遇の日韓覚書の全文
1991.01.10	01頁01段	東京/夕刊	指紋押捺、2年以内に廃止へ 海部首相が表明し決着－日韓首脳会談
1991.01.10	12頁	東京/夕刊	朝鮮総連、指紋押捺の代替手段を批判
1991.02.05	22頁	東京/朝刊	旧日本軍属の在日韓国人の年金資格審査、厚生省に書類提出 神奈川県が正式受理
1991.02.12	02頁	東京/夕刊	「連邦国家維持の投票、不参加を」来月、独自の調査へ－ラトビア人民戦線
1991.03.03	01頁01段	東京/朝刊	高野連が朝鮮学校の参加認める 来月から92年度正式加盟に道開く特別措置
1991.03.04	23頁	東京/夕刊	〈ライブM〉ボクら日本に帰化しました 異郷の地で春を待つ 熱帯の野生動物
1991.03.05	05頁	東京/朝刊	〈社説〉朝鮮学校の参加を歓迎する
1991.03.05	01頁01段	東京/朝刊	「民族の壁破る前進、独立闘争は新段階」ラトビア人民戦線議長が本紙と単独会見
1991.03.07	02頁02段	東京/朝刊	韓国大使が「在日韓国人の法的地位問題」で感謝の意を表明
1991.03.08	02頁	東京/夕刊	入管特例法案を国会提出へ 在日韓国人などの在留資格を「特別永住」で統一
1991.03.19	31頁	東京/朝刊	催本小岩氏 死去＝松代大本営強制労働の生き証人、本名・崔太岩・朝鮮籍
1991.03.26	02頁	東京/夕刊	白ロシア人民戦線が新運動方針を採択 独立国並みの主権確立めざす
1991.04.05	03頁03段	東京/朝刊	北朝鮮との正常化促進、25道府県が意見書を採択－朝鮮総連まとめ
1991.05.05	03頁03段	東京/朝刊	〈ひと〉徐京植さん＝法政大講師になった元在日韓国人政治犯の弟
1991.05.13	26頁	東京/朝刊	元在日韓国人政治犯、徐俊植氏に逮捕状 焼身事件との関連重視－韓国当局
1991.05.14	26頁	東京/朝刊	元在日韓国人政治犯、徐俊植さんへの逮捕状で支援団体が抗議声明
1991.05.17	26頁	東京/朝刊	村岡運輸相が「差別」認める－朝鮮学校の通学定期
1991.05.20	26頁	東京/朝刊	在日韓国人団体も盧政権打倒訴え－「在日韓国人対策会議」主催で中央大会
1991.05.23	26頁	東京/朝刊	朝鮮学校が中体連大会に参加、公式大会の第1号－滋賀県
1991.05.29	07頁	東京/朝刊	連邦からの離脱を目指す人民戦線系の6組織が連携－ソ連
1991.06.28	07頁	東京/朝刊	全大協が2人の学生をまた平壌へ派遣 韓国学生の平壌訪問は林秀卿さんに次いで2度目
1991.07.31	26頁	東京/朝刊	障害年金却下に異議申し立て－太平洋戦争で腕切断の在日韓国人
1991.09.03	06頁	東京/朝刊	野党「人民戦線」がゼネスト呼びかけ－ソ連・アゼルバイジャン共和国
1991.09.18	14頁	東京/夕刊	南北朝鮮の国連加盟承認、民団と朝鮮総連が歓迎声明

발행일	지면정보	간종별	기사제목(원문)
1991.10.30	07頁	東京/朝刊	バス襲撃事件の犯行声明を発表－パレスチナ解放人民戦線
1991.12.01	02頁02段	東京/朝刊	在日韓国人の待遇など協議へ－6日、日韓局長級協議
1992.01.13	11頁	東京/夕刊	東京・足立区の在日韓国人変死事件、殺人と断定－警視庁
1992.01.28	02頁02段	東京/朝刊	〈官邸日々〉1月27日　来日した韓国学生一行を歓迎
1992.02.18	07頁	東京/朝刊	モルドバ人民戦線の第3回大会開く　指導者にドルーク同共和国元首相を選出
1992.02.18	10頁	東京/夕刊	朝鮮学校の公式戦参加、埼玉県中学校体育連盟が承認　東日本で初
1992.04.01	10頁	東京/夕刊	在日韓国人の金明夫さん、逗子市役所の一般事務職に採用　外国人として東日本初
1992.04.06	03頁03段	東京/朝刊	〈ひと〉姜英之さん＝「青丘文化賞」を受賞した在日韓国人2世のジャーナリスト
1992.04.15	22頁	東京/朝刊	阿部三郎日弁連会長、指紋押捺全廃求める
1992.05.16	02頁	東京/夕刊	アゼルバイジャン人民戦線、大統領官邸を占拠
1992.05.16	07頁	東京/朝刊	人民戦線が勝利宣言　最高会議ビルを制圧－アゼルバイジャン
1992.05.22	07頁	東京/朝刊	CISへの加盟拒否－エルチベイ・アゼルバイジャン人民戦線代表
1992.05.22	11頁	東京/夕刊	李良枝さん　死去＝在日韓国人作家
1992.06.08	05頁	東京/夕刊	エリチベイ人民戦線議長が当確　CIS離脱推進か－アゼルバイジャン大統領選挙
1992.06.09	07頁	東京/朝刊	〈ズームアップ〉アゼルバイジャン大統領に当選が確実なエリチベイ人民戦線議長
1992.06.17	07頁	東京/朝刊	アゼルバイジャン大統領にエリチベイ人民戦線議長が就任
1992.07.08	29頁	東京/朝刊	ドキュメンタリー番組で「在日コリアンを考える」－フジテレビ「NONFIX」
1992.07.17	07頁	東京/夕刊	〈人模様〉民族文学の育成に意欲　詩人の金里博さん、在日韓国人文学協会結成
1992.07.21	07頁	東京/朝刊	新カタルーニャ讃歌／上　人民戦線女性闘士　抑圧への怒り…いまも
1992.07.23	11頁	東京/夕刊	平和の礎に…1人の日本人が散った　スペイン市民戦争参戦のジャック・白井
1992.07.18	24頁	東京/朝刊	〈ひと〉井上健士さん＝南太平洋の島国フィジーに帰化して20年、首都の市議
1992.08.11	03頁03段	東京/朝刊	「北朝鮮崩壊」発言でロシアのボルトラニン副首相に抗議－朝鮮総連の許宗万副議長
1992.09.02	05頁	東京/夕刊	「停戦破り」とアルメニアを非難－アゼルバイジャン人民戦線
1993.01.07	03頁03段	東京/朝刊	日本政府高官の「北朝鮮の核ジャック」発言に抗議－朝鮮総連
1993.03.14	03頁03段	東京/朝刊	核拡散防止条約＜NPT＞脱退の北朝鮮方針を支持　朝鮮総連が声明
1993.04.14	23頁	東京/朝刊	帰化の在日朝鮮人戸籍、姓に「振り仮名」認めず－福岡家裁
1993.07.02	03頁03段	東京/朝刊	首相の「北鮮」発言で、朝鮮総連が抗議
1993.07.16	02頁02段	東京/朝刊	武藤外相選挙演説に、朝鮮総連が抗議
1993.09.02	01頁01段	東京/朝刊	「選挙時だけ統一新党」案－連立与党、並立制で対自民戦略
1992.10.10	27頁	東京/朝刊	〈雑記帳〉伝統音楽や舞踊で統一を願う－在日韓国人2世、金利明さん

발행일	지면정보	간종별	기사제목(원문)
1993.10.15	01頁01段	東京/朝刊	自民戦術で政治改革法案不成立なら、首相に政治責任ない－久保社党書記長
1992.10.21	26頁	東京/朝刊	在日韓国人4人、教員試験に合格－大阪府と大阪市
1992.11.06	20頁	東京/朝刊	朝鮮学校加盟問題、ようやく重い腰上げ専門小委員会で検討へ－全国高体連
1992.12.09	26頁	東京/朝刊	国籍でゴルフ会員権拒まれた　在日韓国人が損害賠償提訴－東京地裁
1993.12.12	27頁	東京/朝刊	全演植氏 死去＝朝鮮総連中央常任委員会副議長
1992.12.16	23頁	東京/朝刊	「国は謝罪、補償を」 元従軍慰安婦の在日韓国人女性が初提訴へ
1993.01.08	01頁01段	東京/朝刊	永住者は指紋押捺廃止 改正外国人登録法、きょう施行
1994.01.10	01頁01段	東京/夕刊	民団、社党大会出席へ あす朝鮮総連代表と同席
1994.01.11	01頁01段	東京/夕刊	朝鮮総連の代表は欠席 民団招待に反発か－社会党大会
1994.01.13	03頁03段	東京/朝刊	朝鮮総連に続き、民団大阪地本とも「交流確認」調印へ－連合大阪
1994.01.14	02頁02段	東京/朝刊	朝鮮総連との関係修復、早急に－社会党
1993.01.20	07頁	東京/夕刊	〈人模様〉韓国政治犯への支援を呼び掛ける、在日韓国人の李哲さん
1993.01.31	15頁	東京/朝刊	元従軍慰安婦の在日韓国人支援を　4月の提訴控え「慰安婦裁判を支える会」発足
1993.03.09	22頁	東京/朝刊	在日韓国人・金嬉老受刑者の仮釈放を訴え、韓国の僧りょが来日
1993.04.01	03頁03段	東京/朝刊	日本国籍取得申請の外国人、指紋押捺を廃止－法務省が昨年末から
1993.04.06	01頁01段	東京/朝刊	元従軍慰安婦の在日韓国人が初提訴　公式謝罪求めて
1993.04.06	23頁	東京/朝刊	心身の傷跡、今も あえて実名公表－在日韓国人の元従軍慰安婦・宋さんの訴え
1993.04.07	27頁	東京/朝刊	元従軍慰安婦、日本で握手－フィリピン人と在日韓国人
1993.05.11	22頁	東京/朝刊	寮の在日韓国人学生を集団暴行－天理大学で日本人学生
1993.06.07	19頁	東京/朝刊	なぜインタハイだけなの…－朝鮮学校のスポーツクラブ高体連参加
1993.06.13	07頁	東京/朝刊	韓国学生デモで警官1人死亡－ソウル
1993.06.17	10頁	東京/夕刊	「JR定期差別、撤廃を」　日弁連に救済申し立てへ－全国の朝鮮学校生徒
1993.06.18	14頁	東京/夕刊	「入居拒否は民族差別」　在日韓国人の訴え認め、家主に賠償命令－大阪地裁判決
1993.07.26	11頁	東京/朝刊	「ひとりでもやるってば」 在日韓国人の元従軍慰安婦の証言を描いたビデオを制作
1993.08.31	10頁	東京/夕刊	関東大震災から70年、「朝鮮人虐殺に謝罪を」 在日韓国人ら街頭署名
1993.11.23	04頁	東京/朝刊	〈みんなの広場〉「在日韓国人に国籍選択権」は当然＝大学生・大野唱子 19
1993.12.27	20頁	東京/朝刊	JR、来春から是正 26年ぶり、ようやく－朝鮮学校などの"割高"定期
1994.01.06	23頁	東京/朝刊	中国の朝鮮族女性と韓国男性の結婚、1割が破局 韓国籍取得後 家出のケース相次ぐ

발행일	지면정보	간종별	기사제목(원문)
1994.01.24	02頁02段	東京/朝刊	〈記者席〉政権奪還手応えなく、自民戦術も定まらず
1994.02.09	02頁02段	東京/朝刊	「事実わい曲に怒り」小沢氏発言で、朝鮮総連が抗議談話
1994.02.24	09頁	東京/夕刊	日本に帰化、1万人突破 在日外国人の意識変化？ 生活上不便「仕方なく…」
1994.03.12	06頁	東京/朝刊	ルーマニア統合ノー 独立維持派が大勝、人民戦線諸派は惨敗－モルドバ国会選挙
1994.04.12	01頁01段	東京/朝刊	焼死の男性は居住者－墨田区の朝火事
1994.04.13	02頁	東京/夕刊	"命あるうちに…""「早期釈放を」窮状訴え－在日韓国人政治犯の家族
1994.04.27	24頁	東京/朝刊	朝鮮総連の韓徳銖議長が帰国
1994.05.14	31頁	東京/朝刊	「押捺拒否で再入国不許可は違法」 崔さん、逆転勝訴－福岡高裁判決
1994.05.18	22頁	東京/朝刊	崔昌華さんの賠償請求棄却－押捺拒否で福岡高裁
1994.05.24	08頁	東京/夕刊	韓国籍の指揮者と北朝鮮籍のピアニスト、南北の壁を超え"共演"－来月
1994.05.25	21頁	東京/朝刊	〈解説〉「体裁」優先の高体連 朝鮮学校の参加承認を先送り
1994.05.31	08頁	東京/夕刊	「受験資格はある」朝鮮学校生徒、短大の門前払いに－赤松文相
1994.06.02	05頁	東京/朝刊	言語道断な朝鮮学校の生徒いじめ＝公務員・松田是也 46
1994.06.03	03頁03段	東京/朝刊	朝鮮総連の送金、香港経由などに－韓国紙が報道
1994.06.03	12頁	東京/夕刊	朝鮮学校生の編入学制度、見直しを検討へ－赤松文相
1994.06.07	9頁	東京/夕刊	朝鮮総連、「不当弾圧」と京都府警に抗議－朝鮮学園への捜査ミス
1994.06.08	05頁	東京/朝刊	〈みんなの広場〉民族衣装の夏服が着られない主婦＝貞順・45
1994.06.09	26頁	東京/朝刊	首相も遺憾の意を表明－京都府警の朝鮮総連捜査ミス
1994.06.11	31頁	東京/朝刊	チマ・チョゴリ切られる事件 朝鮮学校生への事件防止で警視庁通達
1994.06.15	03頁03段	東京/朝刊	朝鮮学校生徒への嫌がらせ、厳正に捜査－石井国家公安委員長
1994.06.16	07頁	東京/朝刊	北朝鮮籍の5人をスパイ容疑で追放－ロシア
1994.06.16	27頁	東京/朝刊	全国で120件に チマ・チョゴリ切られる被害－朝鮮総連
1994.06.21	04頁	東京/夕刊	「朝鮮総連の動向、一層の注視を」－公安調査局長らに法相訓示
1994.06.21	22頁	東京/朝刊	民団と朝鮮総連の商工会がゴルフ大会－川崎
1994.06.27	10頁	東京/夕刊	人権侵犯救済を申し立て－朝鮮総連京都府本部ら
1994.07.06	27頁	東京/朝刊	「週刊朝日」の記事に抗議－長野県民会議と朝鮮総連県本部
1994.07.10	03頁03段	東京/朝刊	朝鮮総連が哀悼声明－金日成主席死去
1994.07.10	06頁	東京/朝刊	ドキュメント7・9－金日成主席死去
1994.07.10	07頁	東京/朝刊	「改革」「保守」両派に確執－北朝鮮の金正日・後継体制
1994.07.10	27頁	東京/朝刊	朝鮮総連、12日から一般弔問を受け付け－金日成主席死去
1994.07.10	27頁	東京/朝刊	〈用語〉在日本朝鮮人総連合会(朝鮮総連)
1994.07.12	01頁01段	東京/夕刊	社党書記長ら、総連本部を弔問－金日成主席死去
1994.07.12	08頁	東京/夕刊	「街全体が喪に」－新潟に北朝鮮定期船が入港
1994.07.12	04頁	東京/夕刊	小渕副総裁が朝鮮総連弔問－金日成主席死去
1994.07.13	03頁03段	東京/朝刊	鳩山由紀夫氏が朝鮮総連本部を弔問－金日成主席死去

발행일	지면정보	간종별	기사제목(원문)
1994.07.14	11頁	東京/夕刊	故金日成主席、葬儀参列者乗せ北朝鮮船が出港－新潟西港
1994.07.14	03頁03段	東京/朝刊	海部俊樹氏が朝鮮総連を弔問－金日成主席死去で
1994.07.14	30頁	東京/朝刊	朝鮮学校生徒暴行で都議会が再発防止決議
1994.07.16	03頁03段	東京/朝刊	救済の道、法の谷間に 行政に解決ゆだねる－「在日韓国人の戦後補償」判決
1994.07.16	01頁01段	東京/朝刊	在日韓国人の戦後補償は「立法不作為の状態」 国会で論議を－一年金訴訟で東京地裁
1994.07.16	22頁	東京/朝刊	「我々の補償だれが」 国籍ないが"皇軍"だった－「在日韓国人の戦後補償」訴訟
1994.07.18	26頁	東京/朝刊	金日成主席の追悼式、全国44カ所で 東京会場には2万人－朝鮮総連など
1994.07.26	11頁	東京/夕刊	朝鮮総連の20人聴取へ 集会妨害の疑い－大阪府警
1994.07.27	11頁	東京/夕刊	朝鮮総連の幹部に聴取を開始－大阪府警
1994.07.28	26頁	東京/朝刊	「朝鮮学校生徒へのいやがらせ」で抗議声明－作家・有識者グループ
1994.07.30	15頁	東京/朝刊	高校総体 朝鮮学校が初参加、燃える12選手 まずボクシング…「夢のよう」
1994.08.02	09頁	東京/夕刊	朝鮮総連大阪本部幹部ら、「謀議した」と陳述書－集会妨害事件
1994.08.12	26頁	東京/朝刊	朝鮮総連大阪府本部の委員長らを書類送検－集会妨害事件
1994.08.02	06頁	東京/朝刊	主体思想支持の韓国学生グループ、金正日書記が直接指令－朴弘・西江大総長に聞く
1994.08.17	22頁	東京/朝刊	サハリン連行の在日韓国人の会、参院議長に要望書提出
1994.08.30	05頁	東京/朝刊	〈ひと〉朴貞子(パク・ジョンジャ)さん＝在日韓国人として芸術祭に参加する舞踊家
1994.09.02	26頁	東京/朝刊	在日韓国人女性が合格、国籍条項の門戸開く－川崎市職員採用試験
1994.09.06	02頁	東京/夕刊	〈どーれだ〉在日韓国人が合格した市／チェスの世界王者とコンピューターの対戦結果
1994.09.20	07頁	東京/朝刊	極右「国民戦線」党首が出馬－フランス大統領選
1994.10.12	10頁	東京/夕刊	スリ見つかり、殴った疑い 韓国籍の男逮捕－東京・JR飯田橋駅
1994.12.07	05頁	東京/夕刊	〈人模様〉芸術で在日同胞の"壁"崩したい 在日朝鮮人作曲家、李■雨さん
1995.01.25	11頁	東京/夕刊	阪神大震災 兵庫県南部地震 在日コリアン奮闘、避難所にオモニの手料理
1995.02.18	05頁	東京/朝刊	〈みんなの広場〉阪神大震災 震災復旧、朝鮮学校も同様に＝無職・久保妙子 47
1995.02.10	26頁	東京/朝刊	阪神大震災 兵庫県南部地震 韓国籍住民含め、慰問金一律支給－朝鮮総連救援委
1995.02.26	26頁	東京/朝刊	阪神大震災 兵庫県南部地震 朝鮮総連がチャリティーコンサート
1995.03.16	04頁	東京/朝刊	〈記者の目〉阪神大震災と在日コリアン 救援の手は日本人にも
1995.03.28	02頁02段	東京/朝刊	渡辺美智雄氏ら3団長が、朝鮮総連にあいさつ－与党訪朝団
1995.04.22	08頁	東京/夕刊	〈ニュース深層流〉捜した母は既に亡く…在日韓国人と黒人米兵の混血米国女性
1995.05.02	07頁	東京/朝刊	フランス大統領選への態度を表明せず－国民戦線のルペン党首

발행일	지면정보	간종별	기사제목(원문)
1995.05.31	19頁	東京/朝刊	高校選抜大会への朝鮮学校などの参加、18競技が門戸開放
1995.06.13	07頁	東京/朝刊	極右・国民戦線、支持を広げる－フランス地方選挙・第1回投票
1995.06.23	21頁	東京/朝刊	朝鮮学校などの高校選手権参加、正式に認める－サッカー協会
1995.07.11	01頁01段	東京/夕刊	「朝鮮学校の卒業生に、国立大学の受験資格を」－国連で京大生が訴えへ
1995.07.27	03頁03段	東京/朝刊	朝鮮学校卒業生に国立大学の受験資格を－在日朝鮮人権利擁護委員会
1995.08.13	03頁03段	東京/朝刊	関西救援連絡会、在日韓国人政治犯の即時釈放を求める－韓国政府の特赦発表
1995.09.08	04頁	東京/夕刊	北朝鮮の洪水被害に支援を－朝鮮総連副議長
1995.09.08	03頁03段	東京/朝刊	水害の北朝鮮へ、支援を呼びかけ－朝鮮総連中央本部
1995.09.08	03頁03段	東京/朝刊	金容淳書記のコメ発言で釈明－朝鮮総連の責任副議長
1995.10.04	22頁	東京/朝刊	「ゴルフ会員権の登録拒否は差別」と提訴－在日韓国人
1995.10.18	02頁02段	東京/朝刊	在日韓国人参政権、実現に努力を要請－山崎拓氏に駐日韓国大使
1995.11.18	01頁01段	東京/朝刊	「在日韓国人の参政権実現を」－金泳三大統領
1996.01.17	03頁03段	東京/朝刊	定住外国人の地方参政権、国会議員9割「認めてよい」－在日韓国人団体アンケート
1996.02.23	10頁	東京/夕刊	〈らんだむ批評〉「在日コリアン」のテーマ
1996.03.01	31頁	東京/朝刊	〈訃報〉鄭商根氏　死去＝在日韓国人元軍属戦後補償訴訟の原告、戦後補償を訴え続け
1996.04.14	26頁	東京/朝刊	朝鮮学校生への暴行防止を要請－朝鮮総連東京都本部
1996.05.14	10頁	東京/夕刊	国籍条項に初の司法判断　在日韓国人保健婦、管理職への道求め－16日に東京地裁
1996.05.29	05頁	東京/朝刊	〈みんなの広場〉朝鮮学校にも国立大学の門戸開け＝喫茶店経営・松子・59
1996.05.31	30頁	東京/朝刊	朝鮮総連、板垣正参院議員に謝罪を求める－「従軍慰安婦」めぐる発言で
1996.06.07	04頁	東京/朝刊	〈みんなの広場〉情けない文部省の朝鮮学校差別＝主婦・山崎奈穂子・32
1996.06.26	10頁	東京/夕刊	在日韓国人の地方参政権、控訴審も認めず－名古屋高裁金沢支部
1996.07.04	28頁	東京/朝刊	定住外国人の参政権訴訟、在日韓国人の原告4人が上告
1996.07.08	03頁03段	東京/朝刊	外国人登録、最高の136万人　韓国・朝鮮籍は初の50%割れ
1996.07.30	30頁	東京/朝刊	「朝鮮学校の卒業者に、看護学校受験資格を」－学生団体が署名活動へ
1996.08.09	02頁02段	東京/朝刊	「朝鮮再侵略の野望、あらわにしたもの」－梶山発言で、朝鮮総連
1996.08.13	08頁	東京/夕刊	神戸出身の元在日韓国人2人、仮釈放の対象に－植民地支配解放記念で韓国政府
1996.08.16	22頁	東京/朝刊	獄中15年…韓国政府、在日韓国人二世2人を仮釈放－光復節特赦
1996.09.11	25頁	東京/朝刊	〈社会部発〉タレントを目指している在日コリアン女性
1996.09.12	26頁	東京/朝刊	朝鮮学校の卒業生にも受験資格－川崎市立看護短期大学、来年度の入試から

발행일	지면정보	간종별	기사제목(원문)
1997.01.18	21頁	東京/朝刊	67歳の韓国籍女性、自宅で殺害か－東京・東日暮里
1997.02.23	03頁03段	東京/朝刊	開・閉会式などの行事、在日コリアンの参加を"解禁"－秋季国体で大阪府決定
1997.02.24	08頁	東京/夕刊	〈用語〉パレスチナ解放人民戦線総司令部派(PFLP-GC)
1997.03.07	15頁	東京/朝刊	〈BOOKほん〉『在日韓国人三世の胸のうち』＝李青若・著
1997.04.18	27頁	東京/朝刊	北朝鮮籍の貨物船、降ろした荷物から覚せい剤－宮崎港で数十キロ押収
1997.04.20	28頁	東京/朝刊	在日韓国人団体が北朝鮮コメ支援運動
1997.04.30	20頁	中部/朝刊	在日朝鮮人と知り、女子短大卒業生の内定取り消し－神戸の私立幼稚園、教員採用
1997.05.08	26頁	北海道/朝刊	「強制連行、謝罪・賠償を」初の人権救済申し立て－あす、千葉の在日朝鮮人
1997.05.13	07頁	東京/朝刊	〈欧州統合を問う〉97仏総選挙／1 極右・国民戦線「移民追放」訴え再び台頭
1997.05.15	17頁	東京/朝刊	〈情報掲示板〉在日韓国人元「慰安婦」フィリピン人元「慰安婦」裁判支援合同集会
1997.05.17	09頁	東京/夕刊	北朝鮮籍の貨物船長、不起訴処分に－覚せい剤密輸事件
1997.05.18	03頁03段	東京/朝刊	在日韓国人の劇作家が対談－あす、日韓シンポ前夜祭
1997.05.24	26頁	東京/朝刊	強制連行名簿原本、在日朝鮮人に開示－労働省
1997.05.26	01頁01段	東京/夕刊	フランス議会選挙・第1回投票　保守・中道、伸び悩む－社会党と国民戦線が躍進
1997.05.29	26頁	東京/朝刊	在日韓国人らの訴えを退ける－地方参政権で、大阪地裁判決
1997.06.03	06頁	東京/朝刊	フランス総選挙、左翼陣営勝利 極右・国民戦線、逆転の陰の立役者
1997.06.04	09頁	東京/夕刊	戦中の強制労働、日本は謝罪して－千葉の在日朝鮮人、国連人権委で訴え
1997.06.21	08頁	東京/朝刊	〈ビジネス情報〉韓国系信組、再編へ－在日韓国人信用組合協会
1997.07.13	31頁	東京/朝刊	朝鮮総連脱会の商工関係者ら、北朝鮮批判の団体を結成
1997.07.20	27頁	東京/朝刊	在日韓国人団体、北朝鮮にコメを贈る
1997.08.13	03頁03段	東京/朝刊	なぜ大統領選に投票できないの 在日韓国人、あす提訴－ソウル・憲法裁判所に
1997.08.12	03頁03段	大阪/朝刊	在日朝鮮人学校、日本政府が不当な差別 寄付金に税控除なし 国連人権小委で訴えへ
1997.08.20	11頁	東京/夕刊	偽ドル札20数枚、北朝鮮籍の貨物船から発見－神戸港
1997.08.23	05頁	東京/朝刊	〈みんなの広場〉在日朝鮮人差別、またかと怒り＝自営業・小林政子・56
1997.09.17	05頁	東京/朝刊	〈ひと〉蔡敦子さん＝川崎市の行政事務職に、在日韓国人として初めて合格した
1997.10.03	03頁03段	東京/朝刊	朝鮮総連の「祝賀訪朝団」渡航、北朝鮮が中止指示
1997.10.20	01頁01段	東京/夕刊	訪朝団派遣求め、与党に招待状－朝鮮総連
1997.10.21	30頁	東京/朝刊	来月、柳美里さんのサイン会－在日韓国人で芥川賞作家
1997.10.22	08頁	東京/夕刊	朝鮮学校卒などの大学受験資格、検討へ－国立大学協会
1997.10.24	02頁02段	東京/朝刊	朝鮮総連が祝賀会－北朝鮮の金正日朝鮮労働党総書記の就任で

발행일	지면정보	간종별	기사제목(원문)
1997.11.27	01頁01段	東京/朝刊	都職員の管理職試験「国籍で受験制限」違憲　在日韓国人、逆転勝訴－東京高裁判決
1997.12.05	19頁	東京/夕刊	孤独な闘いに光、反権力人権賞を受賞－元従軍慰安婦の在日韓国人女性
1997.12.18	04頁	東京/朝刊	〈記者の目〉ある在日朝鮮人の望郷　政治の壁破る地球主義
1998.01.06	26頁	東京/朝刊	「指紋押捺拒否での再入国不許可は違法」の2審判決を見直しか－最高裁
1998.02.08	04頁	東京/朝刊	極右・国民戦線、議席失う－フランス
1998.04.04	08頁	東京/夕刊	サッカー　W杯フランス大会　在日韓国人団体、日韓共同応援団を募集
1998.04.24	18頁	東京/夕刊	在日コリアン団体に法人格－大阪府
1998.05.07	11頁	東京/夕刊	男なのに…転居した在日韓国人を、手続き時に「女」－東京・江東区ミス
1998.05.28	05頁	東京/夕刊	在日朝鮮人、教育差別を初審議　審査委「負担重い」－子どもの権利条約
1998.06.06	03頁03段	東京/朝刊	在日朝鮮人への教育差別、是正を－子どもの権利条約、国連審査委が勧告
1998.06.28	02頁02段	東京/朝刊	在日韓国人の地位問題で日韓会談
1998.07.26	05頁	東京/朝刊	〈みんなの広場〉在日同胞の存在知らぬ日本人も＝朝鮮大学校生・許純美・21
1998.08.26	03頁03段	東京/朝刊	在日韓国人ら母国での権利拡大－韓国法務省方針
1998.09.08	26頁	東京/朝刊	最高裁「逮捕は適法」指紋押なつ拒否の在日韓国人男性、逆転敗訴
1998.09.24	05頁	東京/朝刊	〈みんなの広場〉在日朝鮮人に嫌がらせするとは＝会社員・末安次夫・56
1998.09.29	08頁	東京/夕刊	「法改正望ましい」　在日韓国人の年金請求、元軍属の控訴は棄却－東京高裁
1998.09.29	08頁	東京/夕刊	在日朝鮮人への嫌がらせ防止で、首相などに要望書－東京の女性グループ
1998.10.06	08頁	東京/夕刊	在日にも太陽政策アピール－金大中大統領来日で、朝鮮籍も懇談会に招待
1998.10.08	03頁03段	東京/朝刊	在日韓国人と懇談－金大中・韓国大統領
1998.10.14	10頁	東京/夕刊	朝鮮総連、右翼の取り締まり申し入れ－警視庁麹町署に
1998.10.15	11頁	東京/夕刊	〈火災〉朝鮮総連千葉に放火　焼け跡から男性遺体－頭部に傷
1998.10.18	30頁	東京/朝刊	「在日同胞シンポジウム98」に200人参加－国籍や結婚問題を討議
1998.10.20	02頁02段	東京/朝刊	朝鮮総連、在日朝鮮人へのいやがらせ防止を要請
1998.11.04	27頁	東京/朝刊	朝鮮総連中央本部に火炎瓶－東京・千代田
1998.12.24	05頁	東京/夕刊	フランス国民戦線が分裂－ナンバー2ら、6幹部を除名
1998.12.29	06頁	東京/朝刊	フランス国民戦線分裂　他党との提携で溝－西欧一の極右政党、近代化へ分岐点に
1999.01.08	27頁	東京/朝刊	高知沖の袋入り覚せい剤、北朝鮮籍の船が渡す－密輸グループに公海上で
1999.01.25	07頁	東京/朝刊	西欧最大の極右政党、フランス「国民戦線」正式分裂

발행일	지면정보	간종별	기사제목(원문)
1999.02.25	10頁	東京/夕刊	外国人登録法改正で、法相に申し入れ書－在日コリアン人権協
1999.03.10	03頁03段	東京/朝刊	野中官房長官、対象外の在日韓国人らの「恩給」支給を検討へ－旧日本軍人や軍属
1999.05.15	26頁	東京/朝刊	旧軍属在日韓国人への補償、国に初の和解勧告－大阪高裁
1999.05.23	05頁	東京/朝刊	〈みんなの広場〉旧軍属の在日韓国人への補償急げ＝会社員・高敏哲・37
1999.07.15	05頁	東京/朝刊	〈みんなの広場〉なぜ大学受験のみ民族学校拒否＝公務員・山田隆司・51
1999.08.19	27頁	東京/朝刊	朝鮮総連本部の窓にパチンコ玉－東京・千代田区
1999.08.21	05頁	東京/朝刊	〈みんなの広場〉許せぬ在日朝鮮人への卑劣な行為＝無職・吉沢結華・34
1999.09.11	03頁03段	東京/朝刊	在日韓国人元軍属の補償、一時弔慰金を検討－実現までに曲折も
1999.09.11	01頁01段	東京/朝刊	大阪高裁、原告の控訴棄却－在日韓国人軍属の障害年金訴訟
1999.09.11	01頁01段	東京/朝刊	野中官房長官「解決に努力」－在日韓国人への補償問題
1999.09.19	05頁	東京/朝刊	〈みんなの広場〉在日韓国人元軍属に戦後補償を＝音楽教師・高夢美・41
1999.10.01	01頁01段	東京/朝刊	「一時弔慰金」支払い検討－在日韓国人補償問題で野中官房長官
1999.10.05	05頁	東京/夕刊	〈人模様〉懸け橋になりたい＝在日韓国人2世のソプラノ歌手・田月仙さん
1999.10.16	01頁01段	東京/朝刊	年金不払い、違憲の疑い　控訴は棄却－在日韓国人旧軍属の給付訴訟で大阪高裁
1999.10.24	25頁	東京/朝刊	第二次大戦中、日本で強制労働…韓国籍男性、賠償求めて提訴－米国
1999.11.02	02頁02段	東京/朝刊	在日韓国人補償で調査会－自民党
1999.11.06	14頁	東京/夕刊	イトマン事件　手形詐取も追及へ－許永中被告を大阪に移送
1999.11.14	31頁	東京/朝刊	対立する組の幹部ら逮捕－東京・亀戸の組長射殺容疑で
1999.11.20	29頁	東京/朝刊	「日本憲政党」党首ら3人、傷害容疑で逮捕－東京・浄真寺事件
1999.12.05	04頁	東京/朝刊	元在日朝鮮人が韓国に亡命
1999.12.11	08頁	東京/夕刊	バレーボール　胸の「日の丸」に在日韓国人の誇り－W杯出場、森山淳子さん
1999.12.21	02頁02段	東京/朝刊	在日韓国人らの補償で試案－自民党内閣部会
2000.01.09	11頁	東京/朝刊	妻を刺殺し逃走？　男性が行方不明－東京・渋谷区
2000.01.23	26頁	東京/朝刊	教研集会・子どもシンポで教育のバリアフリー、訴え－障害児、在日韓国人が参加し
2000.01.25	07頁	東京/朝刊	日テレ関係者かたり、婦女暴行140件　韓国籍の36歳供述－警視庁、容疑で逮捕
2000.01.29	04頁	東京/朝刊	〈ひとこと〉僕は学校で差別を感じたことがない－在日韓国人・朴慶樹君
2000.02.05	03頁03段	東京/朝刊	旧軍人・軍属の在日韓国人補償、自民党が検討開始
2000.02.08	04頁	東京/夕刊	〈人模様〉W杯に向け「在日オーケストラ」を＝在日朝鮮人の指揮者・金洪才さん
2000.02.13	02頁02段	東京/朝刊	在日韓国人軍人の一時金支給、今国会で法制化へ－「人道的立場」で救済

발행일	지면정보	간종별	기사제목(원문)
2000.04.10	12頁	東京/夕刊	思い、さまざま「在日」の人々ー韓国と北朝鮮、南北首脳会談に合意
2000.04.24	07頁	東京/朝刊	フランス極右・国民戦線のルペン党首、全公職失う
2000.05.17	08頁	東京/夕刊	朝鮮籍生徒「卒業証書の名前、ハングル表記で」 高校側「前例ない」と拒否ー大阪
2000.06.13	13頁	東京/夕刊	南北首脳会談 在日コリアン、各世代の思い熱くー韓国大統領が平壌入り
2000.06.15	31頁	東京/朝刊	韓国籍の26歳と判明ー東京・高島平の女性殺害事件
2000.08.01	27頁	東京/朝刊	在日韓国人が北朝鮮訪問へー「ピースボート」の交流ツアーで
2000.08.23	02頁02段	東京/朝刊	北朝鮮代表団、きょう朝鮮総連を初訪問へー日程変更、相次ぐ
2000.08.24	03頁03段	東京/朝刊	北朝鮮代表団の訪問、朝鮮総連幹部・約300人が歓迎
2000.08.29	26頁	東京/朝刊	朝鮮総連、民団に和解提案へ
2000.09.04	11頁	東京/夕刊	日本名次々変え、携帯電話46台を詐取 容疑の在日韓国人逮捕ー京都府警・松原署
2000.09.13	10頁	東京/夕刊	朝鮮総連との協議機関、民団が賛同の回答
2000.09.17	13頁	東京/朝刊	〈定点観測・介護保険〉老いと向き合う・京都の街から／下 在日コリアン
2000.09.22	13頁	東京/夕刊	朝鮮総連の訪韓団63人、ソウル入りー初の公式訪問
2000.09.23	30頁	東京/朝刊	「朝鮮総連」訪韓団、ソウルで親族と対面
2000.09.28	30頁	東京/朝刊	朝鮮総連の公式訪韓団が帰国
2000.10.12	10頁	東京/夕刊	在日朝鮮人2世の指揮者・金洪才さん、韓国のオケと初共演へーアジア欧州会議で
2000.11.18	07頁	東京/朝刊	在日本朝鮮総連の第2次公式訪韓団がソウルに
2000.12.01	03頁	東京/夕刊	〈人模様〉「自分とは何か」を問う＝在日韓国人3世の作家・金真須美さん
2000.12.20	04頁	東京/夕刊	在日韓国人系信組、横浜商銀を軸に合併へ
2000.12.26	01頁01段	東京/朝刊	在日韓国人系19信組、合併へー破たん組合の受け皿に
2000.12.30	08頁	東京/夕刊	公的資金、1兆円規模にー在日朝鮮人系「朝銀近畿」の破たん処理決定
2001.01.20	27頁	東京/朝刊	韓国の高校生と在日朝鮮人が共演 民族伝統芸能を披露ー北区であすから
2001.02.17	08頁	東京/朝刊	茨城商銀、破たんー在日韓国人系新行に参加予定、設立に向け曲折も
2001.02.17	25頁	東京/朝刊	〈悼〉在日朝鮮人作家・鄭承博さん＝1月18日死去・77歳
2001.02.22	01頁	東京/朝刊	〈訃報〉韓徳銖氏 94歳 死去＝朝鮮総連中央常任委員会議長
2001.02.23	20頁	東京/朝刊	韓国サッカーに、初の朝鮮籍選手誕生へ
2001.02.26	04頁	東京/夕刊	韓総連議長の葬儀に、ハイレベル弔問団ー北朝鮮
2001.03.04	31頁	東京/朝刊	8500人が参列ー朝鮮総連・中央常任委員会議長、韓徳銖さんの総連葬
2001.03.22	29頁	東京/朝刊	「人種差別を罰する法を」ー在日朝鮮人への対応批判、国連委が勧告採択
2001.04.05	13頁	東京/夕刊	在日韓国人の障害年金訴訟 元軍属の敗訴、確定ー最高裁

발행일	지면정보	간종별	기사제목(원문)
2001.04.10	08頁	東京/夕刊	東京・JR新大久保駅の3人死亡　在日韓国人歌手・白玉仙さん、哀悼歌を披露
2001.04.28	02頁	東京/夕刊	在日韓国人系信組の受け皿・新銀行構想、白紙に
2001.05.02	08頁	東京/朝刊	「普通銀行設立を断念」と正式発表－在日韓国人信組協会
2001.05.21	29頁	東京/朝刊	プロボクシング　ＷＢＣスーパーフライ級　在日朝鮮人3世の徳山昌守、2度目の防衛
2001.05.26	05頁	東京/朝刊	志位和夫・共産党委員長、朝鮮総連大会に出席－18年ぶりに
2001.06.05	26頁	東京/朝刊	「北朝鮮帰国事業で損害」賠償求め、朝鮮総連を提訴－ソウルの男性
2001.06.21	27頁	東京/朝刊	田中・長野県知事発言で、朝鮮総連が抗議
2001.07.07	04頁	東京/夕刊	〈キャンパる〉ん!?謎　朝鮮学校と大学入試　苦労あるが得がたい経験も
2001.08.03	11頁	東京/夕刊	〈靖国・考〉日本軍の捕虜監視員として戦犯に－在日韓国人・李鶴来さん
2001.08.10	03頁03段	東京/朝刊	〈ひと〉金幸一さん＝北朝鮮帰国を勧めた朝鮮総連を提訴
2001.08.17	10頁	東京/夕刊	公安調査庁、在日コリアンの外登票87人分取り寄せる－「犯罪者扱い」と反発
2001.11.20	31頁	東京/朝刊	朝銀東京信組・検査忌避　30億円の過剰融資枠－朝鮮総連関連会社の不動産に
2001.11.21	29頁	東京/朝刊	朝銀近畿信組・無担保融資「朝鮮総連が主導」－管財人、元理事長らを損賠提訴
2001.11.23	04頁	東京/朝刊	〈みんなの広場〉朝鮮学校への補助増額を望む＝主婦・金明淑・38
2001.11.28	01頁01段	東京/夕刊	朝銀東京信組事件　8億円横領の疑い、朝鮮総連元局長を逮捕へ－警視庁
2001.11.29	01頁01段	東京/夕刊	朝銀東京信組事件　朝鮮総連本部を捜索－警視庁、全容解明めざす
2001.12.19	29頁	東京/朝刊	朝銀東京信組事件　朝鮮総連の元財政局長ら3人、業務上横領罪で起訴－東京地検
2001.12.23	01頁01段	東京/朝刊	不審船を射撃、沈没　海保2人が発砲され重傷－東シナ海、北朝鮮籍の可能性
2001.12.31	06頁	東京/朝刊	〈人と世界〉2001　南北のパイプを音楽で－在日コリアン・李■雨さんに聞く
2002.05.16	02頁02段	東京/朝刊	サッカー　日韓W杯　初の南北相互訪問が実現－大阪の朝鮮総連と民団
2002.05.24	11頁	東京/夕刊	朝銀問題報道で、文芸春秋などを提訴－朝鮮総連、東京地裁に
2002.06.03	26頁	北海道/朝刊	サッカー　日韓W杯　共同応援団、韓国に－在日朝鮮人、初参加
2002.07.11	04頁	東京/夕刊	〈人模様〉日本人向け朝鮮半島現代史＝フリー編集者で在日韓国人2世・金容権さん
2002.07.19	31頁	東京/朝刊	ゴルフ会員権譲渡巡る訴訟　「国籍制限は許容範囲」－在日韓国人の敗訴が確定
2002.07.19	30頁	東京/朝刊	恩給不支給は合憲　シベリア抑留、在日韓国人の上告を棄却－最高裁
2002.09.20	13頁	東京/夕刊	北朝鮮・拉致事件　在日朝鮮人への人権擁護を強化－森山真弓法相
2002.09.23	29頁	東京/朝刊	不明男性の情報公開　1978年、在日朝鮮人に誘われ出国

발행일	지면정보	간종별	기사제목(원문)
2002.09.27	11頁	東京/夕刊	北朝鮮・拉致事件 朝鮮総連系新聞、拉致報道で謝罪
2002.09.30	30頁	東京/朝刊	北朝鮮・拉致事件「歴史乗り越え共存を」－朝鮮総連南副議長
2002.09.30	03頁03段	東京/朝刊	新義州特別行政区の初代長官、北朝鮮籍を取得
2002.10.07	03頁	東京/夕刊	釜山アジア大会「この地でプレーでき光栄」－在日朝鮮人ゴルファー・金明讃
2002.10.11	11頁	東京/夕刊	拉致に揺れる朝鮮総連「謝罪を」幹部責任追及の声／若い3・4世、事実にショック
2002.10.11	31頁	東京/朝刊	朝鮮総連などに損害賠償を求めて提訴－朝銀東京信組
2002.10.21	26頁	東京/朝刊	北朝鮮・核開発 朝鮮総連広島県本部委員長「容認できない」
2002.10.22	08頁	東京/夕刊	朝銀東京の不正融資事件 元理事長に実刑判決－朝鮮総連幹部の共謀認定
2002.11.04	05頁	東京/朝刊	〈社説〉視点 朝鮮総連 拉致事件で反省の言葉を聞きたい＝論説委員・石原進
2002.11.10	28頁	東京/朝刊	北朝鮮・拉致事件 社民党の本部に銃弾が郵送される－朝鮮総連にも
2002.11.13	31頁	東京/朝刊	朝鮮総連・大阪府本部、委員長が交代
2002.11.13	01頁01段	東京/朝刊	〈余録〉朴一さんは在日韓国人3世。31歳のとき…
2002.11.16	15頁	東京/朝刊	映画の中の在日コリアン 時代反映した5作品上映－20日から東京で
2002.11.25	31頁	東京/朝刊	北朝鮮・拉致疑惑 小住健蔵さんになりすました工作員、在日韓国人らが活動支援
2002.12.25	26頁	東京/朝刊	「朝鮮総連の組織運営に乱れ」－公安調査庁
2002.12.28	01頁01段	東京/夕刊	朝鮮学校、理解求め公開授業 回答の全31校で－毎日新聞が調査
2003.01.11	09頁	東京/夕刊	朝鮮総連、組織「引き締め」 本部の半数、地方に派遣－反対勢力の抑え込み狙う
2003.01.17	26頁	東京/朝刊	朝鮮学校卒業生に大学入学資格を－河村・副文科相が表明
2003.01.26	30頁	東京/朝刊	北朝鮮籍船接岸に安全確認要求－茨城県方針
2003.01.30	29頁	東京/朝刊	万景峰号事件 北朝鮮工作員・72歳の男、在日韓国人にも対南工作指示
2003.02.15	28頁	東京/朝刊	脱北者問題 日本人妻「脱北手引き」で逮捕の韓国籍の男性2人、送還
2003.02.16	26頁	東京/朝刊	北朝鮮・拉致事件 総連分会長が謝罪－在日コリアンが被害者支援の初集会
2003.02.19	27頁	東京/朝刊	万景峰号問題 朝鮮総連副議長、工作活動疑惑を否定
2003.02.21	26頁	東京/朝刊	朝鮮総連を訴えた脱北者の控訴棄却－東京高裁
2003.02.21	24頁	東京/朝刊	北朝鮮籍貨物船に設備改善を命令 確認し出港－福島・相馬港
2003.02.28	29頁	東京/朝刊	大学入学資格緩和を－朝鮮総連
2003.03.02	26頁	東京/朝刊	在韓脱北者、朝鮮総連を批判 帰還事業の責任追及－大阪で集会
2003.03.05	09頁	東京/夕刊	東京の看護学校、朝鮮学校生の受験を拒否 世論の反発背景、文科省も姿勢変更
2003.03.07	02頁02段	東京/朝刊	朝鮮学校卒業生の大学入学資格、認めず－文科省
2003.03.09	30頁	東京/朝刊	朝鮮学校に大学受験資格認定を－東京・千代田区で集会
2003.03.10	10頁	東京/夕刊	帰国事業、脱北者や2世が朝鮮総連に抗議－東京・千代田区の中央本部

발행일	지면정보	간종별	기사제목(원문)
2003.03.12	27頁	東京/朝刊	朝鮮学校出身者に受験資格を－国立大の教職員、要望書を提出
2003.03.13	04頁	東京/朝刊	〈みんなの広場〉民族学校を受験で差別するな＝団体職員・李英三・44
2003.03.14	30頁	東京/朝刊	朝鮮学校に大学受験資格、公明党が要請
2003.03.15	30頁	東京/朝刊	民族学校にも大学受験資格を－学生ら、東京・霞が関周辺をデモ行進
2003.04.04	04頁	東京/朝刊	〈記者の目〉口つぐむ在日朝鮮人＝亀井和真(社会部)
2003.05.12	26頁	東京/朝刊	日本人妻、朝鮮籍変更は除外 1830人の実態反映せず－政府公表
2003.05.29	24頁	東京/朝刊	韓国籍の大学生を逮捕 留置人名簿窃盗容疑で－警視庁小岩署
2003.06.12	10頁	東京/夕刊	在日韓国人女性、子供に日本国籍 認知遅れ事情、最高裁認める
2003.06.15	26頁	東京/朝刊	「日本の大学受験資格を」 民族学校生がアピール－東京朝鮮中高級学校の文化祭で
2003.06.17	29頁	東京/朝刊	「学校」「農協に準拠」、特殊理由で税減免も－朝鮮総連地方本部
2003.06.17	01頁01段	東京/朝刊	朝鮮総連の48中央・地方本部のうち、課税施設は8カ所
2003.06.18	08頁	東京/夕刊	朝鮮総連県本部など、税の減免撤回へ－新潟市長会見
2003.06.19	03頁03段	東京/朝刊	朝鮮総連に対する税減免見直しを容認－福田康夫官房長官
2003.06.20	08頁	東京/夕刊	偽ブランド品の密輸容疑、韓国籍の2人を逮捕－成田空港
2003.06.21	28頁	東京/朝刊	朝鮮学校の5人に1人が嫌がらせ被害－関東地方21校の児童・生徒
2003.06.21	28頁	東京/朝刊	朝鮮学校卒生にも国立大入学資格を－3府県、文科省に要望
2003.06.21	28頁	東京/朝刊	朝鮮学校用地の売却報道を否定－朝鮮総連と警備保障会社
2003.06.21	28頁	東京/朝刊	北朝鮮籍の貨物船「スーヤンサン」、富山入港を断念へ
2003.07.21	26頁	東京/朝刊	北朝鮮・拉致事件 横田夫妻ら招き、在日コリアン集会－東京
2003.07.26	29頁	東京/朝刊	朝鮮総連の税減免を申請－不動産所有会社、東京都に
2003.07.27	30頁	東京/朝刊	朝鮮学校児童・生徒へ嫌がらせ、4人に1人被害－大阪府内
2003.07.30	11頁	東京/夕刊	朝鮮総連に銃弾 旧朝銀信組には爆発物？ 住民、一時避難騒ぎ－新潟
2003.07.30	31頁	東京/朝刊	新潟・朝鮮総連県本部に銃弾
2003.07.30	10頁	東京/夕刊	ハンセン病と在日韓国人、二重差別との戦い…元患者の国本さん 自叙伝－きょう出版
2003.08.02	26頁	東京/朝刊	北朝鮮・万景峰号の入港、6回目の見送り－朝鮮総連、岸壁使用許可申請せず
2003.08.05	03頁03段	東京/朝刊	〈クローズアップ2003〉朝鮮学校卒業生らに大学裁量で受験資格
2003.08.05	31頁	東京/朝刊	朝鮮学校卒業生らに大学受験資格 「選択肢増える」と歓迎／「大学が判断」に批判も
2003.08.06	26頁	東京/朝刊	〈今を超えて〉"有事"の夏/4 在日朝鮮人被爆者、拉致と核の逆風
2003.08.10	26頁	東京/朝刊	北朝鮮の貨客船・万景峰号の運航再開求め集会－東京・文京区の朝鮮総連
2003.08.13	23頁	東京/朝刊	朝鮮学校など外国人校の卒業生、専門学校も入学可に－省令改正へ
2003.08.22	10頁	東京/夕刊	北朝鮮の貨客船・万景峰号の安全入港求め、小泉首相に要請文－朝鮮総連
2003.08.24	31頁	東京/朝刊	福岡・朝鮮総連施設に不審物－岡山の朝銀信組には銃痕

발행일	지면정보	간종별	기사제목(원문)
2003.08.25	31頁	東京/朝刊	福岡・朝鮮総連などで発見の不審物、魔法瓶と容器－新潟の発火物と酷似
2003.08.25	31頁	東京/朝刊	福岡・岡山の凶悪テロに怒り－朝鮮総連が声明
2003.08.27	03頁03段	東京/朝刊	朝鮮総連への「テロ」、日本政府が助長－北朝鮮・労働新聞が反発
2003.09.04	31頁	東京/朝刊	課税取り消し求め審査請求－朝鮮総連側、石原都知事に
2003.09.09	01頁01段	東京/夕刊	東京都、朝鮮総連本部を差し押さえ－税滞納で他2施設も
2003.09.10	26頁	東京/朝刊	朝鮮総連本部差し押さえ 異例の早さ「横暴だ」－総連側
2003.09.11	12頁	東京/夕刊	朝鮮総連鶴見支部に横浜市が課税へ
2003.09.11	26頁	東京/朝刊	田中審議官宅の不審物事件 瓶の中にボンベ、朝鮮総連事件と酷似
2003.09.19	02頁02段	東京/朝刊	朝鮮学校卒業者のセンター試験受験、学力証明で可能に－文部科学省
2003.09.17	02頁	東京/夕刊	〈特集ワイド1〉日朝首脳会談から1年 在日朝鮮人詩人・金時鐘さん
2003.09.22	09頁	東京/夕刊	大分朝鮮総連にまかれたガソリン、右翼の嫌がらせか－大分・中春日町
2003.09.22	31頁	東京/朝刊	ガソリンまかれた跡－朝鮮総連大分県本部
2003.09.30	11頁	東京/夕刊	朝鮮総連、東京都に固定資産税2230万円を納付－「嫌がらせ避けるため」
2003.10.02	03頁03段	東京/朝刊	朝鮮学校生らに徳島大、受験許可
2003.11.17	12頁	東京/夕刊	千葉・市原の会社役員刺殺 韓国籍の男、殺害供述－「車上狙い見つかり」
2003.11.18	09頁	東京/夕刊	朝鮮総連の福岡支部幹部、盗品譲り受け容疑で逮捕－県警
2003.12.11	27頁	東京/朝刊	朝鮮総連大分県本部にガソリン散布、容疑の男逮捕－右翼団体に関与か
2003.12.31	22頁	東京/朝刊	建国義勇軍事件 朝鮮総連と社民党への脅迫状、村上容疑者が作成
2004.01.09	25頁	東京/朝刊	朝鮮総連施設への課税減免取り消しを求め、提訴－「救う会熊本」のメンバー
2004.01.12	27頁	東京/朝刊	〈訃報〉千竜夫さん 63歳 死去＝在日韓国人のハンセン病国賠訴訟元原告
2004.02.26	29頁	東京/朝刊	朝鮮総連：固定資産税課税の取り消し求め提訴へ
2004.03.08	27頁	東京/朝刊	逮捕：韓国籍の男、北朝鮮へ輸出する盗難車購入の容疑－福岡県警と警視庁など
2004.03.26	11頁	東京/夕刊	朝銀東京信組事件：着服の朝鮮総連元財政局長、懲役6年判決－東京地裁
2004.04.29	28頁	東京/朝刊	〈情報ファイル〉北朝鮮・列車爆発 民団が朝鮮総連に義援金
2004.05.21	02頁02段	東京/朝刊	北朝鮮・拉致問題：小泉首相・再訪朝 「平壌市民、冷たい反応」－朝鮮総連機関紙
2004.05.29	28頁	東京/朝刊	朝鮮総連大会：小泉首相がメッセージ
2004.05.30	26頁	東京/朝刊	朝鮮総連：全体大会が閉幕－東京・北区
2004.05.31	03頁03段	東京/朝刊	北朝鮮：「小泉首相、朝鮮総連に祝賀文」と報道－労働新聞
2004.07.08	11頁	東京/夕刊	日本国籍訴訟：法改正後に朝鮮籍の父認知、子の「日本国籍」認める－最高裁初判断
2004.07.10	28頁	東京/朝刊	埼玉・熊谷の韓国籍女性殺害：殺人容疑で男を再逮捕－埼玉県警

발행일	지면정보	간종별	기사제목(원문)
2004.07.27	08頁	東京/夕刊	弔慰金支給：「親指がある」と却下 総務省、在日朝鮮人軍属遺族に
2004.08.26	07頁	東京/朝刊	盗難車不正輸出：韓国籍の男に実刑判決－福岡地裁
2004.09.02	25頁	東京/朝刊	国籍条項訴訟：大法廷に回付、憲法判断へ－在日韓国人の都管理職受験拒否
2004.10.17	11頁	東京/朝刊	〈今週の本棚・新刊〉『在日朝鮮人女性文学論』＝金壎我・著
2005.01.15	27頁	東京/朝刊	偽1万円札：韓国カジノで420枚 所持の在日韓国人から聴取
2005.03.05	29頁	東京/朝刊	国体：朝鮮学校にも門戸 参加資格、大幅緩和へ－体協
2005.04.11	07頁	東京/夕刊	舞台：在日韓国人ピアニストの半生 「最終目的地は日本」若村麻由美が主演
2005.04.12	25頁	東京/朝刊	人権擁護法案：影落とす北朝鮮・拉致問題 「朝鮮総連批判、縛る恐れ」
2005.09.16	02頁	東京/夕刊	特集WORLD：日朝首脳会談から3年－在日朝鮮人作家・金石範さんに聞く
2005.09.27	06頁	東京/夕刊	地球賞：『在日コリアン詩選集一九一六年~二〇〇四年』に決まる
2006.01.25	13頁	東京/朝刊	兵庫・尼崎の入居拒否：韓国籍理由に拒否、家主の差別認定－神戸地裁支部判決
2006.02.16	29頁	東京/朝刊	盛岡市：朝鮮総連の税減免打ち切り 「親善活動ない」－来年度から
2006.02.17	02頁02段	東京/朝刊	朝鮮総連：32自治体、関連施設の税減免「免除なし」は5市－05年度
2006.03.15	28頁	東京/朝刊	悼：在日コリアンで初めての弁護士・金敬得さん＝05年12月28日死去・56歳
2006.05.17	02頁	東京/朝刊	クローズアップ2006：民団と朝鮮総連、和解へ(その2) 北朝鮮の意向、色濃く
2006.05.17	03頁	東京/朝刊	クローズアップ2006：民団と朝鮮総連、和解へ(その2) 組織離れ、双方危機感
2006.05.19	26頁	東京/朝刊	民団・総連和解：「朝鮮総連が全く変わるわけでない」－漆間警察庁長官
2006.05.22	01頁	東京/朝刊	余録：在日本大韓民国民団・民団)と在日本朝鮮人総連合会(朝鮮総連)が…
2006.07.11	30頁	東京/朝刊	民団・総連和解：白紙撤回 朝鮮総連が批判の談話
2006.07.15	02頁	東京/朝刊	北朝鮮ミサイル：朝鮮総連の固定資産税減免、10自治体が見直し－今年度から
2006.08.10	08頁	東京/夕刊	人模様：「被害者」認定、慰霊碑に報告－元BC級戦犯の在日韓国人・李鶴来さん
2006.09.21	31頁	東京/朝刊	脅迫状：小指入りの封書、朝鮮総連に届く
2006.10.18	06頁	東京/夕刊	人模様：ネット市民支援で芸術展－在日韓国人3世の画家・金暎淑さん
2006.11.01	26頁	東京/朝刊	北朝鮮核実験：在日コリアンら署名運動
2006.11.08	08頁	東京/夕刊	朝鮮総連：傘下の青年団体関係者、人権訴え座り込み
2007.03.03	08頁	東京/夕刊	在日朝鮮人中央大会：東京・日比谷公園に5000人
2007.03.03	31頁	東京/朝刊	東京・渋谷区：在日朝鮮人団体に施設使用許可、抗議寄せられ取り消し
2007.03.05	28頁	東京/朝刊	東京・渋谷区の会場使用許可取り消し：在日朝鮮人ら主催のシンポ開催

발행일	지면정보	간종별	기사제목(원문)
2007.03.08	08頁	東京/夕刊	北朝鮮：「朝鮮総連弾圧」を非難、国連総長に書簡
2007.04.21	28頁	東京/朝刊	北朝鮮・拉致問題：2児拉致「朝鮮籍でも認定を」北海道のおばが上京、政府に要望
2007.05.18	24頁	東京/朝刊	新潟・朝鮮総連訴訟：固定資産税巡る請求棄却－地裁
2007.05.21	06頁	東京/夕刊	韓国：南北定期便で初、北朝鮮籍船就航－釜山に入港
2007.06.06	26頁	東京/朝刊	仙台市：朝鮮総連系団体の会館使用許可取り消し
2007.06.12	09頁	東京/夕刊	朝鮮総連：本部売却 どんな経緯が 公安調査庁の元長官、姿見せず
2007.06.12	01頁	東京/夕刊	朝鮮総連：本部売却「事実関係を調査」－国家公安委員長が表明
2007.06.12	01頁	東京/朝刊	朝鮮総連：本部、5月末に売却 土地・建物、民間会社に 元公安庁長官が社長
2007.06.13	08頁	東京/夕刊	朝鮮総連：本部売却 公安調査庁長官が謝罪
2007.06.13	02頁	東京/朝刊	朝鮮総連：本部売却 首相、元長官関与に不快感
2007.06.14	01頁	東京/朝刊	朝鮮総連：本部売却 元公安調査庁長官宅を捜索 仮装売買容疑－東京地検
2007.06.14	05頁	東京/朝刊	社説：朝鮮総連本部「大義の売買」では説明不足だ
2007.06.14	27頁	東京/朝刊	朝鮮総連：本部売却 安倍首相、改めて元長官批判
2007.06.14	27頁	東京/朝刊	朝鮮総連：本部売却 元公安調査庁長官、説明不十分真相見えず
2007.06.15	01頁	東京/朝刊	朝鮮総連：本部売却 日弁連元会長宅も捜索
2007.06.15	27頁	東京/朝刊	朝鮮総連：本部売却 土屋氏「出資者は1人」緒方氏と食い違いも
2007.06.16	30頁	東京/朝刊	朝鮮総連：本部売却 73歳元社長宅を捜索 緒方氏と幹部会わせる
2007.06.17	01頁	東京/朝刊	朝鮮総連：本部売却 公安庁職員が紹介 仲介者を元長官に
2007.06.17	31頁	東京/朝刊	朝鮮総連：本部売却 土地・建物「差し押さえ」どう判断 返済命令は必至－あす判決
2007.06.17	31頁	東京/朝刊	朝鮮総連：本部売却 日弁連元会長「出資予定者は元長官と面識」
2007.06.17	31頁	東京/朝刊	朝鮮総連：本部売却 首相発言を批判、総連が談話発表
2007.06.18	01頁	東京/夕刊	朝鮮総連：本部売却 土地・建物、所有権の登記戻す
2007.06.18	01頁	東京/夕刊	朝鮮総連：回収機構訴訟 財産差し押さえ容認、仮執行を宣言－東京地裁
2007.06.18	09頁	東京/夕刊	朝鮮総連：本部売却 計画実態、深まる謎 見えぬ「出資予定者」
2007.06.18	01頁	東京/朝刊	朝鮮総連：本部売却、白紙に 元公安庁長官、35億円の調達断念
2007.06.18	31頁	東京/朝刊	朝鮮総連：本部売却 元公安庁長官、4億円借金名義貸し「元社長に頼まれた」
2007.06.19	09頁	東京/夕刊	朝鮮総連：本部売却 不動産再取得で、総連にも課税8000万円－都が方針
2007.06.19	01頁	東京/朝刊	朝鮮総連：本部売却 虚偽登記容疑で元公安庁長官、立件へ 元社長ら数人も
2007.06.19	03頁	東京/朝刊	クローズアップ2007：朝鮮総連に627億円返済命令 財政逼迫で苦境
2007.06.19	05頁	東京/朝刊	社説：朝鮮総連本部 返済の義務を誠実に果たせ
2007.06.19	29頁	東京/朝刊	朝鮮総連：全額返済命令 総連関係者「予想通りだが」／拉致家族会「しっかり払って」
2007.06.19	29頁	東京/朝刊	朝鮮総連：HPがダウン
2007.06.19	29頁	東京/朝刊	朝鮮総連：本部売却 仲介役に事前報酬 総連副議長が4億円払う

발행일	지면정보	간종별	기사제목(원문)
2007.06.19	29頁	東京/朝刊	朝鮮総連：本部売却 所有権移転問題、都が課税手続き
2007.06.20	08頁	東京/夕刊	朝鮮総連：移転登記問題、事実関係追及へ―自民・公明
2007.06.21	01頁	東京/夕刊	朝鮮総連：副議長を聴取 地検特捜部、本部売却問題で
2007.06.21	27頁	東京/朝刊	朝鮮総連：全額返済命令 控訴断念で調整 土屋氏、近く総連と協議
2007.06.25	11頁	東京/夕刊	朝鮮総連：仮装売買 緒方元長官周辺、元々資金力無かった？出資者ら33億超す賠償
2007.06.26	01頁	東京/夕刊	朝鮮総連：本部、競売へ 回収機構が申し立て、地裁が売買禁止決定
2007.06.26	01頁	東京/朝刊	朝鮮総連：仮装売買 緒方元長官、口裏合わせ 調達困難を認識
2007.06.27	01頁	東京/朝刊	朝鮮総連：回収機構、本部の競売申し立て 他施設差し押さえも
2007.06.27	31頁	東京/朝刊	朝鮮総連：仮装売買 仲介元社長、88年に都本部を購入―かかわりの発端
2007.06.28	01頁	東京/朝刊	朝鮮総連：仮装売買 元長官側に「受領書」取引虚偽説明か
2007.06.29	01頁	東京/夕刊	朝鮮総連仮装売買：緒方元長官宅など捜索
2007.06.29	01頁	東京/夕刊	朝鮮総連仮装売買：緒方元長官ら、4億8000万円も詐取容疑 「税に充てる」は虚偽
2007.06.29	13頁	東京/夕刊	朝鮮総連：本部の競売に抗議、取り下げ求める
2007.06.29	01頁	東京/朝刊	朝鮮総連仮装売買：緒方・元公安庁長官ら逮捕、詐取容疑「資金めど」売買で虚偽説明
2007.06.30	31頁	東京/朝刊	朝鮮総連仮装売買：緒方・元公安庁長官、総連に虚偽報告書「35億円調達は確実」
2007.07.01	01頁	東京/朝刊	朝鮮総連仮装売買：緒方元長官ら、4億3000万円を山分け 地検「詐取が目的」
2007.07.02	02頁	東京/朝刊	朝鮮総連：本部競売は「主権侵害行為」―北朝鮮が初声明
2007.07.02	31頁	東京/朝刊	朝鮮総連仮装売買：緒方元長官、「困難」すでに認識 「出資予定」社長との面会時
2007.07.03	01頁	東京/夕刊	朝鮮総連詐欺：満井容疑者「総連だます意思」詐欺認める供述
2007.07.03	01頁	東京/夕刊	朝鮮総連：627億円支払い命令判決が確定
2007.07.03	01頁	東京/朝刊	朝鮮総連詐欺：事業資金3億円目的か 満井容疑者、当初に同額要求
2007.07.04	01頁	東京/夕刊	朝鮮総連詐欺：本部物件資料「安心」強調、出資募る 1ページ目に元長官名と経歴
2007.07.05	01頁	東京/朝刊	朝鮮総連詐欺：満井容疑者、関連会社使い資金洗浄 架空売り上げ計上
2007.07.05	28頁	東京/朝刊	薬事法違反：在日朝鮮人女性、起訴猶予処分に―東京地検
2007.07.06	11頁	東京/夕刊	朝鮮総連：都本部、移転へ 競売落札会社、立ち退き要求 下部組織の支部に
2007.07.06	31頁	東京/朝刊	朝鮮総連詐欺：6700万円、借金返済に 河江容疑者、私的流用認める
2007.07.07	31頁	東京/朝刊	朝鮮総連詐欺：誇張宣伝で出資募る 満井容疑者顧問の会社、資本金10倍に
2007.07.07	31頁	東京/朝刊	朝鮮総連詐欺：満井容疑者、報道直後に返却 2億円、6月12日に
2007.07.12	29頁	東京/朝刊	朝鮮総連詐欺：総連副議長が政府対応を批判

발행일	지면정보	간종별	기사제목(원문)
2007.07.12	29頁	東京/朝刊	朝鮮総連詐欺：事件1カ月　元長官、ウソだらけ　詐欺容疑否認のまま処分へ
2007.07.14	31頁	東京/朝刊	朝鮮総連：本部の競売、長期化の見通し　回収機構が提訴
2007.07.14	31頁	東京/朝刊	朝鮮総連詐欺：緒方元長官、1億円を返還「迷惑料」5000万円上乗せ
2007.07.15	28頁	東京/朝刊	朝鮮総連：回収機構提訴「不当な暴挙」－副議長談話
2007.07.15	28頁	東京/朝刊	朝鮮総連詐欺：元長官の訴追、希望せず　被害者の認識なく－総連が文書
2007.07.18	01頁	東京/夕刊	朝鮮総連詐欺：資金引き出し「元長官に事前伝達」　満井容疑者、地検に供述
2007.07.18	09頁	東京/夕刊	朝鮮総連詐欺：緒方元長官、役職次々辞任や解任　中教審や公益法人
2007.07.18	01頁	東京/朝刊	朝鮮総連詐欺：緒方元長官ら、きょうにも再逮捕へ　4億8400万円詐取容疑
2007.07.19	11頁	東京/夕刊	朝鮮総連：固定資産税未納で、東京都が督促状
2007.07.19	29頁	東京/朝刊	朝鮮総連詐欺：緒方元長官、トラブル抱え流用　詐欺容疑認める供述－再逮捕
2007.07.21	24頁	東京/朝刊	朝鮮総連課税訴訟：総連、相次ぎ敗訴　東京・札幌で請求棄却
2007.07.21	24頁	東京/朝刊	朝鮮総連詐欺：「政治団体に５兆円」　満井容疑者、総連に資産過大説明
2007.07.25	03頁	東京/朝刊	朝鮮総連：課税、24市で厳しく
2007.07.29	03頁	東京/朝刊	ひと：尹慧瑛さん＝北アイルランド紛争を研究する在日コリアン
2007.08.03	29頁	東京/朝刊	朝鮮総連詐欺：本部物件資料のコピーを入手「原点」から緒方色
2007.08.06	18頁	東京/朝刊	裸足で登校してくれた先生＝在日朝鮮人１世の詩人・金時鐘さん
2007.08.07	01頁	東京/夕刊	朝鮮総連詐欺：出資候補７者を偽装　東京地検、緒方元長官ら追起訴へ
2007.08.08	01頁	東京/朝刊	朝鮮総連詐欺：4億8400万円詐取、緒方元長官ら追起訴－東京地検
2007.08.08	27頁	東京/朝刊	朝鮮総連詐欺：緒方元長官ら、60億円で転売画策「将来、総連追い出し」
2007.08.10	12頁	東京/夕刊	朝鮮総連詐欺：都が本部土地建物差し押さえ　税7500万円未納付
2007.09.06	08頁	東京/夕刊	北朝鮮豪雨：朝鮮総連、貨物船入港許可を要請　支援物資輸送を計画
2007.09.08	02頁	東京/朝刊	北朝鮮豪雨：貨物船入港要望、日本政府応じず　朝鮮総連が批判
2007.09.09	03頁	東京/朝刊	ひと：金明俊さん＝北海道の朝鮮学校を舞台にした映画監督
2007.09.21	12頁	東京/夕刊	政治資金：福田氏の支部、朝鮮籍経営者から20万円－96年と03年
2007.09.21	13頁	東京/夕刊	朝鮮総連：競売訴訟「中央本部、所有者ではない」総連側、棄却求める
2007.12.26	28頁	東京/朝刊	在日コリアン老齢無年金訴訟：原告の敗訴確定
2008.01.12	07頁	東京/朝刊	NEWS25時：フランス　国民戦線党本部、売却へ
2008.01.28	07頁	東京/朝刊	訃報：ジョルジュ・ハバシュ氏　80歳　死去＝パレスチナ解放人民戦線創設者
2008.02.21	03頁	東京/朝刊	ひと：李健雨さん＝母国での参政権を勝ち取った在日韓国人

발행일	지면정보	간종별	기사제목(원문)
2008.02.29	04頁	東京/朝刊	記者の目：在日コリアンが暮らすウトロ地区＝新宮達(学研・宇治支局)
2008.03.12	31頁	東京/朝刊	朝鮮総連詐欺：緒方元長官を2500万円で保釈
2008.04.29	28頁	東京/朝刊	朝鮮総連詐欺：緒方元長官の初公判、来月14日に
2008.08.06	27頁	東京/朝刊	訃報：李健雨さん 56歳 死去＝在日韓国人本国参政権連絡会議長
2008.11.30	02頁	東京/朝刊	在日韓国人教員：公立学校の管理職登用申し入れへ－韓国政府
2009.01.27	05頁	東京/夕刊	現代を映す劇場：在日コリアンを真正面から描いた鄭義信作「焼肉ドラゴン」＝高橋豊
2009.02.24	28頁	東京/朝刊	朝鮮総連詐欺：判決期日は7月16日
2009.03.25	30頁	東京/朝刊	朝鮮総連系集会：東京・日比谷公園の使用取り消し　都に賠償命令－東京地裁
2009.03.27	24頁	東京/朝刊	朝鮮総連：競売訴訟「本部の所有者は議長」回収機構が勝訴－東京地裁
2009.03.31	04頁	東京/朝刊	自民戦略会議：中間報告 財源裏付けなく 補正編成へ、赤字国債は必至
2009.03.31	05頁	東京/朝刊	自民戦略会議：中間報告 生煮え総花対策 優先順位巡り紛糾も
2009.03.31	03頁	東京/朝刊	自民戦略会議：「3％成長目指す」首相、追加対策指示へ－中間報告
2009.05.26	26頁	東京/朝刊	朝鮮総連詐欺：報酬返還訴訟 被告が「共謀」男に勝訴
2009.05.27	27頁	東京/朝刊	朝鮮総連詐欺：元長官に求刑5年「公安庁の肩書利用」－東京地検
2009.07.16	11頁	東京/夕刊	朝鮮総連詐欺：緒方元長官有罪 みけんにしわ寄せ 裁判長、肩書悪用を批判
2009.07.16	01頁	東京/夕刊	朝鮮総連詐欺：元公安庁長官、有罪判決 「信頼裏切った」－東京地裁
2009.07.17	25頁	東京/朝刊	朝鮮総連詐欺：緒方元長官有罪 判決（要旨）
2009.07.25	22頁	東京/朝刊	朝鮮総連詐欺：東京地検が控訴
2009.07.29	25頁	東京/朝刊	朝鮮総連詐欺：緒方元長官が控訴
2009.08.13	22頁	東京/朝刊	朝鮮総連課税訴訟：本部ビルへの課税、総連側の上告棄却
2010.02.05	07頁	東京/朝刊	NEWS25時：イエメン沖 北朝鮮籍の船乗っ取り
2010.02.26	02頁	東京/朝刊	高校無償化：朝鮮学校、対象外の方向 首相が言及
2010.02.26	02頁	東京/朝刊	高校無償化：朝鮮学校問題 国連委で議論
2010.03.06	02頁	東京/朝刊	高校無償化：朝鮮学校も対象、政府に要請一致－社民・国民新方針
2010.03.10	16頁	東京/朝刊	子どもは見ていた：東京大空襲65年／下 在日朝鮮人たち
2010.03.11	01頁	東京/夕刊	高校無償化：朝鮮学校無償化、法成立後に結論－平野官房長官
2010.03.11	05頁	東京/朝刊	社説：朝鮮学校　無償化除外、筋が通らぬ
2010.03.12	02頁	東京/朝刊	高校無償化：朝鮮学校無償化、首相「客観的基準を」
2010.03.13	01頁	東京/朝刊	高校無償化：朝鮮学校、先送り 第三者組織で再判断
2010.03.13	01頁	東京/朝刊	高校無償化：朝鮮学校除外「人種差別」と日本に勧告へ－国際監視機関
2010.03.13	03頁	東京/朝刊	クローズアップ2010：朝鮮学校無償化、決断先送り 「制裁」「平等」板挟み
2010.03.14	26頁	東京/朝刊	高校無償化：大阪府知事「北朝鮮と一線を」　朝鮮学校支援で条件提示

발행일	지면정보	간종별	기사제목(원문)
2010.03.14	02頁	東京/朝刊	高校無償化：朝鮮学校問題　中井拉致担当相、首相答弁を批判「アノ人は、超のんき」
2010.03.17	06頁	東京/夕刊	高校無償化：朝鮮学校除外で国連委、「差別」改善を勧告
2010.03.19	31頁	東京/朝刊	高校無償化：「朝鮮学校対象に」大学教員の会、文科省に992人要請
2010.03.25	10頁	東京/夕刊	高校無償化：朝鮮学校無償化「結論夏ごろに」－川端文科相
2010.03.27	19頁	東京/朝刊	みんなの広場：朝鮮学校だけ無償化対象外、変だ＝教員・趙星来・41
2010.03.28	28頁	東京/朝刊	高校無償化：朝鮮学校の無償化求め、市民ら集会－東京・代々木公園
2010.04.01	26頁	東京/朝刊	高校無償化法：きょう施行「朝鮮学校」8月結論
2010.04.18	13頁	東京/朝刊	みんなの広場：朝鮮学校除外は「恨」を残す＝無職・寺田悟・78
2010.04.30	10頁	東京/夕刊	高校無償化：朝鮮学校は含まれず－文科省
2010.05.28	26頁	東京/朝刊	高校無償化：朝鮮学校無償化で会議
2010.05.29	23頁	東京/朝刊	高校無償化：朝鮮学校対象外で勧告へ
2010.07.01	07頁	東京/朝刊	ひと：宋富子さん＝在日コリアンの文化センター存続に奔走
2010.08.05	11頁	東京/夕刊	潘・国連事務総長：長崎訪問　核廃絶、思い届いた　在日韓国人被爆者、初対話に感慨
2010.08.10	08頁	東京/夕刊	威力業務妨害：朝鮮学校の授業妨害容疑、在特会幹部ら逮捕へ－京都
2010.08.11	22頁	東京/朝刊	朝鮮学校授業妨害：在特会幹部ら4人逮捕－京都府警
2010.08.26	02頁	東京/朝刊	高校無償化：朝鮮学校、対象へ　専修学校の基準で判定－文科省方針
2010.08.26	02頁	東京/朝刊	高校無償化：朝鮮学校無償化、拉致家族会が反対の要請文
2010.08.31	26頁	東京/朝刊	高校無償化：朝鮮学校の無償化、結論を来月以降に先延ばし
2010.11.06	01頁	東京/朝刊	高校無償化：朝鮮学校、支援の対象に　文科相が審査基準、全10校満たす
2010.11.06	02頁	東京/朝刊	高校無償化：朝鮮学校も対象に　教育内容に賛否　文科省が自主改善要請
2010.11.06	05頁	東京/朝刊	社説：朝鮮学校無償化　開かれた教育へ脱皮を
2010.11.09	03頁	東京/朝刊	質問なるほドリ：朝鮮学校って、どんな学校なの?＝回答・井上俊樹
2010.11.12	27頁	東京/朝刊	高校無償化：朝鮮学校無償化、家族会が「疑問」　文科相が基準説明
2010.11.24	09頁	東京/夕刊	北朝鮮砲撃：官房長官、朝鮮学校の無償化手続き停止も　文科相、申請不受理示唆
2010.11.25	05頁	東京/朝刊	北朝鮮砲撃：朝鮮学校無償化、首相が停止指示
2010.11.26	05頁	東京/朝刊	北朝鮮砲撃：朝鮮学校無償化停止指示　無償化申請、文科省「当面、審査せず」
2010.11.26	05頁	東京/朝刊	北朝鮮砲撃：朝鮮学校無償化停止指示　文科相の答弁に自民「支離滅裂」－参院予算委
2010.12.01	23頁	東京/朝刊	高校無償化：朝鮮学校の申請受理
2011.01.17	06頁	東京/夕刊	フランス：国民戦線党首にルペン氏三女　ソフトな極右戦略

발행일	지면정보	간종별	기사제목(원문)
2011.01.21	18頁	東京/夕刊	高校無償化：朝鮮学校、異議申し立て
2011.02.05	04頁	東京/朝刊	ファイル：朝鮮学校、無償化審査 文科相「再開は当面ない」
2011.02.11	23頁	東京/朝刊	高校無償化：朝鮮学校、対象から除外を－北朝鮮による拉致被害者家族会
2011.02.13	30頁	東京/朝刊	エジプト：ムバラク政権崩壊 在日同胞「幸せな気持ち」
2011.03.07	06頁	東京/朝刊	韓国：民主化宣言後、究明進む弾圧事件 在日韓国人も再審請求 名誉回復求め支援組織
2011.03.25	14頁	東京/朝刊	みんなの広場：朝鮮学校にも伊達直人が＝主婦・柏崎恵子・53
2011.04.12	08頁	東京/朝刊	ことば：ムジャヒディン・ハルク(MKO、イスラム人民戦士機構)
2011.04.27	05頁	東京/朝刊	菅首相：在日韓国人から献金 首相「弁護士が返還」公文書で国籍確認
2011.06.02	26頁	東京/朝刊	朝鮮学校補助金：神奈川県が交付 拉致記述削除で
2011.07.12	26頁	東京/朝刊	外車不正輸出：北朝鮮へ不正輸出、在日朝鮮人の男起訴
2011.07.29	14頁	東京/夕刊	高校無償化：朝鮮学校生、9月にも国提訴へ「適用外は違法」
2011.08.29	09頁	東京/夕刊	高校無償化：朝鮮学校の審査再開 菅首相が指示
2011.08.30	31頁	東京/朝刊	高校無償化：朝鮮学校審査再開 今春卒業生も救済措置検討
2011.08.31	05頁	東京/朝刊	ファイル：中野氏、朝鮮学校無償化手続き反対
2011.09.02	05頁	東京/朝刊	ファイル：「朝鮮学校無償化」に抗議
2011.09.04	01頁	東京/朝刊	野田首相：外国人から献金 在日韓国人、01~03年15万円余
2011.09.05	25頁	東京/朝刊	野田首相：外国人献金問題 別の在日韓国人、首相団体に献金 2年間で16万円
2011.11.19	28頁	東京/朝刊	朝鮮学校：10年度の補助金減
2011.12.17	30頁	東京/朝刊	朝鮮学校補助金：石原都知事、予算編成に難色
2011.12.20	10頁	東京/夕刊	朝鮮学校用地：大阪市、土地を50年間無償貸与
2011.12.20	26頁	東京/朝刊	金正日・北朝鮮総書記死去：拉致解決を家族切望 在日コリアンに動揺(その2止)「南北、良い方向期待」
2011.12.20	27頁	東京/朝刊	金正日・北朝鮮総書記死去：拉致解決を家族切望 在日コリアンに動揺(その1)「今こそ一丸に」
2011.12.26	03頁	東京/朝刊	高校無償化：朝鮮学校への適用、判断は来年 文科相が見通し
2012.03.20	06頁	東京/朝刊	朝鮮学校補助金：大阪府、支給せず 生徒訪朝し「忠誠歌」
2012.03.20	09頁	東京/朝刊	韓国総選挙：在日韓国人が出馬
2012.04.07	07頁	東京/夕刊	韓国：留学生スパイ事件 在日韓国人教授、再審無罪が確定
2012.06.29	31頁	東京/朝刊	朝鮮総連：競売手続き訴訟 本部競売へ 上告棄却、回収機構の勝訴確定
2012.08.10	12頁	東京/夕刊	リビア：第3党「国民戦線党」のマガリエフ党首が議長に
2012.10.03	05頁	東京/朝刊	ファイル：田中文科相、朝鮮学校無償化審査急ぐ
2012.11.02	25頁	東京/朝刊	高校無償化：朝鮮学校適用求める署名提出
2012.11.24	06頁	東京/夕刊	人模様：在日コリアンの童謡、後世に－金児筆さん
2012.12.28	01頁	東京/夕刊	高校無償化：朝鮮学校、無償化せず 文科相発表「国民の理解得られぬ」
2012.12.28	11頁	東京/夕刊	高校無償化：朝鮮学校見送り 政治で左右、憤り 国に訴訟も

발행일	지면정보	간종별	기사제목(원문)
2012.12.28	24頁	東京/朝刊	高校無償化：朝鮮学校見送り 慎重論を考慮、政府が方針
2012.12.29	02頁	東京/朝刊	高校無償化：朝鮮学校、無償化せず 総連影響下を問題視 文科相、「拉致」も理由
2013.01.24	11頁	東京/夕刊	韓国：スパイ事件 在日韓国人の死刑確定者、再審で無罪判決
2013.01.25	26頁	東京/朝刊	高校無償化：朝鮮学校見送り 無償化求め行政訴訟
2013.02.14	25頁	東京/朝刊	北朝鮮核実験：神奈川と埼玉、朝鮮学校補助金の予算計上見送り
2013.02.17	02頁	東京/朝刊	朝鮮総連：副議長の再入国を容認へ－政府方針
2013.02.20	28頁	東京/朝刊	北朝鮮核実験：川崎市、補助金代わりに「横田さん著書」 朝鮮学校に現物支給へ
2013.02.24	13頁	東京/朝刊	朝鮮学校差別、再考が必要＝田中宏・一橋大名誉教授(日本社会論)
2013.02.25	11頁	東京/夕刊	朝鮮総連：本部競売へ 来月12日から、東京地裁公告
2013.03.26	09頁	東京/夕刊	朝鮮総連：本部の土地・建物、宗教法人が45億円で落札
2013.03.27	31頁	東京/朝刊	朝鮮総連：本部落札の宗教法人「総連に貸与も」北朝鮮と交流重ね
2013.03.29	15頁	東京/夕刊	朝鮮総連：本部の売却を許可 鹿児島の宗教法人へ－東京地裁
2013.04.05	25頁	東京/朝刊	児童用防犯ブザー：朝鮮学校への配布中止－東京・町田市教委
2013.04.25	31頁	東京/朝刊	朝鮮総連：本部落札の最福寺「資金めど立たず」 融資次々キャンセル
2013.05.10	30頁	東京/朝刊	朝鮮総連：本部、再入札へ 落札の寺、購入断念
2013.08.02	24頁	東京/朝刊	高校無償化：広島の朝鮮学校生ら提訴
2013.08.17	24頁	東京/朝刊	朝鮮総連：本部競売、10月に再入札
2013.09.18	11頁	東京/夕刊	朝鮮総連：本部ビル再入札、公告 来月3日受け付け
2013.09.24	28頁	東京/朝刊	建造物侵入：靖国に侵入容疑、韓国籍の男逮捕 放火目的か
2013.10.07	01頁	東京/夕刊	朝鮮学校授業妨害：街宣損賠訴訟 在特会街宣に賠償命令「人種差別で違法」朝鮮学校周辺、活動禁止－京都地裁判決
2013.10.07	08頁	東京/夕刊	朝鮮学校授業妨害：街宣損賠訴訟 在特会街宣に賠償命令 識者の話
2013.10.08	25頁	東京/朝刊	朝鮮学校授業妨害：街宣損賠訴訟 ヘイトスピーチ訴訟 判決(要旨)
2013.10.11	06頁	東京/朝刊	ひと：田月仙さん＝デビュー30年在日コリアンのオペラ歌手
2013.10.11	22頁	東京/朝刊	朝鮮学校授業妨害：街宣損賠訴訟 在特会が控訴へ
2013.10.16	29頁	東京/朝刊	朝鮮総連：本部落札者発表へ あす東京地裁 立ち退きの可能性も
2013.10.17	14頁	東京/夕刊	朝鮮総連：民間企業が50億円で落札 モンゴル資源関連会社か
2013.10.18	28頁	東京/朝刊	朝鮮総連：社長名乗る男性、落札を事実上認める
2013.10.22	08頁	東京/夕刊	朝鮮総連：本部競売、決定延期 東京地裁、ア社の情報を照会か
2013.10.24	28頁	東京/朝刊	朝鮮総連：本部落札の企業、元力士の親族が関与か
2013.10.25	15頁	東京/夕刊	朝鮮総連：落札企業、年初に設立 元朝青竜親族経営、納税は未確認
2013.10.25	29頁	東京/朝刊	朝鮮総連：本部購入は「ビジネス目的」－モンゴル企業社長
2013.12.12	31頁	東京/朝刊	朝鮮学校：生徒に神奈川県が補助－全国初
2014.01.15	25頁	東京/朝刊	朝鮮総連：本部競売、23日に売却可否決定
2014.01.23	10頁	東京/夕刊	朝鮮総連：本部売却は不許可 モンゴル企業に東京地裁
2014.02.18	27頁	東京/朝刊	高校無償化：「対象外、違法」朝鮮学校生徒、賠償求め提訴
2014.03.25	28頁	東京/朝刊	朝鮮総連：本部競売 東京地裁、売却許可 総連側は不服申し立て

발행일	지면정보	간종별	기사제목(원문)
2014.03.26	30頁	東京/朝刊	朝鮮総連：副議長が本部売却決定を批判
2014.05.04	11頁	東京/朝刊	今週の本棚・新刊：『ルポ 京都朝鮮学校襲撃事件』＝中村一成・著
2014.05.13	28頁	東京/朝刊	朝鮮総連：本部明け渡しへ 東京高裁が抗告棄却
2014.05.16	10頁	東京/夕刊	朝鮮総連：本部競売 最高裁に特別抗告
2014.05.21	24頁	東京/朝刊	朝鮮総連詐欺：元公安庁長官、有罪が確定へ
2014.05.26	26頁	東京/朝刊	朝鮮総連：女性副議長を新たに選出
2014.05.27	09頁	東京/朝刊	欧州議会選：仏で極右が最大勢力「国民戦線」74議席中24議席
2014.06.21	31頁	東京/朝刊	朝鮮総連：本部の売却中断 最高裁、手続き正当性判断へ
2014.06.21	31頁	東京/朝刊	朝鮮総連：本部の売却中断 朝鮮総連中央本部広報室、マルナカホールディングスの代理人弁護士の話
2014.07.01	30付	東京/朝刊	朝鮮総連：供託金1億円を納付
2014.07.04	09頁	東京/夕刊	北朝鮮・拉致問題：制裁一部解除「祖国への船いつ動く」 万景峰号の入港禁止継続 在日朝鮮人、再開望む
2014.07.08	11頁	東京/夕刊	朝鮮学校授業妨害：街宣損賠訴訟 ヘイトスピーチ断罪 「心に傷、もうやめて」在日関係者ら歓声
2014.08.07	10頁	東京/夕刊	朝鮮総連：施設、5市町が税の減額継続
2014.08.22	28頁	東京/朝刊	朝鮮総連：議長、8年ぶり訪朝へ
2014.08.15	24頁	東京/朝刊	ヘイトスピーチ：ネット発言、在特会を提訴 在日朝鮮人ライター、18日にも
2014.08.22	30頁	東京/朝刊	ヘイトスピーチ：法規制要求 在日コリアン期待
2014.09.06	26頁	東京/朝刊	朝鮮総連：議長、北朝鮮へ出国
2014.09.08	07頁	東京/朝刊	朝鮮総連：議長、平壌に到着
2014.10.08	26頁	東京/朝刊	朝鮮総連：議長、北朝鮮から帰国
2014.10.12	11頁	東京/朝刊	今週の本棚・本と人：『越境する在日コリアン 日韓の狭間で生きる人々』著者・朴一さん
2014.11.05	01頁	東京/夕刊	朝鮮総連：本部の売却確定 最高裁、不服申し立て棄却
2014.11.06	26頁	東京/朝刊	朝鮮総連：本部売却確定 立ち退き要求、落札業者が方針
2014.11.11	28頁	東京/朝刊	朝鮮総連：本部落札、納付期限は来月8日
2014.11.15	26頁	東京/朝刊	朝鮮総連：本部落札「マルナカ」が入金
2014.11.16	30頁	東京/朝刊	ヒバクシャ：'14秋 千の証言によせて／4 差別より優しさあった 戦後生き抜いた在日韓国人
2014.11.19	28頁	東京/朝刊	朝鮮総連：本部落札のマルナカが入金
2014.11.22	29頁	東京/朝刊	朝鮮総連：中央本部、所有権が移転
2015.01.14	24頁	東京/朝刊	石川・志賀の男性漂着：北朝鮮籍と確認
2015.01.24	29頁	東京/朝刊	朝鮮総連訴訟：総連側に賠償求め提訴 落札企業
2015.01.29	31頁	東京/朝刊	朝鮮総連：移転先候補を売却 中央本部、立ち退き回避にめどか
2015.01.30	30頁	東京/朝刊	朝鮮総連：本部、44億円で転売 山形の会社と契約
2015.01.31	05頁	東京/朝刊	社説：朝鮮総連本部 転売の経緯に疑問残る
2015.03.26	13頁	東京/夕刊	マツタケ産地偽装：容疑で朝鮮総連議長宅を捜索 4府県警
2015.03.26	13頁	東京/夕刊	マツタケ産地偽装：容疑で朝鮮総連議長宅を捜索 日朝関係に「禍根」

발행일	지면정보	간종별	기사제목(원문)
2015.06.01	26頁	東京/朝刊	朝鮮総連：結成60年の記念式典
2015.07.23	26頁	東京/朝刊	北朝鮮産マツタケ不正輸入：朝鮮総連議長の次男保釈認められる
2015.09.07	08頁	東京/夕刊	詐欺：朝鮮総連北海道本部、道警が家宅捜索　助成金詐取容疑
2015.10.31	28頁	東京/朝刊	朝鮮総連訴訟：本部競売でマルナカの請求棄却
2015.11.26	12頁	東京/夕刊	韓国：在日韓国人の元死刑囚、無罪確定
2015.12.07	07頁	東京/朝刊	仏州議会選：社説で国民戦線に「ノン」　地方紙、政党名挙げ異例の表明
2015.12.11	29頁	東京/朝刊	北朝鮮産マツタケ不正輸入：朝鮮総連議長の次男に有罪判決
2015.12.16	07頁	東京/朝刊	靖国神社爆発音：不審物、「仕掛けた」再び供述　韓国籍の男、否認一転
2016.01.07	27頁	東京/朝刊	北朝鮮：初の水爆実験　朝鮮総連本部は周囲の警備強化
2016.02.13	29頁	東京/朝刊	朝鮮総連：副議長、制裁撤回求める
2016.02.26	28頁	東京/朝刊	ヘイトスピーチ：在日コリアン生徒意識調査　望みは捨てない　4割「いつか分かり合える」
2016.03.03	30頁	東京/朝刊	朝鮮学校：市民グループ、補助金継続訴え
2016.03.17	28頁	東京/朝刊	ヘイトスピーチ：救済、住民求める　在日コリアン、法務局に　ヘイトスピーチ問題に詳しい師岡弁護士の話
2016.03.29	08頁	東京/夕刊	文科省：朝鮮学校補助で通知「透明性の確保を」
2016.03.31	05頁	東京/朝刊	社説：朝鮮学校補助金　子供を中心に考えよう
2016.05.16	13頁	東京/朝刊	くらしナビ・学ぶ：朝鮮学校　補助金指導に波紋　馳文科相「透明性確保」の通知

아사히신문(朝日新聞)

○ ○ ○

 1 서지적 정보

『아사히신문』은 전후 50년을 맞이하여 「전후 50년 내일을 찾아서(戰後50年 明日を求めて)」라는 제목의 특집을 사설란을 통해 1994년 5월 2일부터 1995년 8월 15일까지 총 70회에 걸쳐 전후 일본사회의 변화와 그로 인한 여러 과제들을 재검토하고 있다. 그 중에서 1994년 5월 5일에 게재된 사설에서는 전후 신헌법에 대한 주제로 '현대의 창씨개명에 도전'하는 재일조선인 윤조자(尹照子) 씨의 이야기를 소개하고 있다. 도쿄의 초등학교 교사인 윤조자 씨는 어렸을 때부터 '데루코'라는 일본 이름을 사용했지만, 결국 재판을 통해 자신의 '본명'인 '조자'로 개명하였고 두 명의 자녀에게도 일본인 남편의 성이 아니라 자신의 '윤'이라는 성을 사용하도록 했다. 학교에서도 치마저고리를 입고 근무하며 자신의 아이덴티티를 숨기지 않는 윤조자 씨처럼 일본사회가 '다름을 서로 이야기할 수 있는 사회'가 되기를 바란다는 내용이다. 또한, 1995년 6월 21일자 사설란에는 「한일관계-'맑음 때때로 흐림'이 좋다(日韓関係-「晴れ時々曇り」がいい)」라는 제목으로 1946년생 작가 한수산(韓水山) 씨의 개인사를 통해 한일관계의 변천사를 조망하고 있다. 어린 시절부터 반일교육을 받은 '반일세대'인 한수산 씨가 4년간의 일본유학을 통해 일본을 알고 이해하는 과정을 통해 얻은 '맑음, 때때로 흐림'의 관계가 좋다는 작가의 생각에 동감을 표하면서, '메워지지 않는 간극'을 채워 나가는 것은 한일 양국의 '한수산'들이라며 사설은 끝을 맺는다.

1948년 유엔총회에서 채택된 세계인권선언 50주년을 앞둔 1997년 12월 5일부터 11일까지는 「'재일1세'의 87년 가키노기무라에 살다(「在日一世」の87年 柿木村に生きる)」라는 제목으로 총 7차례에 걸쳐 재일조선인 구성희(具性熙) 씨의 삶을 다룬 특집을 게재하고 있다. 시마네현 가노아시군 가키노기무라에 살고 있는 재일한국인 1세 노부부의

삶을 조명하면서, '아버지로부터의 편지', '남동생의 죽음', '친절한 여의사', '숯 굽기', '해방기념일', '민족교육', '하얀 집'과 같은 각각의 부제에 관한 재일조선인 개인의 역사를 통해 전후 일본의 역사를 살펴보고 있다.

2000년대에 들어서도 개인의 역사를 부각하는 연재기사가 눈에 띈다. 전후 60년 특집 기획의 일환으로 2005년 5월 3일부터 8일까지 총 5회에 걸쳐 시코쿠의 유일한 민족학교인 「시코쿠초중급학교」를 중심으로 「마당 조선학교 60년(マダン 朝鮮学校60年)」특집이 꾸며진다. 각각의 부제는 '민족교육과 조성금 「각종학교」제도라는 벽', '어머니파워 민족교육을 지킨 정열', '모국어를 배우는 즐거움 「자신이 있어야 할 곳」실감', '약해지는 사상 공생을 추구하며 변하는 교육', '「학교를 지키고 싶다」졸업생이 계승하는 마음'으로 조선학교를 둘러싼 개인과 조선학교의 역사를 다루고 있다. 또한, 2009년 3월 30일부터는 약 1년간에 걸쳐 쇼와시대를 재검토하는 「검증 쇼와보도(検証 昭和報道)」를 게재하는데, 2009년 12월 22일자 176회부터 2010년 1월 7일자 183회까지 총 8회분의 「남북조선에 대한 시선(南北朝鮮への視線)」특집을 꾸미고 있다. 주된 내용은 1959년의 재일조선인의 북한귀국 문제, 1965년의 한일협정, 일본인 납치 등에 관한 것이었다.

한일합병으로부터 100년째가 되는 2010년 새해부터 연말까지는 「100년의 내일 일본과 코리아(100年の明日 ニッポンとコリア)」라는 타이틀의 특집이 게재된다. 주된 이야기의 소재는 「광화문(光化門)」, 「배(船)」, 「언어(言葉)」, 「친일파(親日派)」, 「가족·제1부(家族·第1部)」, 「교차하는 경제(交わる経済)」, 「가족·제2부(家族·第2部)」, 「전쟁과 분단(戦争と分断)」, 「가족·제3부(家族·第3部)」, 「메워지지 않는 간극(埋まらぬ溝)」, 「가족·제4부(家族·第4部)」, 「바다를 건너는 문화(海渡る文化)」, 「이웃 나라로(近き国へ)」, 「이웃 사람으로서(隣人として)」 등으로, 한일 간의 과거의 역사를 되짚어보면서 현재, 그리고 앞으로의 100년을 계획하려는 특집이었다.

이처럼 1990년대 아사히신문은 전후 50년, 한일합병 100년 등과 같은 역사적 시기를 중심으로 과거를 기억하고 미래는 구상하는 다양한 특집을 기획했다. 그 때 이러한 특집, '마당(集う場所)'은 한 국가나 대도시 사람들의 '큰 이야기'보다 한 개인이나 작은 지방 사람들의 '작은 이야기'에 더 주목하고 있다고 할 수 있다.

2 목차

발행일	지면정보	간종별	기사제목(원문)
1990.05.17	19頁	東京/夕刊	在日韓国人「政治犯」支援の国会議員、全員の救済を外相に申し入れ
1990.05.18	30頁	東京/朝刊	元在日韓国人政治犯の徐勝さん、父母の墓に花
1990.05.21	17頁08段	東京/夕刊	盧大統領来日に反対しハンスト 在日韓国学生同盟
1990.05.22	千葉*	東京/朝刊	長かった16年 松戸の妻娘に朗報 在日韓国人政治犯・崔さん釈放
1990.05.22	30頁	東京/朝刊	韓国民団が歓迎の談話 在日韓国人政治犯の仮釈放
1990.05.22	30頁	東京/朝刊	在日韓国人政治犯、なお6人獄中に「救援する会」調べ
1990.05.22	16頁	東京/朝刊	在日朝鮮人人権セミナー(情報クリップ)
1990.05.22	18頁	東京/朝刊	住所変更怠って、拘束、捜索 在日朝鮮人3人逮捕(リポート・事件)
1990.05.22	30頁	東京/朝刊	在日韓国人の政治犯8人を韓国が仮釈放 大統領訪日を機に
1990.05.24	22頁	東京/夕刊	ソ連沖で日本船だ捕情報 北朝鮮籍12隻の中、国籍偽装の疑いも
1990.05.24	23頁10段	東京/夕刊	「在日韓国人の差別の撤廃を」決議書持ってロスの朴牧師来日
1990.05.24	30頁	東京/朝刊	外国人登録法に抵抗を宣言 在日韓国人らが集会
1990.05.25	29頁	東京/朝刊	在日韓国人処遇の課題大きく、首脳合意どう具体化
1990.05.30	04頁01段	東京/朝刊	結成35年迎えた朝鮮総連 北朝鮮帰国者の調査求める声も
1990.06.01	30頁	東京/朝刊	日本人船員、6月上旬釈放か 北朝鮮籍の北洋漁船だ捕でソ連在京筋
1990.06.02	17頁	東京/夕刊	だ捕された北朝鮮籍漁船団、日本のイカ漁船を転用「遊ばすよりは」
1990.06.04	31頁	東京/朝刊	水産庁、だ捕前に船主ら3人から東京で聴取 北朝鮮籍の漁船だ捕事件
1990.06.04	03頁	東京/朝刊	金両基さん 在日韓国人として国公立大初の「任期ナシ」教授(ひと)
1990.06.06	17頁08段	東京/夕刊	「だ捕船は北朝鮮籍」ソ連側当局者の見方
1990.06.12	13頁	週刊	見過ごした水産庁の醜態 「北朝鮮籍」船団の北洋密漁発覚
1990.06.17	30頁	東京/朝刊	在日韓国人の老人会が公的助成の対象に 清水市
1990.06.19	03頁	東京/朝刊	乗組員の帰還先自由 北朝鮮籍の漁船だ捕事件でソ連、日本側に伝達
1990.06.19	03頁01段	東京/朝刊	北洋舞台に利害複雑 北朝鮮籍？漁船だ捕から1カ月(時時刻刻)
1990.06.20	31頁	東京/朝刊	「在日朝鮮人の割高な通学定期は差別」大野運輸相に是正要請
1990.06.26	30頁	東京/朝刊	だ捕された北朝鮮籍船の乗組員は元気 日本総領事館が面会
1990.07.01	15頁	東京/朝刊	姜信子著『ごく普通の在日韓国人』(文庫ダイジェスト)
1990.07.02	30頁	東京/朝刊	2月に仮釈放された在日韓国人、徐勝さん歓迎の集い
1990.07.04	18頁01段	東京/夕刊	アジアの盲人を日本へ 在日韓国人が留学支援訴え
1990.07.07	05頁	東京/朝刊	朝鮮学校生も定期安くして(声)
1990.07.10	18頁	東京/夕刊	ナホトカ市人民裁判所判決にソ連側が控訴 北朝鮮籍漁船だ捕事件
1990.07.18	30頁	東京/朝刊	だ捕船、日本船名に戻っていた 北朝鮮籍の漁船団だ捕事件
1990.07.25	01頁01段	東京/夕刊	金敬得さん 在日韓国人弁護士(現代人物誌)
1990.08.01	10頁	東京/夕刊	民族の誇りを伝統劇に 在日韓国人の若者たちが企画、公演へ
1990.08.02	14頁	東京/夕刊	民団と朝鮮総連、連絡機構設置へ
1990.08.17	14頁	東京/夕刊	関東大震災直後の虐殺の謝罪を 在日韓国人牧師らが呼びかけ
1990.08.20	03頁01段	東京/朝刊	在日韓国人が103人参加 日本からの約半数 北朝鮮の全民族大会

발행일	지면정보	간종별	기사제목(원문)
1990.08.28.	26頁	東京/週刊	初の在日韓国人1世専用ホームが大阪に(老人収容所列島からの脱出)
1990.08.29.	15頁	東京/夕刊	女優の松岡富美さんを監禁 韓国籍男性を逮捕 東京・渋谷
1990.08.30.	03頁09段	東京/朝刊	「国籍条項」撤廃を要望 在日韓国人2世ら
1990.09.13.	22頁01段	東京/夕刊	署名など支援の輪 法律家や教職員組合動く 朝鮮学校の高体連加盟
1990.09.15.	30頁05段	東京/朝刊	定住外国人に選挙権与えよ 在日韓国人が大阪地裁に提訴
1990.09.24.	01頁	東京/朝刊	「朝鮮」籍の人も同時に 3世永住権など 在日韓国人の法的地位改善
1990.10.02.	11頁	東京/夕刊	免訴判決に検察側控訴 指紋押なつ拒否【大阪】
1990.10.03.	02頁01段	東京/朝刊	「富士山丸」船長ら11日に帰国か 朝鮮総連の幹部が示唆
1990.10.17.	18頁01段	東京/夕刊	強制連行朝鮮人名簿、新たに1万2000人分 朝鮮総連調査
1990.11.27.	18頁	東京/夕刊	指紋押捺免除に批判的な声明 朝鮮総連
1990.11.28.	02頁	東京/朝刊	「法的地位改善、精力的に詰め」在日韓国人の待遇で海部首相
1990.11.18.	30頁	東京/朝刊	朝鮮学校の作品受け付けず「絵画募集の案内状はミス」主催者謝罪
1990.12.04.	05頁	東京/朝刊	朝鮮学校の加盟・応募認めよ 高体連等の措置に思う 金昌宣(論壇)
1990.12.05.	01頁01段	東京/夕刊	海部首相、「訪韓時に決着」在日韓国人の指紋押捺問題
1990.12.11.	16頁	東京/朝刊	朝鮮学校の高体連加盟の扉どう開く 林田昭喜さん(ゴ問ゴ答)
1990.12.12.	07頁	東京/夕刊	日本上陸望まず 北朝鮮籍名乗る2人 大分【西部】
1990.12.12.	22頁	東京/朝刊	「韓国に亡命したい」大分入港船に北朝鮮籍名乗る2人【西部】
1990.12.28.	01頁	東京/朝刊	指紋押捺、93年に廃止 家族登録制を導入 在日韓国人協定1・2世
1991.01.05.	02頁	東京/朝刊	職種を限り枠拡大 在日韓国人の公務員採用で自治省方針
1991.01.07.	02頁	東京/夕刊	海部首相、指紋押捺廃止時期について政治決断を示唆 在日韓国人問題
1991.01.08.	01頁01段	東京/朝刊	在日韓国人の指紋押捺、93年1月に廃止 海部首相、訪韓で表明へ
1991.01.08.	01頁07段	東京/夕刊	在日韓国人の法的地位問題、海部首相訪韓で決着期待 盧大統領が表明
1991.01.08.	04頁05段	東京/朝刊	海部首相の訪韓で決着できるか 在日韓国人の法的地位問題
1991.01.10.	01頁	東京/夕刊	在日韓国人指紋押捺 2年以内に廃止を確認 日韓首脳会談で決着 評価
1991.01.10.	02頁01段	東京/夕刊	在日韓国人の法的地位・待遇改善の覚書＜要旨＞
1991.01.10.	30頁	東京/朝刊	在日韓国人の青年6人がハンスト 海部首相訪韓による政治決着に抗議
1991.01.11.	02頁	東京/朝刊	在日韓国人問題で国民の理解訴え 海部首相、韓国から帰国
1991.01.29.	30頁	東京/朝刊	「同じ戦傷、障害年金支給して」在日韓国人の元軍属が申請
1991.02.13.	07頁	東京/朝刊	湾岸戦争反対の韓国学生デモでけが人
1991.02.05.	30頁	東京/朝刊	在日韓国人の給付申請、神奈川県が受理 戦傷者年金
1991.02.08.	26頁	東京/朝刊	強制連行調査を県に協力要請 朝鮮総連福岡
1991.02.10.	09頁	東京/朝刊	朝鮮総連系企業の代理店、韓国に開設へ
1991.02.15.	18頁	東京/夕刊	韓国・朝鮮の民族学校にも公立学校並みの就学援助 京都市教委
1991.03.03.	01頁	東京/朝刊	日本高野連、朝鮮学校の大会参加認める 加盟へ特別措置
1991.03.03.	24頁	東京/朝刊	「仲間入り」まず一歩 将来は甲子園も 朝鮮学校への高野連特別措置

발행일	지면정보	간종별	기사제목(원문)
1991.03.03.	03頁01段	東京/朝刊	「壁超えた」 朝鮮学校に歓声、抱き合う生徒 高野連の参加OK
1991.03.07.	30頁	東京/朝刊	朝鮮学校などの公式試合参加を高野連が正式決定
1991.03.08.	05頁01段	東京/朝刊	門戸開放は時代の流れ 反発押し行政も意欲 朝鮮学校の高野連加盟
1991.03.14.	03頁	東京/朝刊	申英翼さん 神奈川朝鮮学校野球監督(ひと)
1991.03.23.	03頁	東京/朝刊	民団と朝鮮総連、共同で応援・歓迎 統一チームの世界卓球出場
1991.04.11.	28頁	東京/朝刊	1万5000人分独自発掘 強制連行の朝鮮人名簿 朝鮮総連
1991.04.19.	29頁07段	東京/朝刊	朝鮮音楽を全国公演 在日朝鮮人ピアニストの金さん(列島縦横)
1991.05.01.	02頁	東京/夕刊	京都生まれの在日朝鮮人、徐京植さん 教壇に立つ(人きのうきょう)
1991.05.02.	07頁10段	東京/朝刊	韓国学生また焼身自殺図る
1991.05.05.	03頁	東京/朝刊	韓国学生デモ拡大、ソウルでは数万人 盧政権下で最大規模
1991.05.12.	03頁	東京/朝刊	高体連、朝鮮学校の加盟資格を再検討へ「拒否」から柔軟に
1991.05.13.	18頁	東京/朝刊	19年ぶり、三池炭鉱の合同慰霊祭 熊本で民団と朝鮮総連
1991.05.13.	14頁05段	東京/夕刊	逃走しながら闘争を続ける 元在日韓国人政治犯、徐俊植さん語る
1991.05.13.	31頁06段	東京/夕刊	元在日韓国人政治犯、徐俊植さんの逮捕状に抗議 3団体が声明
1991.05.17.	30頁01段	東京/朝刊	朝鮮学校生徒のＪＲ定期、「割引格差は差別」村岡運輸相認める
1991.05.25.	03頁	東京/朝刊	朝鮮学校など加盟問題で高体連が規約再検討 理事会で決定
1991.05.27.	03頁	東京/朝刊	規約見直しに山積する課題 朝鮮学校の高体連加盟問題(時時刻刻)
1991.06.23.	京都*	東京/朝刊	綾部を気に入り「スタジオ22」カナダ、在日韓国人の2女性陶芸家
1991.06.28.	02頁	東京/夕刊	元在日韓国人政治犯の徐勝 米の人権集会で報告(人きのうきょう)
1991.06.30.	31頁	東京/朝刊	元在日韓国人の民主化運動家・徐俊植さん逮捕 法廷闘争へ出頭
1991.07.02.	03頁02段	東京/朝刊	写真はカラー、署名は旅券と同じ 指紋押捺代替案を法務省検討
1991.07.07.	30頁04段	東京/朝刊	朝鮮総連系の集会に韓国籍弁護士が参加 人権めぐり「南北対話」
1991.07.26.	30頁04段	東京/朝刊	在日韓国人の年金申請却下 厚生省
1991.07.29.	11頁	東京/夕刊	「徴用令書」21人分を発見 朝鮮人強制連行の証拠 朝鮮総連調査団
1991.07.31.	30頁	東京/朝刊	戦傷年金の却下に在日韓国人が異議 厚生省に申し立て
1991.08.06.	06頁	東京/朝刊	平壌のゴルフ場、主役は在日朝鮮人 技術も資金も利用度も
1991.08.13.	22頁	東京/朝刊	在日朝鮮人婦人が過酷な労働を証言 強制連行真相調査【西部】
1991.08.13.	23頁	東京/朝刊	田沢湖畔の「姫観音像」は朝鮮人らを慰霊 在日韓国人、趣意書を発見
1996.08.15.	07頁	東京/朝刊	韓国学生2人が北朝鮮を訪問、「汎民族大会」に出席 ソウルでも集会
1991.08.23.	29頁01段	東京/朝刊	「死刑、望まなかった」元捕虜と在日韓国人元戦犯、48年ぶり再会
1991.08.21.	05頁10段	東京/朝刊	朝鮮学校と高校スポーツ(なんでもＱ＆Ａ)
1991.08.25.	30頁	東京/朝刊	教諭への採用、秋にも要請へ 在日朝鮮人教研集会
1991.08.25.	30頁	東京/朝刊	教諭職の採用求め署名運動を決める 在日朝鮮人教研集会【大阪】
1991.08.28.	19頁	東京/朝刊	支えになる仲間を 在日朝鮮人の高校生を対象にサマースクール
1991.08.30.	30頁	東京/朝刊	元在日韓国人政治犯の徐氏の保釈申請を棄却 ソウル地裁
1991.08.31.	兵庫*	東京/朝刊	在日韓国人の半生を一人芝居に 兵庫
1991.09.04.	30頁07段	東京/朝刊	帰国の在日朝鮮人、韓国に初めて亡命
1991.09.05.	22頁01段	東京/夕刊	他人の名前使い生活40年 在日韓国人逮捕で波紋

발행일	지면정보	간종별	기사제목(원문)
1991.09.06.	01頁06段	東京/夕刊	在日韓国人にもアマチュア無線局OK 日韓が相互開放
1991.09.08.	01頁	東京/朝刊	在日朝鮮人の「本名宣言」(天声人語)
1991.10.09.	東京*	東京/朝刊	姜河亀さん　サハリン在住の朝鮮人の自立を支援する在日韓国人実業家
1991.10.13.	15頁07段	東京/朝刊	在日朝鮮人の権利を知る(しおり)
1991.10.19.	30頁01段	東京/朝刊	朝鮮人12万人の名簿公開 強制連行で朝鮮総連
1991.10.22.	30頁01段	東京/朝刊	障害年金求め厚生省で訴え 元軍属の在日韓国人
1991.11.07.	22頁03段	東京/夕刊	カンボジア語辞典どうぞ「在日同胞助けたい」と出版 町田の女性
1991.11.10.	31頁04段	東京/朝刊	朝鮮学校、3階級V　初の参加で快挙 大阪高校総体ボクシング
1991.11.12.	30頁	東京/朝刊	在日韓国人の旧軍属が「異議」 障害年金求める
1991.11.30.	27頁07段	東京/朝刊	在日韓国人問題研と後藤弁護士に人権賞 東京弁護士会
1991.12.01.	02頁10段	東京/朝刊	在日韓国人問題で日韓局長級協議 6日に東京で
1991.12.06.	19頁	東京/朝刊	元従軍慰安婦の死を悼む会開く 在日韓国人ら100人、提訴を前に
1992.12.27.	21頁01段	東京/朝刊	転売の校庭 遊びたくても遊べない 大田区の朝鮮学校(東京冬景色)
1992.01.20.	15頁04段	東京/夕刊	本名の金哲彦で五輪へ疾走 在日韓国人マラソンランナー
1992.03.18.	京都*	東京/朝刊	民族学校生に就学援助費を 宇治市教委が予算案
1992.03.22.	13頁01段	東京/朝刊	私たちのオモニ 本田靖春著 在日朝鮮人3代の歴史(書評)
1992.03.23.	31頁	東京/朝刊	在日朝鮮人女性、63歳の卒論 夜学11年の決算は「自分史」
1992.04.15.	30頁05段	東京/朝刊	「外登法の抜本改正を」 在日韓国人団体、各党に申し入れ
1992.04.18.	30頁08段	東京/朝刊	陳謝は「開き直り」、朝鮮総連など硬化 逗子市議の差別発言
1992.04.20.	08頁	東京/夕刊	指紋押なつ拒否の控訴審が結審 再入国不許可取り消し訴訟【西部】
1992.05.01.	05頁	東京/朝刊	慰安婦問題などで北からも「補償を」の声 朝鮮総連系団体が集会
1992.05.15.	02頁	東京/夕刊	在日韓国人政治犯の徐勝さん 拷問犠牲者を援護(人きのうきょう)
1992.05.20.	01頁10段	東京/朝刊	外登法の改正が成立 永住者の指紋押なつ廃止
1992.06.10.	03頁	東京/朝刊	「在日韓国人への偏見はない」 森氏発言で加藤官房長官
1992.06.29.	21頁05段	東京/夕刊	在日コリアン3、4世に焦点 フジ「NONFIX」が5週連続で放送
1992.07.05.	30頁	東京/朝刊	韓国籍教諭の管理職受験を市教委が拒む 大阪市
1992.07.15.	29頁	東京/朝刊	韓国人原爆犠牲者慰霊碑を南北統一で移設へ　民団と朝鮮総連が合意
1992.07.21.	13頁	東京/週刊	在日朝鮮人の静かな反乱 帰国者たちの蒸発 東アジア
1992.07.25.	01頁01段	東京/朝刊	在日韓国人弁護士・金敬得さんVS. 朝日新聞(メディア)
1992.08.14.	26頁04段	東京/朝刊	軍属で負傷、障害年金退けられ「差別、違憲」と提訴 在日韓国人
1992.08.22.	25頁	東京/朝刊	全国在日朝鮮人教研集会が「日系」、「難民」の子で論議 きょうから
1992.09.14.	03頁	東京/朝刊	金迅野さん 「韓国歴史の旅」を企画し訪韓した在日韓国人(ひと)
1992.11.14.	30頁	東京/朝刊	在日朝鮮人の日本人妻に「氏」の変更認める 福岡家裁【西部】
1992.11.18.	30頁03段	東京/朝刊	在日コリアンの日常知って 東京・中野のグループ きょうから写真展
1992.11.20.	11頁	東京/夕刊	在日コリアンフォーラム(会と催し)
1992.12.20.	26頁	東京/朝刊	京都の残留孤児の歌に在日韓国人が曲をつける
1992.12.25.	02頁09段	東京/朝刊	韓国側、在日韓国人の教員採用で一層の改善を要請　日韓局長級協議

발행일	지면정보	간종별	기사제목(원문)
1993.01.07.	03頁09段	東京/朝刊	改正外登法あす施行 永住者の指紋押なつ廃止
1993.01.08.	06頁	東京/夕刊	「常時携帯は弾力的に」外登法の指紋押なつ廃止で後藤田法相
1993.01.08.	06頁	東京/夕刊	外登法の「指紋押なつ廃止は前進」在日民団が談話
1993.01.08.	09頁	東京/夕刊	指紋押なつ拒否の傷跡なお深く 外国人登録法改正施行【西部】
1993.01.09.	23頁04段	東京/朝刊	新外登法は改悪 指紋押なつ拒否支援団体 署名義務付け批判/東京
1993.01.10.	03頁05段	東京/朝刊	難民に指紋押なつを義務付け 不正入国対策で2月から カナダ
1993.01.22.	30頁	東京/朝刊	国の移送申し立てに原告は反発 京都の在日韓国人恩給訴訟
1993.02.28.	12頁01段	東京/朝刊	在日朝鮮人・強制連行・民族問題 朴慶植著(書評)
1993.03.03.	30頁	東京/朝刊	米韓軍事演習の反対訴えデモ 都内で朝鮮総連
1993.03.14.	03頁	東京/朝刊	核不拡散条約へ復帰の可能性も示唆 朝鮮総連
1993.03.17.	02頁	東京/朝刊	社党、北朝鮮への代表団派遣を見送る 朝鮮総連の中止要請で
1993.03.18.	30頁	東京/朝刊	「強制連行の収容所跡残して」在日朝鮮人らが募金 大牟田【西部】
1993.03.24.	03頁	東京/夕刊	金嬉老事件を韓国は忘れない 25年前、在日韓国人の旅館立てこもり
1993.04.28.	30頁	東京/朝刊	在日韓国人の金さんが写真展「友の国を歩く」
1993.05.19.	03頁	東京/朝刊	同世代への扉開く 朝鮮学校など高校総体参加＜解説＞
1993.06.30.	29頁	東京/朝刊	大阪の在日朝鮮人、総選挙出馬を決意
1993.07.01.	27頁06段	東京/朝刊	在日外国人の参政権認めて 在日朝鮮人、都議会の決議求め陳情/東京
1993.07.05.	26頁	東京/朝刊	在日朝鮮人の李英和氏、立候補届け出が門前払いに 衆院東京十区
1993.07.27.	25頁08段	東京/朝刊	朝鮮総連が機構改革
1993.08.03.	22頁06段	東京/朝刊	戦傷病者援護法の適用求め申し入れ 在日韓国人ら
1993.08.30.	11頁01段	東京/朝刊	原点 在日朝鮮人であり教師の僕がいる(せんせい：27)
1993.11.13.	30頁	東京/朝刊	朝鮮学校生徒も日本人と同じ割引を JR通学定期で団体が要望
1993.11.21.	30頁	東京/朝刊	オモニを歌い来春歌謡界に 在日朝鮮人女性、プロでデビュー【西部】
1993.11.26.	30頁	東京/朝刊	朝鮮総連を初訪問 韓国の国会議員
1994.02.01.	25頁07段	東京/朝刊	在日コリアンに法律相談窓口設置
1994.02.01.	25頁	東京/朝刊	在日コリアン作品ヒット 映画「月はどっちに出ている」(メディア)
1994.02.16.	03頁	東京/朝刊	「在日朝鮮人による送金はない」北朝鮮反発
1994.02.26.	31頁	東京/朝刊	「私は日本人」逆転勝訴 父親認知→平和条約で韓国籍 大阪高裁判決
1994.03.25.	34頁	東京/朝刊	日本籍の人・運動家… 迎える同胞も多彩 在日韓国人の大統領歓迎会
1994.04.22.	34頁09段	東京/朝刊	右翼らの「排外主義」朝鮮総連が抗議声明
1994.04.26.	30頁09段	東京/朝刊	「かつてない大弾圧」大阪府警の捜索で朝鮮総連が抗議声明
1994.05.17.	16頁	東京/夕刊	判決まであと2ヵ月 戦後補償訴え亡くなった在日韓国人の陳石一さん
1994.05.31.	01頁	東京/朝刊	在日朝鮮人にも学ぶ機会を(天声人語)
1994.05.31.	15頁	東京/夕刊	赤松文相「大学受験資格ある」朝鮮学校からの編入生門前払い問題
1994.06.03.	05頁	東京/朝刊	朝鮮学校生に門戸閉ざすな(声)

발행일	지면정보	간종별	기사제목(원문)
1994.06.06.	14頁07段	東京/夕刊	朝鮮総連京都など二十七カ所を捜索　国土利用法違反容疑で京都府警
1994.06.07.	26頁01段	東京/朝刊	朝鮮総連捜索はミス「土地売買届け出あった」京都府警
1994.06.08.	03頁	東京/朝刊	社会党が独自調査団派遣を決定　京都府警による朝鮮総連捜索問題で
1994.06.08.	03頁07段	東京/朝刊	適法だったが迷惑をかけた　警察庁課長が陳謝　朝鮮総連捜索問題で
1994.06.08.	03頁	東京/朝刊	捜査着手急ぎ、容疑すぐ幻に　京都府警の朝鮮総連捜索(時時刻刻)
1994.06.09.	35頁08段	東京/朝刊	朝鮮学校生への暴力に反対決議　東大阪市教組
1994.06.09.	35頁01段	東京/朝刊	誇りの制服切られ募る悲しみ　朝鮮学校女生徒への暴力急増
1994.06.14.	15頁	東京/夕刊	「届け出」不要だった　朝鮮総連の京都府警捜索、容疑以外の土地
1994.06.17.	14頁08段	東京/夕刊	朝鮮学校生への暴力「取り締まり強化を」石井一国家公安委員長
1994.06.17.	34頁	東京/朝刊	朝鮮学校生に「髪を切るぞ」埼玉で中年男が脅す
1994.06.20.	15頁01段	東京/夕刊	在日朝鮮人選手締め出す　資格に国籍　アマボクシング東京都選手権
1994.06.24.	33頁07段	東京/朝刊	在日朝鮮人嫌がらせ、法務省「人権啓発を」
1994.06.26.	27頁	東京/朝刊	在日朝鮮人への嫌がらせ防げ　弁護士らの集会でアピール
1994.06.27.	14頁	東京/夕刊	朝鮮総連、申し立て「結社の自由など侵害」京都府警の誤認捜索で
1994.07.04.	26頁	東京/朝刊	新潟のヨットマン、朝鮮学校生を招きヨット教室
1994.07.07.	34頁07段	東京/朝刊	松本毒ガス事件関連の「週刊朝日」記事に抗議　朝鮮総連
1994.07.13.	25頁	東京/朝刊	高校総体初出場の大阪朝鮮学校選手ら激励会に出席(ハーフタイム)
1994.07.15.	02頁	東京/夕刊	韓徳銖・朝鮮総連議長らが金正日氏と会見
1994.07.16.	01頁	東京/朝刊	元日本軍属への障害年金、在日韓国人除外は合憲　東京地裁判決
1994.07.16.	31頁	東京/朝刊	同じ軍属なのに　原告に怒りの声　在日韓国人・障害年金訴訟棄却
1994.07.18.	11頁	東京/朝刊	在日朝鮮人の入学を拒むな(私もひとこと)
1994.07.27.	29頁	東京/朝刊	在日韓国人が東京高裁に控訴　元日本軍属年金訴訟
1994.07.28.	03頁	東京/夕刊	在日韓国人三世で女優の金久美子さんら(気になるこの人)
1994.08.04.	東京*	東京/朝刊	在日朝鮮人生徒への暴行や嫌がら　府中市に防止要請/東京
1994.09.17.	東京*	東京/朝刊	在日朝鮮人らの人権擁護を　渋谷区議会意見書採択/東京
1994.09.19.	03頁	東京/夕刊	在日韓国人二世歌手の新井英一さん　時代戻り再生(気になるこの人)
1994.10.31.	06頁01段	東京/朝刊	同世代？悪意の匿名電話　在日韓国人高校生へのいやがらせ
1995.01.30.	14頁	東京/夕刊	被災在日韓国人へFM放送　神戸の大韓民国民団支部が開局
1995.02.07.	25頁01段	東京/朝刊	同胞社会に英雄誕生　在日韓国人の五輪：1(スポーツひと半世紀)
1995.02.08.	21頁01段	東京/朝刊	恩返しへ祖国を強化　在日韓国人の五輪：2(スポーツひと半世紀)
1995.02.09.	23頁01段	東京/朝刊	物心両面で選手支援　在日韓国人の五輪：3(スポーツひと半世紀)
1995.02.10.	27頁	東京/朝刊	努力の末に選考もれ　在日韓国人の五輪：4(スポーツひと半世紀)
1995.02.11.	19頁	東京/朝刊	変化する民族意識　在日韓国人の五輪：5(スポーツひと半世紀)
1995.03.11.	19頁	東京/朝刊	阪神大震災被災後も苦難　障害者の息子を抱えた在日韓国人の母
1995.03.18.	02頁	東京/朝刊	早期訪朝を促す　金泰熙・朝鮮総連国際局長
1995.03.24.	39頁	東京/朝刊	ゴルフ会員権の国籍制限は違法　在日韓国人が勝訴　東京地裁判決
1995.03.27.	02頁	東京/夕刊	元在日朝鮮人の一家が北朝鮮から韓国へ亡命

발행일	지면정보	간종별	기사제목(원문)
1995.04.02.	07頁	東京/朝刊	北朝鮮で「アヘン中毒の例も」 韓国亡命の在日朝鮮人(地球24時)
1995.05.10.	東京2*	東京/朝刊	「在日コリアン」が参加者と討論 戦後50年で連続セミナー/東京
1995.05.16.	26頁	東京/朝刊	北朝鮮で不明の兄、外務省に調査要請 在日韓国人女性
1995.05.25.	02頁	東京/朝刊	村山首相が議長に祝電 朝鮮総連結成40周年大会
1995.05.25.	02頁	東京/朝刊	平壌で朝鮮総連が結成40周年大会
1995.05.26.	24頁01段	東京/朝刊	全国高校サッカーを朝鮮学校などに開放 協会が検討来年実現へ
1995.05.31.	22頁07段	東京/朝刊	朝鮮学校などの「選抜大会」参加、17競技で認める 高体連調べ
1995.07.17.	03頁04段	東京/夕刊	在日韓国人歌手・白玉仙さん(ことば抄)
1995.07.20.	20頁	東京/朝刊	戦後50年と在日朝鮮人(情報クリップ)
1995.07.20.	33頁	東京/朝刊	「祖国奪われた側」の戦後50年検証シンポ 在日朝鮮人らが開催へ
1995.08.08.	10頁	東京/夕刊	在日朝鮮人の金海永さん、国立大受験資格問題で発言 国連委小委員会
1995.08.15.	10頁	東京/夕刊	「植民地支配に十分な清算を」戦後50年で朝鮮総連が談話
1995.08.21.	17頁	東京/朝刊	朝鮮学校の子供たちが力試す 全国少年草サッカー(ハーフタイム)
1995.10.12.	01頁	東京/朝刊	国籍で差別、違憲の疑い 在日韓国人元軍属の戦後補償 大阪地裁判決
1995.10.12.	02頁	東京/朝刊	後ろ向きの清算 早急に国の対応を 在日韓国人戦後補償訴訟<解説>
1995.10.12.	29頁	東京/朝刊	戦後補償はゼロ…傷いえず 在日韓国人元軍属の鄭さん 大阪地裁判決
1995.10.25.	24頁	東京/朝刊	高校選抜ボクシング大会も朝鮮学校に門戸
1995.11.02.	15頁01段	東京/夕刊	日本映画、ソウルで試写 在日韓国人ら企画の「三たびの海峡」
1995.11.07.	11頁	東京/夕刊	「三たびの海峡」ソウル試写会、直前に中止 在日韓国人ら製作の映画
1995.11.13.	14頁	東京/夕刊	江藤総務庁長官の罷免求め、在日韓国人ら200人がデモ 東京
1995.12.24.	13頁	東京/朝刊	在日コリアンのアイデンティティと法的地位 金敬得著(新刊抄録)
1996.01.05.	02頁	東京/朝刊	朝鮮総連への北朝鮮からの送金、今年は中止の模様
1996.01.11.	37頁	東京/朝刊	「朝鮮総連と対話を」 在日本大韓民国民団が東京で新年会
1996.01.16.	15頁	東京/夕刊	震災被災の朝鮮学校再建、手を取り合って チャリティーコンサート
1996.01.30.	22頁01段	東京/朝刊	祖先求めて「神農」研究 在日韓国人1世・姜さんが本を編さん／東京
1996.02.17.	33頁01段	東京/朝刊	在日コリアンが「起業人」ネット きょう初の交流会
1996.02.21.	21頁	東京/朝刊	北朝鮮籍の宮本健二選手が同国の大会で優勝 レスリング
1996.04.25.	39頁01段	東京/朝刊	朝鮮学校生へ暴行 偽ドル騒動後に相次ぐ 東京・愛知など11件
1996.05.17.	01頁	東京/朝刊	在日韓国人二世の管理職受験、都の拒否認める 東京地裁=訂正あり
1996.05.31.	37頁	東京/朝刊	板垣正参院議員の発言に抗議談話 在日朝鮮人総連合会
1996.06.19.	29頁	東京/朝刊	在日コリアン対象に、新月刊誌「イオ」発刊 朝鮮新報社
1996.06.20.	18頁	東京/夕刊	在日朝鮮人の人権シンポ、あす開催 東京・お茶の水
1996.07.14.	07頁	東京/朝刊	あと3年辛抱を 金正日書記、在日朝鮮人青年に訴え
1996.07.25.	東京*	東京/朝刊	「ヨットがくれた夢を朝鮮学校生に」 在日朝鮮人記者が教室/東京

발행일	지면정보	간종별	기사제목(원문)
1996.08.14.	03頁05段	東京/朝刊	李善玉さん 在日朝鮮人の看護学生(ひと)
1996.08.17.	08頁	東京/朝刊	在日韓国人向けの信用組合設立申請「エムケイ」青木氏ら
1996.08.19.	18頁	東京/朝刊	全国在日朝鮮人教研集会、福岡で始まる【西部】
1996.08.31.	東京*	東京/朝刊	在日コリアン、あす統一の宴「ワンコリア・フェス」/東京
1996.09.12.	33頁01段	東京/朝刊	朝鮮学校卒業生に門戸 川崎市立看護短大、来春から受験認める
1996.09.24.	18頁08段	東京/夕刊	在日韓国人青年らが地方参政権の要望書 橋本首相らに提出
1996.09.25.	20頁	東京/朝刊	集会「子どもの権利条約と在日コリアンの民族教育」(情報クリップ)
1997.02.04.	03頁	東京/夕刊	在日韓国人2世の歌人、李正子さん 国籍条項撤廃を訴え(人間往来)
1997.02.13.	35頁	東京/朝刊	変死の在日朝鮮人、自殺と断定 東京
1997.02.17.	29頁01段	東京/朝刊	「定住・永住外国人の視点不十分」在日コリアン人権協会/東京
1997.03.09.	13頁01段	東京/朝刊	在日韓国人三世の胸のうち 李青若著 三世世代の生の表現(書評)
1997.03.11.	東京*	東京/朝刊	知事に国籍条項撤廃を求める要請書 在日韓国人団体/東京
1997.03.19.	20頁	東京/朝刊	波乱の人生、率直に 在日韓国人の金仁謙さん、日本自分史大賞第一席
1997.03.21.	38頁	東京/朝刊	チョゴリで「地方参政権を」在日韓国人らが東京・新宿をデモ行進
1997.03.26.	02頁	東京/夕刊	元在日朝鮮人11人が韓国亡命希望 香港紙報道
1997.04.13.	13頁01段	東京/朝刊	在日韓国人青年の生活と意識 福岡安則・金明秀著(書評)
1997.04.18.	27頁	東京/朝刊	北朝鮮籍の貨物船から覚せい剤数十キロ押収 宮崎県警【西部】
1997.04.28.	03頁01段	東京/朝刊	姜徳相さん 「朝鮮人学徒出陣」を出版した在日韓国人(ひと)
1997.05.10.	34頁	東京/朝刊	強制連行の当事者が人権救済申し立て 在日朝鮮人の鄭さん、日弁連に
1997.05.17.	30頁	東京/朝刊	強制連行名簿に名前 人権救済の申し立て中の在日朝鮮人
1997.06.08.	07頁	東京/朝刊	韓国学生デモ激化 警察当局、強い姿勢 工員死亡事件で3人を逮捕
1997.06.21.	13頁	東京/朝刊	地域ごとで合併検討で一致 在日韓国人信用組合協会
1997.06.28.	33頁07段	東京/朝刊	大戦中の「歴史認識共有を」在日韓国人ら訴え
1997.07.31.	34頁08段	東京/朝刊	北朝鮮の指示受け反国家団体に資金 容疑の在日韓国人逮捕
1997.08.15.	03頁	東京/朝刊	韓国での参政権求め憲法裁に審判を請求 在日韓国人8人
1997.09.16.	08頁	東京/夕刊	北朝鮮籍の船乗り上げ 鹿児島【西部】
1997.10.19.	30頁	東京/朝刊	金正日総書記の就任を祝う会 朝鮮総連、東京朝鮮中高級学校で
1997.11.03.	11頁	東京/朝刊	姜キ東俳句集 加藤楸邨門の在日韓国人実業家の作品集(風信)
1997.11.18.	03頁01段	東京/朝刊	外国人登録更新は合憲 在日朝鮮人の上告棄却 最高裁、初の判断
1997.12.16.	33頁07段	東京/朝刊	「国立大受験資格を」朝鮮学校生徒ら要請、文部省側は拒絶
1998.01.06.	30頁	東京/朝刊	最高裁で来月弁論 在日韓国人の再入国不許可訴訟
1998.01.18.	14頁	東京/朝刊	在日朝鮮人を描いて 鄭承博著作集が完結
1998.01.27.	05頁	東京/夕刊	「青丘賞」25年の曲がり角 「在日コリアン文化」の世代差を象徴
1998.02.16.	03頁05段	東京/朝刊	白香珠さん 初のソウル公演を準備中の在日朝鮮人4世舞踊家(ひと)
1998.02.17.	02頁	東京/朝刊	救え! 韓国の経済危機 在日韓国人向けに円建て国債発行
1998.02.21.	01頁09段	東京/朝刊	「人権侵害」是正を勧告 国立大の朝鮮学校OB受験拒否で日弁連
1998.02.21.	19頁01段	東京/夕刊	朝鮮学校「なぜ認知されないの」資金難・進学…日本の壁

발행일	지면정보	간종별	기사제목(원문)
1998.03.26.	15頁	東京/夕刊	逮捕・留置は違法 大阪地裁が賠償命令 指紋押なつ違憲訴訟【大阪】
1998.03.26.	27頁05段	東京/夕刊	指紋押なつ拒否で逮捕、違法 3府県に57万円支払い命令 大阪地裁
1998.04.11.	34頁	東京/朝刊	指紋押なつ拒否の再入国不許可は適法 在日3世が逆転敗訴 最高裁
1998.04.12.	03頁05段	東京/朝刊	姜尚中さん 在日韓国人で初の東大教授(ひと)
1998.05.23.	33頁	東京/朝刊	韓德鉄氏、議長再任へ 朝鮮総連
1998.05.24.	30頁08段	東京/朝刊	朝鮮総連大会終わる
1998.06.04.	11頁	東京/夕刊	にわか在日韓国人 辛淑玉(私空間)
1998.06.21.	05頁	東京/朝刊	朝鮮学校生に受験の資格を(声)
1998.07.05.	02頁	東京/朝刊	在日韓国人の政治犯釈放を 金大中大統領に支援団体が要請へ
1998.07.11.	14頁	東京/夕刊	元軍属らが韓国政府提訴 日本の補償受けられない在日韓国人
1998.07.17.	27頁	東京/朝刊	交流深めてサッカーW杯共催 韓国学生18人、自転車で日本一周
1998.07.18.	30頁01段	東京/朝刊	「指紋押なつ拒み逮捕は違法」2審判決見直しも 最高裁
1998.07.18.	01頁	東京/夕刊	サッカーW杯共催の成功祈って 韓国学生が自転車の旅【西部】
1998.08.14.	22頁	東京/朝刊	サッカーW杯応援、韓国学生の自転車札幌にがゴール
1998.08.14.	02頁	東京/夕刊	韓国、受刑者2000人余釈放へ 在日韓国人含む政治犯94人
1998.09.02.	02頁	東京/夕刊	北朝鮮ミサイル発射で在日朝鮮人資産凍結に否定的見解 野中官房長官
1998.09.08.	30頁01段	東京/朝刊	最高裁「逮捕は適法」原告側が逆転全面敗訴 指紋押なつ拒否
1998.09.10.	35頁01段	東京/朝刊	朝鮮学校にいやがらせ 北朝鮮発射の「ミサイル」で脅迫電話など
1998.09.17.	14頁	東京/夕刊	キリスト教団体が共同声明 「ミサイル発射」で朝鮮学校生へ暴行
1998.09.17.	33頁04段	東京/朝刊	朝鮮学校への嫌がらせ続く 「ミサイル」問題巡り
1998.09.21.	28頁01段	東京/朝刊	東京の小学校・朝鮮学校が合同学習(きょういく98)
1998.09.22.	06頁10段	東京/朝刊	「在日韓国人に参政権を」朴泰俊自民連総裁(永田町霞が関・外交)
1998.09.24.	18頁	東京/夕刊	「来月衛星見える」朝鮮総連国際局長、北朝鮮政府の見解明らかに
1998.09.25.	06頁	東京/朝刊	朝鮮学校生に嫌がらせ残念 野中広務・官房長官(発言録)
1998.09.27.	35頁01段	東京/朝刊	朝鮮学校生から聞き取り 暴力被害多発で弁護士らが調査委発足
1998.10.02.	14頁	東京/夕刊	朝鮮籍の人も招待 金大中大統領訪日行事、「在日一体」の意向反映
1998.10.07.	01頁01段	東京/朝刊	指紋押なつ制度全廃へ 外登法改正の方向 法務省、通常国会提出準備
1998.10.07.	02頁	東京/朝刊	指紋押なつ制度、全廃へ 世論を受けて3度目法改正
1998.10.08.	04頁	東京/朝刊	指紋押なつ全廃へ 留学生は今も義務づけ(みんなのQ&A)
1998.10.08.	18頁	東京/夕刊	指紋押なつ全廃、中村法相が表明 「次期通常国会で決着」
1998.10.12.	05頁	東京/夕刊	日韓文学者交流シンポジウム「在日朝鮮人文学」(会と催し)
1998.10.15.	14頁01段	東京/夕刊	指紋押なつ制度 自民が了承、廃止確定的に
1998.10.21.	12頁	東京/夕刊	国立大受験求め「最後の手段」 在日朝鮮人人権協会、国連へあす通報
1998.10.22.	37頁	東京/朝刊	朝鮮学校生の資格、今回も認められず 大学入試センター試験
1998.11.10.	38頁	東京/朝刊	朝鮮学校生徒、手を切られる 止まらぬ嫌がらせ 東京・北区
1999.01.06.	14頁07段	東京/夕刊	朝鮮学校生に暴行した疑い 高2ら5人逮捕 東京・上野

발행일	지면정보	간종별	기사제목(원문)
1999.03.03.	35頁	東京/朝刊	「北朝鮮籍船が渡す」高知沖の大量覚せい剤密輸で検察側が写真
1999.03.06.	01頁07段	東京/朝刊	チマ・チョゴリ制服、通学時やめ校内用 朝鮮学校、いやがらせ心配
1999.03.06.	39頁01段	東京/朝刊	暴力で「苦渋の決定」朝鮮学校のチマ・チョゴリ制服、校内用に
1999.03.09.	01頁	東京/夕刊	指紋押なつ制度全廃を閣議決定 外国人登録法改正案
1999.03.18.	38頁	東京/朝刊	日本国籍離脱、多くが不受理 在日朝鮮人13人届け出
1999.04.01.	04頁	東京/朝刊	朝鮮学校曲がり角 北朝鮮偏重に疑問 親たちが総連へ改善要望書
1999.04.03.	01頁01段	東京/朝刊	「破壊活動の危険」と公安庁が答弁、朝鮮総連抗議
1999.05.14.	01頁06段	東京/夕刊	大阪高裁が和解勧告 在日韓国人元軍属への補償
1999.06.15.	10頁	東京/夕刊	愛知の県立高、朝鮮学校生「門前払い」文部省見解を理由に
1999.06.17.	01頁09段	東京/夕刊	朝鮮学校(窓・論説委員室から)
1999.07.27.	29頁	東京/朝刊	朝鮮差別 なぜ民族学校生に大検課す? 在日の金弁護士【西部】
1999.08.04.	30頁	東京/朝刊	少年サッカー出場権要望へ 朝鮮学校関係者ら
1999.08.07.	19頁	東京/夕刊	茨城朝鮮学校の児童、服切られる 登校中、3人組に押さえられ
1999.08.23.	03頁	東京/朝刊	政府、特別法で一時金支給を検討 在日韓国人元軍人・軍属へ
1999.09.11.	38頁	東京/朝刊	元軍属の訴え、大阪高裁棄却 在日韓国人戦後補償
1999.10.16.	01頁	東京/朝刊	年金不支給「違憲の疑い」在日韓国人元軍属の戦後補償訴訟で高裁
1999.11.11.	11頁01段	東京/夕刊	ロスの御輿太鼓 在日コリアン3世が出合った「ルーツ」金真須美
1999.12.06.	06頁	東京/朝刊	米の指紋押なつに抗議 イラン(地球24時)
1999.12.07.	09頁02段	東京/朝刊	歯車空回り イラン「指紋押なつなぜだ」米国「遅い雪解け不満」
2000.03.05.	06頁	東京/朝刊	元在日朝鮮人ら7人、亡命求め韓国に入国(地球24時)
2000.03.16.	37頁	東京/朝刊	在日外国人の指紋押なつ拒否者、在留を許可へ
2000.04.03.	18頁	東京/夕刊	指紋押なつ敗訴のピアニスト、14年ぶりに永住資格
2000.04.18.	08頁	東京/朝刊	指紋押なつに抗議し、イランチームが帰途 米のフェンシング大会
2000.04.25.	37頁	東京/朝刊	「参政権審議中止を」朝鮮総連の南昇祐副議長
2000.04.28.	39頁	東京/朝刊	統一願い南北のハーモニー 在日韓国人と在日朝鮮人が6月に共演
2000.05.04.	03頁	東京/朝刊	破たん続出、再編難航 在日韓国人系信組「商銀」(時時刻刻)
2000.05.31.	09頁	東京/夕刊	「南北夫婦」続々 在日コリアン、「統一」先取り【西部】
2000.06.21.	18頁	東京/夕刊	離散の悲劇知って 韓国の児童文学を在日朝鮮人邦訳
2000.08.02.	25頁	東京/朝刊	朝鮮総連会員が韓国を訪問へ 南北会談で合意
2000.08.07.	01頁	東京/夕刊	墓どこへ…揺れる「在日」朝鮮籍の韓国内出身者【西部】
2000.09.05.	02頁	東京/夕刊	在日コリアンの歌手田月仙さん 南北統一願いCD(PEOPLE)
2000.09.09.	29頁	東京/朝刊	九州・山口で歓迎の声 朝鮮総連の韓国訪問団、22日出発
2000.09.09.	34頁	東京/朝刊	朝鮮総連、初の訪韓団 高齢者優先、一世50人 22日に第一陣
2000.09.14.	03頁	東京/朝刊	金洪才さん 韓国でタクトを振る在日朝鮮人指揮者(ひと)
2000.09.17.	02頁	東京/朝刊	朴希淑さん 東京の朝鮮学校での体験を韓国で語った(ひと)
2000.09.22.	23頁	東京/夕刊	朝鮮総連の訪韓団到着
2000.09.27.	24頁	東京/夕刊	朝鮮総連の「故郷訪問団」が帰路へ
2000.11.19.	19頁	東京/朝刊	ユーゴ出身のサーシャ選手、韓国籍を取得へ サッカー
2000.12.13.	38頁	東京/朝刊	詐取した金、工作活動費に 朝鮮籍社長、「十数人思想転換」と供述

발행일	지면정보	간종별	기사제목(원문)
2000.12.15.	38頁	東京/朝刊	「金や女性で堕落させよ」工作員手引を所持 詐欺事件の朝鮮籍社長
2000.12.16.	21頁	東京/朝刊	「在日」結集キックオフ 20人、朝鮮籍7人の「大韓蹴球団」結成
2000.12.18.	38頁	東京/朝刊	詐欺罪で起訴の朝鮮籍被告へ工作指示ない 平壌放送
2000.12.26.	14頁	東京/夕刊	韓国から"高校生大使" 日本の生徒奔走、朝鮮学校と交流
2000.12.30.	30頁	東京/朝刊	在日コリアンら、架空の南北共同航空会社の統一グッズをネット販売
2001.01.28.	23頁	東京/朝刊	在日朝鮮人画家が初画集 南北結び、東京で出版パーティー
2001.03.03.	14頁	東京/夕刊	韓徳銖・朝鮮総連議長の葬儀に6000人以上参列
2001.03.23.	22頁	東京/夕刊	在日韓国人「本名」は1割 3割「使い分け」民団が意識調査
2001.03.29.	21頁	東京/朝刊	前ヴ川崎の梁選手、現代蔚山入り 韓国プロ、朝鮮籍では初
2001.03.31.	16頁	東京/朝刊	在日朝鮮人選手の梁圭史、北朝鮮代表宿に合流 サッカー
2001.04.03.	34頁	東京/朝刊	鳥取県の一般事務職で韓国籍女性を採用 都道府県で全国初【大阪】
2001.04.13.	18頁	東京/夕刊	障害年金、最高裁が棄却 在日韓国人元軍属訴訟
2001.04.18.	14頁	東京/夕刊	逮捕・留置に「違法性ない」指紋押なつ二審判決 大阪高裁
2001.04.18.	11頁	東京/朝刊	受け皿銀行審査、2組織が申請 在日韓国人系信組
2001.05.08.	15頁	東京/朝刊	朝鮮籍在日250人、徳山の応援に訪韓 ボクシング防衛戦
2001.05.21.	38頁	東京/朝刊	王者、洪昌守 在日朝鮮人・徳山選手、ソウルで防衛 ボクシング
2001.05.17.	34頁	東京/朝刊	松山の「朝鮮総連系」と韓国の小学校「姉妹」に
2001.07.14.	15頁	東京/夕刊	LPGタンカーと北朝鮮籍船が衝突し沈没 和歌山沖、1人不明
2001.07.22.	34頁	東京/朝刊	在日コリアンの60歳以上を招待 クラシックコンサート
2001.07.31.	14頁	東京/朝刊	10月中めどに受け皿銀行開業 破たんした在日韓国人系信組
2001.11.09.	01頁	東京/夕刊	朝鮮総連幹部名義で26億円 融資、不良債権扱いに 朝銀東京
2001.11.27.	01頁	東京/夕刊	朝鮮総連幹部を聴取へ 朝銀東京の組合資金不正疑惑
2001.12.02.	38頁	東京/朝刊	日本の朝鮮総連の捜索に非難声明を発表 北朝鮮外務省
2001.12.23.	03頁	東京/朝刊	在日韓国人系の統一銀行構想、とん挫 破たん4信組の受け皿は困難
2001.12.28.	08頁	東京/朝刊	金融庁、問われる手腕 在日朝鮮人系信組の処理
2002.01.18.	13頁	東京/朝刊	既存の信用組合と事業譲渡契約 在日韓国人系3信組
2002.02.14.	14頁	東京/夕刊	朝鮮総連元局長、無罪を主張 朝銀東京事件公判
2002.03.08.	07頁	東京/夕刊	在日コリアンの美術家を中心に 京都で「アルン展」【大阪】
2002.03.12.	02頁	東京/夕刊	受け皿の認可、年度内の方針 破たん在日朝鮮人系信組
2002.03.14.	02頁	東京/夕刊	北朝鮮籍グループの亡命声明 北京のスペイン大使館<要旨>
2002.04.08.	21頁	東京/朝刊	元韓国籍の秋山成勲、釜山アジア大会へ 柔道【大阪】
2002.06.26.	38頁	東京/朝刊	組幹部2人を容疑で逮捕 千葉・柏の韓国学生射殺事件
2002.08.31.	03頁	東京/朝刊	期限間近、進展に期待も 在日朝鮮人系信組の破綻処理問題
2002.09.07.	01頁	東京/朝刊	故主席・金総書記の肖像画を朝鮮学校、撤去へ 歴史教育改編
2002.09.07.	38頁	東京/朝刊	朝鮮学校の肖像画撤去、背景に親の要望 永住志向で総連に<解説>
2002.09.07.	03頁	東京/朝刊	朝鮮総連議長も歓迎 17日の小泉首相訪朝
2002.09.19.	15頁	東京/夕刊	在日朝鮮人に嫌がらせ相次ぐ 北朝鮮拉致事件で
2002.09.21.	15頁	東京/夕刊	在日朝鮮人へ相次ぐ嫌がらせ 朝鮮学校へ激励メールや電話

발행일	지면정보	간종별	기사제목(원문)
2002.09.25.	37頁	週刊	変わりゆく在日朝鮮人社会 脱・個人崇拝、ソフト路線へ転換始まる
2002.09.27.	22頁	東京/夕刊	朝鮮総連機関紙、「拉致はでっち上げ」は「誤報」と謝罪文
2002.10.07.	18頁	東京/夕刊	「佐渡島の岬、頼まれ撮影」朝鮮総連の出張所元幹部
2002.10.11.	37頁	東京/朝刊	旧経営陣と朝鮮総連を提訴 朝銀東京信用組合
2002.10.08.	35頁	東京/朝刊	朝鮮学校生への「迫害」反対集会 拉致事件に関連し都内で学者ら
2002.11.03.	12頁	東京/朝刊	月の棲家 在日コリアンの母・私・娘 大竹昭子(視線)
2002.11.10.	38頁	東京/朝刊	社民党と朝鮮総連に銃弾入り脅迫文
2002.11.14.	38頁	東京/朝刊	「拉致事件関与、調査必要なし」在日朝鮮総連副議長が会見
2002.11.19.	35頁	東京/朝刊	「銃弾撃ち込む」朝鮮総連に脅迫電話
2003.01.17.	37頁	東京/朝刊	国立大の受験資格、朝鮮学校にも検討 文科省
2003.01.29.	02頁	東京/朝刊	金両基さん 在日韓国人として初の韓国の銀冠文化勲章受章(ひと)
2003.01.31.	38頁	東京/朝刊	朝鮮学校生徒が統一旗振り「コリア…」韓国を声援 アジア冬季大会
2003.01.31.	39頁	東京/朝刊	チマ・チョゴリを切られ被害届 通学中の朝鮮学校生徒
2003.02.06.	34頁	東京/朝刊	元在日朝鮮人ら18人が「脱北者同志会」結成 東京で記者会見
2003.02.07.	18頁	東京/夕刊	教師ら国に対し再発防止を要請 朝鮮学校生のチマ・チョゴリ切り
2003.02.07.	37頁	東京/朝刊	朝鮮学校生徒の被害319件、防止訴え 在日本朝鮮人人権協会
2003.02.16.	34頁	東京/朝刊	朝鮮総連分会長、家族に謝罪 拉致問題支援集会で
2003.02.19.	29頁	東京/朝刊	万景峰号規制の声に朝鮮総連が非難
2003.02.21.	19頁	東京/夕刊	自室で韓国籍の女性殺される 東京・足立区
2003.03.06.	37頁	東京/朝刊	朝鮮学校、民族学校から大学へ 資格付与申し入れ
2003.03.12.	38頁	東京/朝刊	国立大教職員の有志、民族学校卒業生の大学入学資格で申し入れ
2003.03.28.	03頁	東京/朝刊	文科省、朝鮮学校など批判で
2003.05.24.	11頁	東京/夕刊	母国のゴミ拾おう 対馬清掃へ韓国学生140人【西部】
2003.06.04.	29頁	東京/朝刊	麻生太郎氏発言、朝鮮総連「撤回を」
2003.04.08.	37頁	東京/朝刊	「朝鮮総連と交流見合わせ」連合、地方組織に要請
2003.06.13.	38頁	東京/朝刊	北朝鮮の万景峰号に乗船予定だった在日朝鮮人ら、空路で平壌へ
2003.06.16.	18頁	週刊	金正日の「本音」速記録 朝鮮総連最高幹部への指令
2003.06.16.	56頁	週刊	歌手 キム・ヨンジャ「歌の力」は国境を越えて(現代の肖像)
2003.06.19.	27頁	東京/朝刊	北朝鮮籍船に改善命令出す 九州運輸局、山口・下関港で【西部】
2003.06.20.	34頁	東京/朝刊	大学入学資格を「朝鮮学校生も」3府県、国に要望へ
2003.06.21.	14頁	東京/夕刊	北朝鮮拉致発覚後の嫌がらせ、朝鮮学校生2割被害 弁護士調査
2003.07.18.	01頁	東京/夕刊	都、朝鮮総連に課税を決定
2003.07.19.	37頁	東京/朝刊	朝鮮総連への都の課税、年額約6千万円に
2003.07.26.	33頁	東京/朝刊	朝鮮総連、東京都に「免税」を要望
2003.08.02.	01頁	東京/朝刊	朝鮮学校卒も入学資格 大学ごと判断で 文科省検討
2003.08.10.	02頁	東京/朝刊	大学はもっと門を開け 朝鮮学校(社説)
2003.08.10.	34頁	東京/朝刊	貨客船・万景峰号運航の再開求め集会 朝鮮総連
2003.08.19.	01頁	東京/夕刊	万景峰号、25日に入港を予定 朝鮮総連、午後に許可申請
2003.08.22.	14頁	東京/夕刊	朝鮮総連代表者「公正な措置を」万景峰号問題で小泉首相に要請文

발행일	지면정보	간종별	기사제목(원문)
2003.08.24.	01頁	東京/朝刊	朝鮮総連などに「爆弾」博多の2カ所 岡山は銃撃跡
2003.08.24.	01頁	東京/朝刊	福岡市の朝鮮総連に爆発物? 不審物2個、周辺住民避難
2003.08.24.	35頁	東京/朝刊	夜の繁華街、不安広がる 朝鮮総連に不審物 福岡・博多
2003.09.04.	34頁	東京/朝刊	東京都の課税に異議、朝鮮総連が審査請求
2003.09.09.	04頁	東京/朝刊	政府間交渉で「懸案解決を」朝鮮総連の許宗万責任副議長
2003.09.09.	15頁	東京/夕刊	東京都、朝鮮総連本部を差し押さえ 税未納で3施設
2003.09.13.	37頁	東京/朝刊	朝鮮総連都本部、課税巡り審査請求
2003.09.19.	37頁	東京/朝刊	朝鮮学校への大学入学資格付与反対 保守新党が質問状
2003.09.20.	33頁	東京/朝刊	朝鮮学校卒業生の受験、名古屋大学が容認へ
2003.09.20.	33頁	東京/朝刊	朝鮮学校生5人に受験資格 九州大学
2003.09.22.	18頁	東京/夕刊	大分の朝鮮総連前にガソリン? まく
2003.09.25.	38頁	東京/朝刊	大阪大なども受験資格容認 朝鮮学校の生徒
2003.09.30.	22頁	東京/夕刊	朝鮮総連、固定資産税を納付 課税の正当性は認めず
2003.10.03.	02頁	東京/夕刊	辛淑玉さん、在日朝鮮人の苦境 自分史で社会に訴える(ぴーぷる)
2003.10.22.	38頁	東京/朝刊	朝鮮学校の生徒受験、東大もOKに
2003.11.05.	37頁	東京/朝刊	石原知事発言に抗議の行進200人 東京で在日朝鮮人ら
2003.11.14.	37頁	東京/朝刊	朝鮮総連の不服審査請求、東京都が棄却
2003.11.19.	37頁	東京/朝刊	朝鮮学校への嫌がらせは「テロ行為」北朝鮮が国連で非難
2003.12.16.	37頁	東京/朝刊	東京都、学校法人を提訴 朝鮮学校の土地巡り
2004.01.13.	37頁	東京/夕刊	ラップで叫ぶ「民族とは国とは」在日コリアンデュオ「KP」
2004.02.21.	15頁	東京/夕刊	共生願い「よさこいアリラン」在日韓国人ら来月に発表
2004.02.18.	34頁	東京/朝刊	朝鮮総連の「改革」求め有志提言 本部の姿勢批判 ネットで公表
2004.03.04.	01頁	東京/朝刊	朝鮮学校(北朝鮮の素顔 第5部・在日と「祖国」：4)
2004.04.04.	03頁	東京/朝刊	全83校のうち、国立大82校で受験資格 今春、朝鮮学校生に
2004.04.08.	38頁	東京/朝刊	朝鮮総連傘下組織、本部の解任処分否決 改革提言「守られるべき」
2004.05.18.	18頁	東京/夕刊	帰還事業、59年文書に本音「在日朝鮮人は犯罪率が高い」と記載
2004.05.20.	37頁	東京/朝刊	朝鮮総連への課税、取り消し求め東京都を提訴
2004.05.27.	11頁	東京/夕刊	字がつなぐ学ぶ喜び 北九州在日コリアンらの「青春学校」【西部】
2004.05.28.	29頁	週刊	拉致事件が在日社会に与えた苦悩 謝罪した朝鮮総連の分会長が語る
2004.05.30.	34頁	東京/朝刊	朝鮮総連大会が閉幕
2004.06.23.	28頁	東京/朝刊	恋愛ドラマ、主役は在日韓国人「韓流」ブーム、壁突き崩す
2004.06.29.	15頁	東京/夕刊	朝鮮学校の生徒、帰宅中殴られる 地下鉄有楽町線の車内
2004.07.13.	38頁	東京/朝刊	「建国義勇軍」の1被告に実刑判決 朝鮮総連新潟銃撃
2004.08.28.	03頁	東京/夕刊	韓国学生4人 脱北者の窮状、同世代に訴え(ぴーぶる)
2004.10.06.	14頁	東京/夕刊	正規旅券で祖国訪問へ「反国家」認定、在日韓国人ら
2004.11.30.	04頁	東京/朝刊	中山文科相発言に波紋広がる 在日韓国人ら抗議や質問状
2004.12.31.	29頁	東京/朝刊	日韓新時代へ響け除夜の鐘 在日コリアン眠る下関の寺院【西部】
2005.01.04.	03頁	東京/朝刊	変身・半世紀 さあ日本映画の逆襲だ(社説)

발행일	지면정보	간종별	기사제목(원문)
2005.02.01.	34頁	東京/朝刊	朝鮮総連の責任認める 東京地裁、賠償命令 朝銀東京信組不正経理
2005.02.06.	34頁	東京/朝刊	日朝戦に準備万端、朝鮮学校吹奏楽部 サッカーW杯アジア最終予選
2005.03.05.	16頁	東京/朝刊	国体、朝鮮学校にも門戸
2005.05.21.	02頁	東京/朝刊	小泉首相、朝鮮総連パーティーの招待受け対応苦慮 北朝鮮情勢悪化で
2005.05.22.	35頁	東京/朝刊	逃走の男、出入りの客か 被害者は韓国籍53 町田の飲食店・女性刺殺事件
2005.05.24.	02頁	東京/朝刊	メッセージ、首相が検討 朝鮮総連50周年記念
2005.05.25.	04頁	東京/朝刊	政党、朝鮮総連に距離 首相も厳しい伝言 結成50周年パーティー
2005.05.28.	35頁	東京/朝刊	韓国籍の52歳男、殺人容疑で手配 東京・町田の女性殺害
2005.07.01.	03頁	東京/夕刊	日本大使館の施設の窓を韓国学生割る 先月、小泉首相の訪韓巡り
2005.07.15.	39頁	東京/朝刊	(青鉛筆)「キムチネット」在日韓国人ら約200業者
2005.07.16.	29頁	東京/朝刊	朝鮮学校を支援、韓国議員ら視察 都の明け渡し訴訟
2006.01.16.	09頁	東京/朝刊	(時空をこえて：2)韓流と在日コリアン 隣国への目、隣人にも
2006.02.13.	05頁	東京/夕刊	(惜別)在日韓国人の弁護士1号・金敬得さん 「同胞」の苦悩と向き合う
2006.02.24.	37頁	東京/朝刊	朝銀不正経理控訴審、朝鮮総連が敗訴
2006.02.25.	38頁	東京/朝刊	「平和憲法広める使命、在日に」韓国籍弁護士の金さん「遺言」
2006.03.11.	14頁	東京/夕刊	「寄付の税優遇を」救済申し立てへ 神奈川と東京の中華・朝鮮学校
2006.03.24.	04頁	東京/朝刊	朝鮮総連系施設、自民「減免見直しを」
2006.03.24.	39頁	東京/朝刊	辛容疑者、十数人の協力者網 在日朝鮮人中心に 北朝鮮拉致事件
2006.04.04.	04頁	東京/朝刊	朝鮮総連施設の減免「公益性、厳正判断を」
2006.05.12.	15頁	東京/夕刊	覚せい剤、北朝鮮から数百キロ密輸 工作船事件に関与？韓国籍の男容疑で逮捕＝続報注意
2006.05.13.	39頁	東京/朝刊	複数暴力団から資金 韓国籍容疑者、頻繁に密輸取引か 北朝鮮覚せい剤
2006.05.17.	34頁	東京/朝刊	和解へ…喜ぶ在日社会 政治的意図疑う見方も 朝鮮総連と韓国民団「トップ会談」
2006.05.19.	33頁	東京/朝刊	強制動員被害、認定へ 韓国政府、支援対象に 在日韓国人BC級戦犯
2006.06.01.	08頁	東京/夕刊	韓国籍船衝突、乗員9人救助 沖ノ島沖【西部】
2006.06.17.	37頁	東京/朝刊	北朝鮮人権法成立、朝鮮総連が非難
2006.06.24.	37頁	東京/朝刊	朝鮮総連との和解、韓商「声明撤回を」
2006.07.12.	38頁	東京/朝刊	朝鮮学校の生徒に嫌がらせ60件以上 北朝鮮ミサイル発射で
2006.07.15.	29頁	東京/朝刊	暴行・脅迫112件、朝鮮学校児童ら被害
2006.07.19.	14頁	東京/朝刊	(声)朝鮮学校生に罪はないのに
2006.07.21.	04頁	東京/朝刊	朝鮮総連施設の固定資産税、24市が減免見直し 総務省調べ
2006.07.29.	02頁	東京/夕刊	(びーぷる)在日朝鮮人史研究者・長沢秀さん ロシアに眠る特高文書発掘
2006.08.27.	34頁	東京/朝刊	在日朝鮮人、再入国許可に制限 法務省・局長通達、1回ごと必要に

발행일	지면정보	간종별	기사제목(원문)
2006.10.02.	15頁	東京/夕刊	人の指と脅迫文、朝鮮総連に送る 容疑の組員逮捕 警視庁と鹿児島県警
2006.10.18.	29頁	東京/朝刊	朝鮮総連が談話、日本の制裁を非難 北朝鮮核実験
2006.10.20.	29頁	東京/朝刊	朝鮮総連の施設、宇都宮市が課税へ
2006.11.10.	37頁	東京/朝刊	朝鮮総連の徐局長、北朝鮮制裁の撤回訴え
2006.11.27.	19頁	東京/夕刊	朝鮮総連を捜索 在日女性、点滴薬の輸出図る 薬事法違反容疑
2006.12.02.	14頁	東京/夕刊	朝鮮総連捜索に在日女性ら抗議 薬事法違反容疑
2006.12.19.	33頁	東京/朝刊	「警視庁の捜索違法」朝鮮総連が準抗告
2006.12.22.	38頁	東京/朝刊	朝鮮学校長ら、初の意見陳述 「枝川裁判」
2006.12.28.	29頁	東京/朝刊	朝鮮総連の減免申請、不許可処分「妥当」旭川訴訟
2007.01.29.	01頁	東京/夕刊	朝鮮総連傘下の「科協」顧問ら、無届け派遣容疑で逮捕 神奈川県警
2007.02.05.	15頁	東京/夕刊	ジンギスカン店、脱税容疑 朝鮮総連北海道本部なども捜索
2007.02.14.	02頁	東京/朝刊	合意「歓迎する」朝鮮総連 6者協議
2007.02.27.	18頁	東京/夕刊	東京都、朝鮮総連の公園使用取り消し
2007.03.02.	37頁	東京/朝刊	朝鮮総連の音楽堂使用、都の即時抗告棄却 東京高裁
2007.03.04.	37頁	東京/朝刊	朝鮮総連、制裁撤回求め集会
2007.04.17.	31頁	東京/朝刊	同僚刺殺の疑いで韓国籍の男逮捕 松戸/千葉県
2007.05.25.	20頁	東京/夕刊	朝鮮総連が大会
2007.05.27.	37頁	東京/朝刊	執行部を再任 朝鮮総連大会
2007.06.12.	14頁	東京/夕刊	朝鮮総連本部を購入の会社、元公安庁長官が経営
2007.06.12.	37頁	東京/朝刊	朝鮮総連、本部の物件売却 投資顧問会社に、数十億円か
2007.06.13.	35頁	東京/朝刊	売却は訴訟対抗策 朝鮮総連本部、明け渡し回避狙う
2007.06.14.	04頁	東京/朝刊	政治とカネ、残る抜け穴 改正法案、きょう衆院通過 領収書添付、効力に限界
2007.06.14.	01頁	東京/朝刊	「違法性ない」強調 緒方・公安庁元長官「在日の権利保護」朝鮮総連本部問題
2007.06.15.	02頁	東京/朝刊	(時時刻刻)謎の取引、異例の捜査 検察、批判受け突然 朝鮮総連本部問題
2007.06.16.	13頁	東京/夕刊	朝鮮総連都本部の会館、「来月にも退去」と要求 落札会社
2007.06.17.	38頁	東京/朝刊	「構成員が犯罪関与」安倍首相発言、朝鮮総連側が非難
2007.06.18.	01頁	東京/夕刊	朝鮮総連に627億円返済命令 回収機構、強制執行可能に 東京地裁判決
2007.06.18.	15頁	東京/夕刊	「将来の大使館」瀬戸際 土屋氏「資金集まらず」朝鮮総連売却問題
2007.06.18.	35頁	東京/朝刊	朝鮮総連本部の売却話、相次ぎ頓挫 元銀行員ら仲介役 回収機構訴訟、きょう判決
2007.06.19.	01頁	東京/朝刊	朝鮮総連中枢、本部ビル売買交渉に関与 地検、「4億円」解明へ
2007.06.19.	02頁	東京/朝刊	(時時刻刻)朝鮮総連、窮地 在日社会で陰る力 627億円返済命令
2007.06.19.	03頁	東京/朝刊	(社説)朝鮮総連 過去を清算するしかない
2007.06.20.	33頁	東京/朝刊	東京地裁判決受け談話 朝鮮総連
2007.06.21.	01頁	東京/夕刊	朝鮮総連最高幹部を聴取 不動産巡る説明求める 参考人で東京地検

발행일	지면정보	간종별	기사제목(원문)
2007.06.21.	14頁	東京/夕刊	日弁連内に批判 元会長関与「信頼損なった」朝鮮総連問題
2007.06.29.	23頁	東京/夕刊	競売の申し立て「地裁は却下を」朝鮮総連
2007.07.02.	15頁	東京/夕刊	朝鮮総連本部、売却検討2月から 難航し仲介依頼か
2007.07.05.	19頁	東京/朝刊	(ハーフタイム)在日朝鮮人サッカー選手・安英学が母校で講演会
2007.07.14.	35頁	東京/朝刊	朝鮮総連中央本部の所有者明確化へ 会見で整理回収機構
2007.07.21.	02頁	東京/夕刊	朝鮮総連の主張、国連議題にせず
2007.07.25.	04頁	東京/朝刊	朝鮮総連の固定資産税、全額免除は28自治体
2007.07.26.	39頁	東京/朝刊	朝鮮総連の弁護士「被害実感ない」本部売却巡る詐欺
2007.09.07.	02頁	東京/朝刊	朝鮮総連の入港要請、政府は拒否方針
2007.10.12.	04頁	東京/朝刊	朝鮮総連、北朝鮮への制裁延長撤回求める
2007.11.02.	130頁	週刊	強制捜査のコンサル会社と朝鮮総連ビル事件の「接点」
2007.11.25.	34頁	東京/朝刊	「当然の法理」30年の縁 初の韓国籍弁護士・金敬得さんをしのぶ【西部】
2007.11.26.	18頁	東京/夕刊	「国籍の壁」30年の縁 金敬得さん、初の韓国籍弁護士へ 泉・最高裁判事が追悼文
2007.01.27.	34頁	東京/朝刊	君の勇気、私たちも 韓国学生ら駅で救助死から6年 モデルの映画試写会に両陛下ら
2008.05.15.	34頁	東京/朝刊	緒方元長官、無罪主張 検察「カネが動機」朝鮮総連詐欺事件、初公判
2008.05.23.	15頁	東京/夕刊	元信託銀行員に懲役2年を求刑 朝鮮総連詐欺事件
2008.08.26.	15頁	東京/夕刊	偽装結婚を仲介容疑 韓国籍の女ら逮捕 川崎
2008.10.11.	37頁	東京/朝刊	朝鮮総連が北朝鮮制裁延長に抗議
2008.11.01.	23頁	東京/朝刊	民族名の小説発見 美意識、揺らぎの跡 「在日」作家、立原正秋
2008.11.18.	35頁	東京/朝刊	東京地裁、差し押さえ認めず 朝鮮総連本部の土地建物
2008.11.25.	13頁	東京/朝刊	(声)民族名を貫き、次男に内定が
2009.01.24.	02頁	東京/夕刊	(ぴーぷる)在日韓国人ピアニスト・崔善愛さん ショパンと同じ悲しみ
2009.03.27.	37頁	東京/朝刊	朝鮮総連に「中央会館」所有権 東京地裁
2009.05.14.	10頁	東京/夕刊	守った朝鮮学校で17日「最後の授業」田中宏さん、権利訴え半世紀
2009.09.04.	02頁	東京/朝刊	(ひと)権海孝さん 祖国統一を願い、在日同胞と交流を続ける韓流俳優
2010.01.26.	39頁	東京/朝刊	韓国籍の2人逮捕 指にテープ、不法入国容疑 神奈川県警と東京入管支局
2010.02.20.	13頁	東京/夕刊	野球・関西独立リーグに韓国球団参入 在日コリアン選手も ソウルで発足式
2010.02.24.	03頁	東京/朝刊	(社説)高校無償化 朝鮮学校除外はおかしい
2010.02.26.	01頁	東京/朝刊	朝鮮学校は除外の方向 高校無償化巡り鳩山首相示唆
2010.02.27.	14頁	東京/朝刊	(声)朝鮮学校を「無償化」から外すな
2010.03.01.	09頁	東京/朝刊	(声)朝鮮学校の子にも「友愛」を
2010.03.04.	14頁	東京/朝刊	(声)朝鮮学校めぐる首相発言残念
2010.03.05.	38頁	東京/朝刊	朝鮮学校関係者の参考人質疑なし 衆院委の高校無償化審議

발행일	지면정보	간종별	기사제목(원문)
2010.03.07.	08頁	東京/朝刊	(声)若い世代 朝鮮学校生を除外しないで
2010.03.08.	03頁	東京/朝刊	(社説)朝鮮学校 除外は、やはりおかしい
2010.03.13.	03頁	東京/朝刊	朝鮮学校、除外ありきか 鳩山首相周辺「無償化は駄目だ、あいまいに放置」
2010.03.13.	07頁	東京/朝刊	(政策ウオッチ)朝鮮学校 鳩山首相、検証委ねる前に見学しては
2010.03.14.	38頁	東京/朝刊	中井拉致担当相、大阪府の条件提示に「甘い」 朝鮮学校への補助問題
2010.03.17.	01頁	東京/夕刊	朝鮮学校除外に懸念 高校無償化、国連委が「差別的」
2010.03.21.	30頁	東京/朝刊	「朝鮮学校無償に」大学教員ら要請書
2010.03.25.	16頁	東京/夕刊	朝鮮学校の「高校無償化」除外、夏に結論
2010.04.08.	14頁	東京/朝刊	(声)「反日的な朝鮮学校」は誤解
2010.04.25.	13頁	東京/朝刊	(書評)祖国と母国とフットボール　ザイニチ・サッカー・アイデンティティ 慎武宏著
2010.04.26.	30頁	東京/朝刊	朝鮮学校無償化に反対 中井・拉致担当相
2010.05.01.	33頁	東京/朝刊	無償化、外国人学校31校対象 文科省発表、朝鮮学校は除外
2010.05.21.	29頁	東京/朝刊	韓国・哨戒艦沈没に「つらい」「テロだ」 在日コリアン・拉致被害者家族ら【西部】
2010.06.14.	13頁	東京/朝刊	(シューカツ 就職活動2010)韓国学生、世界に挑む「言葉学べる、将来役立つ」
2010.06.06.	38頁	東京/朝刊	在日韓国人ら、都内でデモ行進 哨戒艦沈没
2010.06.09.	11頁	東京/朝刊	在日韓国人「スパイ事件」初の再審、無罪へ ソウル高裁
2010.06.16.	08頁	東京/夕刊	(虹の国で)鄭大世、感涙 在日コリアン、北朝鮮ゴール演出 サッカーW杯【名古屋】
2010.07.15.	15頁	東京/夕刊	元留学生、初の再審無罪 70~80年代、在日韓国人スパイ事件 ソウル高裁
2010.08.10.	29頁	東京/朝刊	聞こえぬ鐘に祈る平和 聴覚障害者で在日コリアン、語り始めた被爆体験 長崎原爆の日
2010.08.12.	27頁	東京/朝刊	朝鮮総連施設、「全額免税」ゼロに 総務省まとめ
2010.08.20.	12頁	東京/夕刊	(ぴーぷる)在日コリアン3世・鄭甲寿さん　南北統一まで祭り続けたい
2010.08.27.	16頁	東京/夕刊	(ぴーぷる)作家で在日朝鮮人2世の金賛汀さん 在日の100年を記録
2010.08.31.	39頁	東京/朝刊	朝鮮総連への捜索、「違法」と認定 東京地裁、都に賠償命令
2010.10.22.	04頁	東京/朝刊	朝鮮学校無償化、民主党側は了承 年内にも最終判断
2010.10.23.	37頁	東京/朝刊	朝鮮学校の無償化可否「早く結論」高木文科相
2010.11.05.	09頁	東京/夕刊	在日コリアンの半生刻む 福岡の大野さん「無年金」出版 差別の中、働きづめ【西部】
2010.11.06.	37頁	東京/朝刊	朝鮮学校無償化、適用基準を公表
2010.11.20.	09頁	東京/夕刊	在日コリアン100年の記録、福岡へ 東京の資料館蔵、23日から展示【西部】
2010.11.25.	39頁	東京/朝刊	朝鮮学校、無償化先送り見通し 文科省「平和が前提」北朝鮮砲撃受け
2010.11.29.	09頁	東京/朝刊	(声)在日コリアン「無年金」とは

발행일	지면정보	간종별	기사제목(원문)
2010.12.28.	08頁	東京/夕刊	朝鮮学校の無償化先送りで訴訟対策検討 文科省
2011.01.12.	33頁	東京/朝刊	朝鮮学校無償化、菅首相と協議へ 高木文科相
2011.01.13.	37頁	東京/朝刊	無償化手続き再開要請 朝鮮学校の校長ら
2011.01.14.	38頁	東京/朝刊	在日韓国人、3例目無罪 スパイ事件
2011.01.21.	10頁	東京/夕刊	(ぴーぷる)在日コリアン3世・権香淑さん 朝鮮族を追い続けて
2011.01.28.	14頁	東京/夕刊	(ぴーぷる)在日コリアン3世の金朋央さん コリアンと日本人つなぐ場に
2011.02.04.	10頁	東京/朝刊	無償化凍結解除、文科省は明記せず 朝鮮学校側に回答へ
2011.02.25.	37頁	東京/朝刊	朝鮮学校無償化、進展なし 3年生の救済検討 文科省
2011.03.11.	01頁	東京/朝刊	菅首相に違法献金の疑い 104万円、在日韓国人から 首相側は未回答
2011.03.25.	09頁	東京/夕刊	無償化手続き再開断念 朝鮮学校
2011.04.16.	13頁	東京/夕刊	朝鮮学校を支えたい 冬ソナ俳優ら、韓国から学用品を寄付 東日本大震災
2011.07.30.	04頁	東京/朝刊	菅首相、献金領収書提出に応じぬ姿勢 在日韓国人への返金分
2011.08.19.	134頁	週刊	朝鮮総連詐欺事件で証言渋る元大阪地検"フロッピー前田"夏休み特大ワイド
2011.08.29.	01頁	東京/夕刊	朝鮮学校無償化、手続きを再開へ 文科省
2011.08.30.	11頁	東京/朝刊	朝鮮総連系の選挙権、韓国政府が制限検討 在外韓国人の国政投票
2011.09.04.	01頁	東京/朝刊	野田首相に外国人献金 01~03年、在日韓国人から16万円
2011.09.09.	02頁	東京/夕刊	(ぴーぷる)元慰安婦の在日韓国人・宋神道さん 戦争も津波も越えて
2011.11.18.	02頁	東京/夕刊	(ぴーぷる)在日朝鮮人作家、金石範さん 歴史忘れる日本を批判
2011.12.09.	38頁	東京/朝刊	朝鮮学校補助金、計上見送り検討 石原都知事、新年度予算で
2011.12.17.	37頁	東京/朝刊	でっち上げ認定、在日韓国人無罪 スパイ事件
2011.12.20.	34頁	東京/朝刊	祖国の行方見守る 下関・在日コリアン「統一へ進んで」 金正日総書記死去【西部】
2012.02.08.	37頁	東京/朝刊	「旅券なくても投票可能に」在日韓国人、提訴へ ソウル
2012.02.20.	10頁	東京/夕刊	徐万述議長が死去 朝鮮総連の対外窓口役
2012.03.10.	38頁	東京/朝刊	大阪の朝鮮学校「肖像画外した」府に補助金申請
2012.03.27.	16頁	東京/朝刊	(声)朝鮮学校の子どもたち語る夢
2012.07.11.	38頁	東京/朝刊	朝鮮総連本部、競売へ 買い手つけば退去必至
2012.08.18.	28頁	東京/朝刊	高速船で釜山→博多、覚醒剤1キロ密輸容疑で告発 韓国籍の40歳【西部】
2012.09.16.	14頁	東京/朝刊	(書評)「語られないもの」としての朝鮮学校 宋基燦著
2012.11.02.	37頁	東京/朝刊	朝鮮学校生、即時無償化求める 文科省訪れ
2012.11.23.	14頁	東京/朝刊	(声)朝鮮学校の高校無償化を急げ
2012.11.23.	14頁	東京/朝刊	(記者有論)朝鮮学校無償化「暴走大臣」惜しい幕切れ 花野雄太
2012.12.06.	37頁	東京/朝刊	(ニュースQ3)韓国大統領選 在日韓国人、晴れて一票
2012.12.07.	14頁	東京/夕刊	特別永住資格、返して「スパイ」冤罪の在日韓国人ら訴え 日本政府は応ぜず
2012.12.28.	14頁	東京/夕刊	朝鮮学校、無償化せず 高校授業料、安倍首相が指示

발행일	지면정보	간종별	기사제목(원문)
2012.12.29.	38頁	東京/朝刊	各地の朝鮮学校、国を提訴の構え 高校無償化不適用
2013.01.09.	18頁	東京/朝刊	(社説)朝鮮学校　無償化で改善の回路を
2013.01.11.	37頁	東京/朝刊	国際人権団体、朝鮮学校の無償化除外に声明
2013.02.08.	12頁	東京/夕刊	俺たち仲間、反戦ロック 在日コリアンと日本人、バンドで共鳴
2013.02.19.	10頁	東京/夕刊	朝鮮学校の高校無償化除外、あす施行 下村文科相
2013.02.19.	38頁	東京/朝刊	朝鮮学校への補助、逆風 7都府県、13年度予算化見送り 核実験の影響強く
2013.02.20.	16頁	東京/朝刊	(声)朝鮮学校への補助金続けて
2013.02.25.	13頁	東京/夕刊	朝鮮総連本部入札、来月12日から 東京地裁が公告
2013.02.26.	37頁	東京/朝刊	朝鮮学校の校長らが無償化除外に抗議
2013.03.07.	19頁	東京/朝刊	(私の視点)在日コリアン 地域に参画できる政治を 金光敏
2013.03.29.	19頁	東京/夕刊	鹿児島の宗教法人、朝鮮総連本部落札 東京地裁許可
2013.03.30.	38頁	東京/朝刊	朝鮮総連の象徴、半世紀で幕 売却が決定
2013.04.01.	34頁	東京/朝刊	朝鮮学校生徒ら、無償化求めデモ
2013.04.03.	10頁	東京/朝刊	求心力戻らぬ朝鮮総連 事実上の「大使館」売却 巨額借金に怒り噴出
2013.04.09.	39頁	東京/朝刊	防犯ブザー配布、一転して朝鮮学校も 町田市教委、除外撤回
2013.04.10.	37頁	東京/朝刊	朝鮮総連中央本部の売却先確定
2013.04.11.	18頁	東京/朝刊	(声)朝鮮学校を差別したのは問題
2013.04.11.	38頁	東京/朝刊	町田市教委に脅迫 朝鮮学校へのブザー配布に反発
2013.04.13.	02頁	東京/朝刊	(ひと)李鐘根さん　在日韓国人被爆者としてニューヨークで高校生に証言する
2013.04.25.	38頁	東京/朝刊	朝鮮総連本部落札の寺、融資断られ資金調達難
2013.04.28.	39頁	東京/朝刊	ヘイトスピーチのデモに抗議声明 在日コリアン団体
2013.05.25.	04頁	東京/朝刊	朝鮮学校の高校無償化除外で反論 下村文科相
2013.05.30.	12頁	東京/朝刊	北朝鮮籍の男性に来日許可 国連機関からアフリカ会議出席
2013.07.17.	02頁	東京/夕刊	北朝鮮籍船からミサイルの部品 パナマ発表、キューバ発
2013.09.25.	13頁	東京/夕刊	反ヘイトスピーチ団体結成「のりこえねっと」 在日コリアン・弁護士ら連携
2013.10.07.	01頁	東京/夕刊	ヘイトスピーチは差別 京都地裁、街宣禁じる判決 朝鮮学校妨害
2013.11.02.	38頁	東京/朝刊	朝鮮学校の施設、総連に無償貸与 都、補助金出さず
2014.01.15.	38頁	東京/朝刊	朝鮮総連本部の売却、23日に可否決定 東京地裁
2014.01.23.	15頁	東京/夕刊	朝鮮総連本部の売却不許可　東京地裁、入札の書類「無効」
2014.01.24.	38頁	東京/朝刊	3度目入札、4月か 朝鮮総連本部の売却不許可
2014.01.30.	37頁	東京/朝刊	モンゴル企業が不服申し立て 朝鮮総連本部の売却不可で
2014.04.03.	33頁	東京/朝刊	朝鮮学校ら、無償化除外の撤回要請
2014.05.16.	10頁	東京/夕刊	朝鮮総連が特別抗告 本部ビル競売
2014.05.21.	35頁	東京/朝刊	元公安調査庁長官の有罪確定へ 朝鮮総連への詐欺事件
2014.07.01.	37頁	東京/朝刊	1億円の供託金、朝鮮総連が納付 本部売却停止
2014.07.09.	37頁	東京/朝刊	朝鮮総連・許議長、訪朝せず
2014.09.08.	07頁	東京/朝刊	朝鮮総連議長、平壌で歓迎宴 金書記の指示

발행일	지면정보	간종별	기사제목(원문)
2014.11.07.	33頁	東京/朝刊	高校無償化制度「朝鮮学校にも」韓国の団体、署名提出
2014.11.19.	38頁	東京/朝刊	落札会社の入金、東京地裁が確認 朝鮮総連本部競売
2014.12.14.	32頁	東京/朝刊	ヘイトスピーチ、言葉の凶器 在日コリアンに聞き取り調査
2015.01.23.	33頁	東京/朝刊	マルナカＨＤが朝鮮総連を提訴
2015.01.29.	38頁	東京/朝刊	朝鮮総連本部を転売 マルナHD、酒田の不動産会社に
2015.02.19.	07頁	東京/夕刊	対馬の仏像窃盗否認 韓国籍の被告、初公判 長崎地裁【西部】
2015.01.30.	14頁	東京/朝刊	(声)都は朝鮮学校への補助復活を
2015.04.02.	35頁	東京/朝刊	朝鮮総連、議長宅捜索に抗議
2015.08.13.	10頁	東京/朝刊	(声)在日朝鮮人を理解する教育必要
2015.05.14.	38頁	東京/朝刊	議長次男ら逮捕、朝鮮総連が抗議「政治弾圧だ」
2015.09.07.	37頁	東京/朝刊	朝鮮総連道本部を詐欺容疑で捜索 道警
2015.12.08.	03頁	東京/夕刊	(東アジアの窓)在日コリアン翻弄の記憶 尹健次さん、200人に聞き取り
2016.03.11.	02頁	東京/夕刊	在留外国人、昨年最多223万人 「韓国・朝鮮籍」を分離
2016.03.29.	12頁	東京/夕刊	朝鮮学校補助金、再考促す 文科省、自治体に通知
2016.03.30.	38頁	東京/朝刊	文科省、自治体対応把握へ 朝鮮学校補助金、再考促す通知
2016.03.31.	37頁	東京/朝刊	朝鮮学校生徒らが抗議 文科省の補助再考通知
2016.04.08.	16頁	東京/朝刊	(声)若い世代 朝鮮学校、文科省は再考して
2016.04.13.	29頁	東京/朝刊	文科省通知の撤回求め会見 朝鮮学校生徒ら
2016.04.15.	33頁	東京/朝刊	ヘイト法案修正求める声明 在日コリアン弁護士協会
2016.07.10.	06頁	東京/朝刊	(声)日本企業の韓国学生採用は朗報

요미우리신문(読売新聞)

1 서지적 정보

1990년대 『요미우리신문』은 아사히신문과 마이니치신문에 비해 남북문제에 대해 대체로 강경한 자세를 고수하고 있다. 「대북한 「전후 45년의 보상」에 타협은 없다(対北朝鮮 「戦後45年の償い」で妥協はない)」(1990.11.15), 「납득이 가지 않는 조일교섭의 북한의 주장(納得のいかない日朝交渉での北朝鮮の主張)」(1991.2.1) 등의 사설은 일본과 북한의 국교정상화 교섭 중에 북한이 일본에 요구하는 '전후 45년의 보상'은 일체 없을 것이라 주장하고 있다. '옛 조선'이 일본과 전쟁을 했다고도 할 수 없고, 연합국의 일원도 아니라는 논리인 것이다. 그렇기 때문에 앞으로의 교섭이 아무리 어렵더라도, 일본은 양보할 필요가 없다는 주장을 펼치고 있다.

한국과의 관계에 있어서도 「위안부문제 한국도 자신의 발밑을 보라(慰安婦問題 韓国も自らの足元を見つめよ)」(2014.10.18), 「교과서의 위안부 오해를 부르는 표현은 정정하고 싶다(教科書の慰安婦 誤解を招く表現は訂正したい)」(2015.1.29), 「한국 박교수 기소 자유로운 역사연구를 막는 건가(韓国朴教授起訴 自由な歴史研究を封じるのか)」(2015.11.25) 등의 사설을 통해 한일 간의 민감한 사안인 위안부문제에 관해 다루고 있다. 위안부 강제동원을 뒷받침했던 '요시다증언'이 허위였다고 밝혀진 것을 언급하며, 한일 청구권문제는 1965년의 국교정상화에 의해 국제법상 해결되었고, 한국은 일본에 도덕적 책임을 묻기 전에 재한미군을 상대한 '미군위안부', 베트남전쟁에 파견된 한국군인의 만행 등과 같은 '자기기만'을 직시하라고 주장한다. 또한 지금까지의 정부조사에 의하면 군에 의한 강제연행을 뒷받침하는 자료가 아직 발견되지 않았기 때문에, 학생들이 사용하는 역사교과서에서 '종군위안부'나 '강제연행'과 같은 표현이 삭제된 것은 당연하다고도 덧붙이고 있다. 반면, 박유하 교수의 저서 「제국의 위안부」 문제에 관해서는 '객관적

인 견해의 표명'이라 표현하며, 이와 같은 저서가 제약을 받으면 위안부문제에 관한 한 일 간의 건설적인 대화는 곤란할 것이라고 말하고 있다.

남북한문제에 대한 요미우리신문의 강경한 자세는 일본 국내 재일조선인 문제에 관해서도 마찬가지이다. 2006년 7월 9일자 「민단·조총련 무리가 있었던 「화해」연출 (民団·総連 無理があった「和解」の演出)」에서는 민단과 조총련이 반세기 간의 '반목과 대립'에 종지부를 찍은 지 불과 두 달 만에 다시 화해합의를 '백지철회'한 것을 보도하고 있다. 같은 문제에 대해서 아사히신문이 민단과 조총련이 본국에 좌우되지 않고 두 조직의 자립을 촉구하며 미래지향적인 의견을 제시하고 있는데 비해, 요미우리신문은 두 조직이 본국의 정치적 의향을 반영한 퍼포먼스에 지나지 않았기에 애초부터 화해를 할 수 있는 기반조차 없었다며 비난의 강도를 높였다.

이보다 더 명확히 요미우리신문의 보도 성향을 알 수 있는 것은 조선학교 무상화에 대한 보도이다. 2012년 말에 정부가 결정을 연기해 왔던 조선학교의 무상화 문제를 새롭게 들어선 아베정권이 고교무상화의 대상에서 조선학교를 제외하기로 하자 주요 언론들이 비판의 목소리를 높였다. 아사히신문은 무상화 제도의 대상은 학교가 아니라, 졸업 후 일본사회의 일원이 되는 학생들이기 때문에, 학생들의 배움을 보장하여 일본과 국제사회의 가치관을 확립시키는 교육을 하는 것이 일본 사회전체에 유익한 것임을 알아야 한다고 지적하고 있다(조선학교 무상화로 개선의 회로를(朝鮮学校 無償化で改善の回路を)2013.1.9). 마이니치신문도 사설에서 조선학교의 학생들은 대부분이 일본에서 태어나 장래에 일본사회에서 살아갈 것이기 때문에, 단순한 배제에 그치지 말고 다른 개선책을 모색할 필요성이 있음을 강조하고 있다(무상화 연기 배제에 그치지 말고(無償化見送り 排除にとどまらずに)2012.12.30). 이러한 두 신문의 논조와는 다르게 요미우리신문은 2012년 12월 30일자 「교육정책 고교무상화의 재검토는 타당하다(教育政策 高校無償化の見直しは妥当だ)」와 같은 사설을 통해, 조선학교에 무상화 정책이 반영되면 정부로부터 지급되는 취학지원금이 수업료이외의 다른 용도로 사용될 위험성이 있다고 언급하며 정부의 정책을 적극 찬성하고 있다. 오히려 교육정책에서 중요한 문제는 조선학교 무상화보다 이지메 문제로 시급한 해결책이 필요하다며 앞의 두 신문과는 확연하게 다른 논조의 주장을 펼치고 있다.

2 목차

발행일	지면정보	간종별	기사제목(원문)
1990.03.03	03頁03段	東京/朝刊	帰化望む外国人増にこたえて全国6か所に国籍相談員 法務省が91年度新設
1990.03.11	05頁01段	東京/朝刊	北朝鮮党の尹書記が朝鮮総連代表団と会見
1990.03.18	02頁02段	東京/朝刊	在日韓国人三世の地位問題 19日に日韓事務レベル協議
1990.03.25	03頁01段	東京/朝刊	在日韓国人「三世」問題など盧大統領と協議/中曾根元首相
1990.03.31	13頁02段	東京/朝刊	[ミニ時典] 在日韓国人三世問題
1990.04.01	03頁04段	東京/朝刊	在日韓国人の三世以降にも永住権 再入国の期限も延長 法務省固める
1990.04.05	02頁01段	東京/朝刊	在日韓国人三世問題で7日に局長級協議
1990.04.06	30頁01段	東京/朝刊	朝鮮総連が在日朝鮮人三世永住権問題で声明文
1990.04.07	03頁03段	東京/朝刊	在日韓国人三世問題解決「盧大統領訪日の前提とせず」韓国外相が柔軟姿勢
1990.04.08	22頁02段	東京/朝刊	在日韓国人三世の「公立校常勤」教諭採用 解決の方向性、5月までに/文部省
1990.04.08	03頁01段	東京/朝刊	シンポジウム「在日韓国人は何を求めるか」開く
1990.04.08	03頁03段	東京/朝刊	在日韓国人三世問題進展で一致 盧大統領来日を機に/日韓協議
1990.04.11	03頁01段	東京/朝刊	在日韓国人三世問題 91年1月決着を海部首相が強調
1990.04.13	02頁03段	東京/朝刊	在日韓国人の公務員採用 ワク拡大に努力/自治相表明
1990.04.15	03頁04段	東京/朝刊	在日韓国人の法的地位問題 盧大統領訪日控え政治問題化の様相
1990.04.16	03頁03段	東京/朝刊	在日韓国人三世問題の解決へ環境作りに努力 訪韓の竹下氏語る
1990.04.16	02頁03段	東京/夕刊	盧大統領・竹下登氏が会談 在日韓国人の三世問題解決など詰め
1990.04.17	02頁01段	東京/朝刊	永住権の付与は当面三世に限る 在日韓国人問題で政府筋
1990.04.17	02頁01段	東京/朝刊	竹下元首相、金鍾泌氏らを表敬訪問 在日韓国人三世問題を話し合い
1990.04.17	01頁05段	東京/朝刊	在日韓国人三世問題 盧大統領「政治決断を期待」訪日を解決の契機に
1990.04.17	02頁01段	東京/夕刊	在日韓国人問題は政治判断で決着を/長谷川法相
1990.04.18	02頁01段	東京/朝刊	在日韓国人の地方選参政権は認めず 奥田自治相が見解
1990.04.18	02頁04段	東京/朝刊	在日韓国人の三世以降にも永住権「簡素化手続き経て」/法務省入管局長
1990.04.19	02頁03段	東京/朝刊	在日韓国人三世問題 外相会談で日本案 外務省が方針固める
1990.04.20	02頁01段	東京/朝刊	在日韓国人三世問題 日韓高級実務者協議を延期 日本側省庁の食い違いを調整
1990.04.21	03頁02段	東京/朝刊	在日韓国人のタクシー無線など7月以降に認可へ 衆院予算委で郵政相が示唆
1990.04.23	02頁01段	東京/夕刊	在日韓国人三世問題の協議で朴泰俊・韓日議員連盟会長が来日
1990.04.24	02頁01段	東京/朝刊	在日韓国人三世問題 金丸氏、政治決断を促す
1990.04.24	02頁01段	東京/夕刊	海部首相、在日韓国人三世問題で早期解決を指示 本格調整へ
1990.04.24	02頁03段	東京/夕刊	在日韓国人三世問題で政治決断を要請/朴泰俊・韓日議員連盟会長
1990.04.25	03頁02段	東京/朝刊	在日韓国人三世問題「最善尽くす」海部首相が韓日議連会長に表明
1990.04.26	01頁03段	東京/朝刊	在日韓国人三世に特別戸籍 指紋に代え導入検討/政府

발행일	지면정보	간종별	기사제목(원문)
1990.04.26	01頁01段	東京/夕刊	在日韓国人三世問題で協議を開始/日韓実務者
1990.04.27	03頁01段	東京/朝刊	在日韓国人三世の法的地位・待遇問題 日韓協議、進展せず/ソウル
1990.04.28	03頁01段	東京/朝刊	「在日韓国人三世の地位確定に努力」日韓・韓日協力委が合同会議
1990.04.28	03頁01段	東京/朝刊	日韓非公式協議平行線で終わる/在日韓国人三世問題論議
1990.04.30	03頁03段	東京/朝刊	指紋押捺の適用除外など「三世」処遇焦点に 日韓外相、きょう30日会談
1990.05.01	03頁01段	東京/朝刊	「在日韓国人三世問題」決着 海部首相が歓迎
1990.05.01	02頁05段	東京/朝刊	在日韓国人三世問題が決着 新時代へ日韓"妥協" 盧大統領の来日を優先
1990.05.01	02頁02段	東京/朝刊	在日韓国人の法的地位問題「一、二世」の改善不十分 韓国マスコミが批判
1990.05.01	01頁06段	東京/朝刊	日韓 在日韓国人三世問題大筋で合意 指紋押捺適用せず 盧大統領の来日も確定
1990.05.02	03頁03段	東京/朝刊	法務省、「三世」問題合意受け入管法を改正へ 在日朝鮮人全体に適用も
1990.05.04	01頁05段	東京/朝刊	在日韓国人三世の身元確認 家族登録制を検討/政府
1990.05.07	19頁04段	東京/夕刊	都営住宅入居目的に住所偽り外国人登録 朝鮮総連元幹部ら逮捕
1990.05.08	01頁03段	東京/夕刊	「在日韓国人三世」の待遇改善適用 在日朝鮮人らにも 長谷川法相が検討
1990.05.10	30頁01段	東京/朝刊	朝鮮総連元幹部の逮捕で申し入れ/在日本朝鮮人2団体
1990.05.10	18頁01段	東京/夕刊	外国人登録法違反の幹部の逮捕で抗議集会/朝鮮総連
1990.05.12	03頁04段	東京/朝刊	在日韓国人三世問題 家族登録制度導入 三世代記載、顔写真も/法務省
1990.05.15	12頁03段	東京/朝刊	[論点] 在日韓国人三世の問題について提案 佐藤 勝巳(寄稿)
1990.05.17	18頁01段	東京/夕刊	在日韓国人政治犯の全員釈放働きかけを 訪韓の中山外相に申し入れ/国会議員懇
1990.05.18	30頁01段	東京/朝刊	元在日韓国人政治犯・徐勝さん、京都で墓参り済ませる
1990.05.21	02頁01段	東京/朝刊	盧泰愚大統領の来日で民団が歓迎行事を計画
1990.05.22	30頁01段	東京/朝刊	在日韓国人政治犯の崔さんら仮釈放 スパイ罪などに問われる/韓国
1990.05.24	02頁01段	東京/朝刊	盧泰愚・韓国大統領来日で、民団と朝鮮総連がそれぞれ声明
1990.05.27	03頁03段	東京/朝刊	在日韓国人の法的地位・待遇改善なお隔たり 日韓首脳・閣僚会談で噴出
1990.05.28	スポB*	東京/朝刊	アジア競技大会に在日朝鮮人チーム出場
1990.05.28	02頁01段	東京/朝刊	統一促進へ在日朝鮮人決起大会 金日成体制打破を掲げる
1990.05.29	01頁04段	東京/夕刊	在日韓国人一・二世 三世並みの待遇改善、1月までに結論/法相表明
1990.06.01	15頁05段	東京/夕刊	漁船拿捕事件で有力在日朝鮮人の介在浮上 総連元大物の子息
1990.06.03	31頁04段	東京/朝刊	漁船拿捕事件で在日朝鮮人が"介在"を認める 「渡辺社長にアドバイス」
1990.06.05	30頁01段	東京/朝刊	19年ぶり仮釈放の在日韓国人の徐勝さん 社会党の支援にお礼
1990.06.13	30頁01段	東京/朝刊	在日韓国人らが「外国人登録」拒否宣言 大阪府在住の20人が集団で
1990.06.18	30頁04段	東京/朝刊	在日韓国人ピアニスト・崔さんに再入国許可遅かった 伊のコンクール出場は断念

발행일	지면정보	간종별	기사제목(원문)
1990.07.09	10頁02段	東京/朝刊	「ごく普通の在日韓国人」姜信子著
1990.07.11	30頁01段	東京/朝刊	在日韓国人に死刑求刑「北朝鮮に情報流す」/ソウル検察当局
1990.07.21	30頁01段	東京/朝刊	仏神父の指紋押捺拒否問題で和解成立　法務省が再入国不許可処分を取り消し
1990.07.25	30頁01段	東京/朝刊	スパイ容疑で在日韓国人に死刑判決/ソウル地裁
1990.08.14	30頁01段	東京/朝刊	釈放の在日韓国人で元政治犯・陳斗鉉さん帰日
1990.08.15	22頁01段	東京/朝刊	「民団」が強制連行者の慰霊事業を開始
1990.08.16	04頁03段	東京/朝刊	「汎民族大会」で南北自由往来など採択　韓国学生らは参加できず
1990.09.15	31頁03段	東京/朝刊	卓球少女に"国籍の壁"　在日韓国人の中2、予選Vでも全国大会ダメ/千葉
1990.09.15	31頁02段	東京/朝刊	定住外国人に選挙権を　大阪の韓国人11人が大阪地裁に違憲と訴え
1990.09.16	30頁01段	東京/朝刊	在日韓国人の黄麻紀さんの卓球全国大会出場OK　国籍条項から除外
1990.09.18	18頁04段	東京/夕刊	日本人親の「姓」子に強制に異議　在日韓国人と日本人妻夫婦　新戸籍作成を要求
1990.09.23	30頁01段	東京/朝刊	韓国でスパイ容疑で逮捕後、釈放の在日韓国人・崔哲教さんが帰日
1990.09.29	02頁01段	東京/朝刊	「日朝関係に関する共同宣言」で在日朝鮮人の法的地位の改善推進へ/法務省
1990.09.30	01頁04段	東京/朝刊	在日韓国人　一、二世も待遇改善　朝鮮人にも適用へ　指紋などで法務省が方針
1990.10.03	02頁04段	東京/朝刊	朝鮮総連の8人が北朝鮮労働党式典に　全員の再入国許可/法務省
1990.10.28	22頁08段	東京/朝刊	[ネットワーク] 東北朝鮮学校への助成求め署名/宮城
1990.11.08	02頁01段	東京/朝刊	日朝予備交渉に不満を表明/朝鮮総連議長
1990.11.21	01頁05段	東京/朝刊	地方公務員採用の国籍要件を緩和　在日韓国人に拡大　日韓閣僚会議で政府提示へ
1990.11.22	03頁03段	東京/朝刊	在日韓国人の指紋押捺の適用除外　二世へ拡大、困難/政府方針
1990.11.22	02頁04段	東京/夕刊	指紋押捺適用除外　将来は一・二世も　日韓閣僚会議で表明へ
1990.11.24	30頁01段	東京/朝刊	スパイ罪の在日韓国人に「無期」/ソウル高裁
1990.11.25	11頁03段	東京/朝刊	大詰めの在日韓国人問題　歴史的経緯に配慮を　対応誤れば反日感情噴出(解説)
1990.11.27	01頁05段	東京/夕刊	「指紋押捺大きく前進」中山外相が強調　日韓閣僚会議終わる
1990.12.01	01頁04段	東京/朝刊	指紋押捺　代替手段確立時の廃止は全外国人対象に　政府、韓国に意向表明へ
1990.12.03	02頁03段	東京/朝刊	「指紋押捺」など議題に　石田・公明委員長、きょう3日訪韓
1990.12.04	13頁04段	東京/朝刊	外国人指紋押捺撤廃へ　国際社会見据え検討を　原則実施は少数派(解説)
1990.12.05	03頁03段	東京/朝刊	日本の国連協力、経済優先で　公明委員長に要請　指紋押捺早期決着も/韓国外相
1990.12.09	23頁02段	東京/朝刊	在日韓国人への民族教育　人権の視点で理解を
1990.12.08	01頁05段	東京/朝刊	指紋押捺代替、平成5年度から　永住者に家族登録制　海部首相訪韓時に表明
1990.12.14	02頁01段	東京/朝刊	家族登録制の早期導入を　指紋押捺の代替手段に海部首相が指示

발행일	지면정보	간종별	기사제목(원문)
1990.12.14	02頁03段	東京/朝刊	指紋押捺代替手段に家族登録制を検討 梶山法相が正式に表明
1990.12.20	02頁01段	東京/朝刊	在日韓国人子弟 国公立小への「就学案内」91年度から実施 日韓局長級で合意
1990.12.26	02頁03段	東京/朝刊	退去条件緩和や再入国延長 在日朝鮮人や台湾出身者も対象特別法制定へ
1990.12.28	02頁04段	東京/朝刊	指紋押捺代替 「家族登録」は平成4年中に 海部首相、繰り上げ検討を指示
1990.12.30	04頁01段	東京/朝刊	外国人に対する指紋押捺の撤廃に向け法務省が促進委設置
1991.01.05	02頁04段	東京/朝刊	在日外国人の指紋押捺で左藤法相が全廃を表明 検討委初会合で新制度整備を指示
1991.01.06	02頁02段	東京/朝刊	在日韓国人の「指紋」「待遇」折衝詰め 中山外相「覚書」で完全妥結へ/韓国紙
1991.01.07	02頁01段	東京/朝刊	「指紋押捺」撤廃時期などは折り合わず/日韓局長協議
1991.01.09	03頁03段	東京/朝刊	[社説] 妥当な指紋押捺制度の全廃
1991.01.09	02頁04段	東京/朝刊	海部首相きょう9日訪韓 未来志向の協力関係めざす 「指紋押捺」など決着へ
1991.01.09	01頁03段	東京/夕刊	海部首相、ソウル到着 指紋押捺「平成4年中に除外」で決着へ
1991.01.10	01頁05段	東京/夕刊	「指紋押捺」は2年内に廃止 日韓外相が覚書に署名/ソウル
1991.01.12	02頁01段	東京/朝刊	在日韓国人の地位向上問題で関係閣僚に作業指示/海部首相
1991.01.29	30頁03段	東京/朝刊	在日韓国人元軍属への「援護法」「外国籍」で厚生省へ初の申請
1991.01.31	03頁01段	東京/朝刊	在日韓国人の待遇改善 文部省が指導通知
1991.01.31	01頁04段	東京/夕刊	日朝国交正常化本交渉 核査察を強く要求 南北対話にも期待表明/日本側
1991.02.02	14頁01段	東京/夕刊	[ウエルカムTEL] 係から 在日韓国人女性の消息判明し、再会
1991.02.20	文化*	東京/夕刊	韓国学生の留学を中国政府が許可
1991.03.04	02頁03段	東京/朝刊	在日韓国人問題「国籍除外」通知へ 外国人教員の採用を促進/文部省
1991.03.05	13頁02段	東京/夕刊	韓国文化の研究振興へ財団設立 在日韓国人、日本人研究者らの呼びかけで
1991.03.13	25頁01段	東京/朝刊	スパイ容疑の在日韓国人・徐被告の無期確定/韓国大法院
1991.03.18	03頁02段	東京/朝刊	在日外国人の帰化 90年は6794人、韓国・朝鮮、中国で96％超す
1991.03.22	01頁04段	東京/夕刊	世界卓球選手権南北朝鮮統一チームに「共同歓迎委」民団・総連が初の対話機関
1991.03.23	02頁01段	東京/朝刊	在日韓国人問題で努力 海部首相が朴泰俊・韓日議連会長に強調
1991.03.31	18頁02段	東京/朝刊	朝鮮学校高級部の加盟 茨城県高体連は却下 県大会へは含み
1991.04.23	02頁03段	東京/朝刊	指紋押捺 撤廃に向け有識者懇談会を設置/法務省
1991.04.26	03頁01段	東京/朝刊	韓国の単独国連加盟への支持表明で日本を批判/朝鮮総連
1991.04.26	02頁01段	東京/夕刊	在日韓国人らの法的地位改善を図る出入国特例法が成立/参院本会議
1991.04.29	30頁02段	東京/朝刊	千葉・幕張の世界卓球「コリア」チーム応援で民団と総連に交流の芽
1991.05.05	05頁03段	東京/朝刊	韓国学生デモ続く 焼身自殺の死亡者2人に
1991.05.10	31頁01段	東京/朝刊	帰化申請時の指紋押捺めぐり提訴/京都

발행일	지면정보	간종별	기사제목(원문)
1991.05.16	30頁01段	東京/朝刊	宮城でも朝鮮学校の参加OK/県高体連
1991.05.24	30頁03段	東京/朝刊	朝鮮学校加盟問題 理事会に「検討」提案へ/高体連
1991.06.03	30頁02段	東京/朝刊	北陸朝鮮学校が全日本合唱連盟に加盟 全国大会出場へ道/福井市
1991.07.11	14頁02段	東京/朝刊	[気流] 免許取得に指紋押なつ復活したら 無職・木内林太郎82＝東京都新宿区
1991.08.06	27頁01段	東京/朝刊	新中川で韓国学生の水死体/東京・江戸川
1991.08.20	05頁01段	東京/朝刊	韓国の学生デモ死で機動隊員5人に有罪判決
1992.08.25	30頁03段	東京/朝刊	朝鮮学校生徒、児童の定期代 「割引差別改めて」 母親がJR6社へ要請
1991.09.04	30頁01段	東京/朝刊	帰国の在日朝鮮人が韓国に亡命
1991.09.18	19頁02段	東京/夕刊	国連「南北」同時加盟 民団は歓迎声明や祝賀宴 総連は当然のことと淡々
1991.09.25	05頁02段	東京/朝刊	韓国学生が訪朝へ 10月に学術踏査、初のケース
1991.09.27	02頁01段	東京/夕刊	在日韓国人などの法的地位改善へ出入国管理特例法 11月施行/閣議決定
1991.09.28	02頁01段	東京/朝刊	金丸・元副総理、朝鮮総連議長と会談
1991.10.19	30頁01段	東京/朝刊	大戦中の朝鮮人強制連行の名簿を一般公開/朝鮮総連調査団
1991.10.20	02頁04段	東京/朝刊	指紋押捺廃止 対象外国人なお流動的 全廃には警察庁が反対
1992.11.06	18頁01段	東京/朝刊	朝鮮学校加盟問題で小委設置へ/高体連
1991.11.24	01頁06段	東京/朝刊	指紋押捺を2年内に廃止 外国人すべて対象 国籍限定では不平等 法務省固める
1991.11.30	30頁01段	東京/朝刊	東京弁護士会人権賞 後藤昌次郎弁護士と在日韓国人問題研究所に決まる
1991.12.14	スポB*	東京/朝刊	テニス 韓国学生室内選手権最終日 原広子が女子シングルスも制す
1991.12.14	04頁01段	東京/朝刊	京都出身の元在日韓国人政治犯・徐俊植氏に猶予刑/ソウル地裁
1991.12.26	03頁02段	東京/朝刊	指紋押捺の全廃、永住者に限定も 法務省と警察庁で調整難航
1991.12.27	02頁01段	東京/朝刊	指紋押捺廃止経費 大蔵原案で21億2000万円を内示
1991.12.27	02頁04段	東京/朝刊	法務省の指紋押捺全廃断念 警察庁の不正抑止論通る 外国人労働者急増に対処
1991.12.27	01頁03段	東京/朝刊	指紋押捺の全廃を断念 警察庁反対で永住者に限定し法改正へ/法務省
1992.01.23	09頁02段	東京/夕刊	"祖国"を失った元在日韓国人女性 8日、NHKドラマ「行け 我が思いよ…」
1992.02.07	01頁03段	東京/夕刊	指紋押捺廃止の改正案を閣議決定、国会へ 永住在日韓国人ら64万人
1992.02.09	03頁03段	東京/朝刊	[社説] 指紋押捺の廃止に残る課題
1992.02.11	27頁01段	東京/朝刊	韓国籍の東大留学生はねられけが/東京・文京
1992.02.22	02頁01段	東京/朝刊	外国人登録法の改正案再検討を 朝鮮総連が要請
1992.02.25	30頁01段	東京/朝刊	一般職に在日韓国人 国籍条項廃し採用/神奈川・逗子市
1992.02.29	18頁01段	東京/夕刊	在日韓国人の北朝鮮ツアー 4月スタート
1992.04.06	03頁01段	東京/朝刊	外登法改正 指紋押なつの代替に白黒の顔写真認める方向で検討/法務省

발행일	지면정보	간종별	기사제목(원문)
1992.04.17	01頁03段	東京/夕刊	指紋押捺廃止 永住の64万人対象 外国人登録法改正案が衆院可決へ
1992.04.18	02頁01段	東京/朝刊	指紋押捺廃止を盛り込んだ外国人登録法改正案が参院へ
1992.04.27	26頁02段	東京/朝刊	参院選 在日朝鮮人三世が出馬宣言 「参政権認めるべきだ」と
1992.05.20	03頁03段	東京/朝刊	永住者の指紋押捺廃止 93年から実施へ 改正法きょう20日成立
1992.05.20	01頁03段	東京/夕刊	改正外国人登録法が成立 93年から永住者の指紋押捺廃止/参院本会議
1992.06.01	02頁01段	東京/朝刊	改正外国人登録法きょう1日公布 指紋押捺義務を廃止
1992.06.10	30頁01段	東京/朝刊	朝鮮総連議長の長寿祝う会開く
1992.06.30	15頁02段	東京/夕刊	心の中の差別浮きぼり フジの「NONFIX」5週連続で在日コリアン問題
1992.08.11	02頁01段	東京/朝刊	ロシア副首相の「賠償金」発言は北朝鮮への冒とく 朝鮮総連が声明
1992.10.09	02頁01段	東京/夕刊	指紋押捺廃止は1月8日施行
1992.11.03	23頁05段	東京/朝刊	92年秋の叙勲＝勲三等以上および在外邦人、帰化邦人、外国人受章者
1992.11.09	19頁03段	東京/夕刊	シベリア抑留8年の補償求め在日韓国人が初の提訴
1992.11.23	29頁01段	東京/朝刊	在日コリアンの将来語り合おう　28日に東京の明治大学会館でフォーラム
1992.12.09	26頁02段	東京/朝刊	ゴルフ会員権登録「外国人拒否は違法」 韓国籍社長が訴え
1992.12.23	30頁02段	東京/朝刊	在日韓国人の元従軍慰安婦 補償求め93年春提訴へ
1992.12.27	21頁01段	東京/朝刊	川崎市に住む在日韓国人の演劇家が東京・足立で1人芝居
1993.01.08	02頁01段	東京/夕刊	永住外国人の指紋押捺義務を廃止 改正外国人登録法が施行
1993.01.25	05頁01段	東京/朝刊	李季白氏(朝鮮社会民主党委員長・元朝鮮総連副議長)死去
1993.03.30	24頁03段	東京/朝刊	在日韓国人らにハングルの本貸し出し 多様な350冊/東京・日暮里図書館
1993.04.06	30頁02段	東京/朝刊	従軍慰安婦問題　在日韓国人が初の訴え 日本政府に謝罪求める
1993.05.08	27頁02段	東京/朝刊	在日韓国人の人権考える講座 市民団体が受講者を募集
1993.05.25	スク*	東京/夕刊	朝鮮学校高校総体参加決定 外国人疎外の壁破り 交流に風穴 遠藤豊吉(寄稿)
1993.06.08	16頁01段	東京/朝刊	[気流] 朝鮮高校生に「高卒」認めて 主婦・徐美子44＝神戸市
1993.07.18	14頁02段	東京/朝刊	[日曜の広場] 私の一票 在日韓国人から　会社員・南勝42＝京都市
1993.07.31	30頁01段	東京/朝刊	第2次大戦で朝鮮から強制連行の名簿公開/民団
1993.08.03	22頁01段	東京/朝刊	援護法の適用を厚相に申し入れ 戦傷の在日韓国人5人
1993.11.20	20頁03段	東京/朝刊	高校総体への参加、朝鮮学校などに道 大会開催要項改正 高体連加盟は認めず
1993.11.24	02頁02段	東京/夕刊	国連が北朝鮮へ経済制裁検討　在日朝鮮人の日本から送金規制も対象/政府高官
1993.12.24	02頁01段	東京/朝刊	在日韓国人の待遇を協議/日韓事務レベル協議
1994.01.12	02頁01段	東京/朝刊	戦後補償解決で期待 社会党大会に初出席の丁海竜・民団代表
1994.01.19	30頁01段	東京/朝刊	ココム規制の周波数分析器不正輸出事件　朝鮮総連が日本政府に抗議
1994.02.08	05頁01段	東京/朝刊	北朝鮮に帰国した元在日朝鮮人が韓国に亡命

발행일	지면정보	간종별	기사제목(원문)
1994.03.01	02頁01段	東京/夕刊	金正日書記、朝鮮総連幹部と会見
1994.03.05	30頁02段	東京/朝刊	「差別感じる」6割　母国語話せないなど日本人化も進む/在日韓国人青年調査
1994.03.11	35頁03段	東京/朝刊	「管理職、外国籍はダメ」在日韓国人の保健婦、都が受け付け拒否
1994.03.15	14頁01段	東京/朝刊	[気流] 朝鮮学校卒にも大学受験の資格を　会社員・金正明43＝福島県郡山市
1994.03.16	14頁03段	東京/夕刊	全国高校バレー選抜大会　朝鮮学校にも門戸開放/日本バレーボール協会
1994.03.31	03頁02段	東京/朝刊	朝鮮総連の人員、5万6000人　公安調査庁が在日韓国・朝鮮人の内訳初公表
1994.03.31	03頁01段	東京/朝刊	北朝鮮貨客船での不法送金を否定/朝鮮総連
1994.04.19	26頁01段	東京/朝刊	在日朝鮮人団体、米に「原爆」の補償を要望へ
1994.04.21	30頁02段	東京/朝刊	定住志向強まる在日韓国人組織　名称から「居留」はずします
1994.04.27	14頁04段	東京/夕刊	帰化申請者　国が5年以内に22万人の指紋原紙廃棄　原告「事実上の勝訴」
1994.05.31	14頁01段	東京/夕刊	在日朝鮮人の「受験拒否は問題」赤松文相が見解
1994.06.13	02頁01段	東京/夕刊	在日朝鮮人の出入国制限は不可能　中井法相が見解
1994.06.14	14頁01段	東京/夕刊	朝鮮総連誤認捜査問題　京都府警が文書で遺憾の意
1994.06.15	14頁01段	東京/夕刊	京都府警の誤認捜査で調査要請へ/朝鮮総連
1994.06.16	34頁01段	東京/朝刊	チマ・チョゴリ事件　朝鮮総連が抗議声明
1994.06.20	08頁05段	東京/朝刊	「在日韓国人の現在と未来」閔寛植著　実地調査もとに解説
1994.06.21	21頁01段	東京/朝刊	全日本アマボクシング　外国籍選手締め出し見直し要請/在日朝鮮人体育連協会
1994.06.25	15頁04段	東京/朝刊	在日朝鮮人への嫌がらせ　社会の無関心が拍車　心もとない人権感覚(解説)
1994.06.30	29頁01段	東京/朝刊	都が人権教育徹底を通知　在日朝鮮人生徒などへの嫌がらせで
1994.07.03	30頁01段	東京/朝刊	"嫌がらせ"続発で在日朝鮮人の母親大会開催
1994.07.08	28頁01段	東京/朝刊	「在日朝鮮人への暴行防止を」東京・豊島区議会が意見書
1994.07.09	11頁03段	東京/夕刊	金日成主席死去　朝鮮総連中央本部に半旗
1994.07.12	14頁01段	東京/夕刊	金日成主席の死去で自社要人が弔問/朝鮮総連中央本部
1994.07.16	30頁05段	東京/朝刊	在日韓国人元軍属2人　戦後補償認めず　「立法政策の問題」と棄却/東京地裁
1994.07.18	30頁03段	東京/朝刊	全国44か所で故金日成主席追悼式　朝鮮総連が主催
1994.07.21	30頁02段	東京/朝刊	在日朝鮮人の女生徒嫌がらせ「憂慮」が88％/読売新聞社全国世論調査
1994.07.23	27頁01段	東京/朝刊	岡　正治氏(長崎在日朝鮮人の人権を守る会代表)死去
1994.07.26	14頁01段	東京/夕刊	在日韓国人の元軍属側が控訴　障害年金の却下処分取り消し訴訟で
1994.09.02	34頁01段	東京/朝刊	川崎市が韓国籍女性を「一般職」に採用　政令市・都道府県レベルでは第1号
1994.09.12	31頁05段	東京/朝刊	管理職受験、都が拒否　在日韓国人保健婦が提訴へ　外国籍への開放求める

발행일	지면정보	간종별	기사제목(원문)
1994.09.17	30頁01段	東京/朝刊	管理職受験拒否で東京都を提訴/在日韓国人保健婦
1994.10.02	05頁01段	東京/朝刊	韓国学生代表が平壌入り 檀君陵完工式に参加へ
1994.10.09	15頁02段	東京/朝刊	[顔] 外国人で初めて文化庁芸術祭に参加する在日韓国人舞踊家 朴貞子さん
1994.10.29	34頁04段	東京/朝刊	「指紋押なつ拒否で逮捕」は違法 国などに賠償命令/大阪高裁判決
1994.10.30	13頁05段	東京/朝刊	「指紋押なつ拒否」判決 安易な逮捕に警鐘 強制の違憲性も指摘(解説)
1994.10.23	02頁01段	東京/朝刊	韓徳銖・朝鮮総連議長が帰国
1994.11.16	03頁01段	東京/朝刊	朝鮮総連議長と会談/久保社会党書記長
1994.11.22	23頁01段	東京/夕刊	許 弼セキ氏(韓国民団中央本部常任顧問、東京商銀信用組合会長)死去
1994.12.04	31頁01段	東京/朝刊	李 順葉さん(許宗万・朝鮮総連中央常任委責任副議長の母)死去
1995.01.28	02頁01段	東京/朝刊	阪神大震災 在日韓国人被災者に50億円融資 韓国が支援策
1995.01.31	12頁02段	東京/朝刊	[気流] 阪神大震災 在日韓国人の活動が勇気に 団体役員・申順子 50
1995.02.09	27頁01段	東京/朝刊	崔昌華氏(在日大韓基督教小倉教会牧師)死去 指紋押なつ拒否運動
1995.02.10	34頁01段	東京/朝刊	阪神大震災で在日韓国人放火の「うわさ」問題 中村議員が謝罪
1995.02.16	18頁01段	東京/夕刊	韓国籍コンテナ船が火災/神奈川・浦賀水道
1995.03.13	02頁02段	東京/夕刊	朝鮮総連が自民に訪朝招請状 与党、大詰めの調整
1995.03.24	35頁01段	東京/朝刊	李 承牧氏(在日韓国人系日刊紙「統一日報」社長)死去
1995.03.27	02頁03段	東京/夕刊	元在日朝鮮人らが韓国亡命 一家5人と友人1人
1995.04.01	05頁04段	東京/朝刊	亡命元在日朝鮮人一家が会見 日本側送金、一部税に 金主席死後に統制強化
1995.04.13	03頁03段	東京/朝刊	「外国人参政権」緊急課題ではない 朝鮮総連が社党に見解
1995.05.25	02頁01段	東京/朝刊	朝鮮総連結成40周年に村山首相が社会党委員長として祝電
1995.07.18	30頁02段	東京/朝刊	有名ブランドの偽バッグ大量に隠し持つ韓国籍の3人逮捕/群馬県警
1995.09.05	02頁01段	東京/朝刊	北朝鮮豪雨被害 朝鮮総連が社党に支援打診
1995.09.08	03頁03段	東京/朝刊	北朝鮮の水害救援、前向きに対応 村山首相、朝鮮総連の要請受け回答
1995.09.16	03頁01段	東京/朝刊	「米は侵略者」綱領から削除/朝鮮総連全体大会
1995.09.26	27頁07段	東京/朝刊	[今この人] 在日韓国人二世の保健婦、テイ香均さん45 受験拒否で都を提訴
1995.10.04	27頁01段	東京/朝刊	ゴルフ会員権譲渡承認求め提訴 東京の韓国籍の会社経営者
1995.10.08	05頁01段	東京/朝刊	金書記推戴の総会ない/許・朝鮮総連副議長
1995.10.12	01頁04段	東京/朝刊	援護法の在日韓国人除外、「不平等」違憲の疑い 年金請求は棄却/大阪地裁判決
1995.10.16	02頁01段	東京/夕刊	光州事件問題で韓国学生が与党本部に乱入
1995.11.10	18頁01段	東京/夕刊	「指紋押捺」行政訴訟 崔牧師死去で終結/最高裁
1995.11.15	30頁01段	東京/朝刊	朝鮮学校などに門戸開放は23競技/高体連まとめ
1995.12.16	27頁04段	東京/朝刊	「指紋押捺制」合憲の初判断 「特定に最も確実」/最高裁

발행일	지면정보	간종별	기사제목(원문)
1996.01.17	29頁03段	東京/朝刊	被災の朝鮮学校にエール　都内の市民グループがきょうチャリティーコンサート
1996.01.21	05頁01段	東京/朝刊	北朝鮮首相の健康悪化か/朝鮮総連幹部
1996.01.29	13頁03段	東京/朝刊	韓国学生を歓迎　青森公立大に入学へ
1996.02.14	17頁02段	東京/朝刊	中体連も「門戸開放」朝鮮学校など97年度から
1996.02.16	02頁01段	東京/夕刊	北朝鮮の金書記が朝鮮総連に1億660万円送金
1996.04.29	17頁06段	東京/朝刊	朝鮮学校生を“門前払い”新設の川崎市立看護短大　文部省見解受け結論
1996.05.03	16頁02段	東京/朝刊	[気流]．朝鮮学校生の門前払い疑問　主婦・遠藤ゆかり34＝千葉県八千代市
1996.06.01	34頁01段	東京/朝刊	W杯サッカー日韓共催決定　韓国民団は「歓迎」
1996.07.31	26頁01段	東京/朝刊	在日朝鮮人の看護学生らが看護学校への資格求め署名運動
1996.08.09	03頁01段	東京/朝刊	「半島有事」巡る梶山発言を非難/朝鮮総連
1996.08.13	10頁01段	東京/夕刊	国連人権小委員会で在日朝鮮人3世が差別訴え/ジュネーブ
1996.08.13	02頁02段	東京/夕刊	韓国、光復節特赦へ　在日韓国人2人も仮釈放
1996.11.12	07頁01段	東京/夕刊	在日朝鮮人劇団「アラン・サムセ」が母国語での上演会/東京・渋谷
1996.12.04	05頁01段	東京/朝刊	朝鮮総連系企業が対韓投資を表明
1996.12.07	35頁01段	東京/朝刊	外国人登録原票の長期閲覧に抗議　朝鮮総連が東京・小平署などに
1996.12.11	31頁01段	東京/朝刊	金　鐘甲氏(日本国籍確認訴訟元原告、在日韓国人)死去
1997.01.08	社会*	東京/夕刊	金　政秀氏(在日本朝鮮人総連合会中央委員、在日朝鮮人平和統一協会会長)死去
1997.01.20	04頁01段	東京/朝刊	韓国学生デモが機動隊と衝突/ソウル
1997.02.20	05頁04段	東京/朝刊	亡命事件“余波”北京の韓国大使館領事部前に韓国籍女性が赤ん坊を放置＝写真
1997.04.19	11頁01段	東京/夕刊	パチンコ玉80万個盗む「裏ロム」使用で韓国籍の無職男ら7人逮捕/警視庁
1997.04.28	25頁01段	東京/朝刊	「在日朝鮮人と『赤ひげ』群像」石坂浩一・竹内理恵編
1997.05.10	34頁01段	東京/朝刊	千葉の在日朝鮮人が「戦時中に強制労働」と、人権救済を申し立て
1997.05.15	05頁01段	東京/朝刊	「日本人妻里帰りさせる」朝鮮総連幹部が社民党に表明
1997.05.17	02頁02段	東京/朝刊	北朝鮮日本人妻の里帰り「本格的にやろう」朝鮮総連幹部が提唱
1997.06.05	07頁01段	東京/朝刊	韓国学生　デモ参加の労働者をスパイと疑い暴行、死亡
1997.06.09	31頁01段	東京/朝刊	朝鮮総連局長を送検　痴漢行為の容疑/警視庁
1997.06.19	34頁04段	東京/朝刊	日韓友好コンサート40回　在日韓国人歌手の白玉仙さん　無料貫き“懸け橋”に
1997.07.31	30頁01段	東京/朝刊	北朝鮮と接触容疑で在日韓国人を逮捕/韓国安企部
1997.08.08	19頁02段	東京/朝刊	大阪の朝鮮学校サッカー部　初の全国中学総体に出場
1997.10.17	14頁03段	東京/夕刊	出生後認知にも国籍付与　韓国籍女性と日本人男性の子　最高裁が初判断
1997.10.21	02頁03段	東京/朝刊	日本人妻15人、平壌で待機　日本側の回答待つ　朝鮮総連副議長語る
1997.10.25	02頁01段	東京/朝刊	北朝鮮から亡命の黄元書記が韓国籍を取得

발행일	지면정보	간종별	기사제목(원문)
1997.11.05	15頁03段	東京/夕刊	韓国民団の福島県本部議長殺される 経営するビリヤード場で/福島・郡山
1997.11.10	15頁01段	東京/夕刊	建設会社社長を監禁、恐喝 韓国籍の容疑者ら4人逮捕/警視庁蒲田署
1997.11.05	08頁02段	東京/朝刊	ソウル警察が在日韓国人を聴取 韓国で公安法違反映画を上映
1998.02.20	23頁02段	東京/夕刊	埼玉・大宮駅で催涙スプレー? 自称韓国籍男逮捕 乗客15人が病院へ
1998.03.12	23頁03段	東京/夕刊	「父親認知で韓国籍」の女性 日本国籍認めず 最高裁が逆転判決
1998.03.26	22頁01段	東京/夕刊	指紋押なつ拒否「恩赦免訴で権利侵害」の賠償訴訟棄却/大阪地裁
1998.04.11	30頁04段	東京/朝刊	指紋押捺拒否 再入国不許可に合理性 在日韓国女性の訴え退ける/最高裁
1998.04.20	14頁02段	東京/夕刊	「指紋押なつ拒否で逮捕」賠償訴訟 最高裁、7月に弁論
1998.04.24	19頁01段	東京/夕刊	指紋押捺拒否の崔さん側敗訴/最高裁
1998.05.30	2社*	東京/夕刊	李恢成さん、韓国籍に 朝鮮籍から「苦難の今こそ参加」
1998.08.21	19頁04段	東京/夕刊	婦女暴行19件を自供 東京・目白通りの連続被害 韓国籍容疑者を再逮捕
1998.09.08	34頁04段	東京/朝刊	指紋押なつ拒否「逮捕は適法」逆転判決 二審破棄/最高裁
1998.09.17	34頁01段	東京/朝刊	ミサイル発射問題で嫌がらせや脅迫電話 朝鮮学校生に被害
1998.09.29	14頁03段	東京/夕刊	戦傷負った在日韓国人 国籍条項で年金請求、2審も敗訴 裁判長、国に配慮注文
1998.10.07	38頁01段	東京/朝刊	指紋押なつ制の廃止へ法改正案 中村法相、来年提出意向
1998.10.08	02頁01段	東京/朝刊	都内で在日韓国人と懇談会/金大中・韓国大統領
1998.10.09	02頁01段	東京/夕刊	外国人登録指紋押なつ、署名で代替 中村法相が表明
1998.10.10	05頁01段	東京/朝刊	在日韓国人への参政権、慎重に 西田自治相が会見
1998.10.10	02頁01段	東京/朝刊	大阪で在日韓国人らと懇談 来日中の金大統領
1998.11.04	34頁01段	東京/朝刊	朝鮮総連に火炎瓶/東京・千代田
1998.11.27	32頁01段	東京/朝刊	雇い主刺殺で韓国籍男性に懲役8年判決=神奈川
1998.12.11	28頁03段	東京/朝刊	「旅券偽造」韓国籍男性ら11人逮捕=神奈川
1999.01.17	09頁02段	東京/朝刊	「越境する民」杉原達著 在日朝鮮人史に新しい視点
1999.03.04	02頁04段	東京/朝刊	指紋押なつ全廃へ 登録内容開示制を創設 外国人登録法改正案、今国会に提出
1999.03.04	02頁03段	東京/夕刊	指紋押なつ全廃 慎重論押し切り改正 外国人登録制、一層の見直し必要(解説)
1999.03.09	02頁01段	東京/夕刊	在日韓国人への軍人恩給に前向き 野中官房長官が表明/衆院委
1999.03.26	31頁01段	東京/朝刊	韓国籍の強盗に懲役4年の実刑判決=栃木
2000.04.04	39頁01段	東京/朝刊	指紋押捺拒否し出国 ピアニスト・崔さんの永住資格回復
2001.04.18	19頁04段	東京/夕刊	指紋押なつ拒否で逮捕訴訟 賠償命令取り消す 原告側請求すべて棄却/大阪高裁
1999.04.28	05頁01段	東京/朝刊	村山訪朝団を受け入れ用意/朝鮮総連
1999.04.29	28頁04段	東京/朝刊	Jリーグ戦会場で韓国民団が「農楽」披露 W杯決勝誘致へ横浜市も期待=神奈川
1999.05.12	05頁01段	東京/朝刊	在日韓国人の「参政権」、政党間協議で 野中官房長官が示唆

발행일	지면정보	간종별	기사제목(원문)
1999.05.15	30頁03段	東京/朝刊	在日韓国人の年金訴訟 戦後補償で和解勧告/大阪高裁
1999.06.11	32頁01段	東京/朝刊	朝鮮総連支部が人権保障を横浜市に要請＝神奈川
1999.06.22	15頁03段	東京/夕刊	在日韓国人の戦傷補償訴訟 国が和解を拒否 大阪高裁で10月判決へ
1999.06.26	02頁05段	東京/朝刊	在日韓国人らへの戦後処理問題 政府の検討作業、暗礁に
1999.07.29	28頁02段	東京/朝刊	韓国学生、鹿嶋を訪問 2002年W杯親善で日本縦断中＝茨城
1999.08.13	22頁01段	東京/朝刊	千葉地検、韓国籍の女性を姉殺害で起訴＝千葉
1999.09.05	28頁04段	東京/朝刊	変造500ウォン使用の2人逮捕 窃盗容疑、韓国籍の男＝福島
1999.09.11	38頁03段	東京/朝刊	「戦後補償」二審認めず 在日韓国人元軍属に「援護法対象外に理由」/大阪高裁
1999.09.17	03頁02段	東京/朝刊	朝鮮総連が組織運営見直しへ 在日朝鮮人の擁護を重視
1999.10.23	04頁01段	東京/朝刊	民団が「外国人の参政権」実現要請 鳩山民主代表、辛容祥団長と会談
1999.10.26	19頁03段	東京/夕刊	胸に10発、射殺される 韓国籍のクラブ経営者 東京・新宿のマンションで
1999.10.31	32頁01段	東京/朝刊	横浜で朝鮮学校の授業見学 民族教育理解へ170人＝神奈川
1999.11.25	02頁01段	東京/朝刊	在日韓国人らへの補償「鋭意協議中」 恩給問題で青木官房長官が表明
2000.01.08	38頁01段	東京/朝刊	北朝鮮兵の遺骨、朝鮮総連へ引き渡し/石川・七塚
2000.01.09	05頁03段	東京/朝刊	在日韓国人ら旧軍人・軍属への一時金、上積み額が焦点 自民部会が本格検討へ
2000.02.29	28頁01段	東京/朝刊	偽造有価証券交付の疑い、長野中央署が韓国籍の男逮捕＝長野
2000.03.22	02頁01段	東京/夕刊	在日韓国人戦没者等「一時金要綱案」要旨
2000.03.25	38頁01段	東京/朝刊	民団新団長に金宰淑氏を選出 定期中央大会で辛容祥団長の後任決定
2000.03.29	17頁02段	東京/朝刊	[顔] 在日韓国民団の新団長になった 金宰淑さん
2000.03.31	32頁01段	東京/朝刊	県在住の高齢朝鮮人への介護サービス配慮求める 朝鮮総連県本部＝新潟
2000.04.22	30頁01段	東京/朝刊	日朝議連が朝鮮総連役員らと懇親会開催＝新潟
2000.05.30	32頁01段	東京/朝刊	米沢署が韓国籍の女性2人を逮捕 入管難民法違反で＝山形
2000.06.14	38頁06段	東京/朝刊	南北首脳会談 国内でも融合の兆し 韓国民団と朝鮮総連が「共同声明」を検討
2000.06.15	39頁07段	東京/朝刊	南北共同宣言 「融和」に沸く在日同胞 ほの見えた"再会の時"
2000.06.16	33頁02段	東京/朝刊	「共同宣言」歓迎の集会 朝鮮総連県本部＝茨城
2000.06.16	30頁04段	東京/朝刊	南北共同宣言 祖国統一へ高まる期待 朝鮮総連県本部など会談の成功祝う＝長野
2000.06.17	28頁03段	東京/朝刊	「W杯へ南北合同応援団を」朝鮮総連県本部「本県開催盛り上げたい」＝宮城
2000.07.18	28頁03段	東京/朝刊	在日韓国人三世の松江さん、「自分探し」を映像化 来月から東京・中野で上映
2000.07.31	02頁03段	東京/朝刊	「朝鮮総連の訪韓団を」 北側代表が「適切な措置」求める
2000.08.24	04頁01段	東京/朝刊	北朝鮮代表団が朝鮮総連を訪問

발행일	지면정보	간종별	기사제목(원문)
2000.09.08	04頁01段	東京/朝刊	朝鮮総連、日朝国交正常化願う
2000.09.08	25頁04段	東京/朝刊	朝鮮総連の里帰り訪韓団派遣 体面より実現優先 組織防衛図る側面も(解説)
2000.09.08	01頁05段	東京/朝刊	朝鮮総連、初の訪韓団 22日から墓参や対面 南北和解の動き受け
2000.09.09	02頁01段	東京/朝刊	朝鮮総連の訪韓団、「年内に複数回」派遣へ
2000.09.17	35頁01段	東京/朝刊	在日朝鮮人歌劇 読者を無料招待 25日まで募集=多摩
2000.09.21	22頁04段	東京/夕刊	朝鮮総連 初の訪韓団、あす出発「やっと墓参りできます」
2000.09.23	04頁01段	東京/朝刊	在日韓国人への選挙権付与早く 金大中韓国大統領が要請
2000.09.26	39頁03段	東京/朝刊	「オモニ、今帰りました」朝鮮総連の韓国訪問団、故郷で涙の報告
2000.09.27	19頁07段	東京/朝刊	朝鮮総連が韓国訪問 自由往来の道遠く「反国家団体」規定、厚い壁(解説)
2000.09.27	38頁01段	東京/朝刊	朝鮮総連が訪韓公式日程を終了
2000.10.03	31頁01段	東京/朝刊	少年の主張都大会 朝鮮学校の女子中学生が最優秀賞=多摩
2000.10.04	35頁04段	東京/朝刊	70年ぶりの帰郷「感激」金明福さん、仙台・朝鮮総連で帰国報告=宮城
2000.10.05	03頁05段	東京/夕刊	[ザ・インタビュー] 在日朝鮮人初のボクシング世界王者 徳山昌守 26
2000.10.17	26頁01段	東京/朝刊	韓国民団、石川知事に見解尋ねる 外国人参政権発言で=静岡
2000.11.01	02頁03段	東京/朝刊	朝鮮総連が2回目の訪韓団 17日から、初回の倍近い120人
2000.11.18	38頁01段	東京/朝刊	朝鮮総連 第2回故郷訪韓団がソウル入り
2000.12.20	01頁03段	東京/朝刊	特別永住者の帰化要件を緩和 与党3党、国籍法改正へ
2000.12.24	02頁05段	東京/朝刊	外国人選挙権法案 自民内に見送り論「帰化要件緩和」と引き換えに
2001.01.10	30頁02段	東京/朝刊	在日韓国人らの"地下銀行"事件 県内の送金役を銀行法違反容疑で逮捕=新潟
2001.02.20	31頁03段	東京/朝刊	県内の在日韓国人らが浄財　JR新大久保駅ホーム転落事故遺族へ=埼玉
2001.02.22	01頁01段	東京/朝刊	韓徳銖氏(朝鮮総連議長)死去
2001.02.28	28頁03段	東京/朝刊	民団と総連、共同で陳情 長谷川・新潟市長に年金問題で=新潟
2001.03.01	02頁01段	東京/朝刊	朝鮮総連議長死去　北朝鮮高官ら弔問団が来日
2001.03.01	02頁01段	東京/夕刊	在日韓国・朝鮮人の帰化促進へ「崔」「姜」など5姓を容認/与党3党
2001.04.04	19頁01段	東京/夕刊	権逸氏(在日本大韓民国民団中央本部の元団長)死去
2001.04.05	18頁02段	東京/夕刊	旧日本軍属の障害年金不支給訴訟 在日韓国人らの上告棄却/最高裁
2001.04.15	38頁01段	東京/朝刊	原爆慰霊の「南北統一碑」建立へ　広島の韓国民団と朝鮮総連、広島市が調印
2001.05.17	04頁01段	東京/朝刊	外国人参政権 自由党が独自に法案 在日朝鮮人を除外の方針
2001.06.08	08頁01段	東京/朝刊	破たん在日韓国系信組の受け皿銀、韓国民団が設立へ
2001.06.21	28頁01段	東京/朝刊	出資法違反事件 韓国籍の男に罰金50万円の略式命令=福島
2001.06.21	28頁03段	東京/朝刊	田中知事「北朝鮮」発言 朝鮮総連県本部、謝罪要求の抗議文=長野
2001.06.23	28頁02段	東京/朝刊	北朝鮮発言「言葉が足りなかった」田中知事、朝鮮学校訪問へ=長野
2001.07.04	31頁01段	東京/朝刊	在日韓国民団の韓国会館 さいたまに完成=埼玉

발행일	지면정보	간종별	기사제목(원문)
2001.07.18	36頁01段	東京/朝刊	「つくる会」の歴史教科書不採択を申し入れ　韓国民団西東京地本＝多摩
2001.07.25	28頁02段	東京/朝刊	津田塾大の交流事業、韓国学生の来校中止　教科書問題の影響で＝多摩
2001.08.07	28頁01段	東京/朝刊	行方不明の韓国籍2人、遺体で発見　河口湖で転覆＝山梨
2001.08.07	12頁01段	東京/朝刊	[気流]「小泉さん嫌い」と言う韓国学生　日本語教師・加藤貞子65（東京都）
2001.08.10	32頁03段	東京/朝刊	「悪霊払い」殺人起訴　韓国籍女3人＝神奈川
2001.08.15	24頁01段	東京/朝刊	恐喝などで韓国籍の男逮捕＝岩手
2001.08.22	32頁02段	東京/朝刊	東北公安調査局の外国人登録原票請求　朝鮮総連が再発防止申し入れ＝宮城
2001.09.01	32頁01段	東京/朝刊	外国人登録原票問題　朝鮮総連県本部、水戸市役所などに謝罪など申し入れ＝茨城
2001.09.04	31頁02段	東京/朝刊	外国人登録原票取り寄せ「2年で9件あった」朝鮮総連が抗議＝神奈川
2001.10.04	32頁01段	東京/朝刊	韓国籍のクレーン船、男鹿の砂浜に漂着　えい航船のワイヤ切れ＝秋田
2001.10.10	19頁01段	東京/夕刊	千葉・柏の路上で韓国籍の学生射殺
2001.10.20	28頁01段	東京/朝刊	朝鮮総連幹部殺害事件　関係者ら、県警に早期解決求め申し入れ＝千葉
2001.10.26	23頁01段	東京/夕刊	神奈川・真鶴の農協輸送車襲撃事件　韓国籍の男が関与認める供述
2001.11.09	26頁01段	東京/朝刊	朝鮮総連が松本市に抗議　在日朝鮮人登録原票提供で＝長野
2001.11.14	30頁02段	東京/朝刊	在日朝鮮人の登録原票提供　長野市も18人分交付　朝鮮総連が抗議へ＝長野
2001.11.27	01頁05段	東京/朝刊	朝鮮総連元局長ら立件へ　朝銀東京、資金流用口座を管理　元理事長の共犯容疑
2001.11.28	01頁05段	東京/夕刊	朝鮮総連元局長、午後逮捕　朝銀東京資金、8億円余横領容疑　旧経営陣ら5人も
2001.11.29	39頁06段	東京/朝刊	朝銀事件　逮捕の元財政局長、朝鮮総連の「金庫番」一筋　借名口座、多数管理
2001.11.29	38頁01段	東京/朝刊	朝銀東京流用事件で元局長ら逮捕　朝鮮総連「事実誤認」
2001.11.29	01頁04段	東京/朝刊	朝銀東京流用事件　朝鮮総連元局長らを逮捕　8億円横領容疑/警視庁
2001.11.29	23頁01段	東京/夕刊	朝銀東京横領事件　強制捜査の朝鮮総連中央本部、周囲に壁と鉄門
2001.11.29	23頁07段	東京/夕刊	朝鮮総連中央本部捜索　「ここは大使館」「帰れ」の怒号　機動隊出動、もみ合い
2001.11.29	01頁05段	東京/夕刊	朝鮮総連本部を捜索　警視庁、資金流用解明へ　500人抗議で混乱
2001.11.30	32頁02段	東京/朝刊	昭島の朝鮮総連西東京本部も捜索　機動隊が警戒、混乱なし＝多摩
2001.12.19	27頁02段	東京/朝刊	サッカーW杯　韓国民団が200万円寄付　日本組織委などに＝宮城
2002.01.07	21頁05段	東京/朝刊	柔道81キロ級の秋山、「日本国際」で帰化後の門出　韓国から期待を背に
2002.01.11	34頁01段	東京/朝刊	韓国民団、W杯サッカーの日本組織委に6400万円寄付
2002.01.25	19頁04段	東京/夕刊	背任容疑で逮捕　関西興銀李前会長、在日韓国人の"ドン"

발행일	지면정보	간종별	기사제목(원문)
2002.04.10	02頁02段	東京/朝刊	破たん信組の受け皿4信組　理事長は朝鮮総連幹部？ 金融庁、事情聴取へ
2002.04.18	39頁03段	東京/朝刊	朝鮮総連への融資200億円　朝銀東京元理事長供述「破たんの大きな原因」
2002.05.11	30頁04段	東京/朝刊	[宮城・W杯に私も一言] 在日韓国民団県本部・朴鍾煥さん53＝宮城
2002.05.18	18頁03段	東京/夕刊	W杯韓国戦3試合を民団と総連「共同観戦」「共同応援」は総連側が難色
2002.05.25	38頁01段	東京/朝刊	文芸春秋などを朝鮮総連幹部が提訴
2002.06.05	28頁01段	東京/朝刊	酒酔い運転、千葉中央署が韓国籍の男を逮捕＝千葉
2002.06.14	36頁01段	東京/朝刊	韓国籍クレーン船漂着　男鹿市が経費負担、撤去へ＝秋田
2002.06.19	18頁05段	東京/朝刊	韓国代表から帰化　柔道の秋山、日本で頂点狙う　選手間に刺激
2002.06.28	38頁01段	東京/朝刊	指紋押なつ制度　最高裁が「合憲」
2002.07.10	33頁03段	東京/朝刊	宗教軸に「在日コリアン」研究　富山大・飯田教授が新著＝富山
2002.07.12	32頁01段	東京/朝刊	市川の死体遺棄　韓国籍の男起訴＝千葉
2002.07.14	07頁03段	東京/朝刊	張氏長男が韓国籍離脱・兵役免除　首相起用巡り野党追及へ
2002.07.20	08頁03段	東京/朝刊	在日朝鮮人系の受け皿3信組　事業譲渡契約を締結　日本人理事長就任で決着
2002.07.23	29頁05段	東京/朝刊	[青春譜 在日韓国人の父を持つ 七尾工3年・田中ソウル投手＝石川
2002.08.08	30頁03段	東京/朝刊	"在日一世"の体験伝えたい　二世ら市民団体、出版計画＝栃木
2002.08.10	28頁04段	東京/朝刊	御前崎沖の衝突、韓国籍船沈没　新たに2遺体発見　第二広洋丸、5人救助＝静岡
2002.08.11	28頁03段	東京/朝刊	御前崎沖で沈没の韓国籍船　船内から3遺体　燃料油の流出続く＝静岡
2002.09.02	18頁01段	東京/夕刊	アイドル写真、無断でHPに　韓国籍の容疑者を逮捕/警視庁
2002.09.18	32頁04段	東京/朝刊	日朝首脳初会談　在日朝鮮人関係者、祖国へ往来期待も拉致事件に「残念」＝茨城
2002.09.18	39頁01段	東京/朝刊	「拉致事実」金総書記認め謝罪　朝鮮総連、予定の会見中止
2002.09.19	19頁02段	東京/夕刊	在日朝鮮人三世のボクシング世界王者、徳山選手のHP掲示板閉鎖
2002.09.19	26頁01段	東京/朝刊	拉致謝罪めぐり会員が説明求める　朝鮮総連県本部＝福島
2002.09.19	35頁04段	東京/朝刊	拉致問題　朝鮮学校児童に暴言　在日社会に困惑広がる＝埼玉
2002.09.19	34頁03段	東京/朝刊	北朝鮮拉致問題　朝鮮学校に脅迫電話　県警、周辺パトロールを強化＝神奈川
2002.09.19	26頁01段	東京/朝刊	松本の朝鮮学校などに、脅迫電話など十数件＝長野
2002.09.19	26頁01段	東京/朝刊	ネットや電話で嫌がらせ相次ぐ　仙台の朝鮮学校＝宮城
2002.09.21	34頁02段	東京/朝刊	札幌の焼き肉店にも脅迫電話　朝鮮学校では父母が送迎＝北海道
2002.09.25	30頁01段	東京/朝刊	不法残留の韓国籍の女3人有罪＝秋田
2002.09.26	32頁01段	東京/朝刊	拉致被害者と家族に哀悼の念　朝鮮総連県本部＝静岡
2002.09.27	32頁02段	東京/朝刊	嫌がらせ やみ交流促進願う　朝鮮総連県本部が談話＝神奈川
2002.09.28	28頁02段	東京/朝刊	幼稚園などに脅迫文　朝鮮総連県本部、いやがらせの実態語る＝埼玉
2002.10.11	38頁01段	東京/朝刊	朝鮮総連などを朝銀破たんで提訴　管財人が賠償求め

발행일	지면정보	간종별	기사제목(원문)
2002.10.13	32頁03段	東京/朝刊	「近くて近い」関係へ第一歩　帝京高と朝鮮学校生徒、力合わせてキムチ作り
2002.10.23	03頁03段	東京/朝刊	[社説] 朝銀有罪判決　朝鮮総連の関与が明白になった
2002.11.05	03頁02段	東京/朝刊	朝鮮総連、拉致で加害者側に立った衝撃　民主的組織に脱皮を　河信基氏
2002.11.05	03頁06段	東京/朝刊	拉致対応非難浴び、動揺続く朝鮮総連　謝罪せず…地方組織は「心からおわび」も
2002.11.08	02頁02段	東京/夕刊	「朝鮮総連に破防法も」公安庁次長、衆院委で発言
2002.11.10	38頁01段	東京/朝刊	朝鮮総連と社民党に実弾入り声明文
2002.11.12	19頁01段	東京/夕刊	千葉トランク詰め遺体　韓国籍女性と判明
2002.12.06	32頁02段	東京/朝刊	朝鮮総連と韓国民団に相次いで脅迫はがき　実在の人物名使用、嫌がらせか＝富山
2002.12.06	17頁06段	東京/朝刊	対朝鮮総連・脱北者訴訟　帰還事業の責任追及、ようやく本格化へ(解説)
2002.12.10	32頁01段	東京/朝刊	朝鮮学校の教育環境改善求める　支援団体、県弁護士会に＝新潟
2002.12.12	38頁01段	東京/朝刊	朝鮮総連系団体の会場使用を不許可/東京・文京区
2003.01.31	31頁02段	東京/朝刊	青森アジア大会　仙台の朝鮮学校生が声援　韓国チームに激励の色紙＝宮城
2003.01.31	35頁01段	東京/朝刊	東京の朝鮮学校生徒に電車で嫌がらせ　制服切られる
2003.03.08	15頁01段	東京/夕刊	「大学入学資格を」住民らに授業公開/朝鮮学校
2003.03.09	32頁01段	東京/朝刊	横浜・神奈川区の朝鮮学校でも公開授業＝神奈川
2003.03.09	32頁01段	東京/朝刊	小山の朝鮮学校が授業を公開＝栃木
2003.03.09	32頁04段	東京/朝刊	「拉致、生徒に事実として教えている」　城朝鮮学校が授業公開＝茨城
2003.03.12	31頁01段	東京/朝刊	大学入学資格求め文科相に要請文　東北朝鮮学校＝宮城
2003.03.18	文化*	東京/夕刊	在日コリアンの解放　再検討したい本国との関係　鄭大均(寄稿)
2003.03.31	15頁01段	東京/朝刊	[気流] LOOKにっぽん　頑張る外国人を温かく見守って　韓国学生・安城オン
2003.04.09	30頁04段	東京/朝刊	タラ漁場にコンテナ、韓国籍貨物船から落下　県が水中撮影、ほぼ断定＝山形
2003.05.26	34頁02段	東京/朝刊	在日コリアンが討論会　新組織設立など確認
2003.05.21	01頁01段	東京/夕刊	北朝鮮のミサイル部品密輸、朝鮮総連は否定
2003.05.31	01頁06段	東京/夕刊	[眼] 朝鮮学校の教科書一新　今年度から3年間で　教科名から「革命」消える
2003.06.08	39頁01段	東京/朝刊	愛知の朝鮮学校、北朝鮮への修学旅行を延期　朝鮮総連の指示で
2003.06.09	19頁01段	東京/夕刊	万景峰号疑惑は「でっち上げ」朝鮮総連が会見
2003.06.12	18頁01段	東京/夕刊	在日韓国人女性の婚外子に日本国籍を認める　最高裁が事情配慮
2003.06.15	32頁02段	東京/朝刊	土浦市が税免除中止の朝鮮総連施設　老朽化、利用は関係者だけ＝茨城
2003.06.17	32頁04段	東京/朝刊	朝鮮総連施設の税減免措置　大館市が解除も検討＝秋田
2003.06.18	18頁02段	東京/夕刊	新潟市、朝鮮総連施設の税減免解除へ

발행일	지면정보	간종별	기사제목(원문)
2003.06.27	32頁03段	東京/朝刊	土浦市の固定資産税課税 朝鮮総連が減免申請＝茨城
2003.07.01	30頁02段	東京/朝刊	朝鮮総連施設課税 平山知事「理解できる」＝新潟
2003.07.01	38頁01段	東京/朝刊	水戸市が朝鮮総連施設に課税 今年度から
2003.07.19	34頁01段	東京/朝刊	朝鮮総連に固定資産税 東京都が課税通知書を送付
2003.07.26	33頁01段	東京/朝刊	固定資産税減免 朝鮮総連、都に申請書送付
2003.07.30	35頁01段	東京/朝刊	朝鮮総連県本部の正面玄関に銃弾/新潟
2003.07.30	23頁04段	東京/夕刊	朝鮮総連新潟県本部に銃弾 旧朝銀信組には爆発物? 付近の160世帯避難
2003.07.31	32頁04段	東京/朝刊	集団密入国韓国籍貨物船 2000年にも密航者運ぶ 千葉港に別の船名で＝富山
2003.07.31	26頁06段	東京/朝刊	「万景峰」問題控え緊張 朝鮮総連県本部などに銃弾、発火物＝新潟
2003.08.02	14頁04段	東京/夕刊	朝鮮学校卒業者に大検を免除 大学、個人ごとに審査/文科省検討
2003.08.07	26頁03段	東京/朝刊	外国人学校大検免除 29校は無条件OK 朝鮮学校は個人の学力審査＝訂正あり
2003.08.08	03頁03段	東京/朝刊	[社説] 大検免除 混乱を招かないことが条件だ
2003.08.21	33頁03段	東京/朝刊	固定資産税納期切れ 都、朝鮮総連に督促状
2003.08.27	35頁01段	東京/朝刊	朝鮮総連側に税督促状送付/茨城・水戸市
2003.08.28	30頁01段	東京/朝刊	朝鮮総連側に土浦市も督促状＝茨城
2003.08.29	28頁02段	東京/朝刊	朝鮮総連県本部納税問題 市民団体が水戸市長に法的措置求める要望書＝茨城
2003.09.02	14頁04段	東京/夕刊	万景峰「予定通り4日入港」朝鮮総連から連絡
2003.09.03	32頁01段	東京/朝刊	塩尻の郵便局強盗未遂 韓国籍58歳容疑者を逮捕＝長野
2003.09.03	14頁01段	東京/夕刊	朝鮮総連、都の課税処分に不服審査請求
2003.09.12	38頁04段	東京/朝刊	[奪われた時間] (2)共生探る在日コリアン(連載)
2003.09.19	38頁01段	東京/朝刊	大検免除 朝鮮学校卒業生は資格を個別に判定/文部科学省
2003.09.27	32頁01段	東京/朝刊	電子機器でコイン不正入手 静岡中央署、韓国籍の容疑者逮捕＝静岡
2003.09.30	22頁03段	東京/夕刊	朝鮮総連本部、東京都に納税 固定資産税などの一部
2003.10.02	28頁02段	東京/朝刊	山梨大、朝鮮学校生徒に受験資格認める＝山梨
2003.10.02	24頁02段	東京/朝刊	山形大、朝鮮学校生徒の出願資格を認定＝山形
2003.10.03	30頁03段	東京/朝刊	小樽商大、朝鮮学校らに入学資格 道内国立で初＝北海道
2003.10.04	01頁04段	東京/朝刊	朝鮮総連施設の税減免 道、全市町村調査へ 解除含め協議＝北海道
2003.10.08	33頁02段	東京/朝刊	共生の理念認められた 永住外国人地方参政権の意見書採択 韓国民団会見＝石川
2003.10.09	34頁02段	東京/朝刊	朝鮮総連の固定資産税減免、水戸市が不承認＝茨城
2003.10.16	28頁01段	東京/朝刊	民族学校生の受験 個別審査して容認 信大が決定
2003.10.18	17頁05段	東京/朝刊	韓国民団・朝鮮総連対立 北の核、拉致問題で和解への流れ一変(解説)
2003.10.18	32頁03段	東京/朝刊	朝鮮学校卒業生らの受験資格認める 静大、来年度入試から＝静岡
2003.10.20	30頁01段	東京/朝刊	旅券不携帯 甲府署、韓国籍の男逮捕＝山梨

발행일	지면정보	간종별	기사제목(원문)
2003.10.21	30頁01段	東京/朝刊	沼津の強盗傷害事件　韓国籍の28歳容疑者を逮捕＝静岡
2003.10.30	28頁01段	東京/朝刊	密航助けた韓国籍の元船長　懲役3年を求刑＝富山
2003.11.14	38頁01段	東京/朝刊	「老齢年金」求め、大阪の在日韓国人6人が提訴
2003.11.18	18頁01段	東京/夕刊	盗難車買って北朝鮮へ輸出　朝鮮総連・福岡支部の幹部を逮捕
2003.11.28	33頁02段	東京/朝刊	朝鮮総連施設の減免解除　沼津市、固定資産税など課税へ＝静岡
2003.11.29	32頁01段	東京/朝刊	朝鮮学校卒業生ら大検なし受験可能　宮城大が来年度から＝宮城
2003.12.03	32頁03段	東京/朝刊	日韓融合の新たなリズム　在日韓国人音楽グループ、きょう東京初ライブ
2003.12.08	30頁01段	東京/朝刊	窃盗などで韓国籍の2人逮捕　東村山署＝多摩
2003.12.22	24頁05段	東京/朝刊	朝鮮総連銃撃事件　刀剣友の会理事逮捕に驚き　「村上容疑者の指示」供述＝新潟
2003.12.24	27頁03段	東京/朝刊	朝鮮総連福井県本部放火も　征伐隊事件、計24件に　村上容疑者の発砲は3件
2003.12.25	28頁03段	東京/朝刊	朝鮮総連県本部への銃撃事件　岐阜の男が発砲　合同捜査本部＝新潟
2003.12.25	35頁01段	東京/朝刊	朝鮮総連銃撃、村上容疑者指示で「犯行声明の電話」征伐隊・鹿野容疑者が供述
2004.01.15	33頁02段	東京/朝刊	朝鮮学校生に大学入学資格を　横浜弁護士会が勧告＝神奈川
2004.01.28	34頁02段	東京/朝刊	「日本で差別体験」在日韓国人が公開授業/東京・中野区立西中野小
2004.02.02	38頁01段	東京/朝刊	民族名のままで国籍取得認めて　在日韓国・朝鮮人ら集会
2004.02.06	32頁05段	東京/朝刊	朝鮮総連施設　八王子市が税減免解除　「敷地に固定資産税」通知＝多摩
2004.02.27	38頁01段	東京/朝刊	朝鮮総連の課税問題　都が審査請求棄却
2004.03.01	03頁03段	東京/朝刊	[社説] 朝鮮総連課税 「友好親善施設」に説得力はない
2004.03.02	文化*	東京/夕刊	帰化…この実感のなさ「コリア系日本人」第二の人生の始まり　鄭大均(寄稿)
2004.03.19	32頁01段	東京/朝刊	飲酒運転で衝突、逃走　韓国籍の容疑者逮捕　東金署＝千葉
2004.04.14	32頁04段	東京/朝刊	朝鮮総連2施設課税を開始　新潟市、滞納なら差し押さえも＝新潟
2004.04.15	26頁01段	東京/朝刊	「話し合いを重視」朝鮮総連施設課税で篠田・新潟市長が考え示す＝新潟
2004.05.10	28頁01段	東京/朝刊	逮捕監禁容疑で韓国籍の3人逮捕　千曲署＝長野
2004.05.17	15頁01段	東京/夕刊	韓国籍男性?　口論の末刺殺/千葉・市原
2004.05.20	30頁01段	東京/朝刊	朝鮮総連、課税処分取り消し求めて都を提訴
2004.05.28	04頁01段	東京/朝刊	朝鮮総連大会に小泉首相がメッセージ
2004.06.17	39頁02段	東京/朝刊	横浜の韓国籍男性殺し　妻が愛人に殺害依頼　2容疑者逮捕
2004.06.18	32頁04段	東京/朝刊	横浜の韓国籍男性殺害事件　篠崎容疑者の車?　目撃　現場近くで住民＝神奈川
2004.06.22	32頁01段	東京/朝刊	韓国籍男性の死　前橋署「外的な原因でない」＝群馬
2004.06.26	30頁01段	東京/朝刊	韓国籍美容師を不法残留で逮捕＝茨城
2004.07.10	31頁01段	東京/朝刊	来年度の県立看護大、朝鮮学校にも受験資格開放＝石川
2004.07.28	35頁03段	東京/朝刊	「永住外国人に投票権を」在日韓国人団体が小淵沢町に要望＝山梨
2004.08.11	33頁04段	東京/朝刊	「北朝鮮のテレビ局に放映料を」朝鮮総連が要求　TBSなど合意

발행일	지면정보	간종별	기사제목(원문)
2004.08.18	28頁01段	東京/朝刊	飲酒運転で韓国籍の男性に重傷負わせる＝千葉
2004.09.19	32頁02段	東京/朝刊	朝鮮総連、韓国民団事務所で盗難 秋田、岩手でも同様事件＝青森
2004.10.05	32頁02段	東京/朝刊	朝鮮総連関連施設への納税督促は困難 土浦市、所有者3人死亡で＝茨城
2004.10.06	32頁01段	東京/朝刊	朝鮮総連問題で「救う会」が質問書 水戸市長に提出＝茨城
2004.11.04	04頁04段	東京/朝刊	「朝鮮総連施設に課税を」自民、全国自治体に要請へ
2004.11.21	32頁01段	東京/朝刊	同僚のロレックス質入れ 横領容疑で韓国籍の女逮捕 県警と伊勢佐木署＝神奈川
2004.11.30	04頁01段	東京/朝刊	韓国民団、中山文部科学相の歴史教科書発言を批判
2004.12.04	33頁02段	東京/朝刊	女性殺害しスーツケースに 韓国籍被告に懲役15年判決／東京地裁
2004.12.29	26頁01段	東京/朝刊	市原の男性刺殺 韓国籍の被告に懲役14年の判決＝千葉
2005.01.14	33頁05段	東京/朝刊	在日の歴史に目を 韓国民団、来月、東京・港区で写真展、映画祭など開催
2005.02.01	38頁04段	東京/朝刊	「朝銀東京」訴訟「朝鮮総連が資金流用」7億円余支払い命令／東京地裁判決
2005.03.08	30頁02段	東京/朝刊	違法エステ店営業 韓国籍の女に懲役3年など求刑 秋田地裁公判＝秋田
2005.03.18	26頁01段	東京/朝刊	偽造旅券で入国図る 韓国籍の男逮捕 小松署＝石川
2005.03.26	30頁02段	東京/朝刊	「課税減免不許可は違法」新潟市長を提訴 朝鮮総連県本部など＝新潟
2005.04.07	31頁02段	東京/朝刊	村上沖で領海侵犯し操業 韓国籍の漁船船長2人逮捕＝新潟
2005.04.26	31頁01段	東京/朝刊	出資法違反容疑 ヤミ金のリーダー、韓国籍の男を逮捕／警視庁
2005.05.24	31頁01段	東京/朝刊	朝鮮総連の課税減免訴訟 新潟市が口頭弁論で請求棄却求める＝新潟
2005.05.24	04頁01段	東京/朝刊	朝鮮総連パーティーに自民総裁メッセージ 副幹事長が代読へ
2005.05.24	18頁01段	東京/夕刊	朝鮮総連50周年記念大会開く 2000人参加／東京・北区
2005.05.25	04頁01段	東京/朝刊	朝鮮総連祝賀会で北の拉致など批判 小泉首相メッセージ
2005.05.25	38頁01段	東京/朝刊	「朝鮮総連は帰還事業に反省を」脱北者支援団体が声明
2005.05.25	18頁01段	東京/夕刊	朝鮮総連への小泉首相メッセージ「救う会」が批判
2005.05.26	06頁05段	東京/朝刊	兵役逃れ封じのため、法改正したところ… 韓国籍を放棄、駆け込み1800人
2005.06.02	31頁01段	東京/朝刊	違法操業の韓国籍船長に新潟地裁が有罪判決＝新潟
2005.06.15	34頁01段	東京/朝刊	県のすべての職種「国籍条項撤廃を」韓国民団県地方本部＝山梨
2005.06.19	35頁01段	東京/朝刊	阿見の建材工場で作業中、韓国籍の男性死亡＝茨城
2005.06.25	35頁02段	東京/朝刊	「つくる会」教科書不採択を求める 韓国民団県本部＝千葉
2005.07.02	04頁01段	東京/朝刊	日本大使館施設の窓を韓国学生が割る 日韓首脳会談当日
2005.07.06	35頁01段	東京/朝刊	韓国民団が県に年金問題で要望＝山形
2005.07.22	18頁01段	東京/夕刊	栃木・大田原市の「つくる会」教科書採択撤回を要望／在日本大韓民国民団
2005.07.23	35頁01段	東京/朝刊	朝鮮学校の不法敷地訴訟「区が放置、賠償請求しないのは違法」／東京地裁判決

발행일	지면정보	간종별	기사제목(원문)
2005.07.23	31頁01段	東京/朝刊	「つくる会」教科書採択撤回を要望　韓国民団、大田原市教委に＝栃木
2005.07.23	31頁01段	東京/朝刊	日本国籍得るため偽装結婚企てる　容疑の韓国籍女ら3人逮捕＝千葉
2005.09.08	34頁02段	東京/朝刊	障害児向けコンサート　在日韓国人らが演奏　茅ヶ崎で10日＝神奈川
2005.09.21	31頁01段	東京/朝刊	わいせつ目的で少女略取し暴行容疑、韓国籍の被告を再逮捕　津久井署＝神奈川
2005.10.03	19頁05段	東京/朝刊	福祉サービス「受けづらい」…　在日コリアン1世を支援　NPOがデイサービス
2005.11.23	31頁01段	東京/朝刊	旅券不携帯で韓国籍59歳女を現行犯逮捕　甲府署＝山梨
2006.01.11	31頁01段	東京/朝刊	韓国籍の飲食店店員を不法残留で現行犯逮捕　甲府署＝山梨
2006.01.14	18頁01段	東京/夕刊	朝鮮総連の大阪府本部が入る施設を競売/整理回収機構
2006.02.04	34頁03段	東京/朝刊	朝鮮総連施設の税減免措置　県内自治体、対応慎重　福岡高裁「違法」判断＝埼玉
2006.02.04	04頁01段	東京/朝刊	朝鮮総連関連施設の税減免　地方団体に再考促す/安倍官房長官
2006.02.16	22頁01段	東京/夕刊	生後間もない長女を空中に放り投げ虐待　　韓国籍26歳逮捕/神奈川・座間署
2006.02.17	31頁02段	東京/朝刊	朝鮮総連施設の税、減免せず　新年度から　盛岡市「公益性低い」＝岩手
2006.02.18	31頁02段	東京/朝刊	朝鮮総連関連施設への税減免　救う会など「見直しを」＝石川
2006.03.02	35頁03段	東京/朝刊	新大久保駅の悲劇から5年　歌い継ぐ、二人の勇気　在日韓国人歌手が慈善公演
2006.03.15	35頁03段	東京/朝刊	熊谷の同居女性殺害　韓国籍の男に懲役13年　地裁支部判決＝埼玉
2006.04.21	31頁03段	東京/朝刊	朝鮮総連県本部の固定資産税非課税　松本市監査委員が課税勧告＝長野
2006.05.16	01頁05段	東京/夕刊	韓国民団と朝鮮総連、和解へ　あすにも初トップ会談　南北融和ムード反映
2006.05.16	01頁01段	東京/夕刊	〈解〉在日本大韓民国民団
2006.05.17	02頁02段	東京/夕刊	民団と総連の共同声明全文
2006.05.17	02頁04段	東京/朝刊	民団、総連和解へ　政府、「対北」への影響注視
2006.05.17	02頁03段	東京/朝刊	韓国民団と朝鮮総連　きょう東京でトップ会談
2006.05.18	02頁04段	東京/朝刊	民団、脱北者支援を休止　今月から　総連配慮、内部に批判も
2006.05.18	02頁01段	東京/朝刊	民団と総連・和解共同声明発表　内容乏しい見方も/政府・与野党
2006.05.18	31頁03段	東京/朝刊	「今後は団結の道を」　民団と総連の共同声明、県関係者らも歓迎＝岩手
2006.05.18	31頁03段	東京/朝刊	韓国民団と朝鮮総連、県内でも連携を　民団県団長、呼びかけへ＝山梨
2006.05.18	31頁04段	東京/朝刊	民団と総連和解　県内組織も歓迎の声「政治」では静観の構え＝茨城
2006.05.18	31頁03段	東京/朝刊	トップ会談　総連「喜ばしい」、民団「寝耳に水」県内の評価分かれる＝栃木
2006.05.18	31頁04段	東京/朝刊	民団と総連和解　「同じ民族」歓迎の声　多摩地区関係者、交流拡大に期待＝多摩
2006.05.18	31頁03段	東京/朝刊	民団・総連、初のトップ会談　両県本部、期待を表明＝石川

발행일	지면정보	간종별	기사제목(원문)
2006.05.20	01頁04段	東京/夕刊	総連との和解 民団新潟県本部は従わず 拉致の舞台、反発に配慮
2006.05.23	02頁01段	東京/夕刊	拉致問題解決に協力姿勢示す/韓国民団
2006.05.24	30頁01段	東京/朝刊	自称韓国籍の男、財布盗み逮捕/東京・玉川署
2006.05.24	31頁01段	東京/朝刊	総連との和解、正式受け入れ 民団7道県会議＝山形
2006.05.25	35頁02段	東京/朝刊	韓国民団県本部 臨時大会の開催求める 中央執行部退陣決議のため＝長野
2006.05.28	31頁02段	東京/朝刊	法定利息の60倍で貸す 韓国籍の男ら3人、出資法違反容疑で逮捕＝山形
2006.05.30	37頁01段	東京/朝刊	朝鮮総連との「和解」民団千葉県本部も撤回求める
2006.06.02	31頁01段	東京/朝刊	朝鮮総連施設の減免措置見直しを 自民県連、金沢市に申し入れ＝石川
2006.06.09	18頁02段	東京/夕刊	強盗が講釈5時間「この国は滅びる」警視庁、韓国籍の男再逮捕
2006.06.13	34頁02段	東京/夕刊	朝鮮総連県本部の税減免継続 さいたま市「公益性ある」＝埼玉
2006.06.13	37頁03段	東京/朝刊	韓国民団の会議紛糾 朝鮮総連との和解を巡り、地方からの不満続出
2006.06.22	31頁03段	東京/朝刊	朝鮮総連、韓国民団の関連6施設 横浜市が今年度から課税＝神奈川
2006.06.24	35頁03段	東京/朝刊	秋田市、朝鮮総連に税減免せず 固定資産税、申請の公益性「なし」＝秋田
2006.06.24	38頁01段	東京/朝刊	朝鮮総連との和解 韓国民団の傘下団体、撤回要求へ きょうの臨時中央委で
2006.07.06	35頁01段	東京/朝刊	長野朝鮮学校周辺 松本署が巡回警備 北ミサイル発射で＝長野
2006.07.06	15頁02段	東京/夕刊	ミサイル発射 朝鮮学校トラブル警戒 集団登下校、通学路を巡回＝北海道
2006.07.07	31頁01段	東京/朝刊	新潟の朝鮮学校に嫌がらせ電話 ミサイル発射絡み＝新潟
2006.07.13	31頁01段	東京/朝刊	朝鮮総連への課税巡り、市に質問状 救う会秋田＝秋田
2006.07.14	37頁03段	東京/朝刊	朝鮮総連施設への課税減免 札幌市長、継続の意向「廃止理由ない」＝北海道
2006.07.19	29頁01段	東京/朝刊	朝鮮総連県本部の異議申し立て棄却 固定資産税の減免、不承認＝秋田
2006.07.20	33頁01段	東京/朝刊	朝鮮総連高知県本部 市が全額減免を廃止へ
2006.07.20	33頁01段	東京/朝刊	朝鮮総連岩手本部 盛岡市が課税決める
2006.07.21	02頁02段	東京/朝刊	朝鮮総連施設の固定資産税 減免自治体、3月以降13減少/総務省調査
2006.07.25	31頁02段	東京/朝刊	朝鮮総連県本部の固定資産税 松本市が全額減免決定＝長野
2006.08.19	33頁01段	東京/朝刊	「朝鮮総連施設へ課税すれば職員殺す」都などに脅迫状届く
2006.09.08	29頁01段	東京/朝刊	旅券不携帯、韓国籍の女逮捕 仙台南署＝宮城
2006.09.21	34頁01段	東京/朝刊	朝鮮総連本部に指? 入り脅迫文/東京・千代田
2006.10.02	14頁01段	東京/夕刊	朝鮮総連に小指入り脅迫文送付 容疑の組員逮捕/鹿児島県警
2006.10.03	31頁01段	東京/朝刊	朝鮮総連の税減免問題 松本市が再調査＝長野
2006.10.11	14頁03段	東京/夕刊	朝鮮学校に嫌がらせ続発 無言、脅迫電話など 核実験以降
2006.10.12	35頁01段	東京/朝刊	横浜銀行1100万円強盗 韓国籍の男を起訴 地検＝神奈川

발행일	지면정보	간종별	기사제목(원문)
2006.10.16	11頁01段	東京/朝刊	[気流] 朝鮮学校に被害、軽率行動やめて　無職・西谷勲65(北海道滝川市)
2006.10.19	35頁03段	東京/朝刊	朝鮮総連の固定資産税 課税に向け実態調査 宇都宮市、厳しい姿勢示す＝栃木
2006.10.24	33頁01段	東京/朝刊	在日韓国人の飲食店に飲酒運転防止呼びかけ　川口署が講習会＝埼玉
2006.10.25	35頁01段	東京/朝刊	朝鮮総連県本部の課税免除で質問書 救う会埼玉＝埼玉
2006.10.26	35頁01段	東京/朝刊	旅券不携帯で自称韓国籍の女を現行犯逮捕 高岡署＝富山
2006.10.26	35頁03段	東京/朝刊	朝鮮総連施設、来年度から課税 宇都宮市、「公益機能、確認できず」＝栃木
2006.10.31	31頁02段	東京/朝刊	「嫌がらせに負けずに」 府中などの文化交流団体、朝鮮学校へハガキ送る＝多摩
2006.11.02	02頁01段	東京/朝刊	朝鮮総連施設の税減免 厳正判断を再び通知 総務省が関係自治体に
2006.11.10	33頁02段	東京/朝刊	朝鮮総連県本部、課税へ さいたま市長「公益性大きく後退」＝埼玉
2006.11.12	35頁02段	東京/朝刊	偽ブランドバッグ販売 韓国籍の女、容疑で逮捕 川崎署＝神奈川
2006.11.18	32頁01段	東京/朝刊	さいたま市の課税方針巡り提訴検討 朝鮮総連県本部＝埼玉
2006.11.19	31頁03段	東京/朝刊	本間ゴルフ工場放火「前社長が場所指示」韓国籍の容疑者が供述＝山形
2006.11.22	35頁01段	東京/朝刊	北海道朝鮮学校に脅迫電話相次ぐ 市民団体が抗議声明＝北海道
2006.11.29	13頁01段	東京/朝刊	[気流] 朝鮮学校に脅迫 軽率行動やめて 中学生・李徳洋13
2006.11.29	03頁03段	東京/朝刊	[社説] 朝鮮総連・科協 また「北」と結ぶ不正が発覚した
2006.11.30	35頁01段	東京/朝刊	朝鮮総連施設への税減免は当面維持 富岡・熊谷市長＝埼玉
2006.12.06	38頁01段	東京/朝刊	朝鮮総連傘下団体の元職員を逮捕 税理士法違反容疑で/兵庫県警
2006.12.09	35頁01段	東京/朝刊	旅券不携帯で自称韓国籍の3人を逮捕 山形署＝山形
2006.12.13	35頁02段	東京/朝刊	朝鮮総連関連施設の固定資産税 松本市、減免継続を決定＝長野
2006.12.16	19頁01段	東京/夕刊	朝鮮総連の康総連元局長が死亡 朝銀事件で服役中/静岡刑務所
2006.12.27	11頁04段	東京/夕刊	「減免申請不許可、取り消しを」朝鮮総連側の請求棄却 旭川地裁＝北海道
2007.01.10	15頁03段	東京/夕刊	朝鮮総連傘下の商工会室長 税理士法違反容疑で逮捕/兵庫県警
2007.01.17	14頁01段	東京/夕刊	朝鮮学校生の受験「資格ない」玉川大が拒否
2007.01.18	31頁01段	東京/朝刊	ひき逃げ容疑で韓国籍の男逮捕 千葉西署＝千葉
2007.01.19	33頁01段	東京/朝刊	朝鮮学校生徒、受験認めるように要請 玉川大は拒否姿勢＝多摩
2007.02.05	11頁04段	東京/夕刊	朝鮮総連道本部を捜索 不透明な金脈にメス「本国に送金、英雄」＝北海道
2007.02.05	15頁01段	東京/夕刊	朝鮮総連北海道本部、脱税容疑で捜索/札幌地検など
2007.02.05	01頁04段	東京/夕刊	ジンギスカン「だるま」所得隠し容疑 朝鮮総連道本部など捜索＝北海道
2007.02.06	35頁02段	東京/朝刊	朝鮮総連道本部元幹部ら逮捕 経営ジンギスカン店の脱税容疑で/札幌地検
2007.02.06	11頁01段	東京/夕刊	ジンギスカン店脱税 朝鮮総連道本部委員長「捜査当局に抗議」＝北海道

발행일	지면정보	간종별	기사제목(원문)
2007.02.08	35頁01段	東京/朝刊	札幌市長「脱税関与不明」 朝鮮総連関連施設「減免措置」を維持＝北海道
2007.02.09	39頁01段	東京/朝刊	朝鮮総連傘下の科協顧問に罰金 無届け労働者派遣/横浜簡裁
2007.02.10	23頁01段	東京/朝刊	柏の李が韓国から帰化/Ｊリーグ
2007.02.12	04頁01段	東京/朝刊	6か国協議、難航「米に原因」/朝鮮総連機関紙
2007.02.15	35頁02段	東京/朝刊	韓国籍貨物船が遭難 三重沖1人死亡、8人不明 2人救助/三重沖
2007.02.16	22頁01段	東京/朝刊	帰化の李、Ｕ―22代表に招集/日本サッカー協会
2007.02.25	38頁05段	東京/朝刊	文化財盗「韓国ルート」と接点か 韓国籍の男逮捕 兵庫の元所有者に売却図る
2007.02.28	18頁02段	東京/夕刊	「日比谷公園」使用許可問題 朝鮮総連側の主張認める/東京地裁
2007.03.01	38頁01段	東京/朝刊	朝鮮総連関連集会で都側が即時抗告 地裁決定受け
2007.03.02	37頁01段	東京/朝刊	朝鮮総連の公園使用問題 都の即時抗告棄却/東京高裁
2007.03.17	29頁01段	東京/朝刊	大麻8グラム密輸入容疑 韓国籍の男を送検 税関支署、青森空港で初摘発＝青森
2007.03.27	32頁01段	東京/朝刊	踏切に車乗り捨て 在日韓国人の女を書類送検 高井戸署＝東京
2007.04.13	19頁05段	東京/夕刊	朝鮮総連関係者が工作員勧誘 ユニバース社に就職を世話 2児拉致指示の女も
2007.04.25	01頁05段	東京/夕刊	2児拉致事件 朝鮮総連議長ら聴取へ 背景解明向け関連4か所捜索/警視庁
2007.04.26	03頁03段	東京/朝刊	[社説] 2児拉致 朝鮮総連幹部の聴取は必要だ
2007.04.26	21頁01段	東京/夕刊	2児拉致事件 警視庁の関連施設捜索、朝鮮総連が非難
2007.05.18	29頁04段	東京/朝刊	朝鮮総連の課税減免訴訟 地裁が棄却判決 新潟市長「今後も適正に課税」＝新潟
2007.05.25	22頁01段	東京/夕刊	朝鮮総連大会に2000人/東京
2007.05.26	04頁01段	東京/朝刊	自民、朝鮮総連大会にメッセージ送らず
2007.05.27	34頁01段	東京/朝刊	朝鮮総連の全体大会終了/東京・北
2007.06.01	33頁01段	東京/朝刊	課税減免棄却判決で朝鮮総連側が控訴＝新潟
2007.06.06	35頁01段	東京/朝刊	無許可で医薬品販売 在日朝鮮人の女と医師を書類送検/警視庁
2007.06.13	32頁02段	東京/朝刊	韓国学生が県内で企業研修 協定締結、土湯温泉の旅館などに20人＝福島
2007.06.14	30頁05段	東京/朝刊	朝鮮学校への理解深めて 市民らが写真展 18日から、国立市役所で開催＝多摩
2007.06.15	34頁03段	東京/朝刊	朝鮮総連系企業が自己破産 大阪府本部の土地建物所有 競売回避狙いか
2007.06.18	19頁05段	東京/夕刊	朝鮮総連、本部撤退の危機 627億円返還命令 金策頓挫、直前に登記戻す
2007.06.19	03頁03段	東京/朝刊	[社説] 朝鮮総連判決 乱脈が招いた全額返還命令
2007.06.19	01頁01段	東京/朝刊	[編集手帳] 朝鮮総連問題の"某氏"
2007.06.21	38頁01段	東京/朝刊	朝鮮総連の土地・建物問題 整理回収機構が執行文受け取る
2007.06.23	02頁01段	東京/朝刊	公安調査庁長官が自民総務会で陳謝 朝鮮総連問題で
2007.06.27	38頁04段	東京/朝刊	627億円返還命令 朝鮮総連が控訴を断念

발행일	지면정보	간종별	기사제목(원문)
2007.06.28	13頁06段	東京/朝刊	基礎からわかる「朝鮮総連」＝特集
2007.07.05	34頁01段	東京/朝刊	医療品無許可売買 在日朝鮮人ら2人を起訴猶予/東京地検
2007.07.12	35頁01段	東京/朝刊	本部競売申し立て 朝鮮総連副議長が「弾圧行為」と非難
2007.07.13	22頁02段	東京/夕刊	朝鮮総連本部の強制執行文求め提訴
2007.07.15	31頁04段	東京/朝刊	緒方容疑者の訴追求めず 朝鮮総連「だまされた認識ない」確認書提出
2007.07.21	33頁03段	東京/朝刊	税減免却下 朝鮮総連側の控訴棄却 札幌高裁「公益性認められず」＝北海道
2007.07.27	01頁05段	東京/朝刊	北朝鮮生まれの脱北者、DNAで帰化認定 日本人母と帰国
2007.09.06	02頁01段	東京/夕刊	朝鮮総連、水害支援で貨物船入港を要請
2007.09.11	12頁01段	東京/夕刊	地下鉄駅で女生徒を盗撮 朝鮮学校教員を逮捕 札幌厚別署＝北海道
2007.09.21	39頁03段	東京/朝刊	福田元官房長官の支部に朝鮮籍会長企業が寄付 96、03年に計20万円
2007.09.22	38頁01段	東京/朝刊	朝鮮総連ビル強制執行訴訟 登記上の所有者、訴え棄却求める/東京地裁公判
2007.09.22	14頁01段	東京/夕刊	韓国籍弁護士の司法委員認めず/東京簡裁
2008.09.27	30頁01段	東京/朝刊	朝鮮学校であす40周年イベント＝新潟
2007.10.11	18頁01段	東京/夕刊	朝鮮総連が経済制裁撤回を要請
2007.10.27	39頁01段	東京/朝刊	朝鮮総連詐欺事件公判 緒方元長官、無罪主張へ/東京地裁
2007.11.15	18頁01段	東京/夕刊	闇サイト通じ、銀行口座転売 容疑で朝鮮籍の男逮捕/東京・新宿署
2007.12.07	31頁02段	東京/朝刊	富山市、朝鮮総連の減免中止 関連施設の固定資産税など＝富山
2008.04.01	07頁02段	東京/朝刊	在韓63年の長野出身女性、念願の帰化/韓国
2008.06.12	31頁01段	東京/朝刊	偽装結婚の疑いで、韓国籍の男ら逮捕＝長野
2008.07.04	37頁01段	東京/朝刊	朝鮮総連土地詐欺事件で控訴
2008.07.05	36頁01段	東京/朝刊	入国審査妨害容疑、韓国籍の48歳逮捕＝北海道
2008.08.01	02頁01段	東京/朝刊	朝鮮総連施設の課税減免、41自治体に減少/総務省発表
2008.08.11	27頁01段	東京/朝刊	中国航空機の爆破予告メール 在日韓国人を逮捕/警視庁
2008.10.21	36頁04段	東京/朝刊	立原正秋に民族名の作品、朝鮮誌の短編掲載確認 本格デビュー前に/早大教授
2008.11.07	31頁02段	東京/朝刊	超高金利受領の容疑 韓国籍の72歳を逮捕＝秋田
2008.11.28	33頁01段	東京/朝刊	朝鮮総連傘下団体の元副会長逮捕 税理士法違反容疑で＝東京
2008.12.10	07頁01段	東京/朝刊	6か国協議 試料採取要求は合意原則に違反/朝鮮総連機関紙
2008.12.16	38頁01段	東京/朝刊	朝鮮総連詐欺公判「取り調べは適正」特捜部長証言/東京地裁
2008.12.18	35頁01段	東京/朝刊	朝鮮総連傘下団体 元幹部を税理士法違反で起訴＝東京
2009.01.18	11頁01段	東京/朝刊	「朝鮮総連」朴斗鎮著
2009.02.03	27頁03段	東京/朝刊	長野ひき逃げ事件 韓国籍受刑者を賠償提訴 遺族「けじめつけるため」＝長野
2009.02.12	02頁01段	東京/朝刊	70年代後半の在日韓国人犯罪者 強制退去巡り日韓で対立
2009.02.17	29頁01段	東京/朝刊	成田で大麻密輸 韓国籍の男起訴＝千葉
2009.05.19	33頁01段	東京/朝刊	朝鮮総連福岡支部委員長をひき逃げ容疑で逮捕/福岡・東署

발행일	지면정보	간종별	기사제목(원문)
2009.09.10	31頁01段	東京/朝刊	偽ブランド品事件 韓国籍の男を起訴＝富山
2009.09.23	27頁01段	東京/朝刊	「妻殺した」通報 韓国籍の男を殺人未遂容疑で逮捕/東京・小松川署
2010.01.30	37頁01段	東京/朝刊	韓国籍理由に調停委員拒否/仙台家裁
2010.02.04	33頁01段	東京/朝刊	韓国籍弁護士の調停委員選任 東京地裁が拒否
2010.02.17	33頁01段	東京/朝刊	自宅に放火容疑 韓国籍の男逮捕＝秋田
2010.02.26	05頁02段	東京/夕刊	朝鮮学校「結論まだ」 高校無償化 首相、発言を修正
2010.02.27	04頁01段	東京/朝刊	朝鮮学校の無償化否定的 首相意向
2010.03.03	34頁02段	東京/朝刊	授業料無償化「除外しないで」 道朝鮮学校が訴え＝北海道
2010.03.03	30頁02段	東京/朝刊	高校無償化 朝鮮学校も 東北初中高級学校長ら訴え＝宮城
2010.03.03	04頁01段	東京/朝刊	首相、朝鮮学校生徒との面会に意欲
2010.03.04	02頁01段	東京/朝刊	朝鮮学校の無償化 亀井金融相が賛成
2010.03.05	29頁01段	東京/朝刊	県内朝鮮学校も「除外しないで」 授業料無償化問題＝神奈川
2010.03.07	04頁02段	東京/朝刊	高校無償化 朝鮮学校どうなる 政府・与党意見様々
2010.03.09	30頁01段	東京/朝刊	高校無償化巡り 朝鮮学校も対象に 校長ら申し入れ＝静岡
2010.03.13	12頁02段	東京/夕刊	高校無償化 橋下知事、朝鮮学校に条件 金総書記の写真撤去など
2010.03.14	04頁01段	東京/朝刊	朝鮮学校無償化に反対
2010.03.17	01頁04段	東京/朝刊	子ども手当 月内成立へ 高校無償化も 朝鮮学校は先送り
2010.03.17	02頁01段	東京/夕刊	朝鮮学校問題 国連委「懸念」
2010.03.25	02頁01段	東京/夕刊	朝鮮学校無償化 川端文科相「夏ごろに結論」
2010.04.26	30頁01段	東京/朝刊	朝鮮学校の無償化に否定的 拉致担当相見解述べる
2010.05.24	28頁01段	東京/朝刊	朝鮮総連新役員選出
2010.05.26	04頁01段	東京/朝刊	朝鮮学校の無償化 追加制裁と別議論/文科相
2010.05.28	31頁01段	東京/朝刊	朝鮮学校の無償化 専門家会議が検討
2010.07.06	35頁01段	東京/朝刊	韓国籍貨物船 市川沖で座礁＝千葉
2010.08.08	04頁02段	東京/朝刊	朝鮮学校無償化 議論大詰め
2010.08.12	25頁01段	東京/朝刊	「地下銀行」を運営 韓国籍の2人起訴＝山形
2010.08.26	36頁01段	東京/朝刊	「朝鮮学校を対象外に」
2010.08.28	01頁03段	東京/朝刊	朝鮮学校 授業料無償化へ 文科省会議、妥当と判断
2010.09.01	31頁03段	東京/朝刊	朝鮮学校無償化 判断せず 文科省会議 民主党の意向待ち
2010.09.03	03頁03段	東京/朝刊	[社説] 朝鮮学校無償化 財務の透明化が欠かせない
2010.10.01	29頁01段	東京/朝刊	韓国籍女性を不起訴＝山形
2010.10.09	35頁02段	東京/朝刊	朝鮮学校教科書 法相「承服できぬ」
2010.10.20	01頁03段	東京/夕刊	朝鮮学校無償化基準を了承 民主
2010.10.22	04頁01段	東京/朝刊	朝鮮学校無償化 基準案正式了承 民主
2010.10.31	04頁03段	東京/朝刊	無償化 朝鮮学校に是正要請へ 文科省 教材の「拉致」記述など
2010.11.03	31頁01段	東京/朝刊	朝鮮学校の授業料 無償化で国に要望＝神奈川
2010.11.06	02頁01段	東京/朝刊	朝鮮学校全10校無償化の対象に 審査基準決定
2010.11.10	29頁03段	東京/朝刊	「反日教育していたら補助金出せぬ」知事 朝鮮学校視察へ＝神奈川
2010.11.12	37頁01段	東京/朝刊	「朝鮮学校も無償化」に抗議

발행일	지면정보	간종별	기사제목(원문)
2010.11.24	01頁03段	東京/夕刊	高校無償化 朝鮮学校は対象外示唆 文科相·官房長官 北朝鮮砲撃受け
2010.11.25	33頁01段	東京/朝刊	朝鮮学校補助金 来年度も継続へ=群馬
2010.11.25	13頁03段	東京/夕刊	朝鮮学校 無償化手続き停止 文科省 申請7校、生徒ら戸惑い
2010.11.26	35頁01段	東京/朝刊	朝鮮学校補助金 県 慎重に対応=埼玉
2010.11.28	35頁01段	東京/朝刊	朝鮮学校校長が抗議=北海道
2010.11.29	39頁01段	東京/朝刊	北朝鮮砲撃「島民の死者なし」朝鮮総連が主張
2010.12.01	04頁01段	東京/朝刊	朝鮮学校の申請受理
2010.12.07	29頁02段	東京/朝刊	知事が朝鮮学校視察 補助金巡り教育内容確認=神奈川
2010.12.07	35頁01段	東京/朝刊	朝鮮学校への補助金 宮城県が見直し検討 知事が表明
2010.12.16	33頁03段	東京/朝刊	朝鮮学校に補助金支給へ 知事 教科書一部見直し回答受け=神奈川
2010.12.26	02頁02段	東京/朝刊	朝鮮学校無償化 訴訟発展も 北の韓国砲撃で手続き停止
2011.01.27	33頁01段	東京/朝刊	在日コリアンの役割 梁石日氏らが議論 29日シンポジウム=東京
2011.01.21	34頁03段	東京/朝刊	無償化棚上げ 朝鮮学校側が異議申し立て
2011.02.01	04頁01段	東京/朝刊	首相、民族名間違える
2011.02.05	04頁01段	東京/朝刊	朝鮮学校無償化審査を再開せず
2011.02.11	29頁01段	東京/朝刊	拉致「救う会」朝鮮学校補助金差し止めを要請=埼玉
2011.02.22	35頁01段	東京/朝刊	殺人放火の起訴事実 韓国籍被告が認める=埼玉
2011.02.22	38頁03段	東京/朝刊	留学生の就活 口コミ頼み 大学の支援態勢に不満 韓国学生調査
2011.03.06	04頁03段	東京/朝刊	朝鮮学校審査 メド立たず 無償化今年度分 校長会「訴訟も選択肢」
2011.03.08	12頁02段	東京/夕刊	帰化不法滞在者 初の摘発 容疑の中国人 他人名義で入国、結婚
2011.03.24	02頁01段	東京/夕刊	金総書記が見舞金 在日朝鮮人に4100万円 巨大地震
2011.03.25	02頁01段	東京/夕刊	朝鮮学校の無償化 年度内適用を断念
2011.04.08	15頁02段	東京/夕刊	外国人献金 首相が返金 韓国籍と確認 計104万円=続報注意
2011.04.23	01頁07段	東京/夕刊	日本人と共に行動したい 帰化決意 ドナルド·キーンさん
2011.06.02	29頁02段	東京/朝刊	「拉致問題」朝鮮学校が改訂 歴史教科書 県の見直し要求で=神奈川
2011.06.17	10頁04段	東京/夕刊	無軌道な暴力の悲しさ グ·スーヨン監督「ハードロマンチッカー」
2011.06.24	37頁01段	東京/朝刊	元検事前田受刑者 証人尋問を実施へ 朝鮮総連巡る詐欺事件=続報注意
2011.07.25	29頁01段	東京/朝刊	朝鮮学校旧校舎火災、不審火か 松本=長野
2011.07.30	35頁01段	東京/朝刊	朝鮮学校補助金訴訟 札幌市が棄却求める=北海道
2011.08.26	37頁01段	東京/朝刊	朝鮮学校無償化停止 生徒が賠償請求へ
2011.08.29	02頁02段	東京/夕刊	朝鮮学校無償化 審査を再開
2011.08.30	02頁01段	東京/朝刊	朝鮮学校無償化審査 国際情勢の変化で
2011.08.30	12頁01段	東京/夕刊	朝鮮学校無償化「反対」
2011.09.09	03頁03段	東京/朝刊	[社説] 朝鮮学校無償化 審査再開の根拠が不明瞭だ
2011.10.07	37頁01段	東京/朝刊	朝鮮学校への指導強化を要望
2011.10.12	35頁02段	東京/朝刊	道、朝鮮学校の授業確認へ 来月 拉致事件などの内容=北海道
2011.10.18	33頁02段	東京/朝刊	朝鮮学校旧校舎でまた不審火 松本=長野

발행일	지면정보	간종별	기사제목(원문)
2011.11.10	31頁01段	東京/朝刊	朝鮮学校 年内にも監査＝北海道
2011.11.10	31頁01段	東京/朝刊	朝鮮学校の授業で「拉致は国家犯罪」県議ら視察＝神奈川
2011.11.30	37頁01段	東京/朝刊	朝鮮総連捜索で原告が逆転敗訴 東京高裁
2011.12.09	32頁02段	東京/朝刊	朝鮮学校の補助金 廃止検討 石原知事「政治的中立性に疑念」＝東京
2011.12.14	32頁01段	東京/朝刊	朝鮮学校運営法人 補助金継続求める＝東京
2011.12.17	28頁01段	東京/朝刊	朝鮮学校補助金巡り 都が教育内容調査へ＝東京
2011.12.21	32頁03段	東京/朝刊	金総書記死去 朝鮮学校への補助金是非 都「関係なく」判断＝東京
2011.12.21	11頁01段	東京/夕刊	朝鮮総連で弔問受け付けを開始
2011.12.23	32頁02段	東京/朝刊	歴史教科書提出求める 朝鮮学校補助金巡り 都方針＝東京
2011.12.27	31頁01段	東京/朝刊	歴史教科書の提出 朝鮮学校側に通知 都、補助金問題で＝東京
2011.12.30	25頁01段	東京/朝刊	朝鮮総連県本部 追悼式典に50人＝新潟
2012.01.16	04頁01段	東京/朝刊	韓国籍タンカー 爆発で5人死亡
2012.01.17	32頁02段	東京/朝刊	朝鮮学校補助金 計上せず＝東京
2012.02.03	27頁01段	東京/朝刊	不法残留の疑いで韓国籍の48歳逮捕＝宮城
2012.02.07	12頁02段	東京/夕刊	北にパソコン不正輸出 警視庁 容疑の朝鮮籍社長逮捕
2012.02.20	10頁02段	東京/夕刊	朝鮮総連 徐万述議長が死去
2012.03.10	33頁01段	東京/朝刊	高校授業料無償化 朝鮮学校適用求める＝神奈川
2012.03.20	38頁02段	東京/朝刊	朝鮮学校へ補助金支給せず 大阪府「総連と無関係 証明を」
2012.04.03	13頁02段	東京/夕刊	米大学 乱射7人死亡 韓国籍の43歳男逮捕
2012.04.05	02頁01段	東京/朝刊	北3度目核実験 米制裁で強行も 朝鮮総連機関紙示唆
2012.04.14	02頁02段	東京/夕刊	正恩氏が1.6億円 朝鮮総連に送金
2012.05.15	31頁01段	東京/朝刊	窃盗容疑で逮捕 韓国籍の2人 余罪90件か＝東京
2012.05.20	34頁01段	東京/朝刊	朝鮮総連議長に許宗万氏を選出
2012.05.22	29頁02段	東京/朝刊	地下銀行 新たに韓国籍の2人逮捕 94万円送金した疑い＝静岡
2012.06.01	35頁02段	東京/朝刊	無免許で訪問型美容整形 韓国籍の女、容疑で逮捕 神奈川県警
2012.06.04	27頁01段	東京/朝刊	殺人未遂の疑い 韓国籍の女逮捕＝多摩
2012.06.12	33頁01段	東京/朝刊	強盗容疑 韓国籍男逮捕＝茨城
2012.06.27	10頁01段	東京/夕刊	北に不正輸出容疑 韓国籍の男ら逮捕
2012.06.29	35頁05段	東京/朝刊	朝鮮総連本部 競売へ 回収機構の勝訴確定 最高裁決定
2012.06.30	35頁03段	東京/朝刊	[社説] 朝鮮総連 本部競売手続きを受け入れよ
2012.07.11	39頁01段	東京/朝刊	朝鮮総連本部 競売申し立て 整理回収機構
2012.07.18	35頁01段	東京/朝刊	朝鮮総連本部の競売開始を決定
2012.08.04	33頁01段	東京/朝刊	朝鮮学校補助金凍結 解除求める署名提出＝埼玉
2012.08.15	05頁03段	東京/夕刊	在日コリアンの笑いと涙
2012.08.18	29頁01段	東京/朝刊	朝鮮総連施設の税減免を行わず 金沢市が今年度＝石川
2012.09.25	29頁02段	東京/朝刊	無免許美容整形 韓国籍44歳有罪判決＝神奈川
2012.09.28	29頁01段	東京/朝刊	売春あっせん容疑 韓国籍の3人逮捕＝東京
2012.11.10	33頁01段	東京/朝刊	拉致問題の授業視察 県が朝鮮学校を訪問＝神奈川
2012.11.11	04頁04段	東京/朝刊	朝鮮学校無償化 文科相が意欲 政府、再び混乱を懸念

발행일	지면정보	간종별	기사제목(원문)
2012.12.26	02頁02段	東京/朝刊	朝鮮学校の無償化認めず 新政権方針 北への制裁 考慮か
2012.12.28	02頁02段	東京/夕刊	朝鮮学校の無償化除外 文科相表明「理解得られない」
2013.01.09	32頁02段	東京/朝刊	県、朝鮮学校に6300万補助へ＝神奈川
2013.02.14	33頁01段	東京/朝刊	朝鮮学校補助金 知事「計上せず」＝埼玉
2013.02.14	37頁01段	東京/朝刊	朝鮮学校への補助金 神奈川・埼玉見送る
2013.02.19	02頁01段	東京/夕刊	朝鮮総連副議長 再入国を容認へ 追加制裁適用せず
2013.02.20	32頁04段	東京/朝刊	朝鮮学校の子に拉致資料 川崎市が各家庭に配布＝神奈川
2013.02.21	37頁01段	東京/朝刊	無償化の適用外 朝鮮学校に通知
2013.02.23	38頁03段	東京/朝刊	北教組 主任手当で奨学金 2500万円、中学生向け 朝鮮学校支援も＝北海道
2013.02.25	39頁03段	東京/朝刊	朝鮮総連本部 競売公告 来月12日から 21億円から入札 東京地裁
2013.03.06	34頁01段	東京/朝刊	朝鮮学校への補助 札幌市が継続意向＝北海道
2013.03.12	14頁06段	東京/夕刊	入札下限21億円 相場半値以下 朝鮮総連本部 売れる？ きょうから競売開始
2013.03.24	37頁01段	東京/朝刊	朝鮮学校に侵入容疑＝群馬
2013.03.26	14頁03段	東京/夕刊	朝鮮総連本部45億円落札 東京地裁で開札 鹿児島の宗教法人
2013.03.27	38頁03段	東京/朝刊	「朝鮮総連に賃貸も」中央本部落札 宗教法人代表 訪朝時、依頼される
2013.03.29	17頁03段	東京/夕刊	朝鮮総連本部の売却許可 東京地裁 鹿児島の宗教法人へ
2013.03.29	11頁01段	東京/夕刊	朝鮮学校補助金 返還請求を棄却 札幌地裁判決＝北海道
2013.03.30	33頁02段	東京/朝刊	朝鮮学校に補助金不交付 県、12年度分の110万円＝新潟
2013.04.05	16頁02段	東京/夕刊	朝鮮学校への無料配布中止 町田市、防犯ブザー45個
2013.04.06	33頁01段	東京/朝刊	朝鮮学校補助金の不交付撤回を要請＝新潟
2013.04.08	33頁01段	東京/朝刊	〈解〉朝鮮総連中央本部
2013.04.08	33頁05段	東京/朝刊	[追う]「日朝改善のため」強調 朝鮮総連本部落札の僧侶
2013.04.09	32頁02段	東京/朝刊	朝鮮学校にも防犯ブザー 町田市教委、配布中止を撤回
2013.04.10	32頁01段	東京/朝刊	朝鮮総連本部 売却許可確定
2013.04.12	31頁01段	東京/朝刊	朝鮮学校への補助 札幌市長が継続意向＝北海道
2013.04.25	39頁02段	東京/朝刊	融資交渉 難航 朝鮮総連本部 落札の寺
2013.04.26	39頁05段	東京/朝刊	「航跡」消去確認せず 退役巡視船 ずさん売却 朝鮮総連系の解体業者に
2013.05.18	29頁01段	東京/朝刊	韓国籍ニューハーフ 資格外活動の容疑 5人目逮捕＝神奈川
2013.08.17	34頁03段	東京/朝刊	朝鮮総連本部 10月再入札
2013.10.07	13頁03段	東京/夕刊	ヘイトスピーチ禁止判決 在特会に賠償命令 「朝鮮学校の名誉毀損」京都地裁
2013.10.17	12頁03段	東京/夕刊	朝鮮総連本部 50億円落札 「再入札」開札 モンゴル関係の会社か
2013.10.30	33頁02段	東京/朝刊	朝鮮学校補助金 市も見送り＝神奈川
2013.11.02	34頁02段	東京/朝刊	朝鮮学校への補助金不交付 都決定＝東京
2013.12.06	39頁06段	東京/朝刊	ビザなしインターン 横行 韓国学生発給は30人程度
2013.12.11	33頁02段	東京/朝刊	朝鮮学校補助金 交付せず 川崎市長が表明 今年度の841万円＝神奈川

발행일	지면정보	간종별	기사제목(원문)
2013.12.11	10頁02段	東京/夕刊	朝鮮学校生徒 県が補助 神奈川「無償化」対象外、救済措置
2013.12.12	32頁03段	東京/朝刊	朝鮮学校生補助に異論 県会委「唐突さ否めない」＝神奈川
2013.12.13	33頁02段	東京/朝刊	「朝鮮学校生徒に罪ない」知事、補助巡り慎重議論へ＝神奈川
2014.02.13	35頁01段	東京/朝刊	朝鮮学校補助金 2年連続見送り＝埼玉
2014.02.18	31頁02段	東京/朝刊	朝鮮学校、教科書改定を延期「拉致」記述予定 知事「大変遺憾」＝神奈川
2014.02.28	33頁01段	東京/朝刊	「独自の教科書」朝鮮学校が検討＝神奈川
2014.03.05	14頁01段	東京/夕刊	朝鮮総連京都府本部 京都市が差し押さえ
2014.03.06	32頁01段	東京/朝刊	「独自教科書使用」朝鮮学校側が報告＝神奈川
2014.03.13	38頁02段	東京/朝刊	高松の企業に売却検討 朝鮮総連本部入札で次点 東京地裁
2014.03.19	33頁03段	東京/朝刊	朝鮮学校生「条件」付き補助 県方針「拉致」教科書確認後＝神奈川
2014.03.20	33頁03段	東京/朝刊	朝鮮学校 拉致教科書「中身で判断」知事、補助の条件に言及＝神奈川
2014.03.20	19頁01段	東京/夕刊	朝鮮総連本部 22億円で落札 マルナカ
2014.03.25	38頁03段	東京/朝刊	[読み解く] 朝鮮総連本部 売却を許可 東京地裁 総連側「再々入札」求め抗告
2014.03.26	32頁02段	東京/朝刊	県議会 予算案を可決 朝鮮学校生への補助も＝神奈川
2014.03.25	03頁03段	東京/朝刊	[社説] 朝鮮総連本部 早期売却で公的資金の回収を
2014.05.29	06頁01段	東京/朝刊	〈解〉朝鮮総連中央本部の土地・建物競売問題
2014.08.19	34頁01段	東京/朝刊	ヘイトスピーチ巡り 在特会などを提訴 在日朝鮮人ライター
2014.08.22	32頁01段	東京/朝刊	朝鮮総連トップ 来月上旬訪朝へ 制裁解除後初
2014.09.06	38頁01段	東京/朝刊	制裁解除後初の訪朝 朝鮮総連トップ出国
2014.10.01	12頁01段	東京/朝刊	朝鮮学校生への補助 県が知事発言を修正 教材には介入できず＝神奈川
2014.11.11	12頁01段	東京/夕刊	朝鮮総連落札の代金 納付期限は来月8日 東京地裁通知
2014.11.20	33頁01段	東京/朝刊	「地下銀行」で送金 韓国籍の2人起訴＝山形
2014.11.28	33頁02段	東京/朝刊	朝鮮学校生 学費補助支給へ 県「拉致問題記述の教科書使用」＝神奈川
2014.12.19	33頁03段	東京/朝刊	朝鮮学校生学費補助1731万 県、4〜8月分を支給＝神奈川
2015.01.22	38頁01段	東京/朝刊	所有権移転遅れ 朝鮮総連を提訴 マルナカＨＤ
2015.02.06	03頁03段	東京/朝刊	[社説] 朝鮮総連ビル 転売の経緯が腑に落ちない
2015.06.17	35頁02段	東京/朝刊	朝鮮学校 保護者寄付で補助金集めか＝神奈川
2015.06.23	35頁01段	東京/朝刊	朝鮮学校寄付集め「強制していない」＝神奈川
2015.10.31	33頁01段	東京/朝刊	「地下銀行」営業容疑 韓国籍3人を逮捕＝長野
2015.12.10	18頁02段	東京/夕刊	マツタケ不正輸入 有罪 京都地裁判決 朝鮮総連議長の次男ら
2015.12.21	11頁01段	東京/夕刊	朝鮮籍被告に懲役2年求刑 雇用助成金詐欺＝北海道
2016.03.22	19頁03段	東京/朝刊	[WORLD] 韓国 帰化女性警察官も活躍
2016.03.26	02頁04段	東京/朝刊	朝鮮学校補助 自粛要請へ 政府、北核実験受け 交付自治体に
2016.03.30	32頁03段	東京/朝刊	朝鮮学校 県、補助金不交付「変えず」千葉市は交付継続に含み＝千葉

발행일	지면정보	간종별	기사제목(원문)
2016.03.30	04頁01段	東京/朝刊	朝鮮学校補助金 留意求める通知 文科省、28都道府県に
2016.03.31	04頁01段	東京/朝刊	朝鮮学校が文科省批判
2016.03.31	38頁01段	東京/朝刊	保険証の不正取得 共犯の男性不起訴 韓国籍の男は起訴
2016.04.06	32頁01段	東京/朝刊	朝鮮学校補助金 予定通り交付＝北海道
2016.04.13	33頁03段	東京/朝刊	朝鮮学校に補助金 支出へ 千葉市 国通知「不交付まで求めず」＝千葉
2016.04.16	33頁03段	東京/朝刊	局員名乗り 郵便局と反対方向に逃走… 韓国籍の23歳 詐欺容疑＝新潟
2016.04.21	32頁01段	東京/朝刊	1000万円詐取容疑で 韓国籍の37歳逮捕＝東京
2016.05.17	29頁02段	東京/朝刊	朝鮮学校へ補助金 決定 千葉市 発表会費用一部 45万＝千葉
2016.06.02	29頁01段	東京/朝刊	朝鮮学校への補助金「踏み込んだ調査を」知事＝群馬
2016.06.06	29頁03段	東京/朝刊	ヘイトスピーチ 数百人が抗議 デモ中止 在日韓国人ら喜ぶ＝神奈川
2016.06.08	06頁05段	東京/朝刊	消える北住民支援者 中国人牧師殺害 韓国籍布教者が失踪 中朝国境事件相次ぐ
2016.07.07	10頁03段	東京/夕刊	詐取保険証で携帯340台 韓国籍の男 大半転売、詐欺悪用か

부록
전후 재일조선인 연표

전후 재일조선인 마이너리티 미디어 해제 및 기사명 색인
▌제3권▌
(1990.1~2016.8)

연도	재일사회	일본사회	남북사회
1945년	· 유바리 탄광의 조선인 노동자 6000명, 노동조건 개선을 요구하며 일제히 파업(10.8) · 재일본조선인연맹 결성(10.15)	· 포츠담선언 수락에 따라 제2차 대전 종결(8.15) · 『일미회화수첩』 간행, 360만부 판매(9.15) · 노동조합법 공포(12.22)	· 식민지배로부터 해방, 북위 38도선을 사이에 두고 미소의 분할 점령에 합의 · 남한에 대한 미군정 개시
1946년	· 김달수를 중심으로 일본어 종합잡지 『민주조선』 창간(1946.4~1950.7) · 재일본조선거류민단 결정(10.3)	· 천황의 인간선언(1.1) · GHQ, 군국주의자의 공직 추방을 발표(1.4) · 제차 요시다 시게루 내각성립(5.22)	· 북조선 노동당 결성, 김일성 위원장 선출(8.28) · 인민당, 신민당, 공산당이 합당해서 남조선노동당 결성(11.23)
1947년	· 일본국 헌법 시행 전날, 대일본제국 헌법하의 마지막 칙령으로 구식민지 출신자는 「당분간 이를 외국인으로 간주한다」라는 취지의 외국인 등록령 공포, 시행(외국인등록과 등록증의 상시 휴대를 의무화)(5.2)	· 신학교 교육법에 의한 6·3제 실시(4.1) · 일본국헌법 시행(5.3) · 제국대학 명칭 폐지(10.1) · 아동복지법 공포(12.12)	· 남한, 민주주의민족전선 하의 정당·단체간부·좌익 언론인의 대량 검거 시작(8.12) · UN총회, 미국이 제출한 임시조선위원회설치결의를 채택(11.14)
1948년	· 문부성, 조선인학교 설립 불승인(1.24) · 고베현미군군정부, 고베조선인학교 사건으로 비상사태 선언(4.25) · 오사카, 효고, 오카야마의 각 지사는 조선학교 폐교령 발령 · 재일본조선거류민단을 재일본대한민국거류민단으로 개칭(10.3)	· 일미간 국제전화 개통(1.4) · 제1회 NHK 전국노래자랑 콩쿠르 우승 대회 개최(3.21). · 미소라 히바리, 가수 데뷔(5.1)	· 제주도 4·3사건 발발. · 대한민국 수립(이승만대통령, 제1공화국 1946~1960) · 조선민주주의인민공화국 수립, 김일성 수상 취임(9.9)
1949년	· 재일본조선인연맹, 단체등규정령에 따라 해산 명령(9.8). · 일본정부, 조련계 조선학교 93교에 「학교폐쇄령」 발포 · 245교에 「개조령」을 발포(10.19)	· GHQ 일스고문, 니이가타대학에서 「적색교수」 추방을 강연(7.19) · 유카와 히데키, 노벨물리학상 수상(11.3)	· UN안보리, 한국의 UN가맹안 부결(4.8) · 한국정부, 통일파의원 체포 개시 · 김구 암살(6.25)
1950년	· 한국전쟁 발발, 민단에서 「재일한국자원군」(지원병) 결성(8.8) · 한국군에 편입되어 641명 참전(9.13)	· GHQ, 신문협회 대표에게 공산당원 및 그 동조자 추방을 권고, 레드 퍼지 개시(7.24)	· 한국전쟁 발발(1950.6.25.-휴전 1953.7.27.) · 트루먼 대통령, 한국전쟁에서 「원폭 사용도 있을 수 있다」고 발언(11.30)
1951년	· 재일본 조선통일 민주민족전선(민선) 결성(1.9) · 일본공산당 제4차 전협개최, 「재일소수민족과의 연계강화」 주장(2.23) · 출입국 관리령·출입국관리청 설치령 공포(10.4)	· 제1차 추방 해제 발표, 정재계 인사 등 2958명(6.20) · 일미안전보장조약 조인(9.8) · 일본에서 첫 프로레슬링 경기 시작, 역도산 대 바비브라운스(10.28)	· UN총회, 한국전쟁과 관련해서 중국 정부를 침략자로 규정한 비난 결의안 채택(2.1)
1952년	· 법무부 통달에 따라 구식민지 출신자는 일본국적을 완전하고 일방적으로 박탈 · 외국인등록법 공포 및 시행 · 오사카·스이타시에서 한국전쟁 2주년 기념집회 개최, 데모 행렬이 조차장에 난입하는 〈스이타 사건〉 발생(6.24)	· GHQ, 병기제조 허가지령(3.22) · 공직추방령 폐지(4.21) · 샌프란시스코강화조약 발효(4.28) · 시라이 요시오, 복싱 세계 플라이급 타이틀 매치에서 일본인 최초 세계선수권을 획득(5.19)	· 한국 정부는 「해양주권선언」을 발표하고, 「이승만라인」 선포(1.18) · 제1차 한일정식회담 개최(2.15)

연도	재일사회	일본사회	남북사회
1953년	·문부성, 조선인 자녀에게 「은혜」라는 입장에서 일본인학교 입학 인정(2.11) ·도쿄도 교육위원회, 도립조선인 학교에 대해서 「이데올로기 교육·집단진정 금지」 등, 민족교육 과목의 과외화를 통달(12.8)	·NHK, 도쿄에서 텔레비전 본방송 개시(2.1) ·일본적십자 등을 통해 중국으로부터의 귀환 개시(3.23) ·일본TV, 본방송 개시(8.28) ·중앙합창단, 〈1953년 일본의 노랫소리〉 개최(11.29)	·제3차 한일회담 개최(10.6) ·구보타 간이치로 대표의 「일본의 조선 통치는 조선인에게 혜택을 주었다」라는 발언이 원인이 되어 회담 결렬(10.15) ·북한의 특별군사법정에서 구남조선 노동당계 간부 10인에게 반역죄로 사형 판결(8.6)
1954년	·도쿄도교육위원회, 도립조선인 학교에 대한 1955년 3월 이후 폐교 통지 ·도쿄도 교직원 조합연합, 반대 성명 발표 ·교섭 결과, 55년 3월부터 각종 학교 자격으로 인가(10.4)	·제5후쿠류마루, 비키니에서 실시된 미국의 수소 폭탄 실험으로 피재(3.1) ·정부, 독도(다케시마)영유권 문제 국제사법재판소에 제소하자고 한국에 제안(9.25)	·한국, 동해(일본해)에 위치한 독도(다케시마)에 영토 표식 설치(1.18)
1955년	·외국인 등록법에 기초한 지문 날인제도 개시(4.28) ·재일본조선인총연합회 결성(5.26)	·제1회 원수폭금지 세계대회 히로시마대회 개최(8.6) ·자유당과 민주당 합쳐서 자유민주당 결성(11.15)	·북한의 남일 외상, 일본과의 국교수립 및 경제, 문화 교류를 위한 협상 의사가 있다는 성명 발표(2.25)
1956년	·북한과 일본 적십자는 재일조선인 귀환 문제와 북한잔류 일본인 귀국 문제에 대해 회담(2.27) ·조선대학교 창립(4.10)	·필리핀과의 배상 협정 문제 조인(5.9) ·일소국교 회복(10.19) ·UN총회, 일본의 UN 가맹안을 전원 일치로 가결(12.18)	·북한, 천리마운동(증산운동) 개시 ·국민경제발전 5개년계획 2년반 만에 달성
1958년	·고마츠가와 고등학교 야간에 재학중이던 이진우, 같은 학교 주간에 다니는 여고생을 강간 후 살해(고마츠가와 사건) ·체포 후, 식당 여종업원을 살해한 추가 사실이 밝혀지면서 사형 선고(8.21)	·인도네시아와의 평화조약·배상 협정 등 조인(1.20) ·문부성, 도덕 교육의 실시요망 통달(3.18) ·텔레비전 수신 계약자수 100만 돌파(5.16) ·도쿄타워 완공(12.23)	·한국 정부, 이승만라인 침범을 이유로 억류했던 일본어민 300명 일본으로 송환(2.1)
1959년	·민단, 〈북한송환반대투쟁위원회〉 결성(2.2) ·제1차 귀국선, 니가타에서 북한 청진으로 출발(12.14)	·후지TV 개국(3.1) ·황태자 결혼(4.10) ·국민연금법 공포(4.16)	·일본과 북한의 적십자 대표, 인도 콜카타에서 일본거주 조선인의 북한 귀국에 관한 협정에 조인(8.13)
1960년	·일본과 북한의 적십자대표, 니가타에서 재일조선인 귀국문제에 관한 회담 개최(9.5) ·현행 귀국 협정의 1년 연기에 합의서 조인(10.27)	·일미 안보개정조약 비준서 교환, 발효(6.23) ·각의, 국민소득배증계획 결정(12.27)	·4·19혁명(서울에서 대통령 선거 부정 투표에 항의하며 학생과 시민에 의한 데모) ·이승만, 하와이로 망명(5.28)
1961년	·『조선시보』(일본어판) 창간(1.1) ·월간잡지 『월간조선자료』 창간(2.25)	·고도 경제성장으로 소비혁명·레저붐 시작	·한국, 군사쿠데타 발생(5.16) ·박정희, 방미 도중 일본방문(11.12)
1962년	·조선대학교(제1연구동), 1962년도 일본건축연감상 수상(7.3)	·텔레비전수신 계약자수 1000만 돌파(3.1)	·한국 군사정권, 정치활동정화법 공포(3.16)
1963년	·역도산, 아카사카의 카바레에서 야쿠자 칼에 찔려 사망(12.15)	·궁내청, 고야마 이토코의 기사 「미치코님」(『평범』)의 게재중지 요청(3.11)	·박정희, 한국 대통령 취임 ·제3공화국 발족(12.17)

연도	재일사회	일본사회	남북사회
1964년	·『조선체육신문』 창간(1.1) ·월간잡지 『조국』 창간(1.1) ·조일합작 기록영화 「천리마조선」 완성(4.30) ·같은 해, 각지에서 한일회담 반대 대중대회 개최	·해외관광여행의 자유화(4.1) ·도카이도신칸센 개통(10.1) ·도쿄올림픽 개최(10.10). ·미국의 원자력 잠수함〈시드래곤〉사세보 입항(11.12)	·6·3사태 발생, 한일조약 반대데모가 격화하여, 서울에 비상계엄령 선포(7.28)
1965년	·「한일기본조약 및 제협정」조인(6.22) ·재일조선인 법적지위협정을 통해, 한국 국적을 인정하고, 협정 영주권을 부여 ·문부성차관, 조선인학교 「정규학교」「각종학교」로 인가해서는 안된다고 통달(12.28)	·「베트남에 평화를! 시민문화단체연합」(베평련) 주체의 데모 진행(4.24) ·일본TV, 「논픽션극장-베트남해병대 대전기」 제1부 방영 (제2부는 방영 중지)(5.9)	·한일기본조약 조인(6.22) ·북한, 한일조약 불인정·배상청구권 보유 성명(6.23) ·한국 정부, 전투부대 1개 사단 베트남 파병을 결정(7.2)
1967년	·영주권을 취득한 한국 국적의 재일조선인에게 일본 국민건강 보험법을 적용(4.1)	·일본기독교단, 제2차 대전에 대한 책임 고백을 발표(3.26)	·북일 귀국협정에 따른 제154차 마지막 북한귀국선 출발(10.28)
1968년	·김희로사건 발생(2.20) ·미노베도지사, 조선대학교 인가(4.17)	·문부성, 신화교육 내용을 담은 신학습지도요령 발표(7.11) ·가와바타 야스나리, 노벨문학상 수상(10.17) ·도쿄에서 〈메이지100년 기념식전〉 개최(10.23)	·북한 게릴라부대에 의한 청와대 습격사건, 일명 김신조사건 발생(1.21)
1970년	·히타치제작소 취업차별문제 재판 개시(재일한국인 박종석은 채용 통지를 받았지만, 이력서에 국적을 표기하지 않았다는 이유로 채용 취하) ·도쿄도, 조선학교에 대한 조성금 지급, 이후 전국으로 확대	·오사카만국박람회 개최(3.14) ·미시마 유키오 등 〈다테노카이〉 회원 5인, 도쿄 자위대 총감부에 난입해서 쿠데타를 호소한 뒤, 미시마 유키오 등 2인은 할복자살(11.25)	·적군파 학생 9명, 129명의 승객을 태운 일본항공 351편 여객기(요도호)를 공중 납치 ·이후, 한국 김포공항을 경유해 북한으로 도주(3.31) ·부산-시모노세키, 부관페리 취항(6.19)
1972년	·월간잡지 『오늘의 조선』 창간(1.10) ·이회성, 재일조선인 최초 아쿠타가와상 수상 ·민단과 조총련, 전국에서 남북공동성명 지지대회 개최(8.15)	·연합적군에 의한 아사마산장 사건 발생(2.28) ·가와바타 야스나리, 자택에서 가스 자살(4.16) ·오키나와시 정권, 일본으로 반환(5.15) ·중일국교수립(9.29)	·남북공동성명 발표(7.4). ·한국중앙정보국(KCIA), 정부 풍자시 발표한 김지하 연행(4.12)
1973년	·방일중이던 김대중, 도쿄 호텔에서 정체불명 단체에게 강제 연행(8.8) ·한국민주회복통일촉진국민회의(한민통)결성(민단, 분열) ·계간잡지 『마당』 창간	·수은병환자 도쿄교섭단, 질소 보상 교섭 타결(7.9) ·인도네시아 수마트라에서 구출된 전전 일본인 병사(요코야마 시스케), 실명된 채 귀국(9.17)	·한국정부, 김대중에 관한 23일 〈요미우리신문〉「정부기관개입」 기사 삭제 요구, 요미우리신문사 거부 ·한국의 요미우리신문사 서울지국 폐쇄 및 특파원 추방(8.24)
1974년	·히타치취직 차별사건 재판, 전면 승소 판결 ·박종석은 히타치제작소에 입사(8.27)	·인도네시아 모로타이섬에서 대만 출신 전중 일본병사·나카무라 데루오의 신변 확보(12.26)	·재일한국인 문세광, 서울에서 박정희 대통령 저격 시도, 빗나간 총탄에 육영수 대통령 영부인 사망(8.15)

연도	재일사회	일본사회	남북사회
1975년	·후생성, 외국인 피폭자에게 「피폭자 건강수첩」교부결정 ·전전공사(준국가 공무원)재일조선인의 수험 거부 ·이후, 공무원 국적조항철폐 운동 확산 ·민단 주도의〈모국(한국)방문단〉결성(4.4) 계간잡지『삼천리』창간	·황태자 부부의 오키나와 방문, 히메유리탑 앞에서 시민들 화염병 투척(7.17) ·오키나와 해양박람회 개막(7.19) ·천황·황후의 공식 기자회견, 원폭 투하는 어쩔 수 없었다고 발언(10.31)	·박정희 대통령은 계속적으로 반정부운동을 전개하는 고려대학교에 휴교 명령 ·고려대학교는 무기한 데모 돌입(4.8) ·일본자민당 북한 방문위원단 13명, 김일성 주석과 회담(7.27)
1977년	·최고재판소 재판관회의에서 재일한국인도 사법연구생으로 채용하겠다고 결정 ·김경득, 전후 최초로 재일조선인 변호사 자격 취득	·중의원 예산위, 〈한일유착〉에 대해서 집중 심의(3.16)	·카터 대통령, 주한미군 철수 방침 한국 정부에게 전달(3.9)
1979년	·오사카 야오시, 시직원의 국적조항을 철폐 ·미에현, 한국 국적의 재일조선인을 공립학교 교사로 채용 ·조총련 주도의 〈단기 조국(북한) 방문단〉 결성(8.12)	·도조 히데키 전 수상을 포함한 A급 전범 14명, 전년도 은밀히 야스쿠니신사에 합사된 사실판명(4.19)	·박정희 대통령, 김재규 중앙정보부장에게 사살(10.26) ·12·12 쿠데타 발발
1980년	·지문날인 거부운동 전개(한종석씨 개인에 의한 지문날인 거부가 전국적 운동으로 확대) ·일본정부, 재일조선인의 공영주택 입주자격을 인정 ·국민금융공고·주택금융공고대출 자격조건에서 국적조항 철폐	·스즈키 젠코 내각성립(7.17) ·야마구치 모모에, 은퇴 마지막 공연(10.5) ·한국 조치훈8단, 오타케 히데오 9단을 깨고 제5기 바둑 명인에 등극(11.6)	·한국정부, 비상계엄령 전국으로 확대 ·광주사건 발발(5.18) ·전두환 대통령 취임(제5공화국 탄생)(9.1)
1981년	·「출입국관리 및 난민인정법」제정, 「특례영주제도」 신설 ·아동수당 3법 및 국민연금법에서 국적조항 철폐	·중국 잔류 일본인 고아 47명, 일본 방문해서 친부모 수색 ·신분 판명자 26명(3.2) ·불쾌어류정리법 시행(5.25)	·사회당 북한방문단, 평양으로 출발 ·조선노동당과 동북아시아의 비핵화 선언(3.16)
1982년	·문부성, 공립초등학교·중학교·고등학교 교사로 외국인 채용하지 말 것을 도도부현 교육위원회에 통지(10.2)	·오키나와 현의회, 교과서에서 삭제된 일본군에 의한 현민 학살 기술복원을 요청하는 의견서 채택(9.4)	·한국, 독립 이후 34년 만에 야간 외출금지령 해제 (일부지역외)(1.6)
1983년	·부모 한쪽이 일본인이면 일본국적을 인정하는 국적법·호적법 개정안 성립(5.18) ·요코하마지방재판소, 지문 날인을 거부해서 외국인등록법 위반으로 기소된 재일 미국여성에게 벌금 1만엔의 유죄 판결(6.14) ·재일한국인·조선인 34명, 「지문날인거부예정자회의」 결성, 도쿄 가스미가세키에서 발족식 거행(9.29)	·일본교직원조합, 고등학교 3학년의 3명 중 1명이 자위대로부터 입대를 권유 받은 경험이 있다는 조사결과 발표(4.5) ·도쿄디즈니랜드 개원(4.15)	·나카소네 야스히로 수상 한국 방문 ·대한경제협력으로 40억달러 합의(1.11) ·미얀마 랑군 아웅산묘역 폭탄 테러 사건 발생(북한 공작원에 의한 전두환 대통령 암살 미수 사건) ·서석준 부총리 등 17명 사망(10.9)

연도	재일사회	일본사회	남북사회
1984년	·일본체육협회 등, 재일조선인 고등학생 동계 국민체육대회 정식 참가 인정하지 않고, 비공식참가로 결정(1.29) ·법무부, 한국 연수회에 참가한 재일한국인 12명에 대해 지문날인 거부를 이유로 재입국 신 청 불허(5.24)	·매스컴을 이용한 극장형 범죄, 구리코·모리나가사건 발생(3.18) ·나카소네 수상, 한국보도 관계자와 회견, 일본의 조선통치에 대해 「깊이 반성」한다는 발언(8.22)	·아베 신타로 외상, 외무성에 중국인·한국인 이름의 현지 발음 채택 지시(한자표기에는 가나로 음독)(7.4) ·전두환 대통령 방일 ·쇼와천황, 만찬회에서 불행한 과거 「유감」이라고 표명(9.6)
1985년	·국적법 개정에 따라 출생과 동시에 일본국적을 취득하는 재일조선인 증가 ·제1회 원코리아·페스티벌 개최(8.14)	·나카소네 수상, 전후 수상 중 처음으로 야스쿠니신사 공식 참배(8.15) ·도쿄고등재판소, 전중 대만 일본인 병사의 국가보상 소송 기각(8.26)	·이산가족, 남북 상호방문 실현(9.21)
1986년	·「외국인 등록법일부개정법」 지정(지문날인 1회, 외국인등록증휴대의무 위반에 따른 징역형 폐지) ·도쿄지방재판소, 지문날인제도는 합헌이라는 판결 제시, 날인 거부로 기소된 재일한국인 피고의 소송을 기각(8.25) ·국민건강보험법 국적조항 철폐(4.1)	·후지오 마사유키 문부대신, 『문예춘추』(10월호)에서 「한일합병은 한국에도 책임」 있다고 기술, 직후 한국정부 항의 ·문부대신 파면(9.8) ·일본정부, 한국 내에서의 반대운동을 고려해서 황태자 방한 연기 결정(7.19)	·서울지방재판소, 연세대학교의 일본인 유학생에게 국가보안법 위반으로 징역7년 판결(4월 29일, 가석방되어 귀국)(3.10) ·한국기독교교회협의회, 황태자 방한에 「과거의 죄과를 반성하고 있지 않다」고 반대성명 발표(5.23)
1987년	·김현희의 대한항공기 폭파사건을 계기로, 민족복장의 재일조선인에 대한 폭행과 조선인학교에 대한 협박전화 다발(12.28) ·계간잡지 『민도』 창간	·나고야대학, 「전쟁 목적의 학문 연구와 교육에 가담하지 않겠다」고 하는 나고야대학 평화 헌장을 제정·선언(2.5)	·북한, 억류중인 제18후지산마루의 선장 등 2명에게 교화노동 15년형 판결(12.24)
1988년	·일본정부, 재한피폭자 약2만명에 대한 실태와 치료원조대책을 강구하기 위한 조사단 5명을 한국에 파견(5.30)	·모토지마 히토시 나가사키 시장, 정례시의회에서 「천황의 전쟁 책임은 있다고 생각한다」고 답변(12.7)	·한국대통령으로 노태우 취임(2.25) ·서울올림픽 개최(9.17)
1989년	·재일조선인 작가·이양지 『유희』로 아쿠타가와상 수상(1.12) ·서울 유학 중에 스파이죄로 체포된 재일한국인 서준식, 17년 만에 석방(5.25) ·계간잡지 『청구』 창간	·쇼와천황, 십이지장 유두 주위 종양(선암)으로 사망(1.7)	·북한노동당 대표단, 사회당 초청으로 첫 방일(1.21) ·한국, 처음으로 사회주의 국가인 헝가리와 국교 수립(2.1)
1991년	·「파친코 의혹」으로 조총련에 대한 비난 고조 ·한민통, 재일한국민주통일연합(한통련)으로 개편 ·일본고등학교 야구연맹, 조선중고급학교의 참가를 특별조치로 인정(3.6)	·〈「종군위안부」 문제를 생각하는 모임〉 발족(1.19) ·〈종군위안부문제 우리여성 네트워크〉 결성(11.3)	·남북한, UN 동시 가맹(9.17) ·남북 수뇌회담에서 조선 한반도의 비핵화 공동 선언(12.31)

연도	재일사회	일본사회	남북사회
1992년	·「출입국관리특례법」 제정(특별영주제도 신설) ·오사카 부교위, 1993년부터 부립고등학교의 한국·조선어교사 채용 발표(5.19)	·일본의 전후 책임을 분명히 밝히는 모임, 위안부 110번 개설(1.14) ·천황부부, 처음 방중. 과거에 대한 반성 표명(10.23)	·조선인 종군위안부 문제로 방한 중이던 미야자와 기이치 총리가 공식 사죄(1.17) ·김영삼, 한국대통령 당선(12.18)
1993년	·「외국인등록법 개정법」 제정(특별영주자 등의 지문날인 폐지) ·오사카 기시와다시의 시의회, 「정주외국인에 대한 지방참정권 등의 인권보장 확립에 대한 요망」을 결의	·호소카와 모리히로·비자민 6당 연립내각 발족 ·일본정부, 종군위안부의 「강제성」을 인정 ·호소카와 총리, 기자회견에 앞선 전쟁은 「침략전쟁」이었다고 명언(8.10)	·한국통신부, 서울·평양 간 직통전화 설치 결정(1.26) ·북한, NPT(핵불확산조약) 탈퇴 선언(3.12)
1994년	·조선민주주의인민공화국에 대한 「핵의혹」이 원인이 되어, 재일조선인에 대한 치마저고리를 찢는 사건 다발 ·아동권리조약, 일본에서 발효 ·재일본대한민국거류민단, 재일본대한민국민단으로 개칭 이후, 민단을 중심으로 지방참정권 요구운동 전개	·일본정부, 166만 명의 조선인 징용자 문서 공개(5.17) ·무라야 마도미이치 내각 발족(6.30) ·무라야마 총리, 한국방문 ·김영삼대통령과 회담, 북한의 핵문제 해결에 대한 한일협력 체제의 강화에 합의(7.23) ·오사카만에 간사이국제공항 개항(9.4)	·남북수뇌회담 개최에 합의(김일성 사망으로 실현되지 못함)(6.28) ·미북고관회담, 북한의 NPT 복귀, 그 대가로 연락사무소의 상호 설치 및 경수로 전환 지원에 합의(제네바합의)(10.21) ·한국군에게 평시의 작전통수권 미군으로부터 반환(12.1)
1995년	·인권차별철폐조약, 일본에서 발효. 최고재판소, 「정주외국인에게 지방참정권을 부여하는 것을 헌법은 금지하고 있지 않다」고 판결(2.28)	·한신·아와지 대지진 발생(1.17) ·옴진리교에 의한 지하철 살인 사건 발생(3.20)	·한신·아와지 대지진 이후, 북한에서 조총련으로 100만 달러 위로금 전달 ·한국에서 민단으로 50만 달러 위로금 전달

저자약력

이경규	동의대학교 일본어학과 교수
임상민	동의대학교 일본어학과 조교수
소명선	제주대학교 일어일문학과 교수
김계자	한신대학교 대학혁신추진단 조교수
박희영	대진대학교 창의미래인재대학 부교수
엄기권	한남대학교 일어일문학과 강사
정영미	동의대학교 문헌정보학과 교수
이행화	동의대학교 동아시아연구소 연구원
현영미	동의대학교 동아시아연구소 연구원

이 저서는 2016년도 정부(교육부)의 재원으로 한국연구재단의 지원을 받아 수행된 연구임(NRF-2016S1A5B4914839).

전후 재일조선인 마이너리티 미디어 해제 및 기사명 색인
┃제3권┃ (1990.1~2016.8)

초판인쇄 2020년 05월 15일
초판발행 2020년 05월 20일

편 자 동의대학교 동아시아연구소
저 자 이경규 임상민 소명선 김계자 박희영 엄기권 정영미 이행화 현영미
발 행 인 윤석현
발 행 처 박문사
등록번호 제2009-11호
책임편집 최인노

우편주소 서울시 도봉구 우이천로 353 성주빌딩 3F
대표전화 (02) 992-3253(대)
전 송 (02) 991-1285
전자우편 bakmunsa@hanmail.net

ⓒ 동의대학교 동아시아연구소 2020 Printed in KOREA

ISBN 979-11-89292-63-8 93910   **정가** 60,000**원**